主编　阎纯德　吴志良

Sinological History Series

列国汉学史书系

法国汉学史论（上册）

耿昇　著

學苑出版社

图书在版编目（CIP）数据

法国汉学史论 / 耿昇著. —北京 ：学苑出版社，2015.2

（列国汉学史书系 / 阎纯德，吴志良主编）

ISBN 978-7-5077-4731-7

Ⅰ. ①法… Ⅱ. ①耿… Ⅲ. ①汉学-历史-法国 Ⅳ. ①K207.8

中国版本图书馆CIP数据核字(2015)第034179号

责任编辑：杨　雷
封面设计：徐道会
出版发行：学苑出版社
社　　址：北京市丰台区南方庄2号院1号楼
邮政编码：100079
网　　址：www.book001.com
电子信箱：xueyuanpress@163.com
联系电话：010-67601101（销售部）　67603091（总编室）
经　　销：新华书店
印 刷 厂：河北保定彩虹艺雅印刷有限公司
开本尺寸：710×1000　1/16
字　　数：840千字
印　　张：53.25
印　　数：1500册
版　　次：2015年3月第1版
印　　次：2015年3月第1次印刷
定　　价：150.00元（全两册）

本书系之出版获澳门霍英东基金会与澳门基金会赞助

北京语言大学列国汉学史书系
编辑委员会

序

经过近30年多位学者的辛劳努力，现在我们可以说，国际汉学研究确实已经成长为一门具有特色的学科了。

“汉学”一词本义是对中国语言、历史、文化等的研究，而在国内习惯上专指外国人的这种研究，所以特称“国际汉学”，也有时作“世界汉学”“国际中国学”，以区别于中国人自己的研究。至于“国际汉学研究”，则是对国际汉学的研究。中外都有学者从事国际汉学研究，但我们在这里讲的，是中国学术界的国际汉学研究。

自从“改革开放”以来，国际汉学研究改变了禁区的地位，逐渐开拓和发展。其进程我想不妨划分为三个阶段：一开始仅限于对国际汉学界状况的了解和介绍，中心工作是编纂有关的工具书，这是第一个阶段。到了20世纪90年代，出现国际汉学研究的专门机构，大量翻译和评述汉学论著，应作为第二个阶段。在这两个阶段里，学者们为深入研究国际汉学打好了基础，准备了条件。新世纪到来之后，进入全面系统地研究国际汉学的可能性应该说业已具备。

今后国际汉学研究应当如何发展，有待大家磋商讨论。以我个人的浅见，历史的研究与现实的考察应当并重。国际汉学研究不是和现实脱离的，认识国际汉学的现状，与外国汉学家交流沟通，对于我国学术文化的发展以至于多方面的工作都是必要的。我曾经提议，编写一部中等规模的《当代国际汉学手册》，使我们的学者便于使用；如果有条件的话，还要组织出版《国际汉学年鉴》。这样，大家在接触外国汉学界时，不会感到隔膜，阅读外国汉学作品，也就更容易体味了。必须指出的是，国际汉学有着长久的历史，因此现实和历史是分不开的，不了解各国汉学的历史传统，终究无法认识汉学的现状。

我们已经有了不少国际汉学史的著作及论文。实际上，公推为中国最早的汉学史专书，是1949年出版的莫东寅《汉学发达史》，尽管是通史体裁，也包含了分国的篇章。这本书最近已有经过校勘的新版，大家容易看到，尽管只是概述性的，却使读者能够看到各国汉学互相间的关系。由此可见，有组织、有系统地考察各国汉学的演进和成果，将之放在国际汉学整体的背景中来考察，实在是更为理想的。

这正是我在这里向大家推荐阎纯德教授、吴志良博士主编的这套“列国汉学史书系”的原因。

阎纯德教授在北京语言大学主持汉学研究所工作多年，是我在这方面的同行和老友，曾给我以许多帮助。他为推进国际汉学研究，可谓不遗余力，所作出的重要贡献是学术界周知的。在他的引导之下，《中国文化研究》季刊成为这一学科的园地，随之又主编了《汉学研究》，列为《中国文化研究汉学书系》，有非常广泛的影响。其锲而不舍的精神，我一直敬服无地。特别要说的是，阎纯德教授这几年为了编著这套“列国汉学史书系”所投入的心血精力，可称出人意想。

在《汉学研究》第八集的《卷前絮语》中，阎纯德教授概叹：“《汉学研究》很像同人刊物，究其原因，是从事这个领域研究的学者太少，尤其是专门的研究者更是少之又少，所以每一集多是读者相熟的面孔。”现在看“列国汉学史书系”，作者已形成不小的专业队伍，这是学科进步的表现，更不必说这套书涉及的范围比以前大为扩充了。希望“列国汉学史书系”的问世成为国际汉学研究这个学科在新世纪蓬勃发展的一个界标，让我们在此对阎纯德教授、这套书的各位作者，还有出版社各位所做出的劳绩表示感谢。

李学勤

2007 年 4 月 8 日

于清华大学国际汉学研究所

序　二
汉学历史和学术形态

汉学历史和学术形态历史是既抽象又具体的存在，是浩瀚无边的过去、现在和未来。历史会让我们兴奋，也会使我们悲哀，有时会令人觉得它又仿佛是一个梦。但是，当我们梦醒而理智的时候，便会发现——自然史、时间史、太阳史、地球史、人类社会史，一切的一切，不管是曾经存在过的恐龙，还是至今还在生生不息的蚂蚁社群，天上的，地下的，看得见的，看不见的，一切都有自己的历史。一切都有过发生，一切都还在发展，一切都还会灭亡。

任何事物的发生都有一个有形或无形的孕育过程，“汉学”（Sinology）也是这样，其孕育和成长，就是中国文化与异质文化相互交媾浸淫的历史。这个历史，始于公元1世纪前后汉代所开通的丝绸之路，接下来是七八世纪的大唐帝国、十四五世纪的明代、清末的鸦片战争和“五四”新文化运动，这种文化的碰撞和交流之潮时起时伏直到今天，还会发展到永远。这是历史，是汉学的昨天、今天和未来，是其孕育、发生和成长的过程显现出的文化精神。但是，昨天有远有近，我们可以循蛛丝马迹地探讨找回其真；而今天，只是一个过渡，一俟走过，便成为昨天的陈迹。写作汉学史是一件艰难的劳作，尤其对象是遥远的昨天，尤其是“遗失”在异国他乡的昨天，更非一件易事。时至今日，朦胧面纱下的汉学还不为一些学人所认识，因此有必要取下面纱，让人们看个究竟。

从20世纪70年代中期之后，尤其90年代以降，“汉学”（Sinology）便逐渐成为学术界耳熟能详的学术名词。中国大陆重提“汉学”（Sinology）至今，汉学就像隐藏在深山里的小溪，经过30年的艰辛跋涉之后，才终于形成一条奔腾的水流，并成为中国文化水系不可或缺的组成部分。这个变化是时代和历史变迁带来的结果，也是文化自己发展的规律。

那么,究竟什么是汉学(Sinology)呢?首先,这里的汉学非指汉代研究经学注重名物、训诂——后世称“研究经、史、名物、训诂考据之学”的“汉学”,而是指外国人研究中国历史、语言、哲学、文学、艺术、宗教、考古及社会、经济、法律、科技等人文和社会科学领域的那种学问,这起码已是200多年来世界上的习惯学术称谓。李学勤教授多次说:“汉学,英语是Sinology,意思是对中国历史文化和语言文学等方面的研究。在国内学术界,‘汉学’一词主要是指外国人对中国历史文化等的研究。有的学者主张把它改译为‘中国学’,不过‘汉学’沿用已久,在国外普遍流行,谈外国人这方面的研究,用‘汉学’比较方便。”① Sinology 一词来自外国,它不是汉代的“汉”,也不是汉族的“汉”,不指一代一族,其词根 sino 源于秦朝的“秦”(Sin),所指是中国。

在历史长河里,汉学由胚胎逐渐发育成长。当汉学走过少年时代,在西学东渐和中学西传互示友情后,中学开始影响西方而成为人类文明史上的伟大事件。中世纪以来,欧洲视中国为“修明政治之邦”,对中国充满了好奇与好感,当“中国热”蜂起欧洲,19世纪初期法国便成为西方汉学的中心,巴黎成为“汉学之都”。戴密微(Paul Demiéville)曾说汉学的先驱是葡萄牙、西班牙和意大利。但是,汉学作为学术研究和一种文化形态,举大旗的则是法国人。1814年12月11日,雷慕莎(Jean Pierre Abel Rémusat)在法兰西学院首开“汉语和鞑靼——满语语言与文学讲座”,启开了西方真正的汉学时代。但指代汉学的“Sinologie”(英文“Sinology”)一词则出现在18世纪末,应该早于雷慕沙主持第一个汉学讲座的时间,更不会晚于1838年。从此之后,“Sinology”便成为主导汉学世界的图腾、约定俗成的学术“域名”。在世界文化史和汉学史上,外国人把研究中国的学问称为“汉学”,研究中国学问的造诣深厚的学者称为“汉学家”。因此,我认为,我们不必要标新立异,根据西方大部分汉学家的习惯看法,“Sinology”发展到如今,这一历史已久的学术概念有着最广阔的内涵,绝不是什么“汉族文化之学”,更不是什么汉代独有的“汉学”,它涵盖中国的一切学问,既有以儒释道为核心的传统文化,也包含“敦煌学”“满学”“西夏学”“突厥学”以及“藏学”和“蒙古学”等领域。但是一直以来人们对汉学的理解和解释相

---

① 李学勤:《国际汉学漫步·序》,河北教育出版社1997年版。

左,因此便有了“中国学”“海外汉学”“海外中国学”“域外汉学”“国际汉学”“世界汉学”“国际中国文化”等不同的叫法;如果咬文嚼字,推演下来,一定还会有“国内汉学”“国内中国学”,甚至“北京汉学”“河南汉学”等。由于汉学的发展、演进,以法国为首的“传统汉学”和以美国为首的“现代汉学”,到了20世纪中叶之后,研究内容、理念和方法,已经出现相互兼容并包状态,就是说Sinology可以准确地包含Chinese Studies的内容和理念;从历史上看,尽管Sinology和Chinese Studies所负载的传统和内容有所不同,但现在却可以互为表达、“雌雄同体”同一个学术概念了。话再说回来,对于这样一个负载着深刻而丰富历史内涵的学术“域名”,我以为还是叫它Sinology最好,因为,Sinology不仅承继了汉学的传统,而且也容纳了Chinese Studies较为广阔的内容。另外,中国人对中国文化的研究应该称为国学,而外国学者研究中国文化的那种学问则称为汉学。汉学是国学的有血有灵魂的“影子”,而汉学不是国学,是介于中学与西学两者之间,本质上更接近西学的一种文化形态。说它与国学同根而生,说它们是一条藤上的两个瓜,都不为过,然而瓜的形象与味道却不相同,一个是“东瓜”,一个是“西瓜”。我认为这样认识汉学,既符合中国文化的学术规范,又符合世界上的历史认同与学术发展实际。

汉学的历史是中国文化与异质文化交流的历史,是外国学者阅读、认识、理解、研究、阐释中国文明的结晶。汉学作为外国人认识中国及其文化的桥梁,是中国文化和外国文化撞击后派生出来的学问,实际上也是中国文化另一种形式的自然延伸。但是,汉学不是纯粹的中国文化,它与中国文化有着密不可分的血缘关系,既是中外文化的“混血儿”,又是可以照见“中国文化”的镜子,是可以攻玉的“他山之石”。“‘Sinology’是一门在国际文化中涉及双边或多边文化关系的近代边缘性的学术,它以‘中国文化’作为研究的‘客体’,以研究者各自的‘本土文化语境’作为观察‘客体’的基点,在‘跨文化’的层面上各自表述其研究的结果,它具有‘泛比较文化研究’的性质。”①以上两种表述虽有不同,但学理一致,基本可以厘清我们对于Sinology(汉学)的基本学术定位。

法国汉学家马伯乐(Henri Maspero)说过:“中国是欧洲以外仅有的这

① 严绍璗:《我对Sinology的理解和思考》,载2006年《世界汉学》第四期。

样的一个国家：自远古起，其古老的本土文化传统一直流传至今。”法国哲学家弗朗索瓦·于连（François Jullien）也说：“中国文明是在与欧洲没有实际的借鉴或影响关系之下独自发展的、时间最长的文明……中国是从外部审视我们的思想——由此使之脱离传统成见——的理想形象。”①他在《为什么我们西方人研究哲学不能绕过中国》中提出：“我们选择出发，也就是选择离开，以创造远景思维的空间。人们这样穿越中国也是为了更好地阅读希腊。”为了获得一个“外在的视点”，他才从遥远的视点出发，并借此视点去“解放”自己。这便是一个未曾断流、在世界上仅存的几种古老文化之一的中国文明的意义。中国文明是一道奔流不息的活水，活水流出去，以自己生命的光辉影响世界；流出的“活水”吸纳异国文化的智慧之后，形成既有中国文化的因子，又有外国文化思维的一种文化，这就是“汉学”。也就是说，汉学是以中国文化为原料，经过另一种文化精神的智慧加工而形成的一种文化。从某种意义上说，汉学既是外国化了的中国文化，又是中国化了的外国文化；抑或说是一种亦中亦西、不中不西有着独立个性的文化。汉学作为一门独立的具有跨文化性质的学科，是外国文化对中国文化借鉴的结果。汉学对外国人来说是他们的“中学”，对中国人来说又是西学，它的思想和理论体系仍属“西学”。

汉学研究是指对外国汉学家及其对中国文化研究成果的再研究，是中国学者对外国学者研究中国文化的反馈，也是对外国文化借鉴的一个方面。凡是对历史或异质文化进行研究，都有一个价值判断和公正褒贬的问题。因此，对于外国汉学家对于我们中国文化的研究，必得有我们自己的判断，然后做出公正的褒贬。我们说汉学是可以攻玉的“他山之石”，但是这句箴言并非只是适用于中国人，对外国人也是一样。汉学也像外国的本体文化一样，对我们来说有借鉴作用，对西方来说有启迪作用——西方学者以汉学为媒介来了解中国，汲取中国文化的精华，完善自己的文明。人类由于文化背景差异和文化语境的不同，思维方向和方式也会不同，因而就会得出不同的结论，讲出不同的道理。“西方学者接受近现代科学方法的训练，又由于他们置身局外，在庐山以外看庐山，有些问题国内学者司空见惯，习而不察，外国学者往往探骊得珠。如语言学、民俗学、考古学、人类

① ［法］弗朗索瓦·于连：（François Jullien）《迂回与进入》，香港三联书店 1998 年版。

学、社会学诸多领域，时时迸发出耀眼的火花。"①汉学的学术价值往往不被国人重视，并利用汉学家对于中国文化的一些误读贬低汉学的价值。其实，这并不公平，有些汉学家对于中国文化确实有其独到的见解，能发中国人未发之音。法国汉学家马伯乐（Henri Maspero，1883—1945）对中国上古文化和上古宗教的研究就有独到的贡献，被称对中国宗教研究有"先河"之功。他研究中国宗教的宗教社会学的方法，促进和推动了中国学者采用宗教社会学来研究中国宗教，被称为"中国宗教社会学研究的真正创始人"。瑞典汉学家高本汉（Bernhard Karlgren，1889—1978），终生的最高成就是根据研究古代韵书、韵图和现代汉语方言、日朝越诸语言中汉语借词译音构拟汉语中古音和根据中古音和《诗经》用韵、谐声字构拟古音，写出了著名的学术专著《中国音韵学研究》《汉语中古音与古音概要》《古汉语字典重订本》《中日汉字形声论》《论汉语》《诗经注释》《尚书注释》和《汉朝以前文献中的假借字》等，他对汉语音韵训诂的研究是不少中国学者所不及的，并深刻影响了对于中国音韵训诂的研究。20世纪著名的日本学者津田左右吉关于中国文化的研究著述甚丰，他认为中国文化是一种"人事本位文化"，其核心是"帝王文化"，其他认识上尽管有偏颇，但也有其独异性和深刻之处。这就是"他山之石"的意义和价值。当然，不可否认，汉学家对于中国文化的误读或歪曲也是常见的，诸如瑞典考古学家安特生（John Gunnar Andersson）于1921年10月对河南仰韶文化遗址发掘之后，便说中国彩陶制作技术源于西方，并在他的《甘肃考古记》和《黄土儿女》著作中反复强调他的这一错误观点。这一观点亦为"西方文化东移造成中国文化之说"提供了说辞。日本学者石田幹之助也推波助澜，闭门造车地推测出西方文化东渐的路线；甚至连我们的国学大师章太炎、刘师培也被"忽悠"得认可了"中国文化西来说"。② 美国现代汉学（中国学）的奠基人费正清对中国历史尤其近代史的研究独具风采，为美国人民认识中国搭建了一座桥梁；但他在研究上的所谓"冲击—回应"模式，却近乎荒谬，认为是西方给中国带来了文明，是西方的侵略拯救了中国。综上所述，对于汉

① 季羡林：《汉学研究·序》第七集，中华书局2003年版。

② 《章太炎全集·〈訄书·序〉·〈种姓篇〉》，上海古籍出版社1985年版；刘师培：《刘申叔先生遗书·〈思念祖国〉·〈华夏篇〉·〈国土原始论〉》。

学成果的研究，只有冷静、公正、客观、全面，才能在沙中淘得真金，拥抱“他山之石”。

在中国，汉学的接受与命运，诚实地说，在 20 世纪 80 年代初期之前，基本上是无视它的学术价值，更没人把它看做是中国文化的延伸。此外，由于民族心理上的历史“障碍”，我们还曾视汉学为洪水猛兽，甚至觉得它是仇视中国、侮辱中国的一个境外的文化“孽种”。这种“观点”，虽嫌偏颇，但也不是空穴来风。因为自 19 世纪“鸦片战争”前后，直至 20 世纪 40 年代，偌大的中国曾经惨遭蹂躏，整个历史写满了炮火压迫和宗教怀柔，其间也不乏为列强殖民政策服务的传教士、“旅行家”和“学者”深入中国腹地，以旅行、探险、考古之名而实行搜集社会情报、盗窃和骗取中国大批文物。

人类思想的飞翔，是受社会和历史禁锢的，山高水远的阻隔也使得人类互相寻找的岁月特别漫长。交流是人类文化选择的自然形态，汉学就发生在这种物质交流和文化交流之中。

公元前后，中国人被称为赛里斯（Seres），中国叫赛里加（Serice），这是陆路交往关于中国最初的叫法，时间较早；另一种叫法，把中国人称为秦尼（Sinai），中国叫秦（Sin），这是海路交往关于中国的叫法，时间较晚。由商人输往西方的中国丝绸绢绘是当时帝王贵族倾慕的奢侈珍品，Seres 和 Serice 两字系由阿尔泰语所转化，是希腊罗马称谓中国绢绘的 Serikon、Sericum 两字简化而来。西方人当时称中国为“秦”（Sin），称中国人为“秦尼”（Sinai），则是源于秦朝。①

人类在互相寻找的初级阶段，中国和西方试探性的商业交往还很原始，那时的人类，不同的国家、民族和族群处于相对落后和封闭的状态，人类各个角落的不同文化还处于相对不自觉或是相对蒙昧的历史时期。在人类最早的沟通中，中国人走在最前边。公元前 139 年，张骞奉汉武帝之命，越过葱岭，亲历大宛、康居、大月氏、大夏、乌孙、安息等地，直达地中海东岸，先后两次出使中亚各国，历时十多年，开创了古代和中世纪贯通欧亚非的陆路“丝绸之路”，为人类交往开创了先河，也为汉学的萌发洒下最初的雨露。

---

① 莫东寅：《汉学发达史》，北平文化出版社中华民国三十八年（1949 年）版，第 3 页。

在文化史上，以孔孟儒家学说为核心的中国文化最先影响朝鲜半岛，然后才是日本和越南等周边国家。这些周边国家与中国的关系复杂，甚至被说成同种同文，因此可以说它们的文化与中国文化有着很深的“血缘”关系。公元522年，中国佛教渡海东传日本，从那时开始，中国典籍便大量传入日本，但这只是一种“输入”，只是日本创建自己文化的借鉴，并没有形成对于中国文化的深层研究。及至唐代，由于文化上承接了汉朝的开放潮流，那时与异质文化的交流相对更加频繁，商贸往来和文化沟通有了发展，西方和中国周边国家或地域的人士通过陆路和水路进入中国腹地，长安、洛阳、扬州、广州、泉州等城市，都是中外贸易和文化交汇的重要都会，尤其是前者，更是当时世界最大的商业文化之都；而后者，由于东南沿海经济崛起、人口增多、手工业发达、农田水利的改善，为海外贸易发展创造了条件，再由于唐代中期“安史之乱”切断了陆路“丝绸之路”的缘故，曾称为“鲤城”“温陵”“刺桐城”的泉州，便成为联结亚洲、欧洲和非洲的海上丝绸之路的“东方第一大港”，是那时以丝绸、金银、铜器、铁器、瓷器为主的国际贸易之都。通过频繁的往来和交流，外国人对中国文化的认识越来越多、越来越深，汉学也便在这种交流中不知不觉慢慢衍生。

但是，源远流长的汉学，人们习惯地认为其洪流和网络在西方，西方是汉学的形象代表。这一看法一是源自近代以来西方强势文化和中国人的崇洋心理；二是西方汉学的某些特征也确实有别于朝鲜半岛、日本和越南的汉学。其实，如果我们从世界汉学历史发展的角度看，日本、朝鲜半岛和越南的汉学要早于西方的汉学，比如日本在十四五世纪已经初步形成了汉学，而那时西方的传教士还没有进入中国。因此，对于汉学的研究，无论是西方还是东方（朝鲜半岛、日本和越南），我们都不能顾此失彼，要以同样的关注和努力探讨其历史。当然，汉学的历史藏在文献里，而隐性源头却在文献之外。

文化往往伴随经济流动，其交流也会在不自觉或无意识状态下发生。到了明代初年，郑和率舰队出使西洋，前后七次，历经二十八年，到过三十多个国家，最远抵达非洲东岸和红海口，真正拓展了海上“丝绸之路”。

在公元八九世纪至十六七八世纪期间，关于中国，多见于西方商人、外交使节、旅行家、探险家、传教士、文化人所写的游记、日记、札记、通信、报告之中，这些文字包含着重要的汉学资源，因此有人把这些文献称为“旅游汉学”。这些来源于文艺复兴,因为思潮的开放影响了欧洲人的思想和生活,他们或通商,或传教,或猎奇,但了解和研究中国文化却是一致的,于是汉学便在葡萄牙、西班牙、意大利、法国、荷兰、英国、德国、俄罗斯等主要的西方国家逐步发展起来。

这类游记和著作较早的有约在公元 851 年成书的描述大唐帝国繁荣富强的阿拉伯佚名作者的《中国与印度游记》,吕布吕基斯的《远东游记》(1254),意大利的雅各·德安克纳的《光明城》,贝尔西奥的《中华王国的风俗与法律》(1554),《利玛窦中国札记》,亚历山大·德·罗德的《在中国的数次旅行》(1666),南怀仁的《中国皇帝出游西鞑靼行记》(1684),费尔南·门德斯·托平的《游记》,李明的《关于中国现状的新回忆录》(1696)和《中华帝国全志》(《中国通志》)等,以及罗明坚、金尼阁、汤若望、卫匡国等名士的著作,还有大量名不见经传的传教士、商人、旅行家、探险家的各种记述,都成为日后汉学兴旺发达的必然因素。这类著作主要涉及中国的物质文明,较多描述、介绍中国的山川、城池、气候以及生活起居、饮食、服饰、音乐、舞蹈,也涉及一些中国的观念文化。这些“旅游汉学”著作中,影响最大的是《马可·波罗纪行》(《东方见闻录》)。马可·波罗(Marco Polo)于 1275 年随父亲和叔父来中国,觐见过元世祖忽必烈,1295 年回国后出版了这本书,它以美丽的语言和无穷的魅力翔实地记述了中国元朝的财富、人口、政治、物产、文化、社会与生活,第一次向西方细腻地展示了“唯一的文明国家”——“神秘中国”——的方方面面。

这些包罗万象的文献,不仅记录了不同时代的中国,还以自己的文化视角开始了中西文化最初的碰撞。作为文献,这些游记、日记、札记、通信和报告,有赞美,有误读,也有批评,但因为其中包含大量中国物质文化及政治、经济、历史、地理、宗教、科举等多方面的文化记载,而成为汉学的重要组成部分,在学术史上有重要价值。

汉学的发生、发展与经济、政治、交通以及资讯分不开。有学者把汉学的历史分为“萌芽”“初创”“成熟”“发展”“繁荣”几个时期,也有的分为“游记汉学时期”“传教士汉学时期”和“专业汉学时期”三个阶段。但汉学的真正形成是在明末兴起的“西学东渐”和“中学西传”的互动之中。

从 16 世纪到十八九世纪,在数以千计的散布在中国各地的传教士中,有不少人成为名载史册的汉学先驱,他们为汉学的发展作出了重大贡献。

自1540年罗耀拉(S. Ignatins de Loyola)、圣方济各·沙勿略(Francisco Xavier)等人来华,开始了以意大利、西班牙传教士为主的第一时期的耶稣会的传教活动。接着,意大利的范礼安(Alexandre Valignani)、罗明坚(Michel Ruggieri)等著名传教士来华。1583年,即明朝万历十一年,罗明坚将利玛窦神甫(Matteo Ricci)带到中国,从此,耶稣会士在中国的宗教活动无论是对于西方或是东方,都开始了一个新的历史时期。西班牙的胡安·冈萨雷斯·德·门多萨(Juan Gonzalez de Mendoza)的《中华大帝国史》于1588年问世,这部世界汉学史上的第一部汉学著作,名副其实地对中国的政治、历史、地理、文字、教育、科学、军事、矿产、物产、衣食住行、风俗习惯等做了百科全书式的介绍,具有相当的学术价值,以七种文字印行,风靡欧洲。以利玛窦为核心的耶稣会士的历史意义在于他们开始了对中国文化的全面"开垦",不仅著书立说,还把《大学》《中庸》《论语》《孟子》等中国文化经典译成西文,不仅开西学东渐之先河,也推动了中学西传,使中国文化对西方科学与哲学产生重要影响,因此这位思想家当仁不让地被视为西方汉学的鼻祖。与其先后到达中国的著名的传教士都著书立说、传播中国文化,对推动西学东渐和中学西传作出了贡献。在世界汉学史上,除了以上提及的,还有许多汉学家的名字十分响亮,诸如曾德照、柏应理、卫匡国、殷铎泽、南怀仁、汤若望、龙华民、金尼阁、罗如望、熊三拔、李明、张诚、白晋、马若瑟、宋君荣、钱德明、翟理斯、安特生、雷慕沙、儒莲、德理文、安东尼·巴赞、蒙田、冯秉正、尼·雅·比丘林、巴拉第·卡法罗夫、瓦西里耶夫、沙畹、伯希和、马伯乐、葛兰言、斯文赫定、马礼逊、斯坦因、理雅各、翟理斯、李约瑟、韦利、霍克斯、卫礼贤、福兰阁、孔拉迪、高本汉、卫三畏、费正清、戴密微、石泰安、谢和耐、欧文等。他们和东方日本、朝鲜半岛的富有建树的汉学家以及当今散布在各国的汉学家,对中国文化的独特理解,铸造成汉学史上的思想学术之碑,开垦了汉学成长的沃土。

"西方的汉学是由法国人创立的。"但是,在欧洲全面研究中国文明的问题上,"法国的先驱是葡萄牙、西班牙和意大利"。① 戴密微把以上三个国家誉为汉学的先锋,"他们于16世纪末叶,为法国的汉学家开辟了道路,

① 戴密微《法国汉学研究史》,耿昇译《法国当代中国学》,中国社会科学出版社1998年版。

而法国的汉学家稍后又在汉学中取代了他们”,真正建立起作为学术的汉学传统。就传统汉学而言,法国是汉学家最多的国家之一,有许多汉学界的学术巨擘,不断为汉学的崇高而添砖加瓦。

中外文化交流的结果不仅意味着中国文化“外化”的传播,也意味着异质文化对中国文化“内化”的接受。汉学家作为中外文化交流的桥梁和使者,在异质文化的交流中,也是人类和谐与进步的推动者。

汉学诞生在与异质文化碰撞、交流和相互浸淫之中。这个结果无异于一枚果子的成熟,只有“风调雨顺”才生长得好。和谐、宽容、理解与尊重,是异质文化彼此借鉴的保证。作为文化形态的汉学,其成长和生存离不开良好的国际语境。就中国而言,历史上凡是开放的时代,文化交流多,汉学就发展;反之,汉学就停滞,这似乎成为一种规律。

作为学术公器的汉学,文化上有其自己的成长过程。汉学是发展的,这一植根于中国文化土壤,生存于异国他乡的文化,同样深受不同时代语境的极大影响。这里所说的语境,既包括中国的历史演变,也包括异国和世界的历史变化。也就是说,不同的历史时期,不同的社会、政治、经济、文化背景,在很大程度上左右着汉学的发展方向和内容;换句话说,汉学的形成和发展,不仅受制于中国历史的更迭,也受制于他者社会的变化。这就是以历史悠久的中国文化为研究对象的汉学发展的基本轨迹。

汉学作为一种学术形态,总体上可以分为“传统汉学”和“现代汉学”。传统汉学以法国为中心,而现代汉学兴显于美国,20 世纪中期以来,在西方其他国家葆有传统汉学的同时,现代汉学也很繁荣。随着中国与世界政治关系的变化,随着中国文化与世界文化交流的拓展,现代汉学有了显著的发展。

虽然 20 世纪的后五十多年,中国文化与世界各国文化接触开始多了起来,但就整体而言,1949 年后约有三十多年是一个相对“闭关锁国”的时期。公正地讲,这道意识形态的“长城”也并非就是中国的政策,是那时期以美国为首的国家在政治、经济、军事、文化上对我国全面封锁的结果。这个时期的“汉学”涂满了政治色彩,以法国为代表的汉学较多地保持着传统汉学的学术精神,而美国的“中国学”却成了充满政治意识的现代汉学的代表。美国的“中国学”所关心的不是中国文化,更不是中国的传统文化,而是中国的政治、经济、军事、教育和社会生活各个层面的问题。这种政治特征，是那个时期美国汉学的基础，这一特征也影响了其他国家汉学的研究方向和内容。

由于中国与世界的隔离，由于西方与中国少有交流，因此汉学家不了解中国最新的文化进展（比如新的考古发现），致使汉学处于断炊或“无米之炊”的状态，没有中国文化的支持，西方汉学要想取得研究上的突破也很困难。陌生感和神秘感困扰着汉学家，这不仅是文化的尴尬，也是汉学家的难堪。

人类文化包含了物质文化和观念文化等。物质文化表现在衣食住行生活方面，是一种看得见、摸得着又极易变化的“具象”文化，例如饮食、服饰、住房、音乐、舞蹈等；观念文化是一个民族的核心，表现在人的价值观、道德观、家庭观、宗教观等诸多方面，以及关于自由、平等、民主的理解，观念文化是一个民族的思维经过高度抽象后形成的思想、观念和精神，它通过文化灵魂——哲学、文学、语言、宗教、历史等来表达。① 观念文化，一俟进入外国汉学家的研究视野，他们的研究也就进入了对中国文化核心的深层研究。

汉学家从对中国物质文化到观念文化的研究，其领域越来越广越来越深。现在，汉学不仅包括对中国的哲学、文学、宗教、历史领域的研究，还包括社会学、政治学和自然科学。Sinology（汉学）和 Chinese Studies（中国学），它们已经发展到可以“异名共体”的地步。

时至今日，传统汉学和现代汉学这两种汉学形态不仅同时存在着、共荣着，而且还互相浸透着。

19 世纪末至 20 世纪初，美国汉学悄然嬗变为中国学，并以自己独有的个性特点和极强的生命力出现在世人面前。美国汉学始自 1830 年东方学会（American Oriental Society）的建立，这个学会虽然代表了欧洲那种对东方学文学的兴趣，但这个学会“从一开始就有一种与众不同的使命感”——“为美国国家利益服务，为美国对东方的扩张政策服务”。② 这个特点也与“美国海外传教工作理事会”向中国派出基督教传教士的宗旨相

① 任继愈：《汉学发展前景无限》，载《中华读书报》2001 年 9 月 19 日。

② 侯且岸：《费正清与中国学》，载李学勤主编《国际汉学漫步》（上），河北教育出版社 1997 年版。

一致。可见,美国汉学一开始就和美国的国际战略和对华政策联系在一起。卫三畏(Samuel Wells Williams)1848 年出版的百科全书式的《中国总论:中华帝国的地理、政府、教育、社会、生活、艺术、宗教及其居民观》就带有较为浓厚的社会科学特点,与欧洲具有人文科学特征的汉学颇有差异,但它依然属于 Sinology 的范畴。

美国从南北战争后的统一中走向强大,加入强国之列。八国联军对中国的侵略行径,是列强联合的第一次尝试。从那时起,承担着相当"政治"角色的传教士进入中国。真正美国式的"汉学"——中国学,就从那时开始,而奠基人和开拓者是之后的费正清(John King Fairbank)。作为美国首席中国问题专家的费正清,他的中国学研究不仅影响了美国,也对其他国家的汉学研究或中国学研究有强烈的影响。

在西方,费正清的魅力在于,没有谁能像他那样以更清晰、更富于洞察力的笔触来表述中国。"在使美国人了解中国,了解中国的传统、中国纷扰不安的近代史,以及中国神秘莫测的现状等方面,谁的贡献也没有像他那样大"。费正清等一批知名的美国中国学家都参与过战时情报工作,在战后作为美国政府的智囊而直接为制定对华政策服务。费正清的研究虽然充满了实用和功利色彩,立场和观点也有偏见,但这并不妨碍他在历史上作为一个贡献巨大的汉学家和中国人民的朋友的光辉。美国学者从事研究的根本出发点是"使命感""学术个性"和"反唯理智论倾向","蔑视学问,更为强调实用性知识","更为明显同自己以外的社会,即政治家、实业家及其实践家始终保持紧密的联系"。① 这就是美国中国学家的基本心态,他们讲究功利和实用,不理会学术上的理智倾向,这与法国汉学家的学术心态、学术个性与学术传统几乎大相径庭。

传统汉学(Sinology)和现代汉学(Chinese Studies)的差异在于前者是以文献研究和古典研究为中心,它们包括哲学、宗教、历史、文学、语言等;而以美国为中心的现代汉学(中国学)则以现实为中心,以实用为原则,其兴趣根本不在那些负载着古典文化资源的"古典文献",而重视正在演进、发展着的信息资源。但是,汉学发展到 21 世纪,其研究内容和方式已经出现了融通这两种形态的特点。这种状况既出现在欧洲的汉学世界,也出现

---

① [美]赖肖尔:《近代日本新观》,三联书店 1992 年版。

在美国的中国学研究之中,可以说世界各国汉学家的研究中,都兼有以上两种汉学形态。

汉学(Sinology)对中国研究者来说,被尘封得太久,所以它的空白很多,浩如烟海的资源还有待于深入开掘。这种开掘,不仅可以收获汉学,还可以无意中发现被历史“放逐”和“遗失”在异国他乡的中国文化。编撰“列国汉学史书系”的目的和宗旨,不仅是为了梳理已有的汉学资源,在世界范围内追踪中国文化的外传历史状况、经验及影响,同时探究汉学的产生、成长、发展与繁荣,还要尽可能厘清这块“他山之石”对于中国文化的作用。当然,“列国汉学史书系”还期望对推动中国文化与世界文化的交流有所裨益。

“列国汉学史书系”作为一个文化工程,其撰写的难度非一般学术著作所能比拟。严绍璗教授谈到 Sinology 的研究者的学识素养时提出四个“必须”:①必须具有本国的文化素养(尤其是相关的历史、哲学素养);②必须具有特定对象国的文化素养(同样包括历史、哲学素养);③必须具有关于文化史学的基本学理素养(特别是关于“文化本体”理论的修养);④必须具有两种以上语文的素养(很好的中文素养和对象国的语文素养)。这几点确实都是汉学研究者必须具备的文化和语文素养,否则很难进入汉学研究的学术境界。

写作“列国汉学史”艰难,而出版可谓难上加难。人间的事好像天上的云、地上的风,飘忽不定没有根,铁板钉钉是没有的,因为钉子可以用“权力”拔出来,一切承诺和协议,都可以化为乌有。虽然“列国汉学史书系”一直受到经济的困扰,但它终没有自毙于摇篮之中,冬天之后是春天,接着便是收获的季节。这套富有创意和价值的书系,将对中外文化交流和汉学的发展及其比较研究产生深远影响。

有人认为“汉学史中国人写不了”,当然这是一个很奇怪的“立论”。日本人石田幹之助写了《欧人的中国研究》(1932)、莫东寅写了《汉学发达史》(1949),接下来又有严绍璗的《日本中国学史》(1991),张国刚的《德国的汉学研究》(1994),张静河的《瑞典汉学史》(1995),何寅、许光华主编的《国外汉学史》(2002),刘正的《图说汉学史》(2005)和李庆的《日本汉学史》(2005)相继面世。在人类的文化长廊里,无论是中国还是外国,各种史书琳琅满目,这其中有外国人写中国的各类历史,也有中国人写外国的各类历史。历史，是往事，是记录，是选择，并有相对独立的评论和褒贬。但是，事实上任何一部历史都不是最后的历史，历史随着时光的流逝而演进，修史很难一步到位，它需要一代代学者“积跬步”才能“至千里”，只有“积土成山，积水成渊”，方能“风雨兴”“蛟龙生”。学问之事非一夕之功，非得有前赴后继者敢于赴汤蹈火“流血牺牲”，才会达至光明顶峰。

开拓者也许会在某个时候将自己的真诚劳作化为欢乐，因为在以后的岁月里，定会有人踏着自己的肩膀或是踩着自己的鼻子和头顶攀上高峰，以鸟瞰美丽风光。21 世纪是经济的大空间，对汉学来说也是一个“大空间”。但是，要探索这个“大空间”，需要有个和谐的“太空站”，需要大家联袂共建；当然世界上需要多元文化和谐相处的历史语境，共同创造彼此接近、认识、理解、尊重、沟通、借鉴与融合的机会，这个机会，就是汉学研究发展的机会。

时间在行走，历史在行走。人类创造过历史，书写过历史，但是没有最后的历史。汉学有历史，而且还正在创造新的历史，汉学及其研究将以自己的品格和个性在人类文化的世界里放出异彩。

阎纯德

2006 年 12 月 5 日

于北京半亩春

自 序

法国汉学，不但历史悠久，而且学科齐全，名家辈出，层次较高，目光独到，观点尚为公允。笔者从事法国汉学的翻译与研究工作，已有30余载。但是，要撰写一部严肃而又完整的法国汉学史，至今仍然难以完成，甚至也怯于命笔。其一是受笔者学识的限制，笔者于30年来仅局限于自己熟悉的几个领域中；其二是受资料限制，法国汉学史的许多代表作，笔者均无法获取；其三是每个人的时间与精力有限，难以通读法国汉学史上的全部代表作。有鉴于此，笔者基本上是选择了法国汉学史中的“中西交通史”或“中外关系史”学科，包括中国西北史地、南海史地、敦煌学、突厥学、蒙古学、藏学、中国与阿拉伯—波斯国家关系史、天主教入华史（包括耶稣会、遣使会、巴黎外方传教会等）、中西文化交流史（特别是中法文化交流史）。对于纯中国文史哲诸学科，笔者不敢过多涉猎。至于中国国学的诸多方面，笔者更是“科盲”。出于这种种原因，笔者始终无法完成一部《法国汉学史》。在此期间，笔者也曾几易文稿，总觉得单薄而片面，无法面世。但是，一部《法国汉学史》却是笔者魂牵梦萦的作品，笔者多年来为此而积累资料，总希望能在耄耋之年，向学术界奉献一部既能使自己又能使他人满意的《法国汉学史》。我也衷心希望它能于不太遥远的未来问世。

目前，以上计划尚属纸上谈兵。2014年，是中法建交50周年，也是法国大学堂中首设汉学讲座的200周年（从雷慕沙于1814年在法兰西学院开创中国国外首个汉学讲座算起），也是笔者本人在北京外国语学院（今北京外国语大学）学习法语50周年。笔者本来也打算做一点事，以示纪念。恰逢我的老师兄——北京语言大学汉学研究所所长、《汉学研究》主编阎纯德先生与笔者多年朋友——澳门基金会主席吴志良先生主编一套国外汉学国别史丛书。我这几年来正忙于西藏与西域史的工作，实在无暇兼顾。我只好在自己30年来的300余篇论文和译文中，选择了20多篇，编校成此书，实有一点滥竽充数之嫌。但“有”略胜于“无”，“有”对于

“无”来说，永远是无限大（∞）。

本书不是一部通史性著作，而是笔者多年来译文和论文的选编。但它们对于法国汉学史的几个方面，还是有一定程度的深度。它们均属于笔者曾长期作过专门研究的成果：法国汉学史、景教和天主教入华史、伯希和西域探险史、丝绸之路（包括西北、西南和海上丝路）史、法国19—20世纪间的几位主要汉学家传记。笔者企盼，广大读者通过这片小叶，可以窥见法国汉学的全秋。

对于法国汉学的缘起、发展、现状及其在世界汉学史上的重要地位，本书中的多篇正是论述这些问题的，笔者于此就不再叠屋架床，烦琐而又不得要领了。

本书中所选各篇，除了几篇译文之外，那些论文都可能存在不确切之处。这是由于它们是笔者在30多年来陆陆续续地写成的，有些可能会有过时感，但它们毕竟都是法国汉学史上的阶段性成果，是其长链中的一环。但是，笔者毫不夸张地说，这些论文中谈到的问题，在中国基本上没有人涉及过，大都是首次被论及。它们在中国学术界，纵然不算是“创新”，那也应该是全新的。它们必为中国学坛带来一股清新之风，使人视野开阔、耳目一新，开辟了新领域，提供了新的思考课题。每想到这一切，我对自己的工作，还是很欣慰的，笔墨未白白泼洒，心血并未白费，师友们的关怀也并未付之东流。总而言之，自己30多年的时光不算虚度。

人贵有自知之明。我清楚地知道，自己不是科班的史学专业出身，知识疏浅，孤陋寡闻，文中的纰漏和错误，在所难免。多亏阎纯德和吴志良先生的帮助，纠正了不少失误。笔者于此，欢迎广大读者批评指正，不胜感激！

耿昇

2013年7月12日

于京西草庐

目　录

从法国汉学到国际汉学[①]

中国始终吸引着西方。在将这两种文化隔离开的藩篱中,居首位者是语言,其次更加深刻的则是文化结构,在很长时间内始终是无法跨越的。当这两种文明被置于面对面时,便出现了不同的反应。当以皇帝本人为化身的中国佯装对世界一无所知时,欧洲却轮番地对中国感到困惑不解与被深深吸引,令其学者们为研究中国文明而卖力地工作。

汉学史基本上就是西方对中国关注的历史。但欧洲对中国的关注,却要远远早于最早汉学家们的著作。事实上,安田朴(Etiemble)所说的"哲学的东方",或者是道森(R.Dawson)追述西方对中国的不同评价时,所使用的"中国的变色龙",均不属于汉学所专有的领域,而更应该属于思想史的范畴。

汉学是一门科学。因此,人们过去必须坚持撰写真正的人文科学著作,其主要关注点应该是必须深入揭示中国文明的奥秘,而不是对它作出判断。这就是在伏尔泰(Voltaire)与杜赫德(Du Halde)、莱布尼茨(Leibniz)和宋君荣(Gaubil)、孟德斯鸠(Montesquieu)和李雅各(Lagge)之间,或者是更靠近我们的佩雷菲特(A. Peyrefitte)和戴密微(Paul Demiéville)之间,所存在的全部差异。在16世纪之前,并不存在学习了汉语而成为汉学家的学者。第一批汉学家是传教士。他们的动机当然不是无缘无故的。欧洲人为了与中国人更好地互相理解,而把自己装扮成中国人,于是便穿上了官袍以便与之平等交谈。其结果是造成了一种换位,从而便可以为其手段,特别是为汉学辩护。这门科学诞生于传教活动中,继

---

① [法]若瑟·佛莱什(José Frèches,原任法国吉美博物馆研究员。——译者注)著,耿昇译。

续发展于19世纪的扩张之中，至今仍深深地扎根于政治之中。因为撰写一部有关近代中国的著作，归根结底，也必须要在支持或反对者之间表态。

汉学从其肇始起，便哺育了中国的变色龙，激起新评价的知识之深化。在这一方面，汉学在欧洲思想史的组成要素中，占有一席之地。汉学著作往往会打乱尚不能控制物质的新思想。如果大家考虑到有关中国文化革命的数量巨大的文学作品，那么大家就不会发现为评价这场运动而产生的困难，尽管所有人都在谈论这场“文化大革命”。

但非常奇怪，汉学却以一种颇有意义的方式，从属于中国近代史。与耶稣会和平共处政策相对应的，便是耶稣会士汉学的鼎盛时期。中国在鸦片战争之后的经济衰退和对外开放，却促进了在当时从事的科学研究，在欧洲掀起了对中国研究的一种史无前例的迷恋。20世纪时，美国和日本的汉学取得了重大发展，特别是由于毛泽东的革命使中国晋升到强大国家之列。很少有一种科学会使人如此永不失兴趣，一种或为龙或为凤的变色龙的支持者与反对者，发动了一次永久的战斗。

汉学的形成史也是一种逐渐的发展史，还应该是一个长期为人鲜知世纪的历史。有关中国的最早的著作应断代为中世纪时代。从马可·波罗的《寰宇记》(1254—1324年)到柏朗嘉宾(Jean de Plan Carpin)、鲁布鲁克(Guillaume de Robrouck)的游记，所有著作都带有“神奇性”的烙印，并且还酷似传奇故事。从约翰长老(Prêtre Jean)到令人恐惧的成吉思汗的亚洲，是一个位于现实边缘的外部世界。非常奇怪，这些最早的旅行家们，更主要是对于中国城市的辉煌感到心荡神驰；而3个世纪之后的传教士们，却不再如此了。事实上，对于这些人来说，人们从未对他们于传统上执着的价值提出过任何质疑。如果说范桑·德布韦(Vincent de Beauvais)将柏朗嘉宾的游记列入进了其《世界明鉴》(Speculum Mundi)中，那确实是由于它与欧洲中世纪的哲学非常谐和。这些游记并未提供明确具体的知识，它们却激励了旅游，并可能还有助于将这种对中国的好奇心灌输于人们的思想中，而汉学正是其后果①。

此外，大家还会在《我知道什么？》第1113号(谢和耐：《古代中国》)和

① 由于篇幅所限，我不可能具体解释本著中使用的某些汉文名词术语，特别是经典的书名和名人的姓名。非内行的读者将会在《我知道什么？》(第296号)中发现一些必要的资料，这就是康德谟(O.Kaltenmark)的《中国文献》。

第1244号(龙巴尔:《帝国时代的中国》)和第840号(纪亚玛:《人民中国》)中,发现人们经常使用的必不可缺的中国历史概念。

本著中所使用的汉文名词术语的对音,除了引文之外,均使用由中华人民共和国官方采用的“拼音”方案系统。

一、16—18世纪的汉学

(一)最早的传教士(1580—1650年)

汉学是随着首批欧洲人通过海路入华而诞生的。直到18世纪,这门学科才活生生地和就地形成的。继马可·波罗和中世纪的其他旅行家之后,葡萄牙人是首批向中国派遣考察团的欧洲人。尽管于1521年在广州发生了一系列的外交事故①,但葡萄牙王室还是从中国当局获得了一道圣旨,授予了葡人入居澳门的权利(1575年)。该港口于是便在一个欧亚两大陆之间关系尚不算很畅通的时代,变成了欧洲进入中国的桥头堡。方济各会士、耶稣会和奥斯定会士们,都是那里出发入华的。这些传教士们按照各自不同的方法,将《福音书》传入了中国领土。传教士们很快就觉得中国的语言、历史和思想史知识,不仅仅是为了使他们被当地居民所理解必不可缺的要素,而且为了更好地向西方通报基督宗教在亚洲的发展,以便恢复刚刚走出宗教战争阴影的教会重放光彩。汉学诞生于行走之中。最早的“游记”,也就是传教士们最早的考察记述,均出自葡萄牙和西班牙人。他们大幅度地有别于其先前的同事们,其中的最佳者大大地超越了其他人。

《论中国和霍尔木兹的事物》的作者是一名葡萄牙方济各会士嘉士帕尔·达克鲁斯(Gaspar de Cruz)神父,发表于1569年。它被奉为另一部产生了史无前例反响著作的写作基础。因为蒙田(Montaigne)本人也是这部著作的读者,这就是《中华大帝国的最奇特事物、礼仪和习俗史》,由奥斯定会士门多萨(Juan Gonzales de Mendoza)撰写。1585年在罗马发表的该游记,成了从1588年就被译作法文的著作。其序言中指出,该奥斯定会士

① 考狄(H.Cordier):《葡萄牙人到达中国》,载《通报》,1912年,第13卷,第483—543页。

曾实现过3次在华居留(分别于1577、1579和1581年)。他在此期间,搜集了其著作的文献素材。他的著作形成了一种典范,全书分为了两章。其中第1章是致力于对该国地理以及对该国国情作详细描述的;第2章是有关宗教的。他已经提供了许多珍贵资料,从中华帝国的衣着习惯到政治组织,无一付阙如。在他对中国宗教的研究中,该传教士表现出了一种比较公正的相对客观性。他的反思是此后一系列研究中的最早者,这种研究最终导向了礼仪之争。面对中国人的礼仪实践,传教士们在两种态度之间作了选择:最终地贬责或全盘接受它们。门多萨在这一方面成了耶稣会士们的先驱,他很快就接受了第二种可能性,并断言可以在佛教的万神殿中找到基督宗教神圣的三位一体。据他认为,这同时又贬低了"中国人不太重视"的偶像们的作用。第二章的最后一节也并非毫无意义,因为其中收录了由西班牙奥斯定会士拉达(Martin Rada)神父自中国携归的书籍目录。拉达本人也提供了第一批汉学家们应该掌握的资料目录的想法。该目录共包括28个差异巨大的书名。人文科学的所有领域,于其中都有代表作。这些信息并不是以书籍(此类书籍现今已一无所剩了)的形式出现的,而更应该是由传教士们发掘并供学者们使用的档案。

斯卡利杰(J.Scaliger,1540—1609年)同样也是《中华大帝国史》的最早读者之一,他如同其他许多人一样,诸如法兰西斯·培根(Francis Bacon)和蒙田(Montaigne)一样,都使他觉得中国如同一个受人尊敬的国家;它所作出的表率作用,在如同他生活的 那个时代一样动乱的时代,都会有人效仿。这种思想状态,出自传教士们强调的中国人的悠久道德和帝国的稳定。即使他们如同生活在福建监牢中的加莱奥特·佩雷拉(Galeote Pereira)一样也罢。这名葡萄牙人于1549—1552年被囚禁。尽管城市的雄伟和洁净而激发他产生了敬仰之情,但他依然没有克制住自己。总而言之,仇华和亲华在当时是共同产生两极的。

最早在福建海岸登陆的奥斯定会传教士,诸如门多萨或拉达(Martin Rada)那样的人,肯定经历过巨大的语言困难。拉达于1575年来到该地区,率领一个布道团,曾建议布道团"学习中国人民的品质"①。尽管他的事业很短暂了。但他也编纂了一部《汉文—西班牙文词典》,它是同类词书中的第一部。从此之后,耶稣会在一个世纪期间,便夺取了在中国领土

① 博克塞(C.R.Boxer):《16世纪的南部中国》,伦敦1958年版。

上研究中国的垄断权。

利玛窦(Matteo Ricci,1552—1610 年)到达中国,标志着欧洲汉学史上的一个重要时间。我们可以毫不夸张地奉他为“西方汉学之父”①。利玛窦于 1580 年到达澳门,另一位意大利耶稣会士罗明坚(Ruggieri)比利玛窦稍微早到一些,他于 1581 年首次潜入广州。

传教士们在投身于宗教归化事业之前,都学习了汉语。利玛窦开始时曾希望使传教士们与佛教僧侣等同起来。但当利玛窦发现和尚们在华南的地位卑微时(明末始终对他们没有好感),他于是便决定转向儒教,将孔子奉为其最受重视的精神盟友。耶稣会士们换掉了橘黄色的袈裟,而穿上了儒生们的长衫。他们的打算并不太坏。事实上,他们在与文士儒生们相结合时,却使自己站在了政权官府一方,因为儒教始终是中国的国教。此外,道教和佛教天生就不能吸引他们,因为其仪轨和科仪会使传教士们感到恐惧。道教的鬼神论确实很难与基督宗教相容。但不合常情的状况却是,他们摒弃了两种宗教而与一种哲学体系相结合,因为对宗教的关注在儒教中不占首位。以经典著作和《论语》为基础的原始儒教,于宋代(960—1279 年)让步于一种已变成了朝廷中意识形态的思潮。这种哲学在很大程度上应归功于儒教玄学,以“理”与“气”之间的二元论为基础。其中没有提到上帝。为了找到神灵和神力的观念,则必须上溯到儒家之源头,也就是经典文献本身。我们从此之后便可以窥伺到,为什么耶稣会士们的精力都投入到了对这些文献的翻译方面了。他们必须使孔子变成一位圣人或一位先知。

利玛窦善于利用于 1600 年左右在中国出现的一种新动向作出的贡献。这就是汉学派,其成员宣扬回归对经典的诠释,某些汉学家也曾得以写道,利玛窦甚至成了这股思潮的源头②。这里更应该是指两种只能是互相吻合的独立活动的相遇。耶稣会士利玛窦从中国经典古文献中出现的“上帝”和“天主”这些名词中,看到了上古时代中国人对于上帝的信仰。这样一来,儒教便完全接近基督宗教了,中国人的礼仪无法与罗马教会的礼仪相容。

---

① 由戴密微先生引证,见《法国汉学研究史》,载《汉学论文集》,莱敦 1973 年版,第 434 页。

② 裴化行(H.Berard-Maitre):《利玛窦对中国的科学贡献》,天津 1935 年版。它在某些观点上已经过时了。

利玛窦的汉学著作大部分均已失传或始终留作未刊。他的专业知识扩大到了天文学、数学和地图学诸领域。他将丁先生(Clavius)的《论世界球体》(1570年)和皮科洛米尼(Piccolomini)神父的《世界球面图》带到了中国。数年之后,同一位克拉维尤斯(Clavius,丁先生)又为他寄去了更新的著作(《日晷表》,1581年;《星相表》,1593年)。利玛窦严格地按照一名优秀文士的准则行事。由于其广泛的科学知识,所以他获得了朝廷的信任。他对于中国文化的贡献远不能被忽略①。他还以编写一部《葡汉词典》而引人注目,但始终未杀青;他同时又以翻译《四书》(1594年)而著称,其稿本已佚。利玛窦的巨著《耶稣会和基督宗教传入中国史》,是在他死后于1615年,由其佛拉芒弟子之一的金尼阁(Nicolas Trigault,1577—1628年)发表的。金尼阁将利玛窦的论述又收入了其《基督教远征中国》(汉堡,1615年版)中了,此书于3年之后被译作法文。在利玛窦的这部记述所包括的5章中,仅有第1章具有某种科学价值。其余的4章均是有关中国基督宗教史和利玛窦神父具体行为的。这往往也是传教士们的其他记述中的梗概,其中传教区史超越了其他一切内容。金尼阁同样也撰写了一部《西儒耳目资》,其中的表意文字均按以拉丁字母拼写的四声和语音作了分类。该书于1626年在杭州付梓刊刻,在中国文人界引起了极大轰动,因为它在文人界促生了丰富的语音学研究论著。此著对于理解明代官话具有重大意义。除了一部中国史之外,金尼阁还于1626年从事了对《五经》的翻译(《中国五经》)工作。这些著作现在均已佚。

继利玛窦逝世之后,耶稣会士汉学更加具有活力了。葡萄牙传教士曾德昭(Semedo,又名谢务录)神父,将其《中国通史》(巴黎,1654年版)的部分篇幅,用于了对鞑靼人与汉人之间战斗的记述。这是自明王朝崩溃和大清王朝确立之后,具有非常现实意义的一段插曲。作者显示出他是一名优秀的观察家。如果说耶稣会士们的语气始终是友善的,那么其他某些传教士的情况却绝非如此,他们也撰写了许多有关17世纪中国的著作。确实如此,西班牙人麦克唐纳·埃雷拉(Macdonald Herrera)于1621年撰写了一部《中国新史》,它以其谨慎态度而有别于其他记述。他于其书中,将中国人描述得如同是畸形生灵和不大受人关注者。但他首次使用了一章的

---

① 裴化行(H.Berard-Maitre):《利玛窦对中国的科学贡献》,天津1935年版。它在某些观点上已经过时了。

篇幅去致力于研究中国艺术。从该世纪中叶起,传教士们对于历史的关注变得更加严格了。

这个时代最后一位大汉学家是特兰托人卫匡国(Martino Martini,1614—1661年)。他大幅度地充实了中国纪年的学科,而中国纪年在当时的汉学关注中,始终占据首列。事实上,中国文明较基督宗教文明的超前性,向入华耶稣会士们提出了一个严重问题:中国是否是在欧洲之前被上帝创造的呢?它在耶稣降临之后,是否立即就熟悉了基督宗教呢?问题之多是不胜枚举的。因此,卫匡国于1658年写成了其《中国早期史》,其中确定了从伏羲(公元前2952年)直至基督纪元之初的年代顺序。在此之前,他也是满族人征服浙江的见证人,并于其《鞑靼战纪》(1654年)中叙述了这段历史。卫匡国为中国的舆地学知识,以其《中国新舆全图》(维也纳1655年版),而作出了一种更要大得多的贡献。这是借助于经过核实和明确的数据,首次在那里绘制了中国地图。其他的中国舆地学家们,诸如卜弥格(Boym)和南怀仁(Verbiest)神父,都从卫匡国这个先驱身上受益匪浅。与卫匡国同时代的是西西里人金尼阁(Nicolo Longobardo)神父,他继利玛窦之后而出任入华耶稣会士们的长上,也是一部趣味十足的《论中国人宗教的几个问题》(1701年于巴黎出版)的作者。此书以其新奇性而引起了莱布尼茨(Leibniz)和马勒伯朗士(Malebranche)的注意。龙华民为当时正如火如荼地爆发的有关中国礼仪的争论,提供了新的营养。中国礼仪之争在50多年之后,导致了耶稣会的撤离中国。

那些中国从教人有力地支持了汉学家们:利玛窦最大的中国弟子徐光启(1562—1633年),曾以其名命名位于上海著名的徐家汇传教区。他曾经写道,基督教是希望“易佛补儒”。佛教界立即作出了反应,和尚们误解了为什么耶稣会士们背离了使他们觉得更为接近自己的宗教。另外一位著名的从教人是王徵(1571—1644年),他还是技艺高超的机械专家。王徵曾写过一本小册子,于书中捍卫了利玛窦的理论①。耶稣会士们善于依靠中国的社会环境,以推进他们的事业。况且,唯有中国人才可以向他们提供某些语言学或语音学资料。另外,同一位王徵曾与另一位叫作韩云的从教人合作,编纂了一本有关汉语语音的指南性著作。

---

① 谢和耐:《论17和18世纪的中欧交流》,载《亚洲学报》,东京1972年版,第23期,第78—92页。

(二)耶稣会士汉学的鼎盛与衰落(1650—1795年)

继利玛窦逝世后,意大利人、葡萄牙和西班牙人在汉学研究中,已经让位于法国人。1650—1814年间所产生的大部分汉学著作的作者,均为法国救世军的传教士们。葡萄牙于1514年获得了一种出自教廷的权力,从而赋予了它对东方传教区的保教权。这种垄断权可以解释,为什么我们在中国发现的葡萄牙和西班牙传教士的人数如此之巨,从而他们的文献数目也很丰富。法国耶稣会士罗历山(Alexandre de Rhodes,1591—1680年)神父于1623年到达澳门,获得了教皇的特许,它允许法国传教区在越南和中国设置总铎府(主教府)。数年之后,法国宫廷将亚洲纳入到了其政治和经济目标的名表中了。柯尔贝尔(Colbert)于1664年创建了法国东印度公司;一年之后,他又开办了巴黎外方传教会修院,这是一个为培养准备派往亚洲服务的新成员们的专门机构。耶稣会士汉学,正是在这种最美好预兆的愿景中,从1650年开始发展起来了。耶稣会的文化名望之高再无复加了。法国便将科学任务委托给了耶稣会,而且其范畴已大大地超越了修会布道活动的范畴。

耶稣会士汉学家们在保留利玛窦理论实质内容的同时,也坚持对于经典文献(《四书》与《五经》)更细致的研究。在这样的情况下,便出现了第一批科学译著,它们成了西方汉学的基础。为了完成这样一项任务,则必须拥有一部词典。人们必须等到19世纪,才会得到这样一部可以不受限制地使用的词典。在此之前,传教士们曾作出多次尝试,以编写一部词语汇编或一部简明小词典,甚至有时是一些双语(拉丁语—汉语,葡萄牙语—汉语)或四体合璧(拉丁语—法语—葡萄牙语—汉语)的词典。其稿本中的大部分均已遭毁。

孔子始终处于耶稣会汉学家们的关注中心。1670年左右,一个汉学家小组着手从事翻译《论语》。这四位耶稣会士学者的领头人是佛拉芒人柏应理(Philippe Couplet)。柏应理于1612年诞生于马林(Maline),1656

年莅华。他与恩理格(Herdrich)、殷铎泽(Intorcetta)①和鲁日满(Rougemont)②诸神父一起,完成了译本,后于1687年在巴黎出版,并题献给法国国王。这些译者们并非是初出茅庐者。殷铎泽曾于1662年翻译过《大学》和《中庸》(1669年发表于果阿)。第一种译本的前面已经附有一篇叫作《孔子传》的序文。至于柏应理,当他向路易十四介绍于1680年经过巴黎的第一位赴欧洲的中国人沈福宗时,曾在凡尔赛宫中引起了一场愕然。柏应理作为汉学家,在清宫中颇受好评。他曾写过一部叫作《汉文文法》的书,此书在长时期内被误归于另一个耶稣会士汉学家张诚(J.F.Gerbillon,1654—1707年)。这部教科书使众多传教士在乘船出发赴亚洲之前,都得以学习汉语。柏应理对于中国纪年学入迷,其《历代纪年表》是此类著作中的第一部,是一部详列皇帝名录及其执政时间的名表,以一种广泛世系谱的形式出现。我们于其对孔子著作原书译本的序言中发现,其中却有一段关于道教的文字,文中追述了该宗教的民间形态。这一事实值得强调指出,因为它证明了柏应理神父对科学的关注,其广阔的思想境界远远地超越了利玛窦或龙华民。

柏应理及其工作小组证明了耶稣会科研方法稳定的踏实性。法国王室在发现传教士们变成了中国问题的专家之后,便站在传教士们一方。1685年,六名耶稣会士被赐予"国王的数学家"的尊号,然后又让他们进入法国科学院。同年3月13日,他们分别乘"猎禽"(Oiseau)号和"马利格尔"(Maligre)号船出发,这些船舶经海路将布列斯特与澳门联系起来了。传教士们事前就已借助于柏应理的汉语语法书,而获取了汉语知识。葡萄牙人的接待很不友好,以至于传教士们抛弃了澳门,改向沿宁波河与扬州而上,一直到达北京。船舱中载有张诚、白晋(J.Bouvet,1665—1730年)和李和明(Le Comte,1655—1728年)诸神父。李明于17世纪末返回法国,于1692年发表了其《中国现势新志》。他于书中用两卷篇幅总结了西人直到这个时代对中国的全部所知。张诚和白晋又被充实进了那批最活跃的汉学家群体。张诚成功地赢得了康熙皇帝(1662—1722年在位)的信,向皇帝讲授欧几里得几何学,从而使中国君主又成了欧洲科学的酷爱者。张诚

---

① 殷铎泽(Prosper Intorcetta,1625—1696年),西西里人。

② 鲁日满(François de Rougemont)于1624年诞生于马斯特里赫特(Maastricht),因受教案牵连而于1664年逝世于中国。

从中国权力机构获得了一道支持天主教在华自由传播的圣旨。中国皇帝向耶稣会士们割让了一块地盘,以让他们建造一座教堂。中国朝廷与耶稣会之间的良好关系,又激励耶稣会扩大了其成员。路易十四最大的要求就是向北京派遣学者型传教士,这样的人物受到了热烈欢迎。白晋曾奉命负责去招募其他新成员。1699年,他乘安菲特里特号船(女神号,Amphitrite)从布列斯特返回,随船带去了巴多明(Parennin)神父和其他11名耶稣会士。这样一来,便使圣依纳爵·沙勿略修会在华成员的数目达到59名,这样就使他们在中国地面上远远地超过了其他修会的成员①。白晋与莱布尼茨保持着通讯关系,而莱布尼茨本人又是一部《中国近事》的作者。白晋作为数学专家,曾提示莱布尼茨将这位哲学家发明的二进位数学与《易经》八卦作以比较,而这一切又成了莱布尼茨在法国科学院一次报告的内容。入华耶稣会士们通过他们与其时代大学者们的通信,为向欧洲介绍中国作出了贡献,欧洲也很快对传教们发现的这个国家着迷。汉学对于西方思想产生了一种深刻的影响②。耶稣会士们与欧洲的重大科学机构密切合作,他们的劳动成果甚至被用于了远远超越了这些机构的目的。

尽管白晋具有数学修养,但他也很快主要是与马若瑟(J.Prémare)一并,形成了那些被人称为"索隐派"理论的顽固捍卫者。因为他们声称,在中国古文献中,重新"索隐"到了由希伯来的族长们传入的基督宗教的踪迹。再没有比这件事更缺乏说服力的了。"索隐派"信徒们具有比他们的同教教友们更狭隘得多的视野,诸如宋君荣(Gaubil)和冯秉正(de Mailla)那样的人物③,他们的看法比较现实。据雷慕沙(Rémusat)认为,马若瑟是其时代的最优秀语言学家。马若瑟于1666年诞生于瑟堡。他于1698年到达澳门,然后又从那里出发,经过在江西作短暂停留之后,便到达北京,于1714年逝世于澳门。其著作清楚地证明,"索隐派"并不排除任何科学真实的事实。马若瑟是两部教科书的作者,这就是《汉语读音》和《用欧洲文字书写汉文名词的拼写法》。他还编写了一部汉文语法书,这是19世纪之前所写成的最佳汉语语法书。这就是《汉语语言志略》(1728年),但它

① 当时在华的共有29名方济各会士、18名多明我会士和15名未参加任何修会的自由传教士。

② 在此问题上,大家可以参阅毕诺:《中国对法国哲学思想形成的影响》(1640—1740年),巴黎1932年版。

③ 同上引书,第22页。

直到1831年才出版。它是一位汉学家首次在文言文和白话文之间,作了基本区别。这位大学者却毫不犹豫地写道,《春秋》是被孔子搞得面目全非的以诺(Enoch)的一部古书的取代品。

完全如同白晋一样,比利时人南怀仁(F.Verbiest,1623—1688年)于1658年到达澳门。他首先成为中国皇帝的天文学家汤若望(A.Schall)神父的助手,后来勉强逃脱了因帝位的变化而使他命中注定的惩罚,于是便被康熙任命为观象台台长(1669年)。南怀仁曾以与宠臣同样的名义陪皇帝去狩猎。他一生中共写了近40部汉文书籍和许多书简,这些书简又形成了《鞑靼两次征服中国史》,于1910年由哈克鲁特学会(Hakluyte Society)出版。

从18世纪起,汉学不再仅限于在中国土地上形成了。入华耶稣会士们与西方学术界维持着长期的联系。从1703年起,对他们的考察结果和著作的发表得到了保障,这是由于《耶稣会士书简集》的原因,其出版工作一直持续到1818年。《耶稣会士书简集》形成了一种未被利用的资料之源。令人遗憾的是,它们未能成为一种考证版本的内容,但它们确实是一套巨著。第2套书简(1713—1743年)的编纂者是杜赫德(Du Halde)神父。杜赫德于1735年出版了其对开本巨著,叫作《中华帝国全志》,书中附有漂亮的插图图版,刚一出版便获得了巨大成功。但它却由于16卷本的《中国杂纂》(巴黎1776—1814年)的问世而黯然失色了。《中国杂纂》是启蒙时代耶稣会士汉学的一座真正历史丰碑,它是钱德明(Amiot)和韩国英(Cibot)神父的著作,在北京只剩余15名左右耶稣会士们的时代编纂成书。在这两套著作集的编纂时代之间,又发生了些什么事呢?

那场放纵狂热的中国礼仪之争,通过对耶稣会的责贬而告结束①。此外,康熙皇帝的继承人雍正皇帝(1723—1735年在位)远不如其前任那样赞成天主教。尽管他对巴多明神父表现出了个人的同情,却仍于1724年禁止了基督宗教,并没收了传教区的教堂。在继任雍正皇帝的乾隆皇帝时代(1736—1795年在位),便开始爆发了大规模的教案。这种不利的背景却从未有损于传教士们的汉学活动,因为他们的俗权衰落正相当于其汉学著作的鼎盛时期。

在那些从此之后便享有充分研究手段的汉学家中,我应该提到冯秉正

① 对于更多的细节,大家可以参阅安田朴:《入华耶稣会士与礼仪之争》,巴黎1966年版。

(Joseph de Moyriac de Mailla),此人于1669年诞生于安河(Ain),1702年到达澳门。他同时受天文学和地图学的吸引,撰写了一部《中国通史》,实际上是根据一部中国史而编译,而且他一直将此补充到明清两代。该部著作的手稿经过6年的紧张工作而告完成,但直到1777—1785年间才在巴黎分13卷出版。冯秉正巧妙地利用了由康熙皇帝于1692年令人译制的一部汉文原著的满文本。戴遂良(Léon Wieger)神父应该是从这部著作中汲出了其《历史文献》[①]书的资料。同样,考狄(H.Cordier)和格鲁塞(R. Grousset)也大量地从中获取了资料。

宋君荣被戴密微奉为18世纪最伟大的汉学家。他于1688年诞生于加亚克(Gaillac),1723年莅华入京,并在那里度过了37年。他能流利地讲汉语、鞑靼语[②]和满语。他成了法国科学院的通讯院士、伦敦皇家科学院的客座院士、圣彼得堡帝俄科学院的院士。他在整个欧洲都非常著名,与学术名星们保持着大量的通讯关系[③]。中国朝廷也利用了他的多种才能,任命他为那些前往朝见中国皇帝的欧洲人充任翻译。他以这一名义而经常接见大量藩部人。他就这样于1751年得以会见克什米尔的宗教人士、西藏的喇嘛和鞑靼的僧侣。他对于汉学的主要贡献,包括一部《成吉思汗和整个蒙元王朝史》(巴黎1739年版);一部《中国年代纪》,它补充了柏应理的著作;一部《大唐王朝史》。这最后两部著作最终是作为遗著而出版的。宋君荣同样也致力于翻译《礼记》《易经》和《诗经》。他将译稿寄给了佛雷烈(Fréret)[④],此人又将其主要内容报告给了金石和美文学科学院。

最后一位耶稣会士汉学家眼看着其教友们一个个地逐渐去世了,而自己却独自生活在北京,此人就是钱德明(Josenh Amiot,1718—1793年)。他原籍是土伦人,首先目睹了法国于1764年禁止耶稣会、后又由罗马直接撤销耶稣会(1773年)之后,逝世于中国京师。他在于1751年到达北京之前,先于1750年在广州登陆,并于10年之后在北京成为法国传教区的司库。他通过其著作,而向法国人介绍了乾隆皇帝。钱德明与法国国务秘书贝尔坦保持着通讯关系(1719—1792年),贝尔坦被任命为耶稣会士们的

---

① 详见下文有关河间府的段落。

② 这是巴多明神父于1725年教会他的。

③ 宋君荣的书简已由西蒙(R.Simon)发表:《宋君荣神父北京书简集(1722—1759年)》,日内瓦1970年版(由戴密微作序)。

④ 请参阅下文有关佛雷烈的段落。

正式通讯人。由考狄发表的这些书简①具有重大意义。德经(De Guignes)、比尼翁(Bignon)和其他学者们都向他提出过许多问题,要求澄清在他们心目中尚留作含糊不清的历史上的某些质疑点。钱德明与著名的《中国杂纂》合作,于1776年写了一部《中国古今音乐篇》,然后又编纂了一部《满文—汉文词典》和一部《梵—藏—满—蒙—汉语多语合璧词典》,他另外还撰写了《孔子传》(1784年)。他由此而证明了自己对哲学家孔子的关心从未被削弱过。

非常不合常情的是,当时的北京主教职位是由一名耶稣会士占据的,这就是南怀仁(Gottfried Laimbekhoven,1707—1887年)神父。他曾在1765年的传教区崩溃的最糟时刻,曾致信耶稣会的总会长,汇报了他服从教廷的原因。但他曾未能阻止任命一位西班牙奥斯定会士占据他曾占据过的职位。法国传教区的结束对于耶稣会士汉学的垄断权是致命的打击。但由于已经在世俗科学界奠定了科学基础,他们于数年之后又接过了其火炬。

(三)欧洲的汉学和世俗界的汉学(1650—1800年)

从16世纪末开始,第一批汉学著作的问世,便吸引了西方思想家、史学家和舆地学家们的注意力。早在"中国热"掀起18世纪的洛可可艺术高潮之前,中国便变得非常时髦了。总而言之,耶稣会士们身处一个环形图的极端,他们向欧洲学者们传播知识,从而使中国文明成了他们的研究主题。这些汉学家们的志向诞生于与西方知识界的接触,而西方知识界又在中华帝国看到了一种需要学习的榜样,或者更应该是他们的理论依据的明证。因为对于一个如此陌生的国家,人们很容易指出他方希望所了解的情况。由此而产生了应在两种著作之间作出的区别:一部分著作是由于对中国感兴趣而诱发的,没有任何不可告人的目的;其他的著作是由礼仪之争激起的,其中的汉学价值并不太大。

拉摩特·勒·瓦耶(La Mothe Le Veyer)是发表过有关孔子的一篇论文的首位世俗哲学家。这篇论文的题目,就颇能说明问题。这就是《论中

---

① 考狄:《贝尔坦的通讯人》,载《通报》,1913年,第14卷,第227页;1914年,第15卷,第307页;1915年,第16卷,第77—229页,1917年,第18卷,第195页。

国的苏格拉底——孔夫子》。这是他于1641年发表的一部叫作《异教徒的道德》的巨著中的一章。我们在这几页文字的下文发现的大量注释中，便告诉了我们有关这位作家从其他地方所获得的诸多资料，而且是出自学者那不信教的思想，并没有任何因素会使他在思想中倾向于中国。正是金尼阁神父的书向勒·瓦耶揭示了中国那位非常道德和爱国的苏格拉底（孔子）。中国的伦理、政治和宗教稳定，都应归功于他。为了奉孔子为一位圣贤，已经不需要作更多了。拉摩特·勒·瓦耶于其赞扬之中，走得比利玛窦更远，甚至表现得比金尼阁神父更像是耶稣会士。我们应该怎样来解释这种亲华派人士的成功呢？蒙田是第一位用吹捧的词句讲到了中国人，他于其《散文集》（《试笔集》）中对于中国官府的组织赞叹不绝。其“由国家派遣官吏去巡察各省状况的制度”，能够确保政权的长久性。那位不信教的学者蒙田在发表其《散文集》时，是为了针对具有正统观念的人而写成的。他向这些人指出，还存在着其他圣贤和其他真理；他更是直接致法国国王本人，因为他于1652年曾任国王的家庭教师。中国因儒教的要义而呈现的稳定性，被介绍成了一种最佳模式，特别是对于一个尚处于动荡中的法国更为如此。

另外一种类似的却又不大为人所熟知的尝试，那就是由佛朗索瓦·贝尼埃（François Bernier，1630—1688年）对孔子著作的译本。虽然它们至今仍保留作未刊，却意义更大①。在那位不信教学者时代，占统治地位的文化上的非国教主义，已经由于南特敕令而经受了严重考验。然而，它以一些不太官方的形式，依然被沿存下来了。1688年，正是他翻译《孔子》一书的时间，礼仪之争向不利于耶稣会士们的方向转化了。费内伦（Fénélon）最终选择了支持苏格拉底（Socrate）而反对孔子②。马勒伯朗士（Malebranche）③在耶稣会士与斯宾诺莎主义者的两条战线上发动了进攻。他甚至在未曾阅读全文的情况下，就对孔夫子发动了大肆攻击。他于此表现得与莱布尼茨互相矛盾，而莱布尼茨作为耶稣会士们的挚友，曾竭力地将“理”的观念比作基督宗教的上帝。贝尔尼埃似乎对这些辩论一无所知，

① 佛莱什（J.Frèche）：《佛朗索瓦·贝尼埃，18世纪的儒家哲学家》，载《法兰西远东学院学报》，巴黎，1973年，第60卷，第385—400页。

② 《苏格拉底与孔子之间的死人对话》，1689年4月9日发表。

③ 他于其《一名基督教哲学家与一名中国哲学家之间的对话》中，发动了对孔子的攻击，1708年版。

曾希望以取自孔圣人的教义来给其时代的年轻国王们上课。他不懂汉语，仅限于将柏应理神父及其翻译小组译制的孔子著作的拉丁文译本译作法文，并以注释而对它们大作修饰。因为从柏应理的书一出版，他便开始阅读它了，并非常欣赏其知识性和精确性。贝尔尼埃曾长期在印度居住，在那里受莫卧儿王朝皇帝的吸引而成为医生，但他从未对中国表现出特别的兴趣。他的著作主要涉及了克什米尔和1655—1660年的印度王位继承之战。他在去世前一年，才转向研究孔夫子，同时又避免成为那些宣扬"接近名流的边缘者"——圣贤孔夫子那批人中的成员。

中国礼仪之争继续对世俗汉学的命运施加压力。这场争论却成了某些研究内容的源头，特别是那些触及到希伯来人和中国人之间关系的研究项目。17和18世纪的荷兰汉学便是这种倾向的清楚证明①。他们最早的研究涉及了人们在突厥—蒙古文历书上发现的汉文方块字，附有阿拉伯文字和相对应的译文。斯卡利杰未能考证清楚这些符号，它们事实上都是人们可以在中国历书上发现的那些文字（天干和地支之体系）。对于莱敦大学的东学家们来说，它们始终是一种谜。斯卡利杰的继承人萨尔马修斯（Salmasius，1588—1654年）曾在鞑靼文与汉文之间作出过严肃的比较。他曾经写道，历书中的天干并不代表一个年的名字，而是决定着一个很长系列的甲子。数年之后，到了1650年，牛津大学的教授格雷维乌斯（J. Graevius）发表了《天朝纪年》，他于其中列举了中国每年的二十四节，并附有方块字的拼音。他是怎样深入到这一步呢？事实上，格雷维乌斯是雅各布·格利尤斯（Jucopus Golius，1596—1667年）的学生，格利尤斯在莱敦大学教授阿拉伯文。这位学者经于1653年在阿姆斯特丹会见耶稣会士卫匡国之后，便转向了汉学研究。卫匡国曾被派往教皇的教廷，以向他解释耶稣会有关中国礼仪的观点。他被荷兰人俘虏，曾被扣押在巴达维亚（1651年），再被从那里押解到荷兰（他很可能是让一名中国青年陪同，这就可能会早于柏应理神父的那名中国人沈福宗近30年）。格利尤斯拥有相当数量的中文书籍，尽管他对中文一窍不通。于是他便前往阿姆斯特丹寻找卫匡国，并要求该神父去莱敦大学，那名耶稣会士遵命行事了。卫匡国考证出了莱敦那本历书上的汉文方块字，并于其中辨认出了指天干和地支的文

① 戴闻达（J. J. L. Duyvendak）：《荷兰的早期汉学研究》，载《通报》，1936年，第32卷，第293—344页。

字。格利尤斯在这些宝贵建议的帮助下,发表了其《契丹帝国国情补遗》,并将之置于其友卫匡国的《中国新舆全图》地图集的附录中。我们在此文中,可以发现他与那名耶稣会士合作所从事研究的成果。格雷维乌斯曾阅读过由其师卫匡国神父撰写的这篇论文。

格利尤斯的藏书,也证明了荷兰于17世纪中叶从事汉学研究的气势。我们可以从中发现一部《汉—荷词典》,作者的名字付阙如,很可能是由新教传教士们从巴达维亚寄去的;同时还有其他许多词书①。这一整套非常稀见的著作,于其时代就已经非常著名了。在其他所有人逝世后,它又在1702—1718年间被乌德勒支(Utrecht)的亚洲语言教授勒朗(A.Reland)收回了。此人也是荷兰著名的东方学家,曾编写过一部《汉文词汇》,并配有拉丁文拼音和汉文、日本与安越文的读音。勒朗也如同格利尤斯一样,都应将他们那汉学家志向的萌生,归功于一名耶稣会士。在此系指祈尔歇(Athanase Kircher,1602—1680年)。祈尔歇是一部非常著名的《中国图志》的作者,此书于1667年在阿姆斯特丹出版。

菲利普·马松(Philippe Masson)是一名于18世纪初叶避难于荷兰的法国人,他同样也是在阅读了祈尔歇的著作之后,对中国产生了浓厚兴趣。其著作涉及了汉语与希伯来语之间的关系,证明了中国礼仪之争对于同一时代欧洲汉学重大课题的影响。其他汉学家早在马松之前,就已经关注到这两种语言之间的关系了,它们事实上触及了赞成"索隐派"与温和稳重派汉学家之间对立的争执。他在证明汉语和希伯来语之间存在亲缘关系的同时,却更乐于解释"索隐派"的论点。亚当·佩雷利尤斯(Adam Peyrelius)于其《欧洲及其中国崇拜》(法兰克福,1656年版)中,就已经对这两种方块字作了比较,因为它们各自的文字都非常简短。但他只不过是重复了曾德昭的说教。因为曾德昭曾经写道,汉语"酷似希伯来语"。其他的学者,诸如托玛欣(L.Thomassin)于其《希伯来文的世界性诠释》,或者是普菲费尔(A.Pfeifer),也都得出过类似的结论。这两位作家均依靠巴耶尔(Beyer,1694—1738年)的《中国学术研究》,巴耶尔是西里西亚人,精通不

① 这是其书名目录已为人所知的罕见情况之一,《汉语历史语言1000个方块字解释珍典》(也可能是拉达的词书),《汉文拉丁拼音文学词汇词书》、《汉文历史词汇及其解释》。这是由上引戴闻达书提供的资料。

少于16种的亚洲语言。考狄曾写道,巴耶尔是"旧学派"的最后一位大汉学家[①]。马松于其写于1713年的《文坛评论史》记录下了同样的看法。

18世纪时,法国的世俗汉学有一个大名人,即科学院院士尼古拉·佛雷烈(Nicolas Fréret,1688—1794年)。福建的一位中国青年于1702年到达中国。他接受了耶稣会士们的归化,取教名黄嘉略(Arcade Hoang)。当时任法国国王图书馆的馆员——修道院长比尼翁(Bignon)想到了于其周围集中了一个小组,包括佛雷烈和傅尔蒙(Etienne Fourmont,1683—1745年),傅尔蒙时任皇家学院(后来变成了法兰西学院)的阿拉伯语教授。他们身负的任务是研究由传教士们经常寄回的法国并属于国王的中文书籍[②]。那名中国人在此期间与一名巴黎女子结婚,他的早逝使他们的工作无果而终。但佛雷烈仍继续地研究中国。他撰写了一部《论汉语语法》和一部《汉语词典》,但它们从来未被付梓刊印。至于傅尔蒙,他仍继续其同事的工作,并且自己又重新编写了一部《汉语语法》。1728年,就在其著作付梓之时,他又收到了马若瑟神父的一封书简。该入华耶稣会士于其书简之中,又附上了其《汉语语言志略》。傅尔蒙愤愤不平,以至于他为了发表其书,而使该手稿被置于了"遭人被遗忘"的处境了。1742年出版的《二元语法》,有点过分强烈地受到了由多明我会士万济国(Francesco Varo)于1705年在广州写成的语法书之影响,他从马若瑟的著作中汲取了大量素材。在此之前,傅尔蒙曾经历过几次困难时期。当他被催促翻译《春秋》的部分内容以证明其能力时,又曾遭到过龚当信(Contancin,1670—1733年)神父的拒绝,因为傅尔蒙曾向此人请教过某些事。尽管傅尔蒙作出了勤奋的尝试,但他必须等到1813年,才出版了第一部名副其实的汉语语法书。这个时代的另一位法国汉学家是夏尔—奥古斯坦·沃德蒙德(Charles-Augustin Vaudermonde),此人于1727年诞生于澳门,利用了其父的地位,搜集了一大批有关中医的文献。他留下了一部对于《本草纲目》的译本,这是明代修成的一部医药百科全书,其译稿现藏自然史博物馆图书馆。傅尔蒙曾培养了一名学生德经(J.de Guignes,1721—1800年),他与勒·鲁·德索特赖伊(Le Roux Deshauterayes,1724—1795年)都曾聆听过傅尔蒙的

① 考狄:《18世纪汉学研究史上的片断》,巴黎1895年版。《中国学术研究》于1730年在圣彼得堡出版(2卷本)。

② 特别是马若瑟向皇家文库寄去了许多中文书籍。

课。德经特别对具有多语言和多表意文字的诸民族之间的关系感兴趣，出版过某些更为严肃的著作：《匈奴、蒙古和其他西鞑靼民族通史》（《北狄通史》，巴黎 1756—1758 年版）、《印度宗教和该宗教已被译成汉文的基本经文历史研究》（巴黎 1776 年版）。其功德是触及了一项新内容，也就是佛教传入中国的问题。此外，德经曾出版过宋君荣神父的《书经》译本，它在长时期内始终是最准确和最详细的译本。

在整个欧洲，对中国的迷恋大大地促进了汉学研究的发展。在那不勒斯，马国贤（Matteo Ripa）于 1732 年创建了中国学院（该城远东学院之雏形）。有两名受归化的中国人高类思（Aloys Ge）和杨德望（Etienne Yang）当初去支持当地的汉学家们。他们于 1759 年成了耶稣会士。在禁废耶稣会之后，杜果（Turgot）将这两名中国人请到了法国，并利用一笔年金而让他们为他服务。杜果为他们提供了一份调查提纲，内容取自其书《论财富的分配》（1266 年）。那两名中国人于 1766 年返回中国，并继续接受法国国王的年金。在英国，某一位李约瑟（Needham）是伦敦皇家学会的会员，曾作过一次反响很大的报告（1762 年）。这是由于他从都灵博物馆的伊西半身雕像上辨认出了几个方块字。此外，这件事已由在梵蒂冈的一名中国学者所证实。

18 世纪英国的汉学研究却走了一条更为严肃和更为奇特的发展历程。洪任辉（James Flint）于 1736 年被派往广州，以学习语言。他于三年期间，都是这样作的。1746 年，他被任命为英国东印度公司大班的语言翻译，他本人也最终于 1750 年成为买办。稍后，英国又为他派去了两名学生——毕善功（O.Bevan）和巴尔敦（Barton）。他们也如同洪任辉一样，准备成为翻译。然而，在 1757 年，清朝皇帝的一道圣旨限制中国人在广州港与外国人的任何贸易。洪任辉未考虑有关条例程序，便将其船舶一直驶到了宁波港，最后被迫亡命于大不列颠（1763 年）。各家东印度公司发现了自己已被禁止使用欧洲人的翻译，因为他们给予了外国人过分丰厚的利润。然而，另外一名英文翻译很快就在北京变得很有影响了。这里是指斯当东（George Stauton），他是在马戛尔尼出使中国时（1793 年），开始其翻译职业的，因为其父亲是该使团的成员。他在 9 个月期间，就显示出是一位杰出的语言学家，轻而易举地取代了在当地找到的两位不令太人满意地充当翻译的司铎。斯当东当时刚满 12 岁。这些英国翻译，是当时欧洲绝无仅有的独立于礼仪之争之外的汉学家。他们那具体的和实用主义的动机，却预示着近代的降临。

1760 年左右，中国在欧洲比一个世纪之前更为被人熟知了。伏尔泰甚至可以写道，当时人们对中国的了解远胜于了解他们自己的国家。中国也更多地受人爱戴。卢梭（Rousseau）于其《科学艺术讲义》和《新爱洛伊丝》中却诋毁中国及其居民，但他始终是孤立的。由于汉学家们的工作，中国重新在欧洲的习俗与文明中闪现身影，而中国也借鉴了这种文明。罗比安议长（Robien，1698—1756 年）是不列颠国王国会的行政官，也是一座属于最漂亮之列的旧制度时代古董与图片陈列馆的主人，曾成功地搜集到许多中国物品，这都是由于他与圣马洛人或南特人的大型贸易交往，而为他获得的。他的中国特藏中当然包括出口瓷器，但主要是包括民间绘画以及有关制造茶叶、瓷器、鸟类水彩画的图片、一大批代表民间神祇的供像。这都是启蒙时代一名布列塔尼学者对中央帝国产生的兴趣①。

在杜赫德神父的《中华帝国全志》中，大家可以读到由耶稣会士们翻译的稀见世俗文献之一。这里是指一出元曲，由剧作家纪君祥所撰，叫作《赵氏孤儿》。入华耶稣会士马若瑟曾承担了其翻译工作。此外，他还在他向皇家文库提供的大批中文书籍中，有意地偷放进了一部《元人百种曲》，巴赞（Bazin）和儒莲（Julien）于 1838 年翻译了其中的一种。该书法译本的命运是颇具说服力的。1734 年，意大利人梅塔斯塔斯（Métastase）从中取出了一种剧本，叫作《中国的英雄》，于 1752 年在松布伦（Schönbrunn）宫中上演。编剧者奇马罗萨（Cimarosa）于 1782 年又把它改编成了一部歌剧。在此之前，伏尔泰于其《中国孤儿》中深受此剧本的影响，它于 1755 年在巴黎上演。这样一来，由于马若瑟神父，欧洲人才得以观看蒙古宫廷中的这场阴谋。

出乎预料之外的是，法国大革命却远不曾有利于汉学的发展。这很可能是由于人们过分地强调了中国的君主制度那静滞不变的特征了。但是，汉学确实成了与耶稣会士相联系的一部分。毫无疑问，人们把汉学与教权主义视为一体了。但具有更为深刻意义的是，人们更倾向于逐渐返归拉摩特·勒·瓦耶或佛朗索瓦·贝尔尼埃的那种欣赏中国的心情，孔多塞（Condorcet）于其《人类思想发展的历史概要》（1793 年）中，非常正确地总结了这样一种思想状态。他于其书中抨击中国人民，认为“那里的印刷术

① 佛莱什：《罗比安人的亚洲情节》，载《卢浮宫学报》，1974 年，第 1 期，第 39—42 页。

的发展，始终完全无益于人类思想的进步”。我们还必须等待拿破仑王朝的崩溃，才于1814年在巴黎于法兰西学院创设了一个汉语讲座。

二、19世纪的汉学

与过去发生的情况完全相反，当时汉学家们的主要队伍是在中国从事布道的传教士们。但从1800年起，汉学在欧洲培养了其弟子们，中国却逐渐地向任何外来影响封闭了。我们必须等待鸦片战争(1839—1892年)和第一批法—中条约的签订(1844—1880年)，才使汉学研究在当地重新步入正轨。汉学研究在法国很快就取得了重大发展，紧接着就是在大不列颠。从1850年起，汉学研究在欧洲的其他国家也有组织地展开了。

(一)法国的汉学研究

如果认为法国大革命丝毫都不更利于汉学家们，那么这种判断在对于帝国时代应略有差异。即使是当时萦绕着汉学家们脑海的一项事业——编纂一部大词典的工作，仅仅完成一半也罢。

由于多位学者致力于这项事业，所以在1800年左右，人们在巴黎共发现有三大学者：喜嘉理(Hoger)、蒙迪奇(Montucci)和克拉普洛特(Klaproth)，他们都试图最终完成这项任务，但却一无所获①。德国人克拉普洛特诞生于1783年。他首先在哈勒(Halle)开始学习，然后再赴德累斯顿(Dresde)并从事出版其《亚洲杂志》(两卷本，1802年)。他于1807年居住在圣彼得堡，在那里受托出版帝国图书馆所藏满文稿本与刊本著作目录。克拉普洛特在定居于巴黎之前，于意大利旅行期间，曾有机会在易北河的一个岛屿上会见过拿破仑，此后在巴黎一直居住到他逝世(1835年)。他为了从官府获得对其词典的订购，便于心中时刻牢记显示其科学名望的行为。他在出版《柏林皇家文库所藏汉满文字稿本著作目录》(1822年)时，正是这样作的。他曾经写过一部《满族的基督教爱好》(1828年)，尚且不计他于《亚细亚学报》中发表的大量论文。喜嘉理(米兰，1757年；帕维亚，1819年)出生于德国家庭，他自己也曾试图着手编纂一部词典，并从维

① 参阅考狄：《大革命和帝国时代的汉学研究》，载《通报》，1918—1919年，第19卷。

也纳发出了许多具有内容简介的广告,在欧洲各大书店中发行,以便获得预订一部词典。据他所说,这部词典可能比门采尔(Alfred Mentzel,1622—1701年)那部保存在柏林图书馆的9卷稿本词典更有价值。当拿破仑风闻到这份内容简介的广告时,便于1802年把喜嘉理召至巴黎,并犒赏他年薪6000法郎。喜嘉理特别是研究了法国皇帝珍宝馆中的中国钱币,并对它们作了编目①。在此之前,他曾以发表大禹碑(1802年)而证明了他对中国碑刻的一种真正兴趣。他将这种研究方向一直保持到其生命之末,因为他后来占据了帕维亚(Pavie)大学东方语言讲座的教席。喜嘉理发现安东尼奥·蒙迪奇(Antonio Montucci)是他编写那部著名词典的可怕竞争者。蒙迪奇曾与马戛尔尼使团保持着联系,并在那不勒斯的中国学院会见过马戛尔尼。这就使蒙迪奇掌握了一批汉文词汇,他很乐意将这一切都编作一部词典。他按照这种想法,而致信欧洲的所有君主,以显示其能力。但他只收到了普鲁斯国王的答复。他于是便于1806年前往柏林,并在两年之后设法出版了其《中国研究》,其中附有致圣彼得堡皇家科学院院长诺沃希尔佐夫(N.Novossilzow)的一封信。这封信中强调了拥有一部汉语大词典的必要性,因为它"会为学术欧洲提供一种重要服务"。他将这部词典寄给了当时所有的大汉学家们,从斯当东到西尔维斯特·德·萨西(Silvestre de Sacy)。但这丝毫并未能阻止第四位盗贼公开地剽袭这部令人望眼欲穿著作的著作权。

小德经(S.J.de Guignes)的父亲老德经(J.de Guignes,1726—1800年)是法国科学院院士。他与瑞士人贡斯当(Charles de Canstant,作家的表兄弟),成了于1793—1796年成功地在中国居住的少数几个法国人的群体。他也是鸦片战争之前,最后一位生活在中国的法国大汉学家。1794—1795年间,他曾在北京陪同由德胜(Isaac Titsingh)率领的荷兰使团。德经与其著名的先人,使他赢得了于1801年被塔雷朗(Talleyrand)介绍给了波拿巴(Bonaparte)。他于是便被任命为法国外科部翻译处的处长(1801年),此后又被调去主持领事部档案馆。德经为了介绍他在亚洲居住期间的情况,自费于1808年出版了其《1784—1801年间在北京、马尼拉和法国岛的旅行记》。这部著作赢得了波拿巴的欢心,波拿巴通过1808年10月22日的

① 《法国皇家珍宝馆藏中国钱币目录》,巴黎1805年版。这部著作不仅仅是一部普通的目录,而且它还包括了有关历史和地理的多章文字。

敕令而委托这部书的作者编纂一部大词典。1813 年,这部曾意图超越喜嘉理、克拉普洛特和蒙迪奇的著作,终于出版了。

《汉—法—拉丁文词典》是一部共包括近 14000 个方块字的真正不朽著作。它实际上是对佛里奥尔的方济各会士巴西里约·伯劳·达格莱莫纳(Basilio Bollo de Glemona,1648—1704 年)的一部词典的抄袭,不过略有改进。那部老词典的一本现藏于皇家图书馆。在整个 19 世纪期间,为使这部词典问世,人们曾作出过多次实际上很难操作的尝试。克拉普洛特本人又编写了一部补遗(1819 年),它编到第 64 个首部为止。1829 年,亚细亚学会决定再版达·格莱莫纳的词典。但由于缺乏资金,这项举措胎死腹中了。稍后不久,鲍狄埃(G.Pauthier)着手再版其稿本,但此著从未付梓刊印。仅仅到 1853 年,才在香港出了一个新版本(未加法文字),它是小兄弟会会士热罗姆·芒吉埃(Jérôme Mangier)的作品。

1814 年 12 月 11 日,在法兰西学院设立了一个"汉语、鞑靼语和满语语言文学讲座",从而造成了对法国汉学一种成果丰富的推动,继而使汉学一举与其他官方学科结合在一起了。法国在这一领域已经较其近邻抢先一步了。因为英国必须等到 1876 年才创立了一个汉语教学机构。

法兰西学院的东方学教授已经倾向于中国研究了。该院的阿拉伯语教授傅尔蒙(E.Fourmont,1683—1745 年)开设了有关《大学》的课程。他的继承人和侄子勒·鲁·德尚特拉耶(Le Roux-Deshauterayes,1724—1795 年)也非常关心中国宗教①。这些研究并非始终都具有最可靠的科学保障,尽管它们具有使欧洲思想家们熟悉中国观念的功德。19 世纪时,法兰西学院有西尔维斯特·德·萨西(Sylvestre de Sacy,1758—1838 年),阿拉伯讲座的主持人,也是中国研究的绝对支持者。1814 年,这位学者出版了著名的《中国杂纂》的第 16 卷和最后一卷。他成了该院设立汉语讲座的源头。

从此之后,法国汉学家们的全部著作都是有关 19 世纪汉学的两大典型内容的:语言学和翻译。这两种在所有领域都是相辅相成的视角,可以为发表中文基本文献的汉学家们准备当时所拥有汉学论著的资料。这些译著中有许多现在仍被人使用,而又被人认为必须将它们公布于众。在这一方面,我们必须强调指出雷慕沙(Abel Rémusat,1788—1832 年)的表率

① 请参阅上引戴密微文,第 2 部分《19 世纪的法国汉学》。

作用。他在27岁时成为一家著名机构汉语讲座教席的第一位占有人。雷慕沙是在通过答辩有关中医学的一部博士论文(1813年)之后,才进入汉学研究领域的。数年之后,他便以其有关鞑靼语和汉语文学的著作而引人注目,并于1815年1月16日开始授课。雷慕沙扎实地掌握了汉语,并致力于研究汉语语法,而且是通过依靠更容易理解的满文本来诠释古文献,才接触到了汉语语法。当时,他可以依靠的唯一一部工具书,依然是马若瑟神父的那部语法书,其孤本收藏在法国皇家文库中,但那里拒绝转交给他。他最终获得了满足,从而出版了他的第一部重要的著作《汉语语法要素》,或者叫作《古文的基本准则》,又叫作《官话的古代风格》。它形成了西方第一部真正可以使用的语法书,研究人员们都可以拥有它。1816年,雷慕沙奉命负责编制皇家文库的汉文书籍目录。但令人遗憾的是,这项工作由于他的拖拉而未能杀青。他的大部分论文均收入其《亚洲论丛》(1825—1829年)中了,我们从中可以发现一大批有关高地亚洲语言史的硕果丰盛的研究。按照其时代的许多汉学家的惯例,雷慕沙特别关注中国与周边文明的关系,而不是中国文明本身,从而完成了一种被戴密微称为“表皮性”的汉学。他的一部虽不算最重要却又能不算太过时的著作,便是《法显传·佛国记》,于其逝世后不久以《法显传·佛国记》为题出版(1836年)。译本附有很出色的注释。如果大家考虑到雷慕沙为接触中文佛教文献的手段之贫乏时,那么这些注释就很了不起了。雷慕沙有关佛教(这是被17和18世纪的汉学家们大力诋毁的一种宗教)西方的第一篇认真严肃的论著《佛国记》,却证明了这个时代汉学研究那基本都很谨慎的特征。因为当时很重视将中国置于亚洲社会内,而不是对它作抽象的分析。雷慕沙于1832年被一场流行性霍乱症夺去了生命。法国随着他而失去了欧洲第一位大汉学家,虽然他从来未曾去过中国。

儒莲(Stanislas Julien,1797—1873年)于法兰西学院中继承了雷慕沙,他也一举表现为其时代最大的汉学家。他非常年轻的时候,便学习了希腊语、阿拉伯语、希伯来语、波斯语、梵语,并向雷慕沙学习了汉语,雷慕沙同样也向他传授满语。儒莲的最早著作之一,却是根据一种满文本而将《孟子》译成拉丁文本(1824年)。我们在这一方面必须提到,许多西方学者都使用了中国古文献的满文译本。因为满语比古汉语更为接近欧洲的句法,也会出现更少的诠释问题。为了谋生,儒莲抄袭了马若瑟的《汉语语法概要》。英国的新教传教士们曾向儒莲索取此稿以在马六甲出版它(1831

年)。在法兰西学院,儒莲放弃了自己非常熟悉的语法研究,而以一种生动的震撼去从事古文献的诠释。儒莲令人赞叹不已地运用古典汉语知识,并写了一部《以字序为基础的汉语新句法》(1864—1870 年),它于现今在许多方面仍为范本。他在翻译领域中的贡献最为重要。作为雷慕沙有关法显的译著的续文,他又翻译了《玄奘传》及其《西域记》(1857—1858 年),从而使研究人员可以唾手可得地得到亚洲佛教史的基本文献。从句法上讲,这些译著都很完满,它们都是在完全缺乏现今可以得到的实用手段的情况下完成的。他那部涉及梵文之汉文音译的《方法》(1861 年)一书,是在他完全不知道梵—汉文教科书,或者是诸如《翻译名义大集》(Mahāyutpatti)那样的辞书的情况下,努力完成的。这部著作大大地方便了佛教文献的翻译。这些有关玄奘的研究又导致儒莲开始探讨中国、印度和高地亚洲之间关系的领域。他从这种角度出发,发表了《出曜经,印度的故事与寓言》(1859 年),译自汉文本;《突厥史料》,译自汉文文献(1864 年);《亚洲地理和中国—印度哲学》(1864 年)。他表现出了一种很广泛的兼收并蓄,同样也倾向于工艺美术。他的《中华帝国的古今产业》(1896 年)向法国的养蚕家们提供了几种有关中国养蚕业的论著的译本。儒莲同样还写了一部有关中国瓷器制造业的论著,更新了由殷弘绪(d'Entrecolles)于 18 世纪提供的有关同一内容的知识,是专门供法国塞夫勒瓷器作坊的职工们使用的。(《中国瓷器的历史与制造》,1856 年)。他具有其时间非常近代的历史意识,对于甚至在中国本地也遭到低估其价值的民间文学也很感兴趣,因为它对于理解中国人的思想情感具有决定性意义。除了《中国孤儿》的新译本(1834 年)之外,他还编译了取自《元人百种曲》中的另外两个故事:《灰阑记》(1832 年),布雷希特(Brecht)曾深受其影响;《西厢记》,于其逝世后在 1872—1880 年间以活页印刷;《平山冷燕》(1860 年),它可以使读者们对于中国传统社会中的风俗习惯形成一种更准确的看法。

儒莲以其暴虐的性格及其强权意志而著名。他同时兼任法兰西学院的教授与院长、东方语言学院的教授和东方图书馆副馆长的职务。他与其汉学家同事们的争执始终具有传奇性。与他曾共同聆听过雷慕沙课的同门弟子鲍狄埃(Guillaume Pauthier),于其《被一篇近期谤文恶毒歪曲的体面事之简单阐述》(1842 年)的文章中,对于此人大发雷霆之怒。

儒莲于 1874 年离开了法兰西学院,将其职位让给了德理文侯爵(Marquis d'Hervey de Saint-Denys,1823—1892年)。德理文是一名纯粹的文人,其功德是开启了对中国诗词研究之先河,但其名望远不及其前任。他的《唐诗》(1863年)是一部诗选,其前面附有对中国作诗技巧研究的论文。其译著《离骚》(1870年)以一种略显松散的语言选译,但它却在法兰西第二帝国的文学沙龙中颇受好评。他提供了取自《古今奇观》文集中的11个故事的法译本,连同其巨著《中国藩部民族志》(1869—1883年)①,形成了一部著作最新奇的部分。如果将这部著作与我在下文将提到的他在法兰西学院的继承人沙畹(Edouard Chavannes,1865—1918年)的著作相较,那么其价值则显得有限。

与法兰西学院开办汉学讲座的同时,巴黎的另一个教学机构也特别对汉学的发展作出了贡献。这就是国立东方现代语言学院,它是根据1795年的国民公会的命令而创建的。它继承了由路易十四于1669年创建的青年学院,以确保为近东培养翻译人才。发布建立这一组织机构的命令的作者拉卡纳尔(Lakanal),将该学院的职能扩大到远东和亚洲的多种语言。满语被首先引入该学院了,因为西方人接触满语则更为容易一些。事实上,该机构的培养方向更为趋向于口语翻译。自从中国自鸦片战争起而对外开放以来,东方现代语言学院便承担了汉语教学的课程。教授大会采纳了于1843年创建一个"通俗汉语"讲座的建议,其授课对象是翻译、传教士和"所有那些希望与中国打交道的人,以及大批理由充足地视中国文学为法国的专属领区的外国人"。这样一来,这种直接面向实践活动的课程,幸运地补充了在法兰西学院中的授课,因为后者更主要是关心中国的古文化。

东方语言学院的第一位汉语教授是安东尼·巴赞(Antoine Bazin,1799—1863年)。他从未赴中国旅行过,却精通汉语,这是他师从儒莲而学到的。巴赞的《官话语法》在欧洲首次涉及了学习汉语口语、这种语言的双音节结构、它与书面语言的关系等问题,其中也触及了重音节的概念问题。巴赞依照其师的先例,也对元曲产生了兴趣。他共翻译过4出元曲(《中国戏曲》,1838年):《㑳梅香》《合汗衫》《货郎担》《窦娥冤》;和《琵琶记》(1841年),对元代文学勾勒出了一幅美好的图画(《元朝的一个世

① 这部著作是以元代作家马端临的《文献通考》中的两卷为基础的,主要是涉及了中国东部和南部的边裔。

纪》,1850 年)。这些著作使他成了其时代关注近代中国的仅有的几位汉学家之一。在他逝世后,其职位由儒莲取代,儒莲保持这一职位直到 1869 年。

儒莲后来在东方语言学院的生涯便完全被翻译工作占据了。他曾在中国长期居住。

从此之后,汉学享受到了作为鸦片战争结果的各项条约的保护。这些条约使一大批欧洲人可以随心所欲地在中国居住。此外,在北京和几大港口开设的使领馆,也将许多翻译请到了中国,在他们之中便产生了汉学志向。这样一来,首先是《汉语口语和书面语言渐进和完整课程》(1876 年)的作者哥士耆(Alexandre Kleczwski,1818—1886 年),然后是理微里亚(Gabriel Deveria,1844—1899 年)。他们二人均为旧翻译出身,后相继出任东方语言学院汉语讲座的主持人。德微里亚于 1889 年成为汉语助教。正是他培养了大汉学家沙畹(Edouard Chavannes)。他那些非常富有新颖特征的著作,使汉学果断地转向了现实问题。如此一来,借用法国通过儒勒·费里(Jules Ferry)内阁而征服东京湾(北圻)的机会,他出版了一部《中国与安南和越南关系史》(1880 年),紧接又有一部《中国—安南边境,地理和人类学描述》(1886 年)。大致到了其生命的末年,他又改变了方向。德微里亚又从事了对中国摩尼教的研究(1897 年),将前人从有关的中国文献中发现的"牟尼",考证为印度的改革家摩尼,由此而阐明了中国与周边文明之间的语言关系。

最后一位东方语言翻译中的代表人物是微席叶(Arnold Vissière,1858—1930 年)。他曾长期在北京居住,而且还在其官话知识的帮助下,通过一种奇怪的模拟,冒充过一位善于书法的精明文人。西方翻译们的地位当时闪烁着一种巨大权威的光环。外交讨论是用汉语来完成的,排除了其他任何语言,这就赋予了他们一种关键的地位。微席叶于 1899—1929 年占据东方语言的讲座席。他的《汉语初级课程》(《北京的官话》,1904 年)曾被反复再版和被重新利用,确实指导了最早的汉语教学与科研工作。他的汉文拼音方案,除了少量内容之外,均已被法兰西远东学院正式采纳。此外,微席叶写成了一部《中国—伊斯兰教研究》(1907—1929 年),涉及了中国与伊斯兰教之间的关系。他还写过一部《算盘的起源及其自古筹算的流变》的著作(1890 年)。

大约到 19 世纪中叶前后,才出现了对中国科学的研究。为此,我应首推毕奥(Edouard Biot,1803—1850年)。他的科学修养解释了他对中国天文学所产生的兴趣。他是一位精明的语言学家(戴密微认为他是儒莲最好的门徒)。毕奥于1841年完成了《周髀算经》的译本,并且还发表了大量有关中国的气象学和地质学的论文。他还涉足中国社会学与法学领域,并使它们成为一批卓越著作的内容,诸如《论中国自上古时代起地产的条件》(1838年)、《论中国公共教育和文人社团》(1847年)。我再回到工艺方面来,他曾着手出版了《周礼·考功记》的译注本,在他那著名的数学家的父亲和儒莲的关怀下,作为其遗著而出版(1852年)。该论著从此成了此类著作的范本,此后于1940年在北京被重新刊印,这就说明了其现实意义。

最后,在高等实验研究学院的宗教科学系,又推出了另一个汉语教学机构,由列昂·德·罗斯尼(Léon de Rosny)主持。他是《孝经》的译者(1889年)和《汉学家手册》(8卷本,1889年)的作者。罗斯尼致力于道教研究如《〈道德经〉及其历史》(1889年);他同时也研究梵文中的佛教术语的汉文对音词诸问题。

在该世纪末,人们在法国还可以发现一股有利于中国的潮流,这是由于受到了东方学与异国情调之时髦的促进。中国的宗教激励着那些具有好奇心的思想家们。那些唯美主义者们在听到"词"的编译文时,可能会陷入梦想,这些"词"的编译本是由朱迪特·高狄埃(Judith Gauthiev,1846—1917年)完成的,她是泰奥菲尔·高狄埃的女儿。人们可以去随中国第一个领事馆而到达巴黎的中国文人,于其中占据重要地位的沙龙中,阅读它们①。中国变成了"神秘"的代名词,从而在思想中弥漫着诱人的幻觉。非常不合常情的是,虽然中国越来越被人更好地了解,但它却不停地越来越使人感到好奇。儒莲和雷慕沙都从未到过中国,他们却都证明了,不用到中国本地实践,也可以期待高水平的汉语知识。如果他们的举措在某些方面显得略为落伍些,尽管它们制约了欧洲汉学的整个发展过程,那是由于缺乏比较的目标,也缺乏对于中国文明中的哲学或美学上的真正好奇。他们也可能由于过分谨慎而犯有过失,拒绝向中国社会提出过多的问题。他们也可能是缺乏史学家的其种渴望,因为马可·布罗什(Marc Bloch)曾将这种渴望比作寻求食物的巨魔。

① 该词集《琵琶记》于1867年和1902年出版。

(二)在中国本土上汉学

否认中国本土于19世纪初叶便存在着汉学,完全是错误的。如果法国必须等到1850年才向中国派遣学者,那么英国的情况却远非如此。

斯当东于1800年重返中国。他在中国的作用无人取代,英国东印度公司缺乏翻译,因为广州的中国官吏们竭力地阻止他们学习汉语的任何尝试。斯当东本人曾投身于对中国法制的一场广泛调查,曾付出过非常艰巨的努力以搜集他所必需的文献,于1810年发表了《中国刑法中的基本法规》。在这个时代,汉学已经由新教传教士们接过去了,名列前茅者便是尊敬的马礼逊(R.Morrisson)牧师。

18世纪末,新教的许多差会都在伦敦建立。其中包括浸礼会传教会(1792年)、伦敦传道会(1795年)、英国圣公会传教会(1799年)、大英圣书公会(1804年)和卫理公会传教会(1813年)。正如对于耶稣会士们那样,对于新教传教士们来说,亚洲依然是一片首选之地。马礼逊于1807年到达中国澳门。他于1782年诞生于诺森伯兰(Northumberland),后进入伦敦传道会,师从一名叫作容三德(Yang Sam Tak)的广东人学习了汉语。他抄袭了使徒和圣保罗的书信,同时还有一部《拉丁文—汉文词典》。我们今天在大英博物馆图书馆中,还经常会看到它们,因为该传教士过去曾经常前往那里工作。马礼逊携带致斯当东的一封推荐信到达澳门,其后又一度成为斯当东的助手(1809年)。他直到逝世的25年期间,始终任东印度公司的官方翻译。马氏组织了对该公司成员的中文教育,并于1811年取代斯当东而出任该公司调查委员会秘书长的职务。他的宗教活动引起了该公司伦敦领导层的不安,但仍保留了其职位。面对中国人的敌对情绪以及使新教差会与澳门主教府之间的严重对立,马礼逊的处境确实一点也不轻松。尽管如此,他还是挤出时间来出版其《汉语语法》(1812年),其后附有一篇语言学的研究论文《中国的语言意义一瞥》。这最后一部著作共有4600页,售价为当时的12000英镑。他同样还编写了两卷本《广东土语字汇》。马礼逊曾陪同两个英国使团赴北京,这就是阿美士德(Amherst,1816年)特使和律劳卑(Napier,1834年)。1825年,他当选为皇家学会成员,最终于1834年逝世于广州。马礼逊的主要业绩是创建了马六甲英华学院,它成了亚洲最早的大学教学机构之一。

英华学院的创建诞生了马礼逊与另外一位传教士米怜(Willian Milne,1785—1822年)的合作。米怜也于1813年加入了伦敦传道会,与马礼逊同时加入澳门差会。这两个人清醒地意识到了学习汉语所代表的困难。他们对于可以运用"由五族共操并拥有数千卷文学文献"之语言的学生的人数寡少,表示悲观①。1815年,他们公开提出了要创建一所学院的计划,并发出了致爱尔兰和英吉利基督徒们的一封信。信中包括"有关在东印度的马六甲通过公开注册而创建一所英华学院"。根据作家们的愿望,那里会变成"东方的雅典"。

在此期间,第三名传教士又加入了他们的行列。此人就是麦都思(W. H.Medhurst,1796—1857年),他后来成了马六甲印刷厂的总监。如此组成的这个汉学家小组,从1819年起便于一所运行出色的学院中完成了《圣经》的汉译本。一份月刊杂志《中英杂志》得以刊印。学生们拥有一座漂亮的图书馆,由中国教授向他们施教。该学院甚至还接受前往那里进修其古典语言的中国学生,并向那些处境最不好的学生发放助学金。

麦都思此后并不居住在马六甲。他于1835年到达上海,并在该城建立了第一座欧洲的印刷厂(1834年)。在他的那些为数众多的著作中,大部分都是中文著作②,这就证明了始终是其漾溢的布教热忱在激励着他。在一部其标题就很雄辩的著作《中国目前的状况和未来的前途》中,他曾写道,中国应该被征服,而不是被理解。麦都思与斯当东相反,斯当东面对儒家帝国的象征物长城时赞叹不绝,甚至未曾想到过它使该帝国付出的人员生命代价。麦都思却以很灰暗的视角来看待中国官吏们。他的儿子诞生于1823年,首先成为英国驻上海领事馆的官方翻译(1843年),后又分别出任驻厦门(1848年)和福州(1854年)领事,并且还写过一部供外国人使用的著作——《在遥远中国的外国人》。

新教传教士们的第二代,从汉学角度来看,显得更为成果丰硕。这要归功于尊敬的李雅各(James Legge,1814—1895年)神父,他是那一代人中最伟大的英国汉学家。李雅各经过在皇家学院的辉煌学业之后,于1840年在澳门下船登陆,马礼逊在那里为他保留了英华书院院长的职务。李雅

① 由F.H.金引证:《英国最早的汉语学生(1734—1834年)》,载《法国—亚洲》,1961年,第17卷,第169期,第2425—2439页。

② 麦都思共用汉文写过59部著作,用马来文写过6部,用英文写过27部。

各亲自安排组织了于 1843 年将该机构自澳门迁至香港的工作,它成了创建香港大学的源头。

李雅各的最大工程是翻译中国经典文献,他从 1858 年起开始着手这项工程。其举措在许多方面都具有重大意义,与其他的著作相比更为出色。李雅各把中国视为一个其历史是由儒家准则所凝固的国家。这种历史的僵化性并未被作为中国发展进化的负面形象,而恰恰相反。李雅各在翻译经典著作的同时,也希望支持这种论点。人们甚至被其译著那非常具有历史性的特征所打动,他于其中毫不犹豫地解释那些含糊不清的段落,或者是偏爱某些注释以排除其他注释。李雅各与麦都思相反,他对《孟子》并无好感。他声称在《孟子》之中,“人们找不到任何与文字教育相孛的内容”。他又重续与耶稣会士们的传统联系,试图证明中国古文献中的“上帝”确为独一无二的天神(天主)。李雅各坚信孔子的历史真实性,发誓要将该哲学家确认为《春秋》的作者。李雅各的译著全部被收入到了《东方经书》的丛书中了。该丛书的主编米勒(Max Muller)曾写道,经书的意义主要是在历史方面。李雅各英译经典的第 1 卷于 1861 年问世,我们这里是指《四书》。1865 年,又仍然是在香港出版了《书经》,1871 年出版了《诗经》,1872 年出版了《春秋》诸中文经典的英译本。

当他返回欧洲时,他尚需要翻译《易经》(1882 年)和《礼记》(1885 年)。他以其对道教经典的翻译(1891 年)而圆满地完成了这部巨著。这在历史上是首次由一个人独自完成一项如此繁重的任务,也就是使西方唾手可得地获得一整套中文基本文献。

新教传教士们的作用,在出版汉学杂志方面,是远不能被忽略的。米怜在马六甲出版了《中国月刊》(1815 年),另外一位传教士郭实腊(C.A.Gutzlafe)在中国出版了第一份欧洲期刊《东西洋考每月统计》(广州),而《中国丛谈》(1853—1863 年)的主编相继为麦都思、奚礼尔(C.B.Hillier)和李雅各。

米怜(W.Milne)的儿子魏美茶(W.C.Milne,1815—1863 年)与李雅各同时到达澳门。他经过在英国居住了一段时间之后,于 1858 年又作为领事馆的翻译而返回中国。1861 年,他成为刚刚设立不久的英国驻北京领事馆翻译们的中国教习,并且最终死于任上。他将其回忆记录发表在两卷本的《在华生活》(1857 年)和《旅居宁波七月记》中。它们都是当时一名外国人在华生活的颇有意义的记述。另外一位进入汉学研究的外交官是德庇时(J.F.Devies,1795—1890年),他与马礼逊同属阿美士德勋爵(Lord Amherst)于1816年出使北京的使团成员。他后又晋升为英国驻香港的商务监督,进而出任香港总督。德庇时很关心文学,他的《中国的诗歌注释和诗人》于1892年在澳门出版,响应了德理文侯爵有关中国诗学研究的呼吁。我们还应该把另一部于1837年译作法文的参考著作归于他的名下:《中国人,中华帝国及其居民概述》(伦敦1836年版)。包腊(E.C.Bowra,1841—1874年)自1863年起在中国海关工作,并在广州的行政机构中出任多种公职。1866年,他出任道台斌椿出使欧洲的翻译—秘书。在他的诸多著作中,我可以举出《满族人征服广州,五朝时代之后的广州》,此外还有著名的《红楼梦》章节的节译本。至于海军翻译毕尔(S.Beal),他是佛教研究的先驱。其名字很少被人提及,但他的《法显和宋云行记》(1869年),《三藏法师及其经文在中国和日本》(1876年),连同其《汉文佛经文献》(1878年),形成开辟了一个新领域的一套引人注目的文集,过去唯有雷慕沙和儒莲曾深入过该领域。

中国的封闭丝毫未能阻止英国汉学的发展。在由马戛尔尼率领的英国使团,到由阿美士德率领并包括许多翻译(德庇时、朵纳、马吝、帕尔松和马礼逊)参加的英国使团之间,曾走过了漫长的道路。外交官依里斯(S.h.Ellis)曾介绍说,"不懂汉语的人,似乎比操汉语的人更会被激起更多的惊讶"。鸦片战争之后,在中国、挪威和瑞典之间签订的《和平友谊和贸易条约》(即《五口通商章程》。——译者注,1847年)大幅度地促进了外国人学习汉语的进程。根据最惠国条款,所有的国家都可以分享17条赋予的特权:"准瑞典国、挪威国等官民延请中国各方士民人等教习各方言,并帮办文墨事件。"从而给予了外国人接受汉语教育和搜集汉语文献的自由。该项条约使中国向外国汉学家们开放了。瑞典国王本人也对汉学颇感兴趣,法国同样也由此而受益匪浅。

耶稣会于1842年的复建,也成了法国在华重兴汉学研究的起源。《中法黄埔条约》(1844年)允许法国在五口建立教堂。1858年在天津签订的《天津条约》,又确保了汉学家们有权信仰宗教并具有宗教狂热。耶稣会被彻底恢复名誉,则是由中法《北京条约》(1860年,中法《续增条约》)所确保的,它允许耶稣会士们收回他们直到当时始终被没收的财产。耶稣会士们不再占据已交由遣使会使们管理的北京总铎府教堂了,而是定居于中国两座重要的城市——河北省的河间府(今献县)和上海郊区的徐家汇。

他们在徐家汇建造了一座天文台,并希望使之能与他们过去负责的北京观象台相媲美;他们同时还创建了震旦大学。有些大汉学家们在这两个中心中工作。

在河间府,有耶稣会士神父顾赛芬(Séraphin Couvreur,1835—1919年)和戴遂良(Léon Wieger,1856—1933 年),他们的名气都非常大。前者的原籍是彼卡底人,先于 1853 年加入耶稣会,后于 1870 年进入中国传教区。其《法汉字典》中包括中国官话中最常用的短语(1884 年),预示着《汉—法大字典》(1890 年)即将问世,马伯乐曾认为它是此类词书中的最佳者。此书与由翟理斯(H.Giles)编纂的英文同类字典《英华字典》完全不同。它虽并未考虑通俗语言中的典型方言,却始终是对中国古文献的任何研究都必不可缺的工具书。法国汉学界最终拥有了它自己真正的词书。这部工具书之后又有另外两部工具书接踵问世:《汉语经典词典》(1904年)和《官话》(北方官话,1896 年)。顾赛芬在编纂其词书时,将他在研究和翻译经典文献时编制的卡片资料都加入了其中。他也如同李雅各一样,负责所有的出版工作,唯有对于由毕奥翻译的《易经》和《周礼》译著的出版例外。接着首先是相继出版了《四书》(1895 年)、《诗经》(1896 年)、《书经》(1897 年)、《礼记》(1899 年)的译著,其次是《春秋》和《左传》(1914 年)的译本,最后是《礼仪》的译本。中文被翻译成了法文和拉丁文这种永久的学术语言,译本很精确。它们成了当时最准确的译著。顾赛芬与李雅各不同,他尽量避免翻译那些疏注文。其著作在这方面远不及他的英国同事那样具有个性。他可能是出于过分谨慎而犯了错误。然而,他使一整套中国古典文献让法国学者们能够唾手可得了,他怀着一种对于译本准确性的极大关注心情,而对它们作了介绍。

戴遂良是由新教教徒改宗而成为耶稣会士的,他对于中国人的看法更要严厉得多。这位汉学家还是医生,一生中共留下 30 多部有关中国语言学的著作。如《汉学》,包括 4 部词汇,原来是根据词源、语音、转写和部首而分类;《汉语口语初级语法》,附有巨部方言文献集的教科书。他有关人类学的著作有《近代汉族的民间文学》(1904 年)。他在宗教领域中的贡献很大,有《中国佛教》(1910—1913 年)、《佛陀的中文传记》;他的两部有关道教的著作,共包括一部道藏总书目和《老子》《列子》与《庄子》的编译本,其编译本确实不太准确。戴遂良还出版了一套《历史文献》(1903—1905年,共 3 卷),取自哲学家朱熹的著作《文献通考》。他还出版了一套《哲学文献》(1906 年)。他于一部巨著《自古迄今中国宗教信仰与哲学观点》中,总结了其科研成果。此外,戴遂良还表明了他对于中国当代史的一种真正兴趣,于其 10 卷本的《当代中国》(1921—1932 年)中,为研究中国的第一次革命而搜集了一批严肃的资料。

夏鸣雷(Henri Havret,1848—1901 年)神父在徐家汇于 1892 年推出了一套丛书,他希望以此再续 18 世纪的那套著名的《中国杂纂》丛书。这就是《汉学论丛》(共 70 卷),其中包括其首倡人夏鸣雷神父的《西安府景教碑》(1895—1902 年)①;修院图书馆的重组者、出色的《早期耶稣会中国传教区入华耶稣会士列传与书目提要(1552—1773 年)》的作者,是费赖之(Aloys Pfister,1833—1891 年)神父。此书是于费赖之逝世后,于 1932—1934 年在上海出版的,成了对入华耶稣会士们的任何研究都必不可缺的工具书②。这套丛书的另一位合作者是金葆光(H. Doré,1859—1931 年),他为《汉学丛刊》提供了他的《中国迷信研究》(1918—1938 年)。金葆光此书实际上是对由耶稣会士黄嘉录于 1878 年编纂的一部著作的编译本,他根据当时的形势,而通过所触及到的主题,革新了民间宗教研究。许多中国耶稣会士都与《汉学论丛》合作。黄伯录神父表现出了一种令人惊讶的广泛兴趣,出版了许多内容纷繁的著作,诸如《从法律角度看中国人的婚姻》(1890 年)、《中国行政管理论集》(1902 年)、《从中文史料看中国地震表》(1981—1913 年)。同样,张玛窦(Mathia Zhang)为《汉学论丛》写了一部优秀的历史纪年的教科书(《历史年代表》,1905 年),它使该领域的知识面目一新,宋君荣神父曾是这方面的专家。这套文集的主要功德是使其国籍相差甚大的专家们[如意大利人晁德立(A.Zottoli)]于 1891 年编写了一大部《中国文学家的道路》,得以发表他们有关中国文明的研究成果。这些汉学家们,作为优秀的耶稣会士,始终非常关注宗教,特别倾向于经典文献。但他们不再支持那些危险的论点了,因为它们在前一个世纪中,曾使耶稣会付出了沉重的代价。此外,耶稣会士汉学触及到了许多直到当时尚未被汉学探讨过的领域。诸如景教、民间信仰或耶稣会入华史,由此为 20 世纪的许多研究开辟了道路。

---

① 对于这通于数年之后引起伯希和注意的碑文,夏雷鸣的关注并非是没有多大意义。

② 费赖之为了一部有关在华耶稣会史的著作,而搜集了丰富的文献,但它们均在 1891 年的义和团暴乱中被破坏了。

从1850年左右起,开始在北京设立多国领事馆。从而使许多外交官和翻译人员进入中国,其中有相当数量的人都变成了汉学家,并在他们返回欧洲之后教授汉语。法国驻上海领事达布理·德·提耶桑(C-P.Dabry de Thiersant,1826—1898年)受中国生活的吸引,撰写了两部具有优秀水平的著作:《中国人的医学》(1863年)与《中国和东突厥斯坦的伊斯兰教》(1878年)。这后一项内容又接触到了一个当时尚不为人所知的领域。原法国驻广州领事于雅乐(Camile Imbault Huart,1857—1897年)从事了有关诗歌的研究:《16—19世纪中国的诗歌,中国诗选》(1886年),《18世纪的一名中国诗人袁子才的生平与著作》(1844年)①,《译自汉文的近代诗选》(1892年)。于雅乐同样也将其注意力转向了西域(《西域文献集》(1881年),这就是伯希和于数年之后对西域研究的先兆。他最后写了一部《道教徒们的第一位祖师和张天师家族史》(1884年),它证明了从汉学角度来看,这名外交官的巨大文化好奇心。

(三)欧洲汉学研究的发展(1850—1900年)

中国大陆向欧洲人开放的后果,便是西方掀起了汉学研究的一场狂热。文化上的好奇心、更好地了解一个值得被征服的国家之愿望、贸易的热情和热衷于征服的帝国主义,再加上东方学的氛围,它们都是可以解释到处都创建的充作欧洲汉学框架的机构。

在欧洲大部分大学中,都创设了汉语讲座。1876年,牛津大学接受了李雅各,他于1873年自中国返回,最后于1898年又被蹩脚的汉学家布勒克(Bullock)所取代。在剑桥大学,由威妥玛(T.F.Wade,1818—1895年)设立了一个汉学讲座。他是原英国驻上海的副领事和英国领事馆的翻译。他还是《语言自选集》(1895年)的作者,这是一部讲述循序渐进地学习汉语的方法论著作,其中包括至今仍以其名命名的汉语拼音体系(威妥玛拼音法)。1877年,毕尔(Beal)被任命为伦敦大学(皇家学院)的汉语教授。该大学的汉语讲座要上溯到1847年,聘请原外交官道格思(R.K.Douglas,1838—1913年),此人曾写过有关中国宗教(《儒教与道教》,1877年)的著作和通俗读物(《中国》,1882年),还有一部《汉语教科书》(1894年)《欧

① 袁子才即袁木文,是乾隆时代最大的自由诗人。

洲与远东》(1904年)。道格思还曾出任皇家亚洲文学会的副会长,该学会创建于1832年,于1847年在中国创建了一个分支机构(皇家亚洲文会北中国分会)。

法国较英国早一年而于1822年创建了亚细亚学会,其首任会长为萨西(S.de Sacy)。同一年,法国亚细亚学会便出版了《亚细亚学报》,它同时还发表亚细亚学会各场报告会的提要。此时最大的一件事,其意义在20世纪仍会令人清楚地感觉到,那就是由当时任印度支那总督的杜梅(Paul Doumer)于1898年创设的法兰西远东学院。它使汉学家们具有了在最佳条件下,于亚洲长期居住的可能性。法国的亚洲博物馆也在19世纪之末问世。当时设置在里昂的机构吉美博物馆(Musée Guimet),由1885年8月7日的敕令而迁至巴黎。至于塞尔努斯基(Carnuschi)博物馆,它是由其缔造人于1898年遗留下来的。

在意大利,唯一的一个汉学机构是拿不勒斯的中国学院。1889年,该学院被改造成皇家东方学院,在佛罗伦萨,于1887年创设了意大利亚洲学会。它出版一种刊物,其会址设立在该城的东方博物馆中。拿不勒斯大学将其汉学讲座委托给了卡尔洛·比尼(Carlo Puini)。

在比利时,汉学与一名学者贺歌南(Charle de Harlez,1832—1899年)主教的名字联系在一起了。此人是鲁汶大学的汉语教授,他对于中国宗教史的研究,使他成了其时代最大的汉学家之一。他完成了一部《仪礼》的译著(1890年),并附有大量注释。贺歌南还在法国《亚细亚学报》中发表了大量论文。与其历史相联系的荷兰汉学的中心是莱敦大学,在那里任教的是施古德(施莱格尔,G.Schlegel,1840—1903年)。施古德于1858年作为荷兰政府的翻译而到达香港。他于1872年在莱敦大学取得其教席,那里于1877年为他创立了一个汉语讲座。他的某些著作成了激烈批评的对象(他本人也具有很暴虐的性格)。他有关中国卖春业(1866年)和中国秘密会社的论文(1861年),都获得了很大成功。如果说他的比较语言学著作(《汉语—雅利安语》,1872年)和《中国的天体图》(他于其中坚持认为天文学诞生于中国)都成了最受争议的著作。他的最具有长久价值的著作是巨部《汉语—荷兰语词典》(1882—1891年),它在长时期间成了荷兰汉学家们必不可缺的工具书。

德国的汉学,随着在柏林开设“东方语言讲座”(1887年)而迈出了具有决定性的一步,它被置于了扎豪(H.Sachau)的主持之下。我们在那里还可以发现一个汉语讲座,由阿恩德(T. Arendt,1838—1897 年)主持。此人原为德国驻北京领事馆的首席翻译。阿恩德于 1889 年由加贝伦茨(Georg von der Gabelentz,1840—1893 年)取代。此人是那位翻译官的儿子,自 1878 年起在莱比锡任教授,他在那里从事了对汉语语法的研究。

19 世纪时,欧洲仍以英国和法国为汉学研究中心。在俄罗斯和美国,汉学研究尚不具它们在第一次世纪大战之后所呈现的那种规模。

俄国东正教修道院长鲍乃迪(巴拉第,Palladius)的真名为彼奥特尔·伊凡诺维奇·卡法罗夫(Piotr Ivanovitch Kafarof,1817—1878 年),它是第一位俄罗斯汉学家。他曾多次在北京居住,其汉语知识使他当选为圣彼得堡地理学会的通讯会员,其使命是研究满族人的文明。他遗留下了大批未刊札记,曾发表过一部《佛陀传》(1852 年)、《古代佛教的历史研究》(1853 年)、《中国穆斯林研究》(1866 年)和一部《成吉思汗传》。此外,他还倾向于研究中国的景教,撰写了一篇引人注目的有关西安府景教碑的论文,载《中国纪录》(1873 年)中。喀山的汉语与满语教授(1851 年)是瓦西里耶夫(Vasili Pavlovitch Vasiliev,1818—1900 年),其后又成为彼得堡东方文学系的汉语讲座主持人(1855 年),该讲座是仿鲍乃迪的模式而设立的。他也发表了一部有关佛陀的著作。其他的俄国汉学家,诸如伊凡诺夫(Ivanov)和阿列克谢耶夫(Alexeiev)于彼得堡继任了他。

在美国,汉学研究并未出现可以与上述国家相媲美的发展高潮。然而,新教的许多差会都从 1830 年起进入中国。新教传教士卫三畏(S. W. Williams,1812—1884 年)于 1933 年到达广州。其名字与《汉语拼音字典》和《官话字典》相联系。1874 年,他出版了其著名的《中国总论》,从而为他赢得了一种国际名望。卫三畏后来于 1877 年成为耶鲁大学的教授。但他逝世后,却无人取代他。美国的第一个汉语讲座,始终留作空缺。美国必须等到 1902 年,才开设了哥伦比亚大学的汉语讲座。尽管在波斯顿创建了美国东方学会(1843 年),美国对于中国的迷恋始终是谨慎的。

由东方学家国际会议开创了一种颇有成效的合作。第一届东方学家国际会议于 1873 年在巴黎召开。法国高等实验研究学院教授罗斯尼(Léonde Rosny)主持了开幕式。这届大会在中国组中有德理文的报告,他根据马端临的《文献通考》而论述了苗人。道格思介绍了汉代的编年史。第二届东方学家国际会议于 1874 年在伦敦召开。此后,这个会议便很有规律地每两年举行一次:1876 年于圣彼得堡,1878 年于佛罗伦萨,1881 年于柏林,1883年于莱敦,1886年于维也纳,1889年于斯德哥尔摩,1891年于伦敦,1894年于日内瓦,1899年于罗马,1897年于巴黎,1899年于罗马。在这些会议期间,所提交的学术报告变得越来越丰富了,会议文集不停地变得越来越大,从而可以使所有国家的汉学家们都参与制订共同的研究计划。这样一来,在1889年于斯德哥尔摩举行的大会期间,考狄(Henri Cordier)与斯古德(斯莱格尔)共同决定,推出一份汉学刊物《通报》,其第一卷于1890年在莱敦出版。《通报》非常有利地取代了由考狄于1883年在巴黎推出的《远东杂志》。《远东杂志》在出版4卷之后戛然而止,因为它缺乏预算。《通报》这份杂志始终为最活跃的杂志之一,一举变得成为最先进研究的聚合处。全世界所有的汉学家们都为它投稿。除了深层次的论文之外,该杂志还提供对近期出版汉学著作的读者书评。直到1904年之前,考狄每隔一段时间,都要定期地对汉学研究作以概述。后来所有的汉学大杂志都受到了它的启发。

我们可以说,19世纪末,汉学已经砺兵,其探索的地盘已经广为开拓。汉语逐渐地揭开了其神秘的面纱,中国已经做好准备迎接外国人了。这些非常有利的条件解释了19世纪汉学研究的全新特征。

三、1900—1945年间的汉学

(一)汉学研究机构

在河内召开的东方学家代表大会(1902年10月3日—10日),是在亚洲首次召开的类似会议。它清楚地说明了20世纪汉学的一桩明显事实,即日本进入了汉学研究领域。直到当时为止,人们尚丝毫未曾重视有关中国的日文著作,其中有些著作甚至可以上溯到17世纪。国际间的聚会、参会学者之间的交流,从此便可以使全世界的学者们都可以交流他们的科研成果。这样一来,我们便记录下了在河内有多名来自日本政府和东京大学的日本汉学家(其中便包括南条文雄、高楠顺次郎和常盘井)。这些日本学者因参与负责一部有关佛教的汉文—梵文大词典的编纂委员会的工作,而名声大噪。这就是从此之后必须考虑日本汉学的明证。

在这届东方学家代表大会上,有代表的汉学机构还有:法兰西远东学院、柏林和维也纳的人类学博物馆、耶鲁大学和东京大学、皇家亚洲学会、德国中亚研究会、日本东方学会、巴黎的亚细亚学会等,它们全都派出了多位代表。该世纪初叶,也就是相当于欧洲在亚洲进行干涉最多的时代,正是汉学研究的鼎盛时期,汉学研究在所有大陆上都发展起来了。

在欧洲的那些汉语教学并未得到确保的国家,很快便纠正了这种缺陷;在那些已设有汉语教学的国家,更促进它获得巨大发展。瑞典也变成了研究古代中国的欧洲大中心之一,这是由于地质学家安特生(J. G. Aandersson,1874—1960 年),他与高本汉(B.Karlgren,哥德堡的汉语教授)一并,在 1926 年成为斯德哥尔摩远东古文物博物馆的缔造人,该馆成了世界上的第一家中国考古博物馆。其收藏品系由安特生、喜龙士(Siren)和罗振玉共同筹集的,主要是在他们共同于黄河流域考察期间搜集的。1929 年,该博物馆又出版了其《学报》①,它一举便显得是一家具有很高价值的考古学与语言学刊物。就在同一时代,又为一批重要的汉学出版物奠定了基础:德文的有《德国东方学报》(1912 年)和《汉学》(1928 年);英文的有《亚洲学报》(1920 年)、《中国杂志》(1926 年)和《中国学报》(1932 年)。

在英国,那里的汉学机构早就建立起来了。人们发现那里又形成了一批中国艺术品的大特藏,其中最著名的特藏有大卫(Percival David),他原来是一个知识渊博的业余爱好者,后来变成了中国瓷器的最优秀专家之一,于 1921 年创建了东方瓷器学会。此外还有乔治·尤莫弗普洛(George Eumorphopoulos)。法国(卡勒曼)、比利时(斯托克莱)和美国(柔克义)等收藏家,都直接在北京采购由考古发掘人员出土的著名文物。这些特藏都成了最丰富的中国博物馆之源头。

在法国,先后设立了多处汉语教学:在里昂,于 1900 年创设,在里昂工作的古兰(M.Courant,1865—1935 年)先生,于 1902 年便在那里编制了法国国家图书馆的汉文书籍目录;在巴黎大学(索邦,Sorbonne),于 1920 年设立汉语教学。此外,汉学研究所于 1922 年奉命协调已经设立起来的不同机构所着手的工作。法兰西远东学院系于 1898 年由保罗·杜梅创建,它最终可以使法国与外国学者们在最理想的条件下就地工作了。《法兰西远东学院学报》②可以使学院的成员们发表他们的科研成果。相继出任该

① 《远东古文物博物馆学报》(B.M.F.E.A)。

② 《法兰西远东学院学报》(BEFEO)至今仍是重要汉学刊物之一。

院秘书的两位学者是佩里(N. Péri, 1865—1922 年)和鄂卢梭(L. Aurousseau,1888—1929 年),他们为使其学院所在地河内成为名列前茅的汉学文献中心而作出贡献。该学院设有一座图书馆和一座博物馆。法兰西远东学院后来又进入了日本,那里的东京大学和京都大学的汉学家们,在所有领域中,都从事了颇具新意的科研。当时法国驻日大使高乐待(Paul Claudel)顺利完成了日佛[法]会馆的建造(1924 年)。法国汉学家在那里大批居住。自从法兰西远东学院返回巴黎(1956 年)之后,日佛会馆是其正式会址落脚于亚洲的唯一一个同类机构。1928 年,印度学家烈维(S.Lévi)成了日佛会馆的馆长。他在两国之间科学合作的范围内,推出了一部佛教百科全书,它是一套以中日文献为基础的长期著作,也就是《法宝义林》(Hôbôgirin)。这项事业在战争期间休眠,从 1960 年又开始运作了,即将成为一部最重要的教科书。

在第二次世界大战期间,在北京又创建了一个法—中汉学中心(巴黎大学北京汉学研究中心)。它从 1945 年起,又被归属于巴黎大学。该机构由铎尔孟(A.d'Hormon)主持,一直到它于 1953 年关闭为止。对于法国汉学家们来说,这是一个得天独厚的机构,他们在那里可以很方便地与其中国同行们交流。

美国的汉语教学,直到此时,仍由耶鲁大学和哥伦比亚大学承担。从此之后,它又扩大到斯坦福大学和威斯康星大学。1928 年,哈佛燕京学社落成。它将大批日本汉学家(服部)、德国汉学家(钢和泰,A.von Stäel,Holstein)和中国汉学家从其国内吸引了过来。他们的科学名望也通过由该学社出版的刊物与书籍而得以确立。该学社也成了始终都最活跃的机构之一。1928 年于纽约召开了以中国科举制为主题的一次学术讨论会,世界各大洲都有学者参加。会议上制订了一项研究计划。当时在芝加哥任教授的劳佛尔(Berthold Laufer)建议,在华盛顿创设一个类似于法兰西远东学院那样的机构。此外,这次会议还勾勒出了一项统一的研究计划。它成了当代汉学家们创建的那种同类的集体项目的先驱。这是为了在那些一个人无法独自完成任何任务的领域中,联合所有力量。

中国进入抗日战争(1941 年 12 月 7 日)引起了对亚洲的一种新兴趣,美国汉学家们享受到了这一切。当时海军学校在哥伦比亚和普林斯顿都设立了军事汉语教学科目。它们都制订了军事专业训练计划,最终确定了一种亚洲语言速成培训。与珍珠港事件同一年创立的《远东季刊》杂志,先后发表了大批有关古代和近代中国的论文。汉学从此变成了一项战略和政治事务。最后，从 1940 年起，许多德国、瑞士和瑞典的学者陆续受聘于美国大学。这一切就可以解释，美国在 20 世纪下半叶的汉学研究获得神奇发展的原因。

(二)当地的研究

从中国向所有外国人开放，直到共产党人革命的成功，可以使全世界的学者与探险家，自由地前往中国领土和高地亚洲的周边地区从事考察。从 1928 年起，在黄河流域那些非常丰富的考古遗址中的重大发现，使汉学家们的关注中心东移了，因为 20 世纪初叶的探险主要是涉及甘肃和西域高原。这些考察的发展使得新历史文物的发现，大幅度地改变了科研的前景。因为直到当时为止，这些科研都严格地以古典文献为中心。这些考察经常会导致有损于文物完整性的轻率而又冒失的抢劫。因此，它们都有害于某些文物的历史价值。但我们还必须指出，最严重的破坏(抢劫坟墓、切割佛教洞窟中的浅浮雕)，是由于对中国古代迷恋而挑起的。因为这种迷恋导致了欧洲或美洲的某些大商人，通过挖掘墓中的陪葬物、拆除佛教大阿兰若塔中的供像等，而使中国的田野变得一空，同时又利用了那些曾为获得这些艺术品，而充当他们的代购人的中国人。此类的滥用至少部分地解释了自 1949 年起整体形势全面颠覆的原因。

许多汉学家同时也是探险家。当他们在中国居住期间，或者是在那里旅行时、在那里拍摄任何一小方碑刻题识时，在记录他们的全部看法时，他们便会与其耶稣会士先驱们联结起来了；他们同时又表现得武装得更好，足可以理解中国。真实和和亲自经历的重要的部分，解释了汉学研究自 1900 年代起的新特征。因为这个时代的许多学者都善于在儒莲的书宅语言学与诸如谢阁兰(Victor Segalen，1878—1919 年)那样的人追求的冒险之狂野语言学间，寻求完美的平衡。谢阁兰是布列塔尼的医生，受亚洲的吸引，曾于 1914 年偕作家瓦散(G.de Voisins)在中国居住，并且还赴陕西、甘肃和四川旅行；其后，他于 1917 年又赴长江流域旅行。谢阁兰也深受中国的那些大雕塑与石刻作品的吸收，搜集了许多文献①，尤其是有关汉代的

① 这些文献近期已由 J.谢阁兰发表，其书名为《中国的大碑刻》，巴黎 1972 年版。

碑刻,写了一部有关中华帝国末期的北京的,根据真人事件而写成的小说《勒内·李》(1921年)、很漂亮的受汉文启发的散文赋、碑(1912年)和画(1916年)。他于其中将其录文与中国文人们的书法作了比较。他的旅伴之一——水手让·拉尔蒂格(Jean Lartigue)发表了在四川与陕西考察时获得的考古地图(1923年),然后又发表了一篇有关汉代墓葬艺术的论文(1935年)。

沙畹(Edouard Chavannes)是法国第一位大汉学家,其中国之行的目的是为了丰富他所掌握的汉学资料。1891年,沙畹居住在北京,他汇集了从其旅行中获得的资料,编辑成《中国两汉时代的石雕》(1893年),其中浏览了山东(吴氏家族的石刻、响堂浅石雕、刘村的石刻等)和中国东部毗邻省份。

从1890年起,由于在从叶尼塞河(Iénissei)到贝加尔湖之间的地区发现了中国石刻,于是又开辟了一片新的研究阵地。丹麦人汤姆森(Thomsen)很早就开始考察这片领土,其后紧接着便是德国人雷格尔(Regel)和克莱门茨(Klementz)。许多考古探险团纷至沓来地赶到那里去考察,他们分别由德国人柯克(Le Coq)和格隆维德尔(Grünwedel)①,俄罗斯人别列佐夫斯基(Berezovsky)和科索洛夫(Kosolov)②,日本人大谷和橘瑞超③,沙畹当时已经具备了一位优秀的中国碑刻专家的名望,他受斯坦因(Aurel Stein,1862—1944年)勋爵的委托,刊布他在西域搜集到的文献。斯坦因这位匈牙利血统的英国科研人员,在英国驻印度总督寇仁(Lord Curzon)的支持下,于1900—1901年首次赴西域探险。他由此而先后出版了《沙埋于阗遗迹》(1903年)和《古代于阗》(1907年),他于此期发掘了丹丹乌利克、尼雅和安得悦等遗址。他的第二次西域探险(1906—1908年)使他到达了米兰、楼兰和敦煌,他又从那里携归了织物、绘画和写本,现收藏于大英博物馆。沙畹于1913年刊布了这批文献(《斯坦因在东突厥斯坦沙漠发现的汉文文献》,由沙畹翻译和刊布,牛津大学版)。斯坦因本人也由此而出版了两部著作:《西域考古图记》(1921年)和《千佛洞》(1921

① 他们的探险考察分别于1900—1903年和1904—1905年完成,其研究成果现在保存在柏林印度艺术博物馆。

② 这两名探险家发现了吐鲁番遗址。

③ 大谷是虔诚的佛教徒,希望追随玄奘的足迹。其他的日本探险家有1902—1904年的渡边,1910—1914年的堀贤。

年)。他发现了敦煌佛教遗址,那里是多种文明的交汇处,保存下了大量佛教壁画和写本。斯坦因的第三次西域探险(1913—1916 年)则以中国与伊朗文明之间的关系为中心,从而导致他先后自达丽罗(Darel)到达喀喇和卓(Kara Khoto),然后又从喀什绿洲到达大勃律(Beluchistan)。他由此而考证清楚了骆驼队之路的路线,丝绸之路正是经由那里,中国的边境也在那里。斯坦因的第四次西域探险(1930 年),本应该是从南京出发赴新疆的,却遭中国当局禁止。

1907 年,沙畹重返中国,并组织了一次赴满洲的考古探险。他还考察了河北、山东、河南、陕西和山西,并且在那里搜集到了重要的碑铭资料。沙畹当时由一名俄国年轻的汉学家陪同。这就是瓦西里·阿列克谢耶夫(Vassili Alexeiev),是沙畹在巴黎的学生,很快就成了苏联汉学界的领军人物。这两个人考察了云门和云冈的两个佛教大遗址、唐高宗在礼泉的墓、太宗和玄宗在九嵕山的墓。他后来又考察了五台山山脉,那里是著名的朝圣进香之地,沙畹曾为它写了一篇著名的地志。

伯希和探险团(Paul Pelliot,1906—1908 年)具有可与斯坦因探险团并驾齐驱的规模和意义。伯希和一行于 1906 年 6 月 15 日从巴黎出发,然后先后到达塔什干和奥希,又从那里利用骆驼队而到达喀什。他们在喀什考察了库车和图木舒克绿洲,发掘到了希腊—佛教艺术的小塑像。他们在库车停留了近 8 个月。但那里的石窟已由俄国人、日本人和德国人作了考察。但伯希和考证出了一座收藏有粟特文和印度文字写本的寺庙。伯希和探险团于 1908 年继斯坦因经过之后不久而到达敦煌。有一名元帅(将军?)向他讲到了一个堆满了写本的密室,斯坦因并未全部取走其藏品。一名道士同意向他指出通过一个 3 米见方的洞子的通道,在那里堆积着近 15000 个号的卷子,伯希和在烛光的照耀下,兴奋不已地对这批卷子作了编目。该密室于 1033 年被封闭,这正是入侵者们夺取该城的时间。人们从那里取出的神奇资料,直到这个时代尚未曾被人触动过。伯希和从那里带走了其中最珍贵的物品,即所有的汉文写本①和绘画。敦煌写本可以使汉学家接触一个全新范围内的文献,包括民间诗歌、租赁契约,其中包含有关 7—10 世纪中国社会丰富资料的佛经疏证。伯希和在重返巴黎之前,又

① 此处有误,伯希和并未带走所有汉文写本,但他还带走了大批民族文字或古文字写本。——译者注

在北京采购到3万多部书籍,以准备连同敦煌写本一并入藏巴黎国家图书馆。他一共携归2723个卷子,1000多件残片、绘画与木雕品、一批800多种植物标本集和图片,他自己发表过3卷图集。其余的考古文献正在陆续发表中(图木舒克,1961—1964年;库车,1964年;敦煌织物,1970年)。

由马伯乐(Henri Maspéro)率领的赴华探险团(1914年)主要是以人类学为中心,但其意义已不算太小。他对浙江的研究确实是以方志为基础的,并且很希望考证其真实程度。他在6个月期间,完全如同一名中国人一样生活,自定目标是浏览尽量广泛的有关古文物的文献。尽管它们在太平天国时代遭到了破坏,但仍具有非常重要的意义。他居住在绍兴,并在那里参观了中国神话皇帝大禹的陵墓。他在该地区佛教大伽蓝的参观(禹王寺,天台寺),使他得以观察到佛教僧众的宗教崇拜生活,并且受到了这种复杂的宗教气氛的熏陶。他将此作为其后来研究的基本内容,并且始终将直接考察与经典诠释相结合①。

中国人从很早的时代起,就非常关注考古。许多钦定文集,都包括由文人编目的发掘文物。在明代,伪造古代青铜器的行为就成了司空见惯的现象。然而,科学考察仅从20世纪起才开始,也就是说继1898年在距安阳(河南)西北六千米处的小屯,发现了成千上万件载有古文字的甲骨之后。这种骨占(由中国古代社会实施的通过因火烧而出现裂纹的骨头来从事占卜)的遗址之宝藏的开发,在长时期内未被专家们所熟知(农民们用这种宝贵的物品作药剂使用)②。在20世纪初,中国的京师团练大臣王懿荣便怀疑到这些发现具有重大意义,于是便搜集到一大批这类甲骨,中国人最早于上面添加上了其表意文字。三位中国大学者科学地研究了这种资料:孙诒让和罗振玉向西方介绍了它们。王国维却根据甲骨文而复原了商王朝(中国传说中的第二个王朝)的国王世系,他同时还为安阳提出了一个历史地层,那里很快就被考证为商代的京师。1928年,便在中央研究院(它取代了翰林院)的主持下,开始了发掘。这些发掘一直持续到1938年,也就是直到日本侵华的时间。

北京当时变成了中国古文物交易的世界中心,包括青铜器、玉器、陶瓷

① 为了更完整一些,我还必须提到由斯文赫定(Sven Hedin,1927—1935年)率领的中瑞联合考察团和由法国人哈干(Joseph Hackin)率领的著名的“黄色巡洋舰”活动(1931年),这支履带车队穿越了整个中亚。

② 人们今天还可以在香港的中药仓库中发现卜骨残片。

器。那些秘密发掘者们向欧洲的业余爱好者们积极推荐。如珀西瓦尔·大卫(Percival David)、路易·瓦涅克(Louis Wanieck)、雷蒙·科埃科林(Raymond Koechklim)或卡尔贝克(Karlbeck)。后者是在天津的瑞典铁路专家,搜集了一批神奇的中国古瓶特藏。与此同时,周王朝的遗址也由中央研究院作了科学发掘,如在陕西的都祭台,河南的许昌和湖南的长沙。它们也发掘出了丰富的考古资料,并分别展出于地方博物馆(成都、长沙)或外国的特藏中。在诸如劳佛尔(B.Laufer)或高本汉(B.Karlgren)等学者的推动下,人们很快就着手对这些文物的研究,并由此而促使人们对某些正在撰写的论文作出修改。格兰言(Granet)的预言得到了证实。据其预言认为,封建主义连同将农村社团划分为村庄小组以及市民,都是随着青铜器的出现而形成的。此外,中国古代社会并非是排他性地以农业为基础,而且在很多情况下也是以战争和狩猎为基础的。对这些新资料的开发利用,现在尚远未完成。

1918年,瑞典地质学家安特生(J.G.Andersson,1874—1960年)受中国政府委托,负责一个对史前遗址的考察项目。1921年左右,他在仰韶村(河南)发现了仰韶文化(公元前2200—前1700年)的第一个新石器宝库,它延续于一片从河南到甘肃的地面,地处黄河流域。那里从此之后便被奉为中国文明的摇篮。这种仰韶文化的特征是存在着骨灰瓮,装饰着一种花边带。安特生采购了大量的这类骨灰瓮,我们可以在中国的所有大博物馆中发现它们。数年之后,考古学家吴金鼎在龙山(山东)发现了龙山文化的遗址,其黑陶成了祭祀青铜器的雏形。中国新石器时代的这两种主要文化,是由中国地质调查所考证出来的。德日进(Teillard de Chardin)、滨田、安特生和郭沫若均属于中国地质调查所。在此数年前的1923年,于北京西南的周口店发现了北京猿人头盖骨,从而为最大报刊的专栏提供了资料;这一切又支持了那些入华耶稣会士们,因为他们曾写道,中华民族是世界上最古老的民族。

(三)科研人员及其著作

直到1954年,法国汉学始终是一个在世界上占突出地位的学派。这应归功于由沙畹(Edouard Chavannes,1865—1918年)培养出来的天才学者,沙畹是其时代无可争议的最大汉学家。他是乌尔姆大街的老住户,精通新的史学方法。沙畹完全是更具条件地接触到了汉学，因为他拥有一种超群的语言天才，曾受到过儒莲学派的培养。他于1889年出发赴北京，并作为法国公使馆不具头衔的随员，而且在那里度过3年。他与文学界的频繁接触，使他得以很快地实现他从一到达就为自己确定的目标，即翻译由中国的希罗多德—司马迁所修之《史记》。他继莅华的一年之后，便发表了这部基础著作的一卷译本。沙畹只发表了其译著的三分之一，并附有注释。这些注释本身就形成了中国古代的一部真正的历史（《史记》译本，5卷，巴黎1895—1905年版）。

这第一部名人杰作就使沙畹得以在28岁时进入法兰西学院，他在那里继承了德理文（Hervey de Saint-Denys）。他的当选并非是毫无困难的，是由印度学家傅舍帮助他谋求的。另外一位法国印度学家烈维（Sylvain Lévy）使沙畹转向了对有关印度的汉文佛教文献的研究，因为它们可以有力地取代对于某些时代来说，实际上根本不存在的印度文献。因此，他接二连三地发表了中国、印度和西域僧侣们的记述，其资料对于研究佛教向整个亚洲发展时代的中印关系，非常重要。其著作的一部分以《取自汉文三藏经的500个印度故事与寓言》为题发表（1910—1911年）①。它形成了《佛教朝圣进香人的游记》（1894年）、《悟空行记》（1894年）②和《宋云在乌苌国与犍陀罗的行记》之续篇。

金石碑铭和古文物研究又由沙畹的著作作了许多补充。沙畹从分散在中国大陆的成千通碑铭中，发现了一种对待新史料的方式，而文献不再具有垄断特征了。1891年，他在北京于其有关《西汉时代的中国石刻》中，汇辑了大批资料。在这同类著作中的第一部中，图像终于占据了一席重要地位。傅圣负责一次赴印度考古探险使命，他向法国科学院寄送了在菩提伽耶（Bodh-Gaya）发现的5方汉文碑文的拓片与照片。这些碑文实际上尚不为人知，应断代为汉代与宋代。沙畹迫不及待地刊布了它们，从而先于施莱格尔（G.Schlegel，施古德）发表它们，施莱格尔也写过一篇文章，以回应沙畹的文章。对于沙畹来说，在日内瓦召开的东方学家大会（1894年），成了一次介绍那方著名的六体碑文（梵文、藏文、蒙古文、畏兀尔文、汉文和西夏文）的良机。该方碑文应断代为1345年，发现于居庸关（直隶

① 该书于1962年连同1934年出版的一部遗著一并再版。

② 悟空（751—790年）是一名佛教僧侣。

省)。他另外还翻译了西域的10方汉文碑文,它们是由博安(C.E.Bonin)于其考察期间(1898—1900年)搜集到的。斯坦因也曾委托他翻译其在西域探险期间搜集到的文献,从而导致他趋向于对中国的景教和摩尼教的研究①。一旦当他自中国返回,便发表了其考察成果:《华北考古记》(1904—1905年),2卷本,两本图版。他很早就预料到了发现甲骨卜辞的重要意义,这是由罗振玉向外国学者们介绍的。他表现了自己那罕见的广阔视野。他非常关心元代的政府机构、义和团运动和汉—藏走廊的平民。他是历史学家,同时也是汉学家,通过研究直到当时尚未被开发的资料——碑铭和文物。

考狄(Henri Cordier,1849—1925年)与沙畹不同,他对汉文一无所知。但这丝毫未使其著作失去某种极大的丰富性和一种很大的差异性。考狄是一位曾在中国居住过的商人的儿子,于1869年出发赴上海,并在那里一直居住到1876年,在《进口—出口》杂志编辑部工作。他与费赖之(A.Pfister)、鲍乃迪(Paradius,巴拉第)和英国人伟烈亚力(Wylie,1815—1887年)都建立了友谊,伟烈亚力以其《中国文献纪略》而名震一时。考狄返回法国之后,便参与了一项西方从起始起有关中国书目统计的庞大任务,同时又重建他的图书馆,因为其原有藏书在一次海难中损失殆尽。尽管其《中国书目》(1881—1885年,1895年又作补充;1902—1908年又经大幅度增补后再版,于1922—1924年再作补充)仍不完整(尤其是对俄文著作和高地亚洲的著作),但它始终是一部珍贵的书籍文献目录,特别是对于古老书籍更为如此②。

此外,考狄自1881年起,便在东方语言学院承担中国文明课,其对象是最早赴华的欧洲旅行家,并为此而奉献了其最优秀的研究成果。他首先出版了《受真福品者鄂多立克修士于14世纪赴亚洲的旅行》(1891年),并附有大量的注释。由于他曾会晤过裕尔少校(H.Yule,1820—1899年),也就是《马可·波罗游记》(1875年)的著名出版家。所以,他又受托重新再版这部著作,并且以其丰富的注释相补充,从而使之形成了对有关内容之

---

① 由伯希和在敦煌发现的一卷文书,成了一篇著名论文的起因:《在中国发现的摩尼教论著》(沙畹与伯希和合作),载《亚细亚学报》,1911年,第121—123和第350页。此文促进开拓了中国史研究阵地。

② 类似的项目再未以如此规模重新作过。袁同礼编制了1921—1957年间出版的西方汉学著作目录(纽黑文1957年版)。

全部知识的总结。考狄还再版了裕尔的《东域记程丛录》(1913—1916年)。恰恰是直到其逝世之前,他完成了多明我会士赛维拉克(Jourdain Catala de Séverac)的《珍异记》。他通过这些论著,而显示出是一个研究中欧交流的大史学家。在这方面,我们应该把某些有关耶稣会士汉学,以及19世纪汉学研究的某些论述深入的段落,都归功于此人。他在这方面还补充了大量未刊文献。在真正的汉学研究中,考狄仍受限于缺乏原始参考资料。这样一来,其《1800—1902年间的中国与西方列强关系史》(1902年)一书,便是以外交部的档案为出发点而工作的,故而要比其《中国及其与外国关系通史》(巴黎1920—1921年)的水平高一些,后一部书的四卷本事实上是论述了这部书中的第二部分,他于其中大量收入了冯秉正(de Mailla)神父的《中国通史》中的资料。他以其大量通俗性论文,使最先进的汉学研究成果也能使读者大众唾手可得。为了使这些科研成果得以发表,他于1890年创办了《通报》。

伯希和(Paul Pelliot,1878—1945年)是天才的语言学家,可以讲10多种稀见语言,在西方汉学史上占据着一种重要地位。他以其是百科全书式的学问,而与儒莲相联系;他那探险家的兴趣及其对于人类学的好奇心,又使他很接近沙畹。他生前从未发表过任何专著,我们通过其无数的文章(某些文章超过数百页),才会发现其论文的内容触及到了非常广阔的领域,如佛教、马可·波罗、考古学和中国的航海旅行家等内容。伯希和并非是作鸿篇巨制的人物,而更应该是作具体研究的学者,是以很全面的科学参考资料而完成论文的作者。由于篇幅所限,我很难介绍一批集所有领域新发现的著作,它们都被隐蔽在那些最为出乎预料的地方。伯希和是享受到法兰西远东学院保护的早期汉学家之一,曾于1900—1904年间在印度支那时为该院成员。他于1900年被派往北京,以便为该学院搜集第一批汉文书籍特藏。他返回河内之后,发表了《扶南考》(1903年,扶南是柬埔寨的古名),其根据是有关印度支那的汉文史料;由中国旅行家周达观所撰《真腊风土记》(13世纪)的译注本。一年之后,他又汇辑了唐代舆地学家贾耽的资料,并发表在一篇长达300多页的杰出文章中《交广印度两道考》(1904年)。

伯希和于1904年返回巴黎,准备他赴西域的考古探险。正是由于这次探险,他才得以占据法兰西学院的"西域语言、历史和考古"讲座(1909年)。在1914年的战争之前,其研究又将他导至宗教和佛教方向(《论〈道德经〉的一种梵文译本》)。在战争期间,他在北京应征入伍,任翻译。1921年,他当选为法国金石和美文学科学院院士,然后又周游全世界,在图书馆与博物馆中翻找搜寻。他发表了其在俄罗斯(1910和1925年)、西班牙(1928年)和在瑞典(1932年)新发现的札记。他于1920年继承沙畹而出任《通报》法方主编,并促使该杂志成为一个真正的汉学论坛。他由于缺乏时间,而无法总结其科研成果。其《遗作》的出版(已出版6卷)可以使科研人员们接触到了大批他未能刊布的写本文献。他应其朋友大卫的要求而写成了《〈马可·波罗游记〉注释》,却始终未能杀青。它们都清楚地证明了伯希和科研活动中的比较文化特征,中国与西方的关系始终于其中占据首位。

马伯乐(Henri Maspéro,1883—1945年)也是由沙畹直接培养出来的人,他在宗教领域中留下了一部重要著作。他与伯希和不同,并不"如同从事一项体育运动"一般地从事语言学研究(戴密微语)。其著作具有某种更为统一的特征。马伯乐曾是法兰西远东学院的成员,于1908—1920年间在河内居住。他在那里杂居于当地居民中,同时又记录下了他对于民间宗教信仰的观察,民间宗教信仰对诠释古文献具有很大的帮助。其最早的论文之一是《古代中国人与近代泰国人的社会和宗教》(1929年),实际上是将这两种社会与宗教作了比较。他也如同伯希和一样,是通过印度支那而触及到了中国历史(《唐代安南都护府考》,1910年),并且从历史角度来考虑中国语言学(《安南语言的历史语言研究》)。他于其中奠定了一种对亚洲语言颇有条理的比较,从而为瑞典人高本汉(Karlgren)对于汉语语音进化的研究开辟了道路。1920年,他预告要撰写一部有关古汉语语音学的著作。但由于缺乏文献,他放弃了这项计划。但是,他却发表了一篇《上古汉语中的前缀和派生》(1930年),并于其中提出了有关汉语语言结构的某些很深刻的论点,从而导致了对这种结构的一种真正的分析(《汉语语言》,1934年)。马伯乐继承了其师沙畹在法兰西学院的教席(1921年),并开始准备撰写一部有中国古代的历史,最后形成了一部独立的著作,这就是《古代中国》(1927年)。这部著作论述到秦代为止,涉及了一个文献史料非常稀见,并且只能由考古和碑铭文献来补充的时代。他本来打算再撰写此书的一部续篇,涉及一个从汉至六朝的时代。他对文献的考证导致他从事了有关经济史的研究,因为直到那时为止,人们对中国经济史始终非常不熟悉。他还特别从事中国古代道教的研究,并为此而撰写了大量论文,后收入到《道教与中国宗教》(1971 年)中了。他利用了日文著作,因为他要求其学生们阅读这些著作。马伯乐最终确切地表述了中国民间宗教的特点:它们都是中国儒、释、道三大宗教的某些奇怪的“会”。在这方面,我们必须指出,马伯乐时代尚不拥有整套的《道藏》,此时尚未为 1120 卷《道藏》提供任何年代里程碑。当时人们所拥有的唯一指南是戴遂良神父的《道藏目录》。马伯乐的最大功劳是最终确定了三大宗教思潮之间的关系。这些思潮各自迎合了不同的需求,它们之间的共存,或者是无情斗争,都形成了一种重要的历史因素。他耐心地证明了古代道教的机制,这就是它赖以为生存之基础的气功修炼。他阐明了道教在佛教于公元初年传入中国时所起的作用。马伯乐在布痕瓦尔德(Bouchenwald)集中营中的悲剧性死亡,使法国汉学界失去了其最优秀的成员之一。

葛兰言(Marcel Granet,1884—1940 年)是沙畹的另一位高足,仅仅在北京生活过两年(1911—1913 年)。他是法国高等师范大学的毕业生,受到了杜尔凯姆(涂尔干,Durkheim)学派的培养。马伯乐提交了一部颇具新意的博士论文《中国的节日与歌曲》(1920 年),并于其中提议对《诗经》中的《国风》一章的诗歌作一次革命性的解释。他使用当时在法国人文科学界流行的一种社会学方法,证明了这些诗歌是在具有性别特征的对歌中,以男女轮唱而形成的。这类赛歌又是在季节性节庆时组织的。他分析了不同社会阶层中的习惯性礼仪态度,再现了中国最古老的历史、其神话的社会结构。他对于具有不同价值的史料之主题分析(《古代中国的舞蹈和传说》,1929 年),权威性地证明了人们离开常规手段后可以得出的结论。

葛兰言的综合性著作很多。《中国人的宗教》(1932 年)、《中国人的文明》(1929 年)、《中国人的思想》(1934 年)。前两部著作是为了一套庞大的文集《人类发展史》而写成的。当时有某些大史学家合作参加这一项目,最终根据最深入的研究而提供了一种宏观的看法。他在一篇《古代中国的婚姻类别和亲属关系》的文章中,巧妙地将莫斯(Marcel Mauss)的理论运用到了中国古代社会中。其著作作为反对历史主义和像“运动员”一样过分使用语言学的反应(法国汉学多少有点受此影响),预兆着结构主义的应运而生。葛兰言非常正确地播下了新思想的种子。

法国汉学界还拥有几名外国学者,他们的科研方法和科研成果与法国汉学家们颇为相似。中国人林藜光(1902—1945 年)是一部有关小乘佛教基本经文的著作(《正法念处经》,1949 年)的作者,他却过早地逝世了,从而使佛教研究失去了其最优秀的专家之一。同样,瑞士人于伯尔(E. Huber)或索絮尔(L.Saussur)都由法兰西远东学院收留,其专长是佛教和天文学。意大利人拉法埃尔·佩特鲁奇(Raphaël Petrucci)是沙畹的高足。他翻译了李渔的《芥子园画传》(1918年),它是理解中国美学与绘画的主要教科书。

德国汉学的新颖特征非常丰富,它们在很大程度上应归功于该国大学的传统。因为那里的人文科学是通过一批先驱们开创的。数年之后,整个欧洲都响应了他们。社会学、心理学和经济学已经属于了历史研究的组成部分。德国人自19世纪中叶在中国山东立足之后,就已经在胶东建立了一个日耳曼研究所。直到第一次世界大战之前,该机构培养了一代优秀汉学家。在他们之中,便有大心理学家荣格的朋友卫礼贤(W.Wilhelm),他在法兰克福成为汉语教授之前,曾在中国度过近20年。他首先出版了《中国简史》,然后又出版了其《论语》(1910年)、《孟子》(1916年)和《老子》的译注本。这一切促使许多原来犹豫不决的学生断然决定去学习汉语,并将荣格有关知识渊博人士之无意识和心理学理论运用到了中国经典文献中。与此同时,有些作家们也向大众介绍中国,如编译中国诗人李太白诗的作家克拉邦德(Klabund)。甚至荣格本人也在卫礼贤的帮助下,才发表了《金花记传奇》,这是明代的一部美学作品的译本,并立即取得了成功。

柏林汉学讲座的先驱是加贝伦茨(Gabelentz),同时又由于其时代是社会学家的格罗贝(W.Grube)占据。此人又将其位置转让给了莱敦大学教授和宗教史专家哥罗特(de Groot)。当时使柏林和法兰克福黯然失色的大汉学中心成了汉堡。汉堡迎接了当时两位最重要的汉学家。这就是佛尔克(A.Forke,1867—1944年)和福兰阁(O.Franke,1863—1946年)。前者的研究涉及了中国哲学(《中国哲学史》,1927年)、毛泽东思想和唐诗宋词。福兰阁撰写了一部巨著《中华大帝国史》,其中对事件的记述被经济与社会问题淡化了。他有关王安石变法以及欧洲人于1914年之前在亚洲干涉的研究,证明了他在史学方法上的广阔视野。他培养了许多弟子,其中有多人还于1940年之前居住在北京。艾克(G.Ecke)和洛埃尔(Loehr)在那里继续其有关祭祀青铜器和佛教建筑的研究。洛埃尔以类型学为基础,提出了他自己确立的青铜器年代体系。富克斯(W.Fuchs)专长于清史。纳粹势力的上升造成了许多学者的外流,从而为德国的汉学研究造成了致命的一击。哈龙(G.Haloun)、西蒙(W.Simon)和辛德勒(B.Schindler,

他随身带走了《泰东》),或《大亚细亚学报》也迁到了英国。白乐日(E.Balacz,1905—1963年)为匈牙利血统,曾在柏林通过了一部有关唐代经济史的杰出博士论文,后亡命于法国。美国也接待了一大批学者,其中有魏特夫(K.Wittfoger,哥伦比亚)、莱辛(F.Lessing)和埃布拉尔(Eberhar,伯克利),还有萨尔莫尔(A.Salmony,纽约),他们与其来自中国或苏联的同行们,将共同加强美国汉学的队伍。1945年之后,德国汉学失去了其最佳研究人员,汉堡的讲座空缺了,法兰克福的汉学研究被摧毁。一切均有待于重组和复兴。

苏联汉学家的领军人物是阿列克谢耶夫(Vassili Mikhilovitch Alexeiev,1881—1951年)。他曾是沙畹的门徒,并且还随同沙畹赴华考察。这就解释了把他与法国汉学联系起来的纽带之渊源。他出任列宁格勒大学的教授,也是苏联科学院的院士。阿列克谢耶夫坚持了圣彼得堡中心的汉学传统。他那非常丰富的著作已经很难获得,因为他用俄文发表了其科研成果的主体部分。其著作主要涉及了考古学、历史学、经济学、文学(《7—9世纪的中国诗集》)。从1917年起,那场被称为"国学"的运动促使许多知识分子将其视野转向了东方。苏联的多个东方学研究所分别诞生于莫斯科、伊尔库茨克和海参崴。他们当时已开始编纂多部俄—汉词典、俄—蒙词典。苏联科学院的中亚探险考察委员会组织过赴中国西域边陲附近的多次考察。由此才出现了苏联汉学的现今倾向,即其方向非常侧重于西域及其周边文明。1930年左右,有一小批青年汉学家开始热衷于攻击"资产阶级汉学",并指责某些科研人员于其书中不肯高度赞扬马克思主义。一份新杂志《新的东方和革命的东方》问世,其论文分析了中国内部形势的发展。列宁格勒东方学研究所的《记要》,于1929年发表了《老子》译本的节录,由昂格尔(Engels)作序。尽管这种具有严重政治倾向的汉学,只局限在某些个人身上,却预兆着现今的论战。

在北欧,汉学研究只与某些个人的名字相联系。我们应该提到其中的戴闻达(J.L.Duyvendak,1889—1954年),他任莱敦大学的教授、《通报》的联袂主编之一,一种很快就出版的《道德经》版本的编者和一部义和团战争编年史的译者。哥德堡大学的教授高本汉(B.Karlgren)对于中国青铜器和古汉语音韵学的研究(1915—1926年),则完全属于一个新领域。喜龙士(O.Siren)是高本汉的同胞,也是中国绘画和雕塑史专家,他将直到当时只保持在西方艺术中的方法运用到中国艺术中了。英国的汉学形势也基本相似，但更为复杂一些。在20世纪的上半叶，再没有有利于汉学研究的形势了，唯有翟理斯（H.A.Giles，1845—1935年）例外。翟理斯是原驻中国的领事，后来被任命为剑桥大学汉语讲座的主持人（1897年）。其著作始终都能使大众获得。《中国的历史》《中国的文明》都是具有高级学术水平的综合性著作。他的《华—英字典》属同类著作中最上乘者，至今仍在使用①。牛津大学与剑桥大学一样，继续确保在中文系的中文教学。在牛津大学中文系工作的有德效骞（H. Dubs），他是一部有关荀子的著作（1928年）的作者，还曾动手从事翻译司马迁的《史记》和班固的《汉书》。在该校工作的还有中国古文字的著名专家吴世章。

在美国汉学中，于1945年之后，有大批外国人加盟其中。它于1945年之前，只拥有数名第一流研究员，还有某些热衷于此的业余爱好者。诸如此前在北京任职的外交官柔克义（William Rockhill），他也是柏朗嘉宾游记的出版者。他有关中国艺术的收藏品，堪称世界上最完整的一套，现入藏于堪萨斯城市博物馆。此外还有哥伦比亚大学教授卡特（T. F. Carter），他是有关中国印刷术的一部博士论文的作者。在芝加哥、劳佛尔（B. Laufer）致力于研究中国古代的青铜器和玉器，他考证出了它们那深刻的象征性意义。他那人类学家和史学家的关注，又被战后的许多汉学家们所继承。

由于篇幅所限，本处根本谈不到介绍日本学者有关中国的著作了。如果我们只坚持论述近代，那么日本汉学的起源就应追溯到那珂通世。他于19世纪末写过一部《中国简史》。从1920年起，东京大学和京都大学都组织过专长于某一具体领域的汉学家小组。一般来说，日本人有关哲学和宗教的研究论文成倍地增加。这样一来，曾在北京和哈佛施教的服部宇之吉，以其对儒家文化的研究而著名。这是由于他的著作《孔子及其教义》《中国人的神灵和神话》。我还应该于其再补充一部综合研究著作《东方伦理学的原则》。市村瓒次郎由于他多次在华居住而获得了深邃的中国道教知识，并从研究中得出了这种宗教的社会形态，其基本办法与马伯乐的手段相接近。内藤虎次郎和白鸟库吉是史学家而不是哲学家。前者发表了《清朝的崩溃》和一巨部《画家著作与清代著作目录》。他的编纂非常巧妙，其思想在战后又被重新移用于其他时代。后者强调神话在中国史中所

① 《华—英字典》，1892年版。

占的份额(他曾是留德学生)。狩野直喜为使京都变成最先进的文学与经典研究中心作出了贡献。真正的日本伯希和——桑原骘藏成了研究中国与世界关系的专家。

为了追求完整,我于最后还应该提一下中国的汉学家们。他们在中国工作,往往是置身于非常困难的处境中。其中有罗振玉、郭沫若、王国维、冯友兰和其他许多人。历史使他们背离了其研究轨迹,他们的著作于1950年之后问世。他们有的留在了中国大陆,有的移居于美国或中国台湾。

四、今日之汉学

(一)学习汉语

汉语知识今天已变成了任何汉学家都必备的主要条件,无论他们的方向是研究古代中国,还是探讨近代中国,都一概如此。最典型的例证便是考狄(H.Cordier)和格鲁塞(René Grousset)。这些学者们那广泛的文化知识减缓了因他们对汉语的无知而造成的障碍。事实上,他们这样的例证只适用于优秀的普及著作的作家们,而不适宜于科研人员。今天,普及著作也倾向于变成熟悉古典汉语和日常口语的真正汉学家们的行为了。往往口语可以使他们接触中国的基本著作,对这些著作的阅读有时会被证明是必不可缺的。

学习"白话"或近代语言,当然要优先于学习文言文,也就是要早于更困难,更应该供那些专长于1949年前中国的人使用的文言文。

1.白话文或现代汉语①。学生们是通过由人民中国正式采纳的"普通话",也就是根据在北京流行的发音(由些而产生了"官话"),而开始了语言学习。在开始时,"白话文"并不用于书写,而是专供口头表达、民间故事和小说使用。它后来被五四运动(1919年)中的知识分子普及为文学形

① 艾乐桐(V.Alleton:《汉语语法》,巴黎1973年版,收入《我知道什么?》丛书第1519种;李嘉乐(A.Rygaloff):《近代汉语基本语法》,巴黎1973年版。

式。因此,这里是指人们书写的一种口语。中国数量庞大的地区性方言,有时也以与官话相同的方式书写(事实上是使用了同样的文字),但其发音却始终有差异。这样一来,如官话知识可以使人阅读香港的门牌字号及报刊杂志,却不能在人们讲粤语的大街上互相理解其语言。“普通话”被中国政府奉为文化整体性的因素,由此便可以绕过文化差异,使所有中国人都能互相理解。

中国文字可以先天地使新入门学者感到畏惧。事实上,每个表象文字(方块字)都拥有它独特的写法,它可能会包括40多个笔画。被想象出来的汉字的描述特征,最早被认为它是代表其意义的同一种真正的图案;而现在仅仅在很具体的情况下,才会出现这样的情形。此外,在一个字的字形与其发音之间,没有任何关系,唯有记忆才可以把一种发音与某个字联系起来。如果人们不知其字形,那么同一种发音就可能会使人联想到20多个意义不同的字。对于初学者来说,由此而产生了能认识他曾听到其发音的那个字。当时为汉语的这种特征,提供了两类解决方法。

——汉字的字体简化。

——汉字的拼音化。

由中国在多年间实施的汉字简化的目的,就在于实验性地使用汉字或组成汉字偏旁的有限笔画,而确定其等同字体①。中国人在这方面最经常的关心之处,使得许多简化字里显得很明显了,只要人们还记得其繁体字的形式就可以了。此外,中国还存在着提供了主要表意文字的简繁文字对照表。中国的各大报刊(《人民日报》《红旗》杂志)从此之后就只用简化字所印刷。

先前的威妥玛(T.F.Wade)和此后的法兰西远东学院制订的汉语拼音方案,就已经提出了对这一问题的解决方法。但它现在仍是继续向中国领导人提出的一个问题②。1952年,毛泽东指出,文字要改革,要如同世界的所有语言一样,走拼音化的道路。总之,这种断言很难与该国领导人有关在该国保持非常鲜明的民族特征的愿望相调和,这是从其政治经验而得出的结论。直到共产党人的革命成功,那里始终使用以3种拼音为基础的体

① 有关偏旁或首部的概念以及过去的情况,请参阅艾乐桐《我知道什么?》中的《汉字》,巴黎1970年版,第1374号。

② 请参阅米恒(C.Milsky):《未来汉语拼音的选择》,载《法国—亚洲》,1974年版,第67—77页。

系(每个音节只能包括3个字母,1913年),此外还有对汉语的罗马拼音法(1926和1931年)。1949年10月,设立了中国语言文字改革委员会,其方案是以汉语拉丁拼音化的目标为基础的。从1952年起,文字研究与改革委员会决定,要按照民族形式而非拉丁化形式的拼音方案进行工作,最终导致于1955年在6种方案(其一甚至是以西里尔文字为基础的)之中进行选择,最终采纳了一种官方的"拼音"方案,使用了我们西方的字母表。在"文化大革命"中,出现了对"拼音"的一种极度的反对,书籍中所附的罗马拼音字母消失了。近期,李敬喜推出了一本小书,并于其中提出改进"拼音",特别是要同时标注四声,并恢复使用双音节体系(一个音节最多由两个字母所代表)。据李敬喜认为,这种做法与中国人的思想最为相和谐(1973年)。然而,"拼音"的未来前途尚难以定夺。无论是一种什么样的"拼音",都不能适用于唯一的一种文字,也无法覆盖中国日常用语中的5000多个方块字。增加多种附带语义,以明确每个音素的意义。事实上,这样作必然会导致一种拼音体系无益的复杂化,而且还会变得比表象文字更加令人厌烦。

中国语言学家们研究的近期发展,可以使学生们拥有某些较好的教科书。中国科学院于1963年出版了《近代汉语语法纲要》,此前于1962年还发表过北京大学由朱德熙主持的语言研究小组的一部著作《当代汉语》。苏联人德拉古诺夫(Dragunov)的《当代汉语语法研究》(1952年),是一部考虑到了中国人在该问题上研究成果的教科书。赵元任的巨部教科书《官话初级读本》(1957年)和《汉语口语语法》(1968年),连同德·弗罗朗西斯(J.de Francis)的书①,都是英文的同类中的最优秀书籍。北京外文出版社向学生们推荐一部两卷本的教科书:《基础汉语》的法文版(1972年),它们连同我已经提到的艾乐桐、李嘉乐以及班巴诺(Pinpaneau)和李志华的《当代汉语大纲与近况》(1968年)一并,形成了法文本的汉语基础工具书。

日本的视——听方法运用得最好,但为此而明显必须具备日文知识。最后,有数个汉学中心都组织了对学习汉语的研究。在巴黎,语言学家们的研究是围绕着编写一部《汉一法词典》而组织起来的,它目前正趋于完成之中。在哥本哈根和伯克利,研究人员利用电脑将生成语法的原则运用

① 《汉语入门》,耶鲁大学1963年版;《中级汉语》,耶鲁大学1966年版。所有这些著作都附有录在磁带上的练习题。

到汉语研究中了。

2.古汉语。中国的古典语言或文言,行用数千年。它与使用单音节的口语有别。它在形式上是一种高度的简化和精炼,具有一种文字那相对不太确切的地位。马伯乐甚至写道,这些字"既不是名词,也不是动词,而仅仅是某些无差别的东西"。此外,经典文献中使用的语言与佛经或道藏中使用的语言完全不同,与元曲中的语言也只有远亲缘关系。唯有密集性地使用经典文献,才可以使人理解其意义。从此之后,当涉及利用有时具有非常含糊概念的诗歌或宗教文献时,直观语言于其中占有突出地位。我们只能很勉强地讲古典汉语那严格的语法宗则。这就是为什么,甚至在中国,学习"文言"仍要以对那些不厌其烦地反复记忆的古典文献为基础。

在语言学家们所常备的稀有语言辞书或学习文言的著作中,我应该提到道森(R.Dawson)的《古典汉语概论》(伦敦1968年版),这是一部供学生使用的孔子与孟子著作的选集。

目前,语言学著作并非仅限于古汉语,而且也涉及了周边文明中的古语言。伯希和与阿列克谢耶夫曾强调指出过它们的重要性。在这方面,苏联人索夫洛诺夫——《唐古特语言》(1968年)的作者、苏联契丹字文献资料研究员们的著作,都值得于此强调指出①。这些语言均派生自汉语,人们可以学习了解它们,显示出了它们具有重要意义。因为它们代表着某些文化实体,其作用在自汉至元之间远不能被忽略。西域现在已经显得如同是中国文明的中心之一一般。近期提交的一部博士论文提示说,汉字诞生于高地亚洲的周边地区,可能是由那些希望保持对丝绸贸易之垄断权的骆驼队商旅们传播开来的②。正如商朝夺取政权,完全是由于在中国南方的矿藏中发现了铜。

3.人们在哪里学习汉语? 今天,尚未教授汉语的国家很稀少。在法国,巴黎和各省(里昂、波尔多、埃克斯—昂—普罗旺斯),都制订了让初入门者学习汉语的课程。直到目前为止,汉语课仅仅在一小批大型中学中开设。尽管法国已设置了中学汉语师资合格证书(C.A.P.E.S),每年都推荐10多个岗位。但巴黎的大学生可以在东方语言学院、巴黎第七大学汉语

---

① 请参阅鄂法兰(F.Aubin):《苏联近期汉学研究的著作与影响》,载《通报》1972年,第58卷,第161—171页。

② 冯·艾斯布洛埃克(Van Esbroeck):《汉语西域起源绪论》,29届东方学者大会论文集,第6册:《中国西域》,巴黎1973年版,第7—8页。

学和万塞纳(Vincennes)大学学习汉语,它们分别颁发汉语的毕业证书和学士学位证书。获得这类毕业证书之一,便是意欲从事认真研究汉语的最低条件。其他的机构也推出了汉语专业课程和讲习班:法兰西学院(两个讲座从事对中国的施教,至少是部分的)、高等实验研究学院(第4、5和6系)的研究导师制、汇集了多家藏书的法国汉学研究所、当代中国资料中心、集美博物馆所属历史和宗教资料中心。一般而论,现在于古代中国专家和近代中国专家之间,只存在着一种很容易解释清楚的划分。前者主要是围绕着汉学研究所而工作,后者则围绕着当代中国资料中心而工作的。

在英国,除了牛津大学和剑桥大学之外,伦敦大学亚非研究院出版的《中国季刊》期刊,连同近期创建的爱丁堡中心,形成了研究当代中国的最优越的中心。德国的大学(柏林、慕尼黑、汉堡)都曾重新推出了汉学讲座,但在二战期间被停止了。苏联(列宁格勒、莫斯科)、捷克(布拉格)、意大利(那不勒斯、罗马)①、瑞典(斯德哥尔摩、哥德堡)、荷兰(莱敦、乌德勒支)和比利时(鲁汶、布鲁塞尔)的名望,就不需要再过多阐述了。

在美国,汉语教学逐渐扩大到了所有的重要大学。那里经常由赴美难民中的教师授课。这就可以使大学生们能更直接地接触和更容易地学习汉语。

外国人在人民中国居留的可能性,仅限于外国留学生。中国政府向前往北京进修汉语的法国青年每年提供20多个助学金。他们在大学里听课并居住在大学城中。这种语言进修班并非是直接针对科研人员的,而更应该是针对那些希望在中国人中生活的留学生而设置的。

科研人员可以居住香港或台湾,他们在那里拥有特殊的工具书。英国人和美国人经常实施助学金享有者或教员的交换。英国的殖民地香港拥有两所大学:香港大学出自马六甲的英华学院;香港中文大学创设于1963年。此外,在每个大学中心,都可以为大批外国留学生提供居住,他们可以利用其图书馆。台湾也每年向800名外国留学生提供奖学金,他们选择台北的22所大学之一中听课②。法兰西远东学院在那里设立有一个小小的中心,有几位专家搜集了有关中国民间宗教的一批丰富的资料。除了香港

① 意大利罗马大学中东和远东研究所一直在教授汉语。

② 在1971—1972年间,人们在台湾可以发现71名韩国学生、47名日本学生、33名美国学生和10名法国学生。

和其他华人大移民区（如雅加达和新加坡）之外，台湾始终是实施中国传统宗教与风俗习惯的唯一地点，折射出了中国古代社会的生动形象（有时也会遭到歪曲）①。

（二）古代中国研究

1.博物馆和图书馆

由外国人于20世纪上半叶所从事的对遗迹的发掘探索及科考探险活动，解释了在西方或美国大量博物馆和图书馆中，存在着中国考古宝藏和珍贵历史文献的原因。然而，最漂亮的中国文物博物馆都在亚洲。台北国立故宫博物院向公众开放3000多件文物，从古青铜器到近代绘画，其中共收藏有3万多件文物。该馆中的绘画无疑是全部收藏品中最具新奇特征的部分，包括多幅应断代为六朝和唐宋时代那令人赞叹不已的绘画。台北故宫博物院的收藏品，完全如同北京紫禁城故宫博物院的馆藏品一样，都曾属于自唐宋以来就开始搜集这一切的中国皇帝们所有。乾隆皇帝重组了那些失散的特藏，大幅度地丰富了皇家艺术品文物。1925年，中国创建了国立北平故宫博物院。在日本人入侵时（1931年），其藏品被先后迁至上海和南京（1943年），蒋介石的支持者们又从那里把一部分藏品迁至台北。台北故宫博物院的图书馆共馆藏20万册珍本著作。它现在已开始对全世界博物馆中收藏的所有中国艺术品拍照和编制目录。

在人民中国，各省的博物馆经常被自1950年以来发现的考古资料所丰富。上海博物馆拥有一整套漂亮的唐宋古画。

东京国立博物馆拥有一套五光十色的中国收藏品，其绘画部收藏品中有很珍贵的禅宗绘画。在美国，所有的大型博物馆都典藏有中国物品，其中最重要的是华盛顿的自由美术馆，以其对中国青铜器和绘画的收藏而著名。波斯顿美术博物馆、奈尔松·罗克希尔艺术美术馆（堪萨斯城）、克利夫兰博物馆和大都市博物馆，人们可以在那里发现特殊的中国藏品，它们大多是在20世纪初叶，由收藏家们从中国携归的。在那些最丰富的私人特藏中，我们可以提到王已千（C.C.Weng，纽约）和埃佛里·布伦达奇（旧金山）特藏。此外，纽约的亚洲会所定期组织中国艺术展览。

---

① 有关中国民间道会门和佛教会社，在台湾分别计有320万和570万信徒。

在欧洲，大英博物馆和吉美博物馆共享拥有神奇的一套佛教绘画特藏，它们分别是由伯希和与斯坦因从敦煌携归的。维多利亚和艾伯特博物馆以及珀西瓦尔·大卫（Percival David）基金会也收藏有几套很漂亮的中国文物。在法国，除了自1945年起已成为国家博物馆的亚洲分部（古青铜器、佛教雕塑品、明清绘画、瓷器）的吉美博物馆之外，那些中国收藏品被分散在巴黎的塞尔努斯基（Cernuschi）博物馆（上古时代）、里昂吉美博物馆、图鲁斯的拉比（Labit）博物馆以及其他多个私人特藏。其中最重要的私人藏是卡勒曼（Calman）的那一套。在日内瓦，勃尔（Baur）的收藏品中具有非常丰富的宋元两代的瓷器。斯德哥尔摩的远东古文物博物馆收藏有大批考古宝藏，并且还出版了一份学术杂志，其名望已经高得无以复加了。瑞典国王的中国特藏是一整套同类中的最佼佼者。但如果大家看到瑞典王室自1861年以来就迷恋中国时，那么对这一切就不会感到惊奇了。在进口瓷器方面（东印度公司），最漂亮的几件物品，现藏葡萄牙与荷兰博物馆以及英国的几家私人藏品中。

北京中国科学院曾由大作家和考古学家郭沫若主持，他支持和保护了自1950年以来由国家在全国范围内从事的发掘，支持其组织工作与出版物的刊行。在台湾，“中央研究院”史语所着手对1930—1940年间出土的考古资料的研究，并注重解读在安阳发现的甲骨卜辞。

中国大陆的档案与稿本著作收藏品尚未能被外国科研人员所接触，外国科研人员只好仅满足于赴台湾的图书馆，国立中央图书馆，于1933年创建于南京，共收藏有50万部图书，其中有14万部为善本（宋刊本有281部，360部为元刻本），150卷稿本和8000方古印鉴；台北图书馆创立于1915年，同样也收藏有几部可以上溯到中国印刷术起源时代的著作。

入华传教士们曾向当时的法国皇家文库寄回大批在当地采购的书籍。同样，柏林和列宁格勒图书馆，也是在18世纪入华耶稣会传教士们的关心下建成的。巴黎国家图书馆和伦敦大英博物馆收藏了由伯希和与斯坦因从敦煌携归的写本卷子。对于古代佛教文献来说，这是世界上两个最重要的汉文特藏。巴黎国家图书馆汉文稿本部共包括10000多个标题，其中包括由伯希和于1912年留下的著名特藏。这一套收藏是汉学家们利用的未刊资料宝藏。在利用这批写本而完成的大批著作中，我们首先应该指出《巴黎国家图书馆所藏伯希和探险团档案》，这一套书已有3卷；《8世纪的未刊道教经文〈本际经〉》，附有饶宗颐的导言；《敦煌曲》，由戴密微和饶宗颐选编和翻译;《敦煌的白画与线图》,由李克曼(P.Ryckmans)研究。《伯希和敦煌汉文写本目录》第1卷于1970年出版,其余各卷的注记目录都已经准备就绪。

2.科研的现今动向

(A)考古学

科研的发展与对考古资料的研究,自数年以来,导致了在中国古老历史问题上所流行的某些错误理论得以修正。高本汉、洛埃尔、萨尔摩尼(Salmony)和瓦松(Watson)有关古代青铜器和玉器的著作仍在继续,并且已经扩大到了有关中国古文物的大部分特藏。自二战后以来,许多目录已经编写完毕,从而可以使人对它们作出卓有成效的比较。高本汉编制了彼尔斯伯里(Pillsburg)特藏的目录(1952年),洛埃尔编制了北京故宫博物院的贾宁(Janning)收藏品(兵器)的目录以及辛格(Singer)博士收藏品的目录(1965年),梅原编写了住本藏品的目录(1961年),苏利宛(Sullivan)编写了巴罗收藏品的目录(1963年)、瓦松编写了大英博物馆的藏品目录,盖林斯瓦尔(Gollensvärd)和鲍培(Pope)编写了瑞典国王的藏品目录(1966年),鲍培、格登·卡希尔(Gettans Cahill)和巴纳尔(Barnard)编写了弗里尔美术馆的藏品目录(1967年)①,勒费夫尔·达尔让塞(Lefebvre d'Argencé)编写了布伦塔奇藏品的目录(1968年)。与此同时,某些更具有主题性的展览,可以使人向大众出示中国艺术的最精品。近期的某些综合性论著也都问世:瓦松的《中国考古》(1963年)、秋山和松原的《中国艺术》(3卷本,1968—1970年)②,苏利宛的《中国艺术》(1953年),它们都运用了在"文化大革命"中完成的新发现。

事实上,我们必须指出,自1949年以来,尤其是1966年以来,中国所从事的田野发掘形成了巨大规模。《考古学报》和《文物》这两份杂志定期介绍中国的考古成果,只有在"文化大革命"期间中断了一段时间。然而,在1965—1969年间,中国的考古活动并未被减弱放缓,使人获得了意外收获。中国政府于1973年借助于由叶利世夫(V.Elisseef)和瓦松组织的一次展览的机会,向巴黎和英国公众介绍了这一切。

---

① 这部3卷本的目录动用了最先进实验室的分析。

② 《唐代的新石器文化》(1968年)、《佛教石窟寺》(1969年)、《中国博物馆的绘画》(1970年)。

这些发现涉及了中国的整个古代①。1966年,在周口店又发现了"中国猿人"的头盖骨化石残片。1968—1971年间,一批质量特别上乘的商代青铜器与玉器,都从安阳遗址中发掘出土了。陕西岐山县也提供了一批丰富的周代文物。自1971年以来,在长沙发现的文物,也证明了在战国时代楚国文明的神奇财富。大部分均完好无损的乐器、漆碗和彩色丝绸堆放在一起。那些直到当时尚不为人所知的遗址,却提示了极其丰富的物品。河北满城的汉墓发掘于1968年。它们对汉学研究来说,具有一种可与图特卡蒙(Toutkanhamon)对于埃及学同样的意义。这些墓葬中收藏的2800件文物,全部是艺术品、精心雕刻的错金博山炉或长信宫灯。两具死者遗体被包裹在金缕玉衣之中。雕刻在某些物品上的铭文,可以使人考证出在满城所埋葬的贵族的名字:中山靖王刘胜(薨逝于公元前113年)及其妻窦绾。在距长沙4公里的地方,马王堆一号汉墓埋葬着一具保存非常完好的女尸,一组200件漆器,特别是有一件代表天界和大地的丝绸彩幡,其中的人物正在祭祀或摆设宴席。这是绢画的最古样品。

(B)通史

将人文科学的新方法运用到汉学研究中,是一种近期的事。由一名法国人以真正近代的视野,所撰写的第一部中国通史,是由谢和耐(J.Gernet)教授于1972年推出的《中国社会史》一书。这部著作填补了一种大家很久以来就抱怨缺憾的空白,从而大幅度地更新了格鲁塞(R.Grousset,1885—1952年)所从事的有关同一内容的工作。事实上,此类综合著作不会于1950年之前完成,因为它在很大程度上要归功于仅于数年来才问世的科研成果。

1950年之前,汉学家们只能利用经典类史料(官修编年史、刊本文献),从而使他们的观点更具有一种过分依赖事件那表面肤浅的特征,不恰当地局限于与其他时代相比较而应优先关注某些时代。由此而使人们认为中国史只局限于宫廷史,仅仅是必须设法突出其意义的一系列事件。此外,这些史料之间的密切关系使人无法对它们作考证,因而有时又驱使汉学家们完全如同无名作家们一般,倾向于官方编年史。而官修编年史本身又是皇帝希望留给后人看的。汉学家首先是翻译家,史语知识应远远超越思辨学问。数年以来,却有一种反潮流倾向形成了汉学的特征。许多新资

① 请参阅《中国的考古新发现》,北京1973年版。

料又充实了传统史料。谢和耐教授已经指出,人们可以让这些死资料讲话,只不过是人们要善于询问它们而已。如此一来,经济和社会史最终获得了其贵族身份证。这一切都要归功于埃伯哈德(W.Eberhard,美国,《古代中国的地方文化》,莱敦 1942—1944 年)、白乐日(E.Balazs,《〈隋书·食货志〉译注》,莱敦 1953 年版;《天朝官吏制》,巴黎 1967 年版)、谢和耐(《中国 5—10 世纪的寺院经济》,河内 1956 年版)、何炳隶(《1368—1953 年间的中国人口》,哈佛 1952 年版)。我们尚且不计其他许多由于篇幅所限而无法一一列举的人物与作品。

中国"漫长历史"的多个证据都逐渐地被确立了。我们现在可以更好地洞察该国南北方之间对立关系的重要性。政治传统造成这两个地区之间于宋代分隔开了。但从一开始起,这种传统就从未停止过制约中国大陆的历史。薛爱华(E.Schafer,美国,《萨乌尔罕的金桃,唐代外来物品研究》,伯克利 1967 年版)成为这种对立关系的杰出史学家,由此而产生的异国情调并不乏见。数年间,人们最终理解了中国人口的真正历史,这是由于贾永吉(M.Cartier)和魏丕信(P.Will,法国人)的著作。

那些集体项目也利用了国际资助,这些资助往往是完成重大任务的唯一出路。继《法宝义林》之后,此类工程中的第一项是由白乐日正式推出的宋史研究计划。他于 1954 年在达勒姆(Durham)第八届青年汉学家大会上提出了这项计划,于 1966 年又被慕尼黑的傅海波(H.Franke)和法国吴德明(Y.Hervouet,巴黎人),重新提出了其有关宋史研究书目及人物传记部分的编写。它包括一整套书,其中应出版一套宋代研究论著,从而提供有关一个非常辉煌但尚不为人太熟识时代的大批新资料。

中国历史分期是由白乐日等人重新划定的。白乐日第一个讲到,自汉末至隋(3—7 世纪)之间,是中国的"中世纪"。伊懋可(G.-B.Elvin)于其《中国历史模式》(伦敦,1967 年版)中,极力为中国历史勾勒出大致阶段,运用了自 800 年起直到 1300 年间,经济分期的那种今天已成为经典的理论。那种使中国历史阶段,与马克思主义的奴隶制—封建制—资本主义—社会主义的模式相吻合的愿望,自 1950 年起,在很长时间内始终是中国史学家们的最大关注点(董济民:《中国的历史轮廓》,北京 1954 年版),为此而只有政治追求了。日本汉学家内腾虎次郎(1914 年)就采取了一种三段分期方法:古代止于汉。但这种分类法于 1948 年遭到了马克思主义汉学家们的反对。后者于 1950 年又遭到了宫崎市定的质疑,他认为中国历史的主要接合点应定位于宋代。

英国最大的汉学家——剑桥大学教授李约瑟(J.Needham),在一个包括多名中国学家在内的研究组的帮助下,着手进行一项非常广泛的综合工程——《中国科学技术史》,于1952年启动(现已出版7卷)。他于其中统计了中国人自古以来的无数科学发明,同时又分析了它们与中国文明和思想的关系。这可能就是近代汉学的一项不朽工程,书中运用了一种特殊学识与一种卓越的综合意识相结合的方法。其中每一卷书都包括数百页的"参考书目"和"索引",从而使它们更容易被利用了。此外,李约瑟还于其近期用法文发表的多篇文章中,记录了经研究而激发他产生的想法(《中国科学与西方》,巴黎1973年版)。他于其中解释了,为什么中国曾在工艺方面令人震惊地先进于西方,最终却从文艺复兴时代起,被远远抛在后面了。

许多科研领域都等待着类似的综合研究。文学是一片辽阔的研究阵地。如桀溺(J.-P.Diény,法国)有关中国诗词的研究(《19首古诗》,巴黎1963年版),阿克尔(W.Acker)有关美学的研究(《有关唐代与前唐时代中国绘画的文献》,莱敦1954年版),高罗佩(R.van Gulik)有关中国日常生活的研究。高罗佩还是一部《古代中国的性生活,房中考》(巴黎1971年版)的作家。此外还有戴闻达(J.L.Duyvendak,荷兰人)、吴德明和鲁赫曼(R. Ruhlman,法国)和其他许多人,本处无法全部列举。同样,尽管有关中国艺术的著作有喜龙士(O.Siren,瑞典)、索珀(A.Soper)、高居翰(J.Cahill,美国)和毕梅雪(M.Pirazzoli,法国),但它在法国却显得较其他领域落后了。

3.中国思想与信仰

如果说法国文学在许多情况下,与美国与日本学校相比,已经丧失了许多地盘,那么法国在宗教领域中却又重新赢回了地盘。对于佛教研究,这要归功于戴密微;对于道教研究,则要归功于马伯乐的弟子们:石泰安(R.Stein)、康德谟(M.Kaltenmark)和白乐日。戴密微从1929年起,便由于他参与编写《法宝义林》脱颖而出。他发表了许多有关中国禅宗(《吐蕃僧诤记》,巴黎1952年版;《临济录》译注本,巴黎1972年版)的著作。其著作还涉及了其他内容,从社会学到文学,还有马可·波罗和汉学史。在法兰西学院继承了戴密微教席的石泰安,利用了马伯乐的教义,以研究中国人的精神心理结构(《远东的微缩景观,壶中九华》,1953年版)和原始道教。康德谟是道教文献的最杰出专家之一,他出版了《伏波者》(1948年),

这是对道教的一种神话—民俗内容的研究;《列仙传》(1953年),此后便致力于“道”在太平教思想意识中的分量之研究。法兰西远东学院在台湾组织了一个工作组,它出版了对道教重要著作的一批检索(如《抱朴子》),同时还有为方便研究人员的任务而编制的对照表。苏远鸣(M.Soymié)和施舟人(K.Schipper)致力于民间宗教以及这种千年宗教现有形态的研究。现在,佛教已经变成了一门日本的专业。西方有关佛教传入中国的最新著作之一是许理和(E.Zürcher)的《佛教征服中国》,出版于1959年。从此之后,有关佛教的主要著作都是由京都大学出版的(如桥木欣五郎和菊池)。

中国哲学很难深入研究。直到1950年左右,汉学家们还排他性地倾向于研究那些强大的传统思潮(孔子、孟子、老子、庄子),同时也将那些不太著名的思想意识(法家),或者是更为模糊不清的思潮,诸如定期煽动从黄巾军到太平军之间的人民大起义的诸说混合论,都被暂时搁置一旁而不予理会。中国人中最著名的综合性的论著是北京大学教授冯友兰的那部《中国哲学史》。此著于今天又由汪德迈(L.Vandermeersch,法国人)、戴闻达(J.L.Duyvendak,荷兰人)和瓦松(B.Watson,美国人)有关法家、廖文魁W.Lio有关毛泽东主义和刘子健(J.Liu)有关理学的研究所补充。韦利(A.Waley,英国人)指出了萨满教在古代信仰中所占的分量,从而把中国重新纳入到了西伯利亚—亚洲那最广阔的背景中了,而人们过去都会频繁地忘记中国也是这个大范畴的组成部分。中国人的思想现在显得如同一个复杂的整体,既接近又远离我们西方的思想。我们可以更好地衡量其异国情调,同时又从中觉察到了与此有关的实用主义的逻辑和方式。中国的认识论仍不为人所熟知,因为汉学家们仍然倾向于从一种严格史学家的角度来接触中国思想。这可能就会证明,在目前的情况下,我们的科研尚未达到其充分的成熟程度。

中国人民并未忽视其文化的历史。“文化大革命”之后,在北京出版的第一部科学著作是郭沫若的《李白与杜甫》(1971年),书中对大诗人李白(701—762年)发动了激烈的指责,而过去却奉李白为人民诗人。相反,杜甫却又重新受宠。这清楚地说明了一种纯政治考量的汉学所面临的一种怪癖,因为这种汉学仅想在历史中寻找证明现在的证据。

（三）对当代中国的研究

1.汉学与政治

1950年之前，只有很少的汉学家将其科研确定为以中国现实为中心。“中国”变成了“古老”的同义词。人们也可能应将此视为一种摆脱现实的愿望。因为在现实中，西方已不再是法官，而是现实的组成部分。近代中国曾被抛弃给军人、外交官和记者们了。这就是为什么西方的中国历史教科书，面对由1949年的革命而引起的无数问题，却突然间无言以对了①。大部分美国汉学家长期以来都相信，将会在毛泽东与国民党人之间出现调和。因为这些人错估了共产党人的力量。自从共产党人取得政权之后，便产生了一种突变性影响。此外，汉学经历了最大发展高潮的两个国家，便是美国和日本。但它们却一度成为当代中国首屈一指的敌人。

非常奇怪，冷战丝毫未能伤害日本和美国学者们的汉学活动。研究中国、分析它并证明其中运转的微妙齿轮，这一切就如同在17世纪一样，变成了亚洲任何政治战略的先决条件。所以，随着中国的战略利害焦点重要性的增加，研究近代中国，在美国取得了一种巨大发展。当中国共产党人执政不久，由美国民主党政权发表的“白皮书”《美国与中国的关系》（华盛顿1949年版），始终是理解中国革命的主要文献。

我们可以在中国对外闭关自守与1945年以来的汉学发展高潮之间，确立一种相互承袭的关系。这种现象是很容易通过西方人对中国的好奇心来解释的，而这种好奇心又特别由于中国领导人煞费苦心地维持的神秘气氛进一步加剧了。一旦当这样一种机制在“文化大革命”中再次运行时，有关这场运动的著作就会日益增多，提出了许多论点，但它们于数月之后却被林彪事件推翻了。“于现场”写中国史，在当时却变成了一种根本无法完成的任务。

中国与苏联的逐渐决裂，当然会使摩尼教的观点（善恶二元论）遭到质疑。毛泽东的共产主义摆脱了莫斯科，再无法与苏联的共产主义全面结合了。中国的道路，在显示了其新奇特征的同时，也由此而值得人们认真

---

① 请参阅谢诺（J.Chesneaux）：《中国当代史的研究前景》，载《东方学报》，1963年，第31卷，第310—320页。

地对它感兴趣。这就是为什么研究当代中国在今日也形成了一种风气。

当然,解释并非是作出判断。但在该项内容上追求公正性,则属于根本不可能实现的幻想(乌托邦)。把当代汉学政治化则是由多种原因造成的。这首先是由于其人员队伍:相当数量的汉学家都是中国难民;或者是因对斯大林主义失望的马克思主义知识分子,因为他们认为中国的道路是真正的革命的表率。但更重要的却在于其目的本身:中国的经验仍由其捍卫者或诋毁者而在继续,又往往都是最激进的。一种红色中国的形象,正准备吞噬西方。它直到50年代都是由宣传仔细维持着,今天已经不大令人信服了。中国与外国关系的正常化以及它进入联合国,都大幅度地减轻了它的论战激情。如此一来,美国汉学也逐渐地摆脱了朝鲜战争强加给它的战略迫切性。客观性应成为所追求的目标。但那些声称已经达到这种目的的人,往往正是离这种目标最远的人。在此情况下,汉学家们受到了比论战家们更好的武装,但世人也并不禁止他们论战。论战始终是丰富知识的一种源泉。

2.从哪里观察中国

近代欧洲的中国专家们拥有的信息手段,要远比日本学家们少得多,也就是说他们不拥有有关问题的全部资料。中国自“文化大革命”之后的重新对外开放,可以使外国专家们在中国居住了。但我们还必须等待很长时间,才能使在当地从事的科研工作,如同在前一个世纪那样发展。此外,居住在北京的观察家们,有时也会对于中国国内形势的发展所知甚少,这是由于缺乏必要的时间与空间。事实上,香港和台湾始终是观察人民中国的得天独厚的桥头堡,许多专门研究机构都在那些仔细观察中国的地平线。

在香港,所有的政治倾向都有自己的代理人,这块英国殖民地的报刊大部分都用中文刊印,提供有关中国内地的形势的信息①,同时又表达了某些差异很大的观点。每年都有数千名大陆难民到达这块英国的殖民地,从而得以解释清楚他们出自其中的那个省(最多的是广东省)的形势,即使对他们提供的资料必须采取高度谨慎小心的态度也罢。同样,对于前往中国内地探亲的香港华人的情况也如此。中国的几乎全部外贸都过境香

① 属于共产党人的报纸有《大公报》和《文汇报》,属于中间派的报纸有《明报》《天天日报》,属于右翼的(亲国民党的)有《公声日报》和《星岛日报》。

港,银行组织也提供经济数据和具体数字。这都是造成香港变成时刻都注意各种消息的"中国哨兵"的首选地盘的某些因素。其中的某些人在寻找轰动一时的新闻,并且毫不犹豫地从中排除那些最不可靠的因素。其他人相反却拥有特殊的手段,并且完成了一种只有很少汉学家才使用的信息资料性著作。

在可信的"中国哨兵"中,名居前茅者,则是美国驻香港总领事馆,它吸收了数量相当可观的一批专家(尤其是来自上海的难民)。领事馆领导机构的人员表现出了很大的自由和某种程度的独立性。当时任美国驻港总领事的惠廷(A.S.Whiting)毫不犹豫地批评了约翰逊总统在越南战争中的逐步升级政策。当时有《当前实况》及以有关中国新闻界的杂志(《中国大际新闻统览》和《中国大陆杂志选登》),它们形成了一整套第一流的研究资料。附属英国外交部的地区情报部,自1953年起便出版了《中国新简报》,然后又出版了《中国总论》和《中国记录》。这些秘密出版物却在那些大汉学中心中发行,人们在那里可以发现乱无秩序地堆积着对中国政治的分析和新闻。自从这两个国家之间互换大使(1972年)以来,这些出版物又采取了一种更为有分寸的谨慎语气①。最后,英国BBC广播公司又在《远东广播界简讯》中公布了中国各省广播《播音记录整理》,这是有关中国各省逐日记录的日常生活与形势的资料信息库。从事人民中国研究的最重要的大学机构,便是于1951年创建的科学研究所联合会。它拥有一座图书馆、一座显微胶卷档案馆和一处人物传记机构。它还出版了一套《中国共产党人物传》,其有3000多个人物的传记,是定期出版的。科学研究所联合会同样还赞助出版了一套当地历史文集。其年刊《共产主义的中国》是一种很详细的年鉴。

在台湾,专门研究中国共产主义问题的研究所,出版了中国共产主义《年报》,还有一个月刊《中国共产主义研究》。大家可以于其中看到有关北京政治的深刻论文。国际关系研究所于1970年组织了首届有关人民中国的中美学术讨论会。其学报是《出路与研究》,出版了一部传记词典(《中国共产党人人物传》,1967年)。它们都是全世界范围内发行,因为它们是用英文出版的。台湾与大陆政治性的根本分歧,不会使台湾汉学界一

① 1966年,这些杂志中有一些,却费尽心机地扩大到了传播由"文化大革命"中犯下的暴力行为方面了。

叶障目。那些使观察家们失去了准确信息,那些被散布的错误或具有倾向性的信息资料,始终为边缘性的。这一切都能使人识破它们。

3.重大内容和研究方法

(A)史料的发表

直到1950年,中国长年的内战,使人无法将一批数量庞大的中国历史文献加以整理,其中有一小部分被国民党人于1949年运往了台湾。一项对它们重新分类并发表它们的浩大工程,显示了使史学家们利用现存档案的必要性。在人民中国,中国科学院的近代史研究所于1955年年初始出版12大卷有关鸦片战争、太平天国起义、回民起义、中国北方农民的游击战、法—中战争(1884—1885年)、中日战争(1894—1895年)、1898年的变法运动、义和团暴动、辛亥革命、北洋军阀、反对中国参与世界大战的社会骚乱、1919年的五四运动①等方面的档案文献。另外一套文献涉及了中国工人运动、工会和政党的历史。

在中国,迷恋于当代史或近代史,则是一种很近期的现象,因为它是毛泽东式革命的后果。中国建造了多个历史博物馆和纪念馆(南京的太平天国纪念馆、广州的孙中山纪念馆、南昌的八一起义纪念馆),再加上于农民和工厂开展的具有鲜明历史特征的政治教育,从而促长了这种兴趣。历史变成了人民之事。史学家何干之的《中国革命的小历史》(1959年)在北京书店里获得了巨大成功。

台湾的"中央研究院近代史研究所"着手编纂了涉及近代中国的西方观念、中日关系(1911—1926年)、传教士(1879—1888年)和中苏关系的档案。过去设立在南京的中研院史语所出版了有关南京临时政府(1912—1928年)、广州革命政府(1937年)、中日战争(直到1945年)的档案集。此外,这个机构还重组了台湾的档案,并着手编写一部卷帙浩大的民国史。

我们于这些不同的项目中,还应该再加上美国人的论著,如康普顿(B. Compton)的《毛泽东的中国,改革派文献》(1952年,西雅图版)、费正清(J. K.Fairbank)和刘广京(K. C. Liu)合著的《近代中国,中文著作书目指南》(哈佛大学1950年版)、韦威庭(M.Wilbur)的《有关中国的共产主义、民族主义和苏联顾问的文件汇编,1818—1927年》和梅谷(F.Michael)的《太平

---

① 谢诺(J.Chesneaux):《人民中国的近代和当代史著作》,载《史学杂志》,1956年,第273—282页。

军起义,历史和文献》(1966年)。此外还有些法文著作,如谢诺的《中国的工会》(1964年),它可以使中国的史学家们最终得以根据档案和第一手资料工作了。此类发表历史资料的做法也扩大到了最近的即时史,也就是“文化大革命”和林彪事件的研究中了。那些诸如《北京周报》和《中国文学》一类的期刊,也发表了新闻大文章的节录或当时正流行的理论文献。通过所有语言,都可以接触到毛泽东的著作。毛泽东的许多未刊文献也被在台湾的汉学家们所汇辑成卷(1968—1969年)。同一年,在香港还出版了刘少奇的文集,竹内实教授正在继续出版毛泽东主席著作全集。

(B)从民国到大革命时期

大革命之前的中国的历史可能最令人感到陌生,对它的研究也最不算时髦。有关这个时代的著作数量与对“文化大革命”无数记述之间的比较,便清楚地说明了应称之为一种“受冷遇”的现象。然而,中国大革命的许多方面都只能参照民国而得以解释。邓嗣禹的重要著作以及费正清那部《中国对西方的反应》(剑桥大学,玛萨诸塞州,1954年),以文献为支持,陈述了中国自1839年以来,面对帝国主义和殖民主义而作出的反应。事实上,人们不能在不考虑欧洲在亚洲之影响的情况下,来撰写中国历史。1911年的共和运动,由于过去未刊文献的出版,现在可以更好地作出界定了。西方在这些事件中的分量是不容忽视的。在文学方面(卢瓦:《墙头的芦苇》,巴黎1971年),在以工会方式组织劳工方面(谢诺:《中国的工人运动,1919—1927年》,巴黎1962年)都有建树。朱策纵有关1919年五四运动的研究(《五四运动》,哈佛大学1960年)使人超越了对这次爱国主义大爆发的纯事件的意识,它是由于盟国宣布将德国在山东的原租借地转让给日本,而不是归还于中国而挑起的。这个明显具有时空局限性的插曲,现在已被视为“近代中国”与“现代中国”的一个主要交替期。民国时代和国民党的中心人物动摇了西方的枷锁,此人就是孙逸仙。他成了多部著作的研究对象。其中应该首推沙曼(L.Sharman)的《孙逸仙的生平及其作用》(伦敦1933年版)和希芬(H.Schiffin):《孙逸仙及中国革命的起源》(伯克利1968年版),书中都强调了孙逸仙这个人物那“实用主义者和现实主义者”的一面,其行动比其理论所占的分量要大得多。

自从中国共产党创建之日(1921年)起,该党与国民党和共产国际的关系,便形成了一系列重大事件,并导致了许多互相矛盾的著作。从此之后,已经成为经典的一部论著是伊罗生(H.Isaacs)的《中国革命的悲剧》,

撰写于 1938 年,此后又经重大修改而再版[①]。它成了第一部被牵涉进那中共与共产国际论战中的最早著作之一。其作者是托洛茨基的崇拜者,对于中国领导人的策略提出了强烈质疑。因为在他的眼中看来,中共领导人过分依赖苏联的共产主义了。近期,有关中国共产党史的专家纪亚玛(J. Guillermaz)、健一或哈里森(J.P.Harrison),从意识形态的束缚中摆脱了出来,因为这些束缚有时也会导致类似伊罗生的某些过分偏激的论点。鉴于此,史华兹(B.Schwartz)推出了名著《中国共产党和毛泽东的兴起》(剑桥大学,玛萨诸塞州,1951 年)。他是研究中国共产主义的最好史学家,澄清了共产国际与中国革命者之间复杂的关系,开创了一种更加摆脱了政治论战束缚的科研风格,使科学关注始终居于前列。

(C)毛泽东与中国共产党

大家已经感觉到了,毛泽东这个人物促产了许多著作和许多辩论。汉学家于此面对着在很容易理解的毛泽东思想,与特别难以估量的中国革命策略之间的扭曲,因为实际上存在的力量之真正比例关系很难为人所熟知。对毛泽东思想的总结只能在毛泽东的继承人的名字为人所知时,方为可行。此外,思想与行为是密不可分的。我们在不评估一方对另一方的影响时,就很难解释其中之一。这就是为什么那些能最好地接近毛泽东的人,首先是那些能够密切追随他的人,如美国记者斯诺(Snow)。斯诺所写的报告共计有《红星照耀下的中国》(纽约 1944 年)《今日红色中国》(纽约 1962 年)或《漫长的革命》(纽约 1972 年)等,这些著作都远远地超越了新闻工作者的范畴,具有一种无法取代的史料价值。萧氏两兄弟都认识毛泽东,并且写了两部有关毛泽东的完全相反的著作。萧三是共产党人,他于其《毛泽东,幼年和青年》(孟买 1953 年)中,介绍了青年毛泽东的开始阶段,采用了一种与强烈反对共产主义的萧玉完全不同的语调(《毛泽东与第一平民》,1959 年)。仅仅是在很近期内,毛泽东的传记才停止了不顾历史事实地一味指责他或歌颂他的风格。帕洛奇霍尔瓦德(C.Paloczi-Horvath)的《毛泽东,蓝蚂蚁们的皇帝》,伦敦 1962 年),是当时最完整的一部毛泽东传,其中却未指名地利用了专家们的著作,同时又使人相信作者是使用第一手资料,以支持一种对毛泽东主义很敌视的论证。

今天,为了避免使一部著作缺乏完全文献支持的文风,毛泽东的传记

---

① 这部论著被译成了法文,其书名为《中国革命的悲剧》,1967 年版。

作家们都变成了毛泽东思想的诠释者。这位中国领导人的政治新颖特征，早在1960年，就被魏特夫提出了强烈质疑。魏特夫指责毛泽东在一个农业国家，"于细节上略作修改"地执行列宁的革命模式。施拉姆(S.Schram)于1963年介绍了毛泽东的主要文章并对它们作了分析。他的著作出版适得其时，因为他更新了由陈伯达之类人物对列宁主义所作的平庸的诠释(《毛泽东有关中国革命的理论》，北京1953年)，或者是由科罗蒂—彼塞尔(E.Collotti-Pischel)所作的更为出色和更具托洛茨基思想倾向的解释(《中国革命的意识形态起源》，都灵1958年)。更近期的则是陈志让(J.Chen)的《毛泽东的论文、文集和书目》(牛津1970年)，它使用了于1969年在台湾出版的这位中共主席的未刊论文。

中国共产党的历史与毛泽东的历史是不可分割地联系在一起的。自1968年以来，中共历史的著作已经取得了巨大的发展。人们已经远离了当时使勃兰特(Brandt)、史华兹(Schwartz)、费正清(《中国共产主义的历史文献》，哈佛1952年。他们都坚持认为中共是一个独立于莫斯科的政党)与萧德亮(《中国共产党内的权力关系》，西雅图1962年，他希望证明毛泽东事实上是莫斯科的人)之间处于对立的那些辩论了，纪雅玛(J.Guillermaz)的《中国共产党的历史，1921—1949年》，巴黎1968年；《执政的中国共产党》，巴黎1972年；哈里森(J.P.Harrison)：《夺取权力的长征，中国共产党的历史，1921—1972年》(纽约1972年)，都利用中文史料和人民中国史学家们的丰富作品，最终写出了中国共产党的真正历史。在意识形态与实践之间确立的真正联系，现在已使大家更为清楚了，这是由于史华兹(《共产主义和动荡中的中国意识形态》，剑桥大学，玛萨诸塞州1968年)、熊珂(J.Xing，《意识形态与实践，中国共产主义的发展》，纽约1970年)、白鲁恂(《中国政治家们的思想》，剑桥大学，玛萨诸塞州，1968年版)的著作。支持和反对毛泽东思想的两派之间论战的缓和，始终为近10年来毛泽东思想历史著作的主要特征。

(D)社会主义建设：经济与社会

在这个领域是很难触及准确的数字数据，但它又是美国汉学界最中意的领域。数部法文著作形成了研究当代中国社会的优秀入门书。贝特尔海姆(C.Bettelheim)、查里埃尔(J.Charrière)和马尔奇西奥(H.Marchisio)的短编论著《在中国建设社会主义》(巴黎1965年)，尽管在有关数据方面已经略显过时，但仍是中国经济的最佳经济综合论著。我们可以从中再增加佩泽—马萨布昂(J.Pezeu-Massabuan)的地理教科书(1970年),其形式比布坎南(K.Bukanan)的历史地理大纲(《中国大地的变化》,伦敦1970年)更为经典,却不太具有新颖特征①,它强调了中国经济的根本特征:农业所占据的最重要位置应上溯到其历史起源时代。有关中国的农产品问题,现在已经有多篇论文互相对峙。一部集体著作《共产党中国的经济动向》(爱丁堡1968年),是在埃克斯坦(A.Eckstein)的主持下写成的,其重点被置于中国于20世纪50年代的农业相对停止发展上了,这是由于加快了工业增长。这种政策继"大跃进"失败之后,又遭到了质疑。其他的研究论文则以一种更为传统的形式,试图在评估农业产量的同时,又分析了资本形成的机制(赵冈:《共产党中国的农业生产,1945—1965年》,伦敦1970年;施兰:《中国农业的发展,1950—1959年》,新德里1960年)。数年以来,社会学助了汉学家们一臂之力。事实上,当时已经出现了有关特定地区的,甚至是有关唯一一个村庄的专论。其模式便是米达尔(J.Myrdal)的《人民中国的一个村庄》,巴黎1964年)和欣顿(W.Hinton),《翻身,中国农村革命文献》,纽约1966年)②。它们均如同那些内容广泛的综合性著作一样,有助于编写人民中国的历史。

随着毛泽东思想的发展,中国工业也获得了新起点。在此问题上,又一次出现了仅由政治理论,才可以解释中国工业的环境性和结构性特征的现象(郑竹园:《共产党中国的经济,1949—1962年》,纽约1963年)。经济学家陈迺润(N.Cheng)和盖伦森于其《中国经济与共产主义》(芝加哥,1969年)抛出了一种理论。据此认为,中国必须于3种模式之间进行选择:苏联模式、印度模式和成长模式。这后一种模式使意识形态和社会学方面的强制(人口的增长等方面)互相调和起来了。我们更为熟悉预算机制、资本和价格的形成以及劳工大众的增加等问题。豪(C.Howe)在《近代中国的工资模式与工资政策,1919—1972年》(剑桥,玛萨诸塞州,1972年)中,经过计算,认为中国人的工资于1952—1972年间每年增长近2%。日本人宫崎忠夫(《中国大陆的竞争与财税制度》,1966年),其后是萧公海(K.H.Xiao):《共产党中国的货币与货币保险》,纽约1971年)突出了货币在中国的作用,这种作用直到当时尚未被准确地定性,故而出现了任意性

① 此书译作法文后,其书名为《中国的地域》,巴黎1973年版。

② 此书于1970年被译作法文。

地确定行情,可以使之取代资本收益和低微投资的不足。货币有时可以被用于重新推动经济的发展。

将现代的方法运用到中国经济之中,还会遇到统计资料的缺乏,而许多专家们都在竭尽全力地分析这些资料(张万红和殷一章:《中国大陆的经济统计,1949—1957 年》,剑桥,玛萨诸塞州,1960 年;沙川:《大陆中国的国家所得税与资本的生成,对官方统计的研究》,东京 1965 年)。德莱纳(J.Deleyne)的《中国经济》(巴黎 1971 年)和芒古伊(M.Menguy)的《中国经济》(巴黎 1970 年,收入《我知道什么?》丛书第 1102 种),都概括了有关人民中国经济的多部汉学著作。最后,在多种专业杂志中,其最重要者是《远东经济评论》,是于香港出版的周刊。它定期地以统计资料为依据,总结有关中国的经济形势。

中国社会显得越来越不像一个一成不变的和铁板一块的整体了。对于汉学家们来说,它已变成了一片实际上是无限的研究阵地。中国的人口史尚有待于去研究。其中已成为经典性的论著有何炳隶的《中国人口研究,1368—1953 年》(剑桥大学,玛萨诸塞州,1959 年),它仅涉及当代。在中国大陆上共同居住的民族之复杂性,引起了汉学界对其中每个民族的研究,特别是由于中央政府很关心保持少数民族文化的独立性。在宗教领域,有关中国无神论的陈词滥调,已经由韦尔奇(CH.Welch)在《佛教和毛泽东》(伦敦 1972 年)和布什(R.C.Bush)于《共产党中国的宗教》(1970 年)提出了质疑。某些很新颖并似乎充满前途的研究项目于近期出现,补充了一种已经很完整的综览。

在那些最佳项目中,我们可以提到桀溺(J.-P.Dièny)先生有关儿童的书籍(《世界是我们的》,巴黎 1970 年)和钱志豪的《人民中国的高等教育与科学研究》(1972 年)。最后是韩素音的《受伤的树,一朵死去花》。它们均没有社会学研究的抱负,却以与《人类命运》相同的名义,成为最佳接触中国社会的手段,因为中国社会在许多方面仍使我们感到惊奇。

(E)"文化革命"

汉学家们在文化革命尚未结束的时候,就已经开始撰写文化革命的历史了。除了为尽快地确定各种事件那很容易解释的愿望之外,我们还应从中看到迅速总结中国历史上的一个含糊阶段的必要性。如果不撰写一部著作,那么这就是一项根本无法完成的任务。如此一来,历史事件和历史著作是在相距几个月的间隔中相继出现的。随着中国领导人揭示出的政治结局，历史有时会出来否认历史著作。继红卫兵的第一轮攻击（1966年）过去刚刚两年之后，便出版了最早叙述“文化大革命”的书籍。

《一个苏联人眼中的文化大革命》（巴黎1968年），是有关“文化大革命”内容的最早法文研究论著之一。这项内容确实要谨慎地去作，因为人们根本无法预料到这场当时尚在发动中的“文化大革命”的真实结局。相反，亨特（N. Hunter）著有《上海日记，文化革命亲眼目睹记》（纽约1968年），他当时尚在上海任教。这是一部逐日记载“文化大革命”的历史，其中充斥着作者的精辟札记和亲历细节，作者于其书中毫不掩饰他对中国人的好感。对于革命的大部分详细记述，都是在北京任职的记者和外交官们的记述，或者是出自当时曾在中国居住过的观察家们。这就是为什么记述的准确性和直接报告，都要比政治分析重要得多，因为那些政治分析往往在时空范围内缺乏回旋的余地。

香港的联合研究院自1968年出版《文化大革命文献，1966—1967年》以来，便使人们在思想上对文化革命的看法大大地明朗了。

从1970年起，形势便变得可以根据其真实价值而评价在红卫兵和军队、林彪派的极左分子和周恩来的温和派之间的力量的比重了。朵比耶（J.Daubier）的《中国无产阶级文化大革命的历史》（1970年）和埃斯曼（J. Esmein）的《文化革命》（1970年）是两部代表作，前者比后者更倾向于支持这场运动，从而为这场文化革命提供了一种涉面很广泛的和文献很充实的概貌。他由此而对以往对文化革命的那些略显狭隘的分析提出了质疑，因为过去那些分析过分局限在它破坏艺术文物并且是中苏冲突的后果方面了。详见布卢姆（G.Blum）：《中国的文化革命，1965—1967年》，法兰克福1968年版。汉学界还曾有人认为，毛泽东是文化革命的唯一推动者，详见《中国共产主义的危机，毛泽东思想与文化革命》，由格赖（J.Gray）和卡温迪斯（P.Cavendish）联袂推出，纽约1968年版。红卫兵们的证据又补充了由新闻界以另外一种不同的形象所介绍的这一切。我们有时可能会怀疑由那些秘密经由香港的匿名人士所写游记的真实性。诸如曾经受到两名美国大学生追问的戴小爱（《红卫戴小爱的政治传记》，纽约1971年）那样，他追述了青年人在北京大聚会以及在1967年夺权之后幻想的毁灭。另外一个匿名人耿林，他于其《红卫兵，从学校的孩子到毛泽东的“小将”》（伦敦1972年）中，追述了他在福建的红卫兵活动，在批判其老师之后，便突然间被提拔到党委书记位置上。福克玛（D.Fokkema）撰写了一部《有关北京的报告,西方外交官在文化革命中的观察》(伦敦 1972 年),此人是荷兰的外交官。他强调了 1967 年夏季的封闭。这个时间正好与建立新的革命委员会的时间相吻合,革命委员会奉命负责监督年青一代的越轨行为。这部书的作者是以一种很人道的面貌来介绍年轻一代的,并附有红卫兵们那扣人心弦的图片,从而向外国人介绍了他的希望:某一天能加入共产党;或者是由于生活而疲劳至极,从而倚一名外交官的臂膀而入睡。

有关"文化大革命"的最杰出论著之一,始终是一位专长于绘画和古典文学的汉学家的著作,他却隐身于西蒙·利斯(Simon Leys)的笔名之后。这部书也令人非常奇怪地被称为《毛泽东主席的新衣》(巴黎 1971 年)。尽管这部严肃的著作具有诽谤性抨击文的特征,其本愿恰恰就在于讽刺"阿谀奉承毛主义的愚昧者"。但它是一种以红卫兵报刊以及许多官方文件为基础的谨慎的研究论著。利斯先生证明,昨天的中国知识,对于今天中国史学家具有很大的帮助①。

最后,大部分汉学杂志都用专刊号来论述"文化大革命"。其他那些不太专门的期刊,诸如《计划》等,都用一本叫作《中国站起来了》的小册子(第 40 期),来作同样的研究。毛泽东式革命的任何插曲和片段,从未激起一种如此的文学狂热。中国的现实始终会使西方带有偏见性地感兴趣。但一名记者却很难再兼汉学家的身份,或者是相反,汉学家也很难再兼任记者了。今天,中国共产党第 10 次代表大会最终完成了文化革命大幕落下的时代,使"文化大革命"进入了历史,并且变成一片广阔的研究阵地,那里的一切或者是几乎一切都有待于去研究。但是,批林批孔运动和毛泽东的继承人问题都使红卫兵黯然失色了。对邓小平那戏剧性的平反和某些人的失势,都对极左派的选择提出了质疑,而极左派于 1966 年似乎已取得了全胜。同样内容的文章、书籍和学术讨论会都不失时机地问世了。

(F)现实与前景

中国的不同命运始终都会使世界感到惊讶。它从一个封建国家,仅在几十年中,便过渡成了革命国家的先锋。中国已变成了世界第三大国,其未来首先会使两个超级大国感到关注。但更正确地说,所有人都坚信,它必会不断地在战略上施加更加重大的影响,并且会成为世界的未来。这就是为什么中国的未来前景会在汉学中占有一席之地,而汉学本身却又由于

① 利斯刚刚(1974 年 12 月)出版了一部《中国的影子》,这是他在中国居住 6 个月的日记。

其本性而处于具有历史特征科研的对立面。

反华宣传曾预计会有数百万好战的中国人潮涌向西方。直到 1960 年,这种观点仍很活跃。这就说明了已失去了对现实的任何敏感性的未来派们挖空心思的编造。当代中国的史学著作只拥有很少几部带有预言性的著作。因为从其整体上讲,那些曾预言中国人的天灾、混乱和灾难的作家们,都从事着被人称为“穷人的汉学”,它最容易在那些于中国只能看到从事无法预料行为的巨大蚁群的人中,造成令人欢快的战栗。

有一件很有意义的事,贝尔登(J.Belden)的书《中国震撼世界》(1949 年),曾先于其他人而预言中国革命现象的重要意义,最终却受到了很冷淡的欢迎。因为当时任何人都不相信共产党人会胜利。相反,吉兰(R.Guillain)的书《在中国的 30 年中》(1965 年),却变成了一部畅销书。最近,金兵和布洛德(D.Blood)于其《法定继承人》(伦敦 1973 年)中,已经预感到了最近召开的中共第 10 次代表大会是周恩来和温和派的胜利,它批准了由地区军队司令们支持的精英们地位的上升。那么,大家对于 1974 年 1 月间军队的广泛改组又作何感想呢?这些不确定因素似乎并未伤害到大众对中国的兴趣,它们相反却似乎更增长了这种兴趣。近期问世的有关中国现实的大量论著都受到了颇具好感的欢迎。卡洛尔(K.S.Karol)的《中国的第 2 次革命》,特别是佩雷菲特(Peyrefitte)于 1973 年出版的《当中国醒来的时候》,都取得了很大成功。大众对中国的兴趣成了汉学生命力的条件。法国需要汉学。

五、结　　语

中国依然长期地使西方入迷。初看起来,人们可能会想象,研究近代中国将会越来越多地消耗经费和科研人员;古代中国却如同绘画对于宋代的文人一样,仅仅涉及一批精英。如果到达这一步,那将是一种严重的错误。在此情况下,谁还怀疑过去与现在都仅仅是一个整体的组成部分,为了理解和解释这个整体,则必须从全局来感知中国。汉学研究的发展高潮将来会依然与大众对于中国事件的兴趣相联系,其中的一项标志便是那些决定学习汉语的人数日益增多。从汉语将在中学讲授的那天起,法国汉学便会改变较日本和美国的落后地位,重新恢复它直到 1950 年曾经占据过的位置。

大家将来可能会预感到，汉学家们的任务绝不会轻松。他们面对一个范围轮廓不太明确的巨大的谜，其形象已遭到了距离、时间和偏见的歪曲。总而言之，我们必须理清一团双重的绞线乱团：内纬线之乱团——汉学家的意图和中国的真相；围绕着错误观念和无关紧要的方向之绞线乱团，后者掩饰了真相并深受那些认为中国只有蹩脚劣货的人所钟爱。这里是指通过《梦想和蓝色莲花》之后而发现人类的命运，从傅满珠的连环画《一个中国人在中国的患难》中看到中国的官吏们。

汉学家干预社会，除了几个特殊情况之外，似乎曾是一条基本规则。利玛窦为证明孔子的圣洁而坚持不懈，这种精神在批孔运动如火如荼开展的时候，捍卫或批评毛泽东的人中又重新出现了。

中国会使人产生激情，同样也会使人入迷。这可能是由于它的命运始终会对我们的命运施加更大的影响。

参考书目

1.H.Cordier, Bibliotheca sinica, Paris, 1902-1924.

考狄：《中国书目》，巴黎 1902—1924 年版。

2.S.Couling, Encyclopedia sinica, Londres, 1917.

库寿龄：《中国百科全书》，伦敦 1917 年版。

3.Tung Li Yuan, China in Western literature, New Haven, 1958.

袁同礼：《西方文献中的中国》，纽黑文，1958 年版。

4.Ssu-Yu Teng, An annoted bibliography of selected chinese reference works, Harvard, 1950.

邓嗣禹：《中国参考书目题解选》，哈佛 1950 年版。

5.H.Maspero, La Sinologie, Paris, Société asiatique, Le livre du centenaire, 1922.

马伯乐：《汉学》，巴黎亚细亚学会，1922 年，亚细亚学会百周年纪念文集。

6.H.Cordier, L'Asie orientale et les étedes chinoises, Mélanges d'histoire, Paris, 1908.

考狄：《中亚与汉学研究》，载《历史论文集》，巴黎 1908 年版。

7.P.Demiéville, Aperçu historique des études sinologiques en France, Acta asiatica, 1966, No.11.

戴密微：《法国汉学研究史》，载《东方学报》，1966 年，第 11 期。

8.R.Dawson, The Chinese chameleon, an analysis of european conception of chinese civilisation, Londres, 1967.

道森：《中国的变色龙，对欧洲中国文明观的剖析》，伦敦 1967 年版。

9.M.Soymié, Les études chinoises (France), Journal asiatique, 1973, No.261.
苏远鸣:《汉学研究(法国)》,载《亚细亚学报》,1973 年,第 261 卷。
10.A.Fujieda et W.Fairbank, The current trends in Japanese studies of China, Far Eastern Quarterly, 1953, No.XIII.
滕枝晃和费正清:《日本汉学研究的倾向潮》,载《远东季刊》,1953 年,第 13 卷。
11.J.L.Duyvendak, Early chinese studies in Holland, T'oung Pao, 1936, No.32.
戴闻达:《荷兰的古代中国研究》,载《通报》,1936 年,第 32 卷。
12.H.Cordíer, Les études chinoises sous la Révolution et L'Empire, T'oung Pao, 1918-1919, No.19.
考狄:《大革命时代和帝国时代的汉学研究》,载《通报》,1918—1919 年,第 19 卷。
13.P.Demiéville, L'E.F.E.O.et la sinologie, B.E.F.E.O., 1921.No.1.
戴密微:《法兰西远东学院与汉学研究》,载《法兰西远东学院学报》,1921 年,第 1 期。
14.A.Castel, Le début des études sinologiques anglaise, France-Asie, 1961.No.169.
卡斯特勒:《英国汉学研究的肇始》,载《法国—亚洲》,1961 年,第 169 卷。
15.D.Leslie et J.Davidson, Author catalogue of Western sinologists, Canberra, 1966.
李渡南与达维松:《西方汉学家名录》,堪佩拉 1966 年版。
16.F. Aubin, Travaux et tendances de la sinologie soviétique récente, T'oung Pao, 1972, No.58.
鄂法兰:《近期苏联汉学的著作与倾向》,载《通报》,1972 年,第 58 卷。

本参考书目并不追求全面完整。读者们在阅读主要学者们的"讣告"时,还会发现有关汉学和汉学家们的其他内容。这些"讣告"都发表于《通报》或《远东季刊》。另外还有许多对主要汉学著作的书评,它们都被发表于那些重要汉学杂志的书评专栏中。

(译自巴黎 1975 年出版的《我知道什么?》丛书第 1610 号,《汉学》)

法国汉学研究史[①]

一、16—18 世纪

对于一个西方东方学者来说,要在东方人面前谈论东方学是极为尴尬的,因为他本来应向东方人学习这一切。所以我觉得最好是向你们介绍一下我国汉学研究的发展方式,而这恰恰又正好是我的专业。浏览法国汉学研究的历史、了解法国是如何和为什么对中国产生兴趣,这对于你们或许还有点裨益。我将从开头直讲到当代,不过我排除了现实,因为我将避免提及那些尚健在的人。由于缺少必要的回旋余地,所以他们也就不能作为历史考察的对象。在本篇概述中,肯定有许多难下定论和遗漏的地方。因为汉学史是一门特殊的学科,它需要广博的知识和精深的研究,而这恰恰不是我力所能及的。我为此要预先请求诸位予以谅解[②]。

人们常说,西方的汉学是由法国人创立的。如果人们把汉学理解为对中国的学术研究,那么这种说法就是正确的(我准备即使不是专一地,也是主要地局限于汉学的这个方面)。在有关欧洲全面研究中国文明的知识问题上,法国的先驱则是它的南方邻国:葡萄牙、西班牙和意大利。他们是在地球上从事发现和考察的先驱,欧洲正是通过这一切而开启其近代之门户,同时也带来了近代能招致的和能容忍的各种问题与悲剧。正是葡萄牙人于 16 世纪初叶(1514 年)率先到达中国,很快便随之而来的是西班牙

---

① 这是作者于 1966 年 3 月 15—16 日,在京都大学人文科学研究所作的讲演。[法]戴密微(Paul Demiéville,1894—1979 年,20 世纪下半叶法国著名汉学家,法国科学院院士、法兰西学院汉学教授和《通报》法方主编。——译者注)著,耿昇译。

② 相关总述见:马伯乐:《汉学》,载《亚细亚学会百周年纪念集》(巴黎,1922 年版);戴密微:《汉学》,载《法国科学》,新版本(巴黎,1933 年版)。

人。首批有关中国的著作之一——门多萨(Juan Gonzalez de Mendoza)的《中华大帝国史》,便是建立在由这些国家的传教士和士兵(因为宗教布道使命和军事、经济征服思想并行不悖)所搜集的资料基础上,在欧洲出版的汉学著作。此书于1585年在罗马用西班牙文出版,立即被译成欧洲的所有语言,尤其是被译成了法文(巴黎,1588年)。

实际上,这是一部对中国的全面描述的著作。中国政府于其中被描绘成一朵绚丽的玫瑰花:没有贫困、没有乞丐,一个"聪慧而又谨慎"的民族,犹如文艺复兴时期的文人墨客们津津乐道地揭示或对一个遥远国度的想象,而向他们显示的美好景色一般。当时法国最伟大的作家和哲学家蒙田(Michel de Montaigne,1533—1592年)阅读了此书的法译本,在《试笔集》(《散文集》,1596年遗著版)的边页上写入了这样一段经常被人援引的笺注(我使其语言略为现代化了一些):"在中国,其政府和艺术既不与我们的这一领域交往,又不为我们的这一切所熟悉。该帝国远远超过我们典范中最优秀的部分。该帝国的历史使我认识到,世界该是多么辽阔无垠和五彩缤纷啊!以至于无论是古人,还是我们,都不能透彻地深入于其中。巡视各省的钦差官员们,惩罚那些贪官污吏,也自由地犒赏廉洁奉公者。"蒙田的一名同代人,约瑟夫·斯卡利热(Joseph Scaliger,1540—1609年)熟识蒙田,而且也如同他一样是文艺复兴时期一位伟大的人文科学学者。其原籍为意大利,却长期生活在法国。1587年,他阅读了门多萨著作的西班牙文版之后,在一封用法文写的书信中,也谈到了这"一个令人心驰神往的帝国……它谴责我们,谴责我们这些只拥有一个与他们比起来是微不足道小王国的法国人,谴责我们彼此之间互不谅解,互相残杀,逐渐地自我扼杀(由于宗教战争,法国当时已处于四分五裂之中)。在他们生活的国度里,歌舞升平,法律如此有制,以至于他们使一个基督教国家羞愧得无地自容……"因此,自从拥有了这些最早的见证起,在法国便出现了一股亲华热,这股浪潮在此后取得了轰动一时的发展。但也不乏抱有政治和宗教传统偏见者,或者是唯实论者和怀疑论者,指责这一切均为乌托邦。因为中国如同一种具有新奇性和矛盾价值的国度,是一个有着唤起人的激情并煽动起辩论的取之不尽的创造者,就如同在现实中一样。我将会讲到,在17世纪,孔子对于一部分人来说变成了"哲学之王"①,而另一部分人却又认

---

① 李明:《中国现势新志》第1卷,巴黎,1696年版,第147页。

为他是"中国的魔鬼"[1]。即使在今天,在对中国产生的形象问题上,法国人的中国观仍是游移于上帝和魔鬼之间。

在其对中国的描述中,门多萨于最早传入欧洲的汉语语言资料之中,又增补了由其同胞马丁·德·拉达(Martin de Rada)于1575年在福建所汇辑的一本小词典。然而,令人遗憾的是,拉达的其他有关中国情况的资料一直存作未刊,直至近代(1884年)[2]。这位奥斯定修会的会士有着高深的文化修养,在巴黎学习过。他曾得以在16世纪的中国,辨认出了马可·波罗于13世纪描述的蒙元时代的"契丹"(Cathays)。马可·波罗是位威尼斯商人,曾在中国生活过15年左右(1275—1291年?)。他如同14世纪数位意大利传教士一样,也为我们留下了一部有关蒙古统治下的中国的游记。在这部游记(它是用古法文撰写的,这就是我为什么认为应该在此提到它)中,马可·波罗通过蒙古人这道屏幕,提供了中国的一种遭到严重歪曲和面目全非的失真形象,以至于在3个世纪之后,马可·波罗的同胞、耶稣会士利玛窦(Matteo,Ricci)神父来到中国,并且在中国生活了近30年(1583—1610年),他经历了人世间的种种艰苦磨难,才从明朝时期的"支那"(中国)辨认出了马可·波罗所说的"契丹"[3]。

利玛窦的大名,迫使我必须对意大利传教士们讲几句话。他们于16世纪末叶,为法国的汉学家开辟了道路,而法国汉学家们稍后又在汉学中取代了他们。由于多种原因,利玛窦都可以当仁不让地被视为西方汉学的鼻祖。这位精明干练的思想家和受人尊敬的观察家,为我们留下了一种有关明末中国的第一流史料。他获得了一种翔实可靠的汉语语言知识,而马可·波罗却对汉文一字不识(他自己也曾发觉过这一点)。利玛窦曾经编纂过一本不太完整的和始终未刊的葡——汉词典,曾将《四书》译成拉丁文(1594年,《中国的四书》)。不幸得很,此书已佚。他在1608—1610年间撰写的有关中国的巨著《耶稣会和基督宗教传入中国史》,亦并非由他亲自出版,而是在他死后不久,于1615年,由其同教教友——佛拉芒传教士金尼阁(Nicolas Trigault,1577—1628年),与其说是用译本,还不如说用拉丁文编译本形式刊行问世的。

---

① 李明:《中国现势新志》第1卷,巴黎1696年版,第141页。
② 博克塞(C.R.Boxer):《16世纪的南部中国》,伦敦1953年版。
③ 戴密微:《马可·波罗时代的中国宗教形势》,载《极东》,罗马1957年版。

在利玛窦逝世的那一年(1610 年),金尼阁来到了北京,把利玛窦回忆录的意大利文原稿从那里带回了罗马(1614 年)。这部原著本身,只是到了 20 世纪才见天日,它当时由汾屠立(Tacchi Venturi)神父在罗马发现(1911 年),并连同利玛窦的书简一并出版。此后,由德礼贤(Pasquale d'Elia)神父以其原意大利文书名(上文业已提及)出版,附有虽丰富却仍显不足的注释(3 卷,罗马,1942—1949 年版)。至于金尼阁神父,他于其拉丁文编译本中,只在书名中勉强提到过利玛窦的名字①。

另一方面,我们应将一部精辟的语言辞书归于金尼阁。书中按照语音和音素分类的汉文方块字,都用西文字母作标音(《西儒耳目资》,1626 年在杭州刊印)。这部著作在中国学者中引起了轰动,他们对于自己的语言被如此转写成拼音字母而感到非常吃惊。此书既为在中国激起音韵学研究作出了贡献,同时又不失为有关明末官话的一部实用辞书②。

金尼阁似乎还曾从事编写过一部中国史《中华帝国史》,并翻译(?)了《五经》(1626 年)。但这些著作都没有留传到我们的手里。金尼阁神父获得荣誉的主要原因,就在于他向欧洲介绍了利玛窦神父的珍贵回忆录,他的拉丁文编译本很快就被译成法文(1616 年)、德文(1617 年)、西班牙文(1621 年)、意大利文(1622 年)和英文(1625 年)等。

另一部意大利文著作是龙华民(Longobardi,1565—1654 年)的《论中国人宗教的几个问题》。此书在欧洲的发行应归功于法国。这位西西里人继利玛窦而成为在华耶稣会传教区的总长上。但他不赞成其前任有关中国宗教的思想。作为 17 世纪最重要的汉学文献之一,这本短小论著的法译本于 1701 年在巴黎出版,并立即吸引了同时代最伟大的哲学家们的注意力,比如马勒伯朗士(Malebranch,1638—1715 年)和莱布尼茨(Leibniz,1646—1716 年)。后来在 18 世纪很长一段时间内,猛烈地震撼法国的礼仪之争,当时正迫在眉睫地将要爆发。龙华民的论点恰恰适得其时地火上加油,我在下文很快就会论述这一场著名的争论。

从汉学家的观点来看,龙华民的这本小册子,代表着将古代儒家"著作"明显地与诠释家们对此所作的疏注文对立起来的观点,这就是将原著

---

① 《基督教远征中国史》,耶稣会士利玛窦神父原著,金尼阁译注,奥古斯堡 1915 年版。

② 这部小词典以及作为其基础的方言,由罗常培(《中央研究院历史语言研究所集刊》第 1 卷,第 3 册,1930 年)、陆志韦(《燕京学报》第 33 卷,1947 年)、藤堂明保(《东方学》第 5 卷,1952 年)等人进行过研究和讨论。

与朱熹派的理学注释对立起来了。朱熹理学从蒙元时代起就已成为官方学说。据龙华民神父认为,理学受到了唯物主义和无神论原则的启发。此外,他还否认这些"著作"本身能够证实利玛窦对儒学作出的唯灵论和一神论诠释。利玛窦坚持认为,我们在未曾被传说歪曲的古"经"中看到的儒教,完全可以与基督教并存共容,儒家的宗教礼仪和祭祖礼仪,是可以允许新入教的基督徒们采纳的。莱布尼茨强调指出了在他称为"古人"和"注疏人"之间的这种区别。这其间或许有复古运动的反响。复古运动当时正开始在中国形成,它稍后又导致了所谓"汉学"的出现,以及作为清代标志的对中国哲学传统所作的全新诠释。这场运动提供了与我们西方新教"改革"具有无可辩驳的相似性。但我们不应该忘记,耶稣会士都是人所共知的"反改革"派代表,被天主教教会在特兰托公会议(1545—1563年)上公开责贬,而且这场"反改革"在许多方面却又反映出了改革派的论点,即使是为了反对它们也罢。无论如何,龙华民神父在当时于中国流行的哲学大辩论的潮流中,不失时机地出现了。

这个时代的最后一位意大利大汉学家是卫匡国(Martino Martini,1614—1661年)神父。这位特兰托人,曾有机会在浙江目睹过满族人的征战行动,并且于其《鞑靼战纪》(1654年)中提供了一种亲眼目睹的证据。此书一问世便立即被译成法文(当时人称满族人为鞑靼人)。他还出版了《中国新舆全图》(1655年阿姆斯特丹版),此书也被译成了多种文字。卫匡国还有一部有关中国古代史的著作(《中国上古史》,1658年)。该书编制了自伏羲氏起直到公元初年以来的纪年表。从17世纪下半叶开始,我们发现欧洲汉学逐渐从意大利人手中转到了法国人手中。

在一个学科的历史上,作一些国家间的划分似乎过分武断了。由于创造了该学科的宗教修会(如天主教诸修会)都具有国际特征,所以使该学科更具有国际化特征了。甚至其名字就相当清楚地说明了其世界性的抱负。然而,我们可以肯定,在世界上的日常琐事方面,于传教士间就已经令人感受到了国家间的竞争,更不用说在一方是在耶稣会,另一方是在方济会与多明我会等会士之间爆发的这种教派之争了。1514年,葡萄牙国王从罗马教皇处获得了对东方天主教传教区的保教权,传教士必须向葡萄牙国王发效忠誓言。1658年,法国获准以在中国和越南建立永不隶属葡萄牙果阿大主教区的主教区,以摆脱葡萄牙的这种权利。这些主教区被委托给了法国人,直接隶属于1622年在罗马建立的一个主管传教区的新机构——教廷传信部。打破这种僵局的主要始作俑者是罗历山(Alexandre de Rhodes,1591—1660年)神父,他出生于普罗旺斯,其传教生涯主要是在越南度过的。越南应该把该国罗马拼音文字的活版印刷术之传播归功于此人。越南至今仍一直沿用这种以罗马字母拼写的文字,并通过转喻词而取名为"国语"。法国在政治上的关注绝不会与该国传教区的这种解放毫不相干。它受到了法国教会自主论外交的启发,尤其是受到了在威望方面激发的影响。法国在进入远东地区的经济和商业领域时,落后于其他国家。只是到了17世纪中叶,路易十四及其大臣柯尔贝尔(Colbert)才开始对这一地区感兴趣。他们扶植了多家专门从事这种远途贸易的公司。1663年,经国王批准,创建了巴黎外方传教会的一座神学院,旨在方便从耶稣会之外招募法国传教士,因为耶稣会主要是国际性的。20多年之后,正因为由于耶稣会神父们以其高深的文化和科学能力而享有盛誉,王国政府找到他们门上,以便在北京创设一个法国传教区。该传教区根据利玛窦及其继承者们所采纳的布道策略,志在与中国统治集团中的精英保持联系,并研究中国文明。然而,这种研究的目的,不仅在于很好地理解中国以便更好地归化该国;它同时还有一种纯科学的目的,这是为了促使欧洲更好地认识中国。这不仅是为了中国的利益,也是为了欧洲科学方面的利益。柯尔贝尔向一位耶稣会学者洪若翰(Jean de Fontaney,1643—1710年)发出了呼吁。该神父当时正在巴黎的一所著名公学中教授数学和天文学。柯尔贝尔这样对他说:"我的神父,科学并不值得你们辛苦地远渡重洋,生活在远离祖国和亲人的另一个社会中。但是……我希望你们在不忙于传播福音教义的闲暇时间里,……你们这些神父们能在当地从事大量的考察,这正是为改善我们的科学和艺术而缺乏的东西。"①尽管当时的宗教狂热迫使人保持谨慎,无论为这种事件而会对罗马采用了什么样的外交手段,他也不能更加明确地说明,柯尔贝尔及其国王都希望在北京的法国传教区从事为法国服务的科学研究。北京传教区不仅被认为是宗教或科学教义的传播者,而且也被认为是有关中国知识的接受者。在宗教和科学之间,当已经有了妥协。我们过去的整部汉学史都留下了这方面的痕迹。

1685年,6位学识渊博的耶稣会士学者被授予"国王数学家"的称号,

---

① 毕诺(V.Pinot):《中国对法国哲学思想的形成的影响,1640—1740年》,巴黎1932年版,第40页。

并被赐予科学仪器、礼品和年金，每个人还以个人的身份接受了命令他们“改善科学和艺术”的敕令，并且被接纳为科学院院士（该院创立于 20 多年前的 1666 年）。6 位学者要把他们的考察成果呈报科学院。这就成了名副其实的“科学布道团”。从某种意义上讲，这便是法国汉学创立的宪章。1685 年，这 6 位耶稣会士登上了由路易十四租赁以供遣使暹罗的船舶，便起程上路了。该“布道团”自暹罗继续向中国方向赶路，但葡萄牙人反对他们途经澳门。他们于是便逆海岸而北上，经宁波再过扬州，最后抵达北京。从此以后，北京法国传教区便完全与葡萄牙传教区脱离了关系。除了首任会长洪若翰神父外，该传教区主要还包括与洪若翰神父一样，在数学、天文学、博物学、地理学、地图绘制术诸科学方面学有专长的学者。同时，他们又是语文学家，学习中国的语言，包括汉语。尤其是满语。满语作为他们与康熙皇帝及朝廷显贵进行交流的语言，并且借助满文来诠释古经典。他们为学习满文而拥有一部很好的语法书（《满文基础知识》，1676 年），由其前辈之一的比利时人南怀仁神父（1659—1688 年）编纂①。南怀仁当时任大清钦天监监正。这是一个留给欧洲人担任的职位（与一名满族人共同担任）。1685 年，六位传教士之一的张诚（Jean-François Gerbillon，1654—1707 年）神父用满文向康熙皇帝讲授欧几里得《几何原本》。另一位传教士李明（Louis Lecomte，1655—1728 年）神父既是数学家又是天文学家（虽然他没有在中国逗留更长的时间。1692 年回到法国后，他发表了两卷本的《中国现势新志》一书（1696 年）。此书以一种颇有偏见的形式，形成了当时所知道的有关该国的一切知识之总汇。另外一位是白晋（Joachim Bouvet，1665—1730 年）神父，他为康熙皇帝用满文编写了数学论著。康熙皇帝又令人把它们译成汉文，并为之亲笔作序。

这位大清朝的伟大君主，对于如此揭示出来的西学，表现出极大的热忱。在法国传教士到达北京五年之后的 1692 年，他颁布了一项支持基督教徒的敕令。此外，皇帝也未忘记十分明确地说明，这是由于他们在科学、军事（他们提供大炮）、外交（在同俄国签约）诸方面为帝国效力的原因。康熙下令让人为法国传教士开设汉文和满文课程。他还向他们提供了一块地盘，并允许他们在皇城内部修建一座教堂，这就是人们所说的“北堂”

① 本应由南怀仁而不是由张诚神父担任该职。参阅伯希和所作的解释，分别载《通报》第 21 卷（1922 年），第 385 页和第 24 卷（1926 年），第 64 页。

(老教堂建筑现已荡然无存)。白晋神父受康熙的委托,返回巴黎以便携归更多的新传教士入华。1699年,白晋神父偕11名教友一并返归北京,其中的某些教士应被列入18世纪法国最佳汉学家之列。

白晋神父是莱布尼茨的通讯人之一。正是他启发了莱布尼茨在由该哲学家发明的二进制数学理论与《易经》中诸卦之间作以比较,这种比较成果由莱布尼茨于1703年发表在巴黎的《皇家科学院论文集》中。因为这位德国新教徒在使西方接近东方时,必须要依靠天主教的法国。二进位数学是以二,而不是以10作为倍增数进行运算的。加上一个数中的零:"1"=1;"10"=2;"11"= 3;"100"=4等等。在我们当代依然如此,这种比较仍使数学家们惊讶不已①。

翻译或者至少是原文分析《易经》的尝试,只是在此后才由冯秉正(de Mailla,1715年译介)、雷孝思(Jean—Baptiste Régis,卒殁于1738年)和宋君荣(Antoine Gaubil,1752年左右译介)神父作出的。在对中国经典的诠释方面,白晋神父是人们称之为"索隐派"信徒的。这就是说,他企求在中国上古时代的著作中,重新索引由希伯来族长们传入中国的《圣经》教义的踪迹。甚至就在基督教内部,人们把"索隐派"理解为,旨在于《旧约》中,甚至是在以"形象化"或象征性的形式出现在异教徒古代作家们的著作中,重新索隐到《新约》教义预兆的方法。这是一种像世界一样古老的方法:当某一宗教要在另一宗教面前为自己辩护时,便以声称从中索隐到了它自己的教义之办法,进而吞并后一种宗教。中国宗教史中的明显的类型学例证,便是被称为"化胡"的理论。根据这一理论,道教使佛教显得如同是由老子在西方宣扬的一种道教形式。它以退化的形式又从西方返回了中国。如同在我们这里一样,在上古时代末期,当基督教被迫向异教作解释时,便有人宣布说,异教徒哲学家、柏拉图(Platon),斯多葛主义者(Stoïciens)都曾是摩西的弟子,并且还查考了《圣经》传统。因此,白晋及其"索隐派学者"和教友们,都企图在古代中国至高无上的神(上帝)中,重新找到甚至是犹太基督一神教的上帝。在他们看来,这种上帝的概念先于儒教的本身而流传到中国,并被此后的孔子本人,尤其是被由佛教和道教所传入的异端因素搞得面目全非了。例如《春秋》一书,只不过是经孔子

① 奥尔斯旺热(Olswanger):《伏羲,古代中国的圣人》,耶路撒冷1948年版;李约瑟:《中国科学技术史》第2—3卷,剑桥大学1956—1959年版。

所歪曲的一部以诺(Enoch)预言书的替代物。

这些思想可追溯到利玛窦。正如你们所知道的那样,利玛窦最早曾经认为,首先应该以佛教徒的身份出现在中国;但当他与在中国南方不大受人尊重的和尚们接触后,他立即意识到,若要接触到中国上层精英,就必须改变自己的策略。因此,我们看到当他于1595年出发赴中国北方的时候,他就把布道方向重新确定在儒教方面。从此时此刻起,他认为佛教徒(同样也包括道教徒)就是"偶像崇拜者"。马可·波罗就曾使用该名称来指他们。利玛窦在他的一封书简中写道:"我们经常注意把儒学派的主要人物——孔子吸引到我们的观点上来,并以有利于用我们的办法来解释他的某些经典作品。"这就是他的一种策略,如佛教徒们所说的"方便"(upàya)一样。然而,我们可以思考,他的某些继任者会在何种程度上热衷于这种做法呢?他们最终都不会相信儒教与基督教的吻合,或者说得更严重一点,那就是他们本人接受了自己本想归化的中国之归化[①]。所有这些问题都在礼仪之争中被涉及了。对此,我只能略谈几句,因为作为一门科学的学科——汉学,这一切于其中只能起一种非常模糊的作用。

这一时代法国最伟大的历史学家圣西门(Saint—Simon)公爵,在其《回忆录》中于1700年之下写道:"中国问题的争论开始在尊崇孔子和先祖的问题上轰动一时。耶稣会士们允许其新教徒们实施这些礼仪,而巴黎外方传教会却禁止其新教徒们这样作……这场礼仪之争产生了惊人的后果……我们掌握有其整部历史。"事实上,这场震惊法国乃至整个欧洲的礼仪之争,存在着一大批令人瞠目的文献[②]。这场争执实际上仅仅是由于发现不同的文明而在欧洲造成的混乱,以及随之而来的对于欧洲直到那时一直浸透着自己的传统信仰崩溃的一种表现。从实际方面来看,这个问题的症结在于,要知道传教区是否能允许已受基督教归化的中国人,在不违背基督教正统观念的前提下,而实施尊孔和祭祖的礼仪;基督教徒们的上帝能否与儒教徒们的"上帝"(或"天")等同起来、是否能以"天主"(该词可

---

① 卫匡国神父于1657年曾短期出使欧洲后又重返中国,他对那些希望聆听其讲演的人说:他觉得其故乡似乎成了他的流亡地。如果他不能终死在中国人中间,那么他就会马上死去(戴闻达语,见《通报》第32卷,1936年,第342页)。

② 同在1700年,培尔(Pierre Bayle)在他的《历史批判词典》("密尔顿"条目)中写道:"今天,整个欧洲都回响着传教士们争论的声音,他们在罗马相互控告;红衣主教枢机部、索邦神学院、王公贵族、作家们都对此蠢蠢欲动并且为此而丑态百出。但十分奇怪的是,传教士们的分化、他们的争执以及互相吞噬,竟使他们取得了使他们更加引为自豪的进步。"

能起源于佛教,“天主”一词在汉文中用来翻译梵文词 devendra,指天神之主,这种起源已被人完全忘记了)相称。在中国本地,当它与佛教初次接触时,也提出了一种类似的问题,这就是要知道佛教徒是否能够行由国教规定的参拜皇帝的大礼,这种参拜礼仪代表着一种与印度不同的国家概念(见慧远“沙门不敬王者论”,404 年)。有人已经在此问题上提到了天主教与罗马帝国的关系以及耶稣的一句话:“是恺撒的当归恺撒。”[①]我们还记得,在唐代,大约在 647 年,当取经人玄奘准备把《道德经》[②]翻译成梵文时,为了翻译梵文 mārga 或 bodhi,佛教徒与道教徒之间在“道”字的用法上展开过激烈争论。

对于 18 世纪法国耶稣会士来说,中国礼仪问题复杂化的原因,是由于强大的耶稣会不仅已经深深地渗透进了人们的精神生活,而且也进入了国家的政治生活中了。用现代话来表述,我们可以说,耶稣会士们在对外问题上,对于他们传教的中国及其他遥远地区的态度是左派,而在国内则属右派。这就是法国的长期矛盾。我们已经看到,在 19—20 世纪的世纪之交,世俗的和反教权主义的法兰西共和国,在中国以天主教传教区保护人自居,人们今天也可以看到同样的情况……作为知识分子的耶稣会士们,其反对者不仅有法国的巴黎外方传教会神学院,正如圣西门所揭示的那样;而且也受到其他修会会士们的反对,如西班牙或意大利的方济各会士和多明我会士。之后一些人在 17 世纪期间重返中国,并且既在罗马,又在清廷中发动反对耶稣会士们的活动。此类不和很快便转向反对所有的天主教传教士了。

从雍正皇帝登基的 1723 年起、除了被录用于北京宫廷的耶稣会士之外,其他的耶稣会士都被禁止在中国内地活动,其财产被没收,他们被迫先退避广州,后至澳门。另外一大矛盾是:在法国本土,耶稣会士们的支持者中,有被称为“哲学家”的人,即唯理论者、自然神论者、怀疑论者和无神论者。诸如拉摩特·勒瓦耶(La Mothe Le Vayer,1588—1672 年)那样的“不信教者”,有人向他作出了这样的断言:“圣人孔夫子,吉人!”伏尔泰的情况也如同与此同出一辙,他正如人们所说的那样:是“用中国来战胜无耻”

① 赫魏茨(L.Hurvitz):《早期中国佛教中对“恺撒”的翻译》,载《中印研究》第 5 卷(《百藏》专刊,1957 年)。

② 伯希和:《〈道德经〉梵文译本考》,载《通报》第 8 卷(1912 年)。

(“无耻”指的是迷信和教权主义)。他们自己也十分清楚地意识到怀疑这种支柱的意义,其中的钱德明(Amiot)神父用下面这段清醒的话,表达了对此感到的懊恼:“众多的传教士厌恶为欧洲工作,甚至就在我们只寻求有益于宗教和科学的观点时,也会有人攻击我们所讲的那些天真无邪的话,把某些罪恶的观点归咎于我们。以至于我们愤怒地看到,在那些旨在攻击我们正冒生命危险传播的宗教的宗教著作中,提到了我们……对此,唯一的办法是不要放弃我们手中的羽笔”①。

实际上,笔杆子确实在钱德明神父时落地了,钱德明神父是法国在华著名传教士中的最后一位。他于1793年死在北京,恰恰就在路易十六被处决和法国大革命胜利的消息传来的那天之后的夜间。法国耶稣会传教区只能幸存于乾隆的京师中,乾隆自己当时也趋于其末日。“中国礼仪”曾多次在罗马受到贬责。1742年的教皇谕旨对此作了最终贬责(这道谕旨直至1939年才被废除)。法国的耶稣会士们于1764年遭禁,罗马教廷于1773年撤销了耶稣会。自此,只在北京仍存留十多位法国耶稣会士,为中国政府效力。作为宗教团体,该传教区于1783年便由法国遣使会接管,葡萄牙人和意大利人接着便争夺该传教区的财产。钱德明是该传教区最后一任长上②。然而,如同他所说的那样,北京的耶稣会士们曾诚心实意地“为欧洲工作”,而不仅仅是为了中国,或是为使中国接受基督教的归化而工作的。造成耶稣会士们毁灭的礼仪之争,其后果是在近乎一个世纪的时间中,使欧洲敬服中国。

1760年,伏尔泰可能说过,中国的名望比欧洲的某些省份还更为人所熟悉③。这个时代的最大的思想家们都对中国感兴趣,他们或誉之,或毁之。我已经提到了莱布尼茨和马勒伯朗士。费内伦(Fénélon,1651—1715年)于其《死人的对话》中,补入了一篇苏格拉底和孔子的对话。曾羞辱过耶稣会士的帕斯卡尔 (Blaise Pascal)在他的《外乡人》(1756年)第5卷中,愤怒申斥中国人及其“孔夫子”。培尔(Pierre Bayle,1647—1706年)是

① 费赖之(Louis Pfister):《1552—1773年在华早期传教区耶稣会士传记和书目提要》,上海1932年版,第839页。

② 考狄:《耶稣会和北京传教区的撤销》,载《通报》第17卷(1916年)。有关钱德明的逝世,请参阅由罗什蒙泰克斯引证的一封从未刊布过的书简,载《钱德明传》,巴黎1915年版,第431页。

③ 《记耶稣会士遭逐于中国》,第27页。

一位倾向于自由思想的法国新教教徒，他于其在荷兰的隐居地得意扬扬地指出"在中国人中间广为传播的无神论"。卢梭(Jean—Jacques Rousseau)则揭露了在中国这个受科学和艺术制度支配的国度中，具有猖獗的"流弊"和"罪恶"(1750年，见《科学和艺术讲稿》。在中国这个"文人的、懦夫的、伪君子和江湖骗子的社会中；夸夸其谈却言之无物；充满思想却毫无才智，富有奇迹却精神贫乏……使所有义务都成了贴标签，使整个伦理都成了虚伪，人与人之间仅知道打拱作揖"(《新爱洛绮丝》，1761年)。并非是直到斯宾诺莎(Spinoza)时，人们才把早先欠下的中国自然哲学之债归于此人，而恰恰是在《一名基督徒哲学家与一名中国哲学家就自然和上帝存在问题的对话》(1708年)中的中国，从背后瞄准了斯宾诺莎。正是通过阅读龙华民的《论中国宗教的几个问题》，才启发了马勒伯朗士。

所有这一切都随着该世纪的结束而销声匿迹了。在大革命期间，人们再次把眼光投向古典时代。当罗马道德重新流行时，进步论学者孔多塞(Condorcet)抨击了中国"这个民族，它在科学和艺术方面走在其他民族之前，似乎仅仅是为了看着自己逐渐被所有人遗忘。该民族所拥有的大炮知识，却丝毫不能阻止被蒙昧民族的征服"。在这个国度里，"甚至是印刷术的发明，亦完全无益于人类思想的发展"(《人类理性进步的历史概观》，1793年)。大革命以后，在法国的作家中间，已不再提到中国了：夏托布里昂(Chateaubriand)、司汤达(Stendhal)、雨果(Victor Hugo)对中国基本一无所知。

让我们回到我们内行人所理解的汉学问题上来吧。我尚有待于向诸位介绍某些大明星，他们首先在中国，然后在法国，都曾于18世纪期间为汉学研究的发展有效地作出过贡献。首先，我谈一谈这些著名人物为之作出贡献的几种巨部集体文集。

1703年，由耶稣会士们所撰国外传教区的有趣和诲人的书简集《耶稣会士书简集》开始在巴黎出版，其刊行一直持续到1818年，中国于这些书简集中占据极为重要的地位，耶稣会士们于其中捍卫了他们在礼仪之争中的论点。除了其传教区的利益之外，这套书简集不失为一部有关中国大清王朝的珍贵资料集(当然现在利用得还很不够)。

《书简集》第2套(出版于1711—1743年)的编辑者是杜赫德(Jean-Baptiste du Halde)神父。尽管他本人从未到过中国，但同样也于1735年编辑出版了4大卷对开本《中华帝国全志》。作者根据自己收到的北京传教士们的资料(其中许多资料也刊载于《书简集》中了),从各个方面描写了中国及其藩部(“鞑靼”或满洲、高丽、西伯利亚和西藏)。这套文集过分向耶稣会士们的论点方向倾斜了,但它却是18世纪流传最广的关于中国的原始资料。半个世纪之后,它因《中国杂纂》一书的问世而黯然失色。这后一套16卷本的文集,从1776年起在巴黎出版。其最后一卷是在19世纪在科学院的东方学者们关怀下,于1814年出版。这套文集内容丰富多彩,具有一种典型的科学态度,出自在北京最后一批耶稣会士们之手(更完整的原始资料保存在巴黎国立图书馆稿本部,即布列吉尼特藏),它证明了18世纪法国汉学界所取得的进展。我于下文还将回头来论述汉文文献的翻译问题。这些就是法国早期汉学的不朽著作。

在1735年出版的《中华帝国全志》一书中,发表了由耶稣会士们提供的一部纯文学文献的稀见译本。因为,非常令人遗憾的是耶稣会士们过去在对中国的研究中,曾忽略了对美文学的研究,我们只能在《中国杂纂》中找到《诗经》和其他诗集中的几首诗的编译文,还有几首古典词赋。纪君祥(又名纪天祥)的元曲《赵氏孤儿》的译本,删节了其中的“曲”,而“曲”却是这类文学体裁著作中的实质内容。这部元曲的译本是由马若瑟(de Prémare,1666—1735年)神父于1731年在广州翻译的,马若瑟神父是诺曼底人,他的思想并不算太开放(实际上,他赞成白晋神父的“索隐派”论点),但他却集中精力研究中国的语言,并为皇家文库获得了许多汉文书籍,其中就包括元曲集(明人编辑的《元人百种曲》,亦名《元曲选》。一个世纪后的1838年,巴赞和儒莲正是从这同一文集中选取了数曲的译本)。我们要把出现在19世纪之前欧洲最完美的汉语语法书《汉语语言札记》(1728年)归功于马若瑟。此书直到19世纪(1831年),在英国马六甲传教区的新教徒的关怀下,才得以付梓。这部语法书清晰地把汉语白话与文言区别开来,相继的两部分分别论述,其分析力求越出欧洲传统语法的范畴。马若瑟的另一篇著作,即其对《赵氏孤儿》的编译本,向欧洲展示了中国的戏剧。

从17世纪末叶起,“中国风”(中国热风潮)便被引入了欧洲舞台。1734年左右,意大利诗人梅塔斯塔斯(Metastase)排演了一出中国滑稽剧。《赵氏孤儿》出版后,正在为应奥地利皇后的要求而编导的戏剧寻找新题材的梅塔斯塔斯,从中摘编了《中国英雄》一幕,以博诺(Bonno)乐伴奏,于1752年在申布伦宫演出。30年之后(1782年),当时的一位大作曲家契玛罗莎(Cimarosa,那不勒斯,1782 年)同样也为剧本谱曲。在人们以拯救被遗忘的戏曲为时髦的时代,谁给我们提供这种剧本呢? 梅塔斯塔斯的这出戏剧,不管怎样,只是一部喜歌剧本,它与中国原作的关系相差甚殊。它与伏尔泰退休后在日内瓦附近的乐园时所编写,并于 1755 年在巴黎上演的戏剧《中国孤儿》,几乎没有什么差异。年迈的伏尔泰十分迷恋中国,认为有必要将剧中的情节下降至蒙古人统治时代,仿佛他已把该剧本内容的时代与剧作家写作的时代相混淆了。悲剧的主人翁变成了成吉思汗! 这是一种在法国为人们所喜闻乐见的主题剧形式,汉—元情结仅仅是一个为了表示宽容、服从法律、热爱祖国等方面的道白,由当时的"第一记者"将这一切精炼成了能引起震动的诗句。

你们于此是法律的最高代表,
让其官署与你们自己一样神圣;
传授理性、正义和道德!
让被征服的民族统治征服者!
让智慧领导主宰勇气!
全力以赴争取胜利吧!
力量会给你们荣誉。
我给你们树立榜样,
紧握手中武器,
你们的国土将服从于你们的法律。
成吉思汗对一位汉族臣民所讲的最后的一段独白

在伏尔泰诞辰 200 周年纪念和庆祝法中外交接近之际,法兰西大剧院最近再次上演了伏尔泰的这出戏剧。

冯秉正(J.—F.M.—A.de Moyriac de Mailla,1669—1748 年)神父出生于法国安省一个贵族家庭,我们应将巨著《中国通史》归功于他。此书虽然以朱熹著名的《通鉴纲目》译本的面目出现,但译者则将它延续至明清。这部巨著经过 6 年之后才完成。但令人遗憾的是,其稿本一直到作者死后才得以面世(13 卷,4 开本巨著,巴黎 1777—1785 年版)。作者于书中大量使用了 1692 年根据康熙皇帝敕令编纂的满文本。如果我没有搞错的话,那么这就是至今唯一主要根据一种中国史资料而编纂成的一部完整的西文中国史;戴遂良(Léon Wieger)神父根据这同一种史料,稍后编译出了其《历史文献》(1903—1905 年),但这部文献充其量仅是一部编译本。考狄在他的《中国通史》中(1920—1921年),甚至格鲁塞(René Grousset)在其《远东历史》(1929年)中,仍然采用了冯秉正神父的译本。

18世纪法国最大的汉学家无可争议地首推宋君荣(Antoine Gaubil)神父,他是来自法国西南地区的南方人,在北京度过了37个春秋。在图卢兹(Toulouse)和巴黎,他不仅在文学上,而且在科学上都从事过扎实的研究。他是一位高级人才,精通精确科学、史学和语文学;他奋起反对"索隐派"理论及其先辈们的其他谬论。他是科学院以及巴黎金石和美文学科学院的通讯院士、圣彼得堡皇家科学院的普通院士以及伦敦皇家科学院的客座院士。我们应将中国天文学史的多种著作归于宋君荣神父。他深入地学习了汉文和满文。其《成吉思汗和蒙古王朝史》一书是以汉文史料为基础,于1739年在巴黎出版。他的大量汉学著作仅于其逝世后才出版。1791年和1814年,刊载于《中国杂纂》中的《论中国纪年》和《大唐王朝史》即属此例。这部《中国杂纂》后来又由有关自汉至清的中国王朝史所补充,宋君荣神父未能杀青完稿。他的《书经》译本于1739年寄回巴黎,科学院院士佛雷烈(N.Fréret)将这批材料通报了金石和美文学科学院,自告奋勇地亲自出版此书,但它直至1770年才出版。宋君荣神父还寄给佛雷烈一篇对《竹书纪年》的研究文章。其《礼记》和《易经》(其中包括《系辞》)译本始终未刊。

北京的最后一名耶稣会会士汉学家,便是我已提到的土伦人钱德明神父(1718—1793年)。他尤以其精辟的《中国古今音乐篇》(1776年)、《满法词典》《多体文字合璧词典》(梵文、藏文、满文、蒙古文、汉文)以及其他某些著作而名震遐迩;他有相当数量的著作都发表在《中国杂纂》中,其中有一部篇幅冗长的《孔子传》(1784年),他在其中称自己只想成为"孔子史学家的史学家"。

由法国耶稣会士在中国继承并发展至18世纪末叶的汉学事业,随着钱德明的逝世而告结束。他们的错误之一,就是未能花费更多精力去翻译中文原著;把有关基督教和科学的西文著作翻译成中文①,却占据了他们的工作的很大比例。因此,狄德罗(Diderot)对此发出的抱怨并非没有道理,他于1780年写道:"似乎只有一种方法可以揭示真相,那就是根据他们

① 有关早期传教士们的汉文文献译本,请参阅方豪的《中国天主教史论丛》,上海,1948年版,第87—96页。

的译著的办法来判断中国人的优秀品德。”真正严肃的译著唯有宋君荣对《诗经》(1739 年)、冯秉正对《通鉴纲目》(1737 年)和钱德明对兵法书（孙子、吴子、司马法、六韬,1772 年)等的译本。它们仅于 18 世纪末才出版。除此之外。还有相当数量的拉丁文本、意大利文本和法文本的《四书》《五经》《孝经》等经典的编译本或研究著作。它们大部分皆未出版,而且其中一部分只是由于不同精确度的译本才为人所知。不过,最大的空白是当时缺少一部上乘的汉语词典。当然,过去曾有过许多词典的雏形,有的已出版,有的始终未刊(例如利玛窦的词典)。但这些所谓“词典”几乎都仅仅是一些词汇集,既不够用又难以觅得。编写汉语语法书籍的尝试也是如此,我于此也只能编制一份令人颇为失望的目录。上文已提到,由马若瑟编纂的《汉语语言札记》直到 1831 年仍留作稿本。除此之外,这些词汇集绝大部分是由意大利人或西班牙人编纂的。在巴黎强烈地感受到了这种双重空白。这也是 18 世纪在法国从事研究的很少的汉学家们,所关心的主要领域之一。直到 19 世纪初叶,这一空白才得以填补。

在巴黎确曾有过一个汉学学派,或者至少是曾有过一种要在法京创建这样一个学派的微弱愿望,与在北京很兴旺的传教士学派并存。从事这种尝试的主要名人是金石和美文学科学院一位大学者佛雷烈(Nicolas Fréret, 1685—1749 年),他是 18 世纪最具好奇心、最严谨、最自由的大思想家之一。巴黎文献学院的一位青年学生,现为东京日佛会馆寄宿生的达尼埃尔·布瓦斯尔（Danielle Poisle)小姐,新近在高等研究实验学院提交了《尼古拉·佛雷烈与中国》的博士论文(1965 年)。正像当时法国的所有人一样,佛雷烈对中国产生了兴趣。1702 年,利用一位来自福建的中国人黄嘉略(Arcade Hoang)到达法国的机会,他的兴趣范围便具体化了。当时,黄嘉略受传教士们的派遣,来到法国进修学业并被晋铎。黄嘉略受聘于皇家文库,从事管理由耶稣会士们源源不断地寄往那里的汉文书籍(正是由于这第一批特藏,才使法国在 19 世纪的汉学研究中,较欧洲其他国家具有一种明显的优势)。皇家文库管理员比尼翁(Bignon)神父,为汉学而设想了一项利用这位中国人在法的逗留期而编纂一部汉语语法书和一部词典的计划。为此目的,一个由法国学者组成的小组以黄嘉略为中心组织起来了。其中就有佛雷烈本人。另外一个人是傅尔蒙(Etionne Fourmont, 1683—1745 年)。这是一位平庸而又糊涂的学究,他当时虽然正在皇家学院(法兰西学院的前身)主持阿拉伯语讲座,但他却主要是具有汉学方面的抱负。这个中国人放弃了晋升为天主教司铎,开始按照法国人的方式戴帽佩剑,并与一位巴黎少女结婚。他于1716年英年早逝,从而使词典的准备工作中断。

佛雷烈继续在金石和美文学科学院作有关中国的学术讲座。但从此之后,中国便不再成为他所关心的首要方面了,特别使他感兴趣的,则是中国的历史和纪年学。中国纪年于当时导致了激烈辩论,因为它对《圣经》中的纪年和犹太人基督教传统的普遍价值提出了质疑;发现一种不以亚当为人类起点的纪年,这就搅乱了当时在欧洲人心目中早已形成了的历史时间观,正如直到当时尚不为人知的地区也打乱了传统的地理空间观一样。佛雷烈在礼仪之中看得清清楚楚,拒绝把一切都归于西方之起源。他说,柏应理的"索隐派"使他感到应受到"蔑视"。如同其同时代的所有人一样,他对汉文方块字感到吃惊。汉字使佛雷烈也像莱布尼茨一样,产生了有一种"世界语"的梦想。

继《汉文词汇》之后,佛雷烈又编写了《汉语语法》一书,但二者始终未刊。1742年出版《双向语法》一书的责任,便落到了曾与佛雷烈发生过激烈争吵的傅尔蒙身上了,这就是既用方块字又用拼音出版的一部汉语语法书。事实上,该书剽袭了早在1703年就已经出版的、由西班牙多明我会会士方济国所编纂的语法书。和马若瑟神父的《札记》一样,佛雷烈于1730年就接到了该书的手稿。至于在整个18世纪都于巴黎策划的编写一部汉语大词典的计划,则似乎到了法国帝国时代(1813年),才出版了一部。尽管其规模浩大,并且有名副其实的高雅气派,却只不过是由小德经(de Guignes)剽窃而来的作品。这位翻译官和领事,从死于1704年弗留利的传教士巴西利奥·布罗劳(Brolio Brollo)遗留下的手稿资料着手,而这些手稿资料本身就是此前多位传教士艰苦劳动的成果。所以。当19世纪开始之际,法国(和欧洲)的汉学始终未拥有一部适用的和现代的辞书。

英俊的黄嘉略并不是18世纪居住在法国的唯一华人。在这一时期,于法国之外,早已有华人居住,尤其在那不勒斯。1732年,马国贤(Matteo Ripa)在那里创建了"中国学院",它是那不勒斯东方学院的前身。黄嘉略的另外两位同胞,高类思(Aloys Kao)和杨德望(Etienne Yang)与他一样,也是由北京的耶稣会士们派往法国的,以在那里完成其宗教和文学教育(在此期间还有其他这样的人被送往法国)。他们二人于1754年抵达法国,于1759年被接纳进耶稣会。当耶稣会学院于1762年被封闭,并于

1764年颁布禁止耶稣会的教皇谕旨时,耶稣会士们要用由皇家政府提供年金的办法解决供给。这是由于路易十五执政时的两位显赫人物——贝尔坦(Bertin)和杜果(Turgot)强烈地关心起中国来了。他们早就想利用这两名中国人,让他们在中国本地对某些具体问题作一番调查研究,以激起他们的好奇心。

贝尔坦(1719—1792年)时任国务秘书,他的地位与职权使他成了受入华传教士们吸引的保护人和通讯人。贝尔坦和他们交换的书简,现存于法兰西学院图书馆(考狄曾于1907—1922年间,在《通报》中发表了部分摘录)。

至于杜果(1727—1781年),当他在路易十六执政期间成为财政大臣时,由于他的经济改革尝试而使他名噪一时,他和《中国的专制主义》(主要是"开明"的专制主义)一书的作者魁奈(François Quesnay,1694—1774年)一起,属于人们所说的"重农学派"。该学派鼓吹建立在土地和农业基础上的中国式自然经济。

在这两大巨头的推动下,法国科学院奉命对高类思和杨德望进行了草率的科学培训。高类思和杨德望还接受了一份冗长的调查提纲,它们形成了杜果名著《论财富的构成及分配》(1766年)一书的缘起。7年之后,亚当·斯密(Adam Smith)深受此书的启发,写出了《国富论》一书,这些都是近代经济学的经典之作。高类思和杨德望于1766年返回中国,继续接受法国国王的俸禄。但乾隆统治下的中国既不再支持基督教,也不再欣赏西方科学了。高类思和杨德望似乎也没有能够继续为杜果委托他们照顾的传教区提供有效的成果。

在法国,同样经过这一时期之后,"中国热"不再时髦了。在巴黎造成一场汉学研究运动的尝试,也骤然间结束了。与此同时,正如我们所看到的那样,北京汉学学派也随着法国大革命一起销声匿迹了。法国大革命扫荡了一切,汉学研究也同样在劫难逃。拿破仑帝国崩溃以后,随着1814年法兰西学院汉学讲座的开设,法国才在全新的基础上重新组织起汉学研究。

二、19世纪

在18世纪期间,几乎唯有在中国,尤其是设立有法国耶稣会传教区的北京,汉学研究才得到了培育和发展。即使在法国确曾有过微乎其微的发展汉学研究的愿望,但无论是由佛雷烈,还是傅尔蒙,或是大臣杜果,他们朝这一方向上所作的努力,都没有结果。随着19世纪的到来,形势发生了完全相反的变化。在该世纪的整个上半叶,汉学研究将在法国组织起来,并在那里成为学院和书本中的一门学科,这样一种转向必然会带来诸多的利与弊。

一方面,从此之后要在专业人员中聘任法国汉学家,他们比耶稣会传教士受到了更好的训练,以准备将在其他人文科学领域形成的研究方法,运用到汉学研究中去。但在另一方面,他们与其所研究的对象缺乏直接接触,缺少如同人类学家所说的"田野"实践。这就使他们的著作更显得如同是纯理论的了,也可能缺少"人文"特征。这些人在准确性和方法的严谨性方面,赢得了他们在直观方面缺少的东西。直到鸦片战争(1838—1842年)和最早几项法中条约(1844—1860年)签订之后,汉学研究才得以在中国恢复。这或是由世俗人士、翻译或领事来做,或是由传教士特别是由重新恢复了其18世纪前辈们的学术传统的耶稣会士们进行,但北京除外,他们未能在北京重新立足。

随着大革命,中国向法国关闭了大门。在北京,当法国大革命在巴黎取得胜利的时候(1793年),最后一批耶稣会士随着钱德明神父的逝世而最终消失了。由大不列颠组织的对中国大陆的封锁,使海路联系已经根本不可能实施了。如果说法国的代表们成功地在广州以很不稳定的地位而维持下来,那仅是勉强[其中有位瑞士人,名叫夏尔·德·贡斯当(Charles de Constant)是著名的卞雅闵·康斯坦的嫡亲兄弟,后者是《阿道夫》的作者,政治自由主义的创始人。路易·德尔米尼(Louis Dermigny)在高等研究实验学院历史研究中心丛书中,出版了《关于中国海外贸易的回忆录》,巴黎,1965年。当国科学院东方学家院士德经(Joseph de Guignes,1721—1800年)之子,即小德经(1759—1845年),于1783—1796年间居住在广东,并以译员的身份,陪同由德胜(Isaac Titsingh,1794—1795年)率领的荷兰使团前往北京,而该使团其实是仇视法国的。这是鸦片战争前最后一位法国汉学家访问中国]。

在法国,自18世纪初叶以来,人们就强烈地关心着一部汉语词典的编订,以便能替代那些由入华传教士们多次提供的词典初稿。佛雷烈和傅尔蒙曾在黄嘉略的协助下作过尝试。这项编纂词典的计划,使拿破仑皇帝产生了强烈兴趣，在许多非法籍业余爱好者的请求下，授命小德经来完成这项计划。小德经的不朽巨著《汉—法—拉丁语词典》，终于在1813年由皇家印书局出版。这是一项名副其实的巨大工程，硕大的汉文方块字（1.4万个左右，字体为40点，大于1厘米）。其中大部分的汉字是木刻版；由法国工匠从近一个世纪之前的傅尔蒙时代开始制作①。然而，这本词典只不过是一部题为《汉字西译》的陈旧汉语词典的翻版，由小德经略作增订。《汉字西译》是由方济各会会士叶崇贤（Basilio Brollo de Glémona，1648—1704年）编纂的，其中的一册稿本现藏皇家图书馆。拿破仑支持编纂的词典仅仅是一部活版印刷的珍品，它并未能推动汉学研究的发展②。

1814年12月11日，随着法兰西学院开设汉学讲座，法国汉学研究则具有了一种完全不同的面貌。这个日子不仅对于法国汉学界，而且对于整个欧洲汉学界，都具有决定性的意义。在西方世界中，汉学研究首次于大学学科中占据一席之地。俄国直到1851年，英国直到1876年，汉学研究才进入大学殿堂。稍后才是在欧洲的其他国家中。最后是在美国，那里的汉学研究最近才取得发展，而且既发展迅速又具有戏剧性。在此问题上，我对在法国之外不大为人熟悉的有关法兰西学院的起源及其组织，将提供某些具体解释③。

这一机构是由文艺复兴时代的一位颇具艺术、文化修养的开明君主——法兰西斯一世（François Ier）于1530年创建的。当时，巴黎大学（索邦神学院）拒绝考虑由文艺复兴的进步行为在人文科学方面带来的革新。中世纪的经院哲学，以它那毫无意义的诡辩，统治着索邦神学院，在那里只教拉丁文课。1518年，比利时鲁汶大学，在伊拉斯谟（Erasme）的推动下，创办了“三语学院”，以正在恢复中的希腊语和希伯来语来补充拉丁语。1530年，法兰西斯一世经伊拉斯谟的一位朋友——人文主义者纪尧姆·比代（Guillaume Budé）的上谏，在巴黎设立了5个“助教席”。一人教希腊文，3人教希伯来文，一人教数学，分别代表世俗文艺复兴、宗教文艺复兴和科学文艺复兴。这就是从17世纪初叶被命名并沿用至今的法兰西学院的萌芽期核心。它于巴黎大学之外并独立于巴黎大学而运行，犹如在一个

① 《法国国立印书局的字冲陈列室》，巴黎1963年版。
② 考狄：《大革命和帝国时期的汉学研究》，载《通报》第19卷1918—1919年。
③ 勒夫朗（A.Lefranc）：《从创建至第一帝国末期的法兰西学院史》，巴黎1893年版。

可以自由开设高等研究课程,而又不受限于像普通公共义务教育机构中那样。法兰西学院没有登记注册的学生,没有考试,也没有可供颁发的文凭。但其教学却从未被取消:对于每一位教授来说,则在于面对自由进入课堂的听众讲授自己的研究,每个人都可以参加进来。每个教授每年都必须授课 20—30 小时。但是,其授课内容每年都必须是全新的,并且必须具有独创性。自 1901 年起,每种课程的综述均发表在《法兰西学院年鉴》中。现今法兰西学院有 50 多位教授,三分之二从事人文科学,三分之一则从事其他学科(数学、物理等)。该院不设长期讲座,一旦教席空缺,教学课程便可变换。讲座主题的选择就如同对其主持人的选择一样,便落到了教授大会的身上,教授大会则由其中一位担任行政职务的人主持,定期召开会议。

从最初一开始,东方学就被列入法兰西学院的教学计划中了。首批"皇家助教"中的纪尧姆·波斯泰尔(Guillaume Postel,1510? —1581 年)就在该学院中教授阿拉伯文,兼授希腊文和希伯来文。这是一位头脑中具有宗教幻想的人,也是一位"头脑中的冒险家"。他游历过信仰伊斯兰教的近东地区,甚至对日本的佛教也感兴趣[①]。他梦想一种由法国国王统治下的世界性君主国的全体教会合一运动(《全球的统一协调》,1544 年)。这使人们想起了莱布尼茨(Leibniz)——他被指责发表异端邪说,并在监狱中结束了其生命。

东方学研究不失时机地在法兰西学院日益发达。除了希伯来语和阿拉伯语之外,随之立即出现了叙利亚语(1696 年)、突厥语和波斯语(1768 年)讲座。汉语逐渐被引入这个或那个讲座的规划中,但仍处在非正规化和不断完善之中。

傅尔蒙(1683—1745 年)是阿拉伯语教授。但他在课程布告上却预告说,在授阿拉伯语课之后,将讲授汉语、汉语语法和《大学》[②]。他在汉语方面确实并不比在阿拉伯语方面更有资格。他的侄子勒鲁·德肖特拉耶(Le Roux Deshauterayer,1724—1795 年)同样也如此。德肖特拉耶接替了傅尔蒙在法兰西学院的阿拉伯语讲座,但他同样也关心中国,尤其是对中国佛教感兴趣。科学院院士德经(Joseph Deguignes,1721—1800 年)是古叙利亚语教授,出版过一部《匈人、突厥人、蒙古人及其他胡人民族通史》(简称

① 他认为从中发现了基督教的一种形态。请参阅《日本文化研究》第 9 卷(1953 年)。

② 巴塔雍(M.Bataillon):《法兰西学院》,载《高等教育学报》第 2 卷,第 21 页(1962 年)。

《北狄通史》,1756—1758 年)。此书至今仍保持着一定的学术价值。印度学家们知道应感谢他,因为他第一个发现印度—希腊年代的一致性,也是第一个主张利用外国资料来复原印度历史的人。由于埃及象形文字同汉文方块字具有相似性,德经被导至汉文方向了。他认为中华民族最早曾是埃及的移殖民,这是一种始终困扰古汉学的诸多陈词滥调之一。但是,他也从中文资料中搜寻佛教资料,我们应将《印度宗教及其被译成汉文的基本经文之历史研究》(1776 年)、《对所谓"沙门"哲学家的研究》(1756 年)等书归于他的名下。他于其手稿遗著中,留下了《译自中国编年史〈春秋〉的中国史》。1770 年,他刊布了 18 世纪法国最优秀的汉学家宋君荣神父遗留的《诗经》译本(比较认真严肃),德经过去一直与宋君荣神父保持着通讯联系。

19 世纪初叶,法国东方学界中的领袖人物是希尔维斯特・德・萨西(Silvestre de Sacy,1758—1838 年)。他在法兰西学院中主持阿拉伯语讲座,而且也对中国十分感兴趣。在他的关注下,巨篇《中国杂纂》第 17 卷(也就是最后一卷)于 1814 年出版。这部耶稣会士们的汉学著作的大全,从 1776 年便开始出版发行。德・萨西是一位既有影响而又有听众缘的学者。在第一次王朝复辟期间,从拿破仑逊位(1814 年 4 月 6 日)到他自厄尔巴岛返回(1815 年 3 月 1 日)这段时间,正是由于德・萨西,在 1814 年 12 月,教授委员会委员才决定把汉学正式纳入法兰西学院,同时设立印度学讲座。就这样,东亚最终被承认应该列在我们的最高教育和科研机构的规划中。

该汉学讲座①所获得的名称是"汉语、鞑靼—满语语言和文学讲座",它一直将此名称保持到 1918 年。在这一名称中,满语则是汉文的辅助成分。因为,对于习惯于多音节的屈析语言的欧洲人来说,更容易接受满语。满语曾经常被 18 世纪耶稣会士们广泛地用于掌握对汉文原著的诠释文。

第一位主持这个新讲座的是雷慕沙(Abel—Rémusat,1788—1832 年),当时年方 27 岁。雷慕沙曾经学医,并通过一部有关中医的博士论文(1813 年)。此后,他以鞑靼语言(1811 年)以及汉语文学和语言方面的著作(1812 年)而为人瞩目。当他于 1815 年 1 月 16 日开课时,首先关心的是

---

① 马伯乐:《汉语、鞑靼—满语语言和文学讲座》,载《法兰西学院 400 周年纪念专刊号和近 50 年的总结》(巴黎,1932 年)。

要将汉语知识建立在牢固的语言学基础上,但当时这正是他所缺乏的素质。他将其课程用在了语法与文献的诠释上,而且常常借助满文本。这项任务并不轻松:没有合适的词典,而唯一一本能用的语法书,即马若瑟的《汉语语言札记》(1728 年),却仅仅是一部手稿,而且与雷慕沙作对的皇家文库管理员又拒绝允许他借阅。但是,雷慕沙最终却得到了它,而且他的第一部著作就受到了此书的启发,这部著作题为《汉语语法基础知识》,或者是《"古文"总则》,也叫作《中华帝国通用的公共语言官话》。

语言学两种状态间十分清晰的区别,可上溯到马若瑟。1816 年,雷慕沙奉命编制皇家文库中的汉文书籍目录,这部目录始终未杀青,它应该包括有详尽的书目提要和作者传记等。其部分书目和传记提要刊载在 4 卷本的《亚洲论集》(1825—1829 年)中了,大家同样还可以从中发现许多有关高地亚洲的史学和语言学论文。雷慕沙最重要的和不算最陈旧的著作,便是其未能定稿并在其死后出版的译著——《法显传〈佛国记〉》(1836 年)。该译本附有内容丰富的考证,而且如果考虑到其时代、从事研究的工具书之匮缺以及当时西方对佛教几乎一无所知的状况,那么这部译著就格外惹人注目了。人们首次可以对该宗教形成一种较为公正的概念;入华耶稣会士们却由于他们蔑视和不理解曾极力地攻击过佛教。另一方面,我们也可以从中发现有关古代印度乃至整个古代亚洲的历史、地理的汉文资料之丰富性。或许,这就是促使雷慕沙将其精力主要地用于对这样一部著作进行研究的原因。19 世纪的法国汉学学派,曾有过这样一种倾向:从中国与其他亚洲国家乃至全世界剩余地区的关系来考量中国,要发掘有关世界史的汉文资料,而不是为了从内部研究中国本身。有人曾经指责过这种汉学过分"表面化"的观念。

雷慕沙 44 岁时,被巴黎发生的一场造成大量死亡的流行性霍乱夺去了年轻的生命。他最优秀的学生儒莲(Stanislas Julien,1797—1873 年),成为其事业的继承人。儒莲很快就被承认是当时欧洲最优秀的汉学家。在青年时代,他就受到了基础扎实而又多方位的教育,学习过希腊文、阿拉伯文、希伯来文、波斯文和梵文。他后来又拜在雷慕沙门下学习汉文,此人还教他学习过满文。他的最早作品之一,便是借助于满文译本而译制的《孟子》拉丁文译本(1824 年)。为了谋生,他剽袭了英国新教徒曾要求获得的,并在马六甲付梓刊印(1831 年)的马若瑟神父的《汉语语言札记》稿本。在法兰西学院的教学中,他放弃了用系统的方法来讲授汉语语法的做法,而是更喜欢诠释文献,以归纳性地从中得出主要的汉语结构准则。他的《根据字词位置来看汉语新句法》(1869—1870 年),便是其精益求精和具有敏锐洞察力著作的范例,至今仍有学术价值。为了继续其师雷慕沙《佛国记》的译注本,他翻译了《大唐大慈恩寺三藏法师传》(1853 年)和玄奘的《大唐西域记》(1857—1858 年)。

我们只要想象一下他由于缺少比较的方法,而妨碍了他触及此类文献(当时既没有南条文雄,也没有织田,更没有望月信享……)我们便会对其译本的准确性及其严密性感叹不已。这些译本较此之前的译本取得了巨大进步。在既没有汉—梵文教科书,也没有《翻译名义大集》(Mohāvyutpatti)的时候,他尚不能为梵文名词和短语译音。他想全凭经验编制一部梵文《入门》书(1861 年)。雷慕沙对玄奘的研究,把他引上了从事一方面是有关中国与印度,另一方面是有关中国与高地亚洲古老关系的著作:《亚洲地理和中印文献学论集》(1864 年),主要是译自汉文的《突厥(尤其是东突厥)历史资料》(1864 年)。另外,他还出版了 3 卷本的《出曜经,印度寓言和故事集》,它们也是译自汉文的(1859 年)。他更为注重实用方面的著作,如《景德镇陶录》的译本《中国瓷器的制作和历史》(1856 年),这主要是供法国塞夫勒皇家作坊中的瓷器制作工使用的;《中华帝国古代和近代的工业》(1869 年),其中特别包括供法国养蚕人使用中文论著的概要。

儒莲的著作最惹人喜爱的方面之一,是他对俗文学著作的兴趣。在他那个时代,俗文学是为中国的文化界所鄙视的。儒莲不仅完整而一字不差地重新翻译了《赵氏孤儿》(1834 年),而且还附有全部曲子。这部曾由马若瑟神父提供过不完整译本的元曲,启发伏尔泰写成了一部讽刺悲剧《中国孤儿》。他还翻译了另外两部元曲:《灰阑记》(1831 年),它启发了较晚期的剧作家贝特霍尔德·布莱希特(Bertholt Brecht);儒莲的所有译著中最享有盛誉的,则是《西厢记》的译本(于译者死后才出版,1872—1880 年)。另一方面,儒莲致力于翻译一批具有公式化大团圆结局的短篇小说,而他对这些小说的选择是令人费解的:《白蛇精记》(1834 年)、《平山冷燕》(1860 年)、《玉娇梨》[《金瓶梅》续本(1864 年)],另外还有许多的各种文集的节本。

我不知道这些爱情小说在中国是否特别令人喜闻乐见,尽管它们在中国于某一时间收入被人称为《十才子书》的文集中了。儒莲之所以选择这些书,很可能是由于他是在由传教士们寄回法国的书籍中发现了它们。儒莲坚持研究话本作品,这些作品向法国公众揭示了某些为欧洲人无法亲眼目睹的风尚。这至少是儒莲在《平山冷燕》译本前言中所指出的情况。这也许是儒莲(也包括该时代其他汉学家)对中国小说和戏剧所产生的兴趣,首先是由于这些体裁比经典或诗歌更符合欧洲人的趣味。新中国难道不是出于同样的原因,也极力渴望向世界显示它自己所拥有的戏剧和小说吗?

我已经讲过,儒莲是19世纪中叶无可争议的欧洲汉学大师。他那令人讨厌的性格就如同其无可指责的知识一样闻名于世。他嫉妒、暴躁、易怒,大权独揽和排斥一切竞争对手。儒莲同时兼任法兰西学院的教授并在长时期内掌握该学院行政权(1854—1873年)、东方语言学院的教授和国立图书馆副馆长,如此多的兼职在法国行政职务中是很不正常的。他与任何敢于批评他的人之间的争执纠纷,始终都具有传奇色彩。纪尧姆·鲍狄埃(Guillaume Pauthier)是一位平庸的汉学家,曾是儒莲投在雷慕沙门下时的同窗学友,后来却成了他的嘲笑对象。然而,在《对最新一篇诽谤短文中令人厌恶地歪曲了一件体面事情的简述》(1842年)中,鲍狄埃遭到了沉重打击。《被迫答复隐藏在幕后的所谓正义朋友》则是向其他人叙述此事的。这些令人忍俊不禁的标题,证明了法国汉学界的风气。自从礼仪之争以及18世纪佛雷烈与傅尔蒙之间那场惊心动魄的争论以来,论战始终未曾呈减势。

1874年,接替儒莲在法兰西学院主持汉学讲座的人选是他的学生——德理文(Hervey de Saint—Denis,1823—1892年)侯爵,他是一位平易近人的文人,也是欧洲最早对中国诗歌感兴趣的人士之一。直到当时为止,对于法国大众来说,中国诗歌实际上还是毫无生气的文字符号,因为耶稣会士们的汉学完全忽略它了。德理文的《唐诗》(1862年)是一部古诗的选集本,从技巧上介绍了使诗词符合韵律的方法。他的《离骚》译本(1870年)既没有华丽的辞藻,也没有语法形式上的典雅。但在第二帝国的文学沙龙中,却引人注目。我们应该将《今古奇观》11篇故事的译本归于德理文名下,它们比儒莲所译的短篇小说更加趣味横生。

德理文的另一部翻译巨著叫作《中国藩部民族志》(1867—1883年),它是以元代马端临《文献通考》中有关东裔和南裔边民的两节为基础而撰写的,书中始终强调中国天朝的对外关系。除了汉学之外,德理文侯爵还曾有过一种奇怪的行为:在数年之内,他坚持在每天清晨起床时记录下夜间所作的梦。这些笔记似乎已佚,因为我曾应十分欣赏这些笔记的弗洛伊德派精神病专家的要求,努力寻找过它们。

1893年,我那已故的导师沙畹(Edouard Chavannes),接替了那位没有多少光辉业绩的德理文教授,主持法兰西学院的汉学讲座。1918年,沙畹逝世时还给法国汉学带来了与儒莲时代的汉学所享有的同等的、甚至是更高的国际威望。尽管从他的文化修养、研究方法和思想的某些方面来看,沙畹更应该属于19世纪,他是"世纪的历史主义者"和"科学主义者"倾向的竭诚赞成者,但他的活动主要发生在20世纪。因此,我将在本报告的最后一部分谈及他的生平和著作。

我现在更应该讲到法兰西学院之外的另一个机构了,这就是国立东方现代语言学院[①]。从19世纪中叶起,该学院便开始了汉语教学。它是根据在法国大革命期间,由1795年颁布的一道国民公会的法令而创设的。该学院的前身是青年语言学院(即翻译生学院),由路易十四于1669年为培养近东语言翻译人员而创设,当时法国正与近东维持着重要的外交关系。当国民公会决定扩大东方语言教学计划时,汉语始终被排斥在外……其借口是满语能够"如同在文学中那样在商业贸易中取代汉语",法国国民公会议议员拉卡纳尔(Lakanal)于其1795年的报告中,就是这样表述的。当然,这所存在至今的公共教育机构,在很大程度上应归功于拉卡纳尔。他在这篇报告中,谈到了"中国文学不可思议的瑰丽多彩"。他又补充说:"如果自1644年起便成为中国统治者的满族鞑靼人(大清人),不设立诸多专门从事把所有书籍都译成满文的'文馆',那么这些文字宝库在长时期内对于外国人都无用处。满文则无可比拟地没有那样困难,它有字母和语法。"总而言之,学者钱德明说过"大家能清楚地看懂这种语言。"拉卡纳尔理解道:"继此之后,如果我们与中国重新恢复关系(被革命中的法国中断了),那么汉语教学就可以补充列入波斯语、突厥语、阿拉伯语、马来语和克里米亚语(俄罗斯南部的鞑靼语)等语言行列。"

实际上,满语可能不会被列入东方语言学院的张贴布告中(除非是逐渐进入到一个全新时代)。至于汉语,它却直到鸦片战争以后,当大炮轰开

---

① 戴密微:《东方现代语言学院的汉语教学》,载《东方语言学院150周年纪念》专刊号(巴黎,1948年)。

了中国向欧洲贸易开放的门户时,才进入这一教学机构。自1839年年末起,继英国的鸦片被中国广州地方当局销毁之后,东方语言学院开设通俗汉语讲座的问题才被提上了议事日程。教授大会曾在长时期内不乐意接受这项建议,该建议直到1843年才被最终采纳。根据路易—菲利蒲(Louis—Philippe)主持的国民教育部的指令,现代汉语讲座的开设,则由于它必然会在以下人员中获得的成功而得以被接受:这就是"准备从事与中国进行贸易的人、要把宗教信仰的火炬和欧洲文明的智慧带往天朝帝国的传教士、理智地把中国文学作为法国专用领域范围的相当大一部分外国人"。事实上,这些人就是从此之后经常到东方语言学院去聆听汉语课的受众。根据从1795年起就制订好的最初计划,这一机构实际上具有实用目的,而法兰西学院的授课则是学术性和经院性的教学模式。直到当代,东方语言学院仍保持着这一实用特征。那里在原则上仅把文言作为白话的补充才教授的。然而,不仅数代法国汉学家,而且来自欧美所有领域内的汉学家,他们都来此初步学习中国的语言和文化基础知识,即使那些专职从事研究汉学的人也如此。

东方语言学院的首席汉语教授是安东尼·巴赞(Antoine Bazin,1799—1862年),他从未踏进中国国门,却师从儒莲而精通汉文。他的最优秀著作都是有关语言和通俗文学的。他在其《官话语法》(1856年)中,论述了口语(不包括书面语言),并对此进行了精辟的分析。我们可以从中发现大量有关汉语口语的"关系"式和"条件"式单音节词(针对复合词而言)特征、口语与书面语言间的关系和白话体中强读音节的重要性等方面,他那些卓而不群的看法。同样的问题至今仍存在于该学院的教学日程中。此外,巴赞以其师儒莲为榜样,执着于翻译和研究中国戏剧。我们应该将至今尚有价值的四部元曲(《中国戏剧》,1838年的《㑳梅香》《合汗衫》《货郎担》和《窦娥冤》)的精辟译本归于他的名下。他还翻译了《琵琶记》(1841年),撰写了作为元代中国文学概论的《元朝的一个世纪》(1850年)一书。

巴赞死后,令人望而生畏的儒莲成功地在东方语言学院中主持讲座6年(1863—1869年)。从行政准则来讲,他在担任其他职务时无权兼任该职务,但问题在于他排斥了那些自己讨厌的候选人。这至少对其学生们很有利。此后,他的继承者为波兰伯爵哥士耆(Alexandre Kleczkowski,1817—1886年)。

哥士耆曾以驻华翻译的身份为法国服务并加入法国国籍。为在法国公共教育中占有一职位,取得法国国籍是必不可缺的条件(自从法国大革命和第一帝国以后,公共教育便完全属于国家的事务)。他的《汉语口语和书面语言的渐进与系统教科书》(1876 年),只具有一种纯属实用的价值。接替他的是另一位驻华翻译德微理亚(Gabriel Devéria,1844—1899 年),此人是沙畹在东方语言学院任教时的导师,也是一位优秀学者①。法国征服东京湾(北圻),巴黎舆论大哗,在反对派阻击儒勒·费里(Jules Ferry)的政策之际,德微理亚发表了为国务活动家和公众使用的书籍——《中国与安南——越南关系史》(1880 年)。他在书中明确指出了把越南与中国联系起来的附庸关系。他的另一部著作《中越边境,汉文文献中的地理和民族志资料》(1866 年),是描述正在爆发的 1882—1885 年间中法战争地区的书。德微理亚于其暮年,又从事了一种并非是主要转向现实的研究。他对中国的伊斯兰教(1895 年)和摩尼教(1897 年)颇感兴趣,把汉文资料中的"末尼"(摩尼)和伊朗的宗教改革者 Māni 视为同一人物。他同样也关心中国边陲地区非汉文的文字,如西夏文、女真文(Jurcät)、倮倮文(Lolo,彝文)以及被称为八思巴文的蒙古文墓碑,他同时也搜集了八思巴文字的拓片。

19 世纪在东方语言学院教授汉文课的最后一位翻译代表人物,便是微席叶②(Arnold Vissière,1858—1930 年)。当时翻译人口在北京起着重要作用的时候,他曾长时期旅居北京;当时便成了外交代表们的真正顾问。特别是因为在这个时代,与中国的外交事务是用汉文来处理的。微席叶在旧制度时代讲一口无懈可击的汉语,他自己能撰写并抄正礼宾性文件,最终具有了中国文人的风度、言行、举止以及几乎与中国人毫无差异的情感了。有人传说,令人生畏的皇太后慈禧曾颇受他的这种模仿魅力的吸引。在他于东方语言学院 30 年的教学生涯中(1899—1929),微席叶表现为一位严谨而又认真的良师。他从不自认为具有高深渊博的学问,而是始终为此做准备,却又不以此为目标。他的《汉语初级课本》(北京官话)曾被多次修订(1909—1928 年),从而成为法国和国外许多汉学家们常读的书。他的汉语音标法(1909 年)略做修改后,便被法兰西远东学院及法国整个

① 有关 19 世纪末期法国汉学家的情况,请参阅考狄:《1886—1902 年的汉学研究》,载《通报》第 1 套第 3—9 卷,第 2 套第 9 卷(1892—1903 年)。

② 伯希和:《微席叶》,载《通报》第 27 卷(1930 年)。

汉学界所接受；而该学院仅在目前才摒弃了这种标音法，采用被称为“拼音”的中国方案。我们还应该将中国伊斯兰教史（《中国伊斯兰教研究》，1907—1929 年）、中国数学史（《算盘起源及其从古老筹算法的派生》，1890 年）和其他领域的翔实研究论著归于微席叶。

除了上文提到的教授外，自鸦片战争之后，法国向中国重新开始派遣的外交官或领事于其任职期间，在 19 世纪下半叶为汉学界提供了相当数量的新成员，其中有两位至少值得于此被提及。第一位是戴伯理（Dabry de Thiersant，1826—1898 年，达伯理）上尉，他是后来任驻华领事的军人。戴伯理为我们留下了几部巨著：《中国人的医学》（1863 年）和《中国中原与新疆的伊斯兰教》（1878 年）。这两部著作至今仍不失其参考价值。另一位是于雅乐（Camille Imbault-Huart，1857—1897 年）领事。他是多部著作的作者，其中最著名的是近代中国诗的译文（《14—19 世纪的中国诗文集，中国诗人诗选》，1886 年），特别是翻译乾隆时代一位桀骜不驯的诗人袁枚（子才）的诗篇（《18 世纪中国诗人袁子才的生平与著作》，1884 年；《译自中文的近代诗集》，1892 年）。就在这个时期，诗人泰奥菲勒·高狄埃（Théophile Gautier）的女儿、理查德·瓦格纳（Richard Wagner）的最后一位老师朱迪斯·高狄埃（Judith Gautier，1846—1917 年），让人出版了她的译著《词》。这部书实际上是由到达巴黎的中国文人的帮助编译而成的（《玉笛》，1867 年，1902 年）。

19 世纪上半叶，在中国再次开放之前，法国汉学界的明星人物是毕欧（Gdouard Biot，1803—1850）。他是著名天文学家、数学家和物理学家让·巴斯蒂特·毕欧（Jean-Baptiste Biot，1774—1862）的儿子。老毕欧本人也关心中国天文学。小毕欧原是位工程师，为建设法国的最早铁路作出过贡献。此后，他从 30 岁起便闭门专心从事汉学研究，直至生命的结束。他是儒莲最得意的门生。毕欧撰写了大量科学题材的论著，其中包括中国的天文学（《周髀》译本，1841 年）、地质学、气候学、气象学和地震测报术。他的研究也涉及了长时期以来未曾有人涉足的中国经济史（《论中国自远古时代以来的土地所有制状况》，1838 年）和社会史（内容丰富的《论中国公共教育史和儒仕之社》，1847 年）等方面的研究。对工艺的兴趣，把他的注意力引向了《周礼·考工记》。他全文翻译了这部礼书，虽略带乌托邦色彩，但为研究中国古代宗教和社会提供了颇有价值的资料。这部译作是于他死后，在他的父亲及儒莲的关怀下出版的（《周礼》，1851 年）。这是我们至今所掌握的《周礼》的唯一西文译本。译文质量是如此之高,以至于在北京(1940年)被盗印。此外,巴黎国立印书局现已将其再版列入到出版规划中了。

以上就是对法国汉学界于19世纪所取得的主要成果的概述。

雷慕沙、儒莲、毕欧这样的人,与过去的耶稣会士们大相径庭,他们仅仅是通过书本来认识中国的。然而,他们著作中的精确度及考证水准,要远远高于耶稣会士们;他们在一切方面都与欧洲人文科学,尤其与历史学和语言学所取得的发展同步。他们对美学和哲学相对地缺乏兴趣,忽视纯文学,此外还有阻碍任何比较文化研究的欧洲优越感。这一切当然都是这个世纪的特色。我们似乎要等到20世纪,世界大战动摇了欧洲的所有的老传统时,一种对待中国的全新态度才得以显现出来。

在中国本地,除了我上文提到的外交家或翻译人员外,自1840年始重新定居在中国的传教士,特别是耶稣会士们,又恢复了汉学研究。耶稣会于1814年被罗马恢复。从1842年起,耶稣会士们又重返中国。法中《黄浦条约》(1844年)允许法国天主教会在五个向他们开放的通商口岸建立教堂和学校;《天津条约》(1858年)保证他们的修道和传播宗教的权利。从此之后,法国即将行使对在华天主教传教区的一种真正的"保教权"。通过中国大臣的斡旋,在法中《北京条约》(1860年)签订之后,18世纪时所没收的天主教教产在原则上都归还给他们了。我已经提醒诸位注意,世俗的、反教权的法国却在海外表现出了保护天主教教士事业的古怪行径。

尽管如此,耶稣会士们却未收回他们过去在北京的住院,它们被转给了另一个修会,即遣使会。该修会是17世纪由味增爵(Saint Vincent de Paul)创建。从19世纪中叶起,耶稣会士们在中国有两个主要中心,一个在北方,位于直隶省的河间府(今河北献县);另一个在上海近郊的徐家汇。在上海传教区附近,耶稣会士们建立了一个被用于观察天象、气候的大天文台,它使人们联想到了北京的古观象台。他们还创办了一所大学——震旦大学,一直到共产党人夺取政权时,这所大学取得了巨大的发展。在这两个中心中,耶稣会士们坚持恢复18世纪其前辈们的学术传统,并用更现代化的方式,着手编辑出版1735年的汉学巨著,《中华帝国全志》,以及1776—1814年的《中国杂纂》的续篇。

河间府传教士中著述最丰者是顾赛芬(Seraphin Couvreur,1835—1919年)和戴遂良(Léon Wieger,1856—1933年)神父。

顾赛芬[①]是庇卡底人，中国文化的极大爱好者。无论谁胆敢诋毁这一文化，他就必然会挺身而出地为之辩护。他的《汉语古文词典》(1890年，曾多次修订再版)始终是我们所拥有的一部最优秀的西文汉语古词汇工具书。顾赛芬的《词典》与翟理斯（Herbert Giles)的《汉英大词典》(1892年、1912年版)不同，它很少注意通俗语言(白话文)，也无视科技或专门术语(例如佛教术语)，但它是研究《五经》经典的一部极为珍贵的工具书。顾赛芬神父将其在准备翻译《五经》时所作的卡片收入到词典中。除了至今才敢于尝试诠释的《易经》及由毕欧翻译的《周礼》之外，中国经典著作几乎都是顾赛芬神父翻译的：《四书》(1895年)、《诗经》(1896年)、《书经》(1897年)、《礼记》(1916年)。这几卷译著皆在20世纪50年代及此后于巴黎再版，顾赛芬的译著一般都是双语合璧的，即法文和拉丁文。由于拉丁语的结构比较自由，所以译文可以更贴切地根据汉文原著逐字逐句地翻译，并能对照印刷。顾赛芬神父的法文和拉丁文都具有无可挑剔的准确和优雅的水准。其诠释始终都严格地忠实于朱熹学派的注疏，因为朱熹学派在当时的中国是正统派。译者既没有标新立异的解释或个人的评论，也没有像李雅各(James Legge)于其英译本中所作的那种过分轻率的尝试(《李雅各英译七经》、8卷本，1865—1872年，1960年香港再版本)。在这些当然是约束性很大的限制中，顾赛芬的译本是非常可靠而始终都十分有用的。

至于戴遂良神父[②]，这位阿尔萨斯人，兼有其已故同胞阿贝尔·施魏茨(Albert Schweitzer)医生那种刻板的性格和固执的思想。戴遂良与此人一样，原来也是位医生。其父亲是斯特拉斯堡的一位病理学教授。作为一名受天主教归化的原新教徒，他把新入教教徒的虔诚发展到了思想的狭隘性，总是不失时机地对中国的“异教徒”表现出轻蔑或嘲讽。他留下了一部不少于30卷本的汉学巨著，几乎涉及各个方面。在语言方面，其《汉字》(初版于1895年)共包括有简单分类的四个方面：词源学(根据《说文》)、谐声(早于高本汉的《解析词典》，属此类体裁的首部)、以字母拼音和部首为序编定的对音《汉语口语基础知识》(初版于1892年)是直接根据河间

---

① 考狄：《顾赛芬》，载《通报》第9卷(1918—1919年)。

② 裴化行：《戴遂良著作分类书目》，载《中华公教教育联合会丛刊》第5卷，第1期(北平，1932年)。其著作目录修订本载《通报》第25卷(1928年)；《戴遂良及其有关中国的研究》，载《中华公教教育联合会丛刊》第7卷，第10期(1934年)。

府方言而记音的一部教科书和一部巨著编纂而成;《近代中国民俗学》(1909 年)是另一部以同一方言记载的通俗文献集;其《新词》系新词汇选编,开始于 1925 年。他的 3 卷本《历史文献选》(1903—1920 年)主要地选取于朱熹的《资治通鉴纲目》,附有自由体译本和作者所作的大量补充(更不用说作者为修饰这些文选的个人判断了)。他同样还留下了单卷本《哲学文献选》(1906 年),比较草率马虎;他比较认真仔细的精品著作则是两卷本的《中国佛教》(1910—1913 年),包括有《律》和中文的《佛本传》集,附原文与译文。另有两卷本有关道教的论著,第 1 卷是当时全新的《道藏》总目,第 2 卷是非常不忠于原文的《老子》《列子》和《庄子》的编译本,始终附有中文对照本。戴遂良神父于其巨著《自古至今的中国宗教信仰和哲学观点史》中,力图对自己所有的著作做一番概括总结,但从未最终杀青。他最有用处的著作则是根据第一手材料编写的 10 卷本《近代中国》(1921—1932 年),附有原文、译文(过分不忠于原文)和注释,此书构成了中国第一次国内革命战争的资料编年。戴遂良神父的这部巨著涉及范围太广,编纂得太仓促,只有其中的某些部分流传下来了。尤其是涉及他所居住地区的语言和民间传说部分。

在徐家汇(Zikawei),耶稣会士们拥有另一所印刷厂。他们的著作大部分都发表在《汉学论丛》中,这套丛刊总数可达 70 余卷。该丛刊由夏鸣雷(Henri Havret,1848—1901 年)神父创办,他是《西安府景教碑》(1895—1902 年)巨著的作者;此书是指唐代景教的汉文—古叙利亚文碑的专著。伯希和有对该碑研究的遗著,近期将由优秀的景教史专家,图卢兹的教授多维利埃(Jean Dauvillier)刊行。费赖之(Aloys Pfister,1833—1891 年)是一位博学多才的洛林人,组织创建了徐家汇那规模宏大的图书馆,并且还撰写过一部令人注目的有关从 16—18 世纪在华耶稣会传教区历史的书籍,在他死后出版(《1552—1773 年在华耶稣会早期传教区书目与传记提要》,上海,1932—1934 年)。这是我们可以参阅的有关这一时期欧洲与中国关系的内容最丰富和最可靠的书籍之一。金葆光(Henri Doré,1859—1931 年)18 卷本的《中国迷信研究》(1911—1938 年),只不过是对由中国耶稣会士黄伯禄(Pierre Hoang,字裴默)神父①于 1878 年编纂的汉文著作

① I.冯·海的文章,载《通报》第 38 卷(1947 年),第 294 页;格罗塔埃(W.A.Grootaert):《汉学研究》第 7 期(成都),1948 年,第 42 页。

《集说诠真》的剽窃作品。这 18 卷本书仍不失为一部宝贵的、有关宗教信仰和民俗学等方面的资料目录,附有大数量图画片(其真实性无法得到保证)。

由非法籍作者(但他们却用法文写作),尤其是由中国耶稣会士撰写的《汉学论丛》不只一卷,例如张璜(Mathias Tchang,《中国历史年代同期对照表》,1905 年)神父和黄伯禄神父(《中国和欧洲朔日年代对照表》,1910 年)的两部优秀的编年学手册,是西方每个人都运用的工具书。此外,学术性很强的《中国纪年论集》(1920 年)、《中国所有制中的专业概念》(1898 年)、《从法律观点看中国的婚姻》(1898 年)、《施政文集》(1902 年)、《据中文资料编制的中国地震一览表》(1909—1913 年)①等书,都应该归于黄伯禄神父。内容是多么丰富多彩啊!自从 18 世纪由耶稣会士们派往法国的黄嘉略、高类思和杨德望以来,已是时过境迁,他们在法国越发显得对自己祖国的文化严重无知,以至于从他们身上再也得不到可以向西方世界介绍的中国资料了。

三、20 世纪

在开始触及 20 世纪上半叶法国汉学研究的沿革之前,正如我已经讲过的那样,我认为应该排除未曾载入史册的目前汉学,起码应避而不谈目前尚健在的汉学家及其著作。我将指出那些代表了当今汉学研究的主要新机构,以及法国汉学在此期间是怎样组织起来的。

在 19 世纪,汉学教学在法国只有两个讲座,这就是我在前半部报告中提到的法兰西学院汉学讲座(开设于 1814 年)和东方语言学院的汉学讲座(创设于 1843 年),前者具有知识和学术水平,后者则更注重实践。聆听这些课程的学生为数甚少。在东方语言学院,19 世纪末才只有 20 多名学生②。稍后不久,在我求学的第一次世界大战期间,学生人数更是寥寥无几,他们在全法国的人数也可以用两只手的手指头来计算。现在有所变化了:在东方语言学院,现有 200 名学生注册上汉语课。为适应汉学研究发展的需要,各种各样的机构、教学中心和学习手段都加入到这个不久前才

① 考狄:《黄伯禄(裴默)》,载《通报》第 11 卷(1910 年)。
② 考狄于《通报》第 1 套第 9 卷(1898 年)发表的文章,增刊第 45 页。

存在的行列中来了①。

我们把巴黎大学文学院所在的大楼,称为"索邦"(Sorbonne),它缓慢地把汉学纳入其教学大纲中了。1920年,一个简单的中国文明史课程的任务被委托给了葛兰言,但这一课程却未能延续下去。我们必须等到1957年,才在文学和人文科学院(人们今天仍这样称呼它)开始了名副其实的题为"中国语言和文明"的讲座。汉学研究所就坐落在索邦大学的设施内,巴黎大学汉学研究所创建于1922年。这是个协调汉学研究的中心,配备有一所藏书量丰富的图书馆并拥有许多宝贵资料。它组织有专门的教学、临时的讲座和出版汉学著作。现已出版了20多卷。

独立于巴黎大学的高等研究实验学院,是一个为科学研究做准备的机构。那里的教学便是这种意义上的"实验":"研究导师"们在那里培养科学研究人员,他们不是通过权威性讲授的理论课程,而是通过如同德国"讲座"风格的实际工作,来培养已经具有专业知识的学生。学生们可以在该校准备论文,并能得到在法国享有盛誉的文凭。这一机构共包括六个系:数学系;物理一化学系;自然科学系;史学与语文学系;宗教科学系及经济社会科学系。后三个系(最后一个系创设于1947年)已经拥有和现在仍拥有着诸多"研究导师"教席,这些研究侧重于中国的历史、宗教、语言和社会学。

我还应该提一下坐落在巴黎卢浮宫博物馆内的卢浮学院,那里还存在着一个远东艺术史讲座。巴黎的中国艺术和考古特藏并不在卢浮宫博物馆内,而是收藏在两家专业博物馆内:一个是吉美博物馆(Musée Guimet),创立于1889年,专门收藏自阿富汉开始的整个东亚地区的艺术品;另一个是塞尔努什基(Cernuschìi)博物馆,创建于1896年,专门收藏中国和日本的艺术品。这两家博物馆最早皆由私人的文学艺术资助者开设。但它们后来却分别属于国家所有和巴黎市所有。这两家博物馆均拥有藏书丰富的中国艺术和考古学书籍的图书馆。

隶属于国家教育部的国立科学研究中心,是一个成立于1939年的国家组织,旨在"发展、指导和协调一切范围内的科学研究"。它共包括有两个"大类别":一是自然科学;二是人文科学。后一类(是个穷妹子,嫁妆很少)分为13个部门,其中的一个部门负责研究"东方的语言和文明"。每

① 戴密微:《法国的东亚研究组织》,载《亚洲研究学报》第18卷(1958年)。

个部门都由一个委员会来主持,每个委员会由 20 多名成员组成。其中大多数成员由研究人员选举产生,三分之一则由国家教育部任命。国立科学研究中心向研究者和技术合作者提供拨款,同样也提供科学仪器、出差旅费和著作出版津贴。若无这一机构的支持,我们的汉学研究,特别是汉学出版物是生存不下去的,在法国科学研究生涯中,该机构起着首屈一指的作用。

最后,在一个半世纪之前的 1822 年,巴黎亚细亚学会成立了,当时东方学研究正在法国蓬勃发展。该学会是一个私立机构,曾两次由汉学家任会长:雷慕沙和伯希和分别于 1829—1832 年间和 1935—1945 年间任会长。该学会每月都召开会议,其成员在会议上做学术报告。亚细亚学会还出版了作为整个法国东方学界喉舌的《亚细亚学报》。专门向学会会员开放的亚细亚学会图书馆,收藏有汉文书籍的几批重要特藏,它们是沙畹和马伯乐的遗赠。

在巴黎之外,唯有里昂大学和波尔多大学设有两个汉学讲座,而后者则是新近设立的。里昂是法国丝绸商业中心,那里的人很久以来,就对中国十分感兴趣。里昂大学于 1900 年设立汉学讲座,一直由优秀学者莫里斯·古兰(Maurice Courant,1865—1935 年)主持,直至 1935 年。古兰早年曾分别在中国、日本和朝鲜度过了一段出任领事的生涯,他曾著有一部《中国人的古典音乐史论》(1912 年),此书是一种精确的、全面的和纯书本的知识宝库。此外,他还编有 4 卷本的《朝文书目》(1894—1901 年)。他从 1902 年起,开始编写《巴黎国立图书馆所藏汉、朝、日文书籍目录》。在法国,乃至在整个欧洲,现存量最丰富的汉文书籍和稿本著作特藏就收藏在这家图书馆。其核心部分要上溯到由 17—18 世纪入华耶稣会传教士寄往法国的中文图书和著作稿本。

现在,我还需要介绍 20 世纪在法国本土以外,在远东地区,甚至就在被研究地区当地所设立的法国机构。其中最主要的机构是法兰西远东学院,1900 年创建于河内,这个机构在学术上由金石和美文学科学院(这是法兰西研究院的五所科学院之一,它的范围是历史学和文献学)赞助,并根据法兰西罗马学院和雅典学院的模式构建的。它的目的可以用这段话来确定:“为发展印度支那半岛考古学和文献学而工作,以各种手段来促进对其历史、古迹和文字的认知,为从事对这些地区及其邻近的印度和中国文明的学术研究作出贡献”。当然,它同时还有其他目的。中国必然在这项计划中占有十分重要的地位，因为印度支那半岛的东部——越南就属于中国文化圈。法兰西远东学院的成员经常被派往中国进行考察，从而为促使形成博物馆，尤其是为建立第一流的图书馆作出了贡献（在最好的时代，该图书馆实际上获得了有关远东的所有出版物）。他们的著作发表在《法国远东学院学报》（该刊物现已达102卷）及其他各种丛刊中，这些丛刊已几近于百卷了①。

在中国的门户和在与中国保持接触的情况下，培养出了20世纪上半叶几乎整整一代法国汉学家。正因为他们在法兰西远东学院得到了这样一种接触和自由研究的便利条件，所以法国汉学才能够在这一时期内较西方其他国家的汉学有一定的领先程度。通过对现状的观察和亲身体验，过去的历史才得以明朗化了，现在是过去生命的延续。这种接触的可贵成果之一，便是与中国学者中的精英分子建立了个人联系，而西方汉学长时期内对这一切均一无所知。法兰西远东学院科学调查方法的范例，可能在中国汉学本身的现代化过程中，同样也能够起一定的作用。

法兰西远东学院的推动者之一便是杰出的日本学家诺埃尔·培里（Noël Péri，1865—1922年）②。他是《能剧》的译者，长期担任该学院的秘书。他在借助汉文资料研究印度、中国和日本佛教的时候，也从事远东汉学的工作，为此而写出了多种卓越的论著，然而人们却未能给予它们本应得到的重视（《世亲时代考》，1911年；《日本的一种印度小说》，1915年；《韦驮神》，1916年；《鬼子母》，1917年；《释迦牟尼的女人》，1918年）。沙畹的一名学生鄂卢梭（Léonard Aurousseau，1888—1929年）继承了培里在法兰西远东学院的秘书职务，并在1926—1929年间领导了法兰西远东学院。他的一篇有关中国在印度支那地区移民的论文，引起了人们的争论（《首次征服安南地区》，1924年）。

法兰西远东学院隶属印度支那总督政府。1957年，继非殖民化之后，该学院就被移交给越南民主共和国，包括其图书馆、博物馆和收藏品中的中国与越南部分。据我所知，北越政府很好地保管着它们。自1956年起，法兰西远东学院的校址及领导机构便迁到了巴黎。该机构在巴黎于行政

① 法兰西远东学院从成立到1920年的详细著作目录，已由该学院的成员编制（《法兰西远东学院学报》第21卷，1921年，第1期）。

② 裴化行：《诺埃尔·佩里》，载《法兰西远东学院学报》第22卷（1922年）。

和财政上受国民教育部监控。正如其草创时期那样，它仍接受金石和美文学科学院的学术监督。在印度、泰国、柬埔寨（它受金边政府委托，保存考古文物）、老挝、印度尼西亚、中国台北和日本，法兰西远东学院都设有永久性或长期性的研究中心或代表机构。该学院有两名成员居住在京都，另有一名居住在东京。法兰西远东学院根据新形势而发生了这样的变化，已准备好面对未来。

在第二次世界大战期间，由居住在北京的法国人创立了法中汉学研究中心。该中心于战后归属巴黎大学，取名为“巴黎大学北京汉学研究所”。其倡导人是杰出学者铎尔孟（André d'Hormon，1881—1965 年）。他在北京度过近半个世纪（1906—1954 年），在那里学到了有关中国语言和文学的一种非凡的知识。他同样还创设了法中大学，那里有大量准备赴法，尤其是到里昂继续求学的中国留学生在作备修。北京汉学研究刊行过各种出版物，铎尔孟在这些出版物中，特别设法发表中国文学的精彩绝伦的法译本，有时还有中文对照本。出于审慎小心，或是出于一种卖弄，铎尔孟始终拒绝署名发表作品。法国新一代的多名汉学家都曾在北京汉学研究所受到过培养。该学院形成了一套很重要的中文书籍。它还编辑了一整套中文著作的《通检》，与哈佛大学燕京学社的那套《引得》齐名。1953 年，巴黎大学北京汉学研究所被中华人民共和国政府关闭。但该研究所获许将其图书馆中的大部分图书运往法国，这些书籍现藏于巴黎大学汉学研究所内。其中最丰富的正是巴黎当时缺少的整套中文期刊。

对东京日佛会馆，我不准备大加发挥。这个法日两国的联合机构是于 1926 年由两国共建的。它曾多次由法方的印度学家领导，例如傅舍（Alfred Foucher）、烈维（Sylvain Lévy）、哈干（Joseph Hackin）、勒努（Louis Renou）。但在其寄宿生中间，同样还有多名青年汉学家前来向他们的日本老师学习，并在《日佛会馆学报》上发表各种各样的汉学著作。1928 年，日佛会馆开始编纂《法宝义林》（Hôbôgirin）。这是一部首先涉及汉学的佛教百科全书，因为它明确地表示要以汉日文资料为基础。这套巨著的进展应归于法日合作，由于不利的局势而使其在长时间内进展缓慢。我深感欣慰的是，在日本政府、法兰西远东学院以及金石和美文学科学院的支持下，《法宝义林》又重新开始启动。金石和美文学科学院已决定把它纳入自己的出版物系列中。

自 20 世纪初叶以来，新出现的汉学机构有力地促进了法国汉学的发展。因此,在总结了这些新机构的状况之后,我想回顾一下直到20世纪中叶使本学科大放异彩的明星人物。当然,在我的叙述中,排除了现状以及至今尚健在的人物。我已讲过其中原因了。

在这一阶段初期,占统治地位的名流是我那已故的导师沙畹(Edouard Chavannes,1865—1918年),如其同时代法兰西学院的前辈儒莲一样,沙畹很快就被整个西方世界奉为汉学研究大师。我无法详细介绍他那浩繁的著作。这主要是史学家的著作,但也扩展到了其他最为包罗万象的领域。所有这些著作以注重一种新方法而令人折服,它考虑到了自儒莲以来所有史学和文献学研究取得的进展。沙畹出生于一个新教徒家庭。在宗教战争期间,他自法国移居瑞士,沙畹从小就具备了一种几近苛刻的和一直发展到谨小慎微的职业道德。他接受了世人在法国所能享受到的最高大学培养,这就是巴黎高等师范学院的教育。当时巴黎高师校长是一位古代艺术史学家,他将其研究引向了中国研究的方向。当时法国最时髦的是唯科学主义和唯历史主义。因此,沙畹或多或少地总要受19世纪末思想的支配,其青年时代正是由这些思想哺育起来的。

沙畹的研究生涯始于哲学,他于1891年出版的第一部著作,便是与杰出的日耳曼学家夏尔·安德勒(Charles Andler)合著的《康德……自然科学的形而上学第一本源》。在稍晚些时候,安德勒也登上了法兰西学院讲座的讲坛。1889年,沙畹在24岁时出发前往北京,一住就是三年,其身份是法国公使馆自由随员。从而为他留下了致力于其研究需要的所有空闲时间。

由于沙畹在巴黎听课时已经初步掌握了汉语,所以他刚到北京,便在一位中国文人的帮助下,立即着手翻译中国第一部正史,即司马迁的《史记》。此人凭着雷厉风行的作风(这始终是这位坚定而沉着的思想家之性格,依靠惊人的工作能力,在抵京一年后成功地翻译并出版了这套巨著中的一卷(《封禅书》,1890年)的法译本。沙畹在北京完成的全部《史记》译著手稿,至今仍保存在吉美博物馆。这是一部初稿,没有注释。返回巴黎后,沙畹仅出版了其中的三分之一左右(130卷中的47卷,5卷本,1895—1905年),附有导言、注释和极为详尽的附录,其中涉及了中国古代史提出的所有问题。其考证既严谨又有广泛涉及面,整个汉学界(即使在中国也是如此)直到那时都缺乏与之相匹敌者。尽管这几卷译本年代已久远,但至今所有人都在使用它。这几卷的再版本正在巴黎付印中,并附有一卷补遗,其中包括附加的2—3卷的译本,这是沙畹在弥留之际留下来的。此外,这套译著还包括自1905年起出版的与《史记》译著融为一体的总索引和参考书目等。

1893年,沙畹应召继任德理文(Hervey de Saint—Denys)主持法兰西学院的汉学讲座。他当时只有28岁(就像此前的雷慕沙一样),他的任命并非是一帆风顺的,由于其友傅舍的交际手腕才使他胜出。在沙畹缺席的情况下,傅舍以候选人的名义去拜访教授选举人。自从沙畹回到巴黎后,他的一位挚友,也是印度学家烈维,使沙畹的注意力离开了中国,让他翻译研究印度历史所必不可缺的汉文佛教资料,从而独自占有了他的全部工作。于是,我们看到沙畹接二连三地发表了一系列有关中国、印度和西域的高僧传。这无论如何也是属于雷慕沙和儒莲的学统。其《史记》却一直停留在计划中,他却进一步迎合了印度研究……沙畹的佛教著作,稍后又由一大批其他著作所补充,大都与烈维联袂而成。我于此无法一一列举其书目,特别是有一套巨著《汉文三藏经中的500个故事和寓言》(3卷本。1901—1911年,1962年再版本中附有1934年出版的遗作一卷),该著作是经常追溯到印度的世界民俗学比较研究的珍贵宝库。

1907年,为了完成在满洲和中国北方诸省(河北、山东、河南、陕西、山西)的考古考察和探险使命,沙畹重返中国。他在这些地区,尤其是在龙门和云冈石窟,取得了考古和碑铭方面的丰硕收获,从而成为第一个有条理地考察这些石窟的人。这次考察带回来的两大包图版,以及令人遗憾地未能最后完成的两卷本著作(《华北考古记》,1909—1915年),都形成了奠定中国近代考古学基础的宪章。在这次旅行中,沙畹还登上了泰山。在他返回法国后,特为此而写成了一部权威性的专著(《泰山,中国的山岳崇拜专论》,1910年)。该书后附有一篇《中国的社神》的补编,该补遗另辟研究中国古代宗教的一条新途径,其弟子们在这条路上追随他。在考察中,沙畹有一个名叫瓦西里·阿列克谢耶夫(Vassili Alexeiev,1880—1951年)的俄国汉学家做旅伴。这位俄国人很年轻,曾在法兰西学院沙畹门下受过教育,而且一直对沙畹保持着一定程度的崇拜。他的旅途日记曾在苏联科学院的关怀下,于1958年出版。1963年,叶理绥(Serge Elisseev)在《通报》中发表了有关的书评。

我不能妄想在此列举沙畹出版的所有著作。大家可以在考狄于沙畹死后为他所写的悼词中找出几乎是完整的出版著作目录。只要我们想到他在53岁时便过早地谢世，那么我们就会对其著作的巨大数量及广泛的涉猎面而感到惊讶。在他的学术生涯中，没有任何一个他未曾触及过的学科：碑铭学、古文字学（《斯坦因在新疆沙漠中发现的汉文文献》，1913年）、西域史、西突厥汉文资料、中国舆地学及地图绘制术，甚至在其晚期也研究过道教（《投龙简》，载《东亚论文集》第3卷，1919年）。其中唯一尚付阙如的学科是美文学（他憎恶这一学科）和哲学。但当他投身于汉学研究时，哲学却曾是他的目标，其青年时代的许多计划都遭到了这样的下场。第一次世界大战损害了他的计划，他因为法国的命运担忧而深受折磨。同时，他也为自己那不到年龄就应征入伍并当上飞行员的儿子担惊受怕。但我看到他仍然强迫自己反复练习汉语口语，以至于在中国于1917年加入协约国一方而参战时，他准确无误地接待了中国政治家代表团。代表团成员之一就是徐世昌。这是一位文人，当时接受了巴黎大学的名誉博士称号。其生命只剩下数月时光的沙畹，在索邦神学院的梯形大教室中，举止优雅地发表了题为《论中国人的道德思想》的演说。我不想再谈这位大明星了，因为沙畹在日本的名气很大，并受到很高的评价。我本人首次与日语打交道，便是我为沙畹遗孀翻译由已故日本考古学家滨田青陵（字耕作）所写有关沙畹的小传。原文发表于1918年的《艺术》杂志上。滨田青陵在巴黎与沙畹交往甚笃，罗振玉曾有一次受沙畹的委托，给滨田青陵带去了他的一大包著作。

与沙畹同时代，却又属于另一个完全不同类型的人物，是其长者考狄（Henri Cordier，1849—1925年）①。考狄虽不识汉文，但由于汉学家们的帮助，使他得到了许多的荣誉称号。考狄在年轻时，曾经旅居中国（1869—1876年间），他在中国与许多汉学家，尤其是与俄国东正教修道院院长鲍乃迪（Palladius，巴拉第）和英国传教士伟列亚力（Alexandre Wylie）建立了密切的关系。考狄回到法国后，便开始搜集有关中国的西洋史料并为之编目，还负责出版和利用。这是一位书本知识渊博的奇才，也是位目录学和珍本收藏的“大明星”。他连续出版了两卷本的《西洋人论中国书目》及其补编（1878—1924年），他又编制了从汉学发轫直至1924年左右有关中国的西洋出版物目录。这项工作近期又由袁同礼继续往下继续，编制1921—1957年间出版的书籍目录（纽黑文，1958年版）；而约翰·李斯脱

① 伯希和：《考狄》，载《通报》第24卷（1926年）。

(John Lust)则编制了1920—1955年间发表的文章目录(剑桥大学1964年)。考狄有关中世纪欧洲旅行家赴华游览著作的版本,是以裕尔(Henry Yule)版本为基础的(《鄂多立克游记》,1891年;《马可·波罗游记》,1903年和1920年;《东域纪程丛录》,1913—1916年),它们证明了考狄对这一时期的中国与欧洲间关系的一种详细的知识。但这些著作因未能充分运用东方史料,从而失色不少。出于同样的原因,他出版了《1880—1902年间中国与西方列强关系史》(1902年),其内容要优于《中国通史及其与外国关系史》(1920—1921年),但这4卷著作只有第二部分才与其标题相符。考狄在东方语言学院43年的执教生涯中,这后一部著作曾作为远东历史地理和法学讲座中的教科书。他以其河神般的长胡须,在学院给他的学生们(我也是其中的一名)留下了一种和蔼可亲的严师和活卡片柜形象的记忆。在各学会中和国际学术讨论会上,人们到处都可以看到他的身影,他为组织和发展我们学科的研究作出了积极的贡献。正是他创办了《通报》这家至今已有76年历史的"古老"法—荷联袂出版的杂志。我愿意相信,这份杂志始终为欧洲远东研究那个被认为是专一而博学的学科的重要喉舌。

沙畹去世后(1918年)——应该说早在他逝世之前,法国汉学史就是其门徒们的专业历史了。其中有3位突出的明星人物:伯希和、马伯乐和葛兰言。

伯希和(Paul Pelliot,1878—1945年)是位天才语文学家①,既有语文学家的所有才能,又有语言学家的天赋,如同玩耍一般学习语言;此人具有从事科学研究的好奇心与难以抑制的嗜好;他具有可靠而又坚定的判断力,从而指导他透过极为错综复杂的问题而从事研究。我们可以这么说,任何表象都绝对不会使他受骗。这是一位个性极强的人物,人们可以认为他是商人、外交官和军人。他热衷于探险,尤其是在遥远地区的探险,研究与这些地区有关系的文献,挖掘无论是什么样的书籍。他从未出版过任何书,但我们可以说,他那写满了数千页的全套著作,仅仅是其书评和批评性争论的文集,只要他有机会找到某种新出版物和未刊文献,就会毫不吝惜地使用一片未写过的卡片,存入自己的记忆中,完全如同中国的大文豪那

① 戴闻达(J.J.L.Duyvendak):《伯希和》,载《通报》第38卷(1948年);戴密微:《伯希和的科学研究生涯及有关远东的著作》,载亚细亚学会出版的《伯希和》小册子,巴黎,1946年版。

样。在这套密密麻麻的文集中,其中的最新发现往往都隐藏在最令人预料不到的角落里。我于此只能清理出几种粗线条。此外,如果从我在京都或东京的学术期刊中经常阅读到有关伯希和的简介来判断,那么伯希和的这套著作在日本也是很有名气的。伯希和甚至曾与已故的羽田亨合作,在计划中的丛书《巴黎国立图书馆所藏敦煌写本》第一卷(京都 1926 年,只出版了这一卷)刊布了数种文献。要弄清他已发表文章的错综复杂情况,则必须编订一份总目录。大家虽然曾多次计划编制,但皆未最终完成。伯希和死后,巴黎亚细亚学会于 1946 年出版了一本小册子,编制了伯希和著作的部分目录和几篇内容简介。

严格意义上的汉学只占伯希和著作的一部分。伯希和是法兰西远东学院最早的成员之一,也就是说,他从该学院创建起便是其中的成员。他的学术生涯头几年就是在印度支那度过的(1900—1904 年)。1900 年 2 月,伯希和被从印度支那派遣赴北京考察,以在那里获得一批汉文书籍和收藏品,它们形成了法兰西远东学院图书馆和博物馆藏品之核心。他在那里适逢庚子事件争执的高峰。他的汉语经验使他得以与围攻各外国使领馆的义和团建立联系,由此而产生了诸多生动的故事①。伯希和回到河内后,便根据法兰西远东学院最初的计划,潜心地深入发掘汉文资料,以澄清印度支那的历史。他对于“扶南”(Bnam,柬埔寨的古名,《扶南考》,1903 年)、真腊(元代柬埔寨的中文名称,翻译周达观的《真腊风土记》,1902 年。他稍后又重做了这项工作,其部分译文收入《遗著集》第 3 卷中,1951 年)、奔陀浪(Pāndūranga,现作藩浪,占婆的古名之一)的研究便开始于这一时代。他根据唐代地理学家贾耽数段简短文献,便撰写了《交广印度两道考》。他在这部密密麻麻的 300 页的著作中,掀起了有关东南亚古代地理、历史的一大批资料的讨论浪潮。伯希和同时又着手从事向人们介绍直到当时仍为西方汉学界所忽视的汉文书目资料(《汉文书目提要》,1902—1909 年),尤其是在日本收藏的汉文古籍丛书(陆心源的《十万卷楼丛书》)。在宗教领域中,邪教派别(白莲教、白云教,1903—1904 年)以其秘密性而吸引了这位资料发掘者。此外还有外来宗教(佛教、袄教、摩尼教)

---

① 达尔西(E.Darcy):《保卫北京法国使馆》(1901 年)第 191—194 页;温特哈尔特:《在中国的战斗》(1902 年)第 317—319 页;辛博森(B.L Putnam Weale):《北京来信》(1906 年)第 158—159 页。

也吸引这位比较文化研究者。

1904 年,伯希和返回巴黎。他在那里准备赴西域探险。诸位不要期待我对这次探险(1906—1908 年)的成果作一番叙述,因为这是日本非常熟悉的事。由于始终有一种魔鬼般的力量促使他去探求新奇,所以伯希和本人几乎从未关心过利用从古西域和敦煌千佛洞携归的资料。对于敦煌石窟,他只出版了三卷没有文字的图版集(1920—1924 年)。考古资料正由其弟子韩百诗(Louis Hambis)整理出版(《图木舒克》,2 卷,1961—1964 年;《龟兹》1 卷已先付印)。伯希和发掘到的文献已经或正由各类专家逐一编目、刊布和研究(梵文文献主要由费利奥扎和鲍利负责,拉露负责藏文资料,剑桥大学的贝利负责于阗文资料,龟兹文资料则由席尔宛·烈维、安东尼·米勒、瓦尔特·库夫尔负责,粟特文资料由罗伯特·高狄奥、邦文尼斯特负责,突厥回鹘文资料则由哈密屯负责)。

最重要的特藏当然是敦煌汉文文献了,根据巴黎国立图书馆对它们的现有分类,共包括 2723 卷编号的写本,1000 多种残卷被编在这些写本的序号之下。这批资料在数量上要少于斯坦因(Aurel Stein)携往伦敦的特藏,但在质量上却与之旗鼓相当,甚至还可能会超出它。斯坦因恰恰是在伯希和(1908 年 2—5 月)一年之前(1907 年 3—5 月)到达敦煌。伯希和在就地,甚至就在藏经洞中编制了第一份目录(《甘肃的一个中世纪藏经洞》,刊登在 1908 年的《法兰西远东学院学报》中)。多年以来,汉文写本的一种详细描述目录就由巴黎国立图书馆在编写之中;第 1 卷包括 500 个号的目录已经付印。这批写本的发现曾经得到了中国学者的热烈欢迎。伯希和曾在北京向他们出示过这批写本,并交给了他们某些抄件或照片。然而,在中国,人们很快就指责他犯下了盗窃罪(《敦煌劫余录》,这是在伯希和敦煌之行后,陈垣于 1931 年在由中国政府组织对敦煌手稿清查时,所著之书的"友好"书名)。今日的中国对这一"法国帝国主义的文化间谍"还没有辱骂够。最使人痛苦的是,甚至在法国,伯希和也被指责为吹牛和骗子,这种攻击甚至殃及受人尊敬的伯希和的老师沙畹身上了。对此,在巴黎的一次晚餐上,伯希和给恶意攻击者一记响亮的耳光①,其影响至今仍在汉学家们那逸闻般的记事中掀起震荡。

① 出版商费尔南·法尔吉纳尔(Fernand Farjenel):《论法兰西学院一个讲座:伯希和考察团文献》,巴黎 1911 年版。

这次探险的成功所产生的结果，便是为伯希和在法兰西学院开设了一个西域语言、历史和考古学讲座（1909 年）。自此以后，伯希和便定居巴黎，当然并非不再大量于世界的四处旅行。在第一次世界大战期间以及此后，他曾应征入伍到北京，然后又赴西伯利亚。他于 1935 年再次访问中国，这一次还曾到过日本。他每到之处，总是在图书馆和档案馆搜寻，在那里获得新发现或作出使管理员们瞠目结舌的考证。因此，他出版了在俄国（1910 和 1925 年）、西班牙（1928 年）和瑞典（1932 年）所觅寻到的文献之札记。正如其讲座名称希望他做的那样，他使自己的著作越来越转向西域和突厥—蒙古领域。1920—1945 年间，他主编的《通报》充斥着其汉学的文章与书评，他使这家刊物成为一种汉学裁判所。我要详细地叙述他成熟时代的作品是不可能的。第二次世界大战使他的身体衰弱了，他在大战结束后仅活了一年，在他的抽屉里留下了数目巨大的一批未完成的或即将大功告成的著作，这些著作中有相当一部分正在继续发表于他的《遗文集》中（已出版了六卷）。

诸如伯希和或马伯乐那样的学者都留下了那么多未刊力作，其部分原因就是由法兰西学院教授们身负的工作太繁重了。他们每年必须在那里作 30 多次内容全新的报告，这不是一件轻松的事。当年的任务一旦完成之后，接着便全力以赴地准备来年的工作，而不是把以前的报告定稿出版。非常遗憾，伯希和未完成的遗著中也包括他的代表作《马可·波罗游记注释》。这部著作是伯希和应其朋友珀西瓦尔·大卫（Percival David）的要求，用英文撰写的。其中的两卷已在巴黎出版（1959—1963 年），第三卷提供了一种解析性索引，而该索引正是为运用这部知识广博、很不容易阅读的巨著所必不可缺的工具。

伯希和以其掌握的语言学知识为乐，犹如在进行一项体育运动一般。马伯乐（Henri Maspèro，1883—1945 年）与伯希和不同，他更多的则是以史学家的面目出现①。马伯乐在他的著作中，绝没有其同事的那种大量的混乱，他的著作撰写得条理清楚，有时甚至还带着假装的简练。这在外行人看来，便给人一种在普通的房子中布置着最新颖装饰的气度。他的气质导致他作出尖锐而又始终具有建设性的批评。人们可以在他的全部著作中

---

① 戴密微：《马伯乐》，载《亚细亚学报》第 134 卷（1943—1945 年）；《马伯乐和汉学研究的未来》，载《通报》第 38 卷（1948 年）。

都能感觉到这一点。他就这样清除了充斥在汉学领域中的荆棘。他的父亲是著名的埃及学家加斯东·马伯乐(Gaston Maspèro,1846—1916年),祖籍意大利,是《古典东方民族史》这部不朽著作的作者("古典东方"指近东,这是我们的"古典"古代或希腊—罗马时代所知道的唯一东方地区)。

在加斯东·马伯乐的指导下,未来的汉学家马伯乐撰写了第一部著作,这是一部研究古希腊时代(公元前3—1世纪)埃及财政史的书。经济史已经吸引了马伯乐,他应该是最早触及到中国经济史领域的人之一。马伯乐不久便决定前往一个更遥远的、对他来说是更新奇的东方去从事探索性研究。1908年,马伯乐出发前往法兰西远东学院,他在那里居住的时间要比伯希和长得多(1908—1920年),长达十多个年头,也就是他的整个青年时期。马伯乐在那里生活在当地居民中间,介入到他们的生活中。他没有一个星期不去参加这种或那种充满越南式生活魅力的朝山进香,或者是村庄的年节。他沉浸在当地居民生活的气氛中,这对他更好地理解书本知识是很宝贵的。马伯乐在他旅居印度支那期间,搜集了数量可观的民间宗教文献,不仅涉及越南人,而且还涉及该地区的其他民族,尤其是北越的泰族人。他的大量调查资料都收藏于巴黎亚细亚学会,那里正在准备编制目录。虽然几乎所有资料都未刊,但马伯乐为了从比较文化的角度澄清中国文化的起源,曾大量利用过这些资料(《〈诗经〉中的神话传说》,1924年:《古代中国人与近代泰人的社会和宗教》,这是他1929年在东京东洋文库所作的报告,发表于《遗作集》中)。正是在马伯乐的推动下,法兰西远东学院才派遣考察和笔录人员小组,系统地搜集越南人的民间宗教和村社生活的文字资料:存放在村社档案馆中的巫神的"神迹"和"神教""俗例"碑铭拓片等。它们形成了越南土著传说的一座珍贵宝库。

同伯希和一样,马伯乐也是通过印度支那这块跳板,首先触及到了中国的历史学和语言学。他的最早文章之一的题目是《唐代安南都护府历史地理论》(1910年)。在另一篇文章《安南语言语音史研究》(1912年)中,他奠定了东南亚比较语言学的基础,从而导致了对越南语大量借鉴的汉语音位学演变的研究。马伯乐于1915—1924年间出版的《汉语音位学研究》,为高本汉(Bernard Karlgren)的研究开辟了一条道路:马伯乐与高本汉为此而曾经友好地争论过。在旅居印度支那后期,马伯乐亲自编制了"中期汉语"的复原体系(《唐代长安方言》,1920年)。他表示要撰写一部"上古汉语"音位学的著作,但他觉得文献资料不足。马伯乐在此问题上只写过一篇有关《古代汉语的前缀和衍生》方法的短文(1930年)。这些方法提出了汉语结构和类型的问题。马伯乐在他学术生涯的后期,曾在语言学领域中离开了音位学问题(世人在这点上曾大加强调,甚至是过分强调过),更主要是转向研究汉语的句型及其结构体系(《远东语言》,载1937年《法国大百科全书》;《汉语》,巴黎语言学会1934年版)。

1908年,马伯乐刚刚抵达河内,便被法兰西远东学院派遣前往中国考察,参加了光绪皇帝和慈禧太后的葬礼,这两次葬礼预示着中国帝制的崩溃和革命的即将到来①。1914年,马伯乐重返中国,在浙江省作考古学考察。他查阅了方志,从而为这次考察做了充分的准备。但是,由于世界大战,马伯乐被迫缩短了考察期。这次考察的结果发表在《法兰西远东学院学报》(1914年)中。马伯乐始终注意亲身经验,他利用这次旅行而与中国这个人口众多的国家的农民生活在一起,向他们打听农民们的社会和宗教习俗。战争把马伯乐带回了法国,中国1917年加入协约国一方时,他应征入伍,担任中国派往法国的华工们的翻译—中士。马伯乐在这些华工中继续他的调查,因为大部分华工的原籍均为江苏。这样一来,他便得以用第一手资料来描述中国民间宗教(《近代中国的神话》,1928年版)。

马伯乐的老师沙畹的逝世,使法兰西学院的大门向马伯乐敞开了。1921年,他开始在法兰西学院执教。定居法国后,他便开始撰写一部中国古代史。这项工程的结果是他在1927年出版了1卷《古代中国》(1955年再版,附补编和汉文方块字,最近,吉美博物馆将此再次重印;英译本正在香港大学准备中)。马伯乐壮年时代的所有著作都或多或少地是以此书为中心而开展的,或是为了撰写此书,或是在此书出版后做补充,或是为续集积累材料,并打算把这些资料作为此书自汉至六朝末年的续篇。因此,如同其题目所指出的那样,《古代中国》止于秦朝。从汉代开始,中文文献资料的数量要远比古代可观得多。马伯乐必须对这些资料作出考证,运用其中的经济资料,这就导致他着手从事对中国经济史的全面调查,当时中国经济史尚很少为人所熟知;尤为重要的是他必须开辟一条在道教史方面实际上是空白的道路,马伯乐将他最后的许多课程和出版著作都用于了这项内容。马伯乐《遗著集》第2卷(1950年)是阐述道教的,不久前被译成日文。编年学上的不确切性又使他成为天文学家。在他的著作中,有400页

① 《马伯乐年谱》(未署名),载《法兰西远东学院学报》第8—9卷(1908—1909年)。

左右是关于中国天文学史的,他在文献学上的才能与他自己不得不学到的扎实技术知识联系在一起了,这是一种罕见的结合。

1928—1929年,马伯乐旅居日本,受到了东方学家们,尤其是历史学家黑板胜美和汉学家内藤虎次郎、狩野直喜的热烈欢迎。马伯乐举行了多场经过精心准备的讲座,其中一部分讲演或发表在日文期刊上,或收于其《遗著集》中。马伯乐清楚地认识到日本为汉学研究所作贡献的巨大价值。他从不忽略参照日文著作,并向其学生们推荐阅读这些著作(这与伯希和不同,尽管伯希和精通多种语言,却从不阅读日文著作)。他在布痕瓦尔德的德军集中营过早地离开了人世,使汉学界失去了为汉学增添荣誉的最大思想家之一。

如果说我刚才讲到的沙畹的两位弟子,一位首先是语史学家,另一位是历史学家的话,那么他的第3位弟子葛兰言(Marcel Granet,1884—1940年),却使汉学界听到了一种新的声音,即社会学家的声音①。他属于杜尔凯姆(Emile Durkheim,又译涂尔干,1858—1917年)学派。杜尔凯姆是位社会学家,他在法国起的作用,与心理学家弗洛伊德在日耳曼国家中所起的作用很相似。如同沙畹一样,葛兰言自从于巴黎高等师范学院毕业后,便在东方语言学院就任远东文明课教授,并在索邦大学任助教。他在高等研究实验学院宗教系任研究导师、汉学研究所所长。当德军入侵法国后,他因疾愤而死。这是一位性格既独特又刻薄的大师,他也许是对年轻一代影响最多的汉学家。他于其博士论文《中国古代节日和歌谣》(1919年,由于战争而拖延数年才出版)中,对《诗经》中的《国风》歌提出了一种与传统诠释大相径庭的释文,提出了以与东南亚非中国文化圈社会的比较来证实这种假设。他的《古代中国的舞蹈和神话》(1926年),是对中国最远古时代的社会组织、神话及其宗教的一种复原尝试。他通过意指原文中的文字之外的深邃事实的内容来分析理解这一切。他所著《中国人的宗教》(1922年)、《中国人的文明》(1929年)和《中国人的思想》(1934年)中的高度概括性总结,都富有新鲜观点和启发性的感受。它们在仅仅涉及古代的同时,又绝不会超越这一时代,对就中国社会的某些主要和稳定的特征作了全新解释。在其一部题为《古代中国的婚姻等级和亲属关系》(1938

① 梅斯特(E.Mestre):《葛兰言》,载《高等研究实验学院宗教系1940—1942年年鉴》,木伦1941年版。

年)的著作中,专门剖析的内容正是家庭和氏族组织。

与伯希和、马伯乐相反,葛兰言是一位写专著的作家,而不是写论文的专家。他身上具有哲学家但有时是诗人的气质。他对于形成19世纪特征的唯历史主义倾向和极端语言文字,都表现出了一种反感。这多少有点像以新的方法涉及希腊古代社会的先驱尼采(Nietzsche)。葛兰言时常以自己返归18世纪汉学家们的传统而自鸣得意。他在汉学方面,则标志着我们今天称作结构主义学者的方法。葛兰言播下了某些后人发现正在其几位学生中出现了萌芽的思想种子。

我只剩下很少一点时间了,现在来与诸位谈论与我刚才叙述的三位明星同时代的其他法国汉学家。

格鲁塞(René Grousset,1885—1952年)①,以其天才和能力,得以将半个世纪以来对亚洲历史和艺术的研究成果通俗化了。他在大批从画册到教科书和文献丰富的历史著作中,以多种形式使法国大众能触及到这些成果。与考狄一样,格鲁塞对东方语言一窍不通。然而,正是由于他的功劳,东方地区的历史才逐渐地使非专业的教授和学生们能够唾手可得了,甚至使接受中等教育的学生也能触及到这一切(中国及汉语课程正逐渐进入法国中学教学计划中)。

爱斯嘉拉(Jean Escara,1885—1955年)②是巴黎法学教授。他作为中国政府的司法顾问曾多次逗留中国。在此期间,他学习了汉语,我们应该把中国法学及其历史领域内的优秀著作归功于他,他当时在欧洲是最了解这一学科的人。谢阁兰(Victor Segalen,1878—1919年)"③是位酷爱文学的布列塔尼医生,曾是沙畹的学生,他也曾长期居住在中国。1914年,葛兰言偕同作家吉尔伯尔·德·瓦赞(Gilbert de Voisin)及水手让·拉蒂格(Jean Lartigue)一起,完成了在中国西北(陕西、甘肃)和四川等省的考古考察,这次考察的收获甚丰,尤其是在有关汉代墓葬艺术方面更为显赫。1917年,葛兰言重返中国,在长江下游地区进行新的考古学研究。另一方面,我们还应该把某些文学著作归于他一部有关中华帝国末年北京真实情况的纪实小说《勒内·雷》(1921年)、两部受中文启发而写的散文诗《碑》

---

① 戴密微:《格鲁塞》,载《通报》第42卷,1953年。

② 戴密微:《爱斯嘉拉》,载《巴黎大学年鉴》第26期,1956年第3期。

③ 布耶(H.Bouillier):《谢阁兰》,巴黎1961年版。

(1912年)和《画》(1916年)。他和诗人高乐待(Paul Claudel,1868—1905年)关系甚笃。高乐待的外交生涯是从中国开始的。他在中国度过了相当长的时期,他的早期著作中的多部都是在这一时期撰写的(《流亡诗》,1895年;《第七天的休息》,1896年;《认识东万》,1896—1905年;《中午的划分》,1905年;《在龙的标识下》,1909年)。尽管高乐待对待中国"异教徒"们的态度受到了顽固而又专横的天主教的影响,但他仍由于对文学界和政治界的反宗教情绪的反应,也采纳了这种态度。他的青年时代正是在这种文学和政治环境中接受培养的。高乐待并不像艺术家们那样,对中国的伟大特征充耳不闻,相反却留下了许多编译的汉文诗篇。如果说这些编译文与原著文字的关系相差甚远的话(但不会比埃拉·蓬的译诗相差更远),这些改编诗文只能带猜测性地表达原诗的诗意与气氛。

我在此不能遗漏我的朋友白乐日(Etienne Balazs,1905—1963年)的名字[1],因为他已不在生者之列了。白乐日祖籍匈牙利。这位杰出的社会学家和经济学家属于马克斯·韦伯(Max Weber)学派。他给我们留下了有关唐代的许多震撼人心的论著(《唐代经济史论稿》,1931—1933年),其次是有关六朝的论著(《中世纪中国的社会和经济研究》,2卷本,1953—1954年,第3卷正在准备出版中)。正是他从1950年起开始设计编写一套宋史丛书计划。他为此而求助于其合作者们的一个国际小组。在白乐日死后,特别是由于日本汉学家们的帮助,这套丛书得以继续出版。白乐日是在1957年由联合国教科文组织的一次考察期间,成功地建立了与这些日本汉学家们的联系。

我至少应该提到许多印度学家对汉学作出的贡献,他们为了研究印度或西域的佛教,利用了汉文文献资料。席尔宛·烈维(Sylvain Lévi,1863—1936年)[2]和路易·德·拉·瓦累·普散(Louis de La Vallée Poussin,1869—1938年)[3],他们二人为此都学过汉文(瓦累·普散年逾50而学,这是颇费力的)。如果说他们二人彼此都不从纯粹是中国的角度来

① 戴密微:《白乐日》,载《通报》第5卷,1964年。

② 勒努(L.Renou):《烈维和他的科学著作》,载《亚细亚学报》第227卷(1936年)。戴密微:《烈维著作中的远东》,载《日佛会馆通报》(1936年)。M.马其诺和M.斯图帕克:《烈维著作目录》,载《佛教著作目录》第7—8期(1937年)。我在《现代佛教》(1928年4月)上用日文发表了到这一时期为止烈维著作目录。

③ 拉摩特(E.Lamotte):《瓦累·普散》,载《比利时皇家科学院年鉴》,布鲁塞尔1965年版;拉露:《瓦累·普散遗作书目》,载《佛教著作目录》第23卷(1955年)。

考虑其研究的话，那么汉学家们同样仍会从他们对宗教研究的成就中获取更多的教益，印度的宗教思想乃至其词汇都带有中国文化那不可磨灭的烙印。此外，烈维有时与沙畹合作，也发表过数篇直接涉及中国中原与印度或西域关系方面的历史论文。这位大学者在日本也非常有名，因而我就不必详细介绍他的著作了。烈维在25岁时(1888年)，与首批由京都西本愿寺派往法国的日本留学生藤岛了隐和藤枝泽通一起，学习阅读汉文和汉文原著。他3次访问日本，而且每次都把他的旅途延长至印度和尼泊尔(1898年，1922—1923年、1926—1928年)。烈维在晚年的时候，终于有机会在巴黎培养了一名中国学生，他也是我的另一位好友，这就是林藜光(1902—1945年)。烈维把从尼泊尔带回来的一部梵文经文抄本《诸法集要经》(Dharmasamaccaya)委托给了林藜光出版。林藜光为此经文编制了一种考证版本，附有汉文、藏文及法文译文的对照本(有一卷已于1946年出版，其续卷正在巴黎印制中)。《诸法集要经》仅是摘录自小乘佛教中的长经文《正法念处经》 (Saddharmasm rtyupasthāna-Sūtra)的偈句汇编。对此，林藜光写了一部长篇论著，在他死后出版。这是他对于在中国很少为人们知道的小乘佛教所作研究的汇集《正法念处经》(1949年)①。这位来自福建的中国人，类似一名居士，由于第二次世界大战给他造成贫困和对祖国的忧虑，终于客死于法国。他甚至已没有可能使其国家承认自己已成了一位大学者，即在现代和科学基础上，恢复中国研究佛教的生气。他的某些同胞，以在巴黎和里昂通过博士论文的形式，为法国的汉学带来了意义重大的贡献。在19世纪上半叶，我们可以计算到100多人②。刘復(1925年)、王力(1932年)、徐仲年(1935年)、高明凯(1940年)，他们后来在中国都是很著名的学者。

在某些国外血统却又被纳入法国学派的汉学家中，有瑞士人爱德华·于贝尔(Edouard Hubert，1879—1914年)③，他具有语文学家和多种语言学家的特殊才华，还具有如同伯希和式的神奇记忆力。他自1902年起便成

---

① 我在该书的卷首写了一篇林藜光小传和著作简介。

② 袁同礼：《1907—1926年欧洲大陆中国留学生博士论文指南》，载《中国文化》第5卷，第3期，台北，1964年版。

③ 费诺(E.Finot)：《爱德华·于贝尔》，载《法兰西远东学院学报》第14卷，第1期(1914)；施耐德(C.Sceneider)：《爱德华·贝于尔》，载瑞士语言学会会刊：《中国与印度支那研究》(苏黎世1920年版)。

为法兰西远东学院的成员。在他过早地死于越南丛林中之前,曾发表过有关佛教文学和印度支那历史的杰出著作。另一位瑞士人列奥波尔德·德·索绪尔(Léopold de Saussure,1866—1925年)①,是著名日内瓦语言学家费尔迪南·德·索绪尔(Ferdinand de Saussure)的弟弟。他在法国海军供职,从而导致他赴远东。我们应该把一系列有关《中国天文学的起源》(1909—1922年)的论著归于他,虽然这些著作引起了争议。拉法埃尔·佩特鲁奇(Raphaël Petrucci,死于1917年)②是定居于比利时的意大利人,亦是沙畹的挚友,致力于研究中国绘画史和绘画美学,翻译了李渔的《芥子园画谱》(1918年)。我于上文已经提到了著名的比利时教授路易·德·拉·瓦累·普散(Louis de La Vallée Poussin,1869—1938年),而且他出生时还是法国人,所译世亲(Vasubandhu)之《阿毗达磨俱舍论》(1923—1931年),作出过第一流的注释,使该书内容更加丰富,成为西方所拥有的最优秀的佛教教科书。在布鲁塞尔,他利用庚子赔款创设了比利时汉学研究所。从1931年起,该研究所与众多的外国学者合作,出版了一套优秀丛书,叫作《汉学和佛学论丛》(已出版12卷)。

① 伯希和:《德·索绪尔逝世讣告》,载《通报》第24卷(1926年)。
② 沙畹:《佩特鲁奇逝世讣告》,载《通报》第17卷(1916年)。

法国汉学50年(1923—1973年)[①]

一、人物和潮流

尽管历史有其延续性,但也有许多交叉重叠,我觉得以第二次世界大战的结束为界,将下文的阐述划分成两个历史时期,似乎比较适宜。实际上,出于可悲的巧合,某些在战前占主导地位的大学者,却在战后湮没了。无论如何,我们在此要为他们保留应有的一席之地。

(一)第二次世界大战结束之前

鉴于本纪念卷(指亚细亚学会1923—1973年的50周年纪念卷。——译者注)在年代顺序部分,所遇到的一个小小的困难——当然并非唯一的困难,我觉得本文所专注的汉学研究时期,似乎应被定为继沙畹(Edouard Chavannes,1865—1918年)[②]过早谢世后的时期。我于此无须赘述这位被誉为当时"整个西方世界汉学研究大师"[③]的神奇学者那些不胜枚举的著作。我不应该对如下事实保持沉默:尽管半个世纪过去了,纵然汉学取得了相当可观的发展,但这些著作中的大部分仍不失其深远意义。此外,顺便需要指出的是,沙畹相当数量的著作都是遗著,而且是在本文所研究的

① [法]苏远鸣(Michel Soymié,1924—2005年,戴密微的弟子,法国高等研究实验学院第4系教授、法国研究中国佛道宗教的专家、法国敦煌文献研究组前任主任。——译者注)著,耿昇译。

② 考狄:《沙畹》,载《通报》第18卷(1917年号),1918年版,第114—147页;马伯乐:《沙畹》,载《通报》,第21卷(1922年号),第43—56页。

③ 戴密微:《法国汉学研究史》,载《亚洲学报》(东方文化研究所学报)第11期,东京1966年版,第56—110页。参阅第95页,此文对我撰写本报告具有极大的帮助作用。

50年间才得以问世的,这些便是《中文三藏经中的500个故事和寓言》(1934年)①第4卷,及其不朽译著《司马迁〈史记〉》译著本的补遗卷(1969年)②。

沙畹在有生之年,以其耀眼的光芒而显赫一世,致使我们现在感到他是独自一人称霸于当时的汉学舞台。从20世纪初叶开始,簇拥在他身边的是众多既才华横溢又学识渊博的门生。他们继承了沙畹的遗产,并将巴黎所拥有的"西方汉学之都"的桂冠一直维持到第二次世界大战的结束。

然而,在回顾沙畹门生们的生涯及著作之前,本文的年代顺序迫使我必须首先于此简略地回忆一下考狄(Henri Cordier,1849—1925年)③。虽然他年长沙畹许多,也长寿于沙畹数年。由于考狄不谙中文,因此他并不是严格意义上的汉学家。但这丝毫也不妨碍我们对他表示深深感激之情,因为我们应将一部其价值无可估量而又始终是必不可缺的《西洋人论中国书目》(1874—1924年)归功于他。在该书目集中,他耐心细致而又精确无误地汇辑了从汉学发轫至1924年间几乎所有关于中国的西洋著作。考狄的其他汉学著作,诸如有关赴中国的西方旅行家、中国与外国的关系等方面的著作,其价值不太大,而且现已过时了。我还应当指出,正是他创办了《通报》。仅此一点,就足以值得我们对他感激不尽④。

沙畹最年长的学生是伯希和(Paul Pelliot)⑤,他首先是一位举世无双

---

① 由戴密微主编,烈维写前言。它成为《汉学研究所文库》第1卷。前3卷在亚细亚学会的资助下出版(巴黎,勒鲁出版社1910年版)。全套书最近再版成3卷(巴黎,麦松奈夫出版社1962年版)。

② 第6卷,译自卷48—52,补遗和总索引。戴密微撰写导言(巴黎,麦松奈夫出版社版),联合国教科文组织代表著丛书,中国系列。沙畹翻译的卷48—50,由康德漠先生重新审阅。康德谟先生于其中加入了自己所译的卷51—52。在补编中,载有《〈史记〉译本书目》,由布拉格大学教授蒂莫特斯·波科拉(Timoteus Pokara)先生所撰。由亚细亚学会资助出版的前5卷(巴黎,勒鲁出版社1895—1905年版),已再版于联合国教科文组织的同一套丛书中(巴黎,麦松奈夫出版社1967年版)。

③ 伯希和:《考狄》,载《通报》第24卷,1926年,第1—15页。

④ 1890年4月1日出版了这部汉学杂志的第1期。在薛力赫(Gustave Schlegel,施好古,施莱格尔)是莱敦大学教授,也是该杂志的双主编之一)死后,考狄谋得了沙畹的合作。此后,伯希和继承了沙畹。目前,两位共同主编是戴密微先生与何四维(A.F.P.Hulsewé)先生,后者是莱敦大学的教授也是戴闻达(J.J.L.Duyvendak)的继承人。

⑤ 1946年由亚细亚学会出版的纪念册《伯希和》,共80页。这是伯氏的著作和报告集,其中戴密微撰写的《白希和的科学生涯,其有关远东的著作》第29—54页,包括有简短的书目。此外,请参阅戴闻达:《伯希和》,载《通报》第38卷,第1期,1947年,第1—15页。

的语史学家。然而,伯氏的兴趣领域远远超越了汉学的界限。1922年,他就已经有一段很长时期的职业生涯了。实际上,自1900年起,伯希和就被派往刚创办不久的法兰西远东学院的所在地河内,接着几乎是立即又由此被派往北京。他首次发表的名著,是1902年出版的《真腊风土记》译著本。从这一时间起,伯希和毫不懈怠地连续发表了涉猎广泛的论著。但其中心越来越倾向于西域的史语学和历史学。1909年,他被任命到法兰西学院后,所开设的讲座便被命名为"西域的语言、历史和考古学"讲座。伯希和的文章或书评经常是短小精悍,却富有深奥而又博学的观点。其数量是如此之巨,以至于至今尚未能编制出目录来。除此以外,伯希和逝世时遗留下无数完稿程度不同的著作。其遗著集已经开始出版,其中6卷已相继问世。

伯希和的汉学著述,题材非常广泛和纷繁,因而我很难用寥寥数语作出总结。尽管如此,纵观其一生,我们可以看到,伯希和一贯醉心于研究中国中原王朝与远近不等的西部民族或文化间的各种关系。这便是为什么他的著作中有相当一部分侧重于游记:人物纪行(在众多的事例中,尤应提到有关马可·波罗的著作)、思想传播(他有关佛教、景教、摩尼教、伊斯兰教、基督宗教传教士等方面的著作)。最后是文学的传播,他在这方面著作的数量十分庞大,尤以汉文对其他名称或术语对音的著作更为众多。据戴密微的分析认为,伯希和著作的成功应归于其严谨的方法和渊博的知识,同时又依靠个案而使自己的研究成果经常会超越理论家们。

考古学和艺术史是伯希和为汉学作出了诸多贡献的又一个领域。他是最早以史语学家和历史学家的身份,在该领域中从事研究的学者之一。伯希和的文献知识使他得以揭示某些严重的错误,这当然会引起不严谨学者们的不满。此外,他还深入地探讨学识深奥的汉文原始资料和书目,他对于钻研为世人所鲜知的微观史实和稀见资料的兴趣,把他驱向了这一领域。

如果说我对伯希和的著作表示赞美和感激的原因是多方面的话,那么这最后一个方面却导致我提醒大家注意,伯希和是一个值得特别提一笔的人物。他于1906—1908年间,在中国西域,尤其是在敦煌作了一次探险考察,并携归现入藏于吉美博物馆的各类考古文物,现今以其名义而收藏于国立图书馆的一套令人仰慕不已的写本卷子。我在下文不远处将再回头来谈这项内容。我于此仅指出伯希和本人或与其他学者合作,只研究了其所获大量资料中的微不足道的部分。这一时期,在从事研究该特藏中所批露的语言和文化的许多专家们,出版目录、刊布文献和组织翻译。各种著作为诸多领域,尤其为汉学领域,带来了一些全新的观点。众所周知,我们在今后长期内仍应该继续在这方面的努力。

沙畹的另一位著名门生是马伯乐(Henri Maspero,1883—1945年)①。他主要是一位历史学家和语言学家,他几近于排他性的研究领域是汉学。如同伯希和的学术生涯一样,马伯乐于1908年在法兰西远东学院开始了他的研究生活,他在该学院度过了十多个年头,直到第一次世界大战为止。这就是为什么马伯乐又与伯希和一样,在他最早的多种著作中,有许多是叙述越南历史和语言的,不过主要是以一种比较文化学者的思想从事研究的,这是他的专长,但同时又没有忘记从中国的角度看问题。在远东居留期间,他搜集了大量的第一手材料,这些资料赋予了其著作一种新奇性和一种具体的基础,仅触及文字史料是不能为他提供这一切的。

1921年1月,马伯乐在法兰西学院接替由其导师沙畹过去主持的讲座而发表开课讲演。在其许多著作中,包括刊布《浙江考古学报告》(1914年),出版《唐代长安方言》(1920年),在华和在法分别向中国劳工中调查,以搜集他于1928年写成的《现代中国神话》的素材。我应当指出的是,尽管这后一部著作只作了简略的介绍,但却同其他许多著作一样引人注目。这是他唯一一部论述现代中国,或者说近期中国的著作。大家可能还会想到,马伯乐对现代宗教的兴趣,主要是由于现代宗教是有时特别古老信仰的反映或反响的原因。

马伯乐的代表作,亦即其授课的成果,便是《古代中国》(1927年)一书②,它向世人展现了公元前3世纪秦朝建立之前中国历史的宏伟画卷,主要是政治史、制度史,同样也包括宗教史和文化史。那些建立在原始文献资料基础上的部分,后来从未修订过,该书有着良好的实用价值。当然,第二次世界大战后的考古学所取得的巨大发展,却大大地降低了它的价

① 戴密微:《马伯乐》,载《亚细亚学报》第234卷,1943—1945年版,1947年版,第245—246页,附马伯乐高度完整的书目,载第263—289页;同一位作家:《马伯乐和汉学研究之前途》,载《通报》第38卷第1期,1947年,第16—42页。

② 同样还请参阅根据作者遗留下的校勘和增补而出版的最新修订本,附有中文方块字(戴密微作《告读者》,这个版本也应归于他),国立印书局和勃卡尔出版社1955年版。后来又出版了再版本(巴黎,法国大学出版社版,载《吉美博物馆年鉴》,研究丛书第71卷)。

值,尤其是在涉及上古时代的章节中更为如此。

马伯乐最初计划是继此之后再撰写一部或数部著作,覆盖自汉代到六朝末期为止的时代。正是出于这一愿景,他把此后的大部分精力都用于了为此而廓清道路,从事阐述和重新研究某些早已被研究过的有关上古时代的问题。譬如,为了奠定他的年代体系,他便钻研天文学(《汉代之前的中国天文学》,1929 年版;《汉代中国人的天文仪器》,1939 年版)。同样,他还不得不在自己从前所知甚少的领域中从事研究,如经济史(《中国古代的封建社会制度和土地所有制》,1936 年版)、司法史(《古代中国司法仪式中的宣誓》,1935 年版)以及宗教史领域。在这后一个领域中,我们应把许多著名而又真正是开拓性的研究著作归功于他,尤以六朝道教方面的著作为典型(《古代道教中的"养生"法》,1937 年版)①。马伯乐在法兰西学院开设的相当数量的课程,便是讲授道教诸问题的,特别是释道之间的政教性论战。他的这些著作从未出版过,最多也不过是以极为简短的报告形式发表在《法兰西学院年鉴》中。

最后,马伯乐在碑铭学这个很特殊的领域中,也名声显赫。其巨著《斯坦因第 3 次中亚探险所获汉文文献》(完稿于 1936 年,出版于 1953 年),则使马伯乐付出数年耐心细致而又十分艰苦的劳动②。毫无疑问,马伯乐作出这种努力,正是为了搜集其著作所需要的资料。他可能是想步其导师沙畹的后尘,而在这条道路上继续前进。我们确实还记得,沙畹在与其相同的背景下,于 1913 年发表了斯坦因首次西域探险所获得的汉文文献。

马伯乐于 1944 年 7 月突然被德国占领军逮捕,并于 1945 年 3 月惨死在德军布痕瓦尔德集中营,因而他没有时间完成可以使其学术水平登上巅峰的著作。他的《遗著集》与某些再版著作同时出版,但这些只代表着他众多未刊著作中的极少部分③。

由于马伯乐的大部分著作是专门研究唐朝之前中国的,所以这些著作

---

① 原载于《亚细亚学报》第 329 期,第 177—252 页和第 353—430 页。此著后来又再版于《道教与中国的宗教》,当然还有几处错误(巴黎,加利玛尔出版社 1971 年版)。

② 谢和耐于《法兰西远东学院学报》中发表的文章,第 47 卷第 2 期,1955 年,第 663—665 页。

③ 我特别指出,3 卷本的马伯乐遗著《中国宗教和历史遗著集》是由戴密微主持下出版的。第 1 卷:《中国宗教》;第 2 卷:《道教》;第 3 卷:《历史研究》(巴黎,1950,吉美博物馆出丛刊,公开发行文库第 57、58 卷和 59 卷)。第 2 卷由胜川义雄译成日文(东京 1966 年版)并受到日本评论界的好评。前两卷已由其他再版本部分地重复和补充,收入上文提到的《道教和中国的宗教》。

的视野远不如伯希和那样广阔。然而,他的著作却显得更要深邃得多,即使它们有时在细节问题上发掘不足也罢。他的著作在任何情况下都与他的整体事业是浑然一体的。由于他的工作方法、所涉及的主题以及他对于历史上的宗教和社会经济方面的重视程度,所以马伯乐似乎更成功地对其门生和读者们,施加并保持着一种远胜于伯希和的影响。

沙畹另一位杰出门生是葛兰言(Marcel Granet,1884—1940年)①。他只比马伯乐小一岁,但他同时而且首先是当时法国著名社会学大师杜尔凯姆(Emile Durkheim,涂尔干)的学生。葛兰言与伯希和、马伯乐都有所不同,他只于1911—1913年间在远东的北京逗留过一段短暂的时期(1919年重新经过北京)。返回巴黎后,他便被招聘至高等研究实验学院的宗教科学系并在那里接替了沙畹。

1920年1月,葛兰言通过了那部引起轰动的博士论文的答辩:《中国古代的节日和歌谣》。他在以生动而又强有力的笔调翻译《诗经·国风》部分的歌曲时,采用了一种与传统的疏注者截然不同的诠释。他由此向世人指出,这些诗歌"是古代农民村社青年男女在季节性节日期间,赛歌时的男女轮唱"。他由此而试图阐明农民与贵族阶层的风俗之间的对立。最后,葛兰言以一种为当时的社会学家们所熟悉,而在汉学中却有些冒风险的手段(马伯乐同样地也曾运用过这种方法),利用在中国边疆地区某些民族中观察到的可比性事实,来支持其论点。

葛兰言在《古代中国的舞蹈与神话》(1926年)一书中,使其思想和方法都更加明朗化了。在这部厚厚的巨著中,他希望证明,社会学分析可以利用史料价值高低不等的,甚至是价值低微的资料,以从中得出可能是异常古老,却又能被广泛利用的模式和主题。他的武器是社会分析学,主要在于不是考虑个体,而在于考察各社会群体间彼此相待的契约性状态。这一方法,使他一举就将大量的古代神话传说、历史传说圣及圣徒传记阐述得面目一新了。

葛兰言的《古代中国的舞蹈与神话》及其此后的著作(《中国人的文明》,1929年;《中国人的思想》,1934年;《古代中国的婚姻等级和亲属关

① E·梅斯特:《葛兰言》,载高等研究实验学院宗教系1940—1941年、1941—1942年年鉴、1941年年鉴,第39—43页;石泰安、《葛兰言遗著〈国王醉酒〉的介绍》,载《社会学年鉴》第3卷(1952年),第9—105页。还请参阅路易·热尔耐(Louis Gernet)为《中国社会学研究》文集所写的序言和石泰安所撰的导言,巴黎,法国大学出版社1953年版。

系》,1938 年)充满了作者那些深邃而又富有天才性假设的观点。如果葛兰言本人并不热衷于为之辩护的话,譬如他有时似乎忘记了他的文章具有假设的性质,以及其他的著作受资料限制的特征,那么这些著作也就不会招致那些更执着于传统方法的汉学家们的质疑了。无论如何,他的影响毕竟是巨大的。尤其在法国,他在那里培养了很多在不同程度上都仰仗他的启迪的学生。

除了汉学潮流外,当然还有通过历史学、宗教学(首先是佛教)的关系而与汉学相联系的人物,我还应该提到能十分娴熟地运用汉文资料的印度学家。大家当然会立即想到烈维(Syvain Lévi,1863—1936 年)。他的著作在本卷的其他地方还将被提及。我于此仅介绍把与曾他合作过的沙畹联系起来的深厚友谊纽带。正如我将在下文讲到的那样,我们恰恰应该把 1926 年创建的《法宝义林》归功于烈维。

同样,我也将重新提及烈维先生的学生林藜光(1902—1945 年)[①],及其那过早中断的学术生涯。他用梵文、藏文和汉文出版并翻译了小乘佛典《诸法集要经》(1946 和 1969 年)。此外,他还深入研究了一部重要佛教经典。《诸法集要经》正是这部经典的节录(《正法念处经》,1949 年)。战争年代的苦难夺去了这位学者的生命,他在加盟法国东方学派后,似乎志在复兴中国的佛教研究。

二、第二次世界大战之后

我并不打算在此仅仅追述在第二次世界大战这场大悲剧结束后,才开展其科研工作的人员。相反地,有相当大一部分人于此前一个时期就已经开始了其学术生涯,并在第二次世界大战期间发展或恢复其大展宏图的工作。如果说我在上文提到的三位大师名噪一时的威望,是其时代的标志,或者说足以为这一时代定性,那么我们却不应该认为他们是那个时代绝无仅有的,为汉学研究作出过卓有成效努力的人。此外,继他们之后,一批曾由他们部分地参与培养的更年轻的才子,很快就为法国汉学界增添了新的活力。除了一个众所周知的例外,我们还应该指出,在这最后四分之一世纪的时期内,似乎从未出现过诸如过去沙畹和马伯乐那样具有全才或几乎

① 戴密微为《正法念处经》所写的导言,巴黎,麦松奈夫出版社 1949 年版,共 15 页。

全才的汉学家。这可能是由于我们不如前辈们那样聪明和勤奋。但我们也必须考虑到这样一种事实:自二战结束以来,全世界汉学研究的疾速发展,促使每位汉学家都朝着日益强化的专业化方向前进。这就是为什么在诸多的原因中,下文的论述将更多地围绕着研究领域,而不是从人物出发展开的。

(一)佛教研究

我们从中国佛教开始谈起,以便首先追述戴密微的特殊地位。他并不是专一的佛教学家,而且远非如此。然而,佛教却是他偏爱的领域。

无论如何,我应该首先提到戴密微,即使由于他那沙畹门徒的身份,将他与前一个时代的师承体系联系起来也罢。事实上,尽管他比前三位伟大先驱要年轻得多,但他仍有幸享受到了沙畹这位杰出大师的言传身教。此外,其瑞士汝拉山地区的籍贯,也是使他与沙畹联系起来的一个原因。此外,从次要方面讲,戴密微还师从烈维学习过梵文,正是由于这两位无与伦比的先生的施教,才可能促使他造就成了既广博而又高精尖的才干,也使他得以跻身于法国汉学大师之列,而且得到一致的公认。

与许多中国迷学者一样,戴密微的职业首先将他引向河内,他在那里成为法兰西远东学院的成员(1919—1924年)。然后,他到厦门讲授佛教和梵文(1924—1926年),并在那里结识了上文提到的林藜光。最后,他以日佛会馆寄宿生的身份到达东京(1926—1930年)。在他一生的这个最初阶段中,主要是发表了某些专著[《弥烂陀王问经》的汉译本(1924年)、《〈大乘起信论〉真伪考》(1929年)《法宝义林》(1929年出版第1册,请参阅下文]。这些著作一举奠定了戴密微在他长期从事的佛教研究领域中的统治地位,更确切地说,是他在佛教汉文资料领域内的地位。在这方面,他真正专长的主要是中国佛教,即禅宗佛教。他的杰出著作是在此后出版的《吐蕃僧净记》第1卷(1952年;这是对1卷伯希和敦煌特藏中汉文写本的译注,其中充满了博大精深的历史注释;本应包含着精邃的教义之诠释且又意义重大的第2卷,却未出版)和《临济录》译注本(1972年,这是对唐末9世纪一位最著名的禅宗大师语录的译本并附有大量注释)。

在国立东方现代语言学院中文教授微席叶(Arnold Vissière,1858—1930年)[1]逝世后,戴密微先生被召回巴黎以继微席叶之任。他从1930年开始到1945年间担任此项教学工作,直至他于后一时间当选主持因马伯乐逝世而留作空缺的法兰西学院的汉学讲座为止。我们尚记得,马伯乐本人也是继沙畹逝世后被该院聘任的。同在1945年,根据戴氏的愿望,于高等研究实验学院第四系设立了一个佛教文献学研究导师位。1956年,他放弃了该讲座,但仍继续他在法兰西学院的任教,直至1964年退休为止。

在戴密微先生学术生涯的这一新阶段内,他丝毫未放松自己酷爱的佛教研究,上文提及的著作便为此而提供了佐证。他还将其研究扩展到更纯粹意义上的汉学的诸多领域。这些领域主要一方面是中国思想史,从《庄子》[2]及其注疏者开始(尤其对研究佛教与道教教义之间的关系感兴趣),直至18世纪的某些思想家,如戴震等;另一方面是语言和文学领域。在这方面,我将特别地提及,他根据敦煌写本中的“变文”及一些说唱文书,而撰写的古代通俗语言文学的研究论著。我仅仅提到他发表的一部最新作品《敦煌曲,8—10世纪的曲子集》(1971年,与饶宗颐先生合作)。

戴密微先生的一大部分著作分散发表在诸多的刊物中。值得庆幸的是,两部以其短小作品为主的论文集已经付印,于1973年与读者见面。该文集分别为戴密微《汉学论文选集》(1924—1970年)和《佛教论文选集》(1929—1970年)2卷,分别有论文43篇和17篇,作者对原稿作了补正和增删。

自从第二次世界大战结束以来,法国和外国的无数汉学家都受惠于戴密微先生的施教与指导,甚至学到了他那不知疲倦的精神。

1956年接替戴密微先生在高等研究实验学院工作的是他的学生安德烈·巴罗(André Bareau)先生。巴罗先生现为法兰西学院教授,是小乘佛教专家。他是印度学专业出身,但在研究中却十分善于广泛地运用汉译佛经资料。

在纯粹的中国佛教领域内,可悲的是似乎没有激起很多的人产生从事这项研究的志愿,至少在法国是如此。我于此只能提到谢和耐先生的名

① 伯希和:《微席叶》,载《通报》第27卷,1930年,第407—420页。

② 我在此顺便提一下刘佳慧先生的精湛译注本:《庄子全集》,巴黎,加利玛尔出版社1969年版。

字,他是戴密微先生的另一位门生,现任巴黎第七大学教授和高等研究实验学院第六系研究导师。他以一部极有价值的著作——《菏泽神会禅宗大师(668—760年)语录》(1949年)而开始他的科学研究生涯。他于此后出版了一部颇受注目的博士论文,题为《中国5—10世纪的寺院经济》(1956年)①,此书大部分内容是以敦煌写本为基础的,其中对社会经济秩序的研究远远地超过了对古典佛教特征的评论。事实上,作者此后再未从事撰写过佛教为中心的重要著作。

我必须要指出,就中国佛教研究领域的现状而言,现在法国尚未出现过任何一位可以从戴密微手中接过这支火炬并薪火相传的人物,虽然《法宝义林》研究小组还存在。我在下文再来论述这个问题。

(二)宗教研究

前一节所论述的佛教研究,理所当然地同样要纳入到宗教研究的范畴内。然而,因资料的性质所提出问题的广泛性和多样化,而迫使人采用的方法,使佛教学成了一个相对独立的领域。此外,本处所涉及的领域,是指对各个时代和以不同面目出现的土著宗教所作的研究:古代宗教、道教和现代宗教。为使我们只注意其实质,而又不会不顺便注意到道教和现代宗教这两项,它们有时与佛教有着很紧密的关系。这一切便形成了一个很广泛的、不太隔绝的和与汉学其他内容密切融合在一起的领域。

法国研究中国宗教史有着古老的传统。在我所论述的这个时期内,葛兰言和马伯乐各自根据其不同的研究方向,对此起了决定性的推动作用。

继葛兰言之后,我首先提及梅斯特(Edouard Mestre,1883—1950年)②。与其说他是葛兰言先生的朋友与合作者,还不如说是其学生。同葛兰言一样。梅斯特也将其研究转向社会学和神话诠释,尤其是有关汉胡之间的交流关系。他没有出版著作,至少是极少出版。但他却在高等研究实验学院宗教系把自己的一切都奉献给了学生们,从事高质量的教学工作。

---

① 浦立本(E.G.Pulleyblank)的文章,载《东方经济和社会史杂志》第1卷第1期,莱敦1957年版,第154—156页。陈观胜(Kenneth Ch'en)的文章,载《哈佛亚洲学报》第20卷第3—4期,1957年,第733—740页。

② 石泰安:《E.梅斯特》,载《高等研究实验学院宗教系1951—1952年年鉴》,第9—13页。

葛兰言最优秀的弟子是石泰安(R. A. Stein),他从1940年开始直到1946年长期居住在河内法兰西远东学院,后期被派往北京的法—中汉学中心。他继承了研究印度支那半岛国家汉学著作的传统,发表了他旅居印度支那时的第一项成果,这是一部历史地理研究巨著,题为《林邑,其方位、对占婆形成的贡献及其与中国的关系》(1947年)。他在此后的一部著作《远东小花园,微现世界》(1953年)中,作者充分发挥了他那对宗教现象的那种观察家、比较家和分析家的非凡才能,从此赢得了其学生们的极大仰慕。石泰安于1949年返回法国,1951年被任命为高等研究实验学院第五系研究导师。他的"远东和高地亚洲比较宗教"的导师席位说明,汉学已不再是他唯一的关心之处了。事实上,藏学研究已经逐渐占据他研究活动的首位。尽管如此,我们还应该把一篇重要论文归于他:《论公元2世纪道教的政治—宗教运动》(1936年)①。他从1966年起,便成为法兰西学院教授(主持的讲座是中国社会研究:制度和概念)。近年来,他将该学院的部分课程用于探究道教问题。

康德谟(Max Kaltenmark)是葛兰言的又一位学生,同时也是马伯乐的一位勤奋的旁听生。他于1949—1953年间,旅居北京法—中汉学中心,于1957年被任命为高等研究实验学院第五系研究导师。他的第一部著作是《降伏波涛者》(1948年),这是一部完全沿袭葛兰言思想、研究神话和民俗内容的论著。康德谟的另一部著作《列仙传》(1953年)②,则表明他的专业特长是道教。就此内容,他主要发表了一篇题名为《灵宝,一个道教术语杂考》(1960年)的长文、另一本短小而寓意深刻的著作《老子和道家》(1965年)③。多年来,他的课程涉及了道家,尤其是《太平经》的形成和思想体系。我应该补充说明,他的工作范围并不局限于宗教研究。

继康德谟后,我应该提到他的某些学生。其中名列前茅的是施博尔(Kristofer Schipper,施舟人)先生。作为法兰西远东学院的成员,他长时期居留台湾(1962—1970年间),在那里研究了香火旺盛的一座道观中的运行及其科仪。他得以搜集了大量的原物和第一手资料。1972年,施博尔

---

① 《通报》第50卷,1963年,第1—78页。此文由胜川义雄译成日文,刊载在《道教研究》第3期,东京,1967年,第113页。此文向我们提供了介绍该杂志的一次机会,其目的之一是向日本介绍有关道教和民间宗教的外国著作,尤其是法文著作。

② 戴密微的文章,载《通报》第43卷,1954年,第104—107页。

③ 由纪好弼(R.Greaves)译成英文,题为《老子和道教》,斯坦福1969年版。

被召回高等研究实验学院第五系主持一导师教席。他的第一部著作为《道教传说中的汉武帝》(1965年)。他有关道教的其他著作行将出版。

索安士(Anna Seidel)小姐是康德谟先生的另一位学生,现为法兰西远东学院在东京的成员。她的一部很有意义的博士论文是《汉代道教中对老子的神化》(1969年)。

在葛兰言和马伯乐的弟子中,我还可以提到尼古拉·旺迪埃—尼古拉(Nicole Vandier-Nicolas,范隆德)夫人,现为东方语言学院教授。她以发表《道教》(1965年)一书而显示了这方面的才能。但是,旺迪埃—尼古拉夫人的主要活动并不在这一宗教研究的范围内。

最后,我可以将本文的作者列入宗教这一专栏中。他目前尤其全力以赴地编制现代宗教史料与组成内容的目录。

(三)历史研究

本小节如同上一小节一样,乃至有过之而无不及,它将覆盖种类繁多的内容。但大家于此却找不到可以在宗教史中发现的那种相对严密的结构。

我们应该看到,爱斯嘉拉(Jean—Escara,1885—1955年)[①]研究的课题甚为特殊。他与马伯乐和葛兰言是仅相差一两岁的同代人,这一切都促使我首先提到对他的怀念。他似乎是欧洲第一位在广泛而又坚实的基础上奠定中国法学研究的人。在数次旅居中国期间,他在中国获得了中国法学的杰出实践知识。他的作品很丰富,但我在此提到的是被奉为其主要著作的《中国的法学》(1936年)和《中国的政治制度》(1952年)。其中后一部著作是由马伯乐开始,由爱斯嘉拉出版并作了大量的增补。

白乐日(Etienne Balazs,1905—1963年)[②]的逝世,令人痛苦地感到了又一重大损失。他是匈牙利血统的人,首先是受到了德国的吸引。他自

---

① 由何四维和H.冯·德·瓦尔克(H.van der Valk)先生所写的讣告,载《通报》第44卷,1956年,第304—308页;附书目,第308—310页。

② 戴密微:《白乐日》,载《通报》第51卷,1964年,第247—255页,其后附白乐日的书目,见第255—261页;也请参阅第16届国际汉学研究大会上发表的《纪念白乐日》,波尔多1964年9月版,共24页;有关白乐日理论体系的最佳综述是由罗尔夫·特罗泽特尔(Roll Trauzettel)著,载《时代》杂志第18卷,1967年,第264—277页。

1923年起，便在德国成为福兰阁(Otto Franke)的学生，同时又是伟大的社会学家马克斯·韦伯(Max Weber，逝世于1920年)身后的弟子。他在1925—1926年间就曾聆听过马伯乐的授课。但到了1935年，白乐日才最终定居法国。作为政治避难者，生活对他始终并不温馨。直到他于1949年以研究员的身份受到法国国立科学研究中心聘任为止。他于1955年最终被任命为高等研究实验学院第六系的研究导师。

白乐日首先以一部关于唐代经济史的德文博士论文之巨著（1931—1933年）而崭露头角。他于其书中向汉学界揭示出了一个面貌全新的研究领域。这甚至是在马伯乐之前，马伯乐在1936年以前未曾触及过经济史。战后，当白乐日重新得以将其全部时间都用于科研时，他构思了一部题为《中世纪中国的社会和经济研究》的重要著作，出版了其中的两部分片断：《〈隋书·食货志〉译注》(1953年)和《〈隋书·刑法志〉译注》(1954年)。另一部分是《〈晋书·刑法志〉》的片段，始终未刊，现已完全译完却未加注。在白乐日逝世后，出版了一部论文选集并被译成英文，即《中国的文明和官制，主题的变化》(1964年)。其法文文集《天朝官吏制》(1968年版)则与前者完全不同。其次是一卷由马伯乐和白乐日共同署名的《12世纪之前的古代中国的制度和历史》(1967年)。实际上，这里指由他们中的第一位遗留下的未杀青的著作，由他们中的第二位作了整理并补充了四分之三的篇幅，但再次留作未完之作，最后则由戴密微先生负责出版。总而言之，他的全部著作使他成为“当代西方最伟大的中国历史学家之一”。

最后，我还应当指出，白乐日的名字还与一项完全不同种类的事业紧密相连。它是白乐日设想出来并着手启动的项目，而且还可能是为此而毁掉了他的健康。这就是“宋史计划”项目。我于下文将回头来论述它。

上文提及的马伯乐和白乐日的遗著，为我们提供了令人联想到格鲁塞(René Grousset，1885—1952年)①的机会。格鲁塞如同过去的考狄一样，他并不是我们理解的那种汉学家。然而，他对东方学，尤其是对汉学研究作出的巨大贡献是远不容忽视的。从科学观点来看，其卷帙浩繁的著作都具有不同程度的成功。然而，这些著作的功德却在于忠实地传播了某些往往是过分鲜为人知的研究成果，从而增加了远东在西方人看到的通史中和文化大众舆论中所占的份额。

---

① 戴密微：《格鲁塞》，载《通报》第57卷，1954年，第411—415页。

格鲁塞继葛兰言之后和直到他谢世为止,即从1949年到1952年间,一直在国立东方现代语言学院教授远东历史和地理课。他的最佳著作被长期用作教科书并且现在依然有用,这就是他为古斯塔夫·格罗兹(Gustave Gloz)的《中世纪史》第10卷《15世纪之前的东亚》第一部分《帝国》(1941年)所写的专论:《印度、中国和蒙古人》。这仅是叙述事件的历史著作。同在第10卷中还应该包括名为《制度机构》的第二部分,其中的中国部分则是邀请马伯乐撰写的,这第二部分亦是以我上面讲到的方式问世的。

戴何都(Robert des Rotours)先生相反却是专长于研究唐代的汉学家。历史学家们应把最具有用途的资料、工具书、论著和特别是完成行政组织的枯燥工作都归功于他:两唐书《选举志》(1932年)和《百官志与兵志》(1947、1948年)[①]译注本、《唐代的两瓣符》(1952年)等等。近年来,他出版了有关唐代重要文献的译注本,我将提到伯希和的一位学生拉切聂夫斯基(Paul Ratchnevsky)。他在相近的领域内,根据一种可比方法和针对不同的朝代,出版了一部《元典章》的译注本[1937年和1972年出版了两卷(待续)]。

战后一代历史学家,应由我在佛教研究章节中早已提到的谢和耐先生所代表。我们已看到,其《中国5—10世纪的寺院经济》一书首先是一位社会学家和经济学家的著作。他后来的著作则证实了这种趋向,诸如《从敦煌卖契看中国9—10世纪的专卖制度》(1958年)。

谢和耐的一部叫作《蒙古人入主中原前夕中国中原人的日常生活(1250—1276年)》(1959年)[②]则表明,在他身上又出现了一个新方向。谢和耐先生于该书中发挥了其历史学家所具有的才智,注重所有形成某一时期特征的历史资料,同时又善于将这些资料重新置于总体范畴之中来考量,除此之外,则不能成为历史。他又根据同样的思想,最近又向我们奉献了一部综合性巨作《中国社会史》(1972年)[③],描述了中国从"上古王权"

---

① 戴闻达的文章,载《通报》第46卷,1958年,第427—433页。

② 刘茂才的文章,载《德国东方学报》第112卷,第1期,1962年,第218—225页;芮沃寿(H.M.Wright)的译英文,题为《蒙古人入主中原前夕中国中原人的日常生活(1250—1276年)》,伦敦1962年版;请参阅崔瑞德(D.C.Twitehett)的书评,载《东方和非洲研究学院学报》第27卷,第3期,1964年,第122—128页。

③ 戴密微的文章,载《通报》第57卷,1972年,第220—224页。

经历史黎明时期直到“马克思主义胜利”的当代历史变迁。这部规模宏大的著作的独到之处，便是赋予了文明特征以及社会、文化、经济、技术等诸要素一种占优势的篇幅比例。上述要素确定了在中国的历史中相继的阶段，这些阶段又是被精心地紧密相连在一起的。政治和军事要素也在书中未受忽略，但它们更多地则是以次要因素而不是作为决定性因素出现的。其著作不仅是为汉学家们写的，而且也为人文史学家们所写。此外，在一套具有世界性抱负的丛书中，这样一部重要的汉学专著，在法国尚属首次。

在谢和耐先生众多的门生中，特别值得一提的是其中的两位。一位是贾永吉(Michel Cartier)先生，我在下文将会再次提及他的名字。贾永吉致力于经济体制史和人口学的研究①。明代社会史是他选择的研究领域。另一位是谭霞客(Jacques Dars)先生，他曾编纂过一部重要著作《10—14世纪的中国海军》，书中没有忽略直到当时仍很少有人研究的经济、技术和军事诸方面。另外，我也不会忘记指出苏尔梦(Claudine Lombard)夫人有关海外华人社团历史和宗教的研究，更不会忘记她的《18世纪的贵州，一个汉化例证》著作。

由于缺乏更合适的分类，我在本节中还将介绍汪德迈(Léon Vandermeersch)先生的著作。他是一位经验丰富的汉学家，曾是河内和京都法兰西远东学院的老成员，现任埃克斯大学中文系系主任。他将其主要精力用于了对古代中国政治思想的研究。他那部叫作《论法家的形成》(1965年)的书正是以此为内容。他大幅度地发挥了自己的论述，使用了除古典资料以外的文献，即当时在法国还是刚开始利用的甲骨文和青铜铭文及其他考古学资料。他完成了一部巨著《王道》。汪德迈先生于其书中对中国古代的家族、文化和政治体系作了全面的研究，这必然会使马伯乐和葛兰言的未竟之业面目一新。

以各种不同名称出现在中国历史中的中国边裔民族，汉文历史史料对他们提供了价值很高的资料。过去伯希和与马伯乐曾创作过许多有关汉人视之为藩部民族的著作。在当代，我尤其要提及伯希和的学生，法兰西学院教授韩百诗(Louis Hambis)先生，他著有《明代蒙古史资料》(1969年)；哈密屯(J.R.Hamilton)先生，现为法国国立科学研究中心研究员，著有

① 《中国16世纪一个州的政治制度与税收》；正在附印中，与魏丕信(Pierre-Etienne Will，现在日佛会馆工作)合著：《中国的人口和制度，为帝国时代人口普查分析而作》(1971年)。

《五代回鹘史》(1955年);石泰安先生,著有《汉藏走廊古部族》(1961年)。

在过去数世纪的中国史研究中,新近加入了中国当代史研究。1922年之前,中国在世界舞台上并没有通过本身而起到重大作用。对其近期历史的研究似乎也没有值得注意的精深著作。这样一来,马伯乐在亚细亚学会百周年纪念册中发表的汉学研究报告中,对此只字未提。然而,自第二次世界大战末以来,人们知道这个国家突然间占据了相当重要的分量。同时,一种对中国与日俱增的关注取代了昔日漠然处之的态度,从而激起了有关中国的数量极其丰富的各种研究论著。真正的史学著作与纯属新闻性的文章(也具有一定价值),或者是与受科学之外的关注支配的著作之间的界限,始终都不是十分明确的。

如果与其他国家(首先是美国)相比较,那么法国在这方面的贡献确实是微薄的,但也却是不容忽视的。纪亚马(Jacques Guillermaz)先生是一部从1921年至今为止的《中国共产党史》(1968年,1972年)著作的作者,他是以近期政治史为其研究项目的①。第二次世界大战前的工团史则是谢诺(Jean Chesneau)先生的专长,他著有《1919—1927年的中国工人运动》(1962年)等等。毕仰高(Lucien Bianco)先生著有《中国革命的起源,1915—1949年》(1967年),他更多地执着于对革命前中国社会中农民经济之软弱性的研究。此外,白吉尔(Marie-Claire Bergère)夫人至今仍致力于研究中国的共和国建立时的资产阶级,著有《中国的资产阶级和辛亥革命》一书(1968年)。

(四)文学研究

在法国,有关中国文学研究的分量长时期以来都相当有限,至少直到第二次世界大战末仍是这样的。在这一时期之前,综合性的论述寥寥无几。我在此几乎只能提到徐松年1933年出版的《自古至今的中国文学文选》;在战后发表的马古利埃斯(Georges Margouliès)著《中国文学史》(2卷本,1949年和1951年),则远不能让人满意。出自一位汉学家之手的第一篇有价值的综合论述,则是由康德谟先生《七星诗社百科全书,文学史卷》

① 另一部当代中国政治史的重要专著,是钱之浩于1970年出版的《中华人民共和国,宪法和制度》。

第1章所写的《中国文学》章节(1955年)。实际情况是,这方面的资料十分丰富,且题材如此广泛,以至于让人很难囊括一切。如同在其他所有领域中一样,汉学家们在该领域中有专业研究者,我也应该对那些已告完成的著作作进一步的详细阐述。

首先是"古典文学",这是以书面语言或古汉语撰写的美文学。

我于此提到的在时间上最早的中国文学研究专家之一便是上文所说的马古利埃斯,我们应将《〈文选〉中的赋》(1926年)一书归于他的名下,此书尽管略显陈旧,却仍不失为一部引人入胜的论著。此类学术性的文学体裁——"赋"或者说散文诗,曾由现任巴黎第8大学教授的吴德明(Yves Hervouet)先生作过非常深入的研究。事实上,吴德明先生的文学史著作主要侧重于另一位著名作家,这种成果在诸多原因中,就包括"赋"的原因。这些著作是《汉代宫廷诗赋学家司马相如》(1964年)[①]和《〈史记〉卷117》译注本(1972年)。他于书中指出了中国第一位文学家、职业诗赋家司马相如的生活、情感世界及诗赋作品等,对这位诗赋学家的纪念已记载在中国历史中了。经高度简化之后,我仅指出这些著作的重点都被置于了广义上的历史方面,并不是文学中,而且也正如其选题促使人们所想象的那样。

同样的一种方法,也指导着高等研究实验学院第六系的侯思孟先生对公元3世纪文化与文学运动的研究,尤其是他在对嵇康(《嵇康的思想与生平》,1957年)及被称为"竹林七贤"的其他几位人物的研究中,更为如此。

高等研究实验学院第六系研究导师桀溺(Jean-Pierre Diény)先生,在他的著作中则采取了一种截然不同的姿态。他更倾向于文学批评而不是历史:必须对著作本身及其当时意识形态和社会背景进行研究,它能使人了解这种文学的本质,并领会在中国读者心目中,过去或现在使之成为美的东西。实际上,这种方法适用于某些选集,因为选集著作都不署名,而且是部分地从民间背景中获得其灵感及其形式的。时至今日,在此领域内出版了《中国古诗19首》(1963年)和《中国古典诗歌之起源——汉代抒情诗

---

① 戴密微的文章,载《通报》第52卷,第160—170页;波科拉(T.Pokora)的文章,载《东方艺术》第35卷第2期,1967年,第334—339页;D.霍克(D.Hawkes)的文章,载《东方文学学报》第67期,札尔冈出版社1972年版,第3—4期,第189—194页。

研究》(1968年)①等著作。

年轻的研究员程纪贤先生,则从另一个受当前某些倾向启发的完全不同的角度,新近发表了《唐代作家张若虚诗作的形式分析》(1970年)。其成果颇具意义。

此外,我需要指出的是,在文学方面,特别是在诗赋方面,我们不能贬低由华人编撰的,或以博士论文、或以译本集形式出现的著作,它们大部分都是优秀作品。如在博士论文一类中,我可以提到冯淑兰先生的《词的技巧和历史》(1935年);译著中有上文提及的徐仲年先生,他以其《诗选》译本而名噪一时;还有罗大纲先生的《唐代四言诗百首》(1947年)以及《先做人和后做诗人》(1949年)。

最后,根据同样的视野,我还将会提及,在戴密微先生主持下集聚起来的中法两国的文学史学家、诗赋专家及业余爱好者,已经成功地编撰了似乎已成为我们研究砝码的,以巨著形式出现的《中国古典诗选》(1962年),这是一部无懈可击和具有严密结构的集体著作。

其次是"通俗文学",它与文学,尤其是与古典诗词绝非没有任何联系。它可根据诸多标准而形成特征。我于此并不进入细节探讨,而仅仅指出,通俗文学主要是,但并不唯独是以白话或半白话语言写成的文学作品。如赋、诗或者(而且这是一种常见的情况)是根据变化不定的混合语言写成的文学作品,即偶尔根据不同音乐伴奏的说唱赋文、诗的体裁而定,至少在开始时是这样的。对这种文学体裁的兴趣由来已久,我们现在所掌握的更要详细得多的知识,主要是在最近50年间,或更长久些,自发现敦煌写本以来,在世界上尤其是在中国和日本相继出版的众多研究著作的结果。

话本古文学,或者是其类似的文学"变文"和其他过去不为人所知的文学体裁,在法国主要是由戴密微研究的。戴氏发表了它们的译文,并于数年间将其法兰西学院的课程用于了讲授这一体裁。但他的精力现已转向了对一种更新体裁的研究。这种体裁即使不是直接派生自"变文",至少也与之具有可比性,这就是《宝卷》类作品。

中国中长篇小说的通俗特点并非始终都很明显,它们很久以来便形成了我们国家的一种研究体裁。首先,它具有更适宜被翻译的长处,其中包括许多无可非议的代表作。第一部也是唯一的一部小说通史,是在二战之

① 霍克的文章,载《通报》第55卷,1964年,第151—157页。

前出版的。这便是吴益泰的论著《中国小说》(1933 年)。它虽无独创之处,却仍不愧为出色的教科书。当今,最优秀的专家便是原法兰西远东学院成员,现为波尔多第 3 大学中文系系主任雷威安(André Lévy)先生。我们应将本领域内的许多著作都归于他的名下,例如一卷本的译著《狐仙女的爱情,17 世纪的 12 个传奇故事集》(1970 年),或者是他的《中国传奇故事和小说研究》(1971 年)。目前,他正在对大家翘首以待的提要性著作《17 世纪中国传奇故事》作最后的定稿。他在其中主要是论述了被称为"话本"的文学作品。东方语言和文化学院教授于儒伯(Robert Ruhlman)先生的专长是研究《三国演义》,此书过去曾是纳吉埃姆(Nghiêm Toan)和路易·利科(Louis Ricaud)先生的未竟译作(1958—1962 年)。此外,路易·阿夫诺尔(Louis Avenol)先生发表了另一部中国著名长篇小说《西游记》的一种语言流畅的译本(1957 年)①。

从通俗文学的各个方面来看,可能要数戏剧研究最为棘手。这是由诸多原因造成的,其中就包括戏剧与音乐的关系。尽管如此,戏剧很早就引起了法国汉学家们的注意。1731 年由马若瑟(de Prémare)神父翻译的元曲,由伏尔泰改编进其《中国孤儿》中了。19 世纪,儒莲(Stanislas Julien),尤其是巴赞(Antoine Bazin)在这一体裁上留下了许多至今仍值得我们注意的译著。我们的当代人对戏剧似乎只表现出了相当微弱的迷恋。我于此只能提到莫朗(Georges Soulié de Morant),他是一位不大受人重视却又多产的作家,但他的那一部叫作《中国近代的音乐和戏剧》(1926 年)不失为有价值的著作。最实用的工具书便是郑勉《近代中国戏剧解析目录》(1929 年)。一部精心撰写的著作是蒋安凯有关明代一种戏剧形式的论著:《昆曲,中国古代戏剧》(1933 年)。战后,我只能提及李志华先生的名字,他出版了一部《元曲——〈忍字记〉》(1963 年)。另外,东方语言文化学院教授班巴诺(Jacques Pimpaneau)先生发表了一部关于木偶戏的专著。

最后还有"近代文学"。这一新课题最近才出现。因为它是 1920 年文学革命胜利的产物。这种文学或多或少地受到了西方的影响,是用通行的当代国语(白话文)撰写的。它似乎特别吸引了年轻的一代汉学家。然而,迄今为止,诗歌却变成了最佳研究著作的对象。其中突出的有鲁阿

① 戴密微的文章,载《通报》第 46 卷,1958 年,第 427—433 页。

(Michelle Loi)夫人的《墙上芦苇,中国1919—1949年西化诗人》(1971年)。在小说领域,巴迪(Paul Bady)先生预告将出版一部博士论文《小说作家老舍》。我不应该在未提及一部独具风格的著作之前就结束本段概述,它为填补一项空白而作出了贡献,这就是桀溺的《世界属于你们,中国的儿童读物》(1971年),不过,这部书的意义已超越了儿童文学范畴①。

(五)考古学和艺术史研究

沙畹、马伯乐,尤其是伯希和等大学者们,先后均为促使在汉学研究中赋予考古学一种重要地位作出了贡献。然而,我们当代的条件已不再是他们所经历过的那样了。在中国,战争、内乱以及政治制度的变换阻碍了实地考察。相反地,中国考古学家在他们的国土上进行了大量具有奇迹般意义的发掘工作,而他们的外国同行的任务,却只有通过阅读其出版刊物而了解这一切。

在法国,这方面的活动主要是朝三个方向发展的:上古时代和古代的考古学由叶利世夫(Vadim Elisseeff)先生和毕梅雪(Michèle Pinazzoli-T'Serstevens)女士代表的。前者是高等研究实验学院第六系研究导师,塞尔努斯基博物馆保管员,1940—1953年曾任卢浮宫学院教授;后者曾是吉美博物馆的保管员,自1972年起任卢浮宫学院教授②。其次,在法国还有1个很活跃的中国陶瓷研究领域。在此领域内,我应该提到以下人的名字:马德玲·大卫(Madeleine David)小姐在中国上古时代的陶瓷研究领域中,享有国际公认的权威,她现在是法国国立科研中心的研究员,曾于1953—1972年间任卢浮宫学院教授;戴西·利昂—戈尔德施米德(Daisy Lion-Goldschmidt)女士,她研究明清瓷器。第三个方面,我想到了由伯希和特藏中的资料而激发的著作,我将在下文有关吉美博物馆的段落中再来论述它。

除了就本义而言的考古学著作外,我于此还将涉及艺术观点的研究。尼古拉·旺迪埃—尼古拉(樊隆德)夫人以其两部有关宋代一位业余画家

① 德斯特奈(P.Destenay)的文章,载《通报》第58卷,1972年,第323—330页。
② 此书即将出版,题为《根据云南省的出土文物研究滇文明》。

的专著而饮誉于学术界[①]。

(六)语言学研究

在法国,这一研究领域由高等研究实验学院第六系研究导师李嘉乐(Alexis Rygaloff)先生独占鳌头。他既是伯希和的高足,又是著名的语言学家[②]。他主持着一个十分活跃的研究组。在他的指导下,他的学生们发表了相当数量的有价值的论著。如贾永吉(Alice Cartier)夫人所著的《现代汉语中复合动词》(1972 年);艾乐桐(Viviane Alleton)夫人的《现代汉语中的副词》(1972 年)。还有其他许多的出版物,在此已不可能详细列举了。

一位独立研究人员——国立科学研究中心的助理研究员吴其昱先生,用中文撰写了一篇内容极丰富的有关汉语中用数字组成的短语的博士论文,该论文尚待刊。

三、研究机构

近 50 年来的特征还在于研究机构的大幅度发展。“科研机构”一词于此被用于广义上的理解,意指旨在促进汉学研究的各种机构、集体研究范畴或项目。

(一)教学

我们现在很难想象,在 1922 年前的巴黎,只有东方语言学院、高等研究实验学院第五系、法兰西学院才开设汉语和汉学教学课程。此外,还有卢浮宫学院开设了远东艺术史课程。

这些研究机构中的第一个,即不久更名为东方语言文化学院

---

① 旺迪埃—尼古拉:《中国的艺术和智慧,米芾,从文学角度来看画家和艺术行家》,1963 年(请参阅索培的文章,载《亚洲艺术》,第 26 卷第 3—4 期,1963 年,第 355—359 页);《米芾的画史》,1964 年(请参阅杨连陞的文章,载《哈佛亚洲研究学报》第 25 卷,1965 年,第 290—292 页)。在有关艺术史的本章节中,我同样还要提到李克曼(Pierre Ryckmans)先生,尽管他不在法国从事活动,但他的数种优秀著作却是在我们这里出版的。

② 我还要指出《当代北京话音位学》,1954 年,载《通报》第 63 卷,第 183—264 页。

(INALCO)者,目前非常活跃。但我们应该想到,就在一个尚不算遥远的过去,该学院只有一位中文教授(其讲座主要是由戴密微先生于1930—1945年间和由石泰安先生于1949—1952年间主持),由一名中国助教协助。在语言课中,还增加了专为几个系的学生们开设的一种有关远东各国的地理、历史和制度等的课程。这种课程的教授在1925—1940年间的长时期内是葛兰言,接着在1941—1952年间是格鲁塞①。现在则共需要3名教授了:从1955年开始主持历史讲座的旺迪埃—尼古拉夫人、于儒伯先生和班巴诺先生,另外还有一大批各种级别和专业的中法教师,以确保该系的正常运行,它现已变成了中国语言文化系。

高等研究实验学院的教学,在本质上就完全不同,它也按照类似的比例而发展。二战之前,它仅有一个中国研究导师教席,这便是葛兰言先生在宗教科学系创设的导师位。该系现包括三个研究导师位,分别由石泰安(侧重于藏学)、康德谟和施博尔先生(侧重于道教)占据。至于第四系,即历史学和语文学系,又开设了两个研究导师位,被归于桀溺和苏远鸣。最后,一个新的系——1947年新成立的第六系,即所谓经济和社会科学系,则向白乐日、毕仰高、谢诺、叶利世夫、谢和耐、纪亚马、侯思孟和李嘉乐等人敞开了大门。

法兰西学院却相反,自戴密微1964年退休后,它便失去了一个列入其课程表中达150年之久的中国语言和文学讲座。但石泰安先生仍在此施教,约有一半课程涉及了汉学。

在汉学研究传统早已扎下根基的机构中,开设的这些教学课程,不断地得到扩大和多样化的发展。1957年,又增加了由谢和耐先生开设的一种课程,他在这一时期应聘到巴黎大学文学系主持一个新设立的汉语讲座。自1969年以来,法国大学的动荡使这个讲座成为巴黎第七大学东亚教学与科研机构的中文系,由谢和耐主持,由多名教师协助。尽管尚有一定的物质困难,但这个新机构已变成巴黎最好的教学和汉学研究中心之一。

同样是这些动荡导致被称为第八大学的万塞纳(Vincennes)大学建立了一个中文系。它由吴德明先生主持,由鲁阿夫人及其他人协助。教学和研究在那里几乎是专一地以近代和当代中国为中心。

---

① 戴密微:《法国东亚研究组织》,载《亚洲研究》第18卷,1958年,第163—181页。

同样,法国外省的形势也发生了深刻变化。首先是在里昂,丝绸工业长期以来为激起人们对中国的兴趣,起了很大的促进作用,而且里昂的中国留学生人数很多。这就是为什么早在1900年,里昂大学便开设了汉语讲座,并先后由古兰(Maurice Courant)先生(1906—1935年)和乔治·迪巴比埃(Georges Dubabier)先生(1935—1971年间)主持。里昂大学目前的中国文化课负责人是托马斯(Léon Thomas)先生。一所配备有图书馆、主要是为了接收中国留学生的学校——法中学院,勉强于1921—1947年维持了一段时间。它现已被关闭。

在波尔多,1959年于波尔多大学开设了中文系,第一位主持讲座的人是吴德明先生,1969年由雷威安先生接任。

最后在埃克斯—马赛大学,埃克斯大学文学系于1966年创设了汉语教学课程,延聘汪德迈先生执教席。

(二)研究中心和图书馆

上述机构是根据所有阶段的教学而列举的,从比较基础的教学到更专门的科研机构。此外还有其他机构,它们首先是图书馆或资料中心,这两者在原则上并非专门仅供局限于某一项目学生们使用,而主要是为研究人员服务的。不过,这两类机构之间并没有明显的区别。

在汉学方面,犹如在其他许多方面一样,第一家图书馆便是巴黎国家图书馆。其中的汉文书籍皆归类于稿本部,而有关中国方面的西文著作则收藏于刊本部。由于1961年完成的一次成功的改革,前者被细分成几个部分,故中文书籍目前都保存于稿本部东方处。该处的杜乃昂夫人(Marie-Robert Guignard,1911—1972年)①长期忠实而又称职地负责其保管工作。我于此重提一下,她受外交部的派遣出国,曾于1934—1939年间到北平国立图书馆进修。当时作为交换,北京图书馆的王重民先生接替了她。目前,东方处负责保管者为隋丽玫(Marie-Rose Séguy)女士,她是一位公认的和受人尊重的汉学家。

中文刊本丛书既古老而又珍贵,它们由于伯希和的采购而趋于完备,又通过各种合理的搜集而不断得到增加。然而,该馆中文特藏的价值主要

① 隋丽玫:《杜乃昂》,载《亚细亚学报》第260卷,第1—2期,1972年,第1—5页。

来自伯希和自敦煌携归的稿本,它们于 1910 年入藏国立图书馆。这批稿本确实非常著名,在全部伯希和特藏中,全文或部分用汉文书写的稿本为数远远领先。伯希和曾亲自为之编制初目,于 1920 年完成。1934—1939 年间,王重民先生对此重新作了整理。1951 年,哈佛大学的杨连陞先生接着作了整理。1952—1955 年间,谢和耐先生和吴其昱先生共同编制了前 500 号(2001—2500 号)的详细目录。然后,整理工作和物质上的困难,却使《敦煌汉文写本目录》第 1 卷一直拖延到 1970 年才出版,第 2 卷以及此后的几卷(全部可能共包括 6 卷)会以一种较快的节奏出版,因为许多注录条目已经准备就绪。

然而,编目已告完成的仅仅是有关敦煌写本整理工作的一个方面,这项工作已经够繁重了。为刊布或研究写本的最有价值的著作,已经专门出版了数套丛书,在时间上的第 1 套丛书是 1954 年由旺迪埃—尼古拉夫人编撰的《伯希和西域探险团文献》丛书,4 开本,其中只包含有一部具有汉学性质的著作,即《舍利佛和六师外道》(国立图书馆第 4524 号汉文写本影印件,附有译注文,1954 年)。另一套丛书便是由亚细亚学会出版的《国立图书馆所藏高地亚洲写本(伯希和特藏)》,现已发表 13 册,但它们主要是包括梵文和藏文写本的译文。我只于其中发现两篇汉学论文,即由吴其昱先生(1959 年)和笔者本人(1954 年)所作。最具汉学性质的一套丛书,其标题为《巴黎国立图书馆所藏伯希和探险团档案》,现已出版 3 卷。其中第 1 卷是由吴其昱先生刊布并作导言的《〈本际经〉,7 世纪的未刊道教著作》(1960 年);第 2 卷便是上文提到的由戴密微和饶宗颐先生合著的《敦煌曲》(1971 年);第 3 卷是《敦煌白画》已付梓,它是饶宗颐先生的著作,由戴密微先生作序,由李克曼(P. Ryckmans)先生译作法文。其他某些著作的几卷正在策划中。

为了论述得完整起见,我应该补充说明,取材于敦煌写本的著作通常是于上述丛书之外发表的。例如,陈祚龙先生辑录的《敦煌名人貌真赞》第 1 卷(1970 年)。此外,已经撰写了各种体裁的诸多著作,完全是以开发利用敦煌写本资料为基础的。这样一来,国立图书馆便显得如同是法国汉学研究的主要活动中心之一了。

在巴黎,另一个扮演着汉学家中心角色的研究所是汉学研究所。我顺便提一下,它是在首任所长保罗·班乐卫(Paul Painlevé)的倡议下,以私人机构形式于 1919 年创建,到 1920 年正式成为一个社团。如同其他几个国外和在法国本土(如里昂法中学院)相似的机构一样,汉学研究所也能够"根据不同的外交协议,享受到了应该被用于法中事业的某些款项"。[①]换言之,它也享受了部分庚子赔款。然而,该研究所直到1926年被置于巴黎大学的保护下之后,才得以正式真正地启动。数年后,似乎是在1929年,巴黎大学为它提供了设在索邦神学院的所址,它直到当时都缺少一个办公地点。汉学研究所保留这一所址,直到1967年10月迁移到威尔逊总统大街的现在办公地为止,该研究所此后一直以此地为其所在地。1958年,这一机构成为一个大学的研究所,所有活动均由巴黎大学负责。巴黎大学于1968年分裂之后,使它处于了一种不明确的和临时性的地位,而且持续了数年。自1973年1月起,该所归属于法兰西学院,作为印度和远东亚洲的一个新研究所。

汉学研究所的工作相继由葛兰言(1920—1940年间)、伯希和(1940—1945年间)、戴何都(1945—1947年间)以及此后的韩百诗先生主持。它的主要活动在于组织汉学课程和讲座。事实上,在战前,我们看得更早一些,东方语言学院仅仅提供汉语语言教学。此外,法兰西学院的课程和高等研究实验学院的"讲座",尽管数量很有限,但却如同现今一样,一开始就处在一种最著名的权威水平和研究先导地位。所以,汉学研究缺少一个中间梯队和一个更加广泛的开放面,这正是高等研究实验学院在数年中面临的问题。战后,在巴黎各机构几乎逐渐都开设新的汉学教学课程的情况下,大家便很少会感到有这种需要了。现在,教学业务已被取消。汉学研究所还会一如既往,继续利用一切机会举办由外国学者所作的报告。

非常幸运的是,汉学研究所还有其他活动可能性,在推动汉学研究中起了作用,尤其以出版著作和获得图书方面扮演其角色。战前,这两项任务中的第一种,经常是以给予出版著作的资助来表现的,这些著作往往都具有很大的学术价值。其中一些是中国学者在法国进修期间所作的博士论文。由于缺乏经费,这一惯例已不复存在了。相反,由于国家科学研究中心的资助,汉学研究所才能够继续出版本所丛书,即《汉学研究所文库》。该文库是以1932年出版上文提及的沙畹《汉文三藏经中的500个故事和寓言》而开始推出的,至今已达23卷。另外,该所曾着手出版一套工

---

① 葛兰言在汉学研究所发表的演讲,1926年,第7页。

具书为《巴黎大学汉学研究所汉学引得、书目和资料丛书》,其中 3 卷已经出版:第 I 卷;陈祚龙先生的《〈汉官七种〉引得》(1962 年);第 Ⅱ—Ⅲ 卷为施博尔先生于 1965 年和 1969 年推出《〈抱扑子内篇、外篇〉引得》。这后两卷书是由法兰西远东学院资助出版的。我们祝愿这套丛书能继续出版下去。

汉学研究所的第二项任务,便是我们上文所说的搜集一家图书馆的藏书。首批采购似乎是由伯希和本人于 1926 年以后在北京完成的,此后便以一种令人遗憾的快慢不等的速度和微薄的资金继续采购。尽管很不完备,但目前该图书馆藏量已相当可观了。当然它尚不能与巴黎国立图书馆以及日本、美国的某些大图书馆相媲美,但作为工作图书馆,它仍高傲地在欧洲占据一席之地。它显得有一定程度的落伍,应该以更快的速度赶上去。

我还应补充说明,汉学研究所继承了早前北京汉学研究中心的部分遗产。这个机构虽已不复存在,但在当时却曾使人产生过巨大的希望。早在 1919 年,伯希和就曾建议在北京设立一所法国机构,与在巴黎运行的研究所对等,也如同汉学研究所一样以庚子赔款来资助。这项计划令人期待了许久才实现。然而,优秀的汉学家铎尔孟[①](André d'Hormon)于 1939 年在北京建立了一处出版机构,负责出版以文化传播为目的的一种杂志,叫做《法国研究》。以此为核心,法国外交部于 1941 年末设立了法国汉学研究中心,但其活动并未因此而改变。

巴黎大学北京汉学研究中心创立后,一批法国汉学家被派往那里进修,其中就包括韩百诗、康德谟、于儒伯、李嘉乐和石泰安。该中心也聘请了一批中国学者(其中就有傅士华、金培原),还设立了藏书丰富的图书馆,最后是推出了许多中、法文出版物。我不可能于此详细列举,但至少将提及其中最豪华本的著作《汉代石刻集》(对开两卷本,1950 年和 1951 年版)。我也将提及一套《引得》的出版(已出版 15 卷,其中某些附有注释)。尽管其编纂工作有时略显马虎,但它们却作出了巨大贡献。我已经提到的汉学研究所的《引得》著作,原则上是在北京已着手出版的著作的继续。

中国政治制度的变迁给该中心的运行造成了很大困难,致使它于

① 铎尔孟(1881—1965 年)于 1906—1954 年间居住在北京,能讲一口流利的汉语,并熟知各种体裁的中国文学。戴密微:《法国汉学研究史》,第 94 页。

1953 年 11 月遭摒弃。中国当局稍后于 1959 年允准将该图书馆的部分藏书运往法国。它们被归于汉学研究所。但最珍贵的著作都或被没收,或遭查封,均留在北京。

中国近代史专家们也拥有他们自己的一个远东资料中心,该机构由纪亚马先生于 1959 年在高等研究实验学院第六系的范围内创建。该中心拥有一个重要的专业图书馆。由于它自 1968 年以来出版《欧洲中国研究联络通讯》而为所有汉学家们所熟悉,无论他们的专业是什么都一样。该中心由其缔造者领导,但在很大程度上应归功于其前任副主任——已故的佩利西埃(Roger Pélissier,1924—1972 年),他既是现代和当代史专家(1963 年出版《中国进入舞台》),又是高职称的图书馆馆员(曾任东方语言文化学院汉文特藏部的保管员;曾撰写专著《20 世纪上半叶中国图书馆》,1972 年)。

至于语言学家们,他们则更乐意出入由李嘉乐先生于 1960 年在高等研究实验学院第六系的范畴内创立的汉语语言中心,新近更名为"东亚语言学研究中心"。该中心的图书馆藏书并不算多,但它们都是专业书籍。该中心的主要目的在于编制一部汉法词典。

其他机构在各自的图书馆中,也拥有其丰富程度不同的中文书架,诸如吉美博物馆(专长于美术史和考古学)、东方语言文化学院(收藏所有内容的书籍,正在重新布置期间),鲁瓦约蒙基金会(铎尔孟先生的中文藏学遗赠该基金会,以中国文学为专长)、法兰西远东学院(佛教)以及巴黎第七大学东亚教学及科研组(正在迅速发展中)等。

若不专门提及亚细亚学会本身的图书馆,那么在纪念该学会 150 周年的本卷中,我就无法结束有关汉学图书馆的这一节。1914 年的第一次世界大战之前,该学会图书馆就已收藏大量的西文汉学著作了,但它只有极少的中文书籍,且质量低劣。这两批合在一起共达 8000 册书,形成了一家实力雄厚的工作图书馆。令人遗憾的是,该图书馆不购置任何图书。它确实是通过交换或接受赠送的各种出版物来获取图书,这不足以使该图书馆维持开放。但它已经对学术研究作出过并在长时期内将继续作出无法评估的贡献。

(三)博物馆

在我所说的范围内,法国的第一家博物馆是吉美博物馆,它是由一名工业家爱弥尔·吉美(Emile Guimet)①于1878年创建的,先在里昂,1885年迁至巴黎。当时的吉美博物馆是一个具有私营地位的机构,但它实际上已经得到了国家的大力扶植。这种形势到1929年才改变,获得了官方承认,并于这一年成为国家博物馆。1945年后,它进入了一个全新的阶段:借巴黎重新安置于战时疏散的珍宝之际,当时所有收藏于卢浮宫的亚洲艺术品,尤其是青铜器、古玉器以及葛朗迪迪埃(Grandidier)的中国瓷器搜集品,皆归属吉美博物馆,并取名为"国家博物馆亚洲艺术品部"。从代为保管品[如卡尔蒙—列维(Calmann-Lévy)的一流收藏品]中获得的物品,诸如铁士兰博士的玉器收藏品,后来又大大充实了远东部,现任保管员是毕梅雪夫人。

早在1912年,吉美博物馆便从卢浮宫的代为保管品中,接收伯希和特藏中的部分考古学文献。1945年,便是我们上文提到的卢浮宫与吉美博物馆收藏品的合并,使吉美博物馆获得了伯希和特藏中的剩余物。从此之后,伯希和所携归的全部特藏均入藏于吉美博物馆了。吉美博物馆藏品编目的出版成了一项长期的事业,被纳入了由韩百诗主持编纂的一套《伯希和探险团考古文献》中,它由金石和美文学科学院赞助出版。对该特藏中中国部分的研究被委托给了旺迪埃—尼古拉夫人。她现已完成了对该特藏中的图像文献的描述和考证性目录,特别是包括著名的敦煌绢画。

爱弥尔·吉美更为感兴趣的是宗教学而不是考古学。他曾游历过远东,并携归了大量的宗教图像物品,这些物品虽有趣味,却无艺术价值。这就是为什么它们长期被弃置一旁,乃至几乎遭人遗忘。自上次世界大战结束以来,宗教研究的发展,终于使之重见天日。它们被收藏于博物馆的一个附设机构中,并由贝尔纳(H.Bernard)夫人任保管员。它们形成了这个逐渐增多的特藏之核心,构成了根据博物馆的首要宗旨而于后来成立的一个当代宗教博物馆的收藏品。

在同一设施中,还设置了一个宗教史料中心。由高等研究实验学院第五系于1952年创建。石泰安先生创建的该系远东部,目前由施博尔先生领导。远东部的目标之一是组建和开发一个图片部,它现拥有图片的数量已逾万件。其合作者都参与了对属于该博物馆展品的编目和开发利用工作。

---

① 考狄:《爱弥尔·吉美》,载《通报》18卷,1917年,第380—381页。

属于巴黎市的塞尔努斯基博物馆创建于 1896 年,它原则上专一地致力于收藏中国和日本的艺术品。其藏品不及吉美博物馆的价值大,而且也没有图书馆。它的主要活动是举办临时性的展览,当然也是令人注目的展览。其保管员在很长一段时间内是阿尔德安·德·蒂札克（Ardenne de Tizac),其后是格鲁塞(他同时也是吉美博物馆的保管员)。1952 年至今的保管员是叶利世夫夫人(Danielle Elisseeff)。

我最后将提及在一个全然不同领域中新创设的东亚现代传统博物馆。那里现在收藏有一整套木偶、乐器以及其他有关戏剧的文献资料。它们主要来源于香港的一位艺术事业资助家高温（Kwok On)先生的捐赠。该博物馆在班巴诺先生推动下,于巴黎第七大学的范围内运行。

(四)集体合作项目

50 多年前,一种类似本专栏内容的存在本身就似乎是难以想象的。尽管与我们的研究难以兼容并蓄,但是集体项目却成了流行的时髦。这可能是沿用了物理学和自然科学所作出的表率行为。我不能否认,在某些情况下,集体项目是颇有裨益的。如上文提到的《敦煌汉文写本目录》那样的许多著作,在某种程度上都是集体力量的成果。当然其他形式的合作不仅已经被设计出来了,而且已付诸实施了。

《汉学书目杂志》(RBS)是此类项目中最为成功的一例。该杂志由高等研究实验学院第六系承办,于 1958 年创刊。其中的著作提要都很短小精悍。它的目的主要不在于评论或判断那些已经发表的著作,而更应该说是其目的在于尽可能地让人们清楚地了解这些著作的内容。书评介绍是由从世界范围内聘请的合作者以英、法文撰写,在原则上是面向各类研究专家的。该杂志首任主编,也就是我们应将该机构的创建归功劳于他的人,是剑桥大学的皮特·冯·德·龙(Piet Van der Loon)先生。他承担了 1—3 卷的出版（1955—1957 年),第 4 卷是由侯思孟负责出版的(1958 年)。从此后的一卷起,由侯思孟在贾永吉的帮助下刊行。后来贾永吉便独自一人担负起这份杂志的沉重责任。有关 1963 年著作的第 9 卷书目,即最新一卷,直到 1971 年才公开发行。我们可以看到,越来越严重的拖期,过分损害了一份本来就不太受人重视的杂志的价值,此外,在财政和物质方面也确实有困难。以后各卷将尽力弥补其滞后性。无论如何,《汉学书目杂志》已完全成为一种绝对必不可缺少的工具书。

另一个集体项目,就是白乐日的遗产“宋史研究计划”。此人似乎是早在1947年就已经产生出了这样一种主意。然而,只是到1954年在达拉姆召开第七届青年汉学家国际大会上,他才最终推出了其建议,希望通过组织一个国际小组来编纂一套宋史研究丛书。他随即就着手招聘几乎是世界各地、直至日本的志愿者参加。然而,不幸的是,他未能看到其大功告成的著作。1957年,正当他在东京的一次大会上宣读他为这项课题所作准备工作的报告时,受到了一次心肌梗死的打击。在他1963年去世后,某些文献就已刊行,但与最初计划相去甚远。1964年,吴德明先生首次尝试重新启动这项事业,不果而终。仅仅到1966年,人们才找到了最终的解决方法,即福赫伯(Hebert Franke)先生在慕尼黑负责编订传记部分,吴德明先生在巴黎重新着手编著其书目部分。国家科学研究中心自1967年起提供的拨款加速了在法国的工作进程。这部著作预计1974年完成,即以《宋代书目手册》为题出版;传记部分的进展似乎很缓慢。

我应该补充说明,最初是根据较广泛的涉及面而设想出的这项计划,在西方和日本,却导致出现了相当数量的出版物,它们形成了同样多的很有价值的参考书目。我于此不可能全部罗列它们。但我有义务单独提到一套杂文集,由鄂法兰(Françoise Aubin)夫人主编的《宋史研究丛书,白乐日纪念文集》,1970年和1971年出版了两卷,其余各卷正在印制或编写中。

根据中文和日文史料编纂的佛教百科事典《法宝义林》,同样也是一项拖延时间很久的事业。它是由烈维和高楠顺次郎于1926年在东京日佛(法)会馆的范围内奠定基础的。合作者们在数年内汇集了所需要的全部资料。戴密微先生1929年、1930年、1937年编订了前3卷,同时还于1932年编写了《大正新修大藏经目录》一册。经过长时间中断后,这套著作从1962年起在新的基础上复刊。戴密微任主任,原法兰西学院成员、现任洛桑大学教授的雅克·梅(Jacques May)先生任主编,法兰西远东学院成员戴路德(Hubert Durt)先生和索安士(Anna Seidel)小姐做助手。当时为止而集中了最优秀的专家和所需要的资料,此外还有日本和欧洲的其他合作者,诸如东京大学的荒神礼敏教授和那不勒斯大学的福安敦(Antoine Forte)先生等。法国金石和美文学科学院、法兰西远东学院、日本文部省、日佛会馆均以各种方式给予帮助,使该著作的出版得以重新启动。第4卷于1967年问世，第5卷已交付印。其未来的命运似乎有保证了。

此外，在巴黎同样还有相当数量的研究组在运行。他们的目的当然并没有比上文提到重大项目那样雄心勃勃，但这些小组标志着一种改变工作方法的尝试。它们在不同程度上都是昙花一现的，而且也是以某种方式秘密运作的。我作为例证而仅仅提到那些最活跃者，它们在研究方法上都受到了外国、尤其是受日本某些讲座的启发。“中国文学理论研究”小组，其发起人是吴德明先生、桀溺先生和侯思孟先生，小组的活动范围在巴黎第8大学，而机构却设在汉学研究所。其组员们共同撰写了《诗品》的一种考证版本和一种索引，现已付梓。其他出版物也业已确定。

尽管上文罗列的概述已经相当冗长了，但它们已是被压缩到只剩下要点了。许多有价值的著作可能被遗忘或被忽视了，恳求大家予以原谅。然而，即使如此，这也足以揭示法国汉学研究在50年中的巨大变化及其多样化的程度了。

在此问题上，我们应感谢由法国国立科学研究中心提供的大力支持，它不仅为研究人员提供了各种生活费用，而且还提供了出版资助，倘若没有这些资助，本报告中所提到的大部分出版物将至今都不可能面世。它应得到我们深切的谢意。

然而，我们所观察到的发展并不是一种孤立现象。在全世界几乎所有的地方，我们都观察到了一种类似的发展，只不过是它们的发展更要快得多。法国在这种巨大努力中的相对地位与它在50多年前的地位相比，已经小得多了。

此外，我们的研究之全面发展，始终伴随着无限方便而频繁的国际交往。大会、考察、培训、交流将与日俱增。总而言之，当研究比较问题时、在不同国家的那些研究类似问题的汉学家之间，思想上的共同性要比同一国家的不同专业的汉学家之间多得多。当然，这既不新鲜，也并非是汉学界独有的现象。无论如何，对于汉学界来说，现在正面临着由于自身发展而遭受分裂的威胁，我觉得专家之间卓有成效的国际合作，是一种最佳跳板。

（译自法国巴黎出版的《亚细亚学报》，1973年，亚细亚学会成立150周年纪念专刊号）

法国的学术汉学与实用汉学之争

在法国国立东方语言学院的早期历史上，曾经爆发过一场有关实用汉学与学术汉学的激烈争论。争论的焦点是法国的大学里教授汉语和汉学，究竟是为了培养从事汉学研究的高层次专家人才，即汉学家；还是培养为与中国的政治、经济和文化交往服务中的实用人才，其中包括外交人员、翻译和精通中国事务的商人。这场争论持续了近一个世纪，于 20 世纪上半叶，当戴密微执掌该学院的汉语讲座时，才将学术汉学与实用汉学有机地紧密结合起来了，从而奠定了法国汉学发展的新方向。这场争论，对于法国汉学史的发展影响深远。追溯这段历史，对于了解法国，乃至整个欧洲汉学发展史，都具重大意义。由于资料的匮缺，国内学者对于这段历史始终不甚了解。笔者在阅读由法国汉学家白吉尔和安必诺等人著《东方语言学院一个世纪的汉语教学，1840—1945 年》①时，根据他们的研究成果和公布的资料，试对这一问题略作梳理，以飨国内学术界。

一、法国东方现代语言学院的创建与汉语讲座的开设

当法国东方现代语言学院正式创建时（1840 年），汉语并未被列入其教学大纲。公元 1795 年 3 月 30 日的国民公会议（1792—1795 年法国大革命期间召开的议会）的法令，决定创立国立东方现代语言学院，其中规定，该学院将由以下专业人员组成：

① Marie-Claire Bergère et Angel Pino：Un Siècle d'enseignement du chinois à L'Ecole des Langues Orientales，1840-1945，L'Asiathèque，Paris，199

一名阿拉伯语的文学语言和通俗语言教授。

一名土耳其语和克里米亚鞑靼语教授。

一名波斯语和马来语教授。

当时的法国正处于资产阶级大革命的高潮中,它尚无法预见到汉语语言将来可能为其国家提供的有益服务。中国当时尚对西方实施闭关锁国的政策。直到中外不平等条约,诸如《南京条约》(1842 年)《天津条约》(1858 年)和《北京条约》(1862 年)签订后,中国才被迫部分地开放门户。但在法国,由于老德经(Joseph De Guignes,1759—1845 年)和马伯乐的父亲——埃及学家加斯东·马伯乐(Gaston Maspéro)等人,曾鼓吹中国民族外来论,认为汉文字与埃及形象文字同源,因而使法国人失去了对汉语汉文的研究兴趣,而且他们还企图以与西方语言更为接近的满语来取代汉语。拉卡纳尔(Joseph Lakanal,1762—1845 年,法国东方语言学院、中央学院和巴黎师范大学的创办者)于 1795 年向法国国民议会作的报告中指出:"公共利益和商务用途,是导致我们需要教授东方语言的唯一原因。我们在波斯语、土耳其语、阿拉伯语和马来语之外……也可以增补鞑靼满语"①。

在 19 世纪时,随着法国亚细亚学会的创建、法兰西学院和法国东方语言学院教学的发展,法国的东方学具有系统性和规模性了,学术讲座始终在继续。东方学家的本身却经历了深刻的动荡。其运行越来越受它与政权的关联,特别是受法国与东方国家之间政治与军事关系发展的影响。在东方学家们仍执着于深入理解的东方文明及其对人类历史贡献的东方学,与对其国政权的实用性、工具性和辅助性的东方学之间,开始形成了一条深阔的鸿沟。

1795 年,法国创建东方语言学院的法令,明确地提出了学术对政权的隶属关系。该项法令确定了这个新机构的目标,那就是为法国的"政治和贸易"服务并培养翻译人才。汉语在当时尚未被纳入该学院教学的范畴中,这很可能是由于汉语尚不符合法国立法者们规定的"公共与贸易利益"的标准。在该学院创建半个世纪之后的 1843 年,它仍然是根据"适时性和政治预见性"的准则,汉语教学最终被纳入到该学院的教学计划中了。但该学院却转向了经典东方学研究。这与官方的本意是背道而驰的,因为

① 《有关现代东方语言学院组建及其历史的档案文献》,巴黎 1872 年版,第 33 页。

官方认为它的使命更应该是注重培养翻译人才而不是学者。在有关汉语教学的问题上，其决定性作用应归功于儒莲(Stanislas Julien，1797—1873年)，他当时主持着法兰西学院的讲座，又想方设法地抢占新设立的东方语言学院汉语讲座的教席。该讲座此后相继于1843—1862年由儒莲的弟子之一长者巴赞(Bazin Ainé)占据，后又由儒莲本人以临时代理的名义主持。但儒莲由于患病而身体虚弱，又将该讲座的教学任务委托给了他的另一名弟子德理文(D'Hervey de Saint-Denys)，此人于1869—1870年执教。儒莲最终于1870年放弃了该讲座的教席。他为自己及其直传弟子们而激烈争夺在东方语言学院的汉语施教权，这是由于他们这样作会更容易地控制整个汉学界，特别是该学术领域与权力界的链接，而权力界又是学术界的财政、影响和权威的源头。

对于19世纪的汉学家们来说，其专业前景是非常有限的。巴拉第(Venture de Paradis)声称，经过漫长时期的学习之后，一名东方学家可能会希望得到的职位，便是"法兰西学院的汉语讲座主持人、国家图书馆的一名翻译……或者是在远离其祖国的地方枯燥地度过一生，谋求勉强能够维生的底层职位"①。这就是说，东方学是一种职业，只有很少数的专家才可以觊觎成为专业汉学家。

学术汉学对于东方语言学院讲座的控制所产生的后果，便是使该讲座几近成为法兰西学院汉学讲座的依附了。当时法国政府确定的东方语言学院的目标，便是讲授日常口语和现代文化的初级知识，而东方语言学院从来也只能讲授一种经典研究的入门课程。那里的课程显得就如同是法兰西学院教学的预科班。那些学术汉学的代表人物中的任何人，都未曾亲自赴华旅行过，更都不会讲通俗汉语，白话文(儒莲更倾向将白话文视为不规范的语言或隐语)课程也无法依靠助教的辅助。他们一举排除了任何语音入门教育和任何发音练习的课程。这些教员却只致力于语法描述和分析，他们当然是根据一种欧洲中心论而坚持研究的。巴赞于其《中国官话语法》中所沿用的模式，完全是他那个时代所使用的拉丁语语法的模式。由于缺乏经验，该学院也未能尽可能多地利用称职的提供信息的人，这些教员们只好让其学生们根据中国历史上的"话本"著作来学习汉语，而它

---

① 由亨利·洛伦斯(Henri Laurens)引证：《远征埃及的文化起源，法国的伊斯兰东方学》，伊斯坦布尔—巴黎，伊斯出版社1987年版，第17页。

们又统统使用了古典风格的文言文表述方式。他们还将过去已由其他人(最多的是原入华传教士们)结集和翻译的文献,来补充自己的教材汇编。这样教学实践的方法,必然导致人们质疑其施教价值。原入华传教士童文献(Paul Perny,1818—1907 年)在一部报复性的抨击小册子《文学界的招摇撞骗》(1874 年)中,对儒莲的课程提出了质疑:"以他的方法,哪怕是为了掌握一丁点汉语,又该需要多少年啊!"他另外还断言,德理文"绝对不会讲汉语或书写 6 行汉字"①。

无论人们对于当时东方语言学院汉语教学和汉学研究的评价如何,它们最终未能实现法国政府所期待的成果,也就是说它未能培养出足够的合格翻译人才。从《南京条约》到《天津条约》和《北京条约》的签订,法国都积极地参与了打开中国门户的行动,并不断地扩大自己在中国通商口岸的势力范围。由此而首先是法国与中华帝国官方的谈判,其次是其政治和军事行动,都受到了缺乏翻译人才的束缚。中国人直到 1862 年,随着同文馆(语言学校)的创建,才作为"官话"课程的分支而引入了西方语言学。被派往中国的法国首批外交官和军官,在完成其日常任务时,除了向传教士们求援之外,别无其他良策。1862 年春天,徐家汇耶稣会传教区的长上梅德尔(Lemaître)神父曾陪同英—法联军去镇压太平军。"人们到处都可以看到他。他甚至成了远征军的灵魂"②。海军军官马罗尔(Jules-Aguuste de Marolles,1809—1869 年)于其《回忆录》中,把梅德尔神父描述成了"精通汉语、在华已居住 12 年"的要员。至于法国驻上海的署理总领事,他承认"在两年多的时间,领事馆还有其他翻译,管理工作都委托给了他们"③。这种角色混乱的行为,不会不引起耶稣会长上的不安。法国外交部也对此忧心忡忡。

法国东方现代语言学院的汉语讲座的运行,与法国政府 1869 年颁布法令对东方语言学院作全面改组是同时展开的。这次改组重新恢复了东方语言学院最初的志愿,它完全是法国公共教育部、外交部、海军部与新院长谢飞(Charles Schefer)共同努力协调的结果。谢飞本人就出自于使馆翻

---

① 安必诺:《儒莲与东方语言学院》,载《东方语言学院一个世纪的东方语言教学,1840—1945 年》,巴黎 1995 年版,第 95 页。

② 这是船队二副日益格(Giquel)的见证,由史式徽(Joseph de La Servière)引证:《江南传教史》,徐家汇 1941 年版,第 2 卷,第 54 页。

③ 见史式徽:《江南传教士》第 2 卷,第 63 页。

译队伍,他对于与东方现代语言学院的教学实践有联系的政治和经济的利害关系,始终有着清醒的意识。1871 年,围绕着任命一名主持东方语言学院汉语讲座的有头衔的教授之事,又爆发了一场具有决定性意义的争夺。因为这个不稳定的教席,自安东尼·巴赞之后,便由儒莲占据。在这场争夺中,互相交锋的论据,清楚地解释了在学术汉学与实用汉学的支持者之间,存在着一种更加深层次而又反复再现的对立①。

在"实用汉学"支持者看来,东方语言学院的主要职责是培养公共服务人员,即培养更加实用的翻译人才。为此,学院必须有一位"真正精通汉语的教授,具有长年在中国商务和社交中使用汉语的经历"。公使馆的参赞所扮演的,正是翻译的角色。此外,学院还要求他们"对一种文明拥有很高的熟悉程度……能够很好地了解它以便与之相处"。为文化而文化绝不能在该学院培养计划中占中心位置,"书宅中的汉学家们应该受到排斥"②。

"学术汉学家"们必须由许多著作来证实自己的权威。1864 年,儒莲希望排斥其竞争对手哥士耆,于是便致信于他:"希望这样说不会触怒您……您为了自我推荐……只需要呈上不具任何体裁风格的著作就够了。"③在东方语言学院汉语讲座教席,相继任职的翻译—教授们,肯定不是无知之辈。但他们都不属于学术精英,鲜有汉学著作问世,更谈不到权威著作了。儒莲曾自我吹嘘:欧洲和中国的所有汉学家们,都未曾用近代白话文,大量翻译和出版过像他那样的汉文著作的译注本。

二、实用汉学与学术汉学之争的历史时代背景

法国国立东方语言学院中有关学术汉学与实用汉学之争,正是在三位汉学教授与从中国返法的四位翻译—外交官教授之间展开的。

1839 年 12 月 11 日,法国东方语言学院召开教授大会,公共教育部咨询将汉语教学列入其课程计划的契机。教授们各自表达了他们的不同意见:"会上宣读了公共教育部部长先生的一封信,就是否应该允许在东方现

---

① 见上引安必诺:《儒莲与东方语言学院》,载《东方语言学院一个世纪的东方语言教学,1840—1845 年》,巴黎 1995 版,第 53 页。

② 由上引安必诺有关儒莲生平的文章,第 53 页引证。

③ 同上引文,第 90 页。

代语言皇家专科学院中,设立一种近代汉语免费课的问题,向学院提出咨询。这是为了支持长者巴赞先生,他认为不能质疑这种授课的有益性。当代汉语课已被该教授取消了,他每周只上两堂古汉语课。一位教授提醒大家注意,法兰西学院的汉语课程始终都同时包括近代文体和古典文体。一个讲座已经能长期满足和现在依然能够满足法国对这种教学的需求。至于现代汉语的研究,它并不以任何方式要求设立专门讲座。"

因此,教授们的拒绝完全以在法兰西学院已经存在一种汉语教学为根据,而且它同时覆盖了"古文"和"官话"。因而在东方语言学院创建一个现代汉语讲座,就变成了一种无益的奢华。

埃内斯特·勒南(Ernest Renan,1823—1892年)以权威性口吻写道:

"难道汉语以及其不严谨和不完整的结构,最终造成了作为中华民族之特征的思想与心灵的枯竭吗?汉语只满足于生活的需要、手工艺技术、低层次的浅薄文学。它往往是表达不太精细,从而排除了我们对这些词汇理解意义上的任何哲学、任何科学和任何宗教内涵。上帝在那里没有名望。形而上学的事务在那里也仅仅能以迂回词汇来表达,而我们又不懂这些词汇在中国人的思想中所表达的确切意义"①。

埃米尔·布尔努夫(Emile Burnouf)甚至在30年之后还坚持认为:

"中国拥有实用主义的伦理学家和哲学家,却没有任何玄学家;那里有许多经验性的产业和职业,却丝毫没有科学。我国的远征军曾在数年前试图于北京寻找一名中国数学家,但那里却没有任何这样的人,尽管该城充斥着会打算盘的人"②。

吉诺(Guinaud)坚持严格语言学家的观点。他曾任里昂学院的希伯来文教授,并于1873年鼓动前入华传教士童文献(Paul Perny,1818—1909年)揭露,一个真正亲希伯来人的集团,应该对遏制汉语教学发展的顽固成见负责。

"汉字的贫乏结构使其语言具有了一种彻底的简陋……这种幼儿的语言,却成了为成人的成熟思想服务的语言那尚未确定的雏形……通过汉字字意的迷宫,而揭示中国人的思想,洞察力、手腕、诡计,是必不可缺的"③。

① 《语言的起源》,巴黎1858年版,第195—196页。

② 《宗教科学》,巴黎1885年版,第315页。

③ 《汉语口语和书面语言语法》,巴黎1873年版,第12页。

这样的论据,在涉及有关在东方语言学院接受汉语教学的问题上,肯定会起作用。

公共教育部长却对教授们的迟疑不决置之不理,他于1841年3月14日,准许巴赞开设现代汉语课程。但在东方语言学院图书馆收藏的一件稿本文献中,却把1840年8月20日作为巴赞开课的时间。这是由于1840年8月在亚细亚学会为这项决议的联署人中,巴赞被说成是“东方语言学院的汉语教授”。

《南京条约》签订(1842年)后,中国被迫对外开放,从而向法国开设汉语教学课程的捍卫者们提供了论据。法国公共教育部长在有关设立“近代汉语与柏柏尔语两个语言讲座的通知”中,登录有1843年3月2日的时间。其中指出:

“如果只考虑到汉字的产业与商业价值,那么其教学的意义就不大了。这种在亚洲近一半地区所操的语言,每天都由有关的出版物而得以丰富。大家由此便可以得出,有关农业经济、艺术和机械手段有关的概念。”

1843年10月22日,法国公共教育部长维尔曼(Villemain,1790—1870年),起草了一份“呈奏国王的奏折”。文中提到,“在1844年的预算中,已经为在东方现代语言学院设立通俗汉语讲座,划拨了5000法郎。对于在亚洲近一半地区所操的这种语言的教学,似乎可以提供一种无可争议的公益效益。由国会通过并由国王陛下同意设立的这个新讲座,具有一种公益性和政治前瞻性的特点”①。

1843年10月22日,法国国王路易—菲利普,命令在东方语言学院创建汉语通俗语言讲座,并任命安东尼·巴赞主持该讲座。这道王诰在1843年11月12日召开的教授大会上,当着巴赞的面宣读②;同时宣读的还有1843年10月26日,由公共教育部长致东方语言学院院长的信件,信中附有1843年10月22日的国王诏书,以及任命巴赞主持现代汉语讲座的王诰。

东方语言学院曾根据1869年11月8日的一道诏令,而经历过一次改组。它反映了一种“使之返归初衷”的心愿。这就是说,要使东方语言学院返归由法兰西共和历三年(1795年)芽月(相当于公元3月21、22日—4

① 《东方现代语言专科学校历史简介》,巴黎1883年版,第34页。

② 同上引书,第39页。

月18、19日)10日,国民公会为该学院确定的使命:培养国家的各种公职机构和外交外贸职业部门所需要的翻译人才。

该学院在整个革命时代和帝国时代,都始终忠于这个目标。从王朝复辟到第二帝国,它从未特别严重地放弃其使命。这种偏离既定方向,既出自迫不得已的原因(职业出路的稀缺),又是出于其第二任院长的人格魅力和势力的飙升。此人就是希尔维斯特·德·萨西(Silvestre de Sacy,1758—1838年),他从1824年直至逝世始终任此职务。

德·萨西逝世之后不久,法国公共教育部部长所采取的改组措施,严重背离了教授们的初衷:使该学院制度化,就如同一个"学术性的"学院一样,其唯一的目的就是授予学位,主要是学士学位。它实际上只能如同学术审察委员会一样运行。

1838年5月22日的敕令,要求该"学院回归大学的学术机制,这可以使七月王朝感到非常满意。东方语言学院将由一名由国王任命的校长主持。其学生至少会获得文学业士学位,可以接受三种等级(业士、学士和博士学位)的文凭。获得博士学位者可以被授予'东方语言博士'的头衔……它丝毫不包括决定研究方向和学生未来的任何寓意,学生们除了继承其先生之外的其他前途,便是以抄写图书馆藏稿本节录而瓜分一笔5000多法郎的款项"。其结果是在30多年间,虽然教授们继续以其优秀著作而出人头地,却只培养很少的学生。

此时需要为该学院的教学作彻底的重新定向。其目的是为了教会学生们能够读、写、讲和听所学习到的语言,并向他们讲授这些语言使用国的政治与商业地理知识。

东方语言学院设立了"本土助教"体制。同时既开设纯东方语言课,又开设东方历史、地理和法制课程,而且还是随着需要而逐渐增减开设。

设立年度助学金,每年在1000—1500法郎之间,以鼓励那些在该年间学习刻苦的学生。

引入注册和考试制度。经过三年学习和结业考试之后,学生们可以获得学校的毕业文凭。毕业生的名字都要分别报送外交部、陆军部、海军部和外贸部。

首先是由于政府预算经费的不足,以及学院临时转入文学、科学和艺术部的管辖范围,其次是由于战争以及伴生而来的灾难,所以东方语言学院直至1871—1872年的学年中,才得以按照其新章程运行。

三、三大教授首开学术汉学之先河

(一)长者巴赞的教学首创与基本定向

长者巴赞或大巴赞(Bazin Ainé)的全名为安东尼—彼埃—路易—巴赞(Antoine-Pierre-Louis-Bazin,1799 年 3 月 26 日—1862 年 12 月 30 日)。后人为了把他与其弟安东尼—彼埃—埃尔奈斯特—巴赞或"小巴赞"(Antoine-Pierre-Ernest-Bazin,1807—1878 年)相区别,才称之为"长者巴赞"或"大巴赞"。他诞生于圣布里斯(Saint-Brice,法国塞讷—瓦兹省)的一个医生家庭。他最早学习法律,后来又先后投在汉学家儒莲和雷慕沙(Jean-Pierre Abel Rémusat,1788—1832 年)门下学习汉语和汉学。长者巴赞直到 40 岁时,才转变成职业汉学家。直到 1839 年 7 月,他在法国亚细亚学会的联署人文件中,还具明其职业为"律师"。

长者巴赞进入法国东方语言学院时,是以所谓的"汉语白话文"或"通俗汉语"教授的身份,出面主持该学院汉语讲座。但有一件事却使他感到了很尴尬:"因为他被任命之后,立即就经历了一场可怕的考验。一艘战船将中国海盗押解至罗什福尔。这些人被起诉杀死了一艘法国船的船组人员。巴赞被军事法庭传召去充任翻译。他发现这些海盗们不仅仅完全是文盲,而且还操中国南方沿海地区的某种刺耳的方言。他动用了其全部知识和智慧,依然不能使所有人感到满意,甚至也不能使他自己感到满意。"①所以,巴赞的汉语知识,尤其是其汉语口语并不过关。

巴赞于 1845 年编写了一部《论通俗汉语基本原理》的教科书,全文连载于《亚细亚学报》的数期中。10 多年之后,到了 1856 年,巴赞以《官话语法》或《汉语口语基本规则》的书名再版,它是对 1845 年著作的第 4 节中所阐述理论的发挥。儒勒·莫赫尔(Jules Mohl,1800—1876 年)曾用下面一段话对此作了粗线条总结:

---

① 《亚细亚学会 1862—1863 年间的报告,1863 年 6 月 31 日》,载《亚细亚学报》,1839 年,第 14 页。

巴赞于此时正在印制他的一部《官话语法》，官话也就是在整个中华帝国领土上，由所有具有文化教养的人使用的一种方言。他以新的证据重复论证了自己在10年前所捍卫的论点。古典汉语从未成为口语，只是人们用古典风格书写的语言。他只表述某些语义必不可缺的字，完全不知道其发音。我们可以说，书面语言是口语的精化。口语又酷似官话，也就是说酷似今天人们所操的语言①。

与巴赞同为儒莲弟子的泰奥多尔·帕维（Thédore Pavie，1811—1896年），在《亚细亚学报》中撰文介绍了《官话语法》。他发表了一篇溢美之词不绝的书评，不放过任何机会去吹捧他们共同的老师："《官话语法》的作者，以一个朴实的标题，向我们提供了一本充满了耳目一新观点的教科书。他颇具判断力地将此书作为其长期持之以恒研究成果的看法，与儒莲教授那学术价值高深的授课笔记结合在一起了，并得以大量继承了先前那些仔细而又勤勉的著作。"②

巴赞的这部有关汉语语法的著作，在今天也只具有历史意义了。但它当时确实为向西方介绍现代汉语作出了贡献。长者巴赞终生不肯踏上中国国土，去当地实践汉语，特别是通俗汉语或口语。他教学时主要是使用中国经典著作，其目的始终是培养学术汉学专家。

在19世纪之前，东方语言的语法大都是由西方学者着手研究编写的。因为编写一部语法书，完全是为学习一种语言。所以当时某位西方学者的某种东方语言的语法知识，比本国人还要系统。

从东方语言学院的教学课程的广告来看，巴赞的课程在1848—1849学年度被称为"现代汉语课程"之前，曾被宣布为"通俗汉语课程"，它是在卫三畏（Wells Willams）或罗卜丹（Robert Thom）等人的中国古典名著选译注本的基础上编写的。巴赞当然也从其个人的著作中汲取资料，如他1845年的论文集或其1856年的语法书等。其汉语课程的实用部分，似乎是以文献研究为基础的。法国学者已经编制出了其中的8种文献的目录：《好逑传》《水浒传》《玉娇梨》《花笺》《红楼梦》《灰阑记》《真腊风土记》

① 《亚细亚学报》，1856年，第81页。

② 同上。

《圣谕广训》。我们由此便可以看清楚,他培养学生的方法、教材目标了。

巴赞还撰写了许多与中国文明有关领域的著作。他特别是与纪尧姆·鲍狄埃(Guillaume Pauthier,1801—1873 年)合作,为大众读者编写了一部《近代中国》,或者是《根据中文文献而对辽阔的中华帝国的历史、地理和文学的描述,1837—1853 年》的书。巴赞还发表过有关中国的学校组织(1854 年)、行政和市政制度(1854 年)、北京医科学院(1856 年)、宗教修会(1856 年)或北京翰林院(1858 年)等内容的一大批专业论文。

巴赞特别喜欢致力于研究中国戏剧,编译了多出元曲的法文本。戴密微于 20 世纪 60 年代中期,还认为其译本"尚可使用"。所以,巴赞也插足于儒莲的研究领域了。因为儒莲很早就参与翻译《元人百种曲》中剧本的工作,它们是由入华耶稣会士马若瑟(Josenh de Prémare,1661—1736 年)神父于 1731 年自北京寄回巴黎的。儒莲本人也曾翻译过其中的某些曲子:如《灰阑记》(1832 年)和《赵氏孤儿》。巴赞也从同一部《元人百种曲》中选择了几种元曲,并把它们编译为法文本。他首先编译了 4 种,收入《中国戏剧》一书中(1838 年);后来又编译了一种《琵琶记》(1841 年)。他又在《元王朝的一个世纪》(1850—1852 年出版)中,系统地研究了《元人百种曲》的汉文文献,分析了各种元曲,用法文发表了其中某几种元曲的节录译本,以作者的小传来补充其译著。其译本成了《亚细亚学报》中长篇书评的内容。

巴赞的主要著作,大都发表于《亚细亚学报》中,而该学报始终是成立于 1821 年的法国亚细亚学会的会刊。法国亚细亚学会在巴赞的一生中起了重要作用。他于 1842 年 5 月 30 日被选入学会理事会,于 1852 年 7 月 3 日出任学会的副秘书长以取代儒勒·莫赫尔,儒勒·莫赫尔于欧仁·布尔努夫逝世后继任学会会长。

巴赞发表《官话语法》后不久,在 1856 年左右,由于身患瘫痪症,使他无法最后完成自己已经准备很久的其他著作了。他发表最后一篇文章,应该是在 1858 年 1 月。他从此似乎就放弃了研究,但仍然在维持着教学活动。1862 年 12 月 12 日,也就是在他逝世之前半个月多一点的时间,他仍在为其学生授课。他于 1862 年 11 月 8 日还出席了东方语言学院教授大会的会议,最终于 1862 年 12 月 30 日逝世,这是继他为东方语言学院服务 20 多年之后了。他无权获得退休金,身后却留下了一个带有残疾的和缺乏生活来源的寡妻。

长者巴赞在东方语言学院开创了学术汉学之先河，也为其后几位教授的汉语教学与汉学研究，奠定了基础和指明了方向。

（二）儒莲进一步发展了学术汉学

法国汉学史专家们，普遍都将儒莲（Stanislas Julien，1797—1873 年）视为其时代最好的汉学家，同时又具有一种极其暴虐的性格，他甚至想对与中国有关的一切事务都拥有绝对权力的强蛮意志。戴密微曾向我们栩栩如生地总结过汉学界对他几乎趋于一致的看法："儒莲……无可争议地是 19 世纪中叶欧洲的最佳汉学家。他具有一种令人憎恶的性格，就如同他具有无可挑剔的学识一样。他嫉妒、易怒、喜争吵，攫取了一切职务并排除了所有竞争者"①。

曾为儒莲立传的亨利·瓦伦（Henri Wallon，1812—1904 年）同样也未曾掩饰过儒莲的人格瑕疵：

> 那些感到需要学习汉语的人，都会从各地跑到儒莲在法兰西学院的讲座的课堂。儒莲自己在这种困难的研究中，占据着一种出类拔萃的地位……儒莲不仅仅以其学识而骄傲，而且还因对一切都独自占有而彰显狂妄。中国成了一个专属于他个人的国家。他在此问题上不能忍受任何竞争对手②。

前入华传教士童文献神父，曾以列昂·贝尔坦（Léon Bertin）的笔名，给我们留下了同样的抨击：

> 他非常乐于向学生们传授中国的文言文，而且仅简单地称白话文为"方言"。但他无法在汉学研究中深入一步。该大师希望独霸一切。如果其少有的某位学生希望发表一篇即使是微不足道的短文，那也必须夸大其词地说，应将一切都归功于他这位著名汉学家，是他指导并审阅了该作品，其建议使学生排除了困难。

---

① 戴密微：《法国汉学史》，载《亚洲学报》，1966 年，第 81 页。

② 《儒莲的生平与著作》，1975 年金石和美文学科学院年会报告。

总之，若无儒莲，人们都不敢触及发表如此困难文章的问题……

法国始终有理由指责儒莲在半个世纪期间执掌汉学的垄断权，却在他逝世时未曾为法国留下一位能在汉学讲座中取代他的学生。法国的汉语讲座是由雷慕沙正式创建的。按照儒莲的方法，不知道需要学习多少年，才能多少掌握一点汉语啊！儒莲被迫邀请他人，甚至是出钱雇用某些人前来听他的课。因为他害怕其课程被关闭或被取消。

另外一个人还强调了儒莲对其同事们实施的文化恐怖主义。在这方面，他于其一生中，先后陷入文字论战的次数，不失为雄辩说服力。儒莲"从不能容忍除克拉普洛特（Klaproth，1783—1835 年）以外的其他任何竞争人，他从不会对克拉普洛特的学识提出质疑"①。"在他的同门弟子之中，鲍狄埃从来都不想承认儒莲享有至高无上的地位，因而受到了儒莲的强烈抨击。本为雷慕沙学生的巴赞，在雷慕沙逝世后，认为应该谨慎地向这位于其身边成长起来的新大师致敬，于是便成为汉语白话文教授，这是作为其驯服态度的犒赏。法兰西学院的其他学生，莫赫尔（1800—1876 年）、布罗塞（Brosset）等人，也都放弃了学习汉语，因为他们都感到，无法以一种充分自由的方式，获得与儒莲平起平坐的地位。由于这种放弃，他们才获得了和平。儒莲甚至对于那些不肯殷勤地称他为汉学大师的外国学者，也不屑于给予这种平静。"

但德理文却为其师作过如下辩护：

数月以来，各种报刊中都发表了让那些关心我们民族荣誉的人，读起来很伤感的文章。这些文章旨在反对对一位著名汉学家的怀念，有人在他生前就毫不避讳地攻击过他。这些文章讨论起来都令人难堪，因为其批评不是通过直接渠道展开的。他们有时仅仅坚持不怀好意地笼统而论；有时又以尊重另一位死者为借口，将其最刻薄的性格纳入了某些悼念性文章的反对意见之中了。因为这些悼念文章本来是为了纪念一位受人尊敬的和令人好感的人，也就是使所有那些认识他而又对其逝世感到遗憾

① 《揭露文学界的招摇撞骗者》，凡尔赛 1874 年版，第 14—15 页。

的人①。

法国东方学家考狄(Henri Cordier,1849—1925年)也提出了自己对儒莲的看法:

> 儒莲……并未留下与对其著名的老师雷慕沙的纪念相联系的深情感激之记忆。他肯定是一位大学者,但他性格上的缺陷(我甚至敢于说,这是他身上的某种天生的嫉妒之心),可能对法国汉学造成的损害,就如同他投向中国研究的光芒勉强能够遮掩一般……儒莲曾在巴赞和毕瓯(Biot)逝世后,任法兰西学院的教授。但他经过40年的教学之后,只给我们留下了很少的几名及格学生,准备以其学识或以其人数,而面对曾在中国本地接受教育的新一代……儒莲的著作始终很重要,但这只是他个人的著作……尽管它们为其作者和我们的国家赢得了荣誉,但我们不能把儒莲奉为教授的表率,即那种有道义责任的、其学生堪任继承我们的传统或革新这种传统的接班人的教授。教授不应将其学生视为竞争者,而是应视为其继承人。在儒莲看来,常人永远不会达到大学者的高度"。总而言之,儒莲是一个缺乏"光彩的人物②。

1871年,由于东方语言学院汉学讲座的位置空缺许久了,所以公共教育部长儒勒·西蒙决定结束这种已经持续了7年的局面。当时有3个人竞选该教席。德理文于1871年11月4日参加角逐。两天之后的16日,东方语言学院的教授大会举行了一次投票,以确定继任人。教授大会的同事们显得更喜欢儒莲:"儒莲先生在第一轮中以5票对德理文的两票,德理文在第2轮中以5票对哥士耆的两票"而先后胜出。但当时的气氛对那位老汉学家及其学生都不利。童文献在同年12月20日的一封信中,针对一

---

① 《评论杂志》,1873年11月8日。

② 考狄:《汉学研究(1891—1894年)》,载《通报》,莱敦布里尔出版社,第6卷,1894年,第116—118页。

名“古汉语教授”讲了许多话。这位“古汉语教授”只能是儒莲①：

> 法国政府在法兰西学院设立了两个汉语讲座，分别为文言文和白话文讲座。如果讲授这种语言的教授们理解了其使命，那么这两种课程对于现时就具有很大意义。近12年来，白话文汉语讲座的主持人已逝世。那位古汉语（文言文）教授曾请求无偿地主持课程，直到任命一位新的主持人为止。为了实现政府在白话文汉语讲座中的初衷，他必须懂得和会讲汉语口语。

儒莲在一封写于1871年的11月20日—12月2日之间的信中指出②：“童文献先生对于现代汉语课程所提出的看法，证明了他对该问题已经作过非常仔细的调查。在那些不具资格的人眼中看来，汉学界是一个封闭的领域。但人们却无法掩饰，由竞争者公开发表的这些言辞，都提供了让人认真思考的内容。儒莲先生的公开意图，绝不是讲授现代汉语课，而是为了使美理登（Méritien）先生拥有该讲座。德理文作为犒赏，而在金石和美文学科学院占据了一个教席。东方语言学院的教授大会由科学院士和向往成为院士的人组成。他们一方面是同事间的关系，另一方面又是为适应未来的需要。它们对于所采取的决定，始终都具有某种分量。”

儒莲声称，自己“被以一种无耻的方法排斥了”。考狄曾认为，儒莲必须在行政方面作出巨大的努力，才能重新夺回学院的汉语讲座教席。儒莲在东方语言学院，在与任何学术都独立无关的领域，均扮演自己的角色。儒莲同时兼任法兰西学院和东方语言学院的汉学讲座主持人的职位，这是法国当时仅有的两个汉学研究和汉语教学讲座教席。他同时还兼任了国家图书馆负责保管中文书籍的副馆长、法兰西学院的院长。然而，这后一种职务又使他在东方语言学院只能扮演一种次要角色了。

总之，儒莲在当时确实掌握了较多的汉学知识，特别是古典汉文文献知识。由于他对白话文或“官话”不太精通，故而只能培养学术汉学人才，由于儒莲性格桀骜不驯和大权独揽，故而又成为法国汉学研究发展的制约

① 童文献致公共教育和宗教祭祀部长的信，1871年11月20日。见国家档案馆F^{12}13557号档案。

② 这是一份既无时间又无署名的公文，但带有东方语言学院的信笺台头。见国家档案馆AN.F^{17}13557号档案。

因素;由于儒莲同时兼任纯学术性的法兰西学院的汉学讲座,故而更强化了他在东方语言学院汉学讲座中的学术汉学色彩。

(三)资格受质疑的德理文使学术汉学的发展中断

德理文的原名为马利·若望·列昂·勒科克(Marie Jean Léon Le Coq)。他由于其父亲的世系,而成为赫维的伯爵(Baron d'Hervey);他同时又通过收养他的舅父的世系,而被称为圣但尼斯侯爵(Marquis de Saint-Denys),其汉名最终变成了德理文侯爵(Marquis d'Hervey de Sevint-Denys,1822—1892 年)。他于 1822 年诞生于巴黎,于 1844 年注册于东方语言学院,聆听巴赞的汉语课;他同时又注册于法兰西学院,聆听儒莲的汉学课,并由此而跻身于法国汉学界。

德理文通过一部与中国没有任何关系的著作而在学术界崭露头角。他发展了"可控制的梦"的理论。这就是他的那部《梦与控制梦的手段》,于 1867 年在巴黎匿名或半匿名出版。这部著作在 19 世纪的精神分析学作品中,占有重要的一席之地。被称为开"解梦术"研究之先河的奥地利精神分析派心理学创始人、著名精神病学家的弗洛伊德(Sigmund Freud,1856—1939 年),曾于其"有关梦问题的科学文献"大纲中,多处征引了德理文的著作。但他却不承认自己曾经阅读过这部书,因为他未能成功地找到此书。弗洛伊德认为,德理文是"梦文化诠释的最坚定捍卫者"。弗洛伊德很可能是通过阿夫洛克·埃利斯(Havelock Ellis)而对德理文有所耳闻。所以,德理文也被法国乃至整个西方学术界称为"精神分析法"的"伟大先驱"。

对于德理文的汉学著作和成果,却鲜有熟悉者。人们只承认他"是一个极其可爱的人,不会于身后留下敌人"。戴密微称他最多也只是一个"无异彩的教授""可爱的翻译家"。更为宽容一些的考狄,却称他为"翻译学者",认为他缺乏汉语实践,属于在学术方面缺乏光彩的一代人。考狄甚至放言,此人仅仅以其两位先任(巴赞和儒莲)"所设盛宴的残羹为生"。马伯乐认为他既缺乏其师的"素质",也没有"翻译家的才能",更缺乏"批判精神”①。

在1858年,德理文侯爵最终选择了汉学为其终生职业,其生父于该年6月4日逝世,其养父或其舅父于同年11月16日逝世,使他继承了一笔丰厚遗产,而使自己衣食无忧,这是从事汉学研究的先决条件。他于1850年便发表了一部有关中国的著作,次年又参与合作而完成了毕瓯(Edouard Biot,1803—1850年)有关《周礼》的译注本。同一时代,他申请加入法国亚细亚学会。

虽然德理文此前从未执掌过汉语讲座的教席,甚至于1872年出版的《东方现代语言学院历史公文》中,也未见登录其名字。从1869年起,侯爵才于东方语言学院初涉汉语教学。这是由于其师儒莲委托他代理自己讲授现代汉语课程的原因。病中的儒莲要求其最资深的弟子来继承他,公共教育部也接受了这项请求。由于侯爵深知自己的汉语和汉学知识难胜其任,故而于其讲座中延请一名中国助教,而且由他自己支付薪酬。这也开创了该讲座中设立“中国助教”的先例。

1867年,德理文荣膺皇家骑士荣誉勋章。他在万国博览会上,又充任中华帝国展厅的干事长。在中国政府拒绝参加的情况下,他却协助建造了一座中国花园:“博览会的计划是将展品集中在同一个封闭的大厅内,把所有的产业和所有的文明都融合在一个庞大的整体中。中华帝国应在这场世界竞争中有所代表。所以,从1865年5月起,主办方便向北京朝廷发出了邀请。其答复并非是人们所希望的那样,中国政府拒绝遵循其他东方民族的榜样,因为后者都非常热情地响应了法国的通报。当时确实需要有一个对中国语言和风俗如同对其本国的这一切一样熟悉的人,一位艺术家、一位学者和同样也是一个社交广泛的人物。德理文建议用自己的资金来组织一场中国展览。其提议被热情地接受了”②。

陈季同(1851—1907年)利用这一机会,而对在侯爵府上所设中国晚宴作了记述。

德理文作为人类学会会长而参加了这次世博会。人类学会是由列昂·德·罗斯尼(Léon de Rosny)创建的,德理文于1859年加入了人类学

① 弗洛伊德:《解梦》,1899年版。其法译本又由德尼斯·贝尔热(Denyse Berger)作增补和全面修订,巴黎大学出版社1967年版。

② 白吉尔与安必诺主编《东方语言学院的一个世纪的汉语教学,1840—1945年》,阿亚泰克出版社1995年版,第102页。

会，并于1864—1872年间任学会会长，于1873年又成为荣誉会长。德理文曾在亚细亚学会注册，并在1859年6月28日的年度全会上进入了该学会的理事会。

德理文虽未能一开始便在东方语言学院继承儒莲，但他相反却正式占据了其师在法兰西学院的职位，于1872—1873年间作为代理而取代了儒莲。在儒莲于1873年逝世后，他便开始“临时负责”儒莲过去承担的课程。最后，根据1874年6月1日的命令而被任命为“汉语、鞑靼—满语语言和文学讲座”的主持人。他是既由金石和美文学科学院，又由法兰西学院的教授大会提出的唯一候选人。

前入华传教士童文献认为德理文翻译的《离骚章句》译本，不是根据汉文本原文翻译的，而是剽袭了一种德文译本。他还更全面地揭露侯爵使用了某位“捉刀人”（指中国助教李少白）为他代笔。

德理文的教学共由两种课程组成，其内容持续近一年，其课程表被一成不变地延续使用。其施教的一大部分教材均取自《今古奇观》中的故事，这批故事中的一大批都被德理文编译成法文发表。1876年，德理文侯爵在金石和美文学科学院获得了儒莲奖，这是由于他节译了马端临的中文著作《文献通考》。

德理文侯爵的第一部汉学著作发表的时间是1850年，其主要内容是一部资料集，汲取自多种汉文史料：《中国农业和园艺研究》，巴黎1850年版。它实为取自《文献通考》某些章节的编译本。

德理文侯爵完成了毕瓯先生的一部未能杀青的著作，即《周礼》最后几章的译本。最终于1851年出版。

1859年，德理文推出了一部应时的著作，涉及英法联军于1858—1860年间远征中国的史实，即《面对欧洲的中国》，巴黎1859年版。1862年，他又出版了一部诗文选《唐诗，7—9世纪》。这些唐诗都是首次被译成法文的，并配有对中国诗歌艺术的研究论文，附有由德理文作的解析性注释，巴黎1862年出版。据儒莲认为，德理文于1869年左右筹划写作“一部中国史，将不会少于3卷”，但它从未问世。这里很可能是指《中华民族的政治、科学和文学史》，共分4卷，被列在为支持他申请科学院院士候选人的文案中。作者曾断言，“它已完全杀青”，但由于出版家阿米奥的困难，而始终存作未刊。

德理文于1870年又翻译了屈原的《离骚章句》。其前面附一篇由德理文所作的初步研究导论,后面附有注释,1870 年版。该版本将由其中国助教李少白抄写的原文收入到了译本中。该书于 1868 年由阿米奥出版社出版,后又收入《东方丛书》并于 1872 年出版。该编译本在很长时期内是《离骚章句》的唯一的法文译本,而且成了第一种意大利文译本的基础。

在这后两部书之间,他还出版过一本于东方语言学院教学用的小册子《中华文集全本》,由德理文辑注,1 卷本。

1871 年,德理文于《亚细亚学报》中发表了据马端临的《文献通考》而论述日本古代史的两篇文章。他还向亚细亚学会作了一次报告《中国人所认知的东亚人类学》,后于 1874 年发表于《人类学学会学报》中。同一年,他又于《东方艺术学会论丛》中,发表了《马端临的人类学・骠国》的节录,骠国应指今之缅甸。马端临的《文献通考》首次由德理文翻自汉文,于 1871 年在巴黎出版。1872 年 5 月,德理文侯爵又向金石和美文学科学院提供了《论中国人所说的琉球群岛》,后于 1874 年在《亚细亚学报》中发表,经增补后又于 1875 年再次发表于同一杂志中。德理文是第一个发现中国人所说的琉球群岛,并不仅仅是指今天以其日文名称写作 Ryukyu 的地域,而且还更为广泛地包括台湾在内。

德理文于 1872 年 12 月 27 日和 1873 年 1 月 17 日,在法国科学院作了《论中国中部和南部的人类学》。正是由于此文,他首先由人类学学会向他颁发若玛尔(Jomard)奖,此文后又由该学会于 1873 年出版。在 1873 年于巴黎举行的第一届国际东方学代表大会上,他向大会中国组提交了有关《苗子的人类学》的论文,形成了《人类学学会东方分支论丛》第 2 卷,巴黎 1875 年版。

德理文于 1871—1873 年间完成的所有这些著作,其基本要点均取自马端临的《文献通考》。德理文于数年期间,殚精竭虑地将其中的部分章节译成法文,雷慕沙曾对此赞不绝口:

“我们可以说,这部精辟的著作独自就能胜过一座文库。当中国文库未提供其他类似著作时,它值得让人下功夫去学习汉文……当人们尚未注重于开发这座珍贵的宝藏时,我们只能感到遗憾。对于世人现今可能涉及的东亚所有问题,都会从中得到最令人满意的答案”①。

1876 年,德理文的主要作品终于面世了,这就是《中国藩部民族志》。

① 雷慕沙:《亚洲新论集》,巴黎 1829 年版,第 2 卷,第 467—469 页。

它是对13世纪修成的马端临《文献通考》的择译注释本，由德理文翻译并附有注释。德理文正是由于此书，才于1876年7月14日获得了金石和美文学科学院的儒莲奖。他于1876年又发表了《古代中国人以扶桑之名所称呼的国家名称考》，摘要发表于金石和美文学科学院的《会议纪要》中。但由德理文宣读的马端临的著作的译注本，并不像学术界要求的那样严格。事实上，在这部著名的类书中，中国人所熟知的藩部，都是以由汉学家们考证的名字出现的。

1883年，德理文又提供了马端临书的法译本续集。它同样也以连载的方式发表：《中国藩部民族的民族志》，1883年版。

德理文于其生命的末年，便致力于翻译引自《今古奇观》中的故事，并于1885年发表。它们共分3册相继问世：《中国的3个传奇故事》，收入《东方小十二开本小丛书》第45卷，巴黎1885年版；《珍珠衫》，1889年版；《6种传奇故事》，收入《民间文学》第30卷，巴黎1892年版。

德理文既是一个富家纨绔子弟，又是一个异地文化的爱好者。由于其汉学家的资格令人质疑，所以他在主持东方语言学院的汉学讲座时，虽然也鼎力继承和发挥其先师们的学术汉学的方向，也发表了不少成果，却难以取得跨越式进展。继他之后，学术汉学便让位于实用汉学了。由此而导致在法国汉学史上出现了一个特别奇特的由“外交官翻译官”汉学家主宰的时代，实用汉学在一段时间内取胜了。

四、四大翻译外交官大力推广实用汉学

法国国立东方现代语言学院的实用汉学的鼎力鼓吹和捍卫者，是自中国回归法国的四位翻译—外交官汉学家。

在1897—1930年间，先后占据国立东方现代语言学院汉语讲座教席的4位汉学教授是哥士耆（Michel Alexandre Kleczwski，1818—1886年）伯爵、冉默德（Maurice Jametel，1856—1889年）、德微里亚（Gabriel Devéria，1844—1899年）和微席叶（Arnold Vissière，1858—1930年）。他们均是以翻译官身份，在外交部完成一次出使中国的外交任务后，才进入该学院执掌汉学教学教席的。尽管他们从未发表过可以使他们进入该学院教授行列的传世汉学著作，也就是被列入他们的前任儒莲或儒莲的继任人戴密微那样的著名教授行列。因为这些教授们均以其卓越的汉语知识而备受其

时代的汉学家们的追捧，甚至连如考狄和沙畹（德微里亚的学生）那样的专家级教授也如此。实用汉学的鼓吹者们以其外交和在华生活的丰富经验，而出色地为该学校的教学服务。所以，他们都是将自己双重职业"成功结合"的典范。

然而，外交部翻译官的职业并不能正常地通向教授的职业。人们也只能很特殊地和含糊地解释这类重新确定就业方向的真实背景。考狄就曾于他起草的德微里亚的悼词中写道，国立东方语言学院更喜欢冉默德而不是比他年轻12岁的德微里亚①。这些教授们的职业经略、他们对社会名望的企求，与他们的学术著作一样重要。人们在专注于他们进入学院的背景、改变职业环境的同时，也希望更好地理解，为什么在经过某些考量之后，他们在19世纪会放弃翻译—外交官的职业，而成为东方语言学院的汉语教授。

伯希和在1930年谈到赴远东的翻译官时写道：按照"现在的条件去评价40年前的过去，将会令人奇怪地产生误解"。因为这些翻译官们的角色，并不仅仅是翻译公文电报，而且还要熟悉"一种与我们完全不同的和非常执着于其古老传统的文明，由此而成为部长们的真正参谋。我们为了与这种文明打交道，而又不会无益地伤害其自尊，就必须很好地理解它"②。微席叶在义和团战争之前离开了中国，实际上成了这批翻译官中的最后一位。因为从20世纪初叶开始，赴远东的欧洲翻译人员正趋向锐减。其原因是大部分外交官都能够掌握一两门东方语言了。

当时，哥士耆、冉默德、德微里亚和微席叶等人从未产生过离开翻译队伍，而向领事官和外交官队伍游离的念想。当时的翻译共分成了三个等级：翻译、副翻译和助理翻译。1880年开始其翻译生涯的微席叶，1878年才到达中国的冉默德，都不再有哥士耆于1847年和德微里亚于1860年到达中国时那样的前途和机会了。

但在1880年之前，翻译们还可以利用条例中的漏洞，设法摆脱他们的所属序列，以进入领事队伍。但这一切始终要通过违规手段。因为，他们都遇到了通过正常渠道而进入领事生涯的同事们的排斥。哥士耆对此曾有过痛苦的亲身体验。

---

① 考狄：《德微里亚》，载《通报》第1套，第10卷（1899年），第483页。

② 伯希和：《微席叶》（悼词），载《通报》第27卷，1930年，第1期，第407页。

这些翻译—外官交们进入国立东方语言学院之后，便全力以赴地推行实用汉学的方针。他们均以亲身经历，高调陈述培养外交、经济、文化工作人员以及翻译人才的重要性。当然，这些人从其文化修养方面来看，也不具备培养学术汉学人才的资历。他们与此前由三大教授主持的学术汉语和汉学讲座，形成了一次大绝裂，造就了法国汉学史上于1871—1930年间的一个罕见的"翻译官汉学"时代。

这些翻译—教授的到任，标志着东方语言学院在汉语教学方法、教材和培养目标上的一种彻底改变。他们摒弃了从语言学和理论上的思考来学习语言，要求利用记忆力，并通过反复背诵而学习语言结构。他们在亲手编写的教科书中，首先是坚持提供译文的标准性和规则性。他们特别是借助于一名中国助教的存在，以在汉语日常口语的运用中，培训其学生们。设立出自他们所教授语言的国家的助教制度，是东方语言学院最新奇和最有创意的特征之一。东方语言学院早期的三名中国助教是：李宏方、李少白和丁敦龄（1869—1870年）。

这三名助教是以正式的助教头衔，于1869—1870年间被列入到德理文教授的课程表中了。德理文本人也于那些偶然被带到巴黎的少数中国人中，招募其助理。1870年年末，在中国驻法领事馆开设之前，这些中国人似乎主要是冒险家、"为外国人服务的包衣、脱离其远洋船舶的厨师、有文化修养的商人"等①。所以，异国文明之间的早期交流，最多地是通过文化偷渡掮客而完成的。他们主要是由于其气质上的勇敢及其性格的开放，而不是由于其文化能力才胜任这些工作的②。

设法把一名真正的中国文人请到巴黎，确实不是一件容易的举措。1873年，在哥士耆的倡议下，并在德微里亚（当时任法国驻北京领事馆的一等秘书）的帮助下，才延聘了中国人刘秀章做助教。从而导致产生了一系列行政和财政上的困难。

当中国在巴黎开设领事馆时，东方语言学院则更喜欢直接与领事馆交涉，以设法借聘能承担助教任务的中国外交官。

这种解决办法，除了其财政优势之外，还提供了某些人员素质方面的保障。由中国领事馆出借给东方语言学院的助教，都是很有品位的文人，

① 考狄语，由安必诺引证：《三名土著助教》，第273页。

② 有关这一问题，请参阅白吉尔：《孙逸仙》，巴黎法雅尔出版社1994年版，第446—448页。

出自同文馆精英学校的人。他们在那里可以通过对西方语言和文明的研究,而补充自己的官话修养。但对于这些官吏们来说,教学只代表他们的一种次要职业。他们的活动始终要受对职业的关注和政治手腕的支配。东方语言学院却只能满足于承受其不利后果的影响:意外地突然停止助教课、迅速地轮换助教人员。

1899年,发生了对一名这类助教—外交官的政治性暗杀事件。它清楚地证明了这些略显特殊的教员们的双重生活。他们在东方语言学院投入的力量始终是有限的,而在学院之外的活动又始终不透明。东方语言学院院长波耶尔于1922年写道,他们之中有相当数量的人不失以其“热情……严谨……教学才能”而表现出色。但他又补充说,那些教授们应该将自己所“取得的优秀成果的一大部分原因归功于这些助教”①。1930年,在东方语言学院短期任教的伯希和曾指出:“助教并非生来是为学生们准备其课程的……而是为了使年轻人初步掌握语言的实用能力。”②这种实用汉学的胜利,不会不在东方语言学院内部本身激起抗争。如此一种汉语教学观念,确实不能适合某些青年知识分子们的期待。因为他们首先是希望增加其参考资料的数量,并开阔他们的思考领域。当安田朴(Etiemble)短期于东方语言学院执教之后,还激烈攻击“平庸的微席叶”迫使他学习那些“晦涩难懂的句子”③。

通过这些过渡阶段之后,实用汉学的教授们纷纷粉墨登场了。一批汉语翻译官,摇身一变,就成了大学汉语教授。一个汉语教学和汉学研究的新时代——翻译家汉学时代开始了。

(一)哥士耆揭开“翻译家汉学”时代的大幕

1871年12月10日,哥士耆被任命为法国国立东方语言学院通俗汉语讲座的主持教授,从而揭开了法国“翻译家汉学“新时代的大幕。

哥士耆(Michel Alexandre Klecz owski,1818—1886年)于1818年2月27日诞生于波兰的斯塔瓦尔维亚(Stavarvie,华沙省),于1847年3月19

① 波耶尔的书信,引自洛朗·加利:《土著助教》第289页。

② 安田朴:《我为伯希和而感到骄傲》,第168—169页。

③ 安田朴:《我为伯希和而感到骄傲》,第168—169页。

日被任命为法国驻上海领事馆的翻译官,他于此前还曾受雇于法国外交部外贸司。这就意味着他已经获得了法学学士学位。因为法国国王 1833 年 8 月 20 日的王诰硬性规定,为了在对外贸司被录用,则必须拥有学士学位。

哥士耆受到了德姆索·德·吉夫雷(Desmousseaux de Givré,1794—1854 年)伯爵的支持。此人过去也是一名外交官,后来成为厄尔—卢瓦(Eure-et-Loir)省的众议员。他向时任法国外交部长的基佐(Guizot)推荐了哥士耆。哥士耆于 1847 年年初正在寻求成为法国首个常驻中国公使团的成员,或者是继中法《黄埔条约》签订(1844 年 10 月 24 日)之后,在中国设立的新领事馆的成员。在哥士耆被任命之前的 16 天时,吉夫雷于 1847 年 3 月 3 日致外交部长的一封信指出,哥士耆正随卡勒里(Cal'ery)①学习汉语,并且取得了长足的进步,数月之后就可以协助法国驻上海领事敏体呢(M.Montigny)工作了。这就是说,哥士耆学习汉语的时间并不长,当时尚远未达到可供使用的程度。哥士耆赴上海的原因,除了欣赏异国情调之外,他还受到了有可能进入领事队伍希望的吸引。1843 年 8 月 20 日的一道王诰,确实曾允许中央政权外贸司的雇员们进入领事官职务序列。这样一种晋升,在驻外机构肯定更易获得。

哥士耆于 1847 年 3 月 19 日被法国外交部长基佐任命担任敏体呢伯爵的翻译官,因为敏体呢已于该年 1 月 20 日被任命为法国驻上海的领事。哥士耆于其以澳门和广州为基地的使团中度过了前 4 个月。1848 年 4 月 15 日,他接到了法国驻华公使陆英(Forth-Rouen,1809—1886 年)的命令,让他到上海去赴任。他在法国驻上海领事馆任翻译官长达 6 年之久。此人首先在敏体呢身边效力,然后从 1853 年 6 月 15 日起,又为法国署理上海领事伊担(爱棠,Beno t Edan)服务。当时,法国在上海的侨民人数很少。1850 年,法国在沪侨民只有 10 人,其中 5 人是领事的家庭成员。敏体呢(1805—1868 年)是 19 世纪中叶法国驻海外领事中的典型人物。1843 年,埃尔伯夫和米鲁斯商会又选择他作为自己在拉萼尼赴华使团中的代表,因为该使团负责与中国签订贸易协议。

在敏体呢赴中国旅行时,哥士耆应该是始终陪同于其左右。他似乎与

① 卡勒里本是出生于图灵的意大利人,曾作为外方传教会的传教士赴澳门。但他放弃了传教事业,成了法国出使中国的拉萼尼(J.de Lagrené)使团的翻译,返回巴黎后在法外交部工作。

使团长具有同样的爱好兴趣,因为这些旅行取决于冒险。

噶罗男爵在1859年秋对华远征时,曾被指定主持对华外交谈判。因为英法联军于这一年远征中国,以强迫中国政府批准1858年签订的条约。当噶罗到达中国时,他便告知哥士耆,不希望此人陪同自己赴中国北方。但哥士耆坚持让噶罗带走他,并且以提前接受了一种降级为条件。

1860年的英法联军远征,导致了中国与西方列强新条约的签订,从而准许西方在北京设立外交使团。噶罗返回了法国,法国公使馆始终由布尔布隆主持。布尔布隆在北京建立了其新的公使馆。但据哥士耆认为,法国外交部似乎并不太重视对华关系的这些新进展。

哥士耆于1862年6月1日—1863年4月11日之间,任驻华临时代办。正当他行使这一职务时,却被从外交人员的队伍中排斥出去了,并且"被降级到翻译官序列"。

哥士耆于是便在1882年初退出了外交部,当时的官衔是编外全权公使。他此时已经在外交部供职35年。他最终于1863年离开中国,以返法以履新政府一等秘书—翻译官的职务,而且保持这一职务长达19年。他是怀着一种苦楚和失望的沉重心情而履新的。他当时已有64岁,所以他认为自己在外交部的生涯是一种失败。

政府秘书—翻译官的任务,确实酷似一种闲职。它最多也只不过是提供了一种陪同赴法国做正式访问的中国外交官的机会。哥士耆于1870年曾陪同过崇厚率领的中国代表团。崇厚赴法是为了于同年6月在天津的流血事件,而代表中国政府前往道歉的。正在波尔多的法国政府费尽了一切周折手段与正亡命于布列塔尼的哥士耆接触。哥士耆似乎完全没有了为自己的利益而利用这项任务。所有的荣誉都归予了德微里亚,因为他奉命押送中国政府答应给予受害家庭的赔款,并作为法国驻北京公使馆的翻译官和公职员,而参与了在1871年整年间在凡尔赛宫举行的谈判。

哥士耆返回巴黎之后,曾一度继续隶属于外交部,并且就职"政府首席中国语秘书—翻译官"的位置。他在那里成为夏尔·谢飞的同事,而谢飞曾任法国驻君士坦丁堡大使馆的首席翻译。后又于1857年2月4日被任命为"东方语言的一等秘书—翻译官"。由于谢飞于1867年出任法国东方语言学院的院长,所以他不会不知道哥士耆在汉语教学方面的想法,也不会无视此人有关创立翻译学院的计划。因为哥士耆曾多次就此而向其上司陈述过自己的主张。他于1854年就向外交部外贸司司长解释说:"该学院的位置空缺了，这就启发我产生了创建我们非常需要的翻译学院的思想，我曾就此事项而呈报布尔布隆，我也转报了外交部的政治司。”哥士耆就这样继任了东方语言学院汉语讲座教授的位置。尽管他有丰富的汉语口语知识和与中国进行外交活动的经验，但他既不是研究型教授，甚至也没有多少教学经验，所以其教学也不会特别出彩。

（二）志大才疏的冉默德

哥士耆于1886年3月26日逝世。非常奇怪，该学院的汉语讲座教席并未立即宣布空缺，直到1888年11月7日才公之于世。该学院准备提供的本应该是一个助教岗位。冉默德诞生于1856年，原来就是该学院的学生。他被公共教育部1886年5月16日的一道命令任命担任此职，战胜了其竞争者德微里亚。尽管德微里亚年长他12岁，并且比学院院长谢飞更加令人可怕。德微里亚也具有与哥士耆相同的职业履历。他于中国履职20年（1860—1880年）。他自1882年2月20日起，他又出任法国政府的汉语秘书—翻译官。自1872年2月起，他又是东方语言学院的通讯学员；同年12月间，他又由于为该学院的服务而获得了科学勋章。最后，他有数部汉学著作为依托，如他于1873年写成并于1876年出版的一部游记《北京与华北》；此外还分别于1880和1886年发表的两部有关中国与安南关系的论著①。

本来，冉默德具有继承法国东方语言学院汉语讲座的一切有利条件。但他的履职事实上却并非一帆风顺。

冉默德（Maurice Jametel，1856—1889年）于1878年作为驻华公使馆翻译官而到达中国。他于此时，已经不再具有哥士耆于1847年和德微里亚于1862年到达中国时的那种前途和机会了。

1882年，曾在中国工作过的法国外交部的9位翻译官中的两位，被任命为副领事，而他们又未在真正的翻译官序列被取代。由此而出现了一种混乱的局面，法国驻华公使宝海（Albert Bourée，1836—1914年）向外交部的人事司主任提出：

---

① 冉默德：《16—19世纪中国与安南—越南的关系史》上下，载《亚细亚学报》，1880和1886年号。

“为了使工作能够继续展开，同时又将这些副领事们保持在翻译官的序列内，则必须将这些翻译官的数量从 9 名增加到 11 名；如果你们愿意的话，也可以仍然保留为 9 名，但还要另外指定两名翻译官[①]。”

这就是说，在 17 世纪 80 年代之初，翻译官的职业确实不值得人们羡慕。1880 年 9 月 18 日的政令，也未成功地提高他们的地位。

大家都会理解，冉默德很天真地陷入了圈套。在华的翻译官职务，是通向外交部外事最高职责的捷径。他出发赴华，确实比那道最终的政令早两年。他那短暂的外交生涯，也表现出了一种顽强地向上攀登和出人头地的思想。他于 1856 年 6 月 11 日诞生于蒙鲁日（红山），1873 年 11 月 17 日被接受进东方语言学院，1878 年 2 月 9 日从该学院毕业。同年 3 月 23 日，他被任命为汉语实习翻译，并出任法国驻华公使馆的随员，1878 年春天到达北京。

冉默德从 1879 年 9 月起，被派遣到广州，任代理主任翻译官。他在那里只居住 6—7 个月。其上司“对他以广博的汉语知识，而处理诸多事务中的才能感到很满意”[②]。他又于 1880 年 3—6 月间，主持法国驻香港领事馆，始终以助理翻译官的头衔工作。冉默德又于 1880 年 6 月间负责主持出使朝鲜的一个使团，而且还持续了两个月，不过其目的却始终非常含糊。

冉默德自从于中国就职之后，便谋求成为驻欧洲的一名副领事的职务。他具体解释说：“如果现在不能赋予他一个空缺位置，那么他至少要求休病假以返回欧洲。因北京的气候完全不利于其健康”[③]。他于 1880 年 8 月 13 日获准了这次休假。他晋升为副领事的要求，最终于 1881 年 4 月被拒绝了。外交部同样也拒绝了考虑任命他为驻广州领事馆的主任翻译官。冉默德于是便于 1881 年 12 月 17 日就任于法国驻那不勒斯总领馆的办公室主任。在他退休期间，他放任发泄其怨恨，于《法国经济学家》中发表了两篇文章，猛烈抨击了外交部各种机构的组织。

两年半过去了，冉默德受贫困的打击，又无法获得与其抱负相符的职位，于是便重新申请进入外交部现役机构中。正在此时，哥士耆的逝世（1886 年 3 月）使东方语言学院汉语讲座的教席空缺了。冉默德的履历可

---

① 法国外交部，人事档案第 2 类。

② 法国外交部档案：《冉默德》168，冉默德的公文。

③ 法国外交部档案：《冉默德》168，冉默德的公文。

能很难与德微里亚相媲美，以至于人们无法试图在对这位年轻人的任命中，看到高层人物有利于他的干预。

东方语言学院很可能是考虑到了“恶劣的形势”，才将汉语助教的职位留给了冉默德。因为这种形势使他放弃了自己的中国研究，这就是于1889年5月17日夺去了其生命的疾病。这也是为什么当时没有立即宣布该教席的空缺。冉默德在他于外交部任职期间，曾多次享受到了两位众议员的支持，其一便是其叔父。因此，人们不禁要问，东方语言学院选中他而不是德微里亚，是否是出于政治干预呢？冉默德的助教职务被几次延续于1886—1887、1887—1888年以及1888年11月17日—1889年2月24日之间。他于1889年1月24日起，最终被聘任为教授，距其辞世已不足4个月的时间了。

我们由此便可以看到，冉默德无论是在外交领域，还是在教学方面，都壮志难酬。他志大才疏，一生终无多大成就。

（三）遭排斥而难展宏图的德微里亚

德微里亚（Gabriel Devéria，1844—1899年）于1860年2月6日被任命为中国语言的见习翻译，并以这一身份而于同年4月9日进入法国驻华公使馆。他于同年9月间在天津下船登陆。当时英法联军已于8月23日夺取天津，正在向北京进军。德微里亚恰得其时地到达天朝帝国以行使其职务[①]。他的这项职务的起因，已由德微里亚在金石和美文学科学院的继任者——希腊文化研究学家爱德华·博蒂埃（Edouard Pottier）作过分析。德微里亚在其招待会的致辞中，表明这一职业既是出于社会需要，又是由于他个人的真正志向。因为他于其父亲——画家和版画家阿希尔·德微里亚（Achille Devéria，1800—1857年）家中度过了其幸福的童年，这一切似乎预兆着一种欢乐的前途和一种舒适的生活。但其父于1857年的早逝，突然间改变了其家庭处境，并使其生活变得相当不稳定了。加布里埃尔·德微里亚当时仅有13岁，正在圣—巴尔博（Sainte-Barbe）学习。这种悲惨的日子，却由于比他年长许多的长兄泰奥杜尔·德微里亚的存在，而有所弥

① 埃德蒙·博蒂埃（Edmond Pottier）：《德微里亚先生的生平与著作》，巴黎菲尔曼·迪多出版社1900年版，第9页。

补，此人后来成了著名的埃及学家。泰奥杜尔·德微里亚诞生于1831年，当时已有26岁了。他成了其幼弟的一位真正导师。德微里亚于3年之后出发赴华①。

儒莲为年轻的德微里亚写了一封推荐信，希望能为他提供一种很有威望的保护。

德微里亚在中国供职到1880年10月，最终返回法国。在他于中国供职的20年间，相继晋升为共和国驻北京公使馆的主任翻译官（1870年2月25日）和一等翻译官（1873年8月30日）等。

德微里亚在尚为实习翻译的时候，曾首先于1862年5月到1863年4月间，也就是在哥士耆任驻华临时代办期间，行使公使馆翻译官的职务。因此，德微里亚是4位年轻人之一，其中最年长者可能为20岁，他们单独帮助哥士耆完成其使命。1863年4月24日到1865年8月9日，他被派住天津，临时署理领事馆主任翻译官的职务。1865年8月10日—1866年3月21日，他在第2次主持天津公使馆（1866年3月2日—1869年4月1日）之前，还曾返回北京行使过公使馆翻译的职务。

如同哥士耆一样，德微里亚在中国的作用经常会超越一名普通的翻译。他从这第1个时期起，便以非官方署理使者的身份，参与了中国与西班牙（1864年）和中国与意大利（1866年）之间条约的谈判与签订。

他虽被晋级为驻福州领事馆的主任翻译官，却从未到任，只是在1869年4月1日临时署理公使馆一等翻译官，直至1870年10月26日为止。

德微里亚于1872年3月，再次出发赴中国，于6月1日重新行使其临时署理一等翻译官的职务，并于1873年10月获取了其正式官衔。在其生涯的第3个阶段中，他在法国和比利时公使被同治皇帝召对时（1873年），曾帮助过他们。1874年11月1日，他受公使馆委托而接受去巴黎会见外交部长的特殊使命。“北京当时正要变成与4年前天津血案相类似的舞台”②。

自1872年起，德微里亚便将其目标瞄准了巴黎法国政府的秘书—翻译官的职位。该年1月间，哥士耆刚刚被任命为东方语言学院的教授，并鼓励他准备继任那个汉语讲座的教席。“因为他不打算在巴黎保持其秘

① 博蒂埃：《德微里亚传》，第8页。

② 法国外交部档案《德微里亚》123，机构名录。

书—翻译官的职位超过 3 年"[①]。他当时似乎曾寻求离开翻译官的职位，以转向领事官或外交官的职业。其上司们都向他推荐了多个职位：汉国驻汉口领事和法国公使馆秘书—翻译官的职务、充任公使馆行使一等秘书职务的参赞、名誉总领事、公使馆领衔一等秘书的岗位等。他们提出"德微里亚在北京有一个正式级别的地位，可以使他伺机成为公使馆的临时代办"[②]。

1880 年 9 月 18 日的政令被公开发表了。外交部据此而只同意给他一个编外二等领事的头衔。德微里亚为此而提出了抗议。

法国外交部可能预见到哥士耆即将退休，也可能是为了改善其处境，下令晋升他为编外全权公使。哥士耆在谈到其退休时曾讲道："外交部已经私下于 1880 年 10 月给德微里亚先生发去电报，说明巴黎的秘书—翻译官职位即将空缺，人们只在等待德微里亚作出决定，其旅费将会返还。德微里亚与其夫人没有犹豫，他们提前出发，立即离开北京，其重新安家的一应物品都被高价地运回巴黎"[③]。

继由德微里亚致外交部长巴特莱米—圣—希莱尔的书信之后，外交部曾同意非常显赫地提升他为使馆二等秘书，从而为他打开在巴黎的秘书—翻译官职位的大门。德微里亚再未返回中国。当哥士耆于 1882 年 2 月被接受从东方语言学院退休时，德微里亚被任命为法国政府的汉语秘书—翻译官。他又于 1883 年 9 月 12 日被晋升为使馆一等秘书。德微里亚为了有权"援引 1880 年 9 月 18 日政令的第 11 道：在巴黎的东方现代语言的秘书—翻译和法国驻君士坦丁堡使馆的首席翻译官，当他们连续 5 年出任一级领事的职务时，便可以被晋升到总领事级别"。这样一来，他便于 1888 年 3 月 22 日被晋升到了这一级别，这是他外交生涯的顶峰。

德微里亚被谢飞作为第一候选人而推荐出任东方语言学院的助教。他甚至最后还取代了哥士耆去主持该学院的汉语讲座。弟子取代先生本来就是合情合理的。但该继承人却被排斥了，人们对于冉默德的偏爱超过了德微里亚，而德微里亚则必须等到冉默德的逝世（1889 年 5 月 17 日），才可以从事其新的教授职业。

---

① 法国外交部档案《德微里亚》123，机构名录。

② 同上，《有关德微里亚地位的呈文》，1881 年 1 月。

③ 伯希和：《微席叶》，第 408 页。

德微里亚于1889年8月8日，继任冉默德主持法国东方现代语言学院的汉语讲座，共持续近10年，直到他于1899年7月12日逝世为止。

(四)从实用汉学再向学术汉学转变的微席叶

微席叶(Arnold Vissière，1858—1930年)在法国外交部的生涯，完全是在1880年9月18日指导翻译官职务的政令范围内展开的。微席叶非常用心地攀登上了各级阶梯：二等翻译官(1883年3月10日)、一等翻译官(1886年5月28日)。

微席叶于1880年1月16日被任命为编外实习翻译。他首先被外交部派遣到巴西驻中国外交使团，在巴西入华特使喀拉多(Eduard Calladu)的领导下，开始了其外交生涯。喀拉多委托他与中国谈判一项《中巴和好通商条约》。两年之后，1882年2月21日，他又被任命为法国驻北京公使馆的助理翻译官和随员。微席叶也如同德微里亚一样，是一名天才的翻译家。伯希和曾称赞他："能够直接用官话文体，翻译一份致总理衙门文件的非常罕见的翻译之一，而且会使负责从文体的观点审察它的'文士'发现，对此可以不必再作任何修改"①。

据加斯帕多纳(Gaspardone)认为："微席叶以一种长期而又辛苦的专心苦功为代价，成功地找到了能恰当表达中文外交语言的法文词汇，否则就要对这种语言作改造。……所有那些稍后成为其学生的人，都被他将其艺术运用于这一领域时的严格性，感到异常惊讶"②。

微席叶成了法国公使在与中国人谈判中的宝贵合作者，这次谈判导致于1885年8月6日签订《天津条约》；他后来又参与了1886年4月25日的《中法通商条约》的谈判。微席叶在1886年的法国—朝鲜条约的谈判中，也扮演过重要角色。他在这方面显得是无法取代的人，以至于法国外交部长费莱希奈(Freycinet)认为，只要最后一项条约尚未被签署，就拒绝让微席叶休假："一旦当通商条约缔结之后，我将很乐意给微席叶先生一次休假。但我不认为可以在戈可当(Cogordan，法国驻华公使)与中国的谈判结束之前，失去一位如此卓越翻译官的合作"。

① 加斯帕多纳：《微席叶》(讣告)，第649页。

② 外交部档案《微席叶》393，费莱希奈至巴特诺特尔的信，1885年9月11日于巴黎。

《中法通商条约》签订后，微席叶于1886年5月28日被晋升为一级翻译，从而才批准他自前一年来坚持申请的休假。微席叶在他于巴黎居住的一年期间，都在忙于其家庭事务。但他也为对一幅安南、交趾支那和北圻（东京湾）详细地图的翻译工作，搜集了许多资料，以准备将它列入自己有关中国广西省军事组织的报告中。然后他又返回中国，于1887年6月23日，重新开始他在北京的效力。

对于他的这些被完全承认的功劳，政府却没有给予他任何晋升和任何特殊的优待。微席叶必须等到1894年3月，才被晋升为二等领事官，而他本来从1890年11月起便有权期待这种晋升。外交部甚至还迫使他遭受了一次凌辱，授予了公事馆的医生米拉贝尔（Mirabel）荣誉领事的头衔，由此而使他在礼仪方面位于一等翻译之前。这与对微席叶前任们实行的规则，以及与当时尚在公使馆实行的习惯都背道而驰。1891年4月13日，他上书部长，希望将他从北京一等翻译官的那已被降职的位置下撤换下来，并任命他主持驻中国或朝鲜的领事馆。1892年6月15日，他被任命主持法国驻上海的领事馆，并且一直任职到1893年5月8日。

1899年年初，法国外交部强调，微席叶可以立即取得非常重要的法国驻广州领事馆的主持权。但微席叶声称，其健康状况不允许他在不休假的情况下，于中国度过第6个夏天。他的职务又被降级了。

微席叶可能已经预感到，自1898年冬季以来就患胸膜炎的德微里亚，已经来日不长。为了获得微席叶的同意，法国外交部于1899年2月10日晋升他为一等领事，这就意味着这项晋升与1880年9月18日政令相抵触。微席叶最终未能赴任。因而，当德微里亚于1899年7月12日逝世时，他正在巴黎。微席叶立即准备在此人留下的两个空缺位置上继承他：法国政府的秘书—翻译官之职位，并于10月16日获得任命；他从1899年起便谋求东方语言学院汉语讲座主持人的位置，于12月10日也获得了，直到1928年退休为止。

很久以来，当他成为翻译时，许多能够“评价其杰出能力的人”都预言，他将会于某一日，被指定不仅要接受德微里亚和法国驻北京公使馆代办林椿（Paul Ristelhueber）的职务，而且还可能接替儒莲在法兰西学院的职位。曾作为其直接上司的原法国驻华公使宝海（F.-A.Bourée，1836—1914年），也很快便发现了其才能。1882年10月间，宝海甚至建议其外交部长，“要作出轻微的金钱损失”，以使微席叶于其学术观点上来看是无意义的甚至是不合时宜的管理中,放弃任何增加其收入的想法。

"我在很长时间中都同您讲到了微席叶,我仅仅是根据其名声而了解到了这一切。我向您重复我听其馆长喀拉多先生讲过对他的全部溢美之词。其后还有其他那些资深的评论家……自从我看到他工作之后,我便丝毫不再怀疑自己了。他是我们的一位优秀公民,特别是他掌握了有关中国的一切知识。我认为于其工作中,鼓励他和帮助他,具有非常重大的意义。微席叶很快就变成了杰出汉学家……我应该尊重我们所有人都心中牢记的情感。所有法国人都强烈希望看到,我们在文化事业领域中的日益增长或发展,这是我们的财富和民族声誉的组成部分。我们毫不怀疑,微席叶将会有一天使那些在起步时支持他的人,以及那些帮助他成才的人增光。我坚信,这都是一些您不可能无动于衷的考虑。他必然会使我们的事业令人产生浓厚兴趣"①。

此前所发生的一切,使微席叶的事业都受到了促进和鼓舞,无论他在外交方面作出的服务,还是为其国家未来的科学事业中所作的贡献方面,都一样。

五、实用汉学与学术汉学有机结合的典范戴密微

从哥士耆于 1871 年 12 月 10 日被任命主持东方现代语言学院的汉语讲座,到微席叶于 1928 年退休为止,这是在东方语言学院汉学研究与教学中,持续了 50 多年的"翻译家汉学时代"。

法国东方现代语言学院有关实用汉学与学术汉学之争,直到法国当代汉学大师戴密微(Paul Demiéville,1894—1979 年)先生于 1930—1945 年主持该学院汉学讲座时,才得以有机地、巧妙地结合起来了。

戴密微在当代法国汉学界中普遍受好评。在他逝世后,侯思孟(Donald Holzman)称之为"整整一代汉学家的大师和朋友"②。谢和耐(Jacques Gernet)称他"是我们所有人的最学识渊博、最具敬业精神的大师,他在不停的工作中获得了最丰富和最广泛的经验,是我们最优秀的大

① 法国外交部档案,《微席叶》393,宝海致赫伯特,1882 年 10 月 14 日于北京。

② 侯思孟为戴密微的《吐蕃僧诤记》1987 年版所写的序。

师”①。吴德明(Yves Hervouet)称他为“具有一贯的忠诚精神和亲切情感……他在办公室的待人接物,始终是友好热情的”②。

戴密微于1894年9月13日诞生于瑞士洛桑,于1920—1930年间,先后在印度支那的法兰西远东学院和中国学习或工作,于1979年逝世于巴黎。

戴密微于1930—1945年间主持法国国立东方现代语言学院的汉学讲座。这是由于继微席叶于1928年退休后,该学院的汉语讲座停止了四个星期,由当时主持法兰西学院汉学讲座的伯希和(Paul Pelliot,1878—1945年)临时代理主持过几个月。从1929年起,该院院长保罗·波耶尔(Paul Boyer)与戴密微商谈,以向他推荐这一职位。1930年3月初,戴密微自哈佛大学致书波耶尔,拒绝了这项提议。东方语言学院的汉学讲座教席于1930年11月14日宣布空缺。12月初,该院教授委员会和进修委员会大会选举戴密微为第一候选人,并且根据学院1914年制定的规章程序,而上报金石和美文学科学院批准。戴密微的候选人资格被一致通过,这既是由于他在远东研究领域中,获得了一种众望所归的名声,又是由于他以其著名出版物而被公认学识渊博。但由于戴密微是瑞士国籍,故无法在法国大学中占据一个重要职位。多亏波耶尔院长在司法部的活动,戴密微才于1931年10月5日获得了法国国籍。

当时法国东方语言学院的学制为三年,成绩及格的学生将获得语言学文凭。戴密微承担一至三年级的教学课程。据马伯乐(Henri Maspero,1883—1945年)回忆,戴密微既向学生们讲授汉语文言文,又讲授白话文。据李嘉乐(Alexis Rygaloff)认为,他既注重研究传统的中国文化知识,又注重介绍中国的现代社会。据桀溺(Jean-Pierre Diény)评价,他的教学同时满足了年轻科研人员和文化大众的需求③。这就充分显示出了戴密微培养实用人才和从事汉学研究的专家学者的双重志向。

戴密微在授课中,招聘了中国佛教史专家——他在福建时结交的中国

---

① 谢和耐:《戴密微的生平与著作》,载《金石和美文学科学院1986年会议报告》,1987年版,第596—607页。

② 吴德明:《戴密微与法兰西远东学院》,载《法兰西远东学院学报》,1981年,第69卷,第1—29页。

③ 桀溺:同上引《戴密微》一文。

人林藜光(1902—1945年)①作为其助教。因为助教都是根据讲座主持教授的推荐而被招聘的。在东方语言学院聆听戴密微授课的还有日本、安南和柬埔寨的学生。甚至连葛兰言(Marcel Granet,1884—1940年)也到该院自由聆听和讲授汉学课。葛兰言被汉学家们认为是社会学家,而社会学家们又认为他是汉学家。因为他既是汉学家沙畹(Edouard Chavannes,1865—1918年)的学生,又是社会学家涂尔干(杜尔海姆,Emile Durkheim,1858—1917年)的弟子。他既是科班出身的历史学家,又出于偶然而成为汉学家(1911—1913年赴印度支那和中国考察)。葛兰言自1926年进入东方语言学院讲授远东国家的历史地理课。先后在该学院任教讲授中国语言和文明的著名汉学家还有考狄(Henri Cordier,1849—1925年)、格鲁塞(René Grousset,1885—1952年)、马古利(Georges Marguulies,1902—1964年)等人。

戴密微很注意培养实用汉语的学生。在1931—1944年间,戴密微共有59名学生获得汉语毕业文凭;在1933—1934年间,每3年的一届,都会有27名学生听他的课;在1940年前后,由于二战期间维西傀儡政权的关系,他却只有8名学生了。

戴密微更注重推出汉学研究著作。据阮桂雅(Christine Nguyen Tri)统计,戴密微在他于东方语言学院任教的1931—1945年间,共发表论著或论文21种②。其中最重要的便是他负责编辑的佛教百科全书性丛刊《法宝义林》2册。戴密微的全部汉学著作有180多部(篇),100多篇评和200多篇札记。无论它们的篇幅长短,都具有很高的学术价值。他的第一篇汉学论文于1920年发表于河内,最后一篇于1978年写于巴黎。其汉学研究领域涉及了中国文化的诸多方面:宗教、文学、历史和哲学,使用了汉文、日文、梵文、藏文和俄文等资料。戴密微成了20世纪下半叶法国学术汉学领域的领军人物。

戴密微在东方语言学院培养出了——大批著名汉学家,他们在二战之后到20世纪的90年代,始终为法国汉学界的主力军。苏远鸣(Michel Soymié,敦煌学和道教学家)、石泰安(Rolf Stein,1934年毕业,藏学家和汉

① 林藜光曾整理出版《诸法集要经》的梵文本,他的《正法念处经》译注本,就是由戴密微于他死后整理出版的。

② 阮桂雅:《戴密微1931—1945年论著目录》,载《法国东方现代语言学院的汉语教学1个世纪,1840—1945年》,第209—210页。

学家）、康德谟（Max Kaltenmark，道教学家，毕业于 1935 年）、樊隆德（Nicole Vandier，艺术史学家，毕业于 1936 年）、叶利世夫（Vadim Elisseef，博物馆学家，毕业于 1939 年）、李嘉乐（Alexis Rigaloff，语言学家，毕业于 1941 年）、霍尔曼（Robert Ruhlmann，史学家，毕业于 1945 年）、汪德迈（Léon Vandermeersch，先秦史学家，于 1945 年左右聆听戴密微的课）。戴密微在该学院还培养出了多位德国、中国、苏联、南斯拉夫、日本、丹麦、挪威、爱沙尼亚和美国的优秀汉学家。

戴密微是在法国历史上的一个特别困难的时期，接任了东方语言学院汉学讲座的教席。这完全要归罪于法国在二战期间的维西政权。该政权 1940 年 7 月 17 日颁布法令，只限于让出生于法国血统的法国公民被国家机关录用。司法部审察自 1927 年之后获得法国国籍的人员，并撤销维西政权感到不满意的那些人的法国国籍。东方语言学家唯一一位出生于外国父亲的教授就是戴密微（其父为瑞士人）。东方语言学院院长——著名突厥学家让·德尼（1937—1948 年间任院长）千方百计地为他辩护，并为戴密微的法国情感作保。戴密微同时也获得了其东方语言学院同事们的支持。由此才渡过了这一难关①。

戴密微在此期间还在汉学研究所兼作有关中国佛教的学术研究（1934 年），在巴黎大学文学系兼授日本佛教的课程（1937—1938 年），于 1945 年 3 月被任命为法国高等实验学院第四系的导师。他开设了佛教语言学的课程，于 1945 年接任已逝世的马伯乐主持法兰西学院的中国语言文学讲座。但他始终坚持在东方语言学院的授课，于 1949 年 12 月被任命为该院的名誉教授。他推荐了自己的两名学生列昂·杨凯列维奇（Léon Jankélévitch，1946—1948 年教中文课）和石泰安（1934 年毕业于该学院，1948—1952 年任教）主持东方语言学院的汉语讲座课程。戴密微对于汉语课的长期教学，充分证明了他未将学术汉学与实用汉学对立起来，而是巧妙地有机结合在一起了。从而才结束了东方语言学院历史上，自 1843 年以来，持续了一个多世纪的学术汉学与实用汉学之争。

先后占据东方现代语言学院汉语讲座的教席的四位翻译，都是在政府部与一所其威望只有在未来才会提升的大学之间犹豫不决。就在同时，翻译官的职业也失去了其辉煌的名望和丰厚的报酬。哥士耆是不得已而求

---

① 阮桂雅：《戴密微，东方语言学院与汉学研究》，第 197—205 页。

其次地成为该学院的教授,他对此也只好心甘情愿了。然而,正是他揭示了汉语讲座也可以获得名望的秘密。但他于其岗位上,仍在继续为外交部服务。在外交部的鼓励下,德微里亚和微席叶又重新将学术知识引入到了在东方语言学院的施教中。没有任何人对这种倾向提出过抱怨。自德微里亚入主该汉语讲座之后,哥士耆原来的一名学生和学院的原董事利奥奈尔·拉迪盖(Lionel Radiguet)非常遗憾地表示:

> 这个教育机构本应该实实在在地成为政府的一所专门学校,本来也可以作出许多服务,但它却始终是具有非常混成特征的一所东方语言大学,被以一种非常古怪的方式所领导①。

拉盖迪后来提议将东方语言学校改造成一所培训翻译官和殖民地行政官员实验学院,完全归于外交部和殖民地部管理。

如果不对其就业实施稍加控制,那么与其生存和发展有直接关系的政府外交部和殖民地部,自20年来就拥有对东方语言学院的实际领导权,东方语言学院的问题就会单独得到解决,将这所位于里尔大街的教育机构逐渐地和巧妙地改造成一所培养翻译官和殖民地行政官吏们的实验学院。

法国明显应将未曾忽视纯理性的东方高等教育模式,归功于其历史,归功于其现有的名望。但我们只要翻阅一下法兰西学院和巴黎大学另外两个系的讲座课程表,那就可以发现,东方学研究在高校中的份额更应该是被夸大了,而不是事实上的不足。

因此,“东方语言学院应该永远摆脱某些投机性的影响,这些影响使那些致力于高等教育的大学具有了双重目的”②。

我们应感谢德微里亚、微席叶和法国外交部,善于使汉语讲座隶属于国家的政治行政机构,并且使知识的传播能适应其全部文化生活的特征。

法国东方学家伯希和于1946年1月致当时主持东方语言学院汉学讲座的安田朴教授,对该学院的教学方法,提出过三点意见:

1.对于已经进入二年级或三年级的学生的汉语教学,应使诸如中国《诗经》和《书经》那样的特殊经典,占有一种重要位置,是根本无用的。因

① 法国外交部档案,《微席叶》393,Bouré致赫伯特,1882年10月14日于北京。

② 利奥奈尔·拉迪盖:《殖民地学校与现代东方语言学院的用途》。

为尽管对它们的诠释,往往是未有定论和具有偶然性的,却又是传统性的。它会使学生们产生一种错误印象,认为人们可以用一句中国话表达随便什么样的内容。

2.必须要求学生们努力学习,不仅仅在教授们的课堂上如此,而且在助教的课上也应如此,尽管这些助教们经常逃避授课。

3.助教们的目的并不是为了帮助学生们准备其学位论文或向他们诠释文献,而是为了向青年学生传授口语实践。这样做,会比让学生们在教授的课堂上犯许多错误,要好得多。但学生们要自己准备其论文。他们通过自己个人的学习而犯下的误解,甚至比一种正确的解释更有用。无论如何,不要让学生们觉得,他们会在困难中受挫。

总之,法国汉学界以国立东方现代语言学院为代表的这场实用汉学与学术汉学之争,持续了一个多世纪。有四位教授和四位翻译官—教授陷入了这场争论。其结果是导致东方现代语言学院将培养实用性人才与专家性研究人员的双重目的有机地结合起来了。由此而造成了法国汉学在20世纪的辉煌,使方方面面的人才辈出,科研成果层出不穷。

试论法兰西学院的汉学讲座

法兰西学院(Collège de France)是一个世界上独一无二的奇特教学与科研机构。它地位最高,所有执教教授都要由全国教授委员会推选,由国家总统任命。该学院的执教教授学术水平最高,地位也最显赫,所讲授的都是各学科最前沿的学问和最新的科研成果。法兰西学院于1814年设立“汉语、鞑靼—满族语语言和文学”讲座,这是西方大学里设立的第一个汉语教学与汉学科研机构,也是中国语言和文学首次进入西方大学的神圣殿堂。俄国于1851年,荷兰于1875年,英国于1876年,德国于1912年才在大学里首开汉语教学课程。更加可贵的是,无论世界上发生了什么动乱,战争、冷战,还是法国革命与复辟的制度变迁以及经济危机,该讲座的模式始终一成不变地延续至今。这在国外的汉语汉学的教学与研究中,也是独此一家,别无他例,形成了一枝独秀的现象。

一、法兰西学院筹建的原因与背景

法兰西学院的创建要归于1530年法兰西斯一世(François Ier)国王设立的“皇家教授团”(Lecteurs Royaux)。当时巴黎大学垄断了其所辖范围内的全部教育职责。它执着于自己的传统,就如同坚守自己的特权一样,拒绝任何创新。巴黎大学只设有四个系:神学、法学、医学和艺术。但它却声称自己已经涵盖了所有有益而又合法的知识与学问。拉丁语是当时使用的唯一语言。除了医学之外,真正的科学都被简化为中世纪的“四大学科”(数术、几何、音乐、天文)。巴黎大学占支配和统治地位的,是迂腐学究们那狭隘的思想。巴黎的高校成了大辩论的中心。在那里的辩论激烈,而学生们的所学甚少。这种独占而又封闭的教学机构,似乎很难自我改造。此外,不但是大多数东方语言与学术,就连希伯来学和犹太学、闪学、亚述学等,在那里也同样一概遭禁。

但就在此时,一种全新的思想,即文艺复兴的思想,却传遍了整个欧洲。诸多先驱们都极力使世人觉悟到,在因印刷术的发明而广泛传播的古代文化积淀,到底代表着什么样的思想财富。世人都在反省对它们所知甚少。当时既需要拥有能诠释这些古代财富的教授,又需要有一个高级教育机构,来承担巴黎大学无法胜任的教学任务,特别是当时在法国大学中根本不讲授的希伯来与希腊文化知识。16 世纪欧洲最伟大的语言教育学家、文艺复兴时代的人文主义学者伊拉斯谟(Desiderius Erasmus,1469—1536 年),曾奠定了对过去进行历史性和批判性研究的基础。因为他既反驳宗教改革家马丁·路德的预定论教义,又否认教皇要求获取的权利,故而在确立欧洲文化的自由传统中起了巨大作用。在他影响下,一名慷慨地赞助文学教育事业的弗拉芒人哲罗姆·布什莱登(Jérôme Busleiden)于 1518 年在鲁汶(Louvain)创建了一所"三语学院",从事翻译希腊文、拉丁文和希伯来文文献,从而激起了那些僵化传统卫道士们的极大愤慨。但当时的巴黎大学却置身于这场运动之外。

在法国国王法兰西斯一世(François Ier,1494—1547 年)时代,法国的人文主义学者——皇家文库馆长纪尧姆·比代(Guillaume Budé,1467—1540 年)特别注重于研究希腊文化,并极力鼓吹复兴古典研究。他向法兰西斯一世国王进谏,要求加强研究希腊文、拉丁文和希伯来文。国王于 1530 年根据其王权的管辖范畴,而组建了"皇家六教授团",其中包括三名希伯来文、两名拉丁文和一名数学教授。这就是法兰西学院的雏形。它们形成了法国一个高等学术研究核心,其目的就是为了唤起人们对于古典语言文学的兴趣和研究。该学院的东方语言教学,在很长一段时间内,只限于希伯来文和阿拉伯文。

法兰西学院组成之后,新教授们的课程吸引了许多层次不同的听众。这对于那些刻板教条的教育,是一种强有力的冲击。听众们通过各种语言研究来追溯不同文明的起源。从而促使那些自由宽松而又丰富多彩的思想得以不断地迸发出来。

法兰西学院的雏形形成后,只隶属于国王,从而摆脱了将已有 300 多年历史的大学行业章程,强加给大学教授们的思想与行为的羁绊,与传统和陈规陋习分道扬镳。皇家教授团在整个 15 世纪期间,聚集了法国科学界最优秀的代表人物。但当时法兰西学院却既没有自己的固定校舍，甚至也未能形成一个单独的法人教育机构。由于它没有法人代表，故只被置于国王最高权力的保护之下，英雄尚无充分的用武之地。法兰西学院的兴旺发达，只能取决于其教授们个人的才华与影响力。这些教授们有的善长于考据和出版文献，其他人则是讲解古典时代的演说家、哲学家、史学家或诗人们的著作。所有人都是启蒙大师或学者。

法兰西学院这个皇家机构的良好名声，一直持续到17和18世纪。当时，该学院的组织明朗化了，其讲座的数目日益增多。在旧制度（法国1789年之前的王朝）末期，其讲座已骤增到20多个了。自17世纪以来，皇家教授团才真正形成一个系统的机构。它有了自己的课程表与可供张贴的海报，并且有了一个正式名称“高卢皇家学院”。1610年，由法国国王亨利四世（Henri Ⅳ，1553—1610年）制订的为该学院营造固定校舍的计划，终于开始实现了。年仅9岁的路易十三为校舍奠基。直到18世纪末叶，才依照经修改的建筑设计图，由法国新古典主义建筑风格的建筑师——巴黎凯旋门的设计人沙勒格兰（Jean-François-Thérèse Chalgrin，1739—1811年）建成，选址于康布雷（Cambrai）广场，直属负责王宫事务的国务卿管辖之下。

1772年，法国国王决定彻底改变法兰西学院讲座教席的分配，以将创新课程纳入其中：牛顿物理学、突厥语和波斯语、国际法与本国法、机械学、法国文学、历史、自然史、化学，再加上先前已存在的医学、解剖学、阿拉伯语、希腊哲学、希腊语言、拉丁文、拉丁诗歌、教会法、希伯来语、数术学等学科，其施教科目已经蔚为壮观了。

法兰西学院徽章上的名言是“普教一切”。由于它向世界的开放性及其观念的创新性，从而使它成为在旧制度下所有机构中唯一逃脱了大革命动乱的冲击者。尽管其多项改革计划未能付诸实施，但它无论是在帝国时代，还是于此之后，都享有越来越大的教学与科研自由。1802年花月（floréal，法兰西共和历第8月，4月20—21日至5月19—20日）11日（5月1日）的法令，实际上赋予了它提名教授候选人的自由，这就是该院现行制度的源头。其灵活的组织，使它可以毫无困难地适应变化的观念并能随时取得发展。进入20世纪之后，它随着外界的变化，也发生了某些改革。法兰西学院仍在开辟和发展新的研究方向，依然执着于自己的优良传统。它实在是功不可没。

二、法兰西学院于西方首开设立中国语言文学讲座之先河

法兰西学院主持阿拉伯讲座的教授希尔维斯特·德·萨西(Sylvestre de Sacy,1758—1838 年)是当时法国东方学界的领军人物。自 1776 年开始出版发行的《中国杂纂》的第 17 卷,正是在他的强烈呼吁、到处奔波和具体安排下,才克服重重困难,最终于 1814 年艰难问世。当他在法国政府黄经局任职时,曾收到过入华耶稣会士宋君荣(Antoine Gaubil,1689—1759 年)从中国寄回的两部手稿:一部是寄发于 1753 年 5 月的《中国唐代历史纲要》,另一部是于 1749 年 9 月 27 日寄出的《中国纪年志》。这两部著作是有关中国历史纪年和天文学史的重要论著。当时法国的黄经局局长(也曾在拿破仑政府中担任过内政部长)、被誉为"法国的牛顿"的拉普拉斯(Pierre-Simon Laplace,1749—1827 年)侯爵,授权萨西刊行宋君荣的著作。因为拉普拉斯本人也是数学家、天文学家和地理学家,曾出版过《宇宙体系论》(1796 年)和《概率分析理论》(1812 年)等宇宙天体学的奠基著作。萨西也继承了路易十五—十六时代崇拜中国与东方的三大明星的传统:普瓦弗尔(Pierre Poivre,1719—1786 年)是传教士与企业家,于 1740—1747 年间曾赴中国、印度和印度支那游览访问,1749 年回交趾支那任东印度公司的代表,将胡椒等香料运往欧洲,法国即以其名 poivre 来命名胡椒;路易十六的财政大臣和法国重农学派代表人物杜果(Jacques Turgot,1727—1781 年);国务部长贝尔坦(Henri Bertin,1720—1792 年),均与入华耶稣会士们长期保持通讯关系。

萨西正是利用了他本人与东方,特别是与中国千丝万缕的联系,才推动皇家教授团或教授委员会,于 1814 年 2 月 11 日决定,在法兰西学院设立中国语言和文学讲座,从而使中国语言和文学的课程,也被正式纳入到法国最高学府与科研机构中了。这在西方,乃至整个中国以外,都算是首开先河了。

(一)首开中国语言与文学讲座的雷慕沙

法兰西学院的第一个中国学讲座的正式名称是"汉语、鞑靼—满洲语

语言和文学"讲座。该名称一直保持到1918年。时年仅仅27岁的少帅雷慕沙(Abel Rémusat,1788—1832年),成为执掌该讲座教席的第一位法国汉学教授。雷慕沙是在答辩通过一部有关中国医学的博士论文(1813年)之后,才触及汉学的,他也以其有关鞑靼语—汉语(1811年,《汉文简要》)和汉语文学(1812年)的著作而引人瞩目。经过一段时间筹备之后,雷慕沙于1815年1月16日隆重地开课讲演。他巧妙地掌握了汉语与满语。他有关汉语语法的研究是通过对古文献的诠释而展开的,而他更多地是采用这些古文献的满语版本。因为自从18世纪的入华耶稣会士们以来,他们都认为属于阿尔泰语系的满语语法、句法结构更接近西方语言,更容易理解,因而可以通过满文版本来诠释汉文文献。他当时能够依赖的唯一工具书,还是入华耶稣会士马若瑟(de Prémare,1666—1735年)那部陈旧的《汉语语法札记》[于1728年编写于广州,当时尚为抄本留传于世,因为它于1831年才由金斯布鲁克(Kingsborough)在马六甲刊刻]。该书现在的唯一一册收藏于法国皇家文库(法国国家图书馆的前身)中,但文库却多次拒绝让他借阅。当他最终获得马若瑟此书之后,才发表其第一部重要著作《汉语语法基础知识》,或者叫作《汉语古文的基本规则》,也叫作《中华帝国通用语言——官话》,也就是后来命名的《汉文启蒙》。它是西方研究人员所拥有的第一部真正可供实用的汉语语法书。1816年,雷慕沙奉命编写《法国皇家文库所藏汉文书籍目录》,但他却遗憾地未能最后完成这项工作。他把大部分论文均收入了其论文集《亚洲论集》(1825—1829年版),其中有一系列对于高地亚洲语言和历史的成果丰硕的研究。雷慕沙如同其时代许多汉学家们一样,也特别关心中国与周边文明的关系,或者是说他对这些文明比对中国本身的文明更加关注许多。他从事了一种被戴密微称为是"流行病式的"或"感染性的"汉学研究,即从中国的近邻开始,逐渐推向远方地研究中国。他的一部远非最重要却是最早的著作,正是《法显传·佛国记》的译注本,于他死后(1836年)才付梓问世。该译注本荟萃了大量精辟的和内容丰富的考证。如果考虑到其时代、从事研究的工具书之匮缺以及当时西方对佛教知识几乎一无所知的形势,那么这部译著就格外值得称道了。它首次可以使人对佛教形成一种较为公正的概念。入华耶稣会士们,由于他们的蔑视和不理解,曾极力地攻击过佛教。另一方面,我们也可以从中发现有关古代印度乃至整个古代亚洲的历史、地理和汉文资料之丰富性。或许,这就是促使雷慕沙将其精力主要地用于对法显的这样一部著作进行深入探讨的原因。19 世纪的法国汉学学派，曾有过这样一种倾向：从中国与其他亚洲国家乃至全世界其余地区的关系来考虑中国，去发掘有关世界史的汉文资料，而不是为了从中国内部研究其本身。有人曾经指责过这种汉学的"表面"观念。这种汉学的目的，实际上并不在于专门研究中国，而更在于寻找欧洲人自己文明的起源。这就是拉丁学家——汉学家学派的特征，因为当时欧洲的东方学家，实际上都是拉丁学家。

《佛国记》的译注本是西方对佛教作认真研究的首次尝试，它证明了当时汉学研究的一种非常谨慎的特征，即坚持将中国置于整个亚洲社会中来研究，而不是作抽象分析。1832 年，雷慕沙被在法国流行的瘟疫——霍乱夺去了年轻的生命，享年 44 岁。这个从未到过中国的欧洲第一位大汉学家去世了。他开创的汉学事业却日臻发达，其传人代出不穷。

（二）脾气古怪而又学识渊博的儒莲

雷慕沙逝世后，其门人斯塔尼斯拉斯·儒莲（Stanislas Julien，1797—1873 年）于 1832 年继承了他，仍主持同一个讲座。儒莲也一举成为其时代欧洲最著名的汉学家。儒莲本来也是雷慕沙的出蓝弟子，但其研究领域却与雷慕沙大相径庭。

儒莲在青年时代，就受到了基础扎实而又多方位的教育。他曾学习过希腊文，以及阿拉伯文、希伯来文、波斯文和梵文等东方语言。他后来又投在雷慕沙门下学习汉文，雷慕沙还教他学习过满文。他的最早作品之一，便是借助于满文译本而将《孟子》译作拉丁文本（1824 年）。为了谋生，他剽袭了英国新教徒曾要求获得，并在马六甲付梓刊印（1831 年）的马若瑟神父的《汉语语法札记》稿本。在法兰西学院的教学中，儒莲放弃了用系统的方法来讲授汉语语法的做法，而是更喜欢诠释文献，以归纳性地从中得出主要的汉语结构准则来。其著《根据字词位置来看汉语新句法》（1864—1870 年），便是他精益求精和具有敏锐洞察力的著作之范例，至今仍有价值。他在翻译领域中的贡献是巨大的。为了继续其师雷慕沙的法显《佛国记》的译注本，他翻译了《大唐大慈恩寺三藏法师传》（1853 年）和玄奘的《大唐西域记》（1857—1858 年）。从而使这两部有关亚洲佛教史的基本著作，都得以供西方研究人员们利用了。这些译著从句法上来看都很好,是在没有任何现代参照手段的背景下完成的。他有关梵文词的汉文对音著作《入门》(《方法》1861 年),是在他根本不知道诸如《翻译名义大集》(Mahāyutpatti)那样的梵—汉文辞书的背景下写成的。这部著作有利于西方学者对佛教文献的翻译工作。儒莲对于玄奘的研究,又导致他研究中国、印度与高地亚洲之间的关系史。他在这方面发表过 3 卷本的《〈出曜经〉,印度的故事与寓言》(1859 年)的译注本,这是根据自汉文本的《出曜经》(Avádanas)而译注的;《突厥史料》,译自汉文《图书集成·边裔典》(1864 年)中有关突厥的历代资料;《亚洲地理和中国—印度哲学论集》(1864 年)。他同样还关心工业艺术,于 1869 年出版了《中华帝国的古今工业》,为法国的养蚕业主提供了某些中文著作的译本。儒莲还写了一部有关中国瓷器制造术的著作,使殷弘绪(François-Xavier d'Entrecolles,1662—1741 年)于 1 个世纪之前提供的有关中国瓷器的知识面目一新。他的这些资料都是供当时正在法国制造瓷器的塞夫勒(Sèvres)作坊的工匠们使用的(《中国瓷器的历史与制造》(1856 年)。此书实际上是《景德镇陶录》的译注本。他具有一种对于其时代来说是很现代的历史意识。

儒莲对于中国俗文学著作颇感兴趣。在他那个时代,俗文学甚至被中国的学术文化界所鄙视。但它们对于理解中国人的思想精神状态,却是非常有意义的。儒莲不仅完整而一字不落地重新地翻译了《赵氏孤儿》(1834 年),而且还附有全部曲子。这部曾由马若瑟神父提供过不完整节译本的元曲,启发伏尔泰写成了一部讽刺悲剧《中国孤儿》。他还翻译了另外两部元曲:《灰阑记》(1832 年),它启发了较晚期的剧作家,如德国剧作家和戏剧改革家贝特霍尔德·布莱希特(Bertholt Brecht,1898—1956 年)的创作;儒莲的所有译著中最享有盛誉者,则是《西厢记》的译本(于译者死后才出版,1872—1880 年)。儒莲还致力于翻译一批具有公式化大团圆结局的短篇小说,而对这些小说的选择是令人无法解释的:《白蛇精记》(1834 年)、《平山冷燕》(1860 年)、《玉娇梨》[《金瓶梅》续本(1864 年)],另外还有许多文集的节译本。

这些爱情小说在中国特别令人喜闻乐见,它们在中国于某一时期也被收入《十才子书》的文集中了。儒莲之所以选择这些书,很可能是由于他是在传教士们寄回法国的书籍中,发现了它们。儒莲坚持研究话本作品,此类作品向法国公众揭示了某些为欧洲人无法亲眼目睹的风尚。这至少是儒莲在《平山冷燕》译本前言中所指出的形势。这也许是儒莲(也包括该时代的其他汉学家)对中国小说和戏剧产生兴趣,首先是由于这些体裁比经典或诗歌更符合欧洲人的趣味。

儒莲是19世纪中叶无可非议的欧洲汉学大师。他那令人讨厌的性格就如同其无可挑剔的学问一样闻名于世。他嫉妒、暴躁、易怒,大权独揽和排斥所有竞争对手。儒莲任法兰西学院的教授并在长时期内掌握学院行政权(1854—1873年间)。他另外还兼任东方语言学院的教授和国立图书馆副馆长,如此多的兼职在法国行政职务中是不正常的。他与所有敢于批评他的人之间的争执纠纷,始终都具有传奇色彩。纪尧姆·鲍狄埃(Guillaume Pauthier)是一位平庸的汉学家,曾与儒莲同投雷慕沙门下,成为同窗学友,后来却成了儒莲的嘲笑对象。然而,在《对最新一篇诽谤短文中令人厌恶地歪曲了一项体面事业的简述》(1842年)中,鲍狄埃遭到了沉重打击。《被迫答复隐藏在幕后的所谓正义朋友》则是向其他人叙述此事的。这些令人忍俊不禁的标题,证明了法国汉学界的风气。自从礼仪之争以来,特别是自18世纪弗雷烈与傅尔蒙之间那场惊心动魄的论战以来,这场大辩论始终未见缓和。

法国汉学界对儒莲的学问与性格的评论基本是一致的,人们都尊重其学问,而憎恶其作风与性格。

法国著名汉学家考狄(Henri Cordier,1849—1925年)于1894年在《通报》中发表《汉学研究(1891—1894年)》时,对儒莲作出了一种当时法国汉学界普遍接受的评价:"斯塔尼斯拉斯·儒莲……未能留下像人们怀念其师雷慕沙那样,令人深表钦佩的记忆。他当然是一名大学者,但他的个人缺点(我敢说这是他身上天生的某种嫉妒情感),给法国汉学造成的灾难,也只能由他投向汉学研究领域的光芒来勉强遮掩……儒莲是法兰西学院的教授,在巴赞(Bazin)和毕瓯(Biot)逝世后,经过40年的施教,却很少培养出准备为本学科的发展或增加汉学家数量而奋斗的人……儒莲的事业确实是一项伟大的事业,但这仅仅是他个人的事业……尽管这一切使他个人和我们国家无尚荣光,但没有人认为儒莲是一个充满道义责任的教授,他未能于其学生中培养能继承或革新其传统的接班人。一名大师不应将其学生视为竞争对手,而是要视为继承人。儒莲的人格没有其学问那样高大"。

当主持法国国立东方语言学院汉语讲座的安东尼·巴赞(Antoine Bazin,1799—1862年),于1862年12月30日逝世后,儒莲为了阻止他不喜欢的人来继承这个讲座的教席，竟然自己亲自兼职主持该讲座长达6年，而他本来是无权这样做的。由此也可以窥见其残缺人品之一斑了。

(三)汉学家资格受人质疑的德理文侯爵

当儒莲于1873年逝世后，1874年继承他在法兰西学院“汉语、鞑靼—满语语言和文学”讲座席位的，是他的学生德理文(Hervey de Saint-Denis, 1823—1892年)侯爵。他是一个平易近人和细心的文人。但其远不及其先师们那样叱咤风云和名垂青史了。

德理文是法兰西学院教授，曾任法国金石和美文学科学院院长，获法国荣誉骑士勋章等。他头衔多得令人眼花缭乱，但在历史上却是一个不为人所熟悉的人。德理文是欧洲最早关心中国诗歌的汉学家之一。因为在此前欧洲人的心目中，中国诗歌只是一些毫无生气的文字符号，入华耶稣会士们也完全忽略了这门学问。德理文的《唐诗》(1863年)是一部唐诗选，前面附有他对于汉文诗词韵律技巧的论述。他翻译的《离骚》译本(1870年)没有华丽的辞藻，却使用了一种略显松散的语言，但它却在法兰西第二帝国贵夫人们的沙龙中颇受青睐。他将《今古奇观》中的11个故事译作法文。德理文还根据以元马端临的《文献通考》中有关东裔与南裔民族的两部分内容，编译了一部巨著《中国藩部民族志》(1867—1883年)。

德理文实际上是通过一部与中国没有任何关系的著作，而留名于后世的。后世很少有人记得他是一位大汉学家，但所有人都知道他发展了“可操纵梦”的理论。他每天清晨都会把自己夜间所做的梦记录下来，故许多人都把他视为“精神分析法”的先驱。这就是他采取半匿名形式而出版的《梦与操纵梦的手段》(1867年)。弗洛伊德(Freud)于其《梦的释义》(1899年版)中，也曾多次提到过德理文。所以，汉语教学与汉学研究，并非是德理文真正喜欢的职业。他的汉学家资格也颇令人高度质疑，尽管他一生中获得过属于“汉学家”的众多荣誉。在法国人的心目中，他更应该是弗洛伊德的先驱。

德理文是于1858年开始接触汉语与汉学的。由于其生父于该年6月4日、其养父于同年11月16日先后逝世，使他接受了一大笔遗产，从而可以衣食无忧地从事“汉学”研究，这在当时是一门高雅而又清贫的工作。其实，他于1850年就写过一本有关中国的著作；于次年又与人合作，完成了毕瓯(Edouard Biot,1803—1850 年)有关《周礼》译注本的遗作;他于1849 年由安东尼·巴赞介绍加入了法国亚细亚学会。但他在汉学领域并没有多少名气,甚至连 1872 年和 1883 年先后出版的《东方现代语言专修学院的历史》中,都不见其名列于教授名榜中。但在 1869 年,法国公共教育部正式批准了他在东方语言学院的教授职称,这是为了取代儒莲在该院的教席。

在儒莲晚年身体不佳的情况下,德理文于 1872—1873 年间,曾代替儒莲主持过法兰西学院的汉语和汉学讲座课程,这是由公共教育部、金石和美文学科学院联袂决定的。儒莲于 1873 年逝世后,德理文在 1874 年 6 月 1 日被正式受命执掌该教席之前,实际上已把该教席控制在自己手中了。他是由金石和美文学科学院与法兰西学院教授委员会共同提名的唯一候选人。但这项任务也招致了许多反对意见。觊觎该职位的自中国返归的原巴黎外方传教会传教士童文献(Paul Perny,1818—1907 年)神父到处散发传单,攻击德理文不称职,声称"德理文侯爵绝对无能力讲汉语,更不能用汉文书写 6 行文字或自汉文翻译"。因为《离骚》并非是由德理文自汉文原文翻译的,而是转译自德文本,而且还使用"捉刀人"——华人助教李少白。

德理文在法兰西学院授课的一大部分内容,是解释摘引自《今古奇观》中的民间故事。这些课程后来形成了他那些译注本中的内容。

1876 年,德理文荣膺法国金石和美文学科学院的儒莲奖,这主要应归功于上文提到的他对马端临《文献通考》部分章节的译注本。从此之后,德理文在历届儒莲奖的颁发中,都扮演过重要角色。

1878 年 2 月 8 日,德理文当选为法国金石和美文学科学院的院士,从而达到了其学术生涯的巅峰,也是他经过了 3 次竞争之后才获得成功的。1887 年,他当选为该科学院的副院长,并于次年晋升为院长。在此前后,他在该科学院的讲坛上作了许多报告。如 1870 年,介绍《离骚》;1872 年 5 月,介绍了汉文方块字的历史与特征;1872 年 5 月,介绍了台湾与琉球岛群岛的历史;1872 年 12 月—1873 年 1 月,他报告了中国南方的民族史;1878 年 5 月,他介绍了一方中国玉玺;1879 年 2 月,他又介绍了中国的"藩部"历史;1885 年,他作了"有关安南语词汇与安南文的真正价值"的报告;1886 年 3 月,他报告了儒家教义。这些报告大都发表在金石和美文学科学院的文集中了。

德理文有关中国的著作还有很多。他以编译自《四库全书·子部·农家类》的《授时通考》,而最终成书的《中国人的农业与园艺术研究》,介绍了可以有益地引入西欧与北非的中国植物、动物和农技(1850年);《面对欧洲的中国》,叙述了1858—1860年英法联军对中国的远征(1859年);他于同期还计划翻译《金瓶梅》,但未果;《中华文字全本》(1869年);《中国玉的历史》,编译自马端临的《文献通考》;《苗子民族志》,在国际东方学代表大会中国组的报告(1873年)。

德理文于1892年11月2日逝世。根据家属愿望,葬礼从简,安葬于豪巴纳斯公墓。

(四)进入近代学术风格的汉学大师沙畹

德理文于1892年去世时,沙畹(Edouard Chavannes,1865—1918年)于1893接过了其教席。沙畹的继任,开创了法兰西学院一代新型汉学家的先河。过去那些主持该讲座的汉学家们,都不曾有机会莅华实地考察中国,或者是与中国学术界交流并广泛接触,他们大都只会读汉字,而无法流畅地讲汉语。沙畹是第一个曾长期于中国生活,在中国从事过多次长时间学术考察和考古探险的人。他广交中国学术界朋友,不仅精通中国古汉语,而且也能用现代汉语表述。自他之后的马伯乐、戴密微、谢和耐和魏丕信,基本都是这种情况。当然,他们的口语能力始终并不理想,只能勉为其难了。总之,正是从沙畹这一代人起,巴黎才被誉为西方的“汉学之都”。从此之后,“学汉学,到法国”的口头禅广泛流传于整个欧陆。

沙畹如其同时代法兰西学院的前辈儒莲一样,他很快就被整个西方汉学界公推为汉学研究大师。他一生中可谓著作等身,弟子成行。其著作不但涉及面很广,而且有许多在西方都是开创性的。其中主要是史学家的著作,但也拓展到了包罗万象的领域。所有这些著作都注重一种新方法,他考虑到了自儒莲以来所有史学和文献学研究所取得的进展,故而必须使汉学革新,进入近代学术的范畴。沙畹出生于一个新教徒家庭。在宗教战争期间,他自瑞士移居法国,属于法兰西学院的一批“汝拉山区”派教授的世系。因为沙畹、戴密微均为出生在瑞士汝拉山区的人,马伯乐也曾在那里生活过。沙畹从小就有一种苛刻的和一直发展到谨小慎微的职业道德。他接受了时人在法国所能享受到的最高学府培养,这就是法国政治家的摇篮巴黎高等师范大学的教育。当时巴黎高等师范大学校长是一位古代艺术史学家,他将沙畹的研究引向了中国研究的方向。当时法国最时髦的是唯科学主义和唯历史主义。因此,沙畹或多或少地总要受19世纪末期思想的驱动,其青年时代正是由这些思想哺育而成长起来的。

沙畹的科学研究生涯始于哲学。他于1891年出版的第1部著作,便是与杰出的日耳曼学家夏尔·安德勒(Charles Andler)合著的《康德自然科学的形而上学第一本源》。在稍晚些时候,安德勒后来也登上了法兰西学院讲座的讲坛。1889年,沙畹在24岁时出发前往北京,一住就是3年,其身份是法国公使馆自由随员,从而为他留下了致力于科学研究的充足空闲时间。他于此期间到处搜集中国的石雕资料,以撰写其《中国两汉时期的石雕作品》(1893年)。他为此而跑遍了中国上海及中国东部许多省份,仔细寻访,潜心考证。

由于沙畹在巴黎听课时,已经初步掌握了汉语,所以他刚到北京,便在一位中国师爷的帮助下,立即着手翻译中国二十四史中的第一部王朝正史,即司马迁的《史记》。沙氏遵循其雷厉风行的作风,依靠惊人的工作能力,在到达北京一年后便成功地翻译并出版了这套巨著的1卷(《封禅书》,1890年)的法译本。沙畹在北京完成的全部《史记》译著手稿,至今仍典藏在吉美博物馆,这是1部初稿,没有注释。沙畹返回巴黎后,仅出版了其中三分之一左右的篇幅(130卷中的47卷,5卷本,1895—1905年),附有导言、注释和极为详尽的附录,其中涉及了由中国古代史提出的所有问题。其考证既严谨又有广泛涉及面,整个汉学界(即使在中国也是如此),直到那时都无出其右者。尽管这几卷译著年代已久远,但至今所有人都在参阅它。这几卷书再版于巴黎,并附有一卷补遗。其中包括附加的2—3卷译本,这是沙畹在弥留之际留下来的。其中还包括他自1905年起出版的,与《史记》译著融为一体的总索引和参考书目等附录。

1893年,沙畹应召继任德理文主持法兰西学院的汉学讲座时,只有28岁(与此前的雷慕沙几乎一样)。他的任命并非是一帆风顺的,由于其友印度学家傅舍(Alfred Foucher)的广泛交际手腕,才使他最终获胜。在沙畹缺席的情况下,傅舍以候选人的名义去拜访教授选举人。当时法兰西学院的讲座,仍保持了"汉语、鞑靼—满语语言和文学"讲座的名称,而沙畹既有很深的语言学天赋,又得益于儒莲的施教,所以具有竞选该教席的优势。自从沙畹回到巴黎后,他的一位挚友,也是印度学家的烈维(Sylvain Lévi,

1863—1936年),使沙畹的注意力离开汉学研究,他转向翻译研究印度历史所必不可缺的汉文佛教资料,而且几乎占有了他的全部工作。于是,我们看到沙畹接二连三地发表了一系列有关中国、印度和赴西域求法的高僧传的译注本。这在某种程度上也属于雷慕沙和儒莲的传统。沙畹有关《史记》的译注工作一直停留在计划中,从而迎合了印度研究。沙畹的佛教著作,稍后又由一大批其他著作所补充,大都与烈维合作而成文。我于此无法一一列举其书目,特别是有一套巨著《汉文三藏经中的500个故事和寓言》(3卷本,1901—1911年,1962年再版本中附有1934年出版的一卷补遗),该著作成了经常要追溯到印度的世界民俗学比较研究的珍贵宝库。他有关远东佛教史的著作还有:《佛教取经人的旅行记》(1894年)、《悟空行记》与《宋云行记》的译注本等。

1907年,为了完成在满洲和中国北方诸省(河北、山东、河南、陕西、山西)的考古探险使命,沙畹重返中国。他在这些地区,尤其是在龙门和云冈石窟,取得了考古和题识、石刻资料方面的重大收获,从而成为第一个有条理地考察这些石窟的外国学者。这次考察带回来的两大包图版拓片,以及令人遗憾地未能最后完成的两卷本著作(《华北考古记》,1909—1915年),都形成了奠定西方中国近代考古学的基本著作。在这次旅行中,沙畹还登上了泰山。在他返回法国后,特为此而写成了一部权威性的专著[《泰山,论中国的山岳崇拜》的大作(1910年)]。该书后附有一篇《中国的社神》的附录,它又另辟研究中国古代宗教的一条新途径,其弟子们在这条路上追随他。在考察中,沙畹有一个名叫瓦西里·米哈依诺维奇·阿列克谢耶夫(Vassili Mikhaïlovitch Alexeiev,1880—1951年)的俄国汉学家陪同。这位俄国人当时很年轻,曾在法兰西学院沙畹门下接受过施教,而且一直对沙畹保持着某种崇拜。瓦西里·阿列克谢耶夫后来成了苏联汉学界的领军人物,曾当选为苏联科学院院士,长期任教于列宁格勒大学,继承圣彼得堡的汉学传统,从而也是法苏汉学之间架起了某种联系的桥梁。沙畹于1894年在日内瓦国际东方学大会上,宣读了在居庸关发现的一方六体碑文(梵、藏、蒙、畏兀儿、汉、西夏文),这就是应断代为1345年的一方石刻。他还翻译了西域的10方碑文,整理了斯坦因第一次和第二次西域探险所获汉文文献。

我们无法在此列举沙畹出版的所有著作。大家可以在考狄(Henri Cordier,1849—1925年)于沙畹死后,为他所写的悼词中,列出几乎是完整的出版著作目录。只要我们想到他在53岁时便过早地谢世,那么我们就会对其著作的巨大数量及广泛的涉猎面而顿生钦佩感。在他的学术生涯中,没有任何一个学科不曾触及过:碑铭学、古文字学(《斯坦因在新疆沙漠中发现的汉文文献》,1913年)、西域史、西突厥汉文资料、中国舆地学及地图绘制术,他甚至在其晚期也研究过道教(《投龙简》,载《东亚论文集》第3卷,1919年)。其中唯一付阙如的学科是中国的美文学(他憎恶这一学科)和哲学。当他投身于汉学研究时,哲学本来是其敲门砖的目标,其青年时代的许多计划都在成年后遭到放弃。第一次世界大战打乱了他的计划,他为法国的命运担忧而深受折磨,但他仍然强迫自己反复练习汉语口语,以至于在中国于1917年加入协约国一方而参战时,他准确无误地接待了中国政治家代表团。代表团成员之一就是曾先后任清政府皇族内阁协理大臣、袁世凯政府的国务卿和北洋政府总统的徐世昌。徐世昌本是一位文人,当时接受了巴黎大学的名誉博士称号。当沙畹的生命只剩下数月时光时,仍在索邦神学院的梯形大教室中,举止优雅地发表了《论中国人的道德思想》的演说。

(五)优秀的语言和历史学家马伯乐

沙畹于1918年逝世后,法兰西学院的这个持续了104年的"汉语、鞑靼—满语语言和文学"的讲座,终于改换名称了。这既是由于中国满清王朝灭亡和共和制国家建立的必然结果,又是由于中国文化及世界汉学发展的大势所趋。

马伯乐(Henri Maspero,1883—1945年)于1921年开始主持该讲座,他将其讲座的名称改为"汉语语言和文学讲座"。

马伯乐虽然也是沙畹的出蓝弟子,但与伯希和及葛兰言不同,他更多的则是以语史学家的面目出现。马伯乐的著作撰写得条理清楚,有时甚至是带着矫揉造作的简练。他的气质导致他经常作出尖锐而又始终具有建设性的批评。人们可以在他的全部著作中都能感觉到这一点。他的父亲是法国著名的埃及学家加斯东·马伯乐(Gaston Maspéro,1846—1916年),祖籍意大利,是《古典东方民族史》这部不朽著作的作者。

在加斯东·马伯乐的指导下,未来的汉学家马伯乐撰写的第1部著作,却是一部研究古希腊时代(公元前3—1世纪)和埃及财政史的书。经济史已经吸引了马伯乐,他应该是最早触及到中国经济史领域的人之一。马伯乐决定前往一个更遥远的、对他来说是更新奇的东方去从事探索性研究。1908年,马伯乐出发前往设在河内的法兰西远东学院,他在那些居住的时间要比伯希和长得多(1908—1920年),共计10多个年头,也就是他的整个青年时期。马伯乐在那里生活在当地居民中间,深入到了他们的生活中。他没有一个星期不去参加这种或那种充满越南式生活魅力的朝山进香,或者是村庄的节庆。马伯乐在他旅居印度支那期间,搜集了数量可观的民间宗教文献,不仅涉及越南,而且还涉及毗邻地区的其他民族,尤其是北越的泰族人。他的大量调查资料都收藏于巴黎亚细亚学会。虽然几乎所有资料都未刊,但马伯乐为了从比较文化的角度澄清中国文化的起源,曾大量利用过这些资料。如《〈诗经〉中的神话传说》,1924年;《古代中国人与近代泰人的社会和宗教》,1929年在东京东洋文库所作的报告,发表于其《遗作集》中。

马伯乐也与其时代的大部分汉学家们一样,是通过印度支那这块跳板,首先触及到了中国的历史学和语言学。他的最早论文之一的题目便是《唐代安南都护府历史地理论》(1910年)。在另一篇文章《安南语言语音史研究》(1912年)中,他奠定了东南亚比较语言学的基础,从而导致了对越南语大量借鉴汉语音位学演变的研究。马伯乐于1915—1924年间出版的《汉语音位学研究》,为瑞典汉学家、斯堪的纳半岛汉学之父高本汉(Bernnard Karlgren,1889—1978年)的研究开辟了一条道路:马伯乐与高本汉为此而曾经友好地争论过。在旅居印度支那后期,马伯乐亲自编制了"中期汉语"的复原体系(《唐代长安方言》,1920年)。他表示要撰写一部"上古汉语"音位学的著作,但他觉得文献资料不足。马伯乐在此问题上只写过一篇有关方法论的《古代汉语的前缀和衍生》的短文(1930年)。这些方法提出了汉语结构和类型的问题。马伯乐在他学术生涯的后期,曾在语言学领域中离开了音位学问题,更主要的是转向研究汉语的句型及其结构体系(《远东语言》,载1937年《法国大百科全书》;《汉语》,巴黎语言学会1934年版)。

1908年,马伯乐刚刚抵达河内,便被法兰西远东学院派遣赴中国考察,有幸参加了光绪皇帝和慈禧太后的葬礼。这两次葬礼预示着中国帝制的崩溃和即将到来的革命。1914年,马伯乐重返中国,在浙江省作考古学调查。他在越南查阅了中国方志,从而为这次考察做了充分的准备。但是,由于世界大战,马伯乐被迫缩短了考察期。这次考察的结果发表在《法兰西远东学院学报》(1914 年)中。马伯乐始终注意田野调查成果。他利用这次旅行,而与中国的这个人口众多地区的农民,生活在一起,向他们调查中国农民的社会和宗教习俗。战争迫使马伯乐返回了法国。当中国1917 年加入协约国一方而参战时,他应征入伍,担任中国派往法国的华工们的翻译——中士。马伯乐在这些华工中继续他的调查,因为大部分华工的原籍均为江苏。这样一来,他便得以用第一手资料来描述中国民间宗教(《近代中国的神话》,1928 年版)。

1921 年,马伯乐由于在法兰西学院执教,才最终定居法国巴黎,他立即开始撰写一部中国古代史。这项工程的结果是他在 1927 年出版了 1 卷《古代中国》(1955 年再版,附补编和汉文方块字,最近,集美博物馆将此书再次重印)。马伯乐壮年时代的所有著作,都或多或少地以此书为中心而展开的,或是为了撰写此书,或是在此书出版后作补充,或是为其续集积累资料,并打算把这些资料作为其书中自汉至六朝末年历史的续篇。因此,如同其题目所指出的那样,《古代中国》止于秦朝。从汉代开始,中国文献资料的数量要远比古代多得多。马伯乐必须对这些资料作出考证,运用其中的经济资料,这就导致他着手从事对中国经济史的全面调查,当时中国经济史尚很少有人触及;尤为重要的是他必须为道教史那实际上尚为空白的领域开辟一条道路,马伯乐将他最后的许多课程和出版著作用于了这项内容。马伯乐《遗作集》第 2 卷(1950 年)便是研究论述道教的。他对中国编年学中的许多不确切记述的研究,又使他成为了天文学家。在他的著作中,有 400 页左右是关于中国天文学史的,他在文献学上的才能,与他自己不得不学习的技巧知识联系在一起了,这是一种罕见的结合。

马伯乐是法国研究中国道教的奠基人,此后整整一代法国道教学家,均为其门人。道教在马伯乐的著作中占据着重要地位。他的《遗作集》3卷中,有一卷就是道教论文集。他也是将道教置于中国社会的整个大背景中进行研究的人。如他于 1922 年撰写的《老子和庄子著作中的仙人与神秘生活》中,便指出这些作家是神秘主义的人物,至少是与神秘界有关。他们的著作证明,他们曾有过与西方大宗教学家或穆斯林们相似的经历。此文甚至是写于马伯乐阅读《道藏》文献之前。马氏于《道教起源及其于汉代之前发展的历史札记》中,又论述了道教的长生不老及其神秘生活。他于其中特别介绍了六朝时代哲学性的道家与宗教性道教之间关系的历史。

他认为从公元前4—3世纪起,道教徒们便开始寻找长生不老法。他于1937年发表的《中国道教的养生术》一文,使人看到了他是如何熟练地运用《道藏》资料的。他也高度注重道教的社会性功能。

马伯乐同样也研究佛教,他在法兰西学院的授课中曾重点讲解过佛教。他于1910年发表的《汉明帝感梦遣使求经事迹考》一文,阐述了这段历史传说中的某些方面。他于1934年发表的研究《洛阳伽蓝记》的文章,广泛地用了《后汉书》《出三藏记集》等文献中的资料,指出中国佛教并非是最早出现在汉明帝时代。他于1940年发表过《佛教是怎样传入中国的》的论文。他对于公元2—3世纪的佛教僧伽和僧侣的研究,证明了他对佛教历史和经文书籍的熟悉程度。他对于《付法藏因缘传》的研究,又表现出了他研究佛教的方法。

马伯乐对于中国民间宗教的研究之代表作,则是他于1928年出版的《近代中国的神话》一书,其素材主要是他在浙江和江苏居住期间搜集到的。当时法国对于中国近代宗教所知甚少,而且许多人都是带有鄙视心态看待中国民间宗教的。马伯乐却正确地阐述了这些民间信仰与修持。

在中国传统文化方面,马伯乐先后研究了孔子、墨子、荀子、庄子、老子、伏羲等。他对于《易经》尤感兴趣。

1928—1929年,马伯乐旅居日本,受到了东方学家们,尤其是历史学家黑板胜美和汉学家内藤虎次郎、狩野直喜的热烈欢迎。马伯乐举行了多次经过精心准备的讲演,其中一部分讲演或发表在日文期刊上,或收于其《遗著集》中。他在德国法西斯的布痕瓦尔德集中营,过度地忧国忧民,过早地离开了人世,使法国汉学界失去了为该学科增添荣誉的最大思想家之一。

(六)法国当代汉学家的"众人之师"戴密微

博学而又爱国的汉学家马伯乐于1945年死在德国法西斯的集中营之后,另一位瑞士血统的法国汉学家——沙畹的最后一名出蓝弟子戴密微(Paul Demiéville,1894—1979年),于1946年执掌法兰西学院的"中国语言和文学讲座"的教席,直至1964年退休为止。

戴密微于1894年9月13日诞生于瑞士汝拉山区的洛桑。他在瑞士完成其中学学业之后,又先后赴英国和德国接受"欧洲式教育",并于1914

年获巴黎大学的文学学士学位。他经过在瑞士服一年兵役之后，又重新先后在法国、英国和苏格兰等地居住，以分别在巴黎、伦敦和爱丁堡大学中继续其语史学研究（1915—1917 年）。他最终于 1915 年在伦敦皇家学院拜一名前入华传教士为师，而开始其汉语学习。该传教士又建议他到法兰西学院去和沙畹学习汉学，从而开始了他终生的汉学研究生涯。戴密微在开始时似乎更对音乐史颇感兴趣，研究过某些组曲。他同时也关注俄罗斯文学，并在一段时间内还受外交职业的吸引。戴氏出于对中俄关系史的好奇，便开始学习汉语，从而将他的注意力引向了远东，特别是从事中国研究。1917 年，他在法国东方语言学院注册，不仅学习汉语，还学习日语、马来语、暹罗语、安南语和俄语等诸多东方语言。这一切都表现了戴密微对语言学的广泛兴趣及其特殊的语言天才。为了求学，他在远东长期逗留，熟练地掌握了汉语、越语和日语，同时还可以阅读俄文、德文、英文和意大利文，并且还懂得梵文、巴利文和藏文。他甚至在 70 多岁时，又开始攻读西班牙文。

戴氏在法国东方语言学院，聆听当时法国的著名东方学家微席叶（Arnold Vissière，1858—1930 年）和考狄（Henri Cordier，1849—1925 年）的课程。考狄自 1888 年便在法兰西学院占据着一个"远东国家地理、历史和制度史"的讲座，曾任法国地理学会副会长，同时也在东方语言学院兼课。考狄于 1869—1876 年间在上海，从事进出口贸易。微席叶曾任法国驻华公使馆的翻译，参与了 1885 年 6 月 9 日在天津签订的《中法新约》和 1887 年签订的《中法商务专条》的谈判，后执教于法国东方语言学院。戴密微还投在法兰西学院的印度学家烈维（Sylvain Lévi，1863—1936 年）门下学习梵文，从巴黎大学教授傅舍（Alfred Foucher，1865—1952 年）学习佛教文化，特别是学习犍陀罗（Gandhara）佛教艺术的知识。他还向著名语言学家安东尼·梅耶（Antoine Meillet，1866—1936 年）、法兰西学院印度支那历史和语言助教路易·菲诺（Louis Finot）学习过印度支那语言。

戴密微终于在 1919 年获得了法国东方语言学院的汉文文凭。当他在欧洲的学业结束后，便开始赴远东学习与工作。他于 1919 年 12 月 3 日成为法兰西远东学院的公费寄宿生，这是由于其师菲诺和傅舍鼎力推荐的结果。法兰西远东学院的前身，是于 1898 年由法属印度支那总督杜梅（Paul Doumer）创建的法国印度支那古迹调查会，于 1900 年取名为法兰西远东学院，首先设立于西贡，于 1902 年又迁至河内，今迁回了巴黎。

戴密微于1920—1924年间居住在印度支那，其间于1921年年末首次在中国居住。他于北京居住数月，以学习汉语口语。他又先后赴山西考察云冈石窟，赴山东参加纪念孔子寿诞的礼仪（9月28日），然后又先后赴南京、苏州、杭州、宁波、绍兴，最后于1922年1月返回河内。

1924—1926年间，戴密微在中国的华侨大学厦门大学任教，厦大原本由爱国华侨陈嘉庚（1874—1961年）创建。1926—1930年，戴密微又在日本任日佛会馆的代理会长。1930年，他谢绝了哈佛大学的聘任，而回到巴黎东方现代语言学院任教，讲授中国的语言和文明。他于1945年又成为法国高等实验学院的导师，讲授佛教语文学。

1946年，戴密微最终进入法兰西学院，执掌"中国语言和文学讲座"的教席。他于此期间又当选为法国金石和美文学科学院院士，并于1959年任该科学院主席团的主席。他在法兰西学院的任教，直到1964年退休为止。

戴密微先生的第一部重要著作，就已经标志着着其后来的主导方向了，但这并非是他唯一的方向，也可能不是其个人情趣本来会促使他发展的方向。这就是印度—希腊国王弥兰陀王（Ménandre，米兰陀）与那先（Nâgasena）比丘的一场哲学—宗教性对话，他对该经文的两种汉文本和一种锡兰巴利文本进行了比较研究。这部学术性著作，他是在烈维的启发下，于法国着手启动的，继续写作于河内。他1924年以258页的一篇长文的形式发表。戴氏由此而表现成一位无与伦比的语史学家。他在世界范围内，也可能是第一位系统地和炉火纯青地掌握了佛教的主要语言（梵语、巴利语、汉语和藏语）的人，从而运用了在公元3—9世纪期间，根据印度文佛经原本，而在远东译制的不同译本之间，进行比较的方法。他在数年之后的一部有关印度佛教宗派起源论的著作中，也使用了同一种方法。这就是说，他将已佚的同一部原印度经文的5、6和7世纪的3种汉文译本，与一种晚期的藏文译本作了一番比较。他以这种对古文献的对勘比较方法，而确保了诠释佛经起源及其历史的最坚固的基础之一，不仅是在远东，而且也包括印度在内。他既执着于研究哲学论著、印度佛教部派史和律藏经文，又注重于小乘佛教的巴利文传统；或者是根据在汉文文献中搜集到的大量资料，而追述公元最初几个世纪的罽宾（克什米尔）佛教史。他以一种极其广阔的开放思想和对于汉译本经文的研究，达到了一种如数家珍般的熟悉程度，全面论述了汉文经文传统为介绍亚洲最大宗教所作出的巨大贡献,戴密微当时是唯一能够提供这样一种宏观看法的人。

戴密微在《古典印度》中,对佛教作了非常严谨、明确和完整的阐述。该书是由路易·勒努(Louis Renou)和让·菲利奥札(Jean Filliozat)主编的一部研究文集。在这篇长达56页的文字中,戴氏论述得既翔实又具体,论述到了中国的译师和在公元3—10世纪期间从中国赴印度的求法进香人、印度和西域的祖师与译师、汉文大藏经(共包括4000万汉字和1692部译自印度原经文的一套译经)的历史。他甚至还论述到了这套经文的内容:经文中首先是佛语、律藏、疏经、哲学论著、印度和中国的佛教史,其次是518—944年间在中国编写的释教录,最后是在日本编纂的工具书。戴密微于伯希和有关中国印刷术起源的遗著一书所补入的附录中,涉及了971—983年间在四川刊印的大藏经初版,以及在中国和朝鲜印制的11—14世纪的晚期佛经版本。早在1924年,他有关《弥兰陀王问经》或《那先比丘经》的长篇研究论文,便成了他写一篇有关汉文佛经概论的机会。40多年间,他在其论著及其授课中,从未停止深化他有关这部鸿篇巨制的知识。戴密微以决定性的方式,为廓清公元2—9世纪之间中国的印度佛教传统那部极其复杂的历史,作出了贡献。不大注重历史事实的印度资料,却对此完全保持沉默。戴先生于1926—1930年在日本居住时,便成为一家根据中日文史料而编写的佛教百科事典的主编,这就是《法宝义林》(Hôbogirin),首先由日本科学院赞助并由其两位奠基人(烈维和日本学者高楠顺次郎)主持。在这套百科事典的前4册中,有一大部分条目出自于戴密微的妙笔之下。证明了他的超人学识。当他成为金石和美文学科学院的院士时,便一心坚持要使这项事业在他的帮助和保护下得以继续发展。

大部分印度佛教文献仅以受中国孝道影响的汉文译本形式存在,其梵文原本已佚,而这些汉译本又都是在中国由中国的双语学者、僧俗人员以及原籍为印度或西域的译经师们翻译的。中国人对于印度经院哲学的抽象和烦琐特征,只会表现出少许的兴趣。外来宗教只能在有利于诸说混合论现象的情况下,才会适应于其中的背景。在二战之后,戴密微将其最大一部分著作都用于研究中国佛教在宗教、哲学甚至是在文学方面的同化。他从文献和史料的比较开始,转向了对于文化影响和撞击的研究。

戴密微对于大量未刊文献之宝藏的发掘,也为其著作全面重新定向。这就是5—10世纪敦煌和西域汉文写本。戴密微于1934—1939年间对这些特藏，尤其是对伯希和于1909年入藏于巴黎国家图书馆的最丰富特藏的内容，都作了一次全面的探索。他在与中国学者王重民共同浏览阅读这些写本时，便制订了撰写一部著作的方案，其中既涉及了印度与中国佛教观念之对立，又涉及了唐蕃关系史。这就是戴密微所著的最累赘和充满密密麻麻注释的一部著作之起源。该书书名为《吐蕃僧诤记，印度和中国佛教徒于7世纪有关禅的一次大辩论》。他编辑了有关来自印度和唐朝的僧侣之间，面对吐蕃赞普而展开的这次僧诤（结集或辩经）的档案，并且又勾勒出了其历史范畴。这部著作中整页地写满了学术性注释，往往一条注释都会成为百科全书的一大条目。它们既论述了教义要点、在中国撰写的伪经或印度经文的传播，同时又探讨了下嫁吐蕃赞普的唐公主、西域胡人扎辫子或者是唐蕃会盟礼仪诸多问题。至于这场大辩论本身的背景，戴密微阐明了一种渐悟与顿悟教理的对立。他后来又经常反复论述这一点，因为他认为这种对立是根本性的，也就是说在中国佛教中的顿悟，与印度佛教中的渐悟之间修持仪轨的对立。

戴密微的许多著作都涉及了佛教的中国化过程。例如，他有关《佛教进入中国哲学传统》的精辟文章、对加斯顿·雷诺多（Gaston Renondeau）的《日本武僧史》所作的长篇跋尾《佛教和战争》、有关中国伪经的著作及其有关维摩诘（Vimalakirti）在中国形象的论文，特别是他的那些有关“禅”以及典型中国式的哲学、宗教、无政府主义者和破坏艺品者的精辟论著。他认为禅“是佛教的一种真正的中国式改革，系印度传统地位的一种大复归”。正如戴密微先生提供的临济宗法师语录译本中所指出的那样：“向尔道：无佛、无法、无修、无证。”他经常强调指出，中国最典型的特征之一是厌恶抽象和理论，折中与具体，首先重视实践、亲验和直观。他写道：“与印度相反，中国注重真实，再没有比这一切更加平凡的思想了。这就是为什么这种思想使我们深感困惑，其原则就在于它的朴实性。当人们对此感兴趣时，抽象便会显得很乏味。”由于戴密微具有一种从文献比较到文化比较的思路，同时也是由于他的好奇心和开放思想，所以他注定要从事比较文化学家的工作，不时地将其研究扩大到了他最熟悉的领域之外。

戴密微对于镜与心的隐喻，作为虚幻之象征和佛法那有求必应的应验，都作过艰难的调查。他指出了这种形象顽固地反复出现在印度和中国的佛教徒中，甚至出现在公元前4—公元前2世纪的道教作家中。他将其调查一直深入到西方和阿拉伯世界的神秘主义者，从普洛丹（Plotin）到阿尔—加萨里(Al-Ghazzâli),从尼斯的格里高利(Grégoire de Nysse)到童贞马利亚(Marie)。当戴密微应邀访问日本时,也就是当他最后一次返回远东时,他在京都人文科学研究所作了两次报告,介绍了自17—18世纪以来直至二战时的法国汉学研究史。这篇阐述所掌握的资料令人赞不绝口,他对法国耶稣会士们的业绩以及西方对中国开放的反响,都作了突出论述。他的论文《论中欧在哲学方面的最早交流》与这次报告遥相呼应,涉及了中国在18世纪时受到的西方影响,与他在10年之前写成的《论佛教进入中国的哲学传统》也形成了对称。戴密微对于中国相当于西方启蒙时代的一切都产生过某种好奇心。他认为具有不同思想和文化气氛的这两个时代分隔开的差距,并不比在西方相对应时代的差距小。戴密微的兴趣和知识从中国的上古时代一直延续到当代。他将其在法兰西学院的课程之一,定名为"清代的几位思想家"。从他在印度支那居住的最早几年开始,其注意力便被依次引向了其中的某几位思想家。他喜欢阅读18世纪大文豪们的来往书信,欣赏这些受青睐的作家那"敏捷而又尖刻的文笔"。他重新提到,在该时代,"书信体裁在中国引起的轰动效应,绝不会比法国或英国小"。

戴密微在其学术生涯的伊始,便朝着使他变成一名学贯中西学者的研究领域的方向发展。但他在佛教文献学专业中作出的巨大业绩,当然并非是其一种志向的成果。当他于1921年在北京时,他在一封书信中就已经表现了不再专攻佛教,而是要研究"中国纯文学"的意愿了。4年之后,他在福建承认自己"犯了思念中国诗歌之症""日夜之间再未阅读其他内容"。他从未摆脱过这种激情,始终声称诗歌是"中国创作的最高水平的文学作品""是其天才的最高表现"。但仅在二战之后,他才研究中国的那些大诗赋家,首先是地位最高的庄子。他曾在法兰西学院开设的多种课程中,数次致力于讲授庄子,使用了历代积累起来的中国人的疏注文。对于在敦煌发掘到的变文和俗文学诗歌、具有佛教倾向的诗人谢灵运,或者是教俗人员临终时的诗句,他也长期地搜集、翻译和注释它们,其总数达数百阕。这些著作已于近期由桀溺(Jean-Pierre Diény)刊行。这些"汉文临终诗"与在敦煌发现的8—10世纪的王梵志的巨部通俗诗,形成戴密微的两部遗著:《临济录》译注本、《〈王梵志诗集〉和〈太公家教〉》译注本。戴密微用意大利文发表了有关中国文学的一篇精辟论文。他为《中国古代诗集》写了一篇概论,而且他本人就是此书的策划者和精心审校者。它们成功地使西方读者,对于以一种与我们大相径庭的语言为基础的吟诗艺术,顿生深切的感受力了。

戴密微是一位热衷于登山的人,在酷爱山岳方面与中国人灵犀相通。在描述中国人的山岳、从宗教到哲学、从哲学到18世纪的巴罗克艺术观念的历史演变时,他都提醒人们说:“中国文学发现了山岳,以从中获得艺术效应,这要早于我们西方近15个世纪……”他最偏爱的诗人之一谢灵运,也如同他一样是一位登山人。谢灵运于433年被斩首于广州市曹,前往寻找大山去了,这就是与宇宙的沟通。戴密微写道:“阮籍(公元3世纪)讲到了一名经常出入悬崖峭壁中的隐修士。当有人向他提问题时,他仅限于以吹口哨相答,以至于使整座大山都对此发出了鸣响,如同是笛子和竹乐籁的合奏一般。”这是一种如同禅师一样的神秘答复,是对《庄子》卷2的响应,该卷是以人、地和天三种籁之比较而开始的。戴密微的最后著作之一就是返归山岳:《黑湖集》,这是17首中国古体诗的译文,原诗由其友饶宗颐所写。戴密微是一位令人仰慕的翻译家,善于将信达雅的标准结合起来。

戴密微清醒地懂得中国留给人类的巨大文学遗产财富的价值,及其全新的独创特征,有时又为世人对中国产生的无知与冷漠而感到愤愤不平。他于1967年针对中国18世纪的一名史学家和哲学家章学诚(其观念令人联想到了福柯和黑格尔)而写道:“很难设想,在‘人文科学’欲成为世界学问的今天,这样一个人却会在远东之外默默无闻……为了世界(也是为了我们西方)的未来,最重要的是要使中国最终能被更好地理解,理解其思想那经久不变的特征,我们的估计仍与实际相差甚远。”但他也知道,有些可怕的障碍不利于这种思想交流。他指出:“在其思想背景方面,文化与意识上极其复杂的心理状态,对于一个18世纪的中国人来说,是理所当然的。”如果说他依然获得了成功,那是由于在他与庄子、禅师、时髦诗人和思想家之间,有一种真正的默契。据他认为,这些性格坚强的人物确实是生气蓬勃的。如果与他们长期交往,那么有时就会与他们成为朋友。他对于生活在5世纪初叶的诗人谢灵运,或者是对于18世纪时的史学家章学诚,一概如此。1967年,戴密微在评论美国出版的有关思想家章学诚的上乘之作时,曾经写道:“自本人反复研究章学诚的40多年来,我也产生了与作者相同的感受,他进入了我的生活,我在经过茫然和脾气性格的突变之后,便会重新想起章学诚……”他将其研究转向唐代佛教的时候,又对武则天入迷了。

文学、宗教、哲学，一切都见诸戴密微的著作中。在敦煌发现的白话诗和变文，他花费巨大精力而从事研究的那些晦涩难懂的文献，均起源于佛法的远播。他写道：“在哲学与诗歌之间的联系，可能不再有比在中国更密切的文化联系了。”诗的灵感接近于顿悟，如同禅宗大师们所设想的那样。此外，禅宗大师也往往通过诗来表达自己的思想。公元前 4 世纪的庄子，同时成为天才的思想家、作家和诗人。戴密微也善于分析印度的文学体裁，研究它们通过佛教的媒介作用，而对中国文学体裁所施加的影响；他又曾分析印度哲学传统，对于中国思想的演变所施加的影响。他还研究了中国的天道观和佛教教法观念，在朱熹身上巧妙地融合在一起的原因。

戴密微终生集语言学家、历史学家和考古学家于一身。他于 1921—1922 年在中国的旅行，对于他来说，则成了一次千载难逢的良机。他在云冈石窟录下 483 年的题记、在绍兴附近的山崖中雕刻的公元 7 世纪的大佛像上，以及在南宋皇帝的墓中做笔记。10 年之后，他与一名德国汉学家合作，发表了一篇有关位于厦门附近的泉州双塔的论文。他于 1965 年为《学者通报》写了一篇有关远东木乃伊的罕见论文。

戴密微注重实效，他善于对其知识始终保持一种正确的认识。在他自伯希和逝世后而接任主编的《通报》期间，始终极力介绍俄罗斯汉学和日本汉学的最新著作。他所掌握的中文、日文和西文资料，既丰富完整又井然有序。他还有一种高度的献身精神，曾长时间地为他人辛苦，修订、补充和整理遗作。如沙畹的《佛教三藏中的 500 个故事和寓言》，伯希和有关对 1296 年赴吴哥的周达观《真腊风土记》的译注本、马伯乐的大量遗著、由他原来的一名厦门籍学生（林藜光）遗留下的一部内容广博的佛学著作《正法念处经》均由他整理、修订和编辑出版，这尚且不谈他负责仔细审阅和润色的数部再版著作。

戴氏的国际名声使他获得了许多荣誉称号。他是鲁汶大学、罗马大学和莱敦大学的名誉博士，伦敦东方和非洲研究院与英国科学院的通讯院士，日本东洋文库和科学院的名誉院士。

戴密微直到其生命的末年，都保持了一种罕见的朝气蓬勃的思想、一种令人惊讶的魅力。他在文学、绘画、音乐专业方面，都具有渊博的知识。他在晚年对西班牙产生了浓厚的兴趣，因为他在 70 多年前曾独自赴安达鲁西亚，以欣赏安达鲁西亚音乐。

戴氏于1979年3月23日逝世。沙畹大师的仅存硕果亦凋零了。

(七)汉学与藏学皆通而又偏重于藏学的石泰安

在戴密微先于1964年退休后,法兰西学院于1965年安排汉学家和藏学家石泰安(Aolf A.Stein,1911—1999年)教授接任,他又将该讲座改名为"中国社会史研究:制度与观念"的讲座。石泰安从1966年开讲,一直主持到1981年退休为止。

石泰安教授是当代法国最有权威的汉学家和藏学家之一,也是法国少有的几个能同时熟练地运用汉藏两种文字史料从事教学与科研的中国学学家。石泰安1911年6月13日诞生于德国施韦茨,在柏林大学获得汉语文凭后,为逃避德国法西斯对犹太人的迫害,于1933年迁居法国,次年就获得法国国立东方现代语言学院的汉语文凭。他在第二次世界大战期间于印度支那参加抗日战争,先后任山炮炮兵和法军司令部翻译,曾一度被日本法西斯侵略军俘虏并遭囚禁。他于1940—1946年间在越南是法兰西远东学院的成员;1946—1949年间被法兰西远东学院派往中国昆明、成都、北京和内蒙古等地区进行科学考察,后成为巴黎大学北京汉学研究中心的成员。该中心主要有铎尔孟(André d'Hormon)、李嘉乐(Aleixis Rygaloff)、石泰安和韩百诗等人。他于此期间学习了越南文、藏文、蒙古文、日文和汉文。石泰安于1950年返回法国后,先后任法国东方语言学院、高等实验学院宗教系的教授,最后进入法国最高学府法兰西学院。石泰安本为沙畹的弟子葛兰言(Marcel Granet,1884—1940年)的学生,属于法国涂尔干(杜尔凯姆,Emile Durkheim,1858—1917年)学派的社会学学家。他同时也深受莱维—斯特劳斯(Claude Lévi-Strauss,1908—1985年)的结构主义(莱维—斯特劳斯的代表作是1961和1973年出版的2卷本《结构人类学》)的影响。莱维—斯特劳斯的中心思想是认为,人类社会的一种无意识的对立作用,主宰着神话与社会思想的形态。石泰安据此而从事对中国中原与西藏神话及其仪轨的研究。

石泰安在法兰西学院的授课中,特别热衷于研究宗教生活的内容、概念和形态,将其注意力集中到了微观与宏观之间的关系(这是他的诸多重要著作之一的内容:《微观世界,远东宗教思想中的盆景花园和住宅》)。他后来在法兰西学院授课期间,又在有关阳宅和阴宅的形式与观念、窑洞建筑观念等问题上重复了同一内容。他也注重对道教科仪和佛教民间传统的探讨。

石泰安在法兰西学院的最早授课涉及了具有宗教特征的契约形式(为墓葬而买地的契约、盟约和誓约、诚信观念、道教师徒间的契约、在道教中出现的传经文献……),他同时也关注道教教团的内部组织形式。他多年的授课涉及了对道教"厨"和"斋"的研究,同时也触及了有关食物的宗教禁忌的观念。

石泰安受曾在吐蕃扮演过某种重要角色的密教的吸引,在法兰西学院授课时也论述了曼荼罗(mandala,坛场)和中国—日本密教中的神祇、观音的女子形象、末法、信仰和善恶报应等问题。他从这种观点出发,对中国佛教的"伪经"和"疑经"产生了强烈兴趣,他认为疑伪经真正反映了中国人的思想观念。

石泰安在宗教思想、宗教组织的社会形态和仪轨研究领域中,也成绩斐然。他在法兰西学院授课的 17 年间,以丰富的多样性和特别新奇的论述,而使人对这一切都产生了浓厚的兴趣。

石泰安在这方面的代表作《西域女神圣地的窑洞——胎藏》,于 1988 年由法兰西远东学院出版。

石泰安先生在法兰西学院授课的代表作,则是他于 1987 年经整理、增补和修订而最终出版的《微观世界,远东宗教思想中的盆景花园和住宅》(作者曾当面建议笔者把它译成《壶中九华》)一书。这是他 50 多年研究的成果。因为他分别于 1942 年和 1957 年就发表了其初步成果。他于该书的第一部分介绍了中国乃至整个远东地区,通过微观世界而反映大世界的手段,特别是中国的盆景和其他微缩景观(瓷瓶与其他器皿上的装饰画)的意义。这些作品都具有艺术和宗教的色彩,特别是具有宗教和哲学的形态。这些微缩景观和微形装饰(器皿上的微观)中,往往带有宗教建筑及其人物的图像。其第二部分介绍了中国和远东某些建筑物的特征,它们往往代表着人类的世界形象,以及人类在世界上的宗教感受。其中特别讲述了世界的层次、中心柱、天地沟通的手段、天门和地门等问题。作者也讲到了世界中心山——中国的昆仑山和印度的妙高山。其第三部分是讲人类的住宅及其与人身之间的关系。总之,此书是反映中国及远东社会观念的一部代表作,也是一部文化人类学的代表作,是作者在法兰西学院的授课教材。

但归根结底，石泰安先生更应该是一名藏学家，其科研与教学的重点，其兴趣的中心始终是藏学，而并非汉学。

石泰安教授非常注重研究汉藏走廊地区的文化、民族、历史、地理、宗教、习俗与文学诸领域。他于1957年发表了《汉藏走廊的羌族》一文，介绍了羌族的历史和宗教信仰，及与其相毗邻的汉藏两族的历史渊源关系。1951年发表了《弭药与西夏》；1966年又发表了《有关弭药与西夏的新资料》等一系列文章。他主要是根据汉藏两种文字资料说明，古代弭药就位于今天的西康地区、打箭炉西北，本是西夏王国的辖地。当西夏王室后裔与成吉思汗断绝关系时，吐蕃人允许弭药人迁居羌塘一带。石泰安把西夏和弭药的最早传说与白哈尔神的资料作了比较，发现了它们在题材、人名和地名上的传统关系。他在1957年作为《汉学研究所文库》第15卷出版的《汉藏走廊的古部族》一书中，概述了晚期藏文史料中有关这些部族起源的传说，但很少有能够确定这些部族具体位置的原始资料。这些部族实际上都位于西藏的中部，这是由于羌族人向西藏中部迁移的结果，他们对于吐蕃的形成作出了贡献。

石泰安对藏族文学也颇有研究。他的博士论文就是他1959年出版的名著《西藏的史诗与说唱艺人的研究》，作为《汉学研究所文库》第13卷出版。他认为西藏格萨尔史诗并非起源于佛教，而是来自某些外国神话英雄的名字。罗马的"恺撒"成了西藏史诗中的格萨尔，甚至与"沙皇"的名称和事迹也有关系。这些论点很难被中国学者所接受。他就格萨尔史诗问题曾写过一系列论著，如《西藏民间史诗》(1941年)、《岭地喇嘛教文本的西藏格萨尔史诗》(1956年)、《格萨尔史诗的西藏壁画》(1957年)、《西藏史诗的古文献——〈朗氏家史史·灵犀宝卷〉》(1962年)、《论格萨尔》(1976年)和《格萨尔史诗概论》(1981年)。

石泰安先生长期从事西藏文化史研究。其名著《西藏的文明》于1962年在巴黎刊行第1版，1971年由山口端凤和定方晟译成日文，在东京出版；1972年由英国德赖弗译作英文，在伦敦出版，1982年又在巴黎出了增订第2版；1985年在中国出版了笔者的汉译本，1994年出版法文第2版的英译本。1994年又出版法文修订版。他有关西藏文化史的其他论著有：《西藏的戏剧》(1961年)、《西藏的一位神圣诗人》(1964年)、《西藏的说唱艺人》(1969年)、《珠巴衮雷的生平和歌曲》(1972年)、《珠巴衮雷的藏文著作》(1973年)、《远东和高地亚洲的住宅、社会和人类集团》(1957年)。

石泰安先生有关西藏历史的主要著作有:《桑耶寺古史〈拔协〉》(1961年)、《有关吐蕃古代史的两条注释》(1963年)、《圣神赞普名号考》(1981年)、《敦煌藏文写本综述》(1984年)等。他有关西藏宗教的著作有:《西藏占卜中的33根签》(1934年)、《喇嘛教》(1959—1960年)、《喇嘛教跳神中的身相信仰》(1957年)、《顿悟》(1977年)、《敦煌藏文写本中有关苯教仪轨的记述》(1971年)、《有关吐蕃苯教殡葬仪轨的一卷古文献》(1970年)、《未诠释过的摩羯罗嘴》(1977年)、《有关金刚橛的古文献》(1978年)、《吐蕃赞普墀松德赞在选择佛教为国教时有关摩尼教的记载》(1980年)、《对古代吐蕃和于阗密教阐述的一种特殊方式》(1987年)、《唐蕃会盟时的盟誓仪式》(1988年)、《印度和西藏的神话》(1985年)。他有关西藏语言书目学的主要著作有:《藏文辞源考》(1980年)、《西藏学近作》(1952年)、《苯教象雄语》(1971年)、《珠巴衮雷传中的藏文词汇》(1942年)、《藏语语义》(1973年)等。

笔者从事石泰安先生藏学著作的翻译与介绍工作近20年,曾多次赴其府上拜访。1999年,恰逢笔者访法时,又参加了石泰安先生的葬礼,也算是一种学术的缘分了。

(八)承上启下的汉学家——谢和耐教授

戴密微先生于1964年退休,法兰西学院的"中国语言和文学讲座"被石泰安先生易名为"中国社会史研究:制度与观念"。直到1973年又由戴密微门人谢和耐(Jacques Gernet,1921—　)教授继任。但他将该讲座改成"中国社会文化史"讲座。谢和耐教授是依靠他的一部《中国社会史》的大学教科书性著作,才执掌该讲座的教席的。他实际上是于1975年才正式开课讲演,直到1992年退休为止。

谢和耐教授于1921年12月22日诞生于当时法国的殖民地阿尔及利亚的阿尔及尔,其父路易·热尔内(Louis Gernet,1882—1962年)是古代希腊宗教和法律史的著名专家,曾任法国巴黎大学文学院院长。谢和耐教授在获得古典文学(法文、拉丁文、希腊文、语言学)的学士学位和高等教育文凭之后,当美军1942年在北非登陆时应征入伍,积极地参加了抵抗德国法西斯及其盟军的战争。三年之后,他于1945年退役,于是便转向中国研究。1949—1950年,他在当时设立于越南的法兰西远东学院学习。谢和耐先生此时成为法国汉学家和佛教学家戴密微的出蓝弟子，于1947年获得了中文文凭，于1948年毕业于高等研究实验学院。他作为法兰西远东学院的成员在河内居住两年，后来又多次赴中国和日本旅行并进行学术访问。1951年，他被任命为高等研究实验学院的导师（第六系，后来改建成社会科学高等学院，法国史学界年鉴派的发源地和大本营），次年，他获得文学博士的学位（通过了《中国5—10世纪的寺院经济》的博士论文）。他于1957年任巴黎大学中国语言文化课程的讲师，1959年任该校教授。谢和耐于1969年在巴黎第七大学创设了一个东亚语言文化教学与研究机构，并一直主持其工作到1973年。他最终于1973年被任命为法国最高公学法兰西学院的教授，主持中国社会文化史讲座，从1977年到1992年退休，始终为法兰西学院远东诸多研究所的常务主持人。1975—1992年，他与荷兰莱敦大学汉学研究院前任院长的许理和（Erik Zürcher）教授，联袂任始创于1890年的国际汉学刊物《通报》的主编。谢和耐教授于1984—1992年任法国国立科学研究中心有关中国、朝鲜和日本科学史研究组的负责人。他于1992年10月退休后，又受聘为法兰西学院的名誉教授。

谢和耐于1980—1992年间，兼任由日佛会馆主办的佛教百科性杂志《法宝义林》的主编。他曾多次来中国大陆和台湾访问，进行学术交流。谢和耐教授的汉学著作很多，现已出版专著八部，而且每部都有多次重版或修订再版本，并大都被译成了东西方多种文字出版。其最新的论著是对唐甄（1630—1704年）的研究以及对其《潜书》的译注本（1991年巴黎加利玛尔出版社，由联合国教科文组织资助）。其汉学论文共计80余篇。其论文集《中国的智慧》于1994年出版。谢教授的著作目录，已由笔者翻译发表，载《中国与基督教》一书中译本的附录中：《法国著名汉学家谢和耐教授及其著作目录》（上海古籍出版社2003年版，第370—386页）。本文就不再重复了。

谢和耐教授是曾在20世纪50—70年代领导法国汉学界的戴密微先生的弟子和事业的继承人。他一方面继承了戴密微先生注重于对中国佛教、天主教、社会文化史、思想史、中西关系史等领域的研究传统，但另一方面又开创法国汉学界的一代新风，是一个承上启下的人物。众所周知，法国的中国学界自19世纪以来，一直由考据派学者占主宰地位，他们并不撰写或很少撰写系统的论著，只是对古文献作注释。诸如沙畹、伯希和、马伯乐、葛兰言、韩百诗均为该派的代表人物。谢和耐教授既继承了考据派的某些传统,又大幅度地突破了他们的框框,向着现代史学、现代史学方法迈出了一大步,但他又没有完全放弃考据派的某些传统文风。他为其后一代客观论述的汉学家们开辟了道路。他的学生和事业的继承人——现任法兰西学院教授和《通报》主编魏丕信(Pierre-Etienne Will,1944—)教授则完全成了当代史学方法的代表人物。

谢和耐教授的《中国社会史》一书,是他于1964—1970年间,为准备进入法兰西学院而主持"中国社会文化史"讲座,才潜心写成的。该书于1972年由阿尔芒·科兰(Armand Colin)出版社首版刊行,立即在西方汉学界引起了极大反响。1988年,该出版社又出版了该书的修订本第二版,1990年再出修订第三版。该书还被译成了西方的主要文字。1982年由剑桥大学出版英译本(书名改作《中国社会文明史》),后来又一再反复重版;1985年在布加勒斯特出版了罗马尼亚文译本;1985年在汉城出版了韩语译本;1978年在都灵出版了意大利文译本;1979年在法兰克福出版了德文译本;1988年又在苏尔卡姆再版;1991年在巴塞罗那出版了西班牙文译本。此书已被英、美以及西方许多大学中用作中国文化史的教科书使用。由于西方的中国通史大都是许多学者互相协作而联袂完成的,免不了会有观点各异的拼凑痕迹。此书则是当代一位汉学大师的个人扛鼎之作,观点连贯,内容系统;再加上作者立论公允,阐述清晰,诚乃用大手笔写成的通史性著作。

当然,由于此书成书于中国"文化大革命"期间,尽管作者后来曾作过多次修改,从中仍可以窥见"文革"的影响。但从总体上来讲,谢和耐教授能在那种背景下写出这样的书来,不得不令人钦佩。他对于中国历史的评价、对于中国文化在世界上的地位的看法,特别客观公正。尤其是他对于中国近代史的论述,已被近年来的实践证明是正确的。

谢和耐教授在《中国社会史》一书中,共分《古代中国》(中央集权帝国、军事帝国、贵族帝国、官僚帝国,下限至明末)、《近代中国》(专制的宗法制度,截至19世纪)和《当代中国》(从灾难深重到中国的新篇章)几个历史阶段进行阐述。

作者于其结论中明确指出,中国人不可能忘记,其国家曾是一种伟大文明的策源地,这种文明的辐射面,影响到了从西域到太平洋沿岸,从西伯利亚到热带亚洲的一片辽阔地域。直到19世纪中叶,它在那里仍旧是一种非常灿烂的文明。这一点也如同西方一样。西方文明是在中东、地中海沿岸和欧洲发展起来的。它在那些地区的某些密切联系,把西方的学术传统和与之有别的内容(如埃及和希腊、基督宗教和伊斯兰教、"东方"和"西方")联系起来了。中国不可能忘记,它曾在世界的这一大片地域,曾占据过支配地位的历史和年代。对于一部如此丰富多彩、声名赫赫的历史的记忆,并不是整个民族很容易从其脑海中消除的遗产。尤其是当这种历史上保留了许多取之不竭的文字文献和实物纪念品,而考古发掘又每年都为它提供无数遗迹的时候,更是如此。世界上的任何一个民族都未曾赋予其历史如此重要的意义。因此,在中国人中有一种理直气壮的自豪感。中国在近代受到了西方国家和日本的凌辱,它在一段时间内曾经希望成为穷国之首,并向它们指出解放的道路。但毛泽东的那种美好理想——利用一种集体努力的神奇跃进和罗曼蒂克般地使用人民的创造力,以超越工业化国家,从而建成一个没有阶级、没有官僚主义、没有国家机器、没有城乡差别的社会——反倒成了中国巨大而又无益的苦难之源,导致了悲剧性的失败。其结果只不过是进一步加大了中国的落后并使问题的解决变得更困难了。把中国大陆与东亚地区如今最活跃和最繁荣的地区台湾相比较,是不公正的。因为人民共和国从它开国起,就必须面对的困难是令人望而生畏的,它要掌管被长期战争摧毁的一片辽阔的地区(它是世界上最贫困的地区之一)。这个大国在数年间的复兴,曾引起过几乎是普遍的赞扬。在毛泽东时代结束之后,中国出现了一次真正的大复兴,它利用了外国的技术和资本,抛弃了继承自苏联共产主义传统的大部分限制。

作者认为,中国在1950—1980年曾自我封闭于大陆上,而现在又重新向海外开放了。正是中国的一些沿海省份最早受到了现代化的冲击。这中间似乎存在着一种历史性的大变革,但中国的现代化当然不可能仅限于其经济和生产机构方面。由一批要员主宰一切,而且由于方针和当权者的突然变化而表现出的其内部冲突,已经不再符合当今的需要了。中国青年理解了这一切。他们也清楚地知道,在腐化和堕落仍然盛行的时候(这是其国家的最大弊端),重提五四的口号便意味着尊重法律和在法律面前人人平等。然而,理论说教以及在小范围内经常性互相监视,都不是法制。继大跃进和"文化大革命"的悲剧性错误之后,随着那种互相监视和告密制度的消失,民主化无疑会迅速发展。为了使中国摆脱其困境,在制度以及社会和个人行为方面,还必须进行深刻改革。如果认为中国在任何方面只要模仿西方国家就能达到这一目的,那将是一大错误。西方自己的东西在任何方面都不会形成一种世界性的标准，西方的一切并非进步的代名词。中国具有宝贵的传统，这种传统属于人类共同遗产的组成部分，并且是世界上任何其他国家都未曾有过的历史经验。经济学家们有时将之归入西方阵营的日本本身，也以其全部历史和文化而与西方相区别，该国具有极大的独特性，它向中国的借鉴要比它所承认的东西多得多。中国和西方或日本一样，都没有理由否认各自的历史。

总之，《中国社会史》是出自欧洲汉学家的一部优秀的中国通史性论著。此书既为世界范围内的汉学研究作出了贡献，也为谢和耐教授个人赢得了荣誉和地位。

其实，谢和耐教授的全部研究，都是围绕其“中国社会文化史”的大课题展开的。其博士论文《中国5—10世纪的寺院经济》一书（西贡1956年初版），实际上也是一部社会文化经济史的代表作。正如他为笔者的中译本所写的序言中指出的那样：“我采纳的那种首先把佛教现象看作是社会现象的社会学观点，至今仍不是那些论述中国寺院经济的著作中，所普遍采纳的出发点”。《中国与基督教》（1982年初版）一书，则是研究中国文化与西方基督教文化之间的异同、撞击与交流史的代表作，从而揭示了中国社会中的传统文化对外来文化的反应。这也正如他在该书的中译本序中所指出的那样，当时“欧亚大陆基本上是独立发展起来的两种社会，在历史上首次开始了真正的交流……任何一种宗教都与它于其中发展起来的文明的政治、社会、伦理和哲学之间，具有密切的和无数的关系”。这说明了谢和耐教授从不同领域可探讨中国社会文化史的尝试。

除了《中国社会史》、《中国5—10世纪的寺院经济》和《中国与基督教》之外，谢和耐教授另一部有关中国社会生活史的代表作，便是他于1959年出版的《蒙古入主中原前夕中国中原的日常生活》一书。该书于1978年和1980年于法国再版。1962年在英国出版英译本，1977年于美国再版。1980年出版匈牙利文译本，1982年在我国台湾出版中译本（《南宋社会生活史》），1983年出版意大利文本，1990年出版日译本。我国大陆于1996年又出版中译本。

《蒙古入主中原前夕中国中原的日常生活（1250—1276年）》一书，是描绘13世纪中叶中国社会史的一幅宏伟画卷，行文阐述得清楚准确、资料翔实可靠，并且运用了一种历史透视的手法。这一切都使该著作具有一种人们从标题上无法猜测的意义。谢和耐又重复了他很珍视的一种思想。

他在序言中提出，要反对认为中国文化僵化不变的那种已被滥用的概念，提醒人们注意他在该书中只描述了一段时间，他注重于将这段时间的各个方面重新纳入到中国的基本演变过程中。他对 13 世纪的中国社会、都市、社会阶段、物质生活、宗教信仰、娱乐和艺术所作的描述，同时酷似一种学术研究和一部生动的编年史。书中的资料均取自该时代的最佳中文史料，甚至扩大到了传奇文学和现实体裁的绘画中，但也有取自西方的史料。马可·波罗留下的对中国的描述，特别是对杭州城的描述（这是其回忆录中所包括的最冗长、最详细和最生动的一章），完全可以与中文著作中的史料相媲美。所以对于从比较角度从事的宋代中国城市现象的研究，是该著作的最强点之一。

谢和耐教授对清人唐甄（1630—1704 年）的《潜书》的法文译注本（1991 年版），也是为了从清代思家的角度，来分析中国封建社会内部的演变历史。因为唐甄生活在中国历史上最悲惨的时代之一，恰逢明清鼎革之际，也是一个动荡的时代。但在这个时代，中国对于经世致用之学，已表现出了强烈兴趣。中国的知识分子，受新近传入的西学影响，已经觉悟到了中国的衰落。但唐甄却对新学未表现出任何浓厚兴趣，并且非常害怕新学会损害中国经典的传统。唐甄也抨击了封建专制制度对中国社会造成的极大破坏，认为自秦以来的“帝王者，皆贼也”。他认为人与人之间的关系应该是平等的，反对封建君臣关系。所以他经过 30 多年的思考，用 13 年的时间，才写成了《潜书》（初名《衡书》），试图找到中国永久繁荣与和平的秘诀。谢和耐教授正是通过这样一个具有代表性的知识分子和一部别具一格的作品，来探讨被他称为“中国的文艺复兴”时代的中国社会文化史。

谢和耐在法兰西学院主持“中国社会文化史”讲座时，主要研究了以下几个学术领域：

对 16—17 世纪的多位思想家的研究，如王廷相、刘献廷、唐甄。特别是王船山的研究，占据了他多年的时间。他一方面是通过《通读鉴论》和《宋论》，而研究王船山的历史观；另一方面是通过王船山的某些著作（特别是《张子正蒙注》），而研究他的伦理和哲学观点。

有关从万历年间到康熙初年，中国人与入华耶稣会传教士之间的交流问题。谢和耐的中心论点，已由对汉文文献和传教士们的著作的研究而廓清。这些交往最常见的情况，就是导致了在那些具有深刻差异的社会、伦理、宗教和政治史的文明之间，产生了诸多误解。

有关明代末期的会社、书院、教育观念和科学问题,这些问题自宋代起曾被重新作过广泛论述,并且已由《日知录》以及中国社会史其他资料文集得以补充。

我们由此便可以看到,谢和耐教授从事对王夫之、李贽、刘献廷、顾炎武、王廷相、唐甄等中国思想家们的研究,完全是为了探讨中国社会文化史,他有关中国的会社、书院、讲学、教育机构的研究,更是为了揭示中国的教育文化史。他研究入华耶稣会士与中国人的交流问题,更是为了说明两种文化与两种社会之间相互影响的问题。他研究中国儒学史,明显更属于中国社会文化史的大范畴。他对于中国科学技术史的研究,也是从社会文化史的角度着眼的。他对于中国人变化观念的研究,是为了批驳法国已故汉学阿兰·佩雷菲特(Alain Perefitte,1925—2000 年)于 1989 年出版的《停滞的帝国》一书中的观点,阐述了中国社会中的宗教、经济、文化和政治的发展变化。我们从谢和耐教授于 1975—1991 年间在法兰西学院主持的"中国社会文化史"讲座中的授课表,即可以清楚地看到他的这种学术倾向:

1975—1976 年:唐甄(1630—1704 年)对中国专制主义的批判,16 世纪的中国唯物主义思想。

1976—1977 年:中国 17 世纪的一名具有现代思想的人刘继庄(1648—1695 年),中国人对基督教的最早反应。

1977—1978 年:中国人对基督教的反应(续),传教士们写的首批中文著作。

1978—1979 年:王夫之(1619—1692 年)著作中的历史与政治,中国的自然哲学、张载的《正蒙》。

1979—1980 年:王夫之(1619—1692 年)著作中的历史与政治(续),中国的自然哲学、张载的《正蒙》(续)。

1980—1981 年:王夫之(1619—1692 年)著作中的历史与政治(续完),中国的对基督教的伦理与哲学批判。

1981—1982 年:中国的会社与书院;通过笔记和文集看明代的社会。

1982—1983 年:中国书院的历史;现代的各种笔记文集。

1983—1984 年:中国的教育与会社,17 世纪的中国政治文献。

1984—1985 年:中国的教育和会社(续),顾炎武(1613—1682 年)的经济和政治著作。

1985—1986 年:中国的教育和会社(续完)。顾炎武(1613—1682 年)的经济和政治著作(续)。

1986—1987 年:中国近代思想的起源,王夫之(1619—1692 年),《续通鉴论》和《宋论》的文献。

1987—1988 年:王夫之(1619—1692 年)的哲学,李贽(1527—1602 年)的《焚书》。

(九)中国近代史专家魏丕信

谢和耐教授退休后,其学生魏丕信(Pierre-Etienne Will,1944—)于 1991 年开始主持法兰西学院学院的汉学讲座。他将该讲座的名称又改为"中国近代史"讲座。

魏丕信是一名现代型学者,与其先辈已经完全不同。他专长于中国近代史(明末与清代)的经济史、行政管理史和官制史。他特别关心中国这个时代的人口、衣食生计、水利制度、江河管理、中央政权与地方官府之间的关系等问题。他最早的课程涉及了中国官吏系统的内部联系、中国为动员民众所拥有的手段等问题。他进入法兰西学院,是依靠一部有关《中国 18 世纪的官制与荒政》的书。他还与人合作,于 1991 年出版了一部《1650—1850 年间的中国义仓制度》的著作。

魏丕信同时兼任社会科学高等学院的研究导师,开设的课程是"前近代中国的经济与社会史"。他应属于法国史学界的年鉴派学者。

由于魏先生的研究领域,与笔者的涉猎领域相去太远,为本人不熟悉,故不再更多赘言。

以上便是法兰西学院在 190 年间 9 位著名汉学家主持的汉学讲座。除了这个系列之外,法兰西学院还设立过另外两个与中国有关的单独讲座,侧重于西域和蒙古史。因此,法兰西学院有关中国的讲座,形成了 9+2 位教授的局面。

(十)"超级东方学家"伯希和

伯希和(Paul Pelliot,1878—1945 年)于 1906—1908 年西域探险返法之后,携归了大批文书、文物和考古探险资料。法兰西学院于 1909 年决定,为伯希和特设一个“西域语言、历史和考古”讲座。伯氏实际上于1911年才正式开讲,直到他于1945年去世为止。该讲座也随着伯希和的逝世而消逝了。伯希和是一位天才的语史学家、历史学家和考古学家,他除了精通欧亚两大洲多种语言之外,还懂得许多古文字和西域死文字。其学问涉及了整个东方学领域:汉学、伊朗学、蒙古学、突厥学、藏学、满族学、印度学、西域南海史地、基督宗教、伊斯兰教、道教、佛教、摩尼教、祆教和各种巫教。所以,他被人称为“超级东方学家”。他在法兰西学院主持的这个讲座,实际上是利用他自西域携归的古文字的考古文物来诠释西域(特别是中国西部)的历史。所以,也有人称伯氏的讲座为“胡语史地讲座”。

伯希和早期发表的著作有不少就直接出自敦煌和西域文书。这就是他先后于1911年和1913年在《亚细亚学报》中,与沙畹(E.Chavannes)合作,发表的一部汉文摩尼教经文的译本。他于附录中发表了一种重要的摩尼教残经,是他自敦煌携归巴黎的。这篇加入了大量注释的译文,又与50多种过去已经为人所知的文献,或者至少是已有人征引过的其他文献相比较,从而使此文至今仍是研究远东摩尼教的一篇重要著作。伯希和从其学术生涯的肇始,便对远东摩尼教颇感兴趣,但也只汇辑过一批相当含糊的文献。中国天朝政府对于7世纪末中国西域的平定,为摩尼教徒们开辟了东传的道路;1个世纪之后,回鹘人、蒙古人和突厥人选择摩尼教为国教,由于伊斯兰教的压力才最终阻止了该宗教的扩张。在敦煌重新发现的文献,可能是中国摩尼教的基本经文《二宗经》的片段,该经文于694年传入中国。伯希和1923年发表的一篇文章,揭示了“明教”直到17世纪仍在福州地区维持的残余势力。

学者们曾逐领域地论述过伯希和对西域古文献的释读。在人们称之为“东伊朗语”的范畴内,从塞语(sace)和现在所说的于阗语(khotanais,这是一种不规则的东伊朗方言)的解读起,伯希和成了一名开拓者。他于1913年对于佛经《金光明经》(Suvarnaprabhāsa)一种残卷的翻译,正是借助了该经文的梵文原本和保存下来的汉本片段而译成的,从而使人从中更清楚地看到了这种难解的语言。

伯希和长期关注中国与伊朗的关系史问题。他在法兰西学院开讲报告中,便阐述了伊朗怎样在数世纪期间,得以充当印度或近东与中国之间的媒介角色。从1903年起,伯希和便研究有关崇拜“天神”,也就是有关祆教的汉文历史文献。他后来还得以证明,2—3世纪的中国佛经译师都是东伊朗血统的人,而并非如同人们过去所相信的那样是突厥人。伊朗人还向东传播了景教,该宗教随阿罗本从公元7世纪起就传入了中国;不少于30部景教著作都被译成了汉文;著名的西安府汉文—古叙利亚文的大秦景教碑的碑文,由带有佛教尊号"僧"的景教徒景净(Adam,亚当)所述。它提供了有关这次传播的见证,汉文文献也提到在长江畔存在着该教派的一座教堂,西方人仅仅通过和德理(鄂多立克,Odoric de Pordenone)的暗示,才知道它的存在。伯希和实际是当时欧洲唯一研究过这个问题的学者。

在诸多的东伊朗语言中,粟特语在整整第一个千年纪中,是传播的主要因素。在敦煌发现的一卷写本,证明了一个来自河中府(Transoxiane)的粟特人商队聚落的存在。他们于7世纪到达了罗布泊以南。在敦煌也发现了一部非大藏经的佛教论著《因缘经》,其汉译本已由伯希和与粟特文本同时刊布。高狄奥(Gauthiot)借助于该经文的汉文和藏文本,已对粟特文本作过解读,邦文尼斯特(Benveniste)先生又重作了一遍并补充了高狄奥的著作。一部具有第一流重要意义的佛本生故事《吠桑檀罗本生故事》(Vessantara),已经根据其粟特文本内容而被作了考证,该文本及其他文献都是由同一位高狄奥解读出来的。

在突厥研究领域中,伯希和留下了大批著作。他于其生命的最后几年,在亚细亚学会所作的报告涉及了突厥和阿尔泰的民族与语言问题。早在1914年,他就翻译了一部回鹘文本《善恶两王子的故事》。该著作有一种很不完善的早期译本,这是指一部受佛教灵感启发的叙事故事,其类似的文本也出现在藏文和汉文的大藏经中。该文献对于佛教史也具有很大意义,同时也是现知最古老的突厥文献之一。伯希和1930年有关回鹘文本的乌古斯汗(Uguz-Khan)的重要著作,同样也是在甘肃发现的。他有关突厥人汉文名称的论文,诸如有关库蛮人(Comans)名称的论文,也很重要。该突厥部落来自西伯利亚,于11世纪迁往欧洲。直到成吉思汗时期为止,他们继被同化的乌古斯人(Oghuz)和蒙古人之后,始终为草原之主。

伯希和同样也从事吐火罗语言学研究。他的两篇资料丰富的论文分别载《亚细亚学报》和《通报》,其宗旨在于将取经高僧玄奘的见证资料,与由在新疆发现的文献残卷揭示的语言学资料进行对勘比较。伯希和与烈维一样,从被称为乙种吐火罗语的语言中,辨认出了龟兹的特有语言;在回鹘语题跋中所提到的 torrï 语(吐火罗语),也就是甲种吐火罗语。这种方言属于一个东伊朗血统的民族。

在藏文文献方面，伯希和在 1913—1915 年间，连续研究了藏历中的甲子纪年（绕迴），对保存在柏林写本中的《甘珠尔》（Kanjur）目录作了考证。他还论述了藏文名词的汉文对音，特别是竖于 822 年的拉萨唐蕃会盟碑碑文中的对音转写问题，专家们承认它是亚洲碑铭中最重要的文献。他为古伯察（Huc）和秦神父（Gabet）《鞑靼西藏旅行记》的英文再版本所作的导言，也写得很好。

伯希和甚至还触及到了阿拉伯问题。如当他研究中国最早的阿拉伯文碑铭时，或者是当他描述在蒙古人统治时代移居中国北方的撒玛尔罕穆斯林聚落时，便是这样作的。最后，伯希和 1913 年有关“萨满”（Shaman）名称和萨满教的论文，都涉及了整个亚洲最原始的文化形态。

伯希和对于文化交流、对于可以通过表象而阐述古代亚洲民族各自历史的一切内容，都很感兴趣！他在中国与阿拉伯世界之间海上贸易领域中的研究，则由于夏德（Hirth）和柔克义（Rockhill）刊布的一批 13 世纪的汉文文献，而得到很大的便利。他对这些文献作了一种广加发挥的诠释。当他于 1925 年论述“犁靬”（犁鞬、犁轩）的名称时，又偶然地将其研究推向了埃及，因为“犁靬”在中国 2 世纪的历史中，系指地中海东岸的亚历山大城（Alexandrie）。他于 1933—1936 年之间，又非常详细地研究了郑和于 15 世纪初叶下西洋时的海上远航，从而又为中国向东南亚发展的特征，提供了一种生动而又突出的例证。他死后才于《通报》中发表的一篇长文《〈明史〉中的火者和写亦虎先》，论述了出身于马来亚的穆斯林家族和自 16—17 世纪起便定居在中国中原的一名西域穆斯林。

大约在 1922 年左右以及在此之后一段时期内，伯希和关注在蒙古人与教廷之间于 13 世纪期间存在着联系，特别是英诺森四世（Innocent Ⅳ）教皇于 1245 年决定派遣方济各会士柏朗嘉宾（Jean de Plan Carpin，1218—1252 年）出使蒙古，以试图使成吉思汗的最早继承人之一贵由可汗（qagan Güyük）接受教廷的归化。蒙古首领的答复绝不是令人鼓舞的。然而，圣・路易（Saint Louis）于 9 年之后又重申了这项要求，派遣方济各会士鲁布鲁克（Guillaume de Roubrouck，约 1215—1270 年）出使蒙古。此人于喀喇和林（Qaraqorum）逗留在蒙哥（Mongka）大汗的宫中，后来对其旅行作了一种生动的记述。伯希和有幸在罗马找到了贵由汗复信的波斯文原件，上面钤有一枚御玺，它是由柏朗嘉宾于 1246 年携归的。伯希和获得了出自波斯蒙古不同首领的多封蒙古文书信,他还获得了出自一位景教大主教的一批阿拉伯文书信。这些文献与其他文献一并,使他得以在细节问题上都能阐述清楚教权与王权之间的交易,追踪一个多世纪期间的西域基督教教团的历史。此外,伯希和一直坚持对于更晚时代的远东基督教的调查。如有关利玛窦(Mathieu Ricci)神父、16—18世纪耶稣会和方济各会传教区、礼仪之争等以及其他问题的调查。他不但在欧洲书目方面,而且在整理亚洲文献方面,都做了许多工作。

伯希和有关中国中原的著作。在千佛洞中获得的写本,绝大部分都属于佛教:相当多的大藏经经文、各种疑伪经以及通过唐代经目才为人所获知的经文。伯希和在1911年于法国金石和美文学科学院所作的一次报告中,具体解释了这后一批写本的性质。伯希和作为高水平的汉学家,他的兴趣被导向了佛教,形成了他的一种典型的特征。伯希和全部著作的三分之一涉及了该研究的领域。他从早期开始,于1903年便介绍了12世纪佛教的两个异端教派(外道),即"白莲宗"和"白云宗"。这正是一种将亚洲的所有古代文化互相协调和结合起来的佛教。伯希和可能是从沙畹那里接受的例证,沙畹在这方面就像在其他方面一样,对于伯希和的影响是无法否认的。伯氏于1918年完成了《牟子理惑论》的译注本,这是一部佛教的护教书,而佛教传入中国确实引起过某些社会动荡。伯希和接受该书为公元2世纪的断代,从而证明中国南方的佛教僧伽当时就已经有了牢固的基础,因为一个世纪之前楚王接受佛门皈依就证明了这一切。伯希和用15年间对这部晦涩难懂的著作进行诠释。此外,他还讨论了《弥烂陀王问经》(Milindapanha)汉译本中的专用名词,又曾针对这同一传说而写成过长篇令人赞不绝口的论文。伯希和论述了现今已佚的《道德经》的梵文本,它是在中国佛教高僧玄奘的关怀下为迦摩楼波(Kamarûpa)的拘摩罗王(Kumâra)而主持编定的。西域文献的大发现也为道教研究作出了巨大贡献。在那里也发现了4世纪的道藏经典。伯希和从1906年起,对《魏略》作了注释。《魏略》是3世纪的文献,它同时说明了中国佛教的起源及其与道教教派之间的最早争论。

1928年,伯希和于法国科学院报告中国印刷术的起源问题。他提到木刻版书在华长期受人青睐,接着又提到中国活字印刷术的起源。中国的活字印刷术可以上溯到11世纪中叶并且很早就向西域传播。伯希和在1918年的《东亚论丛》中,指出了敦煌提供了历史经典《书经》的残卷,它们都早于744年的那道诏令,该诏令规定用现代文字取代古文字。由此而出现了一场文献考订运动、对于古汉字语音学和字体学研究的新高潮。伯希和非常注重不同语言之间的译音问题。他觉得,唯有一种非常严格的对音体系,尤其是那些专用名词或外来词的汉文对音,才可以使人确定在借鉴词汇方面的真相,历史的衔接要依靠语言的衔接。他在此问题上也成为一代语音学家和语言学家们的首倡者和先驱。伯希和还以同样的精神研究了那些罕见的文字。例如,契丹金石碑刻中的契丹字,这是一种受通古斯语影响的蒙古方言;西夏文,即唐古特(Tangut)人的文字,唐古特是一个属于藏—缅语系的部族。西夏人于11世纪期间以那些模拟的汉字为样本而创造的文字,也是为了传播佛教经文。最后是八思巴('Phags-pa)字母,它是根据13世纪的一位蒙古头人的命令,由一名藏族喇嘛根据适应了蒙文语音的藏文字母而创造的文字。

自1913年起,伯希和也关心艺术史问题。伯希和特别将艺术史和语言史视为确定历史连贯性的手段。他顺便还纠正了对某些作品的断代,揭露了充斥着我们博物馆的赝品。如他1913年在《东亚论丛》中发表的有关为古代中国的书籍作插图的石版和木版印刷的论文;有关中国瓷器的札记;有关欧莫弗普洛(Eumorfo-Poulos)特藏中的壁画的札记,他通过将这些壁画与敦煌壁画相比较,而证明了其相对的近代性。他对于古代青铜器和瓷器的描述,无论是对于史学家还是对于收藏家来说,都同样是珍贵的。伯希和对于中国7—8世纪的雕塑家、其传记的具体情节、作品之归属研究,也归于这同一类。他非常谨慎地指出,在这些研究中,必须注意明末中国作家们的观点。

伯希和对于亚洲大陆的大部分地区展开的广泛而又深入的研究,丰富了他为马可·波罗的名著《寰宇记》而撰写的注释。由穆尔(A.C.Moule)和伯希和联袂署名的这部大开本著作,从1938年在大英帝国出版共4大卷。伯希和为他自1936年以来在法兰西学院开课而准备的札记,后由其弟子韩百诗陆续整理出版。

直到目前为止,伯希和的遗作已出版10卷:

1.《蒙古秘史》,根据汉文对音本而复原的蒙文本,1949年法兰西学院版。

2.《圣武亲征录》译注本,与韩百诗联袂署名,这是对元代佚名著作《圣武亲征录》部分内容的法文译注本,第1卷,1951年法兰西学院版。

3.《真腊风土记》译注本，1951 年法兰西学院版，这是对元人周达观《真腊风土记》的译注本。

4.《金帐汗国史札记》，这是对苏联格列科夫和雅库鲍夫斯基出版的《金帐汗国史》一书所作的补充，纠误与评论，1953 年法兰西学院版。

5.《中国印刷术的起源》，1953 年法兰西学院版。

6.《卡尔梅克史评注》，两卷本，1960 年法兰西学院版。

7.《马可·波罗游记注释》，4 卷本，分别于 1959、1963 和 1973 年由麦松奈夫出版社出版。

8.《中亚和远东的基督教研究》，两卷本，1973 和 1986 年法兰西学院版。

9.《西安府景教碑》，1996 年法兰西学院版。

10.《唐代吐鲁番的道路》，2002 年法兰西学院版。

（十一）蒙古史学家韩百诗

自从伯希和于 1945 年逝世后，法兰西学院的西域讲座便被撤销了。直到 1963 年，法兰西学院才决定，为伯希和的大弟子韩百诗设立一个“西域历史和文明”讲座。韩百诗自 1965 年正式开讲，一直持续到 1977 年退休为止。

韩百诗（Louis Hambis，1906—1978 年）是法国当代著名的蒙古和西域史专家。他 1906 年诞生于法国利古热，1978 年逝世于巴黎。韩百诗自 1929 年加入法国亚细亚学会后，一直从事西域和高地亚洲史的研究，成为伯希和的得意门生和未竟事业的继承人。他 1942—1947 年间在国立东方现代语言学院讲授蒙古语，1947—1950 年间任巴黎大学北京汉学研究所所长，从 1952 年起任高等研究实验学院第四系的研究导师，1959—1973 年任巴黎大学汉学研究所（该所自 1973 年划归为法兰西学院）所长。他还担任过法国亚细亚学会的副会长、法兰西学院亚洲研究所中亚和高地亚洲研究中心主任等职务。他专长蒙古学，但也涉足蒙藏关系和使用藏文史料研究蒙古史。韩百诗是其师伯希和治学方法的忠实传人，也是伯氏蒙古人名和地名考证的继承人。1965 年，专门为他而于法兰西学院（法国大学以外的最高教育机构）专门重新设立的“西域历史和文明”讲座，酷似伯希和从 1911 年到 1945 年逝世之前曾主持的那个讲座，而伯氏讲座在此后的 20 多年间却未能延续下去。韩百诗在开始时是蒙古学家,但从 50 年代起,他却越来越致力于对前蒙古时代高地亚洲的文明和艺术交流的研究。在蒙古学领域中,他自 1950 年以来的著作甚多。在元史方面有:

对《圣武亲征录》的部分内容的译注本,这是一部 13 世纪的佚名著作,由伯希和亲自撰写的大量注释所补充。伯希和与韩百诗:《圣武亲征录》译注本,莱敦布里尔出版社 1951 年版。

韩百诗对在忽必烈及其继任者统治下,直到 1332 年之前,享有真正或虚构封地诸王和宗室附马们的世系作了介绍;在对蒙古文名字的复原方面有:《〈元史〉卷 108,据元朝的汉文官修正史记载的蒙古宗室成员和宫廷大臣们的封地》第 1 卷,莱敦布里尔出版社(《通报》专刊号第 3 卷),1954 年版。它是对由伯希和注释的一种类似的家族世系介绍的续文。韩百诗:《〈元史〉卷 107》,附由伯希和所作的补充注释,另有 71 幅表,其中 10 幅是插页,莱敦布里尔出版社(《通报》第 38 卷的补编),1945 年版。韩百诗:《蔑尔乞人伯颜传初探》,载《亚细亚学报》第 241 卷,第 2 期,1953 年;韩百诗:《元代的高丽史考》,载《通报》第 45 卷,第 1—3 期,1957 年;韩百诗:《成吉思汗史中不为人熟知的一个情节》,载《学者通报》,1957 年第 1—3 月号。

作为 70 年代初对有关成吉思汗全部知识的整理,有韩百诗:《成吉思汗》,巴黎,法国大学出版社,1973 年版。

韩百诗:《马可·波罗的〈寰宇记〉》,用现代法文翻译的全文,巴黎 1955 年版。(第 2 版的书名是《马可·波罗的〈珍异记〉》,1976 年版。

韩百诗和贝凯(D.Louis Becquet):《柏朗嘉宾的〈蒙古史〉》译注本,巴黎,阿德里安—麦松奈夫书店 1965 年版。

对于明代蒙古人,对于这一时代的汉文、蒙古文和满文史料的介绍,附有对《明史》卷 327—328 和 330 的传记译文、《蒙古世系谱》(18 世纪)以及《登坛必究》(1598 年左右)卷 23 中的世系表的全译文,见韩百诗:《明代蒙古史资料》,巴黎,法国大学出版社(《汉学研究所文库》第 21 卷),1969 年版。

韩百诗:《蒙古人定居于黄河河套地区考》,载《蒙古研究》(李盖提主编),阿姆斯特丹,1970 年版,第 167—179 页。其中共有 20 个蒙古部族的名表。

此外,伯希和西域探险团的考古资料,伯希和的遗作,也大都由韩百诗修订和整理而出版。

综上所述，法兰西学院不仅是国外最早设立中国学讲座的学府，而且在1814—2004的190年间，共有11位中国学大师从未间断地主持该讲座。这在世界上是独一无二的。这些中国学家们，为了使中国文化在世界范围的传播，为促进中外文化交流，为加强中国人民与世界人民的友谊，都作出了不可磨灭的贡献。

由此可见，法兰西学院的汉学讲座的设立，是国外汉学从游记汉学（游记、札记、笔记、报告）到学院式汉学发展的分水岭。法兰西学院190年的汉学讲座，又大致分为3个阶段。首先是对中国的宏观介绍（汉文经典译注、语言语法、全面的叙述）。其次是法国汉学界中的考据派占统治地位的阶段。这个时代的汉学家们，以广征博引的烦琐考证为特征，最后才是向现代科学的领域发展的阶段。法国汉学家们，也经历过一个从全面发展的大师们向特别领域的专家发展的阶段。这也是世界汉学界发展的大方向和总趋势。

法兰西学院汉学讲座的另外一大特征，则是对于中国传统文化的研究，特别注重于他们所说的“美文学”（哲学、宗教、艺术、考古、语言、历史等）。

法国汉学界对中西文化首次撞击的研究

明末清初入华耶稣会士与中西文化首次撞击的研究领域，始终是法国汉学界的一大重镇。专家辈出，人才济济，群英荟萃，成果丰硕，在欧美国家中始终居领先地位。本文拟就法国在该领域中的科研成果略做介绍，仅限于16—18世纪和入华耶稣会士。对于清代中后期以及其他修会的传教士，尤其是新教传教士的在华活动，已不属于中西文化“首次撞击”范畴，本文概不涉及；对于中西文化首次撞击之外的活动，亦暂不论及。

笔者始终认为，在该领域的研究态度上，必须作出几种区别。首先是要把鸦片战争之前的入华耶稣会士与鸦片战争之后，特别是在签订中外不平等条约之后的新传教士区别开来。前者完全受中国政府控制，他们在华传教方面是失败的，在文化传播方面却成绩斐然；即使在文化传播中，他们在向中国传播西方文化方面，也远不及他们在向欧洲介绍中国文化方面的成绩更令人刮目相看。后者虽然也作了不少文化和慈善事业，但他们却依靠不平等条约和西方的坚船利炮，在半封建和半殖民地的中国为所欲为，不少人成了帝国主义和殖民主义的军事、经济与文化侵略的工具、炮灰或马前卒。其次，动机和效果并非始终都是统一的。教廷和西方列强向中国派遣传教士，开宗明义，本身就是要传播福音和归化中国，是希望用西方文化来改造中国文化。但早期传教士们入华后的所作所为，却与此宗旨不大相符，形成了“度人反被人度”的局面，这也正是在西方持续了两个多世纪的中国礼仪之争和耶稣会被强行解散的主要原因。最后，要对具体人员作以区别。晚期有些传教士确实作恶多端，干涉中国内政，鱼肉乡民，从而激起民愤，甚至被情绪激昂的民众打伤和打死，由此而频频爆发“教案”。但也有一些传教士，甚至还可能是其中的多数人，对中国文化和中国人民，怀有友好和敬仰的感情，曾做过某些好事和善事，在中西文化交流中作出过贡献，甚至是很大的且他人无法取代的贡献。

法国学者们在中西文化首次撞击的研究中，基本上还算是客观公正，对中国人民和中国文化甚为熟悉并充满友善感情，能够直面这股中西文化首次撞击与交流的浪潮。

法国在本研究领域的学术界汉学家中的代表人物，是原任法兰西学院教授和现任名誉教授、法国金石和美文学科学院院士谢和耐（Jacques Gernet，1921—　）先生，他也是国际汉学界公认的从事明清间入华耶稣会士与中西文化的撞击、交流和比较研究的一大权威学家。1982 年，谢教授利用利玛窦入华 400 周年（1582—1982 年）的契机，推出了一部《中国与基督教》，从而享誉海内外。此书先后被译作东西方的 10 余种文字（英、德、意、西、葡、瑞典、波兰、日、韩、荷等），也有笔者本人的中译本。谢和耐教授的基本观点是，着眼详尽地分析在明清鼎革之际，中国与西方基督教世界在政治、历史、文化、社会、思想意识、世界观和伦理诸方面的殊同。他仔细推敲得出结论认为，中国可以与西方基督教世界交流与接触；某些中国人，甚至是某些中国官吏、皇亲国戚、文人士大夫和精英分子，也可以接受归化成为基督徒；基督—天主教可以作为中西文化撞击交流的一条主要渠道，中西双方可以在真正了解或误解的基础上，达成某种程度的表面共识。但是，中国永远不可能被“彻底基督教化”，也就是说儒家文化占统治地位的中国，绝对不可能像西方或世界其他某些国家那样成为一个基督—天主教国家。中国始终在顽强地坚持自己那悠久的传统文化与伦理道德、儒家文化虽有开放性和兼容性，但其“同化性”却表现得更为强烈和成果更加丰硕。先后传入中国的各种文化（佛教、伊斯兰教和犹太教），最终都被严重同化、“本土化”或“儒教化”了。耶稣会士们采纳了利玛窦等首倡并亲自试验实施的那种对待中国传统文化的“适应政策”。因此，基督教文化在中国不可避免地会“本土化”。在中西于明清之际的首次文化撞击中，西方所关心的是向中国传播基督宗教及其文化，而中国最感兴趣的却是引进西方相对先进的科学技术，这种文化交流实为一种直面“撞击”，双方各怀心计，各有打算。由于谢和耐先生的此书出版时，正值西方学术界大举纪念利玛窦入华 400 周年的高潮中，所以轰动格外震撼。从总体上来讲，它在西方学术界的汉学家中，赢得了很高的支持率、很大的荣誉和普遍的好评，特别是荷兰的许理和（Erik Zürcher）、丹麦的伦伯格（K.Lundbaek）、德国的柯兰妮（Glaudia von Collani）、澳大利亚的保尔·鲁尔（Paul Rule）和法国的鄂法兰(François Aubin)等,他们基本上都倾向于赞成和肯定谢和耐先生的观点。但在西方神学界的汉学家中,却也招致了不少激烈批评。由神学界汉学家们唱主角的尚蒂伊国际汉学讨论会,最初几届曾邀请谢和耐教授去主持大会。自此书出版后,甚至再也不肯邀请他与会了。反对者最激烈者有美国旧金山大学的马爱德(Edward L.Malatesta)和普林斯顿大学魏若望(John W.Witek)、法国利氏学社的甘易逢(Yves Raquin)和顾从义(Claude Larre)等人。这些神父们出于其"天下归主"的坚定信念,当然会对谢和耐教授的观点提出异议和非难。为了捍卫自己的立场,谢和耐教授分别于1988年在《天主教与亚洲社会》的文集中发表了《中国17世纪的基督教本土化问题》,于1993年在《欧洲在中国》的文集中发表了《中欧交流中的时空、科学与宗教》,于1998年在《中国研究》中发表了《再论中欧早期的文化交流》等具有雄辩力的论文。他于这些力作中有力地捍卫并发挥了自己在《中国与基督教》一书中提出的许多论点。他再次强调,中国爱国的官吏和士大夫们都注意严肃伦理和正统精神,关心为国家效力和为民众造福。入华耶稣会士们从事行政管理、韬略、兵器、治水、农业或手工业生产的机器之研究和介绍,同时也主张严肃的伦理、注重实用科学技术、主张恢复正统。因此,在中国文化精英与传教士之间,便在很大程度上是相互误解的基础上,达成了表面的共识。基督教也通过"适应"政策而在中国找到了立足点和支撑点。但中西世界观或时空观相差甚殊:西方继将希腊哲学与基督教传统结合起来之后,使感性与理性之间出现了原则性差异;对于创世和支配世界的上帝之信仰,是无上而不变的原则。基督宗教西方利用了斯多葛学说和新柏拉图主义所提供的内容,在有关父子圣体共存论、基督的人性和神性论、亚里士多德主义和烦琐哲学、由文艺复兴和新教改革在天主教徒中引起的反响中,痛苦而缓慢地摆脱了黑暗的中世纪而进入近代。中国的时空观是自《易经》和印度佛教继承而来的,它在中国产生了一种不稳定性,即无限宇宙的永久变化之思想。中国对于只有感性知识的一切事物都明显地不信任,不了解宗教权与世俗权之间的基本区别。所以,明末清初中西文化交流时的混乱和冲突是不可避免的。从文化角度来讲,西方基督宗教列强企图让中国放弃和毁灭其文化遗产而全盘西化,也是完全行不通的。

谢和耐教授于他在1972年初版并分别于1988年和1990年再版的《中国社会史》(此书有笔者中译本)一书中,也设立专门章节论述了明清间入华耶稣会士与中西文化交流的问题。他指出，耶稣会士们在天文学、数术学和地图学等领域的贡献是不容置疑的，而且耶稣会士们是中国算学于17—18世纪复兴的主要促进者，他们在诸如农业和手工业那样的实学领域中也产生过影响。但西方在17世纪时，各方面都并不比中国占据优势，中西在这个时代有许多相互学习的机遇和内容。例如，当时中国的传统天文学要比利玛窦传入的天文学更为“近代”一些，利氏不了解欧洲天文学的最新成果，依然始终都忠于托勒密的天文学体系。托玛窦理论又与中国人的思想和习惯，既有差距，又互相矛盾。

谢和耐教授于1979年在《第欧根尼》(Diogène)杂志第105期中，发表了《17世纪基督徒与中国人世界观的比较》一文。文中指出，在入华耶稣会士传入中国的科学问题上，要避免两种错误倾向。第一种错误倾向是把入华耶稣会士们传入中国的科学，看得比它们的实际情况要先进得多。第二种错误倾向是认为中国在一切方面都要向西方学习，不要把传教士们的布教活动在中国所引起的批评与沉默，都归咎于中国人的愚昧、仇外和狭隘地坚持民族传统诸因素。欧洲有一种根深蒂固的偏见，即误认为起源于西方的定律和原理都是最高明的。欧洲科学从16世纪末起传入中国，这主要不应归功于传教士们的积极主动性，而主要取决于中国人自己的需要，中国人自动地对西学表现出了好奇与兴趣。因为传教士们并不是为了讲授欧洲数学和天文学，而是为了传播其宗教才远涉重洋而到达中国的。谢教授于1973年在《宗教社会学》杂志中发表的《中西文化首次撞击中的政治与宗教》一文中指出，中国人越来越熟悉基督教教理，最终不再受利玛窦所采取策略的欺骗了。他们认为传教士们的宗教与佛教具有明显的相似性，而这种相似性后来又成了辟基督教大论战的基础，即认为基督教仅仅是对佛教的一种粗暴歪曲和变种。利玛窦正是通过佛教与基督教之间的相似性，才在开始阶段于中国获得了成功。他后来被迫通过自己的“西儒”身份，才置身于中国文化潮流的总趋势之中。谢和耐教授于1976年在《第一届尚蒂伊国际汉学讨论会论文集》中发表的《16世纪末—17世纪中叶的中国哲学与基督教的比较》中指出，明末清初的入华耶稣会士与中国文人士大夫之间的对话很困难，他们出于各自传统文化的原因，没有也不准备互相理解。当时，中国人不理解纯属西方思想的抽象逻辑，欧洲对于中国思想也只具有一种肤浅的理解，而且还是仅理解到了那些有碍于基督教传播的思想。所以，从哲学角度讲，明末清初的中西文化交流尚有许多障碍有待于克服。

谢和耐教授在他50多年的汉学生涯中,涉猎面很广泛,基本上是围绕中国社会史的大学科为中心而展开的。他当然会关注明清鼎革之际的中国与整个世界范围内大变迁的同步化。入华耶稣会士正好适得其时地充当了中西文化交流与撞击的媒介。他始终不间断地从事这方面的研究并且屡有新作发表。1994年,他的汉学论文集《中国人的智慧》出版了。在书中收入的25篇论文中,有关明末清初耶稣会士问题的专题论文共有6篇。他分别从哲学、宗教、政治和观念诸方面,论述了16—18世纪入华耶稣会士在中西文化交流中作出的贡献、遇到的困难和阻力、造成的融和与撞击、负面和正面影响等问题。

谢和耐教授是法国乃至整个西方汉学界,对16—18世纪中西文化首次撞击之研究的领军人物,也是一派学术观点的代表人物。值得向中国学术界全面介绍。

法国学术界在本领域中的另一位具有代表性的汉学家,是原任教于设在敦刻尔克的海滨大学和现就职于巴黎第八大学的迪代伊(Jean-Pierre Duteil)教授,法国的文学博士。他于1994年出版了其博士论文《上天的使命,入华耶稣会士的作用》之巨著。全书充分地利用了拉丁、葡、法、意、德、英和荷兰等文字的文献,深入论述了从方济各·沙勿略(François Xavier,1506—1552年)于1552年客死于中国广东上川岛,到耶稣会于1774年被罗马教廷解散之间的220多年间,入华耶稣会士们在传播宗教和中西文化交流中,曾起过的作用和扮演过的角色。全书共分5篇14章,全面、深入、客观和具有独特见解地论述了耶稣会士们入华的历史及其在华活动的梗概。本书具有三大突出特点。其一是书中对于中国礼仪之争所经历的过程,作了详细阐述。这场争论是由于基督宗教中国传教区中孕育着两种完全不同的价值观念,即对于中国传统文化,究竟是应该如同西方殖民列强于其殖民地中所实施的那样,采取"彻底摧毁"的政策,还是要运用由耶稣会教祖依纳爵·罗耀拉(Ignace Royola)于其教谕中提倡,并于16世纪末—17世纪由利玛窦和范礼安等亲自实施的中国文化"适应"政策。这种政策暂时获得了某种成功,但却受到了其他修会和教廷的抨击,甚至在耶稣会内部也有异议。其二是突出了葡萄牙入华耶稣会士所起的重要作用。迪代伊经过认真而又仔细的探讨,统计出葡萄牙籍入华耶稣会士于16世纪末是113人,1600—1650年是94人,1650—1700年是81人,18世纪为

108人。除了18世纪,法国以159人而超过葡萄牙的94人之外,葡萄牙在人数上始终占据优势,而且他们在文化、贸易和政治方面,也都做出过不平凡业绩。其三是资料极其丰富。作者共参阅了近800名入华耶稣会士的档案、书简、年度报告,特别是他们有关中国和远东的著作。但令人遗憾的是,作者不如谢和耐先生那样精通中文、熟悉中文史料和了解中国的国情。故当他从中国一方着眼论述时,明显有些难以驾驭。作者在第4和第5编中,分别从军事、外交、官制、科举、司法、婚姻、科学史、天文学、纪年学、语言语音学、舆地和地图学、度量衡学、医学、动植物学诸领域着眼,分门别类地论述了耶稣会士们在中西双向交流中所扮演的桥梁和媒介角色。作者在结论中指出,在18世纪上半叶,中国在莱布尼茨、马勒伯朗士、孟德斯鸠和伏尔泰哲学体系的形成中,曾产生过重要影响。自1750年之后,无论是卢梭、狄德罗,还是布丰,他们受中国的影响远不如先前那样明显了。欧洲根据耶稣会士们的书简和著述,“重造”了一种中国形象。在旧制度时期(法国1789年之前的王朝)的最后几年间,人们终于理解了中欧之间的差异性超过了其相似性,西方人更多地不再是关注归化中国人的事业了。在18—19世纪的世纪之交,中欧之间的互不理解占据了突出地位。无论如何,欧洲的宗教信息是与科学同时传播的,传教士们只提供了一个有限时代的中国形象。

迪代伊教授对于葡萄牙入华耶稣会士情有独钟和格外偏爱。1996年,他又推出了葡萄牙入华耶稣会士曾德昭(Avarez Semedo,1585—1658年)于1642年初版的《中华大帝国通史》的最新译注本。曾德昭的汉名于1620年之前又叫谢务禄。他于1613年入华,后与高一志(Alfonso Vagnone,南京教案之前的汉名是王丰肃)一并,由于受1616年沈漼策动的南京教案牵连,被放逐于澳门。1621年,他又以曾德昭的名字返回江西,并出任传教区的中国副省会长。曾德昭在华共生活22年,是利玛窦中国文化“适应”政策的坚定支持者和忠诚实施者。他坚信要想归化全中国,必须首先归化中国皇帝及其有权势的亲信和心腹,然后才能造成中国人对于基督宗教“望风而归”的局面,以图在中国制造一位新的“君士坦丁大帝”。因为“君士坦丁大帝”(280—337年)是使基督宗教成为东罗马帝国国教的奠基人。所以,曾德昭于1642年出版了其《中华大帝国通史》一书。此书虽美其名地冠以“通史”的书名,事实却是一部晚明史。该书原文用葡萄牙文所撰,最早却是以卡斯蒂利亚文(中部西班牙文)出版,后来被译作意大利文、法文和英文本,但其原著葡萄牙文本始终未能出版。直到20世纪50年代,在澳门出版的葡萄牙文本,仍是从其他语言翻译而来的。该书基本上是以利玛窦的《基督教远征中国史》为模式而写成的,全书分两大部分。第一部分是有关中国社会的概览,描述了中国的制度、风俗与日常生活,它证明了17世纪的西洋人已对中国有了一种明确的概念,它们形成了西方对中华世界的最早总结。第二部分论述了中国的宗教事态,重点是自利玛窦入华后的中国传教史。书中对于明朝皇帝、皇宫及各级官府的记载,极其详尽且尤为珍贵。

迪代伊于1999年,又推出了法国赴华和越南北部北圻(东京王国或北部湾)的耶稣会士罗历山(Alexandre de Rhodes,1593—1660年)所著《东京王国史》一书的最新注释本。罗历山于1624—1645年间先后于广东、澳门和北部湾(东京湾)传教,但主要是活动于越南北部,是越南文字拉丁化的设计人。《东京王国史》一书是在他返回欧洲后于1650年用意大利文发表的,于1651年被译作法文,1652年又被译作拉丁文。他的其余7部有关中国、越南和远东的著作,也先后于1650—1653年间刊行。《东京王国史》一书共分两卷82章,对于缺乏详细文字记载历史的北圻或东京湾,则显得格外珍稀。它是西方研究17世纪中国南部、北部湾和越南的少有专门著作之一。

原为巴黎大学比较文学讲座的主持人、学贯西中的法国著名作家、政治评论家、社会学家和东方学教授安田朴(Réné Etiemble,1909—2001年)先生,也是法国从事中西文化交流与比较的一代宗师。他于1965年就推出了一本《入华耶稣会士与礼仪之争》,成为法国60年代研究明末清初入华耶稣会士与中西文化首次撞击的重要历史性和理论性著作。该书以原始历史文献为基础,对于困扰中西关系近两个世纪的中国礼仪之争事件的缘起、发展过程、后果及其影响,均作了颇有见地的探索。作者从这场在中国人自己一无所知的情况下,于欧洲爆发的以中国为对象的大辩论中,得出了一种基本结论,即"宽容的哲学中国"和"不宽容的基督教西方"。礼仪之争的结果是由于控辩双方的激烈争论,一方面是使中西文化交流从一开始就遇到了极大的撞击,使之受到很强的阻力和诸多的障碍;另一方面又在西方促产了大量有关中国的论著,激起了西方17—18世纪的一场"中国热"风潮,使西方哲学家们得以利用中国形象而向守旧派、"无耻行为"、教权保守的天主教挑战。

安田朴先生多年间在巴黎大学主持中西比较文学和比较文化的讲座，其讲义被编成了一部《哲学的东方》（与“基督教的西方”相对应），最终于1988年和1989年分上下卷，出版了《中国文化西传欧洲史》（此书有笔者中译本）。在这部洋洋大观的两卷54章的论著中，从第13章开始，便完全是以入华耶稣会士为主线条而论述了。作者主要是追述了欧洲从16—18世纪的“中国热”风潮骤起，到鸦片战争之前的“仇华”端倪的过程。作者认为其主要原因是：“中国热”风潮完全是以西方学术界对中国的误解和本国需要为基础的，与西方殖民列强日趋强盛和中国国势日渐衰落有关。书中特别指出，欧洲大思想家们更多的关心之处，是利用中国为他们的政治哲学增光或作为陪衬，完全不在于纯学术方面。他们对中国所作的评价，同样也取决于他们捍卫的论点和立场之需要，而并不是入华耶稣会士们勾勒出的中国真实形象。入华耶稣会士们自己的言论也受到了约束，他们一方面要维护其身负的福音化职责，另一方面又致力于研究由发现中国而在欧洲激起的冲击波。拉摩特·勒瓦耶、马勒伯朗士、莱布尼茨、伏尔泰、达尔让斯、孟德斯鸠、魁奈和重农派（以杜果为代表），都深受中国的影响，他们对于西方接受中国文化都起过重要的作用。

入华耶稣会士中有一批宫廷画家，或者是中国皇帝的御用洋画师。他们将西洋画传入中国并向欧洲介绍中国的笔墨丹青，在中西绘画和艺术交流中起了不可忽略的作用。在法国学者中，研究入华耶稣会士画师们的专家，主要是巴黎艺术博物馆的伯德莱（Michel Beurdeley）教授，他于1971年出版了《中国宫廷中的耶稣会士画家郎士宁》一书。书中首先介绍了意大利入华耶稣会士郎士宁（Giuseppe Castiglione，1688—1766年）的生平及其在华活动的历史，接着又分门别类地介绍了郎士宁作为建筑艺术家在建筑圆明园中作出的贡献、他奉敕命制作的16幅铜版画《乾隆得胜图》（表现乾隆皇帝平定准噶尔盆地及附近回疆的武功图）、作为宗教画家的郎士宁（南堂的宗教透视画）、作为人物肖像画家的郎士宁（乾隆皇帝及其嫔妃们的画像）和作为山水动物画家的郎士宁（百骏图、飞禽和山水花卉画）。该书接着便论述郎士宁与其时代的中国画家（年希尧、张照、于敏中、钱陈群、钱栽、沈德潜、唐岱、邹一桂、吴历等）的交往关系与学术交流。全书最后是介绍中国历代画家、文人、辞书、书籍和报刊杂志对郎士宁的评价。书中发表了郎士宁的书简及其主要绘画作品，它们现在分藏于法国、意大利、美国、日本以及中国的北京·热河与台北等地的美术馆、博物馆和图书馆。

作者认为,入华耶稣会士画家们所追求的是传播其宗教信仰,而不是将其文化强加于人。入华传教士们清楚地知道,他们将被视为中国皇帝的臣民并且很难再返回欧洲故里,很可能会客死于异国他乡,所以他们极力学习并适应中国文化。正是出于这一原因,入华耶稣会士画家们才在保持其宗教信仰的同时,又采纳了中国的绘画技术;诸如吴历那样的中国传统文人和画家,在保持其中国绘画传统艺术的同时,却变成了一位天主教司铎。但传教士们对于中国画的论著,也有误解和偏见。他们从未将任何中国绘画的汉文著述译成西方或寄往欧洲,而只是热衷于撰写有关历史、文学、音乐、瓷器等方面的论著。

伯德莱于 1997 年又出版了一部《18 世纪的入华耶稣会士画家》的新作。全书文图并茂,共分 12 章文字论述,同时又发表了入华耶稣会士郎士宁、王致诚(Jean-Denis Attiret,1702—1768 年),艾启蒙(Ignace Sichelbarth,1708—1780)、蒋友仁(Michel Benoît,1715—1774 年)以及遣使会士德理格(Téodorico Pedrini,1671—1746 年)、奥斯定会士安泰(安若望,Jean Damascène)等画家,特别是在康乾皇帝宫中充任御画师的传教士们的作品。书中发表了他们的 130 多幅绘画,其重点是论述郎士宁与王致诚在宫中作画、耶稣会士们与大收藏家乾隆合作、热河木兰围场秋狝图、版画《乾隆得胜图》的制作、建筑圆明园的艺术大水法与西洋楼、耶稣会士们的山水花鸟画与人物画。作者最后讲到耶稣会被解散之后,仍有几位原耶稣会士留在乾隆末年的宫中,他们大都是对皇宫有用的人,包括绘画在内。这其中包括意大利籍入华耶稣会士潘廷璋(Giuseppe Panzani,1734—1812 年),他以乾隆皇帝的画像作为《中国杂纂》的卷首插图而名扬法国。当时留在清宫中的洋画家还有贺清泰(Louis-Antoine de Poirot,1735—1813 年)和钱德明(G.-M. Amiot,1718—1793 年)等人。作者特别研究了在雍乾时代(1723—1795 年),耶稣会士们作为瓷器装饰图案而绘制的浅灰单色画,尤其是法国入华耶稣会士殷弘绪(François-Xavier d'Entrecolles,1664—1714 年)在瓷都江西景德镇的作品。这批绘画证明,18 世纪的中国绝不是在西方所流传的那种负面形象:僵化、鄙视经商和利润或国际贸易、拒绝外国最新创造发明等。总而言之,由于这批入华耶稣会士画师主要是生活在康雍乾盛世时代,所以他们的绘画活动形成了中西艺术交流史上的一次高潮,也就是中西艺术文化首次撞击的明证。

中国艺术图案由入华耶稣会士们传向欧洲。法国 17—18 世纪的博韦壁毯中就出现了以中国图案作为背景装饰的技艺。欧洲瓷器中也出现了中国式的装饰图案,欧洲经销商也向中国瓷窑提供图案以供在中国生产定向的“订货瓷器”使用。法国圣迪埃(Saint—Dié)博物馆于1981—1982年间举办了一次“1765—1830年法国东部瓷器制造中的中国式装饰图案”的展览,并为这次展览出版了一本精美的图文并茂的书。书中特别论述了中国装饰图案风靡欧洲的全过程:法国17世纪的异国情调风格绘画、1650—1800年欧洲的“中国式”装饰图案、1650—1830年欧洲采用中国装饰图案的实例统计表、中国装饰图案的断代等,特别是斯特拉斯堡、尼德维耶、阿佩里等地区的中国式图案,最后是有关法国东部瓷器制造作坊中的“中国式”图案等问题。

意大利传教士马国贤(Matthieu Ripa,1682—1745年)不是耶稣会士,也不属于任何修会,是俗间修士。但他在华期间与耶稣会士们的交往甚密和关系甚笃,所以也于此略做介绍。马国贤于1710年1月2日到在澳门,于1710—1723年在清宫为康熙帝做御画师、版画家和地图家,曾著有《清宫13年》的回忆录。法国学者柯孟德(Christophe Commentale)于1983年在台湾欧语出版社出版了该书的法文译注本《马国贤——中国宫廷中的绘画家、版画家和传教士》。柯孟德还在法国和日本发表过多篇有关马国贤的论文。作者认为马国贤实际上是继承了利玛窦、艾儒略及利氏弟子倪一诚(Jacques Niva)和游文辉(Emmanuel Pereira)等传教士画家,特别是宫廷洋画家的世系。马国贤之前的画家耶稣会士们形成了艺术家传教士入华的“第一次浪潮”,以纯传教为目的而关注绘画。“第二次浪潮”则以耶稣会士王致诚和郎士宁为代表,于宫中绘画,同时也注重版画。马国贤正处于这两次浪潮的转折点上。在第二次浪潮中,他们的代表作是1769—1775年的一组版画《中国皇帝得胜图》(《乾隆皇帝得胜图》),本是庆祝清朝皇帝平定厄鲁特人(准噶尔人)之武功的。传教士们在此期间,既必须服从皇帝的要求,又要从事归化中国人的事业。马国贤用绘画来表现一切内容,但他更喜欢的是人物画而不是风景画。马国贤培养了许多中国弟子,如河北的殷若望、谷文耀,黄巴桐和江苏的吴露爵等,而表现承德避暑山庄三十六景的铜版画则为其版画代表作。马国贤的《清宫13年》一书,记述了他在华的全部活动。

在入华耶稣会士与中西艺术交流与撞击的问题上,法国学者对于在入华耶稣会士们协助下,于1747—1768年间在乾隆皇帝的皇家园林圆明园中建造的西洋楼和长春园,作了大量研究,其成绩引起了世人的惊奇。法国由汉学家毕梅雪(Michel-Pirazzoli—tS'erstevens)主持了一个专门研究组。其重点是研究西洋楼和御花园的建筑年代、建筑技术及其用途、考证1783年的西洋楼版画和其他“老照片”、建筑复原、植物鉴定及其西洋原型。他们近年来已发表了一大批研究成果。如杜兰和若纳塘的《乾隆皇帝的京西休闲地》(1987年)以及毕梅雪的《西洋楼的历史和传说》(1987年)、《郎士宁与乾隆皇帝的西洋楼》(1989年)、杜兰和萨里耶的《中国皇帝西洋楼版画》(1993年)、蒂里耶的《从1860—1940年的照片看圆明园的西洋楼》(1990年)、杜德兰的《圆明园西洋楼复原》、热耐斯特的《圆明园的西洋楼及御花园中的植物》(1994年)、德罗绘的《乾隆皇帝的西洋楼及其意大利原型》(1994年)等。

入华耶稣会士们曾在自然科学和科学技术领域中从事过许多活动。法国汉学界在谢和耐教授的推动下,从1984年起,组建了一个中国科技史研究小组。他们的研究重点是中国的数学、天文学、生物学和动植物学、医学等,同时也包括化学、烹饪学和语言学。因为今天,人们再不能继续像裴化行那样,只对“耶稣会士们的科学贡献”作简单统计了。他们将重点放在理解中国学者根据引进的科学和自己固有的传统,而形成某些新的科学体系、西方科学改变中国人的科学观念等问题上了。法国在本领域中的代表人物是法国国家科学研究中心的詹嘉玲(Catherine Jami)和马若安(Jean-Claude Martzloff)教授。詹嘉玲女士于1990年出版了其博士论文《三角速算法与精确圆周率,中国数学的传统与西方的贡献》。作者根据她于1985年在梵蒂冈图书馆找到的法国入华耶稣会士傅圣泽(Jean-François Foucquet,1665—1741年)为康熙皇帝撰写的一批几何学与天文学讲义手稿,重点论述了促使中国接受欧洲科学的诸因素。她尽力探讨数学观念传入中国的方式,特别是法国耶稣会士们向康熙皇帝授课的方式,进一步确定数学在中国文化生活中所占的地位。詹嘉玲还于1986年出版过一部《傅圣泽和中国科学的近代化,阿尔热巴拉新法》,“阿尔热巴拉”系法文 algebre 的对音,即代数学。马若安先于1981年出版了《梅文鼎的数学著作研究》,后于1987年出版了《中国数学史》。它们都涉及了17—18世纪西方科学著作在中国的传播及其对中国科学发展的促进诸问题。它们使欧洲数学与天文学传入中国的年代进一步精确了,同时也突出了中欧学者在这些科学领域中的独自工作与互相影响问题。如著名数学家梅文鼎和曾于乾隆时代任钦天监监正的蒙古人明安图(Miangat),都直接或间接地触及过西方数学与天文学知识,并在此基础上创建了他们各自的科学体系。

法国在这方面的研究,还有杜牧兰(Doumoulin-Genest)通过答辩的一部博士论文,是有关由耶稣会士们(也包括商人和旅行家)引入法国的中国植物,在法国的被风土驯化的问题的《中国植物于 18 世纪传入法国及其风土驯化》,1994 年版。于雅尔(Pierre Huard)和明文长期以来从事有关中国科学技术通过入华耶稣会士,而在法国及欧洲的传播,曾于 1966 年发表《法国 18 世纪对中国科学和工艺的调查》等一系列著述。此外,法国学者对于耶稣会士在医学、天文学、舆地学诸方面的活动,都有不少上乘研究佳作。

法国神学界在该领域中从事研究的汉学家中,最具有代表性的人物是原入华耶稣会士荣振华(Joseph Dehergne, 1903—1991 年)神父,他于 1936—1951 年间,作为耶稣会士而在北京和上海度过 15 个春秋,主要是在上海震旦大学教授法语、哲学,编辑学刊并著书立说。他于朝鲜战争爆发后归国,从此便在法国尚蒂伊耶稣会档案馆从事对入华耶稣会士的研究,于 1965 年通过了其国家级博士论文《贝尔坦的两名中国人,1764 年对中国工业的调查和法中技术合作的开端》。贝尔坦于 1753—1780 年间先后任法国省长、警察总监、税务稽核总长、国务部长和代理外长等职务。他与曾任法国路易十四的财政部长和法国重农学派的主要代表人物杜果(A.R. Jacques Turgot, 1727—1781 年)等人,向由耶稣会士卜日昇(Jean Baborier, 1678—1752 年)派往法国的中国修士高类思(Aloys Kao)和杨德望(Etienne Yang)回国的机会,给他们开列调查提纲,要求他们对中国的工业、科学技术和中国其他国情进行调查,并将资料陆续寄返法国,荣振华的这部长达 800 多页的打字影印本博士论文,正是论述这段历史的。由于有关这段历史的档案,大都收藏在耶稣会档案馆,所以唯有像他这样的耶稣会档案馆的研究人员,才有可能撰写这种具有资料特征的综合著作。

荣振华教授的第二部有关该学科的著作,是他于 1973 年出版的工具书《1552—1800 年在华耶稣会士列传》(详见笔者的中译本,中华书局 1993 年版)。书中介绍了自 1552 年死于上川岛的耶稣会教祖方济各·沙勿略开始,到 18 世纪末(1800 年),在华的 957 名耶稣会士(包括少量受归化的中国从教人,特别是澳门人)的列传。每篇小传中都详细列举了传主的诞生、受洗、晋铎，出发赴华、莅华、汉名、在华活动期、主要活动和职务、逝世的时间，同时还介绍了世界范围内直到当时为止有关传主的研究论著目录。书后所附各种资料，更有参考价值：入华耶稣会士中历任明清宫中钦天监监正者、康熙大地图和《乾隆得胜图》的测绘与制作者、参与北京观象台建筑并设计和制造其仪器者、在明清宫中任官者、历任中国副省会长和传教区总会长者、历任传教区司库和巡按使者。此外还有历次教案统计表、入华耶稣会士们的汉名汉姓与教名统计表、不同时代与不同国家的传教士统计。总而言之，这是一部很有价值的工具书。

荣振华的第三部有关著作是他于1984年与澳大利亚国立高等教育学院教授、中国犹太人和伊斯兰教的研究专家李度南（Donald Daniel Leislie）联袂出版的《中国的犹太人》（此书有笔者的中译本）一书。自从利玛窦于1605年在北京会见开封犹太举子艾田之后，入华耶稣会士们便自信，中国自周代以来便存在着上帝子民和基督教信仰（有关开封犹太人的清康熙碑中有“教起天竺，周时始传于中国”的记载）。从此，基督教西方知道了在开封存在着一个中国犹太人的社团。这一发现被称为“中国民族史上的一大奇迹”。此外，由于西方基督教世界始终怀疑犹太教徒篡改过现今传世的《圣经》文本，所以他们绞尽脑汁地在寻求最原始的，也就是未被犹太教徒篡改之前的《圣经》稿本。他们也将这种希望寄托在开封犹太人身上。西方宗教界、学术界、犹太人社团，甚至政界，都极力鼓励对开封犹太人进行调查研究，特别是寻找《圣经》的原始文本，进而“拯救”开封犹太人社团。入华耶稣会士们发动了持续两个多世纪的调查研究活动，搜集有关开封犹太人的起源、姓氏、信仰、礼拜、经书，拉比（掌教）的选择、饮食习惯、仕途、犹太会堂、改宗信仰伊斯兰教的过程等方面的资料，然后写成书简或报告，寄回西方，其中有许多资料于此前始终未刊。该书中共发表了意大利入华耶稣会士骆保禄（Giampaolo Gozani，1657—1732年）的7封书简、法国入华耶稣会士孟正气（Jean Domenge，1689—1735年）的11封书简、法国入华耶稣会士宋君荣（Antoine Gaubil，1689—1759年）的8封书简、利玛窦与何大化（Antonio Gouvea，1592—1677年）的调查报告等。有关18世纪之前开封犹太人的资料，基本上已经尽收其中了。

在本学科中，法国神学界的另一位汉学家，是巴黎外方传教会的沙百里（Jean Charbonnier，1932—　）博士。沙百里曾先后在我国台湾、香港以及新加坡华人社区，学习和工作过近30年，是名副其实的“中国通”。他于

1992 年出版了《中国基督徒史》(此书有笔者与郑德弟的中译本)一书。大凡国内外研究中国基督徒史的著作,都侧重于研究基督教传播史。沙百里此书却另辟蹊径,重点研究基督徒本身的历史,即研究自入华耶稣会士们于明末清初开始布道传教以来,传教士与受归化的中国从教人的历史。他对于中国基督徒的基本组成及其在中国历史上的作用,特别是信徒与中国传统文化之间的关系,都作了深入阐述。正如作者在为本书的中译本所写的序言中指出的那样,撰写中国基督徒史,重在揭示基督徒们对国家现代化的重要参与。当大清帝国的礼法使基督徒们参加科举变得很困难时,注重学习和为其国家服务的许多信徒,都学习了外语并初步学会了近代西方的科学和技术。他们与改革派联手为反对陈规陋习而斗争,为少女们开办学校,使卫生保健机构倍增,从大医院到偏僻乡村的小诊所,样样俱全。在诸如蒙古那样的偏远地区,他们也从事了大规模的大型水利和农业工程。

法国从 20 世纪 70 年代起,推出了一套《启蒙时代的中国》的丛书,其中绝大部分是有关入华耶稣会士与中西文化的首次撞击问题的。

这套书中的第一卷是 1970 年出版的《步中国后尘的亨利 · 贝尔坦(1720—1792 年)》,此书由雅克 · 西尔维斯特 · 德萨西(Jacques de Silvestre de Sacy)著,由裴化行作序。无论是本书作者萨西家族,还是传主贝尔坦,都值得我们作一番研究,他们在法国汉学史上都举足轻重。雅克 · 西尔维斯特 · 德萨西是 18—19 世纪初叶法国东方学界的代表人物安东尼—伊撒克 · 西尔维斯德 · 德萨西(Antoine-Isaac Silvestre de Sacy, 1758—1838 年)的后裔。老萨西主要是从事阿拉伯文化研究,长期执掌法兰西学院的阿拉伯学讲座教席,但也对汉学产生过浓厚兴趣。正是在他的关注下,才得以于 1814 年出版了自 1776 年开始推出的《中国杂纂》第 16 卷,也就是最后一卷。也正是在他的关照下,才使法国教授大会于 1814—1815 年间,将汉学纳入法兰西学院的授课日程。当他早在黄经局任职时,便获得了宋君荣神父自中国寄回的两部手稿:一部是寄于 1753 年 5 月的《中国唐代历史纲要》,另一部是寄于 1749 年 9 月 27 日的《中国纪年志》。拉普拉斯(Laplace)公爵要求他负责刊布这两部论著。老萨西于是便以此为契机,而与当时法国的汉学家雷慕沙(Abel Rémusat, 1788—1832 年)建立了联系,从而也使他成为 18—19 世纪法国汉学发展的推动者与鼓吹者。雷慕沙成为法兰西学院汉学讲座的首位主持人,也得力于老萨西的鼎力推荐。宋君荣的《中国唐代历史纲要》和《中国纪年志》形成了《中国杂纂》第

16 卷的主要内容。事实上,老萨西继承了法国路易十五时代崇拜东方与中国的三大名星们的传统,这 3 个人就是传教士、企业家、法国东印度公司的代表、长期在印度和中国等地居留的远东大旅行家彼埃·普瓦夫尔(Pierre Poivre,1719—1786 年),正是他将胡椒和肉豆蔻等香料树运往法属非洲,进而销售欧洲,从而使法中文的"胡椒"便以其名而命名;路易十六的财政大臣和法国重农学派的代表人物杜果(A.-R.Jacques Turgot,1727—1781 年);最后一位便是法国国务部长贝尔坦,曾在 20 多年间于法国政府内负责农业问题。贝尔坦认为发现中国对于法国和整个欧洲都至关重要。卷帙浩繁的 1774—1776 年《中国杂纂》中,有许多篇章便是出于他与在华耶稣会士们的通讯,共达 16 卷之多。冯秉正(Joseph M. A. de Mailla,1669—1748 年)以朱熹《通鉴纲目》为基本线索编译的《中国通史》也曾由他多方奔波之后才得以出版。冯秉正为撰写此书共耗时 6 载有余,于 1739 年才寄达法国,他生前始终未能成功出版此书。冯秉正于 1748 年逝世后,又过了许多年才于 1777—1785 年间分 12 卷本陆续出版。贝尔坦以这些渠道而与法国汉学界建立了联系。此书介绍了贝尔坦的生平及政治与学术活动,特别介绍了贝尔坦于 1793 年之前与北京耶稣会士们的学术通讯。其中最重要的内容,还是有关高类思和杨德望这两个中国人的内容:他们赴法的过程、在法国接受的培养、回国时所接受的对中国的调查任务之提纲。

《启蒙时代的中国》丛书的第二卷和第四卷,系第一届和第二届尚蒂伊国际汉学讨论会论文集。我们于下文再来论述。

这套丛书的第三卷是托玛斯·德·博西埃尔(Yves de Thomaz de Bossière)夫人所著《17—18 世纪中国宫廷中的一名比利时官吏,安多传》,1977 年出版。据作者声称,她是安多家族的后裔。安多(字平施,Antoine Thomas,1644—1709 年)是比利时入华耶稣会士,于 1862 年莅华,1686—1694 年间先后在清宫中出任钦天监监副与监正。他在华期间,亲眼目睹了中欧关系史中具有象征性意义的两大事件:其一是通过汤若望和龙华民而与利玛窦系统联系起来的南怀仁神父的逝世,南怀仁获得清朝皇帝特赐的墓地与葬礼,形成了入华耶稣会士们在华地位的一大分水岭;其二是法国五位"国王的数学家"耶稣会士们到达北京,他们后来几乎主导着中国和宫廷中耶稣会士们的活动方向与准则。康熙 1692 年的著名敕书给予了入华耶稣会士们一种正式承认的地位。此书共分七章,分别介绍了安多在比利时和法国度过的青少年时代(1644—1677 年)、在葡萄牙科英布拉度过的中年时代(1678—1680 年)、出发赴华和 1680—1685 年间在中国澳门的生活、1685—1691 年在中国内地生活的初期。安多于 1686 年根据满文文献而编制了中国 14 个地区的日蚀表,同年又编制了汉满文双语合璧的《行星运行表》。他自南怀仁逝世后,又负责审定中国历书并为此而从事大量的天文观察,由此而将中国的天文历法知识传向西方。他首次全面而又详细地测绘了北京及其近郊地区的平面图和城墙图,然后又将这些资料寄往法国。安多在礼仪之争期间,以其护教性著作而向西方传播了中国的传统文化。此书最后讲到了他在北京宫廷中继南怀仁而出任钦天监监正一事,特别介绍了康熙与清宫中耶稣会士们的关系,以及中俄签订尼布楚条约等问题。

《启蒙时代的中国》丛书第五卷,是同样由博西埃尔夫人所著的《殷弘绪与中国对 18 世纪欧洲的贡献》一书。法国入华耶稣会士殷弘绪(François Xavier d'Entrecolles,1703—1760 年)于 1699 年莅临中国厦门,1760 年逝世于北京,主要是在江西(九江、饶州、南昌、景德镇)和北京活动。他的贡献主要在四个方面。其一是译注中国经典书籍问题:有关创办义学、造福于民、钱币、习俗、对于中国礼仪之争中四项建议的看法、对于《书经》和《春秋》有关中国人宗教信仰的考释、中国历史、中国传奇方面的著作;其二是作为技术专家的殷弘绪,如他有关中国瓷器、丝绸、人造花和珍珠的制造术诸方面的著作;其三是殷弘绪在中医与保健技巧方面的工作,如他节译康熙三十六年出版的《长生》一书,对《本草纲目》的节译,特别是有关《濒湖脉学》的节译、种痘、人参、茶叶等方面的著作;其四是殷弘绪作为西方植物学家而搜集的某些中国植物:佛手、柿子、扫帚草、樟树、荔枝、柳絮、竹子等,最后是有关人参、茶叶和中药片剂方面的著作。殷弘绪将中国的这些国家瑰宝、丰富物产、古老技术和悠久传统科学介绍到欧洲,对于欧洲向现代化的发展作出过贡献。

博西埃尔夫人的第三部入华耶稣会士传是 1994 年出版的《张诚传》。张诚(Jean-François Gerbillon,1654—1707 年)是法国 17 世纪入华的五位“国王的数学家”耶稣会士之一,于 1687 年经暹罗而莅华,1707 年逝世于北京,曾任法国中国传教区的长上。他是清朝前期入华的一位地位很高、学术成果最丰和影响最大的入华耶稣会士之一。张诚在华二十年,先后八次赴鞑靼地区旅行,也曾参与中俄尼布楚条约的谈判,多次陪驾出巡。他共有两次赴鄂尔多斯:一次赴宁夏、一次赴归化城,一次赴喀尔喀部蒙古人中;另外五次主要是赴东蒙古,特别是赴蒙古喀喇沁、汪古、敖汉和乃蛮诸部之中。此外,该书中还通过张诚与欧洲的通讯,而介绍了他于1690—1700年间在北京的生活;张诚于1690—1705年间,与在华的巴黎外方传教会会士之间维持了友好关系;教皇大使铎罗于1705—1706年出使中国及其与张诚的交往;张诚在北京度过的最后几个月。总而言之,耶稣会士们在北京皇宫中基本上是不间断地存在了近两个世纪,在中国总共存在两个多世纪,教皇克莱芒十四世错误地于1773年7月21日解散了耶稣会,从而结束了他们在中国各地的活动,根本没有考虑耶稣会士们在那里冒着生命危险而作出的努力、坚持的信仰与勇气、经受的苦难和繁忙的外交活动,从而造成了中西关系中的一大悲剧。

法国有关入华耶稣会士的另外一部传记是叶利世夫夫人(Danielle Elisseeff-Poisle)于1978年出版的《弗雷烈传,18世纪一名人文主义者的中国观》的博士论文。尼古拉·弗雷烈(Nicolas Fréret,1688—1749年)是法国18世纪学术界的一位"中国热"风潮的推波助澜者,曾任法国金石和美文学科学院的常务秘书。他根据入华耶稣会士们(诸如宋君荣等人)向他提供的资料,曾企图与傅尔蒙联手,探索以儒学为代表的中国哲学,研究中国纪年,学习中国语言,特别是筹划编写一部法—汉词典和一部汉语语法书。他们试图利用由耶稣会士们派往法国的中国福建从教人黄嘉略(Arcade Hoang)完成这一切。总之,弗雷烈既非神学家,亦非空论家,而是继承了17世纪哲学家们的传统,更多的是关心解释《圣经》中的历史事实。他为此而更受由耶稣会士们介绍的中国古老历史影响。弗雷烈本人并未从其中国研究中获得很大的名声,其同事傅尔蒙和学生德经(Joseph de Guignes)却反而成为名噪一时的中国问题研究专家。

叶利世夫夫人于1985年还出版了一本以黄嘉略、弗雷烈、傅尔蒙和路易十四为中心内容的小说体裁作品《我是黄嘉略,太阳王的中文翻译》。此书学术价值不高,可读性很强,完全以自述体回忆录的纪实形式,以第一人称介绍了黄嘉略在法国王宫以及与学术界"中国热"名流们的交往关系。叶夫人将深藏档案馆250余年的档案,公布于世,揭示了中法关系在18世纪的一段秘闻,应该说是一大功德。

法国于1992年出版了埃狄纳·迪尔科内(Etienne Durconet)的一部《利玛窦传》。

作者开门见山地指出，1982年，利用利玛窦入华400周年之际，东西方对利玛窦一片赞扬声。利氏被分别称为“学者”“人文主义者”“汉学之父”“中国教区的缔造人”“适应政策的先驱”等，溢美之词不胜枚举。他似乎成了近代世界范围内最大的思想家之一，是中西文明之间的一道真正桥梁。但人们似乎忘记了，利玛窦首先是作为传教士而于1582—1610年在华滞留并积极活动的。他的科学知识和技术技巧、神奇的记法、交友的手段，无不受其推动中国福音化事业之主体思想的支配，一切都是推行和维护其宗教信仰的“借口”。他在一切交往与关系中，都不会忽略这一点。至于其“适应”政策，它与今天宗教信仰与文化之间的关系同出一辙。利氏从未真心实意地落实过真正的“适应”政策，而仅仅是一种“创始”；其文化“适应”尝试仅限于宗教信仰的某些很有限的方面，如上帝的存在与灵魂的不死性等。他由于坚信在中国不可能实现众多归化，所以才采取“适应政策”。利玛窦的真正才能，却表现在他对待儒学的态度与文士儒生们的交往中，他后期一方面与释老二宗为敌，另一方面又清楚地认识到，儒家文化拥有丰厚遗产并具有表现基督教某些信仰的能力。利玛窦在与儒教士大夫打交道时，能获得的最大成功之原因，并非是其《天主实义》，而是他有关伦理哲学的论著。利玛窦清楚地认识到，在中国传播福音，首先不应通过布道，而是应通过“关系”交友才能实现。所以，他于其一切行动中都赋予“交友”一种重要地位。但无论如何，与16世纪的入华耶稣会士们相比，利玛窦总算是实现了一种革新。他采取的方针是在与中国人打交道时，首先要使自己成为“中国人”：适应中国社会、学习中国语言、遵循中国习俗、探索中国人的思想，他在这方面确为一名真正的先驱。方济各·沙勿略早就预感到了这些必要性，利玛窦最终将它们都落实了。利玛窦也受时代的限制，如他在注重对儒教友善时，却粗暴地关闭了与释老建立联系的大门，而罗明坚却始终坚信应对佛教一方寄托更多的希望。利玛窦由此便失去了与中国释老宗教对话的机会，从而很难全面又深刻地理解中国人的内心世界，最终也为其文化适应政策设置了障碍。“适应”并非是个别传教士的行为。由于在利玛窦的一种创新措施和具体实施条件之间存在着差距，所以便造成了一种紧张局面，从而使利玛窦的计划很难如愿以偿地实施。总之，利玛窦在华所面对的是中国明帝国在政治上的大一统和经济上的闭关自守、儒释道三教并立的社会背景。当时又恰逢世界性大转变和欧洲向世界范围内开放的时代，从而造成了他向欧洲介绍博大精深的中国文化之机遇。全书共分四章。第一章是《佛教徒中的一名出家人》。书中主要是介绍利玛窦早期以“洋和尚”的身份在肇庆的传教、其布道的方法是与中国人打交道时先成为中国人、天主十诫、最早的归化、有德有识的外国人、罗明坚神父的教理问答书、宣扬教理的对话、派遣教廷大使的必要性、在韶州改变布道方向和最终发现儒教。作者认为利玛窦在韶州与佛教决裂而转向儒教,是他能在中学西渐中扮演重要角色的关键。第二章是《儒林中的一文人》。作者介绍了“西儒”利玛窦与中国儒生结合的过程,全文以利玛窦奠定传信基础、朱熹的理学、利玛窦的儒学、《交友论》、利氏记法、南京的大辩论和北京的主教等为章节,详细地介绍了“西来孔子”利玛窦。第三章是全文译介利玛窦的中文名著《天主实义》8 篇。作者首先认为这是一部护教著作,接着又追述了其写作与刊行过程。作者得出的结论是,《天主实义》本为一部试图使不同文化互相适应的著作。第四章是讲利玛窦在华的《最后年代》,文中依次谈到了利玛窦于其《基督教教理问答书》《二十五言》和《畸人十篇》中的儒教观,特别着笔于徐光启对利玛窦的影响。作者在结论中认为,正是利玛窦的在华传教政策,才造成了中学西渐的局面,从而造成了利玛窦在中西双方均受褒扬的结果。

法国入华耶稣会士的另一部传记性作品,是 1970 年由勒内·西蒙(René Simon)整理编辑出版,并由荣振华编制年谱和著作目录的《宋君荣北京书简集》的巨著,全书共 1020 页,发表了宋君荣 342 封详加注释的书简,大都是首次刊布。法国入华耶稣会士宋君荣(Antoine Gaubil,1689—1759 年)于 1722 年莅华,曾任法国北京传教区的长上,也曾费大力气归化镇国公苏努一家。他长期与法国的弗雷烈和德斯里尔(Deslile)保持通讯关系,曾于 1745 年筹建法国传教区北京天文台,最后于 1759 年 7 月 24 日逝世于北京。宋君荣一生中研究中国古典文明,曾先后翻译过《易经》《书经》《诗经》和《礼记》等中国经典,著有《中国历史纪年》《中国天文学史》《中国大唐史纲》和《成吉思汗与蒙古》等传世名著,尤以在天文地理方面的研究更加引人瞩目。宋君荣的这批大多为首次刊布的书简,向西方详细地介绍了中国的历史(纪年)、天文(日蚀)、地理(测绘地图)、民族(犹太人)、政治、风俗等方面的知识。

李明(Le Comte,1655—1728 年)神父是 1687 年入华的法国耶稣会士。他于 1688 年 2 月 7 日到达北京,作为天文学家、自然科学家和地理学家而留在清朝宫廷中。他后来又先后在绛州、西安、广州和厦门等地活动。他在华期间,也正是礼仪之争在欧洲发展到白炽化的时期。他为了替入华耶稣会士们辩护,同时也是为了忠实地反映中国人的政治、风俗、宗教等方面的实情,于1696—1698年写成了一部三卷本的护教性名著《中国现势新志》。此书以书简的形式抨击了当时那些敌视中国的人,捍卫了入华耶稣会士们的立场并反映了中国的现实形势,促进了中国文化在欧洲的传播。法国学者图布勒—布耶尔(F·Touboul-Bouyeur)于1990年重版了李明此书,并于卷首写了很长的序言,详细地介绍了李明的生平、其书的出版过程以及它为中学西渐所作的可贵贡献。

由入华耶稣会士金尼阁(Nicolas Trigault,1577—1628年)翻译整理的利玛窦神父的回忆录《基督教远征中国史》(中译本被拟名为《利玛窦中国札记》,实在是并不太确切。因为这是一部史书,而并非是随笔札记)自1615年出版以来被译成多种文字并反复再版,其中包括多个法文版。法国学者贝西埃尔(G.Bossiēre)重新自拉丁文翻译了该书,于1978年在巴黎出版。鉴于这部十分重要的著作已有中译本,笔者就不再过多赘言了,它是有关早期入华耶稣会士与中西文化交流和撞击的奠基著作之一。

法国国立东方语言文化学院,于1974年出版了原籍为中国广东的法国华裔女学者陈艳霞的《华乐西传法兰西》(此书有笔者中译本)一书。人们一提到音乐,往往只会想到西洋音乐传入中国及其影响问题,对于中国的黄钟大吕传入西方却所知甚少。事实上,久负“礼乐之邦”盛名的中国,在音乐、戏剧、乐器、乐理及其有关论著方面,也曾为世界文明作出过重大贡献。陈艳霞女士的此书,恰恰弥补了这一空白。全书一共分五章。第一章是西方于18世纪之前有关中国音乐的最早论述。中国古乐通过斡罗思(俄罗斯)人的媒介作用和马可·波罗等西方旅行家的游记而西传,元朝军队的军乐早于13—14世纪时便为西方所熟知。最令西方感兴趣的是,中国将“乐”纳入到其政府法律和道德礼仪的范畴中了。

在白晋神父于1976年在欧洲掀起“中国热”之前,勒尼雅尔(Regnard)就于1692年在意大利排演了一场名为《中国人》的戏剧,其乐曲并没有多大的中国特色。勒萨热(Le Sage)分别于1713、1723和1729年在圣—日耳曼的集市上演出了《中国皇帝的丑角》《中国公主》和《卷毛犬、丑角、宝塔与医生》等所谓有关中国的喜剧。入华耶稣会士马若瑟(de Prémare,1661—1736年)最早曾翻译过中国的某些田园牧歌和天主教主祈经唱诗。他特别是根据《元人百种曲》而编辑《赵氏孤儿》的剧本,从而导致伏尔泰那部名声赫赫的《中国孤儿》的问世。杜赫德(Du Halde)神父1735年于《中华帝国全志》中发表了耶稣会士们对中国音乐的论述,特别是首次介绍了一曲《柳叶锦》,对中国乐器也作过初步描述。普雷沃(Prévost)修道院长于1784年的《游记通史》中,也发表过有关中国音乐的论著。波希米亚入华耶稣会士严嘉乐(Charles Slawiczek)具有渊博的音乐知识,他1735年在致巴耶先生的书简中,详细地记述了中国音乐问题。

该书第二章是论述了钱德明神父对李光地《古乐经传》的译本。对中国音乐西传欧洲作出最大贡献的人是钱德明(Joseph-Marie Amiot,1718—1793年)神父。他于1754年将李光地的《古乐经传》的乐理著作译成法文并寄回法国出版,法国由各种书籍刊物陆续转载,并挑起了许多学者之间纠缠不休的辩论和五花八门的评论。其中特别著名的书评分别是由拉莫(Rameau,1760年)、阿尔诺(Arnaud,1767年)、卢梭(Rousseau,1768年)、鲁西埃(Roussier,1770年)、德·拉博尔德(De La Borde,1780年)、格鲁贤(Grossier,1785和1820年)、甘格纳(Ginquené,1791年左右)等人所作。钱德明神父后来又对这些人的批评作了自我辩护。一时间诸家纷注,众说纷纭,十分热闹,却又莫衷一是。这是中国音乐理论著作最早在欧洲较广范围内的传播,从而也形成了当时欧洲“中国热”中的一个重要组成部分。

第三章是《钱德明神父的论著〈中国古今音乐篇〉》。钱德明神父除了翻译李光地的《古乐经传》之外,还于1776—1779年间写了一部有关中国音乐的论著,寄到法国后再掀轩然大波。书中详细地介绍了中国音乐史之后,又对中国的乐器(八种响体和八种乐器)、律准、古代中国人演奏五弦琴和七弦琴的方式、中国的音乐体系、律吕、律的相生法、三分损益法、七律、谐音与和声等,都作了准确程度不同的论述。

第四章是《钱德明神父有关中国音乐的各种著作与资料》。钱德明神父除了这两部译著和论著之外,还搜集了大量有关中国音乐的文献、乐谱和乐器样品,翻译了中国古代某些与音乐有关的舞蹈著作,以此而向欧洲提供了有关中国音乐的宝贵资料。他于1770年、1779年写成了《〈中国古今音乐篇〉补遗》、1779—1792年写成了《平定金川的鞑靼—满族赞歌》、1788—1789年写成有关舞蹈和《股肱歌》的两篇论文、1779年搜集了一组中国乐曲,从1780年起将一批中国乐器运往法国。这一切都是华乐西传法兰西的重要途径。

第五章是《18世纪下半叶有关中国音乐的其他著作》。钱德明的著作不仅具有追述既往的意义,更重要的是首次向西方介绍了中国固有的独特音乐体系,打破了当时欧洲盛行的有关中国乐理衍出于埃及的神话。除了钱德明神父外,还有某些入华耶稣会士和学者们也为中国音乐的西传作出过贡献。韩国英(P.-M.Cibot,1728—1780 年)于 1780 年写了一部《论中国的磬》,载《中国杂纂》第六卷中。德经(De Guignes)于 1784—1801 年在其《游记》中发表了《天子万年》的中国乐曲。英使马戛尔尼(Lord Macartney)及其随员巴罗(Barrow)于 1729—1924 年的入华游记中也介绍过中国音乐,特别是介绍了《茉莉花》的歌曲和六弦琴的乐曲,此外还介绍了一支纤夫曲。

总之,中国音乐在 18 世纪的法国,虽不及中国造型艺术、古董文物和孔子的伦理格言那样普遍传播,或者是风靡一时。但中国的礼乐文明,也曾深受富有浪漫色彩的法兰人所陶醉,成为早期中西文化交流与撞击的一个重要领域。

中西方各界,根据入华耶稣会士们的中国资料,各自形成了对于对方的看法。这一点始终是法国学者们的研究热门。本文仅提及两本书,作为例证而加以介绍。

法国华裔学者丁兆庆的《1650—1750 年间法国人对中国的描述》一书,于 1986 年再版(原版于 1928 年)。原书由当时法国著名的汉学家马伯乐(Henri Maspero,1883—1945 年)作序。该书从各种法国著作中辑录了 1650—1750 年间法国的传教士、政界人物、商人、神学家、旅行家、航海家、自然科学家和社会科学家(尤其是哲学家)们论述中国的言论。实际上是对当时那场"中国热"风潮的一种全面再现。全书共分十二章详细论述。

第一章是对 1650 年之前法国人有关中国知识的综述。其中第一部分论述了 1650 年之前的中欧关系,从上古时代的"赛里斯"人到汉代的"大秦"、唐代的景教、元代的方济各会士与其他使节、明代的旅行家与航海家,直到法国耶稣会士们于明末入华。第二部分是讲 1650 年北京第一座教堂的建造以及康、雍、乾三帝时代的中法关系。第二章是讲 1650—1750 年法国人论述中国的史料来源,主要是入华传教士们的著述,以及围绕着中国礼仪之争事件所出现的论战性著作。第三章是《教俗旅行家们论中国》。17—18 世纪入华的法国教俗人士很多。传教士们一般都对中国大加赞扬,而那些世俗人却看到一种愚昧和卑微的中国形象。这是由于传教士们在中国生活得时间长,而且又肯下苦功夫去研究中国文化;世俗旅行家和商人们只是来去匆匆、无文化修养的过客，再加上他们与中国人作交易时难敌精打细算的中国人，自觉无暴利可图，故而形成了这种差异，造成了他们的中国负面形象。

第四章是《法国人论中国的历史》，主要是罗列了当时法国人撰写、翻译和编译的大量中国史著作。第五章是《法国人论中国的地理》，主要介绍了法国传教士们奉康熙皇帝的诏令而测绘中国地图的过程，特别是法国的地图测绘家宋君荣神父在华活动情况。第六章是《法国人论中国的民族学》，重点介绍了中国的不同民族及其社会伦理形态，特别是巴多明有关"地理和气候形势对人类影响"的著名论断。第七章是《中国的文学在法国的传播以及博尔蒙研究中国的方法》。其中详细罗列了当时法国论述中国著作的刊本、在金石和美文学科学院宣读的论文、赫苍碧(J.-P.Hervieu，1671—1764 年)的《古文》译本、马若瑟的《诗经》译本等一大批著作。第八章是《中国的戏剧在法国》，主要是介绍迪夫雷斯尼(Dufresny)有关中国狐仙鬼怪故事的戏剧，以及在集市中上演的那种实际上与中国没有任何关系的所谓"中国戏"，特别是有关纪君祥的《赵氏孤儿》和伏尔泰的《中国孤儿》之争。第九章是《中国的儒教在法国》，其中主要是论述被认为是基督教先驱的孔子和被归于中国学者们的无神论。第十章是《中国的哲学在法国》，主要论述了中国皇帝对孔子的宠爱、传教士们将中国哲学中的民主和社会思想引入法国、传教士们的职业使他们无法接触中国知识界等。第十一章是《中国在 17—18 世纪的法国》，主要论述当时法国获得几乎是完整的中国思想和形成中国形象的全过程。第十二章是《理想化的中国形象在法国》，主要是论述当时法国遇到了伦理和政治危机，意欲依靠中国例证和因受中国启发而引入新思想，从而改造法国社会的美好愿望。总之，此书虽然是寻章摘句，难免有先入为主之嫌，但它毕竟较为全面地介绍了法国 17—18 世纪的"中国热"之风潮。

华裔法国学者齐安德(André Chih)于 1969 年出版了《中国人看基督教西方》一书。全书共分五章，详细论述了中国人于近代之前所形成的西方观。它与丁兆庆一书相映成辉，从不同角度论述了中国人通过西方旅行家、传教士与商人而了解到的西方。中国人最早将欧洲人统称为"蛮夷""番""胡"和"洋人"，甚至对于耶稣会士们也一概如此称呼。中国人开始时始终坚持认为中华帝国是文明的中心，而蛮夷人都是残暴和不道德之徒。中国人当时关心并从事调查的西方国情是：西方国势、军事艺术和装备,对此所采取的对策是师夷之长,即学夷语和译夷书、派遣留学生和使节、学习西方的军事艺术;调查西方聚财手段——贸易、交通、采矿、经济制度,中国人对此的应对措施是仿效西方,最终认识到了“西方文明是物质文明”;调查西方物质文明之源泉——实用科学、西方实用科学发达的原因,中国对此采取的态度是采用西方科学,但又不能因引入西学而在中国教育中制造混乱;调查西方对物质文明的控制手段——官府与组织,中国采取的决策是西方式的变法、改良或革命。第三章讲到了中国因发现西方而爆发的一场大争论:中国是否应该被“夷化”、中国文明是否具有优越性、西方政治究竟是进步的还是保守的、对西方文明是否应批判、西夷的一切长处是否均源出自中华帝国、经典是否具有永久性、西方精神文明与物质文明是否能相互结合,由此而产生了一种黄金理论——中体西用,但在实施中却有很多困难。第四章论述基督教在西方物质文明中所起的作用。其中提出了中国是否忽略了基督教以及儒教之成见诸问题;文中接着又讲到了西方生活在中国的影响:宗教生活、思维想象、教派与宗教之争、对待异教徒的态度、迷信教派;中国对西方的恩怨或仇恨、宗教作为西方侵略的工具、传教士们干涉司法并提出了物质要求、中国人对于传教事业的看法、中国政府处理教务的措施、中国新闻界与中国文人有关基督教的观点。第五章是中西方关系:中国人看到的西方日常生活、西方人的相貌、语言、烹饪、衣着、男女关系、舞蹈、婚姻、孝道与离婚、子女教育、住宿、街道、所谓的社会平等、医学、体育、新闻、艺术、戏剧和摄影、西人的性格、东西方之间的殊同、伦理差异、两种文明的特征。其结论部分讲到了礼仪之争后中国与西方世界的隔绝、中国寻求一种新文明的结果、西方对于中国的误解之原因、东西方文明的相会等。

德国哲学家莱布尼茨(G · Wihelm Leibniz,1646—1716 年)是欧洲 17 世纪末—18 世纪初叶极其多才多艺的学者,其学术涉及了数学、哲学、神学、逻辑学、历史学、法学、力学、地质学、语言学和数术学诸领域。莱布尼茨在自然科学和人文科学的诸多领域中都受到了中国影响。研究莱布尼茨与中国的关系,通过莱布尼茨来研究中学西渐始终是一个重要课题。本文仅对法国近年来出版的 3 本有关莱布尼茨与中国关系的著作略作些简介。

法国学者奥里维埃 · 卢瓦(Oliver Roy)于 1972 年在巴黎出版了一部《莱布尼茨与中国》。作者认为中国是世界上第一个未曾有蒙昧人居住过的国家。他通过莱布尼茨有关中国的论述，而竭尽一切努力来解释那个时代有关中国的神话。全书在对西方17—18世纪"中国热"的历史作了一番勾勒之后，重点介绍中西方思想的比较问题。然后又论述了中国人的玄学、语言和《易经》以及莱布尼茨对这三个问题作出的答复、莱布尼茨有关西方基督教与中国自然神论之间的吻合性、将汉语作为世界语和世界之政治统一诸问题。

全书分五编二十一章。书末附有研究莱布尼茨与中国的详细书目。第一编是《莱布尼茨时代的中国与欧洲》。下设四章:《明清时代的中国》《欧人进入中国》《礼仪之争在远东》和《礼仪之争在欧洲》。这一编主要阐述了莱布尼茨研究中国的历史和社会背景。作者认为，17世纪末至18世纪上半叶的中国达到了其鼎盛时期，与经过16世纪之前的"文艺复兴"和17—18世纪的"工业革命"之后的欧洲，各自屹立在欧亚大陆的两端，分别代替着东西方两大文明，势均力敌。双方于此时完全可以平等对话，故出现了导致欧洲"中国热"风潮的形成，以及一大批研究中国问题专家诞生的环境与氛围。莱布尼茨就是在这样的背景中应运而生。但这两大文明毕竟差异很大，欧洲崇拜中国文明的精英人物层出不穷，敌视中国文明者也不乏其人，故而在欧洲爆发了持续长达两个世纪左右的中国"礼仪之争"。作者认为这场争论主要集中于五大要点上:汉文中Dieu(上帝、天、天主)的名称、康熙赐予北京耶稣会士们的题额中的"敬天"二字(认为"天"具有物质与世俗之义，与神学不能相容)、中国人的祭祖(迷信色彩)和尊孔问题(孔子与上帝的争宠之战)、祭祖灵牌问题(偶像崇拜)。中国礼仪之争在欧洲挑起了一些重大哲学和宗教问题的辩论，并最终导致了这些学科的发展。

第2编是《莱布尼茨与中国传教区》。其中主要是论述了莱布尼茨的资料来源和著作、莱布尼茨的世界和平共处论与中国。莱布尼茨获得中国资料的主要渠道是与入华耶稣会士们保持通讯关系，并在可能的情况下于欧洲会见他们，阅读入华耶稣会士们的著作以及西人根据他们的著作而编写的有关中国的著述。他特别是阅读了祈尔歇(Kircher)的《中国图志》(1667年出版)、柏应理的《四书》译本及其《中国的哲学家孔夫子》(白晋于1707年寄给莱布尼茨)。另外还有一大批有关中国礼仪之争的著作，如李明的《中国现势新志》、龙华民的《论中国人宗教的某些问题》等。他特别与白晋神父保持着长期的通讯关系。莱布尼茨有关中国的著作主要是

《就中国哲学问题致雷蒙的信札》以及由他负责出版的《中国近事》,但他在诸多书简和各种著作中都谈到了中国。他意欲将其世界和平共处论运用到中国,以实现其世界统一的美梦。

第三编是《莱布尼茨与中国思想》。下分五章论述:《什么样的中国思想?》《龙华民有关中国人寿数的论著》《莱布尼茨与中国思想》《莱布尼茨和中国礼仪之争的具体观点》《莱布尼茨对汉文文献的注释》。当时在欧洲争论最激烈的问题之一,就是研究中国思想的参照点。莱布尼茨如同入华耶稣会士们一样,都认为主要应参照中国的古文献,特别是参照《四书》与《五经》等儒家经典。外方传教会的会士们更偏爱于疏注文而不是原著。耶稣会士们却认为儒家经典的疏注文均遭道教徒和佛教徒所歪曲。所以,莱布尼茨极力推动将《四书》和《五经》等中国儒家经典译成西洋文而刊行。这样便有力地推动了中学西渐。龙华民的《论中国人宗教的某些问题》是欧洲出版的第一部比较系统而又准确地论述了中国宗教,特别是中国玄学的著作。但莱布尼茨却需要获得更具体的资料以评价中国的自然神论,他有关中国思想的主要观点都反映在他的《就中国哲学问题致雷蒙的信札》中了,该信札的目的是为了对柏应理和利安当的著作作出回应。其主要内容是:什么是第一本原、“理”是否合理、“理”是否为造物主。他虽然经常重复柏应理和利安当都一致同意归于中国人的“唯物论”和“一元论”,但他却又认为中国人既不宣扬物质和精神之间的二元论,也不主张唯物主义的一元论。在礼仪之争中,莱布尼茨于“上帝”、神灵、精神和物质、精神和力量、神灵和祭祀、人类灵魂等问题上都持独特见解,并对这些名词的含义作了不落俗套的诠释。

第四编是《莱布尼茨和汉语》。下设六章论述:《神学的偏见》《莱布尼茨和世界语》《莱布尼茨的汉文知识》《莱布尼茨和可作为世界语的汉语》《莱布尼在汉语世界语问题上的犹豫心态》和《汉语是否为一种哲学语言》。神学家们有一种偏见,认为亚当的语言是一种神语,后来却被人遗忘了,大家都在寻找其踪迹。莱布尼茨也认为存在着一种由上帝或亚当创造的“原始语言”,但他又怀疑这种语言不是世人所说的希伯来语。他通过对汉语、汉字和汉语语法的研究,认为汉字有一种非自然起源,被归于了伏羲的创造。所以他力主汉语可以作为一种世界语。

第五编是《莱布尼茨与〈易经〉》,下分《欧洲对〈易经〉的介绍》《白晋论〈易经〉》《莱布尼茨论〈易经〉》和《〈易经〉中的科学》等专题论述。由于莱布尼茨在《易经》八卦与他的二进位数学之间发现了某种共性和联系。所以他才注重对《易经》的研究。

法国学者克雷斯蒂亚娜·弗雷蒙(Christiane Frémont)于1987年主持出版了《莱布尼茨有关中国人自然神学的论述》一书。全书共3部分,附有详细的注释、莱布尼茨的著作目录和年谱。

其中第一部分是综述,详细论述了莱布尼茨研究中国、中国人的宗教和著作的历史。第二部分是莱布尼茨有关中国神学的论述。其中主要是发表了莱布尼茨为《中国近事》写的序言以及对此书所作的提要、莱布尼茨就中国哲学问题致雷蒙的信札全文。最后是附录,主要是莱布尼茨就中国问题致韦尔朱思(Verjus)神父的七封信札、《论对孔夫子的世俗崇拜》、致白晋神父的两封书简、致德·博斯(Des Bosses)神父书简的节录等原始文献。所有这些著作均为莱布尼茨在欧洲推动传播中国文化的代表作,对于中学西渐起了相当大作用。

莱布尼茨为了获得他研究中国的资料,与入华耶稣会士们长期保持频繁的通讯关系。这批书简经里达·维德迈(Rita Widmaier)汇辑和筛选,于1990年出版,这就是《莱布尼茨中国书简集》。该书前面附的维德迈介绍莱布尼茨对中国的研究及其与入华耶稣会士们保持通讯关系的背景、书简的内容和它们在西方产生的影响。编者对每封书简都作了详细注释,书末附有研究莱布尼茨与中国关系的书目及详细索引。这批书简大都是用法文写成的,只有少数系用拉丁语所写。

此书搜集了莱布尼茨与入华耶稣会士之间的71封书简,从1689年7月1日起至1714年2月5日止,长达25年之久。这71封书简中只有12封过去曾公布过。与莱布尼茨保持通讯关系的有入华耶稣会士闵明我、利国安、白晋、洪若翰、杜德美和刘应等法国会士。此外,该书中也包括莱布尼茨与韦尔朱思、郭弼恩等一代欧洲文化名流们的交往书简。总而言之,这3本书对于莱布尼茨有关中国的研究作了全面考察。它们成为研究17—18世纪中学西渐的扛鼎之作。

在中国文化西传的问题上,于哲学方面表现得尤为突出,耶稣会士们也非常注重调查研究高度发达的中国伦理哲学,当时的西方人也爱高谈阔论这一话题。法国在这方面有两本代表作。

法国学者维吉尔·毕诺(Virgile Pinot)的名著《中国对法国哲学思想形成的影响(1640—1740年)》于1970年在日内瓦重印。全书共50余万字，分上下两卷。上卷是作者的国家级博士论文，下卷是他为撰写其博士论文而利用的《有关法国认识中国的未刊文献》。全书共分3编6章。现在已经成了一部研究中学西渐的经典著作，在国外享有很高声誉。本书有笔者的中译本，商务印书馆2000年版。

该书的上卷第1编是《有关法国认识中国的起源》。其第一章是《耶稣会士和巴黎外方传教会会士》。作者主要是论述了17世纪远东的天主教传教区和法国派向暹罗的使节。这是法国认识中国和中学西渐的基本队伍。第二章是《中国礼仪之争》，详细介绍了礼仪之争的起因、发展以及对中西文化交流的影响。这是中学西渐的社会背景。第三章是《入华耶稣会士有关中国的著作》，这些著作是法国认识中国以及中国在哲学方面影响法国的基本资料，这是中学西渐的渠道和手段。

第二编是《发现中国和对法国哲学思想的形成的影响》。其第一章是《中国历史和纪年的古老性》。其古老历史远远超越了《圣经》的中国纪年，向《圣经》纪年和基督教提出了挑战，是中国震撼欧洲的一大原因。第二章是《中国人的哲学和宗教》。作者分别论述了法国传教士和神学家、哲学家，"索隐派"信徒对于中国哲学和宗教的不同看法，也就是中学对欧洲不同阶层人物的影响。第三编是《中国人的伦理和政论》。中学对欧洲影响最多的正是哲学、宗教、伦理和政治。

该书的下卷是入华传教士们与法国人通信的选集，完全是有关法国认识中国和中国对法国哲学思想的形成施加影响的书简。本文想重点介绍一下毕诺有关中国对法国哲学家们施加影响部分的论述。这些学者们对中国的观点不尽相同，而且还互相矛盾。但他们都受到中国的影响，是中学西渐的重要队伍。

培尔主要不是由于中国古老的纪年问题，而是出于反对路易十四排斥异己的行为，才转向关心中国问题。他从中国皇帝以最高礼遇接待传教士们的决策中，看到了中国的宽容行为。培尔认为偏执狂和排他主义并非出自对宗教问题的冷淡，而是基督宗教的一种必然结果。他于1700年之前主要是关心暹罗而不是中国。由于他是一位博览群书的作家，所以也关心耶稣会与巴黎外方传教会之间的争执，最终认为中国的尊孔并不是一种偶像崇拜。他不仅仅满足于阅读柏应理神父的《实用伦理学》，而且也阅读耶稣会士们三大名著和李明神父的著作。他甚至企图证明无神论要大大优于偶像崇拜，认为反击基督宗教独神论的最好例证就是中国，因为中国不仅是一个非常古老的民族,而且还是一个具有非常崇高伦理的民族。中国的无神论使其民族繁衍的时间比欧洲要长得多,它与伦理没有任何矛盾。由于中国文人都是哲学家和“活跃的无神论者”,所以中国的例证对于批判基督宗教的独神论至关重要。

马勒伯朗士采用了《一名基督教哲学家与一名中国哲学家的对答录》的标题,这绝非仅为哗众取宠。当时在那些有关东西方哲学家论战的著作中,往往是东方哲学家们获胜。原入华耶稣会士傅圣泽(J.-P. Foucquet, 1665—1741 年)与马勒伯朗士的友谊非同一般,并声称唯有其形而上学的理论才能够打动中国人。其《对答录》是专为传教士们写的一种指导手册。他认为在斯宾诺莎的不信教论和中国的无神论之间,存在着千丝万缕的联系。

莱布尼茨是 17 世纪中最早并以最顽强精神长期关心中国问题的人。他非常钦佩路易十四的财政大臣柯尔培尔(J.P.Colbert,1619—1689 年)的计划,在中国和整个东方寻找上古时代的遗迹,以用来研究民族起源以及世界上更多事物的起源。他对于中国语言问题产生了极大兴趣,认为这是一种原始语言或母语。他要求拉克路士(La Croz)学习汉语,认为汉语比亚美尼亚语更有利用于研究《圣经》,由于中国历史极其古老,中国的智慧是一种不可估量的财富,所以他大力支持向中国派遣数学家耶稣会士,并如饥似渴地阅读他们的著述。他甚至认为应该要求中国向西方派遣治国圣贤,向基督教世界传授治国术和自然神学。他最早提出中国哲学更接近基督教神学而不是希腊哲学。

德·布里尼(de Burigny)为了调查中国人的宗教,曾向培尔和雷诺多(Rénaudot)请教,从而也得出了中国人是无神论者的结论。这就证明无神论曾是哲学家中的一种占统治地位的理论,无论是在东方还是在西方均应该如此。

法国学者马克·克雷本(Marc Crépon)编写的《西方哲学明鉴中反映出的东方》一书于 1994 年出版。这本文集既具有很高的学术价值,也较为通俗易读,是有关中国哲学在西方的传播及其影响的一部代表作。全书除了长篇序言和丰富的参考书目之外,正文共分三章。第一章是《批判的模式》。其中主要是辑录了孟德斯鸠的《论法的精神》、伏尔泰的《风俗论》、阿尔让斯侯爵的《中国人的信札》、重农派学者魁奈的《中国的专制主义》、杜果的《中国问题》、百科全书派作家狄德罗(Denis Diderot,1713—1784

年)的《两个印度的历史》中有关中国的论述。第二章是《演变关系的研究——探源》。其中主要摘引了德国批评家、哲学家、浪漫主义运动的先驱和狂飙运动的理论家赫尔德(J.G.Herder,1744—1803年)于《关于人类历史哲学的思想》中有关中国和印度的几章文字。此人是由于批判启蒙时代的语言哲学和历史哲学,才转向东方学研究。在他有关人类历史哲学的著作中,中国和印度始终占据着很重要地位,对这些东方地区表现出了极大兴趣,希望用东方哲学来发展西方哲学。

英国的东方学家、思想家、加尔各答亚洲学会的创始人和首任会长琼斯(William Janes,1746—1794年)曾于1780年左右,在英国印度总督哈斯汀的支持下,从事有关中国和印度等东方国家法律、风俗、制度、宗教和语言的研究。本书节录了他作为加尔各答亚洲学会会长而分别于1786年2月2日和1792年2月23日的两次讲演稿。其中主要涉及了东方民族与家庭的起源问题。这种有关人类发展史和伦理道德的东方思想,促进了西方有关哲学领域的发展。

德国批评家和浪漫主义的先驱弗里德里希·施莱格尔(Fredrich Schlegel,1772—1829年)是具有浪漫主义的印度狂热崇拜者,其研究范围当然也涉及了中国。他长期在法国从事东方学研究,成了欧洲的东方学先驱之一。本书摘录了他的名著《论印度人的语言和智慧》一书中的片段(当时西方人在"印度人"和"中国人"之间很难作出确切无误的区别),实际上涉及了包括中国在内的整个东亚。其兄威廉·施莱格尔(Wilhelm Schlegel,1767—1845年)是德国作家和浪漫主义运动的促进者,以介绍"东方的文艺复兴"而著名,曾于1820—1830年出版过三卷本的《印度文库》。本书摘引了他于1833年11月20日写的《论印度人的起源》一文,其中也大量论述了中国民族起源的问题,意欲"重写"整部世界人类发展史。

德国哲学家、外交家、教育家和语言学家洪堡(W.von Humboldt,1767—1835年,洪堡基金会的创始人)的著作曾被当时的人认为是"通向中国和印度的走廊"。他对于东西方语言的比较研究已超越了语言的范畴,被称为一次酷似"哥白尼式的革命"。他于1826年3月7日自柏林致信法兰西学院汉学讲座(设立于1814年,国外第一个汉学讲座)的主持人雷慕沙,向雷氏请教汉语的语法特征,特别是请教有关汉语之天才问题。本书全文刊登了这封书信。这是西方最早以真正科学的方法研究汉语语法的论著,为向西方揭开汉语的神秘面纱作出了巨大贡献。

西方哲学家受中国的影响,其媒介依然是入华耶稣会士们,其资料来源始终是入华耶稣会士们的著述。事实上,正是入华耶稣会士们通过这些西方哲学家,而掀起了一场震撼整个欧洲的"中国热"风潮。

法国学者雅克·布罗斯(Jacques Brosse)于1981年出版的《西方发现中国史》(本书有笔者的中译本)一书图文并茂,生动活泼地介绍了西方"发现"中国以及中国在西方影响的历史。其中第一章《中西方最早的接触》,介绍了15世纪之前的中西文化交流史。第二章《从瓷器到神学》介绍了由入华耶稣会士们掀起的16—18世纪欧洲"中国热"高潮。中国瓷器于16世纪传入欧洲,在物质领域中掀起一场"中国热"。最早的瓷瓶是由葡萄牙人于1520年输入欧洲的,欧洲人不明白中国人是怎样从碎泥土石中得到了这种色彩夺目和响声清脆的神奇器皿,认为它是上帝创造一种"奇迹"。欧洲君主和达官显贵们都以黄金的价格争购这些异国艺术品。欧洲第一批瓷器收藏家是佛罗伦萨之主美第奇(Medicis)、法国国王法兰西斯一世(François Ier)和德国的查理五世(Charles Quint)等家族。荷兰商人很快就垄断了葡萄牙运往欧洲的中国瓷器,英王雅克一世和亨利四世都是阿姆斯特丹中国瓷器的大买主。荷兰东印度公司于17世纪上半叶就进口近300万件中国瓷器。这一切对欧洲彩釉陶器的发展施加了很大的影响。不仅荷兰德尔夫特的蓝色和白色彩釉器是由于直接模拟中国瓷器才造成,而且法国内韦尔、鲁昂和斯特拉斯堡的彩釉器作坊也深受中国瓷器的影响。荷兰于17世纪末丧失了销售中国瓷器的垄断权,英法列强的东印度贸易公司争相从事中瓷贸易。法国于1720年还专辟一个进口中国瓷器的港口洛里昂(Lorient),该名出自法文中指"东方"的L'orient一词。路易十四用带金柄的中国瓷杯喝酒,当时的文人雅士都想用中国瓷杯喝热饮料。所以订购成套的中国瓷器成了交易热点,中国瓷窑也严格按照欧洲订货所要求的图案和式样生产,当时出现了带圣母玛利亚和维纳斯图像的中国瓷器,甚至还印有西洋文字母。欧洲的陶瓷专家们积极地致力于揭示中国瓷器的奥妙。但他们在两个多世纪期间,分别先用加锡的不透明玻璃来仿造瓷器,后来又制造软胎瓷。17世纪末,一种仿制中国"工艺品"的热潮风行欧洲,以取代中国进口的货物。欧洲人还想方设法地揭示中国瓷器的工艺成分和配方的秘诀。萨克斯国王的囚犯炼丹术士波特格尔(Böttger)于1709年在迈森附近找到了"高岭土",随后又于1710年在那里生产欧洲第一批硬胎瓷。他对此严加保密,故意使瓷器的生产笼罩着一种炼丹术般的神秘色彩。这种热潮于1745—1755年间,经蓬巴杜侯爵推动而达到顶峰。欧洲列强的东印度公司大批进口中国货,中国戏剧也被搬上欧洲舞台,社会名流们专辟“中国工艺品陈列室”。英国著名家具设计师奇彭达尔(Chippendale)模拟中国家具而推出新款式,形成了欧洲珍贵家具名牌,法国的木器工马丹(Martn)模仿中国漆而制成了马丹油,根据中国图案而在博韦编织的法国地毯上绘画,又作为重礼进奉乾隆皇帝。中国的园林风格也风靡欧洲。被称为“英国式”的法国园林,实际上是受由钱伯斯(W. Chambers)于当地研究过的中国园林的影响,钱伯斯模仿广州塔而修建著名的丘园塔,舒瓦齐(Choisy)在12年之后于法国香特鲁也建起中国塔。作者论述了这些物质文化的传播之后,又讲到了经入华传教士们的媒介而使中国思想、哲学、伦理和宗教文化西传的情况。

曾在中国工作过数十年的法国白俄裔学者米恒(Constantin Milsky)的法籍夫人于1975年在巴黎高等社会科学研究院通过了其博士论文《法国18世纪的中国的情趣》。该书恰恰是贝勒维奇——斯坦凯维奇有关17世纪中国热一书的续篇。它主要是通过法国入华耶稣会士冯秉正(de Mailla,1669—1748年)神父《中国通史》(他死后于1777—1785年共分12卷出版)一书的530名预订者的名单,全面分析了法国18世纪参与“中国热”高潮的社会基础和地理范畴。从地理范围来讲,巴黎的“中国热”势头最大,在已考证清楚的《中国通史》474名预订人中占326人;其次是波尔多(48人)和南方的马赛、图鲁兹、蒙特利埃等城市,法国北方的预订人则极少。从社会阶层来看,贵族占349名,平民只有140人。所以参与“中国热”的人主要是王室、贵族、官吏、律师、医师、艺术家、学者和富商。在这些人中,军人(佩剑贵族)就占85人,神职人员69人,金融界41人,商业的产业阶级13人。总而言之,法国18世纪“中国热”的特征是:法国的重农派学者们具有理想和神秘的中国之形象,他们把中国视为“最智慧的国家”;商人们是具有“遍布珍异物和财富”的中国之理想,他们将中国以及整个东方视为财富之源;自由职业者们怀有崇尚“以深厚情趣和雅致而生活”的中国之信念,形成了浪漫中国之形象;学者们却形成了一种有关“文化高度发达”的中国之观点,将中国视为文明和礼仪之邦。

法国的波兰裔学者贝勒维奇—斯坦凯维奇(Belvitch-Stankevich)小姐的旧作《路易十四时代的中国热》一书于1972年在日内瓦重版。该书共分两编7章。其中第1编是讲在法国16—17世纪时掀起的“东方探险热”

中,热衷于赴中国和远东旅行的历史。第二编第一章是《法国宫廷中的中国珍异物》,详细论述了路易十四国王、王后、太子和宫中其他显贵们,均以使用中国家具和其他中国装饰品为时髦的历史。甚至连路易十四的特里亚农宫(现法国总理府)也充满了中国情趣,豪华地装饰着中国印花布、织锦和人造花,最受青睐的中国珍品仍是瓷器和漆器。本书第二章是《商人和中国珍异物》。当时欧洲商人以巨额采购“中国珍异物”并以此发财致富。欧洲人在节庆时以用中国瓷器做装饰为高贵,在化装舞会上以穿中国服装为高雅,欧洲不同阶层的人都对中国艺术大加赞美。第三章是《东方服饰风行欧洲》。路易十四时代的法国进口大批中国布帛,欧洲上层和富翁对于中国衣饰如醉如痴,因而激起了某些人为反对东方奢侈豪华时髦而进行斗争。第四章是《带有中国内容的雕刻图案》,路易十四最早令人将其出使暹罗使节的画像雕版印刷,后来又刻印了带有暹罗和中国内容的历书,祈尔歇的《中国图志》便是中国物品雕刻图案的代表作。欧洲人热衷于将耶稣会士和商人们携回的中国珍异物和图案雕版印刷,以使之广为传布。最典型的例证是康熙皇帝及其官吏们的图像、文士和仕女图等,其中所谓的“中国人”千奇百怪。那些从未见过真正中国人的画家们,都凭各自的想象而杜撰。无论当时流行的中国观念是否正确。路易十四时代的法国确实形成了一股强大的“中国热”浪潮。

法国18世纪出版的《耶稣会士书简集》(1702—1776年,34卷本,后来又出版过许多种改编本)是研究入华耶稣会士与中西文化交流的三大基础著作之一,这是人所共知的事实。这套著作也曾被以不同的形式多次节录再版。法国1979年出版了普罗旺斯大学的微席叶夫妇(Isabella at Jean-Louis Vissiēre)选编的《耶稣会士中国书简选》。书中除了一篇价值很大的序言和有关事件的年谱之外,主要是选编或摘编了一在批耶稣会士中国书简,其中涉及了中国犹太人、种痘术、宫廷内幕、各种宗教、瓷器生产、工农业、建筑风宫、风土人情、清宗室王公苏努一家受归化等内容。此书已有朱静先生的中译本,故不再赘言。

欧洲在17—18世纪的“中国热”风潮中,中国的形象、中国人的日常生活等,则成了一批政客、学者、作家和艺术家们热衷于谈论的话题。入华耶稣会士们在华搜集到了一大批有关中国人的衣食住行、风俗习惯、宗教信仰、伦理道德、婚丧嫁娶、历法节庆、占卜堪舆、神鬼迷信、待客访友、喜怒哀乐等方面的生活“琐事”的资料。法国学者在这方面有两部代表作。

法国学者夏尔·科莫(Charles Commeaux)将这批资料辑录起来,于1970年在巴黎出版了一部《中国清代人的日常生活》的著作,列入了法国颇具声望的一套畅销书《日常生活》丛书。法国于1982年还出版了由舒特(Joseph Schütte)主编的一部文图并茂的工具书《利玛窦和其他入华耶稣会士论中国的艺术和日常生活》,这部书分门别类地汇辑了入华会士们对中国日常生活方方面面的描述。上述两部著作都介绍了中国人在明末清初的日常生活。当时在欧洲贵夫人们的沙龙和戏剧舞台、文学作品、艺术造型中风靡一时,甚至在某些学术著作中也有反映。当时欧洲的一批政客、学者、艺术家们,为了在欧洲发动"反无耻之战",而借助于中国形象。他们都海阔天空,甚至是云山雾罩地谈论那个连他们自己也根本不了解的中国,把中国人的生活描绘成了一种理想的形象。

葡萄牙耶稣会士们于17世纪上半叶便进入了西藏。法国学者于格·迪迪埃(Hugues Didier)于1996年出版了《葡萄牙人在西藏》一书。其第一部分是讲扎巴让(古格)建立的葡萄牙传教区。书中主要是译注和介绍了1624—1635年间葡萄牙进入中国西藏的耶稣会士们的最早记述。书中发表了葡萄牙耶稣会士安德拉德(Antonio de Andrade,1580—1634年)于1624年和1625年的两次入藏记载,主要是在西藏西部的古格境内,特别是在扎巴让(札达)地区探险。本书发表了他分别于1624年和1627年写成的几篇游记(以书简的体裁写成)。书中还发表了弗朗切斯科·德·阿泽维多(Francisco de Azvedo)于1631年的入藏的游记。第二部分是讲到在西藏建立的葡萄牙传教区。书中译注了卡塞拉(Estevâo Cacela)1627年为寻找契丹(Cathay)和蕃坦(Potente)而入藏旅行、卡布拉尔(Joan Cabral,1598—1669年)于1628年在卫藏的活动。第三部分是历史档案。书中分别论述了欧洲在寻找"外部基督教国家"、福音化与异教一基督教的混合组成、基督徒一穆斯林一佛教徒之间相会的贸易方面。安德拉德是18世纪下半叶之前西方唯一研究西藏的神学权威。除了耶稣会士们的圈子之外,在1624—1626年间,欧洲人对于西藏现状,则仅仅知道葡萄牙人安德拉德向他们介绍的情况,虽然他们的资料中有许多错误和不确切处。阿泽维多、卡塞拉和卡布拉尔则向西方揭示了藏传佛教,但却不是扎巴让而是卫藏的佛教。他们四个人开创了一系列葡萄牙传教士们入藏活动的先河。

入华耶稣会士们于18世纪从事了大量对开封犹太人的调查。法国学者纳丁·佩伦(Nadine Perront)于1998年出版了一本《中国的犹太人,开封与上海犹太人社团的神奇历史》。作者于序言中详细地介绍了由入华耶稣会士们首开的对开封犹太人进行调查研究，并由政界、商界、学术界继续的这场调研运动，持续了三个多世纪。其后，书中介绍了中国犹太人的历史年代、进入中国的路线、在中国最早的居住地。对于开封犹太人，书中介绍了他们的民族和地域起源、到达开封的时间、人数与姓氏集团、犹太教会堂、希伯来文抄经、节庆、礼仪与禁忌、语言与相貌、被同化的原因。这一切资料，基本上都是由入华耶稣会士们调查而获得的成果。

法国在主办有关入华耶稣会士与中国文化交流的国际学术讨论会方面，有几项活动具有深远的国际影响，其成绩令人刮目相看。

其一是自 1974 年以来，由已故的前入华耶稣会士裴化行（Henri-Bernard Maître，1889—1975 年）和荣振化倡导，每三年在尚蒂伊耶稣会档案馆举办的尚蒂伊国际汉学讨论会。现已召开十届，并已出版历届讨论会的论文集。前四届由法国方面主持，其内容完全是有关入华耶稣会士问题的。但自从美国人介入后，内容已变得广泛得多了。幸亏自第八届起，又基本上出现了恢复老传统的倾向。这套会议论文集集中了世界各国学者们的一批高质量的论文。其二是由法国谢和耐与荷兰许理和于 1990 年共同发起了一项欧洲计划，叫做“欧洲在中国，17—18 世纪的文化、科学和宗教的相互影响”，以中国一方为研究中心。他们分别于 1991、1993、1996 年和 2000 年举行过四次学术讨论会，并已出版了文集。该项计划是谢和耐先生著作的延续，也与许理和先生于其宗教史著作中的观点相吻合。它试图将有关这一主题的所有领域（宗教、艺术、科学……）都密切地结合起来。

1995 年 3 月，在巴黎召开了“学者和政治家徐光启”的国际学术讨论会并出版了文集。会议集中了来自欧洲、美洲和东亚的一批学者，从明史、宗教史和科学技术史诸方面研究了徐光启。它实际上已经超过了过去对徐光启的定位：“科学家”“爱国者”和“基督教的台柱子”等，而是把他放在明末中西文化交流与撞击的政治文化大背景中来研究。

法国的利氏学社（Institut Ricci，利玛窦研究所）成立于 1966 年，旨在继续利玛窦及其继承人们所从事的汉学研究。因为利玛窦虽为意大利入华耶稣会士，但法国入华耶稣会士顾赛芬（Seraphin Couvreur，1835—1919 年）和戴遂良（Léon Wieger，1856—1933 年）先以河北献县为中心，后来又有法国耶稣会士们于上海以徐家汇为中心，继承过耶稣会士们的汉学研究事业。利氏学社分别在中国台北、澳门和巴黎设立分社。他们在辞典编纂、语言学、甲骨学、中国哲学、儒释道三教、民间宗教、史学和文学领域,作了大量工作并取得了不少成绩。该社于1976年出版了《汉法综合辞典》(俗称《利玛窦小辞典》),于90年代又出版了《汉法大辞典》(《利玛窦大辞典》)。

法国入华传教士们从1892年起就推出了一套《汉学论丛》,到1938年共出版66卷,因故停刊。相隔45年之后,该社从1982年又继续出版该文集了。如尚蒂伊国际汉学讨论会论文集第4—7辑,即被列入这套论丛的第73—76卷。由马爱德、胡国桢和蓝克实(Douglas Lancashir)编译的利玛窦的《天主实义》英汉对照本、塞柏斯(Joseph Sebes)的《尼布楚条约文献集》等,与入华耶稣会士有关的论著,均收其中。

中外学者对大秦景教碑的研究综述

大秦景教流行中国碑于1625年在陕西西安府盩厔(现已改为周至)县出土,这是迄今所发现的有关基督教传入中国最早的文字资料,也是世界基督宗教史上的重要实证文献。300多年来,国外学者针对该碑作了大量研究:刊布拓片、释读碑文、考证历史、编制各种文字的译注本、撰写论文等。法国汉学界的泰斗伯希和(Paul Pelliot,1878—1945年)终生持续地从事对该碑的研究。但他研究该碑的主要著作生前却未能杀青出版。在伯希和逝世后,其遗作才分两卷出版。第一卷是经伯氏专治古叙利亚文的弟子让·多维利埃(Jean Dauvillier,1908—1983年)整理,于1984年出版。这一卷主要是伯希和对大秦景教碑古叙利亚文部分的研究成果,附有多维利埃的补注。第二卷由福安敦(Antonio Forte)整理和补注,于1996年由法兰西学院汉学研究所出版。本文就根据伯氏遗作以及笔者自己多年来积累的有关资料,稍作整理而成的。从该碑出土到伯希和去世的300多年间,伯希和对国内外学者的研究状态都作了概述。文中以国外学者的研究为主,但由于许多外国学者是在中国学者的帮助下,或者是根据中国学者的版本进行研究的,还有的外国学者是针对中国学者的著作而回应的。在这种错综复杂和互相牵连的研究中,有时中外学者的成果也很难截然分开或明确归属。故笔者在本文中也不可避免地会涉及部分中国学者的研究成果。

一、大秦景教碑的发现地点与时间之争

1625年6月10日,南京太仆寺少卿丁忧在家的李之藻,于杭州首次刊印了《唐景教碑钞本》。其刊本共包括两大部分,除了碑文部分外,还有一

篇叫作《读景教碑书后》的诠释。其后黄伯录(Pierre Hoang)神父将第2部分收入了李玛诺(E.Diaz,1559—1639年)神父的《唐景教碑颂止诠》中,于1878年在徐家汇出版。夏雷鸣曾将该碑抄本转载于其《基督教碑铭》中(第1—3卷,1895—1902年),卜弥格于1653年将此书携至罗马。巴黎国家图书馆现在仍收藏有一本《唐景教碑钞本》。李之藻于其文中首次介绍了该碑拓片传到杭州的过程:“庐居灵竺间,歧阳同志张赓虞惠寄唐碑一幅,曰迩者长安中掘地所得,名曰《景教流行中国颂》。此教未之前闻,其即利西泰氏所传天学乎?余读之良然。”所以,正是张赓虞向李之藻通报了发现景教碑的消息。李玛诺神父于其《唐景教碑颂正诠》(其序作于1641年)中最早向外界介绍了大秦景教碑的发现。李玛诺事实上是转抄了李之藻1625年的原文。巴笃利神父于1663年在罗马出版的《中国》一书中,详细地介绍了利玛窦及其最早继承者们时代的中国传教区史。他叙述了大秦景教碑是怎样被从盩厔县运往西安府,该碑被安放在城墙外的一个寺院(崇仁寺)中。当时许多学者都争相前往研究该碑文,但由于该碑文文笔晦涩,又由于其陌生的内容,所以大多数学者都无法成功地理解它。

李玛诺神父于其《唐景教碑颂正诠》中补入了另外三块石碑的拓片,这些碑上刻有十字架,是于数年前于福建泉州地区发掘出土的。其中的一通碑文附有张赓于1638年写的序。夏鸣雷认为此人正是1625年的张赓虞。尽管他们二人的名字有相似之处,但这并不一定说他们是同一个人。事实上,张赓虞是陕西歧阳人,他于1625年尚未成为基督徒,而福建人张赓于1621年已由艾儒略举行洗礼。夏鸣雷将这两个人相混淆了。

张赓虞寄给李之藻的碑文钞本,在入华传教士和中国基督徒中引起了轩然大波。但世人在此问题上所提供的资料却始终令人质疑。夏鸣雷强调了所谓李玛诺1625年8月23日写于澳门的一封有关大秦景教碑的书简,它写于李之藻的书出版两个半月之后。此书简的原文是用葡萄牙文写成的。祈尔歇于其1636年在罗马出版的《科普特传教区的先驱》中,以拉丁文译文发表了这封书简的部分内容,但这封书简却未能留传到我们手中。这样一来,李玛诺1626年3月1日写于嘉定的那封书简,便成了人们现在所掌握的有关大秦景教碑最古老和最真实的欧洲文献。它由李玛诺亲笔写于1626年3月1日,署名于江苏的嘉定。它本来是向教廷作的年度汇报,由此而向欧洲详细通报了大秦景教碑。当时金尼阁(Nicolas Trigault,1577—1628年)刚于1625年到达陕西。

对于大秦景教碑的发现地点，在开始时也是诸说纷纭。李之藻最早根据张赓虞的信，指出该碑是在西安府本城出土的。李玛诺神父于1626年3月1日的书简中，也指出过同一出处，其根据是李之藻和徐光启的观点，归根结底仍是张赓虞的说法。直到西方得到金尼阁的通报后，事情才发生变化。不过，人们至今仍未找到金尼阁报告的原件，而在长时期内仅满足于阅读曾德昭、卜弥格和巴笃里的著作。夏鸣雷最后引证了耶稣会档案馆中的两种文献，其一取自何大化（A.de Gouvea，1592—1677年）神父1652年之后的手稿。何大化在整理金尼阁有关1610—1625年中国传教区史札记时指出，实际上是于1625年在距西安十几法里（lieue，每法里约合4公里）处的盩厔（Cheuche）镇，发现了景教碑。夏鸣雷引证的第二种文献系由杜宁（Dunym-Szpot）神父取自中国传教区1700年左右的文献，它指出景教碑发现于距西安150里处的盩厔。盩厔县确距西安有75公里。卜弥格在1653年末的一封书简中仍使用了可以溯源到金尼阁的资料，认为一位传教士受王徵（圣名斐理伯，Philippe）的邀请，在陕西获得了归化成功，与王徵一并在盩厔参观过该碑。巴笃里于1663年似乎也不怀疑应将该碑的发现地点置于盩厔。从此之后，在西安府发现的大秦景教碑一说，便随着金尼阁而变成了在盩厔发现的了。但在1637年，又出现了第三种说法。这一年，于罗马出版了景教碑及其序言的意大利文本，其中声称该碑是在"中国三原"（Sanxuen）县发现的。祈尔歇于1636年（Sanchuen）、卫匡国于1655年（Sanyuen）均采用了"三原"这种说法。这很可能是由于三原县是王徵故乡，金尼阁曾在那里养病六个月的原因。佐伯好郎于1916年又提出了第四种说法。他反对该碑发掘自西安府盩厔和三原县诸说，而是提出了它发掘自西安府与盩厔之间某地的调和性论断。此说未引起多大注意，因为盩厔说直接出自金尼阁。

第一位访问陕西省的传教士是金尼阁，他于1620年在韩霞（圣名伯多录，Pierre）陪同下赴西安，后又赴山西绛州并归化了韩云和韩霖兄弟。由于艾儒略在绛州停留时间很短，应韩氏兄弟的请求，传教士们又向那里派去了金尼阁，金氏于1624年自开封抵达绛州。1625年，王丰肃（Vagnon，又叫高一志）在绛州取代金尼阁。金尼阁于是便应张钟芳（张保禄，Paul）和王徵（圣名斐理伯，Philippe）的邀请赴陕西。由于他在那里生活在高级知识分子中，所以他肯定会知道大秦景教碑的来龙去脉。

但大秦景教碑的发现地盩厔本身却提出了疑问，西安知府邹嘉生于其中扮演了某种角色。虽然盩厔县属西安府,但两日行程的距离可能会阻止一名知府亲临现场核实发现一通石碑的消息,更何况他此时刚失去了儿子,正是为其子挖墓才发现了石碑。1603 年的举子刘士龙认为该碑发现于靠近西安城的地方,因为人们不可能到盩厔那样距西安城很远的地方寻找一片墓地。

因此,在大秦景教碑的发现具体地点问题上,共有两种互相矛盾的观点。其一似乎要追溯到金尼阁,认为该碑出土于盩厔。此说应具权威性,因为金神父身边有许多优秀的中国文人,而且早在 1625 年年末就亲自考察了该碑。但我们至今仍未得到金尼阁的直接文献,许多中国和欧洲的资料又不相吻合。第二种观点认为该碑发掘自西安府城外。这是出自张赓虞 1625 年春致李之藻的书简,其观点后来又由曾于 1628 年考察过该碑的曾德昭所采纳。但从碑文本身来看,文中只提到长安而只字未提盩厔,所以这期间可能对石碑有过一次迁移。

至于该碑被发现的时间,人们一般都承认它出土于 1625 年。1631 年的诠释本、1636 年的祈尔歇、1643 年的曾德昭、1653 年的卜弥格以及 1663 年的巴笃利均持此说。1625 年这个时间,已由金尼阁的札记所证实,至少是从由何大化整理的札记来看是这样的。李之藻于其 1625 年 6 月的札记中写道,基督宗教在中国的首次传播到那时已有 990 年了,阿罗本于 635 年莅华,故景教碑的发现时间应为 1625 年。徐光启也指出该碑发掘于乙丑年,即 1625 年。但夏鸣雷神父提请人们注意,在李玛诺神父的《唐景教碑颂正诠》那现知的最古老文本中,明确地指出该碑发现于"大明天启三年",即 1623 年。夏鸣雷在承认原文在"五"与"三"间有笔误之可能性的同时,却不相信在一种精校的版本中会出现这样的错误。夏鸣雷还指出,李玛诺于 1926 年末曾为景教碑的发现作过具体断代,传教士们很可能在这一问题上犹豫不决。他将李之藻发表解读该碑文的时间定于 1625 年 5 月 21 日,而对于在陕西隆冬严寒中发掘该碑,从盩厔运往西安府,由张赓虞制作拓片,经过一个半月的时间寄往杭州,再由李之藻释读并写成考释文,时间却显得太仓促了。所以他怀疑西安景教碑的发现时间可能为 1623 年。徐光启于其《铁十字著》中,所指出的 1625 年的时间,我们应予以注意。夏鸣雷引用的有关西安府景教碑的一段文字应断代为 1627 年 7 月 13 日,附有潘国光(Francesco Brancati,1607—1671)神父写于 1642 年并由唐闳译成中文的序言,但直到当时仍以稿本保存。徐光启提到发现景教碑时间的文献是《熙朝崇正集》,其中指出该碑是于天启年间的癸亥年,也就是 1623 年。但应将 1623 年改为 1625 年才为正确。

二、外国学者对大秦景教碑的译注与研究

(一)1625 年的葡萄牙文节译本

《大秦景教碑》的第一种译本,是于 1625 年在杭州应徐光启的要求而译制的,它从未被寄往罗马。这部葡萄牙文节译本,只翻译到唐贞观十二年(638 年)诏书的末尾部分,便结束了,也就是说它只包括该碑文中的教理部分,以及宗教史部分的开头处。后人只是通过李玛诺(Diaz Senior,字海岳,1574—1659 年)1626 年 3 月 1 日的书简才知道了这一译本。

(二)1625 年的拉丁文译本

夏鸣雷(Henri Havret,号殷其,1848—1901 年)神父首先介绍了该译本,它是由罗雅谷(Giacomo Rho,1592—1638 年,字味韶)神父从山西寄给葡萄牙辅理大主教马什卡雷亚尼什(Mascarenhas)神父的,现与罗雅谷的书简一并收藏于葡萄牙耶稣会档案馆。罗雅谷于 1625 年确实在山西传教,正与取代金尼阁而主持绛州基督教传教区的王丰肃会合。夏鸣雷神父曾指出,他是“根据长上们的命令而译制,并由学者和文人加工润色”。范·默尔斯(van Meurs)将文献的原件寄给了夏鸣雷神父,他指出译文中带有许多葡萄牙文缩写字,而且也难以断定其译文是否忠实于原文。现在更无法断定耶稣会档案馆的收藏件究竟是原稿还是抄件。至于其真正译者,夏鸣雷认为,尽管其中有葡萄牙人的惯用缩写符号,但却保留了一种法文原稿的痕迹。加斯帕尔·路易斯(Gaspar Luiz)神父于 1626 年明确指出,该碑文是由金尼阁神父自汉文译成拉丁文的。译本末尾所附的罗雅谷的一封书简也指出,此译文是由金尼阁在王徵、张縄芳和其他中国文人的帮助下,于西安府译制的,基本上应该是译于 1625 年年末。

(三)1628 年的法译本

1628 年在巴黎出版的《对中华帝国的一种重大发现之真实性的考证》一书中,附有西安府大秦景教碑的一种法译本,这就是说它出自一封葡萄牙文或意大利文的书简。书简原件已失传,很可能是由加斯帕尔·路易斯神父于 1626 年 5 月写于交趾支那,它肯定曾遭到过意大利出版商或法国译者与刊布者的篡改。路易斯神父声称,他寄出去的译文是"逐字逐句地由汉文译自拉丁文的",他"根据金尼阁神父自汉文译作拉丁文的忠实译文"而寄出了该碑文的译本。

(四)1629 年邓玉函神父对碑文中古叙利亚文部分的译本

邓玉函(Joh Terrenz Schreck,字涵璞,1576—1630 年)神父精通希伯来文和古叙利亚文,于 1621 年到达中国澳门,1629 年在北京。1629 年 8 月 17 日,他应入华传教士费奇观(Gaspar Ferreira,1571—1649 年,字揆一)的请求,翻译了大秦景教碑侧面雕刻的古叙利亚文碑文,他于此之前曾将正面的古叙利亚文的译文寄给了其通讯人。这封书简的一种法译文,连同对古叙利亚文字的释读文,现藏于法国巴黎国立图书馆的一部稿本著作的末尾。这部匿名稿本的作者应该是聂仲迁(Adrien Greslon,字若瑞,1618—1696 年),其文字解读基本上是正确的。直到 19 世纪末,对于大秦景教碑中的古叙利亚文的释读文,才较 1629 年的译文有了明显的改进。

(五)1631 年的诠释本

1625 年的拉丁文译本实际上一直不为人知,至少是直到 1902 年尚未被刊布。大秦景教碑的第一种完整和正式刊印译本,是 1631 年在罗马出版的意大利文本,篇名叫作《有关古代宗教碑文的诠释》。但它却是根据某种译本的转译本,祈尔歇于其《中国图志》中对此深信不疑。所以,当祈尔歇于 1636 年在罗马撰写其著作时,耶稣会发愿堂中就收藏有大秦景教碑的一种拓片并附有葡萄牙文译本,1631 年的意大利文译本的刊本就是根据这种葡萄牙文本转译的,后又由祈尔歇于 1636 年译作拉丁文。这种葡萄牙文译本与1625年和1628年的拉丁文译本相比较,并没有多大进步。但它的新颖之处正在于提供了中西年代的对照表,尽管其中有某些错误。其中的某些诠释一直被沿用了很长时间。据夏鸣雷认为,该译注文本的价值是19世纪的最佳参阅文献。至于在北京译制的那种葡萄牙译本的译者,据安德烈·米勒(André Müller)认为是曾德昭(Alvaro Semedo,又叫谢务禄,1585—1658年),赫勒(Heller)神父则声称该葡萄牙文译本肯定是由曾德昭在中国学者的帮助下完成的,夏鸣雷却认为应将它归于葡萄牙神父罗雅谷。

(六)祈尔歇1636年的拉丁文译本

祈尔歇本人曾指出,他有关大秦景教碑汉文碑文的译本,是根据1631年的意大利文译本转译的,而意大利文译本又是根据北京的葡萄牙文译本翻译的。这很可能是由于祈尔歇更为熟悉葡萄牙文而不是意大利文的原因。他甚至不肯下功夫去根据葡萄牙文译本而纠正意大利译本中明显遭歪曲的部分,而且他自己又从中增添了许多新错误。祈尔歇还因为他是该碑古叙利亚文碑文的译者而惹人注意,但他当时未掌握邓玉函神父对该碑文的解读。他只认为古叙利亚文碑中提到的希腊历1092年是竖碑时间,即公元782年。

(七)曾德昭的译本

葡萄牙的入华耶稣会士曾德昭生于1585年,1613年莅华,1628—1630年间在西安府,1642年返罗马。他于1628年看到了大秦景教碑并对此产生了浓厚兴趣,虽然他在1637年离开澳门时尚不懂这些"既非希腊文又非希伯来文的文字"是古叙利亚文。他有关古叙利亚文部分的注释文已在船舶的海难中损失,但他有关该碑汉文碑文的译本却收入了其著作《中华大帝国史》中了。曾德昭非常仔细地研究了该碑。人们可能会认为曾德昭译本是其个人工作的成果,但其中的多条注释都被他归功于"译者"。这就会使人联想到他可能只不过是抄袭了另一项成果。这另一个人到底是谁呢?如若将曾德昭的译本与1631年《报告》中的意大利文译本进行一番比较,那就会发现二者之间是有非常明显的亲缘关系:译文、注释和年谱大致相同。但意大利文译本中被歪曲的大部分专用名词,以及意大利文译者犯下的许多错误,都在《中华大帝国史》中得到了纠正。

(八)何大化的拉丁文译本

葡萄牙入华耶稣会士何大化(Antonio de Gouvea,1592—1677 年)于1636 年入华,1677 年死于中国。他对于大秦景教碑的译本直到 1902 年才由夏鸣雷刊布于《基督教碑铭集》的第三部分中。其译本的稿本现藏于耶稣会士档案馆,它是在 1652 年之后才被寄往罗马的。该译本仍沿袭了1631 年意大利文译本和 1625—1630 年间葡萄牙文译本中的某些错误,但它也有不少成功的改进。如葡萄牙文译本年谱中的一年之差被纠正过来了。他将其中对大秦国的描述中提到的“绕”,考证为石棉布。

(九)卜弥格 1653 年的译本

波兰入华耶稣会士卜弥格(Michel Boym,1612—1659 年,字致远)于1645 年从交州(北圻或东京湾)入华,后于 1650 年到达广西,曾代表南明王朝而出使罗马。当他于 1653 年在罗马时,又为祈尔歇逐字地翻译了大秦景教碑。由卜弥格找到的一名中国人抄写的汉文碑文,又按照原文的行间布局缮写,并对每行中的文字都作了编号,每个字都既附有罗马拼音,又带有拉丁文译本。这一切连同卜弥格 1653 年 11 月 4 日的一封书简,都被祈尔歇于 1667 年刊布于其《中国图志》中了。其诠释中没有多少吸引人注意力的地方。当卜弥格于 1656 年再度出发赴远东时,又一次讲到了大秦景教碑。他将一部《中国植物志》的书题献给匈牙利国王,于该书卷首临摹了他称之为西安府景教碑的正面图,但实际上仅是祈尔歇于 1636 年发表于其《绪论》中的那幅劣质草图。

(十)巴笃利 1663 年的译本

巴笃利(Daniel Bartoli)所著《亚洲》一书的第三章,是《中国》。这部资料丰富的著作介绍了大秦景教碑的发现过程。虽然此人不是汉学家,但他利用手中掌握的三种语言的八种译本,编定了汉文碑文的一种新译本。该译本中当然不会有许多新内容，它仍坚持了葡萄牙文译本中晚一年的年谱，将玄宗皇帝的即位时间误定为719年。

(十一)祈尔歇1667年的《中国图志》中的译本

祈尔歇(Kircher)在《科普特教团的先驱》于1636年出版后，便收到从中国寄来的大秦景教碑中古叙利亚文名词的一套高质量的完整拓片。他还分别向途经罗马的入华传教士们作过调查，如1642年或1643年向曾德昭、1653年向卜弥格和1654年向卫匡国进行的调查。祈尔歇于其《瓷艺术》第3版中许诺将重新研究该碑文。他于1654年6月11日的一封书简中声称，将就霍尔恩针对该碑文真实性的批评作出答复。其《中国图志》正是为此目的而写成的。该书中未作任何修改地转载了他于1636年根据1631年的意大利文译本而译制的该碑文的拉丁文译本，并加入了某些很有价值的注释。

(十二)利安当神父的译本

西班牙入华方济各会士利安当(Antonio de Santa Maria)于1633年3月莅华，1669年3月13日死于广州的流放地。他除了已出版的汉文著作(《天儒印》)之外，还留下了一大批稿本著作，其中有一部《中国圣教记》，书中在《古代中国人圣教信仰遗迹》的一章中，发表了西安府大秦景教碑的译本。

(十三)安德烈·米勒1672年的著作

安德烈·米勒(André Müller)是格赖芬哈根的东方学家。由于他曾学习过西亚语言，所以他自信有责任攻读汉语，很快就自认为能讲汉语了。在祈尔歇书出版的数年之后，米勒于1672年发表了其《中国碑刻研究》一书。该书的第一章就是研究大秦景教碑的，列举了卜弥格的拉丁文译本及其对音转写文，并附有祈尔歇的“编译”文本。他接着又转载了大秦景教碑正面的古叙利亚文部分，修正了祈尔歇的某些释读或诠释。其书的第二章是有关该碑历史的。作者分别介绍了曾德昭的记述、所谓李玛诺1625

年8月23日的书简,1627年11月21日(米勒误作1627年11月25日)的无名氏书简、卫匡国于其《中国新舆全图》和《中国上古史》中对此碑的论述,《中国图志》中收入的卜弥格的《中国植物志》和《中国记略》中的章节。该书第三章共分九段(米勒认为这是一个吉利的数字)。他检出了祈尔歇书中的某些错误。

(十四)雷诺多修道院长1718年于《印度中国见闻录》中对《大秦景教碑》的研究

法国冉森会士和科学院院士雷诺多(Eusèbe Renaudot,1648—1720年)修道院院长,译注了9世纪阿拉伯人的两种游记。他不喜欢入华耶稣会士们,特别是不喜欢卫匡国神父,因为他们都对中国作了过分热情的褒扬。雷诺多也讲到了西安府景教碑。但他误将阿罗本视为一名地道的中国人,将长安(Khumdan)误作南京(Nankin)。他认为没有任何有关圣·多默(Saint Thomas)在华布道的迹象,所以西安府景教碑的真实性是令人质疑的。他纠正了祈尔歇和米勒对碑文的某些诠释。至于雷诺多许诺在年谱问题上要作出的更多考证文,他至死也未能杀青。

(十五)阿斯玛尼在《东方学书目》中对大秦景教碑的研究

叙利亚的马龙派教徒(maronite)约瑟夫·西蒙·阿斯玛尼(Joseph Simon Assemani,1687—1768年),几乎在罗马工作了一生。其4卷本的《东方丛书》是一部至今尚可获取丰盛收获的参考书。其中多处论及西安府大秦景教碑,至少是其古叙利亚文部分。在1721年出版的第2卷中,他根据柏应理(Philippe Couplet,1624—1693年)神父进献教皇英诺森十一世的拓片,转载和翻译了该碑的正面部分,认为公元781年相当于希腊历的1092年。在1725年出版的第三卷中,他又指责祈尔歇将Hasan-īšō考证为亚历山大城的科普特人主教,而此人事实上仅仅是景教徒们的一名加底勒人主教。阿斯玛尼在1728年出版的第三卷第二册中,又长篇大论地讲到了西安府大秦景教碑。他再次论述的主要意义,只在于重新释读景教碑侧面的70个古叙利亚文名词。

(十六)刘应神父的译本

法国入华耶稣会士刘应(Claude de Visdelou,1656—1737 年)于 1656 年生于一个布列塔尼人的家庭,于 1673 年加入耶稣会,于 1687 年入华并致力于汉语学习。他在礼仪之争中,站在了反对耶稣会阵营一方。他于 1709 年退出耶稣会并离开中国,定居于印度本地治里并于 1737 年逝世于那里。刘应在礼仪之争中的这种态度及其离华,严重地影响了其著作的出版。他的大批未刊遗著至今仍收藏于梵蒂冈档案馆,特别是他对大批中文经典、自汉至唐断代史中有关礼仪和祭祀几卷文字的译本。刘应于其中研究了西安府大秦景教碑。这部译本的历史非常复杂。其最早是以拉丁文本形成的,至今仍保存在梵蒂冈档案馆而未刊。戴伯洛(d'Herbelot)似乎认为该拉丁文译本译制于 1719 年年初。它无论如何也是于 1728 年之前被寄往罗马的,因为刘应于这一年已经双目失明,只能口授了德·洛里埃尔(de Lollière)一篇教廷传信部索求的《〈易经〉注》。1760 年,《学者通报》第 1 卷刊登了《克洛迪奥波利斯主教刘应译中国基督教碑文》一书。其中的一段前言介绍了该碑的历史,并极力吹嘘汉学家刘应的才华。书中声称,认为"刘应提醒人们说,他是逐字逐句地翻译该碑文的"。《学者通报》的编辑也认为,人们是从"刘应主教的手稿中获得这部译著的"。刘应翻译的西安府大秦景教碑的另一种译本,于 1697 年之后数年才刊登在戴伯洛的《东方文库补遗》中。这两种译本均独具特征,显示了刘应神父的语文学家和历史学家的才能。总而言之,自 1625 年的北京葡萄牙文译本以来,刘应的译本是大秦景教碑西文译本中的唯一取得了明显进步者。

(十七)夏尔·德·卡斯托拉诺神父 1741 年的译本

意大利方济各会士夏尔·德·卡斯托拉诺(Charles de Castorano)曾在华传教 33 年。他于 1673 年诞生于卡斯特拉诺,至少一直活到 1750 年。该神父于 1700—1734 年间为入华传教士,由于在礼仪之争中招致不满而被迫返归欧洲。他遗留下了一大批手稿,现在也只有极少数面世。这只是一些草稿,没有任何严肃的汉学知识。其中西安府景教碑的拉丁文译本是在罗马译制的。据夏鸣雷神父认为,其中不但重复了祈尔歇和卜弥格的全部错误，而且还增加了许多新的误解，如将1570年作为发现该碑的时间。卡斯拉托诺曾将该碑的一种拓片带回了罗马。

(十八)利波夫索夫1826年的俄文译本

19世纪初叶，俄国学者斯帕斯基(G.Spasskii)满腔热情地在俄国推动东亚和北亚研究。他很希望向其同胞们介绍西安府基督教碑文。但他只掌握有祈尔歇的《中国图志》一书，故只令人重刻了1825年的版本。他没有保留卜弥格和祈尔歇的译本，而是要求俄国汉学家瓦西里耶维奇·利波夫索夫(Vasil'vi č Lipovcov)重新翻译。虽然利波夫索夫的译本达到了一定的质量水平，但其中的错误依然很多。

(十九)列昂季耶夫斯基1834年的译本

扎哈尔·费多罗维奇·列昂季耶夫斯基(Zakhar Fëdorovi č Leont'evskiĭ)生活于1799—1874年间。他于1822—1832年左右，曾效力于北京的俄罗斯东正教传教区。列昂季耶夫斯基于1834年设法刊印了西安府大秦景教碑的碑文。作者于其导言中就误将发现该碑的地点定在福建泉州。其译本的质量也远远逊色于利波夫索夫的译本。但这种质量低劣的译本却获得了某种名望，这应归功于1853年发表在《中国哲学年鉴》中的一种法译本。这种错误百出的法译本后来又于1854年被约翰·凯森(John Kesson)译作英文并发表在《十字架与龙》一书中了。

(二十)莫利尼埃的翻译计划

帕拉维(Paravey)骑士于1836年在其《论大秦或犹太国的象形文字之名称》中，讲到了由"一名受人尊敬的汉学家莫利尼埃(Molinier)先生"曾从事过的一项翻译工作。此人曾令人重新雕刻了西安府大秦景教碑的碑文，打算发表一种新译本并附有涉及面很广泛的注释。但他的溘然逝世却使这项功在千秋的事业中断了。莫利尼埃的译本从未留下任何踪迹，至少也未找到过他对大秦景教碑雕版的那份印制件。

(二十一)裨治文 1845 年的译本

裨治文的译本发表在广州出版的 1845 年的《中国丛报》第 1 期中。虽然译本未署名,但人们都知道它肯定出自于美国人裨治文(Elijah Coleman Bridgman,1801—1861 年)之手。非常奇怪,这位定居在中国的传教士却无法获得大秦景教碑的一份拓片,其译本是根据祈尔歇的《中国图志》那错误百出的图版而译制的。裨治文提供了自己的四行英译文,汉文碑文是根据祈尔歇的图版制作的,法译文是根据达尔基埃(Dalquié)的译本译制的,而达尔基埃的译本又是根据祈尔歇的拉丁文译本翻译的。文末附有相当数量的注释。

裨治文的译本质量不佳,这同时也证明了译者语言知识的欠缺和对历史的一窍不通。他不仅原封不动地将前人的错误保留下来了,而且也未理解有关“阿罗诃”一段文字的结构,保持了一种 636—639 年(应为 635—638 年)的错误年谱。五年之后,裨治文又收到了雒魏林(William Lockhart,1811—1896 年)的一份大秦景教碑的拓片,经修改之后刊登于 1850 年的《中国丛报》第 1 期中,其碑文的中文刊本有释读或印刷的错误,其译本也未改进多少。

(二十二)伟烈亚力 1854—1855 年的译本

伟烈亚力(A.Wylie,1815—1887 年)是世界上第一流的学者。其译本远远地优于所有前人,甚至许多后人的译本也未能超越它。该译本首次于 1854—1855 年发表于《华北先驱报》中,后于 1855 和 1856 年又重新刊登于《上海杂记》中,1856 年再次刊载于《美国东方学会会刊》第五卷中。它后来又被重新转载于 1897 年在上海出版的魏礼纪念文集《中国研究》中,但人们很快就无法找到该杂志了。伟烈亚力于其译本中加入了许多重要的历史注释,引证了提及该碑文的大量汉文典籍,只是未附汉文方块字。对于其中的古叙利亚文,他仅满足于利用祈尔歇那陈旧的释读。

(二十三)古伯察1857年的译本

法国入华遣使会会士古伯察(Evariste Huc,1813—1860年)曾以轻快的文笔写过一部《鞑靼西藏旅行记》。他于1857年在其《中国中原、鞑靼和西藏的基督教》第一卷中又发表了大秦景教碑译本,人们对其译文质量之低劣不必感到惊奇。其译本只不过是抄袭了刘应神父的译本,没有任何值得让人注意的地方。

(二十四)鲍狄埃1858年的译文

鲍狄埃(Pauthier,1801—1873年)终生曾试图理解中文,最终却未获得任何成果。鲍狄埃对西安府大秦景教碑的译本尚不算他的最劣质作品。1857年,他在《基督教哲学年鉴》中发表了《论西安府景教碑的真实性》一文。此文的主要价值在于重新吸引人们注意唐朝皇帝845年的诏书。先有杜赫德(du Halde)神父于其《中华帝国全志》,后有德经(de Guignes)都翻译过此诏书。次年,鲍狄埃发表了碑文本身的译注本,书名为《西安府的叙利亚文—中文碑,中国境内竖于781年和发现于1625年的景教碑》,他的译本不太正确。伟烈亚力于1854—1855年间正确翻译过碑铭学家们所作的附录文献,却又遭到了鲍狄埃的歪曲,其所谓"活版印刷真迹"的图版也在中文部分有误。至于古叙利亚文碑文部分,鲍狄埃也是抄袭了祈尔歇和阿斯玛尼等人的译本。

(二十五)达伯理1877年的译文

当达伯理(Dabry de Thiersant)攻研大秦景教碑时,已在华生活16年了,但他只获得了一种肤浅的中文知识。他只根据祈尔歇有关该碑文是天主教碑文的说法,认为入华耶稣会士们都一致同意祈尔歇的观点。达伯理也正是为了证明这通碑的天主教特征,才于其一部叫作《8世纪的中国天主教》(附有碑文的新译本与巨幅图版)的文集中,发表了其译本。作者于其序言中指出,他要发表某些有关该碑历史的未刊文献,但文中并未增加比伟烈亚力和鲍狄埃更多的资料。鲍狄埃在翻译中得到了法国驻广州领事馆一名文人的帮助，译本中仍有许多重大错误。其中的古叙利亚文部分仍是根据祈尔歇的《中国图志》而转引的。其图版比较正确，但未尊重原文各行的布局。

（二十六）夏德 1885 年对于有关大秦国段落的译文

德国汉学家夏德（Friedrich Hirth，1845—1927 年）于 1885 年，在其名著《中国与东罗马》（《大秦国全录》）中，发表了西安府大秦景教碑中有关对大秦国描述的段落。夏德对这段文字未作任何特别注释，其著作主要是由于大秦国的基本问题，以及前部亚洲与远东的古老关系，而显得格外重要。

（二十七）哈尔 1886 年有关古叙利亚文部分的札记

1886 年，美国学者哈尔（J.H.Hall）教授掌握了大秦景教碑古叙利亚文部分的一份完整拓片，后将其研究成果向美国东方学会作了通报。他指出了前人的某些释读错误，包括阿斯玛尼的错误。但他宣布的一部包括历史、地理和古文字诠释的更完整著作，却从未问世。

（二十八）李雅各 1888 年的译文

英国汉学家李雅各（James Legge，1814—1897 年）对大秦景教碑的译本发表于 1888 年，形成了《中国的基督教、罗马天主教和新教》宗教手册的第一部分。该书第二部分是有关基督教自唐代到近代传入中国之全过程的。李雅各指出了该碑文先前所有版本中的错误，并发表了一个新刊本，但其中仍含有某些释读与印刷错误。

（二十九）马索主教 1888 年的西班牙文译本

萨尔瓦多·马索（Salvador Masót）主教是入华的西班牙多明我会士，闽北宗座代牧。他对于大秦景教碑的西班牙文译本发表于《中国—安南书简》一书中。现在于巴黎再也找不到一册这种刊物了，而夏鸣雷却曾赞不绝口地引证过它。

（三十）沙博对景教碑古叙利亚文部分的未刊译文

吕推（Dutreuil de Rhins）探险团的幸存者李默德（Grenard）曾自西安府带回了一份大秦景教碑的完整拓片，后发表于其1898年出版的《高地亚洲科学考察记》书中。法国汉学家德微里亚（Devéria）研究了该碑的汉文部分，但并未作过深入的研究工作。沙博（Chabot）修道院长对于其中古叙利亚文部分的译本，也始终未刊。

（三十一）赫勒神父1897年的译本

匈牙利人柴塞尼（Széchenyi）考察团曾于1879年从中国携回近代拓制的西安府大秦景教碑的第一份完整拓片，包括该碑各个侧面的碑文。该拓片被交给了奥地利耶稣会士赫勒（Jean Heller）。但此人是叙利亚学家，而不是汉学家。他于1885年发表了第一篇论文《西安府景教碑》，先载于《论天主教神学的年代》中，后于1886年又在《西安府景教碑新译本序》中作了研究。从1895年起，屈纳（Kuhner）与赫勒曾就这篇序言而展开过一场大论战。赫勒神父于1897年在布达佩斯出版了其最后的著作《西安府景教碑》。他发表的该碑古叙利亚文部分的刊本很精确。对于中文碑文，赫勒神父又从伟烈亚力英译本转译为德文本，其中的许多观点具有独到之处。由于他对古汉语作了所谓的复原，故而使许多汉文方块字变得面目全非了。

（三十二）格雷和拉米1897年的译本

比利时人李宗耀（Albert Gueluy，1849—1924年）修道院长曾在甘肃做传教士。当返回比利时后，他发表的某些著作说明此人根本无能力驾驭汉语。但他对西安府大秦景教碑的译本，却做得比前人都好。其论著《西安府景教碑的碑文及其意义》于1897年8月在布鲁塞尔出版，意义不大。不过，其合作人拉米（Lamy）对于古叙利亚文部分的考证却具有一定的价值。

(三十三)夏鸣雷神父的译本

至此列举的所有著作,无论从其广度上还是从其资料的丰富程度上,尚没有任何一部著作能超过法国入华耶稣会士夏鸣雷(Henri Havret,1848—1901 年)的重要著作,此著由于作者的死亡而被迫中断,只分别于 1895 和 1902 年出版了《西安府的基督教碑》第一和第二卷。其第 1 卷出版于 1895 年,是根据大秦景教碑的一种完整拓片而按照原尺寸翻印的,制工精细,按行完成了片段。第二卷刊印于 1897 年,叫作《大秦景教碑的历史》,它同时也是有关基督教自唐代到 16—17 世纪在中国传播史的一种资料宝库。第三卷应该是包括该碑文的译文以及中国基督教的所有古碑,但却未能最终完成。夏鸣雷神父的教友们仅于 1902 年才刊行了他们于其档案中发现的部分资料,也就是该碑的一种完整的拉丁文译本,开始论述历史部分之前的碑文之法译本,以及对于法译本最前面几段文字的注释。这第三卷中还包括谢赫(Cheikho)神父有关该碑中古叙利亚文的释读。夏鸣雷于 1897 年利用在巴黎东方学家代表大会的机会,又出版了一本小册子《西安府基督教碑,引自一部未刊注释著作的几条札记》。

(三十四)庄延龄 1902 年的著作

英国外交官和汉学家庄延龄(E.H.Parker,1849—1926 年)于 1902 年在《都柏林评论》中发表了一篇叫作《中国古代基督教》的文章,主要是以夏鸣雷的著作为基础而从事的研究。庄延龄于其书附录中转引了夏鸣雷的大秦景教碑拉丁文译本,文中并没有作者自己的观点。庄延龄承认该碑是于 1623 年在盩厔县发现的。

(三十五)慕阿德 1910 年的译文

英国汉学家慕阿德(A.C.Moule,1873—1955 年)的译本是以《西安府基督教碑》(根据耶稣会士夏鸣雷神父的描述)为标题而发表的,载 1910 年的《皇家亚洲学会会刊》第 41 卷中。他于 1913 年在同一刊物的第 43 卷中,又增加了一系列修订和补注。慕阿德在原则上是沿用了夏鸣雷的译本，不过他们之间在语言学、考古学和历史学问题上都有分歧。慕阿德于其译本中加入了许多颇有意义的注释，尤其是对古叙利亚文部分的研究更为仔细。

（三十六）修道院院长诺 1914 年的著作

法国修道院院长诺（Nau）于 1913 年在吉美博物馆作了一次有关景教在亚洲传播的报告，后于 1914 年发表于《吉美博物馆年鉴》第四十卷，其中的第二篇附录是有关大秦景教碑的。对于该碑的汉文部分，修道院院长诺转引了夏鸣雷神父法译本的第一部分；其后一部分则是转引自达伯理的译本，这后一种选择很成功。诺先生以其特有的才能，对碑文中的古叙利亚文部分作出了一种独立的解读。

（三十七）翟理斯 1915 年的札记

英国汉学家翟理斯（H.Giles，1845—1935 年，老翟理斯）从未全文翻译过西安府大秦景教碑的碑文，但他曾多次企图对其中的某些段落作出一种具有独到见解的诠释。他的大部分札记均载于其《儒教及其竞争者》一书中。其中特别是对 638 年的诏令作了正确的划分和翻译。但作者将基督教在华开始的时间定为 631 年而不是 635 年，这是一种要上溯到曾德昭甚至是李之藻的错误。

（三十八）佐伯好郎 1916 年的译本

佐伯好郎（1871—1965 年）是东京早稻田大学的教授，也是一名日本基督徒。其《中国景教遗迹》于 1916 年由基督教知识促进会在伦敦出版。此书令人非常失望。除了某些有参照价值的观点或资料之外，大家也只能从中发现译文中的某些误解和历史方面的某些冒险假设。佐伯好郎教授在希望于唐代基督教与新道教的某些形式之间确立直接继承关系时，却不幸堕入了由李提摩太（Timothy Richard，1845—1919 年）最早陷入的歧途。

（三十九）翟林奈 1917—1920 年的考释

英国汉学家老翟理斯之子翟林奈（Lionel Giles，1875—1958 年，小翟理斯）分别于 1917、1918 和 1920 年间，在《东方和非洲研究学院学报》中发表了一组《西安府景教碑考释》的文章。他提出了某些有价值的具体解释，但许多人都未接受他提出的大部分看法。

（四十）基斯特的著作

法国汉学家考狄（Henri Cordier，1849—1925 年）于其《西洋人论中国书目》第 777 条中提到，基斯特（N.C.Kist）曾发表过一部《中国的基督教碑文》的著作，但他既未指出其时间，又未提到其内容，致使此书成了学术界的一桩悬案。

三、有关大秦景教碑的汉文著作

（一）刊本

1.李之藻刊本

1625 年 6 月 10 日出版的一本小册子，这几乎是在李氏收到张赓虞的信件之后不久的事。此书后于 1787 年又在徐家汇与李玛诺神父的汉文注释同时再版。李之藻的解读基本正确，但注释颇为肤浅。

2.徐光启的刊本

巴笃利（Bartoli）于 1663 年曾写道，李之藻以及继他之后的徐光启用小字大量刊布西安府大秦景教碑，于全国范围内发行，内附序言、解字和注释。李玛诺神父于 1626 年 5 月 1 日的一封书简中，曾讲到过这些“进士”们有关大秦景教碑的著作。所以徐光启很可能是在 1625 年 6 月 10 日（李之藻小册子问世的时间）和 1626 年 3 月 1 日（李玛诺书简的时间）之间，刊布了大秦景教碑的一种刊本。徐光启很可能曾令人镌刻石版以石印碑文拓片，然后再翻拍成照片。但其拓片似乎未被保留下来。

3.阳玛诺神父的中文注释文

阳玛诺（Emmanuel Diaz Junior，1574—1659 年）神父于 1574 年诞生于

葡萄牙的布朗库堡,于1610年莅华,1659年逝世于杭州。他在某些优秀中国文人的帮助下,于其《轻世金书》中,发表了《遵主圣范》一书的译本并多次再版。他有关西安府景教碑的译注文《唐景教碑颂正诠》,也是一部具有真实价值的著作。它被三名入华耶稣会士根据耶稣会的规则作了修订:艾儒略(Giulio Aleni,1582—1649年)、费奇观(Gaspar Ferreira,1571—1649年)和孟如望(Joao Monteiro,1602—1648年),由耶稣会长上艾儒略核准出版。此书中包括阳玛诺1641年3月25日写的序言,现知的最早版本是1644年在杭州传教区刻印的,但现在难以断定它是否为首版。

4.何大化的所谓汉文注释本

在比利时入华耶稣会士柏应理(Philippe Couplet,1624—1693年)神父1686年出版的《圣教信证》中,提到了葡萄牙耶稣会士何大化神父的一种以通俗文笔写成的基督教教理书。方殿华(Louis Gaillard)神父认为这里就是指对大秦景教碑的一种注释本,而夏鸣雷却认为是指对基督教的一种笼统的赞扬。柏应理讲到的何大化之教理书就是《蒙引》或《蒙引要览》,该书确实带有福建巡抚佟国器于1655年写的序言。从柏应理神父的资料来看,佟国器于1655年,甚至在1668年尚未受洗为基督徒。柏应理讲到的碑文实际上是佟国器于1655年专门为福建的一座新教堂写成的,巴黎国立图书馆收藏有一册刊本。事实上,何大化神父曾留下过一部西安府大秦景教碑的译本,没有任何迹象说明他曾为该碑写过考释著作。

5.《开天宝钥》之解

巴黎国家图书馆收藏有一部刊本小书,其序作于1705年,叫作《开天宝钥》。此书的一条札记中指出,它还包括尚未被刻印的几节,其中第一节即为《景教碑颂解》。事实上,这一节是以手稿的形式补加到本册刊本中去的,唯有开头几句付阙如。其肤浅之解出于一位未能考证清楚其身份的作家之手,但它基本上是抄袭了李之藻的解释。

6.杨荣鋕的考证

直到19世纪末,才出现了对西安府大秦景教碑的一种新的汉文考证本。1895年,一名中国新教徒杨荣鋕(字襄甫,祖籍广东)出版了三卷《景教碑文纪事考正》,杨氏自称为“景门后学”,始终将基督称为“景尊”。这部著作以景教碑的一副照相版而开始。第一卷转载了中国碑铭学家们的注释。第二至三卷才包括对景教碑的真正考释。这些注释主要在于证明碑文介绍的教理的传播体系,而不在于文字诠释,它根本未从事历史方面的解释。王先谦曾为此书写过序与跋,它是这方碑文的第二种不完整的刊本。

7.潘绅的注释

中国上海新教教徒潘绅于1917年出版了《景教碑文注释》的小册子,它的价值却完全不同。作者的序写于1916年。这部真正的学术著作使夏鸣雷神父感到很满意。书中详细地讨论了碑文中的文学和史学之隐喻。

8.《唐景教碑考》

1917年,北京西郊香山静宜园中的辅仁社,出版了一部有关元代基督教的著作。书末的一条附记预告,即将出版《唐景教碑考》。但后来的情况却不为人所熟知。

(二)中国非基督徒考古学家和考证学家们有关大秦景教碑的札记

1.中国收藏家们有关大秦景教碑的最早简述,见孙承泽(1594—1676年)于1660年出版的《庚子消夏记》一书,此人被认为是中国近代的最佳书画行家。其题记为:"吕秀岩书景教碑。秀岩景教流行中国碑,书法秀逸遒劲,唐石之最佳者。予前此未见。己亥之秋,王文含自秦寄至。未知碑在何地,何以能完好如此。"

2.林侗(1627—1714年)在《来斋金石刻考略》中的考证,该书的序写于1679年,直到1816年才由福建人冯缙付梓刊印。由于其考略的写作时间应上溯到1660年或稍后不久,所以我们可以说它是在林侗生活于陕西的那段时间所成。

3.顾炎武(1613—1682年)的《金石文字记》(《亭林遗书》卷四,第21页),明显与上引两部著作是同时代的,但我们无法知道其具体撰写时间。顾炎武仅限于提及该方碑文,其作者和书写者的名字以及它在金胜寺的存在状况。

4.李光映于1729年出版了《观妙斋藏金石文考略》,其中在大秦景教碑的问题上,仅包括一条考证,而且还是自顾炎武和孙承泽书中转抄而来的。

5.钱大昕(1728—1804年)于其《潜研堂金石文跋尾》的文集中,写了一条有关景教碑的札记。作者引证了另一通唐碑中的一段很有意义的文字,但却误认为基督降生于6世纪末。

6.钱大昕还写过一部《景教考》的专论。该著对于唐代修持的多种夷教,都提供了相当数量有价值的文献。但钱大昕对基督教表现出的敌视情绪,使他既怀疑景教即基督教,同时又用污蔑性的词汇来指景教。钱大昕将该碑的发现时间定于万历年间(1573—1620年)。

7.另一位学界名流杭世骏(1692—1773年)写过一部《景教续考》,载其《道古堂文集》中。事实上,该书既未讲到西安府大秦景教碑,又未讲到过景教,而只是略微触及了一些摩尼教,更多地则是伊斯兰教。

8.18世纪时,乾隆皇帝敕令御制《四库全书》,有些未收入其中的书仅有"存目"。"存目"书籍中就包括艾儒略神父的《西学凡》,它是由两江总督寄给皇家编撰委员会的。《西学凡》写于1623年,这已经是在张赓虞通报西安府景教碑存在之前的事了。但出于不明的原因,寄往北京的一册《西学凡》却附有一份大秦景教碑。《四库全书》虽未收《西学凡》,但《四库全书总目提要》卷一二五中却对该书作了介绍,其中有四分之三的篇幅涉及了附于艾儒略著作中的大秦景教碑。该书的提要内容于此部分的一开头就出现了错误,认为阿罗本到达长安的时间为638年而不是635年,编纂者们将阿罗本的到达时间与太宗诏书的时间相混淆了。该提要还引证了相当数量的文献,谬证景教即为火袄教之说。

9.毕沅在1775年间任陕西巡抚时,曾写过一部《关中金石记》,他对崇仁寺作了全面修葺,重建大秦景教碑的碑亭,其书出版于1781年。书中卷4讲到了大秦景教碑,讨论了大秦国的地望问题,尤其是征引了11世纪宋敏求《长安志》(由毕沅重版)中的一卷文字为佐证。

10.叶奕包于其《金石录补》卷17中,为大秦景教碑作了一条小注。他在阿罗本到达长安的时间635年与长安建第一座景教寺的时间638年之间,作出了明确的区别。叶奕包可能发现了钦定《四库全书总目提要》中所犯的错误。

11.赵绍祖的《金石文钞》包括正文八卷和补编二卷。其全部著作仅于1802年才付梓刊刻,但其序却作于1796年。该书卷七中含一条有关大秦景教碑的提要。

12.王文治(1730—1802年)的《快雨堂题跋》中,针对大秦景教碑,撰写了一条很有价值的札记,特别是有关毕沅新建碑亭的问题,现有伟烈亚力的译本。

13.王昶(1725—1806年)于其《金石粹篇》卷102中,刊登了大秦景教碑碑文,附有多种诠释性提要。王昶自己也于其中记述了他个人的感想,始终认为景教即基督教。

14.洪颐煊于其《平津馆读碑记》(其序作于1811年)写了一条有关大秦景教碑的札记。但他基本上仅限于全文转引638年的诏令。洪氏将碑文正确地分段,也就是说将诏令的全文确定在“度僧二十一人”之后。

15.俞正燮于1833年出版了其著名文集《癸巳类稿》。该书于卷15中收入了有关中国基督教的长篇论述,多次援引大秦景教碑。但行文中有谬误,如将救世主“弥施诃”(Messie,弥赛亚)考证为“上帝神父”。

16.福建巡抚徐继畬于1848年完成了其《瀛寰志略》,该书卷三长篇大论地讲到了中国景教问题。作者基本上是沿着《四库全书》修纂者以及王昶的思路发挥,他不怀疑景教基本上是袄教,但却是一种在不同背景下与佛教和基督教因素相结合的袄教。

17.夏燮于1850年写成了初版《中西纪事》,后又于1859年和1865年修订再版,其中有一段文字论述到了大秦景教碑。

18.俞樾(1821—1907年)于其全集《春在堂全书》卷七《湖楼笔谈》和卷15《宝香室丛钞》中讲到了大秦景教碑。其资料中没有多少新内容。他也认为景教是袄教。

19.广东人李文田于1859年中进士。他曾写过许多有关元代历史的著作,也曾论述过景教碑,详见其文集《宗伯诗文集》。

20.朱一新在他于1895年发表的《无邪堂答问》中,曾长篇论述到了中国基督教,也涉及了大秦景教碑。

21.福建人陶谟(卒殁于1902年)于1891年被封为新疆巡抚,其子陶保廉随行,后著有《辛卯侍行记》。当陶保廉于1891年10月到达西安府时,曾参观过崇仁寺,并对该寺和景教碑作了描述。陶氏深知李之藻、李玛诺和俞樾等人的观点。他解释说,人们既不要怀疑景教在唐代的存在,又不要摒弃应将景教比定为基督宗教的结论。

22.著名文人洪钧于1868年中进士第一,曾于1889年任出使俄、奥、德、荷诸国的大臣。他留下了一部有关元史的重要著作稿本《元史译文正补》,于1897年才刊印,其中卷29有《景教考》一文。洪钧是确认西安府碑不仅是源出于基督教,而且也是源出于景教的第一位中国学者。

23.大秦景教碑连同有关韩泰华的薄石片碑的片段,均被发表于杨守敬雕刻于1905年的《寰宇贞石图》中了。

24.研究敦煌写本的学者王仁俊,曾在《敦煌石室真迹录》(卷上,第11页)中讲到了景教。他重复了那种将“景”解释为“丙”之禁忌的错误理论。

25.大秦景教碑被发表于张运礼的《新编中国历史全书》中了。其简短的导言中出现了双重错误:既认为阿罗本是贞观十年而不是九年莅华的,同时又将这一时间推定为650年。作者错误地将基督的“经留廿七部”比定为《新约》和《旧约》。张氏于其书中同样也发表了胡炳熊的《定国教论》。

四、有关大秦景教碑真伪的辩论

有关大秦景教碑真伪的问题,很早就爆发过一场大辩论。因为始终有人对它持怀疑态度,尽管其真实性的证据是确凿无疑的。

当李之藻于1625年收到该碑的拓片时,便声称那些平庸文人们,从此之后就不应再指责基督教传入中国的时间太晚了,企图以此而使中国人的自尊心得到满足。伊斯兰教徒杨光先于1659年发表了辟教的《辟邪论》,传教士们则以一部《天学传概》的护教性著作作出了回应。《天学传概》于1662年失传,聂仲迁神父保存下了一份摘要。其中提到了圣·多默的使徒使命,以及犹太人艾田向利玛窦介绍的那些古代中国基督徒的事迹。

杨光先在《天学传概》发表之后,立即赴陕西调查大秦景教碑是否真实存在真相。他于其1664年中期出版的《不得已》中,对《天学传概》中的这段文字只字未提。多明我会士闵明我(Navarette),方济各会士利安当和耶稣会士聂仲迁对此都有记述。杨光先于其《不得已》中对其调查结果保持缄默。当时由于仇教,使传教士们遭到了放逐或驱逐,再加上诸修会之间的门户之争,故他们有意地在该碑问题上制造混乱。

在传教士与中国当局的关系中,并非是首次涉及大秦景教碑。康熙年间,在山东爆发了教案。传教士们在向皇帝上表时,便援引了该碑。康熙帝于1692年颁布了容教敕令,他似乎很欣赏大秦景教碑汉文碑文的文笔。传教士们肯定也曾在其他背景下援引过该碑的碑文。该碑在17世纪时以基督教史为据,而支持了该宗教的在华传播史。正是由于这一原因,1860年左右问世的《辟邪纪实》和1877年的一部对基督宗教充满仇恨的论文,都对该碑的真实性提出了质疑。

欧洲的情况则完全不同。在17和18世纪时,传教士们是欧洲仅有的懂汉语的人,他们在汉学研究中掺和进去了宗教情绪。大秦景教碑也成了这场有关中国大论战中的一块筹码。

乔治·霍尔恩(Georges Horn,1620—1670 年)在他 1652 年于海牙出版的《美洲的起源》一书中,便认为这块石碑是为欺骗中国人和掠夺他们的财富,而由传教士们伪造的。但景教徒确实在中国存在了许多世纪。由于他们归化了中国皇帝,所以中国皇帝也按照欧洲人的习惯而称司铎们为若望(Jean)。

霍尔恩不惜一切代价地搜集证据。被激怒的祈尔歇从 1654 年中期就声称要驳斥他。但祈尔歇仅于 10 年之后才于其 1664 年完成的《中国图志》中作出了反击,此书一直拖到 1667 年才完成印制。他未公开点到霍尔恩的名字,而是仅仅明确地提到了此人的某些言辞。

夏鸣雷曾认为,祈尔歇同样也瞄准了泰奥菲尔·斯彼泽尔(Théophile Spizel,1639—1691 年),这位德国人于 21 岁时出版过一部《中国文献诠释》的书,其中又肯定了霍尔恩的结论,讲到了中国基督教的古老历史。

事实上,祈尔歇于 1664 年尚未迁怒于斯彼泽尔。因为在他获得《中国图志》的准印证时,尚未得到斯彼泽尔的书,仅在次年才获得此书。但非常奇怪的是,一旦当祈尔歇神父获得斯彼泽尔书时,便对其书赞不绝口。

让·安德烈·昆斯泰特(Jean-André Quenstedt,1617—1688 年)于 1671 年 4 月 6 日主持通过了让·迪克曼(Jean Diecrman)有关炼狱教理的论文,其中长篇大论地讲到了景教碑。作者否认该碑的权威性,认为它没有那么古老,纯系耶稣会士们的伪造。

绝非是所有的新教教徒都否认该碑的真实性,但攻击该碑文者主要来自该阵营。甚至有人认为"阿罗本"(早期的译者们写作 Lopuen 或 Olopuen,这是 Polven 因字母易位而传讹的,应指 Pol Vénitien),即威尼斯人马可·波罗(Marco Polo)。马可·波罗竟然变成了大秦景教碑的伪造者了!

一名法国人马图兰·维西埃尔·德·拉·克鲁兹(Mathurin Veyssière de La Croz)又对西安府大秦景教碑发动了攻击。拉·克洛兹于 1661 年诞生于南特,于 17 世纪最后几年加入本笃会并接受新教的归化,后来定居于柏林并出任普鲁斯皇家文库的图书馆员。他于其 1724 年出版的《印度基督教史》中,声称中国的景教碑明显是伪造的。拉·克鲁兹于此之前在 1707 年出版过《历史杂论》一书,其中在第 321—328 页中也曾极力证明景教碑为赝品。他们引证的资料包括曾德昭《中华大帝国史》、卫匡国的《中国新舆全图》、卜弥格的《中国游记》、祈尔歇的《绪论》和《中国图志》以及柏应理的《中国历史纪年表》。其论据主要有五条:1.他掌握着与西安府景教碑有关的许多文献,耶稣会士们向中国提供了碑文中所有的古叙利亚文词汇。2.在636年时,犹太地区正经受着穆斯林们的入侵,怎能向中国派遣传教士呢?当时巴勒斯坦地区已接受了使用希腊文的习惯,怎会在景教碑中出现古叙利亚文呢?3.从耶稣—基督传记来看,士师为国王的时间绝没有大秦景教碑讲得那样古老。4.西安府大秦景教碑中提到了炼狱(煎迫转烧),但此名词在当时肯定尚未出现,尽管人们不否认当时在东西方的教团中习惯于为死者举行祈祷。5.如果碑文中记载的历史是真实的话,那么汉文史料中对此保持的沉默就会令人惊讶了。该碑文中还有其他许多令人质疑的地方。唯有误解宗教的人才会相信谎言有助于宗教的繁荣,这本来应该是耶稣会士们的惯用手段。他的整篇文章都证明了他对耶稣会士们的不信任态度。当人们很好地理解了古叙利亚文的历史时,其第一种论据便不攻自破了。其他的论据都是以当时对碑文的不准确译文为基础的,碑文中既未涉及犹太人地区,又未讲过"东方三王"(Rois Mages,即东方三博士,耶稣降生时由东方前去朝拜圣婴的三王或三博士),也未讲到炼狱。至于中国编年史中保持的沉默,那也只是表面现象。令人惊讶的是,入华耶稣会士的敌对者们,从未指出发现该方碑文不同记述中的矛盾,唯有祈尔歇于同一部著作中提供了某些明显的例证。

这就是拉·克鲁兹于1707年提出的论据,他后来再未重复论述这一问题。他的书简于其死后不久,才在1742—1746年间于莱比锡出版。17世纪末叶—18世纪初叶,欧洲最严肃的汉学家巴耶尔(Théophile Sigfried Bayer,1694—1738年),也曾打算"更要准确得多地翻译"该方碑文,但他的早逝使这项计划流产了。拉·克鲁兹并不仅限于鼓动巴耶尔反击雷诺多,而且还亲笔写成了《为捍卫雷诺多的公正检讨》一文,于1719年发表于《学者欧洲》杂志中。

拉·克鲁兹有关耶稣会士们作假的理论,又激起了一位牧师伊撒·德·博索布尔(Issac de Beausobre,1659—1738年)对耶稣会士们的反感。他于其1734和1739年(遗作)出版的《摩尼和摩尼教史考证》中,两次讲到了大秦景教碑。他于其书第1卷第195页中写道,1625年于陕西省发现的汉文碑中,包括古叙利亚文字。其中讲到的前往向中国人领报《福音书》的70多名讲道人,都是从巴勒斯坦而不是从亚述或迦勒底派出的。博索布尔认为该碑的真相在许多方面都令人质疑。他认为拉・克鲁兹对该碑的考察,使任何公正而不怀偏见的人都相信,该碑是由耶稣会士们伪造的。

事实上,如果不是政治家们接过了这场辩论,那么它本来可于18世纪结束。阿尔让斯侯爵(Marquis d'Argences)于其1755年出版的《中国人的信札》、伏尔泰于其1757年出版的《风俗论》及其另一部《中国人的信札》(1776年)中,都重复论述了或者甚至是发挥了拉・克鲁兹的论据,阿尔让斯讲得很啰唆,伏尔泰则怀有一种恶意的讽刺。目光非常敏锐的吉本(Gibbon)曾断言,拉・克鲁兹、伏尔泰和其他人在这件事中都害怕耶稣会士们造假,他们变成了自己诡诈行为的受害者。18世纪的某些宗教学家们,对于大秦景教碑表现出的极端保守态度,是由于该碑既未被列入唐・卡尔梅(Dom Calmet)的《世界史》中,也未出现在巴罗纽斯(Baronius)的《宗教编年史》和弗莱里(Fleury)的《宗教史》中。

这场似乎已告结束的争论,后来却又重新爆发了。新教差会于1807年进入中国。他们的第一位先驱是马礼逊(Robert Morrison,1782—1834年)牧师。他写了一本论著,后由其教友米怜(William Milne,1785—1822年)于1820年在马六甲出版:《中国新教传教区前10年的回顾》。书中简单地论述了基督教早期在中国的传播过程。他指出了两点反对意见。其一是除了罗马传教士们提到的西安府石碑之外,在中国不存在任何古迹、古碑或古教堂遗址;其二是景教的任何教义或仪轨,均未曾与中国的任何异教系统结合过。

米怜当时身处广州和马六甲,十分缺乏资料,他有关大秦景教碑的唯一资料来源是李明(Le Comte,1655—1728年)神父,其信仰虔诚使他变得很不能谨慎地行事了。雷慕沙(Abel Rémusat,1788—1832年)1821年在《学者通报》中发表了一篇文章驳斥他,支持该碑的那无可争议的真实性。此文后来又转载于雷慕沙于1825年出版的文集《亚洲论丛》中了。雷慕沙并未在刘应、宋君荣、德经和米尼奥的论点中再增加任何新内容,甚至也未纠正其中的某些错误。克拉普洛特(Klaproth)同样也明确支持该碑真实性的论点。

德国的蒙古学家和藏学家雅各布・施米德(Jacob Schmidt)坚持认为,畏兀儿人即吐蕃人,反对人们谈论蒙古克烈部(Keraït)中的基督教。他于

1829年出版的萨囊彻辰《蒙古源流》的译本(他译作《东蒙古史》)中,讲到了大秦景教碑,但却否认该碑的真实性。裕尔(Yule)就曾因此而称施密德为"傲慢的东方学家"。

德国汉学家夏尔·佛雷德里克·内曼(Charles Frédéric Neumann,1798—1870年),很快就成了否认大秦景教碑真实性的代表人物。从1830年起,他就提到了该碑具有欺诈行为。但仅仅是在20年之后,他才于当时德国最主要的东方学刊物《德国东方学报》(1850年)中发表了《西安府的石碑赝品》一文。他于其文中列举了各种论据并作了最广泛的阐述。作者以对入华耶稣会士、其方法和习俗的激烈攻击而开始论述。针对景教碑的问题,他认为这是一种赤裸裸的杜撰,它成了对汉文文字学和该国所有历史资料的一种嘲弄,当然不会对高度文明的中国人产生任何影响。8世纪的文字与碑文中的那些近代文字完全不同,中国古史中也未记载过天子的这些诏令。内曼认为,碑文中没有任何景教特征。他那不容置疑的肯定口吻,影响了那些无法核实资料的人。早在内曼于1830年首次提出其观点之后,便有利特(Ritter)1832年于其《地理学》,内昂德(Néander)1834年于其《宗教和基督教会史》中,都对西安府景教碑持很大的保留意见。另外一名德国人夏尔·古茨拉夫(Charles Gützlaff,1803—1851年)也谈到了该碑的真实性问题。他1834年于其《三次游记》中又讲到了中国唐代。他怀疑这方碑文中大部分内容的真实性,但并不认为某些传教士在唐代进入中国是不可能的。古茨拉夫在1834年于其《中国历史纲要》中却毫无保留地表示,在陕西西安府发现的古叙利亚文碑文证明,叙利亚教团曾为传播景教而作出过巨大努力。1838年,古茨拉夫再次承认,景教于7世纪时传入中国一事,已经基本得到了证明。夏鸣雷神父根据海勒(Heller)神父的说法,又指出古茨拉夫于1847年再次对该碑的真实性产生了怀疑。但在1850年,内曼的文章问世。1852年,德国东方学会的《会刊》中刊登了古茨拉夫对于《瀛寰志略》一书的长篇分析。古茨拉夫于其中指出,这部舆地书的作者就如同过去中国称呼拂菻一样地讲犹太国。他参照了大秦景教碑,"但拒绝作出任何判断,因为该碑的意义很含糊"。古茨拉夫的一条注释指出,雷慕沙和圣·马丹(Saint Martin)都捍卫该碑的真实性,古茨拉夫似乎也赞同其朋友的意见。有人认为,在德庇时修士于1836年出版的《中国人》一书中,明显厌恶承认耶稣会士们的虔诚信仰。耶鲁大学的阿拉伯文和梵文教授索尔兹伯里(E.Salisburg)曾于1852年,会见了在美国休假的传教士禆治文。此人在谈吐中认为，当时的学术界普遍认为，大秦景教碑是赝品，而禆治文本人却对该碑的真实性不持任何怀疑态度。这便导致索尔兹伯里专心致志地研究该问题，他于1852年10月14日向其同事们宣读了《所谓的西安府景教碑》一文，于1853年发表于《美国东方学会会刊》中。索尔兹伯里只是风闻到了霍尔恩、斯彼泽尔、拉·克鲁兹等人对该碑的攻击，同时也阅读了雷慕沙、克拉普洛特以及斯密德和内曼的论著。他联想到了闵明我神父对该碑的怀疑，与内曼一样认为该碑没有任何景教的特征。索尔兹伯里认为该碑文可能是在印度伪造的，是由受耶稣会士们归化的一名中国从教人张赓虞首先提醒人们注意该碑，祈尔歇可能是从曾德昭那里获得了拓片并于其《绪论》中使用（事实上，曾德昭是在《绪论》一书出版四五年之后才返回欧洲的）。索尔兹伯里强调应该重新研究碑文的原文，其文表现了他从未从广度和深度上研究该碑文，但其语气是真诚的。

继索尔兹伯里的文章发表之数年之后，勒南（Renan）根据儒莲（Stanislas Julien，1797—1873年）的介绍，也投身于攻击该碑文的阵营中了。儒莲曾是其时代的著名翻译家，性情古怪而又好争辩，曾与鲍狄埃激烈论战。鲍狄埃于1837年承认大秦景教碑的真实性，认为否认其真实性没有任何意义。但自从他声称第一个在非基督教的汉文著作《大清一统志》中，发现了对金胜寺（崇仁寺）的真实记述之后，他又认为该碑具有重要意义了。勒南于1855年，甚至于其《世界通史与闪语比较体系》中，也讲到过该碑。他是受内曼有关该碑是用现代文字写成之断言而动摇的，儒莲向他提供了新的质疑理由。据儒莲认为，李玛诺的译注本声称该碑文系用篆字刻成。此外，1744年的《大清一统志》首版卷138，记录了西安府的40余通碑，但未提及景教碑。崇仁寺的任何古老记载都未曾讲到过该碑。因为这一卷只是对传教士们的著述作出的反应，而且最多也是证明该碑的现状而不是其真实性。此外，崇仁寺正是玄奘译经之寺。如果当时那里有景教徒，玄奘本应该知道，18和19世纪的多位中国作家，也都根据耶稣会士们之所说，承认了该碑的真实性。都用"如德亚"（Jedéc，犹太国）来解释"大秦"。但作者认为"大秦"肯定是指波斯，故"大秦寺"不可能是基督教的教堂。《金石粹编》中唯一支持该碑真实性的权威文献，是11世纪的作家宋敏求的著作。入华耶稣会士们希望证明中国基督教信仰的古老历史。如果该碑是伪造的，那就应该认为造假者也使用了有关大秦寺的中国古文献。

勒南在利用了他从儒莲处借鉴而来的重要文献之后，却表现出了某些犹豫不决，一筹莫展。他认为开封府的希伯来文—汉文碑可以支持这种观点。大秦景教碑上的古叙利亚文，酷似8世纪的古叙利亚文《圣经》中的文字。一旦当勒南的书出版之后，鲍狄埃又写出了他的第一篇论文《论西安府景教碑的真实性》。此文完成于1856年，但直到1857年才发表于《基督教哲学年鉴》中，带有作者补写于1857年春天的附录。文中对儒莲的论据作了正确的批判。鲍狄埃在撰写其附录时已掌握有魏礼发表于《美国东方学报》中的那篇文章。魏礼的文章发表之后，儒莲深知自己大错而特错了，但却不愿意向鲍狄埃投降。所以，古伯察神父于其1857年出版的《中国中原与西藏基督教》一书中，仅限于提供几篇有关该碑的汉文简介文，一切均以该碑那无可争议的真实性为前提。他在1858年出版的玄奘《大唐西域记》译注本最后一卷的索引中，当提到房玄龄时就曾指出，据景教碑记载，正是此人去迎接于同一时代在西京安身的阿罗本。这就是不言自明地承认了该碑的真实性。在此后的几年中，儒莲又从中国收到了一本宋敏求的《长安志》，并将此书转交给鲍狄埃阅读。鲍狄埃于1862年在《东方和阿尔及利亚学报》中发表了一篇文章，文中引用了有关景教碑的段落。勒南为掩护撤退，而于其1862年出版的《闪语通史》中，修正了自己的观点。他认为怀疑该碑真实性的观点最终不攻自破了。因为儒莲从中国获得了一册宋敏求的《长安志》，而此书又确曾讲到了大秦景教碑。至于那些古叙利亚文，他已不再认为是“酷似8世纪古叙利亚文《圣经》中的字体”，而是“漂亮的8世纪古叙利亚文《圣经》中的字体了”。总而言之，是儒莲证实了该碑的真实性，但他不肯原谅鲍狄埃那愚蠢的立场。1858年，鲍狄埃发表了其大秦景教碑的译本，译本依然错误百出。儒莲于13年之后，不但没有发表具有一定价值的译文，而是在1871年抛出一本《答一名匿名朋友》的小册子，逐字地揭示了鲍狄埃拉丁文译本的错误。

继魏礼的著作之后，对于该碑的攻击仍未停止。攻击主要是来自汉学家们一方，但在史学家和政治家中也有固执己见者。新教牧师科费(Kaüffer)于1858年、奥培于1870年仍然对该碑的真实性表示犹豫不决。1880年，一位教廷枢机——《教会史》的作者赫根勒特尔(Hergenroether)仍声称该碑的真实性尚未得到证实。1886年1月29日，《泰晤士报》发表了一封信，声称大秦景教碑是由耶稣会士们伪造的。同一年，奇沃尔松(Chwolson)曾声称尚未找到能证实该碑真实性的凭据。但他在数月后收到了赫勒神父的资料,故又放弃了其怀疑。

总而言之,大秦景教流行中国碑是世界基督教史上的一部重要文献,是现知的中国基督教的最早文献。自从该碑重见天日以来,世界各国学者争相研究,远远地越出了汉学与基督教学的范畴了。它无论是对于中国宗教史,还是对于中西文化交流史,都具有很重要的意义。

西方学术界对中国开封犹太人的调研始末

一

中国历史上的开封犹太人是一个鲜为人知,却又确实存在的民族和宗教社团。在卷帙浩繁的中国史籍中,对这一民族的记载虽然缺乏详细,但毕竟还可以爬梳剔抉到一鳞半爪的资料。20世纪初,在甘肃敦煌和新疆的丹丹乌利克,都发现了有关中国犹太人的希伯来文卷子。自元代以来,先后在汉文载籍中出现了"术忽""主吾""主鹘","朱乎得"(以上均为希伯来文Yehudi和波斯文Djuhud的对音,意为"犹太人"或"犹太教徒")和"珠赫"(希伯来文Judah的对音,意为"犹太国人")等。《经世大典·马政篇》中的"斡脱",也可能是指中国犹太人的异译。

犹太人从什么时代进入中国?根据开封犹太教汉文碑记载,分别有"周代"说(清康熙碑中有"教起于天竺,周时始传于中州")、"汉代"说(明正德碑中有"教自汉时入居中国")等。此外还有"唐代"说和"宋代"说等。全面来看,宋代说(11世纪)可能较为可靠一些,因为宋王朝的京都在开封,必会吸引富于经商精神和逐商机而居的犹太商贾。这里主要是指开封犹太人社团。零星的犹太商人、旅行家或探险家,可能很早之前就来过中国了。但他们未能形成社团。无论如何,他们进入中国已有相当悠久的历史,长期以来与各中华民族和睦相处,互相融合,形成了中华民族大家庭中的一员。

中国开封犹太人也与全世界的犹太人一样都笃信犹太教,他们自称"挑筋教"徒、"一赐乐业"(Israël的对音,"以色列"的异译)教徒和"蓝帽回回"等。在中国历代王朝"中外一体"政策的感召下,他们的宗教受到了尊重,习俗得以衍变,在处境孤立和经济凋敝的情况下,仍苟延了相当长的时期。

中国犹太人是自波斯(西域)和印度(天竺)等地辗转到达中国的。在中国的丹丹乌利克、敦煌、杭州、宁波、宁夏、北京、上海、大连等地都留下了他们的足迹。但到了17—18世纪之后,唯有当时的河南省会开封府的犹太人,才相继形成一个比较人多势强的民族和宗教社团。中国和世界各国的学者主要是通过开封犹太人,而追踪中国犹太人的历史轨迹。

犹太民族是一个伟大的民族,素以善于理财和经商,积极从事政治和文化事业而享有盛名。他们之中有不少是世界名人,如德国大诗人和政治家海涅、荷兰唯物主义哲学家斯宾诺莎、狭义相对论的鼻祖爱因斯坦等。就连伟大的无产阶级革命导师马克思和列宁,也有犹太血统。在震惊世界的俄国十月革命的领导人中,便有托洛茨基、苏维尔德洛夫、季诺维也夫、加米涅夫、卡冈诺维奇、捷尔任斯基、拉狄克等具有犹太血统的一代风云人物。这个民族的历史非常复杂,灾难深重却又自强不息,在逆境中奋搏,在苦难中辉煌。他们与历史上的不少重大事件有关。中国的犹太人已基本被汉族同化或接受伊斯兰教归化。老一辈学者中,陈垣、张星烺、潘光旦、江文汉诸先生都曾对中国的这个民族社团进行过开拓性的研究;当代又有徐新、张遂、高望之、顾晓敏、张倩红、潘光等先生,著述甚丰,成绩斐然;国外学者研究这一课题的著作不断零散地问世。但无须讳言,我国在这一领域中的研究尚很薄弱,需要大力加强。

研究开封犹太人(也包括中国其他地区的犹太人),与研究中国历史上的其他民族或宗教社团不同,中文史料实在零散而稀珍。在中国历史上,最早大规模地从事对开封犹太人社团进行调查研究的,是以入华耶稣会士为主体的西方天主教各修会的入华传教士们,后期也包括新教多个差会的传教士、商人、旅行家以及西方犹太人社团的代表。

自从利玛窦于1605年在北京会见赴北京参加会试或者是谋求官职的开封犹太人举子艾田之后,入华耶稣会士们就非常注意调查搜集中国犹太人,尤其是开封犹太人的资料。国外的宗教界和学术界也都非常关心这一课题,称这一发现为“中国民族学史上的一大奇迹”。他们不断向在华耶稣会士们提出有关中国该社团方方面面的问题,为他们提供各种方便以进行实地调查和研究。西方传教士们这样重视开封犹太人,其原因有二:证明中国自古以来就存在着“上帝的子民”、通过开封犹太人的原始《圣经》而证明犹太人篡改过当时流行于世的《圣经》文本。在华的耶稣会士们于

18 世纪作了大量调查。他们把这些调查结果都寄往国外,尤其是寄往法国。这批书简后来就成了研究开封犹太人的宝贵资料。除了在 18 世纪的《耶稣会士书简集》中发表过某些书简之外,尽管国外学者都曾引用过,但大部分书简却一直未公开刊布,而能运用原档案的人又寥寥无几。所以法国耶稣会士荣振华(Joseph Dehergne S.J,1903—1990 年)与澳大利亚高等教育学院的李渡南(Donald Daniel Leslie)教授合作,首次刊布了这批书简。从而才使我们得以利用其中有关中国开封犹太人的丰富资料。他们共刊布了意大利入华耶稣会士骆保禄(Giampaolo Gozani,1659—1732 年)神父有关开封犹太人的 7 封书简(1704—1712 年)、法国入华耶稣会士孟正气(Jean Domenge,1666—1735 年)神父有关该社团的 11 封书简(1722—1759 年)、法国入华耶稣会士宋君荣(Antoine Gaubil,1689—1759 年)神父有关开封犹太人的 8 封书简(1722—1759 年)。书中还发表了利玛窦(Matteo Ricci,1552—1610 年)于其《基督教远征中国史》中有关他与开封犹太人艾田会见的记述;葡萄牙入华耶稣会士——中国副省会长兼巡按使何大化(Antonio Gouvea,1592—1677 年)于 1644 年致罗马教廷的有关中国开封犹太人的报告。此外,书中还详细列举了 17—18 世纪赴开封实地调查中国犹太人的入华耶稣会士名表、开封犹太人简史(尤其是其入华史、迁居史、宗教史、经文史、西方人试图与之建立联系的交往史)等等。

法国学者娜婷·佩伦(Nadine Perront)女士出版了《中国的犹太人,开封和上海犹太人社团的神奇历史》。佩伦女士是法国的一名中文翻译。此书于 1998 年由巴黎的阿尔班·米歇尔(Albin Michel)出版社出版,被列入到《犹太教的影响》丛书中。此书虽然篇幅短小,但既通俗易懂,又高屋建瓴、全面地追述了开封犹太人的历史、文化、宗教,被同化过程以及西方汉学界、宗教界、商界和犹太人社团对开封犹太人的研究历史。

西班牙入华耶稣会士管宜穆(Jérôrme Tobar,1855—1917 年)早年出版过《开封犹太人碑题》。此书作为法国天主教传教区的《汉学论丛》第 17 卷的专刊号,于 1912 年在上海徐家汇天主教传教区出版。书中全文译注了有关开封府犹太人的三通汉文碑的碑文,即 1489 年的《重建清真寺记》(明弘治碑)、1512 年的《尊崇道经寺记》(明正德碑)和 1663 年的《重建清真寺记》(清康熙碑)。作者还抄录并译注了当时在开封犹太教会堂内尚存在的匾额与楹联。作者于其详细注释中,对于西方各界人士有关开封犹太人的研究成果,大量证引和借鉴。管宜穆于 1880 年莅华,布道于耶稣会江南传教区（总铎府设于徐家汇）。他曾将清朝洋务派代表人物张之洞的《劝学篇》译作法文发表，还有一部专著《中国与外来宗教》（1917年）。他的这部著作早已成为西方研究开封犹太人的经典之作。国内外许多学者（包括陈垣先生的那篇权威论文《开封一赐乐业教考》，1919—1923年多次增删发表），都曾参阅过管宜穆神父的著作。因为他对碑文的注释最详细，对于匾额和楹联（对联）的录文最完整，错误也相对较少。由于这些匾额与楹联后来均残损得无踪影了，甚至连开封犹太教会堂也不复存在了，所以他留下的录文，成了宝贵的历史文献。

澳大利亚国立高等教育学院的李渡南（Donald Daniel Leslie）是研究中国穆斯林和犹太人的专家。他于1972年作为《通报》第10卷专利号，在荷兰莱敦布里尔出版社出版了一部《中国犹太人的遗存，开封犹太人社团》。该书从历史学、社会学、碑铭与稿本、调查报告与口碑传说诸方面，全面地论述了开封犹太人的历史。可惜，此书的中译本一直未出版。

以上这些著作与资料，是研究开封犹太人的基本文献，也是笔者使用的主要资料。本文的所有资料，均引自这些西文著述，特别是其中的法文著述不敢掠美，特此说明。

二、开封犹太人进入中国的时间

从公元9世纪末开始，西方旅行家或传教士们都强调过，在中华帝国内存在着犹太人。由于他们的观察都极其简单，记述过分随心所欲，使人无法认真对待，所以它们既未引起世人的高度重视，又未引起犹太人自己的关注。在公元916年左右，大食旅行家阿布·宰德·哈桑（Aboul Zeyd al-Hassan，又叫 Abu Zaid）就于其《中国和印度游记》中指出，当黄巢起义军于878年夺取广州时，除了屠杀当地居民之外，还屠杀了“12万穆斯林、犹太人、基督徒和法尔斯人或波斯袄教徒等”等“藩坊”居民。由于这种记载无法被认为是一种证据，而且主要是以向广州非汉族居民们征税的税册为基础，所以这条简单的记述未激起人们的任何特殊兴趣。

大约到了公元880年左右，有一名叫作埃尔达德·哈达尼（Eldad Ha Dani，意为达尼部族的埃尔达德）的犹太旅行家，他声称曾在西域被一支土匪抓获，并且一直被掳至中国。他可能非常幸运地被以撒萨尔（Issachar）部的一名犹太商人，从土匪手里赎回。此人后来又帮助他离开那里。这个故事不会被人视而不见,甚至还受到某些学者十分认真严肃的对待,在研究它的学者行列中,甚至还包括拉什(Rachi)和哈斯代·伊本·莎普鲁特(Hasdai Ibn Shaprut),但大部分学者却认为此说纯粹是无稽之谈。

比较值得信赖的人是马可·波罗,他于是 1286 年在其《寰宇记》中断言,自己曾在汗八里(Khanbalik,北京)元蒙帝国忽必烈汗的宫廷中,会见过术忽人。

从 14 世纪起,便有许多人作过使中国犹太人福音化的尝试,泉州的方济各会主教安德拉斯·德 ·佩鲁贾(Andreas de Perusia),于 1326 年的一封书简中,向其罗马长上抱怨说,在中国曾有一名犹太人受归化。马里诺黎也是入华方济各会士,于 1342 年生活在汉八里。他仅满足于与中国犹太人作神学讨论。

阿拉伯旅行家伊本·白图泰(Ibn Battuta)也证实了这种说法。他在 1346 年于杭州(Khansa,行在)的旅行中,发现那里存在着犹太居民,同时还存在着一座"犹太门"。这一切又于两个世纪之后,由葡萄牙人佩雷拉(Galeote Pereira)再次证实。佩雷拉于一封为 1565 年的书简中,指出了摩尔人(Maures)、异教徒(Gentils)和犹太人(术忽人),都被中华帝国政府各部允许各自依其信仰而发誓。

首先是继 1615 年由金尼阁出版利玛窦《基督教远征中国史》之后,其次是继曾德昭(Alvaro Semedo,1585—1658 年)的《中华帝国及其毗邻地区的传信报告》(即《中华大帝国史》)自 1641 年在马德里出版(这两部著作很快就被译成了多种西方文字)以来,学问家与神学家们才认真地研究中国犹太人问题。但这些人基本上都仍顽冥不化地坚持认为,他们均由以色列 10 个失踪部族而流散至华的陈旧观念之结果。

1650 年,阿姆斯特丹的大拉比(Rabbin,掌教)马纳塞·本·以色列(Manasseh ben Israël)在一部叫作《以色列的希望》的书中,将第一批犹太人入华的时间上溯到了周代(公元前 1122—前 256 年),其论证是以《圣经》中的某些章节(《以赛亚书》第 49 章,第 12 节)为基础的,文中提到某些犹太人自"秦国"(Sinim,中国)而来。

该拉比丝毫不怀疑,"秦国"指中央帝国,中国的犹太人均为流便(Reuben,勒乌本)失踪支系的后裔,他们于公元前 733—前 732 年(继泰拉特—法拉萨尔三世征服后,以色列的流散时代)和 525—500 年(以赛亚预言参照的时间)之间。

为了捍卫同一种论点，耶稣会士宋君荣和俄罗斯东正教会的高级神职人员阿列克塞·维诺格拉道夫（Alexei Vinogradov）等人，依据1663年在开封犹太教会堂竖立的清康熙碑（《重建清真寺记》碑），也对犹太人入华作出断代："教起天竺，周时（公元前1222—前256年）传入中州，建祠于大梁（开封）"。

这方碑文的作者是一名令人尊敬的中国文人，但他不是犹太人，而且还自我标榜熟悉一赐乐业教的悠久历史。

西班牙入华耶稣会士管宜穆（Tobar）神父在阅读文献时，发现这些人心不在焉。1489年于开封犹太教会堂遗址上竖立的纪念碑（明弘治碑，《重建清真寺碑》）的碑文，所提到的绝不是犹太人入华时间，而是涉及了犹太教的起源本身。

阿无罗汉（Abraham，亚伯拉罕）"其间立教本至今传，考之在周朝一百四十六年也。一传而至正教祖师乜摄（摩西，Moïse），考之在周朝六百十三载也"。

因此，中国文人的粗心大意，是宋君荣和阿列克塞·维诺格拉道夫误解之源头。

最后，其他人为了证明他们有关犹太人于周代进入中国的推断，又援引了犹太人曾参与丝绸贸易的可能性。甚至出现了诸如戈德堡（A. Godbey）那样的人，直至依靠《阿摩司书》（Amos）第3章第12节。其中提到了"铺绣花毯的榻上"，以断言"绣花毯"就是暗示丝绸，而丝绸又只能在中国才会找到。这似乎说明犹太人自公元前3世纪起，便从事与中国的丝绸贸易了。犹太人确实从事过丝绸贸易，但却是在一个很晚的时代。因此，将最早的犹太移民上溯到中国周代，似乎不大可能成立。

以骆保禄、布洛蒂埃（Brottier）和孟正气神父在内的耶稣会士们一方，坚持认为犹太人是于汉代入华的。因为他们主要是以开封犹太人社团的口碑传说，以及1512年开封犹太教堂中的明正德碑的碑文为依据，才提出了此说："原教自汉时，入居中国。"

孟正气神父于其1723年10月25日和1724年12月20日的书简中，又将犹太人进入中国的时间断定为在汉明帝在位年间，也就是公元58—75年之间。这种假设获得了管宜穆与伯希和的认可和接受。

事实上，犹太人存在于中国的可供稽查的明确踪迹，应断代为唐朝。20世纪初叶，两种考古发现提供了犹太人于公元8世纪进入中国的证据。

首先，是718年利用犹太—波斯文字写于纸卷上的书信残卷，当时纸张是唯有中国才能制造的书写材料。此件于1901年由斯坦因在新疆丹丹乌利克（Dandan-Uliq）发掘出土，现收藏于大英博物馆。其次是一页用希伯来文写成的祈祷经文（愿文），由出自《雅歌》和使徒传（先知书）中散落的一页，由伯希和于1908年在甘肃敦煌千佛洞的文献中发现，现收藏于巴黎，被断代为公元8世纪。

此外，在8世纪初叶的中国墓葬中，也发现了代表酷似犹太人相貌的陶俑，它们有时又被用来证明犹太商人于该时代在中国的存在，但它们也完全可能是代表着西域或近东其他民族的商贾。我们不能怀疑犹太商人曾于8—9世纪在中国旅行过，尤其是某些拉丹族（Radanitte）商人，他们赴远东的长途旅行已被同时代的大食舆地学家伊本·霍尔达别赫（Ibn Khordadbeh）作了描述。在9世纪时，犹太商人不仅是为贸易前往中国，而且还在那里定居。正如大食旅行家阿布·宰德的游记于916年所记述的那样，他特别强调了837年在广州的大屠杀中有犹太教徒。他们都居住在该城，变成了商人。中国唐代编年史虽未记载过犹太人在中国领土上的存在，但伊斯兰教、摩尼教、景教和祆教都在这个时代传入中国。我们还可以假设认为，犹太教也作出过同样的尝试。伯希和正是根据这种假定而指出："在宁波，就如同在扬子江的整个出海口地区一样，从波斯宽大的帆船上登陆的冒险家和商人，都是不同种族和具有不同宗教信仰的人：摩尼教徒和祆教徒、伊斯兰教信徒和景教徒，他们与从突厥斯坦和甘肃这另一条路上前来的兄弟们相会合了。非常奇怪的是，唯有犹太人自我置身于这般强大潮流之外。"

在宋代（960—1279年），犹太移民区的存在是一种不争的事实，因为开封犹太人社团，正是在这个时代，于1163年建成了其第一座犹太教会堂。但无论是中国执政王朝的编年史，还是开封方志，都未记载一赐乐业教信徒于中华帝国内部的存在。

三、开封犹太人进入中国的路线

无论是从个体上，还是从群体上，犹太人都是在一个覆盖了数世纪的时期内，才逐渐进入中国的。至于要知道他们是从哪里而来和怎样前来，以及其入华的动机如何，现已提出了多种假设，并且根据他们入华的假定时代而游移不定。我们一开始就应该排除犹太10个失踪支派之一于周代流亡中国的可能性。无论以开封犹太人社团的口碑传说所假定的入华时间(58—75年),与在公元70年摧毁以色列第二座圣殿之间关系的是多么有创意,逃避罗马人迫害的犹太人大批到达中国,其可能性也是不太大的。法国学者特里安·德·拉古普里(Terrien de Lacouperie)先生于1891年6月在《巴比伦与东方档案》中解释过:“没有任何理由认为,逃出犹太国的犹太人,会使自己向东方奔驰得如此遥远,一直到达中国”。

诸如宋君荣(1725年9月4日的书简)或拉宾诺维茨(Rabinovitz)那样的人,也都坚持认为犹太人是在汉代入华的,以在那里从事丝绸贸易。这就提示我们说,他们来自波斯呼罗珊,经阿富汗与西域,取道骆驼队之路入华。在唐宋统治时代,曾出现过大批穆斯林、大食人或波斯人取海道路,而聚集于中国的港口广州或宁波的现象。同样与中国做生意的犹太商人,也很可能是沿同一条道路东进,他们从也门和波斯湾出发,经印度而到达中国。

然而,如果人们当时在迁移时最经常走的是海路,那么骆驼队之路则同样也是畅通无阻的。无论是用犹太—波斯文书写的文书片段,还是由被断代为8世纪的祈祷经文的一页文字(这二者都是在由丝绸之路经过的遗址中发现的),都提供了经陆路上一条通道的证据。事实上,犹太人也仿效穆斯林商人,肯定是从波斯经阿富汗和西域,到达宁夏和北京;或者是从也门和波斯湾出发,经过印度到达宁波和广州港。

在历史上,人们有时也会提到犹太人在开封之外的其他中国城市中的存在。在广州,旅行家阿布·宰德曾讲到过他们。在北京,马可·波罗于1286年、方济各会士马里诺黎于1432年,后又有耶稣会士宋君荣于18世纪,都曾注意到过他们。宋君荣于1722—1759年曾多次指出,在北京尚有几个犹太人家庭,这些家庭后来都改宗成为穆斯林了。

在泉州,佩鲁贾的方济各会士安德烈,于1362年认为,没有一名犹太人肯接受天主教的归化。在浙江省的杭州,旅行家伊本·白图泰曾于1346年提到过犹太人的存在。1605年,利玛窦声称,他通过开封犹太人艾田而获悉,杭州曾有一个比开封犹太人社团人数更多并且同样拥有犹太教会堂的犹太人社团。1489年的开封犹太教会堂遗址上的《重建清真寺碑》(明弘治碑)提到,宁波(浙江省)也存在着犹太人,开封犹太人可能于1457年和1465年从他们那里获得了两卷“道经”,还有其他一些犹太人定居在宁夏和徽州。

因此，我们几乎可以肯定，在中国曾零零星星地有些犹太人群体的存在。但在 17 世纪时，当耶稣会士们发现开封犹太人社团时，其余的中国犹太人社团已经消逝，而且有关他们存在的踪迹也大都湮灭。

四、西方宗教界、学术界与政界对开封犹太人的调查研究

（一）利玛窦神父会见犹太人艾田（1605 年）

意大利传教士利玛窦（Matteo Ricci，1552—1610 年）于 1605 年 6 月末，于其数年前创建的耶稣会传教区住院中，接受了一名 60 多岁的中国文人的造访。此人叫作艾田，原籍开封（河南省），进京谋求升迁，也有人认为他是应试的举子。艾田是开封犹太人社团的成员，他曾坚信该耶稣会士们也如同他自己一样，崇拜天地的造物主，是自己的同教教友。至于利玛窦本人，他在开始时也将其对话者当成了一名基督徒。正是在这次以双重误解为基础的会见期间，利玛窦获悉在开封有一个犹太社团的存在。

利玛窦神父把艾田带入了教堂中。祭坛上供有圣母和圣婴耶稣的画像，若望正跪在那里向他们顶礼。这一天恰是浸礼节圣日，当这名犹太人丝毫不再怀疑利氏属于自己的宗教派别时，他便坚信自己看到了利百加（Rébecea）及其儿子雅各和以扫的画像，于是立即鞠身向画像顶礼。在祭坛的每侧都有四位福音使徒的画像。所以那名犹太人就询问这些画像是不是在祭坛上看到的那个人的四个儿子，神父作了肯定回答。他认为神父是指十二使徒，因为他们彼此之间都误解了对方的意思。神父又把那名犹太人带到了自己房间，于是便开始更为仔细地询问，逐渐理解了他信仰古教法。艾田本人并不知道犹太人这个名字，但当利氏询问这名犹太人的名字，很快就使此人承认他是一赐乐业教信徒。此人接着又看到在普兰丹刊印的皇家《圣经》版本，由于他打开了这部《圣经》，立即就辨认出了其中的希伯来文字，尽管他自己已经不会阅读了。

耶稣会士们通过此人而获知，在河南省省会开封府内有 10 个或 12 个一赐乐业教信徒家族（姓），此外还有他们最近用 1 万个金埃居而建筑的一

座富丽堂皇的犹太教会堂。他们在500—600年间于其中收藏着《摩西五经》(《圣经》的前五书)。

艾田叙述了《旧约》的许多故事,与亚伯拉罕、犹滴(Judith)、末底改(Mardochée)和以斯帖等人的生平相似。但他在读这些人名时,其声调讹变甚重,也可能他更接近于古代的声调。他肯定其部族中的某些人会讲希伯来语,其中也包括他个人的兄长。至于他本人,由于他从童年时代起就专心钻研中国文学,曾鄙视学习希伯来文,所以就被认为无资格参加由犹太教会堂掌教主持的大会。

这种首次会见之后,又过了三年,等到1607年12月,一名中国辅理修士徐必登(Antonio Leitao)被利玛窦派往开封,以证实犹太人社团的存在。

然而,开封的老掌教并不太关心属于神学范围的事。他对于确保犹太人社团永远维持其先祖信仰更加惴惴不安。由于他非常害怕于其周围再也找不到一个相当熟悉其律法,能继承其拉比职务的犹太人。所以,他向利玛窦神父提议,让利氏主持犹太教会堂或礼拜堂:"由于他深知神父的名望,对神父的道德名声如雷贯耳。如果神父能够忌食猪肉并能到他身边居住的话,那么他情愿将掌教的职务让给神父"。

利玛窦后来似乎未给掌教带去过任何答复,掌教逝世于1608年。直到1609年,三名开封犹太青年(其一为艾田的侄子)前去北京拜访耶稣会传教区为止。

这三个青年人表现出了悲观情绪,他们公开承认自己强烈向往背离其信仰,并改宗信奉基督宗教。耶稣会士们于18世纪时,发现开封犹太社团仍很活跃和繁荣兴旺。利玛窦神父便坚信急需在开封建立一个耶稣会传教区,以便能使犹太人回归教团的怀抱。但利玛窦于1610年逝世后,这项任务便落到其继承人龙华民身上了。当三名犹太青年于1609年来访时,龙华民也在场,他也曾坚信归化犹太人的可能性。一旦当他被任命为中国传教区的长上(实际上在1622年之前,他始终担任这一职位),便向耶稣会罗马总会长克洛迪奥·阿瓜维瓦(Claudio Aquavivo)请求,在"援助中国犹太人以将他们吸引到基督教一方"的名义下,为他派遣"一两位精通希伯来文的神父。开封犹太人拥有《圣经》,但自从他们那位懂希伯来文的掌教逝世以后,他们对这些经文已经一无所知了"。

(二)耶稣会传教士使开封犹太人接受基督教归化的希望痛遭失败(17世纪)

这批耶稣会士中的第一位是艾儒略神父。他于1613年亲自去访问开封犹太人。他经过开封的唯一记述,是由曾德昭为我们提供的。曾德昭在《中华大帝国史》中,以一种简单的方式指出,艾儒略曾得以参观开封犹太教会堂,却未能接触他们收藏的任何希伯来文经文。

1619年,龙华民在中国修士钟鸣礼(Jean-Fernandes,1581—1619年?)的陪同下,同样也曾亲自前赴开封。他在开始时受到了开封犹太人的热烈欢迎,不过很快就转向困难重重了。正如何大化(Antonio de Gouvea)所叙述的那样:开封犹太人开始认为,龙华民神父属于他们信仰的律法,于是便组织了一次盛大的欢迎。但当他们一旦发现了龙华民《圣经》中的画像之后,便觉得这使他们很令人厌恶;他们又获悉神父们不实施割礼,也不遵循犹太教的其他礼仪,他们于是便认为他们是十字架基督徒、耶稣的崇拜者。他们立即强调要把神父从会堂中赶走,并认为犹太教会堂由于他的冒昧造访而遭到了亵渎。

龙华民神父于9年之前曾断言,开封犹太人希望信仰基督并对其圣像表示崇拜,但他们现在却拒绝了这一切。他认为在开封生活的犹太人最早要多达5万—6万人,现在只有1万人了;其宗教中混合有异教成分;他们也参加科举以追求升官晋级,但他们不如回教徒那样受人尊重。

1628年,意大利耶稣会士毕方济(Francesco Sambiasi,1582—1649年)神父在距开封犹太会堂不远的地方建立了第一座耶稣会士住院。3年之后,由葡萄牙人费乐德(Lui de Figueirodo)管理。此人于1642年在黄河淹没了开封城部分地区的那场水患中死亡。恩理格(Christiano Henrique,1625—1648年)神父于1662年或1663年,访问了开封及其犹太教会堂,他也对这一切保持沉默。他于1676年又返回开封,以在那里修建一座新的住院,因为住院已被1642年的黄河水患所淹没。

到17世纪末,耶稣会士们使开封犹太人接受归化的尝试,却以失败告终。但传教士们搜集了一批数量相当可观的有关开封犹太人的文献。

(三)开封犹太人与中国礼仪之争的关系(18 世纪初叶)

18 世纪初叶,在使耶稣会士们与多明我会士和方济各会士之间,处于严峻对立状态的那场中国礼仪之争中,耶稣会士们也利用了开封犹太人,以证实他们的布道方法是有理有据的选择。

入华耶稣会士们受到了罗马的警告,要求他们对于被定性为偶像崇拜的中国土著礼仪的让步作出解释。耶稣会士们当时认为可以利用开封犹太人社团的例证进行抗争。如果开封犹太人自汉代进入中国并在中国立足,在接受一定程度汉化的同时,又成功地保持了其独神信仰,那么它就可以帮助罗马确定基督宗教适应中国传统的程度。1703 年,耶稣会在罗马的领导人,要求调查礼仪以及那些引起冲突的名词术语,以便从中得出反驳其抨击者们的证据。这项任务被委托给了骆保禄神父。他虽并非是希伯来文专家,但他于 1704 年 11 月 5 日致罗马的详细报告,却提供了许多人们所期望的证据:

"①开封犹太人崇拜天地的创造主,他们称之为'天''上帝''上天'等。②他们的文士们都如同异教徒们一样,也于孔庙中行尊孔礼仪……③他们于'祖堂'中祭祖,但不使用灵牌。④他们信仰其律法,并称之为'一赐乐业'教。有关他们的起源、古老历史、后裔、族长亚伯拉罕(阿无罗汉)、以撒(以思哈戒)、雅各(雅呵厥勿)、一赐乐业 12 部族(12 宗派)。还有他们的立教人乜摄或默舍(默西,Moïse),他于西奈山两条案桌上接受的《律法之书》和十诫。此外还有阿呵联(亚伦,Aaron)、月速窝(约书亚,Josué)、蔼子喇(Esdras、以斯拉)等。他们从摩西处获得了的《圣经》,《摩西五经》)或其中包括的《创世记》(Beresith)、《出埃及记》(Veellesemoth)、《利未记》(Vaijcra)、《民数记》(Vaiedabbier)和《申命记》(Haddebarim),他们称这一套经书为《托拉》(Taura,Thora,或 Saint Jérôme),即《摩西五书》或《摩西五经》。"

(四)有关由《塔木德》派学者篡改希伯来文本《圣经》的论战(18 世纪前半叶)

在 18 世纪的前半叶,也就是在继中国礼仪之争爆发不久,开封犹太人始终在他们根本不知情的背景下,又重新被牵涉进一场诬蔑性的官司中了,这一次是由基督徒们向犹太人发动的。基督徒们怀疑《塔木德》的犹太学者们,曾从希伯来文《圣经》文中,删除过与基督降临及其使命有关的所有段落。

基督教早期教父圣·查士丁(Saint Justin,约为公元100—165年)就已经对拉比(Rabbins)们的著作提出过质疑。在16世纪时,由于反改革派,这种质疑又来势凶猛地旧话重提。有人焚烧具有宗教特征的犹太教书籍以及用希伯来文书写的世俗著作。有人重新向罗马当局指控希伯来文《圣经》提供了一种遭歪曲的文本。1578年,古列尔莫·西莱托(Guglielmo Sirleto)红衣主教,在格列高利十三世(Grégoire XIII,1572—1587年)教皇任期内,把负责起草禁止希伯来文《圣经》文件的工作,委托给了意大利《塔木德》学者拉扎鲁斯·德·维泰尔博(Laxarus de Viterbo)。唯有发现一种早于《塔木德》时代的《圣经》"纯洁"文本,方可使人对此作出决断。既然开封犹太人被认为是自古以来就定居在那里,那么这些中国犹太人是否拥有符合于基督降生之前数世纪,就在犹太地区流行的经文呢?难道不能由于他们而最终得以证明,犹太人的现有《圣经》遭到过篡改吗?利玛窦神父的使者徐必登修士很快便于1608年获得了形成开封犹太人《摩西五书》经文首末的抄本。神父经过将它们与西方流行的普兰丹本《圣经》各书进行比较之后,未从中揭示任何异文。曾德昭指出:

> 利玛窦也断言,根据犹太人亲自在北京向他所作的叙述,开封犹太人的《圣经》与自己的《圣经》没有任何区别。他们完全不知道基督。由此看来,他们似乎是在基督降临人世之前进入中国的。如果他们从未听说过基督,那是由于他们对此的记忆完全丧失了。因此,现在非常重要的事,就是要看到他们的《圣经》。他们也可能从来未像西方犹太人那样篡改过《圣经》。

曾德昭的建议又由莱布尼茨所重复。莱布尼茨于其1700年1月1日致安东尼·韦尔朱思(Antoine Verjus)的书简中写道:"我曾请求过尊敬的郭弼恩(Le Gobien)神父,在向中国寄信时,应调查一下人们是否看见过中国犹太人的《旧约》,以将此与欧洲《圣经》的希伯来文本作以比较。……中国犹太人似乎自很长时间以来,便未与欧洲犹太人有所交流了。如果大家可能在他们之中发现经书或经书片段,那么欧洲犹太人便可以改变或消除对基督徒们的仇恨了”。

1707年,在巴黎的中国传教区司库郭弼恩神父,于其为《耶稣会士书简集》第7卷所写的序言中,清楚地阐述了由基督教神学家们对待犹太人的立场,从而使他们把希望寄托在开封犹太人社团身上:

> 最近在河南省府城发现了一座犹太教会堂,它地处中国腹地,就如同恰恰是位于中国的心脏一般。人们通过有关中国的古老游记而获知,大名鼎鼎的利玛窦(Matteo Ricci)神父和第一批入华传教士,似乎就已经获知在该帝国中有犹太人,由于他们未能获知这些犹太人的居住地,或者是他们忽略了调查了解这些人并互相交谈,所以人们在最近期间内,肯定已经是几乎忘记了在中国也有犹太人。大家应该把这些发现,归功于我们耶稣会的骆保禄神父的勤奋和潜心觅寻查访。这名传教士应其一名朋友的邀请,前往河南省府,并在那里发现了他要寻找的犹太人。这些犹太人彬彬有礼地接待了他,向他介绍了他们的风俗习惯,让他参观了他们的犹太教会堂,以及他们极其精心地保存在那里的《圣经》诸书。……人们借助于保存在这些中国犹太人手中的《圣经》诸书,便可以更容易地理解如下情况;某些学者确实曾相信,自从基督教诞生以来,与基督徒为敌的犹太人曾篡改过《圣经》。他们或者是通过遗漏与颠倒整章的经文,或者是仅仅篡改其中的几句话和几个字,或者是删去那些对他们不利的词句;最后,或者是在多处根据他们的观点,而断句和加以突出强调。这就是说根据其教派的偏见,而确定《圣经》诸书的意义。……由于中国的犹太人有一座独特的犹太教会堂,而且他们至今不仅不为基督徒所熟知,而且也不为他们那些分散在其他民族中的教友兄弟所熟悉。在他们之中,可能会有以其完全纯洁的状态存在着的几册《圣经》,或者至少是排除了我们的诠释家和神学家们,认为是在原文中发现的那些错误的经书。
>
> 如果曾与中国犹太人交谈,并参观过他们的经书的骆保禄神父懂得希伯来文,那么他就会寄来有关他们的《圣经》文本与我们的文本之间差异的内容,向我们指出由犹太人对于《旧约全

书》所作的解释，引入的即使是最细微的差异，以及有关他们风俗习惯的情况，他也可能会向我们提供反击《塔木德》之夸张内容的武器……

郭弼恩神父于《耶稣会士书简集》的这同一卷中，又发表了骆保禄1704年11月5日的一封书简。他指出："这些犹太人完全可能是《塔木德》的信徒，他们篡改了《圣经》的意义。唯有一个精通《圣经》和希伯来文的专家，才可以揭示其真相"。

法国耶稣会士孟正气首次于1718—1719年访问开封犹太教会堂，然后又于1721年前往该城居住近八个月，1722年再度于那里停留两个月。他与开封犹太人的多次接触，提供了大量通信和绘制的会堂草图诸内容（开封犹太教会堂的全景图、内部平面图、对一次诵读《五经》的描述等）。它们后来获得了几乎是我们直到1850年前，有关该犹太人社团的全部知识。

当孟正气神父于1721年到达开封，便试图取走一卷《圣经》。但他很快就发现这件事很困难。

因为开封犹太人所拥有的全部《圣经》，都收藏于犹太教会堂中，私人对在家宅中保存它们颇有顾虑，私宅中也不收藏任何用希伯来文书写的其他著作。在犹太教会堂的至圣所中，有13个圣幕放置在案子上，各自以其帏幕覆盖。在那里有他们的13套经文，也就是13本《摩西五经》，其中有12本是纪念以色列十二宗派的，一本是纪念摩西（乜摄或默舍）的。这后一本最古老，保存状态很不好，是于前朝开封黄河洪水泛滥期间被抢救出来的；其余12套都是它的抄件。

直到1722年，尽管作出了许多尝试，孟正气神父始终无法成功地从开封犹太人那里获取任何一卷《圣经》，而西方基督教神学家们都迫不及待地想研究它们。但犹太人却允许孟正气非常自由地研究其经文，并制作部分录文。他经过研究之后，得出了这样的结论：

①开封犹太人的《圣经》行文与阿姆斯特丹文本相当相符。

②这两种《圣经》的标点不同。

③开封犹太人吹嘘自己的《圣经》已有3000年的历史了。当上帝向乜摄传授教法时，由于非常匆忙，故而没有时间从中加标点。

④有些人认为他们进入中国的时间早于耶路撒冷被毁的时代，甚至是

在救世主降临之前,这是由于他们对救世主弥赛亚一无所知,也从来不等待救世主的降临。

继孟正气神父之后,宋君荣神父又于1723年3—4月间在开封小住数日,他也试图获得一卷《律法之书》,同样也未取得比其前人更大的成功。不过他却借助于金钱,获得了使该社团的一名抄经人保证为他抄写一卷开封《圣经》。但到1724年,雍正皇帝(1723—1735年在位)的一道圣旨,将传教士们从中国内地驱逐出去了,所以抄经从未碾转到神父手中。加布里埃尔·布罗蒂埃(Gabriel Brotier)修道院长于1750年得出结论,认为开封犹太人的《摩西五书》与西方的那些经书相吻合,从而使至今已从摩西的书中得出支持基督教的许多有利条件,又具有了一种新的力量。

(五)开封犹太人与西方断绝接触到恢复书信关系的时代(1724—1850年)

在1722—1723年间,孟正气和宋君荣神父们成了18世纪最后几个能与开封犹太人交往的西方人。事实上,雍正皇帝1724年间颁布了在全帝国禁止基督教的圣旨。教堂被没收,新的基督教徒遭到迫害,传教士们都被从各省驱逐出去。这种局势一直维持直到签订《天津条约》(1858—1860年)为止。

开封犹太人又处于了与世界的隔绝状态。直到1850年,两名中国新教徒才成功地重新与开封犹太人建立了联系,他们起草了有关该社团衰微破败处境的一份报告。

1760年,以撒·芒德斯·贝利萨里奥(地中海沿岸犹太人社团的大拉比),以其城犹太人社团的名义,给开封犹太人寄去一封希伯来文书信,交由东印度公司的一名经纪人费心传递,请求他动用一切办法确保将此信平安无误地送达开封。任何人都不知道这封信的下落。摩西·埃德雷希(Moses Edrehi)声称,开封犹太人用中文与希伯来文撰写的一份答复,最终传到了欧洲,其原文可能保存在印度议会博物馆。

第二次通信尝试是由牛津大学希伯来文专家便雅闵·克尼科特(Benjamin Kennicott)作出的,他是研究《圣经》的专家。他希望能够研究中国犹太人所拥有的《圣经》文本。1769年,他为此目的又致开封犹太人一封信,但始终未获答复。

丹麦希伯来文专家奥拉夫·格哈德·蒂希森(Olav Gerhard Tychshen),先于1777年,后于1779年,经巴达维亚(雅加达)两次致信开封犹太人,但他也未取得比其先人更多的成功。

1795年1月,纽约的两名犹太人所罗门·西姆松(Salomon Simson)和亚历山大·希尔施(Alexandre Hirsh),致开封犹太教社团的元老的一封希伯来文的信件,基本上是重复了由前人曾提出的那些问题。他们将这封信委托给了豪厄尔(Howell)船长,但该信于后来被退回了,信封上批注的是"豪厄尔船长未能找到"(开封犹太人)。

1815年,伦敦的某些犹太人又写了一封希伯来文的信,并将它寄给了常驻广州的新教传教士马礼逊(Robert Morrison,1782—1834年)牧师。马礼逊又将此信委托给了要路经开封的一名中国商人。该商人声称,他已将该信件转交给了开封犹太人社团的一名成员。但当时正流传中国即将爆发内战的风言,该商人在获得答复之前,便匆忙逃离该城。

1844年11月7日,英国外交官和希伯来文专家、伦敦犹太人基督教促进会会员、曾发表过一篇有关中国犹太人论文(1843年发表于伦敦)的詹姆斯·芬恩(James Finn),将三份用希伯来文撰写并附有英译文的调查提纲,寄到了英国驻宁波领事列敦(Temple H.Lagton)手中,此人事先曾保证给予帮助。1849年1月,经过数年的沉寂之后,芬恩又收到了列敦的两封书信,列敦于不久之前到厦门(Amoy)任职去了。列敦抱怨说,他直到复信时,尚未找到将那封信送到开封的机会,但他却表达了一种即将把该信送到那里去的希望。列敦会见了某一位开封人铁定安,他向列敦介绍了有关开封犹太人社团的许多详细情况。

据铁定安称,当时的开封犹太人共分成八姓,可能多达千余人。有两个姓保持了其完整性,这就是高氏和石氏。石氏的族长,尽管已经摒弃了犹太教礼仪,却重建或重修了犹太教会堂。金氏家族的一个成员,已被皇帝晋升到很高的军衔(金胜,任金吾前卫千兵之职)。六姓与汉人通婚。另外两姓仅与回教徒通婚。犹太人可以把他们的女儿外嫁给回教徒,而回教徒绝不肯将其女儿嫁给犹太人。

列敦最后还是找到了机会,将芬恩书信的一种抄件转交给了中国官吏。但该领事在尚未收到答复之前,便客死于厦门。其遗孀在1851年返回伦敦后,才向詹姆斯·芬恩(当时在英国驻耶路撒冷领事馆的供职)通报了西方犹太人正殷切期盼的来自开封的一封信。由于此信是寄给厦门领事的，所以列敦夫人在伦敦等着接收它，以将它立即转交给正在巴勒斯坦任外交官的芬恩。此次等待持续了不少于20年。这封信用中文撰写并且署名为赵念祖，于1850年8月20日寄出，由芬恩于1870年4月收讫。其中对开封犹太人的介绍实在令人沮丧："我们的礼拜堂（犹太教会堂）很久以来就没有掌教了。其主厅的四壁都破烂不堪，圣贤厅、大净间和保存《圣经》的地方（至圣所），都已坍塌……我们有意将礼拜堂修葺一新，再延请某些掌教，以从事宗教活动。但贫穷阻止了我们的活动，我们的愿望始终是一场空"。

信中介绍的犹太教会堂的节日和礼拜日如下：

农历二月十四日，除酵节（吃干饼或无酵饼）。那些被称为香油饼的无酵饼被分发给了朋友（1850年的复活节，农历二月十四日，相当于犹太历5610年尼散月十四日，也就是逾越节）。

农历六月十日。要点火。这一天被称为士师门节（阿布月初九，纪念圣殿被毁日），如今是1850年，六月十日则相当于犹太历5610年阿布月初九。

农历八月二十四日，转经节。他们要在犹太教会堂中讲经。大门紧闭、《律法之书》的经卷被展开，人们诵读经文，然后分发被染成红色的钱币（这就是欢庆圣法节，Simhat Torah）。

农历八月一日，是大族长或大先知节[很可能是犹太新年。1850年的八月一日，相当于犹太历5610年以禄月的最后一天；也就是罗什·哈舍纳月节（Roch Hachana），即岁首节或新年]。

农历九月二日，小族长或小先知节（我们在犹太教中，未能找到任何相对应的节日）。

农历六月一日，出剑节（解脱节）。

开封一赐乐业教的圣贤是：

阿耽（Adam，亚当）

女娲（Noé，诺亚）

阿无罗汉（Abraham，亚伯拉罕）

以思哈（Issac，以撒）

雅呵厥勿（Jacob，雅各）

十二宗派子（先知）

默舍（Moïse，摩西，乜摄）

阿呵联(Aaron,亚伦)

月速窝(Josué,约书亚)

蔼子剌(Ezra,以斯拉)

他们的经文共包括53卷,圣字字母总数为27个。《律法之书》形成了一卷长达20尺的卷子。小经(《先知书》《历代志》《诗篇》《传道书》《箴言》《雅歌》等)都单独成卷。在开封犹太教会堂中,人们戴一种小蓝帽,脚穿鞋底松软的鞋子。犹太教自天竺(印度)传入中国,后又由那些进贡棉花和棉布(西洋布)的人传入。现在于他们的礼拜堂中,还有一幅天竺寺的平面图。在进门的第一座门之上,悬挂着彩幡。其中央有一块洁白汉白玉石碑。

当他们的先祖来到中国时,共形成七姓,分别为赵、金、李、石、张、高和艾。其祖谱未被保存下来,也未留下那些脱离了其教团的人数。

此后又有新的来访者莅临开封,与该社团重新建立了接触。1850—1851年,有两名中国新教徒;1866年是丁韪良主教;1867年,新教主教和受归化的犹太人施约瑟(Schereschewsky)与奥地利犹太人利伯曼(J.L.Liebermann),他们先后到达开封。

(六)西方与开封犹太人恢复联系(1850—1851年)

1842年签订了《南京条约》,结束了鸦片战争,并导致了中国的某些港口向西方列强开放。但在中国内地,欧洲人依然是无法进入。伦敦犹太人基督教促进会的成员库克(Janes Cook)施舍500英镑给该促进会,以图归化中国犹太人。香港第一位圣公会主教四美(George Smith)于1850年受命出任维多利亚(Victoria)主教一职,这笔款项便归他支配。此人需要找到一名受归化的中国人赴开封。1850年10月,他在赴上海访问时,会见了伦敦会的传教士麦都思(W.H.Medhurst),麦都思向他介绍了两名接受新教归化的中国人,可以赴开封探望犹太人。第一位是邱天生,当时正被上海传教区雇用为印刷工;第二位是蒋荣基,当时正向新近入华的传教士们讲授汉语。这两位“中国代表”的使命是尽可能多地搜集有关开封犹太人社团的信息,并试图获取在开封犹太教会堂中保存的经文抄经。原籍巴格达和当时居住于上海的犹太人以撒·法拉吉(Isaac Faraj)用希伯来文书写了一封引荐信。他们又重新向开封犹太人询问其原籍以及其所拥有的抄经,还曾盛情地邀请开封犹太人到上海旅行。

这两名中国代表于1850年11月15日登程,从事了一次往返共需要持续55天的旅行,其中有5—6天(12月9—14日)要在开封度过。他们详细记录了一份沿途的旅行札记。邱天生用英文书写,蒋荣基用中文记录。全部札记于1851年都在上海发表了,其书名为《开封府的犹太人,伦敦犹太人基督教促进会赴开封府犹太教会堂调查团实录》。其序言由四美主教撰写。继25年的断绝音讯之后,这本小册子向世人通报了开封犹太人社团那凄惨的衰落。

开封犹太人允许两名代表抄录装饰犹太教会堂内部的希伯来文与中文匾额和对联。但很快就出现了某位乔氏,他非常粗暴地命令他们立即撤离此地。

在乔氏离开之后,一名叫作赵金诚的人赶到了他们的客栈。中国代表请求他们允许自己获得一份所有楹联和匾额的录文,以及他能找到的所有希伯来文经书,并希望利用同一机会谈判收购《律法之书》诸卷的事宜。他立即将塞在其身上的几本小经送给了两名代表。他对两名代表说:从前,他们称之为天竺教者,现今掌教们称之为挑筋教。因为他们吃的羊、牛或鸡肉,都必须是被挑断筋的。开封犹太教会堂中的万岁牌及其所有的法器,都朝东摆放。在举行宗教仪轨期间,虔诚的信徒们都面朝西,也就是面向耶路撒冷方向。会堂里不允许信徒们穿鞋进出,女子们则必须包头。在进入圣地之前,所有的男子都如同女子们一样,都必须净身,该会堂的每侧都有盥洗盆和水池。

这两名中国代表在离开开封时,带走了开封犹太教会堂中的八卷经书,这是赵金城和赵文魁兄弟出售给他们的。1851年1月8日,他们返回了上海,提交了有关开封犹太人社团的一份悲观报告、开封犹太教会堂中的希伯来文与汉文楹联与匾额的录文,另外还有八卷经文抄经。过去曾有人声称,出卖《摩西五书》,便是出卖祖宗。当时,开封犹太人陷入了贫困潦倒的窘境。人们相信,此时可以获得过去耶稣会士们始终都遭到拒绝的那些东西了。新教传教士们立即又派遣两名中国代表再度出使开封。1851年7月20日,他们再次返回上海,又带回了属于开封犹太教会堂的12卷(或13卷)《律法之书》中的6卷、50多种抄本以及开封犹太人社团中的两名成员——赵金城和赵文魁。这一切使他们共耗资400两白银(约合当时的114英镑)。两名代表报告说,这次获取的成果是经过与300人的一次漫长谈判的结果，众人都表示赞同其会堂中《圣经》的这次大流失。

（七）西方访问者所谓“救助”开封犹太人社团的呼吁（1866—1906 年）

继两名“中国代表”访问开封之后，西方人最终得以赴中华帝国内地旅行，而又不会危及生命了。1866 年，新教传教士丁韪良神父作出了与开封犹太人接触的新尝试。

丁韪良于 1866 年 2 月 2 日离开北京，于 17 日抵达开封，立即便开始寻找犹太教会堂。一座清真寺的穆夫提告诉他说，开封犹太教会堂已经彻底坍毁，开封犹太人社团已沦至赤贫并已四散而去。丁韪良表示一定要亲自前往犹太教会堂遗址一探究竟，穆夫提亲自给他指路。他很快就到达一个堂前广场，广场的中心矗立着一通朴素无华的石碑，上面刻有纪念犹太教会堂的修寺碑、相继重修清真寺碑的碑文。

丁韪良于众人面前不慎地吹嘘自己懂得希伯来文，所以他当晚就接受了数名开封犹太人的拜访，他们为他带来了一卷《律法之书》。但丁韪良此时只得被迫承认自己无能力解读它。他又获知，开封犹太人总人口在 300—400 人之间。他们尽管已经放弃了举行其宗教仪轨，却仍维持了一个社团中心，但该社团似乎注定要遭到与犹太教会堂相类似的命运。他们向他表达了自己害怕被伊斯兰教，或者是被土著异教同化的恐惧。其中有一人确实于近期成为佛教僧侣。过去装饰大门的那个书写一赐乐业教名称的门头匾额，已变成了该城一座清真寺的财产。他们希望懂得希伯来文的过路犹太人，能教会他们重新掌握其先祖的语言。他们考虑将其宝贵的羊皮经书抛售于市场。青年人已不再举行割礼，其中之一还承认娶了一名异教徒女子为妻。但他们还能记得起某些节日的名称，尤其是住棚节、无酵节，还有由前一代人主持的某些宗教仪轨。

1869 年 3 月 26 日，丁韪良致纽约《犹太时报》主编一封信，呼吁创建一个开封犹太人传教区并重修开封犹太教会堂。但此项呼吁虽激起了西方某些犹太人社团的警觉，却未能产生任何实效。1842 年，法国人亨利·希尔施（Henri Hirsch）表示了他想前往中国的愿望，以将其犹太教的知识用于为处于濒危状态的开封犹太教社团服务。但中国当时的形势迫使他放弃了其计划。1852 年，由时任美国《西方犹太人》期刊主编的以撒·莱塞(Isaac Lesser)拉比推动,创建了一个开封犹太人援救会,募集了一批资金。但由于中国的太平军起义,再加上美洲的内战,使任何比较具体的援救举措都惨遭流产。1864 年,在伦敦又制订一项新的援救计划。便雅闵过去就曾经在中国居住过,此次又欲从事第二次旅行,但他却在实施其计划之前逝世了。始终是在 1864 年,自 50 年来一直为复兴开封犹太教社团而工作的英国大拉比内森·马库斯·阿德勒(Nathan Marcus Adler),通过沙逊(Sassoon)犹太银行上海分行经理的渠道,获得了在上海接待开封犹太人并在那里受教育的机会。但由于这些开封犹太人受思乡病折磨,所以他们在未能学会即使是唯一的一个希伯来文字之前,便被遣回了故乡。

1867 年 3 月,有三名开封犹太青年进京,随身携带了《律法之书》的三种经卷。他们将此委托给英国伦敦会传教士艾约瑟(Joseph Edkins)神父,希望他能物色到买主。丁韪良收购了其中的两种,自己留下了一种,又将另一种转让给了美国外交官和传教士卫三畏(S.Wells Williams);第三种于 1870 年由奥地利外交官谢尔策(Karl von Scherzer)所得。当三名开封犹太青年在北京居住期间,他们会见了美国圣公会的施约瑟(Samuel Isaac Joseph Schereschewsky)主教,此人是受新教归化的犹太人、入华传教士。开封犹太人向他表达了既想学习希伯来文,又想学习犹太教教义的心愿。施约瑟根本也不想满足他们的要求。他却与北京各修会的传教士们相配合,计划前往开封,以便在那里研究创建一个差会的可能性。

1867 年末,施约瑟终于身着中国传统服装,并按照由大清王朝的习俗前额剃发,匆匆登程。他在开封仅仅停留 25 天,由于当地的排外情绪,他只得被迫离开。他这次短暂停留的报告,今已佚。唯有通过其友柏汉理(Blodget)1867 年 7 月 23 日的书简,才使我们对此略知一二。

> 施约瑟先生……说,在该群落之中,有 200 或 300 个家庭系犹太人的后裔,其中的大部分人都在很不好的条件下生活……他们已经彻底遗忘了其宗教,与异教徒相差无几了。他们于其私宅中供奉着偶像和祖宗牌位。其中的一人甚至变成了佛教徒。他们与土著民通婚,并且已经停止实施割礼了。在相貌、衣着、风俗和宗教方面,他们实际上都被中国化了。他们不会诵读《律法之书》,尽管经卷的抄经始终掌握在他们手中……世人也不知道他们是否拥有中文的犹太教著作。

1867年7月，一名丹麦犹太人到达开封。他是由于经商而入华的。利伯曼抓住了这个难能可贵的机遇，会见了其同教教友们，并于开封犹太人中度过了几天。利伯曼撰写了一份访问报告，并且以希伯来文书信的形式，寄往在奥地利西里西亚（Silésie）别利兹（Bielitz）的父亲家中。它的一种英文缩写文本，载于1879年7月11日的《犹太新闻》：

> 在1840—1850年间，开封犹太教会堂完全坍塌成废墟了。自那时以来，它从未被修葺过。这既是由于一赐乐业教信徒们的大部分后裔都身陷赤贫，同时又是由于自从他们遗忘了其《律法之书》及其诸诫以来，他们再也不会感到拥有一座犹太教会堂的迫切需要了。当他们的最后一位老掌教逝世后，他们的《圣经》的知识已完全失传。根据政府的命令，《律法之书》的经卷被露天堆放在市场上。只在一侧竖起一块上面写着中文的布告牌，对于能够解释经卷内容的人，许诺给予犒赏以及某种重要的地位。

继利伯曼访问之后不久，又过了20年，才有一个西方人试图探访开封犹太人。1888年5月，由一名非犹太人的西方匿名人士前往那里，并在一封致伦敦出版的《犹太新闻》（1888年7月27日由该杂志发表）的简短书札中，对这一切作了一番添枝加叶的叙述。这次尝试依旧以失败而告终。此人甚至未被允许迈进开封城门一步。因为唯有获得皇帝钦准，才允许外国人进入那里。这个匿名犹太人的旅伴——一名满族人得以进入了城内，并在那里发现："在一大堆垃圾之下，便是开封犹太教会堂的遗址，该会堂过去朝一条叫作'挑筋教街'的大街开放。其地基似乎已被改作他用，现在被用于一个公共小便池的场地。其中央有块小石碑（1489—1512年的纪念碑），其碑文追述了已坍塌为废墟的犹太教会堂的历史"。

1890年，戴尼斯·米尔斯（Dennis Mills）神父在开封居住两天。据其访问报告来看，那里此时还生活有200个犹太人家庭，分别属于传统上提到的7姓。但从此之后，再没有任何因素将他们与其他汉人相别了。他们中的许多人都与其他宗教的信徒们通婚，并且修持偶像崇拜，其内部矛盾有时也会导致某个同教教友的死亡。在12卷《律法之书》中，唯有一种尚由犹太人掌控。

三年之后，英格兰国家圣经学会的代表阿诺(A.S.Annaud)，也对开封犹太人作了一次短暂的访问，直至亲赴开封犹太教古会堂遗址。他在那里发现石碑仍存在，并且还证明一赐乐业教的后裔们始终生活于会堂的周围。他在那里会见了一名青年犹太人，此人向他断言，该犹太社团当时只包括传统七姓中的六姓了，形成了一个有五百人的社团。但据回教徒们估计，当时开封犹太人的数目不足一半了。

1899 年，耶稣会江南宗座代牧安西满(Volonterie)以及其他耶稣会士们，收购到了开封犹太人的一卷《律法之书》。这很可能是开封犹太人所掌握的最后一卷经文。他另外还获得了几种经文抄本，然后将这一切都寄往上海，还附有 1679 年竖起的一通石碑的碑文拓片。人们发现该石碑已被镶嵌在一家犹太人住宅的墙壁上。碑文已不堪卒谈，从未被成功地解读过。

1900 年 6 月，新教传教士罗伯特・鲍威尔(Robert Powell)在断断续续地于开封居住数年之后，估算出那里的犹太人的数目在 150 人左右，分布在包括 8 姓 40 户人家中。他们所有人都很贫穷，处于社会的最底层。这些人不再遵守其仪轨，有一人成为佛教和尚。其余人都不肯屈从异教徒们的偶像崇拜，但他们却与这些人通婚。

1905 年，法国外交官菲利普・贝特洛(Philippe Berthelot)会见了开封犹太人的 6 姓家长。张氏家族似乎已经离开了该城。赵氏是茶叶商，艾氏是鞋商，高氏是泥瓦匠，李氏是兵勇，金氏是一个很难确定其职业的穷人，石氏是丝绸批发商。石氏在人口数量上居多，共有 72 人。尽管他们始终自称信仰犹太教，却对希伯来文一窍不通。他们已经不再形成一个社团了，而且心甘情愿地转向了伊斯兰教或佛教。

1906 年，英国作家班布里奇(Bainbridge)从其对开封的访问中，带回了他拍摄的一组照片；同时还有《律法之书》一个卷子的外套，这是他从一座清真寺中获得的。开封犹太人请求其西方的同教教友们，前来帮助他们，重建其会堂，使他们从贫困绝境中摆脱出来。

(八)振兴开封犹太人社团社尝试最终失败(20 世纪)

此后，西方又制订了多项计划，如希尔施于 1842 年，便雅闵第二于 1864 年；1852 年，又由一个美国协会募集到了部分基金，但由于当时在美洲内战和中国太平军起义，这笔基金始终未能汇出。

1900年，西方犹太教社团又制订了一项新的援助计划。蒂莫西·理查德(Timothy Richard)致信上海耶稣会士所罗门(Solomon)说，安西满主教近期获得了一卷《律法之书》抄经，他坚信完全有理由避免该犹太教社团的彻底瓦解，所以耶稣会士所罗门联合上海的其他44名犹太人，于1900年3月13日共同起草了一份被译成中文的希伯来文书信，寄给了在开封的同教教友们。他们在指责开封犹太人向异教徒出售了其《律法之书》的经卷、不举行犹太教的节庆、不庆祝安息日、与异教徒们混杂而居、放弃了其先祖们在2000多年间所走过的路之后。他们接着又宣布说：

> 我们强烈希望能在我们力所能及的范围内帮助你们，以使你们能够重新沿你们先祖的足迹前进。如果你们希望重建你们那今天已变成一片荒地的'天堂'，那么我们将募集资金并给你们送去；如果你们乐意前来上海逗留或定居，那么我们将帮助你们作这样的安排，向你们提供谋生的手段，教会你们经商，并尽一切可能满足你们提出的一切要求。

这封信经新教传教士而被寄往开封，中途却被义和团义军队劫走了。但其抄件最终于1900年8月被碾转送达了其目的地。1900年5月14日，共有31名上海犹太人创建了"中国犹太人救援会"，其使命便是"研究中国犹太人群落的起源、发展与历史，保护遗址与文物，在必要的情况下再新建其他犹太教会堂，使直接出自犹太人家族的所有中国人都回归犹太教"。

1900年10月24日，开封犹太人通过某一位叫作李金诚的人，自开封寄出了对上述信件的复函，此人是一名50多岁的面粉批发商，他于1901年4月6日由其子陪同到达上海。此时尚有50多个犹太人家庭生活在开封府，其中的任何人都不会阅读或书写希伯来文字，不再遵守《摩西五书》诸诫了，也不再庆祝安息日了，完全散居在全城。但他们在绝不崇拜偶像和绝不食猪肉方面，却与其他中国人明显有别。他在上海居住3周之后，又返回开封，随身携带了中国犹太人救援会的第2封书信。始终由其儿子陪同。此人于1902年3月10日，又偕其他6名开封犹太人返回上海。据曾在上海会见过他们的佩尔曼(S.M.Perlmann)先生认为，他们的文化层次很低，缺乏受教育的机会。其中的一名15岁左右的青年人，在上海居住期间受割礼，并取教名“一赐乐业”(Israël)。

上海中国犹太人援救会曾计划重建开封犹太教会堂，并向上海的塞法拉迪人(Séfarades，地中海沿岸犹太人移民社团)发出了募集基金的呼吁。但由于该社团已经付出巨额捐款，去帮助流亡到中国的俄罗斯犹太人，故不能再给开封犹太人任何帮助了。随同李金诚赴上海的 6 名开封犹太人都空手而归。父亲于 1903 年死于那里，被安葬于犹太人墓地。其年长 14 岁的儿子，被一个犹太人家庭收养。但他却对于犹太教的礼拜地点缺乏任何兴趣，最终返回开封并于 1948 年死于那里。

使开封犹太人社团重新繁荣昌盛的最后希望，至此而彻底破产了。1900 年许下的任何诺言，都未能落实下去。1904 年 3 月，当上海的中国犹太人救援会最后一次开会时，便正式宣布放弃落实 4 年前制订的计划。

加拿大圣公会传教士怀履光(William Charles White，1873—1960 年)也曾试图振兴该社团。他曾负责河南的一个加拿大差会，最早曾不失雄心壮志，却志大才疏。怀履光于 1910 年到达开封时，他强烈地关心开封犹太人，与他们保持着良好关系，并且计划立即归化他们。尽管他在该城生活了 25 年，并始终与犹太人保持着良好关系，但他从未能成功地振兴这个古老的犹太人社团。

此外，怀履光在 7 个犹太姓氏族长的支持下，于 1912 年将 1489—1512 年和 1679 年的碑迁至犹太教会堂大院内，以避免在荒地上造成损坏。他与地方当局发生冲突，因为当地官府同样也想将石碑据为己有，开封犹太人仍坚持希望将它们交给差会保管。1913 年，双方接受了一种妥协办法，怀履光保证不把这些石碑运出省外。1914 上，根据那些始终在名义上是这些石碑主人的犹太人的建议，怀履光又买回了过去矗立过犹太教礼拜堂的那片地基，并令人对它作了清理。怀氏指出：

> 1918 年，我试图将中国犹太人集聚起来，以便把他们组织成一个希伯来人社团。属于犹太人后裔的 20 多个男女都被集中在开封，共举行 3 天会议。但他们却未能实现其目的。

怀履光可能是积极解救濒临灭亡的开封犹太社团的最后一个外国人。然而，正是在他于开封居留的那段时间内，其他西方人也纷纷赶到开封访问犹太人。1918 年，美国驻华代办(参赞代理馆务)丁家立(Charles D.Tenney);1923 年,美国旅行家哈里·A.弗兰克(Harry A.Frank);1924 年,上海犹太人阿瑟·索菲(Arthur Sopher)。他们的不同见证却只提供了鲜有价值的资料。

但是,在 1924 年 7 月,中国犹太人救援会又暂时摆脱了其沉默。1924 年 8 月,人们又向开封派去一名上海的中国犹太人,即大卫·利未(David Lévy),又叫王(Wong)先生,过去曾任上海拉结犹太教会堂(Ohel Rachel)中的教堂执事助手。他在开封会见了其两名同教教友。这些人曾呼吁开办一所学校,其孩子们可以在那里学习犹太教的基础知识。大卫·利未于是便自报奋勇地去为实现这项计划而奔走,但上海中国犹太人救援会从未对此做过任何事,而且它于此后不久便宣布放弃了此项计划。曾于 1932 年访问开封的美国犹太人戴卫·布朗(David A·Brown)写道:

> 过去,开封距上海或北京,都有数周旅行的路程,要乘马车或骑在驴背上行路。在中国这部分内地旅行,必然会引起诸多磨难和巨大危险。但自 20 多年以来,便有火车定期通向中国铁路网的中继城市开封城,以至于其旅程不会多于两天的时间了,无论是从上海出发,还是从北京出发,基本上都一样。我是乘飞机旅行的,从拥有一个良好机场的开封直达北京,飞行持续了 5 个小时。

开封犹太人由于缺乏他们在一个多世纪徒劳等待的有效援助,故而将无可挽回地被同化,正如晚期赴那里的访问者们所证明的那样。这些人中包括日本人曾我部静雄(Sogabe Shizuo)和三上谛听(Mikami Teicho),他们是于 1940 年在日本占领该地区期间赴开封的;西方人包括美国记者与摄影师哈里森·福曼(Harrisson Forman)、法国外交官彼埃·吉尔伯尔(Pierre Gilbert,1938 年)、吉米·伯克(Jimmy Burke)和阿奇博尔德·斯蒂尔(Archibald Steel,1946 年),以及捷克汉学家提谟修斯·波科拉(Timoteus Pokora,1957 年)。中国的犹太教在一个世纪之前就被定性为"濒临灭绝"的了,后来确实"灭绝了"。开封犹太人仅仅以一种似是而非的故事出现。如美国女作家赛珍珠(Pearl Buck)于其小说《牡丹》中,便为我们推出了某些其教名为戴卫(David)或莱雅(Léa)的人,他们以最正统的传统庆祝复活节。

以上便是开封犹太人从被发现到最后被同化的简单历史。

基督宗教的第三次入华高潮
——耶稣会士在华活动

一、基督宗教传入中国的第一次和第二次高潮

基督宗教首次入华,出现在唐代,其主要代表是基督宗教的一个异端派别聂斯脱利派(Nestorianisme)。聂斯脱利(Nestorius,约为公元380—451年)主张基督"二性二位说",即主张基督具有神和人双重本性,作为人的耶稣为马利亚所生,后被钉死在十字架上;做为神的圣子和基督的耶稣,却并非马利亚所生,也未被钉死在十字架上,故不能称马利亚为"上帝(天主)之母"。在公元431年的以弗所公会议(基督宗教世界主教会议)上,将"二性二位说"定为异端,聂斯脱利被革职流放,其追随者们遭到了迫害。聂斯脱利派信徒已无法向西推进,只好向东逃亡,活动于伊朗、叙利亚、伊拉克和印度地区。他们在一段时间内,还曾获得过蓬勃发展。聂斯脱利派基督宗教于唐代传入中国,在中国被称为"景教"。至于"景教"的"景"字之意义,学术界尚有争论,莫衷一是。

1623年(明天启三年)或1625年(明天启五年),于陕西省西安府盩厔(今作"周至")县出土的《大秦景教流行中国碑》,便是这次传播的明证。该碑由大秦寺(景教寺)僧景净(景教徒景净)述。其中记载有"大秦国有上德,曰阿罗本,占青去而载真经,望风律以驰艰险"。"明明景教,言归我唐。翻经建寺,存殁舟航。百福偕作,万邦之康"。"更效景门,依仁施利……餧者来而飰之,寒者来而衣之,病者疗而起之,死者葬而安之。"

此外,在敦煌藏经洞中,也发现了景教经文卷子。如《大秦景教三威蒙度赞》《尊经》《大秦景教宣元本经》《老玄安乐经》《序听迷诗所经》《一神(天)论》和《大秦景教大圣真归法赞》等景教早期经文。

但唐代的景教的出现似乎只是昙花一现,并未持续发展下去。到了元

代,蒙古汪古部的阔里吉思王子家族信仰景教,最后导致整个蒙古汪古部接受景教归化,从而才使景教得以在鄂尔多斯地区延续了更长的时间。

基督宗教向中国传播的第二次高潮大约在13—14世纪的中国元代前后,而在元代传入中国的基督宗教,则以天主教的方济各会为代表。

方济各会系由意大利人方济各(Francesco d'Assi,1181—1226年)创建的。1209年,他获得教皇英诺森三世(Innocent Ⅲ,1198—1216年在位)批准,该会也被称为"小兄弟会";又由于他们身穿粗布衣袍,手托乞食钵,赤足行走,故该会会士又被称为"托钵僧"。方济各会会士们曾于1212年又协助加辣(Chiara,1193—1253年)创建方济各第二会,即方济各女修会。他们分别于1221年和1223年分别制订了第一部和第二部会规。方济各会早期的活动地域主要集中在欧洲南部西班牙、意大利、法国以及拜占庭(东罗马帝国)的中心埃及地区。

到13世纪时,蒙古人制服了东亚和中亚的大部分地区。蒙古铁骑于1236年灭卡马河畔的不里阿耳突厥王国,于1238年攻陷莫斯科,于1239年征服南俄(斡)罗斯草原,于1240年灭乞瓦(基辅国)。他们于1240—1241年甚至打到勃烈儿(波兰)和马札尔(匈牙利),一度曾兵临奥地利维也纳城郊。波兰与日耳曼人联合抵抗蒙古人的战争,也于1244年遭到惨败。西方基督宗教世界对此惶惶不安,急欲派出"间谍",去刺探蒙古人的实力、军情、动向、作战韬略、军械设备等。当时,西方基督教实际上还有另一个宿敌——伊斯兰世界,他们彼此之间长期处于敌对状态,在1096—1291年的近200年间,基督宗教世界便向地中海东部地区发动过八次"十字军东征"。伊斯兰教苏菲派的崛起,奴隶王朝与非斯马林王朝日益发展壮大,从而促使西方基督宗教国家,也千方百计地设法谋求与蒙古人结盟,以图共同从东西两侧夹击伊斯兰教的势力。此外,西方基督教世界还流传说,东方有一位约翰长老(Prêtre Jean),正率基督宗教的军队与信奉伊斯兰教的摩尔人作战,西方也急欲派人去联络约翰长老。在此背景下,西方基督宗教世界便连续不断地向当时的蒙古帝国遣使,而大部分使者均为方济各会士。笔者于下文就介绍当时东行的几位主要的天主教方济各会士。

柏朗嘉宾(Jean de Plan Carpin,1182—1252年)诞生于今意大利的佩鲁贾。他于1245年4月16日(复活节),根据里昂主教会议的决议,奉教皇英诺森四世(Innocent Ⅳ,1243—1254年在位)的教谕,在65岁的高龄时,从里昂登程东行。他先到达波兰的布雷斯劳,携其波兰教友和翻译本笃(Benoît)一并出使蒙古。他们从西欧到西域,万里跋涉,最终于1246年4月4日到达了钦察汗国的缔造者拔都(Batu,1227—1256年)的幕帐。拔都是成吉思汗的嫡孙,即成吉思汗长子术赤的次子,占据咸海、里海至额儿齐思河一带。柏朗嘉宾又被拔都差往喀喇和林(成吉思汗曾建都于此),于同年8月24日到达那里,有幸参加蒙古定宗贵由汗的登极大典。对于欧洲人来说,这是绝无仅有的机缘。因为贵由是太祖成吉思汗之孙和太宗窝阔台之子。柏朗嘉宾一行又于1246年11月3日离开喀喇和林回国,于1247年11月24日返回巴黎。柏朗嘉宾奉使蒙古,共历时两年半。教皇英诺森四世委托这位方济各会士携带他致蒙古大汗的国书,要求蒙古人接受基督宗教的归化并希望与蒙古人结盟,共同遏制伊斯兰教势力的扩张。这颇有一点像汉代张骞出使西域,寻找月氏人,以图"断匈奴右臂"之策略。柏朗嘉宾的传教和与蒙古人结盟的使命没有实现。贵由汗不但不想接受基督宗教的归化,反而奉劝罗马教皇改宗信仰佛教或萨满教。柏朗嘉宾归国后写成的出使报告《蒙古史》,却成了西方第一部有关蒙古帝国和东方民族史与人类学的名著。书中囊括了当时西方所知道的有关蒙古人和东方的全部资料。他凿通了西方基督宗教世界通向东亚和中国的道路。

鲁布鲁克(Guillaume de Rubrouck,1215年左右—1257年)也是方济各会士。他诞生于佛兰德,却为法国公民,也是法国国王路易九世(Louis,Ⅸ,1214—1270年,即后来的圣路易)的挚友。他获悉成吉思汗后裔中的一位蒙古王公(可能是指曾征高丽的蒙古将军撒里达,?—1232年)接受了基督教的归化,于是便携带法王路易九世致蒙古大汗的一封要求他接受基督宗教归化的国书,于1253年5月7日从君士坦丁堡出发,前往位于当时俄罗斯南部亚美尼亚的苏达克会见该王公。他接着又被差往蒙古大汗幕帐,到达喀喇和林,会见了蒙哥汗(Mongka,1208—1259年)。他在喀喇和林居住数月之后,便携带蒙哥汗致路易九世的一封国书归国。蒙哥汗在国书中,不仅拒绝接受基督宗教的归化,而且还要求路易九世接受成为蒙古人的附庸。鲁布鲁克归国之后,又以上表的形式,向国王呈奏了其出使报告《蒙古帝国行记》。此书既显示了他的文学天才,又揭示了这次出使的政治目的。鲁布鲁克应该是中法关系史上的第一位官方使者。他在两年多的时间内,步行和骑行16000多公里,从君士坦丁堡到达喀喇和林,从一个游牧部族跋涉到另一个部族。但他并没有特别炫耀其官方头衔,只是自称为"上帝最卑微的仆人——方济各会士"。这一切都使蒙古人感到震惊,也反映出了东西方两种文化因差异而造成的撞击。

若望·孟德高维诺(Jean de Montecorvino,1247—1328 年)是意大利塞莱诺的方济各会士,他是哲学和神学专业毕业生,精通多种东方语言。1289 年,他受教皇尼古拉四世(Nicolas Ⅳ,1288—1292 年在位)的派遣出使中国,这是为了响应元世祖忽必烈(Qubilaï,1271—1294 年在位)向教皇提出的派遣传教士赴中国的请求。孟德高维诺经过断断续续的漫长旅行(在印度一次就滞留 13 个月),于 1294 年才到达汗八里(元大都北京),受到了元世祖忽必烈的召对并钦准他在元帝国中布道。他后来于 1307 年被任命为汗八里和东方的主教,并在那里设立了远东第一个大主教府或总铎府,归化了一大批信徒。他与蒙古汪古部的阔里吉思王子交往甚笃,并使该部族接受归化而成为景教徒。他于 1305 年和 1306 年间,多次请求教皇派遣传教士去支援他,并索求《圣经》各书和宗教仪轨用品等。教皇于 1311 年向他派去了多名方济各会士,包括笔者将于下文介绍的安德烈·德·佩鲁贾。若望·孟德高维诺在华生活 34 年,最后逝世于中国。他是基督宗教在中国的首任主教,也是方济各会士们在中国所获得的最大成功。

鄂多立克(Odoric de Pordenone,1286—1331 年)是一位出生于捷克或波希米亚家庭的方济各会士。他早年就曾赴亚洲旅行过,于 1318 年经海路赴中国旅行和布道,有 3 名方济各会士与他结伴同行。他于广州登陆后,由南至北地穿越大半个中国,一直到达北京,受到了大汗的召对并会见了孟德高维诺。经过在北京居住 4 年后,他又奉命返回欧洲,这是为了给中国传教事业招募新的传教士。他经陆路,通过西藏和拉萨道,而于 1330 年返回阿维尼翁。他刚刚口授完其旅行记,便过早地辞世了,享年 45 岁,被教皇封为"享真福品者"。其旅行记对于北京、泉州、长江、杭州、戈壁沙漠、西藏的描述准确而又详尽。他首次称杭州为"远东威尼斯",与马可·波罗首次称苏州为"东方威尼斯"一样成为西方一时的流行语。

安德烈·德·佩鲁贾(André de Pérouse,?—1326 年之后)是意大利方济各会士,属于由教皇克莱芒五世(Clément Ⅴ,1305—1314 年在位)派往中国,以赴北京支援若望·孟德高维诺的使徒之列。安德烈·德·佩鲁贾于 1311 年到达北京,后又被派往刺桐(泉州)传教区并出任泉州主教。他于 1326 年寄往欧洲的书简,提供了其最后信息,然后便杳无音信了。他坚持认为,中国的回教徒和术忽人(犹太人),绝不会接受基督宗教的归化;中国的“偶像崇拜者”(中国的儒释道教派信徒)即使接受归化,也很难被列入基督宗教的正统。当时泉州共有四名修士殉教,他们可能均为亚美尼亚人。

教皇本笃十二世(Benoît Ⅻ,1334—1342 年在位)于 1338 年在法国阿维尼翁(1309—1378 年,有七任教皇居住在时属教皇国和今属法国的阿维尼翁,基本上受法国控制),接见了元朝末帝顺帝妥懽帖睦尔(Toghan Temür,1333—1368 年在位)的一位使节,并且收到了其国书。教皇向中国派出了一个由四名方济各会士组成的使团和布道团,其中就包括意大利佛罗伦萨的方济各会士若望·马黎诺利(Jean de Marignolli,1290—1353 年之后)。他携带教皇谕旨和礼物,自法国阿维尼翁登程,经君士坦丁堡和黑海北岸,自陆路赴华,于 1342 年到达汗八里,拜谒元顺帝并献上一匹著名的“天马”。他在汗八里居住 3—4 年,洞察到了元朝政局不稳,遂决定取道海路,经满剌加、锡兰和耶路撒冷而于 1353 年返回欧洲。他应卢森堡的查理四世(Charles Ⅳ,1316—1378 年在位)的要求而于《波希米亚年鉴》中发表了其游记。他于其《契丹大汗宫中的一名方济各会士》中记载说,在汗八里,有一座与皇宫相毗邻的方济各会的教堂。元大都还有其他教堂,教友们都接受教皇赐给的食物。元顺帝负责承担他回国的一切盘费,并且相托代为向教皇送礼。要求他尽快再返汗八里并出任北京大主教,但马黎诺利再也未返回中国。他成了当时教廷派往中国的最后一名方济各会士,也是中世纪最后一位赴华的西方大旅行家。

伯朗嘉宾、孟德高维诺和马黎诺利,被称为元代进入中国的方济各会“三约翰”(若望),是元代中西文化交流的先驱者和奠基人。

马可·波罗(Marco Polo,1254—1324 年)不是传教士,而是商人和旅行家,却依然是天主教徒。当波罗父子离华归国时,忽必烈曾委托他们向教皇提出,为他派遣“百名七艺博学士”,并为他带回一点“教廷教堂中供像前的圣油”。由此可见,由于方济各会士们的频繁活动,元朝的统治者们,已经对基督宗教有了初步了解,并且还产生了某种程度的好感。

短命的元帝国很快就崩溃了,蒙古人打通的欧亚大陆之间的交通,又被迫中断了。方济各会士们在蒙古帝国的活动,形成了基督宗教在中国传播的第二次高潮。

二、基督宗教传入中国的第三次高潮——入华耶稣会士

基督宗教传入中国的第三次高潮，是从方济各·沙勿略于1552年进入中国并客死于广东上川岛而开始的，而其高潮则是17—18世纪西方耶稣会士的大举入华。

方济各·沙勿略（Saint Fançois-Xavier, S.J, 1506—1552年）是西班牙耶稣会士，被称为"东印度使徒"或"印度传教始祖"。他于1506年4月6日圣主日瞻礼三，诞生于今西班牙纳瓦拉尔省（Navarre）的首府潘普罗纳（Pamplona），于1520年进入巴黎圣保禄修院，1537年在威尼斯晋铎。1541年，他奉葡萄牙国王若望三世（Jean Ⅲ, 1521—1557年在位）的敕令，作为教皇保禄三世（Paul Ⅲ, 1534—1549年在位）的教皇大使，而出发赴远东布道。

方济各·沙勿略是耶稣会的教祖依钠爵·罗耀拉（Ignce de Loyla，约1491—1556年）最早的教友之一，也是教祖的心腹之一，所以罗耀拉才选择他赴东印度传播福音。方济各·沙勿略自1542年到达果阿，直至他于1552年客死于中国的门户上川岛，其一生中的最后10多年，完全投入到了印度和远东的布教事业中了，从而为多个耶稣会传教区奠定了后来兴旺发达的基础。他继在满剌加（Malacca）、马鲁古群岛（Moluques）和日本居住之后，便开始将目光转向了中国。我们通过他的书简，便可以追踪其在远东活动的行踪。首先是南印度，接着是柯钦（Cochin），其后是满剌加和马鲁古，再其后又是日本。在他生命的末期，借助于欧洲商人的帮助，他终于成功地在广东省沿海的上川岛登陆。但他在成功地进入中国内地之前，却溘然去世了。

方济各·沙勿略死后，罗马教廷于1619年将其列入真福品，1622年又与依钠爵·罗耀拉同时被"封圣"，教皇本笃十四世（Benedict ⅩⅣ, 1740—1758年在位）封他为从好望角到远东传教的"主保圣人"，教皇庇护十世（Pius Ⅹ, 1903—1914年在位）又封他为传教区的"主保圣人"。

方济各·沙勿略在欧洲学习和在远东的传教历程，大致可分为如下几

个相关阶段①。

1506—1512年间,方济各·沙勿略主要是与其家人,特别是与其两兄弟生活在一起。他们是生活在西班牙北部的巴斯克人,实际上是操巴斯克语,但却具有阿尔卑斯山的那种豪爽和英勇善战的性格。意大利航海家哥伦布奉西班牙国王钦命远航时,其水手绝大部分就是巴斯克人。方济各·沙勿略家族是纳瓦拉的望族。由于纳瓦拉地区的历史变迁非常复杂,历史上曾被穆斯林占领过,又曾臣服过法兰克王国,也曾处于阿拉贡人的统治之下,还曾被划归法国版图,1515年被卡斯蒂利亚王国兼并,1833年才被完全归并于西班牙。1479年之后,阿拉贡王国名义上已与卡斯蒂利亚王国合并,但实际上仍保持着议会与内阁的独立运作。所以,当方济各·沙勿略诞生时,纳瓦拉实际是依然属于阿拉贡或卡斯蒂利亚王国,而不是西班牙。因为在他逝世近300年之后,其故乡才被纳入今西班牙的版图。其父丰·若望曾先后出任该王国的财政大臣,总参谋长和内阁总理。由于其父与当地的另一名门望族阿斯比克家族联姻,故而其势力非常强盛。方济各·沙勿略的两个哥哥都是武功卓著的军人。他自己却于1525年决定到巴黎求学,从而走上了传播福音的道路。

1525—1533年,主要是方济各·沙勿略在巴黎求学的阶段。方济各·沙勿略远涉巴黎之后,便首先在巴黎大学学习。他在那里有幸与耶稣会的教祖依纳爵·罗耀拉成为同窗好友,并且很快成为其虔诚的追随者和拥护者。他们诸同学中的另一位是法国宗教改革的主要领袖之一——加尔文教派的创始人加尔文(Jean Calvin,1509—1564年)。方济各·沙勿略在1540年之前,基本上是在法国的巴黎大学和圣保禄修院度过的,从而奠定了他终生志愿的方向。

1540—1541年间,方济各·沙勿略是在葡萄牙首都里斯本若望三世国王宫廷中度过的。他受到了国王和王后的召对,王室委托他每周至少为3岁的小王子举行一次告解神工礼仪。他虽在那里备受国王关怀,却必须准备赴印度布道去了。

1541年,他接到了教皇的谕旨,任命他为教皇出使东方的大使。教皇同时致信红海、波斯湾、太平洋岛屿、果阿和埃塞俄比亚的统治者,要求沿途给予他特别庇护。国王也于他起程前再次召对他。4月7日,方济各·

① 以下资料均取自德国学者许霞漫(Gerg Schrhammer):《沙勿略传》,德国1933年版。

沙勿略在他35岁生日的时候，终于起程赴印度去了。他于1542年到达印度，其后便活动于印度和锡兰，1545年在摩罗岛，1547年又到达亚齐，1548—1549年间在果阿并出任修院长上，1549年春天到达满剌加，他于1549—1550年在日本的鹿儿岛，甚至还会见过日本天皇和丰后王。

方济各·沙勿略于1552年绕道新加坡赴华，于1552年8月间到达广东海岸的上川岛之后，由于无人能把他从那里带到150公里以外的广州，故而只好在上川岛的半山坡中结草庐而居。有一个中国商人，曾索要价值200元的胡椒，答应将他带到广州。但那个中国人后来又将要价增至350元，而且再次约定8天之后来接他。但直到11月19日，那个中国人又爽约，不再理会他了。方济各·沙勿略由于无法从上川岛进入中国内地，故而重新计划于冬季转道暹罗，然后随暹罗入华朝贡使赴中国。再于中国内地等待葡萄牙赴华使节的到达，所以他们想依靠官方的干预而在华布道。方济各·沙勿略却于此期间发高烧，沉疴不起，最终于1552年12月3日星期六清晨两点钟时魂归天国了。

在1553—1554年间，是方济各·沙勿略的遗体辗转安葬的时期。方济各·沙勿略逝世后，当时尚留在上川岛上的葡萄牙人感到极其痛苦。第二天，他们便按照中国的方式，把他装殓入棺，并将4袋生石灰填入棺中作防腐处理，然后被安葬在海边空地。一切后事均由其忠实的仆人安东尼负责操办。方济各·沙勿略的遗体在上川岛安葬两个半月之后，于2月17日被葡萄牙人起尸乘船运灵赴印度。运尸船于3月22日到达满剌加，沿途受到了信徒们的虔诚迎灵，特别还形成了方济各·沙勿略尸体不败不朽并散发异香味的神话般传说。

三、继方济各·沙勿略之后，耶稣会士大举入华

16—17世纪，正值中国的明末清初的鼎革之际，中国社会处于大动荡和大变革之中。此时的欧洲殖民列强也越来越毫无节制地为瓜分海外殖民地，并为开辟海外市场而激烈竞争，残酷地掠夺和剥削非洲和美洲大批国家或地区。他们的触角很快延伸到了印度、西亚、南亚和东南亚的国家与地区，甚至也在想方设法地叩开中国的大门。他们一方面实行“炮舰政策”，直接出兵掠夺当时尚处于“落后”状态的国家和人民；同时又利用攻心战术一手，在思想和文化方面进行渗透，“传教”或“福音化”就成了他们

得心应手的策略。基督宗教各修会和传教会的海外传教士，也就应运而生了。

方济各·沙勿略①未能实现其在中国传播基督宗教的美梦，但他毕竟是闯进了中国的门户，为其后来者开辟了道路。耶稣会士们继他之后，逐渐大举入华，开创了基督宗教在华传播的第三次高潮。

事实上，天主教的主要修会之一耶稣会，是于1534年由依纳爵·罗耀拉创建于巴黎，于1540年由教皇保罗三世（Paul Ⅲ，1534—1549年在位）批准，直至教皇克莱芒十四世（Clément XIV，1769—1774年在位）于1773年7月21日颁布教皇谕旨，宣布解散耶稣会为止，入华耶稣会士们在中国创建的耶稣会传教区被称为"早期耶稣会在华传教区"。1814年，教皇庇护七世（Piu Ⅶ，1800—1823年在位）又宣布恢复耶稣会，耶稣会士们重新入华了，主要活动地区是北京、直隶与江南、上海。本文所研究的基本上都属于"耶稣会早期在华传教区"。

（一）入华耶稣会士们的国籍或籍贯及其所操语言

据法国原入华耶稣会士汉学家荣振华（Joseph Dehergne，1903—1990年）统计②，在1552—1800年间，入华耶稣会士（其中有少数中国人，特别是中国澳门人）975人（分编为920个号）。这些传教士们主要来自葡萄牙、法国、意大利和西班牙等拉丁文化圈的国家，也有少数来自德国、荷兰、爱尔兰、奥地利等日耳曼文化圈的人，只有少数来自英国等盎格鲁—撒克逊文化圈的人，还有极少数来自东欧的立陶宛、波希米亚（捷克）、波兰等斯拉夫文化圈的人。

据法国学者迪岱③统计，在"早期耶稣会在华传教区"中，从耶稣会士们所操的语言（因而也就是他们的国籍）方面来划分，大致情况如下：

操葡萄牙语的神父和修士有372人，其中有少数中国澳门人或葡萄牙

① 方济各·沙勿略：《1535—1552年书简集》，巴黎1987年版，《中国游记》，第112—114页，巴黎1992年版。

② 荣振华：《1552—1800年入华耶稣会士列传》（Joseph Dehergne S.J.，Répertoire des Jésuites de Chine，de 1552—1880），巴黎和罗马1973年版。

③ 迪岱（Jean—Pierre Duteuil）：《上天的使命，入华耶稣会士的作用》（Le Mandat du Ciel，Le rôle des jésuites en Chine），Paris，Arguments，1994年版，第20—26页。

混血儿,也有几名来自葡萄牙殖民地的人。

操卡斯蒂利亚语(西班牙语)的传教士28人。其中有几名是西班牙在南美殖民地的人。

操意大利语的传教士有107人,其中包括当时尚属于热那亚王国的科西嘉人(科西嘉后来归属法国)。

操法语的入华耶稣会士168人,其中包括法国南部操两种方言的萨瓦人和瓦隆人。

操日耳曼语(德语)的入华耶稣会士有50名,其中包括某些从东欧和中欧出发的操德语的传教士。

操佛拉芒语或荷兰语入华耶稣会士有18人。

操斯拉夫语的入华耶稣会士有12名,大多数为波兰人。

操英语的入华耶稣会士只有3人,其中包括一名爱尔兰人。

耶稣会士中有40名中国血统的人,大部分为辅理修士,至少有4名是澳门葡萄牙混血儿。

有10名入华耶稣会士除了操其母语之外,还会讲另一种亚洲语言,如越南语、日本语和朝鲜语等。他们的国籍比较复杂,很难作出唯一断定。

法国入华耶稣会士的人数远没有葡萄牙人多,但他们的学术成就,在中国和欧洲的影响都比较大。从时代上来划分,他们的人数大致如下:

在康熙皇帝(1662年2月18日)之前,法国在华耶稣会士的人数继葡萄牙人(136人)和意大利人(50人)之后,位居第3(26人)。在康熙时代(1662年2月18日—1723年2月5日),法国入华耶稣会士的人数跃居第2位(90人),仅名列葡萄牙(118人)之后。到雍正时代(1723年2月5日—1736年2月12日),由于教案的影响,法国入华耶稣会士的人数退居第3位,仅剩下7名耶稣会士了,葡萄牙人也只有17人,而中国人却占了首位(20人)。在乾隆时代(1736年2月12日—1796年2月8日),法国的人数又上升为第2位(34人),位居葡(66人)人之后。葡萄牙人在中国澳门活动者居多,再加上“保教权”的庇护,其人数始终名列前茅,但其学术成就和影响,却远不像法国人那样显著①。

但是,法国传教士在清朝政府居官者却甚少,这又与他们的学术地位、“科学家”和“数学家”的尊号与名望不成正比。

① 同上引荣振华书:《1552—1800年入华耶稣会士列传》,第398—407页。

清朝的钦天监监正一职,似乎是专为入华传教士们设置的,它始终是入华耶稣会士所觊觎和向往的最高官位。从 1644 年到 1805 年的 160 多年间,共有 11 位入华耶稣会士先后出任此职。但非常奇怪的是其中竟然没有一名法国入华耶稣会士。尽管法国入华耶稣会士中有不少优秀的数学家和天文学家,如宋君荣(Antoine Gaubil,1689—1759 年),甚至还有多位被誉为法国“国王的数学家耶稣会士”。葡萄牙人却占有 4 名:傅作霖(F.de Rocha,1774—1781 年出任)、高慎思(J.d'Espinha,1781—1788 年出任)、安宁国(A.Rodrigues,? —1796 年出任)和索德超(J.B de Almeida,1728—1805 年出任),德国人占 4 位:汤若望(Adam Schall,1644—1666 年出任)、庞嘉宾(K.Castner,1707—1709 年出任)、纪理安(K.Stumpf,1711—1720 年出任)、戴进贤(I.Koëgler,1717—1746 年出任)。比利时人一名:南怀仁(F. Verbiest, 1669—1688 年出任)。意大利人一名:闵明我(F. Grimaldi,1688—1707 或 1709 年出任)。奥地利人一名:刘松龄(A. von Hallerstein,1746—1774 年出任)。

在清朝政府于 1644—1779 年任命的 23 名由耶稣会士出任的二一六品官吏中,葡萄牙入华耶稣会士占 7 名,意大利人占 5 名,德国人占 4 名,奥地利人两名,波兰一名,波希米亚人一名,比利时人一名。法国人实际上被封官的却只有贺清泰(Louis Poirot,1735—1813 年)一人,他于 1793 年 8 月 19 日被任命为这批人中官阶最卑微的六品官。此外,法国入华耶稣会士张诚(J.-F.Gerbillon,1654—1707 年)于 1688 年在中俄尼布楚条约谈判时,被任命为清政府的官吏。一俟谈判完毕,他也就不再是大清王朝的官吏了。

葡萄牙人索德超(J.B. de Alemeida,1728—1805 年),可能是于 1779 年居官,他于 1793 年 8 月 19 日作为英国马戛尔尼使团的首席翻译,而被乾隆敕封为三品官。

波兰人卜弥格(Michel Boym,1612—1659 年),于 1650 年被顺治皇帝敕封为官吏。

意大利人利类思(F.L.Buglio,1606—1682 年),于 1644 年任官。

意大利人郎士宁(G.Castiglione,1688—1766 年),于 1750 年被乾隆敕封为三品官。

德国人苏纳(B.Diestel,1623—1660 年),于 1660 年被顺治皇帝敕封为三品官。

葡萄牙人高慎思(J.d'Espinha,1722—1788年),被乾隆皇帝于1756年敕封为四品官。

德国人鲍友管(A.Gogeisl,1701—1771年),于1746年被乾隆皇帝敕封为官。

意大利人闵明我(C.-F.Grimaldi,1639—1712年),于1688年被康熙皇帝敕封为官。

奥地利人刘松龄(A.von Hallerstein,1703—1774年),于1753年5月5日被乾隆皇帝敕封为三品官。

奥地利人瞿安德(A.Koffler,1603—1652年),于1646年左右被封为官吏。

德国人戴进贤(I.Köegler,1680—1746年),于1725年被敕封为官。

葡萄牙人安文思(G.de Magālhaes,1611—1677年),于1644年被任命为官。

意大利人潘廷璋(G.Panzi,1734—1812年),曾任六品官。

葡萄牙人徐懋德(A.Pereira,1689—1743年),于1727年居官。

法国人贺清泰(L.Poirot,1735—1813年),于1793年8月19日被乾隆皇帝敕封为六品官。

葡萄牙人傅作霖(Félix da Rocha,1713—1781年),于1755年被乾隆皇帝敕封为二品或三品官。

葡萄牙人安国宁(A.Rodrigues,1729—1796年),于1793年8月19日被乾隆皇帝敕封为三品官。

意大利人毕方济(F.Sambiasi,1582—1649年),于1647年居官。

德国人汤若望(Adam Schall,1592—1666年),于1645年居官。

波希米亚人艾启蒙(I.Sichelbarth,1708—1780年),于1777年被乾隆皇帝任命为官。

比利时人南怀仁(F.Verbiest,1623—1688年),最早于1678年被康熙皇帝敕封为二品官。①

这种比例,与法国入华耶稣会士的人数、科学文化素质及其影响、中国皇帝以及各级官吏对于法国传教士们的器重都很不相匹配。其原因何在呢?既然这一切与法国传教士们科技文化水平无关,那就很可能应该到葡

① 同上引荣振华书:《1552—1800年入华耶稣会士列传》,第313—314页。

萄牙的保教权、法国对葡萄牙保教权的抵制、教廷与法国政府之间的矛盾和冲突方面寻找原因了。

由于葡萄牙的保教权,17 世纪末之前入华传教士们的名字都有点被“葡萄牙语化了”。直到路易十四时代的法国耶稣会士“大举”入华(1698 年)为止,葡萄牙语始终是中国传教区的“官方语言”。除了西班牙语之外,在耶稣会中国传教区中,其他西方语言已基本上不使用,甚至包括法语和意大利语,尽管这两个国家的入华传教士人数比较多。1605 年,利玛窦在致信其罗马教友们时还曾写道:

“意大利语使我感到了很陌生,我已经有 30 多年不再讲它了。如果我能够向你们用汉语、葡萄牙语或西班牙语交谈,那会更要容易得多。”①

在大批卢西塔尼西亚传教士们的支持下,中国传教区中广泛使用葡萄牙语的习惯,一直持续到中国早期耶稣会传教区末期。教会的语言拉丁语在口语交往中,却似乎成了一种“死语言”。当时不同国家耶稣会士们之间的交往都是葡萄牙语。继使用葡萄牙语的阶段之后,传教士们又开始大量使用法语。拉丁文变得只在向罗马教廷、耶稣会总会和欧洲某些国家宫廷写报告时,才被入华耶稣会士们使用。尽管拉丁文从 16 世纪起,便具有一种“法律”特征。如利玛窦便用意大利文致信耶稣会总会长阿瓜维瓦(Acquaviva),而又用葡萄牙文致信范礼安(Alexandre Vilignano,1539—1606 年)。他有关中国的年度书简,却于事后由意大利文译成拉丁文,然后便以《年度书简》(Letterae Annuae)的标题在欧洲天主教国家中发行。龙华民(N.Longobardo,1565—1655 年)的书简集《中华大帝国新观》(Recentissima de amplissimo Regno Chinae)于 1598 年用拉丁文出版,它只于 1601 年出版过一个法译本,从未出版过佛拉芒文本和德文本。甚至在安特卫普,此书也是直接用拉丁文本出版的。②

另外还有一个谜,即利玛窦的《基督教远征中国史》。它原本是利玛窦用意大利文写成的,金尼阁却拒绝用意大利文出版此书,而是将它翻译、修订并润色为拉丁文本和法文本出版。这一方面可能为了供荷兰的佛拉芒人和莱茵河流域的日耳曼人知识大众阅读,但其中也很有可能是利玛窦的意大利文本并不令人满意。正如石省三神父所指出的那样:

① 石省三为利玛窦《基督教远征中国史》所写的序,巴黎 1978 年版,第 23 页。

② 上引迪岱书:《上天的使命,入华耶稣会士的作用》第 24 页。

> 金尼阁在翻译和刊布利玛窦的日记时,明显提高了这部著作的文献价值。事实上,利玛窦是于1608年开始撰写其日记的,也就是在他离开意大利的30年之后,因而他很久以来就不使用其母语了。①

此外,17世纪中国传教区的一部基础著作——由柏应理(P. Couplet,1624—1693年)、恩理格(C. Herdtrich,1625—1684年)和殷铎泽(F. Intorcetta,1626—1696年)等神父所著的《中国的哲家孔夫子》(1762年),也是用拉丁文写成的,因为它是供欧洲学术受众阅读的。其法文译本的标题改为《中国的哲学或孔夫子的书》(1688年)。但在这个时代,拉丁文在中国传教区中替代葡萄牙文而占据优势。

到18世纪时,拉丁文在中国传教区中的统治地位被动摇了,法语的地位飙升。这既与来自意大利和中欧入华传教士人数的减少有关,又与在欧洲掀起的"中国热"高潮密切相关。

法国入华耶稣会士的人数在开始时很少。操法语的两位早期入华耶稣会士之一金尼阁实际上是佛拉芒人,当时该地区隶属于西班牙国王,很难完全把他作为法国人。罗历山(Alexandre de Rhode,1593—1660年)是犹太人血统,当时是阿维尼翁人,因而他是教皇国的公民,而不是法国国王的臣民。法国传教士在中国的存在,是以法国国王路易十四向远东派遣的科学传教区而开始的。在"启蒙时代",大部分法国入华耶稣会士们的作品都是采用布瓦洛(Nicolas Boileau-Despréaux,1636—1711年,古典语言原则的坚持者)和沃热拉(Claude Favre,Seigneur de Vaugelas,1585—1650年,语法学家,上流社会文学语言标准化的倡导者)式的古典法国雅语。

法国入华耶稣会士们的著作,在路易十四时代,与中国礼仪之争密切相关,并且还得到了迅速发展。李明的《中国现势新志》(1696年)《耶稣会士书简集》(34卷,1702—1776年)、《中华帝国全志》(4卷,1735年)、宋君荣的《成吉思汗及其中国的继承者大清王朝史》(1728年)、冯秉正的《中国通史》(1777—1785年)等,都是法国入华耶稣会士们的代表作,也是西方汉学的奠基性著作,更是中西文化交流的先驱性著作。所以,17—18

① 石省三为利玛窦《基督教远征中国史》所写的序,巴黎1978年版,第23页。

世纪,“法国现象”似乎就成了入华耶稣会士们的一大特征。事实上,此时的欧洲在华传教区,根据其所使用的语言而分成了两派。以法国入华耶稣会士为主的北京北堂的耶稣会士们,几乎只用法语写作,而且他们也不再经由里斯本的海路入华了,他们甚至还在设法开辟途经莫斯科的陆路与欧洲联系;以葡萄牙人为主的东堂耶稣会士,则主要使用葡萄牙语。入华传教士们的墓园也因语言不同而分成了三个墓园。“葡萄牙墓园”,即为北京栅栏墓园,尽管此地原来是由明朝皇帝赐葬意大利耶稣会士利玛窦的。法国传教士的“墓园”便设在京师西郊的正福寺。意大利墓园则位于距葡萄牙墓园一街之隔的地方。

语言、著作、教堂、墓园,这一切都反映了欧洲不同国家入华耶稣会士们之间的竞争。

由于多种原因,法国在中国耶稣会传教区中,形成了一种显著的例外。法国进入中国舞台的时间似乎较晚了。1664 年,由于法国创建了欧洲的第 4 个东印度公司——法国东印度公司,它才开始派遣船舶赴广州。在路易十四执政之前,远东几乎没有法国耶稣会士的身影。但到 17 世纪下半叶,法国入华耶稣会士却骤然间飞速增加,达到 68 名,甚至超过了同时代葡萄牙入华耶稣会士的人数。从路易十四的整个执政期到奥尔良公爵摄政期(1715—1723 年),在中国呈现了一个“法国传教区的时代”。从路易十五(1715—1774 年)执政期到“启蒙时代”之末,法国入华耶稣会士的数量,略高于 17 世纪初叶。

这其中的一个重要原因,是由于路易十四的财务总监和国务大臣柯尔培尔(Jean-Baptiste Colbert,1619—1683 年)的力争。他曾想让入华耶稣会士们把他们的天文、地图、水利和欧洲之外文明的知识,充作一种联络媒介。当柯尔培尔于 1683 年逝世后,耶稣会士们被派往中国,是为了在那里从事天文观察,以补充法国科学院在法国获得的观察数据。正是为此目的,克莱芒学院的数学教授洪若翰(Jean de Fontaney,1643—1710 年),经路易十四的陆军大臣卢瓦侯爵(Marquis de Loucvois,1639—1691 年)选中,被派往暹罗与中国去充任法国国王的代表。他于 1685 年 3 月 3 日乘“猎禽”号船从布雷斯特出发。同行者有白晋(J.Bouvet,1656—1730 年)、刘应(C.Visdelou,1656—1737 年)、张诚(J.-FGerbillon,1654—1707 年)、李明(L.-D.Le Comte,1655—1728 年),这就是著名的六位“国王的数学家”入华耶稣会士。他们于 1688 年 2 月 8 日到达北京,受到康熙皇帝的召对。康熙下令让张诚与白晋留在自己身边工作,让其他人自由地赴中国各省布道。1693年,清朝皇帝派遣白晋赴巴黎,以携归新的传教士。在此之前,由柯尔培尔于1664年创建的法国东印度公司未曾派遣过任何船舶赴中国,当时法国东印度公司的经理儒尔丹便购买了安菲特利特号(Amphitrite 商船,海神号),假托法国国王的钦差御船,于1699年3月6日自拉罗歇尔港口出发。白晋带去了八位教友,包括雷孝思,马若瑟和巴多明等人,于1699年10月5日到达广州港,这是法国派往中国的第一艘商船。安菲特利特号船于1701年3月7日自路易港二航中国时,又带去九名耶稣会士。法国官船驶华,是对葡萄牙"保教权"的一种挑战,路易十四成了敢于公开对抗这种"保教权"的天主教国家君主。这就使法葡之间的关系日趋紧张。从1700年1月3日起,耶稣会总会长贡萨雷斯(Thyrse Gonzalez)将副省会长的权力移交给了法国耶稣会士张诚,以管理所有在华的法国耶稣会士。从此之后,法国在华耶稣会传教区与葡萄牙在华传教区彻底分道扬镳了。

在依纳爵·罗耀拉于1556年7月31日逝世时,耶稣会共包括1000多名会士。可是到1580年左右,耶稣会士的人数已过5000人,到1615年,其人数已经猛涨到13000多人①。耶稣会的这种迅速发展,是由于在埃维拉尔·麦尔库里安(Everard Mercurian)任总会长期间,大举向"两条道路"派遣巡按使而促成的结果。一路是派巡按使若望·德·拉·普拉扎(Juan de La Plaza),去巡视葡萄牙在拉美行使"保教权"的地区墨西哥和秘鲁;另一路是派遣范礼安赴亚洲葡萄牙"保教权"地区巡视。范礼安在一次巡视中,就带去40名耶稣会士。从1580—1773年解散耶稣会为止,在所有定期航线上的葡萄牙船舶中,都会运载耶稣会士。所以,从16世纪末直到18世纪末,有三分之一的耶稣会士为葡萄牙人。葡萄牙航船载运到远东的两大名人,其一是方济各·沙勿略,逝世于上川岛;其二就是《卢西塔尼亚之歌》(Lusiades)的作者卡蒙斯(Luis de Camoens,1524—1580年),被截留于澳门。早期葡萄牙定期航班船舶运往远东的传教士,有半数停留在印度。但随着中国大陆和澳门传教区的发展,印度逐渐仅仅变成了赴中国、日本、满剌加和马鲁古群岛的传教士们的一个转运大站。但继17世纪的前三分之一年代之后,由于荷兰人的存在,葡萄牙船舶渡过满剌加海峡

① 《神修辞典》(Dictionnaire de Spiritualité),"耶稣会士"条目。

变得很危险了,澳门便形成了葡萄牙定期航班的终点站。①

葡萄牙的贝拉省(Beira)是三分之一以上葡萄牙耶稣会士们的故乡,甚至在16—18世纪期间还在逐渐增加。这主要是由于天主教改革的重镇——科英布拉(Coïmbre)大学的存在。科英布拉大学从1537年起自里斯本迁至科英布拉之后,那里便形成了葡萄牙的文化中心。耶稣会士们在乘船出发之前,都要在那里度过1—2年的学习时间,甚至还要举行宣誓仪式。

里斯本是是四分之一的葡萄牙耶稣会士的故乡,因为卢西塔尼亚的这个大港口是赴远方的传教士们的最大必经港口。他们有时要在那里一直等待数月,甚至数年才能轮到自己在出海的葡萄牙航船上得到一个舱位。葡萄牙各地或中欧的传教士们,也都经陆路或海路到达那里,以等待合适时机出发。耶稣会被解散后,耶稣会士们又曾被关押在那里的阿儒达堡监狱中。

随着葡萄牙的衰落,大西洋中的小岛马德拉和亚速尔,又为中国传教区转运了多名葡国耶稣会士,如葡萄牙的鄂本笃等人。

在葡萄牙与西班牙两国合并期间(1580—1640年),西班牙入华耶稣会士的人数还比较多。但从总体上讲,西班牙耶稣会士在中国传教区中只占5%的比例。但自麦哲伦于1521年发现菲律宾之后,马尼拉既成了耶稣会士们的一个避难中心,又是一个挑起争端的策源地。在中国和日本受教案牵涉的传教士们,都前往那里避难。1619年,在那里创建了圣多默教皇大学,它始终反对耶稣会士们倡导的对中国的"文化适应"政策,并极力挑起各修会之间的纠纷。

意大利入华耶稣会士们有一个很不错的开端,他们曾通过里斯本而向中国派遣了100多名耶稣会士,于16世纪末从利玛窦到卫匡国。17世纪上半叶,是意大利中国传教区的鼎盛时代。当时意大利的入华耶稣会士主要来自该岛的西北地带。

在1600—1650年间,主要有彼埃蒙特、伦巴第、萨瓦、热那亚和尼斯。但这些地区当时仅仅在名义上附属于意大利国。当时从附属于意大利的某些岛屿,如科西嘉、萨丁岛和西西里岛出发入华的耶稣会士人数不少。教皇国和意大利东北地区的入华耶稣会士人数始终比较少。利玛窦却出

① 上引迪岱书《上天的使命,入华耶稣会士的作用》,第34—35页。

生在亚得里亚海岸教皇国领土上的马切拉塔,卫匡国诞生在特兰托。中国“文化适应”政策的首倡者是意大利人。事实上,中国“礼仪之争“在巴黎爆发之前,这场争论在意大利就已经酝酿很久了。①

佛拉芒血统的入华耶稣会士人数不多,但却成了对荷兰勃勃雄心的一种制衡力量。众所周知,新教的加尔文教派与16世纪使七省的荷兰人脱离了西班牙王国,同时也独立于天主教传教区。西班牙于1648年才根据蒙斯特条约而承认了“联合省”(荷兰)的独立,同时又禁止国人在印度与荷兰人做交易。当时与西班牙人关系密切的葡萄牙也利用“保教权”而限制荷兰人。那些选择赴中国的佛拉芒传教士,大都为操法语者。如上文提到的杜埃人金尼阁和诞生于佛兰德西部彼特海姆的南怀仁。南怀仁本来精熟法语,但他在致书比利时耶稣会士柏应理时,却故弄玄虚地用佛拉芒文书写,以使葡萄牙人安文思(G. de Magalhaès,1611—1677年)无法看懂其有关大清“钦天监”的书简内容。因为安文思认为,南怀仁支持北京观象台,实与其宗教人士的身份不相容。至于佛兰德那慕尔人安多(Antoine Thomas,1644—1709年),他却完全融入到北京的法国传教区中了。荷兰耶稣会士的人数自1670年后便锐减,则有多方面的致因。一方面是出自北方总铎府的传教士,从此之后都被算作法国人了;另一方面是由于荷兰的许多地区被法国占领,比利时的政局又不稳定。这就是致使佛拉芒入华传教士人很少的原因。

来自欧洲中部国家的入华耶稣会士人数也很少,但他们却高度地忠诚于葡萄牙的保教权。他们从17世纪初叶到18世纪末叶,其人数倾向于逐渐地增加。他们的总人数要比佛拉芒人多近两倍。德语国家提供了较大比例的传教士,其中不乏有汤若望这样的著名耶稣会士。中国礼仪之争,更刺激了那些在半基督新教和半天主教地区大城市中的耶稣会传教士们的思想。如慕尼黑、雷根斯堡、科伦和科布伦茨。相反,在路德派信徒占优势的地区,却很少有耶稣会士,如斯特拉斯堡与汉堡等地。由加尔文派信徒占优势的瑞士,只向中国提供过数名耶稣会十,大都为钟表匠。如林济各(Franz Stadlin,1658—1740年),他在北京度过30年,是钟表专家和自动机械的匠人;此外还有何纳爵(Walter Ignazio de Monte,1612—1680年)与徐日昇(Nikolaus Fiva,1609—1640年)。出自当时属于哈布斯堡帝国

① 上引迪岱书《上天的使命,入华耶稣会士的作用》,第38—40页。

(Habsbourg,今属奥地利)领地的传教士数目,与出自德语国家的人数基本旗鼓相当。在书简和刊本著作中,这些人均被称为“奥地利人”,实际上他们却是中部欧洲日耳曼语地区的人。

波兰的耶稣会士们也在中国留下了几位名人,如穆尼阁(J.N.Smogulecki,1610—1656年)和卜弥格(Michel Boym,1612—1659年)。波兰是天主教重新征服的一个堡塞,那里有许多耶稣会士申请赴远东,但遭耶稣会本身拒绝者甚多。据在克拉科夫耶稣会档案馆的统计,在1649—1722年之间,共有61名申请人遭拒[1]。因为耶稣会总会长们,更喜欢让波兰传教士们于其周边国家布道。经过1710年的大瘟疫之后,波兰传教士们的精力都消耗在救助病人的繁重工作中了。此外,当时的交通运输代价昂贵,波兰又不具备任何海上交通的手段。中国传教区的候选人都必须首先赶到里斯本,需要穿越整个欧洲。如若取海路赴华,那么他们就必须一丝不苟地遵守葡萄牙的保教权。波兰王国的领土于17世纪上半叶一直扩张到立陶宛、白俄罗斯和乌克兰。波兰在立陶宛的维尔纽斯创办了一座耶稣会大学。基辅与斯摩棱斯克(Smolensk,现属俄罗斯)于1667年成为波兰的领土,这两个城市成了波兰入华耶稣会士们的出发地。有许多所谓的“波兰人”入华耶稣会士,实际上是立陶宛人或者是现已属于俄罗斯的毗邻城市的人。

在耶稣会中国传教区中,也会接受亚洲人晋铎并加入耶稣会。这其中也曾经历过不少波折。1563年的特兰托第23届主教会议(公会议)发表的第18号教谕,要求每个教区都要拥有一所教会学校或一座修院,而且在传教区国也不例外。当耶稣会士们进入中国时,有的人仍坚持教廷已形成的顽固敌视中国人的或种族歧视的偏见,但利玛窦和罗明坚却主张由中国人归化中国人,并简化由特兰托主教会议制订的布道方法。他们并不等待由小修院来缓慢地培养中国耶稣会士,而是在文士中直接招募精英司铎,并允许他们用中文作祈祷、弥撒、唱日课经和举行圣事。如利玛窦在1590年,便于其初修院中接受了华人钟鸣仁(S.Fernandez,1562—1621年)和黄明沙(Martines Houang,1570?—1606年)等人。

该修院于1608年又接受了8名中国修士,于1634年接受了17名,于

---

① 沙不烈:《卜弥格传》。

1700 年接受了 30 名①。但这些初修院修士最终也只能是辅理修士,从未被晋铎。范礼安在澳门初修院中接受中国初修生,其条件是他们永远不觊觎司铎位②。当时正在杭州的金尼阁曾请求罗马允许他们用汉语做礼拜。此后经过许多曲折,教廷传信部仍采纳了支持传统布道方法的立场,拒绝了用汉语做礼拜和培养本土神职人员的想法。

据亚历山大·布鲁(Alexandre Brou)的统计,18 世纪初叶时(康熙时代),在华天主教传教士人员的阵容大致如下:

当时共有 30 万中国基督徒。在 117 名欧洲司铎中,有 59 名耶稣会士,29 名方济各会士、8 名多明我会士、6 名奥斯定会士、15 名未参加修会的司铎。

在 19 世纪初叶(嘉庆时代)的形势如下:

当时共有 20 万中国基督徒,有 30 名欧洲司铎,还有 80 名中国司铎,其中 8 名是原耶稣会士。

在 18 世纪加入耶稣会的中国人中,有四分之一被晋铎为耶稣会神父,其他人始终为辅理修士,行使传道员(教经先生)的职能。他们的祖籍城市,在广东省主要是广州市,还有江南的上海,包括安徽和江苏在内的南京省,包括北京与河北在内的北直隶省、湖广省和四川省等地。此外,在 18 世纪的中国传教区中,还有一些东京湾(北圻)的人,如李良(Léon Gonzaga,1661—? 后退出耶稣会)和许方济神父(François Xavier Cuinh,1717—1770 年)。还有一名朝鲜修士 Vincent Cuinh(1578—1626 年)。③

(二)入华耶稣会士们的社会出身

入华耶稣会士们在中国热衷于"上层路线",侧重于与中国皇帝、文武百官、皇亲国戚、文人士大夫、知识精英、社会名流们打交道。这其中有许多原因,其中有一条就是由他们自己的社会出身所决定。入华耶稣会士中有许多人出身于贵族,包括穿长袍贵族(官僚贵族)和佩剑贵族(军人贵

① 德礼贤:《中国的天主教的本土主教》(P·M d'Elia, Cathoilic native épiscopacy),徐家汇 1927 年版。

② 范礼安:《耶稣会在动印度的起源与发展史》,威基本,罗马 1944 年版。

③ 上引迪岱书《上天的使命,入华耶稣会士的作用》,第 47—48 页。

族)。据迪岱先生统计,现在至少可以复原耶稣会中国传教区的247位神父与修士们的社会出身,其中有64位是贵族出身[1]。

	大贵族	农林小贵族、乡绅	金融寡头
1582—1610年	5	1	3
1610—1700年	7	15	6
1700—1776年	6	17	4
总计	18	33	13

在法国旧制度时代(1789年法国大革命之前的王朝)的社会中,贵族出身者共代表耶稣会成员的四分之一。依纳爵·罗耀拉系乡绅出身,他模拟军事组织而创建了耶稣会(耶稣连队或耶稣军),其目的本来就是"为基督而战"。依纳爵·罗耀拉对传教士们的精神训练,始终与训练骑士和军人一样。

依纳爵·罗耀拉的弟子中,有一半出身于中产阶级(市民有产阶级)。在法国入华耶稣会士中,有21位出身大学学界,有16出身于医生家庭(有的还是国王御医)。依纳爵·罗耀拉的弟子们特别喜欢与欧洲大学交往,特别是由于天主教改革而在那些"令人质疑的"地区建立的几所大学(杜埃、格拉兹或英格尔斯塔特)中,耶稣会士的先驱们讲授的是介于文艺复兴与17世纪上半叶之间的知识。

17世纪时,市民知识界向中国传教区提供高水平的科学,主要是以来自意大利和中欧的传教士所代表。启蒙时代的大部分法国耶稣会士均出身于法律界,他们本人也往往是法律专家。如张诚曾任法国国王的谋臣,刘迪我(Jacques Le Faure)曾任巴黎议会的参议员,鲁日满(François de Rougemont,1624—1676年)曾是默兹省的航海巡视员,其中有许多又是与有产市民阶级(中产阶级)联姻的乡绅,如汤执中(Pierre d'Incarvile,1706—1757年)。

在中国传教区的247名耶稣会士中,有134名出身于中产阶级(有产市民阶级),包括公证人、大学教授、药剂师等。在1582—1776年间,出身于议员界的法国入华耶稣会士就有22人。

---

① 上引迪岱书《上天的使命,入华耶稣会士的作用》,第29页。

根据迪岱先生的统计，欧洲各地中产阶级的入华耶稣会士人数大致如下①：

①伊比利亚半岛出身于中产阶级的入华耶稣会士
（35 套完整档案卡片）

	无确指的中产阶级	大学	法官、法律与行政专家	医师、外科医生、药剂师	商贾、船东
1582—1610 年	1	1	2	—	—
1610—1700 年	4	3	6	3	2
1700—1776 年	5	1	3	2	2
总计	10	5	11	5	4

②出身于中产阶级的意大利入华耶稣会士
（共包括 24 套档案卡片）

	中产阶级	大学	法官与市政府	医师与外科医生	商贾船东
1582—1610 年	—	3	—	—	2
1610—1700 年	3	4	3	1	2
1700—1776 年	2	1	3	—	—
总计	5	8	6	1	4

③出身于中产阶级的来自中部欧洲、德国和荷兰的入华耶稣会士
（13 套完整档案卡片）

	中产阶级	大学	官府 非贵族城市精英	商贾 批发商
1582—1610 年	—	—	1	—
1610—1700 年	1	1	2	2
1700—1776 年	2	—	2	2
总计	3	1	5	4

① 上引迪岱书《上天的使命，入华耶稣会士的作用》，第 30—33 页。

④出身于中产阶级的法国耶稣会士

（包括62套完整档案图片）

	中产阶级	大学	法官	医师、外科 医生、药剂师	商贾、批发商
1582—1610年	—	—	—	—	—
1610—1700年	14	3	4	4	1
1700—1776年	16	4	9	5	2
总计	30	7	13	9	3

出身于平民的入华耶稣会士人数很少。在入华耶稣会士中，有些手工业匠人出身的人。在我们可以查清其社会出身的247名耶稣会士中，出身于平民者只有27名，包括手工业匠人出身者（18人），耕农出身者4名，海员和士兵出身者共5人。具体统计数字见下表[①]：

	手工业 钟表匠、法郎匠 机械艺术、食品业	耕农	海员 士兵
1582—1610年	—	2	1
1610—1700年	12	2	2
1700—1776年	6	—	2
总计	18	4	5

当然，我们也不应认为耶稣会只从中产阶级和贵族出身的人员中征募会士，也可能是由于这些人被提及的机会多一些。

由此看来，16—18世纪的入华耶稣会士们，基本上都是属于中上层社会出身的人。这样一来，他们在中国热衷于走“上层路线”，注重科学文化与艺术事业、采纳“中国文化适应政策”的桩桩件件行为，便是顺理成章的事了。

① 上引迪岱书《上天的使命，入华耶稣会士的作用》，第34页。

四、结　　语

正是由于入华耶稣会士们的这种社会与文化背景，所以他们才清楚地认识到，基督宗教文化绝对不会在中国完全取代中国传统的民族文化，更不可能像在其他地方那样彻底消灭本土文化。因此，由范礼安、罗明坚和利玛窦首创，又由金尼阁和南怀仁等人继承和发展的“中国文化适应政策”，取得了暂时的和一定程度的成功，至少是可以使入华耶稣会士们在华得以立足了。入华耶稣会士们也只好暂时“淡化”他们的传教活动，而热衷于学习中国文化和从事中西文化交流工作。他们通过炫耀西方文化的先进性，进而鼓吹西方宗教的先进性；通过学习中国文化，而得以在中国社会精英中赢得好感，进而在社会大众中扎根。最终形成了一种中国未被“福音化”或“基督宗教化”，而是入华耶稣会士们完全被“中国化”的奇特现象。这就是中国人所说的“度人反被人度”的现象。

入华耶稣会士们把欧洲的某些近代科学技术、哲学思想、文化艺术、治国理念、民俗精粹、宗教文化都逐渐地和不完整地传入了中国。当然，耶稣会士们为了突显基督宗教和西方文明的“优越性”，也有自我吹嘘之嫌，不实之词甚为多见。他们自己也在中国从事了许多属于近代文化科技范围内的事情，如天文观察、地图测绘、数术计算、建筑工程（圆明园）、史学研究与翻译、解剖学与医学手术、西洋绘画、汉语拼音化（《西儒耳目资》）、动植物的调研与互相引进、对西方哲学巨擘著述的介绍等。这一切都不可避免地掀起了西学在中国的首次传播高潮。

入华耶稣会士们也把源远流长和博大精深的中华文化，全面地而又比较系统地传入了西方。他们一般都是根据自己的需要而对中华文化作取舍的，这与中国人对西学的选择是一样的。他们特别是把中国的儒释道文化、中国其他的本土文化或早期传入中国并已被同化的文化，传入了西方。他们不辞辛苦地翻译《四书》《五经》和其他儒释道经典、中医中药、中国艺术、工艺、农产品及农业工具、典章制度、宫廷和官府组成、民生、民俗、山川地貌、历史纪年等方面的文献资料。其中最重要者，应首推中国的历史纪年或者是中国的古老历史。因为按照基督宗教的历史观，人类的全部历史都应该包括在《圣经》中了，而且只能以《圣经》纪年作为人类历史的纪年。但中国的历史之悠久程度，却远远地超过了《圣经》中的记载，也就是说在《圣经》中认为是“上帝造人”的时代，中国不仅早就有人类居住了，而且已经有几个朝代轮换的历史了。由此而彻底推翻了基督宗教的历史观，形成了一种“前亚当人类”论。入华耶稣会士们的著作，在法国被编辑成几大部国外中国学基础著作。正是由于入华耶稣会士们的介绍，才于18世纪在欧洲（特别是法国）的文化学术界、贵夫人们的沙龙中、商贾圈子，甚至是某些王宫中，都掀起了一股强劲的“中国热”风潮。当然，这种“中国热”可能是人为所致，许多认知都是在误解的基础上形成的。西方学术界朦胧地形成的形形色色的所谓“中国形象”，其实都是为了本国国内斗争的需要，各取所需地拼凑成的，距中国的“真相”相去甚殊。有心打鬼，借助钟馗，中国却成了西方国内反腐朽体制、反中世纪之羁绊的钟馗。

当然，入华耶稣会士们长期生活在中国，与中国各界人士都有密切而又频繁的接触。他们之中的很多人对中国、中国人民和中国文化都充满友好感情。有许多入华耶稣会士在中国长期工作，最终客死于中国，永远地安眠在中国的大地上。这与那些来去匆匆的游客，或者是那些唯利是图的商客们都大相径庭，不可同日而语。他们分别用欧文和汉文著书立说，向欧洲介绍中国，又向中国介绍欧洲。在当时东西方交通极不便利，信息闭塞和传递缓慢，互相之间极其陌生的历史条件下，这一切实属不易。他们的著作，形成了国外最早的汉学著作，他们也是沿革至今的西方汉学家的鼻祖，故而也是中西文化交流的先驱。虽然他们都是以“传教士”的身份来华的，但他们在16—18世纪所扮演的文化交流的积极而又活跃的媒介作用，却是无人能取代的，因此也是值得我们肯定的。

各国入华耶稣会士的人员多寡及其成绩大小，都明显地影响了于18世纪在欧洲形成的“中国热”风潮的强弱程度。这场中国热风潮尤以法国和意大利为甚。葡萄牙虽占有天时、地利与人和，却未在国内掀起可与法国等国家相媲美的中国文化传播高潮，但也毕竟造成了某种影响。欧洲18世纪各国的“中国热”风潮之发展程度，与入华耶稣会士的人数多寡及其活动的成就密切相关。

中国的许多文人士大夫或其他科学文化精英，为了学到西方的近代科学、技术与文化理念，也极力把自己打扮成天主教的追求者，甚至还接受归化。但他们的最终目的，却并不在于要成为天主教徒。

由入华耶稣会士们掀起的中西文化的首次撞击，既与欧洲继文艺复兴与产业革命前后，迫切了解和争夺外部世界有关，也与中国明末清初，特别是“康乾盛世”时代的世界目光有关。这场首次文化撞击的终止，也与西方殖民主义政策以及中西文化的差异、清代趋向于“闭关”有关。

试论巴黎外方传教会会士的在华活动

巴黎外方传教会(La Société des Missions Etrangères de Paris)是明末清初传入中国的天主教五大修会和传教会(耶稣会、方济各会、多明我会、遣使会和外方传教会)之一。1659—2004年间,该会在华的传教士共有1208名,而且全都是外国人。这个数字远远地超过了1552—1800年在华的耶稣会会士920个号和975人(其中还包括为数不少的中国大陆人和澳门人),也远远地超过1697—1935年间在华的遣使会士946人(其中有近三分之一为华人司铎)的人数,巴黎外方传教会于1653年在巴黎创建,从1659年开始偶有会士进入中国,于1683年大举入华,到新中国成立后被逐出中国大陆为止(他们于此后仍于我国港澳台地区一直活动至今),共有近350多年的布道史。该会及其传教士,来华代表着天主教传入中国的一个重要阶段和传入过程中的一项重要事件。由于国内对于巴黎外方传教会的研究,实为薄弱,故本篇拟对该传教会的在华活动略作勾勒。

一、巴黎外方传教会的创建及其入华过程

巴黎外方传教会诞生于17世纪,这主要是由于法国那些不肯加入修会的神职人员,同样也具有要求赴遥远国家中积极参与布道事业愿望的人员造成的。因为直到当时为止,赴遥远国家布道的任务,始终是由加入修会的传教士们所垄断。外方传教会的成立也出于当时教皇要求亲自直接领导天主教传教区的愿望,当时教皇对各个修会的主导权已经被削弱。因为教廷过去在16世纪的海外大探险时代,将这种领导权完全转让给了葡萄牙和西班牙两国。在世界的东方实施葡萄牙人的保教权,西部世界则交由西班牙国王主宰。教皇自己有点“大权旁落”的感觉。他现在急欲图谋

收回大权，建立宗座代牧制。

为了适应西方列强瓜分世界的需要，也是为了避免在他们之间发生更多的纠纷和正面冲突，特别是为了避免15世纪欧洲最大的殖民强国——葡萄牙和西班牙在海外争夺中的直接对峙，教皇亚历山大六世（Alexandre Ⅵ，1492—1503年任教皇）从亚速尔群岛直到南极勾画出了一条臆想的分界线。这条线以西的全部教务全归西班牙人管辖，葡萄牙人保持对这条线以东地区的垄断权。由此而出现了葡萄牙对远东教务实施了两个多世纪的"保教权"。

这种保教权将全部宗教裁决大权，都无限制地交给了作为远东首席主教的果阿大主教，及其分布在印度所有地区的副主教；它同时又严禁欧洲任何信仰天主教的国家和个人，在未经葡萄牙国王允许的情况下，擅自前往印度。这项规定迫使葡萄牙以外的其他任何国家的传教士，都必须经由里斯本出发，并在那里举行发誓仪式和吊销其所属国的护照。从而既赋予了葡萄牙人监视所有欧洲传教士的权力，又可以使葡萄牙人将他们怀疑在远东有经商奢望的各国传教士，统统从东印度排斥出去。然而，唯一能够扰乱葡萄牙人在印度经商的天主教国家就是法国，西班牙人在南美洲已有足够他们干的事了。

当然，当葡萄牙还是一个强大而又富裕的国家时，保教权对于16世纪的远东天主教传教区还是利大于弊的。因为这种保教权不仅造成了葡萄牙人的特权，而且有特权就有义务，从而也强加给它某些义务，尤其是要用它自己的资金来供养印度所有传教区的义务。到了17世纪下半叶，随着葡萄牙帝国势力的衰退，葡萄牙的人员和资金都非常匮缺，它再也不能供养所有传教区了。因此，教廷和传信部则必须限制保教权。保教权已经完全成了传教区的一大障碍，而远不再是一种发展手段或保障了。这样一来，1673年11月10日，教皇克莱芒十世（Clément X，1670—1676年任教皇）签署了一道教皇敕书，免除了宗座代牧对果阿大主教区和宗教裁判所的管辖权。同年12月23日，教廷向诸位宗座代牧颁发了《罗马理当宪章》（Decet Romanum），其中重新具体划定了他们的权限，并允许他们不必途经里斯本便可直接赴远东。①

① ［法］毕诺：《法国对中国哲学思想形成的影响》，耿昇译，商务印书馆2000年版，第18—22页。

欧洲人对于传教区的这种热情，受到了在中国内地和东京湾活动的耶稣会士罗历山（Alexandre de Rhodes，1593—1660 年）于 1649 年在罗马游说的激励。罗历山先赴罗马，是为了请求在东京湾（Tokin，北部湾，北圻）和交趾支那设立主教，以在这些地区促成一支土著神职人员队伍的发展，因为只有土著神职人员，才能确保基督宗教教团在教案期间得以延存下去。

1652 年的最后几天，耶稣会士罗历山到达巴黎。他是奉其长上们命令返欧的。其目的是“为拯救那些漂亮的教堂，寻求一批主教并为它们带去新的传教士”①。因为当时在远东的传教士人数很少。这一方面是由于路途遥远，海上航行很不安全，海难事故频发，造成不少人员死亡；另一方面是由于文化的差异性，在远东的乡民和官府中，有不少人对由西方传来的“夷教”怀有敌对情绪，导致教案频频爆发，从而使外国传教士在那里屡有死伤和很难公开而又稳固地立足。罗历山为了寻求更多的传教士赴远东，在罗马拜谒了教皇，教皇委托他去寻访愿赴这些遥远地区出任主教的人选。罗历山为此而跑遍了信仰天主教的意大利、法国和瑞士等国家。

1653 年，罗历山将这些信息带到了法国。法国当局倾听了他有关向亚洲派遣主教的要求，并且在巴黎的神职人员中获得了一定程度的成功。很久以来就殷切希望与传教事业合作的天主教圣体会（Compagnie du Saint-Sacrement）决定，要用他们的才智与资源服务于这项计划，并且有许多人向教皇英诺森十一世（Innocent Ⅺ，1676—1689 年任教皇）和亚历山大八世（Alexandre Ⅷ，1689—1691 年任教皇）提出了申请。教廷最后终于任命了 4 位主教，并将他们派往远东。他们以“宗座代牧”的名义行使主教权，从表面上来看是独立于殖民大国的势力的。这就是被派往加拿大并被任命为魁北克主教的方济各·德·拉瓦尔·蒙特莫朗西（François de Laval Montmorency）。另外三位主教被派往了亚洲：陆方济（François Pallu，1626—1684 年）主教，奉命负责东京湾；郎主教（Pierre Lambert de La Motte，1624—1679 年），主要负责交趾支那；科纳爵（Ignace Cotolendi，1630—1662 年）奉命负责中国南部诸省和鞑靼地区。他们分别于 1660 年和 1667 年出发，首先前往对宗教比较宽容的暹罗定居，等待一旦时机成熟

① 阿德里安·洛内（Adrien Launay）：《巴黎外方传教会通史》（Histoire Générale de La Société des Missions Etrangères）第 1 卷，第 113 页。

时,便分别进入他们的派遣地。[1]

巴黎外方传教会向远东派遣传教士的主要推动人是陆方济和郎主教。

陆方济(François Pallu,1626—1689年)。是外方传教会的缔造人之一,诞生于图尔(Tours,法国伊尔—维兰省)的圣—萨土尔南(St·Saturnin)堂区。他似乎认识罗历山神父。罗历山赴罗马正是为了要求教皇在他布讲福音的地区设立主教位。1658年7月29日,他被任命为赫利奥波利斯的主教;1659年9月19日,他又被任命为东京湾(北圻)的宗座代牧以及中国的云南、贵州、湖广、四川、广西与越南老挝的临时司教署理。他经过其力所能及地奔波以维持外方传教会的现状并为其未来做准备之后,便于1662年从马赛乘船出发,首先前往伊朗的伊斯法罕(Ispahan),然后便前往波斯湾头的另一端阿巴斯港(Bender—Abbassi),再从那里到达苏拉特商行,穿过了印度,在马苏利帕特南(Masulipatam)乘船出发赴缅甸的墨吉(Mergui,丹老),最终到达暹罗首都大城(Juthia),郎主教已经先于他而到达那里了。他们共同决定在暹罗设立一个总学院,以培养传教区的土著民神职人员。他于1667年返回欧洲之后,便向教廷传信部呈交了多份报告,其目的主要在于将宗座代牧区的管辖权扩大到暹罗王国。1670年,他再次出发赴大城,并且与郎主教合作,他选择了拉诺(L·Laneau)为暹罗的宗座代牧,此人已被祝圣为梅泰洛波利斯(Metellopolis)的主教。1674年年中前后,他乘船出发赴中国,但于途中被大浪抛到了马尼拉海岸上,并且被西班牙人俘获。西班牙人如同对待敌人一般地虐待他,又把他押解回欧洲。为了使他获得释放,当时甚至必须让法国路易十四政府向马德里进行外交交涉。陆方济于1677年离开马德里,经罗马而重返远东。1679年11月间,他被解除了对东京湾宗座代牧区的代牧权。1680年,他被任命为中国传教区的司教总署理,特别是负责中国的江西、广东、浙江、广西、四川、湖广、贵州、云南诸省以及台湾岛和海南岛的教务。此外,他又被任命为福建的宗座代牧。他于1683年从暹罗出发赴中国,但在海上被明朝边防守军抓获,被囚禁在台湾达数月之久。1684年1月27日,他最终到达中国大陆,与另一位传教士严嘉乐(阎珰,Charles Maigrot,1652—1730年)一并居

① 热拉尔·穆塞(Gérard Moussay)与布里吉特·阿帕乌(Brigitte Appavou)主编:《1659—2004年巴黎外方传教会会士列传》,巴黎外方传教会档案馆2004年版(Répertoire des Membres de La Société des Missions Etrangères,1659—2004,Archives des Missions Etrangères,Paris,2004)第598页。

住在福建漳州。由于他病倒了,故而又与严嘉乐一道退至毛阳。1684 年 7 月 24 日,他将自己代理副本堂神父和司教总管的权力,移交给了严嘉乐。他于 1684 年 10 月 29 日在福建的毛阳死于卡他性炎症,后来被埋葬在该村附近的一片以“圣山”之名而著称的地方。其骨灰于 1954 年被运回法国,被安置在巴黎外方传教会小教堂的地下室中。

郎主教是外方传教会缔造者之一。他于 1624 年 1 月 16 日诞生于拉·博西埃尔(La Bossière,卡尔瓦多斯省)。他于 1646 年 5 月 17 日被任命为鲁昂宫廷谋臣,后于 1655 年 7 月间辞去其职务,但却保留了其头衔。他于是便进入了神职人员的行列,于 1655 年 12 月 27 日在巴约(Bayeux)晋铎,其后又成为鲁昂总医院的院长。与他交往甚笃的那些朋友们要求他前往罗马,以帮助陆方济争取被任命为亚洲的宗座代牧。1658 年 7 月 29 日,他被任命为贝里特的主教,1659 年 9 月 9 日又被任命为交趾支那的宗座代牧和中国浙江、福建、广东、广西和海南岛诸省份的施行圣事者。他于 1660 年 11 月 7 日离开马赛,由雅克·德·布尔热(Jacques de Bourges)和方济各·德伊迪耶(François Deydier)陪同,穿过了叙利亚、美索不达米亚和波斯,于 12 月 23 日到达苏拉特(Surate)。他继续沿陆路而行,在 3 月 6 日于默苏利伯德姆(Masulipatam)登上了一只穆斯林船舶,并且从那里起航,共用了 33 天的时间便到达了缅甸的默吉。他然后于 1662 年 8 月 22 日到达暹罗的首都大城,这已经是他离开法国两年零两个月之后了。他暂居在大城中由交趾支那人居住的民坊,然后又从暹罗国王扶拉·纳拉伊(Phra-Naraï)面前,在本地获得了一片地产。他于是便决定在那里建造一座住院,并为青年人建造了一所学院。这些青年人分别来自中国内地、东京湾和交趾支那,都是为了晋铎而来到此地进修的。1669 年,他再次出发赴已委托给陆方济负责的东京湾(北部湾、北圻),因为陆方济的一次欧洲旅行而使此人暂时无法立即返回那里。郎主教在那里为由德伊迪耶培养出来的 7 位土著司铎晋铎。他于 1670 年在南定省(Nam-dinh)的定县组织了一次教区教务会议。他还创建了一座修女学院,并为之命名为“女十字架热爱者”,其目的在于坚持对少女的教育,照料病人和为儿童施洗。1671 年,他赴交趾支那旅行一次,于平定登陆,又转向富安。他就如同他在东京湾所作的那样,也建造了一座“女十字架热爱者”的学院。1676 年,他再次出发赴交趾支那,并且获得了安南文贤王的召对,后者向他许诺了宗教自由并且恪守诺言。他于 1678 年返回暹罗,却很快就在那里沉疴不起。该主教于6月15日逝世并且被安葬于当地的教堂中。

这些宗座代牧们在继续其传教活动的同时,也希望为新成立的外方传教会招募新的成员。1663年,他们从圣—日耳曼(Saint—Germain)修道院长处获准,为培养新传教士而于迪巴克大街(Rue du Bac)开办一座修院,并从路易十四国王处获得了承认该修院合法性的国王敕书。这就是巴黎外方传教会的雏形。“迪巴克大街”,也成了巴黎外方传教会的代名词。

外方传教会在17世纪创建时,主要是为了满足远东,尤其是为了满足东京湾和交趾支那传教的特殊需要。它后来于18世纪期间,仍持续地向这些地区派遣司铎。在这个时期,天主教在那里很少被允许传行,教案与宽容交替出现。传教士们在那里的居住始终处于危险和不稳定的环境中。他们获得宽容,那主要是由于他们那外国人的身份,而不是他们的教徒地位。到了18世纪,那些大传教士们都扮演过某种重要角色。

在法国大革命期间,外方传教会的修院遭到了抢劫和出卖,招募新传教士的工作也变得根本不可能了。1805年,其修院才被其原来的长上们赎购回来,并得以暂时恢复。外方传教会继此之后,便经历了一次大发展。愿意赴传教区的人数变得越来越多。在19世纪的最后25年,每年都有40—50名传教士出发赴亚洲传教区,他们的活动地盘也越来越广阔了。继东京湾、交趾支那和南印度的某些地区之后,教廷还逐渐地将朝鲜、日本、缅甸、马来亚、阿萨姆以及中国的满洲和西藏的教务,也都先后委托给了外方传教会。在教皇格利哥里十一世(Grégoire XI,1830—1846年任教皇)、庇护九世(Pie IX,1846—1878年任教皇)和利奥十三世(Léon XIII,1876—1903年任教皇)教皇在位时代,外方传教会共筹建37个新的宗座代牧区。在这个时代,也出现过某些著名的传教士,如在中国的便有明稽埒(Philippe François Guillemin,1814—1886年)主教,他是广东和广西的第一位宗座监牧。此外还有暹罗、东京湾、日本和朝鲜的首任宗座代牧,他们也都是巴黎外方传教会的人。

在19世纪期间,共有89位巴黎外方传教会的传教士于其布道活动中暴卒,其中有许多人是在教案中死亡的。1984年,教皇若望—保罗二世对历史上在朝鲜死亡的传教士们“封圣”,其中有10名就是外方传教会的传教士。教廷于1988年,对在越南死亡的传教士“封圣”时,有10名外方传教会传教士。教廷于2000年10月1日,对于死亡在中国的3名外方传教会会士“封圣”:徐德新(Gabriel Tourin Dufresse,1750—1815年)、马赖(Auguste Chapdelaine，1814—1856 年）和文乃耳（Jean—Pierre Neel，1832—1862 年）①。这些传教士们是由于倚仗殖民主义的实力，在因与当地官府和乡民发生冲突而造成的教案中死亡的。

20 世纪时，外方传教会的标志，是本土神职人员队伍得到疾速发展。教廷委托巴黎外方传教会负责的大部分地区，都建立了修院。1900 年，巴黎外方传教会的本土神职人员是 600 人，到 1940 年到达 3800 人。其人数于 20 世纪下半叶又得到迅速增长。在 20 世纪期间，亚洲传教区大都被转入到本土主教们的手中了。很长时间以来，教廷一直很谨慎地延迟任命亚洲人出任主教。在这方面，光神父（J · B · Bude de Guébrian，1860—1935 年）起了重要作用。他在中国曾先后任四川建昌和广东广州的宗座代牧，后于 1921—1935 年任外方传教会的总会长，于 1935 年 3 月 6 日逝世于巴黎。他于 1922 年决定创建最早的两个宗座代牧区。交由中国神职人员负责。任命本土神职人员出任主教的做法一直在继续。1926 年，共有 6 名中国司铎被任命为主教。巴黎外方传教会在亚洲的 10 个国家，共建立了由本土主教主持的 50 多个教区。

巴黎外方传教会在 20 世纪期间，有许多传教士死于亚洲，他们或在工作中死亡，或在亚洲的战争和冲突中死亡。其中有 105 名因教案暴力事件而死于传教区，有 19 名在战争中被杀。二战之后，由于亚洲的中国大陆、缅甸、越南、老挝和柬埔寨都曾先后驱逐过巴黎外方传教会的传教士，所以该传教会便逐渐向马来亚、马达加斯加、毛里求斯和新喀里多尼亚发展，其中包括向那里的华人社团发展。

自 17 世纪以来，巴黎外方传教会共向亚洲派遣过 4000 多名传教士。现在，该会却只有 320 多名会士了，但仍作为新传教士们的布道基地。迪巴克大街（Rue du Bac）成了亚洲司铎学生们的接待中心。

外方传教会的会所，实际上是由"司库部"②组成的。他们设立的有关中国的司库部大致如下：

广州司库部（1685—1732 年）。广州的司库部在管理司库事务的同时，也在广东省和有时也在其他省承担布道任务。相继出任广州司库的外

① 上引塞拉尔 · 穆塞等：《1659—2004 年巴黎外方传教会会士列传》，第 597—598 页。

② "司库部"（La Procure）和"司库"（Le Procureur），实际上是教区代管和代管处。笔者仍遵从前人的称谓。

方传教会会士有：盖类斯（Louis Quémener，1644—1704 年，1685—1690 年出任司库）、尼各·夏尔梅（Nicolas Charmet，1655—1714 年，1690—1695 年任司库）、白日昇（Jean Basset，1662—1707 年，1695—1702 年任司库）、贝若望（Jean Bénard，1668—1711 年，1702—1707 年任司库）、吉安当（Antoine Guignes，生卒年月不详，1717—1732 年任司库）、傅迪我（Jacques Faucher，1688—1736 年，他于 1732 年被任命为广州司库）、科南（Antoine Connain，？—1755 年，1732 年任司库）。

澳门司库部（1732—1847 年）。在澳门司库部相继出任司库的巴黎外方传教会会士有：科南（1732—1740 年任司库）、刺伯禄（Pierre Laccère，1711—？年，1752—1754 年任司库）、欧勒本（Olivier Le Bon，1710—1780 年，1764—1765 年任司库）、罗伯禄（Pierre Romain，1736—？年，1765—1769 年任司库）、董神父（Charles Bertin，？—1772 年，1772 之前曾任司库）、斯若望（Jean Steiner，1738—1814 年，1771—1780 年任司库）、德若望（Jean Descourvières，1744—1804 年，1780—1785 年任司库）、克洛德·勒顿达尔（Claude Letondal，1753—1813 年，1785—1816 年任司库）、巴若望（Jean Baroudel，1779—1849 年，1816—1830 年任司库）、李伯禄（Pierre Legrégois，1801—1856 年，1830—1837 年任司库）、李播（Napoléon Libois，1805—1872 年，1837—1847 年任司库）。从 1813—1816 年，教廷传信部的司库马尔奇尼（Marchini）管理着外方传教会的司库部。

上海司库部（1864—1954 年）。相继出任上海司库部司库的巴黎外方传教会会士有：甘神父（P·Cazenave，1834—1858 年，1864—1866 年任司库）、欧仁·勒莫尼埃（Eugène Lemmonier，1824—1899 年，1866—1874 年任司库）、欧仁·科斯特（Eugène Coste，1842—1896 年，1874—1876 年任司库）、梁神父（J·B·Martinet，1844—1905 年，1876—1890 年任司库）、贝纳尔·沙比（Bernard Chapuis，1852—1891 年，1890—1891 年任司库）、列昂·罗伯尔（Léon Robert，1869—1940 年，1891—1904 年任司库）、儒略·博卜拉（Jules Beaublat，1869—1921 年，1904—1912 年间任司库）、沙神父（F·Sallou，1879—1951 年，1912—1922 年任司库）、孙神父（Marie Souvey，1885—1926 年，1925 年任司库）、施洗若望·热雷（J·-B·Gerey，1887—1948 年，1927—1946 年任司库）、米类思（Louis Amiotte-Suchet，1917—1998 年，1946—1954 年任司库）。

巴黎外方传教会在香港设有佰大尼康复医院（1874—1975 年）。相继任院长的有嘉略·帕特里雅(Charles Patriat,1828—1887年,1875—1887年任院长)、何福曼(Léon Hohann,1851—1926年,1887—1900年任院长)、陆神父(B·Lecomte,1849—1911年,1900—1902年任院长)、雷神父(Henri Louis,1870—1950年,1902—1910年任院长)、阿德里安·菲拉斯特尔(Adrien Fillastre,1872—1916年,1910—1935年任院长)、保禄·博斯(Paul Bos,1887—1978年,1936—1946年任院长)、和神父(Joseph Cuenot,1888—1970年,1950—1953年任院长)、诗卫德(René Sylvestre,1916—?年,1953—1960年任院长)、惠化民(Charles Lemaire,1900—1995年,1960—1975年任院长)。

在中国内地工作的许多传教士,因疲劳或患病而经常被转院至香港的这所康复医院疗养,而且有许多人最终逝世于此地。

香港拿撒肋会所(1883—1953年)。这里既有传教士们的住院,又有印刷厂。该会所是于1883年正式决定修建的,其目的在于接收那些已退休的传教士们。它首先于1884年建于澳门,后于1885年迁至香港。相继出任其长上者有:若望·鲁塞伊(Jean Rouseille,1832—1900,1883—1899年任会所长上),方济各·莫尼耶(François Monnier,1854—1939年,1913—1926年任会所长上)、娄神父(Joseph Le Corre,1873—1957年,1926—1929年任会所长上)、祝神父(Gustve Deswazieres,1882—1959,1930—1940年任会所长上)、阿丰索·毕奥托(Alphense Biotteau,1883—1973,1940—1951年任会所长上)和苏仪民(Fernand Billaud,1909—2004,1951—1953年任会所长上)。

香港总司库(1847—1950年),设于香港炮台里1号。列昂·罗伯尔在1921年2月的香港全体成员大会上,被选为第一位署理。继续于本地行使其外方传教会总司库的职务。1922年在香港出版的《外方传教会学报》宣布了新的总司库的任命,即沙神父(F·Sallou)。从1950年起,该职务改变了名称,从此之后使用"总务处"(Économat Général)。其相继出任总务长者有:李播(1847—1866年任职)、伯禄—马利亚·奥索夫(Pierre—Maric Osouf,1829—1906年,1866—1875年任职)、欧仁·勒莫尼埃(Eugène Lemonnier,1828—1899年,1875—1891年任职)、梁神父(J·B·Martinet,1844—1905年,1891—1903年任职)、列昂·罗伯尔(Léon Robert,1869—1940年,1903—1922年任职)、沙神父(1922—1926年任职)、阿尔韦斯·比奥托(1926—1935年任职)、翁神父(Léon Vicondelet,

1890—1973 年,1935—1950 年任职)。

香港司库部(1950—2003 年)。它相继建于香港梅道 1 号,落伽山 14 号 B。从 1966 年起,相继出任司库的巴黎外方传教会教士有:

杜神父(Emmanuel Tournier,1901—1989 年,1947—1958 年任职)、伯禄·莫罗(1958—1963 年任职)、拉弗埃尔·伊巴拉尔(Raphaë l Ibarrart,1923—?,1963—1968 年任职)、施洗若望·卡米依道(Jean-Baptisto Camin-ondo,1925—?,1968—2003 年任职)、翁神父后来成为"总务长",继续与杜神父一并定居 Ray Rd 的新会所内,此外还有于 1960—1962 年间充任香港司库和总务长两项职务的莫罗神父。

二、1659—2004 年入华巴黎外方传教会会士的基本情况

据热拉尔·穆赛与布里吉特·阿帕乌于 2004 年在巴黎外方传教会档案馆出版的《1659—2004 年巴黎外方传教会会士列传》[1]统计,在 1659—2004 年这近 350 年间,曾经入华的巴黎外方传教会会士共有 1208 人。其中主要是法国人,但也有极少数意大利、葡萄牙、荷兰与比利时(佛兰德)等国的人。

巴黎外方传教会的入华传教士们的在华活动区域,除了早期的个别人曾在福建、浙江、江苏、上海活动过之外,其余绝大部分都分布在中国西南和东北布道。在中国西南地区有云南、贵州、四川、重庆、西藏(主要是川、滇两省的藏区)、广西、广东;东北的辽宁、吉林和黑龙江三省。法国巴黎外方传教会进入中国西南地区,早期主要是借助他们在暹罗和印度的影响,后期又是利用了他们在印度支那殖民地的有利局面。当然,法国也始终不忘他们在中国西南的经济战略利益。新中国成立之后,巴黎外方传教会的传教士们都被从中国大陆驱逐出去了,他们的在华活动便主要集中在香港和台湾地区,或者是新加坡、马来亚、泰国和马达加斯加的华人社团中。

巴黎外方传教会在中国的人数分布大致如下:

分布在四川省(包括现今的重庆市在内)的共有 397 人。分布在云南

---

① Répertore des members de La Société des Missions Etrangères, 1659—2004, Par Gérard Moussay et Brigitte Appavou, Archives des Missions Etrangères, Paris, 2004

省的有90人,分布在广西的有79人,分布在贵州省的有136人,分布在广东省的有170人,分布在西藏和藏区的有39人,活动在香港地区的有45人,在辽宁省有120人,在吉林省的有38人。在黑龙江的巴黎外方传教会会士,主要是在20世纪初为逃避义和团运动而从辽宁与吉林两省迁去的,而且那里的很多地方现已属于俄罗斯了。赴我国台湾(特别是花莲县)的巴黎外方传教会会士,大都是在新中国成立之后,遭中国政府驱逐或因无法进入中国大陆,转而赴台湾的。在北部湾地区,也有巴黎外方传教士们的大量活动,他们大多只是途经而已,其中有许多地方现已属于越南了。

巴黎外方传教会赴华传教士中的一大特征,便是这些传教士中具有亲戚关系或同宗同族的人员很多,有兄弟、叔侄或其他本家族成员,据初步不完全统计,有两名同族传教士来华者有约110人,3人以上来华者有15人。甚至还有的人是继其亲人因教案或意外事故而死于中国之后,又毅然来华的。这从侧面反映了传教士们被煽动起的一种信仰精神,鼓起了为宗教事业献身的勇气。

如法国朗格勒(Langres,上马恩省)的毕氏家族就有3人,于1854—1891年间,先后以巴黎外方传教士的身份入华。第一位毕神父(Joseph Biet,1830—1855年)于1830年2月13日诞生于朗格勒,1852年6月5日进入外方传教会修院,1854年6月11日晋铎,同年8月25日乘船出发赴中国满洲传教区。但他搭乘的帆船在到达上海附近时,却遭到了海盗们的袭击,并且于1855年6月12日被海盗们抛入海中。该家族的第二位毕神父(César Biet,1836—1891年)于1836年9月20日诞生于朗格勒,1856年进入外方传教会修院,1859年6月8日晋铎,于同年7月10日出发赴中国藏区。他被任命为西藏传教区的司库,并被安置在藏区的打箭炉。此人于1863年被派去归化潞子江畔的土著民,却被迫滞留于东俄洛。1865年,他又携部分基督徒定居在察木多,然后去开辟左贡山林地区。1884年,他由于身体疲劳,而被迫赴香港疗养,最终于1891年5月29日逝世于香港佰大尼康复医院。第3位毕神父(Felix Biet,1838—1901年)于1838年10月21日诞生于朗格勒,1862年进入外方传教会修院,1864年1月10日晋铎,同年3月15日出发赴中国藏区。1865年10月,他受到了喇嘛们的攻击,被迫退回雅安,并在那里坚持10多年,而且还行使司库的职务。1877年,他首先署理宗座代牧,当丁硕卧(Mgr·R Chauveau,1816—1877年)主教逝世后,他于1878年被任命为比亚纳(Biana)的主教和西藏的宗座代牧。

1887 年,他为了巴塘、雅尔贡和雅安的教务,而与中国当局多次谈判。1892 年,他因病返法并于 1901 年 9 月 1 日逝世于罗讷省的金山之圣西尔(St.-Cyr au Mont d'Or)①。

又如,来自上卢瓦尔省的两位高神父。其中一位高神父(Casimir Cacauld,1863—1941 年)于 1863 年 2 月 24 日诞生于克鲁瓦让斯(Croisance,上卢瓦尔省),1886 年被接收进外方传教会修院,1888 年 7 月 6 日晋铎,同年 10 月 30 日出发赴四川东部传教区,于 1889 年 2 月到达重庆府。他首先在白果树学习语言,接着又先后被派往四川的渠县、梁山、酉阳和营山。他依次曾任营山的副本堂神父和四川备修院院长,后又在永川会口工作,并于 1918 年负责顺庆府大教堂。1934 年,他出任天主教医院的指导神父,最终于 1941 年 10 月 14 日逝世于重庆。另一位高神父(Marie Cacauld,1875—1961 年)于 1875 年 10 月 31 日诞生于克鲁瓦让斯,1894 年 9 月 15 日被接收进外方传教会修院,1899 年 6 月 25 日晋铎,翌日便出发赴四川重庆。经过在渠县学习语言之后,于 1901 年被任命为郑家湾的副本堂神父,在 1914—1919 年的第一次世界大战期间,于法国应征入伍,战后又于 1919 年返回其传教区。他于 1921 年在李渡坝,此后又前后就职于渠县、水鸭塘和沙坪坝,最后于 1951 年被从中国驱逐,于 1961 年 4 月 9 日逝世于巴黎②。

类似的情况还很多,这说明两个问题。其一是宗教笃信的力量。他们的同宗同族人在宗教信仰狂热的砥励下,勇于赴遥远的地方"献身于上帝的事业"。其二是他们在不同程度上为博大精深的中国文化所折服,很乐意到这个"东方神秘大国"来,使他们在宗教、文化和其他职业方面"建功立业",以将天主教文化传入中土,也将中国文化传向西方。

巴黎外方传教会的传教士们,已经彻底改变了由耶稣会士利玛窦等制定的对华传教策略:文化适应,迁就中国礼仪;走上层路线,以归化中国皇帝、朝中大臣、地方要员和文化精英为目标,再以他们为突破口而归化整个中国;为了以西方基督教文化的先进性来吸收中国人,而实行"科技文化传教"的手段。一方面,巴黎外方传教会的传教士们在影响了中西文化交流近两个世纪的"中国礼仪之争"事件中,完全站在了耶稣会士们的对立面,

---

① 上引塞拉尔·穆塞等人:《巴黎外方传教会列传》第 0746、0850 和 0660 号传主。

② 同上引塞拉尔·穆塞等人:《巴黎外方传教会列传》第 1795 和 2425 号传主。

以直接(非迂回)传教布道为其主旨,以创办学校和诊所为辅助手段,科学文化事业已被置于了次要地位;另一方面,他们放弃了入华耶稣会士们注重以中国宫廷和大都市为阵地的传教渠道,而是注重于中国偏远和贫穷的农村,在那些“穷乡僻壤”地区活动,这也可能是当时中国的经济文化落后地区,较先进发达的地区,对基督宗教的抵触情绪相对较薄弱的原因。当然,这也是巴黎外方传教会的创建之初衷。

在中国各省,巴黎外方传教会的传教士们也大都在中国经济文化非常落后的地域活动。他们在四川重点于宁远府(西昌)、雅州府、绥定府与酉阳州建立传教基地。他们在云南的中心则是丽江府、永昌府、顺边府以及昭通府。他们在贵州的活动中心为兴义府、大定府、遵义府和都匀府等。他们在广西的中心地为梧州府、泗城府和太平府等地。他们在广东的主要活动地区是韶州府、嘉应州、雷州府和廉州府(今属广西)。他们在辽宁的活动地点包括昌图、开原、杨官堡、法库门、牛庄以及锦州府、大黑山和小黑山地区。这些地区在各个省市中,均不算富裕之地;在全国范围内,也属于特别贫穷地区。他们在这一点上,与入华遣使会士们具有某种相似性,但与入华耶稣会士们却格格不入。

三、巴黎外方传教会与清末中国教案

由于巴黎外方传教会采取了反对入华耶稣会会士们的“中国文化适应”政策,在布道中抵制中国礼仪,特别是他们于后期借助西方殖民主义的势力,依靠中外之间的不平等条约和外国远征军坚船利炮的势力,确实做了不少鱼肉乡民、横行乡里之事。他们的行径激起了许多乡民的不满,甚至是招致了那些愚昧而又保守的清朝官吏们的敌视,故而由他们挑起了一连串教案。综观整部天主教在华的传播史,巴黎外方传教会是制造教案最多的一个传教会。他们始终未能跳出教案的怪圈。

西林教案,亦称“马神父教案”,其祸首就是巴黎外方传教会的传教士马赖(Auguste Chaplaine,1814—1856年)。马赖于1814年1月6日诞生于法国拉罗歇尔(La Rochelle,芒什省),1843年6月10日在库塘斯(Coutances)晋铎,旋即被任命为布塞(Boucey)的本堂神父并在那里工作7年。他后来于1851年自荐进入外方传教会,随后便于1852年4月29日出发赴中国广东和广西的“两广传教区”。该神父于1854年春又到达贵州,首先在贵阳学习了一段时间的汉语,最后进入当时正处于激烈教案高潮中的广西。马赖是非法从广东到广西的,并纵容教民作出不法举措。他于1856年遭告发,藏匿在西林县的一名文人家庭中。1856年2月25日,西林知县张鸣凤将他与25名教民同时逮捕。马赖毙命于大刑之下,死后仍被悬首示众。"西林教案"是中国近代史上爆发较早的教案之一,不仅导致了中法两国政府之间的外交交涉,甚至连罗马教廷也与清政府持续地交涉了一年之久,清朝中央政府与广西当局之间也发生了争执。法国政府要求中国政府为马赖被杀和这场教案中的"殉教人",在政治上赔礼,在经济上赔偿,惩办中国地方上的当事官吏,并为此后的"传教自由"提供方便。即使根据当时已签订的中外不平等条约,清政府也只允许在中国沿海通商口岸传教,而不准许传教士们私自进入中国内地。马赖等潜入西林,传播"邪教",草菅人命,挑动宗族和族群冲突,煽动国民反对官府,因而受到了乡绅与乡民们的声讨①。2000年10月1日,被罗马教廷"封圣"的百人中,便有马赖此人。此事曾引起中国方面的强烈反对。法国拿破仑三世也借口这一事件,再加上其他原因,与英国人合谋,发动了第二次鸦片战争。其后果是东方艺术明珠圆明园遭劫焚,清政府被迫签订了丧权辱国的《北京条约》,仅向法国一国就赔银二百万两②。

"贵阳教案"也是由巴黎外方传教会制造的重要教案之一。"贵阳教案"事实上包括1861年发生在贵阳郊区青岩和1862年发生在贵州开州的两场持续了一年之久的教案。这场教案的肇事者,就是三名巴黎外方传教会的传教士。其一是1846年出任贵州宗座代牧的巴黎外方传教会会士白德望(Etienne Albrand,1805—1853年)。他于1805年4月4日诞生于法国的圣克雷潘(Saint—Crépin,上阿尔卑斯省),于1835年赴暹罗,于1846年离开暹罗而赴贵阳,前往刚刚创建的贵州宗座代牧区,于1849年2月24日被任命为该宗座代牧区的宗座代牧,由范若瑟主教(Desfleche)于四川白果树为他祝圣。他创建了贵州的兴义府、兴义县和贵阳等基督教会口。他依靠中法之间签订的不平等条约,使贵州三分之一的县都设立了基督教会口,而且煽动教民与地方政府和非信徒乡民对抗,先后造成了十余次小规模教案,为最终酿成"贵阳教案"埋下了隐患。继他之后出任贵州宗座

① 《巴黎巴黎外方传教会会士列传》第106号传主;《文宗实录》;夏燮:《中西纪事》。
② 《开阳县志稿》第9章《宗教》。

代牧的巴黎外方传教会会士胡缚理(Louis Faurie,1824—1871 年)于 1860 年 9 月 2 日最终制造出了大教案。胡缚理于 1824 年 6 月 2 日诞生于法国蒙塞居尔(Monsegure,纪龙省),1850 年 5 月 8 日进入外方传教会修院,同年 12 月　日晋铎,于 1851 年 3 月 13 日出发赴贵州传教区,与白德望一起工作。他于 1852 年被任命为修院长上,于 1856 年在六钟关建一座印刷厂,并于青岩建造一座大修院,于 1859 年被调任龙坪会口,于 1860 年 9 月 2 日出任贵阳宗座代牧,于 1869 年返罗马参加梵蒂冈公会议,于 1871 年 2 月 10 日离罗马返回贵州。他于 1861 年 4 月 4 日,越规乘坐紫色大桥,肩披紫带,在百余名教徒簇拥下威风凛凛地去巡院衙门,要求巡抚何冠英准许传教自由。在遭拒绝后,他又去提督田兴恕大堂纠缠,从而造成了基督教教民与官府和非信徒民众之间的对抗,在青岩端午节期间发生严重冲突。1862 年元宵节时,开州府征收捐庆祝。当时在开州布道的法国外方传教会会士文乃耳(Jean Pierre Néel,1884—1927 年)借机煽动民乱。文乃耳于 1832 年 10 月 18 日诞生于法国罗讷省的苏莱米耶村(Soleymieux),1855 年 10 月 25 日进入外方传教会修院,1858 年 5 月 29 日晋铎,同年 8 月 29 日乘法赴贵州,于 1859 年 12 月 2 日到达贵阳,立即开始学习汉语。第二年,他便对 20 多个基督教会口视察,包括东莱坪和猪昌镇。田兴恕指责他煽动民变、不尊重中国民俗与礼仪,于是便于 1850 年 9 月在西毛罗卜将他与数名修士逮捕,并于 1862 年 2 月 18 日将文乃耳判处死刑。

田兴恕曾指示"缉案就地正法"①,要求在正月内将文乃耳与四名抗捐闹事的教民逮捕处死。文乃耳于 1909 年 5 月 2 日被罗马教廷列真福品,并于 2000 年 10 月 1 日将他"封圣"。法国公使联合英、法、俄公使向清政府提出了抗议,并以武力相威胁。清政府最后屈服,何冠英已死,田兴恕被发配新疆,赔银 12000 两②。

此外,第一次重庆教案(1683 年)也是由法国巴黎外方传教会会士、川东宗座代牧范若瑟(Eugène Jean Desfleches,1814—1887 年)挑起的。第一次酉阳教案(1865 年)是由外方传教会会十、当时主持酉阳会口的邓神父(Jean Eyraud,1823—1874 年)引起的;第二次酉阳教案(1868 年)是由外方

① 《开阳县志稿》第 9 章《宗教》。

② 《巴黎外方传教会会士列传》第 0398、0609 和 0733 号传主;《筹办夷务始末》同治朝,卷 28。

传教会传教士，于1868年年底主持酉阳会口的李国（Jean Rigaud，1834—1869年）炮制的；1876年爆发在四川省邻水、江北和涪州三地教案，也是由巴黎外方传教会传教士范若瑟酿成的；广西永安教案（1898年）也缘起外方传教会传教士苏神父（Mathieu Bertholet，1865—1898年）；分别爆发于1886—1887年和1890年的两次大足教案，均事出外方传教会的彭若瑟（Joseph Pons，1847—1924年）神父。

在2000年被罗马教廷所谓“封圣”的三名入华巴黎外方传教会传教士中，除了上文提到的“西林教案”的肇事者马赖和于1861—1862年严重挑起贵阳教案的文乃耳之外，还有一位就是徐德新。

徐德新（Gabriel—Taurin Dufresse，1750—1815年）于1750年12月8日诞生于法国勒祖（Lezoux，多姆山省），1874年进入外方传教会修院，1774年12月17日出发赴中国四川传教区。当时四川的博主教（Pottier）任命他负责川北诸会口。1784年末，在那里爆发了一场教案，他被清朝官府逮捕下狱并被囚禁于成都。在他被驱逐至澳门之后不久，又冒险潜回四川。1789年，他重新来到成都，首先奉命负责包括今天整个川东和夔州在内的重庆传教区。然后又于1793年被任命为署理副本堂神父，于1800年被选为辅理主教。次年，他继任了马主教（Saint-Martin）的主教职位。1800年之后，那里再次爆发教案，他被捕并被押解到成都，接着被判处极刑，并于1815年9月4日被处决。

徐德新曾在天全县大川地建立修院——一立书堂，因后来未经获许，而入川藏匿于民中，曾多次遭搜捕。过去，中国地方上被抓获的外国传教士，都要被押京受审。后来，四川总督常明将被抓获的徐德新就地处决。在处决徐德新时，“并提齐习教各犯，环跪着视行刑，仍枭首传示各地方，俾百姓触目惊心，以期断绝根株”①。“使愚民目击耳闻，知习教如徐鉴牧，尚无能庇其一身，庶可悦然于邪教之非，咸归正轨”②。

除此之外，在中国的西南和东北，还有大量大大小小的教案，大都是由外方传教会传教士们造成的教案。

当然，我们对于中国清末时期的这类“教案”，应作客观和实事求是的探讨。当时西方传教士依仗强大的后台——远征军与不平等条约，气势嚣

① 《清嘉庆朝外交史料》第4册，第35页。

② 《嘉庆二十年十月二十八日四川总督常明奏折》，第一历史档案馆藏。

张,鱼肉乡民,为所欲为,既不肯把乡民的意愿与当地政府的意见放在眼里,又不肯诚心诚意地尊重中国人的风俗习惯;另一方面,中国乡民与地方官吏,也有行事鲁莽,动辄杀人,思想上闭塞而又顽固。双方从互不理解和利益冲突开始,从文化冲突而最终演变成了军事冲突。

更为严重的是,法国殖民主义远征军攻击中国时,大都聘请外方传教会的在华传教士作顾问和向导。远征军把他们奉为"中国通",因为他们不但在中国已生活多年,熟悉中国各方面的事态;而且他们还精通汉语,便于与中国方面谈判。

法国利用马赖被杀的"西林教案",英国也以"亚罗号"船事件为借口,蓄谋发动了第二次鸦片战争。国际学术界有人将第二次鸦片战争称为"第一次世界大战",因为当时的世界五大国——中、法、英、美、俄都介入其中了。法国远征军为了找一个熟悉中国国情的人充当"顾问"和"向导",专门从四川邀请巴黎外方传教会传教士艾嘉略到香港,再经广州、上海、烟台、大沽和天津而随英法联军进入北京。巴黎外方传教会会士艾嘉略(Louis Charles Delamarre,1810—1863 年)于 1810 年 7 月 11 日诞生于鲁昂(Rouen),1833 年 6 月 26 日进入外方传教会修院,1834 年 12 月 20 日晋铎,1835 年 3 月 15 日出发赴四川。他于 1837 年到达被任命为其长上的穆坪修院,于 1847 年奉命负责叙府地区的教务。1850 年,他又到达安岳地区,并于 1858 年负责纳溪教务。第二次鸦片战争之后,他又返回四川,以充任中国当局与传教区之间的调解人,最终于 1863 年 10 月逝世于汉口①。

艾嘉略于 1860 年被法国殖民军召到香港后,充当法国政府特使噶啰(Jean Baptiste Louis Gros,1793—1870 年)的翻译,此后又以噶啰的"副使"的头衔活动。他经历了英法联军侵华的整个过程,并参与了与清朝政府钦差(桂良与恒福)的谈判,直至签订《中法续增条约》(《北京条约》)。在这场军事外交较量中,军事由法国远征军司令孟斗班(C · C · Montauban,1796—1878 年)负责,政治和外文事务由噶啰负责,教务诸事实际上是由艾嘉略和遣使会北京主教孟振生(J · M · Mouly,1807—1868 年)等负责。此后,艾嘉略于 1860 年再次赴香港,以印刷他编写的《汉法词典》。他又将《御撰通鉴纲目》中的明记三篇译作法文,于 1865 年在巴黎出版。1863 年,重庆教案(范若瑟蛮拆长安府以修建真原堂之案)爆发后,他又自告奋

① 《巴黎外方传教会会士列传》第 0416 号传主。

勇地赴北京，以与中国政府交涉。1860 年 11 月 18 日，他自北京向罗马教廷传信部的枢机主教们寄去了他作为远征军随军神父而写的报告，此文成了研究第二次鸦片战争的宝贵资料[①]。

《北京条约》签订之后，艾嘉略又煽动噶啰去要求清政府归还已被清政府多年前收归国有的北京东、西、南、北四堂。噶啰分别于 1860 年 11 月 5 日和 7 日。照会恭亲王弈䜣，索要四堂，并且明确提出："可将北堂急交于留京之孟(振生)主教、艾嘉略等。[②]" 弈䜣上奏朝廷后，将四堂退还天主教团并颁发执照。这就是著名的"还堂事件"。

由艾嘉略策划的这场"还堂事件"，在全国引起了轩然大波。因为在艾嘉略协助噶啰签订的《中法北京条约》第六款还明确规定：

> 晓示天下黎民，任各处军民人等，传习天主教，会合讲道，建堂礼拜，且将滥行查拿者，予以应得处分。又将前谋害奉天主教者之时，所充之天主堂、学堂、茔坟、田土、房廊等件，应赔还，交法国驻扎京师之钦差大臣，转交该处奉教之人，并任法国传教士在各省租买田地、建造自便。

此后，分布在中国各地的传教士们都纷纷仿效：索要很久之前被没收的财产，不加约束地扩展教产。由于与乡民发生冲突。在直隶、山东、山西、陕西、河南、湖北、湖南、四川、广东、江西、浙江、江苏、辽宁十几个省，都爆发教案和冲突。他们仅在直隶一省，就索要归还旧教堂 70 余座。甚至历史上根本就不是教堂的住所，亦被觊觎侵占的传教士们妄指为教堂旧址，恣意索还。在此后相当长的一段时间内，中国爆发的教案，都在不同程度上与由巴黎外方传教会策划的"还堂事件"有关。直到 1871 年，清朝总理衙门对 1867 年以来的"还堂事件"作出这样的总结："近年各省地方抵还教堂，不问民情有无窒碍，强令给还。甚至绅民有高华巨室，硬指为当年教堂，勒逼民间让还。且于体制有关之地，以及会馆、公所、庵堂为阖境绅民所最尊重者，皆任情需索，抵作教堂。况各省房屋，即实属当年教堂，而多历年所或被教民卖出，民间辗转互卖，已历多人。其从新修理之项，所费

① 载《传信年鉴》(Annales de la Propagande de la foi)第 28 卷，里昂年鉴出版社 1856 年版。

② 《清末教案》第 1 卷，中华书局 2000 年版，第 179—185 页。

不资,而教士分文不出,逼令让还”[1]。这场“还堂事件”不仅诱发了许多新教案,而且导致了清朝政府与外国列强之间长期的激烈外交交涉与争论,甚至还导致了区域性的“割地赔款”。

在狂热而又盲目排外的义和团运动中,巴黎外方传教会的传教士们,本来并不是被重点打击的对象,因为中国西南和东北并不是义和团的势力中心。但在主要是在辽宁牛庄地区,也有几名巴黎外方传教会的会士们被义和团杀死,并且还被抛尸于双台子河,还有些人是因逃避义和团的追捕而死亡的。如爱德华·阿纽斯(Edouard Agnius,1874—1900 年)于 1874 年 9 月 27 日诞生于法国北方省的欧布尔丹(Haubourdin),于 1892 年 9 月 13 日进入外方传教会修院,于 1897 年 6 月 27 日晋铎,1897 年 7 月 28 日出发赴中国满洲。他于 1899 年属于南部满洲宗座代牧区,此后他又先后在杨官堡、小黑山和广宁县等地传教。当他正在小洼子时,爆发了义和团起义。他于 1900 年 7 月 11 日在辽宁的拉子场被杀,其尸体被抛入了双台子河[2]。荣神父(Jean Georjon,1869—1900 年)于 1869 年 8 月 3 日诞生于马尔勒(Marlhes,卢瓦尔省),于 1882 年 8 月 31 日出发赴中国满洲。他先后在辽宁杨官堡、白岭子、黄家木匠铺、赵家窝棚和上集厂建造了小礼拜堂。1900 年 7 月 19 日,他在白岭子因与义和团对峙而被杀[3]。李神父(Louis Leray,1872—1900 年)于 1872 年 10 月 8 日诞生于利涅(Ligne,大西洋卢瓦尔省),1893 年 9 月 14 日进入外方传教会修院。1898 年 6 月 26 日晋铎,同年 8 月 3 日出发赴满洲北部传教区。他首先于白岭子开始工作,其后对金玉街会口施行圣事。1900 年 7 月 16 日,他在吉林金玉街和义和团发生直接冲突,被一颗子弹击中后烧死[4]。

总之,巴黎外方传教会传教士在义和团起义期间,也曾与义和团发生过不少冲突,有近 10 人死于义和团之手或与义和团有关的事件中。

四、巴黎外方传教会赴藏区的活动

巴黎外方传教会费尽周折,才从教廷获得了在西藏(其实主要是中国藏区)的布道权。因为此前在很长一段时间内,西藏和藏区属于入华耶稣

① 刘锦藻:《清朝续文献通考》,第 350 卷,1936 年版,第 10938 页。
② 《巴黎外方传教会会士列传》第 2284 号传主。
③ 《巴黎外方传教会会士列传》第 2002 号传主。
④ 《巴黎外方传教会会士列传》第 2389 号传主。

会士们的布道范围。在先后进入西藏和藏区的39名外方传教会会士之中,有些人甚至在清朝政府明令禁止外国传教士入藏时,他们还化装强行入藏。这其中最具有代表性的人物,便是巴黎外方传教会会士萧法日和罗启桢。萧法日(Jean Fage,1824—1886年)于1824年10月6日诞生于法国拉迪尼亚克(Ladignac,科雷兹省),1845年8月6日进入巴黎外方传教会修院,同年9月16日出发赴香港。他首先被派往云南的普洱道。1854年,他化装前往西藏,与罗启桢同行。他后来移居巴塘和打箭炉。1883年,他获准赴云南,并被安置在普洱道。他在那里工作5年之后,于1888年8月19日逝世于昭通①。罗启桢(Charles Renou,1812—1863年)于1812年8月22日诞生于法国的韦尔南特(Vernate,曼恩—卢瓦尔省),1836年9月14日进入外方传教会修院,1837年5月20日晋铎,于次年5月15日出发赴四川。在西藏教务于1846年3月27日被移交给了外方传教会后,他化装成商人前往打箭炉,遭识破后被清政府遣返广州。他于1852年再次出发赴西藏,不久便成功地于顿珠林喇嘛寺中栖身。1853年12月,他又返回云南黄家坪,接受任命他为宗座监牧的职务。1854年,他再次出发赴西藏,在察木多喇嘛寺中停留了一段时间之后,便在拉萨辖地邦加租得了一块土地,成了西藏传教区的第一个会口。最终又定居于江卡,并于10月18日逝世于那里②。他们的行程沿途,被清政府的官吏们奉命仔细盘查,并将情况上奏朝廷,既有"御批",又有"廷寄"。如同治三年八月初七日(1864年9月7日)清朝《驻藏大臣满庆等奏请阻止洋人入藏传教情形折》中就提到:"惟以前自云南及打箭炉行至擦瓦、扪孔置业之天主教罗肋拿(罗启桢)、萧法日等,在彼数年,任意传教,已扰乱番民数人心意,现在设法将该从教者分别查办,并不准彼处人等擅行来藏"③。

另一位进入藏区的具有代表性的巴黎外方传教会会士是戴高丹(Auguste Desgodins,1826—1913年)④。戴高丹于1826年10月16日诞生于马讷勒(Manheulles,默兹省),1850年5月25日晋铎,1854年9月25日加入外方传教会修院,1855年7月15日出发赴藏区。他偕同其教友罗启桢一并到达察木多以远的巴贡,但很快便被迫返回贡觉,于1864年又被从那里

---

① 《巴黎外方传教会会士列传》第0546号传主。

② 《巴黎外方传教会会士列传》第0439号传主。

③ 《清末教案》第1卷,中华书局1996年版,第411—412页。

④ 《巴黎外方传教会会士列传》第637号。

驱逐。但他于数月之后再度返回那里,并在那里建造了一座本堂神父住宅和一座小礼拜堂。1880 年,他受毕主教(Felix Biet,1838—1901 年)的委托,在西藏边境上建立了许多会口。戴高丹于 1880 年 5 月 13 日离开打箭炉,携带一份任命他为署理本堂神父并去考察西藏南部边界的文件。他经过加尔各答和大吉岭,然后定居在亚东。1898 年,他赴香港并在拿撒勒印刷厂印制了由传教士们编纂的《藏—拉—法语词典》。他于 77 岁时,又返回了喜马拉雅山区,最终于 1913 年 3 月 14 日逝世于亚东。他在西藏和藏区共布道和生活 58 年,死后也葬于西藏这片土地上。他一生中有关西藏的著述甚丰,形成了巴黎外方传教会传教士中的特例。据日裔法国学者今枝由郎等统计,其论著、论文和词典共有 41 种①。其中最重要者为上文提到的《藏—拉—法语词典》(Dictonnaire Thibétain—Latin—Français, par les missionnaires Catholiques du Tibet, Imprimerie de la Société des Missions Etrangères, 1899)和《1855—1870 年的西藏传教区》(La Mission du Thibet de 1855—1870, Verdun, 1872)。他的《1855—1870 年的西藏传教区》②主要由他的一批书信组成。全书详细地介绍了罗启桢、萧法日、丁硕卧、毕主教、戴高丹本人,以及其他天主教传教士的藏区之行,特别是他们在西藏和藏区的布道活动。该书中描述了云南和西藏藏区的天主教会口的创建过程(茨菇、拉墩子、巴塘、雅安、波密)。书中详细地记载了藏区的宗教、人口、政治与行政、地理、贸易、文学、工业、手工艺、文化、丝绸生产和水磨等方面的资料。作者认为,当时西藏与欧洲建立直接关系的困难主要来自三方:中国中央政权、西藏地方政权和欧洲人本身。这部著作至今仍是研究这个时代藏区历史的不可多得的珍贵文献。

五、巴黎外方传教会传教士陆南有关中国传教史的著作

一般地来说,巴黎外方传教会的入华传教士们,并不像入华耶稣会会士们那样注重于著书立说。他们实施的更应该是传统性的"行为传教"或

① 卡尔·库鲁和今枝由郎编纂:《西藏研究书目》,成田山新胜寺 1986 年版,第 139—141 页(第 02340—02380 条)(Hallvard Kare Kyly, Yoshiro Imaeda: Bibliography of Tibetan Studies, Naritasan Shinshoji, 1986)。

② La Mission du Tibet de 1855—1870, Verdun, 1872。

"直接传教",而不是迂回的"文化传教"。不过,其会士陆南这位少见的多产作家,为我们留下了巴黎外方传教会在华传教活动的宝贵资料。

陆南(Adrien Launay,1853—1927年)于1853年10月21日诞生于法国梅莱迪迈纳(Mes-lay-du-Maine,马耶讷省),于1874年进入巴黎外方传教会修院,1877年2月24日晋铎,于次年4月5日出发赴西部交趾支那。他首先被任命为军医院中的副本堂神父和陆军中的随军神父,随后于1879年被任命负责今越南的丐帖和丐台县。稍后,他因病而赴香港休养,并于1882年被迫返回法国。1884年,他再次要求出发赴传教区,但政府认为他出发的时机尚不成熟,并委托他编写修院的档案目录,于10年之后编写出了共包括12卷的解析性目录,还有共包括4卷组成的一部按字母顺序排列的目录。他在从事这项任务的同时,又撰写了有关巴黎外方传教会的大量历史著作,都是通史性著作,特别是传教史著作,还有巴黎外方传教会的一册地图集。1896年,他又前往印度,然后又赴华旅行。1899年返法后,他又从事写作并发表了诸多著作。1926年12月,他离开巴黎神学院并前往瑞昂松林(Juan-les-Pins),最终于1927年4月21日死于那里并被葬于马赛的外方传教会的地下墓室中①。

陆南一生中很少在华停留,他完全靠档案撰写著作。他有关中国及其附近地区的著作大致如下。这些著作均由巴黎外方传教会出版,只于传教会内部流通,故有些未注明时间,但均应断代为19世纪末期。

(1)《安南古今历史》1卷,8开本。

Histoire ancienne et moderne de l'Annan,1 vo1.In-8°.

(2)《大革命期间的巴黎外方传教会修院》,大8开本单行本。

Le Seminaire des Missions-Etrangerès pendant la Révolution.Brochure grand in-8°.

(3)《巴黎外方传教会各传教区地图集》,共包括27幅地图及其历史、地理释。

Atlas des Missions de la Société des Missions-Etrangères. 27 cartes infolio,en 4 couleurs,avec 27 notices historiques et géographiques.

(4)《上帝尊贵的52名忠实的仆人》,2卷本,包括在交趾支那、东京湾、四川、贵州、广西等地的教案中殉教的人。

---

① 《巴黎外方传教会会士列传》第1325号传主。

Les Cinquante-deux Vénérables serviteurs de Dieu, mis à mort en haine de la foi dans les missions de Cochinchine, Tonkin, Su-tchuen, Kouy-tcheou, Kouang-si, d'apres les procés apostoliques. 2 vol. in-8°, 27 gravures. Grande édition illustrèe. 1 vo1. In-4°.

(5)《上帝的35名最受人尊敬的仆人》,从教案看在交趾支那、东京湾、四川、贵州、广西因仇视教法而处死的人,一卷大八开本。

Les Trente-cinq Vénérables serviteurs de Dieu, mis à mort dans les missions de Chine, du Tonkin et de la Cochinchine. d'apres les procés apostoliques. 1 vo1. grand in-8°.

(6)《巴黎外方传教会通史》,从其创建(1658年)起至今,共三卷,获得了伦理与政治科学院奖。

Histoire générale de la Société des Missions-Etrangères, depuis sa fondation (1658) jusqu à nos jours. 3 vo1. In-8°. (Ouvrage couronné par l'Académie des sciences morales et politiques.)

(7)《勒托尔主教与天主教的东京湾》,插图八开一卷本。

Mgr Retord et le Tonkin catholique. 1 vo1. in-8° illustrd.

(8)《方济各主教与满洲传教区》,插图八开一卷本。

Mgr Verrolles et la mission de Mandchourie. 1 vo1. In-8° illustrd.

(9)《印度传教区:本地治理、麦苏尔和哥印拜陀》,插图、地图五卷八开本,获法国科学院奖。

Histoire des missions de l'Inde: Pondichery, Maissour, Coimbatour. 5 vo1. grand in-8°, illustrations et cartes.

(Ouvrage couronné par l'Académie française.)

(10)《西藏传教史》,两卷八开大本。

Histoire de la Mission du Thibet, 2 vo1. grand in-8° avec carte.

(11)《李安德日记》,李安德是中国的司铎、传教士与传教区公证人(1746—1763年),拉丁文本,附有导言和以字母为序的索引。

Le Journal d'André Ly, prêtre chinois, missionnaire et notaire apos-toliquc (1746—1763). Texte latin. Introduction avec table alphabdtique et ana-lytique.

(12)《中国传教史,广西传教区》,八开一卷本。

Histoire des Missions de Chine.—Mission du Kouang-si, vo1. grand in-8°avec carte.

(13)《法属印度支那天主教传教区地图》,大鹰开式装帧。

Carte des Missions catholiques dans l'Indo—Chine française, Grand aigle.

(14)《中国天主教传教区地图》,大鹰开式装帧。

Carte des Missions catholiques en Chine, Grand aigle.

(15)《日本天主教传教区地图》,大鹰开式装帧。

Carte des Missions catholiques au Japon, Grand aigle.

(16)《天主教世界的地球平面图》,双大鹰开式装帧。

Planisphère du monde catholique. Double grand aigle.

(17)《缅甸传教区地图》,由洛内译自英文,比冈德著,一卷大八开本。

La Mission de Birmanie, par Mgr Bigandet. Traduit de l'anglais par Adr. Launay. 1 vol. in-8°illustre.

(18)《北部湾战争期间的外方传教会》,一卷,大八开本。

La Société des Missions Etrangères pendant la guerre du Tokin.

(19)《我们的巴黎外方传教会的传教士》,一卷,大十二开本。

Nos missionnaires.

(20)《暹罗和法国传教士》,八开一卷本,带插图。

Siam et les missionnaires français.

(21)《北部湾的法国传教士》,八开一卷本,带插图。

Les Missionnaires français au Tonkin.

(22)《巴黎外方传教会修院中的殉教人供堂》,一卷,十二开本。

La Salle des Martyrs du Seminaire des Missions-Etrangères.

(23)《巴黎外方传教会的享真福者及其教友》,一卷,十二开本。

Les Bienheureux de La Société des Missions-Etrangères et leurs Compagnons.

(24)《天主教教阶球面图》,双重大鹰装帧。

Planisphère de La hiérarchie Catholique.

(25)《巴黎外方传教会回忆录》,巴黎外方传教会 1916 年版。

Mémorial de La Société des Missions Etrangères

(26)《中国传教史,广东传教区》,巴黎特居出版社 1917 年版。

Histoire des Missions de Chine, Mission de Kouang-tong.

(27)《中国传教史,四川传教区》,巴黎特居出版社 1920 年版。

Histoire des Missions de Chine, Mission de Se—tchun.

(28)《中国传教史,贵州传教区》,巴黎外方传教会版,三卷本。

Histoire des Missions de Chine, Mission de Kouy-tcheou.

(29)《中国传教史,云南传教区》,

Histoire des Missions de Chine, Mission de Yun-Nan.

在陆南的所有著作中,三卷本的《中国传教史,贵州传教区》最具有典型的特征。此书实际上并不仅仅是一部传教史,而是贵州的一部政治、社会、宗教、民族、人口和对外交涉的历史。特别是对于贵州这个汉文文献较少的省份来说,此书尤为珍贵。

贵州自 1690 年起属于南京教区,1696 年创建宗座代牧区。早期有耶稣会传教士们在那里活动,后期主要是巴黎外方传教会布道的地域范围。在此之后,在贵州省陆续发生了许多教案,如 1799 年的清镇教案、1810 年的兴义府教案、1811 年的贵阳教案、1812 年的平越和龙平教案、1814 年的逮捕教民张大鹏的教案、1834 年的贵阳教案、1839 年的逮捕和审问郝开枝的教案、1847—1849 年的贵阳教案、1853—1855 年的茅口教案、1861 年的青岩教案、1862—1863 年的贵阳和开州教案等。对于这些教案,中外史料中均有记载,但差异很大。坦率地讲,双方的记载中都有偏颇的地方。我们尚需要仔细甄别,以澄清基本事实真相。

我们可以从贵州一省,管窥到外方传教会在中国的布道成果之全貌。天主教在贵州的这种发展变化,基本上也反映了天主教在中国的传播形势。

1847—1896 年贵州传教区的传教士与教民统计表①

年代	天主教徒	受洗礼的成年教徒	受洗礼的濒临死亡的儿童	主教	传教士	原住民司铎	传道员	教堂或祈祷室	修院	修院学生	传教士学校	传教士学生	学校诊所	孤儿院
1847	1200	〃	〃	〃	1	〃	〃	〃	〃	〃	〃	〃	〃	〃
1848	〃	〃	〃	〃	4	〃	〃	〃	〃	〃	〃	〃	〃	〃

① 《中国传教史,贵州传教区》第 3 卷,第 526—529 页。

续表

年代	天主教徒	受洗礼的成年教徒	受洗礼的濒临死亡的儿童	主教	传教士	原住民司铎	传道员	教堂或祈祷室	修院	修院学生	传教士学校	传教士学生	学校诊所	孤儿院
1849	〃	160	2417	1	3	1	〃	〃	〃	〃	〃	〃	〃	〃
1850	2000	106	1844	1	3	1	〃	〃	1	〃	7	〃	2	〃
1851	〃	122	2139	1	4	1	〃	〃	1	〃	8	〃	〃	〃
1852	〃	202	5816	1	5	1	〃	〃	1	10	10	〃	2	2
1853	2116	〃	8844	〃	5	1	〃	〃	1	12	10	〃	3	2
1854	〃	160	12608	〃	4	1	〃	〃	1	18	9	〃	3	2
1855	2600	253	15924	〃	5	1	〃	〃	1	18	11	〃	4	2
1856	2914	291	20085	〃	7	1	〃	〃	1	21	13	〃	7	2
1857	〃	294	30553	〃	6	2	〃	〃	1	18	12	〃	7	2
1858	3200	132	26012	〃	11	2	〃	〃	1	〃	13	〃	6	2
1859	〃	118	29767	〃	11	2	〃	〃	1	〃	14	〃	6	2
1860	〃	140	29000	1	10	2	〃	〃	2	〃	14	〃	6	2
1861	〃	115	28194	1	9	2	〃	〃	2	〃	14	〃	5	2
1862	4000	112	21682	1	9	1	〃		1	〃	14	〃	4	3
1863	〃	126	18279	1	8	2	〃	〃	1	〃	15	〃	5	4
1864	〃	147	10964	1	9	3	〃	〃	1	40	18	100	7	7
1865	5200	300	27431	1	18	3	〃	〃	1	44	21	130	8	6
1866	〃	408	13178	1	15	2	〃	〃	1	40	24	156	10	8
1867	6000	601	11023	1	15	2	〃	〃	1	42	30	115	8	8
1868	〃	902	9323	1	16	2	〃	〃	1	33	34	240	12	9
1869	〃	575	9016	1	17	2	〃	〃	1	38	38	183	10	10
1870	〃	951	5493	1	17	3	〃	〃	1	35	39	197	10	10
1871	9000	791	3832	1	17	3	67	〃	2	〃	38	225	10	9
1872	9000	571	3495	1	21	3	48	15	2	〃	45	375	16	8
1873	9876	529	3470	1	21	3	50	20	2	〃	42	500	15	8
1874	10000	371	3718	1	22	3	50	〃	2	52	44	600	16	7
1875	10766	500	3512	1	23	3	50	〃	3	61	40	656	26	7

续表

年代	天主教徒	受洗礼的成年教徒	受洗礼的濒临死亡的儿童	主教	传教士	原住民司铎	传道员	教堂或祈祷室	修院	修院学生	传教士学校	传教士学生	学校诊所	孤儿院
1876	11000	737	10881	1	23	3	62	42	2	42	52	1041	28	10
1877	11542	508	6805	1	22	3	97	45	2	30	42	629	31	10
1878	13659	407	8154	1	22	3	99	46	2	30	62	1151	31	10
1879	15160	812	8485	1	22	3	100	55	2	36	72	1489	34	12
1880	15177	892	8774	1	〃	〃	〃	〃	2	34	〃	〃	36	12
1881	16057	968	10087	1	26	〃	98	60	2	33	96	1711	41	12
1882	16442	759	8172	1	26	5	98	63	2	19	95	1774	39	13
1883	16600	〃	〃	〃	〃	6	〃	2	9	〃	〃	〃	42	13
1884	16892	724	11446	2	26	7	88	73	2	20	121	2343	42	13
1885	16802	〃	〃	2	28	7	88	73	2	20	110	2000	40	13
1886	16892	401	4397	2	30	6	48	65	2	〃	122	1765	40	13
1887	16892	358	6046	2	30	6	63	66	2	18	135	2218	43	13
1888	16625	281	5485	2	29	6	56	66	2	18	120	2031	45	13
1889	16352	289	5781	2	30	6	58	68	2	16	130	1878	47	13
1890	16352	250	5341	2	30	6	62	68	3	37	113	1852	47	13
1891	16352	368	5327	2	34	7	62	68	3	34	126	2104	48	13
1892	16526	419	4956	2	33	8	66	77	3	34	128	2089	48	13
1893	16723	310	4935	1	33	7	79	77	3	32	128	2301	50	13
1894	17279	345	5158	1	35	7	96	77	3	33	139	2349	52	13
1895	17279	360	4434	1	36	7	79	72	3	33	128	2522	54	13
1896	16958	311	4406	1	35	6	92	73	2	34	135	2734	56	13

六、结　　语

综上所述，巴黎外方传教会在华活动的近三个半世纪的期间，在宗教和慈善事业中确实作了不少的事情。他们为了在华传教、布道，有时携同族和乡友同来,愿意到中国非常偏僻落后的地方去工作。其中有许多人最终客死于中国。他们在基督宗教传入中国的历史上,起过一定的作用;在中西文化交流史上,也扮演过令人无法忽略的角色。他们在将以基督宗教为代表的西方文化传入中国,或者是在将儒释道相融合的中华文化传向西方的过程中,都很好地扮演了其媒介的角色。巴黎外方传教会的在华活动,严重背离了由入华耶稣会会士们确立的"中国文化适应"政策,放弃了"文化传教"的迂回策略,而采取了直接布道的方法。他们往往不大尊重中国的民族传统,藐视儒家文化的礼仪风俗,并企图将天主教的教规和礼仪原封不动地引入中国,因而引起了与中国乡民、地方政府和直至中央政府的冲突,因为使他们自己也始终笼罩在"教案"的阴影中,陷入了"布道"与"教案"的怪圈,从而严重影响了他们本来能够作出的更大贡献。

巴黎外方传教会与西方殖民当局关系过分密切,与西方列强的"远征军"、外交使团和商贸公司的交往甚笃,过分地依靠了殖民远征军和不平等条约的保护,因而严重地制约了他们在中西文化交流中所起的作用。

入华的巴黎外方传教会与入华耶稣会相比较,在使基督宗教在华的"本土化"过程中,实际又向前迈进了一步。他们也培养了不少华人中的神职人员,有些司铎还被任命为主教,而且还设立了由本土主教主持的教区。他们依靠华人,却又不太相信华人。正是由于这一原因,当新中国成立后,外国传教士们遭驱逐,虽然他们在华建立的大量教堂与小学尚存在,其影响却如同过眼云烟,未能持续很久远。

巴黎外方传教会入华的司铎人数众多,持续时间长,与中国下层交往很多,在中国少数民族地区活动频繁,从事过某些民族文化研究,对于向西方介绍鲜为人知的中国西南少数民族文化作出了不小的贡献,尤其是在民俗学、语言文字学方面所取得的成绩更加突出。他们在许多学科领域中,甚至有不少是开先河者。

由于巴黎外方传教会的传教士们在中国偏僻落后地区工作,再加上教案的影响,他们的生活既不富裕,也不安定,极其辛苦。从全部入华会士们的年龄来看,大约近70%的人享年不超过60岁。但那些在"司库部"工作的教区代管们,却往往是养尊处优,都能高寿而终。

主编 阎纯德 吴志良

Sinological History Series
列国汉学史书系

法国汉学史论

（下册）

耿昇 著

学苑出版社

试论遣使会传教士的在华活动

一、遣使会士入华的背景、过程及其在华的大致活动

遣使会(Congrégation de La Mission)是入华的天主教五大修会和传教会(耶稣会、方济各会、多明我会、外方传教会和遣使会)之一。该会于1625年在巴黎成立,其宗旨是向乡间贫苦民众们派遣布道使者、在贫穷和偏僻地区创建修院以培养土著民中的青年神职人员、积极从事慈善事业,故而被称为"遣使会";由于该修会的第一座会所创建于巴黎的圣—辣匝禄(Saint—Lazare),所以也被称为"辣匝禄会"(辣匝禄会士,Lazariste);由于该修会的创始人是法国人味增爵(Saint Vicent de Paul,1581—1660年),故而也被称为"味增爵会"(Ordre de Saint-Vincent de Paul)。该修会于1632年由教皇乌尔班八世(Urban ⅧⅢ,1623—1644年任教皇)批准,正式跃居天主教的重要修会之列。它主要在巴黎设有法国遣使会会所,于1642年才在罗马设立永久会所。该会在17世纪和18世纪初叶并不太活跃,其活动区域有限,其布道对象也仅限于乡下贫苦民众和病人等。

西方基督宗教自16世纪第三次传入中国以来①,占统治地位的应为天主教的耶稣会传教士。由利玛窦人首倡的"中国文化适应"政策,虽然侥幸取得一时的成功,却埋下了"历史的祸根",最终导致爆发了影响中西文化交流近两个世纪的"中国礼仪之争"。由于天主教内部不同教派之间的门户之争,以及欧洲列强国家间利益的冲突,他们对入华耶稣会士们发

① 基督宗教第一次传入中国的高潮要上溯到唐代(景教),第二次是在元代(方济各会),第三次是在明末(以耶稣会为主)。

动了向教廷“告黑状”的大战。其中最积极者便是入华的多明我会，方济各会和遣使会的会士们，其目的就是在于取代耶稣会士们在华的地位与利益。教皇严禁基督徒们实施中国儒家礼仪，反遭康熙于1706年将传教士们驱逐到中国大陆之外的报复。教皇于1715年颁布“自即日起”通谕，正式禁绝中国礼仪，于1773年又下令解散耶稣会。法国路易十六(Louis XVI，1754—1793年)国王于1783年要求教廷传信部准许，由法国遣使会士们取代耶稣会士去主持法国北京传教区。遣使会士们便从教廷下令解散耶稣会自1773年起大举进入中国，奉命接管耶稣会在华传教区及其财产(教堂、设施、墓地)，特别是接收了天主教在华的最大中西文文献中心北堂图书馆。遣使会士们于此前也有进入中国者，但至此才在中国大幅度地发展起来了。

据入华遣使会士辅理主教方立中(J·van Den Brandt，1903—1908年在在华)的《入华遣使会士列传》(1936年北平版)①统计，在1697—1935年间，在华遣使会会士共有946人(其中有些是由他们培养的华人司铎)。他们之中绝大部分来自法国，也有少数来自荷兰、波兰、意大利、葡萄牙和德国的人。他们的主要活动区是北京、直隶、浙江、江西、上海、福建、内蒙古、湖广、广东、江苏、贵州、河南、山东、陕西、四川、澳门和香港等地。虽然他们在中国的活动区域非常广泛，但在京、津、冀、沪和宁波地区的势力最强，活动最频繁，成绩最显著。

入华遣使会士们在华的墓园很多。在北京主要有栅栏墓园(共安葬64人)、正福寺墓园安葬着近30人、在河北正定府的柏棠墓地安葬着近50人。此外还有宁波的大方井与江北墓地，四川的凤凰山和武昌红山墓地等。

在北京，三个欧洲国家(葡、意、法)都各自拥有入华天主教传教士们的墓园。葡萄牙传教士们的墓园，就是著名的栅栏墓地。它是明朝政府于万历三十八年(1610年11月1日)赐给意大利传教士利玛窦(Matteo Ricci，1552—1610年)神父的。在汤若望(Adam Schall，1591—1666年)神父逝世后，它被扩展成一片占地72亩的墓园，后来被统称为“葡萄牙墓园”。葡萄牙入华的遣使会士们也被安葬在那里。该墓园于1900年被义

① J·van Den Brandt，Les Lazaristes en Chine，1697—1935，Notes Biographiques，Pei-P'ing，Imprimerie des lazaristes，1936.

和团拆毁,修复后便被用于安葬入华的欧洲天主教传教士、修院学员和修士们了。

"意大利墓园"与"葡萄牙墓园"只有一街之隔。它是陪同铎罗主教访华的意大利医生索格蒂(Sogotti)逝世后,由清政府赏赐的。其初期的占地面积不会超过一亩地。那里安葬着来自教廷传信部的天主教传教士们,意大利入华遣使会士德里格等人也被安葬在那里。从1900年起,它又成了专门安葬天主教女信徒们的墓园。

法国早期的入华耶稣会士们没有单独的墓园,只好"寄葬"于"葡萄牙墓园"。最后,他们于距京师两法里(lieue,每法里约合四公里)远的正福寺附近获得了一片辽阔的地盘,被称为"法国墓园"。该墓园埋葬的第一位法国传教士是入华耶稣会士张诚(Jean-François Gerbillon,1654—1707年)。其余是于1735年被从"葡萄牙墓园"迁葬过去的。直到1900年为止,法国入华遣使会士们都被安葬在正福寺。它于1900年也遭义和团捣毁,被修复后,由于该墓地距城区太远,最终被放弃了。法国的入华天主教传教士此后便都安葬于栅栏墓地。

自从耶稣会被解散之后,法国在华传教区的前途便成了一种疑问。当时在清朝宫廷中,还有少数具有某种专长技艺和知识的原耶稣会士在活动,并对基督徒们行使圣职。法国路易十六国王曾任命尚留华的原耶稣会士晁俊秀(François Bourgeois,1723—1792年)神父出任法国在华传教区的长上,但他却无法归化新信徒。非常关注该问题的法国政府,便就此而着手与教廷谈判。在北京的入华原耶稣会士残留人员,也不停地催促法国政府,请求迅速派遣能继承他们事业和财产的传教士赴北京。由于当时的国际形势,法国政府也不会轻易地放弃他们在中国,乃至在整个远东建立起的这个桥头堡,不会放弃他们的贸易、外交、政治和宗教利益。法国政府先后制订的多项计划均遭搁浅。前耶稣会中国传教区的司库嘉类斯(Du Gad,1707—1786年)曾提议建造一座修院,来继承原耶稣会士们事业的计划,遭到了摒弃。让晁俊秀神父在北京建立一个宗座代牧区或宗座监牧区的计划,也最终化为泡影。当时唯一切实可行的办法,便是将北京传教移交给天主教的另一个修会或传教会来继承,由此而使之继续存在下去,以最大限度地维护法国在中国的利益。

法国海军部于1782年呈奏国王的《有关神职人员的报告》指出,此时在法国存在着两个学术水平较高的天主教修会的会士,即本笃会会士

(Bénédictins)和奥拉托利会会士(Oratoriens),但该项报告将他们统统被排除在外了。本笃会会士们的生活方式及其工作具有高度专门性,注重于招募低级修士和贫苦民众,主张终生从事劳役,因而使他们很难适应于传教区的圣职,也不可能赢得具有相当高的文化水平的中国人的欢心。奥拉托利会会士过分受曾与耶稣会士激烈冲突的冉森派信徒们的操纵,不但不利于不同修会的传教士们在中国和谐地工作与生活,反而会毁掉耶稣会士们历尽千辛万苦才在华为天主教积累的正面影响。

嘉类斯于1872年又致信法国国务大臣贝尔坦(Henri Bertin),请求他向海军部长为北京传教区推荐巴黎外方传教会。这项建议于1776年由法国国王提出并经教廷批准。但巴黎外方传教会的负责人认为这项任命无法接受,其原因之一是"外方传教会不是学术团体",而且该修会经常拒绝接受任何其长上不是选自本修会的司铎们的布道使命,况且北京的主教中从来也未曾有过外方传教会的会士①。实际上,外方传教会深知自己难以取得入华耶稣会士们的那种辉煌成就,不愿意使自己的在华活动拥有"官方"身份。

因此,海军部在致法国国王的报告中指出,在法兰西王国的所有知名修会中,唯有遣使会才堪任接管耶稣会北京传教区,成为法国"官方代表"的入华修会。虽然遣使会不是一个学术团体,但这个人数众多的修会中不乏有能胜任其职务的人。法国国王于是便要求教廷颁布教谕,决定由法国遣使会士取代已被撤销的耶稣会的会士们。此后不久,法国海军部办公厅主任德韦夫尔(de Vaivre)便受法国国王差遣,去拜访遣使会的总会长雅吉埃(Jacquier)。总会长开始推诿,声称他无法为一项如此重要的事业提供所必需的人员。其托词的真正原因却是,遣使会总会长自己并不想派人到耶稣会士们曾取得过巨大成功的地方行使圣命,他自信自己难以达到昔日耶稣会士们的那种辉煌。总会长甚至一连两次婉拒了国王的要求。国王最后答应总会长,将撤并该修会在法国国内的某些机构,以使他拥有充足的德才兼备的司铎被派往中国,总会长才勉为其难地接受了钦命。

法国海军大臣责令德韦夫尔主任处理这件棘手之事,而且该大臣有时也亲自出面决策。他于1782年11月7日致雅吉埃总会长的信中,要求总

---

① 安多(A·Thomas):《北京传教史》(Histoire de La Mission de Pékin),1925年巴黎版(非卖品),第2卷,第10页。

会长适时度势地运用一切手段，以保存和发展从宗教与政治角度来看，对于法国都十分重要的北京传教区。遣使会总会长“被迫”接受国王的敕令之后，立即着手运筹遣使会士入华诸项事宜。

遣使会总会长一旦受命，德韦夫尔便立即与教廷传信部联系，以谋求教廷批准法国国王的钦定。教廷传信部最终于 1783 年 12 月 7 日发布教谕，同意路易十六国王以遣使会取代已被取缔的耶稣会中国传教区。1874 年 1 月 25 日，法国国王便颁布诏书，正式命令遣使会会士们进入中国，以接管已被撤销的耶稣会士们在华的任务和财产①。由此可见，法国中国遣使会传教区具有“官方代表”的身份。这一点与以“法国国王数学家”耶稣会士为代表的耶稣会中国传教区，具有某种相似性。

二、法国与葡萄牙两国政府在入华遣使会问题上的竞争

最早入华的遣使会士中的“三大台柱子”是意大利人毕天祥（L·A·Appiani，1663—1732 年）、德国人穆天尺（J·Mullener，1673—1742 年）和意大利人德里格（P·-P·T·Pedrini，1671—1746 年）。毕天祥曾先后希望在澳门、广州和北京创立遣使会的修院与慈善机构，也曾希望赴四川去实现其夙愿，但成效均不显著。他曾积极配合和协助教皇大使铎罗（de Tournon，1668—1701 年）出使中国的活动，筹划解决“中国礼仪之争”的陈年积案。穆天尺是教廷命令的坚定执行者和耶稣会士策略的坚定反对者，也是最早培养出三名华人司铎的传教士。音乐家德里格与画家马国贤（M·Ripa，1682—1745 年），以及数学家、地图家山遥瞻（G·Fabre-Bonjour，1710 年入华）关系密切，他实际上是通过这一批人而与清朝宫廷建立了联系。

本来，在争夺北京传教区的欧洲国家中，除了葡萄牙和法国之外，意大利也颇具实力。但意大利传教区在这场角逐中，最终还是退出了舞台，其主要原因是他们没有最早建立培育华人司铎的修院。

清朝朝廷对于北京传教士们的敌对情绪越来越严重了，此后于清宫中仅有钦天监的三名欧洲成员——三名遣使会士：葡萄牙人李拱辰、福文高

① 安多：《北京传教史》，第 12—13 页。

和高守谦，还有一名法国翻译南弥德。其他任何希望居住在中国的人，都必须放弃布道。1812 年 8 月 8 日，中国的总督和官吏们将所有在北京的传教士都召至葡萄牙神父们的一座住院中，然后向他们宣布说，皇帝不想驱逐他们中的任何人，只是禁止他们传教布道；如果他们之中有人欲离华返欧，那他们完全有权自由选择。此时，有四名意大利传教士和葡萄牙的毕学源主教，都表达了回国的愿望。经过一个月的深思熟虑之后，毕学源主教最终愿意留下。由于四名意大利传教士未任公职，故没有必要留在中国了。因为意大利的传教士们既未在土著民中培养司铎，也未曾培养修院的学生，所以他们只好变卖自己的财产，携款而去。当时没有任何人敢收购他们的住院，清朝皇帝只好为此而付资。四名意大利传教士由清朝政府出资被解往广州，令他们乘坐能够遇到的第一艘开赴欧洲的船舶。事实上，这四名意大利传教士中有一名到了马尼拉，另一位留在了澳门圣若瑟修院，还有两名前往槟榔屿修院。

从此之后，欧洲传教士在中国的争夺，就主要是在葡萄牙人和法国人之间展开了。当时在北京只有七名传教士，四名属于葡萄牙传教区，三名属于法国传教区。1882 年当时被认为是北京四大教堂中最漂亮和最富裕者东堂（圣若瑟堂）的藏经楼失火，清朝宫廷又明令禁止重建。这样一来，葡萄牙传教区在这场竞争中，便逐渐处于劣势了①。

早期入华遣使会士们，依惯例主要是经由澳门入华，或者是从内地派遣修士到澳门学院学习和晋铎。在 1851 年之前，于在华的 152 名遣使会士司铎中，便有 83 人是经澳门进入中国内地，或者是由中国内地遣使会士们派遣到澳门的。可见当时葡萄牙政府的保教权势力还相当强大，各国的屈从程度还相对较普遍②。

在 1784—1832 年间，葡萄牙籍入华遣使会士计有 21 人，分布在中国澳门、北京、南京和江南等地。他们分别于 1784、1791、1800、1802、1803、1804、1813、1825 和 1832 年等数批莅华。其中不乏有些重要人士，如南京主教达希尔瓦（E·G·da Sylva，1763—1790 年），1789 年被葡萄牙政府任命为南京主教，但在未到任之前便逝世于果阿。南京主教毕学源（C·

① 遣使会士于纯璧（Alphonse Hubrecht·C·M·）：《北京传教区与遣使会士》（La Mission de Péking et Les Lazaristes），第 174—176 页。

② 方立中：《入华遣使会士列传》。

Pereira,1763—1838年)于1804年被任命为南京主教,1827年被任命为北京教区的管理人,从1838年起又居住南堂,曾出任清朝最后一位钦天监正。包主教(Pereira de Borja,1777—1845年)于1841年被葡萄牙王廷任命为澳门主教。苏萨(Jochim de Souza,1774—1818年)于1804年被任命为北京主教的辅理主教,但因爆发教案而阻止了他进京赴任。此外还有李拱辰(Joseph Ribeiro,1767—1826年),1791年入华,1803年任东堂长上,于1818年以宗座代牧的身份主持北京教区的教务。高守谦(V·Monteiro da Serra,1852年逝世于北京)于1803年到达澳门,于1804年到达北京,长期居住北堂,以保护原法国传教区的财产。他曾被葡萄牙国王任命为北京的主教,而教廷却拒绝批准。赵神父(J·de França Castro E Moura,1804—1868年)于1825年进入中国澳门,次年又被任命为南京署理主教。后于1833年被任命为北京署理主教。他于1841年被葡萄牙宫廷任命为北京主教,但教廷希望撤销该主教位,以彻底结束葡萄牙的保教权。赵神父拒绝了这项任命,教廷也剥夺了他对北京教务的管辖权。他于1847年离开北京教区,从澳门撤退出去了。从此,北京传教区,便被留给法国遣使会士孟振生(Joseph-Martial Mouly,1807—1868年)主教管辖了①。

正当法国国王寻求让遣使会士来取代已被解散的耶稣会会士,以图振兴法国在华传教区时,葡萄牙女王也于1781年呼吁葡萄牙遣使会士们去主持果阿修院。葡萄牙于1782年任命的北京主教方济各会士汤士选(de Gouvea)在前往广州(他于1785年入华)的途中,于1784年路经果阿,曾非常妥善地管理过该修院。他要求葡萄牙女王在澳门也开办一座类似的学院,并从果阿的遣使会士中选择能胜任者来主持该学院,以便培养土著民中的神职人员。1784年,葡萄牙遣使会士科雷亚·瓦伦特(Correa Valente,1735—1804)和意大利遣使会士维拉(J·-A·Villa,1752—1803年)到达澳门,汤士选立即将他们安置在过去由耶稣会士们执掌的圣-若瑟学院中。该学院在近半个世纪期间,为广东、广西和北京传教区培养了许多华人司铎。葡萄牙遣使会士们便以圣若瑟修院—学院为基地,最终谋求主宰中国传教区。葡萄牙遣使会士们于1801年到达北京,并且占据了北京的圣若瑟堂(东堂),后于1812年又强行进入南堂(圣母无原罪堂),

① 遣使会士于纯璧(Alphonse Hubrecht·C·M·):《北京传教区与遣使会士》(La Mission de Péking et Les Lazaristes),北京遣使会印书局1939年版,第282—285页。

从而获得了在中国京师的立足之地。这也成了他们争取在华传教区的资本,并且还千方百计地为法国遣使会士们进入中国设置障碍。法国入华传教士们也由此而逐渐地设法绕开澳门,而分别从广州、上海和宁波直接入华。这样便最终形成了欧洲两大强国遣使会士在华的对峙与争夺局面。

当法国遣使会士李士奈(J·-F·Richenet,1759—1836年)和马司铎(L·-M·Dumazel,1785—1818年)在澳门等待接受进入中国内地的皇家之"票"时,广州商人和葡萄牙的经纪人最终达成共识,联手为他们设置障碍。当时要赴北京的任何外国传教士,都必须要由设在广州的欧洲夷馆负责人(领事或大班),向中国大商行推荐。广州约有10余家这样的中国商行,享有某种与欧洲人打交道的垄断权。由他们向官府上表,要层层上报到总督府,最后呈达朝廷。这些手续需要漫长的时间。除了广州商人的种种刁难之外,受葡萄牙人控制的澳门政府,不但会拒绝向那些不承认葡萄牙保教权国家的传教士们作鼎力推荐,相反还往往会采取遏制态度。

在葡萄牙政府和教廷驻里斯本大使的干预下,终致葡萄牙女王于1799年1月16日颁布的诏令,禁止澳门总督保护法国传教士,澳门"议事会"也拒不向广州总督推荐法国传教士。所以,当葡萄牙遣使会士福文高(D·-J·Ferreira,1758—1824年)和李拱辰于1801年、毕学源和高守谦于1804年顺利进入北京并占据圣若瑟堂时,李士奈和马司铎仍在澳门空耗时日地等待。他们最终遭到了拒绝,在无奈之下他们只好绕道而行。

其实,在法国与葡萄牙两国的入华遣使会士之间,既有竞争也有合作。1803年。在澳门圣若瑟堂的葡萄牙遣使会士科雷亚(Manoel Correa Valente,1735—1804年)长上,为了中国事务而返回葡萄牙时,曾受法国遣使会士们的委托,前去向葡萄牙政府说情。他希望政府能将赐予葡萄牙遣使会士们的恩泽,也扩大到法国遣使会士们身上,至少是不要刁难他们,不要对他们进入中国的门户设置障碍。科雷亚运用了其全部威望进行游说,设法任命他的两名葡萄牙遣使会士教友分别出任北京和南京的主教。自希尔瓦主教逝世后,南京主教位一直空缺,由北京主教——葡萄牙方济各会士汤士选代管。葡萄牙国王考虑到汤士选主教年事已高,于是便撤销了他对南京传教区的管辖权,并将该教区委托给了葡萄牙遣使会士毕学源。科雷亚同时还向教廷建议,任命葡萄牙遣使会士苏萨(Joachim de Souza Saraiva,1774—1818年)出任北京主教的辅理主教。教廷批准了这两项任命,由于可见葡萄牙为维护自己在远东的权利,仍在作竭力挣扎,同时也不想与法国遣使会士们彻底决裂。

科雷亚所获成果不大，但他在返回中国的途中，却死于海上的一场海难事故中。苏萨由汤士选祝圣后，一直在澳门等待寻求进入北京的机会，因为中国朝廷当时严禁任何欧洲人进入中国，无论他们是否为皇帝服务都一样。由于清朝政府同时又拒绝任何欧洲传教士离开北京，故毕学源也无法赴南京就任主教。葡萄牙政府的如意算盘并未完全实现。这其中也有法国传教士们从中作梗的原因。

法国遣使会传教区长上一旦接受了接管法国北京传教区的任务之后，便将自己准备派往中国的传教士名单报告了海军部大臣。其中最著名者有下述三人，是重点推荐人士。他们经法国国王批准后，在某种程度上成了"钦点"的入华遣使会士。

罗广祥(Nicolas-Joseph Raux，1754—1801 年)当时已经是遣使会总会的神学教授了，年长 33 岁。他于 1783 年 12 月 17 日被教廷传信部任命为法国在华传教区的长上，1784 年到达广州，1785 年 4 月 29 日到达北京，1785 年 5 月正式就任法国在华传教区长上，并当选为清朝钦天监的成员，逝世后安葬于正福寺。罗广祥到达广州后，在 1784 年 11 月 2 日致其家庭的书简中写道："……我穿着一套新衣服，三层丝袍套着穿，非常肥大；头戴一顶带有红丝缨的圆帽，头颅之后垂着一根长长的尾巴；脚蹬靴子、手执一把扇子。当你们看到这一切时，一定会忍俊不禁，而第一个发笑的正是我本人。"①当他到达北京时，受到了大清宫廷中的四名原法国耶稣会士们的接待，而且尚能与他们友好相处。他们认为清朝皇帝对于皇城中的欧洲传教士人数的增加一定感到高兴，而对于分散在大清帝国各省中的传教士们却怀有戒心，甚至还实施打压②。

罗广祥到达北京后，要办的第一件事便是制订一项《临时协定》(ModusVivendi)，以调解遣使会与原耶稣会及其他修会传教士们之间的关系，包括分配耶稣会遗产等敏感问题，特别是每年为文学工作的拨款、北京住院与地产的收入问题。此外，由于意大利传教区也正在通过教廷而企图夺取法国北京耶稣会的遗产，从而使形势骤然间更加复杂化了。但经过罗广祥的斡旋，再由法国国王与中国皇帝调解，法国遣使会士最终成为耶稣会

① 《遣使会回忆录》(Mémoires)第 2 卷，第 75 页。

② 同上引书，第 2 卷，第 76 页。

北京传教区遗产的唯一合法继承者，同时也为尚残存于宫廷中的耶稣会士们留下了必需的生活手段。

罗广祥以其才能和信心，除了成功地调解各方面的关系之外，还与法国政府海军部维持着一种事务性的通信关系。在1785—1787年间，他每年都向海军部寄去年度报告，其中有些可能被清朝政府的新闻审察机构截留在广州了。这些报告形成了研究遣使会士们在北京的最初工作和探讨中国国情（旱涝灾害、饥荒、北固使节、俄罗斯商队等）的宝贵资料。

罗广祥出任法国传教区新长上之后，对每个原耶稣会士都发放400两白银的年金。这就赢得了各修会传教士们对他的好感。他还要在住院中为每名耶稣会士单独留一片空间，以供他们自由地居住和生活。耶稣会士们逝世后，必须将他们的一切都留给遣使会传教士。罗广祥对待世俗问题的这种指导思想，在很长一段时间内始终由遣使会士们所遵循。

尽管罗广祥入华时年龄已不小（30岁），但他很快就克服了学习汉语的困难。他于1785年10月30日在致其姐姐的书简中指出："中国的语言非常奇特，与欧洲诸语言没有任何关系。但我却轻而易举地学会了它。这使所有人，首先是使我自己感到吃惊。我现在可以用汉语作祈祷了，并且为圣体瞻礼而写了一部教理问答书。"

他与清朝钦天监的官吏们保持着友好关系，并继承葡萄牙耶稣会士高慎思（José d'Espinha，1722—1788年）而出任钦天监监正。但他在受命担任这项正式职务之前，还曾代替已经年迈的法入华耶稣会士钱德明（Jean-Joseph-Marie Amiot，1718—1793年），为清廷担任与外国列强人士，特别是与俄罗斯人交涉时的翻译。

罗广祥还学会了清王朝的官方语言满语，甚至还编写了一部满语语法书，后来又于1787年寄给了法国海军部大臣和法国驻广州的代表——汉学家德经（de Guignes，1759—1845年）。他还编写了一部共分两册的鞑靼语—满族语词典，第一册在法国大革命期间被英国人掠去并收藏在英伦皇家图书馆，第2册辗转到巴黎后又交给了汉学家雷慕沙（Abel Rémusat，1788—1832年）。

罗广祥为了摆脱受葡萄牙保教权的束缚，曾设想在广州设立一位司库，负责法国传教区与中国当局的交涉，从而可以规避澳门葡萄牙当局的干预。他本来希望任命原法国入华耶稣会士梁栋材（J·-B·Joseph Grammont，1736—1812年）出任此职，并设法游说中国皇帝接受。但中国商会却想方设法地让人把该神父召回了北京。罗广祥又利用遣使会士韩纳庆(Robert Hanna,1762—1797 年)在澳门停留的机会,委托他负责司库部。罗广祥逝世之前不久,又有一名意大利遣使会士维拉(Jean-Auguste Villa,1752—1803 年)任法国传教区的正式代表,负责直接推荐准备派往北京传教区的法国传教士。中国皇帝的"票"终于被颁发给了广州总督,但此人因当时正指挥平叛部队作战而不在城内。其衙门的人却反而将该"票"又转交给澳门"议事会"了。维拉又从澳门赶到广州,以推荐李士奈和马司铎这两位传教士入华,但葡萄牙人却始终都明确地反对这类举措。最后还是正在广州居住的遣使会士明坚(P·-V·-Marie Minguet,1764—1841 年)向广州总督推荐了那两名法国遣使会士。这两位法国遣使会士被派往湖广省。由于无法在澳门得到进入中国内地的许可,他们只好绕道跋涉交趾支那、东京湾和四川才到任①。

罗广祥由于受一次中风的袭击,于 1801 年 11 月 16 日逝世于北京的北堂。从当时的形势来看,这是法国传教区无可挽回的损失。吉德明曾经说过,"所有人都对此感到遗憾,甚至也包括异教徒在内"。罗广祥几乎具有了一位传教士和一名传教区长上应具备的全部品德与学识。南弥德认为,罗广祥似乎能够适应一切:孤独、社交、布道、经商等,对一切都得心应手,而且还熟悉所有科学的基本原理。他本人不是文学家,却肯定对文学感兴趣并以拉丁文和法文写作。他可以熟悉地讲汉语,证明他曾有过许多用汉语交流的实践。尽管他很少学习鞑靼语,却能熟练地用这种语言来表述。法国驻广州的代理人庇隆(Piron)也曾认为,罗广祥拥有天才,而且性格温和,赢得了多方位的信任②。

法国"钦点"的第二位入华遣使会士是吉德明(Jean-Joseph Ghislain,1751—1812 年)。他于 1785 年 4 月 29 日到达北京,负责培养遣使会北京修院的学生。罗广祥逝世后,他出任法国中国传教区的长上。他于 1812 年逝世后,被安葬在正福寺。吉德明基本上是罗广祥的同乡,于 1771 年进入遣使会修院。他学习了数学之后,又学习了物理学和化学,还精通火泵、机械、电力和电机技术,善于制造汽球。但他到达中国之后,却专心于教务和培养华人土著民中的基督徒了。他在北京为中国青年创办的修院中,便

---

① 安多:《北京传教史》下卷,第 58—60 页。

② 安多:《北京传教史》下卷,第 76 页。

有 15 名中国学生[1]。

吉德明本来就是一位与罗广祥的职业相去甚远的人物。他全心身地投身于宗教事业,而将与外部联系的烦琐事务,都转嫁给了罗广祥。他与中国官吏们打交道时,也只是获得过一种好奇性的成功,因为他只接受过低水平的初等教育。当英使马戛尔尼(George Macartney,1737—1806 年)出使中国以缔结中英之间的一项条约时,吉德明的机械知识大大地帮助了他们。吉德明在巴茂正修士的帮助下,装配了英使进献给中国皇帝的自动机器,因为他的背后还有一个清宫内务府造办处。本来英使来华时,最大的障碍之一就是找不到翻译。他们在英国时还曾向巴黎的遣使会士与外方传教会的传教士们求援,均无济于事。他们从那不勒斯中国学院找到的两名毫无经验的青年汉语翻译,却无法挽救这次出使的失败。因为马戛尔尼出使中国的失败,除了"国家利益"之外,中英双方在礼仪方面的互相误解,也是铸成他们失败的重要原因。尽管英使指责入华的法国传教士们,而这批传教士实际上却帮了他们许多忙。这也反映了西方列强在华利益,既有一致的因素,也有互相冲突的潜在致因。

法国遣使会士南弥德曾取代原耶稣会士贺清泰(Louis Antoine Poirot,1735—1813 年),于清宫中为西洋人充当鞑靼语翻译。特别是当清廷向圣彼得堡遣使时或与俄罗斯人打交道时,更为如此。

罗广祥逝世后,吉德明同时兼任其新职务及神学教育这两项工作,于是便请求由葡萄牙控制的东堂的司铎们帮助他讲授中文哲学课。葡萄牙传教士菲勒蒂(Ferreti)接受了这项任务,并且还完成得很好。这也说明法国与葡萄牙两国遣使会士之间虽有竞争,但也能合作。

吉德明本来希望继罗广祥逝世后出任清朝钦天监监正,从而促使澳门当局对法国遣使会士们更友好一些。但却由葡萄牙籍的方济各会士汤士选主教继任了这项职务,从而使他原来担任的监副的职位空缺了,汤士选于是便指定由南弥德来选择。为了不激起葡萄牙传教士们的敌意,南弥德仍然选择了葡萄牙遣使会士福文高,尽管此人只能很蹩脚地讲几句汉语。这些善意行为终究导致东堂的传教士们致信澳门和里斯本,谋求解除其同胞们对于法国传教士们的戒备心态。

罗广祥逝世后,由年长 43 岁的吉德明继任其职务。吉德明在清宫中

① 方立中:《入华遣使会士列传》,第 6 页;于纯璧:《北京传教区与遣使会士》,第 75 页。

既表现得才华横溢,也显得很虔诚十足。从其气质来看,他更喜欢内向性事务,而不是对外交往。他与清朝皇帝和权贵们的关系,被严格地限制在名义范围内。他很愿意骑驴或步行前往正福寺墓地。他感到最大的烦恼还是老问题。首先是葡萄牙传教士对法国传教区的封锁,因为葡方极力阻止法国传教士们进入北京;其次是北堂的处境艰难,因为其人员变得势单力薄了。在1801年时,北堂的司铎减少到只有五名了,即吉德明、南弥德和三名华人司铎。南弥德的旅伴韩纳庆(Robert Hanna,1762—1797年),因劳累过度而患胸腔疾病,并先于罗广祥三年逝世,本来罗广祥曾打算让此人接替他于清宫中的工作。当时的北京主教——方济各会士汤士选很快就承认了吉德明的北堂长上的身份。

吉德明很希望法国给他派遣两名具有专业知识的传教士——一名画家和一名钟表匠。因为当时在清宫中的优秀画家耶稣会士潘廷璋(Giuseppe Panzi,1734—1812年)已经年逾花甲,尽管他经常在宫中,却也不能过分劳累了。因此,过去人才济济的法国北京传教区,现在甚至无法为清朝皇宫提供一个学艺双馨的会士了。

在敌视洋教的嘉庆皇帝执政期间,爆发了1805年的教案。这次教案的缘起,是由于受澳门葡萄牙遣使会士们派遣的一位信使,要将任命毕学源为南京主教的教皇谕旨送达北京。他在返回途中于江西省被清朝官吏抓获。恰巧这名信使还携带着不同传教士们要寄往欧洲的书简。其中包括意大利奥斯定会士、由教廷传信部派遣的传教士和清朝钦天监成员阿德奥达特(Adéodate)神父有关北京和山东传教区划界问题的一封信,信中附有一幅汉文地图。这引起了当地中国官吏们的警觉,于是便上报皇帝。皇帝由此而认为,其同谋者正是传教士和基督徒们。由此而爆发了一场大教案,大批在京传教士遭逐①。

在这场教案的高潮中,汤士选于1808年死于南堂。东堂或圣若瑟堂于1812年被拆毁,东堂的葡萄牙遣使会士们,如毕学源、李拱辰和苏萨等都被迫迁至南堂逃难。于此同时,法国遣使会士吉德明和南弥德也只好遣散其修院的部分学生。在本来就积重难返的困难中,又雪上加霜地出现了财政困难,由于当时必须修缮因暴雨而几乎完全坍塌的建筑物。1811年,御史甘家斌又一次挑起教案。传教士们为了逃避清朝官吏们的搜捕,几乎

① 《仁宗实录》卷142,《清代外交史料》卷1,《北京传教史》卷下,第82—97页。

耗尽了其全部积蓄①。1912 年,吉德明已心力交瘁,预感到了自己会不久于人世了。他将其职务交给了南弥德,令人把自己抬到了法国传教士们的正福寺墓地,以等待就地死亡,并坚持他一生恪守的贫穷和简朴之信条。事实上,过去有的传教士们的葬礼很豪华和很昂贵。罗广祥为汪达洪举行的葬礼共耗费 4000 法郎。汤士选曾对传教士们的殡葬礼仪作过大幅度简化。

吉德明于 1812 年 8 月 12 日逝世于正福寺墓地,由南弥德及其初修士们陪同他度过了弥留时光。他享年 62 岁,其中 28 年是在中国度过的。他不但使北京的法国传教机构变成了一个学术与艺术馆,而且还使清朝京师及各省中的基督宗教得以发展,特别是亲自巡视这些传教区。他为北京传教区作出了相当大的贡献。吉德明逝世后,法国北京传教区就只剩下一名遣使会士南弥德和一位 80 多岁的原耶稣会士贺清泰了。这也标志着该传教区已开始走向衰败,甚至是趋于穷途末日了。

法国"钦点"的第三位入华的遣使会士是巴茂正(Charles Paris,1738—1804 年)修士。他于 1785 年到达北京,充任清朝皇宫中的钟表匠。此人本来是一位机械师,又以"若瑟修士"(frère Joseph)之名而著称。他虽然未曾完成过高等学业,却是一个充满智慧和具有全才的人物。他于 1804 年逝世于北京,其墓地也在正福寺。巴茂正在清朝皇宫中,取代了已故的入华耶稣会士汪达洪(J·M·Tournu Ventavon,1733—1787 年),成为专职钟表匠和机械师。他曾制造过一座挂钟,在长达 3 个月期间不用上钟摆的发条。清朝皇帝似乎对此感到兴致勃勃。时任遣使会总会长的凯拉(M·Cayla)于其 1789 年 1 月间的通报中,专门表扬了巴茂正这位"钟表匠修士"。巴氏在清朝宫廷共忠诚地服务 17 年(1787—1804 年)。由于他具有全才,故而除了作为钟表匠而为宫中制造多座钟表之外,还制造了两座报时钟、大小管风琴各一架。他还为清朝皇宫制造了一个有四五尺高的机器人。当然,也有人怀疑这些机械制品是通过澳门而从欧洲进口,他可能仅仅是对进口产品略作巧妙修改而成的,他也可能是利用了能工巧匠荟萃的内务府造办处。巴茂正用汉、满、蒙、藏四种文字写下了对大清皇帝的颂词。他为欧洲的汉学出版物提供了许多漂亮的汉文方块字的字模,这是欧

① 《仁宗实录》卷 243 和 246,《北京传教史》卷下,第 95—97 页。

洲当时为刊印汉学著作所奇缺的物品①。

巴茂正修士于1804年9月6日逝世于北京。他于此之前就精疲力竭了,每天蹒跚着前往皇宫中应差。他于该年7月中旬便交出了自己在皇宫中工作室的钥匙,深知自己再也无法入宫应差了,从此便长期卧床不起。法国传教区于此之后在皇帝身旁就没有自己利益的代表人了,只好又由年逾五旬的吉德明四处奔波,既负责宫中的事务,又负责布道事业。

在1784—1832年间,入华的葡萄牙遣使会士为21人,无论是在人数上,还是在权势上,均居西洋各国之首。但由于法国和其他国家的抵制,特别是由于各国传教士之间的无休止争斗,教廷已决定撤销葡萄牙在远东的保教权。为此目的,教廷将在华的原有传教区划分成了诸多宗座代牧区。同样的措施也适用于澳门,教廷仅仅为澳门保留了"主教府"(总铎府)的名称,但也只行用于葡占地。教廷将这项决定通知了葡萄牙籍的入华遣使会士主教马热罗(Jeronimo-José de Matta,1804—1862年,1825年到达澳门),撤销了该主教对中国广东、广西两省的管辖权,同时又于这两个省设立独立的传教区,委托给巴黎外方传教会管辖。教廷的本意是作调停,却适得其反地强化了葡萄牙人的不妥协态度。马热罗主教最终发展到于1850年发表了致其教区信徒们的主教通谕:《为抗议教廷传信部在交由葡萄牙女王陛下管辖下的传教区实施改革的问题而致全体信徒的主教通谕》。这种态度更激起了法国的反感,启发法国遣使会士们作出了撤出澳门,将其司库部迁至中国另一个城市——特别是已开放通商的五口之一的决定。由此开始,在华遣使会的主导权从葡萄牙人手中转向法国人手中的过程,便逐渐完成了。

基本上是在同一时期(1784—1800年),法国入华遣使会士仅有11人,分别于1784、1788、1791、1798和1800年几批莅华。他们主要分布在中国的北京、湖广和澳门地区。1800—1829年之间,没有任何法国遣使会士被派往中国。1829年,陶若翰(Jean-Baptiste Torrette,1801—1840年)莅华,先后出任澳门遣使会住院的长上、委托给遣使会士们管辖的法国传教区巡按使。由此而开创了遣使会士们入华的一个新高潮。

在1829—1850年间,法国入华遣使会士共有32人。他们分成1829、1832、1834、1835、1837、1839、1840、1841、1842、1844、1846、1848、1849和

① 《北京传教区与遣使会士》,第75—79页。

1850年数批入华。这些会士们分布在澳门、江西、浙江、蒙古、河南、江南、直隶和上海等地区。当时中国共有五个传教区被委托给了法国入华遣使会士主持:北京传教区和蒙古、河南、浙江、江西宗座代牧区。河南省于1846年晋升为宗座代牧区,自1838年以来就合并的浙江—江西宗座代牧区于1846年又重新分开了。罗马于1839年又决定建立湖广传教区,法国遣使会士陈神父(R · Aubin,1759—1795年)、李神父(A · Pesné,1767—1795年)、马神父和特别是刘方济(F · Clet,1748—1820年)都曾在那里施行圣事,罗广祥也是于那里开始其布道生涯的。

有数位法国遣使会士出任北京和北直隶宗座代牧区的宗座代牧,他们在天主教传入中国史上和中西交流史上都起过重要作用,曾是举足轻重的人物。这些人物中,最重要者应首推孟振生主教。

孟振生(Joseph-Martial Mouly,1870—1868年)于1834年到达澳门,于1835年7月2日到达蒙古西湾子,首先作为法国传教区的长上,后于1840年被任命为首位蒙古的宗座代牧,于1842年由金主教(Joachim Salvetti)在山西红沟子为他祝圣,于1846年被任命为北京传教区的主管并将其住院迁至安家庄,于1856年任北京和北直隶的宗座代牧。当北京传教区及其3个宗座代牧区被撤销时(1856年),又暂时负责直隶的西南部。当英法联军于1860年侵华时,他掌握了刚被索回的北京教堂,并将其住院搬到北堂。孟振生于1868年,逝世于北京,其墓地在正福寺。

罗广祥当年就非常希望在中国的蒙古人中传播福音。为了实现这一目的,他曾想设法从某位蒙古王公处获准出让一片辽阔的土地。此项计划最终未能成功。但定居在距那里不远的咧咧沟的一个颇具影响的汉族家庭的家长,却接受了法国传教区的洗礼。罗广祥又意图将蒙古的一批青年人送往北京,以培养蒙古民族的布道人。他仅获得了一名这样的蒙古青年,但在此人尚未被培养成才时,罗氏便去世了。吉德明和南弥德也曾很关心在蒙古的基督宗教教团,原则上是每年一次地巡视那里。尽管当时的蒙古人口已达300万,但在这片辽阔的领土上作巡视仍很困难。

1820年,嘉庆皇帝驱逐了法国北京传教区的长上南弥德。1827年,道光皇帝宣布将法国传教区的住院和教堂北堂收归国有。1829年,华人遣使会士司铎薛玛窦将法国小修院迁至了蒙古西湾子(今河北崇礼),并且在那里重建了小修院。所以,蒙古西湾子传教区是法国北京传教区的延续。

孟振生于正福寺休息 3 日之后，于 1835 年 7 月 12 日也到达蒙古的西湾子，受到了当地基督徒们同情性的欢迎。薛玛窦立即辞职以将法国传教区长上一职转让给了孟振生。孟振生对其前任和先驱们赞不绝口。在孟振生的主持下，法国传教区的基督徒已多达 7000 余人，其中身处长城之外者便有 2000 余人（葡萄牙传教区的信徒于同一时代却多达 25000 人）。

孟振生在西湾子接待了数名法国遣使会士，其中第一批是于 1835—1840 年间到达的：

姓名	出生时间	入华时间	逝世时间
秦神父（Gabet）	1808	1835	1853
古伯察（Huc）	1813	1839	1860
孔主教（Daguin）	1815	1840	1859
羊　铎（Carayon）	1814	1841	1848
盛神父（Faivre）	1803	1836	1864

其中第二批是：

姓名	出生时间	入华时间	逝世时间
龚伯察（Combelles）	1815	1841	1853
梁儒望（Gottlicher）	1822	1849	1867
戴济世（Tagliabue）	1827	1854	1890
白振铎（Bray）	1825	1858	1904
谢福音（Chevrier）	1821	1860	1870

这两批欧洲的遣使会士都为蒙古传教区做过大量工作。秦神父和古伯察从 1844 年起，完成了一项穿越蒙古、西藏和中国中原的旅行。羊铎于 1843 年被捕并被押至澳门。盛神父曾在澳门工作，后出任江南署理主教，又于 1844—1845 年返回蒙古。龚伯察自 1848 年起便在该传教区工作，白振铎继戴济世后升任主教，谢福音后于天津"殉教"。

孟振生于 1841 年 4 月 15 日被任命为蒙古的宗座代牧主教①。

下面简单介绍一下法国传教区的其他几位主教或宗座代牧。

董若翰（Jean-Baptiste Anouilh，1819—1869 年）于 1848 年到达澳门，1849 年到达北京教区，后被孟振生任命为北京的辅理主教，1851 年在宁晋

① 于纯璧：《北京传教区与遣使会士》，第 206—218 页。

小营里祝圣。当北京教区划分成三个宗座代牧区时,孟振生任命他为负责直隶西部。他于1569年逝世于直隶正定府,被安葬在正定府著名的柏棠墓地。

苏发旺又称苏凤文(Edmond-François Guierry,1825—1883年),于1853年到达中国宁波,首先出任中国遣使会士传教区的司库,后于1864年被选为北京宗座代牧区孟振生代牧的辅理,1870年在北京南堂由孟振生主教祝圣,于1868年接任孟振生而出任宗座代牧,于1870年迁至浙江,1883年逝世于宁波。

田类斯(田嘉璧,Louis-Gabriel Delaplace,1820—1884年)于1846年到达澳门,后到河南作传教士,1852年当选为江西的宗座代牧,1852年在河南鹿邑县冯桥由安若望(Baldus,1811—1869年)主教祝圣,1854年迁至浙江,1870年迁至北京,1884年逝世于北京,其墓地在正福寺。

戴世济又叫达里布(François Tagliabue,1822—1890年),于1854年到达宁波,在蒙古作传教士。继孔主教(Daguin,1815—1859年)逝世后,他于1868年被任命为安若望主教的辅理主教(江西),后于1869年迁至直隶西南的正定府,1870年在正定府由田嘉璧主教祝圣。他于1884年迁至北京,正是在他的主持下,将北京北堂从蚕池口迁至西什库新址。他于1890年逝世于那里,其墓地在正福寺。

都士良(J·-B·Hippolyte Sartou,1840—1899年)于1870年到达北京,先在北京宗座代牧区作传教士,于1885年当选为直隶西南部的宗座代牧,同年由戴世济主教在正定府祝圣。他于1890年迁至北京,1899年逝世于北京,其墓地在正福寺。

樊国梁(Pierre-Marie-Alphonse Favier,1837—1905年)于1862年到达北京,与清朝政府谈判了北堂的迁址问题并修葺了新的大教堂(1887—1888年)。他于1897年被任命为都士良主教的辅理主教,于1898年由包儒略(Jules Bruguière,1851—1906年)主教祝圣,并于1899年继任该主教。他曾亲自经历了义和团于1900年6月13日—8月16日围攻北堂的全过程,于1905年逝世于北京,其遗体葬于他亲自建造的北堂大教堂中。

林懋德(Stanislas-François Jarlin,1856—1933年)于1886年到达北京,1889年由都士良主教晋铎,首先在保定府作传教士,于1897年任署理主教,1899年任省巡按使,于1909年出任樊国梁主教的辅理主教,于1905年继任樊国梁主教而出任宗座代牧。他于其任期内曾为六位主教祝圣,为上百名华人土著民晋铎，使其传教区于1905年共有73920名基督徒。至其逝世的1933年，却使基督徒数目猛增至40万人，北京宗座代牧区也被细划分为保定府、天津府和宣化府三个宗座代牧区。他于1933年逝世于北京，被安葬在著名的钦赐栅栏墓地。

文贵宾（J·de·Vienne de Hautefeuille，1877—？年）于1901年到达北京，首先任北京大修院长上，然后又在北直隶作传教士，其后于栅栏初修院作神师，1915年被任命为顾其卫（Jules-Auguste Coqset，1847—1917年）主教的辅理主教，同年由林懋德于正定府祝圣，于1919年被任命为林懋德主教的辅理，于1920年被任命为"滨海直隶"（天津）的宗座代牧区的总管，1923年又任该宗座代牧区的宗座代牧。

富成功（Joseph Fabrègues，1872—1928年）于1896年到达上海，后被调至北直隶作传教士，于1905年主持保定府的教务，后出任新设立的中直隶宗座代牧区的宗座代牧，于1910年在保定府由林懋德主教祝圣，于1923年被任命为林懋德主教的辅理主教并于此后继任此人。他于1928年赴罗马途中，死于西伯利亚鄂木斯克（Omsk）附近的铁路上。

满德贻（Paul Montaigne，1885—？年）于1907年到达上海，同年到达北京后便出任北京大修院教授，然后在保定府作传教士，于1924年任保定府的宗座代牧，于1925年由刚恒毅（Costantini）主教祝圣，1925年曾出任过教皇大使，于1930年任北京宗座代牧区林懋德主教的署理主教，并于1933年继任了林懋德①。

在从事科学研究的法国遣使会士中，我们不得不提一下南弥德神父（Louis-François Marie Lamiot，1767—1831年）。南弥德于1791年到达澳门，在教廷传信部司库部秘密晋铎，于1794年进入北京，在清朝宫廷中任翻译，于1812年任法国传教区长上。由于他与因教案而死的刘方济关系密切，故于1819年被迫离开北京赴澳门，并在澳门建了一座遣使会修院。他最终在1831年逝世于澳门并被安葬在圣若瑟堂②。

南弥德逝世后，陶若望曾介绍经过南弥德的学术成就：其汉语知识使他赢得了所有曾在澳门学习过的人的爱戴和尊重。在汉语翻译方面，他超

① 方立中：《入华遣使会士列传》；于纯璧：《北京传教区与遣使会士》；安多：《北京传教史》。
② 方立中：《入华遣使会士列传》，第12—13页。

过了在澳门和广州工作的所有人。[1] 他主要是翻译了传教士们发自朝鲜的三封信件。这三封信件是由朝鲜的三名新教徒写于其衣服的丝绸里子上的。其中有的是叙述朝鲜教案的,有的是致教皇和北京主教的书简。南弥德将它们译作法文。他还精通满文,这是在清朝宫廷中作翻译所必不可少的知识。他也可能编写过一部汉法词典。因为入华传教士们都具有编写汉文词典的传统习惯[2]。

以上就是法国入华遣使会士中几位宗座代牧在华活动的情况。他们代表着基督宗教入华史的重要一环,而且是代表着一个新的时代和一种新的传教策略。

三、入华遣使会士与中国基督宗教的"本土化"

入华遣使会士们非常注重在中国人中,特别是中国各地的土著民中培养神职人员,而且是高级神职人员(司铎)。这在天主教的其他修会中颇为罕见。他们在基督宗教的中国"本土化"过程中起过重要作用,是基督宗教入华的一个重要阶段。

据原法国入华耶稣会士荣振华在《1552—1800 年入华耶稣会士列传》[3]中统计,1552—1800 年间,在华耶稣会士共有 975 人,其中的华人(包括澳门华人)修士只有 36 人,司铎或神父 9 人。甚至像杨廷筠那样的文豪,也只不过是个修士而已。据 1892 年刊印的 1552—1870 年入华耶稣会《修士与神父名录》统计[4],在近 320 年的漫长岁月中,由耶稣会士们培养的全部华人司铎也只有区区 45 人。

据前引方立中的《1697—1935 年入华遣使会士列传》统计,在 1697—1935 年的在华 964 名遣使会司铎中,华人却多达 355 人,远远超过了三分

① 《遣使会回忆录》第 2 卷,第 624 页。

② 据笔者所知,天主教传教士们编写的词典大致有:曾德昭(de Semedo):《汉-葡词典》,曾德昭(de Semedo):《葡-汉词典》,恩理格(Herdtricht):《汉-拉词典》,马若瑟(de Prémare):《汉-拉词汇》(编到字母 D),巴多明 (Parrenin):《拉-汉词典》,汤执中 (d'Incavville):《法-汉词典》,孙璋 (de La Charme):《拉-汉词典》,孙　璋:《汉-蒙-法词典》,孙　璋:《法-汉-满-蒙词典》,钱德明:《鞑靼语-满语-法语词典》。

③ Joseph Dehergne S·J·, Répertoire des Jésuites de Chine de 1552—1800, Paris et Rome, 1973.

④ Catalogus Patrum et Fratrum,1892 年刊印。

之一。更为重要的是,他们均居该宗教修会教阶中的最高神品的司铎,其中包括汉人、蒙古人、澳门和香港公民在内。尽管其中绝大多数人的文化水平都比较低,但他们在促使天主教在中国大众中发展过程中,曾起过不可替代的作用。使基督宗教在中国的传播,从由入华耶稣会士们倡导的“上层”或“知识层”路线转向了贫民百姓。

所以,我们完全可以说,入华遣使会士们已经改变了入华耶稣会士们在中国的布道策略。已经高度注重培养华人司铎,从而向基督宗教在中国的“本土化”方向迈进。

入华遣使会士秦噶哔(Joseph Gabet,1808—1853 年)于 1835 年经澳门入华,曾随古伯察(Evariste-Régis Huc,1813—1860 年)赴蒙古和西藏旅行。他于《1846 年的在华天主教传教区》的呈教廷的年度报告①中,便强调了培养中国土著民中的天主教神职人员的重要意义。

他首先指出,如若无土著民神职人员,那就几乎剥夺了天主教在中国举行公开崇拜仪式的权力。外国传教士无法作更多的弥撒和巡视所有的天主教会口。欧洲司铎们永远都无法熟练地运用中国语言,在归化新教徒方面始终力不从心。如果司铎都是外国人,那么天主教在中国永远会显得是一种外来宗教,永远会被人视同清帝国中白莲和无为一类的一种秘密会社或邪教。所以,天主教在中国必须“民族化”或“本土化”。但也有人提出,中国人自古以来就处于“异教”的统治之下,但他们也习惯于从事慈善事业。中国人虽然执着于自己的风俗习惯,但主要是在世俗方面,与宗教无关。因此,对中国人司铎的任何指责,都不是结论性的,更不是不容置疑的。在这些问题上,欧洲司铎们必须放弃其成见与陈习旧俗,这是在中国赢得人心的唯一有效方法。

入华遣使会士们培养中国土著民神职人员的主要手段,便是建立学校、备修院和大小修院,或者是在教堂中与中国神职人员共同工作。

在罗广祥于 1801 年 11 月 16 日逝世于北京时,北堂修院中便有一名华人五品修士(副主祭)和一名华人低级神职人员,均为遣使会士。那里同时还有两名神学院学生和五名拉丁文学学生,其中有三人仅于四五年之前领洗。此外还有法国遣使会士南弥德司铎和巴茂正修士,再加上一名华人辅理教士王保禄(Paul Ouang,1751—1827 年)。由此可见,当时华人神

① R·P·Gabet, les Missions Catholiques en Chine en 1846, pp.37—45, Paris Valmonde, 1999.

职人员的势力已经很大了①。

当遣使会士们到达北京时，法国传教区中没有任何教育与医疗结构，更没有修院、学院和孤儿院。遣使会士在北京和北京之外的基督宗教教团中建立了男青年学校。仅北京的学校就包括百余名青年，其中尚未将正在准备获得神职人员身份的40余人计算在内。罗广祥当时所关注的，便是立即建立一支土著民神职人员队伍，首先是在法国波旁岛建立遣使会的一座初修院，以在法国培养华人司铎，因为他发现在华的欧洲司铎们过分排斥中国土著民神职人员了。但遣使会总会长凯拉却根据巴黎外方传教会会士们的建议，认为应由罗广祥亲自在北京培养青年神职人员，这样经济负担也小一些。罗广祥由此而首创北京备修院，委托吉德明司铎管理。该初修院培养了不少华人神职人员。罗广祥本来也想创建一所女子圣爱会（贞女会）一类的机构。以培养女性中的慕道友。他甚至还培养了数位贞女，并派遣她们赴各省布道。但他的突然死亡却使这项事业中止②。

正如前文所述，吉德明在他于华布道的28年中，培养了20名杰出的中国土著民司铎。他为此而经常巡视北京及其住院周围20—30里范围内的基督教团体。由于他清楚地知道，这些土著民信徒在困难时期，是传信事业的唯一支柱，故为此而坚持不懈地努力③。

在法国遣使会士们培养的华人司铎中，最著名者就是薛玛窦（Mattnieu Sué，1780—1860年）。薛神父于1780年诞生于山西省，1809年在北京晋铎。1819年，当南弥德被驱逐出北京时，便委任他担任法国北堂传教区的长上。当清朝政府于1827年关闭北堂时，他便率领其全部神职人员撤退到了南堂。他在那里仍然感到不安全，便于1829年撤退到了蒙古宣化府的西湾子（今河北省崇礼县）。直至此时，其长上的职务才由孟振生取代。他于1848年奉命负责宣化府会口，并任该职务长达10年之久。薛氏于1860年逝世于宣化府的孟家坟，被安葬在宣化府。④ 经过薛玛窦等人的工作，共有150户人家的西湾子，绝大部分人都接受了基督宗教的归化，只有30余人拒绝入教。他们得以聚敛大量钱财，以建造一座教堂，该教堂被奉为中国除了北京之外最漂亮的教堂。他们两次在西湾子开办为期三个月

① 安多：《北京传教史》下卷，第67页。
② 安多：《北京传教史》下卷，第30页。
③ 方立中：《入华遣使会士列传》。
④ 方立中：《入华遣使会士列传》，第21页。

的冬校，培训土著民教经先生（传道员），许多人前往那里学习基督宗教的教义①。

笔者于下面将简单地介绍几位由法国入华遣使会士们培养出来的华人土著民遣使会士司铎，特别是早期出生在北京及其周边地区或者是由北京修院晋铎的华人司铎②。

法国北京传教区培育出来的第一位华人遣使会士是李神父（Jeseph Li，1754—1827 年），原为江南的一位回教徒，为经商而赴北京。他在北京受到过法国传教区的施教并接受洗礼。由于当时法国传教士缺乏教师和教科书，他只好根据用汉语写成的宗教教理书学习基督宗教知识。李氏于 1790 年在吉德明面前发愿，于 1792 年晋铎。随后被派往湖广传教区，后又前往江西并于 1827 年逝世于那里。

张神父（Jean Tchang，1769—1833 年）是北京人。他于 1791 年在北京法国遣使会传教区发愿，1796 年晋铎，1798 年被派往湖广，后又转向江南（江西）。他在那里归化了某些富裕的基督徒，从他们手中获得金钱后又前往无锡的贫穷基督徒中布道。他甚至还深入到由葡萄牙遣使会士们管辖的南京传教区的富裕教徒中布道，最终于 1833 年逝世于无锡。

程神父（Etienne Tcheng）诞生于异教徒的家庭，后于北京领洗。他为了学习神学而远赴澳门圣若瑟学院深造。他后来又被派遣回北京传教区，却由滞留于澳门的韩纳庆负责其初修学业。他于 1791 年在澳门发愿，最后却是退出了修会，于 1826 年左右逝世。

张神父（Jouventin Tchang，1770—1803 年）于 1795 年在吉德明面前发愿，1799 年晋铎，于 1800 年被派往湖广省做传教士，经过 3 年的行使圣命之后，于 1803 年逝世，由刘方济神父亲自为他举行临终圣事。

韩神父（Joseph Han，1772—1844 年），可能是诞生于北京以南的固安县韩家庄，1796 年在北京发愿，曾虔诚地在北京传教区工作，后于河南工作数年并于 1835 年返回北京。他是吉德明的弟子，并被吉德明任命为其修院的副院长。他于 1844 年逝世于宣化府，年长 72 岁，致力于布道事业长达 47 年，其墓地位于宣化城东。

---

① 于纯璧：《北京传教区与遣使会士》第 4 章，第 198—221 页。

② 方立中：《入华遣使会士列传》中各位华人司铎的列传；于纯璧：《北京传教区与遣使会士》第 4 章，第 163—166 页。

邓神父(Teng Paul,1771—1803 年)于 1795 年被接收进北京修院,1797 年在吉德明面前发愿。他才华横溢、充满虔诚,1801 年晋铎。由于他精通拉丁文,所以传教区本来希望让他在修院教授拉丁文,但他因患慢性病于 1803 年早逝。

申神父(Chen Cyrus,1769—1827)是山西潞安府人,1795 年被接收进北京修院,1797 年发愿,1800 年晋铎,于 1803 年在蒙古布道数月,1804 年之后,被派往江西,1827 年逝世于江西临江府。

宋保禄(Soung Paul,1774—1854 年)诞生于河南开封府,1799 年进入北京修院,1801 年在吉德明面前发愿,1803 年晋铎,多年与刘方济神父一道工作,并虔诚地保存了刘神父的 37 封书信。他曾长期地在湖广和河南布道,甚至还到开封监狱中布道。他于 1854 年逝世于河南驻马店附近的韩庄,享年 80 岁,共布道 55 年。

王神父(Wang Joseph,1777—1814 年)诞生于北京,1801 年进入北京修院,1803 年在那里于吉德明面前发愿。他熟练地掌握了拉丁语,还与巴茂正修士一起从事钟表匠工作。在巴茂正逝世后,遣使会曾希望由他来继承其皇宫中的事业。但他作为一名华人司铎,不能长期不参与巡视教团的工作。王神父由于疲劳,于 1814 年早逝。

何神父(Ignace Ho,1781—1844 年)诞生于北京,1804 年被接收进北京修院,1806 年在那里发愿,1808 年晋铎。他首先在湖北做传教士,于 1819 年被派往蒙古,1820 年又赴澳门休养,后返回河南,改姓童。在刘方济被捕期间,他曾一度代管法国传教区在湖北的教务。但他仍于 1829 年被捕并被流放到新疆和田,于 1844 年客死于那里。

沈神父(François Chen,1780—1825 年)于 1805 年被接收进北京修院,1807 年发愿,1808 年晋铎。他随后赴湖广做传教士。刘方济被捕后,他也曾代管教务。他于 1819 年 2 月被捕,与刘方济同关一牢,于 1820 年被发配伊犁。1825 年,当沈方济已获准返回内地时,他却被由张格尔的叛军杀死。

郑神父(Antoine Tcheng,1778—1835 年)于 1805 年进入北京修院,于 1807 年在那里发愿,同年晋铎,然后被派往湖广省。他又经那里转往江西省,于 1835 年逝世于江西瑞州三桥。

岳神父(Jean Yao,1785—1813 年)出生在北京西山,1808 年进入北京修院,1810 年在南弥德面前发愿,1811 年晋铎。他行使圣命两年之后,便于1813年在正福寺逝世。

林神父(Vincento Lin,1779—1836年)诞生于福建省,1809年进入遣使会北京修院,1811年发愿,1815年晋铎。他赴蒙古做传教士,1837年逝世于蒙古的西湾子,年长57岁,布道时间长达27年。

高神父(Thomas Kao,1782—1832年)诞生于蒙古,1810年进入遣使会北京修院,1812年在那里于南弥德面前发愿,同年在那里晋铎,于北京教区一直工作到1832年。他于1832年到达蒙古西湾子不久,便逝世于那里,其墓地正位于那里。

艾神父(Stanislas Ngai,1785—1849年)诞生于湖北郧阳府的上津堡,1810年进入北京修院,1812年在南弥德面前发愿,1817年晋铎。他先后到湖北、河南和江南等省布道。自刘方济于1820年在湖北"殉教"之后,任何欧洲传教士都不便于前往湖广传教了,只有华人司铎在那里维持工作,直至罗广祥于1833年到达那里为止,艾神父在那里接待了他。湖广省于1839年被委托给了其他修会的传教士,艾神父于是便前往河南省,并于1849年逝世于河南光州万家河,被安葬在驻马店的韩庄附近。

四、结　语

综上所述,入华遣使会士们在近250年期间,于基督宗教的教务工作中做了许多事,是中国传教史上的一个重要阶段。他们部分地继承了入华耶稣会士们的传统,在中国的天文、地理、音乐、绘画、语言、文字、文学、历史和哲学领域也成果甚丰,在海外汉学发达史、中学西渐史和西学中渐史上都应该占有一席之地,在中西文化交流史上的地位不容忽略。

法国遣使会中国传教区,不同于天主教其他修会和传教会的中国传教区。诸如方济各会、多明我会和巴黎外方传教会等,他们在华活动只代表其修会或传教会本身。法国的遣使会中国传教区,是由法国路易十六国王钦定的,在某种程度上是法国政府与教会在中国的"官方代表",继承了法国耶稣会中国传教区,是入华不同教派中国传教区中的"国家队"。

法国遣使会中国传教区在很大程度上改变了耶稣会士们的在华传教策略。耶稣会士们是希望通过归化中国的上层(总督、巡抚、士大夫、名儒、皇亲国戚)甚至是皇帝本人,来使中国全面接受天主教。他们梦想将中国变成第二个君士坦丁堡,使中国皇帝成为第二个康斯坦丁大帝。法国入华遣使会士们则更注重于贫穷和边远地区,着眼于华人中的下层贫民,并且大力从事在平民中培养高级神职人员。

入华耶稣会士中的不少人,在莅华之前,就是颇有名气的各个学科的专家。由于当时的历史背景,他们只能试图用较先进的西方的科学、技术和文化来吸引中国人接受基督宗教。入华遣使会会士们大都是纯粹的宗教人士,文化水平偏低,草根出身,人文科学修养不深。这就大大地限制了他们在文化底蕴十分丰厚的中国活动的余地。由于他们的生活和工作条件不太好,故50岁之前去世的人占有很大比例。

法国入华遣使会士们也如同入华耶稣会士们一样,他们在北京西什库印刷厂和香港拿撒肋印刷厂,印制了大批宗教和人文科学的书籍,堪与入华耶稣会士们的献县和徐家汇印刷厂相媲美。所以遣使会士们虽然比耶稣会士们逊色不少,却依然注重"书籍传教"的策略。

入华耶稣会士们只办外语学校(四夷馆)和培养外交人员的学校,也创办医院。入华遣使会士们除了举办大小修院、备修院、孤儿院之外,还特别注重创办小学、医院和康复医院。他们也注重于文化传教的社会功能。

入华遣使会士们非常注重培养华人神职人员,特别是高级神职人员,从而实现了基督宗教在华传教史上的一次大转变,产生了从由西方人强行传教,发展到由中国人自愿接受并接力相传的巨大变化。这也是宗教在全世界传播的整体潮流与趋向。

遣使会在华传教的后期,可能受了基督新教在华传播策略的影响,具有某种改革倾向,也可能是片面地吸取了耶稣会士们在中国"礼仪之争"中失败的教训。又正是由此,他们过分地介入了中国"礼仪之争",竭力地抨击中国礼仪,从而在他们为中西文化交流努力工作的实践,也制造了许多障碍,进而又在客观上影响了中西关系的发展。

入华耶稣会士们当时既没有以西方坚船利炮为后盾,也没有以中外不平等条约为靠山,而是利用西方先进的科学、技术、文化和理念来吸引中国人。入华遣使会士们于后期的行为却大相径庭了。他们认为"诱惑"工作已经完成,开始毫无掩饰地直接传教了。他们也确实配合西方列强对中国的文化和武装侵略。也有过许多鱼肉乡民的行为,因而导致了"教案"频发。

法国的传教士与远征军
——法国传教士艾嘉略第二次鸦片战争亲历记

爆发于1856—1860年的第二次鸦片战争，史称英法联军侵华战争。这场战争爆发的真正原因，是因为西方列强对于自第一次鸦片战争(1840—1842年)以来，从中国所攫取的割地、赔款、内地贸易、港口通商，特别是在销售鸦片、传播基督教方面的特权，仍贪得无厌地感到不满足。英国与法国相勾结，又在美国和帝俄的共谋下，发动第二次鸦片战争，以继续实施他们将中国变成殖民地和半殖民地的计划。这其中充满了政治、军事、经济、文化和宗教诸多利益的角逐。

第二次鸦片战争以修改《南京条约》为借口，其中有政治和经济利益的驱动，但宗教原因也显而易见。这次战争的直接导火索，是1856年发生在广西的西林教案，即法国巴黎外方传教会的神父马赖(Auguste-Chapdelaine,1814—1856)被杀案。西林教案是近代中国爆发最早的教案之一，引发了中法两国政府、罗马教廷与中国持续多年的一场外交交涉和清朝朝廷与地方当局的争论。法国政府要求中国政府对马赖被杀和这场教案中的“殉教人”，在政治上赔礼、在经济上赔偿、惩处中国地方政府的当事官吏，为此后的传教“自由”提供方便。根据当时中外不平等条约规定，虽然清政府当时允许在中国沿海港口传教，但并不允许传教士们擅自进入中国内地。马赖等潜入西林，传播邪教，草菅人命、挑拨族群不睦、煽动百姓造反政府，遭到了官府、乡绅和村民们的一致反对。1856年，西林知县张鸣凤将他逮捕归案，毙命于大刑之下，死后仍被悬首示众①。2000年10月1

① 《传信年鉴》(Annales de la propagation de la foi)，第28卷，里昂年鉴出版社1856年版。

日，被罗马教廷"封圣"的百名传教士中，马赖名列其中①。

法国利用西林马神父案，英国利用"亚罗号"船事件，作为冠冕堂皇的借口，发动了第二次鸦片战争，并迫使清政府屈服于城下之盟，签署了《北京条约》。美国与俄国也火中取栗，利用同一机会搭车，迫使清政府分别签订了中美和中俄《天津条约》。在这几个条约中，均无一例外地附有所谓保护"天主教"的专款。由此可见，保护基督宗教，成了西方列强征服中国的一大借口；传播基督宗教，也是他们的一大目的。

有关第二次鸦片战争的中西文资料相当丰富。笔者从 1861 年法国里昂出版的《传信年鉴》第 33 卷中，读到了当时陪同英法联军进攻天津和北京，并任法军的"副使"和翻译，巴黎外方传教会的艾嘉略神父于当时（1860 年 11 月 18 日）撰写的一份随军远征报告，可弥补现有资料中的不足，也可以澄清诸多留作悬案的问题。

刊登这封书简是由里昂年鉴出版社（Editeur des Annales）出版的《传信年鉴》（Annales de la propagation de la foi）。这套年鉴丛刊是 18 世纪的《耶稣会士书简集》（Lettres édiffiantes et curieuses，1702—1781 年，其编印一直持续到 1843 年，最多达 40 卷本）的续编，主要刊布来自由新旧两个大陆（当时欧洲人将西半球的美洲称为新大陆，将欧、亚、非三大洲称为旧大陆）的传教士们寄回法国的书简，特别是包括有关这些传教区各国国情与传信事业之曲折过程的内容。其中中国部分以介绍各地爆发的教案为主，但也涉及了中国的历史、地理、政治、经济、文化、社会生活与风俗习惯诸多领域的内容。当然，这个时代的传教士们已与他们那些鸦片战争之前的教友们完全不同了，他们以西方列强的坚船利炮为后盾，以中外签订的不平等条件为保护伞，于书简与报告中恶毒地抨击中国与中国人民，对许多事件的前因后果，都恣意歪曲。但我们透过这些记述的表象，尚可以洞察到历史的真相。

巴黎外方传教会的艾嘉略（Louis Charles Delamarre，1810—1863 年）神父 1810 年 7 月 11 日出生于法国鲁昂（Rouen），1833 年 6 月 26 日进入巴黎外方传教会修院，1834 年 12 月 20 日晋铎。1835 年 3 月 15 日，艾嘉略离开巴黎赴中国四川传教区，1837 年到达，1839 年在四川潼川府的安岳县开始

① 参见《巴黎外方传教会成员列传（1659—2004）》（Répertoire des membres de la Société des Missions Etrangères，1659—2004），巴黎 2004 年版，第 134 页。

其传教活动,1839 年被任命为木坪神学院长上。他从 1847 年起负责叙州府(叙府)的传信事业,该州包括了四川南部的一大部分地域。1856 年,当四川被划分为数个宗座代牧区时,叙州被划归川东传教区。1856 年,艾嘉略居住在纳溪。1860 年,当英法联军决定从香港湾发兵进攻天津和北京时,从中国各地召集了一大批所谓的“中国通”,以充任翻译、向导和中国事务顾问。其中绝大多数人是在华生活多年、精通汉语和熟悉中国国情的传教士。艾嘉略也由此而应法国军队之召,从香港进入广州,充当法国特使噶啰(Jean Baptiste Louis Gros,1793—1870 年)男爵的翻译。他全程经历了英法联军的远征,并且亲自参加了与清政府钦差(桂良和恒福)的谈判,直至签订《中法续增条约》(《北京条约》)。签约之后,他再次赴香港,以设法刊印他编纂的《汉法词典》。他曾将《御撰通鉴纲目》的明纪三篇译作法文,于 1865 年在巴黎出版,成为冯秉正(de Mailla,1669—1748 年)《中国通史》(取材于朱熹的《通鉴纲目》)的补编。1863 年,重庆教案(范若瑟蛮拆长安府以修建直原堂之案)发生后,他便自告奋勇地赴京去与中国当局交涉,最终于 1863 年 10 月 3 日,经汉口时死亡①。他于 1860 年 11 月 18 日,自北京寄给教廷传信部枢机们的这份随军远征报告的书简,便成了研究英法联军发动“第二次鸦片战争”的宝贵资料。下面笔者就扼要地摘录介绍一下这封书简的内容。

对于英法联军发动第二次鸦片战争的原因,艾嘉略罗列了一大堆归咎于中国的“罪状”:

> 我非常幸运地应召作为法国使团的翻译。该使团刚刚在中国取得了令人永远难忘的成功,并为我圣教谋得了重大利益。我从一开始就被视为中国所有基督徒们的代言人,而且还是教廷传信部的代表。我必须承认,只有在上帝的召唤下,在该帝国所有主教与使徒们的鼓舞下,才会使我接受了这样一种艰难的处境。
>
> 中国很早以来就向笃信宗教的法国作出过庄严承诺。圣路易及其继承人就通过其使节和传教士,而与中国建立了持续的关系。神秘的契丹王国也聆听到了福音,其居民成批地加入圣教。在路易十四时代,白晋、张诚、宋君荣、巴多明、钱德明和其他许多

① 《巴黎外方传教会成员列传》,第 106 页。

法国耶稣会士进入中国,帮助他们那些同样也是大名鼎鼎的各国教友,使天主教的布道事业,在康熙朝的中国取得了进展。他们在中国和法国两位君主的鼎力相助下,在北京皇城内建了一座教堂,现在却只残存一片遗址了。后来,中国禁止基督宗教并从宫廷中驱逐了传教士,没收了他们的教堂,于其法典中加入了一条禁止司铎及新教徒们活动的法律。但欧洲却仍在不停地秘密向中国各省派遣使徒。中国于1820年和1840年在湖北省处死刘方济(Françoi-Régis Clet,1748—1820年)和董文学(Jean is-Gabriel Perboyre,1802—1840年)神父,他们二人都是法国人和味增爵会士(遣使会会士)。早在1815年,中国就在四川斩杀徐德新(Gabriel Taurin Dufresse,1750—1815年);于1856年,中国又处死了广西的第一位使徒马赖(Auguste Chapdelaine,1814—1856年)。这又是两名法国人,巴黎外方传教会会士。法国不会对自己的儿女遭屠杀无动于衷,它在一开始仅限于向中国朝廷提交抗议。法国最终至1858年,才在广西为其国民的被杀而要求作出解释。《天津条约》于大沽伏击战之后不久签订。正是这次侮辱国旗和违背条约的事件,才使法国作出了报复的决定。

英法联军为了从天津进攻北京,大军自广州和香港湾乘船出发,经舟山群岛、山东半岛和辽东半岛而兵临天津的门户。艾嘉略神父的书简中,提供了某些有关的具体情节:

法国与英国组成海军联军,以保卫它们各自的利益。一旦当英法获知中国拒绝了其最后通牒时,两支舰队便相继驶离香港湾并向北航行。它们沿途相继夺取了舟山群岛及定海市。联军双方各自指定了一名司令并组成一个司令部,还有一名文官委员。法国舰队共有36艘船和7000名军士。他们在山东半岛边缘以北的芝罘(烟台)聚集。英国舰队则由200只帆船和1.5万名士兵组成,其集合地点是辽东半岛南端的大连湾。7月26日,两支舰队起航,离开了它们各自的抛锚地,约定在北直隶海湾聚集,法国的迪佩雷(Duperré)号船停泊在芝罘,以充作医院;安德罗马克(Andromaque)号三桅帆船守护抛锚地。这两支舰队在一个晴朗和阳光灿烂的日子里,威严地驶入北直隶湾口。我们的迪切拉(Duchayla)号船一路领先。法国舰队靠左行驶,列3队前进,法国水师由提督沙内(Charner)率领。27日晚上,大家可以遥望到经过选择的登陆地北塘了。海水汹涌澎湃,俄罗斯和美国使者自8天前就已经到达了这些地区,他们也分别率领一艘三桅帆船和两艘炮艇。美国使者已向中国人作了通报,我们害怕他们之间的亲密关系会使联军登陆更加困难。

对于英法联军进攻天津之前的大沽之战和北塘之战,艾嘉略作了亲历性的叙述:

8月1日,英法联军已决定登陆。两支舰队的炮艇牵引装满士兵、马匹、物资和大炮的登陆艇。河口的汇流处,在最高水位时也只有8尺深,无法使大船再继续向前航行。在全军的热情欢呼声中,前头部队直接去攻打北塘炮台,那里距白河只有7海里。他们于清晨10点钟出发,仅于晚上4时才到达河岸。平坦而又充塞污泥的河床,使驳船无法靠岸。士兵们被迫跳入海中,一直在陷到半腿深处的污泥中行走1公里的距离,才找到一片干燥而坚实的海岸。我们曾设想过,如果遭遇中国军队,那么这样一次登陆该会遇到多大困难和危险。人们也曾认为,联军会像前几年一样,在入海口登陆。所以在海滩上未出现任何敌军,大河两侧的炮台都沉默无声。联军多艘炮艇搁浅,人员和马匹费了很大力气,才走出沼泽泥泞地区。夜很深了,军队疲惫至极,于是将攻击的时间推迟到翌日。

在军队登陆的时间,在一种极好天气的条件下,月亮却有三分之二被蚀了。中国很迷信星相学,他们由此而得出了一种凶兆。中国人通过这样一种巧合,而预料到其古老帝国的荣耀将遭受一次严惩性残蚀。在北塘炮台的一种无法想象的寂静中,我却想象着听到了从中国的一端到另一端的某种官方的嘈杂声,甚至是每座城市官吏被迫作出的抗议声。与全体居民协同一致,面对受难的星辰,而要把月亮从天狗的吞噬中抢救出来。这一切并不仅仅涉及北塘海岸,而明显是整个中国的危险。

次日,天刚蒙蒙亮,联军便向炮台掩杀过去,那里却空无守兵。炮台完全是泥土工程,在炮眼中架有加箍的木炮,我们只能看到某些不成形的普通木料。然而,在通向骑兵驻扎地的两条斜坡道的下部,我们发现有3处设有双洞,洞中储存着铅皮箱子,箱内装一枚大炮弹,炮弹内装火药。其炮捻通过一根绳子而与点火棒相连。只要从跷跷板的一侧经过,就可以触动绳索并引起爆炸。跷跷板上面覆盖着泥土。当一名士兵感到脚下有某种东西松动时,便会向后倒去。只要经过搜查便会发现陷阱。这些投掷器都是欧洲的产品。

紧傍炮台的村庄相当大。其大部分居民都逃之夭夭了。士兵们便利用他们逃离外出的机会,而在那里宿营。次日,法国将军科利诺(Collineau)协同一支英国军队,深入腹地从事侦察。他在距那里有2.5法里的地方,遭遇了近4000—5000名中国军人,包括骑兵和步兵的攻击。中国军队首先发动了攻击,在15—16米处发射了投掷器,杀伤了几名欧洲士兵。欧洲士兵发射了几发炮弹,在中国兵勇中爆炸,却未造成混乱。我们在这一天不想冒险向更纵深推进,因为部队与辎重尚未完全运到岸上。

直到12日,英法联军才最终决定进军,我们在一个有战壕的阵地上,与一支庞大的鞑靼骑兵相遭遇。清军经过一阵顽强抵抗之后便溃散了。次日,我们向白河左岸的村庄直沽(Si-Kou)镇运输辎重,联军大营就驻扎在那里。14日发生了一场不太严重的冲突。英军抢搭一座浮桥以渡到右岸。当由若雷吉伯里(Jauréguiberi)号三桅战船船长指挥的一个海军连队登陆后,又用小船渡过了白河。他们受到了鞑靼(指满族。——译者注)骑兵攻击。但法军受到了另外两个连(约140名兵勇)的轻骑兵的支援,由利未(Livet)上校指挥。此人是一名勇敢的指挥官,后于天津被痢疾夺去了生命。这些轻骑兵躲在村庄的掩体之后,用机枪射击,迅速击退了鞑靼骑兵。

12日黎明,联军为攻击大沽炮台而一切准备就绪,他们首先让在河中最前沿的大炮开炮。中国军队误认为,又如同去年一样,他们受到了来自大海上的攻击,于是便放了两次装满火药的大炮。炮战从清晨5时开始,一直持续到9时。炮台被攻克了,法国国旗首先被插在城墙上。海军炮兵营指挥官泰斯塔尔(Testard)第一个登上了城墙。中国的直隶提督乐善将军在英勇战斗中阵亡。僧王(僧格林沁)和直隶总督恒福在其他所有炮台上升起了白旗,重新渡到河右岸,与其兵勇一起撤退。联军共俘虏2000多人,然后就地释放,占领了两岸撤空的炮台。中国军队于其仓促撤退中,未能带走那些大件物品,共有718门大口径的火炮,其中半数为铜炮,现在都已落入到胜利者之手。在这些冲突中,联军各有约120人伤亡。英法水师提督从此之后便可以在白河自由航行了,中国人过去曾在那里设置了路障。共有连续的6道墙阻碍。一旦航道打通,联军的大小炮艇和吃水量很少的船舶,都可以直上天津了。

又有:

8月25日,由法国水师提督调拨给法国使节使用的一只小炮艇驶来,将我们接上了迪切拉号船。我正是在该船的甲板上,远远地观望了战斗。在河口处,我首先看到的是3艘英国炮艇的残骸,是去年被中国人击沉的。我们从现由联军占领的白河两岸的炮台上穿过,法国的国旗于其上空飘扬。沿该河直上天津,只需半天的工夫。大河左右两岸有许多村庄,其居民们对我们并不很敌视,甚至还算友好。河中遍布来往的炮艇,运送军队、辎重和给养。联军将军们将大军驻扎在寺庙或炮台中,两国使节下榻在一名富商府宅。中国兵勇都消失了,他们将20多门大炮埋藏起来,又被联军挖掘出来了。天津城位于白河与运粮河的交汇处。运粮河也叫大运河,直通长江。在叛军截断这条大动脉之前,大运河也曾在黄河出口处被切断。天津是中国中原与南方交流的商品与产品集散地,也是各省每年向皇帝交纳贡品运输线的最后一站,贡品包括食品、铜材和建筑木材。天津今天变成了一座环境肮脏、建筑混乱、人口稀疏的大城市,其主要商品只有海盐了。

清政府在英法联军大军压境和兵临城下的窘境中,只好与英法使者谈判。

大清皇帝派遣其东阁大学士桂良去与西洋人谈判和约。正是此人在两年之前,代表中方草签了《天津条约》。他就如同是继续其未竟事业一般,以钦差大臣的名义谈判。其副手是直隶总督恒福和武备院卿亨利棋。8 月 31 日,桂良从北京前来。法国的使节不想接见他们,直到他们接受 3 月间的最后通牒为止,并且许诺将签署一项新协议,以准确地实施 1858 年的条约。大清向英、法每个国家赔偿总额为 800 万两的白银,要求向欧洲贸易开放天津城市和港口。经过多次电报来往之后,一切都谈妥了,结束谈判的时间已经确定下来了。英法使节们在签字之后,仅带一支由 1000 多士兵组成的卫队,以前往北京交换条约批准书。但就在签字的关键时候,中国的钦差们宣布说,他们不具有全权,将前往北京请示。使节们对于这种欺诈手段大为不满,中断了谈判,宣布说联军将向通州进军,他们只有在中国派出严肃的全权代表时才会谈判。9 月 8 日,大军开始调动。法国使节于 10 日出发,以随远征军行动。

又:

中国对于推迟签约并致使联军向首都进军,考虑得太不周详了。它本来完全可以避免许多灾难、凌辱和巨大损失。但天意却希望通过一系列令人震惊的事件,并且出人意料地,为其布道赢得令人崇仰的硕果。

又:

正当联军缓慢行进的时候,中国皇帝却以另外两人取代了前两位钦差,其中一位是怡亲王载垣,其侄子;另一位是兵部尚书穆荫。如同其前任一般,他们接受了英法提出的条约中的所有条款,并自称已被授予全权。在谈判的第5个阶段,也就是在该月17日,英法等国使节向中国钦差们的驻地通州,派去了他们的秘书和翻译,以便为换约作出最后安排。法国孟斗班(de Montauban)将军和英国将军也派出多位军官,以筹集部队给养,其中就包括我们的教友麦神父(Dominique Deluc,1826—1860年),他作为翻译而随同,后离开广州前往四川,但其新使命却是重新从四川出发以去参加和谈。这支谈判队伍中的英国和法国代表总共40余人。法国有秘书和翻译、两名军官及其勤务兵。他们准备就绪后,于18日一大清早就返回到那里。其他法国人却将返回的时间稍微推迟了一段时间。对于他们来说,这个期限是至关紧要的。同样一种信任态度也挽留住了英国人,他们的翻译和一名上校先行。英国人先于法国人而出通州城,很快就遇到了一个鞑靼骑兵和步兵人数众多的营地,堵住了他们的道路。清军还占领了法军与中国钦差达成协议的驻扎地,此时正值法国使节前一支随扈队赴北京交换条约的途中。翻译对这种炫耀武力的行为感到震惊,而且预料到了其严重后果。他将其同伴留在那里,自己掉转马头返回了通州。他于途中遇到了4名依然未产生任何怀疑的法国人,向后者报告了前面有一支中国军队存在的消息,并且表示自己要去向中国钦差讨个说法。他于通州城内已找不到中国钦差了,于是便在通向北京的道路上追上了他们,指责他们并宣布将重开战争。他在通州到处奔走,召集起了其同胞们,离开城市而返回兵营。

对于八里桥之战和张家湾之战,艾嘉略也作了详细记述:

走在最前面的4个法国人已经到达了中国军队的警戒线前。他们文质彬彬地穿过了警戒线,清军似乎是漫不经心地放行。一个小时之后,他们又追上了法国的先头部队。当法军从前一站到达时,非常惊奇地发现有一支清朝军队已布阵于自己面前。联军的将军们一致同意不首先发动进攻。英国上校本来留在中国人中间，以等待其翻译的返回。他很快就发现法国军队的总务官阿代尔(Adère)与其勤务兵，推着一辆装有其钱箱的小车而来。他觉察到有人正扑向军官，并于军官头上砍了一刀，其勤务兵也勇敢地献出了其宝贵的生命。正是由于清军向这些欧洲人的射击，才给英法联军发出了信号，并提供了爆发冲突的借口。中国人有1000多人被杀，联军俘虏了许多人并立即就地释放。中国的78门大炮落入到了欧洲人手中。德达玛(de Damas)先生是唯一一个阵亡的法国人。

又：

从通州返回的另外9名法国人和26名英国人或锡克人，又遭遇了几支溃败的中国军队。联军中有的人被捆着并被绑在小车上，其他人则始终骑在马上，所有人都向北京走去。沿途的平民不断地咒骂和公开侮辱他们。联军俘虏戴着沉重的锁链而被投入囚牢中，然后又遭受饥饿的折磨，有人多次威胁要处死他们。他们又被押到了圆明园的皇宫中。人们一直在设法使他们相信，他们即将被传到皇帝面前。经过在吉祥院宫殿前停留少许时间之后，他们随着进入宫中而被逐一地捆了起来，然后让他们从另一个门出去。怡亲王下令将他们分散在方圆数法里的不同城区中。两名手持木棒的人押送囚犯，囚犯的手脚用同一根绳索捆在一起，甚至其绳索上被泼上了水，捆绑一直陷入肌肉中。为了使囚徒们解渴，押送人只递给他们一些人尿，而不是他们自己携带的净水。囚犯中有一部分人流着热泪，其他人则已明显处于愤怒之中。其中一名囚犯因反抗，而激起了其押解人的疯狂惩罚。在走完这段路之前，他们一刀刺穿了其胸膛。当爆发这些残酷的事件时，中国皇帝仍在其宫中。清朝皇帝仅于23日才避难于鞑靼地区的热河。中国人将那些不幸的联军囚犯投入囚牢，而又不为他们治伤，腐烂和虫蛆令人可怕地侵蚀他们。老鼠甚至能吞噬活人。大清皇帝于逃亡中经过了平谷城，下令将那些被押解至此的联军战犯处死。其他人在昌平州和房山县于饥饿的恐怖中了其残生。一名英国人在残酷的垂死中挣扎了11天；一名法国人于

19 日在八里桥大桥上，被鞑靼军官瑞麟当场劈死。我的教友麦神父被交给了另一名鞑靼官吏胜保看押，他与另一名英国军官一起被扣留在胜保身旁。他最初受到了善待，最后于 21 日继清军战败之后，又被胜保所杀。

又：

联军不知道 37 名战俘的下落，于是便去要求放还他们。中国政府竟说，他们均受到善待，并将在缔约之日释放他们。中国要求联军先行撤军。自从俘获这些西洋人后，中国人的态度很傲慢，僧格林沁在将其俘虏押至北京时，曾向朝廷禀报了一次辉煌胜利。21 日，联军向前推进以炫耀武力，却在一个筑有防御工事的兵营前遭遇清军顽抗。那里正是八里桥，距通州城外有半法里之遥。在八里桥爆发了一场比 18 日更激烈的战斗。法军也是单独投入战斗，一举夺取清军 18 门大炮。清军溃败并逃向京师。次日，联军的一支侦察部队一直深入到北京城下，发现沿途堆满了尸体。联军再向前进，就有可能被围困，只好等待留守天津的援兵赶到，这支部队拥有 6000 门新大炮和大批炮弹。

又：

北京居民感到了恐惧，到处逃难。逃往热河的皇帝带走了其整个朝廷及其嫔妃，他在一道诏令中歪曲了所有事实，侮骂额尔金（Elgin）和噶啰，呼吁其国民拿起武器参战，许诺每杀死一名印度士兵赏银 50 两，杀一名欧洲士兵赏银 100 两，杀死一名军官赏银 500 两，烧毁或擒获一只敌船赏银 1000 两。他撤换了两名钦差，因为他们是通州设伏战的同谋。新钦差由御弟恭亲王奕䜣担任，年仅 28 岁，是道光皇帝的第 6 子。尽管清朝采取了这些措施，但联军仍表示，如果不交还俘虏，他们就要强攻首都。清朝面临使北京成为一片废墟的威胁。在等待期间，英国人派兵烧毁了位于通州郊区两法里远的几处村庄，因为他们那些来自天津的信使遭到了袭击。非常幸运的是，这些村庄如同联军从天津到北京沿途经由的大部分村庄一样,均早已遭其居民遗弃。

对于英法联军野蛮地焚掠东方艺术明珠圆明园一事,艾嘉略也作了记述。但他却将全部责任都推到了中方身上:

联军的援军与给养的到达,使他们得以于10月初向中国首都进军。大营扎在距首都只有3法里的地方。联军将军们一致同意,首先要对京郊地区作侦察,英国人向南,而法国人向北侦察。这些人完成的侦察工作,使联军得以顺利到达海淀。皇帝的御园便位于那里,号称'中国的凡尔赛宫'。那里搜集了本朝开国216年间积累起来的所有财宝和珍异物。经过9月18日的战斗,联军径直向距那里只有5法里的圆明园进军。联军在那里很有可能会擒获中国皇帝,但肯定会救回中国暴力行为的受害人,而且还有机会将其中的大部分人从死亡中解脱出来。但联军不知道俘虏的关押地。由于在军事上必须行动谨慎,故而未采取某种冒险活动。

又:

法国士兵找到了由数百名清兵保卫的圆明园,守军很快就四处溃散。园中少有的某些居民,包括道光皇帝第5子的母亲,急忙逃到水中自杀,以免落入敌手,而遭受更加凄惨的命运。该园由两幢城楼组成,一南一北,由一些配殿或偏殿毗连。一座宽敞的院落将南北二楼分开,院子里栽满了高大的乔木。院子中有一个宽阔的小湖,于宫殿四周扬起曲波。湖面上有小船荡漾,湖上建有美丽的小桥。假山又使其风景锦上添花。园中有一座由耶稣会士们建造的西洋楼。北楼是皇帝的起居处。其宗王、宗人府中的大官吏们,则居住在配殿。其中布置的家具都很富丽堂皇,特别是皇帝的家具更光彩夺目。玻璃镜子、摆钟、细瓷瓶、巨大的镶木地板、金鼻烟壶、镶嵌钻石的钟表、大量个头不同的珍珠、豪华的丝绸、珍皮、华丽织绵、金器、银器、玉器,一切都经过艺术加工,象征着一种皇家的奢华。皇帝及其朝廷在匆忙的逃亡中,抛弃了这一切。这些财宝就如同是漫不经心地送给法国人的一堆战利品一般。我们还可以在那里发现数量巨大的银锭,国库中还有大批银钱,联军中的两个国家瓜分了它们,其后又分配给士兵们。每名士兵所得到的份额至少有100法郎。非常遗憾,当抢劫处于无组织状态时,不可避免地会造成严重糟蹋与破坏。联军所不想要的和不能带走的一切,都被砸烂,或者是用脚踏碎。当地的中国人最终完成了对其皇帝宫殿的劫掠一空,甚至点燃了最初的火,这或是出自不慎,或是出于恶意。

又:

经过这次抢劫之后,联军驻扎在北京的城墙之下和城北。中国政府最终释放了被囚禁的11名法国人中的4人、26名英国人或印度人中的15人。其他的战俘均已遭杀戮,或者是因受折磨而死亡。这些可怜人的凄惨状况、其伤口和瘦弱,都相当清楚地证明,他们曾忍受过痛苦的折磨。稍后,中国又交出了装殓在棺材中的尸体,其中包括10名英国人或印度人和6名法国人。麦神父及其教友的尸体均未找到,尽管我本人也主持了多次搜寻。这些死者都面目全非了,无法辨认,带有不可否认的酷刑之痕迹。根据如此之多尸体的悲惨景象和余生者们的口述,经过多次索要战俘的抗议,经过中国政府多次作出将在缔结和约之后释放他们的许诺,又发生了这一切,联军方面愤怒到了极点。联军面对一个如此不守信誉的国家感到了失望,现在只有毁灭北京再撤军而去了。许多人都想为他们的兄弟、朋友和战友报仇。但这样做将有可能失去此次历尽辛苦远征的结果。法国的使节和将军却想获得一种有益的结果。英国人将他们的仇恨发泄到了已被抢劫一空的皇宫身上了,那里曾是我们苦难同胞的囚牢和刑场。整片皇家园林都被付之一炬,大火持续了数日,野火将其蹂躏和破坏扩大到了附近地区。英国人将其死者埋葬在俄国人当时所拥有的北京城外的墓地中。法国人则拥有传教士们的两处墓地,其中之一仅仅安葬法国人。法国在北京还有一座天主教堂,也只是一大片坍废的废墟了,但它却被中国政府所掌握。孟斗班将军希望在那里为法国死者举行隆重葬礼，同时又使法国以天主教重新占据这座天主教建筑。他下令将灵柩保存下来，一直到缔结和约后再举行葬礼。

清政府在抵抗不利的情况下，咸丰皇帝率领其小朝廷逃往热河避暑山庄并在那里晏驾。英法联军如同虎狼般地闯入北京，大肆劫掠。清政府被迫与英、法签订了《天津条约》的《续增条约》，史称《北京条约》。艾嘉略对于北京遭劫和签约过程作了很逼真的现场描述：

中国政府被限令除接受原订条款之外，还要接受归还过去没收的学校、墓地、教会地产和建筑的条款；作为赔款而交纳2万元银圆给法国人，3万元给英国人；作为其诚意和安全的保证。而将两座北城门之一的安定门交由联军驻防。如果10月13日中午，中国政府尚不给予联军肯定答复，那么联军将打开城门；如果中国政府理智地执行一切、接受一切、答应一切，那么联军就在11点半钟归还城门。联军现在仍占据着该城门。英国人占领其右翼阵地，法国占领左翼。两国的国旗仍插在城墙上。当联军打开一个辽阔帝国那长期以来对外国严密封锁的京师大门时，那该是一个多么隆重的时刻啊！现在外地人不用穿过这些漫长的双道拱门了。只要攀上了高大而庄严的城墙，就可以从那里居高临下地俯瞰整座京师。任何中国守兵都不能出现在城墙上和大街中。那些害怕被围城和炸城的居民，不知道究竟应对这种占领感到高兴呢？还是担忧？联军控制了城门，但任何欧洲人都不得迈出城门和进入城内。我本人是次日进入城内的首批欧洲人之一，以与中国人着手谈判。我们骑马入城，在充满好奇，毫无防御手段，有时又是友好的人群中，行进了足足有1法里远。这里是内城或鞑靼城，也有大批汉人居住。它环绕皇城，皇城的中心是皇宫。南部是外城，那里主要居住着商贾。西方人对于该京城的单调和凄惨面貌感到吃惊，城市建造得很蹩脚，维护得更糟。这一切与我们的期待完全不相符，只有零散的几家店铺的门面尚称得起整洁，其他一切均破烂不堪。从外面只能遥望到皇城宫殿的高墙，从而使它们酷似监牢。北京的大部分居民都是很低微的雇员或军饷微薄的士兵。所有人都以其职务薪水而养活自己及全家，大部分人都处于拮据之中，许多人甚至生活于苦难之中。在这些灰浆涂得很杂乱的城墙之后，在那些没有任何气势的房子中，也有些装饰华丽的房间，只有些会享受舒适的家庭。

又：

尽管占据城门的联军都具有受约束的行为和严明的军纪，但由于中国钦差王爷及其高官们，都害怕因对37名战俘所犯下的暴行而遭报复，所以不敢相信联军和平意图的真实性。他们不敢进城，永远不会在同一间房子中连宿两夜。由于英军的报复心理未得到满足，故具有傲慢姿态和粗暴行为，甚至还威胁要火烧北京皇宫。所有这一切都很难会使中国人产生信任。事态几乎再次混乱起来，使双方诉诸武力。法国使节保持了冷静，孟斗班将军尽了一切努力，以避免发生新的灾难。由于俄国使节向中国钦差提出了善意的建议，事态才得以好转。中国政府支付对通州受害欧洲人的赔款，甚至接受条约中的所有条款并确定了签字仪式的日子。大清王朝12月24日与英国人，25日与法国人分别举行了签字仪式，而且还是在帝国礼部大堂中进行的。法国使节于此前夕已率领一支500人的卫队入城，驻扎在专门为接待他及其侍从而安排好的一座寺院中。翌日，他隆重进入礼部大堂，由几个连队的卫兵保驾，司令官和另外两位将军开路，还有陆军和海军的参谋人员，所有人都骑骏马并穿军礼服，军乐队击鼓并演奏军乐。使节乘轿子。另外两顶小轿随后，其中之一供其首席秘书使用，其二供其首席翻译使用。沿途拥满了成群的观众，特别是在清朝礼部大堂四周。亲王在那里恭候法使噶啰男爵，并向前走了几步以迎接他。经过互相致意之后，他们于大堂的后部就座，各自坐在一张桌子之前。法使在右，亲王居左。一排扶手椅摆在了一张长案之后，一侧是法国将军及其高级军官，面对他们的则是中国的官吏。验证和交换双方全权代表资格的文书后，两名谈判代表于共分10款的新条约上签字和钤印，一式两份。亲王交出了1858年在天津签订的条约，该条约已由中国皇帝批准，并加盖

> 了御玺；作为交换，中国钦差收到了法方的一本羊皮纸册子，切口处烫金，以深红色绒布包裹，钤有大金印，其中包括同一项条约的中法文本，附有拿破仑皇帝的签字。在对条约签字时，城门上放21响礼炮。这份严肃的文件，在经历许多困难和曲折之后，终于完成了批准手续，确立了两大帝国之间的和平。中国受到了严厉惩罚，也忍受了奇耻大辱、皇帝的宫殿只剩下了一片瓦砾，其京师落到了西洋人手中。他只害怕这些西洋人会夺取皇权，或者是安排经过他们选择的某一人登基。我们希望大清王朝从灾难中吸取教训，不会表现得不理解这种慷慨行为，不要使其战胜者为留下了一个中国幽灵而反悔。

《北京条约》签订之后，英法等列强在《天津条约》的基础上，除了获得巨额赔款之外，还强行攫取更多方面的利益，特别是在传习天主教方面的特权。《中法北京条约》（《中法续增条约》）第6款就明文规定："晓示天下黎民，任各处军民人等，传习天主教，会合讲道，建堂礼拜，且将滥行查拿者，予以应得处分。又将前谋害奉天主教者之时，所充之天主堂、学堂、茔坟、田土、房廊等件，应赔还，交法国驻扎京师之钦差大臣，转交该处奉教之人，并任法国传教士在各省租买田地、建造自便"。法国传教士们便利用这一机会，鼓动法使噶啰索要过去被清政府没收的在北京南、北、东、西四座教堂。法使噶啰于1860年11月5日（咸丰十年九月二十三日）照会恭亲王奕䜣，索要南、北二堂；于同年11月7日（咸丰十年九月二十五日），又索要东、西二堂。他特别提到"可将北堂急速交于留京之孟（振生）主教、艾嘉略（Louis Charles Delamarre）等"。奕䜣经上奏朝廷后，将四堂退还天主教教团并给予执照①。法国传教士们收回南堂后，将这次战争中死亡的传教士们安葬于内。艾嘉略对此作了少见的记述：

> 联军在离开北京返法之前，还必须为我们的7名法国人举行丧事和葬礼。由于中国习惯（皇帝有时也会随心所欲地违背它）于反对将死人遗体运进城；又由于距离太远的原因，他们无法于

① 参见《清末教案》第1卷，中国第一历史档案馆、福建师范大学编，中华书局1996年版，第179—185页。

当天将尸体抬进教堂或墓地。所以法国将军决定，于28日埋葬，于次日在南堂中再举行葬礼。用3天来布置教堂，不为过甚。我们匆匆忙忙地去考察这座已经过时的老教堂。这座古宗教建筑矗立在宣武门附近。其内院墙已几乎完全塌损，许多主教和著名传教士（汤若望、南怀仁等）曾居住过的房子，也只剩下一堆堆瓦砾碎石了。教堂前廊大院也只剩下两只大理石龟趺了，驮着一通汉文和满文碑，地面上长满了荆棘杂草，成了一片茂密的杂草丛。其门板已被人搬走并且被用瓦砾封死，窗户已经破碎，地板破烂不堪。行人到处都会走在废墟上。教堂只残余一间大殿，两侧的6个祭室形成了侧廊。拱顶有一个大洞，这是最严重的损坏。唯大殿拱顶上的绘画被完好无损地保存下来了。该教堂自南京主教和北京司教代理毕学源（Pereira Pirès，1763—1838年）逝世后，已经关闭20多年了。该教堂始建于1657年（顺治十四年），曾由汤若望神父主持。它于1707年（康熙十五年）重建，康熙为此目的而拨款1万两白银（7.5万法郎）①。这座教堂于1757年被烧毁，乾隆又拨同样的款项以重建之。但还需要皇帝再拨不少于此数额的慷慨赞助款，才能装饰好教堂。在等待期间，法国将军派遣两连工兵，前去清理该教堂。他们锄去了杂草，铲除了瓦砾、重建了主祭坛。位于教堂门面上方的十字架曾于1853年被僧格林沁砸掉，当时僧帅正在平息假冒基督教的太平军的叛乱。孟斗班将军索还了十字架，然后又将它重新安放在了屋脊上。教堂被披上了黑缦，悬挂上了法国国旗，地板上铺上红地毯。在一个巨大追思台的周围，点燃了许多蜡烛。工兵们修好了该圣址那破烂之处。

又：

28日，这是已确定的安葬日。使节及其侍从出城前往兵营。9时许，第一旅的随军神父特雷加罗（Trégaro）搬走了被杀法国人的尸体。由裹尸绒布覆盖的6具棺木被拉在6辆车上，前面有十

① 这些时间均有小误，可能是由于艾嘉略未作查证，仅凭记忆而叙述。

字架和神职人员开路。这支队伍由不同兵种的几个连队开道，士兵成双列簇拥送殡仪仗。士兵们在开始时齐鸣几阵枪。将军、其司令部和一大批军官都佩带黑纱，骑马随队伍后行。英国的将军和大批军官们也跟随在法国人身后。俄国使节及其使团的所有随员也均出席。这支庄严的队伍行进持续了两个多小时，司铎们念诵祈祷经文。鼓乐轮番交响。到达墓地之后，他们受到了北京主教孟振生的欢迎与祝福，孟振生主教又由其助理主教董若翰(Jean-Baptiste Anouilh，1819—1869 年)、几名随军神父、英国天主教徒士兵们的随军司铎、6 名中国司铎以及 20 多名天主教徒陪同。经过对埋葬 6 副棺材的公共墓穴作完祝福之后，特雷加罗神父与孟斗班将军致悼词，深深地感动了出席的众人。德邦茨芒(de Benzeman)少校为其同事格朗尚(Grandchamp)少校表示了赞扬和遗憾。出席人鸣枪，最后一次向死者致敬。墓穴被掩埋起来了。死者与利玛窦、汤若望、南怀仁及其他许多欧洲名流埋葬在一起。

次日，又是同样的出席仪式，唯有英国人除外。出席者于 9 时集合于北京教堂，以举行殡葬仪式。弥撒由德塞雷(de Serré)教士主持，由两名随军神父协助。两位主教坐在两翼的位置上，周围由神职人员簇拥。法军第一〇一和一〇二团的军乐团演奏各种乐曲。董若翰辅理主教作追思祷告，孟振生主教发表了一篇讲话，向法国国王、其使节、将军和部队致敬和致谢。这说明法国已经重新占领和恢复这座大教堂。

又：

11 月 1 日，法国将军率其军队开出北京。两名使节按照已达成协议的条款，要求在京师张贴中法和中英《北京条约》全文的布告之后，才于 9 日离开北京。本条约文本还需要在整个中华帝国城内张贴。我们希望法国驻中国的公使能从中国皇帝那里得到一项特许，允许其所有国民信仰基督教，同时废除中国法典中有关禁止基督教的法律。法国使节阁下向许多传教士颁行护照，由中国的钦差王爷签证。我准备将这些护照颁发给我们那些在西藏、云南、贵州和四川的教友们。

北京条约签订之后，艾嘉略神父以法国代表“副使”的名义，经直隶、河南和陕西诸省，返回其四川传教区。沿途的清朝封疆大吏和朝廷大员们，逐站地向朝廷呈报其行踪，其中大都涉及了基督宗教在中国的传播问题。

1860年12月18日(咸丰十年十一月初七日)有《吏部尚书陈孚恩奏为风闻法教士艾嘉略欲赴陕西片》：

臣风闻法国夷艾嘉略数日前行至保定，向地方官索取传牌，口称驰赴陕西长安。臣既有所闻，不敢不据实奏闻。

咸丰十年十一月初七日奉朱批：此事已知，现在西巡之举行当作为罢论。况该夷不过专为传教，无足重轻。钦此。”(《清末教案》第1卷第186页)

艾嘉略离开直隶，1860年12月20日(咸丰十年十一月初九日)，又有《恭亲王奕䜣等奏为经查只有法教士艾嘉略赴陕川别无他人片》：

近闻外间讹传，有夷人前赴川陕之说。查咈酋噶啰前在京时，曾将准入内地护照送到，请盖用印信。臣等因系按照条约，当即盖用给付，附片奏明在案。该国自退兵后，留京三人，内有主教孟振生及传教艾嘉略。二人前来法源寺谒见，均系剃去须发，服中国衣冠。……其传教之艾姓，亦经臣等日面询，据称曾在四川传教，九年冬间绕道回粤，本年夏间随同夷船来津。复询以自京至川，程途风景极为熟悉，是其久在川省，并非虚假。自京城以达各省，咈夷之改装易服，在中国传教者，别处都有，总缘禁令不严，地方官从未拿办，外人不尽闻知。……于十月间据委员禀称，夷目艾嘉略起程，由直隶一带行走回川，臣等以其久在川省，且系遵照条约，即饬委员传谕该夷目，将执照沿途送验，免生事端。嗣闻有夷人赴川陕之语，臣等以川省现有军务，该夷何以私行前往？饬令委员前赴夷馆，并函至恒祺等在天津探询，据称均无其事。惟据直隶藩司文谦禀称：十月下旬有法国传教艾嘉略行过保定，呈验执照，并求加用印照，即赴陕西回川，经该司按照条约加用印信，并饬沿途地方官护送。其余别无夷人赴川之后，自系因艾嘉略讹传。

咸丰十年十一月初九日奉朱批："览。钦此。"（《清末教案》第1卷第186—187页）

当艾嘉略到达陕西后，又有1860年12月27日（咸丰十年十一月十六日）《陕甘总督乐斌等奏已密谕潼商道协稽察法教士艾嘉略入境片》：

前准部咨，颁发英、法两国和约并通行告示。当经行司，正在刊刻。兹臣谭廷襄接直隶总督臣恒福来函，述及有法国副使传教名士艾嘉略路经保定，询知欲赴陕西、四川，已于十月二十四日起身，向西南大路行走等情。

……现已密谕潼商道协各于关津流口稽察，如有艾嘉略入境，即派文武员弁伴送，观其行止如何禀报。倘将来艾嘉略欲往四川，再当饰令省西各属一体妥办，并密行知会川省查照。

朱批："知道了。"（《清末教案》第1卷第187页）

1861年1月6日（咸丰十年十一月二十六日），又有《署陕西巡抚谭廷襄奏为密呈法教士艾嘉略来陕赴川情形片》：

再，臣前准直隶督臣恒福函称，闻有法国名士艾嘉略欲来川陕，当经会同陕甘督臣乐斌附片密奏，一面饬令潼关文武。密派员弁于入境地面盘查。旋据潼商道及潼关协禀报，艾嘉略乘轿车一辆，随从四川人阎徽典乘坐大车一辆，携带行李箱五只，于本年十一月二十日由河南抵关，该通协等密派员弁改装易服，暗中伴送，于二十三日到省居住旅店。臣即饬令署长安县知县白楷于夜间查店时，亲往盘问，所言与潼商道等禀报相符。二十四日，艾嘉略来署求见。臣若屏绝，不与晤面，转令生疑，且不知其意为何，因即传见。艾嘉略，中国服色，能通汉语，据称伊系法国副使，先于道光年间曾由广东、江西一带前往四川传教，后经回国。兹在直隶奉伊国大臣噶啰公文执照，仍赴四川传教。并询及有伊国人

> 前在陕西之龚山林,闻已被获,现时送交何处。臣随答以,道光年间原约尔国之人只应在五口通商地面来往,不准游行别省。……艾嘉略今已起程赴川,臣即刻查照前奏,酌派员弁暗为查察,勿令滋事,并密函知会署理四川督臣崇实一体查照。

咸丰十年十二月初三日奉朱批:“依议。钦此。”(《清末教案》第1卷第190页)

艾嘉略离陕之后入川,1861年2月27日(咸丰十一年正月十八日),有《署四川总督崇实奏呈法教士艾嘉略入川及川省天主教情形片》:

> 窃奴才于上年冬月间接据直隶督臣恒福函称,有英[法]国夷人自称名士艾嘉略,欲来四川传教,当经奴才一面遴委妥员密赴陕西境守候确探,一面饬沿途州县候该夷人入境,一律严密查察。继又接据陕西抚臣谭廷襄函称,法国名士艾嘉略已由豫入陕,于冬月二十三到省,日内即将赴川,并告知到省后接见情形。奴才即饬府县并城守营汛拣派干练之员,暗中将省内习天主教之居民铺户密为稽查,以便防范。旋于十二月十八日,该夷人来至省城,权住旅房,先遣通事来辕禀知。后据坐探委员改装相随到省,来署面禀称,该夷人主仆三人同入川境,沿途自雇夫马歇宿客店,与商贩无异,与地方官均未见面。惟偶有习天主教人往见,亦不甚多。嗣于二十三日艾嘉略来署求见,奴才见其年约五十余岁,中国服色,能通汉语。据称于道光年间曾久驻川省传教,本年春间始赴上海。兹在直隶奉伊国大臣噶啰公文执照,仍来四川传教,求为保护,毋令彼教受害等语。奴才谕以现在既许传教,断无受害之理。且在川年久,川省民情浮动,谅所素知,传教亦须择类,总毋亲近匪人,则浮言无自而起,便可相安。伊意亦以为然。

咸丰十一年正月二十九日奉朱批:“依议。钦此。”(《清末教案》第1册第192—193页)

综上所述,英法联军发动第二次鸦片战争,主要是具有政治、经济和军事的利益,但我们也不能忽略基督教于其中所起的作用。

康熙大帝、路易十四与天主教入华

18世纪时，在欧亚大陆的两极，几乎是同时出现了两大圣明君主，也出现两大强盛的帝国。这就是东方亚洲的大清帝国和西欧的法兰西帝国。中国这个伟大时代的缔造人是康熙大帝(1654—1722年)。康熙擒鳌拜、平三藩、收复台湾、南巡江浙、亲征噶尔丹、平定西藏、出兵雅克萨、抵抗沙俄入侵、签订中俄《尼布楚条约》、开建圆明园、尊崇理学并编修《古今图书集成》等多部类书、改革赋税、治理河患，开创了“康乾盛世”。

路易十四(1638—1715年)大帝是法国盛世时代“路易十四时代”或“伟大时代”的缔造人。他对抗马札兰的摄政，起用科尔培尔主持经济革命，兴建凡尔赛宫，吞并部分佛兰德地区、洛林和佛朗什—孔泰地区而扩大法国版图，支持大作家莫里哀和拉辛等人的文学创作。伏尔泰称他可与古罗马的奥古斯都皇帝相媲美。无论如何，他也是使法国攀登鼎盛时期的最杰出人物。他被人奉为“太阳王”，开创了法国历史上最辉煌的一个时代，成为欧洲古典时代专制君主的典型象征。当然，其时代的邻邦和历史学家们，对其历史功过的评价，也有许多不同看法。

在康熙大帝与路易十四大帝的经历中，出现了许多惊人的相似性或巧合处。他们的执政过程和历史伟业，异曲同工之处屡见不鲜。对他们作一番比较研究，便会使人获得许多出乎预料的发现。

在这两位历史巨人之间，由于历史的契机，也出现了许多间接的联系。他们之间联系的媒介，正是入华耶稣会士们。他们之间纠纷的原因，也是由于天主教的入华问题。他们中的一位是天主教的虔诚信徒和忠实保护人，是号称“第一天主教帝国”的皇帝，也是西方步入近代社会的历史巨匠；另一位本为儒家文化的忠诚信徒和坚定捍卫者，也是对西方近代科学产生浓厚兴趣的天朝君主。在这两位既有共性，又有差异的历史伟人之间，所建立起的跨洋联系桥梁，既导致西方对进入中国产生兴趣，又激化了中国捍卫国家主权和传统文化的情绪。无论如何，对于这两个人物的经历及其关系的研究，确实具有重大意义。

一、两大历史巨人高度相似的青少年时期

当法国路易十四国王（Louis XIV）即位（1643 年，5 岁）时，正处于“伟大时代”（专指路易十四时代的 17 世纪）的曙光期或破晓期。清圣祖康熙帝登基（1662 年，8 岁）也即将开创“康乾盛世”的伟大时代。中国历史上于同一时代出现了许多重大事件：自 1368 年开国的明王朝已经被清王朝彻底推翻，南明王朝历时 18 年的顽抗，最终于 1662 年随着桂王永历的被诛而平息。1643 年于盛京即位并于 1644 年迁入北京的清世祖顺治帝，事实上并不是满清的第一位皇帝，因为在他之前太祖和太宗已经有近 20 年的执政期了。

法国路易十三（Louis XIII，1501—1643 年）也是 10 岁登基（1610 年），由其母玛丽·德·梅第齐（Marie de Medeci，1573—1642 年）摄政，他最终依靠首相黎塞留（A-J.du Plessis，Richelieu，1585—1642 年）的辅政，才得以最终排斥后党并屡屡平叛成功。1617 年，年轻的国王终于成年而亲政。

大清王朝开国初年，其对外政策并未经历重大变化，在许多方面承袭了明王朝的外交政策。北京的新朝廷维持了与澳门葡萄牙人的传统关系，甚至让广州港对外半敞开大门。当时，尽管某些欧洲传教士与中国天主教徒的高级官吏，仍在为南明流亡小王朝服务，但北京也允许德国入华耶稣会士汤若望（Adam Schall von Bell，1592—1666 年）继续留在皇宫内，仍以他那些科学知识和设施为大清朝廷服务。他还被任命为钦天监监正，隶属礼部①。顺治在位 18 年，继孝献皇后（董鄂妃，1639—1660 年）死后，他决定退位。其三子玄烨（诞生于 1654 年）于 1662 年 8 岁时继大统，即康熙皇帝。

路易十四年长康熙 16 岁。当时法国的形势却令人不可思议地与中国相似。路易十四诞生于 1638 年 9 月，是一个天资聪慧、性格坚强而又相貌

① 荣振华（Joseph Dehergne S. J.）：《1552—1800 年入华耶稣会士列传》（Répertoire des Jésuites de Chinede，1552 ā 1800，Rome et Paris，1973）第 747 号传主。

堂堂的孩子，于1643年5月14日继任其父路易十三。摄政权在名义上归于其母奥地利人安娜（Anne d'Autriche，1601—1666年），但她并不关心国事，摄政权实际上是由首相马札兰（Jule Mazarin，1602—1661年）掌控，马札兰是由女摄政任命的首相，因为路易十四当时只有五岁。路易十四执政的最初几年，正值1618—1648年间的（以德国为主战场的一场国际战争）“30年战争”时代，反专制主义的“投石党”运动（La Fronde，福隆德运动，1648—1653年）猖獗一时，同时又爆发了国会反对马札兰摄政及其内阁的斗争①。

康熙登基时，明王朝的残余势力仍在徒劳无益地负隅顽抗。1623年诞生并自称为明王朝正统的永历帝逃往缅甸，叛明降清的吴三桂迫使缅王引渡永历并处死他。所以，在某种意义上讲，康熙才是平定整个中华帝国的第一位清朝皇帝。他留任了在明朝时入华的耶稣会士汤若望及其教士们。

在法国，后来出任巴黎大主教的博蒙（Préféfixe de Beaumont，1605—1670年）成了路易十四的家庭教师之一，传授天主教教理；康熙自称在五岁时就开始学习阅读中国的儒家传统经典②。康熙幼年所受到的教育与路易十四完全不同，路易十四的学习因马札兰的“计谋”而被荒废了。

鳌拜于康熙幼年在宫中握有很大权力，他与几位辅政大臣形成了朝廷的真正主宰。法国马札兰同样也是路易十四国王的监护人。他对于路易十四的专制比鳌拜对待康熙更有过之而无不及。这两位未来的大国君主，乃至世界的一代圣君，与当时受监护的孤儿的爱情，也具有极其相似的经历。路易十四非常痛苦地忍受其专制而又暴虐的监护人。一天，年轻的法国国王恰与在一支盛大而又隆重的卫队保卫下的马札兰迎头相撞，于是国王便充满讥讽地高呼：“奥斯曼大苏丹正经过这里。”③康熙在13岁时也再不能忍受鳌拜以及那些贪婪的辅政大臣们了。所以，年轻的康熙帝与路易十四，马札兰与鳌拜，都有高度的相似性。鳌拜与马札兰均以粗暴的方式对待其幼年懦弱和未来强盛的主子，这些未来的盛世君主也很难与其摄政

① 费德鲁（C. Federu）：《马札兰，1602—1661年》（C. Federu，Mazarin，1602—1661，Paris，1934），巴黎1934年版。

② 萧一山：《清代通史》卷上。

③ 埃尔内斯特·拉维斯（Ernest Lavisse）：《大革命之前的法国史》（Ernest Lavisse，Histoire de France，depuis les origins jusqu'ā la revolution）第7卷，第1册，第110页。

们的傲慢和蛮横无礼相调和。中国和法国这两位新君主的保护人，都是由其父先皇或国王在临终或逊位之前，于最后时刻钦定的，属于“托孤”性质，并由“母后”监国。当康熙辅政四大臣中最年长者索尼病逝时，康熙认为时机已成熟，希望通过 1667 年 8 月 25 日的敕令而结束摄政并亲政，但仍保留了鳌拜的大臣职务。鳌拜以大逆罪处死苏克萨哈作为报复。康熙仍保持冷静。直到 1669 年才除鳌拜，整饬其帝国的政府与国内局势。

中国在康熙初年的形势，与法国的时局也具有很大的可比性。法国当时在马札兰政府的统治下了，深受投石党运动与附近地区的战争、政府与议会之间冲突的干扰。马札兰是黎舍留红衣主教的直接继承人，也是优秀的政治家和外交家。他是意大利血统，却忠实地为其收养国法国的利益服务。“其血统不是法国的，其心却是法兰西的”。1651 年 9 月 7 日，路易十四达到了亲政的年龄。但马札兰仍继续掌权，国家也并未由于其外交政策而辉煌，国库收入锐减。马札兰个人的贪婪严重玷污了其名望、其个人生活及其政务活动。路易十四对他当然很不满意，仅仅出于对母后的尊重才肯容忍他。相比之下，康熙却表现得并不那样宽宏大量，对其“太皇太后”（祖母）孝庄皇太后也并不太尊重。据伏尔泰认为，在路易十四年轻时代，法国的生活必需品匮缺。他有一次曾致书其税务总监富凯（Foucquet）：声称自己要接待一名客人，“王库中一无所有，但红衣主教先生（马札兰）可以借给你”①。未来的路易大帝几乎“生下来就是国王”，迫不及待地等待结束这种漫长而又强大的摄政局面。马札兰的摄政，一直延续其生命的最后日子②。

马札兰肯定不是奥地利安娜王后的“宠臣”。路易十四至少在宣布亲政时，曾与康熙有过相类似的举措。他本来在十年前，就可以如同康熙所作的那样，摆脱那种专制的监护或“训政”。在这两位政治家的能力之间，也可以加以比较。总之，我们可以认为年轻的康熙比路易十四更为勇敢和更为干练一些，因为他们的社会背景完全不同。

马札兰逝世于 1661 年 3 月 9 日。某些法国媒体曾奉他为“国王的保

① 伏尔泰：《路易十四时代》（Voltaire，Le Siécle de Louis XIV）第 14 章，第 35 页。

② 圣西蒙：《路易十四的宫廷》（Saint-Simon，La Cour de Louis XIV），巴黎 1814 年版，第 300 页。

护人和法兰西王国享有受益权的人"[①]。马札兰根据其听告解神工神父的建议,自觉地将其巨额财富奉送给了国王。但在三天之后,路易十四在其母亲的影响下,将这笔财富又退回给他那已处于弥留之际的保护人。人们估计马札兰红衣主教的全部资产约为一亿镑。它们是来自国家的、教会的和二十七家修院的财产,他成了它们的拥有者或保护者。马札兰被指控盗窃国家资产[②]。他的政治对手雷斯枢机主教(Cardinal de Retz,1613—1679年)曾宣布说:马札兰"枢机主教通过他漫溢到政府的作弊行为而暴富"[③]。尽管马札兰的教阶地位很高,但他在这一点上却远不如其同代的鳌拜那样诚实。世人都承认,马札兰直到逝世,都忠实地扮演其法国国王监护人和政府首脑的角色。他在临终前还向路易十四提出了许多中肯的上谏。他最后一次向路易十四传授了独自治理法国的韬略以及成为伟大君主的秘诀。马札兰的长期施政,为路易十四开创了一个辉煌和昌盛的时代。法国人还是怀念马札兰的,现今法兰西学院门前的大街被命名为"马札兰林荫大道"。康熙却独自推动了其大皇帝的事业。

康熙年轻时,一位穆斯林高级官吏杨光先(1597—1669年),对于曾经参与改革中国历法的欧洲传教士汤若望愤愤不平,怀有一种嫉妒和仇恨的情感。杨光先于1664年挑起了一场反对欧洲传教士和中国基督徒们的大教案。汤若望与其三位教友:南怀仁(Ferdinand Verbiset,1623—1688年)、利类斯(Louis Buglio,1606—1682年)和安文思(Gabriel Magalheans,1629—1677年)一并被捕。汤若望被判处死缓,其教友们被判入狱。在中国内地各省的另外二十六名耶稣会传教士,都被押解至广州,并被安置在受到严密监视的住院中。汤若望的生命被其强大的女保护人皇太后挽救了,但他在被释放之后不久便于1666年8月15日逝世。北京朝廷任命南怀仁为钦天监监正。1671年,康熙为传教士们平反昭雪,杨光先失宠[④]。

---

① 拉维斯:《大革命之前的法国史》(Ernest Lavisse, Histoire de France, depuis les origins jusqu'ā la Revolution)第7卷第1册,第110页。

② 达拉斯(J.B.Darras)和巴莱伊(J.Bareille):《教会史》(J.B.Barras et J.Bareille, Histoire de L'Eglise)第37卷,第5册。

③ 同上引拉维斯书,第114页。

④ 荣振华:《1552—1800年入华耶稣会士列传》,第747和883号传主。

二、"朕即国家"

中国的康熙大帝于1667年亲政。法国在六年之前,于马札兰逝世的翌日,大主教在法国圣职会议上便提出了这样一个问题:"国事可问谁?"路易十四立即回答:"问朕。"年轻的国王即以这样简单而又有力的两个字,承担了专制君主的职责,开创了法国的"伟大时代"。在历史上,法国的"伟大时代",专指该国17世纪的路易十四时代。由此,便产生了路易十四的一句世人皆知的名言:"朕即国家。"康熙也认为,一位君主的首要义务,便是谋求其政权的辉煌和其臣民的幸福、安定公共秩序和实现帝国的繁荣。他为了实现这一目的,主动采取了许多政治与军事措施。他的第一项措施,便是将政治、军事和行政的所有权力,都集中于自己一人之手,只希望一个人施政,不要首辅及内阁。他被奉为"天子"、天朝的最高元首、4亿臣民的绝对主子,无法容忍任何藩部势力。这实际上也是"朕即国家"。中国在1673—1682年又爆发了一场内战——三藩之乱。康熙于内战中获胜,彻底统一了中国,迎来了"康乾盛世"的一道曙光。

路易十四在执政初期,法国也处于混乱之中。该国当时刚刚摆脱了其双重考验——投石党运动与对外战争,全国到处都出现了无尽的政治和社会冲突,特别是在国王与教皇之间的冲突、基督宗教教团内部(新教与冉森派、加利教派或法国教会自主论派)之间的冲突。法国民众仍在忍受着财政危机。这种事态,明显正是长年动乱以及马札兰和富凯摄政时代弊端的必然结果。

1661年9月5日,马札兰逝世之后,富凯被捕并以侵吞公共财产的罪名被判刑,他必须为其强势保护人付出代价。马札兰经过19年的囚禁之后,死于意大利的彼格耐罗尔(Pignerol)小城堡中。尽管路易十四终生受其"朕即国家"思想的主宰,但他身边还是聚集了多位贤臣良将:科尔培尔(J.-B. Colbert,1618—1683年,财务大臣)、卢瓦侯爵(Michel Louvois,1641—1691年,陆军大臣)和利奥纳(Hugues de Lionne,1611—1671年,外交大臣)。康熙却一意地依靠个人的活动治理整个国家,不大相信任何人。因此,这两位君主的各自处境并不完全相同。但他们坚强的意志、远大抱负、高超的手段、渊博的知识、娴熟的治国术等,却非常相似,并且都特别具有意义。

所以，我们不难发现，在东西方两种完全不同的文明环境中，在相似的背景下和相同的时代，中法两大君主开创了两大帝国同样的辉煌。

正当康熙集中精力统一其帝国并开拓疆土的时候，路易十四也使法国跃居欧洲诸邦之首，使他自己也高高地凌驾于其他国王之上，成为“欧洲第一帝国”。他为了扩大其帝国的版图，也发动了多次征服战争。英国在传统上是法国的敌对国，路易十四首先想到的，便是阻止英国在欧洲大陆扩张其势力。1662 年，他以 500 万镑的代价，从英国人手中赎回了敦刻尔克(Dunkerque)。他以遗产归属的名义向西班牙宣战。法国军队攻入佛兰德，并且占领了佛朗什—孔泰(Franche-Comté)大区与荷兰等地。路易十四是一位卓越的外交家，他有时将其邻邦视为盟友和朋友，有时又视之为对手和敌人；他与这一批国家频频签订和平与结盟条约，有时又废除与其他国家已签订的条约与协议。法国历史经常指责太阳王过分酷爱发动战争，从而耗竭了其国力。康熙也具有同样的骑士精神和荣誉抱负。他于1690—1697 年平定了西蒙古诸部，尤其是额鲁特部(Eleuthes)；接着，他又先后平定了新疆四部和外蒙古，于 1718 年平定西藏。康熙也如同路易十四一样，多次御驾亲征，亲自指挥军事行动。他还想阻止俄罗斯向其北方地区与边境的推进，接受了与沙皇彼得大帝签订的《尼布楚条约》。从一次胜利走向另一次胜利的康熙帝，是否会预见其强大帝国的衰落呢？1557 年，澳门被置于了葡萄牙人的控制之下。自从航海大发现之后，葡萄牙航行家以及西方所有经商国家的冒险家们，都在策划他们的殖民征服计划，希望将印度和远东所有国家都变成欧洲扩张的猎物。正如法国入华耶稣会士白晋(Joachim Bouvet，1656—1730 年)所说的那样：“康熙较那些不忠诚王公们所占的上风，几乎与路易大帝面对基督徒王公们所具有的优势相同”①。

三、康熙和路易十四与教廷的关系

大清政府赞助过天主教传教区在中国的布道活动。它是由罗历山(Alexandre de Rhode，1591—1660 年)于 1651 年在罗马，然后在巴黎的活动而开始的。罗历山是法国在远东的第一位传教士，也是印度支那天主教

---

① 白晋：《康熙皇帝传》(J.Bouvet，S.J.，Histoire de L'Empreur de La Chine)，第 6 页。

传教区的创始人。正如利玛窦(Matteo Ricci,1552—1610年)是中国传教区的创始人一样。罗历山于1623年到达澳门,有时又居住在交趾支那,有时还会居住在广州。他经过在葡萄牙"保教权"制度下,艰难地布道25年之后,便返归欧洲,以在那里为交趾支那、北圻、暹罗和中国寻求主教和招募传教士。尽管罗历山作出了不知疲倦的努力,同时还受到了罗马和巴黎强有力而又多方位的支持,但他却始终无法获得理想成果。1655年,根据其长上们的决定,他又前往波斯。其法国教友们,仍在继续由他确定的在中国和东南亚的布道计划。

1658年5月13日,经过法国圣职会议与教廷的多年间犹豫、协商和谈判之后,教廷传信部向亚历山大七世教皇推荐,任命图尔圣玛丹的译事司铎陆方济(François Pallu,1626—1689年)、鲁昂宫廷的原律师郎主教(Lambert de La Motte,1624—1679年)为中国、交趾支那、北圻和暹罗等地的挂名主教和宗座代牧①。陆方济于六个月之后在罗马晋铎,1660年,教廷传信部任命了法国的第三位宗座代牧依纳爵·科多朗迪(Ignace Cottolendi)。这三个人后来都是巴黎外方传教会赴远东的传教士。

随着这些任命,除了菲律宾和澳门教区之外,整个远东地区的传教区,事实上都由法国宗座代牧主持了。他们完全脱离了葡萄牙教区。但里斯本政府也不会坐视不顾,葡萄牙国王比过去任何时候,都更热衷于重申其在亚洲传教区的义务和特权。因为这是在两个世纪之前,由教皇谕旨正式确认的葡萄牙"保教权"。

直到路易十四登基的1643年,法国与中国和印度均无外贸交流关系。英国人与荷兰人在半个世纪之前,就在远东开始与葡萄牙商人或海员竞争了②。路易十四希望扩大法国在天朝帝国的影响,于是便为这三位法国宗座代牧分别发放一千镑的年金,后又增加到三千镑③。总之,罗历山奠定了法国在远东传教的基础。他也是巴黎外方传教会的主要创始人。该传教区于1663年9月7日,获得了路易十四的批准,并捐赠一万五千法郎做

---

① 热拉尔·穆塞(Gérard Monssay)和布里吉特·阿帕乌(Brigitte Appavou)主编:《1659—2000年巴黎外方传教会传教士列传》(Gérard Moussay et Brigitte Appavou,Répertoire des Membres de La Société des Missions Etrangère,1659—2000)第012和001号传主。

② 卫清心:《法国在华的传教政策,1842—1856年》(Louis Wei,La Politique missionnaire de La France en Chine,1842—1856),第36页。

③ 贝列维奇—斯坦凯维奇:《路易十四时代法国的中国热》(H. Belevitch-Strankevitch,Le gout chinoisenFrance au temps de Louis XIV,Paris,1960),第1页。

资助。陆方济于1662年1月2日从里昂出发首次赴远东，这是在国王批准对他的任命之前一年零八个月的时候。当他离开巴黎时，路易十四又交给他多封分别致交趾支那和北圻国王以及中国皇帝的推荐信，说明他派遣这些传教士的目的，就是要晓谕远东国家的君主们，他希望与他们维持良好关系。据陆南(A.Launay)认为，由于陆方济携带着路易十四的信件，所以他几乎成了教皇与路易十四的官方使节①。尽管他具有这种传教士与外交官的双重身份和双重职责，但西班牙人和葡萄牙人却封锁了他前往中国的所有道路，陆方济只能在暹罗作短时间停留。他要求罗马发表教廷传信部1677年12月6日的通谕，这道通谕禁止所有欧洲传教士、司铎以及中国教经先生，都发誓服从和效忠由教廷任命的宗座代牧们。到了两年后的1680年4月15日，陆方济返欧，被罗马任命为中国所有传教区的司教总代理。至于服从和效忠的誓言，则仅仅被视为是对教宗的全部和普遍权力的承认②。

陆方济一直未找到进入中国的渠道，这是他在巴黎遇到的第一大障碍。路易十四国王的听告解神工神父拉雪兹(de La Chaize，1624—1709年)，曾要求路易十四进行干预，以回应入华宗座代牧们的苛求。路易十四根据法国教会法，声称宣誓是“以赋予主教一种绝对权力，却有害于他对自己某些臣民的权威”。人们由此而提出了一个问题：宣誓是否会构成对王权的一种公开践踏呢？是否会导致法国公民发誓忠于其他人而不是自己的国王呢？③ 1680年6月，陆方济失去了路易十四的信任与尊重。愤怒的国王拒绝召对他。陆方济为了重新获得国王的宠爱，思考再三而认为，除了修改由罗马确定的誓词之外，再无其他良策可图了。他仅仅从誓词中加入了一句话：“在国王的允许下……”④事实上，路易十四找到了一种最佳的解决方案，他对于陆方济的才智感到很满意，于是便赐予所有被任命为宗座代牧的法国传教士一个“皇家秘书”的尊号、权力和特权。

在罗马，于法国国王的“国王特权”事件中，严重触怒和受侮的英诺森

---

① 陆南(Launay)：《巴黎外方传教会回忆录(1865—1913年)》(A.Launay, Mémorial de La Société des Missions Etrangères, 1658—1913)，巴黎1916年版，第2卷，第489页。

② 陆南：《巴黎外方传教会通史》(A.Launay, Histoire générale de La Société des Missions Etrangères, Paris, 1894, 3vol)第1卷，第249页。

③ 路易·博迪芒(Louis Baudiment)：《陆方济传》(Louis Baudiment, François Pallu)，巴黎1934年版，第366页。

④ 陆南：同上引《巴黎外方传教会通史》第1卷，第250页。

十一世教皇,强烈地反对这种在誓词中冒险增加的内容。教皇认为,这是法国宗教自主论对教皇权威的冒犯。陆方济在此问题上的态度很暧昧并且很神秘。人们一方面怀疑他是冉森派的支持者,另一方面又指责他是路易十四的秘密代理人。法国宗教界又将他视为唯罗马之命是从者。西班牙人和葡萄牙人认为,陆方济是一个化装成罗马高级神职人员的法国政府间谍。澳门的葡萄牙人在很长时间之前,就秘密地在狱中为他准备了一间囚牢,以等待他的投降①。

陆方济错误地估计了情感变化的严重后果,罗马面对这位法国高级神职人员的行为准则和忠诚,认为必须采取必要措施了。教廷传信部毫不犹豫地选择了一名意大利方济各会士伊大仁(Bernardin della Chiesa,1644—1721 年)。他是一名值得教廷信任,并且思想和行为谨慎的人,于 1680 年在教廷传信部的小教堂中晋铎。教廷随后便以陆方济主教的辅理主教身份,把他派往中国,但他却拥有更广泛的权力和更机密的目的。1864 年 1 月 27 日,伊大仁偕其教友严嘉乐(Charle Maigrot,1652—1730 年,又名阎珰)到达福建港口厦门,伊大仁则于七个月之后到达广州。陆方济一旦到达中国,便致信所有欧洲传教士与中国司铎,要求他们向他发效忠和服从的誓言。事实上,这一切却完全落空了。尽管他拥有充分的权力和权威,但仍遭到了葡萄牙传教士们的强烈反对。因为这样的服从行为确实与葡萄牙在远东的保教权相悖。葡萄牙国王也在保护其传统的权益。在这样的背景下,此种混乱状态给中国皇帝、地方当局和中国基督徒们都造成了令人烦恼的误解。

当时天文学家和汉学家南怀仁,在陆续赢得了教皇英诺森十一世的信任和康熙皇帝个人的尊重之后,便致信教廷传信部。他于信中解释说,天主教传教区的命运取决于中国皇帝本人的意愿。中国皇帝高度评价了其宫中著名耶稣会士们的科学工作。他同时又指出:“康熙帝对专制权力的贪婪和对他人不信任的态度,使他介入了这场争讼。”南怀仁明确地宣布,激怒皇帝的要害之一,恰恰是被强加给所有传教士的这种效忠和驯服的誓言。南怀仁提出质疑:“为什么在中国要强迫人作这种宣誓呢?因为在那里,根本不存在于邻国尚存的导致这一事件的致因。”他希望“将此问题留

① 高龙鞶(Auguste Colombel):《江南传教史》(Auguste Colombel,S.J.,Histoire de la Mission du Kiang-nan)第 2 卷(无出版时间),第 397 页。

作悬案,以使传教区免遭灭亡"①。南怀仁还曾两次致信第一位中国司铎和主教罗文藻(Grégoire Lo,Lopez,1611—1691年),信中告知他说,当有人获悉传教士们要向宗座代牧宣誓效忠和驯服时,那就会出现殃及新生教团的严重威胁。南怀仁同样还通知陆方济说,在这种紧张的气氛中,他的北京之行计划显得很不合时宜,因为传教士们在中华帝国京师的处境只是形成了一个特例。南怀仁还请求陆方济,为了中国教团的利益,必须极其谨慎地行事②。

罗马准确地预见到了在中国教团内部挑起的这场争讼,而且这也是教庭传信部向中国派遣伊大仁的原因,因为其使命正是平息宣誓事件。伊大仁利用了他手握的特殊权力,撤销了由陆方济发起的对23名传教士的停职处分,也就是处分那些分散在不同修会和不同国家的拒绝发誓的传教士。陆方济很辛苦、孤立无援,而且又患重病,其生命已处于强弩之末了,最不幸的是他还处于失宠状态。教廷传信部背着他剥夺了过去委托给他的传教区的所有地盘。他只剩下一个"司教总代理"的名誉性空头衔了③。陆方济经过在华九个月的居留之后,于1689年10月29日逝世,未能收获他付出巨大努力和作出惨重牺牲的果实。

罗马为了维持中国天主教传教区的内外和平,最终根据伊大仁的调解建议,废除了宣誓的义务,尽管遭到了陆方济临终前亲自指定的继承人严家乐的强烈抗议。

陆方济并非仅仅是法国在华传教事业的先驱,他也是法国殖民政策的缔造者和法国东印度公司的始作俑者。正是他向路易十四的政府建议,在中国海岸建立商行④。他本人共承担三项任务:布道、发展法国在远东和特别是康熙统治下的中国的贸易、加强太阳王在这些遥远地区的光芒普照和影响远播。

罗马自教廷传信部创建起,便通过一切可以利用的办法,使远东传教区摆脱葡萄牙保教权的枷锁。但教廷也应该是采取了一应防范措施,以阻止建立另一种"保教权",即法国路易十四确立的对于同一地区的保教权。

---

① 《南怀仁书简集》(Ferdinand Verbiest,S.J.,Correspondance de Ferdinand Verbiest,publié par Josson,S.J.et Willaert),布鲁塞尔1938年版,第442页以下。

② 同上引书,第453页。

③ 博迪芒:《陆方济传》第249—258页。

④ 陆南:《巴黎外方传教会通史》第1卷,第299—301页。

因为该君主，至少也是对教皇相当独立的法国教会自主论的保护人，甚至还可能是其长上。路易十四明显不仅仅希望能使法国传教士们，既摆脱在布道国受葡萄牙主教的管辖权，同时又摆脱罗马“主教”或“代理人”“司法权限”的羁绊。

在中国，康熙也如同路易十四一样，非常嫉妒罗马的绝对权威，因为罗马希望居住在中华帝国并处于自己保护下的传教士们，或者是中国本国的信教臣民，都能够向某个外国权威机构发愿。

在信仰基督宗教的欧洲，路易十四始终是当时最强大的君主。伏尔泰认为他是“欧洲唯一的国王”。尽管他是“典型的基督宗教国王”和“教廷长子”，但他却不允许教皇重返其国（阿维尼翁），甚至在纯宗教领域中也如此。他后来反对英诺森十一世教皇，以便捍卫法国教会的权力、自由、权威和独立，同时还捍卫国王对于那些总铎府主教缺位教区的世俗统治权。路易十四甚至走得更远，其理论基础是宣扬一位君主、一位国家元首拥有的“天授之权”，自认为国王是上帝在大地上的“代理长官”。他当然是想在教宗（基督的代理人）面前炫耀这一切。法国国会也只把教皇本人视为一位外国王子了①。

中国康熙皇帝自认为是天子，也是整个世界上最强大的君主，更自信是受天命者，是“代天行道”。所以中国人便称其皇帝为“陛下”或“天皇”。中国从来未曾公开承认接受一种国教，国家始终是自由的，处于一切之上，通过圣命而统治和控制国内的一切。由中国文人和哲学家们对于宗教所下的定义，事实上仅仅是一种伦理、政治和社会的修养。

路易十四是一位非常虔诚的天主教徒国王。康熙则在不同程度上是一位儒家伦理文化的国王。这两位同时代的非常强大的君主，其个人观念和思想修养差异很大，但却有同样的天才、同样的智慧和同样的抱负，他们执行了一种具有共性的政策。因为他们首先都希望完整地保卫其全部主权，成为世界上独一无二的君主。

四、路易十四的数学家耶稣会士进入康熙宫廷

正值路易十四国王和英诺森十一世教皇，在国王与教皇各自对于教团

---

① 彼得·布莱（Pierre Blet）：《法国早期的教廷大使和主教》（Pierre Blet, Nonces apostolique et Prélat de L'anncienne France, dans Etudes），载《研究》杂志，巴黎1960年10月版，第38页。

的权力之争的高潮中，康熙帝却允许南怀仁以耶稣会副省会长的名义，向其欧洲的教友们发出一项感人的呼吁，请求他们派遣大批有学问的传教士入华，特别是天文学家，以便及早确保北京宫廷对他们的保护①。

在巴黎，受国王支持的耶稣会士们热烈地响应了南怀仁的呼吁。陆方济的失败，并没有使路易十四气馁。路易十四也被北京的请求感动了，便委托法国科学院院士和巴黎天文台台长喀西尼（Jean-Dominique Cassini，1625—1712年），为他制订一份中国工作计划②。但如果当时的人要执行法国的计划，那就必然会遇到许多严重障碍，首先就会遭遇执着于“保教权”的里斯本宫廷的反对。除了菲律宾之外，远东的教团都被视为葡萄牙王廷的国家专属区。路易十四为了攻克这第一大障碍，便以一种外交家的敏捷手腕，决定向中国派遣第一批耶稣会传教士。这批耶稣会传教士们更多的是具有科学家风格的学者，而不是作为传教士的神职人员。但路易十四也没有忘记，另一大困难也可能会在罗马出现。经过长期的犹豫不决之后，路易十四本人也亲自向耶稣会士拉雪兹神父下令，不要与教廷而是与耶稣会总会长共同协商处理这一事件，至少是从总会长那里获得一种明确的准许，一种有利于凡尔赛宫廷的意见。耶稣会总会长非常谨慎。他明显既不想冷落葡萄牙，也不愿意对教廷传信部失信，更不想触怒法国国王。他由此而接受了巴黎的建议，不过却附有某些保留条件。拉雪兹神父最终是根据路易十四的敕令，选择六位准备入华的耶稣会士。国王通过1683年1月28日的一道由科尔培尔附署的敕令，赐予其新选中的传教士一个“国王数学家”的头衔。他们由此而形成了传教士与科学家的第一次赴华远行。这六人分别是：路易大帝学院的数学和天文学教授洪若翰（Jean de Fontaney，1643—1710年）、白晋（Joachim Bouvet，1656—1730年）、李明（Louis Le Comte，1655—1728年）、张诚（François Gerbillon，1654—1707年）、刘应（Claude Visdelou，1656—1737年）和塔查尔（Guy Tachard，1648—1712年）③。

这个国王传教区的目的，是赴中国传播福音、发展科学以及传播法国的影响。其中有一位传教士讲过：“国王陛下对于宗教的虔诚，比对于其政

① 若松（Josson）和维拉尔特编：《南怀仁书简集》。

② 博迪芒：《陆方济传》第366页。

③ 荣振华：同上引《1552—1800年入华耶稣会士列传》第326、106、456、360、895和821号传主。

权的辉煌和强盛的关注更强烈”①。对于罗马教廷传信部要求的宣誓服从问题,大家都认为法国耶稣会士们是“国王的卓越臣民……只会根据王国的法律和法国教会的特权行事,不会接受教廷传信部的任何命令”②。

那些即将赴华的耶稣会士们以“国王数学家”的身份,在出发前都被接纳进了法国科学院,获得了科学仪器,并且还享有一笔年金。但科尔培尔的逝世,却将他们的出发时间延迟了一年半。他们最终于1685年3月3日从布列斯特(Brest)乘坐“乌瓦索”(Oisseau)号船起程。这是一船配备46门大炮的战船,由路易十四派遣出使暹罗国王的大使肖蒙(Chevalier de Chaumont)骑士陪同。次年9月,第一批法国赴华耶稣会士们到达暹罗,并在那里居住9个月。塔查尔神父于1686年返回法国,完全是为了陪同暹罗国王派往凡尔赛宫宫廷的使节,才赴巴黎的。

这几位耶稣会士为了不落入葡萄牙人手中,他们避开了经由澳门进入中国的习惯途径。1687年7月3日,他们直接在中国向外商贸开放和距上海不远的宁波港下船登陆。传教区的长上洪若翰立即致信南怀仁,通知他说他们一行已顺利到达中国。南怀仁通知了中国皇帝,宫中邀请这几位耶稣会士赴京。康熙颁诏说:“那些懂得数学的人,将留在朕的身旁,以为朕效力。其余人将赴他们觉得对自己合适的省份”③。

路易十四的使者们于1688年2月7日到达北京。但南怀仁却在10天前逝世。他于病榻上遗嘱其保护人君主:“主子,我将愉快地死去,因为我几乎利用了我一生的全部时光为陛下服务。我卑微地恳求您,在我死后,您还能记得起我所作的这一切,我只想使东方最大的君主,能成为世界上最神圣宗教的一名保护人”④。这些新来的传教士们于是便为南怀仁举丧,于3月18日面对皇帝的钦差而出席其葬礼。3月21日,法国耶稣会士们受到了康熙皇帝的召对。根据中国宫廷的定制,皇帝本人向他们赐茶,这是荣誉的标志。根据康熙的钦命,白晋和张诚留在宫中,坚持从事科学工作。洪若翰和其他人,则被派往其他地方。

---

① 法国巴黎国家图书馆藏稿本,第17240号,第246页。

② 同上。

③ 洪若翰致拉雪兹神父的书简,1703年2月15日,载《耶稣会士书简集》(Lettres Edifiantes et Curieuses, Edition Pantnéon, Paris, 1843, 4vol)第3卷,先贤祠1843年版本,第91页。

④ 李明:《中国现势新志》(Louis Le Comte, S.J., Nouveaux Mémoires Sur L'Etat Présent de La Chine),巴黎1696年首版,第1卷,第75页。

在法国国王的半官方使者进献给中国皇帝的礼物中,便有路易十四的画像。下面就是李明向太阳王介绍的康熙印象:康熙“以使其宫中震惊四座的尊重表示接受您的画像。当他在看到您的画像时,完全可以说,中国的一位皇帝首次感到,世界不是只有一位君主”①。

1689 年 3 月 29 日,康熙钦定张诚和葡萄牙耶稣会士徐日昇(Thomas Pereira,1645—1703 年),出任中俄《尼布楚条约》谈判的大清皇家代表团的翻译官。该条约于 1689 年 8 月签署。在谈判期间,两位耶稣会士外交家很好地完成了其职责。他们不仅仅是作为翻译官,而且还是中俄两位全权大使之间的调解人,因为两国大使的立场有时分歧很大。

康熙为了犒赏耶稣会士们在宫中作出的贡献,于 1692 年颁布了赞助基督宗教的一道圣旨。他允许传教士们于其整个大清帝国中,自由地到处传教。康熙甚至说:“如果朕决定接受基督宗教的归化,那么朕的整个帝国都会随朕宣化它。”②

五、康熙大帝派向路易十四的钦差白晋神父

康熙皇帝对于法国国王数学家们的才能与忠诚,感到非常满意。他希望拥有更多的这类传教士,于是便派遣白晋神父作为他的钦差大使返回法国,并且携带赠送路易十四的御礼,其中包括在北京刊刻的 49 部中文典籍,它们形成了法国皇家文库(巴黎国家图书馆前身)中文典藏的基础。白晋还奉命为中国皇帝征募更多的法国耶稣会士学者入华。他于 1693 年 7 月 8 日离开北京,于 1694 年 1 月 10 日在澳门登船返欧,但直到 1697 年 3 月 1 日才到达法国,受到了法国国王十四的召对。白晋在他的那部献给路易十四的著作《中国皇帝的历史》(《康熙皇帝传》)中,向路易十四介绍了一副生动的康熙皇帝的形象③:

> 陛下于数年前给他(康熙)派去的耶稣会士们,在大地的另一端,惊奇地发现了人们直到当时尚在法国之外从未见过的一

---

① 李明:《中国现势新志》第 11 页,1696 年巴黎首版。

② 费赖之:《入华耶稣会士列传》(Louis Pfister, S.J., Notices biographiques et bibliographiques sur les Jésuites de L'ancienne mission en Chine, 1552—1773),上海 1932 年版,第 43 版。

③ 白晋:《中国皇帝的历史》,巴黎 1697 年版,第 6—7 和 153 页。

切。这就是一位如同陛下一般的王子，再加上一种既高尚又坚定的天生气质、一副与其帝国堪相对应的心肠。他是他本人及其臣民之主，同样也受到了其臣民的崇拜，受到了其邻邦的敬重。无论他于其大业中获得多少荣誉，具备多高的道德和品行，都不会自满。一句话，在该名王子身上汇聚了形成一个举世英才的大部分高尚素质，从而使之成为人世间最完美的君主。他长时间地在大地上统治……皇帝委托给我的主要使命之一，就是命令我重新征募传教士，这才使我有幸向陛下介绍他对您最大尊重的表示①。

白晋向路易十四信誓旦旦地保证，中国将会给予法国所谋求的有利处境和贸易自由。他请求国王向中国派遣一艘船。路易十四对于康熙帝向他献殷勤的行为颇受感动。但这两位满怀抱负的君主，从来也未曾想到在他们之间会建立正式的外交关系。质言之，虽然康熙帝胸怀宽阔，但依照中国传统，他也正如伯希和所指出的那样："他只将路易十四视为一位蛮夷王子，而且又是迟迟不肯向他称臣纳贡的王子。他由此而只接受那些为他服务的传教士们。"②

至于路易十四，他多次表现出了对康熙的好感。雷慕沙（Abel Rémusat，1788—1832年）写道：路易十四"不肯违背法国国王从不向中国遣使纳贡的习惯，以不损自己的尊严"③。正是由于这一原因，凡尔赛宫廷及其大臣们，面对白晋的计划，个个都犹豫不决。大家认为，很难相信白晋及其教友李明在路易十四面前所炫耀的一切。

康熙皇帝的钦差白晋感到很懊恼。他抱怨说："我们国家的习惯是倾向怀疑自遥远国家返回的人所陈述的一切，这可能会使我感到害怕，人们不肯赋予这些回忆充分信任，而他们所写报告时的完全忠诚，本来应该是值得给予这种信任的"④。所以，白晋的外交使命并未获得圆满成功，尽管

① 伯希和：《安菲特利特号船首航中国记》（Paul Pelliot, Le Premier Voyage de "L'Amphitrite" en Chine）巴黎1930年版，第25页。

② 同上引文，第24页。

③ 雷慕沙：《亚洲新论集》（Abel Rémusat, Nouveaux mélanges asiatiques Paris, Vol 2）第2卷，第41页。

④ 上引白晋书《中国皇帝的历史》结尾部分。

他作出了巨大努力。白晋在返回中国的旅行中,直接求助于法国东印度公司,并且得以成功地招募10位新教友。他们共同于1698年3月6日在拉罗歇尔(La Rochelle)港口,乘坐500登记吨位的安菲特利特号(L'Amphitrite,海神号)船舶,由拉骆克(La Roque)骑士任船长指挥,首航中国。他们于同年11月2日抵达中国广州港①。

安菲特利特号船仅仅是一艘商船,但中国人在白晋神父的鼓动下,却把它视为法国国王的一艘御船,来华"朝拜皇帝"②。路易十四采取谨慎态度,也完全有理。白晋也仅仅为中国皇帝带去了一本装帧豪华的拓片集③。当康熙获悉自己出使欧洲的钦差即将返归时,于是差遣两位传教士——葡萄牙耶稣会士苏霖(Joseph Suarez,1656—1736年)和法国耶稣会士刘应赴广州,以最高的荣誉规格迎接白晋等一行。安菲特利特号船于1700年1月26日离开广州。洪若翰乘船返回法国。他经过七个月的航行才到达巴黎。此人也如同白晋一样,向法国国王赠送了"华丽的丝绸、漂亮的瓷器和许多大块茶砖"④。

六、中法两国君主都乐于充当科学、艺术和文学的保护主

路易十四时代始终是法国文化复兴的伟大时代。伏尔泰曾把太阳王比作教皇列昂十世(Léon X),也就是意大利文艺复兴时代的教皇。在路易十四统治期间,法国经历了可能是其历史上最辉煌的时代。它以文学所有领域的一批传世的代表作而著名,同时还拥有一批具有世界性价值的艺术家。凡尔赛宫廷就如同过去佛罗伦萨的梅第奇宫廷一样,这是一个黄金时代的摇篮,也是培育各类天才巨匠和明星的苗圃。

康熙也如同路易十四一样,是艺术和诗歌的爱好者。北京宫廷拥有了某种类似科学院的机构,或者是一个中国—国际的"凡尔赛宫廷"。贤明的皇帝身边聚集着文学家、诗人和艺术家,其中便有法国、葡萄牙、意大利、

---

① 伯希和:《安菲特利特号船首航中国记》,第7页。

② 第54页。

③ 白晋书,第434页。

④ 贝勒维奇—斯坦凯维奇(Belvitch-Strankevitch):《路易十四时代的中国热》,巴黎1966年版,第61页。

比利时、德国和其他国家入华的学术型或工匠型耶稣会士。在这种文化和科学的发展进步之中，我们首先应该提到由皇帝钦定编修的中文类书：《古今图书集成》《律吕正义》和《康熙字典》《佩文韵府》《圣训》等。正是在皇帝的庇护下，南怀仁、白晋、刘应、李明、巴多明（Dominique Parrenin，1665—1741 年）、雷孝思（Jean-Baptiste Régis，1663—1738 年），还有其他许多耶稣会士汉学家，在北京撰写和发表了一大批精辟的有关中国科学、哲学、历史、地理、文学、礼仪和基督宗教教义的著作。这些珍贵的著作成了中国传教区的真正文化遗产，并为传教事业打下了辉煌的基础，而且也是海外汉学的奠基工作，在中外文化交流史上留下了浓墨重彩的一笔。

康熙皇帝重组了翰林院，修订了国家科举制度，建立了科研机构和学校，为准备应试的举子们提供便利条件。康熙也如同路易十四一样，赞助大作家、大诗人和大艺术家。他很快就赢得了中国文化界的尊重，世人高度评价其超人的智慧和深邃的中国经典文化知识。他同样也学习西学，如数学和欧几里得几何学、天文学、哲学和拉丁文。他还拜多位欧洲耶稣会传教士为师，请他们给他上课，特别重视南怀仁和白晋等西方汉学家。对于中国的一位少数民族出身的帝王，实属了不起。

白晋神父在致路易十四的报告中写道①：

> 当我们向皇帝解释完全部实用几何与纯理论几何时，都必须根据在《欧几里得几何学》中保持的顺序向他施教。该帝王非常高兴地能成为几何学家，向我们表达了其高度的满意，从而使我们看到了这几部著作颇为符合其情趣。他令人将这几部书自鞑靼文译作汉文。他不辞辛苦地亲自御笔作序……他令人重新审阅了原稿，以便付梓印刷，然后再用两种语言文本在全国公开发行，以便由此而实施他草拟的将欧洲所有科学都引入中国的计划，并于其帝国内开设有关课程。他此后还亲自向年长 17 岁的第 3 皇子讲授我们的欧几里得几何学。因为他发现该王子具有优秀品德和天赋，很适宜学习这类科学。

1703 年，洪若翰在致拉雪兹神父的一封书简中，叙述了耶稣会士们怎

① 白晋：《中国皇帝的历史画像》，第 96—97 页。

样准备为皇帝授课的教材："神父们被迫每天都前往距北京有两法里远的畅春园，无论天气好坏都一如既往。他们从清晨四点钟自北京出发，仅到夜幕初降时才返回。他们刚刚返回，便立即着手工作，利用夜间的一段余暇，编写和准备第二天的授课教材"①。

康熙根据巴黎科学院的模式，在北京创立了一个同类科学院，还有一座观象台。伏尔泰于其《路易十四时代》中，表现出了他对康熙的高度敬仰："这是一位爱好欧洲艺术的君王。"②

康熙大帝在对其帝国内各省的多次巡视中，每次都邀请几位宫中的耶稣会士随銮侍行，以便测绘地图并研究地理方位、勘察地下财富和测量气象等项目。在北京的法国耶稣会士学者们，与巴黎皇家科学院保持着从不间断的联系，经常向那里寄送其科研成果，由此而为法国海军部和外贸部的对外开拓作出了巨大贡献。其中有一位传教士，向路易十四呈上了在南京建造一座由法国国王保护下的天文台计划。它以北京观象台为模式，并将向巴黎通报其全部观察成果。他指出："大家都认为，再没有比这项计划更能有利于维持我们两国间的互相尊重和友好关系了，它可以使作为世界第一帝国的法国国王，成为基督宗教世界的第一位和最强大的君主"③。路易十四也如同其母奥地利的安娜公主一样，非常喜欢中国艺术品，尤其钟爱"中国的家具或者是以中国方式作布置"的房间④。

在康熙朝廷的保卫下，法国的入华耶稣会士们都成了汉学家学者。他们宣讲基督宗教，并向古老的中国传授欧洲人发现的新科学，尽管欧洲人直到当时仍在深化发展这些科学成果。这些著名传教士们同时也自我充实提高，发现了一种具有数千年历史的伟大文明的高尚与辉煌。他们发现，中国在许多科学领域中，其实并不逊色于西方。他们的心身都变成了中国人，成了当时世界上少有的中国通，中国成了他们选择的定居国。那些派往康熙时代中国的大布道人，都成功地研究了孔子及其学派。他们希望与中国古代思想相和谐的基督教哲学，能够在中国打下牢固基础。这完全如同过去的那些基督宗教的大哲学家圣·奥古斯定（Saint Augustin）、阿奎纳（Saint Thumas d'Aquin），曾与诸如柏拉图（Platon）和亚里士多德（Ar-

---

① 白晋：《中国皇帝的历史画像》，第131页。

② 伏尔泰：《路易十四时代》，第510页。

③ 巴黎国家档案馆，中国部分，F.5，A.21。

④ 同上引贝勒维奇—斯坦凯维奇书：《路易十四时代的中国热》，第87—93页。

istote)那样的希腊大哲学家们相结合一样。

这些著名的入华耶稣会士们,把一大批中国经典译成了拉丁文和法文。在17—18世纪的法国,介绍中国事物,变成了国王宫廷和社会名流们沙龙中最时髦的谈话内容。这种对中国事物的迷恋,激起了路易十四时代法国作家、哲学家和艺术家们的浓厚兴趣。这是东西方两大文化界接触的起源和互相交流的蹒跚步履,从而打下了人类两大古老文明交流的基础。路易十四国王与康熙大帝无疑是这种交流的最高层推手,社会各界的需要是其原动力,入华天主教传教士们则是其媒介。

七、康熙与路易十四统治的结束

路易十四经过签订尼迈格(Nimégue)条约之后,便同时成为海洋和陆地的胜利者。因为他通过这项条约而获得了佛朗什—孔泰地区,登上了其势力的巅峰,整个欧洲都屈从于他的权威。其胜利使他获得了各种"伟大"的称号:"伟大的国王""伟大的皇帝"和"伟大的时代"等。但就在同时,欧洲的外交和军事势力衰落的端倪已经开始显露。1680年,标志着太阳王从辉煌走向衰败的大逆转。路易大帝过分热衷于追求荣耀、豪华生活、盛大招待会和隆重礼仪了。凡尔赛那金碧辉煌的城堡,以令人惊诧的方式,象征着太阳王路易十四大帝的人格特征。

作为天子的康熙,则显得稳重得多。他是一位不太威严的君主,而是更接近于民众。他简化了其宫廷的上朝仪式,取缔了许多礼仪性的繁缛末节。康熙对于其皇宫,仅满足于下令修复一座明朝的旧王府——畅春园。他在那里将其部分闲暇时间,用于在传教士们启发下的科学工作。康熙希望更好地了解其臣民的更多真实情况,并希望与其臣民建立直接的联系。他总共先后6次下江南视察,尽管这些地区远离京师。

康熙皇帝于1722年12月22日晏驾于畅春园,享年68岁。他共留下150多位王子、公主、皇孙辈和皇重孙辈等后裔。他是名副其实的"圣祖"。但他的子嗣们大都为纨绔子弟,而且彼此之间爆发了激烈的兄弟同室操戈,流血事件屡见不鲜。

路易十四的晚年也不太幸运和顺利,但却是出于其他原因:国家的战败、军队的缩减、全国灾害频发、财政危机和外交失败等等,都深深地影响了他。多人的死亡又残酷地打击了其家族。他本应享受其执政期的繁华,但却痛苦地注视着其国家走向缓慢衰落。

1660年，路易十四迎娶了其嫡亲表妹奥地利的玛丽—泰蕾莎（Marie-Thérèse d'Autriche）为王后。她出生于1638年，与太阳王同龄。这桩婚姻也如同其时代的许多皇家和亲或联姻一样，完全受国家利益的支配，这是马札兰的最后一部代表作。这场皇家联姻的婚约被列入到《比利牛斯和约》中了。年轻的国王本来正在热恋着马札兰的侄女玛丽—曼奇妮（Marie Mancini），但遭到了安娜王后的反对。路易十四与玛丽—泰蕾莎只生有号称"大太子"的独子，生于1661年，殁于1711年。他是路易王子（Prince Louis）的父亲和勃艮第公爵（1682—1712年）；他也是安茹公爵菲力普的父亲，此人诞生于1683年，后于1700—1746年被加冕为西班牙国王；他还是贝里公爵（1686—1712年）查理王子的父亲。路易十四的孙子勃艮第公爵生二子。这就是路易王子，布列塔尼的公爵（1705—1712年）；安茹公爵，未来的路易十五，诞生于1710年①。

康熙的子嗣太多了，很难选择一个继承其帝位的称职王子。路易十四却相反，他甚至无法选择其王位的继承人，因为其子嗣们大都先他而逝世。他只有一个重孙子安茹公爵，后来登上了王位。

继奥地利的玛丽—泰蕾莎王后薨逝后，路易十四又秘密地纳曼特农侯爵夫人（Madame de Maintenon，1635—1719年）为王后。路易十四使他所有的孩子都合法化了。特别是与路易斯·德—拉瓦利耶尔（Louise de La Vallière，1644—1710年）夫人生的三个孩子以及和蒙特斯班（Montespan，1641—1707年）夫人生的七个孩子。

路易十四最后于1715年9月1日逝世，较康熙晏驾的时间早七年。他将其王位留给了其曾孙路易十五。这个五岁半的孩子由奥尔良（Philippe d'Orléans，1674—1723年）公爵摄政，太阳王的辉煌统治时代结束了。

这里又出现了一种神奇的巧合。路易十四的统治持续72年，其中有17年处于马札兰的监护之下，其亲政的时间长达55年（1662—1715年）。康熙皇帝的统治期持续61年，其中有6年处于四大臣的辅政之下，他亲政也应该是55年（1667—1722年），与其同时代的路易大帝一样。路易十四在23岁时亲政，康熙则于13岁亲政。

① 伏尔泰：《路易十四时代》，第516页以下。

史学家们抨击路易十四留下的王国处于危如垒卵之中，尤其是在财政领域中，国库空虚。甚至还有人声称，路易十四最终对法国造成的苦难比带来的福祉多得多。法国在他执政末年，已经严重感到不如在马札兰内阁期间那样强盛了。康熙却相反，他将一个强大而又昌盛的帝国留给了其子雍正。雍正统治13年，对宗王及其手足兄弟们残酷无情，其政绩也比较平庸。雍正对欧洲人表现得很仇视，尤其是对于传教士和基督宗教，已似乎与之势不两立。这完全是出于清王朝外交政策和国家防务的原因。然而，他对于其臣民还是比较公正而又仁慈的。但康熙有一位他生前选择的且堪与他齐名的继承人，这就是他的孙子乾隆，执政于1736—1795年间。乾隆在法国和意大利耶稣会士们的帮助下，建成了北京的凡尔赛宫——圆明园，但它却于1860年被英法联军纵火焚烧和劫掠一空。乾隆有时也被西方称为"中国的查理五世"(Charlemagne Chinois)。他使大清帝国达到了盛世的巅峰。这正应了法国人的一种说法："有其祖，必有其孙。"

路易十四却没有这样的幸运。无论是路易十五还是路易十六，丝毫都不能与路易十四齐名。

康熙与路易十四的经历有许多相似或近似处，但他们之间的差异也很明显。把欧亚大陆两极的这两大君主，联系起来的媒介是入华耶稣会士们。使他们心灵相通的则是对科学和文化的酷爱与保护。

法国汉学界对丝绸之路的研究

一、法国学者研究丝绸之路的背景与机构

“丝绸之路”是沟通中西经济、政治、人员、文化和思想交流的一条大动脉。在海上丝绸之路大举通航之前，陆路丝路东起中国，穿越西域、古印度、阿拉伯—波斯社会，一直通向希腊—罗马世界。丝路输送的并不仅仅是丝绸，从时空和交易额方面综观全局，丝路上的丝绸交易量所占比例甚小。从狭义上讲，文化交流实际上与物质交流平分秋色，甚至还可能有过之；从广义上讲，正如联合国教科文组织所提倡的那样：“丝绸之路是对话之路”。由陆路丝绸之路又衍生出了诸如“海上丝绸之路”“西南丝绸之路”“东方丝绸之路”“瓷器之路”“草原之路”“皮货之路”“茶叶之路”“沙漠之路”和“骆驼队之路”等形形色色的名称。虽然这些耳熟能详的名称之科学性和历史真相，尚有商榷余地，但它们在中外关系史上的作用却不容置疑。

“丝绸之路”的提法，最早是外国人的发明，后来又被中国学者认同和采纳，现已成为一个国际通用学术名词，远远地超越了“路”的地理范畴和“丝绸”的物质范畴。最早提出“丝绸之路”的是普鲁士舆地学和地质学家、近代地貌学的创始人、旅行家和东方学家李希托分（Ferdinand von Richthofen，1833—1905 年）。他于 1860 年曾随德国经济代表团访问过包括中国在内的远东地区。在他死后才陆续全部问世的五卷本巨著《中国亲历旅行记》（1877—1912 年）中，当他谈到中国经西域与希腊—罗马社会的交通路线时，首次称之为“丝绸之路”的名称。“丝绸之路”一名便在世界范围内逐渐流传开了，而且使用得越来越广泛，其外延也越来越大。它甚至成了中西乃至整个中外多领域物质和文化交流的代名词。

丝绸之路实际上是一片交通路线网,从陆路到海洋、从戈壁瀚海到沙漠绿洲,途经无数城邦、商品集散地、古代社会的大帝国和小邦国。来往于这条道路上的有士兵与海员、商队与僧侣、朝圣者与游客、学者与技艺家、奴婢和使节、得胜之师和败北将军。这一幅幅历史画卷,便形成了意义模糊的“丝绸之路”。世界三大宗教——佛教、伊斯兰教和基督宗教(唐代的景教、元代的方济各会士和明清间的耶稣会士)以及西域的巫教——祆教、摩尼教、犹太教等,也都是经由这条路线传入中国的。中国早期的养蚕术、造纸术和印刷术、治国良策、伦理道德和自然科学的无数硕果,也是经由该路传出去的。

欧洲的汉学研究最早是由几个航海大国发起的,如意大利、葡萄牙与荷兰等国。但是法国人很快就成了执欧洲乃至整个国外汉学研究之牛耳者。法国于 1814 年 12 月 11 日在法兰西学院创设了外国的第一个汉学讲座。汉学从此堂而皇之地进入了西方大学的殿堂,这就是“汉语、鞑靼—满语语言和文学讲座”,由 27 岁的雷慕沙(Abel Rémusat,1788—1832 年)少帅执掌教席。雷慕沙于 1825—1829 年出版的 4 卷本《亚洲论丛》中,有关高地亚洲语言和历史的精辟论文,便占有很大分量。其遗作《法显传 · 佛国记》的译注本,于 1836 年面世,书中几乎荟萃了当时国外有关西域史的全部知识。1906—1908 年,伯希和从敦煌和西域劫回 6000 余卷 5—11 世纪的汉文、藏文、回鹘文、粟特文、于阗文、吐火罗文、梵文写本与其他大量中世纪文物。它们成了法国研究西域和丝路史的珍贵资料。1920 年 3 月,由法国总统和中华民国总统共同赞助,利用“庚子赔款”在巴黎创建法国汉学研究所。该所在长期独立运行后,于 1959 年划属巴黎大学,1968 年最终划归法兰西学院。该所除了从事教学、科研、图书工作之外,自 1932 年起陆续推出一套代表国法汉学研究最高水平的著作《法国汉学研究所文库》,现已出版名教授们的 28 部名著。如沙畹(Edouard Chavannes,1865—1918 年)《汉文三藏中的 500 个故事与寓言》(1932 年),戴密微(Paul Demieville,1897—1979 年)的《吐蕃僧净记》(1952 年)和《王梵志诗辑注》(1982 年),石泰安(R.A.Stein,1911—1999 年)的《西藏史诗与说唱艺人的研究》(1959 年)和《汉藏走廊古部族》(1961 年),哈密屯(J.R.Hamilton,1921—)的《五代回鹘史》(1955 年),韩百诗(Lonis Hambis,1906—1978 年)的《明代蒙古史料集》(1969 年),童丕(Eric Trombert,1947—)的《敦煌借贷文书》(1995 年),拉切聂夫斯基(Paul Ratchnevski)的《元典章》译注本(1937—1985 年,4 卷本)等,它们均为法国研究西域史和丝路史的世界性名著。

1822 年,法国亚细亚学会诞生。这是西方成立最早的亚洲研究学术团体,其会刊《亚细亚学报》已出版 300 余卷,其中西域史与丝路史的文章分量最大。法国著名汉学家和西域史学家雷慕沙于 1829—1932 年,伯希和于 1935—1945 年曾先后出任该学会会长,一大批汉学家曾出任副会长。至于领导过该学会的伊斯兰学家、阿拉伯—波斯学家、突厥学家和印度学家,则更是大有人在。开办于 1889 年的法国集美博物馆则专门收藏阿富汗以东的西域艺术品和文物。法国《亚细亚丛刊》中,也发现过不少有名的有关丝路的论著。

1898 年 12 月 15 日,根据法国印度支那总督杜梅的命令,创建了法国印度支那古迹调查会,并将这一机构的学术监督权委托给了法国金石和美文学科学院。一年之后,又根据 1900 年 1 月 20 日的决议,该机构易名为法兰西远东学院。其宗旨是从事考古勘察、搜集稿本著作、保护古迹文物、研究从印度到日本的整个远东亚洲的语言文化遗产与历史文明。它虽然将重点放在南亚和东南亚,但也关注东北亚和中亚。三条丝路,特别是西南丝路与海上丝路,便成为其重点研究学科。

在考古学方面,从 20 世纪初叶起,法兰西远东学院便把在中国考古学的任务委托给沙畹。它也委托该院第一位寄宿生伯希和率领另一个考察团,这些都成了法国汉学史上划时代的事件。沙畹的考察团于 1904 年在华北活动。他们对汉代墓葬和中世纪佛教雕刻等重要文物进行了系统的勘察和研究(这是史无前例的)。1908 年赴西域的伯希和考察团在敦煌得以搜集到 6000 余卷写本,其古老程度均被断代为 6—11 世纪,四分之三为汉文卷子,四分之一为藏文、突厥文、粟特文和于阗文等西域民族文字写本。此外,在两次世界大战之间,越南境内自汉至唐的所有古汉墓,都由法兰西远东学院做了系统发掘,它们都是中国在该国移民地的遗迹。

在史学方面,法国汉学界在此领域中完成的大部分著作,都应归于法兰西远东学院的几代老成员。

在宗教学和哲学方面,继伯希和于 20 世纪初有关中国的摩尼教和祆教的著作之后,便是马伯乐(佛教传入中国)、戴密微(中国禅宗)与谢和耐(神会禅师语录、寺院经济)等人对佛教的研究。

在语言和文学方面,首先应归功于伯希和以其奇迹般的学问,而写成的语言学著作，主要是历史地理学和中文书目录。

在中国文化遗产的保存方面，法兰西远东学院积极地参与了由伯希和从敦煌携归，并入藏巴黎国家图书馆的敦煌文书的整理编目和研究工作。法兰西远东学院的一名原成员苏远鸣（Michel Soymie），自1972年以来最终推动了对这批文献中汉文文书进行编目的工作（今天已完成）及其有关的研究。这是在国立科研中心的一个研究小组的范围内完成的，法兰西远东学院的成员从未停止过参加其工作，陈祚龙、饶宗颐、戴仁（Jean-Pierre Drège）（一部精辟论著《写本时代的中国图书》的作者，1991年）、郭丽英夫人（一部有关《中国佛教忏悔文》著作的作者，1994年）、王薇（Wang Toutain，她于1992年通过了一部有关地藏菩萨在中国事迹的颇为惹人瞩目的博士论文）。同样，法兰西远东学院的研究人员们（马克、劳格文和傅飞岚）也都在很大程度上参与了由施丹人（Kristofer Schipper，他也是法国远东学院的原成员）主持的一项庞大的国际计划，即编写于15世纪中叶形成道藏中的15000部经文的目录。此外，饶宗颐完成并刊布了由莫里斯·古兰（Maurice Courant）携归被断代为623—1119年的388通汉文碑碑铭的拓片，从而使它们得以于1981年问世（与香港中文大学合作）。

1890年，由法国汉学家考狄（Henri Cordier，1849—1925年）与荷兰汉学家薛力赫（Gustave Schlegel，又译施古德或施莱格尔，1840—1930年）联袂创办了东方学期刊《通报》（现已更名国际汉学期刊）。它当时是欧洲唯一研究东亚的国际刊物。因为《法兰西远东学院学报》创刊于1901年，《德国东方学报》创刊于1912年，法国《亚细亚学报》创刊于1922年。由于先后出任《通报》主编的考狄、薛力赫、沙畹、伯希和、戴密微、何四维（Hulsewe，1910—1993年）均是研究西域史的名家，所以其中与丝绸之路有关的文章很多，尤其在伯希和主持其编辑工作期间更为如此。当然，该刊物也广泛地覆盖了历史、语言、宗教、文学、考古、艺术。但直到20世纪上半叶之前，其重点始终是研究中国与其他地区的关系史。

法国从事汉学研究最早的机构还有高等实验学院、国立现代东方语言学院、高等社会科学研究院、巴黎第三大学的突厥学研究所、法兰西学院亚洲研究所中亚与高地亚洲研究中心、国立科研中心与高等实验学院合办的敦煌学研究组（现更名为“中国写本、拓片和图像文献研究组”）、楠泰尔大学的蒙古学和人类学研究中心、国立科研中心与高等实验学院合作的藏学研究中心、国立科研中心的中国伊斯兰教研究中心、阿拉伯世界、伊朗世界、集美博物馆、中国新疆考古研究组、卢浮宫学院、国立科研中心的喜马拉雅研究中心等。它们都是从事西域、南亚和丝路研究的机构,形成了法国研究丝路的社会文化背景与社会基础。

在二战后的长时期内,虽然法国涌现出了一批驰名世界的大汉学家,但法国的丝路学研究的基本形势却不尽如人意:学生人数很少,毕业后就业困难,工具书短缺,特别是未设立高学位文凭。20 世纪 60 年代中法建交后,法国大学才为中国语言和文明专业设立与英语或德语同等地位的学位文凭,为培养新一代汉学家创造了有利条件。20 世纪 80 年代初,长期对外封闭的丝路中国东段向外国游客打开了门户,而过去长期对外开放的西段(伊拉克、伊朗、阿富汗)却由于战乱又同时被封闭了。故原属西段的游客也大举涌入了东段。在此期间,以"丝绸之路"为名的著作如同井喷一般,尽管水平参差不齐,但也不乏上乘的学术著作。

二、法国学者对陆路丝绸之路的研究

在二战后的法国汉学家中,首先从事陆路丝路研究的是著名汉学家格鲁塞(René Grousset,1885—1952 年)。格鲁塞终生未踏入过中国国门,甚至也很少赴远东,仅有一次利用出席会议而短居东瀛。但这位"超级编书匠"却出版了数十部有关中国以及中亚和东亚的巨著。其著作既具通俗可读性,又有严谨的科学性。他的《从希腊到中国》(1948 年)《蒙古帝国》(1941 年)《草原帝国》(1939 年)《1071 年之前亚美尼亚》(1948 年)等,都广泛地涉及了丝路问题。他在《中国史》(1942 年)中专辟 14 页的篇幅来论述"丝绸之路"。他深入研究了中国艺术,又在长时间内主持巴黎多家亚洲艺术博物馆,故而对丝路问题既有浓厚兴趣,又具有渊博知识。他的另一部名著《沿着佛陀的足迹》(1947 年),于 1991 年再版时,被顺理成章地列入到《丝绸之路》丛书中了。

在法国于 20 世纪下半叶从事丝路研究的学者中,布尔努瓦夫人最具代表性。布尔努瓦夫人(Lucette Boulnois,1931—2010 年)毕业于巴黎东方文学语言学院(巴黎国立东方现代语言学院的前身),1972 年在巴黎大学通过博士论文《1950 年后中国与尼泊尔的社会经济关系》。布尔努瓦夫人于 1963 年出版了一本综合论著《丝绸之路》。这是法国出版的第一本真正科学的、具有严谨限定意义的丝路专著。书中既使用了丰富的波斯—阿拉伯文、希腊—罗马文字、汉文—藏文及印度古代资料,又使用了近现代各国学者的研究成果,特别是对丝绸之路沿途各民族之间的关系作了深入探讨,重点研究的是丝路的历史概况和丝绸贸易史。此书在问世后的30多年间,其法文本先后修订3次重版(1986、1992和2001年),又陆续被译成德文(1964年)、西班牙文(1964年)、英文(1966年,第2版)、波兰文(1966年)、匈牙利文(1972年)、日文(1966年)和中文(1983和2001年出版的笔者的中译本)等文本出版。全书文笔优美,通俗易懂,是一部经久不衰的国际畅销书。布尔努瓦夫人于1994年在《第欧根尼》杂志发表的论文《天马与龙涎,12世纪之前丝绸之路上的物质文化传播》,也颇受学术界重视。

戴仁(Jean-Pierre Drège,1946—)于1988年获巴黎第七大学博士学位,曾任法国国立科研中心与高等实验学院联合组成的中国写本、拓片和图像学研究组主任、法兰西远东学院院长,同时又是高等实验学院的汉学教授。他与德国学者埃米尔,毕勒(Emile Bihrer)合作,于1986年出版了《丝绸之路,风景与传说》的著作。这是一部图文并茂的力著,行文虽简练,资料却相当丰富。戴仁又于1988年推出了一本附有精美插图的《马可·波罗的丝绸之路》,我国大陆和台湾均出版了中译本。书中搜集了13世纪以来西方有关中国图画、素描画和绘画,件件都是稀世珍品。

雅克·昂克蒂尔(Jacques Anquetil,1932—)纺织世家出身,曾主编过《手工艺》和《创造性的手工艺》等丛书。他在联合国教科文组织资助下,于1992年客串出版一本《丝绸之路》。雅克·昂克蒂尔于1995年还推出了另一部姊妹篇著作《丝绸之路资料集》。他辑录了丝路上口碑与文字记述、丝路最远古起源的传说、美索不达米亚织物的残余、丝路之前的中国、养蚕业秘密的泄露、阿契美尼德时代的波斯、柏斯波利斯的粗呢、草原游牧民与丝绸之路、东西方交流的先驱(亚历山大大帝、塞琉西朝人、中国汉代人、安息人和罗马人)等方面的资料,它实际上是为撰写前一部论著而准备的资料集。

阿里·马札海里(Aly Mazaheri,1914—1991年)是法国伊朗裔的中亚史和伊斯兰教史专家。他在伊朗完成初级学业后,于1927年赴法留学,此后一直在法国学习和工作,先后在巴黎国家图书馆和高等社会科学研究院供职。由于他具有阿拉伯和波斯文化的功底,又接受过希腊—罗马文化的培养,所以他是最有资格研究丝路的专家之一。他于1983年出版了一部

《丝绸之路,中国波斯文化交流史》。此书后来由他亲自译成伊朗文在伊朗出版,我国中华书局于 1993 年出版笔者的中译本。

塞西尔·伯德莱(Cecile Beurdeley)于 1985 年出版了一本《丝绸之路,艺术品的大旅行》。此书主要是论述从希腊时代到 15 世纪末,丝路上的艺术交流和某些艺术品(其中有许多收藏在圣彼得堡埃尔米塔日博物馆)的大旅行。

法国的印度裔学者、吉美博物馆的特派员克里斯娜·里布(Krishna Riboud,1926—2002 年)夫人与法国古织物专家加布里埃尔·维亚尔(Gabriel Vial)合作,于 1970 年出版了伯希和探险团档案第 13 卷《集美博物馆所藏敦煌织物》。这是研究中世纪丝路上织物的一部专著,填补了法国在该领域中的空白。

法国的蒙古、突厥和西域史专家、卢浮宫学院教授鲁保罗(Jean-Paul Roux)的《中世纪探险家》(1985 年)详细介绍了 1200—1500 年间来往于丝绸之路上的西方探险家。书中占很长篇幅的一章就叫作《丝绸之路》。作者的这本书与另外两部专著《瘸子帖木儿传》(1994 年)和《巴布尔传》(1986 年)均为法国有关丝路研究的畅销书。

鲁保罗的有关陆路丝绸之路的代表作,则是他 1997 年于法雅尔出版社出版的《西域的历史和文明》。这部长达 500 多页的著作,共分 29 章,分别论述了西域的地区、人员、草原艺术和宗教、东西方的相会、中国中原人与北方胡人、贵霜人和佛教的胜利、游牧时代、突厥人的霸权、吐蕃王朝的诞生、绿洲文明、大食人的入侵、回鹘人与黠戛斯人、回鹘人的黄金时代、世界性宗教的发展、穆斯林突厥汗国的诞生、各汗国兴旺发达的历史事件、伊斯兰土地上的突厥人、西域的古典伊斯兰文明、成吉思汗、蒙古人的霸权、察合台汗国、瘸子帖木儿、16 世纪的西域、帖木儿朝的复兴、1500 年的大转折时期、伊斯兰教和佛教瓜分西域、“黄祸论”的兴起、俄国在中亚的殖民以及近代问题。总而言之,此书论述得虽不太深刻,侧重于宏观综述,但它可以使人们全面地了解丝路沿途诸民族的历史文明,也不失为一本具有较高学术价值的畅销书。

研究丝路问题,古代回鹘和突厥民族史是其必不可缺的重要环节。法国在这一领域中的研究,具有悠久传统而又成果丰硕,涌现出了几代著名专家。我们仅举其中的三位当代代表人物为例。

路易·巴赞(Louis Bazin,1920—2003 年)是研究丝路上的重要民族回鹘族和突厥族历史的专家。他于1974年通过的国家级博士论文《突厥历法研究》,于1991年正式出版。1992年,路易·巴赞的学生们通力协作出了一本《路易·巴赞纪念文集》(此书本应于1990年在巴赞70寿诞时出版,但因故延期),共收入西方突厥学界名流们的40篇高质量论文。巴赞先生自己的论文集《突厥民族,文字与人》于1994年出版,共收入作者48篇突厥语言和历史论文。哈密屯(James Hamilton,1921—2005年)是国立科研中心的研究导师,曾任巴黎第三大学突厥学研究所所长。他的突厥、回鹘史专著有《五代回鹘史料汇编》(1955年),《敦煌回鹘文本〈善恶两王子的故事〉》(1971年)《9—10世纪敦煌回鹘文献汇编》(1986年)和《9—10世纪突厥—粟特文献汇编》(1990年)。他的20多篇有关回鹘史的论文正在汇辑出版。萨宾·特雷班札(Sabine Trebinjac,1963—)是国立科研中心里昂中国研究中心的研究员。她是研究丝路上维吾尔古今音乐的专家,尤为重视对多浪木卡目音乐的研究。她1993年于巴黎第十大学通过博士论文《新疆维吾尔多浪木卡目音乐研究概论》。特雷班札1990年出版了两卷本的专著《中国新疆》,其第一卷为《维吾尔木卡目科音乐》,第二卷为《维吾尔的民间传统》。她还于1993年出版过《巴达赫尚的塔吉克族音乐》。自1990年以来,她共发表了十多篇有关丝路上维吾尔族音乐的论文。

对于丝绸之路南路塔克拉玛干沙漠一线的古代史研究,法国学者主要是依靠由伯希和西域探险团于1908年携归的一批古藏文、回鹘文、于阗文、粟特文、吐火罗文写本和其他考古文物。它们成了法国汉学界一个多世纪以来研究丝路文明的重要宝库。这批资料哺育了几代法国丝路研究专家。

在丝路考古研究方面,法国的当代代表人物是国家科研中心315研究组的冯赫伯(Henri-Paul Francfort)、彼埃·让代尔(Pierre Gentelle)和让·克洛德·加尔丹(Jean Claude Gardin)等人。他们目前正与我国新疆考古文物研究所合作,在克里雅河(和阗河)一带从事考古发掘,已发表了不少成果。

在对丝路上伊斯兰教的研究中,法国的代表人物是鄂法兰(François Aubin,1932—),她现任法国国立科研中心政治学国家基金会的研究导师。鄂法兰是韩百诗的弟子,也是法国的蒙古史研究专家。她曾领导过一个"文献中的中国伊斯兰教"研究小组,其主攻方向是中国的苏菲教派和纳合昔班底教团史。她曾发表过有关西域伊斯兰教的论文数十篇。

法国为了协调、促进和沟通丝路与西域史的研究，西域研究信息协会委托人文科学会馆，自1994年起开始出版每年两期的《西域通讯》，由艾莉莎(Elisabeth Allès)等人负责，现已刊行十余期。其中信息量很大，着重报道法国及世界各国的西域、丝路研究机构、著作、人员和基本动向。

对西域丝路上佛教艺术的研究，法国当代的代表人物是莫尼克·玛雅尔(Monique Maillard，1939—2009年)女士及其丈夫热拉—贝扎尔(Robert Jera-Bezard，1927—2007年)、吉美博物馆的雅克·吉埃斯(Jacpue Giès，1954—　年)。热拉—贝扎尔夫妇出版了伯希和的西域考古档案，特别是《敦煌的幡与画》(1974年)。玛雅尔女士的博士论文《古代高昌王国物质文明史》(1973年)是法国少见的一部研究吐鲁番的综合著作。她的《西域的石窟与古建筑》(1983年)是研究丝路建筑与装饰艺术的代表作。她于1976年参加韩百诗主编的研究西域和丝路史的重要著作《西域的历史和文明》的写作。雅克·吉埃斯先生发表过多篇有关吉美博物馆所藏出自丝路的佛教(特别是密宗)画的文章。1994年，他与其法国和日本同事们共同编辑出版了巨部豪华本著作《敦煌画》。

约翰·曼德维尔(Jehan de Mandeville)自称于1356年赴西域及中国西部旅行，比马可·波罗游记(1289年)稍晚一些。其游记《约翰·曼德维尔爵士游记》共有230份抄件，远远超过了马可·波罗游记的150份。它首次于1475年在瑞士的巴塞尔用德文出版，1840年在巴黎用法文出版，后又被译成西方的各种文字。

曼德维尔游记共分85章，从欧洲出发，经希腊、塞浦路斯、推罗、埃及、巴比伦、麦加、耶路撒冷、亚历山大港、迦勒底、波斯、印度、占婆、鞑靼地区、“蛮子”地区、契丹、库曼、突厥斯坦、约翰长老国等地区，对每个地区都有详细记载。不过，对于曼德维尔所记述的一切，究竟是其个人的亲历记，还是利用了第二手资料，众说纷纭，莫衷一是，不过学术界似乎更多地采用后一种说法。但无论是第一手还是第二手资料，其书中所记载广泛而庞杂的内容，都是研究陆路丝绸之路的宝贵资料。

法国学者让—诺埃尔·罗伯尔(Jean-Noël Robert)是一名研究罗马史的拉丁学家。他于1993年在法国美文学出版社推出一部《从罗马到中国——恺撒时代的丝绸之路》。全书共分九章，分别以历史的偶然性、寻找黄金国、统治世界的未完美梦、罗马的所有道路都通向东方、远东的陆路、大海以远的旅行、丝路上的人员与交易、思想传播之路等章节,论述了早期的陆路丝绸之路。它通过2世纪罗马派往中国的使节,研究了2—3世纪罗马帝国对待波斯、印度、远东和特别是中国的基本政策。这是法国于20世纪90年代出版的一部重要著作。

法国学者弗朗索瓦—贝尔纳·于格(François-Bernard Huyghe)和埃迪特·于格(Edith Huyghe)夫妇于1993年在罗伯尔·拉封出版社出版了《海市蜃楼中的帝国,丝绸之路上的人、神和神话》。它主要是论述丝路沿途的人员的流动和神祇的传播,同时也介绍了那些已经湮没的帝国。基本上涵盖了从亚历山大大帝到1440年之间的漫长时期。

法国于1977年出版过一本图文并茂的巨著《西域的历史和文明》,由当时的法兰西学院教授韩百诗(Louis Hambis)主编,由莫尼克·玛雅尔(Monique Maillard)、里布夫人(Krishna Riboud)和高利埃(Simone Gaulier)夫人等一班女将以及热拉·贝扎尔先生共同分章撰写。这是一部全面介绍陆路丝绸之路西域段文明史的著作。全书共分六章:西域的历史和地理、交流与影响、宗教观念、社会、艺术美的表现手法、考古遗址。此书主要是利用了西方探险团于19世纪末到20世纪初叶,所获得的文献、文物及图片资料。

三、法国学者对海上丝绸之路的研究

法国学者本来并不多用"海上丝绸之路"一词,以至于在诸如伯希和的《交广印度两道考》(1904年)那样重要的海交史著作中,也未见如此提法的踪影。

法国战后研究海上丝路、南洋史、东南亚与中国关系史的专家之一是龙巴尔(Denys Lombard,1938—1998年)教授。龙巴尔年轻时曾先后投在法国高等实验学院的李嘉乐(Alexis Rygaloff,1922— ,巴黎大学北京汉学所的创始人之一、汉语语言学家)、巴黎大学文学系的谢和耐(Jacques Gernet,1921— ,法国的中国文化史专家)、伊斯兰学家戴儒丹(Michel Mollat de Jourdin)等汉学家和东方学家门下,出色地完成了其语言学、文献学和历史学的学业,通晓马来—印尼语、柬埔寨语、暹罗语。中法建交后,龙巴尔立即携其夫人率先到中国留学,成为20世纪60年代首批来华的留学生之一。他后赴印尼深造,学成后任教于法国年鉴派的发源地和大本营——社会科学高等学院,主持“东南亚的地中海史”讲座。他后来又出任法兰西远东学院院长。他的代表作是1991年出版的三卷本《十字路口的爪哇》,此书实际上是他1990年在巴黎第四大学通过的博士论文。作者深受年鉴派巨擘布罗代尔(Fernand Braudel)的影响,阐述了爪哇在东西关系中,扮演了一种类似地中海在欧亚大陆交界处所扮演的那种重要角色。他认为印度、中国、伊斯兰教地区和欧洲列强的势力与影响,都曾汇聚于该地区,从而使爪哇地区成为一个贸易聚散地和文化大熔炉。该书的第二卷,重点论述了中国与南洋地区的联系纽带——海上丝绸之路问题。

此外,龙巴尔于1974年与拉封(P.E.Lafont)合作出版了《东南亚的比较文学》一书,它是第29届国际东方学家代表大会的论文集之一。他于1980年又与其夫人苏尔梦(C.Salmon)教授合作出版了《雅加达的华人、庙宇与社团生活》,于1988年与让·奥班(Jean Aubin)共同主编了《13—20世纪印度洋与中国海上的亚洲商人》。他于1993年与尚贝尔—卢瓦尔(Chambert-Loir)、商伯雍(L.Champion)联袂主编了《梦想亚洲,英国—印度、印度支那和印尼—荷兰的殖民地文学研究》,1994年与普塔克(Roderich Ptak)主编《海洋亚洲的形象与现实,1200—1800年的华南与海洋亚洲》等一系列有关海上丝绸之路的著作。此外,龙巴尔夫人苏尔梦教授也与人合作,主编出版了一套有关印尼、马来等地汉文碑铭的多卷本巨部资料集。她主编的《群岛》杂志,则是研究南洋历史与现实的一份高水平的学术专门刊物。龙巴尔与中国学者陈达生合作,于1988年在由他主编的上引《13—20世纪印度洋与中国海上的亚洲商人》中发表了《外国人在泉州海上贸易中的作用》一文。他与其夫人合作,于1969年在《通报》中发表了《望加锡的华人社团》一文。但是,龙巴尔教授于1998年的英年早逝,对这一学科造成了很大的损失。

郑和下西洋,始终是西方汉学界关注的重点课题之一。曾三次陪同郑和下西洋的通译马欢之传世名著《瀛涯胜览》(1416—1451年)曾先后被英国米尔斯(J.V.G.Mills)、法国伯希和、荷兰戴闻达(J.J.L.Duyvendak,1889—1951年)和美国柔克义(W.W.Rockhill,1854—1914年)等一批海上丝路研究名流全文或部分翻译。同样曾三次随郑和下西洋的明航海家费信所撰《星槎胜览》(1436年)已先后由柔克义、戴闻达、伯希和及福嘉第(Focard)等著名学者部分翻译。曾于宣德五年(1430年)随郑和下西洋的巩珍之《西洋番国志》(1434年),也由伯希和与柔克义作了简单辑录译注。伯希和与戴闻达还从《明史》与《明实录》中辑录了有关郑和航海的资料。在伯希和、方殿华(Gaillard)和布尔斯坦(Boorstin)等人的多种著作中,都曾广泛地使用过郑和航海的资料。明人罗懋登有关郑和下西洋的演义小说《三宝太监西洋记通俗演义》,已由戴闻达节译。米尔斯介绍过明人茅元仪的《武备志》中的一幅详细海图。伯希和与米尔斯还翻译过有关郑和第七次下西洋的明人祝允明之《前闻记·下西洋》条的内容。这些中文原始资料的辑录与译注,大大方便和促进了西方汉学界对郑和下西洋的研究。

法国汉学界的泰斗伯希和于1914年在《亚细亚学报》中发表了有关郑和下西洋的书评,1933年于《通报》中发表了《15世纪初叶中国人的大航海旅行》(冯承钧先生译作《郑和下西洋》),1935年又于《通报》中发表了《有关郑和及其航海的补充札记》,1936年又于同一杂志中发表了《再论郑和下西洋》等著名论文。这是法国学术界最早对海上丝路的研究。

沉寂多年之后,法国多米尼克·勒列夫尔(Dominique Lelievre)客串出版了一本《启蒙之龙,15世纪初叶明代的远航》,这是最新一部有关郑和航海的论著。作者认为大航海家郑和是中国的民族英雄,郑和在中国就如同哥伦布在欧洲一样著名。作者将中国在15世纪的海上远航,置于其经济背景中进行研究,从而揭示了明朝初期经济、军事和文化事业的辉煌。

法国汉学家谭霞客(Jacques Dars)是法国国家科学研究中心的研究员,曾以翻译《水浒传》而享誉学术界。他于1992年在法国经济学出版社推出了其博士论文《10—14世纪的中国航海业》,收入到法国很著名的一套《航海史》丛书。作者指出,传统的观念认为,中国人遵照儒家道德而摒弃了海洋。但法国汉学家谢和耐教授却强调中国在10—14世纪之间,便以其商船与战船船队而成为历史上的航海强国。

法国学者路易·德尔米尼(Louis Dermigny)于1964年推出了一套令人震惊的博士论文《中国与西方,18世纪广州的对外贸易(1719—1833年)》,收入了《港口·道路·贸易丛书》。全书共有五大卷,洋洋洒洒的四百余万字,创下了由唯一一名学者独自撰写的博士论文之最(多人合著者除外)。其第一卷是《东印度公司时代》,第二卷是《茶叶时代与中国的债物》,第三卷是《广州与鸦片的时代》,第四卷是有关18世纪广州对外贸易的地图、图表和照片,第五卷是《贡斯当的中国贸易回忆录》。全书最后是《结论》,讲到了自由贸易、帝国与海洋、贸易结构与背景。

总之,由于德尔米尼的这部巨著,内容繁杂而卷帙浩繁,使学者们很难通读一遍,故而尚未充分引起学界的重视。但它的价值与意义,却是难以有人超越的,是20世纪60年代之前,西方研究海上丝绸之路与广州对外贸易史的集大成之作,也是承前启后的巨著。

四、法国汉学界参与组织的以丝路为主题的其他科研活动及成果

法国近年来还举办过一系列有关丝绸之路的大型展览。1979年,利用伯希和百年诞辰的机会,巴黎国立图书馆组织了"中国和高地亚洲的宝藏,伯希和百周年诞辰"的展览。1983年,在巴黎植物园举办了由我国敦煌研究院组织的"戈壁沙漠中的敦煌壁画,植物园中的丝绸之路"的展览。1994年,在航海博物馆举办了有关辛伯达航海东游的展览。1995年10月,吉美博物馆、卢浮宫学院、敦煌研究组联合举办"西域—佛陀之地"的展览。

联合国教科文组织自1987年起(其具体工作持续到1997年)组织了大规模的"丝绸之路综合研究,对话的道路"科学考察和研究活动。这项国际性的庞大计划的口号是"于此时和此地,在人类思想中筑起和平的保障"。它由一系列有关丝路陆路和海路的科学考察、学术讨论会、讲演、展览和出版物所组成。许多国家的多学科专家,都为这项计划作出了贡献,历史、艺术和考古在这些活动中占有重要的位置,法国的丝路专家们广泛地参与了这项计划。联合国教科文委员会任命法国汉学家叶利世夫(Vadim Elisseeff)为丝路综合研究国际委员会主席,此人曾长期担任吉美博物馆馆长,后又任该馆名誉总监,积极从事巴黎亚洲艺术博物馆的工作、远东考古和历史的研究。集美博物馆的雅克·吉埃斯于1990年参与了"中国沙漠之路"的考察,后来又筹备举办了有关这次考察的展览和学术讨论会。贝莱克和于格夫妇参加了1990—1991年的海上丝绸之路国际学术讨论会。1992年,联合国教科文组织法国委员会和法国辛格—波利尼亚克基金会在巴黎组织了一次"丝绸之路,科学和文化问题"的学术讨论会,贝莱克、戴仁、叶利世夫、冯赫伯、彼埃·让代尔、雅克·吉埃斯、迪儒丹(Michel Mollat du Jourdin)、尼古拉·勒维尔(Nicole Revel)、克莉斯娜·里布等一代名流与会,会议论文集由巴黎的联合国教科文组织于1994年出版:《丝绸之路,共同遗产和多种个性》。法国专家们还参与了三项重大的国际协调计划:尼古拉·勒维尔参加了"丝绸之路上的史诗"研究规划,彼

埃·勒毕格尔(Pierre Le Bigre)参与了“沙漠客栈研究和保护”规划,冯赫伯参与了西域石油勘探法规的研究与制订规划。这些活动都进一步促进了法国对丝绸之路的研究。

自从中法于20世纪60年代初建交以来,特别是自中国实行改革开放以来,法国的科研人员、汉学家和其他专家们都写了不少研究中国西域史的论著。伯希和有关库车、苏巴什、吐木库拉、克孜尔、克孜尔尕哈、图木舒克的考古报告,有关西安府景教碑的遗作、有关吐鲁番交通道路的遗作以及有关西域基督教的著作,沙畹和马伯乐有关斯坦因中亚探险所获汉文文书的著作,韩百诗有关蒙古和西域史的论著,让·多维耶(Jean Dauiller,1908—1983年)有关古代叙利亚人和亚美尼亚人的论著、戴密微有关西域佛教的论著、让·里夏尔(Jean Richard)有关中国与罗马教廷关系的论著都先后面世。这些都是有关丝路的权威著作。

历代西人经西域陆路和海路来华旅游的游记都是研究丝绸之路的宝贵资料,但这类著作卷帙浩繁。在所有西方学者心目中,再没有比马可·波罗能更好地象征丝绸之路了。马可·波罗游记改头换面的编译本、注释本、通俗本、电视剧、电影铺天盖地而来。这场风暴的起源是由于1954年在意大利举行了所谓马可·波罗诞辰700周年的学术讨论会,由意大利罗马大学中东和远东研究所主持,许多国家的学者济济一堂。法国学者中有马克斯·韦伯(Marx Weber,1864—1920年)的弟子和卡尔·马克思的信徒(曾被定为“托派分子”)、中国中世纪经济史学家白乐日(Etienne Balazs,1905—1963年),法国20世纪的汉学大师戴密微,伯希和的弟子和事业的继承人韩百诗等名流到会,会议论文集《极东》于1957年刊行,1955年,韩百诗出版了现代法文全译本的《马可·波罗的〈寰宇记〉》。伯希和对马可·波罗著作的注释,已作为其遗作而由韩百诗分别于1959年、1963年和1973年分三大卷出版。经布尔努瓦夫人在法国最大的图书馆巴黎国家图书馆中检索,1936—1959年间共出版了有关马可·波罗的著作21部,1960—1979年为17部,1980—1993年间却达到33部。这也间接说明了法国学术界对丝路研究兴趣的增加。上文提到的戴仁的专著《马可·波罗与丝绸之路》(1989年),由雅克·海尔(Jecques Heer)编写的《马可·波罗传》(1983年)等,它们也都是研究马可·波罗与丝路的必读著作。

法国自20世纪70年代以来,陆续出版、重版、辑录和译注了一大批丝路古代游记。如米歇尔·莫拉·迪儒丹和让·德尚热(Jean Dessanges)合著的《千年古道》(1988 年)。迪儒丹于其书中叙述了元代前后的丝路游记,德尚热则介绍了此前更早时代的西人游记。迪儒丹还出版了一部《13—15 世纪的探险家》(1984 年)。卡普勒夫妇于 1985 年出版了《鲁布鲁克蒙古行记》的最新译注本。鲁布鲁克是佛兰德人,于 1253 年由法国路易九世(即后来的圣·路易)派遣出使蒙古。他于 1255 年 8 月回到北非的黎波里后,写了一部《东方行记》。柏朗嘉宾(Jean de Plan Carpin)生于佩鲁贾,于 1245 年根据里昂主教会议的决议,奉英诺森四世教皇的教谕出使蒙古。他于该年 4 月 16 日从里昂登程,访问了蒙古大汗幕帐,于 1247 年 11 月才返回里昂。他用拉丁文写了一本出使报告《蒙古史》。韩百诗与贝凯于 1965 年出版了《柏朗嘉宾蒙古行记》的最新译注本。这两部书是西人有关中国(特别是中国民族学)的最早记述,对丝路研究颇有价值。当然,我们更不应该忘记巴黎罗伯尔·拉封出版社于 1992 年推出的《西域和西藏游记》以及《中国游记》这两部游记集了。

综上所述,法国学者对丝路研究的成果甚丰,始终居欧美之首位。其成果对于中国学者的研究,也颇有裨益。

伯希和西域探险与中国文物的外流

敦煌藏经洞的开窟、敦煌文献的发现和敦煌学的诞生已经100多年了;我国西域与敦煌历史文物和文献的外流,更有100多年了。在西方的科考、探险、考古学家们劫掠敦煌西域文物的狂潮中,法国探险家、语言学家、东方学家和汉学家伯希和的西域探险,则颇为引人瞩目。本文试对伯希和西域探险团在我国新疆和甘肃各站,尤其是在敦煌从事考察和劫掠文物的史事,略作钩沉。

一、伯希和西域探险团的缘起

自19世纪下半叶起,西方列强在对海外殖民地分割完毕之后,又掀起了一股中亚(西域)探险考古热潮。其实,俄、英、德、瑞典、美、芬兰等国进入西域并从事科考探险的时间,都要比法国早一些。西方列强在西域探险问题上,也如同在争夺海外殖民地和海外市场时一样,始终都钩心斗角,互相倾轧。大英帝国借助于在印度的有利地位和阿古柏在新疆叛乱的机会,首先妄图染指我国新疆。该国于1834年派遣沃森(W.H.Wathen)赴于阗进行考察,约翰逊(W.H.Johnson)于1865—1866年考察于阗,沙敖(R.B.Shaw,邵乌)于1870年考察叶尔羌与喀什,苐赛斯(T.D.Forsyth)及其同事们于1873年考察喀什与塔里木盆地周边地区。英国探险家贾斯理(Carey)和达尔格莱斯(Dalgleish)稍后于1886—1887年也前往同一地区考察,鲍尔(Bower)少校利用一次追捕杀害达格莱什的逃犯的机会而于1889年到达沙雅。但这些英国人直到此时仍未考察清楚,究竟应将塔里木文化归属于哪一种文明。直到匈牙利血统的斯坦因受英国政府派遣,于1900—1901年进行第一次西域探险为止。

早就对中国新疆垂涎三尺的沙俄帝国，更是不断地派遣文武官吏对塔里木盆地南缘与喀什地区进行考察。如普热瓦尔斯基（N.M.Prževal'skji）于1870—1885年分别对罗布泊、且末和阿尔金山诸绿洲进行了四次考察。1885年，格伦伯切夫斯基（B.L.Grombêcevskii）在塔里木盆地西缘从事考察发掘。1889—1890年间，佩夫乔夫（M.V.Pevčov）、罗博罗夫斯基（Roborovskii）、博格达诺维奇（Bogdanoviĉ）和柯兹洛夫（P.K.Kozlov）分别对喀什、天山南麓、叶尔羌河上游地区作了考察，帝俄驻喀什领事馆秘书雅·雅·鲁特斯（YaYaLyuts）搜集了一大批古文献并入藏于艾尔米塔日博物馆。贝林格（Belinko）和帝俄驻喀什领事廓罗克洛夫（G.Kolokolov）则将其搜集品入藏于帝俄科学院的人类学和民族学博物馆。帝俄皇家考古学会东方部根据1891年11月28日的会议纪要，而向彼得罗夫斯基（撇托勒夫斯克）发去了一份有关在喀什地区从事考古发掘和科学考察的调查提纲。帝俄皇家科学院与考古学会，于是在1897年派出由克莱门茨（D.A.Klementz）率领的考察团，赴吐鲁番和塔里木盆地从事发掘工作。

瑞典人斯文·赫定（Sven Hedin，1865—1952年）于1890—1902年间三次赴西域进行考察。由格伦维德尔（Grünwedel）、胡特（Huth）率领的德国考古探险团，于1902—1903年首开西域探险之行，由渡边哲信和堀贤雄率领的第一个日本大谷探险团也于同时到达塔里木盆地。

这些考古探险团都大肆地非法发掘、收购、盗窃了大量中国文物，以丰富他们各自国家博物馆与图书馆的中国特藏。

在西方和日本争相向中国西部派遣考古探险团的热潮中，老牌的殖民主义者和尤为注重文化事业的法国却姗姗来迟。但在19世纪下半叶，也有几名法国旅行探险家进入过西域。如博安（C.E.Bonin）于1899—1900年、吕推（Dutreuil de Rhins）和李默德（Crenard）于1889—1894年、沙畹（E.Chavannes）于1907年、古伯察（E.-R.Huc）和秦神父（Joseph Gabet）于1843—1845年，多伦（d'Ollone）于1906—1907年、邦瓦洛（G.Bonvalot）和奥尔良（Henri d'Orléans）于1895—1896年，都曾先后赴西域不同地点旅行探险。虽然法国在西域考古探险起步较晚，人数较少，但也劫掠了不少文物与文献。因为等到法国科考探险团远涉西域时，那里的几大重点考古发掘地点（喀什、库车、吐鲁番、敦煌、于阗），均被其他国家的同行们捷足先登了。

西方列强在西域科考与探险方面的竞争，主要是对文物古籍的竞争，形成严重对峙的局面。他们为了在西域从事更加系统而广泛的考察，分工对几大重点地区进行发掘，并且决定统一协调这方面的工作。1890年，在罗马召开的东方学家代表大会上，决定组建一个"西域和远东历史、考古、语言与民族国际考察委员会"。1902年在汉堡召开的新一届东方学家代表大会上，这个西域国际考察委员会最终组建起来了。其总部便设在西方列强中离西域最近的国都——俄国首都圣彼得堡。在国际委员会之下，还设立了各个成员国的国别委员会。这是帝国主义和殖民主义国家惯用的划定势力范围的老伎俩。

西域国际考察委员会的法国委员会，由法国著名东方学家埃米尔·色纳尔(Emile Sénart，1847—1928年)任主席。色纳尔出身于豪门富户，终生酷爱学术。他年轻时就深受印度佛教，特别是"北宗佛教"的诱惑，成为一名卓有成就的印度学家。他曾出版过有关巴利文语法、印度文碑铭、印度种姓制度、《正法华经》和《大事》(Mahavastu)的研究论著。他从1882年起便当选为法国金石和美文学科学院院士，同时又受聘为意、比、荷、俄、德诸国科学院的院士。他担任法国亚洲委员会主席一职长达近30年，曾大力推动筹建法兰西远东学院，也曾参与组织法国赴伊朗和阿富汗的考古活动，当时正任法国地理学会主席。所以，正是他提议和推荐派遣法兰西远东学院的汉语教授伯希和(Paul Pelliot，1878—1945年)率团赴西域考察。

法国的既定目标就是，在这场激烈的国际大竞争中，法国必须夺占与其名望和地位相匹配的份额。伯希和中选是由于他学识过人，又富有亚洲活动的经验，精通几门亚洲语言和拥有这方面的高水平文化知识。该团中的另外两名成员，分别是法国殖民地军队的军医、原北圻或东京湾人路易·瓦阳(Louis Vaillant)博士，负责地理测绘、天文观察和自然史方面的工作；专业摄影师夏尔·努埃特(Charles Nouette)负责照片、图片资料和档案工作。整个探险团所需大部分资金，都由法国金石和美文学科学院、法国科学院、公共教育部等单位共同赞助。诸如法国商业地理学会、法国亚洲委员会和自然史博物馆那样的一批学术团体，诸如波拿巴王子和色纳尔先生本人那样的一批热衷于赞助文化教育事业的社会名流，也都慷慨解囊。奥尔良基金会的一笔逾期未付款也被划归伯希和支配，从而使伯希和西域考古探险团置于一位大旅行家的名誉保护之下。其实，伯希和于1901年刚从越南西贡医院出院的那天，正是奥尔良王子逝世于同一家医院的日子，真是一种巧合。

伯希和率领的法国西域考古探险团,正是在这样的国际国内背景下,组建起来并出发赴西域,从事了近三年的艰苦卓绝而又收获甚丰的工作。

二、伯希和探险团首战喀什地区与图木舒克

伯希和西域考古探险团一经组建,便立即开始了积极的筹备运作。他们在人员、资金和设备诸方面的准备工作,持续了一年多。1906 年 6 月 15 日,伯希和一行风风光光地离开法京巴黎,踏上了漫漫的近三年西域考古探险之路。他们先乘火车,经过十天旅行后便经莫斯科和奥伦堡,到达当时俄属突厥斯坦的首府塔什干。他们在塔什干停留了一个多月。这是为了等待他们那些从圣彼得堡用船运来的大批行李设备。

伯希和也需要利用这段时间,以便学习东突厥语,主要是维吾尔语。因为作为语言学家的伯希和,过去只从书本上学习过这种语言,而缺乏实际应用的机会。

伯希和一行然后乘火车前往安延集,他们一路上沿富饶的费尔干纳河谷(古大宛)前进,那里盛产棉花,遍地是森林和矿藏。8 月 11 日,他们到达了距安延集只有十多公里的奥什(Och),最终下了火车,开始组织赴喀什的马队。沙俄地方当局为他们备下了可供雇佣的哥萨克护卫队。卫队长是芬兰裔男爵马达汉(Emil Mannerheim),此人于中途告别伯希和而独自从事考察。他后来又于 1939 年出任芬兰军队的元帅,于 1944 年又担任芬兰共和国总统。他在苏芬战争中是芬军进攻苏联的统帅,在二战中又是希特勒法西斯的帮凶。当时他正奉沙俄的命令,赴中国西部刺探军情和掠夺文物。后因十月革命,坚持反苏反共立场的马达汉已经无法返俄,只好回芬兰。他们结队而行,一直到达喀什。马达汉实际上是利用伯希和探险团,作为自己进入中国的掩护和为此而提供方便。沙俄当局也正是以此为条件,才为伯希和一行提供各种方便并选派两名哥萨克人做护卫。这两名哥萨克人一直陪同伯希和等到达北京。其主要任务是当伯希和一行从事考察而远离营地时,他们负责看管行李物品。

伯希和一行于 1906 年 8 月间,率一支由 74 匹马组成的马队出发,仅为驮运行李就用了多达 24 匹马。他们经过塔尔德克达坂(Taldyq Dawan,山口),再沿柯尔克孜牧场前进,曾与阿尔泰山地区的柯尔克孜女王公之子阿萨姆(Assam)同行,并有过一次颇具学术味道的交谈。他们最终从伊尔

克什塔姆(古休循国,Irkechtan)越过俄中边界。再经过20天的旅行,于1906年9月1日到达喀什。这是他们计划于中国从事考古发掘的第一站。

在喀什,俄国驻喀什领事廓罗克洛夫,将伯希和一行安排在俄国领事馆的一座建筑物中。英国驻喀什领事马继业(Macartney)公爵也经常去拜访他们,并帮助他们组织驮队。瓦阳声称,伯希和在俄国人、英国人和中国人中,都很有"面子",这是由伯希和的渊博的学问和丰富的语言学知识所赢得的荣誉。

由于其他国家的考古探险团已先于伯希和一行在喀什活动过,所以伯希和一行只在那里作了一次人类学调查。此外,他们还从事地理调查和对道路进行测绘。

伯希和一行在喀什逗留了六个多星期,因为其最终目标是距喀什东北约一月行程的库车绿洲。他们到达喀什时才获悉,德国人刚在库车作过发掘,俄国人贝勒佐夫斯基(Berezovskii)也曾在那里逗留过。但在一个多月的时间里,他们分别从地理学、考古学和语言学的观点上,对该地区作了考察,其考察工作集中在四个点上。

有关喀什周围的前伊斯兰教遗址,距喀什北部15公里左右的三仙洞是丝路上的喀什的一处名胜。曾任叶尔羌帮办大臣和喀什噶尔参赞大臣的和宁,于嘉庆九年(1804年)所纂《回疆通志》卷7记载说:"回城北三十里上下……有清泉,甚甘冽,迤北陡壁之半崖,有石洞三,洞中置石仙像。"这就是著名的三仙洞。在伯希和之前,英国的斯坦因、日本的橘瑞超、德国的勒柯克都曾对这里作过考察。但不知为什么,伯希和始终称此地为"三山洞",可能是由于误听发音而造成的误记。伯希和于1906年10月10日从喀什寄出的一封信中,介绍了他的这次考察结果。三仙洞位于从喀什到七河的大道上,也就是说地处喀什城北15公里左右的那林河(Naryn)流经的地面上,于黄土高坡上开凿了三眼石洞。富有探险精神的伯希和率瓦阳与努埃特共同用滑车攀上了三仙洞。他们发现洞内的烧陶(灰墁)层是在将原涂层剥落后,又重新贴上去的。这应该是1815年的重修层,装饰和绘画风格都是中原式的。洞中原来收藏的箭矢和木简,均被俄国撇托勒夫斯克的卫队长带走了。洞中写满了游人题记,其中有汉人、蒙古人、满族人和突厥人等。这大体上反映了当地民族的构成。赴三仙洞参观考察的所有人都具有各种不同信仰,除了汉、满两族人员之外,其余几乎全是兵勇。信佛者在这里有他们的"佛祖",伊斯兰教徒则以摧毁佛教供像来完成自己的虔诚善业。木简证明这些洞子是于嘉庆二十一年九月(1816年10月至11月),由清朝将军下令修葺的。最古老的游人题记当属1788年。所以,三仙洞的装饰大部分都是乾隆皇帝于18世纪平定新疆之后完成的。因为涂层上写有比绘画更古老的题记。

伯希和继瑞典传教士霍贝克(Hökberg)之后,也介绍了三仙洞的开洞原因:当一位不信教的国王统治疏勒时,众仙预言其公主将来会被毒蛇咬死。焦虑不安的国王令人在悬崖峭壁上开凿了三眼洞,以将公主安置于其中。他还采取了严密的防范措施。后来有人瞒着国王,给公主递上去一筐水果,毒蛇藏匿于水果中,公主果然如同诸仙预言的那样,被毒蛇咬死了。其实,类似的故事在西域流传甚广,版本甚多,并非独指三仙洞。努埃特拍摄了当时就已经很少见的几幅三仙洞的照片,瓦阳对洞子作了全面调查,详细记录了洞口、中部、后屏和左、右披各自的长度、高度和宽度。他还记下了洞内壁画内容,并录下了壁画题识和游人题记。事实上,考察三仙洞是伯希和西域大探险的一次演习。

在三仙洞以东约两公里左右的地方,于察克玛克(Tchâqmâq)河南岸,便是图古曼(Tegurman)遗址。伯希和将该遗址考证为"水磨房"。撇托勒夫斯克未曾提到过该地区。1905年的德国探险团和1906年的斯坦因,却都曾提到过它。斯坦因将该地名记作Tigharman,后又改作Khakan-ning-shahri,意为"大汗城"。但他却未考证清楚这个"大汗城"即水磨房。在伯希和探险团使用的地图上,却作Khaniya,意为"汗城"。伯希和认为该遗址群系由佛教时代(似乎是由窣堵坡和南坡保护的四边形建筑)和伊斯兰时代(西部的"炮台"以及介于炮台和四边形建筑之间,那座尚未被考证清楚的建筑)。伯希和亲自率领10名民工,对水磨房作了发掘,获得了一批陶片和一个铜铃。

在从穆斯林的喀什到英吉沙尔古汉城之间大道的左侧,便是"旧城"或"古城"(Eski-Chahr)遗址。撇托勒夫斯克从未讲到过此地,斯坦因对它也仅仅是一笔带过而已,伯希和则认为应将它断代为穆斯林时代,尽管它显得相当古老。伯希和未对它作详细描述,只拍摄了一批照片,并绘制了平面测量图。

对于喀什东北的汗乌依(Khan-öl,Khan-üi),也就是"汗宫"的著名遗址,伯希和作了重点发掘,特别是对其中"鸽子窝"(Kaptar-Khana)、萨尕勒墙(Saqal Tam)和哈撒墙(Hasa Tam,破城墙)、"九间房"(Toqqouz-

Hodjrah)等诸多考古点,都作了发掘和考察,并且均有不同程度的收获。尤其是他还发现了一处尚未有人考证过的佛教遗址,发现了佛像残片及几枚钱币。

对于喀什绿洲的前伊斯兰文明古迹,伯希和主要是对三个古遗址作了考察发掘。

第一个发掘点是"库尔干窣堵坡"(Kourghan Tim),伯希和又称之为"库尔干墙"或"库尔干炮台"。斯坦因曾对该遗址作过考察,并作了不太详细的记述。

第二个考古发掘点是红山(克孜勒—戴卜,Qyzyl-Debe,红山),位于克孜勒苏河的故河道左岸,距克孜勒苏与土门河(Tümen)的交汇处只有3公里远。

第三个是"小山"(Kichik-Debe),位于红山以西。

对于喀什地区的佛教遗址,伯希和考察了莫尔山(Mori Tim)、沙山(Topa Tim)、墩库勒(Tong Kül)和阿克喀什(Aqqâch)等处。伯氏特别对炮台山作了两天发掘,在帕依纳普村发现了一个所谓的阿卜达尔人(Abdal)的小聚落。

1906年9月26日,伯希和探险团离开了汗宫,取道东南方向,前往墩库勒。那里是距汗宫有6—7公里的一片小绿洲。9月27日,他们前往阿克喀什,在那里发掘了克孜尔炮台(Qyzyl-Tim)以及尕哈炮台(Qaqha Tim,Tim指"墙"或"窣堵坡")。

伯希和在喀什地区搜集到的某些佛教文物价值有限,虽然它们都是绝无仅有的。例如,他在炮台山发掘到一幅巨耳造像。此外还有某些非泥塑而是石膏烧陶物残片。所有这些文物现今均收藏于吉美博物馆。

三、伯希和探险团在图木舒克的惊世大发现

经过在喀什地区一个多月的勘察之后,伯希和考古探险团于1906年10月26日离开了该绿洲西部的玉代克利克(Ördeklik,野鸭地),在那里搜集到了几种罕见的玉器残片之后,于该月28日到达了玛喇尔巴什(Maral-Bachi,今之巴楚)。他们于29日到达图木舒克并在该地区一直停留到同年12月15日,在那里发现了库车绿洲西缘唯一的一片佛教大遗址群。因为在距图木舒克村不远处,有一片完全被湮没的遗址。斯文赫定认为它是

伊斯兰教时代的遗址。伯希和在该遗址中仔细地搜寻任何一种可能为古建筑断代的标志。当他用其哥萨克马鞭梢无意识地扒拉地面时,竟然发现了一个属于印度—希腊佛教风格的陶俑。这种半希腊半印度的佛教艺术,主要诞生于印度河上游。它通过西域"胡人"的媒介作用,缓慢地从印度河、阿姆河与帕米尔传入中国中原,乃至远东的日本。新疆是这种传播中的一大站。图木舒克有一座早于公元1000年的佛教僧伽蓝遗址。这是在伯希和之前任何人都未曾发现和指出过的事实。该遗址事实上应被称为托古孜—萨莱或托乎孜—萨拉依(Toqqouz-Saraï,意为"九间房"或"九僧房")。伯希和立即组织民工对该遗址进行了发掘。

这项发掘工程以每天雇用25或至30名民工的速度展开,共持续6个星期。他们对该遗址作了完整的平面测绘,出土了大批雕塑和木雕残片、几种奇形怪状的陶器。他们在发掘后期,还发现了一处类似浅浮雕陈列馆的地方,浅浮雕虽已变得脆硬易碎和残损严重,但仍不失其宏伟气魄。它们揭示了在7—8世纪期间,把中国西域与由印度—斯基泰国王统治下的犍陀罗艺术联系起来的纽带。伯希和发掘到的文物,运往法国后先在卢浮宫展出,后又入藏集美博物馆,曾在法国乃至整个西方轰动一时。

1906年9月—12月12日之间,伯希和留下了一部宝贵的喀什与图木舒克考古笔记。

图木舒克(Toumchouq, tumšuq)在突厥语中的本意是"鸟喙"或山岬地,后来用于指崎岖不平的地势,具有指"岬角"的意思。图木舒克村庄也确实是指,向南于喀什河与叶尔羌河的沼泽山谷方向延伸的岬角。此地即唐之拨换城或跋禄迦(Barukha)之故地。在18世纪时,则是指从南部的麦盖提(Markat)到北部的启浪之间的整个巴楚(Bartchouq)地区。此名相当古老,在穆斯林突厥人进入之前,它被用于指在玛喇尔巴什地区所操的两种近似于阗语的方言:一种为玛喇尔巴什方言,另一种为图木舒克方言。"图木舒克"这个地名既未出现在喀什噶里的突厥语大辞典中,甚至也未出现在米儿咱·海答儿的《拉失德史》(1541—1547年)中。这是一个突厥文名称,但它似乎曾在敦煌藏文写本中出现过,作Thum-šuk。德国考古学家勒柯克曾将该遗址断代为4世纪末或5世纪初。伯希和于1923年在《通报》中发表的书评指出:"我确实认为,图木舒克是中国新疆,至少是塔里木盆地北缘最古老的佛教遗址之一……但我觉得应将勒柯克教授提出的断代时间推迟1—2个世纪。"最后,伯氏认为应将其时代推迟到公元8

世纪。

伯希和考古探险团在图木舒克发掘到的文物，主要有雕塑、壁画、陶器和杂物。雕刻品或版画，特别是在托乎孜撒莱（九间房）发现的那些，包括仪轨供像和单独的雕像、浅浮雕和装饰建筑物的浮雕。其中的雕塑品有佛陀、菩萨、天神、王公或下层世俗人、僧侣和苦修山僧等。其主体作品应断代为6—7世纪中叶，雕塑的主要材料是黏土和“柴泥”，其技术主要是模制。那里的壁画主要用于装饰寺院的墙壁、天花板和地面。其中的杂物可分为宗教法器、金箔、舍利盒、还愿物、世俗生活用品（珍珠、首饰、骨制品、青铜或其他金属品、箭头、玻璃片、布帛和绳索、扫帚等）。它们现在均被入藏集美博物馆。

四、伯希和考古探险团在库车绿洲的重大发现

经过在图木舒克的发掘之后，伯希和考古探险团于1906年12月15日离开那里，经阿克苏和拜城，向他们的另一个重点目标库车绿洲前进，并于1907年1月2日到达库车。他们一行在库车共勘察发掘了8个月，直到1907年9月3日才离开那里，转而向乌鲁木齐前进。早在该考古探险团离开法国之前，他们就听说了有关库车“明屋”（ming-uï，ming-oïg，千佛洞），洞中覆盖着7—10世纪的壁画，而且德国人、日本人和俄国人均已先期光顾了。由于先前几个外国探险团都过分地专注于“千佛洞”，而忽略了几座露天寺院。伯希和一行最终在那里发掘到了一大批木雕、印鉴、钱币、带涂漆与绘画的骨灰盒，以及一大批写本。他特别是在一座寺院的院子里发现了一大批用被称为“婆罗谜”文的印度字母书写的写本。它们都被运往了巴黎。

在此期间，瓦阳博士测绘了库车绿洲的一幅平面图，努埃特拍摄了克孜尔千佛洞的一大批照片，伯希和本人又亲自去考察了库车以北那条过去将裕勒都斯河（Youldouze）与帖克斯河（特克斯河，Tékès）联系起来的通道。

伯希和一行到达库车时，德国考古探险团已经离开。他们在那里遇到了俄国考古探险家贝勒佐夫斯基，并与之保持和睦相处。一直到1907年4月间，伯希和一行都停留在库车周围地区。后来，伯希和制订了自己的考察计划：踏勘和研究库木吐拉千佛洞，这批佛洞开凿于木札提河（渭干河）

左岸的雀离大山山口的崖壁上;考察都勒都尔—阿乎尔(Douldour-Âqour),那里有在木札提河以西平原中建造的寺庙遗址;然后再前往苏巴什(Soubachi),那里有数座寺庙和寺庙遗址,它们一直延伸到即将流出大山的库车河两岸。根据这项计划方案,伯希和一行于1907年3月16日—5月22日在库木吐拉停留;然后又交叉地发掘了都勒都尔—阿乎尔(4月17日—8月5日),绘制了一幅考古遗址平面图,发掘出土了各种文字的写本,特别是早于9世纪的梵文和婆罗谜文写本或简牍,另外还有供奉遗物和木雕像、各种钱币、各类装饰物。伯希和在这里最满意的发现物,还是获得了那些西域死文字的写本。他在6月4日的日记中写道:“我对此感到了满足,因为我获得了丰富的写本文献”。他们一行于6月10日—7月25日,又对苏巴什作了发掘,也获得了彩绘木盒、雕塑像与壁画残片等。最后,伯希和一行又从库车以北翻越天山,到达裕勒都斯并在那里的吐尔扈特人中度过了几天。瓦阳再次返回库车,以对该绿洲进行测绘并从事天文观察,努埃特则赴克孜尔千佛洞去拍摄石窟及其壁画。

伯希和一行在库车地区考古探险时,以唐代礼佛取经高僧玄奘的《大唐西域记》为导游手册。玄奘于630年经过屈支(库车)国,并对昭怙厘二伽蓝作了描述。伯希和根据玄奘的惟妙惟肖的记述,曾对该地区的考古发掘寄托很大希望。伯氏将都勒都尔—阿乎尔寺和苏巴什宗教双城比定为阿奢理贰(屈支语,意为“奇特”。但伯希和不知为什么又读作“阿奢理腻”,可能“贰”与“腻”当时通假)大寺和昭怙厘二伽蓝。

伯希和特别注重绘制一幅有关库车绿洲以及从沙雅直到塔里木盆地的详细地图。他为此而不仅让瓦阳以各种方法从事天文观察、测量路途距离、搜集动植物和矿物标本,并且还注意搜集民间传说。为了吸引民众、并从事人类学方面的研究,他们还开办了一间诊所,特别是从抽取腹水手术、戒毒、医治脊椎结核和髋关节结核、急性和慢性风湿病、肝胃肾疾病和眼疾等方面着手。

1907年5月28日星期二,伯希和在都勒都尔—阿乎尔度过了其29岁的生日。这一天,他们基本上完成了对该遗址的发掘,清理了最后一个垃圾坑,获得了一大批文书残卷。

伯希和一行6月10日到达苏巴什,一直逗留到7月24日。这个考古点位于库车以北15公里左右的地方,地处雀离塔格山脚下和库车河出口处。各占地近一平方公里的二僧伽蓝便分别位于该河的两岸。

伯希和留下了分别写于1907年4月17日—6月4日和6月6—18日的一部都勒都尔—阿乎尔和苏巴什的考古笔记,详细记载了他们每天的发掘工作和所获得的文物。他们在都勒都尔—阿乎尔每天雇用25名民工,在苏巴什最多时每天动用67名民工(6月12日,星期三),对所有遗址都作了大规模的系统发掘。他们在都勒都尔—阿乎尔主要是对佛教精舍、寺院与山门、中央大院、阿兰若、僧伽蓝的侧院、中心窣堵波、甬道等进行发掘。伯希和根据文书和钱币,而将都勒都尔—阿乎尔遗址断代为初建于公元4世纪,活跃于8世纪,停废于11世纪。在苏巴什的"壁画屋",伯希和对于壁画各部分的人物姿态、服饰、发型、首饰、头冠、飘带、乐器、金刚与钵、装饰图案、建筑等方面进行了详细研究。

为了对库车地区的矿业资源进行考察,伯希和一行于7月24日—8月6日,前往库车北部的铜、矾和煤矿区作了考察。这些矿区均位于一个叫作札木什—塔格(Zamutch-tagh,森木塞塔格)的山区,意为"矾矿山"。只要沿库车河逆流而上便可以到达那里。在库治—马哈拉希村周围,有一股山泉,泉水中有石油漂动,一个人用葫芦瓢每天可以打捞2—3公升的石油。再逆河而上,便会到达拉什·凯奇克铜矿区。从焉耆地区各地开采出的铜矿石,都要集中到那里冶炼,使用风箱加热木炭的原始冶炼法。木炭出自附近的杉树林,伯希和认为这样的乱加砍伐必然会导致灾难性的后果。在达札木什—塔格山区也有煤矿。煤层为0.5米—1米厚。在山顶上有一个"呼呼洞",从洞中喷出二氧化硫的气味,热浪逼人。在库车河谷以东的札木什—塔格山区,也有阿摩铵矿(矾矿)。人们可以在洞壁上搜集到矾和硇砂(氯化铵)。在克孜勒苏的黑英山一带,也蕴藏着煤矿。此外,该地区还拥有铅矿和硫黄矿。伯希和一行对各矿点均作了仔细勘察。瓦阳采集了许多地质样品,同时还采集到了许多动植物、昆虫或飞禽的标本。

在努埃特返回库车拍摄千佛洞和瓦阳整理动植物与矿物标本时,伯希和于7月26日出发,前往考察通过裕勒都斯河流域蒙古人中的道路,特别是从库车到达阔克苏河(清水河)之间的道路。

伯希和从都勒都尔—阿乎尔和苏巴什带回法国的文物和文献,现均收藏于集美博物馆。其中主要有都勒都尔—阿乎尔的壁画、黏土和陶土塑像残片、木制品、建筑用木材、活动木制装饰品、金属品、玻璃品、印鉴、陶器和杂物。属于苏巴什的则有木制品、金属和各种原料制品、陶器和骨灰盒等。

五、伯希和一行赴乌鲁木齐考察并广交谪居新疆的中国文化名流

伯希和在考察天山道之后,于 8 月 24 日返回库车。他们在库车的考古发掘已宣告结束。1907 年 9 月 3 日,他们一行携带自己发掘和搜集到的文物,离开库车,前往新疆的行政和文化中心乌鲁木齐。他们经过轮台(Bourgour)和库尔勒(Kourla)绿洲,一直到达焉耆(Qarachar,喀喇沙尔)。他们三人从那里开始分道而行,努埃特率领满载文物的车队直赴乌鲁木齐。伯希和再返回库尔勒,沿一条山间小道直至喀喇苏(Kara-sou,黑水河,今阿拉沟),然后再沿河谷而上,一直到达托克逊(Tuksoun)。他在河谷中考察了多处佛教遗址,特别是在和硕—布拉克,它们均由格伦维德尔探险团考察过。伯希和于 10 月间到达乌鲁木齐。瓦阳则于 9 月 14—24 日之间,始终逗留在焉耆(喀喇沙尔),于博斯腾湖附近搜集各种动植物标本,如鹅、鸭、猛禽和游鱼,甚至还有野猪。他还完成了多次天文观察,特别是在一夜间对三次掩星之始的观察。瓦阳还根据伯希和的指示,也从焉耆前往托克逊和吐鲁番,以查看在德国人发掘过的遗址上是否还会有所收获。他于 10 月 6 日离开吐鲁番,于 9 日在俄国驻乌鲁木齐的领事馆中与其同伴们相会合。

伯希和一行于 1907 年 10 月 9 日—12 月 24 日逗留在乌鲁木齐。这本来是为了等待将他们的俄国钱币兑换成中国钱币。由于藩台鼎力相助,他们才万事如意,一帆风顺。据瓦阳认为,这一切都要功归于伯希和在中国官府与上层社会中的“面子”。伯希和不仅与新疆的藩台、抚台与绥台保持着友好往来,而且还特别与当时新疆最著名的中国文人交往甚笃,这些文人大多数是遭清政府流放而谪居新疆的,其中多数人的流放又与当年的义和团战争有关。当义和团在北京围攻外国公使馆时,伯希和正在法国驻华使馆武官处,并且曾与义和团直接正面冲突,甚至还夺取了一面义和团团旗,伯希和终生以此为荣。此旗至今仍存在法国巴黎的荣誉军人院或残老军人院(Invalides)中。

早期在乌鲁木齐的中原人人数不多,只有数千名商人和衙门的差役,再加上一支驻军。后来,乾隆皇帝在北路、伊犁和焉耆设立兵屯,迁来了西宁、宁夏、兰州、西安的非穆斯林居民。

在居住于乌鲁木齐市的中原人中，被发配流放的谪居旧官吏特别引人注目。除了那些因触犯普通法而被判刑的流犯外，清朝政府还向乌鲁木齐地区发配了不少因犯罪过失而被判刑的达官显贵。这些具有很高文化修养的人，非常关心该地区的发展，并且积极地向外介绍新疆。他们对开发新疆作出了贡献，就如同俄国的政治流放犯曾对开发西伯利亚作出过贡献一样。先后谪戍新疆的人中，有曾撰写《四库全书总目提要》并出任《四库全书》总纂官的纪昀，史学家、舆地学家和诗人洪亮吉，手捧罗盘和毫笔而游遍新疆并撰有《西域水道记》等多种传世名著的徐松，鸦片战争中的钦差和在新疆大兴水利工程的林则徐，因戊戌变法而受牵连的户部侍郎张荫桓等。伯希和在乌鲁木齐市期间，曾研究过这些人的功过。

在伯希和一行于乌鲁木齐逗留期间，谪戍新疆的清朝官吏，应首推辅国公载澜，伯希和始终称之为“澜国公”。他是嘉庆帝曾孙，光绪帝堂弟。载澜曾力主招抚义和团而抵御洋人，是支持义和团的端亲王载漪的兄弟。他被攻入北京的八国联军指为“首祸诸臣”之一。丧权辱国的《辛丑各国和约》(1901 年 9 月 7 日签订于北京)第二款(一)明文规定：“端郡王载漪、辅国公载澜，均定斩监候罪名，又约定如皇上以为应加恩贷其一死，即发往新疆，永久监禁，永不减免”。伯希和遇到这名 55 岁的旧官吏时，发现他性格开朗，已经相当西化了。载澜经常于其府中招待伯希和一行。每当有盛大宴会时，也将伯氏安排于其身旁。他狂热地醉心于摄影，以消磨无聊的时光。24/30 的相机已经不够他用了，他很需要一架扩印机。所以他与伯希和的摄影师努埃特交往甚笃，经常把努埃特召至其府上。

其次是苏元春，曾任广西提督，驻防越南，曾多次抗击法军，也与法国多有外交交涉，被法国人称为“苏公保”。他于 1906 年遭劾，被勒职逮问并被发配到新疆。他在印度支那就曾与伯希和相识，曾略带伤感地对伯希和说：“我认识你们所有的驻越总督和领事。此外，我还是法国 3 级荣誉勋章的获得者”。法国加列尼(Galliéni)元帅正是与他谈判签订中法双方通邮条约，从而一度平定了中国—交州湾的边境。1902 年，瓦阳曾在谅山流动医院中为他的一名军官疗伤，该军官是在与海盗的作战中受伤的。他经常与伯希和一行在乌市由比利时人创建的圣母圣心会传教区内相聚。

宋伯鲁是光绪时的进士，入翰林，任散馆御史。他由于与康梁等变法派人物交往甚笃，曾代康有为呈递变法奏章，于百日维新期间全力支持新政和变法。变法失败后，他遭革职通缉，并被流放到乌鲁木齐。宋伯鲁著有《新疆建署志》等书。他还是一名天才画家。酷爱舶来品。他与伯希和交往颇频和甚密,曾向伯希和赞扬《茶花女》这部已被译成汉文的法国歌剧。

裴景福曾任南海(广州)的知县。因被两广总督岑春煊弹劾贪污,故逃往澳门,后又由葡萄牙政府同意给予引渡。中国当局对他的审判从容不迫地进行,他也在谪居地等待昭雪。他在乌鲁木齐又成了巡抚言听计从的朋友。伯希和在新疆布政使举行的宴会上遇到了裴景福,布政使把他作为当代中国最大的绘画收藏家介绍给伯希和及其他人。伯希和从此与他的交往甚为频繁。

当时的伊犁将军长庚正在乌鲁木齐逗留,他试图在乌鲁木齐建立总督府,将巡抚派往阿克苏,但此议似乎未得到清朝朝廷的恩准。但他创办武备学堂、练新军、收回部分俄"租借",颇有政绩建树。伯希和与他也有不少交往。

当时在乌鲁木齐的新疆布政使王树枏是一位名气很大的学者,他既修中学,也熟悉西学,曾著有《希腊哲学史》《欧洲族类源流略》《彼得兴俄记》等书。当时中国各省都拥有一部通志,唯新疆阙如。王树枏正在组织编纂一部《新疆通志》。他的国学功底深厚,是许多中国经典著作的疏注人。如分别对于《尚书》《大戴礼记》《尔雅》《广雅》《离骚》《墨子》等书的笺注与疏证。为了编写《新疆通志》,王树枏特别注意向伯希和与瓦阳打听他们测量的海拔高度、天文观察成果等。

伯希和与这些人广加交往。有人向他吹嘘自己熟悉法国歌剧《茶花女》,有人要伯希和只用几页文字来介绍欧洲两个世纪以来的哲学发展史,有人还向他询问欧洲信贷的条件。

伯希和仍希念念不忘他的文化人类学研究。他对乌鲁木齐的学校教育作了一番深入调查。当时在乌鲁木齐,有半数居民操突厥语的各种方言,另一半讲汉语。在省学中,还讲授俄语和英语。而英、俄、突厥和汉语,又都是伯希和精通的语言,所以伯希和可以旁听课并向学生们提问。在乌鲁木齐仅有一所"高等学堂",计有60多名学生。他们都学习由教学大纲规定的外语、舆地学、数学和语言学知识,此外还有体育课。但由于缺乏课本和教员,教学质量不高和发展缓慢,而学生们都非常刻苦用功。另外还有一所"陆军学堂"。俄国领事馆开设了讲授俄语的学校。载澜的岳父是玛纳斯的一名正直勇敢的中原人。他也希望在那里创建一所学堂,延请圣母圣心会的传教士们讲授西洋语言课。乌鲁木齐的巡抚希望新疆的所有汉族知州和知县都能掌握突厥语。

伯希和对新疆的居民作了全面调查。其调查成果写成了一份《伯希和西域探险团有关新疆居民的调查报告》，发表于1909年河内出版的《商业地理学会印度支那分部年鉴》中；他对于新疆地理的考察成果，则由瓦阳发表于《伯希和西域探险团地理考察报告》中了，载于1955年的《历史和科学工作委员会地理分部学报》。

伯希和探险团在乌鲁木齐停留期间，还从事了一系列的天文观察，以及对气候和气象的考察，对于新疆蕴藏的石油、煤炭、铅、银矿也作了勘探。对于该地区的医疗、温泉及热水资源、商业、军事、货币、新疆官吏的人员组成、中俄关系等，也有详细调查。

通过与这些谪居文化名人的交往和其他调查，更进一步丰富了伯希和的汉学，特别是西域学的文化知识，从而为确保他的这次西域考古探险获得圆满成功奠定了坚实可靠的基础。

当时，有关在敦煌千佛洞发现中世纪写本和绘画的风言风语，已经流传扩散开了。有少量文物被王道士作为礼物而奉送给了当地官吏，从而流传到了社会上。特别是已有几个外国探险团先后光顾那里。伯希和探险团在离开巴黎时，就已经通过普热瓦尔斯基、克雷特纳和博安的著作，知道了在敦煌东南20公里处，有一大片被称为“沙州千佛洞”的佛教石窟群，洞内壁画尚未遭破坏。所以，伯希和便下决心要去研究它们。伯希和在乌鲁木齐时，又从那些谪居文化流人口中获知，1900年在敦煌千佛洞发现了大批中世纪的写本、绘画与文物，苏元春简单地向他作了介绍。载澜则送给他一卷出自敦煌千佛洞的《金刚经》写本，由于卷末写有“大唐贞元二年弟子法明沐浴焚香敬书”的题跋，所以伯希和一眼就看出它至少应被断代为8世纪。当时正在乌鲁木齐的伊犁将军长庚，也曾以敦煌卷子相赠伯希和。载澜实际上是作为对努埃特向他传授摄影知识的回报，才以此礼相赠。伯希和还通过各种渠道获悉了这次大发现的过程。王道士在清理千佛洞中的一个大洞时，偶然间打开了一个耳室，惊讶地发现其中堆满了写本、绘画和其他文物，虽然斯坦因已经抢劫走了一大批，但伯希和仍满怀希望地会在那里有重大发现。与其他外国西域探险家相比，伯希和的汉学水平最高，对情况也更为熟悉。他看到这些中世纪的文物和听到这些消息后，再也坐不住了，匆匆忙忙地奔赴敦煌。

六、伯希和西域考古探险团大海道踏古

伯希和与努埃特于1907年12月中旬从乌鲁木齐出发，经吐鲁番、哈密和大海道而奔赴敦煌。瓦阳在此之前，又对天山地区作了一次考察。

1907年12月12日，当伯希和与努埃特尚留在乌鲁木齐等待兑换钱币时，瓦阳受伯希和的派遣，前往考察当时已经是冰天雪地的玛纳斯以北的考古遗址。瓦阳一方面考察了在乌市以西130多公里处，由1876年回民起义造成的废墟，另一方面又考察了因缺水而于1885年放弃的马轿子遗址。瓦阳用1∶20万的比例尺绘制了平面图，沿途遍是因回民起义而造成的废墟。他详细地测量了昌吉、玛纳斯、呼图壁、芨芨梁子、五户地等地的距离与海拔高度。

12月24日，瓦阳返回乌市，伯希和一行已经离去。瓦阳并没有直接去吐鲁番，而是取道天山北麓的那些被大雪覆盖的山峰、牧场与松树林。他首先向北走了40多公里，经过博格达—乌拉山的最后余脉，直到济木萨尔；然后又离开古城大道而到达泉子街，再到大杨树，渡过白杨河而到达夏吐勒克。1908年1月5日，瓦阳在吐鲁番与伯希和、努埃特相会合。他们一行于1月6日从吐鲁番出发，经辟展、七个井子、后窟煤矿区，而于1月24日到达哈密。他们又考察了由"萨尔特"小王公统治下的哈密地区。1月28日，他们一行离开哈密，一直到达南山脚下的沙漠地区。从此走上了所谓的"大海道"。

伯希和一行在从吐鲁番到哈密这400多公里的道路上，共分12程走完。他们在辟展和啜库鲁泉建立了两个天文观察站，分别测量了胜金口、七克台、西盐池的海拔高度和距离。在伯孜克里克、木头沟、七克台作了考古发掘并获得了一些写本卷子和陶片。经过萨里·哈米什（黄芦岗）之后，一条路通瞭墩，另一条则通向哈密。从北部经巴里坤后，也到达瞭墩。他们经过沙泉子、塔什干其克采石场，便到达煤矿区。他们从三道岭子折回，经三堡、五堡和四堡等佛教遗址，再到达太仓、阿斯塔那、博斯坦和卡瓦特。

1908年2月3日，正值中国春节（新年）之际，伯希自沙泉子写给巴黎地理学会会长色纳尔的信（载1908年6月15日于巴黎出版的《地理学报》第17卷）中，详细地介绍了大海道，特别是对这条路上的汉文和维吾尔文

地名作了比定。伯希和指出，从甘肃西部到哈密有四条路可走：从安西到哈密；从敦煌出发，经石板 、马莲泉、柳树筐子、红柳井子到达苦水，再经哈剌泊而到达哈密；从敦煌以北的伊尔呼本克井出发，经艾什莫克井、嘎顺、格子烟墩，然后也从哈剌泊到哈密；从敦煌出发，经库鲁克塔格山和阿尔金山以北，经伯罗春子、嘎斯布拉克和脱利而到达哈密。

他们在新疆经过的最后一站是星星峡，经历了他们旅途中最低气温-36℃。他们在那里经过考察穆斯林遗址、一座佛塔之后，才到达马莲井子。他们分别在烟墩、沙泉子和红柳园子建立了三个天文观察站。出哈密后，经喀尔力克山遗址，到达库米什（银山馆）沙漠，再到红柳岗，直达长流水，沿途测绘。他们曾专门从烟墩赶到天生墩去考察小佛寺群，然后再返回苦水。

伯希和一行在安西州南部的大山中转了一圈之后，于 1908 年 2 月 14 日到达沙州（敦煌）。他们自从 1 月 28 日离开哈密后，直到 2 月 12 日到达沙州绿洲，才首次见到了耕田。沙州绿洲是从石槽子开始的。

七、伯希和千佛洞劫经及其对敦煌地区的考察

当时，沙州绿洲的面积只有 25 平方公里，人口 3 万（沙州城内 3000—4000 人），分散在 85 个村庄。伯希和首先对这片绿洲作了测绘。瓦阳于 1908 年 2 月 25 日—3 月 20 日，在千佛洞从事天文观察，然后又依次对嘎顺、石板 、青冬峡与南台作了测绘。

伯希和一行于 1908 年 2 月 12 日到达沙州绿洲，于 2 月 14 日到达敦煌县城。努埃特利用这几天的时间，对千佛洞的 182 个石窟（有的带有几个耳室）作了编号，克服重重困难，拍摄了数百幅洞内壁画的照片，这就是后来于 1920—1926 年分 6 卷出版的《敦煌图录》的内容。瓦阳则绘制了一幅石窟平面草图。2 月 24 日，伯希和首次考察千佛洞，然后又返回敦煌县城，以借用那里收藏的雕版而抽印两套 1831 年出版的《敦煌县志》。他首先从中寻找徐松于 1823 年在《西域水道记》中转录、沙畹曾提及却又未曾刊布过的一批碑文。

伯希和到达敦煌后，首先制订了其考察提纲。他要把洞壁上尚可辨认出来的题识和游人题记，都抄录下来。当时莫高窟共有 500 多个洞子。其石窟外貌、洞内壁画、彩塑、画像和供养人的名字，基本上保持着 6—10 世

纪的原样。唯有一位汉学家才能利用洞中的题识和游人题记,题记绝大部分都是汉文的,西夏文题识只有20余方,而八思巴文题识却只有10方左右。此外还有藏文、回鹘文和婆罗谜文的题识。伯希和便逐洞地记载了洞内壁画的内容、题识、壁画和建筑风格等。

伯希和最念念不忘的还是他从乌鲁木齐市起就获知的藏经洞中收藏的卷子、绘画和其他文物。他并未费多大力气,便在敦煌找到了道士王圆箓。王道士讲到,在藏经洞内工作过三天的斯坦因曾给过他“一笔相当可观的钱”。王道士返回敦煌取钥匙去了,伯希和又在千佛洞等待了数日。

1908年3月3日,正是天主教封斋前的星期一(狂欢节的最后一天),伯希和进入了他称之为“至圣所”的藏经洞。他于1908年3月26日写于敦煌千佛洞,并于4月27日交给驿站而寄给法国地理学会会长,也就是西域国际考察委员会法国委员会主席和派遣伯希和出使西域的色纳尔的信中,详细地介绍了这一过程。

伯希和写道,当王道士为他打开藏经洞时,“我简直被惊呆了。自从人们从这一藏经洞中淘金的8年来,我曾认为该洞中的藏经已大大减少。当我置身于一个在各方向都只有约2.5米、三侧均布满了一人多高、两层和有时是三层厚的卷子的龛中时,您可以想象我的惊讶。数量庞大的一批用绳子紧扎在两块小夹板之间的藏文写经,被堆积在一个角落里。在其他地方,汉文和藏文字也从扎捆的一端显露了出来。我解开了几捆,写本大多是残卷,或首尾残缺,或中间腰断,有时仅剩下一个标题了,但我解读出的几个时间却都早于11世纪。从这种初步探测开始,我便遇到了一部婆罗谜文的贝叶经装式经文和另一部回鹘文经文的几页文字”。

伯希和于是立即作出了决定,将藏经洞中1.5万—2万卷写本全部浏览一遍。他在摇曳的烛光下,利用3个星期的时间来完成这项工作。前10天,他每天拆开1000捆卷子,即每小时100捆。伯氏戏称,这是“汽车的速度”。

伯希和在1909年12月12日于法国各界在巴黎大学阶梯教室欢迎他的大会上说:王道士“最终为我打开了那个小龛,整个龛不足3米见方,其中塞满了二三层文书。洞中有各种各样的写本,特别是卷子,但也有单页;既有汉文的,也有藏文、回鹘文和梵文写本。你们会毫无困难地想象,我当时该感到有一种什么样的令人心醉的激动心情涌遍了全身啊!我面对的是远东历史上需要记录下来的在中国最了不起的一次写本大发现。但我看到这些写本,尚不是这一大发现的全部。我刻不容缓地就琢磨,自己是否仅满足于对这些写本瞥一眼,然后就两手空空扬长而去,将这些注定要逐渐受到损坏的宝藏仍遗留在那里。非常幸运,王道士是个没有文化修养的人,属于热衷于搞建筑的修道人类别。为了建塔,他迫切需要银两。但我很快便放弃了获得全部文献的想法,因为王道士害怕因此而轰动整个地区。我于是便蹲在洞子中,兴奋不已,整整 3 个星期,对全部藏书都编了简目。"

"这样一来,在我经手的 1.5 万多个卷子中,我取走了所有那些以其时代和内容而提供了某种重要意义者,也就是近全部写本数量的三分之一。在这三分之一写本中,我取完了用婆罗谜文或回鹘文写成的全部写本、许多藏文写本,但主要部分还是汉文写本。对于汉学研究来说,这都是一些无法估价的财宝。当然,其中的许多写本是佛教的,但也有历史、地理、哲学、经典、纯文学、各种契约、租约、逐日所作的札记。所有这一切都要早于 11 世纪。1035 年,入侵者自东方而来,僧侣们都匆匆忙忙地把他们的书籍和绘画堆进一个密室中,然后便将洞口封闭起来,再于洞口抹上一层泥。那些僧众均被入侵者屠杀或驱散,对藏经洞的记忆也随着他们而消逝。1900 年,出于一次偶然的机会,这种记忆才又被重新恢复了。非常幸运的是,在此后的 8 年中,没有任何一个学者前往那里实地研究这些文献并确认其重要意义。先生们,在这种重要意义方面,我在声称它们对于我们至关重要时,并未有任何夸张。甚至在中国本地,古代汉文写本也很罕见,在欧洲尚根本不存在任何这样的写本。此外,我们过去只能依靠书本工作,从未曾根据明显是为公之于众而写的文献工作过。现在汉学家们首次可以采取研究欧洲史的史学家们的模式,根据档案来工作了。最后,在该洞中,还有其他东西:绢画和麻布画,它们与写本是同时代的,应被列于卢浮宫收藏的至今仍寥寥无几的那一套绘画之首;最后是某些刊本作品,即公元 10 世纪和甚至是 8 世纪的木刻刊本著作,它们早于古登堡 5—7 个世纪,应为现知的世界上最古老的写本。"

伯希和从藏经洞中到底劫走些什么文书呢?

对于非汉文文书,伯希和只能根据其外表而决定,因为他自称对这些文字"无知"。对于某些罕见文字的文书,伯氏自称:"为了不放过任何有价值的东西,我将它全部拿到手了。"这其中包括梵文、于阗文、粟特文、突厥文、回鹘文、婆罗谜文、吐火罗文卷子。当然,对于那里的近 500 公斤的藏文文书,他无法全部运走。但他却将11大本“夹板”(事实上是一部《甘珠尔》)都带走了。

对于汉文卷子,作为汉学家的伯希和,当然懂得其价值。那些凡是以“夹行注”形式写成的全部文献、那些带有武则天“新字”的文献,他全取走了。大藏经之外的佛经文献、罕见的礼佛进香人的游记(如慧超的《往五天竺国传》)、释老文献中的代表作、景教与摩尼教经文、罕见地志、散落文献、五台山文献、俗文学作品、教育用书与字书等,伯希和都掠其精华而去。

伯希和从他过手的全部1.5万—2万卷文书中劫走近三分之一,即6000余种,此外还有200多幅唐画与幡、织物、木制品、木制活字印字版和其他法器。

伯希和认为,这些写本对于西方,特别是对于法国学术界,至少有两大新鲜内容:弥补了在法国图书馆中根本不存在中国古写本的空白;法国在汉学研究中,首次可以利用档案文献工作了。

对于藏经洞封闭的时间与原因,伯希和提出了第一种解释,并且在学术界得到了很大程度的接受,“第一个需要澄清的问题,便是该密室的大致年代问题。在此问题上,不可能有任何怀疑。其汉文文书中的最后年号是宋代的最初几个年号:太平兴国(976—984年)和至道(995—997年)年间。此外,在整批藏经中,没有任何一个西夏字。因此,很明显,该龛是于11世纪上半叶封闭的,很可能是发生在1035年左右的西夏人入侵时代。人们乱无秩序地将汉文与藏文文书、绢画、帷幔、小铜像和直至851年雕刻的大石碑都堆积在一起。人们可能会尝试将成捆卷子散落开的混乱状态,也归咎于对这次即将来临的入侵之恐惧。”

从1908年3月27日起,伯希和结束了在藏经洞的工作,又开始了对敦煌石窟的考察。5月28日,他在敦煌城度过了其30岁的生日。他有关敦煌石窟的6卷笔记,由原法兰西学院中亚和高地亚洲研究中心于1981—1992年间出版。

八、伯希和从沙州到北京

伯希和探险团完成了在敦煌的考察,于1908年6月8日离开沙州。他们于6月8—30日,共分19程走了从沙州到甘州的560公里的路程。

伯希和一行经安西州,过嘉峪关,越万里长城,进入中原。他们分别于甜水井(6月10日)、玉门县(6月15日)和肃州(6月21日)三个地点从事了天文观察。

7月3日,伯希和与努埃特率领满载文物的车队,沿官道前进。瓦阳为了从事地理人文考察,却先后绕道甘南和西宁府。他先后经过万关堆子、马蹄寺、洪化城、永固城,于7月5日到达贾家庄和炒面庄。他先于7月14日到达西宁府,于7月14—18日之间考察了塔尔寺之后,于18—23日经临夏而到达兰州。他沿途都作了考古调查、天文观察和地理测绘。他们3个人又在兰州相聚了。在此之前,伯希和在凉州会见了正从蒙古前来并准备赴北京的多伦考察团。他们一行于8月2日离开兰州,于同月22日到达西安。伯希和本来准备赴山西云冈石窟和河南龙门石窟进行考察。但由于沙畹刚刚对这两个地点作了考察,故没有必要再前往了。伯希和在西安用一个月的时间采购文物书籍。他采购到了一口公元前的大钟,一批铜镜、陶器、石佛像、大批书籍和拓片。这个考古探险团于10月2日到达了京汉铁路的中程站郑州火车站。这是自他们于两年前在安延集离开铁路线之后,首次再见到了火车。他们煞费苦心地搜集和发掘的这批宝贵而又易碎的文物,也使由中国的原始而又危险的运输工具——马车的承运过程宣告结束了。他们乘火车于两天后到达北京。

伯希和一行在北京稍作休整之后,瓦阳第一个携带一大批自然史搜集品,乘船经广州返回法国。努埃特则陪同伯希和先赴南京,以拍摄两江总督和闽浙总督端方的那套珍贵收藏品;然后又赴无锡拍摄斐景福搜集的那套古画。这两项工作完成之后,努埃特于1908年12月乘船护送80多箱雕刻品、绘画和写本返法。伯希和自己却前往越南河内,以重建已中断一段时间的联系。他曾在那里居住过很长时间,与那里有千丝万缕的关系,但已有数年时间未到该地区去了。继此之后,他又投身于最后一项工作。欧洲的所有图书馆都只有很贫乏的汉文典籍特藏。巴黎的图书馆自18世纪以来也再未得以充实。然而,如果缺乏已经刊印的书籍,而只研究这些写本又有什么用途呢?所以,他在上海和北京居住的几个月期间,共获得近3万卷(本)汉文书,准备典藏于巴黎国家图书馆。在此期间,有关他们在敦煌大发现的流言蜚语在中国学者之间广泛流传。端方总督向他借去了其最珍贵的文书之一。如同任何国家的收藏家们一样,他对于放弃已经掌握到手中的东西,也感到遗憾。伯希和必须用6个星期的时间,才让他退还给自己。北京的学者们也都接踵前来他的住处,以研究和拍摄其同伴未带走的那几卷文书。最后,中国学术界为伯希和举行了一次宴会,并且结成一个社,以选择他的文献中最重要者,影印发表和刊印成一大套书。他们甚至要求伯希和作中间调停,以便在巴黎能方便他们的工作。

我们可以对伯希和西域考古探险团作一番总结了。努埃特先生带回了几千幅照片底版,瓦阳博士测绘了近 2000 公里的路程图,共以 25 个左右的天文点相连接。他根据他们已完成的计算结果而推论出来,他们将为这些点而计算的纬度方面是 10 公里和在经度文献是 1 公里的误差。鉴于他们的工作条件,世人也不能苛求更大的准确性了。一批地质样品、包括 80 多种植物的一本植物标本集,2000 多只飞鸟、哺乳动物和大批昆虫标本,头颅骨和人体测量数据,形成了一批自然史的特藏。至于他们获得的绘画、雕刻品、青铜器和陶瓷器,卢浮宫的保管员们都想用它们来布置一个完整的展厅。最后,他们为国家图书馆带回了一大批汉文刊本书籍,因为在欧洲尚不存在这种规模的藏书。他们还携归了一批汉文写本,甚至在中国本地也没有可与此相媲美者。

1909 年 12 月 10 日,在巴黎大学阶梯教室,法国亚洲委员会和地理学会为欢迎伯希和“凯旋”而举行了隆重的欢迎大会。应邀参加的有 4000 多名各界名流。大会由色纳尔和波拿巴王子联袂主持。法国公共教育部、金石和美文学科学院、法国科学院的负责人、巴黎市政府的市长、法国殖民地事务部长、科学促进会主席、商业地理学会会长、里尔地理学会会长、国防部长等莅临大会。瓦阳和努埃特出席。色纳尔致开幕词,各单位的代表轮番发言,给了伯希和一行很高的评价。伯希和利用这一机会作了《高地亚洲探险 3 年》的报告。

伯希和西域考察探险团的活动,到此也算落下了大幕。

九、伯希和西域探险团携归的中国古文物和古文献

毋庸置疑,在 19 世纪末至 20 世纪上半叶赴西域的所有外国考古探险家中,伯希和是最具权威的汉学家、西域学家和东方学家,而且是集历史学、地理学、考古学、语言学、艺术史、文献学、民族学、汉学、突厥学、蒙古学、藏学、伊朗学、南海学、佛教、道教、伊斯兰教、基督教(包括其各宗派)、西域夷教(景教、祆教、摩尼教、萨满教)、民间宗教诸专业专家于一身的学

界泰斗人物，被誉为“超级东方学家”。尽管西方列强当时不惜血本，劳师动众地竞相向我国西域派遣考古探险团，而且在掠夺文献与文物方面，个个都所获甚丰，满载而归。但从文物文献的总体质量来看，尤其是在劫掠西域稀见古文字文献、带题记和纪年的文献方面，伯氏确实力拔头筹。因为伯希和这个汉学家，要比诸如斯坦因那样专捡破烂或掘地挖宝的考古学家、普热瓦尔斯基那样游山玩水的猎奇探险家、华尔纳那样专以破坏文物古迹为目的和只会蛮干的盗宝人和掘墓贼，都略胜一筹，甚至可以说是要高明得多、专业得多和内行得多。他掠夺的文物和文献都具有较高的学术价值，大都属于“精品”之类。我们甚至可以说，伯希和劫掠的西域文物文献，主宰了法国几代汉学家们的研究兴趣、研究方向和所涉领域，造就了法国的几代汉学家，推出了一大批传世名著。

伯希和究竟从我国西域掠夺走了些什么文物呢?

在敦煌汉文写本方面，据法国现已出版和即将出版的《巴黎国家图书馆所藏伯希和敦煌汉文写本目录》5 卷 6 册统计，共有 2001—6040 号。这就是第 1 卷(2001—2500 号，由谢和耐与吴其昱编写，1955 年版)、第 2 卷(2501—3000 号，由隋丽玟和魏普贤等人先后编写，尚未出版)、第 3 卷(3001—3500 号，由苏远鸣主编，1983 年版)、第 4 卷(3501—4000 号，由苏远鸣主编，1991 年版)、第 5 卷(第 4001—6040 号，上下册，由苏远鸣主编，1995 年版)。这样算来，伯希和敦煌汉文写本就共有 4040 个号。

伯希和敦煌藏文写本，已由拉露(Marcelle Lalou，1890—1969 年)小姐编写了 3 卷目录《巴黎国家图书馆所藏伯希和敦煌藏文写本目录》(第 1 卷，第 1—849 号，1939 年版；第 2 卷，第 850—1282 号，1950 年版；第 3 卷，第 1283—2216 号，1961 年版)。这样算来，伯希和敦煌藏文写本就共有 2216 个号。这远远超过了伯希和当年将 1—2000 号留作编写藏文写本目录而使用的数目(故其汉文写本从 2001 号开始)。这其中尚不包括大量重复的《无量寿宗要经》和《十万颂般若经》的写经。拉露因其重复数量太大而未加编目。此外，在许多汉文或其他古文字的写本中，还夹杂着藏文文书，有的短至只有数行或几个字，故现在仍不断“发现”新的藏文写本，从而使其数目总量不断增大。

伯希和敦煌回鹘文写本共有 25 个编号，已由哈密屯(J. Hamilton，1921—2005 年)辑录、译注和刊行，于 1986 年出版了两卷本的《9—10 世纪的敦煌回鹘文文献汇编》，共发表了 36 个卷子的编号，其中包括伯希和敦煌回鹘文写本24个编号。另外还包括伦敦斯坦因特藏中的12个号。其中有不少回鹘文写本因与汉文写本写在一起,故被编入了汉文写本之中,形成了双重编号。在此之前,哈密屯还于1971年单独发表了P.3509号回鹘文写本《回鹘文本善恶两王子的佛教故事》的转写和译注本。此外,伯希和从敦煌千佛洞北区元代石窟中,还获得过360多件元代畏兀儿文的写本。对于敦煌回鹘文写本,究竟应该是如同哈密屯认为的那样,应断代为9—10世纪;还是如同某些德国学者们所认为的那样,应该属于元蒙时代,国际学术界尚有争论。因为王道士可能于斯坦因在千佛洞劫经之后,将他陆续零散地从敦煌其他地方搜集到的元代畏兀儿文晚期卷子,又都塞进藏经洞中去滥竽充数了,故使伯希和上当受骗。直到目前为止,这场争论尚无最终定论。哈密屯受到了某些同行们的非难,但他始终顽强地捍卫自己的观点。此外,法国学者路易·菲诺(Louis Finot)、菲利奥札(Jean Filliozat)和为数不少的日本学者,也都从事过对这批写本的研究。

伯希和敦煌粟特文写本共有30个编号,大都已由哈密屯与英国学者辛姆斯—威廉姆斯(Sims-Williams)联袂,于1990年出版了转写、译注和图版本《敦煌突厥—粟特文文献汇编》,书中发表了伯希和敦煌粟特文写本5个号,斯坦因写本3个号。其中一部分也有双重编号,被编成汉文写本P.3511—3521号。伯氏曾与法国学者高狄奥(Robert Gauthiot)和邦维尼斯特(Emile Benveniste)、英国学者亨宁(W.B.Hennines)等人合作或各自单独从事过对这批写本的研究。

伯希和敦煌和西域梵文写本数量较大,出自西域者为多,属于敦煌者只有13个编号,它们基本均为佛教文献,其中不乏有些稀见佛典精品,大部分都被编入伯希和敦煌汉文写本的目录中了。它们早年曾由菲诺、菲利奥札和日本学者从事过研究。在20世纪的50—60年代,又由法国学者鲍利(B.Pauly)作了系统整理:《伯希和西域探险团所获梵文文献残卷》(连载《亚细亚学报》,1957—1966年)。

在伯希和所获敦煌西域的"东伊朗文"写本中,有些是所谓"吐火罗"文书,亦被他称为用"婆罗谜字母"书写的文书。另外还有这种文字的某些木简文书和题记等。它们主要是出自新疆的都勒都尔—阿乎尔和图木舒克。事实上,这其中主要是乙种吐火罗语或"龟兹语"(焉耆语为甲种吐火罗语),特别是P.3533号。法国早期学者烈维、菲利奥札以及德国学者西格都对它们作过研究。近年来,法国年轻一代的优秀吐火罗语学者彼诺

(Georges Pinault)系统地刊布和研究了这批写本。经他整理,伯希和龟兹文特藏共有2000件左右:旧编AS1—19,共141件文书和126个编号;新编NS1—508和某些残卷,共527件文书。此外,还有些只有数平方厘米的极小残卷,即新编第509—1166号,共658件文书;粘贴在卡片上的小残卷393个编号。彼诺正准备将它们汇编出版。

伯希和西域于阗文写本都被散编在汉文写本和藏文写本目录中了。据统计,共有近70个编号。它们已由法国学者哈密屯和格勒奈(F.Grenet)研究。英国贝利(H.W.Beilley)和德国恩默瑞克(E.E.Emmerik)等学者,则更是这方面的研究专家。此外,还有被柯诺称为"于阗文变异体"的1卷东伊朗语写本,有人亦称之为"图木舒克语"。

伯希和也从新疆发掘到了一批被称为变异体龟兹文的佉卢文文书。它连同吕推(Dutreuil de Rhins)于1890年搜集的佉卢文《法句经》残卷,共同收藏在国家图书馆。烈维、德·拉古佩里耶(F.De Lacouperiet)和波兰裔法国学者普祖鲁斯基(Preyluskj)均为这一方面的研究专家。

伯希和甚至在敦煌还获得了一卷希伯来文写本,它是唐代中国西域曾有犹太人活动的证据。

伯希和在敦煌藏经洞并未获得任何西夏文写本,而是在北窟区获得了一大批,共装有3箱,计有200余件,目前尚未刊布。

伯希和在敦煌所作的考察笔记、题识录文以及他对经变画的考证、艺术风格、断代、窟形的研究文,已由尼古拉—旺迪埃(樊隆德)和玛雅尔夫人于1980—1992年分6册出版《伯希和敦煌石窟笔记》。伯希和探险团成员努埃特拍摄的敦煌壁画照片,于1920—1926年分6大卷出版《敦煌石窟图录》。

在伯希和敦煌写本中,有许多素描插图画和纸本绘画。其中P.4525《降魔变相》中的绘画,已由旺迪埃—尼古拉于1954年发表,载《舍利佛与六师外道》中。其余大都由饶宗颐于1978年发表于《敦煌白画》一书中了。

伯希和探险团从敦煌劫回的幡画,共有200多幅,现藏吉美博物馆。它们已由玛雅尔夫人和热拉—贝扎尔(Jera-Bezard)先生公布并作了研究,发表在1974年出版的两卷本《敦煌的幡画》一书中。书中共发表了220幅幡画的图录与解说文字。此后又发现的6幅三角形幡和3幅幡画不计在内。1994年,当时的吉美博物馆馆长贾立基(Jean-Francois Jarrige)与日本秋山光和联袂出版了日法两种文字版本的《西域美术,吉美博物馆伯希和特藏》第 1 卷,共发表 99 幅绘画。据报道,第 2 卷拟发表 89 件,笔者尚未见刊。

伯希和从敦煌带回的织物残片,大都是被作为经卷的包袱皮而使用的。它们于其式样、装饰图案和纺织技术方面,都颇有价值。这批织物后来分别入藏于吉美博物馆和巴黎国家图书馆。它们已由里布(Krishna Riboud)夫人和维雅尔(Gabrie Vial)作了深入研究,见《吉美博物馆和国家图书馆所藏敦煌织物》,巴黎 1970 年版。其中集中研究了 85 个编号的织物(有些是同一片织物的不同段)。这批宋初或五代末之前的大块织物甚为宝贵。

伯希和探险团自敦煌携归的木制品,已由弗朗索瓦兹·戴奈斯(Francoise Dénès)整理编目,共有 100 多件,详见 1976 年出版的《吉美博物馆所藏伯希和敦煌木制品目录》。

伯希和自喀什和图木舒克携归的中国文物,基本上都在由韩百诗主编的《伯希和探险团考古档案》第 2 卷《图木舒克》(两卷本,文字与图版各一卷,1961—1964 年版)中发表。其中主要有壁画、写本卷子、宗教用品、杂物、雕塑、陶器和钱币等。该书中共发表和研究了雕塑 248 件,陶器 5 件,壁画 15 幅,杂物 56 个编号。

伯希和西域探险团于库车地区的都勒都尔—阿乎尔和苏巴什携归的中国文物,已由阿拉德等人公布,载入 1982 年出版的《伯希和探险团考古档案》第 4 卷《都勒都尔—阿乎尔和苏巴什》一书中了。其中公布和研究的壁画有 22 个号、黏土—陶土—柴泥雕塑 38 个号、木雕品 31 个号、考古木材 7 个号、活动装饰木制品 55 个号、玻璃和钱币等杂物 7 个号、印鉴 6 个号、金属物等 15 个号、陶器 37 个号、骨灰盒 5 个号。

伯希和西域探险团在库车周围诸遗址所掠夺的文物,已由玛雅尔夫人(Monique Maillard)和彼诺等人,于 1987 年发表在《库车地区诸遗址,龟兹文题记》一书中了,它基本上是以克孜尔尕哈(Qyzyl-Qargha)为中心,书中公布并研究了壁画 5 个号、柴泥和石膏雕塑 2 个号、杂物 20 个号、雕塑 2 个号、浮雕 2 个号、建筑类寺庙和千佛洞内物品 12 个号、各小遗址中的物品 6 个号、金属品 26 个号、各种材料的物品 9 个号。

伯希和探险团从西域带回的每块雕塑碎片、每块石雕和木头、每页文书,都被妥善地保存在吉美博物馆和国家图书馆中。在吉美博物馆中,还毕恭毕敬地陈列着一个精致的小盒,其中装着黄沙,据说这是伯氏自西域探险返法后,从其靴子中抖出来的沙子。收藏者可算是忠于职守、用心良苦了。

当然,伯希和西域探险团留下了可以说是不计其数的档案,绝大部分尚有待于整理刊布。伯希和的大弟子韩百诗(Louis Hambis,1906—1978年)在世时,曾雄心勃勃地制订规划,共出版27卷伯希和西域探险团档案。但在实际运作中,这项浩大工程进展缓慢。在近40年间,才出版寥寥数卷。自韩百诗于1978年逝世,尼古拉—旺迪埃·尼古拉(Nicole Vicolas,1908—1987年)夫人于1987年逝世,玛雅尔夫人于2003年逝世,热拉—贝扎尔(Robert Jera-Bezard)先生于1994年退休,法兰西学院中亚和高地亚洲研究中心于1994年同时被解散,这套档案的出版工作前途渺茫、吉凶难卜,甚至中途夭折的可能性极大。再有一个世纪,能否全部刊布,尚需要拭目以待。按照韩百诗当时的规划,伯希和西域探险团的27卷档案目录如下:

1.《图木舒克》(图版卷),法兰西学院1961年版。

2.《图木舒克》(文字卷),法兰西学院1964年版。

3.《库车建筑寺院,都勒都尔—阿乎尔和苏巴什》(图版卷),法兰西学院1967年版。

4.《库车建筑寺院,都勒都尔—阿乎尔和苏巴什》(文字卷),法兰西学院1982年版。

5.《库车,石窟寺》(图版卷),尚未出版。

6.《库车,石窟寺》(文字卷),尚未出版。

7.《库车,素描画与速写画》,尚未出版。

8.《库车地区诸遗址,龟兹文题记》,法兰西学院1987年版。

9.《库车,壁画》,尚未出版。

10.《从库车到敦煌之间的诸小遗址》,尚未出版。

11.《伯希和敦煌石窟笔记》6册,法兰西学院亚洲研究所中亚和高地亚洲研究中心1980—1992年版。

12.《敦煌的幡画,风格与图像研究》,尚未出版。

13.《敦煌的织物》,法兰西学院1970年版。

14.《敦煌的幡画》(文字卷),法兰西学院1974年版。

15.《敦煌的幡画》(图版卷),法兰西学院1976年版。

16.《敦煌的幡画,题记研究》,尚未出版。

17.《敦煌的幡画,图像研究》,尚未出版。

18.《敦煌的幡画,风格研究》,尚未出版。

19.《敦煌的版画与白画》,尚未出版。

20.《敦煌的雕塑》,尚未出版。

21—23.《敦煌的壁画》(文字卷),尚未出版。

24—26.《敦煌的壁画》(图版卷),尚未出版。

27.《敦煌的织物》(图版卷),尚未出版。

伯希和本人写过一批敦煌学论文。他一生中始终注重于其著作中征引敦煌文书。但他生前未出版过一部专著。自从他 1945 年逝世,到 2000 年的 50 多年间,其弟子和其他学者们,共出版其遗作 13 卷,目次如下:

1.《蒙古秘史》,根据汉语对音本而复原的蒙文本,1949 年版。

2.《圣武亲征录》译注本,与韩百诗联袂署名,这是对元代佚名著作《圣武亲征录》的法文译注本,第 1 卷,1951 年版。

3.《真腊风土记》译注本,1951 年版,这是对元人周达观《真腊风土记》的译注本。

4.《金帐汗国史札记》,这是对苏联格列科夫和雅库鲍夫斯基出版的《金帐汗国史》一书所作的补充、纠误与评论,1953 年版。

5.《中国印刷术的起源》,1953 年版。

6.《卡尔梅克史评注》,2 卷本,1960 年版。

7.《马可・波罗游记注释》,3 卷本,分别于 1959、1963 和 1973 年出版。

8.《中亚和远东的基督教研究》,2 卷本,1973 和 1986 年版。

9.《西安府景教碑》,1996 年版。

10.《吐鲁番的道路》,2000 年版。

11.《伯希和敦煌石窟笔记》,法兰西学院 1981—1987 年版,6 卷本。

12.《伯希和西域探险日记》,集美博物馆 2008 年版。

13.《〈明史〉中的火者与写亦虎先》,载《通报》卷 38,1948 年,第 81—292 页。

除了伯希和本人之外,法国学者无论是在敦煌学研究方面,还是在西域史研究领域,都有不同凡响的建树,在欧美国家中,始终居领先地位。笔者于此就不再更多赘言了。

十、伯希和西域探险文献的意义

正如笔者于上文曾多次指出的那样，伯希和是西方殖民列强于19世纪末叶至20世纪初叶派往中国西域考古探险的人员中，东方学水平和中国文化修养最高的人，因此他被许多人誉为“超级东方学家”。他以其高深的学问，所从事的是所谓的“学术探险”。

近四五十年来，我国国内对于英、俄、德、日、美和瑞典等国西域探险记或游记，译介得相当多。国内学术界能阅读英、俄、日语，甚至是精通德语的学者，也相对较多。但国内对于法国人西域探险，尤其是对于伯希和西域探险，只能知道一个梗概，对于这次探险的具体过程、所获文物的数量和价值、保存状态和研究成果，却不甚知之。这与我国学术界长期以来缺乏法语学者的原因有关。国内近代学者对于伯希和西域探险的介绍和了解，大都是根据英、日等其他文字的二手资料转引，人云亦云，道听途说，甚至是以讹传讹；散乱有余，系统不足；准确性令人生疑，水分却较饱满。在20世纪50年代之前，冯承钧、向达、王重民、姜亮夫诸先生，曾介绍过伯氏的一大批研究成果，可惜已是明日黄花，今天难以争芳斗艳了。

人们可能会感到无法理解，西方有关斯坦因、橘瑞超、普热瓦尔斯基、斯文·赫定、格伦维德尔和勒柯克等人的传记著作，传世颇多。他们各自西域探险记的品种迭出不穷，版次和译本也数目可观。为什么他们同行中名声最大的伯希和的生平传记及其西域探险的专著，却始终未见问世呢？而撰写名人传记，本来正是法兰西文化中的一大悠久传统。译者也曾带着这种疑惑，请教过多名当代当国汉学家，甚至包括伯希和的几位“徒孙”辈学者。他们几乎是众口一词地认为，伯希生前“人缘欠佳”，西方汉学家们往往都对他敬鬼神而远之。伯氏一生酷爱写书评，几乎对当时西方的所有重要汉学著述，都曾言辞刻薄地发表评论。伯氏自认为自己学富五车，满腹经纶，从而目空一切，唯我独尊。对他人鼓励不足，鞭笞有余，以国际汉学界的宪兵或警察自居。他喜欢对别人指手画脚，贬低别人而抬高自己。在世界学术史上，这样的耆老恶少也并不罕见。当然，他这样做也算是有点资格或“本钱”。伯氏的书评，很少有正面褒扬，而是处心积虑地找毛病，甚至有些鸡蛋里挑骨头，过分苛求了。伯希和作为一代汉学乃至整个东方学界的权威，使遭到过他批评的人，往往都有点名声扫地，抬不起头来，甚至还有人再也不敢搞研究与写作了。他们遭遇批评后，往往深受伯氏声望的负面影响。这样做的结果，却是使欧美，特别是法国汉学的圈子在一段时间内很小。事实上，在当时的具体背景下，欧美汉学家或东方学家们的著作，尚不能在高度和力度上求全责难。故而在伯希和逝世后，很长一段时间内，除了伯氏生前曾任会长的法国亚细亚学会之外，法国几乎没有发表过多少纪念文章或举办纪念活动。法国乃至整个欧美汉学界，都没有人肯去为他“树碑立传”。这就造成了伯氏名声远震遐迩，生平传记却永不见踪影的局面。由于他终生对别人尖酸刻薄、吹毛求疵，故对自己的著作也格外谨慎，唯恐遭人以牙还牙。伯氏在50年的汉学生涯中，未曾出版过一本堪称“论著”的西域南海或汉学专著。其大批文章都是篇幅长短不等的读书札记、文献考据、古籍译注、书评或补正之类，以及篇幅很长的专题考证性论文。当然，这些文章的学术价值确实很高，充分表现了其深厚的汉学功底。伯氏一生中热衷于对中国典籍作笺注。他死后，其白俄血统的夫人，不明事理而酷爱金钱，拒绝像沙畹、马伯乐、葛兰言、戴密微那样，将全部藏书和文稿遗赠给亚细亚学会、汉学研究所、法兰西学院、法兰西远东学院、巴黎国家图书馆等东方学机构或其他大学，而是把它们待价而沽地“零售”了，即零散地抛售给了欧美不同国家的科研机构、书商、学者或收藏家。更为可惜的是，伯希和夫人为了使伯氏藏书显得“干净”一点，从而卖个好价钱，又将伯氏生前用铅笔在中国古籍中所作的大量笺注，都用橡皮擦了个干干净净。只有某些几近成书的文稿和少量藏书才落到了诸如韩百诗那样的弟子手中。译者曾在热拉—贝札尔先生的书架上，见到过一本侥幸保存下来的伯氏用铅笔写满了笺注的玄奘名著《大唐西域记》，这是当年韩百诗自伯希和处继承下来的。

其次，伯希和西域探险，劫掠回去一大批中国文化瑰宝，可谓价值连城。学术界深谙这批文物文献的价值。但法国政界显要和大腕们，或者是商界的大亨们，却对于这一大堆中世纪的“废纸”“泥胎”、顽石、朽木、古画和“破铜烂铁”的价值，根本就一窍不通。他们认为法国政府花费重金，派遣伯希和探险团赴西域，却千里迢迢地运回一大堆古旧破烂，完全是得不偿失。故而对伯希和颇有微词，甚至还有人公开责难抨击他。伯希和有口难辩，甚至连整理发表它们的经费，也难以落实。另外，伯希和作为一代文化“枭雄”，对于世界和中国历史上发生过的“劫经”和“盗宝”这类事，了如指掌。他清楚地知道，盗窃他国的文物是不道德的行为。在他尚健在时，世界各地具有正义感的学者，特别是中国的爱国知识分子们，已对他发动了猛烈的抨击，他唯恐身后会遭到千夫所指，难免留下千古骂名，至少是绝不会因这次探险而使他“名垂青史”。平心而论，伯希和一生中的汉学著作，很少有攻击中国及其文化的内容，其论述考证尚称得起公正客观。我们甚至完全可以说，他终生为博大精深的中国文化所倾倒，高度敬仰，并为这一学科奉献了自己毕生的精力。我们清楚地知道，当时在法国从事汉学研究，绝不会是一项名利双收的事业。伯氏以其才能，从事其他工作，可能会获得更大的成功。他对于自己的西域探险，保持了某种“低姿态”，绝不像大英帝国的斯坦因那样大肆宣扬。伯氏后来将其主要精力都投入到对西蒙古史和马可·波罗的研究上了（详见上文其遗作目录），并未全神贯注地投入对敦煌西域文物文献的研究中。显然，他最有资格这样做，也肯定会作出巨大成绩来。他对于敦煌文书的运用，主要表现在三个方面：刊布他珍视的中国史籍、已佚或稀见的汉文文献；研究印—欧语系、阿尔泰语系或藏缅语系中的某些古文字（回鹘、突厥、于阗、粟特、吐火罗、梵文、藏文、西夏文等语言文字）的文书；中国、印度—斯基泰、希腊—佛教艺术史研究。伯希和主要是将敦煌文书用于补史和证史了，几乎在其所有著作中，都有征引敦煌文书的地方（其实，这才是敦煌文书的真正价值之所在）。有的法国学家（如苏远鸣先生）甚至说，从 20 世纪 20 年代之后，伯希和似乎忘记了其西域探险，完全潜心于对马可·波罗游记的注释了。聪明过人和学识超人的伯希和，为什么会放弃本来会取得更多成果的文献而去另辟蹊径呢？这其中的奥妙，只好留给后人去猜测了。

无论如何，我们对于伯希和也必须采取一分为二的辩证态度。对于他劫掠和盗窃我国文物文献的行为，我们永远要严厉谴责；对于他及其弟子同事们的研究成果，我们也照样介绍和吸取。经过近一个世纪之后，正是他们的探险活动，才在西方发展起了一门敦煌西域学，它于当代又成了沟通中外学术交流的一座桥梁。中国和外国学者，都为敦煌学的诞生和发展作出过贡献。这正如我国敦煌界德高望重的老前辈季羡林教授所倡导的那样：敦煌在中国，敦煌学在全世界。

伯希和对库车地区的科考及其成果

一、伯希和西域探险团在库车地区考古发掘概况

自19世纪下半叶起,西方殖民列强在对海外殖民地大作分割的同时,又掀起一场赴西域探险考古的热潮。法国在金石和美文学科学院、科学院和公共教育部的赞助下,由法国商业地理学会、法国亚洲委员会和自然史博物馆等单位的协助,也派出了由伯希和率领的西域探险团,赴西域探宝、掠物、调查资料、查访民情、绘制地图。伯希和探险团于1906年6月15日离开巴黎,踏上了漫长的三年西域探险考察之路。

伯希和西域探险团于1906年9月6日到达喀什,在喀什及其附近地区停留了大约六周左右的时间,于同年10月17日出发赴库车地区,于1907年1月2日到达库车。他们的计划是首先考察库木吐拉(Kumtura)千佛洞,然后是考察位于渭干河以西平原中的都勒都尔—阿乎尔(Douldour-Âqour),最后再前往苏巴什(Soubachi)。伯希和一行于1907年3月16日至5月22日在库木吐拉停留,然后又交叉地发掘了都勒都尔—阿乎尔(4月17日至8月5日),绘制了一幅考古遗址平面图,发掘出土了各种文字的写本,特别是早于9世纪的梵文和婆罗谜文写本或木简。另外还有供像遗物和木雕像、各种钱币、各类装饰物。但伯希和在这里获得的最满意的发现物,还是获得了那些死文字的写本,特别是用婆罗谜字母书写的龟兹文写本。他们一行于6月10日至7月25日,又对苏巴什作了发掘,也获得了彩绘木盒、雕塑像残片与壁画等。

伯希和是19世纪末和20世纪初进入我国新疆的西方探险家中最资深的汉学家和东方学家,精通西域的几乎所有语言。他随身携带玄奘的《大唐西域记》、郦道元的《水经注》和刚出版不久的李光廷的《汉西域图

考》，在敦煌还专门利用县衙中的存版而抽印了一套《敦煌县志》。他以这些汉文史籍为其作地理、文献和民族学考证的依据。

玄奘于630年经过屈支（龟兹国，今库车）国，并对昭怙厘二伽蓝作了描述。伯希和根据玄奘的生动记述，曾对该地区的考古发掘寄托了很大希望。伯氏将都勒都尔—阿乎尔寺和苏巴什宗教双城分别比定为阿奢理贰（屈支语，意为“奇特”。但伯希和认为应读作“阿奢理腻”）大寺和昭怙厘二伽蓝。他们也注重其他汉文史籍，如郦道元的《水经注》和李光廷的《汉西域图考》。

1907年5月28日星期二，伯希和在都勒都尔—阿乎尔度过了其29岁的生日。正如他于1908年5月28日在敦煌度过其30岁的生日一样。这一天，他们基本完成了对该遗址的发掘，清理了最后一个垃圾坑，获得了一大批文书残卷。

伯希和一行6月10日到达苏巴什，一直逗留到7月24日。这个考古点位于库车以北15公里左右的地方，地处雀离塔格山脚下和库车河出口处。各占地近一公里的二僧伽蓝便分别位于该河的两岸。

伯希和为我们留下了分别写于1907年4月17日至6月4日和6月6—18日的两部都勒都尔—阿乎尔和苏巴什的考古笔记，详细记载了他们每天的发掘工作和所获得的文物①。

他们在都勒都尔—阿乎尔每天雇用25名民工，在苏巴什最多时每天动用67名民工（6月12日星期三），对所有遗址都作了大规模的系统发掘。伯希和根据所发掘到的文书和钱币铭文，而将都勒都尔—阿乎尔遗址断代为初建于公元4世纪，活跃于8世纪，废弃于11世纪。在苏巴什的“壁画屋”，伯希和对于壁画各部分的人物姿态、服饰、发型、首饰、头冠、飘带、乐器、金刚与钵瓶、装饰图案、建筑等方面都进行了详细研究。

伯希和从都勒都尔—阿乎尔和苏巴什带回法国的物品，现在均收藏于巴黎集美博物馆。其中主要有都勒都尔—阿乎尔的壁画、黏土和陶土塑像残片、木制品、建筑用木材、活动木制装饰品、金属品、玻璃品、印鉴、陶器和杂物。属于苏巴什的则有木制品、金属和各种原料的制品、陶器和骨灰

① 哈拉德等：《都勒都尔—阿乎尔和苏巴什》，伯希和探险团档案第4卷，巴黎1982年版，第31—38页（Madeleine Hallade，Simone Gauthier，Douldour-Âqour et Soubachi；Mission Paul Pelliot. Ⅳ，Paris，1982.）。

盒等。

伯希和西域探险团于库车地区的都勒都尔—阿乎尔和苏巴什发掘到的中国文物,已由阿拉德等人公布,载入1982年出版的《伯希和探险团档案》第4卷《都勒都尔—阿乎尔和苏巴什》①(法兰西学院版)一书中了。其中公布和研究的壁画有22个号、黏土—陶土—柴泥雕塑38号、木雕品31个号、考古木材7个号、活动装饰木制品55个号、玻璃和钱币等杂物7个号、印鉴6个号、金属物等15个号、陶器37个号、骨灰盒5个号。

伯希和西域探险团在库车周围诸遗址所发掘到的文物,已由玛雅尔夫人(Monique Maillard)和彼诺(Georges Pinault)等人,于1987年发表在《库车地区诸遗址,龟兹文题记》(法兰西学院版)②一书中了,它们基本上是以克孜尔尕哈(Qyzyl-Qargha)为中心地区的资料。书中公布并研究了壁画残片5个号、柴泥和烧陶雕塑2个号、杂物20个号、雕塑2个号、浮雕2个号、土木建筑寺庙和岩窟千佛洞内物品12个号、各小遗址中的物品6个号、金属品26个号、各种材料的物品9个号。

在伯希和在库车地区获得了所谓"吐火罗文(龟兹文)"文书,即被他称为用"婆罗谜字母"书写的文书,另外还有这种文字的某些木简和题记等。它们主要出自库车地区的都勒都尔—阿乎尔和图木舒克。事实上,这其中主要是"乙种吐火罗语"或龟兹语,特别是P. 35339文书。法国早期学者烈维、菲利奥札以及德国学者西格等人都曾对它们作过研究。近年来,法国的新一代优秀吐火罗语学者彼诺陆续而又系统地刊布和研究了这批写本。伯希和特藏中的龟兹文写本共2000件左右。旧编AS1—19,共141件文书和126个编号;新编NS1—508和某些残卷,共527件文书;此外还有些只有数平方厘米的极小残卷,即新编509—1166号,共658件文书;还有些被粘贴在卡片上的小残片393个编号。

伯希和在库车地区的都勒都尔—阿乎尔发掘到的汉文文书,已于2000年由法国国家科研中心的研究员童丕先生发表。其中共发表了法国国家图书馆伯希和都勒都尔—阿乎尔汉文特藏中的249个号,共212件文书。此外还有收入伯希和龟兹文特藏中的两件文书。这就是童丕于2000

① Madeleine Hallad: Douldour-Âqour et Soubachi, Mission Paul Pelliot Ⅳ, Paris, 1982.

② Monique Maillard: Sites divers de la région de Koutcha, Epigraphe Koutchenne, Paris, 1987.

年出版的《伯希和库车汉文写本，法国国家图书馆特藏》一书①。本文正是根据童丕先生公布的文献和所作的背景介绍，而做评介论述的。

当然，伯希和西域探险团还留下了不计其数的档案，绝大部分尚有待于整理刊布。伯希和的大弟子韩百诗（Louis Hambis，1906—1978 年）在世时，曾雄心勃勃地制订规划，共出版 27 卷伯希和西域探险团档案。但在实际运作中，这项浩大工程进展缓慢，近 40 年间，才出版廖廖数卷。但在已出版的几卷中，库车及其附近地区，却占据了 6 卷。

我们由此可以看到，库车地区是伯希和西域探险团重点考察的目标，其成果虽不及在敦煌那样丰硕，却也格外令人瞩目。

伯希和为什么会对库车地区如此感兴趣呢？作为一名资深汉学家，伯希和深知，库车地区历史上就是新疆自然资源最丰富和人口最稠密的区域之一。其地域由南至北为 200 公里左右，由东至西 100 多公里。这里具有海拔 7000 多米高的巍巍山峰（阿克苏以北的天山）；既有冰川和常年积雪（海拔 4500 多米）的天山山麓，又有热浪滚滚的“沙漠大火炉”（最南部的沙雅，海拔仅 950 米）。这种稀见的地势、地貌造就了该地区风景的多样化和资源的丰富化。首先是其丰富的矿藏资源，包括铜、铁、铅、氯化铵、硫、雄黄、铅白，特别是天然气与石油。《魏书》和《北史》等史书对这一切都有详细记述②。但最重要的是龟兹具有悠久的历史文明。它占据了东西方交流的枢纽地带，具有巨大的战略意义。这里在历史上虽然也使用中国中原铜钱，而同样也使用金银币，由此可见其富裕程度。虽然伯希和一行的到达晚于德国人，但他始终坚信会在库车有重大发现。

当伯希和携其同伴——地理测绘、天文观察和自然史学家路易瓦阳（Louis Vaillant）与摄影师夏尔·努埃特（Charles Nouette）于 1907 年 1 月 2 日抵达库车时，发掘考察了克孜尔与库木吐拉的德国探险团刚刚满载而去。他们此后便于库车地区停留八个月，这是历时三年多的法国西域探险团停留时间最长的一站，甚至远远超过了他们在敦煌停留的时间——四个月，尽管他们在敦煌所获最丰。伯希和等考察发掘的重点，当然是都勒都尔—阿尔乎和苏巴什。在 1906—1907 年的“窝冬”期间，伯希和希望通过

① Eric Trombert，Les Manuscrits Chinois de Koutcha，Fonds Pelliot de La Bibliothèque nationale de France，Paris，2000.

② 《魏书》卷 102，第 2267 页；《北史》卷 97，第 3218 页。

实地考察，而印证郦道元《水经注》和当时刚出版的李光廷《汉西域图考》的记载；他特别对玄奘法师于630年经由屈支时留下的记述感兴趣。经过仔细斟酌之后，伯希和等在库车地区的考察方案才最终确定下来："我们将首先前往库木吐拉，那里有装饰着壁画的石窟，开凿于俯瞰木扎提河（渭干河，Mouzart）即将流出雀离塔克山（Tchöl-tagh）左岸的山崖上。那里同时还有都勒都尔—阿乎尔大寺的遗址。此后，我们将前往苏巴什（Soubachi，本意为"水流的发源地"），那里位于库车河两岸，同样也有两座大寺的遗址。其后，我们将前往深山旷野之中，考察库车以北那蕴藏量丰富的矿区。如果可能的话，那么我们还将考察使该地区通向裕勒都斯河流域的道路。在该河谷的天山巅峰脚下，居住着蒙古部族的人。"①此外，伯希和还希望拥有一幅从库车绿洲与沙雅绿洲，再直达塔里木盆地的尽可能详尽的地图。

从1907年开春起，伯希和探险团便将其大本营设立在库木吐拉，以便对库车绿洲西部进行发掘考察，也就是木扎提河（渭干河）流域的部分地带。他们于3月16日—5月22日逗留在该地区，首先考察该河东岸的石窟寺，德国考察团已经在那里捷足先登了。他们接着才考察位于库车河彼岸的都勒都尔—阿乎尔佛寺群遗址。德国人在那里只作过草率的考察，伯希和决定于此作系统的发掘，从4月17日一直持续到5月28日。6月初，探险团移师于苏巴什，并在那里一直停留到7月24日。苏巴什位于都勒都尔—阿乎尔和库车地区的另一端，地处库车东北约15公里处，出自雀离塔克山的库车河正流经那里。

同年7月24日，伯希和与瓦阳离开了苏巴什，沿库车河逆流而上，进入了深山中。他们考察了位于天山、雀离塔克山和北部的阿尔金山的支脉。瓦阳统计到了大批金、铜、煤、石油和氯化铵等珍贵矿藏的矿脉，它们很久以来就被当地人粗放地开采。伯希和个人继续向北前进，通过那些羊肠小道而直抵裕勒都斯河上游，蒙古牧民们占据了这片遍布湖泊、牧场和森林的地域，那里对于库车的防卫也具有重要的战略意义。伯希和又从渭

---

① 路易·瓦阳《中国西域地理考察报告》（Rapport sur les travaux géographiques Faits par la Mission archéologique de L'Asie Centrale, Mission Paul Pelliot（1906—1909），载1955年的《历史与科学工作委员会地理分部学报》（Bulletin de la Section de Géographie du Comité de Travaux historiques et Scientifiques, Paris, 1955）。中译文见：耿昇译《伯希和西域探险记》，云南人民出版社2001年版，第144页。

干河的支流克孜勒河上游河谷出发，考察了通向科克苏河（Kök-sou，清水河）流域的两条道路，也就是将塔里木盆地与伊犁河流域连接起来的道路。他发现那些灌溉库车绿洲的河流——木扎提河与库车河均流向了塔里木盆地，而作为伊犁河小支流的科克苏河则注入了巴尔喀什湖。伯氏在第二条道路上发现了东汉永寿四年（158 年）的汉龟兹左将军刘平国作亭诵的刻石。在离开大本营整一个月之后，即 8 月 24 日，伯希和终于返回了库车。他在图木舒克和库车发掘到的文物，已经装满了整整 14 大车①。

二、伯希和西域探险团对都勒都尔—阿乎尔的考古发掘

德国考古学家们主要是在克孜尔和吐木库拉作了考古发掘。伯希和一行于都勒都尔—阿乎尔和苏巴什进行发掘时，在一个月期间曾与俄国考古学家贝勒佐夫斯基（Berezovsky）同时相伴为邻地工作。

当伯希和探险团将其大本营扎在库木吐拉后，便于 4 月 17 日开始对都勒都尔—阿乎尔进行发掘。伯希和的考古发掘日记已经摘录发表于由哈拉德等人编纂的伯希和探险团档案第四卷《都勒都尔—阿乎尔和苏巴什》②一书中了。

资深史语学家伯希和觉得，虽然图木舒克的出土文物甚多，不过文字文献却甚少，而都勒都尔—阿乎尔却未使他失望。在都勒都尔—阿乎尔出土了大批文书残卷，主要是用婆罗谜字母写成的吐火罗文（龟兹文）文书与有汉文文书。伯希和最早的发掘，主要是集中在围绕着都勒都尔—阿乎尔遗址东北跨院，尤其是住宅一带展开的。

伯希和 4 月 17—25 日的考古笔记，详细记述了他们的发现：焚文和婆罗谜文写本、五铢钱、开元通宝、乾元通宝等。直到 4 月 25 日，他们才首次发掘了一批写本。但“几乎所有写本都是婆罗谜文字母写成的，没有一行

① 瓦阳：《中国西域地理考察报告》，第 86—90 页；童丕：《库车的汉文写本，法国国家图书馆的伯希和特藏》，巴黎 2000 年版，第 23 页。

② Madeleine Hallade：Douldour-Âqour et Soubachi，Mission Paul Pelliot Ⅳ，巴黎 1982 年版。中译文见耿昇译《伯希和西域探险记》第 222 页以下。

汉字”。① 同一天,他却从“其他发掘点上”(应为萨玛克村,Samâq)发掘到了一卷重要文书,文书中出现了“明威镇”和“凉州”这样的历史地名。这就是法国国家图书馆中伯希和都勒都尔—阿乎尔汉文特藏第114号文书。

5月28日,星期二,伯希和于其日记中写道:“今天,我度过自己29岁的生日。我们已完成了对都勒都尔—阿乎尔的发掘。”6月4日,星期二,伯希和对他们在都勒都尔—阿乎尔的发掘作了一番总结:“我们于此(都勒都尔—阿乎尔)度过的时间基本与在图木舒克的停留期相同。我们的收获物不算很丰富。但总的来说,我对此仍深表满意,因为我们获得了丰富的写本文献。我们可能会在苏巴什对我至今无法解决的一个谜找到答案:为什么在图木舒克会有那样多保存完好的雕像,却没有写本呢?而在都勒都尔—阿乎尔,我们却发现了如此之多的写本,却仅有少许破碎的雕像残片呢?”②

事实上,伯希和于4月25日的考古日记已经对这个问题作出了部分解释。在图木舒克,熊熊大火可能烧得很炽盛,并且过火面很广。其结果是烧焦了许多用黏土模制成的浅浮雕,从而使它们得以留传下来了。在都勒都尔—阿乎尔,有些完整的住宅区都幸免了火灾,或者是火势不旺,既未使塑像和线浮雕被烧成陶土制品,又使原有的许多写本被部分地保存下来了。因为在都勒都尔—阿乎尔出土的许多纸片上,都有带有被烧焦的痕迹。

伯希和探险团在库车发掘到的汉文文书,与他们在敦煌或吐鲁番发现的那些文书大相径庭。敦煌文书是为避外侵,而经人精心地藏匿在藏经洞中的,内容杂乱,自封洞之后再未遭人为翻动。吐鲁番文书是在墓葬中发现的,每个墓中出土的文书断代和来源一目了然,基本上与墓主人的家族及其所生活的时代密切相关,而且有墓砖为证。都勒都尔—阿乎尔文献的保存却甚为糟糕,它们既未被封存在石窟寺中,也未被陪葬于墓葬内,而是在探方中被挖掘出土的。它们在8世纪末叶或9世纪初叶被遗弃之前,曾经遭受抢劫和焚烧,又曾遭到先于伯希和到达库车地区的其他外国考古探险团的大肆劫掠。这批文书残损严重,难觅完整的写本,极其稀见完整的

---

① Madeleine Hallade:Douldour-Âqour et Soubachi,第33—36页,耿昇译文,见同上引书,第222页以下。

② 上引哈拉德书,第36页;耿昇译本,第241页。

文书。此外,这批文书来源复杂,不同时代与不同主人的文书,混乱无序地互相混杂在一起。

至于都勒都尔—阿乎尔汉文写本的断代问题,它们与同时同地发掘到的钱币的时代大致相吻合。这一切都证明了伯希和从其发掘一开始,就曾作出的假定:"我们在都勒都尔—阿乎尔所获发现物的平均时代为8世纪"①。那些文书(大都为婆罗谜文的)是分别于多处不同地点发掘到的,虽然分散地面很广,却也大都集中在"寺院藏经楼"附近。写本的这种分散性说明,所称寺院被焚烧之前曾遭抢劫,并非对其致因的唯一合理解释。伯希和主要发掘的有"寺院藏经楼""西北部的窣堵波"、门口和垃圾堆,它们彼此距离都相当远,我们很难想象这批文书是出自遭抢劫之前的同一地点,更应该认为它们原来就是被化整为零地收藏的。这批文书的内容纷繁:既有宗教文献,又有私人书信,特别是具有原始籍账与行政文书;世俗文书也不像在敦煌那样抄在写经的背面,而所有文书基本上都是单面抄写。

1907年4月17—22日,伯希和在都勒都尔—阿乎尔地区的发掘,主要集中在围绕东北跨院的僧房一线。他于其中的一座建筑中发现了一批明显是非宗教文献的婆罗谜文写本,而且很可能是寺院籍账,其中只有一叶汉文的宗教文书。其他所有汉文宗教写本,大都是他们从5月23日起,在北部窣堵波大院中发掘出土的。其实,从4月17日起,伯希和一行同时于多处发掘,其汉文文书残叶大都为账目,而且都是世俗人的账目,发掘自"混合有厩肥的垃圾堆中"。属于军事机构的第119号(或132号)文书是于4月24日在西北段,于一个和外院墙相毗邻的房子中发掘到的。另一件军事文书(第114号)的情况也大致如此,它是于4月25日,当伯希和等集中力量清理"藏经楼"时,才被发现的,但它却出自另一片探方。他们于4月26日之后,所发掘到的非宗教婆罗谜文与汉文文书,也不是出自其主要发掘点,而是出自对萨玛克村的发掘,地处主要发掘点的东端。一份致西域都护的请状(第91号文书)出自另一座建筑物内,该建筑虽紧傍窣堵坡北部的建筑群,却又不属于该建筑群。在伯希和于其考古笔记中未加具体确定的一个发掘点上,出土了大批汉文文书,但其地点必然位于大门口

① 伯希和于1907年4月25日致色纳尔的书信,由上引阿拉德书写43页引证;上引童丕书,第27页。

附近。汉文文书不会出自伯希和的主要发掘点——宗建设施中,如精舍、窣堵坡和其他宗教崇拜地,虽然这些遗址由于其中的艺术作品而特别吸引考古学家们的目光。那些汉文写本主要出土于佛寺群的周边地带。这一切必然会使人联想到,都勒都尔—阿乎尔遗址不仅具有由僧侣们举行仪轨法事的建筑,而且还有由文职官府机构占据的设施。世俗建筑一般均建于佛寺的周围,也有两类建筑互相交错的例证。世俗文书的时代几乎覆盖了整个8世纪,而没有任何一种宗教文献载有确切的时间。它们也很有可能是于佛寺不复存在之后,由中原士兵们在那里建立了一个军镇的原因所造成的。现在基本可以肯定,都勒都尔—阿乎尔的佛寺与行政官衙毗邻而居,并于同一时代行使各自的功能①。但我们尚不能充分肯定,这里就是悟空法师(法界)当年入天竺时所经过的地方。因为悟空当年曾经由耶婆瑟鸡寺、东西拓(柘)厥寺和阿遮哩贰寺。伯希和当年特别倾向将都勒都尔—阿乎尔考证为玄奘法师所提到的阿奢理贰(阿遮哩贰)伽蓝。他于1934年在《亚细亚学报》中发表的《吐火罗语和龟兹语》②一文中,烈维(S、Lévi)于1913年于《亚细亚学报》发表的《乙种吐火罗语—龟兹语》中,都曾作过类似考证③。季羡林先生等在《大唐西域记校注》中也采用了此说④。据悟空的记载,东西拓(柘)厥寺与阿遮哩贰明显为两地。玄奘认为阿奢理贰伽蓝"位于会场西北,渡河至"。阿奢理贰伽蓝,"式旌美迹,传芳后叶"。伯希和认为"阿奢理贰"应为"阿奢理腻"之误,⑤却语意不详。

《新唐书》卷43记载:有"安西西出柘厥关"。其他中文史料中也作"拓厥",西方汉学家一般均拼音作Zhejue。悟空作"拓厥寺"。"拓"与"柘"号字形相似,而又绝不通假。况且,"拓厥"或"柘厥"应是龟兹语的汉文对音。伯希和探险团在都勒都尔—阿乎尔发掘到的汉文文书第80号是一份报告,其录文如下:

东界移伐离支　　界田苗今见乾燋不得水

---

① 童丕:《库车的汉文写本,法国国家图书馆的伯希和特藏》,第27—28页。

② 耶婆瑟鸡寺即克孜尔千佛洞。

③ P.Pelliot, Tokharien et Kouchéen, JA 1934, I, P75; S.Lévi, Tokharien B, Langue de Koucha, JA, 1913, Ⅱ, P358.

④ 玄奘、辩机原著,季羡林等校注:《大唐西域记校注》,中华书局1985年版,第61页。

⑤ 伯希和:《吐火罗语与龟兹语》,第75页。

石啜祇承上户差科不曾有(閒?)□[上]件　田苗乾
渴其水频至柘厥所由相推其麦在伤内伏望①

所以,伯希和在对都勒都尔—阿乎尔的地望作考证时,更多的是坚持"阿奢理腻伽蓝",从未将此地考证为"柘厥关"。

尽管伯希和在库车地区的考古笔记本中,包括6月19日—7月末的一册笔记本早已丢失。但伯希和于其1934年发表的《吐火罗语和龟兹语》②一文中,他尚记得自己发掘到的一卷写本,即第27号文书:"我于1907年曾发掘到一片残纸,可现在已不在我的掌握之中了,但我很准确地记得于其中读到了'至柘橛(厥)'的记载。非常遗憾的是再无其他说明,但我于苏巴什西部废墟中搜罗到了其中提到'柘厥'的这件残卷,也就是说是在西柘厥寺的遗址上发现的。这种巧合令人费解。"因为伯希和似乎将苏巴什西部考证为柘厥寺了,故而他认为不可能从"柘厥"再到柘厥了。这件文书的原文应为:

□秋(伏?)至柘橛(厥)□。③

伯希和的记忆也绝非是永远准确无误的。他在发掘某一残卷时,偶然将都勒都尔—阿乎尔与苏巴什相混淆,这也完全在情理之中。首先是在自库车发现的大批匿名文书中,这卷文书完全有理由引起那位考古学家的高度注意,因为其中含有一个史学家们所熟悉的地名"柘厥"。此外,伯希和在苏巴什和都勒都尔—阿乎尔两个遗址的考古发掘是在相继于不同时间完成的。他于苏巴什首次发现汉文写本是在6月17日,也就是在都勒都尔—阿乎尔工地的发掘工程结束三周之后。对苏巴什的发掘一直是在某种很单调的气氛中展开的,其发现物实在不算太多,故而伯希和才会牢牢地记住了这份带有"柘厥"字样的文书。

我国新疆考古学家王炳华先生将都勒都尔—阿乎尔遗址考证为唐安

① 童丕:《库车的汉文写本》第81页;王炳华先生于《唐安西柘厥关故址并有关问题研究》中,引证此文书时录文有错字。特别原文书中作"柘厥"(Zhejue)而非"拓厥"。因为王先生引证此文书时,这些文书尚未经专家们仔细整理发表。

② Paul Pelliot, Tokharien et Koutchéen, JA, CCXXIV, 1934年1—3月,第23—106页。

③ 上引童丕2000年书,第61页,第27号文书。

西柘厥关①。其重要论据之一就是伯希和发掘到的第 27 号文书,他认为伯希和的记忆力出现了差错,误将在都勒都尔发掘到的这卷文书,归于了苏巴什名下,因而才出现了伯希和考证中的自相矛盾。我国学术界有不少人也都同意王先生的观点,甚至包括某些老一辈学者在内。

童丕先生在刊布伯希和库车文书时,依据伯希和当年的观点,对于王炳华先生的考证提出了质疑。他认为在苏巴什出土的这卷记载“柘厥关”的汉文写本,已被多人用于为柘厥关确定地望了。王炳华先生认为伯希和将在都勒都尔—阿乎尔出土的文书,记在了苏巴什的名下,从而证明伯氏将柘厥关旧址确定在苏巴什,而不是在都勒都尔—阿乎尔的考证。《新唐书》卷 43 下记载:“安西西出柘厥关,渡白马河……”白马河似乎完全可以被比定为木札提河。但问题远未得到解决。因为古代从龟兹到姑墨曾有多条道路,如其北道沿雀离塔克山麓行进;另一条是经由木札提河南岸的路,现已被遗弃。悟空法师提到的东西拓(柘)厥寺使问题更加复杂化了。伯希和以其坚实可靠的语言学和地理学论据为基础,将柘厥关与另外两个更为古老的地名作了比较。据伯希和认为,苏巴什双寺(二伽蓝)的遗址位于今城之北的库车河两岸,分别相当于鸠摩罗什(Kumārajiva)时代的雀梨(Cäkri)、玄奘于 630 年提到的昭怙厘(Cogüri)和悟空于 788 年提到的柘厥②。伯希和也没有忽略将悟空提到的柘厥寺与柘厥关相比较,尽管《新唐书》将柘厥关置于了龟兹绿洲的西出口。伯希和于其在苏巴什发现的纸片上读到了“至柘厥”的字样,使他茫然不知所措。尽管这次发现具有棘手的巧合,但伯希和仍极力避免将柘厥关绝对地置于了苏巴什地区,而仅仅是作为一种可能成立的假设才提出来的。在 8 世纪时,于库车以北存在着一座柘厥寺,于城西存在着一座同名的关③。伯希和的结论是“不想将任何解释定为最终性的”。他仅满足于“权宜性地”接受,Cäkür 的不同相近形式在龟兹语和吐火罗语中均指一关和一寺、一座窣堵坡、可能还有一座烽燧。他于其论证时既未表现得专断,也绝不肤浅。伯希和在考古发掘期间,始终都认为都勒都尔—阿乎尔寺是阿奢理贰或阿遮哩贰(意为“奇特寺”),但他也未敢最后确定。直到 1934 年,他仍建议将由两名取经僧人

① 王炳华:《唐安西柘厥关故址并有关问题研究》,载《西北史地》,1987 年,第 3 期;《新疆库车玉其吐尔遗址与唐安西柘厥关》,载《丝绸之路考古研究》,新疆人民出版社 1993 年版。

② 伯希和,1934 年文,第 75—93 页。

③ 伯希和 1934 年文,第 96 页。

提到的建筑,或确定在都勒都尔—阿乎尔,或确定在库车河以西。

童丕先生认为,即使夏克吐尔确实位于渭干河东岸,即与都勒都尔—阿乎尔遥遥相对,那也很难像王炳华先生那样应将此地考证为柘厥关。因为该地距唐龟兹都城以西23公里处,不足以作为从龟兹都城西行(至姑墨)的第一站。夏克吐尔并不位于绿洲的出口处,而是位于向渭干河右岸深度延伸的农耕区的中心。无论第27号文书是出自苏巴什,还是出自都勒都尔—阿乎尔,都无法证明在某地发现记载某一地名的文书,就断定它就是此地的名称。此外,文书中只有“柘厥”而没有具体注明究竟是“关”还是“寺”。

王炳华先生认为,苏巴什并非是在渭干河两岸建起的唯一建筑群,都勒都尔—阿乎尔的情况也应大致如此。位于渭干河西岸者,主要是宗教建筑;位于东岸者,主要是军事—行政机构,但也有宗教崇拜地点。当地的考古学家们分别称这两个遗址中的前者为夏克吐尔(爱克吐尔),后者为玉其吐尔(“吐尔”系突厥文 tura 的对音,指烽燧和窣堵坡,也可能是指山口)。其实,这两个建筑群[?]具有混合用途,各自都包括行政设施和宗教建筑。这一切与许多人根据出土文书和文物而针对都勒都尔—阿乎尔提出的观点相吻合。但这种考证也并不与伯希和的观点相悖。伯希和在对都勒都尔—阿乎尔发掘时,确实于库车河对岸发现了两个遗址,他分别称之为 Hiçar(爱克吐尔或夏克吐尔)和 Saraïtam(色乃当)。他仅为色乃当留下了一幅照片。伯希和对爱克吐尔作了简单的记述:“工程量很大。”城堡内部有许多小坯房。伯希和从中发现了许多壁画残片和彩塑残余:“至少有一尊菩萨像,佩戴数量多而较大的首饰。”他还在那里发现了婆罗谜文的木简与一枚建中通宝,却未提到任何汉文写本①。但在伯希和都勒都尔—阿乎尔第15号文书的边缘,写有 Hiçar(爱克吐尔)。

伯希和在开始发掘都勒都尔—阿乎尔时,有些失望。他于4月25日在致法国金石和美文学科学院院士与地理学会主席、伯希和西域探险团的首倡人和鼎力推荐伯希和的色纳尔(E·Sénart,1847—1928年)的信中,流露出了他对最初12天发掘的失望情绪:“至于我们的发掘,它们尚未向我们揭示玄奘所描绘的那种辉煌。数日期间,在所清理的僧房中,没有任何塑像或祭坛的踪迹。我一直在思考,真正的寺院到底在哪里。但在四五天

① 莫尼克·玛雅尔:《库车地区诸遗址,龟兹文题记》第8页;上引童丕书,第30页。

之前,我们最终发现了柴泥制成的祭坛和塑像。尽管它们残损严重,但至少仍向我们提供了有关该问题的解释。""那些在麦秸和杏核中心间堆满了各种垃圾的僧房和小房间,向我们提供了一整套布帛、便鞋、芦苇笔、灯盏碗和陶瓷片。与在图木舒克搜集到的那些文物相比较,它们的数量和品种都要丰富得多。""我们在都勒都尔—阿乎尔的发掘物的平均时代,确为8世纪……如五铢钱(汉代之后)、带有年号(开元和大历,8世纪中叶和末叶)的中国铜钱等。"①

伯希和于5月2日致色纳尔的书信中,可以更好地解释他对玄奘法师的看法:"我开始理解了这种昔日曾使玄奘感到兴奋的豪华装饰。这里的塑像很多。如果说我们搜集到的大头佛像的风格,已纯粹是某种学派的作品了。那么在次要人物的身上,却呈现更多的新奇特征。我在对一间僧房清理时,于一个祭坛的角落中,发现了一个几乎是全裸的青年美男子彩塑。其半身已残损,很优雅地倚在右胯之上,浸透着一种希腊文化的特征。""实在说,这种豪华多少有些粗犷,至少从我们现代人鉴赏观点来看是这样的。黄金大量地闪烁,人们到处都使用了黄金,如在壁画、彩塑、铜器和木器上等等。尽管那些信仰了伊斯兰教的当地居民曾大肆地搜刮过这些金叶,现在仍残留有大量的痕迹。即那些经过巧妙设计、精心雕刻和令人赏心悦目的木雕像,也身穿这种令人眩目的外衣,我们在8天来便找到了数身这样的雕像。"②

伯希和探险团对于都勒都尔—阿乎尔的考古发掘主要集中在以下几个地点:佛寺、院子和山门、中心院、宗教圣址、僧房的跨院和第二道出口、主塔和后部小院、木版印刷术的雕版处、东北方建筑及其宗教设施、大甬道与西北方的窣堵坡等。

通过伯希和探险团在都勒都尔—阿乎尔发现的汉文文书及古钱币,促使伯希和对它们作出了8世纪的断代。该遗址可能是于9世纪时突然停止了活动,因为在许多发掘点都发现了一场火灾的痕迹。某些绘画的涂金层被人为刮去,说明在火灾之前曾有过一次大规模的抢劫,"藏经楼"中的写本也因此而四处失散。尽管遗址中出土了许多五铢钱,但我们却很难为这些建筑群的形成期作出准确断代,因为五铢钱于西域至少一直通行到唐

① 阿拉德:《都勒都尔—阿乎尔和苏巴什》,第43—44页。
② 阿拉德:《都勒都尔—阿乎尔和苏巴什》,第45页。

初。从4世纪起,佛教的宗教功能于龟兹日益多样化。带有中心大院、跨院和相继装修的佛寺,而且其数量也都会很多。都勒都尔—阿乎尔的佛寺布局,与公元最初几个世纪的犍陀罗佛寺很相似。都勒都尔—阿乎尔的窣堵坡和主要僧伽蓝,都经过院子的中门而与大院相通。僧伽蓝跨院四周均由僧房簇拥。

总之,都勒都尔—阿乎尔佛寺的最早核心,可能属于一组具有相当规模的佛教建筑,其扩大是随着佛教在龟兹的神奇发展而臻于完善的。

三、伯希和探险团对苏巴什的考古发掘

伯希和探险团从1907年6月17日开始,对苏巴什宗教双城(二伽蓝)作了一次考古发掘,整整持续一个月的时间。由于这片遗址面积辽阔,所以这样的期限就显得微不足道了。伯希和从1907年春季起,也就是当他尚滞留于库车时,便对苏巴什周围环境作了仔细考察和测量。这就使他得出结论认为,从其地望来看,苏巴什宗教(寺院)双城只能是玄奘于《西域记》中记载的"昭怙厘二伽蓝"。昭怙厘应为梵文 Coriot 的汉译,此名可能借鉴自位于白沙瓦附近著名迦腻色迦时代的佛寺"雀离"大寺的名称。此寺也就是《水经》中所引证的释氏《西域记》中的雀离大清净寺。伯希和一行刚开始时的工作也并不太顺利。他于1907年1月29日致色纳尔的信中,列举了自己到达库车后的初步调查结果。他针对苏巴什废墟而写道:"仅仅瞥去一眼,便使我坚信,这里确为玄奘所熟悉并生动描述过的地方,即昭怙厘大寺。该寺院很古老了,因为在玄奘之前很久,《水经注》中就已经提到该寺了。事实上,位于苏巴什河两岸的这两座寺院留下的废墟,是我自到什喀尔地区之后,所见到的规模最宏伟者。东昭怙厘寺与西昭怙厘寺各自延伸于近一公里长的地方,拥有有时会达到10米高的建筑物,尚且不讲那些仍在多处未曾大损地保持着其原状的窣堵波。全部建筑均以土坯筑成,最多见的是使用生土坯,当然都露天,现已看不到绘画和涂层的踪迹了。"日本人曾先于伯氏而在此地发掘,但只找到一双便鞋。伯希和本来希望测绘一幅详细的平面图①。伯希和当时已经获知,当时在库车市场上出售的所有印鉴和钱币,均是自这里流散出去的。

① 哈拉德等人:《都勒都尔—阿乎尔和苏巴什》,第41页。

伯希和等人的发掘，于7月10日之后仅仅持续两三天，他于7月10日致色纳尔的信中更流露出了其失望情绪："对昭怙厘寺的发掘刚刚基本结束，未能提供我本来所期待得到的东西。我于此搜集到的几件木雕，大致属于都勒都尔—阿乎尔那些同类文物的类别，远不如图木舒克的那些精致。至于写本，我们仅获得几种婆罗谜文、汉文，甚至是回鹘文的小片残卷。"①伯希和等共有三次发现了藏钱的钱窖，每次都有数千枚五铢钱出土。他们在大河的西部和北部大山最前面的几条支脉中，又发现了许多写本残卷和洞窟中的游人题记。因为伯希和的考察笔记本遗失了一册，所以其记述只到6月18日便中断了，从而使人无法解释瓦阳的测绘图了。由于苏巴什遗址面积广阔，伯希和探险团人数很少，而且时间又紧迫，所以他们只能零散地进行发掘，其重点就在于寻觅写本。伯希和等人对大河东西两岸，均未测绘出完整的平面图。

苏巴什的佛教遗址与伯希和过去考察过的图木舒克和都勒都尔—阿乎尔完全不同。苏巴什是一种具有某种整体性的建筑。那里的日常居舍、僧房及其附属设施，似乎都属于一个原有的中心，围绕着它而逐渐扩展。苏巴什的宗教城位于库车河的东西两岸。其建筑物的种类、规模和布局，都会使人联想到于其城墙内集中了不同的建筑，而又能使其中的人在不同程度上彼此独立地生活。在东部主体建筑的周围，尚可以辨认出庞大的军镇遗址，沿山麓于遥远的地方尚能清晰地看到它们。

伯希和探险团在苏巴什西部的地基上，分别考察了大院子、大墓葬、北部窣堵波、僧房、烟囱房和西部大窣堵波；于东部的地基上，他们考察了院子遗址、西南窣堵波和东北窣堵波；在库车河西岸的石窟中，他们又发现了某些婆罗谜文写本；在宗教双城中，他们特别是考察了"壁画屋"。

四、法国国家图书馆伯希和库车汉文写本特藏的概况

童丕先生整理、刊布和译注了法国国家图书馆所藏的库车地区的汉文写本。

伯希和自库车携归的汉文写本特藏由249个号的212件文书（1—

① 哈拉德等人《都勒都尔—阿乎尔和苏巴什》，第50页。

156、157.1—7、201—249 号，有些文书后来被撕破成数片）组成，从而形成了“伯希和都勒都尔—阿乎尔特藏”。另外有两件文书则被编入了“伯希和龟兹文特藏”中，尽管它们是用汉文写成的，这是一组总共为 44 件文书［编号为 DA・M（即都勒都尔—阿乎尔写本）507 号］中的第 31 和 32 号。这样一来，伯希和库车写本的全部特藏中总共有 214 件文书，其中 18 件已被断代或拥有能令人作出断代的明确标志。其中年代最早者可上溯到 690—705 年（第 52 号文书），因为其中出现的武后新字正行用于这段时间。其最晚的时代为 784 年（原文书作“建中五年”，应为兴元元年）第 104—106 号）。在这两个上下限时间之间，写本的分布很规则。其早期（开元年间，713—741 年）有五六件；其晚期（760—784 年）的也有同样的数目，其中期（742—759 年）的有 5 件。由此可见，这批写本所覆盖的时代，恰恰是唐军驻扎龟兹的时代，即介于唐军于 692 年大破吐蕃军队和 790—791 年左右之间的时代。

在这批汉文写本中，只有很少的主文献纸叶背面写有与主文献没有任何关系的文字者。这说明它们在写成不久就被失散了。如果它们如同敦煌写本那样被收藏在档案处或藏经处，那么它们的背面就肯定会被重新利用。

在伯希和库车汉文写本特藏中，除了少数 12 件出自苏巴什之外，其种类非常纷繁，明显出自多个不同的收藏点，遍布于都勒都尔—阿乎尔的整片遗址上。但那些佛经和其他寺院文书（僧侣们的书信和账目等），却只占很少数量。伯希和库车汉文写本特藏中的宗教文献的稀见性，形成了它与出自库车地区的大谷文书之间的突出差异，因为大谷文书中有许多佛经和教义疏注文。为什么在一个伯希和认为是古寺的地方，却很少会出土佛教文献呢？我们也可能会对遗址的性质提出质疑。考古发掘已经清楚证明，都勒都尔—阿乎尔确为一座佛寺，但其中居住的都是龟兹人而不是汉族僧众，于现场发现的那些用婆罗谜文字母书写的龟兹文写本，便充分证明了其寺院的环境。生活在都勒都尔—阿乎尔的汉人主要是世俗人，大部分汉文文献均出自官府，其中有许多甚至出自于官吏们本人之手。一批为数不多的私人文献也都往往与官府有关，如某些书信（第 131 号）、契约（第 4 号）和殡葬文书（第 28—30 号），还涉及了兵镇的驻兵。很明显，在都勒都尔—阿乎尔存在着一个官府和一个兵镇，居住在其中的汉人是负责管理军队和来自中原的屯边戍民。

伯希和都勒都尔—阿乎尔汉文特藏(DA·M)的另一特征,是缺乏经商文书,也没有被用于交易的商品目录;其中更没有旅行文书,如骆驼队的"过所"之类文书。这批文书中只有少数契约,而且似乎也只涉及农民之间的交易,如租地和借粮等(第62号文书背面)。第122号文书涉及了为一次"西遣",从而引起了龟兹人或粟特人与操汉语的人之间的交易关系。第123、130、131号文书是由官吏或者由不以商业谋生的人书写的信件。其中提到的唯一一支骆驼队并不是商队,而是"屯家人"。龟兹城本来是一个商业很发达的地区,但商务文书却极其稀缺,这很可能是商人都居住在城内,并且在城内交易,或者是那些沙漠商队客栈均位于城市的四周。

在多种文书(如第33、47和86号)中经常出现的"行客"一词,现在尚难以确定其义。有人认为他们是在唐代文学和敦煌吐鲁番文书中,经常出现的"远行商客"之简称。但我们也必须注意到,在134号文书中出现的"行军"("行军司马")一词,在第58和115号写本中还出现过"行客营"。这也可能与商人经常随作战部队行动有关。

在大量的行政文书中,只有一件可以被考证为出自龟兹都督府或安西都护府最高当局(第134号):"摄副使行军司马秘书少监薛"。另外至少有3件是通过各级渠道而呈奏龟兹最高当局的,两件是致安西都护府的(第91和135号):"伏望都护详察"和"都护九郎(?)阁下";一件是致"龟兹都督府"的(第83号文书残卷5)。其他的文书则向我们揭示了某些高官的尊号,却又无法使人知道他们究竟是文书的作者,还是仅仅是其收启人(第37、39、48、109号文书)。这些文书其实只涉及某些琐事,却又要上奏最高当局(第91和100号文书):对粮食和食物仓库的日常管理、完成工程等。文书中经常提到马匹(第91、101、121、126等号文书),以及对它们的饲养、统计、采购,而且主要是向突厥人出售(第129号文书)。这些马匹大都属于地方部队(折冲府),但也被用于馆驿。它们不仅仅是中国战略设施中的重要组成部分,而且还是整个官府的基础(第41、76、91和129号文书)。其中提到的事件完全反映了驻扎在大唐帝国边陲上的那些军事机构的活动。甚至某些佛教文书,似乎也涉及了军人(第5号文书,"因军阵损害众生")。

在这批写本中,军事机构无所不在。我们可以从中发现各种级别的军事单位:军镇、城、守提、开府、镇使、将军、游弈官、孔目官等。但当时那里似乎存在着两种结构:行军(野战军)和折冲(团练)。驻龟兹的军队似乎具有比在中国内地更为广泛的功能。他们当然负责“屯”(第19和88号文书),其中的一处叫作伊利屯(第19号文书背面);他们更要负责在其他地方应该属于行政职权(第57、90、104—106号等文书)的事务。其时间最晚的一件文书是第104—106号的请状。它证明,直到784年,唐朝的行政机构在龟兹的某些地区,尚在军队的控制下正常运行。

由于这些文献更多的是涉及地方事务,所以经常提到基层地区单位,如“村”(第12、95、121和127号)、“坊”(第93、96、103、134号文书)。在唐代,“村”与“坊”属于同一级别,“村”位于城市的城墙廓外;“坊”则位于城内,却又不一定具有城市的特征。都勒都尔—阿乎尔写本中提到了“坊”,这说明在当地就存在着与都城有别的“城”。除了“王子村”之外,都勒都尔—阿乎尔写本中所提到的村名,均为龟兹语的汉语对音字:“移伐姟(孩?)村”“伊禄梅村”“无寻苏射堤村”“都野提黎伏陀村”和“萨波村”等。那些“坊”却相反都是汉名:“怀柔坊”“安仁坊”与“和众坊“。这就证明,当时在坊中比在村中具有更高的汉化程度。中原人主要是集中城内,在农村则比较分散。这些坊和村中的居民,似乎更密切地依靠城市当局(第93、104—106和134号文书)。我们由此便可以从中管见军屯的迹象,至少是有许多士兵都与其家庭生活在一起。

总之,伯希和库车汉文写本提供了许多方面的详细资料。它们对于研究唐代龟兹地区的历史、地理、军事、人口、语言文字、经济和行政组织都具有非常重要的意义。

探讨古丝路重镇龟兹的历史文明
——《伯希和西域探险日记》中有关库车绿洲的记述

1906—1908年,法国探险家和汉学家伯希和(Paul Pelliot,1878—1945年)完成了一次西域科考和探险活动。伯希和一行几乎从西到东地穿越了整个新疆,但喀什、温宿(阿克苏)和吐鲁番,却是他们的三大科考主攻区。经济富庶和文明璀璨的阿克苏(学术界更习惯于称之为库车)地区,更是伯希和一行考察的重中之重。他们除了对图木舒克、苏巴什和都勒都尔—阿乎尔作了长时间的考察发掘之外,还对该地区的阿克苏、新和、温宿、沙雅、拜城、库车、乌什、阿瓦提与柯坪诸县作了不同程度的发掘考察。

伯希和科考探险团通过发掘和收购而获得的大量文物资料,长期在法国入藏于法国吉美博物馆(文物)和巴黎国家图书馆(文字资料)。其中《伯希和探险团考古文献》第二卷《图木舒克考古报告》于1961年(图文版)和1964年(文字版),由法兰西学院整理出版①;《伯希和探险团考古文献》第四卷《都勒都尔—阿乎尔和苏巴什考古报告》,于1967年(图文版,金石和美文学科学院)和1982年(文字版,法兰西学院中亚与高地亚洲研究中心)出版②;伯希和一行对于库车城周边地图诸小遗址的考察报告,于1987年出版:《库车地区诸遗址,龟兹文题记》③。其中主要涉及了伯希和探险团在以克孜尔尕哈(Qyzyl-qâgha)为中心的一批小遗址的考察成果,如

① Mission Paul Pelliot, Documents Archéologiques, Ⅱ, Toum chuq (Textes), Paris, 1964; Paul Pelliot, Documents Archéologiques, Ⅰ, Toumchuq (Planches).

② Mission Paul Pelliot, Documents Archéologiques, Ⅲ, Douldour-Âqour et Soubachi (Planches), Paris, 1967; Mission Paul Pelliot, Ⅳ, Douldour-Âqour et Soubachi (Textes), Paris, 1982.

③ Mission Paul Pelliot, Documents Archéologiques, Ⅷ, Sites divers de La région de Koutcha, Epigraphie Koutchéenne, Paris, 1987.

塔吉克库尔(Tadjik qaraoul,新和县境内)、夏克吐尔—色乃当(Hiçar-Saraïtam,新和县内)、契丹巴札—契丹古城(Khitaï-bazar,Khitaï Chahr,库车县境内的唐王城和大古城)、巴什克其克(Bâch-Ketchigh,库车北部煤矿区)。

当然,图木舒克现在从行政区划分上看属于喀什地区,但其文化与库车文化既属于同一时代,又属于同一文化圈或同一文化类型,或者是称之为"吐火罗文化圈"。所以它与库东地区联系密切。

伯希和西域探险团留下的最重要的文字文献,伯希和沿途亲笔所记的实录性《西域探险日记》,却在长时间内未全文公之于世,原手稿始终封尘于集美博物馆。法兰西学院仅简单地摘要发表了伯希和在图木舒克(1906年9月23日—12月12日)①和都勒都尔—阿乎尔和苏巴什的考古日记(1907年4月17日—5月18日)②由于引文残缺不完整和摘录很不得体,以至于使人无法利用。直到2008年,在伯希和结束西域探险百周年祭的时候,法国集美博物馆才由当时的馆长和法国科学院院士贾立基(Jean-François Jarrige)主持编辑出版了《伯希和西域探险日记》。③ 这部在百年间秘而不宣的文献面世之后,对于西域的历史、地理、民族、文化、古迹、物产、人口、宗教和艺术诸方面的研究,都有不可估量的价值。

非常遗憾,伯希和在库车绿洲前三个月期间,以及在乌鲁木齐两段活动期间的笔记本,均已丢失了,也可能是被其他人借阅未还。当然,伯希和在乌鲁木齐那段活动不属于严格意义上的探险活动,他只忙于和清政府的谪居旧官僚、当地官吏和外国领事官们的社交,也可能根本就未曾写过日记。但他有关库车绿洲的那本笔记本,则是他整个探险期间非常精彩的一本,丢失掉实为一大损失。但伯希和有关库车地区各县的日记,以及他发自库车的几封信札,仍是研究古老的龟兹文明的宝贵资料。

《伯希和西域探险日记》洋洋60余万言,从1906年7月15日自萨玛尔罕起,先到安集延,再到泽拉夫善河流域起,直到他于1908年10月1日到达河南郑州的京汉铁路线上为止。书中除了日记之外,还有伯希和沿途写给法国西域考察活动的发起人、法国科学院院士和法国地理学会主席色纳尔(Emile Sénart,1847—1928年)等人的书信30通,另有几札他与瓦阳

① 《Toumchuq》一书的文字版,第421—420页。
② 《Douldour-Âqou ret Soubachi》,文字版,第31—42页。
③ 《Douldour-Âqouret Soubachi》,文字版,第31—42页。

和努埃特之间互相交换的信件。其中仅伯希和发自库车和图木舒克的信件就多达16封。由此可见他对库车地区的重视,以此也可略补其日记本丢失的遗憾。

伯希和探险团对库车的考察,是从1906年12月12日左右,结束了对巴楚县境内图木舒克的发掘之后,于1906年12月17日进入柯坪"分县"而开始的。他们在柯坪分县,重点考察了清朝设立的两个粮台,即位于萨干库都克(Yakka-qoudouq)的十一台、位于萨干库都克与齐兰台(Tchiland,启浪)之间的十二台。伯希和通过实地考察和口头调查,详细研究了这两个台。自清政府平定阿古柏之乱后,便在齐兰台设兵站,它首先是作为海关的"卡子"而设立的,附属于阿克苏。直到清光绪十三年(1887年)才被撤销。在伯希和到达时,那里还有120人的兵员,驻扎在乌库麻札(Qqour Mazâr)一带。对于柯坪分县这两个同时兼有兵站、粮台和驿站职能的十一台和十二台,国内外学者研究甚少,从而突显了伯希和留下资料的价值。

伯希和探险团于1906年12月21日到达了阿克苏汉人城,也就是所谓的"新城"或依干其城(Yangi-chahr)。他们立即投帖拜访了阿克苏汉城的官吏——59岁的姚文林,原籍湖南。姚文林设"茶点"或"简食"招待伯希和一行。姚文林曾两次在北京受到大清皇帝的召见,也曾长期留京作散官。他相继在陕西和甘肃任官,此时正与其妻子、长子、儿媳和7岁的幼子居住在阿克苏。当时在阿克苏城设有一个很大的驿站。姚文林将一大批信件转交给了伯希和,其中包括马继业和马达汉写给伯希和的信件。依靠当地官方,从驿站接收由俄国领事馆等方面转来的邮件,是伯希和一行于沿途的惯例。

伯希和一行于1906年12月22日到达阿克苏古城(Kohne Chahr)。当时英国传教士亨特(C.W.Hunter,?—1946年)正在阿克苏布道。该牧师在阿克苏将一部基督教的《救赎计划》①译成了突厥文,它连同瑞典传教士们在新疆刊印的《新约》文本,形成了新疆最早的基督教信仰必修书。俄国驻喀什领事,也经常往来于阿克苏城。伯希和认为,当时阿克苏城不是一个很封闭的城市,在新疆也属于一个比较开放的城市。

1907年2月24日,伯希和一行离开阿克苏,以前往库车。他们于此期间,基本上是在拜城县内行走,特别是经由塔孜—兰干(Tâz-Langar)、汗腾

① 不知是指基督教的什么经文。——译者注

格里峰（Le Khantcngri）、海楼（Qaïlou）、札木台或佳木（Djam）、黑泉山（Qaraboulâq-tâgh）、喀喇玉衮山（Qara-youlghoun tâgh）等地。他们重点对“骆驼客栈”或“骆驼堂”（Tugadan，Tugadang）、盐水沟（Toghrâg-dan）、滴水崖（Tchorga，Tchorgha）等地作了详细考察。

法国探险家李默德（Fernand Grenard）于其发表吕推（J.-L. Dutreuil de Rhins，1846—1894 年）的《高地亚洲探险记》中①，建议将玄奘所说的跋禄迦国（Baluka）考证为拜城县的亚恰—艾日克（Yaqa-aryq，Yakka-aryq），这曾挑起了国际汉学界的一场争论。伯希和经过一番详细考证之后，坚决摒弃了这种比定。

1907 年 4 月 1 日，伯希和去拜访了当时正在阿克苏城的库车县长袁彦勋和某位李副县长。他在袁府又偶遇布古尔县（轮台县）的县长荫铣。荫铣因一名造假币的汉人在阿克苏被判刑后死于狱中，特别奉命前来查验。伯希和从他那里调查了有关轮台县的许多情况。袁县长也曾陪同肃亲王善耆于 1906 年视察伊犁，考察在那里修建一条铁路线的可能性，这引起了伯希和的极大兴趣。修铁路是伯希和念念不忘的事，其名著《交广印度两道考》就是为法国修建从越南到广东的铁路而写成的。

伯希和一行于 1907 年 2 月 6 日，便开始对喀朗古（Qaranghou，喀让古）作考察。那里不仅有窣堵波和麻札，而且还有一片完全被烧毁的佛寺遗址。佛寺的生坯苇草地基、洞壁上的柴泥抹层和壁画残余、建筑物的石膏装饰，尚大量残存。由于该地区盐碱化程度不太严重，所以那里的几间祈祷室和僧房，在当时尚保存完好。他们对该遗址作了简单的发掘和测量，其记述可能是有关喀朗古遗址的最早文献。

伯希和将考察团的大营扎在了库车城内，四处从事调查发掘。他们再次去拜访了库车县长袁彦勋、李副县长和 1 名驻军武官。该武官也是因镇压太平军立功而被晋升的湘人。当时库车每年要向国库交纳 10000 Tsien Léang。这究竟是指 10000 千两白银，还是 10000“钱粮”。我们尚无法断定。县长还是一位当地文化的爱好者。他家的“镇宅之宝”正是新疆藩台王树枏的《陶庐丛刻》（伯希和误作《陶庐业稿》）。该丛书中有一部涉及了法国的书。伯希和未指出书名，但它实际上应为《欧洲族类源流考》或《欧

① Joseph Fernand Grenard：Mission Scientifique dans La Haute Asie，1890—1895，3v.，Paris，1897—1898.

洲列国战事本末》。县长很重视这本书。这说明当时在偏僻的库车,仍有人关心遥远欧洲的事态。伯希和对这件事感到非常好奇。

对于喀什和库车地区的阿卜达尔人和作为多览葛人后裔的多浪人,伯希和在1907年后就已经作了详细研究,曾有专门论文发表①。他在当地向阿卜达尔人和多浪人作了口头调查,是从事这些小部族研究的先驱性学者。

对于在"乾隆贝子"执政时代,鄂对贝子(实际上应为贝勒,其庙位于乌恰克塔勒,Ouchâgh tül)在库车地区,乃至在整个新疆的活动,伯希和通过口传与文献,而一一作了详细考证。其中包括在阿克苏的阿奇木伯克(Hachimbeg)在道光年间于沙雅任哈孜伯克(Qazibeg)的"伊王"('Isaq,伊萨克)、伊王的儿子"爱王"(Ahmad,爱马特)、爱王的儿子"阿王"(阿密特,Hammid)、阿王的儿子"马王"(马哈木,Mahamoud)等。他详细编制出了鄂对贝子家族的世系谱并一一列举其业绩。

伯希和一行于1907年4月13日离开库车城,前往库木吐拉。他们在库车获得的文物,共装满3辆双轮马车,现在准备对库木吐拉千佛洞进行发掘。伯希和探险团为采购生活必需品,而到达了位于渭干河西岸20里处的排先拜巴札(Douchambabazâr)。他们的初步印象是巴札很繁荣,遗址状态很破败。

伯希和探险团于1907年4月16日,共雇用25名民工对库木吐拉作了发掘。但由于德国人于此之前作了"疯狂掠夺式"的发掘,严重地破坏了石窟与壁画,伯希和严厉地批评了德国人,认为他们的"唯一功德"是拍摄了一批高质量的和完整的石窟照片。伯希和自己也在那里有新发现,如一方有关某位汉族艺术家在石窟中从事装饰工作的题识。他在另一座石窟的题识中,又发现了"金沙寺"的汉文寺名。它们使法国人后来研究库木吐拉石窟与佛教艺术,受益匪浅。

4月17日,伯希和一行测绘了库木吐拉和色乃当的平面图,然后便率领25名民工,赴都勒都尔—阿乎尔发掘去了。"阿乎尔"(Âqour)的本义是马厩。都勒都尔(Douldour)则是东察合台汗国羽努思汗阿力(Ali,歪思汗的长子)的1匹马的名称。传说中认为,阿力汗曾于此饲养其马。这正如图木舒克(Toumchuq)本意为"鸟啄",意指"岬角地",苏巴什(Soubach)

① Paul Pelliot:Les Abdal de Païnap,Journal Asiatique,1907,115—139.

意为“水之源”一样。

伯希和在都勒都尔—阿乎尔的发掘成果非常丰富，有五铢钱、婆罗谜文题记残片、婆罗谜文宗教文献残卷①。桦树皮写卷和织锦便鞋。其中最丰富的收获出现在4月24日，伯希和等人发掘到了都勒都尔—阿乎尔的“藏经室”。它侥幸逃脱了火灾的焚烧。大批纸本写卷虽被倒塌的墙壁搞乱了，散落在黄沙与卵石之间，虽然它们都已经有所腐烂并严重浸水，但毕竟还是被保留下来了。这批写本中的汉文写本，已由法国国家科研中心的童丕于2000年整理发表。它们只有分成249个号的212件文书(DA.M1-156、157.1—7、201—249号)。另外有两件被编入“伯希和龟兹文特藏中了”。所以全部文书应该是214件②。其年代最早可以上溯到690—705年(DA.M.52号)，因为文书中出现了武则天的“新字”。最晚的应为784年(建中五年，DA.M.104—106号)。这正好相当于从唐军于692年大败吐蕃军队并驻军龟兹到790—791年间这段时期。但由于法国对这批文书的收藏单位将原始编号搞乱，索性把它们统统编入了DA.M(都勒都尔—阿乎尔写本)中了。事实上，现已考证出其中的12件文书发掘自苏巴什。

当伯希和一行对都勒都尔—阿乎尔作发掘时，瓦阳测绘了夏克吐尔或玉其吐尔的平面图。他们5月25日用梯子登上了德国人未曾进入的那两个石窟。他们发现在渭干河岸最高处，还有某些无法进入的石窟。最有意义的是伯希和于其中捡到了一些小立方体的木块和泥块，它们是印度佛像或佛经的“活字印版”。这些字模应该与那些写本是同时代的，即8世纪末叶之前。它们应该要比敦煌藏经洞发现的那些“字模”更早一些，比那些西夏文字模更要早得多。由此推断，库车也可能是最早从事活版印刷的地区了。

伯希和于1907年1月13日，从库车写给色纳尔的信中指出：“今天清晨，我从库木吐拉渭干河西岸的1名老人手中，获得了史前时代的3把玉斧。有人向我确认，它们是在通古斯巴西(Tongouz bachi)古城废墟周围捡到的。那名土著人自告奋勇地带我去原地点勘察，我也完全有理由相信人们所说的其确切出处。事实上，有人曾在西伯利亚发现过史前时代的玉斧。但这3把玉斧没有任何可能是从西伯利亚最终流落到塔里木河支流畔阿合雅尔(Aq-

① 伯希和最早期称之为“婆罗谜文”，后期大却改称“吐火罗文”了。

② Eric Trombert：Les Manuscrits de Koutcha，Paris，2000.

yâr)的一名土著人手中。那里是一片至今很少有人往来的地区,却有丰富的古代遗址……如果它们是其种类中的最早几件实物,再若我们确实能够考证出其确切出处,并且有可能还会拾捡到其他样品,那么这就是我们在库车居住期间,所能搜集的最宝贵的文物了"。伯希和后来又打听到,这个老人居住在都(排)先拜巴札附近。他于 1907 年 4 月 21 日,还专门去寻访这位老人,以作进一步核查,可惜未获得进一步的成果。

这三把玉斧在西方学术界引起了广泛关注。许多东方学家,包括伯希和本人,都对它们作过专门研究并有专门论文发表。它们至今也是法国集美博物馆的"镇馆之宝"。伯希和过去出于各种原因,只笼统地称它们是由他自西域探险中携归的。伯希和日记的公布,多少也算揭开了这三把玉斧的神秘面纱。

1907 年 5 月 10 日,伯希和一行考察了地处今阿克苏新和县境内的塔吉克库尔(Tadjik-qaraoul,塔吉克卡子,哨卡或卡伦)。他们特别考察了卡子附近的一座小寺,发掘了几个石窟,也从中发现了印模和塑像残片。他们于 5 月 14 日去考察通古斯巴西古城遗址,在当地的霍加吐鲁斯收购到了一枚大印,还有一枚被制成形态严肃狮子状的印鉴。

对于阿克苏地区新和县境内的乌什喀特古城遗址,伯希和在 1907 年 4 月 12 日致色纳尔的信中指出:《晋书》提到龟兹国"俗有城郭,其城三重,中有佛塔庙千所"。现在于渭干河西岸,有乌什喀特古城遗址,乌什喀特本义恰恰为"三重城"(Utch-qât)。它由三道不太规则的同心城墙组成,带有相当数量的土丘。这道城墙应该有四公里周长,因而相当于一座规模相当可观的城市。伯希和由此而断定,乌什喀特古城遗址正是晋代古龟兹国的国都。6 世纪时的《水经注》和 7 世纪时代的玄奘,所提到的昭怙厘二伽蓝,可能正是位于库车北部或东北部的苏巴什特大遗址,是库车河流出大山的地方,距库车城约有 40 里左右。这些观点,今天已被不少人所接受,至少是为学术界都熟知了。但在 1907 年 4 月间,伯希和就作出了这样的推论,实在有点出手不凡。当时,在西方汉学界,唯有沙畹对此略有提及,其他人基本上都未曾作过这样的考证。

伯希和在他于 1907 年 4 月 25 日致色纳尔的信中提到,他在库木吐拉地区的发掘共有三大目的:对库木吐拉千佛洞和渭干河右岸都勒都尔—阿乎尔的发掘、对该地区东部的荒废古城通古斯巴西和乌什喀特等遗址的发掘。但他只完成了前两项计划。由于第三项工程的工作量特大,他基本上未下功夫去完成。所以,通古斯巴西和乌什喀特古城,未被发掘而保存下来了,直到由黄文弼先生于20世纪上半时从事部分发掘为止。

对于夏克吐尔(Hiçar)遗址,由于德国人先前已对那里的一座大寺作了发掘,所以伯希和科考探险团只在那里找到了几支简和几枚建中年间的钱币。

在塔吉克库尔与通古斯巴西之间,有一座克孜尔古城(Qyzyl Chahr),本意为“红城”,城中有多座佛寺。伯希和探险团都勒都尔—阿乎尔的考古报告中,已经发表了出自其中的许多照片和文字资料。

伯希和对于拓厥关问题非常感兴趣。他于1907年2月3日致色纳尔先生的信中指出,Chalderang大峡谷在汉文文献中就出现过,位于屈支国(龟兹)与跋禄迦之间。根据种种迹象,Charderang就应该是柘厥关,它在贾耽的夷道中就已经出现了。伯希和为此还专门托人从乌鲁木齐查阅有关柘厥关的汉文资料。

佛塔起源于印度,它过去在印度文化系统中被称为Stupa(窣堵波),在西方文献中作tour,汉文中叫作塔。大约从19世纪起,在西方文献中突然出现了一个名词Pagode,后又几乎通行于所有的西方语言中。伯希和在西域考察了大量窣堵波之后,认为西方语言中的Pagode,源出于汉文中的“白骨塔”,而且还有可能是从西域向西方传出去的。无论这种看法是否完全可能站得住,总算可备一说了。

伯希和于1907年5月28日,在都勒都尔—阿乎尔度过了他29岁的生日,于6月15日在苏巴什纪念了他们离开法国1周年。他的30岁的生日是于1908年5月28日在敦煌千佛洞度过的。

伯希和探险团对古龟兹文明的考察成果,激起了我们多方位的思考。

这些成果证明了古龟兹的悠久历史和璀璨文明,而且它们繁荣发达持续了数世纪之久。

对于古龟兹文明的兴起、繁荣和落伍的原因,我们也可以借助这些文物而作深入探讨。

古龟兹的文物大量外流,这是令人感到非常遗憾和痛心的事。但它们重见天日之后,国内外学生都可以利用它们从事研究,并且以此为契机而促进中外学术交流。

我们通过中国文物于清朝大量外流的教训,也可为当代的文物保护提供借鉴。

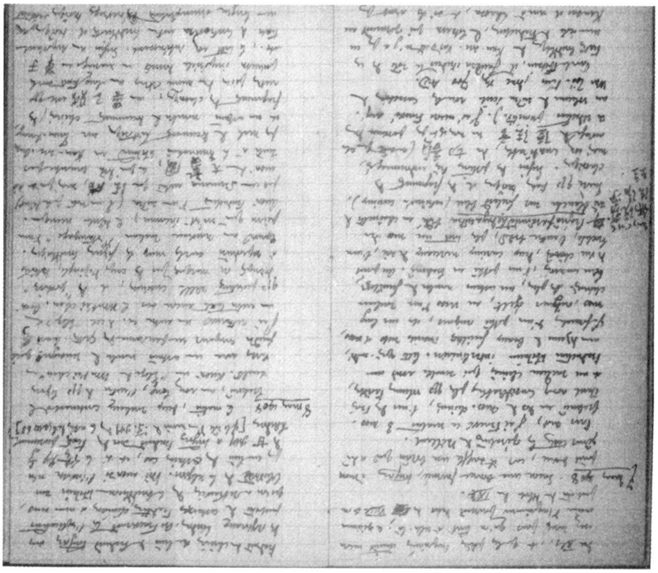

伯希和日记手稿

伯希和在乌兹别克

伯希和在乌兹别克

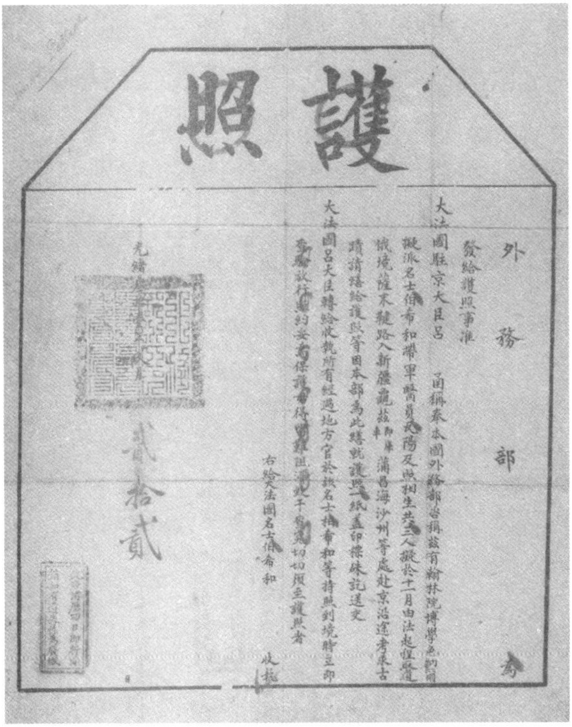

清朝政府为伯希和等人颁发的护照

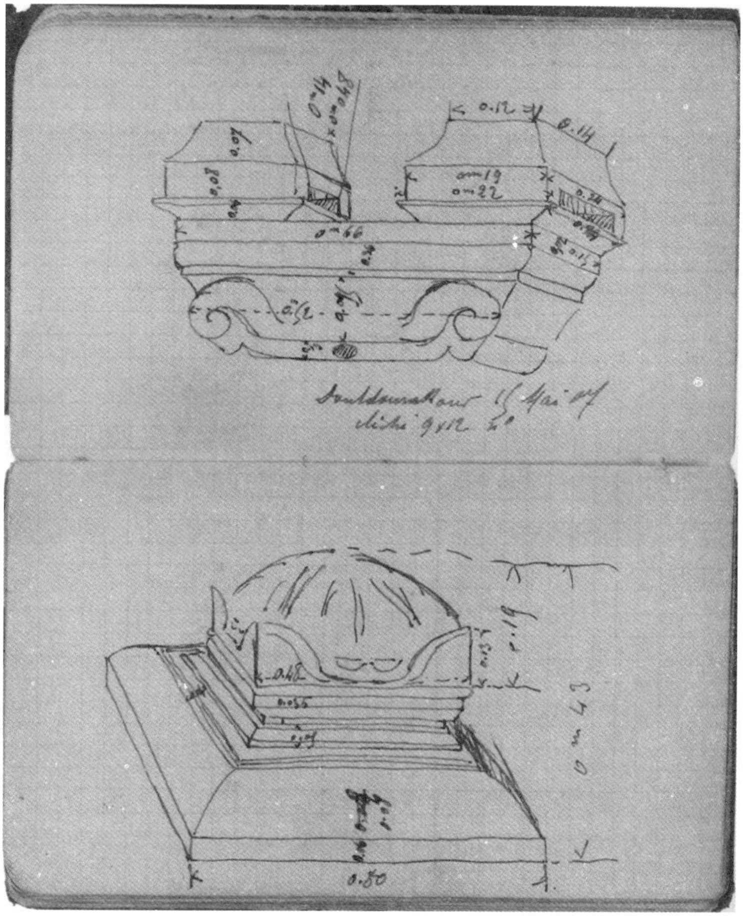

伯希和在新疆的测量图案

考察草原丝绸之路的法国人

经由戈壁绿洲的西域丝绸之路、穿越北方沙漠和草原的草原丝绸之路、在西南崇山峻岭中盘亘交错的西南丝绸之路、漂移在世界三大洋万顷碧波巨浪中的海上丝绸之路,是举世闻名的“丝绸之路”网络中的四大交通干线。草原丝绸之路也被称为北方丝路、毛皮之路、茶叶之路、瓷器之路和铁器之路等。草原丝路研究意义重大,内容丰富,涵盖面广,空白领域尚多,非常值得作多视角和全方位的研究

从丝绸之路的开通时代来看,北方草原丝路与西北戈壁绿洲之路,基本上应该是同期的。早在公元前 7—2 世纪之前,横贯欧亚大陆的交通干线,还不应该是环塔里木盆地四周的戈壁绿洲之路,而更应该是从中国黄河河套地区出发,经蒙古草原向西北逐渐延伸,越过阿尔泰山,沿额尔齐斯河流域北行,穿越南西伯利亚草原,到达黑海北岸的斯基泰地区中,再从那里向中亚和欧洲伸展的草原之路。在这条北方草原丝绸之路上,黄河河套、蒙古草原与新疆的阿勒泰地区,应该是起着枢纽作用。继西域戈壁绿洲丝路发展到鼎盛时代后,草原丝路略却遭冷落。继 15—16 世纪之后,海路大举开通,西北丝路日趋衰落,并有被海路大规模取代之势。但北方草原丝路却无法完全被海路所取代,只不过是骆驼队、汽路和铁路的更新换代而已。中俄之间的交通,以及经俄罗斯而沟通的中西交通,始终在稳定地发展。在 18 世纪时,西方入华传教士们在向欧洲寄送中国的文献资料、植物种籽和苗木、动物标本以及中草药等珍贵物品时,海难频发而导致损失惨重,那些需要干燥保存的物品,难抵海洋潮湿环境的侵蚀。这些欧洲传教士们,于是便毅然地选择了“莫斯科之路”。为此目的,他们还想方设法地成为帝俄皇家科学院的院士或通讯院士。这就使俄罗斯及其占领的中亚地区成了中西交通中的大驿站。在 19 世纪末到 20 世纪初,经北方草

原丝路的中俄(甚至中西)之间的茶叶、毛皮、瓷器和中草药(尤其是人参和大黄)的交易。依然兴旺发达,特别是存在着一条“恰克图之路”。直到20世纪中叶起,由于中俄国内形势巨变和东西冷战诸因素,北方草原丝绸才开始走向萧条。随着我国改革开放,草原丝路又开始呈现复兴的征兆。

从草原丝路所覆盖的地理和民族范畴来看,它与西域戈壁绿洲丝路在西部有重合,在北部有交错,在东部有独特区域。这条路线或这片路网,几乎涵盖了阿尔泰语系的所有民族:蒙古语族、突厥语族和通古斯语族的民族;中国古代北方的狄与胡系诸多民族,尤其是匈奴人;古代印欧语系的诸多民族,如斯基泰人、贵霜人、塞人和咕吠哒人等;南西伯利亚的许多土著民族与部族;斯拉夫语系的某些民族。虽然北方草原丝路穿越的地域,没有西域丝路那样辽阔,但它仍形成、支持并促进了多地域和多民族之间的联系网络。

从输送商品的角度来看,北方草原丝路输送的商品,除了永远的丝绸之外,主要是茶叶、皮毛和羊毛制品,瓷器、铁器和中草药,而且其数量很有可能会达到甚至超过西域丝路。在物质交流之外的文化交流方面,北方草原丝路传播了世界的几大宗教:佛教(以喇嘛教或藏传佛教为主)、萨满教、袄教、伊斯兰教、摩尼教、基督宗教(景教和天主教方济各会),以及各种土著巫教和图腾崇拜(草原石人和岩画等)。它将中华文明与希腊—罗马文明、中亚穆斯林文明、沙漠绿洲文明、草原文明、斯拉夫文明和远东其他文明,都互相沟通和互相融合起来了。这一切都为中西或东西文化物质交流的发展作出了功不可没的贡献。

这条北方草原丝绸之路,在历史上就吸引了中外许多探险家和从事科学考察的学者。在近代以来,西方的各种人士,也络绎不绝地来往于这条道路上。本文试对几位法国探险家、外交官、学者与传教士在这条道路上的考察活动及其成果,略作钩沉。

一、法国探险家莱斯丹伯爵对准格尔旗和成吉思汗陵的考察

莱斯丹伯爵(Le Comte Jacques Bouly de Lesdain,19世纪末—20世纪初人)是法国的探险家。早在1902年,他便从事了一次赴蒙古的旅行。两年之后,也就是在1904年,他在芳龄刚20岁的新婚妻子的陪同下,又从事

了一次“从北京到印度”的探险旅行，由北至南地穿越了蒙古地区以及康藏高原。这些地区当时已不再是陌生之地，但旅行的困难性和危险性依然很大。由于他们夫妻出身于豪门富户，故而可以雇用一支骆驼队和一支人数众多的卫队，从而大大地方便了其旅行。他们在进入蒙古之前，曾在大同云冈石窟作过较长时间的停留与考察，属最早对外通报云冈石窟艺术的外国探险家之列。他们在穿越康藏高原时，又详细地考察了长江的源头。他们于1906年，考察蒙古地区（草原丝绸之路）时，重点考察了准格尔旗与成吉思汗陵。莱斯丹伯爵于1908年出版了其游记《经蒙古赴西藏的旅行，从北京到印度》①一书。

马可·波罗是西方第一个介绍成吉思汗被安葬在“阿尔泰大山中”的人。他甚至还具体解释说：“蒙古人甚至遵守某种惯例，在大汗和大王公逝世后，都被运往一个叫做阿尔泰（Altaï）的大山中安葬。”“无论死者在哪里，即使有百日行程之远也一样。因为他们都不愿意被安葬在其他地方。”②

无论是中国人、穆斯林还是西方的任何作家，他们在有关成吉思汗陵的地点问题上，看法始终不一致。据说，唯有某些蒙古人才知道成吉思汗的确切安葬地。出于安全原因，成吉思汗及其后裔们的陵寝（很可能在同一地方），从不向外泄露。据《蒙古秘史》记载，成吉思汗所选择的陵寝在肯特山。

莱斯丹伯爵夫妇于1906年到达伊金霍洛旗（Edchen Koro，Ejin Horo）。他们认为成吉思汗晏驾于陕西西部的六盘山，埋葬在伊金霍洛，故而对该地区作了专门考察。下面就是他们对该地区的考察成果：

他们的本意是沿一条直通宁夏的斜向大道，而横穿整个鄂尔多斯地区。他们沿途曾向四名蒙古王子支付款项，并且参观了闻名于世的蒙古大征服者成吉思汗墓地的建筑遗迹。该陵寝在当地颇受尊崇。

他们为了前去拜访路经的第一位蒙古王爷准格尔王的王府，经过了大批沙丘和汉族农民耕耘的平原农田，也有山丘地带。该地区唯一的一条河乌兰木伦河，经过东北而流经高原，其水深在7月间最多不会超过5—6法

① Comte de Lesdain：Voyage au Thibet. Par La Mongolie. De Pékin aux Indes，Paris. Plon，1908.

② 韩百诗：《马可·波罗〈寰宇记〉》（Louis Hambis，La Description du Monde de Marco Polo，Klincksieck，1955）的注释。

寸(pouce,法国古代长度单位,约合 1/12 法尺或 27.07 毫米)。

准格尔旗王府,在数年前具有一种完全不同的地位。很可能是那里的牧草质量变得越来越退化了。因为当时执政的王子将该旗政府治所迁到了别地。当他们到达一座小山山巅时,突然间发现了多座建筑物,位于绝对荒凉的地方,显得格外壮观。它们都是一片宫殿。王子居住的那座王府,由一道已坍塌的五米高的围墙环绕。它有两个大门,其一为南大门,直接向王府内建筑物开放。这些建筑物是一幢纯汉式的大房子,按照“天子”们所钟爱的风格建造,即带有三进中心院、由小块玻璃装饰窗户或有时用纸糊窗户,建筑物的墙和围墙均以砖头砌成,从而使建筑整体产生了一种几乎令人赏心悦目的外表。在距那里不远的地方,又插着小军旗、经幡。它们标志着王子在重大场合下举行祭祀的寺庙。如当畜群爆发瘟疫、缺雨,或者是他们在北京朝廷中的事务不顺利的时候,都一概要举行祭祀。

该王公不失时机地前来迎接远来的莱斯丹伯爵。莱斯丹伯爵刚刚于其王府的厢房安顿下来,便前去拜访他们。他身穿官服,由一群满身污垢的官吏扈从。他送给他们一只烤全羊,这在蒙古地区是一种至高规格的待客礼遇。他还为他们带来一席他自认为是欧式烹调的晚餐。他在回答法国人有关成吉思汗陵的问题时,声称距那里很远,并且根本不可能到达那里,而且任何人都没有墓地的钥匙。一切都显得很不友好,因为其前任于1898 年,就曾因接待法国探险家博安(Charles Bonin)而受责一事,即发生在鄂尔多斯的北部。

蒙古王公表现得非常倾向于为欧洲人服务。他首先向法国人博安泄露了义和团攻打北京使馆区及其起义的时间。博安认为自己有义务立即通报法国公使馆。但法国公使馆却既未立即采取措施,甚至也未曾从事调查并公告其他国家的公使馆,而是将博安视为一个性格古怪和反复无常的人,将其信件装入档案袋中,然后便忘在脑后了。法国驻北京领事馆确实在该王公指出的时间内遭到了攻击。这一切都说明,中国于 1900 年爆发的事变,本来是可以避免的,也可能会使许多人免遭血腥之灾。

准格尔旗的原王公,此时并未居住在该王府。他在稍靠北部一些的地方,于一道卫墙之外,也建立了一座漂亮的王府。它被建造得极其精致,恰恰建于一个公园的中心。在该建筑物的第一进内院中,有某些玫瑰花盆和喷水池,这一切在鄂尔多斯堪称一种真正的奢华。他身后留下的众多王妃中的一二名,至今尚生活在那里,并以怀念昔日锦衣玉食的日子或吸食鸦片而虚度时光。

现任王爷与一名很年轻的女子结婚,而只有一房合法妻子。但他慷慨地收养了其婶母及其女儿。在这两个女子的蒙古包中,具有一股比在任何中国家庭中都更强烈的鸦片烟味。他们绝对是毫无意义和无所事事地虚度日子。

人们实在不知道她们是怎样耐得住无聊的,这很可能是由于她们完全缺乏任何教育。由于当时天已经近傍晚,所以王公的首席协理坚持要去拜访法国客人,并邀请他们参观其司法部"衙门",法国客人们屈从了其愿望。王公的"大臣"引以非常自豪的司法部"衙门",其实也很寒酸。其全部家具就是一个木雕保险柜,巧妙地用铁棍和本来是为了控制囚犯的链锁加固。保险柜空空然,铁链锈迹斑斑。因为在鄂尔多斯,犯罪率相当低。一旦发生犯罪行为,罪犯始终都会成功地逃之夭夭。

晚上,法国客人们又一次收到了蒙古王公奉上的晚餐。次日清晨,他们在官吏以及武装以大刀和土铳的士兵们护送下,离开王爷府。那些土制火铳很长,很笨重,由很细的木枪托维持。它完全如同西藏人的火枪一样,借助于一个叉头射击,其火力仅在短距离中才具有杀伤力。

无论准格尔王府多么简陋,但与法国游客们后来拜访过的那些王府的贫寒和狭小相比较,却依然使人感觉到"豪华"有余。向导们又将他们带到了"王府"。游客们一直在把话题引向成吉思汗陵,但始终都受到了冷淡的避而不答,或者任何答复都明显是扯谎。法国游客认为最好的办法就是放弃提问题。但拉科斯特并没有放弃,他为达到目的,而打算根据博安留下的记述,完全依靠运气和手段行事。

这条路直接通向西南,中间由无数中小河流阻断。事实上,该地区与人们真正的"沙漠"毫无共性。在法国人一行经过的无数小河谷里,到处都是耕田、茅屋、正在太阳下晾晒的粮食。鄂尔多斯的这片土地,人口稠密、土地肥沃,从而会使耕农获得更好的收成。但这里的耕民,几乎全部都是汉族人,他们普遍在故乡曾经经历过灾难性考验,曾与当地官吏们发生过纠纷,因而才投在一个蒙古王公旗下,寻求食品、住处和安宁的生活。该蒙古王公也看到,于其狭小的旗内安置这些人,对自己也具有双重利益:强迫他们交税和纳赋,无论税款多么微薄也罢;他可以用比在中原市场上廉价得多的价款,向这些人收购供王府及其部属所需要的粮食。蒙古人的天真和缺乏生气的性格,反而使他们成了中原人的获利对象。该蒙古王公既从不在自己的店铺中做生意,又绝对不会耕耘其土地。他们认为这一切都是过分屈辱的职业。他们从不开采矿山,因为这样会给该地区招来山神的诅咒。总之,他不懂得开发利用任何地下自然资源。他的傲慢、懒惰和迷信,造成了极其悲惨的结果。他认为唯一堪与其高贵血统相匹配的职业,便是行武兵戎。北京宫廷每年只向每名蒙古士兵支付很微薄的军饷,但也足以满足其急需。他再通过向汉族商贾们出售其马群或羊群,来筹集其他生活必需品,而这些汉族商人又永无休止地来往于其地区。在鄂尔多斯,一匹良马(走侧对步的马例外)的价格为10—15两白银,折合30—45法郎。凡是那些已经被打上了走侧对步标记的马匹,绝对是良马,其价格可能会高达40—50两白银。一只绵羊可卖一两白银,一头牛价值5—6两白银。

法国游客在经过几程的旅行之后,便被迫在一个汉族小山村中逗留数日。因为莱斯丹伯爵突然发烧了。他们当时已经紧傍清朝大皇帝畜群的牧地了。为了不引起其蒙古卫队的怀疑,伯爵迎上了一批前来观看骆驼队的汉族农民,并向他们询问成陵的所在地伊金霍洛(Edchen-Koro)位于什么地方。他们回答伯爵:"你们只有一日行程的距离了。"伯爵立即就下令出发,但并不是沿向导指给他们的路前进。他们那虔诚的外貌,曾使伯爵一行在一段时间内感到了欢乐。但有几个人很快就去向准格尔旗的王公禀报,有人要拜访伊金霍洛成陵。

当莱斯丹伯爵等一行到达成陵时,太阳尚很高。他们发现成陵仅仅为一片白色的土丘,既没有建筑物,又缺乏装饰,其上面只有两个金色球。那里正是伊金霍洛。成陵位于一座小山的山麓上,地处距掌管钥匙的守陵人居住的那个贫穷小村庄上部,约有50米处。陵寝由北向南开放,由约一米高的一个台阶加高。该台阶又由一个间隔很大的木栅栏环绕,只有一座朝南开放和不停摇曳的破旧大门,大门的外貌非常破烂。当人们穿过此门而进入被称为"圣墓"的地点时,便会产生一种很痛苦的感觉。有两顶幕帐在那里前后支起,又由一道很低矮的内门将它们连接起来。幕帐由足够结实的毡毯制成,可以使风雨从其裂缝中掠过。这就是为纪念那个世界最大征服者的"古墓"。成吉思汗生前曾创造过一个从黄海直到波兰边境的庞大帝国,其地域比世界上任何时代的任何一个帝国都更加辽阔,仅仅其名声就会传播威慑力并导致世界其他国家望风而归。

成吉思汗的遗骸被安葬在一种呈正方形的棺匣中,再置于另一个木棺之上。木棺以彩色小圆木柱制成,在多侧都装饰以绘画。只有朝南的一侧例外,它由一层加工更加精巧的镀铜板覆盖,绘有一尊由千头动物簇拥的神,但人们很难辨认出动物的种类。在充当骨灰瓮的棺匣两端,又都配备一个加工精良的铜把手,用于拉起棺匣。它很可能正是成吉思汗一生的象征。成吉思汗生前马不停蹄地从一个地区赶到另一个地区去征战,死后也不会得到绝对安息。其陵墓并非始终都占据此墓址,而且人们也很难知道大皇帝的最早后裔在那里安葬了其遗骸。不过,从蒙古人坦承的情况来判断,伊金霍洛的幕帐是在较晚的时代支起来的。

莱斯丹伯爵到达准格尔旗时,蒙古人对于成吉思汗及其民族的历史,已经所知无几了。他们对于蒙古人对古大陆的征服、入主中国中原、由于缺乏组织而最终失败等事件,几乎是一无所知了。他们对于成吉思汗生活时代的一切,所知也不算博厚。当守陵人被询问到这一切时,他们甚至回答说,自成吉思汗晏驾,已有 3000 多年的光阴流逝过去了。当伯爵试图向他解释具体时间,并使他相信自己搞错了时,他竟然转过身去,谨慎地关好第一顶帐篷的门,熄灭了进门处的酥油灯,然后便跪在地下,举起双手作忏悔祈祷状。

总之,当莱斯丹伯爵到达成陵时,那里已经没有很多东西可供参观了,甚至于整个伊金霍洛旗都没有多少可供游览的古迹了。除了棺匣之外,幕帐中大大小小的帐篷都是一个模样。那些彩色的经幡、布满灰尘而又遍是污垢的丝绸片、某些古文物、棺匣之上的一面镜子、写在织物上的无穷尽的愿文、一顶丝绸御座华盖,完全占满了 4.5 米×3 米的中心幕帐。该帐篷也是旅行家们在草原丝绸之路上见到的唯一圆形帐篷;位于那里的另一顶帐篷,却完全空空然也。

伊金霍洛旗的辖地当时正处于王子旗的控制之下。成陵的钥匙就放在其王府中。至于负责守陵的蒙古人,他们形成了一个被称为达拉特的部族(Targat,在蒙古语中,系指"不纳税"的部族)。他们由于看守成吉思汗陵,故而被免除每年都压在其同胞们身上的那种税赋,尽管税额甚微。但在成陵,如果没有那两个镀金的球,那么游人就很难发现这两顶帐篷。那里的一切都有些令人失望,其现状有些破烂不堪。

在伯爵一行离开伊金霍洛再行进不久,该地区的自然面貌彻底改变了。经过河谷和被小河隔断的小山之后,便是辽阔的绿色平原,汉族人越来越少,而畜群却越来越多。那里零星分散着某些小村庄。法国人一行在那里很难获得生活必需品。准格尔旗的王子命令一名头戴三等镶蓝顶子的蒙古族官吏,将伯爵一行带往邻旗之中,并为他们沿途提供食宿。该官吏并不值得信赖,因为他如同所有吸食鸦片的人一样,没有任何活力。法国人必须白等他一上午,以候他吸足大烟,然后才能上路。由于此人的错误,伯爵一行沿途受累甚多。

二、法国探险家拉科斯特对草原丝绸之路的考察

埃米尔·布雅纳·德·拉科斯特(Emile Bouillane de Lacoste)是法国军队的一名军官,曾负责研究经满洲那条横穿西伯利亚大路的延伸问题。他于数年间走遍了波斯、卑路支斯坦、喜马拉雅山、阿富汗、帕米尔,最后是蒙古。他在世界的这一地区,考察过中蒙古和西蒙古的诸多考古遗址,特别是穿越了阿尔泰山,从而完成了法国最大规模的探险活动之一。他于1904年间考察了蒙古地区,直达中俄边境的恰克图。拉科斯特于1911年出版了其探险考察报告《在古突厥人和蒙古人的神圣地区》①。本文就据此书而简单地介绍一下他对草原丝路的考察。

1904年5月13日。中午时,拉科斯特一行略作打尖,以使其所乘的三驾马车能在一个宽阔的山口中休息。温暖的春天,许多鲜花生长了出来。那些巨大的落叶松在一片蓝天下映出了诱人的轮廓。阵阵微风吹拂森林的香味。拉科斯特一行离开中俄之间西伯利亚的边境城市恰克图,已经有5天了。他们沿一条由悬崖和沼泽环绕,由深壑和崩塌的山岩阻断的道路前进。他们翻过了山峦纵横的肯特山脉,到达了卡伦奎山口。由此而进入了蒙古人的“圣城”。

由拉科斯特率领的这个考察团是由法国公共教育部主持,由金石和美文学科学院、地理学会、自然科学博物馆和法国亚洲委员赞助成行的。此时,共有两名法国人陪同他:法国海军一级军医沙佐(M·Chazaud)、拉科斯特在阿富汗周围旅行时的合作者扎比耶哈(Zabieha)。他们三个希望穿越草原丝路,甚至还曾试图记录沿途地貌、研究民俗、发现遗址,因为那里的文明进化尚未改变这一切的固有面貌。一旦那些技术工程人员赶到那

---

① Emile Bouillane de Lacoste, Au Pays Sacré des anciens Turcs et des Mongols, Paris, Emile—Paul, 1911.

里，一切都太晚了。工厂将会竖起其巨大的烟囱，铁轨将会穿境而过。那些甚至曾使欧洲人感到恐怖的匈奴人、突厥人和蒙古人，都可能会发生彻底变化或进化。

两座大寺院出现在他们前进道路的左侧。于其围墙的半墙高处，都绘有白色、黑色、红色、蓝色和黄色的竖线条，因为这是五行（火、水、金、木、土）的颜色。这些五颜六色的寺庙沿草坡而筑，那些虔诚的喇嘛们又于围墙上写下了佛教的“六字真言”唵嘛呢叭咪吽（Om mani padmé houm）。“六字真言”是无法翻译的。因为佛教如同所有宗教一样，均为秘传而不是公开传授的。他们对于不懂任何现成真言、咒语、仪轨和缺乏初级信仰的人，与西方对于祭司、思想家、高水平的哲学家和贵族的传授方式完全不同。当一个贫穷的人念诵六字真言的时候，他仅仅为求子。但那些已接受奥义者（受皈依者或受度者），却清楚地知道，这是为了祈求由“爱”而实现的天人合一。

1904 年 5 月 13 日。当太阳落山时，法国人一行终于到达了由木格楞房组成的库伦郊区。人们到处都可以看到古寺的金脊，晚风抖动着旗杆顶上的那些写满愿文的经幡（风马），迷信的蒙古人都喜欢用经幡来环绕其住宅。

库伦（乌兰巴托）郊区的市场已不再是空荡荡的了。狭窄的街道上，形色匆匆的人员来回挤撞。一条小河边，有饮马的水槽。小土屋里居住着一个诚实的西伯利亚商人家庭。主人非常友好地接待了法国行人及其行李。在他们于库伦停留期间，大都下榻于那里，而且每天只付五卢布房费。这比巴黎旅馆要便宜许多，当然不太舒适。法国游客们非常高兴地接受了这一切。

5 月 14 日。蒙古人的宗教建筑共包括两座相距 6 公里的寺庙，建于土拉河畔。其中第一个建筑群被称为“博格达·库伦”（Bogda Kouré，神庙），海拔 1350 米。它是土著人的城市，其中有许多寺庙、喇嘛庙、活佛旧殿等。至于第二个建筑群，它完全由汉人居住，被称为“买卖城”（Maïmatchin）。在这两城之间，又矗立着俄罗斯人坊间的漂亮建筑物。那里正是这批法国人此次出行的目的地。因为他们要拜访俄国总领事施什玛里耶夫（Chichmarieff），并对他前一天通过其随员而向法国人表示欢迎一事回谢。

王子殿下非常友好地接待了法国游客，并且提供他们于此逗留期间所需要的一切。他于其住宅中为他们准备房间。但法国游客们却断然拒绝，因为那里距城市中心太远了。他们更愿意居留在西伯利亚式的枞木木格楞中,从而会更方便他们研究当地的风俗习惯;其次是为了使他们离大巴扎更近一些,因为他们需要采购许多物品。

法国人一行经过多次拜访中国官吏和俄罗斯军官之后,便尽快地决定率领"全家"重新登程。但他们又必须不失时机地拆阅正堆在那里的大批邮件,它们会使行人与其在法国的朋友们建立起联系来。在巴黎时,一封信不值得大惊小怪。在草原之路上,法国人必然会感到远离了一切事和所有人。一个普通的信封,便会使人心情澎湃。方寸间的书信中,充满了对另一方珍贵的思念、美好的回忆并麇集着无数细小情节。

5 月 17 日。法国人首先去拜访了清朝政府驻库伦办事大臣,他以一座古佛寺为大衙。这是一次非常"官方"的拜访,其中根本不涉及他们旅行的问题。他们与中国官吏礼尚往来,互赠礼品。在天朝洋洋大国中,只有送礼之后才能洽谈公务,这至少是由他们的千年礼仪所形成的规则。

法国旅行家们于前一天还在博格达库伦的各个坊里间,进行了一次长时间的散步,并且与蒙古人有了初步接触。库伦的郊区绝对荒凉,没有一棵树或一株绿草去打破砾石平原的单调与寂寞。几乎每天都会刮起北风,扬起了阵阵黄沙,有时甚至是于地平线上出现一片昏暗。城市本身的面貌也丝毫不会使人心情欢愉。大街和公共场所,到处都布满了动物尸体与垃圾。成百只野狗四处流窜,它们斜眼、杂毛或长毛,到处在寻觅食物。整个夜间属于流浪犬,其狂吠和哀叫,一直持续到天亮。若无这些野犬,库伦就会变成一片真正的墓地。因为蒙古人从来都不肯埋葬死人,其宗教禁止他们这样作。他们抛尸于城门口处,从而使圣城形成了一条遗骸地带。这种阴森景象使旅行家们感到心惊胆战。那里甚至不等到垂死者咽下最后一口气,便将他抛在大路旁。因为人们害怕,死者的灵魂有朝一日会骚扰家庭的茅屋,故而使死者被陈尸大街之上,等待野狗的吞噬。

除了寺庙与少数以汉地方式建造的干打垒住房之外,圣城的住宅大部分是由毛毡帐篷组成的,完全如同西域所有游牧民族拥有的那种住宅。这些具有圆锥顶的圆帐篷被柯尔克孜人称为 yourte(帐篷房),被蒙古人称为 ghir(蒙古包)。它们由落叶松嫩枝扎成的方形篱笆所环绕。唯有那些带金光的寺脊在阳光下闪烁。其中最著名的寺院是迈达里(Maïdari)呼图克图的道场。根据佛陀的授记,他将于某一日统治整个世界。

库伦的居民均为喀尔喀部蒙古人,他们代表着纯蒙古种族:面庞呈红棕色、喉头凸起、鼻子深深扁塌。无论是男子，还是少女，均以汉人的方式扎辫子。已婚女子们的梳妆方式非常特殊：头后的分披发型将其头发分成了均等的两部分，如同略微深陷的一个圆盘的两部分，刚好围住了脑袋。为了维持其头发的坚挺性，她们使用了强力发胶，再用以珐琅镶嵌的和经雕镂的银叉加固。她们的头发披到肩部，然后再扎成两条长辫子，末梢以某种银首饰而结束。

喀布尔蒙古人的衣着，基本上与他们的近邻柯尔克孜人相似。其长袍一直垂到膝盖以下，肥大的裤子扎在厚底靴子中，唯有其帽子才使他们整套装束具有一种新颖别致的特征。这是一种尖顶翘边并配有皮子的帽子。蒙古人把它戴在头顶上，两条彩带飘在背后。少女们与其父兄们具有同样的服装。已婚妇女除了具有呈象耳状的发髻之外，又身穿织锦长袍，袖口配有一块淡色布的装饰，肩部以上是一片经填充的隆起物。

5 月 18 日。拉科斯特一行由店主公引荐的一名圣僧喇嘛陪同，他来自博格达·库伦的主要寺庙之一。佛寺前面的小巷墙上绘满了深红色的宗教画。围墙上那些带有血色彩绘的落叶松木大门，不时地被打开关闭。人们通过大门可以遥望到小院中长满野草，偶尔还有蒙古包，或者是带有糊纸玻璃窗的汉式小屋。所有这一切都显得破烂不堪和长时期遭遗弃。

在一块宽阔的平地上，矗立着多座漂亮的汉式建筑寺庙。那些镀金色的小钟楼在阳光下闪烁着耀眼光芒，其绿色瓦脊和沿墙壁绘制的畏怖神像形成了一大特征。据说，一名在整个库伦地区都受崇拜的"活佛"寝陵便位于那里。但令人遗憾的是，那里禁止世俗人迈进圣地的门槛，甚至也不允许他们去欣赏朝圣进香人于圣墓上布施的无数珍宝。

一顶巨幅帆布帐篷支成了灰色金字塔状，从其内部发出了阵阵如同小学生读书的琅琅诵经声。一名老者身缠紫色袈裟和头戴黄色小帽，他监督着 100 多名已经剃度的沙弥，他们规规矩矩地和双手合十地静坐在那里，高声诵读佛教经文。突然间，所有的长板凳上都发出阵阵欢呼，因为诵经已告结束，小沙弥们奔出帐篷之外。他们的年龄一般都在 15—20 岁之间，喜欢嬉戏和打闹。但其中也有几名灰白胡子的人，显得被苦难折磨得愚头呆脑了，这些人永远不会成为住持。他们永远不停地转动嘛呢筒，并且在不断地数其念珠。

法国人一行，又进入了一个用灰色金子造成的祭坛前。上师念诵了最后一句愿文，其五六名弟子们正在对经堂做洒扫。他们有的人正铺设覆盖板凳的地毯，其他人正以大扫帚清扫由成千人嗑下的西瓜籽和葵花籽皮。寺内很少装饰，未供奉任何神像。但那里挂有柔性戒尺，以惩戒不听话的学生们；长夹板，上面用蒙古文或藏文雕有多供信徒们使用的愿文。

5月31日。法国人一行于这一天，走到了一座在蒙古特别受崇拜的寺院。每天都有成群结队的草原人赶往那里礼佛。法国人沿那些寂静的小巷前进。小巷始终由令人乏味的围墙、木桩、小房子或由僧人占据的蒙古包环绕。唯一一条小溪的潺潺流水声，才打破了其沉寂，使该城具有了一点生气。他们必须在架于河上的圆木原始桥上，每天反复渡河。该民坊在强烈的晨光之下，显得无限荒凉，但寺庙的街道却比较整洁。

在陪同法国人一行的喇嘛帮助下，他们进入了圣地之内，并且向一块空旷地走去，旷野中央矗立着一座令人惊讶的建筑。它带有很粗大的四边形柱子，柱子上涂着长彩条，其柱头上镶饰以金钉，其狭窄的窗户使人联想到了古代埃及的圣庙。

一名衣衫褴褛的年迈守寺人突然从一个蒙古包中出现，面对法国人而半敞开了第二道门的门扇，并把他们让进了寺院中。他们恍惚地进入了一个供像和绘画的世界，到处是一堆混乱的经幡和还愿物。空气中充满了一股檀香木以及混合有其他世俗香味的香气。昏暗、寂静、神祇扎堆，从而使人的神经产生了某种奇怪的印象。这就是某种神秘的感觉，细微得如同一丝影子一般，始终飘荡在人们的周围。

当进入寺院人的眼睛逐渐习惯了黑暗时，他们也就会逐渐辨认出佛陀大像，也就是迈达里活佛的供像，系包银镀金的黏土像。迈达里寺是库伦佛教建筑中的最雄伟者，建于清道光年间。正殿佛像以黄铜铸造，后附黄金，其体内藏以经文。其西壁佛像林立，数以万计。它们是在清嘉庆年，由库伦四世哲布尊丹巴呼克图造。其中巨大的佛像高达12米，几乎完全被无数青色的薄纱长哈达覆盖。蒙古人将这种哈达，既奉献给他们的神祇；又在每当他们提出请求时，奉献给其王公。

佛陀的真正荣誉护卫，便是那些雕塑粗糙并着彩绘的菩萨像，他们都集中在未来救世主的脚下，正如一群小人围绕在沉睡的格列弗周围一样①。沿墙排列着许多小佛像，那里还有一个由汉式织锦覆盖的法台，库

① 英国作家乔纳森·斯威夫特(Jonathan Swift)笔下的小说《格列弗游记》中有许多对于大人国与小人国的描述。

伦的活佛就在上面就座。其周围都是舍利盒。但这些豪华的背后依然透露出凄凉的感觉。人们都更会觉得正置身于一座地穴中,而不是身处一座寺庙内。那里的一切都是沉闷和僵化的。没有动静,也没有生命,这是佛教的一种令人沮丧的特征,它毁灭了人类意志并使人格蒙尘。所以,只用短短的几个世纪,佛教就足以把这个过去全世界最勇敢的民族,改造成了一个无所作为的和胆怯懦弱的民族。

当守寺人于访客告别后而关闭沉重的红色大门时,法国旅行家便在春天那温暖而又微弱的阳光下,奔走于寺院的广场上。那些瘦骨嶙峋的喇嘛们(人们可能会怀疑他们已经年逾百岁了)两两结对地转塔。他们慢慢地行走,以十步而计算,面朝地地磕长头并喃喃诵经,然后站立起来又走向更远的地方。每一对人都完成同样的动作,念诵同样的真言,并于同一位置停下来,以一种机器人般的刻板仪态活动,这使得人们在圣址附近甚为激动。

一家用被虫蛀的木板建成的奇怪小店铺,吸引了游人的注意力。这是喇嘛们开设的一家当铺。那些曾经受过堪布们贪婪盘剥的进香礼佛人,又前来出售其微薄的首饰,甚至是用他们的衣服来交换银条或茶砖。这是为了兑现他们长期许下的心愿,而供奉最后的布施。当这些可怜的进香礼佛人一无所有时,便两手空空和囊中羞涩地返回去了。但他们心中怀有希望,而且是任何因素都不能战胜的一种希望。这样一来,如果说蒙古民众越来越贫穷,而寺庙的财产却飞速增长。民间的财产,都被逐渐地转入到了大批僧侣和寺院手中,他们慢慢地使该民族被动地信仰佛教。喇嘛们或于寺庙中组成僧众教团,或者是分散在草原中的蒙古包里,他们穷尽一切办法敛财和聚钱。这些喇嘛们在作为法师的同时,又是巫师、巫医、银行家和兽医。他们不断地渗进入普通游牧民的生活中,即那些既非法师,又非贵族的“黑蒙古人”。“黑蒙古人”与已被剃度的“白蒙古人”相对应。

居住在库伦大喇嘛寺中的佛教出家人都是“黄喇嘛”,属于藏传佛教的格鲁巴教派。在蒙古的库伦,共有12000多名喇嘛,他们是逐渐集中到其“格根”(佛爷喇嘛或活佛)周围,而格根的权威及其神力,几乎可以与达赖喇嘛相媲美。但据当地民众认为,此时在位的活佛并不太虔诚,反而热衷于尘俗世的利益。其住宅为一座优雅的欧式别墅,位于距库伦有两公里左右地方。他由此而享受到了远离其世俗崇拜者们的某种独立地位。有些人也声称,他过着一种不太具有教化人角色的典范生活。但此人较其前任都更为聪明,也有一班很好的谋士。他从来不想进京入宫,因为他害怕这样的旅行会危及自己在人世间的统治。现任格根刚刚 43 岁,而前任们从未超过 25 岁。他成了一种特殊例证。

三、法国地质学家和古人类学家德日进对鄂尔多斯地区的考察

德日进(Pierre Teilhard de Chardin,1881—1955 年)是法国的入华耶稣会神父,曾在耶稣会天津传教区任职。他本人是古生物学家,曾任法国地质学会会长,也是全球大旅行家。他很早就受东方的吸引,首次赴埃及旅行,并于 1906—1908 年间在那里考察。他将其一生三分之一的光阴用于亚洲的科考。德日进于 1924—1940 年间,考察了中国的许多地区,而且多次进入蒙古地区。1929 年 4 月 13 日,他在一封书信中,介绍了他与瑞典探险家斯文·赫定在北京的会见。当雪铁龙(Citroën)公司组织穿越亚洲的"黄色巡洋舰"远征时,德日进属于中国组,于 1931 年 4 月间,从北京出发。他记述了中国政治与社会气氛的变化,特别是在中国出现了"近代民族意识"。他曾指出过:"从科学观点来看,外国在华大探险时代已告结束。今后,唯有像我这样独立的个人才会被中国接受并受到器重"。德日进于 1926—1930 年间,在北京地质调查所工作,曾参与过对在周口店发现北京猿人牙骨化石的考古发掘工作。

德日进于 1923 年夏秋间,曾赴鄂尔多斯旅行。由于中国中原农民的大量涌入,那里的蒙古人越来越少了。他在旅行期间所写的书信,已由克洛德·阿拉贡雷斯搜集整理和出版:《旅行书简,1923—1955 年》①。他于蒙古地区的考察报告发表于《蒙古事态》中,载《黄河》1923 年 10 月。

1923 年 6 月。数日之前,他们离开了北京,经喀勒干(Kalgan,张家口)和呼和浩特(青城)而赴蒙古地区,这条铁路终点站是包头,沟通了中国最接近欧洲文化的地区与沿海地区,一直到达蒙古的边界。他们通过赴阿拉善和藏区商队大道的西部门户,越过了筑有雉堞的长城。在长城之间,遍布平顶小房和小镇。德日进一行共带领 10 头驮着探险物资的骡子,在通

---

① Pierre Trilhard de Chardin, Lettres de Voyage (1923—1955), recueillies et présentiées par Claude Aragonrès, Paris, Crasset, 1956.

向宁夏那些绕大弯子的小路上缓慢地前进。他们穿过了将黄河流域与整个亚洲高原分隔开的山间天堑。从第二程起,他们便进入了乌拉山山口。乌拉山完全由带有小石榴石的片麻岩和白色大理石组成。在狼山山脚下,褶皱岩层突然从中间的深岩层中裸露出来。当时,赴北方探险的心愿深深地吸引着德日进一行。因为再有几程,他们便要进入僻静的戈壁了,那里是进入一片神秘土地的大门。

但他们必须转向南部的骆驼队大道,因为他们的最终目的,不是进入蒙古大沙漠,而是要设法到达鄂尔多斯地区。鄂尔多斯在甘肃和陕西的北部形成了一片陌生的高原,也是一片矩形的丘陵地带。其三侧由黄河水流经,还有一条漫长的山中"镶嵌地带"。当时由于干旱和土匪骚扰,直接通向沙漠的道路已经无法通行了。他们在瞪羚群中穿过了三道河那牧草低矮的草原。其周围是由黄河水冲积的一望无际的大平原。那里风吹草底波浪起,青草有时会高过骑马的人。草丛中遍布开白花的小灌木,其沙棘果酷似石榴籽。柽柳丛中又露出了一间间土房,生活着古铜色和半身裸露的汉人。蒙古人已经不再于那里生活了。因为蒙古人如同牧民一般,慢慢地便将其祖地出让给自东部迁来的农耕民族了。这些法国人在三道河地区,只见到过一顶蒙古包。

经过黄沙风暴季节之后,从西部吹来的风已经不再会搞得昏天黑地了。它们仅以小旋风的形式来回吹。在那些高达50—100米的小旋风中,人们还可以看到10个或20个人在大草原上奔驰。这便使法国人不禁联想到了在佛兰德平原上落下大炮弹时的烟雾。他们于其右手,看到了蒙古高原的东部边缘恰拉纳里木乌拉(Chara-Narim-Oula),接着又出现了在尼罗河两岸发现过的一种赭色和淡色山石。向西看,便是"红海",也就是在黄昏时,有一片滚烫的沙漠砾石和沙丘组成的沙海。这就是鄂尔多斯,一块"福地"。

7月。德日进一行将帐篷支在了鄂尔多斯西北角的沙漠中。其周围是高达百余米的宽大山口,弯弯曲曲地伸向了红土崖。天气很炎热,他们一行只能饮用一种汲取自其周边已结盐碱层的泉眼中的水。那里只有沙漠里特有的植物,长有木质枝条和肉质的或带刺的叶子。这就是旋花属植物、荞麦苗或唇形花冠植物。它们都是蒙古草原上以奇特外形出现的常见植物。

他们宿营的地方应该是"魔鬼城",那里既无树荫,又无乘凉的地方。

其土地如同在美洲一样,其光秃秃和遍布裂缝的地表层,不能与古生物相容。在他们周围的那些围绕红土崖的土质浅薄的地层中,毫无秩序地乱躺着巨大厚皮动物和小啮齿动物的遗骸。在鄂尔多斯,过去时代的动物很丰富。那里还有如同驴驹一般大的大角野羊。法国人一行费了很大力气,才在宿营地抓到几只这种动物。小鹿也因发情而在山岩上嘶叫。在草原—沙漠上显示出了一片盎然生机。

德日进一行并未立即着手实施他们这次旅行的主要目的——搜集和发掘古化石资料。蒙古是一片令考古探险家们神驰向往的地方。他们南下翻过阿尔布斯山(Arbous-Oula,今之桌子山),直达土地肥沃和盛产瓜果的穆斯林地区宁夏平原。那里有高耸的长城环绕。在大阿拉善的绿色屏障之下,又有长势茂盛的稻田。在法国人一行的记忆中,翻越阿尔布斯山是他们此行中最赏心悦目的一程。该山脉的诸多地层,酷似黄河右岸阿拉善的一道防波堤,它们平静地延伸成两道同心腐蚀沟,一直向东郊的僻静地带延伸。这些空旷地域最东部是已有崩塌的山峰,腐蚀作用已形成一片长宽各达数公里的宽阔平原。蒙古人声称这就是成吉思汗的“铁砧”。在距“铁砧”不远处便是一片水源地。法国人曾请求寺院收容他们一天,那里的喇嘛也如同所有修道人一样,始终都会巧妙地选择其住处。每当人们在最出乎意料的僻静地深处,突然发现一座寺庙时,都会感到极大欢乐。那里是一组长方形建筑群中的几何图形建筑,红白相间,还有些在阳光下闪闪发光的旗杆。身穿紫色或黄色袈裟的喇嘛们来来往往,其目光自我陶醉,其心境平静而开阔。为了尽情欣赏喇嘛和喇嘛寺,人们必须从远方遥望。只要靠近一看,那些闪闪发光的门面就显得暗淡无光;那些具有鲜艳色彩的袈裟就会黯然失色,脏破不堪。那些在沙漠中最早创建这些“圣城”的人,肯定是真正的大人物,也就是于其思想发现了具有本世间和彼世间最美好的某种东西的先知。人们在今天还可以于他们后人那暗淡的面庞上,发现某种古老观念那飘忽不定的反应。

8月间。德日进一行翻越了无数山麓,它们均被芳香蒿草覆盖,特别是长有宽大刺叶的甘草、长有木贼枝茎和覆盆子一类果实的麻黄草。他们到达鄂尔多斯的东南角,这是他们旅行的终点站。他们将帐篷支在一片土崖的中央,其峡谷被喀喇乌苏河(Chara-Oussou-Gol,小黑河)冲刷成80多米的深壑。其旁边又有蒙古人旺舒克(Wanschok)在土崖上挖掘的最早住宅。人们可以通过一条地道而通向这个小小堡塞的内部。在其城墙上,人们完全可以鸟瞰在峡谷底部形成的整个小平原,它是由河流于其河床不太高的季节冲积而成的。当地的土匪们也不敢冒险袭击该小城堡。蒙古人旺舒克于其地面上接待了法国人一行,并允许他们在属于他的地面上发掘。此人及其5个儿子成了帮助法国人的最佳探宝者,但必须为他们单独开辟一片工地。那个年迈的蒙古人在回填土旁边认真地查看被挖出来的化石,将那些打开的石片仔细地放在一旁,并且还慈祥地指挥那几个有着一副古铜色胸膛和披着长发的青年人工作。

该蒙古住宅的女主人走出内室,赶着其难以控制的黑山羊与温和的白绵羊群外出放牧。她如同本地的所有女子一样,梳着带有珊瑚装饰的发式,前额悬挂着圆形银饰,双耳带有巨大耳环。在这种沉重首饰的坠力下,使其头脑无法灵活地运动,走起路来就像肩背双耳瓮一般。她爬上了在深壑中形成的一个金冠式最高沙丘,在那里解下头巾,并为自己一个人而引吭高歌。

法国人一行于整整一个月期间,始终停留在喀喇乌苏河两岸,那里长满了丁香花和生有深色大黄穗的熏衣草,蒙古人称之为“羊蒿”。在沙丘之间,一种带玫瑰红色小花的野蒜类植物的茂密枝苗,铺展开便酷似一种波纹状地毯,从而为戈壁的凄凉环境增加了一丝欢乐气氛。

9月,德日进一行在一星期之内离开了蒙古。东行探险,直至中原地区,也就是进入了长城以内。那一段老城墙已几乎完全坍塌并被掩埋在黄沙之下,但其基本轮廓仍屹立着。人们从沿环绕蒙古草原的东、南两侧的大山上,便可以遥望到它们那越来越渺小的侧影。他们已经于其中旅行十天的这些山麓,均为黄土山,这就是中国著名的黄土高原。它们是在非常古老的时代,受大雨和暴风驱动,而于陕西与甘肃界内堆积起来的,从而形成了波浪状和有时会达百米之厚的一种“外套”。其后,又由于所有江河与溪流那突然而又骤烈的侵蚀,这种“外套”被撕破了,而且仍在继续撕扯着,越来越深。该地区现已变成了一片令人难以置信的撕裂缝网,其土崖垂直,人们会顿感到如同在森林中或海浪中一般,不知所措和寸步难行。行人无法直接向前走,唯一可走的路是河床或山间小道。人们有时也会撞在沟壁上,有时又会在深壑的土脊上盘亘。那些自然形成的羊肠小道,很不稳定,都是随时会改变的临时性小径。至于那些河床小道,人们更要格外小心。有时在上游很远地方降下一场暴雨,一条小溪也会突然间变成激流,而且深达数米,其速度比一匹奔驰的烈马还要来势汹汹。

在这个交通困难的地区，当地居民都居住在小丘山麓上，或挖掘的地窑深洞中。所有那些未被侵蚀的土地，都被艰难地耕耘着，种植着谷子、高粱、黑麦和线麻，它们生长在沟壑之间的小片地块中。在那些未被水侵蚀的地方，丘陵上长有几簇枣树，或者是孤零零地生长着一棵臭椿树。在这片植被稀疏地区，旅行家们会欣喜若狂地看到了中国中原向他们展现出的笑脸。

但德日进这些人是作为地质学家而到达鄂尔多斯的，是为了考察"魔鬼城"，他们不会满足于安逸的生活。他们一行深入到群山最深的沟壑中，也就是直到红土如同是在厚厚的土层中受伤的肉一般，而真实绽现的地方。犀牛、麋鹿和羚羊于中世纪时，就在那里奔跑，完全如同它们今天在非洲热带草原上奔驰那样。其遗骨甚至使这片土地变得完全灰白了。在那里的黄土墙之下，埋藏着一种古人类的遗迹。他们在被黄土掩埋之前，双眼都朝着中国中原方向眺望。

蒙古农田中的沉重谷穗和巨大高粱穗，又使大地变成金黄色或黑色了。秋季和冬季即将降临在亚洲高原上。这对于旅行家们来说，是应该重返中国中原平原地带的季节了。

10 月下旬。法国人一行，乘一只沉重的矩形船，沿咆哮的黄河水顺流而下，从宁夏流到包头。他们于水上重走了四个多月之前骑骡子而跋涉过的那条路。但在遍布天鹅、鹈鹕、野鸭和大雁的水面上，却很难辨认出他们来时的道路了。首先是阿尔布斯山那堆积成波浪形的沙丘，其后是他们曾猎杀大角野羊的沙漠红土崖，有时又是三道河的磴口。再接着，便是环绕鄂尔多斯的阿拉善荒凉山脉：首先是由南向北延伸的喀喇—诺音—乌拉，然后是狼山，再其后是由西向东延伸的乌拉山。

德日进于此便开始思考一个问题：他从这次在蒙古的 4 个月旅行中，能够带回去些什么东西呢？其实，其船舱中已经装满 60 箱沉重的石头和化石。不过，这都是从地面搜集的资料。于其心灵深处，他又能从大亚细亚带回些什么东西呢？因为当他 20 多年前开始这次旅行时，就曾希望在一片未知领土上探讨历史的发展轨迹，揭开掩饰了人类巨大秘密的大幕。古代那些纯朴而又幼稚的人曾认为，神灵居住在世界上的这片最隐蔽的地区，它们曾向人类最古老的先祖们显现过。德日进认为，只有通过一次旅行，才能接近真实情况。他在离开欧洲时也清楚地知道，人们自信在遥远的过去，曾闪烁过的光芒，仅仅是来自天域的一种形象或一种反映。把世界的历史追溯得越远,其中许多内容的存在就愈加疑窦丛生。因此,德日进于这一年间并未感到任何失望,他对于羚羊奔驰的蒙古草原和蒙古人历代居住的蒙古包,都留下了深刻印象。他对于黄河南岸的中原地区,却怀有更大的希望。因为他会在中国中原发现许多新思想和狂热信仰,而这一切对于使欧洲更加年轻化和更加富裕,必然会大有裨益。世界为使自己变得成熟起来。需要各种血液。在人类于远东的这个古老分支中,蠕动着一种巨大的活力。

德日进在数周期间,都被淹没在亚洲民族的众多人口中了。但在开始时,其研究成果不太丰硕。他总觉得未能在这些民族中发现研究人类未来生活的因素,因为他们总体上或者是缺乏思想,或只具有陈旧的和幼稚的思想。有一位藏族祖师自青海湖前来。他向德日进等一行人断言:那边有两三个修道山僧,他们以静修来修持自己的内心生活,只会冥想佛陀创造宇宙的时代及其永久的童年。但天主教教徒德日进认为,一种崇拜思想的罕见继承人,并不像他那样是来去匆匆的过客,而是为一个新时代保留下来的种子。德日进在蒙古未找到任何能启发他产生"彼世"的思想。但从某种方式来看,"过去"是可以变成"未来"的。对于过去一切的一种更为开阔的意识,正是任何思想进步的主要基础。德日进个人那古生物学家的全部生涯,也正是受唯一的一种与"发展"相协调的思想支撑。他觉得蒙古过分"沉睡"了。

德日进在进入中国中原之前,曾倚附在巴勒哈逊(Belgaçom)基督教小城堡那带有堞垛的城墙上,遥望太阳落入草原时的灼热阳光。他期待着能在中国中原寻求所有这些秘密。在左侧是黄土坡和沟壑,山脉在斜阳余光掠过之后,变成圆形的了。在右侧的那些尚为玫瑰色的荞麦地中,还可以辨认出一座西夏古城的遗址,该城是过去被蒙古游牧部落摧毁的。

这些地区的居民们,为了能生存下去,曾经作出过绝望的努力。许多畜群也在贪婪地寻找牧草和晒太阳。在紧靠喀喇乌苏河的地方,有许多人类的遗骸被埋在60多米深的黄沙之下。那里的人类一直在与令人难以置信的荒蛮的自然因素做斗争。但成吉思汗却满怀胜利的傲慢,穿越过这片平原。今天,只有某些耐干旱贫瘠的植物,才能艰难地抗击着沙漠的侵蚀。

四、法国外交官布尔布隆夫妇对库伦的考察

法国外交官布尔布隆(Alphonse Bourboulon,1809—1866年退休)于1809年12月15日诞生于法国南部。他由当时刚刚升任法国外交部长的阿纳多尔·布雷尼耶(Anatole Brénier)推荐,于1851年2月20日被任命为法兰西共和国驻华公使,接替原任公使陆英(Forth Rouen,1809—1886年)。布尔布隆于1851年10月8日,偕其夫人到达澳门,于1852年10月19日被任命为驻华"全权公使"。他曾与太平军的代表会晤,并且继1851年之后,又于1852—1857年和1859—1862年共3次出任驻华公使。他特别是参与了第二次鸦片战争、火烧圆明园、签订《北京条约》和《天津条约》等一系列事件,成了中法关系史上的一个重要的亲历人物。

布尔布隆夫人卡特琳·法妮·马克莱奥(Catherine Fanny Macleod,1827—1862),诞生于苏格兰家庭,她在24岁时,嫁给了法国外交官布尔布隆。经过在远东和中国的长期生活之后,这对夫妇于1862年5月17日离开北京,经蒙古和俄罗斯的陆路返回欧洲,途中对草原丝绸之路作了科学考察。

布尔布隆夫人于其短暂的一生中,身体始终欠佳。对于她来说,穿越草原丝路,实在是太辛苦了。他们夫妻重点考察了内蒙古、外蒙古、戈壁、沙漠和草原。她于离华的同一年便逝世了。她执笔写成的考察报告于她逝世后才面世:《骑行亚洲,从上海到莫斯科,1860—1862年》,发表于《环球》杂志,1864—1865年版,又于1991年被再版①。本文据此书而简单介绍一下他们夫妻对库伦城内外的考察。

布尔布隆一行很早就起床,于清晨7点钟左右离开了多伦(Dolon),于11点左右,便到了库伦(Ourga)前站苏苏鲁图(Sousouloutou),驻该城的俄罗斯副领事谢什玛洛夫(Schechmaroff)率一名军官和200名哥萨克兵,列成战斗行列而迎接旅行家们,并且已经准备好了俄式马车,即三套马和四轮马车,在一个装饰着鲜花和各种颜色的丝绸帷幔的帐篷内,备下了一顿豪华的午餐。午餐桌上有一张在西伯利亚前所未见的台布,还有黄油、新

---

① Catherine de Bourboulon, L'Asie Cavalière, de Shanghaï à Moscou, 1860—1862. Le Tour du Monde, 1864—1865. Rééd, Phébus, 1991.

鲜面包、一只烹大雁。烤羊肉是用真正的木柴烤的，而不是像在沙漠中那样马粪烤的。

尽管她彻底病倒了，但她仍非常高兴地在苏苏鲁图欣赏到了哥萨克人那长毛帽子和长矛枪。三套马车的强健马匹，被用其马具而套成扇状，马具上挂满了小铃铛，当马匹踢地和咀嚼其马嚼子时，都能摇动铃铛而叮当作响。这一切与那些野蛮骑士们所骑的长毛小骏马相比较，则显得具有一种欧洲气派。她肯定是更多地具有了更多与沙漠打交道的心态。哥萨克人的举止得体、品德端正和严守纪律，他们官服上的镀金纽扣，直至副领事的燕尾服，都使布尔布隆夫人感到是一种文明的典范，并且使她感到心动。她觉得经过一段惴惴不安的经历之后，现在可以回归正常生活了。

旅行家们的欢乐，又由于北京派出的一位信使的到达而倍增，因为他带来了欧洲的报纸和书信。收到亲人的信息，这是亲人们亲手封好信封，而且一直寄到最不为人熟知和最难以进入的偏僻地方的信，这是一种具有残酷感觉的欢乐。

俄国副领事的这种隆重接待，是奉俄国驻库伦领事波罗伊京(Boroïkin)先生的命令而安排的。该领事当时正在北京过冬，并从那里向谢什玛洛夫发出命令。继非常盛情的午餐之后，每个人都在俄国的汽车上就座，汽车以三倍的高速奔驰。因为俄国人认为，缓速前进，是对乘坐人身份的一种怠慢。为了保持身份，人们有时还要冒着粉身碎骨的危险。

他们从苏苏鲁图开始，便一直向西行，经过一片风景如画的草原，那里根本没有被人踏出来的道路。其左侧是被松树覆盖的植被良好的大山；其右侧是后来注入土拉河的涓涓溪流，这些溪流都弯弯曲曲地流向了山谷。在接近库伦时，牧场缩小了，座座大山彼此越来越近，川谷地逐步减少。他们遇到了一条清澈而又疾速的河流，但行人可以在砾石河床上涉水而过。人们从这个渡口，可以欣赏到一幅美丽的鸟瞰图：土拉河中遍布小岛屿，河岸口栽种桤树、柳树和白杨树。它们将清澈见底的河水分成了许多支流，河水于砾石中发出低沉的流动声，并且反映出了其风景宜人的河岸倒影。再接着便是库伦所在的辽阔草原，它如同一片绿绒地毯一般地伸展开来，直到它与天际融为一体的地平线为止。一丝风动，一种剧烈的骚动，都会使这种壮丽的风景变得活灵活现。黄牛群、绵羊和山羊群分散在大牧场中，由衣着褴褛的牧人放牧。那些半野生的马群互相追逐嬉戏；全部牦牛群围成了圆形，如同绿色原野上的斑点；一群妇女和儿童前往河中汲水；渔民、踏水车的人和洗澡的人，在河岸上来回奔走。人们从遥远的地方便可以瞭望到带有栅栏的街道、作为住宅的蒙古包。库伦城酷似一座大兵营，其左侧占突出地位的是圆顶、小尖塔、喇嘛们的活佛哲布尊丹巴呼图克图的两座大殿中的成千座金塔。其右部则矗立着蒙古的圣山，那里是蒙古佛教所有迷信活动的聚集地，山中覆盖着难以进入的森林植被，还有巨大的白色切割石块以供书写形文字。

在到达库伦后，他们一行立即前往俄国领事馆，法国国旗与俄国国旗在那里并列飘扬。法国旅行家们的到达，受到了鞭炮和鸣枪的欢迎。一大群好奇的人互相拥挤在一起。卫队中的哥萨克人粗暴地对待蒙古人，用鞭子驱散了那些最顽强的抵抗者。领事馆的所有人员都穿制服，翻译和军官都整齐地镶有饰带。在服装豪华成了个人威严标志的地区，这一切都是必不可缺的。

俄罗斯领事馆是过去清朝驻库伦办事大臣的中国官吏旧府。库伦办事大臣负责维持大清王朝与喀尔喀尔部教俗首领哲布尊丹巴呼克图的关系，该府由三进宽敞的大院落组成，其中栽了许多树，并由带有汉式屋脊、建筑平庸而又不太高大的房子环绕。整座建筑形成了一个长方形，其深度以一道稠密的树桩栅栏为界，人们甚至可以在栅栏（篱笆）上放一把椅子。那里为法国公使保留的楼阁位于第三进院子的深处，配备相当舒适的俄式绿色摩洛哥皮家具、英国地毯、油漆桌案。但其房间里不设床，因为在西伯利亚的任何地方都没有床。这种在其他任何地方都是必不可缺的家具，在西伯利亚都被认为是多余的。布尔布隆夫人感到非常疲惫不堪，以至于她无法去参观领事处。人们立即为她安排了一个房间，她可以在那里消除疲劳并恢复体力，以便应对在喀尔喀山区和森林中可能会遇到的新困难。至于布尔布隆先生的随从，由于缺乏接待他们的充足房间，只好安排他们下榻于第一进院子中的宽大帐篷中。他们并非是置身于远东最神秘的城市中，而是一座仅仅在数年前才由欧洲人所熟悉的城市，况且他们也从未对此表现出过一种巨大的好奇心。从布尔布隆先生到达的第二天起，他就希望不带护卫而于蒙古人的首府中自由漫步，因为有人已向他保证了当地居民对他们的宽容。他一大清早便经俄国居民方向土拉河畔走去。库伦居民放牧畜群的大草原，占据两公里宽的一片领地，当那些庞然大物黄牛看到他们的奇装异服时便哞哞乱叫，牦牛使其弯角朝前，马匹尥着蹶子地奔跑，浅黄褐色的犬类龇着牙并发出了沉闷的叫声，而牧民却以凶狠的大眼睛凝视着他们。布尔布隆先生冒着这些危险,到达了土拉河畔,坐在一个小土岗上的白桦树下。他面对这种壮丽的风景而浮想联翩,这是为人类欣赏而提供的最美风景之一;他兴高采烈地聆听其脚下这条清澈河流中的河水潺潺流动。他曾在沙漠中经受了艰苦而又单调的考验,现又享受着这片富饶而又风景诱人地区的富裕。正当他在那里沉入甜美梦乡的时候,突然听到了身后某些蒙古人嘈杂的喧闹声。这都是一些高层次的蒙古人——台吉,或者是贵族们。他们通过多种手势,而力图使法国公使理解:如果他希望渡河,他们很愿意在其马臀部带他过河。正当他对于他们的好意表示感谢的时候,他们的仆人却将刚从库伦采购的一大批马驹赶下了河中。这些蒙古人的态度充满了庄重和自尊,同时又以一种温文尔雅的表情,使这种态度缓和了许多。他们头带深红色丝帽,配有貂皮面,上插孔雀翎;内穿一件黄色丝绸面子的上衣、外披一件同样也为深红色丝绸面子的皮大衣、长长的黑绒护腿套,形成一套高雅的服装。他们随身佩带的兵器只是一把汉式薄刀。由于缺少翻译,布尔布隆先生无法与这些人对话。他们向他庄重致意之后便离开,再无其他险情地返回了俄国领事馆。

布维埃上尉于同一日的散步却并不太快乐。他渡过土拉河之后,曾想进入神山中。但驻扎在围墙下的喇嘛们成群结队地围堵他,并通过威胁手势而让他明白,他不能进入佛爷的圣地。他通过其他地点而作出的多次类似尝试,同样均遭失败。神山到处有人把守,实施最严厉禁止入内的命令。任何世俗的东西进入供神之地,都是与圣地不相容的。布尔布隆先生特别想参观神山,这是一种禁忌物的吸引力。谢什玛洛夫先生费了很大力气,才从哲布尊丹巴的一位大谋士处获得了准许,巴吕塞克(Baluseck)夫人和布尔布隆夫人希望随意散步,法国公使和俄国副领事乘一辆三轮马车前往,由一队哥萨克士兵护卫。一旦到达土拉河,那些哥萨克人便准备依照其故乡的方式,表演一场大捕鱼的场面。这些人在由两条小支流环绕的一个小岛附近渡过土拉河。人们让来客坐在百年垂柳与白桦树树荫下的绿色"地毯"上休息。那些渔夫们以脚击打深及人的下额处的水面,用三层刺网堵住了河水,再将一张类似大拖网的渔网折叠成半圆状。最奇怪的是那些武装以带齿大刀的哥萨克人,他们能够轻易地砍死那些试图飞跃过屏障的鲑鱼和鳟鱼。渔民们连打三网,而且每次都由上师代为在场夫人们的祈祷声相伴。因为任何西伯利亚人,都不敢在未经上师代为祈祷的情况下,完成类似的活动。在当地,这种保护极受尊重,哥萨克人显得非常重视捕鱼的成果,奉献的网次是根据人数而决定的。那些神奇的收获物,将被陈列在众人脚下。他们捕到的鱼有许多品种,其中最漂亮的鱼要装在鱼篓中,那些小鱼则被遗弃给牧民和女子们,他们以到河边取水为借口而参与了哥萨克人的捕鱼活动。法国人一行在山上那些经打凿过的白石上,发现刻写着许多偈句,系用巨大的金色字体写成:“希望克服其瑕疵的人,应该模拟数念珠上的珠子的人;如果他想肉搏战,那就会面临被战败的危险。”所有这些题记,都节录自被归于释迦牟尼的佛经经书中。其中部分题刻都包括最纯洁的伦理准则,其余的题记则反映了佛陀生平中的主要事件。

任何喇嘛都不能进入神山的这一部分地带,唯有大僧官们才有权去与佛陀共同静修,因为佛陀会在整个山中到处化现。从山谷中逃出的几头半野生牦牛或黄牛与獾子、狐狸、猛禽等,形成了山谷中的“常住民”。当地人对于这些圣地的崇拜心理如此强烈,以至于任何牧人都不敢进入神山去赶回逃群,害怕因冒犯佛陀尊严而受到死亡威胁。

库伦城又称为“大库伦”。“库伦”本意为“围篱”,指环绕每座住宅的篱笆围栅。它建于距土拉河有两公里的一片丘陵上,并由一个大牧草隔开。在最高的山峰上,屹立着哲布尊丹巴呼图克图的旧宫,当时已被遗弃。富裕的喀尔喀人及其喇嘛们的帐篷,都是围绕“篱笆栅栏”而支起来的,分布得非常规律,以至于形成了大广场和盘环街道。在山麓上是由俄罗斯和中国中原商人居住的坊间,那里矗立着几间木格楞房,形成了库伦商业中心;在对面的山麓上,是数年前建成的哲布尊丹巴呼图克图的新宫;其东北部,在由一公里距离相隔的地方,便是“汉人城”(买卖城),完全由天朝的商人和移民居住;最后,第二个山岗则由建造了木格楞屋的俄罗斯人占据,包括宽敞的储货仓库,其中占突出地位的是俄罗斯领事馆的建筑,以及喀尔喀王公府邸的楼阁。除了哲布尊丹巴呼图克图第三座宫的圆形屋顶之外,库伦没有任何历史古迹,它只是游牧民的一片大帐篷。该城拥有大量喇嘛庙,据说其中有三万名喇嘛或佛教祖师。据俄国人估计,该城还拥有四万名世俗人。帐篷和木格楞房的结合,使库伦形成了亚洲东北部最重要和最奇特的城市。该城街道的狭窄与甚为不善的维护状态,使人除了骑马之外,再无其他出行手段。

人们经过平原而到达“汉人城”。汉人与喀尔喀人的那种漫不经心和懒散,形成了鲜明的对照。“汉人城”形成了一种最具活力的景象。那里有一大批汉族菜农居住。他们为了浇田,而使用了流经圣城小溪间的河水。汉人的菜园中种植着芦笋、白菜、胡萝卜、萝卜、黄瓜、西瓜与各种生菜,特别的葱头与大蒜,还大面积地种植土豆。此外,尽管那里早春严寒,却仍然培植有梨树、桃树、苹果树和葡萄架。它们最早是为供应天朝驻军的消费而栽培的果木。这种富饶盛景证明,人工技巧能够从这块土地的种植中收获得到一切。库伦位于与巴黎相同的纬度线上,但当地人的习惯却是只饲养家畜和马匹。尽管那里冬季严寒,但其肥沃的土地和夏季充足的阳光以及丰沛的雨水,从而使北蒙古形成了温带最富饶的地区之一。其中的"汉人城",是中华帝国大城市的缩影。其街道如同用拉线规划得一样整齐,周围是彩绘和油漆建筑。那里还有许多茶馆、娱乐场、装满加工制造商品的店铺。汉人利用这些加工制品,而利润丰厚地交换蒙古人的生产原料:毛毡、裘皮、油脂、毛皮、粗宝石等。布尔布隆夫人进入一家店铺购物。她声称在经过一个多月的沙漠旅行之后,有幸遇到了一座汉人城市的文明,其中有燃烧檀香木的气味、衣服上充满的麝香味、当地居民吃蒜的气味,均使她产生一种愉快的感觉,似乎置身于一个熟悉的地区。

无论如何,库伦"汉人城"的空气并不太好,汉人在附近的湖泊与河流中打鱼,接着在篱笆上露天晾晒和熏制其鱼产品,最后向喀尔喀人和中国内地买主出售,因为懒散惯了的喀尔喀人不屑于从事这项工作。汉人还将劣质的和无法烹食的鱼沤烂,以备肥田。"汉人城"还有许多猎户,他们设陷阱捕杀水獭、青狐、黑貂,还从事大规模的毛皮交易。

法国旅行家们从"汉人城"的高大城门进入,又通过草原的下部地区出去,从由两个山岗环绕的哲布尊丹巴呼图克图的新宫转了一圈。这座建筑受到了蒙古人的极大崇拜,以至于每当他们接近它时,都会头触泥地而顶礼膜拜。该宫四周由宽大的大理石围墙环绕,以最优雅的方式砌成月牙形,包括其上部带有瑞兽雕刻的巨柱,屋顶覆盖着金瓦。人们通过间缝,便可以遥望到围绕宫殿的广阔公园、百年大树、修在假山中的水池、四周的塑像与大理石台阶。其中有成千间僧房,供前来朝拜活佛的喇嘛们栖身。活佛宫建筑雄伟,使用了大理石或方解石,其汉式寺庙上建有圆屋顶,凉亭和小塔同样也带有金顶,其用松树扎成的篱笆栅栏街道,环绕着每个家庭的帐篷,如同迷宫一般。有些喀尔喀人也模仿俄罗斯人,开始自建定居的木格楞房。人们再向高处的城市走去,那里居民甚为稠密。数千名喇嘛身穿红色和黄色袈裟,骑马而行。那些全身裸体的小孩、身穿又脏又破袈裟的老喇嘛、衣衫褴褛的牧民,都从帐篷中出来,欣赏一种新奇场面:一队哥萨克护卫为旅行家们开路，还有身衣穿花花绿绿衣服的外国女子等。

五、法国遣使会传教士古伯察对鄂尔多斯地区的考察

法国遣使会传教士古伯察（Régis-Evariste Huc，1813—1860 年）于 1813 年 6 月 1 日诞生于孟斗班（Montauban）地区的蒙唐（Montans），与第二次鸦片战争和火烧圆明园期间法国远征军司令孟斗班（Charles-Cousin-Montauban，1796—1878 年）是同乡。他于 1836 年 10 月 9 日在巴黎加入遣使会，于 1839 年 8 月莅华。他曾偕其长上秦神父（Joseph Gabet，1808—1953 年）受遣使会宗座代牧孟振生（Martial Mouly，1807—1868 年）的派遣，于 1841—1846 年间作了一次环中国的考察。他们于 1844—1846 年间，共用 18 个月的时间，从蒙古的西湾子（今属河北省崇礼县）出发，历经热河、蒙古多旗、鄂尔多斯、宁夏、甘肃和青海，于 1846 年 1 月 29 日到达拉萨。他此后遭清朝驻藏大臣琦善驱逐，于 1847 年 10 月间到达澳门。其考察记发表于两部著作中。《鞑靼西藏旅行记》①记载了其从蒙古到西藏的旅行。此书成为 19 世纪西方旅行家在蒙藏地区考察的经典之作，仅此书在 1850—1868 年间，就至少出版了 7 个法文版本。据法国汉学家伯希和统计，此书在 1926 年之前，便有 12—13 个法文版本，后被译成几乎所有的西方文字与日文。《中华帝国》②，系记述古伯察一行自从西藏被逐至澳门一段经历的历史。本文仅对他有关鄂尔多斯地区的考察作以简介。

古伯察神父对于鄂尔多斯地区的行政机构、历史与农奴制，都作了口头和田野调查。

鄂尔多斯地区共分 7 个旗，它从西向东共包括 100 法里的地面，从南到北则为 70 法里。黄河从东、西和北方向环绕而过，万里长城则从其南部经过。这些地区在所有时代都经受过震撼中华帝国的那些政治变革的影响。汉族和蒙古族征服者轮番夺取该地区，并把它变成了流血战争的舞台。在 10—12 世纪期间，它们都被置于了自称起源于西番人地区的拓跋族西夏王的统治之下。1227 年，西夏王国包括鄂尔多斯，被蒙元王朝的缔

---

① Régis-Evariste，Souvenirs d'un voyage dans La Tartarie et Le Tibet，Paris，1850.

② R—E · Huc，L'Empire Chinois，1854，Paris.

造人成吉思汗的胜利埋葬在一大片废墟中了。

在蒙古人被明王朝驱逐之后,鄂尔多斯又落入了察哈尔汗的权力之下。察哈尔汗于1635年归附了满族征服者,鄂尔多斯也奉他为楷模,作为内附地而被纳入了大清帝国的疆土。

康熙皇帝在1696年平定额鲁特部时,曾在鄂尔多斯人中停留过一段时间。他在写给留守北京的皇太子的一封信中,对该民族作了介绍。他声称自己从未想到要组建鄂尔多斯部。这是一个高度文明开化的民族,他们丝毫没有丧失真正蒙古人的古老风俗习惯。他们之中的所有王公都生活得极为和睦,从未爆发过敌对之争。虽然他们从来不采取措施守护骆驼和马匹,却从未听说过在他们之中有盗贼。如果这些牲畜中偶有走失者,那么发现它的人就会竭力照顾它,不谋求任何私利地将牲畜还给失主……鄂尔多斯人在饲养牲畜的行业中特别聪明。虽然他们的大部分马匹都很驯服并容易接近。他们北部的察哈尔人,具有成功饲养马匹的声望,但鄂尔多斯人在这方面要远远地超过他们。鄂尔多斯人虽具有这些优势,却生活得不如其他蒙古人那样富裕。

蒙古分成许多旗,其王爷内附中国皇帝。这些首领们所享受的尊号就相当于西方的公、侯、伯、子、男等。他们按照自己的意愿统治其辖地,任何人都无权介入他们的事务,他们仅仅承认大清皇帝为其君主。当他们之间爆发冲突时,他们便求助于北京朝廷调解,而不是像欧洲中世纪的那些非常好战和不守本分的君主们那样,彼此之间大动干戈。他们始终都怀着尊敬的心情服从北京宫廷的决定,无论这些决定如何,都一样服从。虽然蒙古君主们自信每年必须去朝拜夫子,但他们坚持认为大汗无权推翻蒙古各旗的执政家族。他们可以由于某些重要过失而将其王爷革职,但又必须让其子继位。

十多年之前,巴林部王公在北京被参奏策划了一次反对大皇帝的阴谋。他被理藩部未加申诉地判决执行砍头剁脚刑。王公托人送给那些奉旨监斩的官吏一笔巨款,于是监斩官便仅割下他的发辫、扒去其靴底。然后呈报说敕旨已被执行,接着便由王公之子继位。

在蒙古地区。与王公具有某种亲戚关系的所有家族,共同形成一个贵族阶级或等级,全部土地均属于他们。这些被人称为台吉的贵族,均以其帽子上的蓝顶子为标志。各旗的领主就在他们之中选择其协理台吉,协理台吉的数目一般是三名,世人称他们为图萨鲁克齐,也就是帮助和协理王公履行职务的人;在图萨鲁克齐之下是图默勒,即负责管理具体事务的低级小吏。

在漠北的喀尔喀人中,有一个完全被台吉们统治的地区。他们是出自成吉思汗创立的蒙古王朝之后裔。在发生了使中原恢复其民族独立的那场变革后,他们便逃往喀尔喀人中。他们毫无困难地就获得了这些人辽阔领土中的一部分,采纳了其先祖们在入主中原之前曾经过的那种游牧生活。这些台吉们自由自在地过日子,没有任何负担,也不向任何人纳贡,更不承认任何君主。他们的财富由帐篷和牲畜组成。台吉地区恰恰就是人们曾确切描述过其族长制的蒙古地区。

古伯察神父对于当时在鄂尔多斯存在的农奴制作了详细描述。但他描述的却是一种"温和"的农奴制。

那些非王公家族的蒙古人都是奴隶,他们生活于对其主子们的绝对依附中。他们除了应纳税之外,还必须为其主子放牧畜群,但禁止他们为自己饲养畜群。如果有人认为鞑靼地区的奴隶隶制是严酷和残忍的,如同在其他某些民族中那样,那就大错而特错了。贵族家庭与奴隶家庭表面上几乎没有任何区别。从他们之间存在的关系来看,很难区别出主子与奴隶。他们彼此都居住在帐篷中,同样也以放牧畜群营生。外人在他们之中会发现豪华和富裕与贫穷相杂的生活方式。当奴隶进入主子的帐篷时,主子也会向他献奶茶。他们很愿意一起抽烟,互相交换其烟袋锅。青年奴隶和青年王爷在帐篷附近一起玩耍,混乱地和不分贵贱地作摔跤游戏,强者把弱者摔倒在地。这就是一切。大家也发现不少奴隶家庭成为大批畜群的主人并过着富裕的日子。甚至还会有许多奴隶比其主人还富裕,这对于其主子的身份又丝毫无损。这种奴隶制与在罗马存在的奴隶制之间该有多大的天壤之别啊!

蒙古鞑靼人中的奴隶在人道方面,远不如中世纪的奴隶制那样严酷和违背人伦。蒙古王爷们从来不给他们的奴隶起有辱人格的绰号。他们也称其奴隶为兄弟,从不称他们为"奴才"和"下人"。

蒙古贵族们曾拥有过对其奴隶的生杀大权。但他们虽拥有这种权力,却从不武断地行使这一特权。当一名奴隶被处死时,总会有一个最高法庭去审理其主子的行为。如果证明他滥用了其权力,那么无辜者的血债就必须得到偿还和报复。属于奴隶家庭的喇嘛们在进入僧侣集团之后,于某种意义上是变成自由人了,社会上既不能要求他们服徭役,也不需要纳税。

虽然主子和奴隶的关系都普遍充满了温情与善意,但也有鞑靼领主滥用其所谓权力的例子,压迫其民众并要求他们课以繁重的赋税和服徭役。他从其畜群中挑选老弱病残的绵羊与马匹,然后交由其辖地中的富裕奴隶放牧,这些奴隶们替他们的领主放牧牲畜而沾沾自喜,甚至是他们的一大荣誉。经过数年之后,王爷又要索回他那些其实已经全都病死或老死的牲畜。他于是便去其奴隶的畜群中选择岁口最小和最强壮的牲畜,甚至还往往不以此为满足,而索取两倍或三倍之多。

对于蒙古藏传佛教(喇嘛教或黄教)的活佛转世问题,古伯察所作的调查与藏蒙地区的现行习俗,也基本互相吻合。

喇嘛教活佛的挑选和坐床是以一种非常特殊的方式完成的。当一名大喇嘛圆寂时,这件事绝不会成为喇嘛寺的一种哭丧活动的原因。他们不会完全陷于哭泣和哀悼之中,因为所有人都知道沙布隆很快即将转世。这种表面的死亡只不过是生死轮回中的一环。当法师处于脱胎转世的麻木中时,其弟子们则处于焦急不安中。因为他们最重要的事是寻找他们的法师将在哪里转生。如果长空出现彩虹,那么他们便会将此看作是已圆寂大喇嘛向他们发出的信号,以便帮助他们寻找其转世灵童。所有人便立即就会开始祈祷,正当失去其活佛的喇嘛寺严格其斋戒和法事时,一支由高僧组成的队伍,便去请教懂得人生奥义的著名占卜师,并向他诉说活佛的长虹于某月某日出现在蒙古的什么方向、发亮程度如何和使人能看到多长时间,然后它又在什么背景下消逝。当占卜师掌握所有这一切信息后,便诵读某些经文,打开其占卜书并最终讲出了神谕。当时前来向他问卜的蒙古人跪着聆听他的卦辞,显得毕恭毕敬。他对他们说:“你们的大喇嘛已转世于西藏,在距你们的喇嘛寺很远的地方,你们可以在某某家庭中找到他。”那些蒙古人听到这种神谕之后,便充满喜悦地返回去,向喇嘛庙宣布喜讯。

圆寂活佛的弟子们往往不需要多么辛苦,就能找到他们大喇嘛的摇篮,大喇嘛自己也不辞劳苦地向他们泄露其转世的秘密。一旦当他在西藏转世,刚一生下来自己就会表现出某种特征来。他在一个普通儿童尚不会说话的年龄,就会以权威的口吻说:“我是大喇嘛,某某寺庙的活佛。请把我带到我原来的喇嘛庙中,我是该寺永久的堪布。”当灵童这样讲了后,人们便匆匆忙忙告知他所指寺庙的喇嘛们,声称他们的活佛已转世到某一地点,请立即以活佛的名义前往迎请他。

无论蒙古人是怎样发现其大喇嘛的诞生地,无论是通过彩虹的出现,还是活佛自己的揭秘,他们始终都会感到按捺不住的喜悦。人们很快就兴致勃勃地为一次长途旅行准备。因为他们几乎永远都是前往西藏迎请活佛的转世灵童,该活佛喜欢与他们搞恶作剧,他总是要到那些遥远和几乎无法进入的地区转世。所有人都乐意尽自己最大的可能,帮助组织这次神圣旅行。如果当地王爷不亲自率领一支骆驼队光临,那么他就会派遣其亲生儿子或王室一位要员前往。王爷的大官吏或协理台吉们,也将这种启程上路视为自己的一种义务和荣耀。他们选择一个良辰吉日,骆驼队就出发了。

这些蒙古人有时在令人恐怖的沙漠中、经过令人难以置信的疲劳奔驰之后,最终却落入青海土匪的手中了,土匪把他们从头到脚抢劫干净。如果他们在这些地区未被饿死或冻死,如果他们尚能返回其出发地,那么他们将会为再次开始新旅行做准备。最后,当他们由于毅力和坚持而到达圣地时,便会跪在有人指给他们的那个孩子的面前。人们举行一次隆重的会议,活佛要在所有人面前被仔细考察。众人询问他声称为其大喇嘛的那个寺院的名称、它有多远距离、那里居住的喇嘛数目等。然后,人们再向他询问已圆寂大喇嘛的习惯以及导致其圆寂的主要原因。经过所有这些提问之后,人们便把各种经书、家具、茶具、杯子放在他面前。他应在所有这些物品中辨认出其前世曾使用过的圣物。

在一般情况下,这个年龄最多不过5—6岁的儿童都会顺利地通过所有考察。他会准确地回答向他提出的所有问题,并毫不困难地清点其动产。他说:"这是我习惯使用的经书……这是我习惯用茶的漆钵。"等等。

蒙古人不止一次地受那些为使男孩成为大喇嘛而谋利者们的骗。这一切都是经双方简单而互相信任地安排好的。从值得信赖的人中获悉的情况来看,人们所说的有关活佛的一切情况,都不能列入幻象和错觉中。一种纯粹的人类哲学研究肯定会否认类似事实,或者是毫无犹豫地将这一切记在喇嘛教骗术的账上。

一旦灵童的活佛身份得到确认之后,大家便凯旋般地迎请他返回他应重新成为其大喇嘛的那个(庙子,旗)。在他行进的沿途中,轰动了整个社会,各地都处于熙熙攘攘之中。蒙古人大批地跪拜于途中并向他奉献供品。当他到达喇嘛庙时,便扶他登上法台,于是王公、官吏、喇嘛和从最富裕直到最贫穷的所有蒙古人,都赶来在这名他们花费巨资从西藏腹地迎请来的灵童面前顶礼膜拜。

藏文经书是蒙古唯一被奉为经典并在佛教改革的仪轨中接受的经文，蒙古喇嘛们终生学习一种外来语——藏语，而又丝毫不为他们自己的语言干扰。他们之中有许多精通藏文经文却不懂蒙古文字母的喇嘛。可是在某些喇嘛寺中，人们也学习一些蒙古文字，有时也诵读蒙古文经文，不过它们始终是藏文经书的译本。一名会读藏文和蒙古文的喇嘛被认为是博学者。如果他具有某些汉文和满文文献知识，那他就被认为是超人了。

古伯察一行对于古人的婚姻习俗，也以其传教士的犀利目光，作了实地考察。

蒙古人很年轻时就结婚了，他们始终是在家长绝对权力的影响之下成婚的。这件非常严肃和非常重要的人生大事，永远是在两个最有关系的人丝毫不知情的情况下，着手准备、商谈和决定的。如果在童年或在较大的年龄许婚，那都是由父母出面订立婚约，甚至不向他们的孩子讲清楚。两名未来的夫妇互不认识，也可能从未谋面。他们结婚时，双方仅仅可以知道其性格是否相合。

姑娘从不携带嫁妆，而是由男青年向未来的夫人家庭送聘礼，聘礼的价值也很少，由新郎双亲的慷慨程度所决定。一切都是事先安排好的，并要公证登记，连其最微小的细节也商谈妥了。事实上，这并不是一种结婚聘礼，而更像是由一方出售和另一方采购某种物品的价格。这种事情在语言中也往往都很清楚地表达出来了。大家会说："我为我儿子买下了某某少女"，或"我把我的女儿卖给某某家庭了"等。所以，婚约完全是如同一桩买卖一般缔结的。人们通过媒人，而互相讨价还价，各有抬价和压价，一直到达成协议为止。当双方决定要纳多少匹马、多少头牛、多少只绵羊、多少尺布帛、多少斤酥油和烧酒、白面作聘礼时，男方便把这一切交给妻子的家庭。只有在这个时候，双方才在证婚人面前写好婚约，少女就变成了获得她的人之专属财产。但她却住在娘家，一直等到举行婚礼为止。

当通过媒人而缔结婚约时，新郎的父亲便在他最亲近的亲属陪同下，将喜讯报告新娘家庭。他们一进门就跪在家庭小祭坛前，向佛像供奉一颗煮好的羊头、牛奶和一条白哈达。由新郎的父亲提供一次聚餐。在吃饭期间，新娘的父母双亲都获得一元钱，放在一个斟满了马奶酒的杯子中。新娘的父亲喝完酒而留下钱，这种仪礼在蒙古语中叫作"塔希尔一塔比苏"，也就是"订立婚约"。

当由喇嘛们推定的结婚吉日良辰到来时，未婚夫于一清早便派亲人去迎娶许配给他的少女,或者是他已经得到的女子。未婚夫的迎亲队快要到达时,新娘的亲朋好友们便围绕着大门互相挤成一圈,似乎是要阻挠新娘的离去。于是便开始了一场模拟的哭婚,最后始终是新郎顺理成章地以抢走新娘而告结束。人们把她扶在一匹马上,在让她围绕娘家住宅转三圈之后,就迅速地把她带到事先为她准备好的和紧挨其公爹住所的帐篷中去。人们前往参加婚宴并向未来的夫妇送贺礼。这些由牲畜和食品组成的贺礼都由客人的慷慨程度所决定。它们实际上是送给新郎父亲的,往往是作为对他被迫设法为其子娶妻而花销的丰厚补偿。

当新娘梳妆完毕时,有人便把她领到其公爹处,当诵经班的喇嘛们念诵由仪轨规定的祈祷经文时,她首先向佛像顶礼,接着依次跪拜灶神、新郎的父母和其他近亲,而新郎则向聚集在附近一顶帐篷中的其岳母家的人完成同样的礼仪。继此之后,便是婚宴,有时一直持续七八天。有时还要有音乐伴奏,甚至要邀请蒙古说唱艺人到场助兴。

蒙古地区接受一夫多妻制,多妻制既不违背民法、又不与教法和民俗相悖。正妻始终是家庭主妇,也是家庭中最受尊重者。续娶的妻子叫作小老婆,偏房必须服从和尊重大房。

从他们社会的现状来看,一夫多妻制成了阻止生活放纵不羁和伤风败俗行为的一道屏障。喇嘛们必须过独身生活,那些削发为僧和在喇嘛庙中生活的男人数量庞大。如果女子们无法以小老婆的身份而跻身于一个家庭中,那就会导致许多女子因无人赡养而难以独自生活。

蒙古人中的离婚现象很频繁。离婚的实施不需要官府或宗教当局的任何参与。那些休掉其妻子的丈夫,甚至可以不屑于为其行为找到某种辩护的借口。他可以不需要任何形式的托词而把其妻子休回娘家,仅满足于说他不想再要她了。这种做法完全符合蒙古人的习惯,任何人都不会对此感到惊讶。丈夫仅仅是得到了亲朋为庆婚礼而送给他的绵羊和马匹。被休女子的父母,对于休回他们的女儿也不能提出任何异议。其父母甚至有时对于他们可以再次获得聘礼而感到高兴,他们确实可以把同一宗"商品"卖掉两次。

在鞑靼地区,女子们过着一种相当独立的生活。要让她们如同在亚洲其他民族中的妇女那样受压迫和受奴役,颇为困难。她们可以自由地行走、赛马和沿帐篷地串门。蒙古女子并不像汉族女子那样容貌纤弱而又郁郁寡欢,她们在精神面貌和举止方面,更显得强壮和有力,完全与她们那充满活动的生活与游牧人的风俗习惯相一致。其服装更突出了她们身材上表现出来的男性化和高傲的气质。脚蹬大皮靴、在腰间用一条黑色或蓝色的腰带扎起来的黑色或紫色的长袍,外面再套一件小褂。女子的头发分扎成了两根辫子,包在一块塔夫塔绸的发套中,并一直垂在胸前。她们的豪华饰品也仅仅是用金银片、珍珠、珊瑚和各种其他小饰物来装饰其腰带和发髻。

西方探险家、人类学家、外交官和传教士,对于北方草原丝路的考察,固然有为西方殖民主义东进服务的因素,但他们的科考成果,对于当时的草原丝路在外部世界的传播与影响、对于今天的开发与利用、对于我们的科学研究,都是大有裨益的。

他们首先考察了草原丝路的大致走向、所覆盖地区的自然和人文资源、交通路线、天然要塞等。这对于证实草原丝路的存在与运作,提供了佐证。

其次,他们考察了所跋涉地区的民情风俗、语言文化、宗教信仰等。这是研究草原丝路社会生活史的宝贵资料。

他们特别注意考察这些地区的物产和资源。这一方面是为了将来的开发所勘明的资源,另一方面是为将向该地区推销所匮缺的物资。这是西方殖民主义掠夺和瓜分海外市场的组成部分。

西方人以他方的观点,从不同的角度和为着不同目的,对于草原丝路的考察成果,对于我们今天澄清某些事实,探索历史真相,具有很大的学术价值。填补了汉文和地方民族文字资料在某些方面的空白。

他们在草原丝路上的科考及其成果,对于我们今天开展国际合作,振兴草原丝路、开通欧亚大陆桥,具有很大的参考价值。

广州与17—18世纪的中法关系

广州自古以来就是海上丝绸之路的重要港口，在17—18世纪，尤为明显。本文拟针对法国学术界对于安菲特利特号首航中国以及广州十三行行商的研究略作评介，由此而看到广州在海上丝绸之路中的地位与作用。

为什么广州于18世纪，成了中国对外贸易商品的主要集散地，也是中国外贸的象征性港口呢？

对于18世纪的欧洲贸易来说，中国似乎被仅仅简化成了广州，而且这种事实即使不是一举形成，至少也是很快便被世人承认和接受了。西方在广州的贸易，完全可以与其在印度的贸易相媲美。印度贸易具有一种"商队"的特征，而广州贸易却似乎成了西方唯一的一个目的地。

当时以入华耶稣会士为主体的传教士们的活动中心，已从广州发展到了北京，并在那里形成了另一个最重要的传教区。传教士们的活动区域广泛地分布在中国的四面八方，但广州（包括澳门）和北京，却始终是他们在中国的两大布道中心。由于传教士们的活动，尤其是自康熙1692年的容教圣旨颁布以来，以及此后1717和特别是1724年的教案，使广州成了传教士们的放逐地。就中国的全面情况而言，它对西方文化的开放程度似乎比向西方贸易的开放更容易。事实上，教士们的活动以其可能造成的新思想状态，较更具有表象性和更受地域限制的贸易交往而言，会对清政府造成更大的危险。这是由于清代的中国更注意作为整个社会风气之基础的文化交流，而对外贸易却并不受重视。当然，一旦当中华帝国感到传教士们造成危险时，便会毫不犹豫地将他们放逐。这使西方人得以很好地了解和熟悉广州港。中国外贸虽然受各种条件的制约，但康熙皇帝对于外贸和外来宗教都表现得宽容豁达。他1684年的诏令，原则上使中国的各大港口均对外贸开放。但这种原则并未能产生持续效果，因为清朝当时必须要调和对外商品贸易与朝贡贸易之间的关系、要考虑到各地的习惯和不成熟的外贸官员们各自的态度。这样一来,清政府也被迫将其对外贸易集中到某一地点,而不是像有些人曾主张的那样,分散于沿海岸。由于思想和财税方面的种种考虑,清政府最终将与欧洲人的贸易地点确定在广州。中国与法国之间,也在广州广泛地展开了外交与外贸活动。

一、法国安菲特利特号船首航中国

1698—1699年间,法国安菲特利特号船(L'Amphitrito,海神号)首航中国,到达了中国广州港。这是法国商船首航中国,在中法关系史,乃至中西关系史,特别是广州对外贸易史中,都具有划时代的重要意义。法国汉学家伯希和曾发表过一篇著名论文《法中关系的起源,安菲特利特号船首航中国记》①。本文仅根据伯希和的文章,而对这一事件作一番简单叙述。

(一)安菲特利特号船首航中国的缘起、船组人员及其航行过程

安菲特利特号远航中国的始作俑者是法国入华耶稣会士白晋(Joachim Bouvet,1656—1730年),他是法国勒芒人。白晋神父是由法王路易十四于1685年出资派往中国的六位数学家耶稣会士(实际上只有五位顺利到达北京,塔查尔神父滞留于泰国)之一。他于1688年2月到达北京,留在了清朝宫中并得到了大清皇帝某种程度的信任。他奉康熙皇帝的钦命,以"钦差"的身份返欧,为中国征募新的传教士。实际上,康熙需要的主要并非是传教士,而是传教士科学家。白晋于1692年7月8日离开北京,于1694年2月1日自澳门起程返法,最终于1697年3月到达法国布列斯特。由于受路易十四派遣而于1688年年初莅华的五名法国耶稣会士,形成了独立于"葡萄牙神父"之外的一股独特力量,所以他们需要巩固自己的地位和继续扩大自己的势力。康熙皇帝于1692年3月22日颁了一道著名的诏书,恩准在中国各地自由地从事天主教的布道活动,传教士们的情绪为之大振,形成了一种首先归化中国皇帝和中国上层士大夫,然后再自上而下地归化整个中华帝国的战略。实际上,传教士们的这种欢欣

① Paul Pelliot, L'Origine des relations de La France avec La Chine, Le Premier Voyage de L'Amphitrite enchine, Journal des Savants, Paris, 1930.

是以误解为基础的。康熙皇帝对传教士们表现出了浩荡皇恩，是由于他一则希望表现出洋洋大国、泽被四夷的风范；另一方面更是希望能利用传教士的科学知识；传教士们迂回地从事科学事业，却是为了发展其布道活动。中欧双方各怀心事，各有自己的打算。所以，一方的主要目的，对于另一方来说则是无关宏旨的次要琐事了。数年后，由于欧洲天主教诸国之间的利益纠纷、嫉妒心情以及天主教不同修会之间的竞争或门户之见，激起了一场严重冲突。严嘉乐(Charles Maigrot，1652—1730 年)1693 年 3 月 26 日有关中国礼仪的主教通谕，并未使传教士们立即失去康熙皇帝容教圣旨赐予他们的优惠条件。康熙对法国数学家耶稣会士们产生了极大好感与兴趣，于 1693 年 7 月 4 日在皇城内赐给他们一处住院(白晋所说的地处“皇宫围墙内”，实际上是有些夸大其词)。同一天，康熙皇帝便命令白晋神父返法以携归新学者，白晋也决心利用这次以中国皇帝“钦差”身份出使欧洲而为法国传教区谋求最大利益。他于 7 月 18 日以清朝大皇帝“钦差”的身份，离开北京返欧。当白晋神父离开法国四年后再度返回时，便迫不及待地开始了游说活动。为了制造舆论和说服路易十四本人，他于 1697 年用法文出版了《呈奏国王的中国皇帝之历史肖像》(即《康熙帝传》)一书，此书实际上是他当时呈奏路易十四的一份有关康熙时代中国国情的秘密报告。但白晋并非是康熙派往欧洲的第一位使节，意大利籍的入华耶稣会士闵明我(Claudio Filipo Grimaldi，事实是冒名顶替了已逃亡的多明我会士，Navarette)在白晋离京时，就已经奉康熙钦命持节出使欧洲并顺利返归。白晋于其书中首次将康熙比作路易十四，并对中法两国君主都竭尽美誉之辞。当然，他为了向路易十四邀功并促使国王重视中国，不辱康熙之钦命，为了法国传教区的未来利益，说教中有许多言过其实之处。法国殖民地档案馆中收藏着一卷《中国皇帝派往法国的使节——尊敬的××神父的呈文》的档案，其中阐述了中国皇帝的意图并要求法国国王作出积极回应。这位匿名神父无疑正是白晋。他于上奏路易十四的呈文中，提到了康熙皇帝在向法国耶稣会士们赐住宅的同一日，又选择白晋本人赴欧去向法王致以敬意。白晋声称中国皇帝对“太阳王”高度敬仰，他希望自己身边能有更多的法国耶稣会士科学家，更希望每年都有大批这样的人才进入东方第一帝国，并经由他们而引入西方所有艺术和科学。康熙希望每年都能看到“日落处的王国”法国的船舶驶往“日出处的王国”中国的港口，并赐予他们国王陛下所希望的一切经商自由和优惠待遇。有人对白晋的身份提出质疑，询问他为什么未携带中国皇帝致“太阳王”的亲笔御书。白晋回答说,中国皇帝只习惯于向其附庸国或藩部下达命令,他持有“钦差”的证书就足够了。当有人要求白晋出示康熙的钦差证书时,他又诡称在离华时交回去了,因为这种证书只能颁发给大皇帝的臣民。他有一部从北京到苏拉特之间的旅行日志,其中记载了沿途所发生的一切事件。他请求太阳王向中国派遣一艘船,并以此船运送一批精心选择的新传教士;国王还应该颁布一道圣旨,支持入华耶稣会士们以宗教和科学手段来布道;他甚至要求路易十四允许入华耶稣会士们,在北京建立一所与法国科学院有直接联系的科学院,彼此能互相通报最新科学发现;他最后还提供了一大批可以证明其“钦差”身份的中国人名单。

无论康熙皇帝还是白晋神父,他们都希望法国能派遣传教士入华,但最大的困难就是运送问题。占据澳门的葡萄牙人以其君主保教权的名义,对法国耶稣会士们封锁这条通道。白晋以其四年的长途跋涉,也感到让法国传教士们通过澳门需要很长时间并会冒很大危险。但如果法国派遣一艘运送传教士们的皇家御船赴华,那么其处境就会大大改善。白晋于路易十四面前炫耀康熙“敬重”自己,认为这是大清王朝皇恩浩荡的证据。

路易十四的大臣们却并未对白晋那娓娓动听的说词表现出心悦诚服。他们不相信法国国王的一艘皇家御船,会在中华帝国受到欢迎,因为康熙大帝没有依礼呈致国书,而仅以对待藩部附庸的模式托传“口信”。白晋已经预料到了其计划可能会流产,但他无论如何也必须获得一条船。路易十四是否真正赐御船无关紧要,他可以假传矫诏。康熙所希望的也只是能看到法国船舶每年都进入中国港口,并恩准路易十四所希望的那种“自由和优惠的贸易”之要求。白晋返回东印度公司后,甚至吹嘘中国皇帝允许在其所有港口都设立法国贸易商行。

由于官方的渠道不通,白晋于是便被迫求助于私营企业,他首先想到了东印度公司。该公司自1664年以来就垄断了自好望角到印度以及整个中国南海的贸易。法国东印度公司虽在暹罗作出过尝试,但其活动从未超越印度以远地区。其17世纪末叶的经济形势,不允许它在远东发动新的商业攻势。白晋通过蓬查特兰伯爵的引荐,结识了让·儒尔丹(Jean Jourdan)。儒尔丹在20多年间创办了一系列贸易公司,经历过各种挫折,于1710年在蓬查特兰的支持下,于洛里昂开办了一家海事保险公司,佛朗索瓦·热古(François Gegou)在《战争港口洛里昂的历史》(1887年第2版)

中,讲到过格鲁埃的领主让·儒尔丹(Jean Jourdan de Grouée)。马德罗尔称他为"格鲁西的儒尔丹"(Jourdan de Groussy),并以为他是一名"工业巨富和玻璃制造商"。索塔(Sottas)于其《皇家东印度公司的历史》(巴黎1905年版)和凯普兰(P.Kaepplin)于其《东印度公司》(巴黎1908年版)中,都称儒尔丹为"大船主"。达尔格伦(Dahlgren)于其《法国与太平洋沿岸的贸易关系》(巴黎1909年版)中指出,"格鲁埃的儒尔丹"又自称为"格鲁西的儒尔丹",并且认为他是巴黎的香料富贾和批发商;贝勒维奇—期坦凯维奇则认为他是在巴黎做批发商和玻璃制造商的马赛人;考狄在《中国通史》第三卷中认为,他是马赛人和批发富商;福雷奇则认为,"格鲁西的儒尔丹是玻璃制造富商"。从各种迹象来看,我们称之为"格鲁西的儒尔丹"较为合适。他事实上很可能是玻璃制造商,因为安菲特利特号装载着大批玻璃,它们在中国市场上的销售,成了商务代理人面临的棘手问题,而且大家确实知道正是儒尔丹将这些玻璃装上船的。

儒尔丹等人为向中国派遣一艘船,专门而草创了一家公司。儒尔丹热衷于经商和装备船舶,事事都对白晋的建议言听计从。儒尔丹及其朋友们的最大困难,则是设法从东印度公司处,谋求准许派遣大船驶往中国。东印度公司财大气粗,它只希望独自装备白晋所要求的那艘船。在蓬查特兰的干预下,最终达成了妥协。1698年1月4日,双方签订了一项共有12款的协议。东印度公司授权儒尔丹相继派两艘船直接入华经商,但不允许它以东印度公司的名义连续第三次远航中国。在这两次远航中,他们不能在中法两国途中的任何港口中经商。每艘船上必须设两位东印度公司的监察大员,并由儒尔丹提供经费。船舶返归圣·路易港后,要由东印度公司出面销售运回的中国商品,而且还提取5%的利润。法国行政法院于1689年1月22日批准了这项协议。为了赴中国旅行,法国政府向儒尔丹出售了安菲特利特号(海神号)这艘快速三桅帆船,该船当时正停泊在罗什福尔港(Rochefort)。它是由快速轻帆船长德·拉罗克(de La Roque)装备的。此人根据1698年1月28日由凡尔赛宫颁布的一道国王敕令,而获得了这艘船的导航权。同一天,正在凡尔赛的海军警卫队的路易·德·拉格朗热,也使拉罗克成了该船上的执旗官。当拉格朗热于1689年2月25日抵达拉罗歇尔港时,安菲特利特号船即将下水,并已对儒尔丹采购的货物装载就绪。

路易十四国王于1698年2月8日,从凡尔赛向拉罗克颁发敕令。敕令中提到，这艘船是经国王的批准驶往中国的。但敕令又特别明确指出，它不是一艘皇家御船，而是完全如同荷兰人和英国人所作的那样，只是一艘普通商船，以免对国王将来向中国派遣官船之举造成消极影响。敕令要求他们既不能在沿途向欧洲其他列强的船舶致敬，也不要求其他船舶与之联系。一旦在中国港口停泊之后，他们就要特别注重于观察那里的季风、潮汐、气候以及与航海有关的一切资料情报；要调查中国是否有港口、抛锚地、海岸地图以及航海指南。如能找到这一切，那就必须将它们呈奏国王陛下。他们还必须调查中国与欧亚各国之间经商的方式，特别要调查中国的风俗习惯，以利于法国政府将来方便时派船驶往那里。敕令特别要求，当该船返航时，必须准确全面地向国王禀报他们所搜集到的一切情报。

拉格朗热于其《神奇的旅行》一书中，向我们介绍了拉罗克骑士的家庭关系。它指出此人出生在巴黎一个富裕的市民家庭。拉罗克的个人档案也说明，他一生始终在远洋船上供职。至于安菲特利特号船上的大副，班尼特认为是萨里奥兹(Salioz)和弗罗热·德·拉·里戈迪埃尔(Forger de La Rigaudier)。萨里奥兹在此之前就曾在马六甲海峡航行过。拉·里戈迪埃尔原为罗什福尔港口的官员，他在1698—1700年首航中国时，似乎是一名忠于职守的严肃官吏，尽可能地避免介入诸同事之间的纠纷。在该船二航中国时，白晋与他(一名大副)和外科医生组成了一个“三头政治”集团，拉·里戈迪埃尔似乎公开投身于耶稣会士们的阵营中了。

安菲特利特号船上的两名二副分别是德·布瓦西(de Boissy)和德·巴利(de Barilly)。德·布瓦西是儒尔丹的弟弟，他似乎不是职业海员，仅仅由于儒尔丹的原因才跻身于这批人中，而且还占据着举足轻重的地位。巴里利于1706—1707年间才出现于路易港。该船上的海军军官是德·萨布勒瓦(de Sabrevois)、德·拉格朗热、德·博利厄(de Beaulieu)、小热拉尔丹(Geraldin Le Jeune)和菲利。在安菲特利特号第二次远航中国期间，博利厄任少尉军官。在拉格朗热与拉罗克的旅行记以及刘应(Claude de Visdelou，1665—1737年)神父致儒尔丹的书简中，都提到过萨布勒瓦。此人是罗什福尔港的官员，1692年成为海军见习军官，1703年成为海军少尉，1709年9月30日死于一次海难事故。1699年3月1日，拉罗克将萨布勒瓦派回欧洲，以向国王禀报安菲特利特号船远航中国的艰辛历程。

除了上述各司其职的船组人员外，安菲特利特号船还运去了儒尔丹公司的三名经理：第一商务经理德·贝纳克(de Benac)、经理和出纳员勒·

普莱特尔(Le Pouletel)、经理和商务监察官员吕西安·布瓦扎尔(Lucien Boizard)。其中贝纳克是个名气很大的人物。人们发现贝纳克与拉罗克之间的关系很紧张,几乎从起程航行时便剑拔弩张了。在该船到达广州时,这种冲突关系达到了白热化程度。因为贝纳克认为拉罗克是船长,而第一经理却是公司的代理人。所以当拉罗克于 1699 年 2 月 5 日,正式以法国国王的名义拜访广州巡抚时,贝纳克拒绝陪同前往。入华耶稣会士们本来希望遏制他的这种喜怒无常的行为,他们甚至把他当作狂徒看待。中国人也不会接受由一名蛮夷商客代表法国国王。在安菲特利特号于中国停泊期间,贝纳克始终与拉罗克争夺名誉权。贝纳克最后与两名经理滞留广州,以销售该船运来的商品,当地人习惯于用中文称他为“贝老爷”。事态进展得并非一帆风顺。萨里奥兹于 1701 年年初带到马德拉斯的信件中,便包括贝纳克于 1699 年对普莱特尔和布瓦扎尔的控告纪要,迫使贝纳克发表声明,万般无奈地放弃对中国公司的领导权。当安菲特利特号于 1701 年秋二航中国时,带来了以费热拉尔(Figeral)为首的一批新任商务经理,从而结束了贝纳克在华的活动。安菲特利特号于 1703 年 8 月 17 日将贝纳克送回了布雷斯特。

对于圣—马洛人普莱特尔和布瓦扎尔的情况,我们所知甚少,唯有通过贝纳克发自广州的书简或屡屡发出的怨言而略知一二。此二人与入华耶稣会士们联手反对贝纳克。在安菲特利特号二航中国期间,勒·普莱特尔于 1702 年 5 月 14 日秘密地离开广州赴南京。他于途中参观景德镇瓷都后,于 6 月 28 日顺利到达南京,并于 11 月 17 日返回广州,不久便乘安菲特利特号船返法。

除这三位商务经理之外,乘安菲特利特号船入华的贸易公司职员,还包括一名“商人”、一名秘书、两名雇员和八名伙计。“商人”即产品服务部主任,弗罗热于其《游记》中称之为弗朗西亚(Francia),白晋为他起的汉名是方儒法,在他与广州海关官员们打交道时便使用此名,其完整的法文原名很可能为乔治·弗朗西亚(Georges Francia)。他随安菲特利特号船首航中国返法后,又随该船二航中国并暂留广州,直到 1709 年 2 月 15 日仍在广州任商务经理(大班)。

该公司的秘书叫作拉加尔德(La Garde 或 Lagarde)。他似乎未曾起过多大作用,在 1703 年 6 月 25 日于安菲特利特号返归欧洲海岸之前逝世。

弗罗热提到了赴华公司的两名伙计,但却未指出其姓名。马德罗尔认为他们是“文书”,分别叫作萨巴蒂埃(Dabattier)和布格雷(Bougré,或作Bongré)。萨巴蒂埃是“国王的作家”,布格雷只出现在白晋的日志中,他曾参加过安菲特利特号首航中国。但由于该船二航中国后,某些商务人员滞留中国,所以他可能属留华人员之列。在中国公司1703年12月12日的一封书简中,还提到布格雷仍在广州。

马德罗尔也提到了两名商务代理人,分别叫作维莱特(Vilette)和丹迪涅(d'Andigne)他们曾陪同首席大班赴北京朝廷。因为中国公司原计划只让贝纳克进京入宫,公司认为这样作有利于实施其计划。我们通过1698年9月28日,在海上才拆封的一道中国公司的命令,而获悉这一切。为了这次旅行,公司选择了贝纳克、布瓦希、弗罗热等人。其中只字未提及维莱特和丹迪涅,而且这后一个名字既未出现在弗罗热的书中,也未被拉格朗热的著作记录在案。白晋神父反对这次北京之行的计划,因为贸易公司事先未曾征求过他的意见。他于是便决定,在安菲特利特号船到达广州后,必须开会专门讨论此事。耶稣会士们始终反对让中国公司的代理商进入中国腹地,无论是进入各省还是京城,都一概反对。

但是,维莱特和丹迪涅最终还是北上北京,白晋神父于日记中写道:“1702年1月1日,丹迪涅和维莱特先生到达了北京”(马德罗尔书,第140页)。马德罗尔于其书中的注释中指出,“他们是于1700年12月从广州出发进京的”。他们二人实际上于1699年12月离粤进京。因为班尼斯特指出:“我们于1700年1月26日离北京返法,将中国公司的三位经理、萨里奥兹先生、两名伙计和6名其他法国人留在广州,其中两名法国人于1699年12月离粤进京”。我们通过白晋日记的有关段落获知,这两个人在北京逗留期间,如同中国“皇帝的奴才”一样生活。他们由大清皇帝支付俸禄,如同在北京为大清朝廷效力的耶稣会士一样,为康熙皇帝工作。这已经不是中国公司的“商务代理人”所能接受的那种角色了。维莱特未曾受过高等教育,神父们反对在北京称他们为“老爷”。安菲特利特号实际上是运来了几名“伙计”或“工人”。

在法国皇家玻璃作坊的三名包税人的倡导下,安菲特利特号船运载了大批玻璃。白晋神父肯定曾向他们信誓旦旦地断言,中国是畅销玻璃的市场。由于玻璃易碎且必须切割与装配,所以在中国公司的文职人员中又增列八名“镜子工”。白晋曾向儒尔丹建议,在广州城筹建一家玻璃制造厂,这八名玻璃工也可能正是为此目的才赴华的。大约到了1699年4月末,其中的某些人在第三位经理的主持下，将破损的玻璃作了一番清理。当年11月末，中国公司的第一经理，婉言谢绝了洪若翰神父有关向大清皇帝派遣两名玻璃工的请求。12月13日，曾遭贝纳克拒绝的两人中的主要人物，逃往总督府，不久又与另一个人共同前往北京。这次逃亡，在某种程度上，是在耶稣会士神父们的挑唆下发生的。弗罗热声称，当安菲特利特号船于1700年1月26日离开中国广州时，在那里安置了中国公司的三位经理、萨里奥兹、两名职员和其他六个法国人，其中两名已于前一月进京。这里所说的六名法国人都是由中国公司经理们挽留下来的玻璃镜子工，一个月前进京的两个人便是丹迪涅和维莱特。前者于1699年12月13日从公司所在地逃走，后者不久也与之相会合。丹迪涅就是遭贝纳克拒绝的主要人士，维莱特便是那个未曾受过高等教育的人。卫嘉禄（Charles de Belleville，1657—1730年）修士和其他某些人的学问，实际上也并不比他高深多少。清朝皇帝于其行宫中召见所有西洋人时，维莱特被耶稣会士们冷落在一旁了。当然，对于17世纪末叶来说，挽留一个玻璃镜子工在北京，即使他是一位手艺高超的巨匠，也会令人感到莫名其妙。现在尚未找到保存下来的有关此人的任何记载。

安菲特利特号船除了运送中国公司成员之外，还带去了印度公司的两名职员。他们负责监督贸易经营，同时又阻止安菲特利特号船在中法之间的漫长航程中，逐港口地交易。此二人分别叫作让·佩什贝蒂（Jean Pecherty）和让·德厄（Jean Dieu）。正如现在收藏于法国国家档案馆的一封由此二人1699年2月17日写于广州的书简所证明的那样，他们的处境并不如意。1698年1月4日的协议加强了对他们的控制。中国公司的经理们不但拒绝向他们传授任何贸易知识，而且也不肯于公司所在地为他们提供食宿。东印度公司的两名职员还申辩说，他们亲眼目睹过儒尔丹的一道直到广州才被启封的命令，要求经理们尽一切可能不让这些人掌握任何科学知识。佩什贝蒂与让·德厄经过在死亡线上的挣扎和饱受虐待之后，终于随船返回法国。佩什贝蒂从未曾与中国公司反目。他甚至在脱离东印度公司后，仍于安菲特利特号二航中国时，出任中国公司的第二经理。佩什贝蒂和另一名叫作迪·朱斯（Du Jus）的职员曾制订过一项赴江西饶州和南京的旅行计划，但由于耶稣会士们横加阻拦而最终未能成行。继安菲特利特号二航离华后，佩什贝蒂仍暂留广州并作为第一经理，直到1705年11月23日依然滞留于那里。

在安菲特利特号船上的世俗人员中，还包括一名医士长。他是由船长提供食宿和支付旅费的“巴黎青年”。拉格朗热于其《神奇的旅行》第218页中提到过此人。

除了这些分工明确的文武世俗人员外，安菲特利特号船上还有一大批耶稣会士。白晋首先从儒尔丹船长那里获许，除年修士外，让该船再免费运送5名耶稣会士入华。最后却增至10名。这些耶稣会士个个名声显赫，诸如巴多明（Dominique Parrenin，1665—？年）和马若瑟那样后来成了中国传教史上的明星人物。

儒尔丹曾认为，其经理们可以进京见驾。白晋曾向他许诺，借助于奉献给康熙皇帝与权贵们的礼物，可以在宁波或广州开办一家商行，并使清朝对于舶来品货物免征关税。这一切后来均未能兑现。

对于北京之行，当船员们于途中开启巴黎的密封指令时，连白晋也大为疑惑不解，因为其中规定贝纳克必须进京。传教士们一般都不想让中国内地的人见到欧洲军人或商人，因为传教士们都看不起商客，认为此等欧洲天主教徒不会对本土天主教徒起到好的表率作用。洪若翰神父在一封书简中指出，在欧洲船舶习惯于停泊的中国港口，只能使极少数中国人接受归化，因为那些海员们无法与当地居民中的精英人物接触与交流。白晋认为，到达北京的西洋人，会在那里发现一种与他在《中国皇帝的历史形象》中的勾勒完全不同的康熙皇帝形象。如果安菲特利特号船上的商客们径直北上京城，那么白晋就无法于宫中再保守他吹嘘的该船具有“官方和政府特征”的秘密了。拉格朗热和白晋都曾强调指出，中国人在康熙皇帝时代只知道商船和贡船，不大精于其他通商之道。白晋曾许诺，要设法让中国免除安菲特利特号船的吨位税和船舱货物的关税。中国海关回答说，如果该船是贡船，那就应该将其货物入贡北京朝廷；如果它是商船，那就必须照章纳税。白晋在近一年期间费尽心机，玩弄各种手段，以摆脱这种进退维谷的窘境。路易十四给拉罗克的敕令非常明确：“本船绝不是国王陛下的御船，而是一艘普通商船。”然而，贝纳克在1700年12月20日的一封书简中，却抱怨说白晋让他签署了一份中文文件。其中诡称安菲特利特号船是受法王钦差的皇家御船，只不过是个别商人利用这一机会赴华从事某些贸易而已。白晋日记中也声称，为了更加安全可靠一些，他要求船上的文武人员都签署一份文件，证明安菲特利特号是属于国王的一艘皇家御船，受法国国王“钦差”，以将他们运载到中国。拉格朗热也于其游记中指出,如果声称安菲特利特号既非一艘贡船,也不是商船,而是法国国王的一艘御船,那就会使中国人感到惊讶。因为中国人从未听说过有第三种船舶。当广东总督质问贝纳克为什么不进京时,白晋神父回答说,安菲特利特号是一艘御船,法国人不会入朝进贡;如果贝纳克是一名随船前来的商客,那么他就会试图在中国经商。贝纳克自己也不愿意进京,因为他害怕由于不熟悉中国传统礼仪,或有失检点而贻笑大方。1699 年 2 月 5 日,拉罗克隆重地去参拜总督。他声称法国“国王是西方的第一帝王,陛下专门派我将白晋神父送回中国”。此外,早在 1698 年 10 月,白晋神父就指出,澳门那些不怀好意的人可能会声称,安菲特利特号是一艘私船。拉罗克会让人散布说,它确为一艘皇家御船,对这种看法持异议的人将被视为违抗王命。甚至中国公司的经理们,也以他们向白晋神父签署的一份文件,而默许了这种事实。安菲特利特号船是“皇家御船”的观点,在欧洲人中也广为流传,误认为它是由路易十四钦差中国的“使节”。中国人更认为法国人是前来朝拜其皇帝的,始终坚信安菲特利特号是一艘“法王”的御船,当时的中文文献中都称之为“贡船”。

与安菲特利特号的船组人员相比较,耶稣会士们在熟悉中国的国情、语言和风俗习惯方面,都占有很大优势;他们在为康熙皇帝效劳方面,也拥有很高的威信。虽然他们夸大了自己在皇帝面前的威望,但他们确实博得了各省官吏们的好感。白晋这次以大清皇帝“钦差”身份赴欧之行,与先于他的闵明我(Claudio-Filippo Grimaldi,1639—1712 年)和晚于他的傅圣铎(Jean - François Pelisson, 1657—1713 年)或薄贤士(Antoine de Beauvollier,1657—1708 年)诸神父的欧洲之行,有颇多相似之处,特别是薄贤士也在巴黎津津乐道地自称是中国皇帝的“钦差”。白晋玩弄字眼,吹嘘他这位中国皇帝的“钦差”身负出使“世界第一帝王”——法兰西国王的特殊使命。他在为法国北京传教区追求物质和宗教利益的同时,也在广州帮助儒尔丹的公司。由于他使安菲特利特号船具有了官方特征,所以该船被迫在广州停泊近 15 个月,而普通商船却只需停泊 3 个月。中国当局对于该船自愿停泊如此之长的时间,毫不理解,甚至感到焦虑不安。中国公司的经纪人和船组成员很快便愈发坚信,最好的办法就是服从中国为普通商船制订的法规,交纳关税,甚至还可以交小费,完全如同英国人和荷兰人一贯所为的那样。早在 1699 年 2 月 17 日,东印度公司的两名职员就认为,与中国的贸易对商船和印度都十分有利。后来为了照顾东印度公司的特权，法国才取缔了中国公司。

弗罗热对于中国文明的评价，与拉格朗热和白晋的评价同出一辙，完全基于一种对中国文明的肤浅认识。但弗罗热与1701—1703年航行记的作者，都转引了某些颇有价值的资料。他们也揭示了当时入华耶稣会士们的诸多内幕，这一切都是对当时所产生的有关著述的颇有裨益的补充。

通过安菲特利特号船船组人员状况，大家便可以洞悉该船的重要性、船舶的性质、远航中国的目的及其从事的工作；大家通过其人员组成，便可以清楚地看到，它绝不是法国国王的一艘御船，而是一艘地道的商船；通过他们所从事的工作，便可以看到法国在经济和文化方面对中国的兴趣；通过其影响，便可以理解法国18世纪的"中国热"的原因了。

(二)安菲特利特号船在华的活动及其运载的中国商品

安菲特利特号船于1698—1700年首航中国时，实际上是法国的中国公司，购买了法国商行的这艘500吨级的轻型三桅船。1697—1698年的装备费及其舱货，耗资共达506948镑。这项事业完全由特意为此而组建的中国公司出资筹办。法国政府不肯给予资金赞助，而只给予保护以及在进出口关税、货物检验方面的某些优惠。因为法国政府希望这项事业首先必须保持其民间特征，为其以后的活动保留余地。

1698年3月6日，安菲特利特号船从法国的大西洋名港拉罗歇尔港起锚远航，由拉罗克骑士指挥。6月10日，该船航抵好望角并在那里停泊20多天，以稍事休整。在从好望角到苏门答腊之间，由于它未能顺利地通过巽他(Sonde)海峡，所以只好于8月18日在印尼的亚齐靠泊。它经历了9月27日在中国西沙群岛的一次风暴后，于10月5日到达在中国广东的上川岛并组织拜谒了方济各·沙勿略墓，1698年10月24日到达澳门。11月2日，这艘船在经过7个多月的远洋漂泊之后，终于在广东珠江口抛锚。白晋将商船留在珠江口外海，自己偕利圣学(J-Ch.de Brossia，1660—1704年)和年修士前往广州城。白晋以其"钦差"的身份，享受到了此尊号在中国应得到的所有荣誉：兵勇们向他致敬，鼓乐齐鸣并放礼炮，广州的官吏们都前来迎接这位康熙大帝"钦差"的荣归。

巧舌如簧的白晋神父极力说服两广总督石琳坚信，安菲特利特号船本为战船，法国国王为运送他返华而专门作为皇家御船远航。所以该船获准减免1.2万—1.5万埃居的关税。就在这艘法国船于广州港停泊的同时，恰有一艘阿拉伯船靠岸，它必须依法为其船舱吨位检测费而支付8500两白银，与安菲特利特号被免交的税金基本相同。安菲特利特号船还为其船组成员获得了下榻于一座由当地政府开办的“公馆”之优厚待遇，它主要是被用作拉罗克骑士的荣誉住所。马若瑟神父在致拉雪兹神父的书简中曾写道：“外国人从未在该国受到过如此荣誉接待，当然也从未有过外国船会像我们这艘船到达中国时受到的那种隆重接待。在距法国有6000多法里（Lieue，每法里约合4公里）的地方，提到法国的名字，对它的尊严与体面有益而无损”。其实，中国人对于路易十四基本上一无所知，无法用太阳王在中国的威望来解释安菲特利特号船在中国受到的礼遇。这件事首先应归功于深谙中国习俗的白晋神父的游说，其次是由于法国人又花费重金沟通了关系。如黄埔海关监督曾得到价值300两白银的商品礼物，中国公司也向黄埔海关送礼600两。1698年1月17日，当白晋拜见两广总督石琳时，奉上了由中国公司提供的丰厚礼物。总督回赠的礼品包括3只装满香料的金瓶、1只镶瓷的铜瓶、15个杯子和1尊颇受中国人器重的深红色石雕像、2个仿玛瑙的白色小杯、4个漆盒、2个大古董瓶、10匹丝绸和数目巨大的一批中国白绢画。总督自己花钱买下了所有玻璃，因为他想以倒卖而赚取巨额利润。

事实上，一切都不像入华耶稣会士们企图让人相信的那样如愿以偿。法国人觉得中国人的行为伤害了他们的自尊心，中国人习惯于高傲地对待藩夷商人。该船的入关商品申报单是用中文填成的，法国经理们不乐意以普通商人的身份签署它，因为其中未提到他们的尊号。当方儒法去报商品清单时，中国海关的官员甚至不屑于起立，而只满足于向他指定一个座位。

12月17日开始检验商品。中国海关官员仔细地检验了整整一箱子画像，它们都是当时尚活在人世间的法国宫廷大员中的人物画像。他们计量了玻璃、玻璃窗以及呢绒的数量和大小，并作了详细记录，一切都计算得非常准确。

1699年1月20日，中方终于允许法国商人出售或与中国人交易这些商品了。当地中国人认为，这些法国人一定是带了很多银钱，于是便从各地携带大批商品纷至沓来，争相向他们推销。从而使法国人在15天内购得满船的中国商品。但很快便从北京传来了一道上谕，严厉禁止这种交易。1月26日，康熙皇帝的使者——刘应、苏霖（Jose Suarez，1656—1736

年，葡萄牙耶稣会士）神父和一名鞑靼人风风火火地赶到，他们是由康熙皇帝派来的，以迎接白晋神父和法国人莅华。因为在安菲特利特号船到达广州时，康熙皇帝正在巡视鞑靼地区。他于1698年12月15日回銮北京，翌日便遣耶稣会士与清朝官吏们，前往迎接白晋及其携归的其他传教士。2月25日，耶稣会士们携带进献皇帝的礼物入朝，康熙热烈欢迎传教士们并破例恩准他们随驾出巡。

在与大批中国人的一次会见中，宫廷来使证实，大清皇帝免除了安菲特利特号船本应交纳的所有进口税和商品检验税，并且应法国商人的请求而允许他们在广州开设一家商行。皇帝不久又允许他们继续从事商品交易了。数日后，拉罗克骑士登门拜访两广总督，对皇帝的浩荡皇恩表示感恩。该骑士只依照法国的礼仪参拜，传教士们则依中国惯例行三拜九叩礼。骑士在致辞中厚颜声称，他是法国国王的钦差，是为了将康熙钦差白晋神父送回中国而接受派遣的。

中国政府从不欢迎外国船舶于其广州水域长期停泊。8月27日，康熙皇帝命令两广总督石琳设法催促法国人尽快起航离港，安菲特利特号船必须在季风之始扬帆驶去。12月24日，两广总督通知法国人，根据皇帝敕命，他们必须限日驶离黄埔港。法国人于是只得匆忙将最后一批货物装入船舱。1700年1月26日，安菲特利特号船最终驶离广州水域，运走了一舱丰富的铜器、布帛、瓷器以及大清皇帝赠送路易十四国王的重礼。皇帝御礼由洪若翰神父负责监运并将亲自呈交法国国王。1700年5月13日，儒尔丹在巴黎向法国航运局长宣布，安菲特利特号船即将从中国返航，当时决定让它在圣路易港停泊，船载商品将被运往南特东印度公司的仓库中。根据协议，东印度公司要从中国商品的出售中收取比例很高的提成。法国政府据此而下达命令，当该船在罗什福尔、布列斯特和拉罗歇尔停泊时，不允许私自将任何货物卸船走私。

1700年8月3日，安菲特利特号船历尽两年半的千辛万苦之后，顺利返回圣路易港。8月11日，法国政府签发一份允许自由运输中国皇帝御礼的运输特许证。路易十四于其特许证中通告各省政府和执法长官，有中国皇帝的一批御礼箱包，由耶稣会士洪若翰神父护送抵法，沿途不准设置任何障碍与制造任何混乱，禁止征收任何税金和严禁开启任何箱包。箱包最后被运到耶稣会所在地，当着一名政府官员的面启封。洪若翰神父以康熙皇帝的名义向路易十四呈上了“绚丽多彩的布帛，非常雅致的瓷器和几大块茶砖”,人们在法国尚从未有幸目睹这样的“东方舶来品”。

根据分别于1687—1700年通过的东印度公司章程,法国的中国公司只有权进口15万镑的中国布帛。但东印度公司的经理们却声称,由安菲特利特号运来的那些棉丝与金银丝混纺的布帛,都可以包括在这一限额之内。儒尔丹与其股东们联合上书路易十四,重申国王曾允许他们作为中国通商的尝试,他们派船远航中国,并已满载中国货物返航,这些商品可为法兰西提供大量财富。路易十四也法外开恩地给予特许。安菲特利特号从中国运回的商品,从1700年10月4日起,在南特公开销售。当时的法国国务部长蓬查特兰在1700年11月3日致德格拉西埃尔(Desgrassière)的信中,对这次销售中国商品的盛况感叹万千。其中特别提到中国铜器、漆器和瓷器的畅销风景。原来准备出售300镑一件,在公开拍卖中涨至380镑。《优雅信使报》于1700年9月号发表过有关这次销售的公告。其中除了提到大批的红铜和黄铜器皿之外,还提到了大量布帛:绢、绮、普通罗和绉纹罗、缎锦、重绉织物、哔叽、平纹布、针织棉,共计8000余匹。同时还销售了中国的漆、刺绣和绘画。共有17个箱子中收藏有瓷瓶、瓷碗、瓷盒、瓷壶、大小瓷盘、瓷杯或瓷茶具、瓷酒瓶、平底瓷杯、带把瓷杯、瓷糖罐、瓷盐罐、壁炉瓷器配套物、其他各种细瓷产品。这批货物中还包括17箱漆器,其中有4箱各自内装3件小漆匣和带堆金花卉图案的文房四宝,另外9箱中装有各种各样的漆桌,14箱酒具,21箱漆画和人物花卉画等。此外还有36箱中国屏风、4箱叶状屏风和3箱尚未安装好的纸屏风,455根手杖、大批纸张、广州和南京刺绣、12条挂毯以及绣花缎、11条丝巾、6卷绘画、38件麻织品。《优雅信使报》还告诉其读者说,人们可以在许多箱中发现其种类和质量相同,而数量各有所异的商品。

这次中国商品的“大举入侵”法国引起了法国制造商们的阵阵惊悸。蓬查特兰在他1701年1月12日致中国公司经理们的书信中写道:“本人获悉,扇子、桌子、细木家具与陶瓷制造商们,都在指控你们从中国运来了其行业的大批产品。他们认为你们的贸易不应建立在这种有损于他们利益的基础上,你们只应运来更好和更便宜的此类商品,以满足那些从外国进口此类商品的人之好奇心,要避免将来会有人对你们的行为提出指责”。但我们只要看一下安菲特利特号二航中国时运回的中国货物报关单,便会理解这些怨言并未产生效果。

1703年,有关方面对这次商务活动作了结算,股东们除收回了本金外,还赚取了50%的利润。1698年协议中有一项条款规定,允许儒尔丹在安菲特利特号船首航中国后,如果认为有必要的话,还可以再派一艘船二航中国。这是为使他能运回被迫暂存广州的货物,以弥补首航时可能会造成的亏损。当安菲特利特号刚一返航,受到首航成功鼓舞的儒尔丹,便迫不及待地令人检修船体,以使它能够从事第二次远航中国。根据1700年10月23日与东印度公司续订并于11月9日批准的协议,儒尔丹及其股东们获得了中国贸易的特许权,不过仅限于中国的广州和宁波港。他们在自己认为合适的情况下,有权向那里派遣一定数量的船舶和进出口一定数量的商品,其条件是每年首次返航时要交纳2.5万镑的税。其本金应由12位经理的缴款与公共认捐所提供。

安菲特利特号船二航中国时(1700—1703年),其装备共耗资186736镑,其运载货物价值约为363264镑,当然,这都是中国公司在与圣马洛公司合并时申报的数字,可能有某种程度的夸张。1701年运往中国的商品清单已由沙瓦里(Savary)发表于其《贸易辞典》的《中日贸易》条目中了,这纯粹是为了满足那些希望知道什么商品能在中国畅销的批发商之好奇心。沙瓦里仅限于提供安菲特利特号船二航中国时的商品发货单。因为该船首航中国仅仅是法国人于新贸易地区从事的一次尝试,其二航中国的目的则是为了通过亲自体验,而了解适合中国的商品,特别是适应法国人准备建立商行的广州所需求的商品。儒尔丹于1700年3月3日致信国家贸易总监,要求从英国运去某些中国商品以研究其质量,这一要求在安菲特利特号船首航中国返法时得到了满足。

由于中国人非常喜欢白银,所以中国公司这次共运去319846镑的银锭、银条和银币,仅有价值25663镑白银的商品。其商品主要有1箱书籍、诸如《圣经》《宗教史》《犹太史》《马勒伯朗士论集》等书。普散(Poussin)以《圣经》为主题的绘画,以及勒布伦(Lebrun)、小夸佩尔(Goypel Le Fils)、米尼亚尔(Mignard)等人的版画,国王和王太子的画像,枝形灯架和多枝烛台,布鲁塞尔的羽纱、羽笔,西班牙蜡烛、小刀、镀金刀、珊瑚、望远镜、首饰、鼻烟壶、首饰盒等;各种计算器、德国水晶、巴黎水晶等。

总而言之,安菲特利特号船二航中国,不及首航那样轰动朝野。它用4个多月的时间才到达中国的广州海岸,又在那里停泊4个多月。由于遇到风暴,它被迫从中国的一个海岛移泊于另一岛,始终冒着被沉没的严重危险。当广东电白的官员获悉,运载着法国国王进献中国皇帝礼物的船舶处境危险时，感到非常惶恐不安，当地李都司派了救生小船，优先抢运进献皇帝的礼物。当水手们被这种重物不重人的行为激怒时，便杀死了一名清朝小吏。白晋于其旅行记中曾对一偶发事件作过长篇介绍。

白晋日记中还记载了安菲特利特号船二航中国回程时，在广州运载的中国商品清单。除了铜器、生丝、茶叶和药品外，还有93箱瓷器，45箱屏风，22箱油漆茶具，12箱灯笼，4箱扇子，7箱刺绣品、床、梳妆台、休闲袍，1箱瓷器样品或陈列品以及漆盒。该船同时还运走了它首航中国时暂存广州的商品，其中包括30箱瓷器，35箱漆橱，1箱带珐琅的南京铜器，总督的两箱礼品（2张弓弩、2个装满箭的箭囊、1架马鞍、2把镀金铜刀、4件古瓷）。法国入华耶稣会士们也利用同一机会，而托运回19箱瓷器、9箱生丝和丝绸。这是一宗数额巨大的托运物，船长对于是否接受承运感到犹豫不决，后经董事会讨论才决定接受承运。白晋记述说，在经理们忙着为安菲特利特号船装船时，又想到了派遣两个人——佩什贝蒂·朱斯赴江西饶州和南京，以在那里采购最绚丽多彩的丝绸、瓷器和漆器，并且就此而向两广总督提出了要求。总督认为这些商品在广州也不匮缺，因而对此项要求不予以批准。傅圣铎神父致信经理们，劝说他们放弃这项计划，以免违犯禁止外国人未经允许而进入中国内地的法律。白晋认为，如果佩什贝蒂和朱斯能够前往南京采购，那么中国公司便可能有10万埃居的纯利润入账。

但中国公司的商务正处于一种“过热”状态。它于1701—1702年被迫从事的借贷增至150万埃居。1701年先借贷865576埃居，后又增补559260埃居。1702年共借贷20万镑。其借贷总额高达1624836镑。其股东们也未能使每人应付的4万镑资金到位，其余额只剩下68817镑了，甚至连儒尔丹本人也拖欠公司57146镑。为使该公司摆脱困境，蓬查特兰建议经理们联合几家富商，以等待安菲特利特号船返归时还清借贷。1701年11月7日，中国公司与圣·马洛的一家商会签订一项协议。这两个公司的本金高达160万镑。圣·马洛方面准备共装备4艘船，有两艘赴中国内港，另外两艘赴中国南海。每艘船都大约需要20万镑，总共需要80万镑。巴黎方面为装备安菲特利特号船需要186736镑，船舱货物价值363264镑，暂存广州的商品价值250000镑，也折合80万镑。这样一来便组成了第二家中国贸易公司。它装备的两艘赴华船舶只是圣·法兰西斯号和法国大法官号。由于西班牙的王位继承之战，该船通过太平洋而远航中国的要求颇费周折之后才被批准，但路易十四却明确地使命船长既不能在西班牙港口停泊，又不能与敌对民族互市。

中国公司焦虑不安地等待安菲特利特号二航中国的返航，因为它可能会缓和该公司陷入困境的经营。该船于1703年8月11日才返航，其舱货价值约为150万镑。货物首先卸在布列斯特，然后又将部分商品用船远往南特，由国王的护卫艇护航。中国公司所获利润甚微。安菲特利特号二航中国时携归了大批家具，其中的漆器便被猎奇者称为“中国—安菲特利特漆器”(Vernis Chine-Amphitrite)。

最后，中国公司请求将安菲特利特号船转卖给海军。1704年5月7日，中国公司的经理们被告知说，法国国王将赎回该船，包括船上的火药以及一应装备在内，共付资28791镑。次年，安菲特利特号船被国王出租给了阿西安特(Assiente)公司。17—18世纪之交的这场法国商船远航中国的大幕终于落下了。

当然，法国也有些远洋商船曾停泊在厦门(Amoy)，如1710年的公主号、1716或1717年的朱庇特(Jupiter，木星)号、1715年左右的发现号和漂亮圣母号船。当时广州港与厦门港之间具有某些关系，因为英国人于1736年，曾向法国驻广州的经纪人罗特(Rothe)和长期居住于该地的个体商人勒·麦特雷(Le Mettre)打探过厦门港的情况。但这一切只不过是偶然行为。法国东印度公司后来就只派商船赴广州港了。

英国人最早也是在中国的不同地方经商。1700年左右，他们的商船来往于舟山、厦门和广州等中国港口。如在1703年，有两艘英船驶往厦门，各有一艘驶往舟山和广州港。因为他们在开始时，都企图将自己的对华贸易分布在中国沿海各港口。事实上，英国人在很长时间内，由于他们的拙劣行为和澳门人的反对，而被排斥在广州港之外。在郑经时代，他们企图在厦门和舟山港牢固地立足并建立对华贸易基地，并希望在宁波港大量推销其羊毛产品。但他们很快也发现了这两个港口的不利因素。舟山的港口定海很快就饱和了，定居在宁波的商人必须到一片不生产任何出口产品的群岛上，去与中国人易市。此外，他们还必须与当地那些企图垄断外贸的低级官吏的专断行为做斗争，因为闽浙总督远在福州，而浙江巡抚又在杭州。舟山群岛天高皇帝远，其外贸的控制权，实际上落入总兵之手，他利用远离京师的地位而对外商敲诈勒索。厦门港的出口产品供应并不好，官吏们的税收和索求贿赂很厉害。1714年发生了安妮(Anne)号船事件。从印度马德拉斯驶往厦门的英轮安妮号，捕获了一艘驶往巴达维亚的帆船。其商务负责人希望确保一种担保,以使当地商人都能遵循一种与自己不同的经商规则。中国政府派出 40 多只战船追捕安妮号,该船在厦门停泊 15—16 个月之后,仍押解其所劫船只逃走。从此之后,英国人也放弃厦门而更喜欢在广州经商了。事实上,英国麦士里菲尔德号(Maccles field)船便在广州受到了良好接待。英国新旧两家公司于 1708 年合并组成东印度公司之后,便逐渐将其贸易中心转向了广州。

但欧洲人清楚地感到,广州港也有其弊端,这就是该港远离了中华帝国的生产中心地带和京师。法国布列塔尼人加尔尼埃—德夫热莱(Garnier-Desfougerais)曾于 1725 年建议,西方人应将对华贸易中心定在距北京有 200 法里(Lieue,每法里约合 4 公里)的宁波,而不是距京师有 400 法里的广州。他甚至还建议开通宁波—日本贸易。1726 年,又有一名法国人建议,欧洲人应将对华贸易中主向北推进到一个航行便利、距中国的大生产中心和中央权力中心不太远的地方:诸如中国丝绸、瓷器和茶叶的天然市场长江三角洲,或者是中华帝国最开化、最富裕和最肥沃的古都南京,或者是北直隶的天津。

1730—1734 年,英国人派一艘船(哈里松号)到广州,另一艘(格拉夫顿号)到厦门。但由于厦门港复杂的测船手续和比广州高 10%—20%的关税,故而它们在福建海岸白白损失两个月的时间之后,又改停广州港。次年,英国东印度公司的霍顿(Houghton)号船又遭受同样的命运,它也被迫改驶黄埔港。事实上,在 1730 年左右,宁波人和厦门人为抵制广州港对茶叶贸易的垄断权,曾以降低茶叶价格而增加税收的办法作出反应,其结果是致使巴达维亚茶叶市场出现疲软。英国东印度公司再次作出占据宁波港的尝试,于 1736 年派遣诺曼顿(Normanton)号船驶往那里,经过在宁波港 20 多天反复的周旋,由于该地区官吏们的互相推诿和无法兑现的要求(如拆毁船上的所有武器),该船被迫于 9 月 8 日改停黄埔港。从此之后,英国人似乎最终放弃了宁波与厦门港,也如同法国人、荷兰人和斯堪的纳维亚半岛人一样,选择了广州港为其与中国从事贸易的港口。

欧洲人的这种选择,事实也与中国人对其中部(包括宁波港在内)和南部港口的专业分工相吻合。因为有的港口致力于日本贸易(长崎),其他港口则从事南方贸易。由于中国政府注意将其贸易港口北移,尽可能靠近京师和由京杭大运河沟通的北方和中部,所以南部港的空白便由欧洲商船来增补了。

二、18世纪广州的对外贸易及其影响

1964年,法国学者路易·德尔米尼在法国高等实验学院,推出了一部五大卷的博士论文:《中国与西方,18世纪广州的对外贸易》①一书。笔者现根据此书,对于广州十三行及其对外贸易的影响,略作介绍。

(一)广州外贸的机构——公行

对于广东公行或十三行的研究,英国人马士(Morse)、美国人亨特(William C. Hunter, 1812—1891年)、瑞典人龙思泰(Andrew Ljundgestedt, 1759—1835年)、法国人考狄(Henri Cordier, 1849—1925年)和国人梁嘉彬(1910—1995年)均有研究。《18世纪的广州外贸史》一书,也在第一卷第四章中长篇大论地论述了这一问题。

在1720年创建的公行垄断制与官税的增长之间,确实存在着一种明显的关系。广州商人公司的这种组织,虽出自一种古老的启示,却仍具有某些相对较新的表象。以垄断形成而由国家控制经济,是中国的传统做法,到处都存在的行会体制又具有先天性不足。这种行会最初符合互助的需要和责任概念。

广州之"行",最早是处理藩部入贡品的市场组织,被委托给某些结成排他性专属行会的人员。在15世纪永乐年间,才出现了官行。嘉靖三十五年(1556年),即葡萄牙人定居澳门时,易市的地方被定于广州南海区西门附近,后来形成了珠江畔的"十三行"。

在18世纪时,或者是自17世纪末开始,由康熙对关税制度进行改革时,行商们的特征略有改变。他们不仅负责与日益增多的欧商从事大宗买卖,而且也为自己做交易。因为他们原则上应为经纪人,而在实际上却变成了真正的商人。他们一方面出售自己从全国不同地区调来的商品,另一方面又将自己从西方商人那里购得的商品运销于中国内地。他们后来已不满足于直接参与交易了,而是要独揽西方商品了。在各行商之间,表面

---

① Louis Dermigny, La Chine et L'occident, Le Commerceā Canton au XVIII e Siècle, Paris 1964.

上是爆发了争取国内外产品的激烈斗争,但他们实际上只不过是由地方或中央官吏各自支持的"稻草人"或傀儡而已。

1720 年确立的这种制度,比较宽松。当时清朝户部权力的加强与外贸的增长程度相吻合。这一年共有 14 艘欧洲船到达广州,从而导致了公行的集团性垄断。这种机构似乎很符合中国人那只受原则的启发,而谋求暴利的思想状态。其公开的目的是抑制舞弊,并保护外商不受中国商人那些不诚实行为之苦,即那些不向外商提供充分的保护、在所提供的商品方面欺骗外商、签订合同并收取定金后又消失得无影无踪等行为。总而言之,它也出自欧洲人对经商规章的相同关注。为了确保这种平等,中国与西方人贸易的特权被出让给了一个商人公司,由分为 3 等的 16 位董事组成:1 等的 5 名,各自在交易中占有完整的一股;2 等的 5 名,各自占有半股;3 等的 6 名,各自仅占 1/4 股。但董事的数目于后来有所变化,如于 1736 年左右为 10 名,1760 年为 11 人,18 世纪末或 19 世纪初为 12 人。但在实际中,由于破产的原因,1782 年仅有 4 名行商行使职权,1791 年为 5 名,1828 年为 7 名。

传统的同业行会是国家资本主义的工具,公行则属于商业资本主义的范畴。我们可以认为它是欧洲经商方法与中国传统的商业垄断体制交流的结果。无论是在商行的个人风格中,还是在他们作为其成员的机构中,西方的影响越来越大。但公行的起源并不归于西方的影响,我们应到亚洲,特别是到中国去寻找"公行"的模式。其原型应为 16—17 世纪组织的"盐帮"(盐商帮会)。

每个行商就是一种"外贸官"。这种官也可以花钱买,而且要价也越来越昂贵。直到 19 世纪欧洲商品大举入侵中国时,它仍可值 20 万两白银,约合 150 万法郎。行商不仅仅是一名商人,而且拥有与其级别相吻合的顶戴花翎,正如这些行商的名号之后始终附有的"官"字所指出的那样。

广州的行商于其出身、财产、风格、家庭的变迁及逐渐融入上流社会的过程方面,都酷似扬州盐帮商人。广州的大部分行商都并非是原籍为广州的人,甚至不是广东人。现知只有 3 人原籍广东:广利行卢文蔚(茂官,Mowque)、天宝行梁经国(经官,Kingqua)和易元冒(昆官,Kwangqua),他们分别出生于广东新会、番禺和鹤山县。他们均属于行商中的第三代,梁经国生于 1790 年,卒于 1877 年。除东生行的章官(Chunqua,刘家听)为安徽籍之外,其余行商均是出自福建的人,特别是福建的厦门和泉州人。他们在人员方面,如同20世纪初叶的安官(Anqua),也就是家庭式的;如同浩官(1731—1800年)一样,于1784年成为公行成员,其祖父于17世纪中叶定居于广州。因此,当时出现了一种酷似扬州商帮形成的那种迁移运动。扬州商帮是在此之前的150—200年间,由徽商以及其他遥远的省份山西迁至长江两岸的晋商组成,也有一部分关中商人。福建人也如同晋人一样酷爱迁移,但他们并非是受贫困之迫,而是由于人口的压力,才大举迁移的。至于广东的客家人,他们却酷似善于经商理财的印度波斯血统称移民巴新人(Parsis,祆教徒)。但没有任何证据显示客家人从18世纪起,就扮演了一种重要的商贸角色,行商事实上主要是真正的汉族人。

在那些原籍为福建的广东行商中,以其社会地位和在公行内所占的高等级别,而最具代表性者,便是同文行的潘启官(Puankhequa,法国文献中作Pankekoa),本名为潘振承。他的成功并没有依靠任何人,而是全凭自己的努力。他于1714年生于泉州附近的同安县明盛乡。其父璞才本为漳州附近的龙溪人,其家庭原来即使不算很贫穷,至少也是小户人家。因为他在暴富之后,仍被称为"旧挑水夫"。他后来也走上了该地区人的共同道路——出海。此人年轻时的大部分时间,都是在乘帆船来往于南海的航海生涯中度过,特别是曾三次远航马尼拉并在那里居住过一段时间。他曾为与西方人打交道,而学习西语(可能是西班牙语和英语)。他也可能曾接受过天主教归化,以便能更顺利地在菲律宾居住和经商。他于1740年左右定居广州,并作为一家商行的雇员而负责外贸业务。大约在1750年左右,他创建了自己的商行——同文行。该行于1753年与东印度公司签订的第一项大宗合同,就是提供1192担生丝、1900匹丝绸和1500匹南京土花布。从而确定了其全部经商活动的两大特征:最专门的商品是丝绸、最具有优先权的商人是英国商人(这很可能是由于他懂点英语的缘故)。从1754年起,他便被指定为英国商船的担保人。由于他与英国人维持着密切的关系,所以法国人指责他过分偏袒英国人的利益,从而损害了法国人的利益。

在18世纪之前,中欧之间的发展差异与其共同特征相比,并不算太大。但中国却不肯从商业资本主义的体制,过渡到接受18世纪在欧洲取得胜利的那种资本主义。这是由于中国的资本积累受到了思想与社会结构的限制,于是便从商业流通转向了非经济的职业,也就是说无法越过从经济性向社会性过渡的鸿沟。在欧洲,财富本身就是受人尊重的源泉,而财富在中国只能被用于满足个人需求。中国的富商是由双重人格组成的，无论他在财富方面获得多么大成功，只要未入仕为官，便不会受人尊重。财富与受尊重之间的这种扭曲关系，在中国社会中却扮演着重要角色。在欧洲，自我炫耀是贵族生活风格的一种传统因素，正如显示其高贵出身一般。在中国，商贾们为了弥补自己的非高贵出身，也在追求"新贵"们的生活方式。广州十三行之一的同文行之潘振承（启官，Puankhequa）的住宅便是一个典型例证。仅仅其府中的戏园，便可以接待100多名演员。

（二）从18世纪广州外贸看中西方的关系与差异

在1830年左右，"中国旧贸易"体制时代已告结束。从此以后，一种新贸易方式——"自由贸易"主宰着广州对外贸易。三种既明显又密切结合在一起的特征，决定了这种贸易的形式。中国对西方贸易的全面自由，破除了英国东印度公司的最后垄断特权，从而使英国人与美国人以及欧陆诸民族——荷兰人、斯堪的纳维亚人、法国人、汉堡人或比利时人都处于了平等地位。他们在不同时间和不同程度上，又在海禁之后重新出现在广州。但英国之外的欧洲商人在贸易中仅占很小的分量。这种失控的竞争主要不是爆发在国家之间，而是爆发于商号之间。当中国加快向西方输送货物时，在租船费方面却出现了激烈竞斗。由于这种紧张的关系，使西方列强在对华贸易中出现了不平衡，很快就导致一场危机；恰恰此时也在欧洲出现了制造业的萧条，这也成了鸦片战争的前兆。英国人对华的侵略野心日益膨胀，他们也不再接受过去划定的范围，不再执行过去在公司时代与"公行"和地方当局之间，达成的临时协议了，而是不惜以武力迫使中华帝国不加限制地向英国开放其商贸。

1833年，英国取消东印度公司对华贸易的垄断，并没有多少令人吃惊的地方。因为东印度公司的宪章于这一年到期，英国从1829年起就辩论是否应将此协议延期。英国上下两院成立的两个调查委员会，于1830年2月受命研究东印公司事务以及中英两国之间的贸易与关系。但英国国内由于"改革法案"而出现了动乱局势：国会的解散和1830年7月的新选举、英王纪尧姆六世登基、威灵顿（Willinton）首相的辞职和格雷（Grey）内阁的组成等一系列事件，致使两个委员会直到1832年1月才开始工作。事实上，东印度公司的经理们从1825年起，就只注重与广州"大班"（Subrecargues)们签订短期合同。但从1834年起,他们也接受结束“垄断贸易”时代。英国在1822—1828年间,主要是由于缅甸战争,财政收支出现长期的不平衡,其债务从2940万增至4000万英镑。英国完全依靠东印度公司广州贸易赚得的利润,来部分地抵偿其本土上的赤字与英伦的日常开销。很明显,若无广州茶叶贸易的利润,那么大英帝国就只有在印度的财政负担,而再没有中国利润的支持了。

西方在广州展开了茶叶贸易竞争。1825—1826年是广州历史上的一个重要时间。当时的私人贸易已经扮演着一种重要角色,由于“自由贸易”政策,它已占据英国对华贸易的半数以上。如在中国的进口货物方面:私人贸易和官方贸易为1570万∶212万金皮阿斯特(Piastre,金币),在出口方面则为126万:211万皮阿斯特。从1834年起,中国通过广州而向英国出口的茶叶就比前几年增加40%。中国广州茶叶成了所有外商们争夺的一种猎物,甚至那些对此种商品本来一无所知的人,都赶来参与竞争。仅1834年4月,便有4艘英船满载茶叶,分赴英国格拉斯哥、利物浦、赫尔和法尔茅斯。贾丁(Jardine)和马西森(Matheson)两大公司变成了茶叶的最大采购商。茶叶投机交易也受到了东印度公司所持态度的鼓动。英国东印度公司后来已不在广州从事实业,但却在广州保留了一个财政委员会,以便将其在印度的部分收入转入英国,使英国在印度的收入走了一条三角形的路线。该机构从由私人公司出售棉花或鸦片的收入中,每年可以再投资高达60万英镑,并且为英国出口货物的人承办伦敦的兑票。这就是说,东印度公司也帮助那些过去曾与自己竞争过的广州个体和集体商户。

由于在英国人之间和英美之间经销茶叶的压力,故而加快了与广州对外销售茶叶的贸易。茶叶的价格于1833年之前略有上涨,后来在40年间却成了中国贸易的突出特征之一。这是“快速大帆船”时代,其船长们在所许诺利润的刺激下,每年都争相首先将中国新茶运往伦敦。它们在数日间便将珠江与泰晤士河连结起来了,从而压缩了旅费和船运费。仅运输费一项,在1865—1870年间便降到每吨3.10镑和甚至是3镑,这与东印度公司于1785—1790年间支付的每吨22.10镑相比,便降低了86%—88%。广州成了中国对西方销售茶叶的聚散地。

后来,由于茶叶种植园的扩大,俄、美和英诸国的需求量也日益增加。美国商船从中国用船舱运走的茶叶,从1827—1832年间的每年730万国际标准箱,增加到 1833—1838 年的 1560 万国际标准箱,甚至是 1839—1845 年间的 2350 万国际标准箱。俄国人从恰克图进口的中国茶叶,也于同一时间从 15600 普特增至 190500 和 250400 普特。由于中国的茶叶价格在上涨,所以人们便开始寻找茶叶的其他来源。于是在市场上便出现了茶叶的其他生产者。爪哇就试图生产茶叶,这是由于鹿特丹的一名咖啡和茶叶经纪人雅各布松(Jacobson)的推动。此人于 1827 年移居雅加达,曾多次到华南和广州旅行,秘密携回了茶叶种苗以及 15 名左右的茶叶种植专家,以图取代他们过去曾试图在爪哇风土驯化的旧茶树。从 1835 年起,爪哇便首次装 200 箱茶叶外销。在印度阿萨姆,布鲁斯(Bruce)从 1835 年起,便在中国广东工人的帮助下,开发一种 12 年前发现的土著茶树品种,并于 1839 年首次向西方出售这种茶叶。中国茶叶的种植于 1841 年又传入锡兰,系由莫里斯·沃尔姆(Maurice Worms)从中国引入了茶树苗。沃尔姆将布塞拉瓦(Poussellawa)附近的庞大种植园,改造成了茶叶种植园,从而彻底改变了锡兰的经济结构,这一切都是广州茶叶贸易所产生的效果。

广州公行行商们的地位也难以继续。从此之后,广州公行的破产已不再是个体性,而是某个机构的集体性了,甚至连公行本身的存在也成了问题。当英国撤销东印度公司特权后,这一切也不会令人感到惊讶。当 1830 年在广州流传垄断贸易即将结束的消息时,中国公行的行商们都纷纷上书总督,痛陈与英国人自由贸易所带来的混乱。由于东印度公司和广东十三行之间的关系过分密切,所以当十三行衰落时,西方由 307 名分别为联营或代理商的老板组成的 55 家公司乘机崛起。1837 年,当行商们处于破产高潮时,代理商行的成员们成立了"广州赛船俱乐部",以便在港湾进口处组织帆船比赛。

广州对外贸易的另一种结果,是"蛮夷人"人数在广州的猛增。这些西方人不仅满足于在广州定居,而且还将他们的生活方式强加于当地土著民。自由贸易也导致了他们对中国皇家规则采取随心所欲的态度。例如,西方女子过去是不允许进入广州的,18 世纪时也从未有西洋女子进入该城。1830 年 10 月 4 日,英国董事会主席威廉·班纳曼(William Baynes)携其夫人自澳门返回广州,并且置清政府总督要求她立即离开的政令于不顾,依然安居在广州。中国当局威胁要向英国洋行派遣军队。洋行也从黄埔调来 100 多名海军士兵和两门大炮。中国当局最终屈服了,班纳曼夫妇一直滞留于那里,直到两个月之后被召回英国时止。

轿子既是一种高级地位的标志,也是一种交通工具,它在中国广东基本是供有身份的人使用的。东印度公司的一名经纪人阿斯特勒(Astell)继班纳曼数日之后,从其在澳门的住冬地返回时,乘一顶轿子到达广州,这有违清政府的规章制度,是逾越本分的。这一次比西洋女子进入广州引起的轰动更大。地方当局立即张贴布告,严禁外国人乘轿子进入广州。这样又爆发一次"优先席次之争",而且是两种社会的撞击。让中国轿夫给外国"番鬼"抬轿子,则是对社会价值的一种令人无法忍受的颠倒,故而再起风波。

英国贸易垄断权的废除,也就是废除了特权,这就必然会引起中英关系中的许多纠纷。因为东印度公司的董事会也被撤销了,它过去通过行商而与中国当局打交道,控制了在广州的全部公民。虽然中国政府不承认"行"是一个外交机构,但它却是事实上的外交代表机构。从此之后,在穗英侨便以不可能形成社团的个人身份存在。现在的问题是,应以什么机构来取代东印度公司董事会。中国当局认为,只能根据传统而拥有一个在自己统治之下的"番坊"和"番长",它们是广州和泉州当局自18世纪以来便设置的控制大食人的住宅区。这是为了让他们维持地方治安、传达总督与户部的命令、负责遵守中华帝国的典章制度,而这些"番长"又绝不是外交官。对于英国人一方来说,他们希望在广州建立一个外交机构,以使国家直接干预对华贸易,并使对贸易的保护和控制成为国家事务。英国首相巴麦尊(Palmeston)任命了一名商务监督,代表英王执行与中华帝国的官吏们谈判商务交易,并促使在华英侨实施英国法律。一名苏格兰重臣和海军军官律劳卑(W.J.Napier)被任命为首任英国驻穗商务监督。这种在西方列强之间行事的准则,却遇到了中国传统观念的抵制。中国政府认为,只有朝贡才能以臣服和暂时的方式,享受这种待遇。1816年,马戛尔尼使团访华时便遇到了同样问题。律劳卑狂妄自大,不肯携带国书,只以一封普通的书信通知驻广州的两广总督。总督不仅拒绝接见他,而且还要求他不经过公行而直接与自己联系,从而使英国在广州的交易停业三周,直到令他离开广州为止。律劳卑于1834年广州的酷热中死亡。其继承人罗宾臣(G.B.Robinson)和德庇时(Davis)也无法排除这种障碍。英国新的商务监督义律(Elliot)则通过公行的媒介作用与两广总督联系,总督仍保持轻蔑的沉默,最后又迫使他退回澳门。所以,中英乃至整个中西关系,都不能建立在西方所认为的那种“正常”的外交基础上。大清帝国仍在坚持“藩部”朝贡这类的外交与贸易关系，尚不习惯按现代意义上的“外交”关系准则行事。西方殖民列强，也只会依他们在其殖民地的习惯行事。中西冲突已成不可避免。

西方在广州的商人，开始指责东印度公司在对华贸易的上软弱。如在1829年，继两广总督就女人与轿子的问题而发表布告之后，就有36名西方商人抨击此文告，认为它在于“把外国人视为中国眼中的低劣和鄙卑的阶级，如同对待社会最底层的人一样地蔑视他们，最后是使他们的人身安全受到了威胁”。他们要求东印度公司董事会作出强烈反应。这些人都是受亚当·施密（Adam Smith）、边沁（Bentham）、里卡多（Ricardo）和麦卡洛克（Mac Culloch）思想的哺育而成长起来的年青一代经济学家，均为斗士而不是驯服人士。他们迫不及待地要求改善对华贸易的条件，并要求向中国政府施加压力。

尽管清朝政府设置重重障碍，广州对外贸易仍取得了巨大发展。英国最终在北京设立了国王陛下的常驻代表，并在距广州海岸不远的一个岛上占据了一块地盘，那就是香港。1834年，“中国贸易协会”鼓动英国外交部派出一名特命全权大使，以三艘战船护送，企图迫使清政府结束垄断贸易。实际上，鸦片战争也正是西方这种政策的继续和结果。

中英之间的贸易冲突，不仅是两个国家之间，而是两种价值体系之间的冲突。中华帝国曾认为其文明具有世界共性。因为中国并不被认为仅仅是一个民族，而本身就是一种不断扩展的文明群体。它是宇宙的一个光源灶，它并不需要外国，而且还以其文化之光普照天下，以其特产而泽惠天下。中国的典型物产都是国计民生所必需的。包括林则徐在内的中国人都认为，若无中国出口的大黄，英国人便会因便秘而死亡；英国对于茶叶是如此必不可缺，只要中国向他们威胁要断绝供应，便可以使他们重新恢复理智。中国的官方外贸政策与地方官吏们的实际行为是有差异的，这种差异甚至扩大到了基本原则和礼仪诸领域了。例如，中国人将英国人称作“英夷”的做法，仅从1858年甚至是1860年之后，才正式放弃。

在英国人胡夏米（Hugh Hamiton Lindsay）1832年乘阿美士德（Amberst）号船莅华时，江苏巡抚林则徐和两江总督陶澍的表现，最为典型。他们甚至下令抓获夷船并当场焚烧之。英国人趾高气扬地声称：“中国的几千只帆篷战船，也无法抵御一艘英国三桅战舰”。阿美士德号成了来华从事水文地理和战略考察的间谍船。经过考察,它认为中国的厦门、宁波、广州和上海是中国的天然良港,尤以广州为最佳。它为西方对华新的贸易扩张开辟了道路,成了一个桥头堡。

在阿美士德号船返航和签订《南京条约》之间的10年,是中方对西方贸易开放的时代,也就是允许在阿美士德号船秘密考察过的那些港口对外通商。西方从走私性远航到军事性远征的直接过渡,便突出了在这两种手段之间存在着承袭关系。事实上,从胡夏米的赴华旅行和报告中,西方人共得出三种结论:中国民间和商界远不仇恨对英贸易,而且还欢迎这种贸易从广州向北发展;中国政府相反却反对这种交易,而且并未给人留下任何仅通过谈判而获得成功的希望,因而必须使用武力;由于中国当时的衰落和混乱,为建立双方"同等体面和有利可图的贸易",战争可能是必需的,也是最廉价的和最容易获胜的手段。当这三种因素俱全时,当然就会爆发战争了。

因中国政府反对而无法行使其商务监督职务的律劳卑(W.J.Napier)事件,打破了英国自1830年以来不断强烈的自由贸易之愿望。英国曼彻斯特的制造商们与鸦片交易商们紧密地勾结起来了。他们当然也是最早将棉纺品输入中国的商人,但鸦片交易却严重地损害了他们的棉布交易。清政府以许乃济为代表的鸦片烟放任派,主张如同对待毛织品一样;以"医药"的名义,公开接受西方鸦片在华的流通并在中国种植罂粟。此议遭到了中国朝野的严厉斥责;以林则徐为代表的禁烟派则作出了激烈反应,自他于1839年3月到达广州后,就积极禁烟,终于在四个月后于广州大量销烟。广州禁烟对于英国支付从中国向欧洲的进口、孟加拉和印度马尔瓦高原的经济、东印度公司在印度的收入、亚美尼亚人和特别是巴新人(祆教徒)的活动,都带来了极大的影响。这对孟买和加尔各答的祆教徒们(巴新人)来说,简直是一场灾难,其中有许多人沦落到破产和自杀,因为他们在英国与亚洲的贸易和金融交流的基本结构中,在中、英、印三方的进出口贸易中,都占据着重要地位。英国人使用武力的想法由来已久。在东西方的交流中,这是"空间战胜了时间"。中西方在近代的初步交流,就是两种时空观念的相会。中华帝国具有"整数概念",这是一种"礼仪秩序"的表现,也就是一种受时间定期再创造观念支配的文明:一年接一年、一代皇帝接一代皇帝、一个王朝接一个王朝,以服从一整套"礼仪化"和"社会化"的时间为特征,同时又对经历过的时间漠不关心,西方却是一批线性时间的王国,它们的持续时间是人类的感觉和专业活动的量纲。这就是说,西方王国都是一些为了自己占有时间,而正在使之非神圣化的社会,正准备将合理化和世俗化的时间同时变成个人占有的目标与手段。中国人不注重时间,反而注意征服空间。西方人观察中国人的方式也改变了。他们对中国充满了觊觎而不是敬重,一个庞大而落后的中国,肯定会对西方产品有很大需求,中国是一个消费者的大陆。这就是西方利用洋货和洋枪征服中国的最初动机。

中西之间发生分歧的原因,还在于双方的商贾和官吏们的倾向迥异。西方自 17 世纪以来,由于科学性的资本主义思想和技术进步,而得到了突飞猛进的发展。过去在许多方面都明显比西方发达的中国,却依然停留在前资本主义、前科学和前技术阶段,尽管外贸的影响远远越出了广东的范畴。中国于此时甚至在许多方面已落后于日本,过去完全封闭的日本却比中国更接近西方了。从 18 世纪末起,当北京断然拒绝了向马戛尔尼开放时,日本的"经济学家"和政治家们却支持向西方贸易并影响开放。中国不仅较西方,也较日本大大地落后了。

我们从广州外贸中便可以看到,中西双方实际上是未来文明与守旧文明之间的差异。中国在一个周围发生了巨变的世界中,却仍在留恋过去,酷爱复古和"法先王"。当欧洲高速度地发展时,中国却裹足不前。中西方的道路也是两种思维范畴和两种生活方式的对立。西方主张一种创新的"激进主义",中国却坚持一种激进的"厌新守旧主义"。西方社会摆脱了守旧的势力与影响,以中国为镜子而看待它自己历史上的神话故事,投身于科学的理性主义、具有诱惑性的资本主义和得意扬扬的个人主义,最终向一种不带个人色彩的特征、一种"人的大众化"、一种聚集起来的大批"个人"的现代聚合力方向发展。中国则具有一种大陆人类性格的可怕形象。

总之,《18 世纪广州的对外贸易》一书,并不仅限于广州,而可以说是一部当时整个中国的贸易史。它也并不仅局限于贸易,而是一部通过贸易而反应出的中西关系史,涉及了中西双方的政治、文化、伦理、价值标准诸方面的差异。事实上,此书广泛地涉及 17—19 世纪的中西关系史。

18世纪的澳门与广州的对外贸易
——法国《贡斯当的中国贸易回忆录》辨析

18世纪时,清政府在对外贸易中实施"一口对外"的政策,使广州成为"天子南库"。对于广州对外贸易的重要地位,澳门则由于其所处地理位置和历史造成的政治形势,而扮演了非常重要的,甚至是得天独厚的角色。澳门不仅是葡萄牙宫廷向中国内地、暹罗、柬埔寨、交趾和交趾支那派遣天主教传教士的基地和中转站,也是葡萄牙以果阿为基地向远东扩张的重要一程,而且更是葡萄牙及西方多国与中国内地或东南亚多国贸易中的商品集散地。澳门成了赴广州经商的欧洲各国商业公司商船的桥头堡或转泊港。当这些商船由于各种原因而无法立即入泊广州港时,便抛锚澳门,等待有利时机和展开外交斡旋,以备最终驶入广州港。当中国内地的传教士们和商人遭到清政府的驱逐或逮捕时,澳门又成了他们的暂时撤退地、避难地或解押流放地。澳门是广州各夷馆商贾和中国内地传教士们的后勤基地和家眷安置地。大班们每年都必须到澳门"住冬";其女眷一律不准常住广州,只能暂居澳门。澳门也是在中国内地的传教士们、外交官和商贾们的医疗和休养地。因为这些人在中国内地水土不服,又不大相信中医,而澳门却设有近代西医的医疗机构和疗养所。澳门是广州各夷馆、天主教各修会和外交机构的给养供给补充地。它也是中西各种纠纷的调解谈判地,更是中西关系的一片缓冲地。澳门是常驻广州大班、入华传教士和外交官们的汉语、中国礼仪和习俗的培训基地。澳门也是商贾、外交官和传教士们为将来供他们服务,而培养某些中国代理人的前期培训基地。澳门是西方及其殖民地的多种新产品的输华的媒介地,它也是中华文化向西方传播,特别是中文典籍向西传译的中转地。总而言之,澳门在广州对外贸易中的作用和地位,实际上也是它在中西物质与文化交流中的作用与地位。

有关澳门在中国广州对外贸易中的作用与地位问题,中西文文献甚为丰富,汗牛充栋。本文拟根据17世纪末法国东印度公司驻广州,大班贡斯当的《贡斯当中国贸易回忆录》中的文献记述,对这一段历史略作钩沉,以补充中文文献中的不详之处。

一、贡斯当与《中国对外贸易回忆录》

1964年,法国学者路易·德尔米尼(Louis Dermigny)于其博士论文《18世纪广州对外贸易史》①一书出版之后,作为其论著原始史料的附录,首次整理出版了一部尘封近两个世纪的重要稿本著作,即贡斯当的《贡斯当中国对外贸易回忆录》②,使这部对研究18世纪广州乃至整个中国对外贸易史,都具有重要意义的第一手资料,终于重见天日,从而大大地惠泽于中西各国学术界。此书既不是一本游记,也不是一本简单的回忆录,而是一部中国18世纪外贸史的档案文献。写于1779—1793年之间。全书将中国18世纪外贸的"技术性"与"哲学性"融合为一体,巧妙结合,将作者个人命运的沉浮与中西贸易的曲折发展过程有机地结合起来,提供了有关中西贸易的数据、西方各贸易公司之间的竞争、中国官吏们的态度,特别是各国东印度公司"大班"之间的明争暗斗内幕等,一系列生动而又具体的细节。由于作者自己就是当事人和亲历者,全文又纯属"个人性"记述,绝非"官样文章",所以其真实性很强,价值特高。书中特别记述了澳门与广州对外贸易的关系,尤其是西方列强在澳门竞争的历史。这都是一些有关中西贸易的鲜为人知的历史文献,可以帮助我们揭示这段历史的秘密,澄清许多混乱的问题。

(一)贡斯当的生平概况

贡斯当(Charles de Constant,1762—1835年)于1762年生于瑞士的日内瓦,1835年在一次旅行中死于英伦三岛的伦敦。

---

① Louis Dermigny,La Chine et L'Occident,Le Commerce ā Canton au XVIIIe siècle,Paris,S.E.V.P.E.N,1964.Louis Dermigny,Les Mémoires de Charles de Constant sur le commerce ā La Chine,S.E.V.P.E.N,13 Rue du Four,Paris,1964.

② Louis Dermigny,Les Mémoires de Charles de Constant Surle Commerce ā La Chine.Paris,S.E.V.P.E.N.1964.

贡斯当(Constant)家族是法国 17—18 世纪的一个著名望族。该家族原籍为法国利斯河畔的奈尔(Aire-sur-La-Lys),它始终与欧洲 16 世纪的宗教改革休戚相关,也曾获得过奈尔附近的利伯克(Ribecques)男爵封地。但特鲁宛的主教于 16 世纪末剥夺了贡斯当家族对该封地的拥有权和继承权。贡斯当家族的安东尼(Antoine)之子奥古斯丁(Augustin,1535 或 1540—1593 年)经里昂迁居日内瓦,最后定居洛桑。由于失去了祖传的土地,所以该家族便毅然转向不需要土地经营的经商,主要经营丝绸与香料。从第四代起,该家族多位成员又转向了文学与科学事业,夏尔·德·贡斯当的父亲是瑞士军官,行武职业从此也变成了该家族的传统职业之一。其弟本杰明·贡斯当(Henri Benjamin Constant,1767—1830 年)是当时法国著名的作家和政治家。他于法国大革命时期,因受斯塔尔夫的影响而投身于革命派阵营,后又反对拿破仑。当他被迫流亡到德国时,又曾与文学家、思想家和狂飙运动的代表人物歌德、德国实用主义哲学家席勒等人交往甚密,友情甚笃。1830 年 7 月,他出任法国大革命后的立法委员会主席。其名著《阿道夫》(1816 年)开创现代心理小说之先河,其五卷本的《论宗教的起源、形成与发展》(1823—1831 年)是对宗教情感作历史分析的代表作。当贡斯当还很年幼时,便先后在荷兰、瑞士、英国等国家求学深造。但是,由于其弟本杰明·贡斯当的名声赫赫,他始终生活于弟弟的阴影之中或庇佑之下,反而被埋没了名声。贡斯当似乎从来不喜欢其家庭祖传的兵戎行当,而更喜欢漂泊于海外,从事商业贸易。当然,他远赴海外,既有个人的兴趣,也是为了圆其发财致富的美梦。他自 1779 年 16 岁入华起,曾 3 次长期居住在中国广州,搜集资料,以图打破由耶稣会士们确立的那种田园诗般的淳朴而又美好的中国形象。他的所作所为,又辅证了西方汉学界有关中国 18 世纪两种中国形象之观点争论:商人和旅行家的中国负面形象、传教士们的中国正面形象。因为前者更注重于营利赚钱,后者却侧重于文化传播①。

法国著名汉学家和涂尔干派的社会史学家马伯乐(Henri Maspero,1883—1945 年)的母亲,便是贡斯当家族的女子,与贡斯当是姑舅亲。所

① 《中国对外贸易回忆录》,巴黎 1964 年版,《导言》部分,第 7—11 页、25—40 页。

以，贡斯当家族与法国汉学界，与中国有着许多历史渊源①。

（二）贡斯当的三次赴中国广州地区的旅行与工作②

在1779—1793年间，贡斯当共三次赴中国旅行，基本上都是在广州居住。他通过当时中国广州这条偏南狭窄的通道，或这扇半敞开的门户，观察到了18世纪末中国的局势。当时，西方列强中的英国在中国的势力日益强大，大清帝国的广州商行也由于外债问题而爆发了危机，再加上当时频频发生的灾荒，特别是1780—1790年间的回民起义等一系列负面事件，而处于一种辉煌与危机并存的时期。由于贡斯当长期在广州任大班或经纪人，经常往来于广州与澳门及其毗邻地区之间，所以他有许多机会接触更多的第一手宝贵档案文献，特别是有关中国广州与澳门商品及其价格、中国的交易机制和商人行为等方面的第一手资料。这或者是由他本人亲自赴现场搜集，或者是从其前任——1770—1778年间的法国驻粤大班笔记中摘录。贡斯当返回欧洲后，其仍然留他在广州时的朋友和旧同事皮隆（Piron）的左右，并于1803—1804年间仍继续向他提供使他感兴趣的有关广州的一切信息。作为法国东印度公司最后一位驻广州的商务代表，他与英国人也有千丝万缕的联系，所以他完全可以对各国东印度公司的经商方法和人员素质作以综合评估与对比。他也可以搜集到各国公司与中国签订的各项商务条约与合同的全部内容。贡斯当不再满足于仅有的和不完整的对华经营知识，他个人那爱好思考的秉性、幼年时所受到的家庭与地区（沃州与日内瓦）教育，使他成就了一名卓越的商务活动家，被人称为“哲学家商人”。这就使他留给后人的资料更有价值并且更具可信度了。

贡斯当于1779年2月16岁时，乘船离开瑞士赴华。这是他一生中首次入华。他在如此年轻的时候入华，也正符合当时瑞士沃州的风俗。该地区有一种向启蒙时代欧洲对外开放的特殊情趣。那些迷恋贵族与封建领主地位的家族，终生都在阅读来自远方的回忆录与书简集，豪门显贵们的沙龙也热衷于高谈阔论他国异乡，所以当时那里便出现了一种自愿背井离

---

① 谢和耐等：《游弋于多领域中的法国汉学家马伯乐》，耿昇译，载《法国中国学的历史与现状》，上海辞书出版社2010年版，第207页。

② 《中国贸易回忆录》，第41—125页。

乡的倾向。由于当时洛桑仍然是一个传统的农业地区,经济还算不上发达,除了向外发展,别无其他更理想的致富途径。所以他们更喜欢到外地或海外谋求职业,寻找发财致富的机会,以作为出人头地的阶梯。

有许多瑞士人在欧洲驻扎于亚洲的军队中服役,如在锡兰、印度、孟加拉等地。但也有许多瑞士人充当英国公司在亚洲的经纪人或代理商。所以,年轻的日内瓦人贡斯当迫不及待地出发赴华,便没有任何令人感到吃惊的地方了。

贡斯当在其巴黎的叔父戴尔芒什(d'Hermenches)家中停留一段时间之后,便准备奔赴那个他完全陌生的中国。法国东印度公司为这次"首航"临时拼凑了一支五花八门的队伍,其中大都是年轻人。科尼兹王子号船(Prince de Kaunitz)于 1779 年 2 月 20 日从法国里昂港起锚出发,同年 9 月 29 日到达广州。该船的船组人员共有 287 人,包括法国人、佛拉芒人、丹麦人、德国人,甚至还有一名波斯顿人。船舶的排水量为 1300 吨位。除了两名传教士之外,其余人均为受雇于即将开业的中国各夷馆的员工。贡斯当在船上便开始学习汉语以及有关中国的一切知识。从此时,他便起了一个很古怪的汉名"公司等",意为法国东印度公司正在等待他,但人们习惯上称之为贡斯当。

当科尼兹王子号船于 1779 年夏季在澳门停泊时,他便携其中国仆人阿高(Akao)于望厦村(Moka)一带游览观光,学习穿中国布鞋、唱中国歌曲,骑马、乘轿子、养中国狗……其本意便是为进入中国内地港"打下牢固的经济基础"。到 1781 年,他身无分文,夷馆中的职务早已在欧洲分配完毕。他只好于 1782 年 2 月 20 日,乘一艘英国商船"协约号"(Contractor)返欧。

事实上,就在贡斯当乘船返欧之时,英国远东公司已经从其财务窘迫中摆脱出来了。小科尼兹王子号与科洛拉特(Kolowrath)号船也已经驶至广州港。因此,贡斯当唯一能做的事,便是尽快返回中国。

贡斯当的第二次赴华旅行,是在比第一次要好得多的条件下筹备的。青岑多夫(Zinzendorf)号船 1783 年 7 月 15 日到达广州港。这次一切都很顺利,法国东印度公司与中国方面谈判顺利并达成了大宗交易协议,当年共有四艘欧洲船驶往中国。此时广州夷馆共包括四名经纪人,贡斯当仍下榻于十三夷馆的法国馆中,因为这样不仅能确保他有宽敞而舒适的住宅,而且还会受到中国人的尊重。贡斯当的各种收入综合起来也颇为丰厚。

但好景不长，到1784年年末，贡斯当的身体健康状况欠佳，夷馆的经营又一次陷入绝境，西方列强赴广州经商的商船又大量减少。他对这一切都感到失望，甚至估计在十年内也不会摆脱困境。他又如同三年前一样，变得无所事事了，只好于1786年1月12日乘英国公司的阿特拉斯号船(Atlas)离开广州，于同年5月初在韦茅斯(Weymouth)登陆，第二次返回了欧洲。1786年8月7日，他终于返回了自1778年9月间离开的圣让(Saint-Jean)。他一时间成为当地名人，所有人都喜欢聆听他讲述有关中国的故事。贡斯当于1786年11月末到1787年5月间在巴黎居留，过着一种既热衷于社交又做生意的日子。在其弟本杰明的帮助下，他结交了政界、商界和文化界的不少名流，如法国评论家和剧作家、长达16卷的巨著《文学教程》(1799—1805年出版)的作者和法兰西学院教授拉阿尔普(Jean-François de La Harpe，1739—1803年)，法国经济学家和著作家、《百科全书》作家之一的莫尔德莱(André Mordllet，1727—1819年)，法国资产阶级革命时期的理论家孔多塞(Jean Antoine Condorcet，1743—1794年)，法国与美国"两个世界的英雄"、法国资产阶级革命家和因援助北美独立战争而与华盛顿总司令结下经久不衰的友谊、《人权宣言》的起草人拉斐德(J.du Motier Lafayette，1757—1834年)等人。他向所有人介绍中国，特别是中国的广州，所有人也都钦佩一个24岁的青年曾两次赴华。他在社交界确立了自己的良好形象。

贡斯当于1789年9月末第三次进入中国，而且一直在广州停留到1793年1月，共计39个月。其第一次入华停留29个月，第二次在广州也停留了30个月。所以，他终生在中国共停留过8年零2个月，而且当时正值其青春年华时代①。

贡斯当这一次乘太子号船赴华，其航行持续的时间特别长，共持续了8个半月，即从1789年的1月5日到9月20日。到达广州后，他又找到了其旧仆人"包衣"阿高。贡斯当在此期间几乎是独自主持法国广州夷馆的商贸运营。他带来了法国政府召回敏体呢(N.M.Montigny，1805—1868年)的命令，但此人甚至在太子号船离开广州之前便回国了。成为大班的戴牧兰(Desmoulins)根本没有能力管理商务，因为此人性格古怪而又精神错乱。自戴牧兰1790年年末离开之后，贡斯当便成为法国广州夷馆的大班，

---

① 《中国贸易回忆录》，第72页以下。

每月两万镑的薪水，在公司中颇受人尊重。他特别善于解决夷馆与广州十三行之一的潘启官（Pankekoa），即同文行的潘振承之间的交易纠纷。他似乎也赢得了中国人的信任，因为他诚实经商，并在商务淡季学习汉语和汉字。贡斯当由此既提高了其公司的信用度，也确保了自己的威望。

1790年夏季，在中国仅仅居留一年之后，贡斯当便在澳门病倒了，终致其一只眼睛失明，而且还患有神经性皮肤脱落症。这场疾病甚至改变了其性格。因为对于一个刚刚28岁的人来说，这也确实太残酷了。第二年，他便面临着到底是继续留在中国还是返回欧洲的选择。在此期间，正好爆发了法国革命（1789—1794年），法国东印度公司也确立了新政策。法国政府于1790年4月3日发布政令，宣布要向所有法国人开放与中国和印度的贸易，东印度公司不再拥有垄断权了。这样做也是为了对付由私家装备船舶的恶性竞争。这样一来，便出现了以精简行政机构来减轻负担、撤销常驻广州的商行与经纪人等现象。从此，每艘商船上的那名大班，便可以主持全部经营活动了。由此不仅使奢华行为变为不可能，甚至连基本生活需要也很困难了。贡斯当于1791年11月获悉，他已被免去了一切职务，或者是说这些职务的任期已告结束。这项决议是由伊丽莎白女王号船（Royale-Elisabeth）传达到中国的，乘船前来的有法国东印度公司的老职员皮隆（Piron），他奉命与贡斯当一并确保商行顺利解散，并带走有关中国的一切资料。法国东印度公司对贡斯当大加赞扬，同时又要求他返回欧洲。法国还许诺，在下一次有船驶往中国时，让他再赴华并出任大班。贡斯当却认为，在他自己的买卖营生处于关键的时期，调任他回国是不公正的。商行已经关闭，但他个人仍抱有被任命为法国驻广州官方代表的希望。他甚至致信在法国的父亲为他四处游说，以使他能成为法国驻穗领事或首席代表。

当时法国驻穗的外交代表是法兰西学院教授、法国科学院院士和著名汉学家老德经（Josoph de Guignes）之子小德经（Louis-Joseph de Guignes，1759—1845年），此人于1783年被任命为法国驻广州领事馆随员，1787年被任命为临时署理领事并在华一直留任到1796年。1803年，他又被任命为法国常驻中国的外交代表，但战争使他未能赴任履新。贡斯当正想取小德经而代之。其活动甚至已经得到了曾三次出任法国财政大臣和东印度公司经理的雅克·奈克（Jacques Necker，1783—1804年）和海军大臣德·

拉科斯特(de Lacoste)的支持。但他最终却未获成功①。

不管是否能升任领事,贡斯当依然留在了中国。他将过去的法国东印度公司广州董事会改造成了一家私人商号,从而使他专门为自己经商了。他这样做也是沿袭了由大班罗比安(Robien)、维尼(Vigny)等人在撤销了第二东印度公司特权之后的先例。他与皮隆利用公司的货物未装满船舱的机会,个人向里昂发送18万磅的中国茶叶,因为茶叶的价格在法国与中国之间的差价甚为悬殊,所以他们各自至少能赚取2.5万镑的利润。由于中国商人是以赊账的方式出售的,所以为了提高自己的信誉,他也只好长期滞留广州。

1793年1月1日,贡斯当将其业务委托给了皮隆,自己乘船离华归国了。他随船带去了大量中国粗糖,共达数舱之多,每个大箱约有六七担。同年6月间,他到达了爱尔兰南部海岸的克鲁克黑文(Crookhaven)。他在欧洲海岸经历了多次风暴的考验和法国海盗们的袭击。该船随后又经伦敦而到达奥斯坦德(Ostende)。但令贡斯当吃惊的是,该地区此时已不再属于法国了,自4月以来已由约克公爵的军队占领。他到英国后,发现一切都对他不利:托斯卡纳的领事伦戈(Longo)向他索求财产,英国驻瑞士公使横加干预,尤其是奥地利公使斯特拉斯堡伯爵也出面交涉。为了索回他的几舱货物,贡斯当必须证明他是瑞士人,并且是在东印度公司供职。所以,贡斯当正面临着丧失他八年来在中国赚取的全部财富之危险。

贡斯当从广州带回欧洲的仆人阿高,在伦敦变得很时髦。丹鲁(Danloux)为此人绘制了一幅画像,于1938年在夏庞蒂埃(Charpentier)画廊拍卖。

贡斯当最终发现自己的官司不会很快结案,于是便决定赴洛桑与其家人团聚。1794年8月至1796年5月间,他曾长期在拉沙布里耶尔(La Chablière)居住。其家庭早被法国大革命摧毁了,包括其家庭的大部分财富(2.5万镑的年金)都被没收为法国国家财产。因他从中国带回的致富梦云消雾散,故而他非常留恋中国以及他在中国居住过的地方。

贡斯当于1835年的一次旅行中死于伦敦。他一生中与中国结下了不解之缘。他在其一生的暮年,还一直与留在中国的旧同事、已被任命为法兰西共和国商务代表的皮隆保持着联系,直到皮隆1804年在广州逝世为

① 《中国贸易回忆录》,第81—82页。

止。他终生与中国打交道，甚至在西方被人称为“中国人贡斯当”。

由于贡斯当所处的时代（18 世纪）、特殊的经历（一生三次赴华，共滞留八年零两个月）和特殊的职业（法国东印度公司的经理和大班），所以他留下的笔记《中国贸易回忆录》便具有翔实可靠、稀见珍贵和专业性高强的特征。当然，由于贡斯当既不是一位优秀史学家，又不是一位卓越作家，所以他所提供的许多历史事件都有可供商榷之处。其文字也难称优美通畅，甚至在其手稿中还有许多错字和用字不妥之处。但瑕不掩瑜，这一切并不影响这部著作的宝贵价值。

二、贡斯当对 18 世纪广州的记述

（一）综述

据贡斯当记载，当时在广州的欧洲人只有 50 多名，他们莅华都是为了寻找一种发财致富的渠道。那些很富裕和受到过良好教育的欧洲人，并不寻求常驻广州的职位。他们每年用于经商的时间只有 4 个月，其余 8 个月则被他们用来从事研究和考察，以消除烦恼和消磨余暇时光。但他们将主要精力都放在了研究广州人的风俗习惯方面了，因为他们返回欧洲时会遭人反复询问。他们没有进入中国腹地的自由，甚至也不可能跑遍广州全城。广州当局指定给外侨居住的区域，只占全城的四分之一，与华人区没有任何隔离，也没有任何区别。外侨每年被迫两次往返于广州与澳门之间，当然要经过珠江的多条支流而到达香山以西，穿越整个村庄和城镇，并且可以在澳门附近有人居住的岛屿自由活动。在广州和澳门，甚至允许外国人自由进入私家住宅，以视察其中所发生的一切。由于外国人可以生活在中国人中间，并与他们打交道、由中国人服务、参与中国人的公共节庆、宗教礼仪，自由进出其寺庙和衙门，故而能自由地搜集准确而不容置疑的资料。

当贡斯当一行经虎门而进入珠江时，他发现农田种植的水稻长势良好，山上却光秃秃的。珠江的多条支流形成了许多小岛，9 层的“狮子塔”矗立在一座小山上。船舶在黄埔港停泊以装舱，人们用炮声向不同国籍的

船舶致敬。法国人不仅在那里建立了港口仓库，还修建了医院、修船坞。在靠岸之前，户部官吏前来测量船舶的吨位量。

珠江约有1海里（约合1825米）宽，河面上布满了船舶，只能很艰难地通航。最大的帆船或远洋货轮可以逆河而上，直到比广州城更远的水域，停留在距洋行有1海里远的地方。其樯林酷似在伦敦桥下游的泰晤士河上一般。人们可以在所谓的“鞑靼城”城墙之后，看到兵营、政府和衙门主要官吏们的府邸。城墙之外是配备几门铁炮的城堡，放置铁炮的无轮炮架酷似木锯一般。

广州城的房子建成了伸向水中的吊脚楼房，其下部甚至可以使船舶通行。沿江的房子大都为客栈或店铺。交易主要是在水面上进行，人们将货物堆码在小船上。同一个省的商客自愿聚集中于同一只船上，通过船只便可以辨认出他们各自的省份，而且政府也命令各省都于此营造一种独特的建筑物。在一个水面和陆地均被占满的地区，在一个以河流为主要交通运输手段的地区，这样做很便于监督，可以辨别出商客的原籍，找到其负责人以及那些被通缉的罪犯。

珠江水面有形形色色的船舶，它们来来往往，纵横交错，有许多船甚至比欧洲船更庞大和更豪华。有的船只成了寻欢作乐的聚会场所，人们在音乐的伴奏下聊天、饮酒和吃饭，甚至还有妓馆。欧洲行商因其挂在高杆上的旗帜而与众不同，每家商行门前都有一面这样的“幌子”。建筑这些商行的地方叫做“十三行”，该街就被称为“十三行街”。尽管中国政府不允许任何外国人谋取地产，但只要他们交纳租金，便不会被以任何借口剥夺其居住权。欧洲人自己也建造夷馆，而且是以欧式布置的，中国人对此极为欣赏。中国人对于每家夷馆前飘扬的国旗或公司旗都很不理解，但它们在欧洲却导致了许多流血冲突。

贡斯当在夷馆中占据的房间非常舒适和漂亮。他在刚到达时便发现广州城很大，但住宅区和街道都很狭窄，店铺很多，品种齐全。他在城内发现有寺庙、低级衙门、市场、公共广场、蔽身竹叶遮阳篷下的流动商贩、金银匠、玻璃匠、来往的轿子等。更夫们以敲击一截带响声的空竹筒报时，公共广场中装饰着外国人称为“凯旋门”的拱门轿。它们都是由私人建造起来的，以纪念某一事件、某一人物或某种情感。

人们在城内还会遇到由院墙围起来的豪门富户的住宅，但同时也有贫民区的棚子。市场上商品堆积如山，鸡鸭鱼肉既丰富又鲜活，品种多样化，蔬菜瓜果更为丰富,基本都是当地所产。

广州老城由官府和兵营占据,欧洲人只有在极特殊的情况下才会进入那里。例如要到总督大堂时,就必须进入那里。总督在不失其体面的情况下,也喜欢前去西洋人的夷馆,或者是为了获得欧洲人的帮助,诸如为救火,便会求助于欧洲人的勇敢精神与技巧。广州城四个方向皆有城门,城内广贮饮水、粮食与煤炭。城高 15 法尺(pied,每法尺相当于 325mm),顶部宽 15 法尺,配备有供射击的枪眼。

广州城市与乡镇由多条运河分隔开,运河均注入珠江。运河中可行船,以供交通运输使用。运河上有单孔石桥,不仅可以使人拾阶而上,而且马匹也上下自如。由于街道不太宽敞,特别是由于流动商贩成群结队,再加上卖艺的、拉洋片的、沿街表演的人如此之多,故而使广州城既显得热闹,又加重了商业气氛。当某一官吏路过时,一声“呼”,人群立即四下逃散,并在大街上消失得无影无踪。当一名知府前往西洋人的码头时,由兵勇、衙役、刽子手、仆人、师爷们开路,共有 200 多人陪同。沿途失礼的要遭打。

广州城内的丝绸业很发达,织造厂占据了该城的边缘地区。丝绸纺织工绝不会集中在同一个车间,而是各自于家中工作。他们的居住条件极其恶劣,厂房也非常简陋,很难想象漂亮的丝绸会产自这样的地方。广州的纺织工大都为基督徒,该城共有 2 万多名基督徒。

(二)清政府制订的广州对外贸易 21 条

欧洲人最早在广州完全是自由经商。因为此时广州对外贸易完全遵从大清皇帝的旨意,欧洲商人们也只与最先到来的中国商人接洽出售;他们回航时携归的商品的采购,也是以这种交易手段完成的。这种交易方式实际上使双方均无完全可靠的保证。欧洲人也经常向中国人赊账,而有一些中国人也会在其人地址和姓名上作弊,从而使地方官吏们要费很大精力去审理这些案件。由于欧洲商人的人数日益骤增,各种走私行为也猖獗一时。经李侍尧努力,皇帝颁布了有关《由十三行组成的公行机构制订的贸易禁令和条例》。这是为了矫正既与良好公共秩序相悖,其后果又会对帝国有害的舞弊行为。据贡斯当记载,该部条例是以中国皇帝的名义颁布的。其中皇帝的禁令有两条:禁止欧洲商人在由李侍尧指定的广州十三行之外的其他任何地方经商，而且必须使商品报关和维护价格合理，并以将违法者依法定罪的惩处相威胁；禁止大清帝国任何臣民向欧洲商客销售和采购任何商品，并以将违者处以死刑相威胁。

李侍尧（？—1788年）曾3次出任两广总督，即分别于1758—1761年、1764—1765年和1767—1777年，其3次任期总共长达14年之久。贡斯当全书始终将李总督拼写作Tontou-Ly。李侍尧帮助清政府制订了广州对外贸易条例。目前，笔者尚未找到这21条的中文版本。贡斯当就此问题上而留下了珍贵记述。

由于赴广州的夷馆中商人数目如此之多，故很难避免各种走私和舞弊，从而造成伪劣商品泛滥。在中国合法税收的问题上欺诈，使中华帝国的海关只能征收到维持其正常运营所需要的资金。因为一旦当欧洲不同国家发往中国的船舶倍增，在中国的贸易竞争便会导致对欧洲贸易的灾难性后果。优质产品日益稀少，不同国家的商人由当地商贾们大量提前垫支。由此而使欧洲商人向中国官吏们的控告与日俱增，以至于很难找到失信欧洲欠债人的踪迹。那些小商小贩大量增加，从而使中国海关人员很难征敛充足的皇家税。为了改变这种与良好贸易秩序相悖的事态，中国皇帝下达了如下诏令：

（1）严禁在朕管辖范围内经商的所有欧洲人，未来在由广东李总督指定地点之外的任何地方经商，包括朕专为接待欧洲人而建立的十三行在内。在他们向中国海关申报各自从其国家，或他们可能会去的其他任何地区运来的商品之后，再命令他们自己于该地区的十三行中采购各自所需要的该地区的商品，中国行商在那里负责以合理的价格按商品目录向他们提供一切。否则，将以违法论处。

（2）禁止朕的任何臣民私下向欧洲人出售任何商品和从事任何交易，否则以死刑论处。

中国皇帝还为十三行的行商们制订了规则①：

（1）严禁任何行商向欧洲人发放信贷和向他们出借带息的资金，否则他们在中国衙门中，将会受到无法求助于任何司法手段来对付欧洲的惩处。

（2）同样严禁行商们接受投身其行中的欧洲人的高利贷资金。对欧

① 《贡斯当中国贸易回忆录》，第377页。

洲人也提出同样的警告,否则将以没收全部本息并严惩其中国债权人。

(3)命令任何国家或各次远航的大班们,为每艘船选择十三行之一,以负责代交其进口税,并处理该航船的出港、走私、船组上的军官和其他人,对中国人的凶杀案与其他纠纷一应案件。他们所选择的行商绝不能有任何拒绝,并负责来船的所有紧急需要。

(4)命令负责来船的行商,在申请离港的护照关文之前,必须结清所有皇家关税。

(5)禁止任何中国商人、商行老板、旧货商等介入与欧人的贸易,既不要向他们出售任何商品,也不要投入相当规模的款项。只有在负责他们的中国商人的同意下方可行事,同时也禁止他们向夷馆投资资金。

(6)命令相对应商人(担保人)向其商船提供一名买办,以为船组人员和指挥部人员采购生活必需品;另外还提供一名翻译,以为他们的要求服务并为向该城市汇报而工作。

(7)命令欧洲人在从黄埔港到广州和从广州到黄埔港时,都要根据习惯而接受海关检查。

(8)命令欧洲人绝对不要在缺乏各条街道关口守兵们陪同的情况下,而越出十三行的界线。禁止欧洲人在中国人的商行中采购一切商品,禁止中国商行老板向欧洲人出售一切商品。

(9)禁止任何欧洲人在皇帝管辖的地面上购置房产和地产,否则将以购置无效和没收论处,或者是将向欧洲人出售其财产的中国业主判以永久流放或死刑的严惩。

(10)禁止任何欧洲人携带其妻妾进入广州,并禁止他与她们在朕的帝国中的任何一个地点,特别是在广州共同生活。

(11)命令行商为每个国家的每家公司永久出租某家商行,并为西洋人提供住宅。

(12)命令欧洲任何船舶在未获中国政府准许,未有由政府准许的舵手领航到黄埔港的情况下,私自驶入虎门港。

(13)一旦欧洲船驶离港口结束,便禁止任何欧洲人居住在广州,命令这些人前往澳门住冬。

(14)命令澳门议事局以中国政府的名义,接待欧洲不同国家的大班和常驻代表,并向他们出租房屋。

(15)禁止任何常驻广州或在船上流动的欧洲人,于其船舶驶离和在住冬期间,采购和囤积茶叶、丝绸、绢帛、毒品和其他中国商品,然后再倒卖给其他欧洲人。

(16)任何船舶于将来就如同于过去一样,都必须接受中国方面的测量,并根据其体积大小而交纳黄埔港的停泊税,并不考虑他们向户部所送的普通礼物。他们都会自己从中国运走一舱私货,从不会空船返回。如果这一切都出现了,那么夷馆和十三行商就必须向帝国交纳进港和出港税,就如同商船拥有一个返回货舱一般。

(17)禁止具有特权的行商和中国商贾与欧洲人互相勾结串通在一起,以向中国人倒卖货物,从而形成对某一贸易的垄断。

(18)禁止十三行的商行向欧洲人出售中国的红铜与黄铜①;同时也禁止向每艘船出售100担以上的生丝。因为夷馆对中国丝绸的需求量特大。

(19)十三行的行主应对他们向之出租房屋的欧洲人的行径、习俗与行为完全负责。

(20)命令中国的所有翻译、水手、担保人和仆人,在开始为欧洲人效力之前,必须拥有中国政府颁发的执照。

(21)严禁瑞典、英国、法国、丹麦、荷兰、美国、欧洲诸小王国、其他拥有国家公司和常驻广州大班的国家的所有商船,在澳门卸下其商品,也不允许它们在澳门装载中国商品。它们必须全部前往黄埔港停泊,甚至驶往"狮子塔"之外也不允许。在未获得中国政府和广州官府允许的情况下,不允许泊船、采购和销售。当其船舱中只装舱一半中国商品时,才会给予这种允许。

这21条中,主要是涉及了广州贸易。唯有第13、14、15和21条,涉及了在澳门的贸易,中国人禁止夷馆的欧洲常驻人员留在广州过冬,并命令他们前往澳门住冬,以避免他们利用尚无欧洲商船停泊在广州港的时间,而廉价地向那些缺钱的行商们收购某些商品。因为他们预料到,当欧洲商船到达广州时,欧洲商客肯定会向他们订购某些商品。外国公司或夷馆都会想方设法地囤积一切紧俏商品,无论是中国的商品,还是被外国的舶来品都一样。随后在欧洲商船出发时,再高价地贩卖给其他欧洲或中国商人。这就是广州夷馆欧洲商人必须到澳门住冬的原因。

1780年,中国政府就以"违例"为名,将4名英国仆人从广州驱逐并被

① 因为中国需要大量的铜来铸币。

赶到了澳门。他们正是因为这样的利用时间差而从事商品投机。他们囤积了由英国商船运往广州的所有机械手表、挂钟、摆钟等,储存在他们设在广州的商品仓库中。他们然后又根据商品各自的价格,通过中国经纪人,而高价出售,因为他们深知行商或中国政府都需要这样的商品。

三、贡斯当对广州茶叶贸易的记述

贡斯当在《中国贸易回忆录》一书中,对 18 世纪的广州港的进出口货物,特别是中国自欧洲进口的商品以及中国向欧洲出口的商品,都分门别类地作了详细记述。中国自欧洲进口的商品主要有呢绒、粗纱、万年青、羽纱、玻璃、铅、乌木、马拉巴尔海岸商品、胡椒、檀香、鸦片、香、棉花、海参、燕窝和铅皮。中国向欧洲的出口商品主要有茶叶、瓷器和丝绸。其中茶叶占据主导地位①。

茶叶是返欧商船船舱中的主要商品。此外还有南京的生丝、丝绸、瓷器、漆器等。但其他所有产品最多也只占有欧洲商人资本的五分之一,其余的资本都被采购茶叶消耗了。任何想从事中国贸易的欧洲人,都会与认识这种神奇的树叶联系起来了。但这种认识并非是欧洲商人犀利观察的结果,而是他们必须作许多公开的试验,分别清楚优质和劣质茶叶,以便对它们作分析和比较。他们甚至还经常大量咨询,不会对所获得的表面概念自负。许多人一旦到达中国,都会牢记某些选茶的基本原则,沿用了某些试验。他们如此便自认为是大班,返欧后很容易找到职业。但商人们更多地则是利用这种有利局面,而推销他们的劣质茶叶产品。那些欧洲的茶叶爱好者们都知道,本来价值 32 两白银的一箱"小种"(Saotchaon)茶,在商行却要出售 36 两。这种茶根据其质量的稍微差异,其价格大致在 30—35 两之间。但价值 30 两的功夫茶(Camphou)却用 28 两便可以购到,以至于广州缺乏这种质量茶叶的资料,只好用高价的黑茶来取代。

各夷馆驻广州的大班们,遇到了另一个问题。由于各种原因,许多广州茶叶运到欧洲时,都变成了渣滓,至少是根本无法销售了,其中也包括假茶。在 1784—1785 年间,西方就曾将 2400 箱松萝茶的一大部退回其广州

① 《贡斯当中国贸易回忆录》,第 214 页以下。

大班,即 1 万—1.1 万吨的“碎末茶”①。

欧洲船舱中所装茶叶品种表

黑茶	绿茶
武夷茶(Boui)	N'a 茶(绝无相对应的名称,可能为安溪茶)
功夫茶(Comphou)	松萝茶(Songlo)
干焙茶(Campoui)	珠兰茶(Tchulan)
普通小种茶(Saotchaon)	熙春茶(Hayssuen)
神父小种茶②(Saotchaon padre)	屯溪茶(Tonkay)
宝种茶(Paotohaon)	松子茶(Sonchay)
白毫茶(Pakao)	熙春皮茶(Hayssuen Skine)
小珠茶(Hyson Gunpowder)	

对于黑茶与绿茶的焙制方法,贡斯当向欧洲人提出了自己的看法。

在黑茶与绿茶之间,只存在着一种当时为欧洲人完全不知道的制造差异,而叶子的差异却主要在于茶树的特性③。有些欧洲人毫无根据地声称,绿茶是在铜板上晒干的,所以不能饮刚刚浸泡好的茶水。但法国汉学家德经也曾经指出过:“人们在铜板上焙干所有的绿茶。黑茶是在太阳下晒干的,从而使之变得比任何绿茶都更有益于健康,但它也失去了使人闻到绿茶那种香味的汁液。”④

(一)武夷(Boui,Moui)茶

据在广州经营中国茶叶的欧洲商人认为,武夷茶共分两大类,即真正的武夷岩茶和安溪(Ankay)茶。最佳的茶叶应为略显淡红的黑色大叶,其中夹杂着大绿叶。但这种茶叶的数量很少。它应该是很重,在手搓时有弹性感,散发出不算难闻的青草味,其金黄色的浸泡液也不算不可口,没有强烈的甜味。武夷茶到了欧洲,则不再被视为同一种武夷产品了,而是形成

① 马士(Morse):《东印度公司对华贸易编年史》,第 2 卷,第 96—111 页。

② 这是为了纪念人们曾向他奉茶的葡萄牙神父而被命名的。

③ 贡斯当于此的论述出现了矛盾,而且还附和了巴尔格里(Balguerie)的说法:“茶树共有两种。其中的一种生产黑茶,另一种则生产绿茶。但这些茶叶的每一种都是在彼此相距很远的省份生产的……茶叶的颜色取决于采摘的时间。”(《回忆录》,第 215 页)

④ 德经:《1784—1801 年间于北京、马尼拉和法国岛的游记》第 3 卷,第 245 页。

了一个新的名称 Boui(“武夷”的福建音)。它意指无分别地取来的各种茶叶的一种粗糙混合,只要它们能够卷为螺旋状并能泡出一种与真茶水相近的颜色就足够了。人们匆匆忙忙地采摘一切茶叶,并将它们与一定比例的武夷茶叶相混合。其中有的是新采摘的茶叶,有的甚至是在欧洲船每年装舱驶离之后剩余的茶叶。经过在一个竹篓中搓压之后,再把每担茶都装入茶篓而入库,并在茶叶仓库中放置多个火炉,以对茶叶持续地加热。这就是当时欧洲人进口的所谓“著名武夷茶”。

贡斯当于其手稿第 276 页中加注的一条注释中指出,南平(Opien)是福建省的一个地区名称,在那里还采摘一种与前两种不同的茶叶,属于欧洲从事交易的“杂茶”。南平茶既非绿茶,又非黑茶。它是黄茶,也是中国人自己饮用的唯一一种茶。它每担价值 70 两白银,但必须是大叶和不碎叶,也不能于其中混有尘土。这种茶经过干燥之后可泡入酒中。由此而产生了一种被搓碎的叶子的微粒粉末。这些渣滓价格低廉,却绝不是废弃物。人们把它们运往广州并加入到输往欧洲的武夷茶的混合物中。南平的茶末对于商人很有利,因为他们每担只付一二两白银。人们在武夷茶中发现的大量淡黄色的叶子,即来自这种碎末。欧洲人已经开始对武夷茶失去了兴趣。在 1785—1786 年的远航中,欧洲采购的武夷茶已经比前几年少多了,从而使其价格也只有每担 12 两白银了。巴尔格里却提供了另外一种说法:“还有另一种武夷茶的假品种,叫作南平茶。它产自广东省,即位于广州城西北约 230 法里处的 Wo-ping(恩平?)”①。

武夷茶叶应分为三等,其差异是建立在三次采摘的基础上的。外商在签订采购合同时,无一例外地都规定要求提供一等叶子,但实际上三等叶子也颇受好评,基本上占据了三分之一的货舱,欧洲人也称之为“过冬茶”。

武夷茶产于福建武夷山地区,一般是在每年 11 月的最初几天,用加铅皮的竹茶箱或茶篓运往广州。中国商人声称,如此运往广州的武夷茶仍不能销售,必须用火焙干沿途增加的湿度。低劣茶叶正是此时被混入的。为了加强茶叶的香度,人们也于此时加入某种酵素或酶素。

在一般情况下,每 3 箱茶叶可以装满商船的一个货舱。每艘船一般都接受 200 箱茶叶。每箱茶叶的重量一般如下:

---

① 巴尔格里:《巴尔格里日记与回忆录》,现在法国省际档案馆。

毛重	380—390 磅
皮重	56—60 磅
净重	324—330 磅

商船的每个登记吨位可接受 4 个茶箱。中国供应商应该在滑轮车下，交出已经付清了一切费用和关税的茶叶。

西方人在接受武夷普通茶和精茶时，所付出的辛苦与保持的警惕性，都是一无所用的。欧商们根据一箱样品茶叶，而与在 1000—1200 箱茶叶中随意提取的七八箱进行比较。因为他们并不打开所有的精茶茶叶箱，而只是随意检查一打左右的箱子。而且要倒空茶箱，以核实其中的茶叶是否符合交易标准。他们这样检查后便封箱。

(二) 功夫茶①

功夫茶(Camphou)是指精选茶叶，西方人称之为 Congo 茶②。它确实系由武夷茶中的最佳茶叶组成。这就是说，它是经过在被采摘下来的茶叶中，把那些最幼嫩、最肥硕和最茁壮的叶子精选出后制成的。因此，它具有形成最佳武夷茶的所有品质。其香味比较浓烈，同时又比较甘美。其茶水金黄清澈，同时又略显浅绿色。其叶完整而又不算太大。如果这些品质都集于一种茶叶之中，那就酷似"小种茶"(Saotchaon)了。在功夫茶中，有许多是安溪功夫茶(Camphou Ankay)。有些商人将安溪茶当作武夷茶出售，而武夷茶的价格始终是安溪茶的两倍。巴尔格里(Balguerie)曾指出："武夷茶的一个假冒品种是安溪茶，它是经厦门帆船运至广州的。生产这种茶叶的灌木也生长在江南的安溪地区，它始终有别于生产优质茶的灌木。必须是很专业的人，才能区别这两个品种"③。多年来，法国和葡萄牙是为这种混合商品提供方便的仅有国家，因为他们很器重并付出合理的价格采购这种茶。

商人们有时可以通过检查茶叶箱子而辨认出安溪茶。它在一般情况下，是比真正功夫茶更发黑却更少茶末的绿茶。其茶叶箱上写满了文字，

---

① 路易·德尔米尼:《贡斯当中国贸易回忆录》,第 224 页。

② 这是西方人的误解,"功夫"是一种茶道,而不是精选茶叶的"功夫"。

③ 巴尔格里:同上引书,第 69 卷,稿本 I,1/69。

功夫茶的铅铂包装要比武夷茶坚实得多。武夷茶似乎更接近于浅红棕色，而安溪茶却更接近于橄榄绿色。这两种茶的味道差异甚为悬殊。

功夫茶形成了欧洲北方商船采购的主体精茶。英国人和法国人都特别将希望寄托在绿茶身上，因为它们在英国和北美洲被大量消费。德国、瑞典、丹麦与荷兰则更喜欢黑茶。功夫茶的不同质量，出自产地的土质和采茶工的技艺。这些差异可能会影响 25%—30%的价格。商人们可以用 18 两白银采购一担功夫茶，而每担精选的茶叶则可以出售至 26 两。这些茶叶每次输出 500—600 箱，带有不同的商标。船舱中的优质功夫茶，每箱净重 60 卡提①(Catis)。这就是说，其毛重为 98 磅，皮重 24 磅，净重 74 磅。有时每箱茶叶重 25 和 10 卡提。小箱茶叶的价格箱都比普通箱要昂贵得多。

1783 年中国功夫茶各品牌的出口数量

品牌②	出口量(箱)	买卖双方
Tcheuong fhâte	2030	由平官卖给丹麦人
Yune cheng	1258	由求官卖给丹麦人
Tgung heng	466	由求官卖给荷兰人
Maow heng	1126	由潘启官卖给瑞典人
Kae ky	1195	由启官卖给瑞典人
Mane ky	606	由先官行卖给欧洲诸小王国
Ka tch-eune	600	由石康官卖给欧洲诸小王国

(三)干焙茶

“干焙茶”(Campouy, Canpouy)是介于功夫茶与小种茶之间的一种具有细微差别的品种。欧洲商人认为干焙茶是一种比功夫茶更精细的茶。用它浸泡出的茶水比功夫茶茶水更绿，其叶片更完整和更小一些，巴尔格里于其回忆录的手稿中，谈到了最佳茶叶品牌。他认为功夫茶是由于产地土质而改进的一种武夷茶。产功夫茶的茶树，也产干焙茶，只不过是它比

① 卡提(Catis, Caty)意为“斤”，相当于半公斤，是中国和东南亚的重量单位。

② 笔者无法复原这些品牌的中文名字。

功夫茶高级一些而已①。钟情这种干焙茶茶叶者是法国人,其他洋行却并不那样热衷。不过,许多欧洲人都将功夫茶(Camphou)与干焙茶(Campouy)相混淆了,因为他们均称之为Congo茶。

(四)小种(Saotchaon)②茶

"小种"的中文意为"非常仔细加工的品种"③。它不仅是由在每年的幼芽期采摘的茶叶组成,而且还是由于很好地被搓圆加工和恰如其分地晒干。小种茶中也有精选等级④。爱好品茶的中国人都随身携带一个优等茶小茶袋,每个人都会在宴会上以茶而要求确定其地位,就如同西方人拥有好烟一样自豪。真正的中国优质茶从来不会运销于欧洲,因为其价格也由于随心所欲地定位而奇高。

1783年中国小种茶各品种的出口数量

品牌	数量(箱)	出售双方
Hong Yu	406	由平官出售给荷兰人
Tshune Mao	198	由求官出售给丹麦人
Maow cune	400	由潘启官出售给瑞典人
Yi tcheune	250	由石琼官出售给丹麦人
Yune Ky	560	由铭官卖给欧洲诸小王国

(五)松子(滋)茶(Sonchay)

小种茶的叶子被卷成了小球状,中国人再加入一定数量的桂花。桂花树是一种酷似胡椒树的灌木之花。这些花成小串地垂挂在灌木那刚长出的叶子上,它并不比木犀草更受好评。松子(松滋)茶(Sonchay)比普通小种茶的口感更好,比其他茶更容易使人接受,也更容易保存。松子茶的制

① 巴尔格里,同上引回忆录,稿本I,1/79。

② 英国人称之为苏松茶(Souchong)。

③ 这是一种误解,欧洲人可能把"小种"与"小心"相混淆了。

④ 巴尔格里认为,小种茶也是一种功夫茶,出产于条件很好的土地上,采自一片遍地为石块的山岩地。

作仅仅需要几个小时的阳光。如果恰逢完全没有阳光的日子,那么其质量就不能保证,人们被迫把它们与其他低级茶叶混合在一起出售。中国人很少会整箱地出口这种茶叶。它们是以 20—25 卡提的鱼饵袋而被运往广州的,并且根据其质量和一时的念头而分开。

(六)宝种(Paotchong)茶

宝种茶是在小种茶中逐个叶片地精选出来的。在 200 箱小种茶的品牌中,勉强能挑选出 1 箱宝种茶。由于其稀有性,故而中国人很少以整舱的宝种茶出口。中国人对它的钟情,超过了其他所有茶叶。它是以重为 3 两左右的小篓而被精心地装箱后才运至广州的,每篓中的茶叶分别出自一棵不同的树。茶叶硕大而被精心搓圆,一尘不染,呈红棕色而又透绿,气味宜人而又不强烈,茶水清澈而又翠绿。但中国有人用鲜花将小种茶熏香后,再冒充宝种茶而出售给欧洲人。

(七)白毫(Pekao,Pehrao)茶

"白毫"意为"有色毛尖"。甚至还有人理直气壮地认为,产这种茶叶的茶树,是提供小种茶或普通武夷茶的茶树的别种。因为"白毫"还有许多品种,如"长香""君眉""红梅"等。其他人还认为,它们是春天长出的最早叶子,茶农不给它们更多的生长时间。这些长长的叶子上遍布白色绒状细毛,这种茶叶中混合有嫩枝芽,似乎证明了对它的描述。欧洲商人们成舱地采购这种茶叶,很少有不混杂枝芽的。这种茶叶很柔嫩,气味宜人、水色清亮而略显青绿的草黄色,叶小而卷曲,茶叶为白色,由于白毫茶的香味很难维持很久,故而其出口量不会太大。它们是用酷似装小种茶的那种箱子运到广州的,每担约为 40—60 两白银。以下两个品牌在 1783 年卖得最火爆:

Hrope tcheune,126 箱,由章官卖给荷兰人

Yune maow,2F6 箱,由潘启官卖给瑞典人

(八)松萝(Songlo,Sunglo)茶

松萝茶是所有绿茶中最普通和最劣质的茶。其大叶并未被仔细地搓圆,其颜色为混有黄色的一种绿色。人们必须大量抛弃其中的老黄叶,它们往往都会凋枯在树上,因而香味不太强烈。其茶水为深黄色,浑浊而又充满灰尘,在杯口处有苦味和糊味。该茶是最后采摘的叶子,往往会造成欧洲商船推迟起航,因为它们要被迫等待此类茶叶的到来。这就是欧洲商人为什么事先非常谨慎地与此类茶叶的茶商接触,以便能最早收货。这类茶叶在数年中产量很少,是由于恶劣气候造成的。在广州郊区还有松萝茶的专门造假者。首先,把假松萝茶泡在水中四个小时,便会使水完全变黑;其次是将假茶叶的叶子放在空气中,它很快也会变黑。大家最好是选择其叶子卷得很好和灰绿色的松萝茶,它很接近于熙春(Hayssuen,春花)茶。陈茶也会使之失去其芳香气味和色泽。松萝茶是以斜长形茶箱而被运往广州的。茶箱的重量如下:

毛重	202 公斤	茶行(Tsha heng)	Yatte maow 705 箱
皮重	22 公斤	陈记(Chen ky)	Tae tcheune 200 箱
净重	80 公斤	福春(Fouktcheune)	Tae yaow 216 箱

(九)屯溪(Tonkay,Tunkay)茶

屯溪茶与松萝茶①本为同一品种,它只不过是一级松萝茶而已。人们应该选择最接近熙春茶的那一种屯溪茶。其价格为每担 24—28 两白银。

巴尔格里指出:"绿茶既喜江南山区,也喜被称为湖南的山区。它要优于出自该省其他地区的茶叶……在适宜地域栽培的茶树生产珠兰茶(Chulane,Schulane)和熙春茶(Haissuen),这里是指二等熙春皮茶(Haissuen Skine)。它出产自一种更为贫瘠的土地,其头茬茶叶便是屯溪茶;其二茬叶子为松萝茶,它在法国被称为高级绿茶,在中国却属于下等茶。还有一种松萝茶出自湖南山区,中国人称之为民茶,而法国人却称之为皇茶。"这里肯定是指毛茶。屯溪是徽州西南一座小城的名称。

① 引自小德经:《北京、马尼拉、法国岛游记》第 3 卷,第 247 页。

(十)熙春(Hayssuen,Hy tcheune)茶

此茶是整箱绿茶中的最精品,也可能是最容易辨认的茶叶。人们应该特别注意茶叶的颜色、大小和味道,并且反复作水中试验。其叶子应该很大,无尘,味道应该甘美,有青草味和芳香味,颜色应为灰绿色。它有一种如同李子花般的花朵,但在露天中很快就会消失。其茶水透明而又具清亮的绿色。人们最重要的是将它与新绿熙春茶区别开来。它是经陆路以精心装好的方形茶箱运往广州的,毛重 80 公斤,皮重 20 公斤和净重 60 公斤。

其主要品牌如下:

春熙(Tcheuons ly)	200 箱	由平官卖给瑞典人
红毛(Hong maow)	100 箱	由求官卖给瑞典人
贡熙(Yune hyi)	118 箱	由平官卖给丹麦人
求春(Yeuong tcheune)	115 箱	由铭官卖给荷兰人

(十一)熙春皮(Hayssuen shine,Phyi)茶

Hayssuen shine 在中文中意为“皮茶”。我们很难确定欧洲人是从什么时候起进口这种茶叶的,但其时间肯定不会太长。中国人自己是从来都不饮用皮茶的,因为它是所有绿茶的废品,是中国人专门供应出口市场的。由于其叶子与熙春茶略有相似,所以商人们也把它们与熙春茶混合在一起。其品牌很小,其叶子的颜色不匀,具有强烈的辛辣味。其价值为每担 28—30 白银。1783 年出售的两种最佳品牌是贡熙茶,51 箱,由平官出售给丹麦人;陈记(Cheane ki),64 箱,由求官出售给荷兰人。为了使欧洲商人能将中国广州茶叶整箱运回,除了茶叶质量之外,还有价格问题,甚至还有每斤或每磅售至 200 两纹银。人们还完全正确地认为,饮茶行家很少饮用这种茶。

(十二)珠茶(Tchu tcha),茶末炮弹

这种茶酷似炮弹的弹药,其搓圆很好。该茶要优于熙春茶,因为它是

经在熙春茶中逐叶选择的。其味道很适口,气味芬芳,叶子小而柔嫩,茶水呈清亮的绿色。但它实为一种劣质茶,每担可卖 60—70 两白银。

(十三)珠兰(Tchulan)茶

珠兰茶与珠茶本为同一品种,仅仅是挑茶更仔细和制作更精良,用气味芬芳的兰花熏香或调制而成,由此而被称为"珠兰"。但它比珠茶更珍稀和更昂贵,只以小颗粒状出口。

(十四)三味茶(San oui tcha)

此茶具有三种味道,因为在开始饮其水时,有些苦涩味,稍后略有所缓,最终口中口味甘甜。其售价为每磅六码斯(mas)。它很少为欧洲人所知,属于黑茶类。

(十五)带杆茶

这是一种很特殊的茶叶,呈鼠尾草色。茶农们连同其枝杆一并采摘,然后在太阳下晒干。这种茶叶很稀见,很可能从来未被输入欧洲。

实际上,英国每年对茶叶的消费量,不及其库存量的三分之一。如果英国有 300 万人,每年各自饮用 7 个先令的茶,那么英国全国每年都要消费 200 多万先令的茶。尽管有许多茶叶在仓库中变质了,公司经理们仍然每年进口价值 60 万先令的茶。由于这笔钱可能会吞噬掉东印度公司的全部基金,所以他们必须采取一种聪明的手段,以推销大批茶叶。商人们还要以最低价格出售,以保持其畅销。茶商们由此而获取的微薄利润,只能以其垄断经营的情感来补偿了。如果东印度公司的经理们心中惦记其股东们的利益,那么他们就会致信国会,以使这种茶叶贸易有利润可赚。例如,茶叶的进口关税于 1759 年涨到了 23L.st · 18^{s} · $7\frac{1}{2}$d · 英镑[①]。这一数目在转口贸易中丝毫不会降低。这就使英国人在外国市场上很难与荷

① L.st 是 La livre sterling(英镑)的缩写,s 或 sh 是 Shilling(s)先令的缩写,而 d · 则是 denarius(=Penny),即便士的缩写。

兰人竞争，而且也很难从国会获得降低关税的准许，因为这不会为国家带来任何利益。如果东印度公司的经理们希望接受这种想法，那么法国很快就会在欧洲市场上较荷兰人、丹麦人和瑞典人占优势，而且还可以与荷兰人出售的茶叶一样低的价格，向其殖民地提供其商品。

当时欧洲在印度的贸易并不能赚取超过 5%的利润，在那里投资的人无法获得可靠和诚实的收益。但有些人从中插手这些资金的管理，甚至使这些交易成为其个人的业务。国家不但会由此而丧失公司赚取利润的 50%，而且还造成了足足有三分之一人员的破产。

据一份英国账单估计，在英伦三岛（英格兰、苏格兰和爱尔兰）及其殖民地中，共计 300 万人消费茶叶，英国人估计全国每年消费 7200 万英镑的茶叶。据这份账单认为，英格兰每年只消费 500 万英镑的茶叶，由英国东印度公司出售，这就使英国政府每年赚取 6000 万镑左右的进口关税。实际上，每个英国人每年的茶叶消费量要远远高于 7 先令，所以东印度公司每年的消费量也可能会倍增，英国政府以每 100 英镑征收 23L18^{S} · 7½d · 的税率征税，每年就会有 1100 万英镑的关税收入。

人们对于茶叶消费量的估计，出自东印度公司每年出售的 4500 万—4800 万英镑这一事实，这就为法国、荷兰、瑞典和丹麦的消费，留下了很大的空间。由于英国政府向其殖民地出口大量茶叶，而英国政府又不肯返还它从东印度公司处征收的进口关税。这种局面或者是促进了在大英帝国的茶叶消费，或者是促进了英国通过走私而再将进口的外国茶叶向殖民地的转口。

我们仅通过一种简单的假设便会发现，英国及其殖民地对各种茶叶的消费，以其国内的消费价格计算，至少是每年为 7200 万英镑。我们再假设，在英伦三地有 200 万人消费茶叶，在其殖民地中有 100 万消费者，每个人每年至少平均消费 24 英镑，这就是说每人每年消费不足 4 磅（pound）茶。每 16 盎司的斤（每法国古斤 LB 约为 489—490 克）一般价值 6 镑 10 先令。

中国于 1766 年出口的茶叶

英国人	15 艘船	9571300 磅
法国人	4 艘船	2500000 磅
荷兰人	3 艘船	3000000 磅
瑞典人	2 艘船	2400000 磅

丹麦人	2 艘船	2400000 磅
总计	26 艘船	19871300 磅

英国人平时每年只向中国派遣 8 艘船。1766 年是一个很特殊的年份,他们于这一年向中国派去了 15 艘船。每艘英国船大小适中,可载 50 万磅。法国也于这一年向中国派去 4 艘船,平时每年都派遣 3 艘。

在普通年份,欧洲派往中国以进口茶叶的船舶:

国家	船舶	运回的中国茶叶
法国	3 艘船	2000000 磅
丹麦	2 艘船	2400000 磅
瑞典	2 艘船	2400000 磅
荷兰	3 艘船	3000000 磅
英国	18 艘 5000000 磅的船	每艘船 4000000 镑
		13800000 磅

丹麦人于这一年派遣 3 艘商船赴华。它们一般都是大船,但组织得很乱,经常会有船无法航行。但如果说 2000 万英镑的进口茶叶量超越了日常消费量,而 1380 万英镑的进口量却又不足。如果欧洲的需求量未能超越 1380 万英镑,那么英国人就找到了消化其库存量的手段。他们不再是每年出售 400 万镑,而是 500 多万镑的茶叶了,除非是欧洲的其他列强增加他们的供货量,卖得比英国人更便宜,或者是提前实现总有一天会取消的关税。

对欧洲 1766 年进口的中国茶叶的笼统计算,涉及了英国及其殖民地对中国茶叶的消费,这基本上占据了欧洲进口中国茶叶的三分之二。根据这种假设,欧洲于 1766 年共进口中国茶叶价值 2000 万英镑,英国的消费估计为 1400 万英镑。法国人在这同一年多向中国派遣了一艘商船,而英国人却成倍地增加了其驶向中国的商船。由此而造成了英国对中国茶叶的大量库存,并使茶叶价格大大下跌。人们也能将 2000 万英镑的茶叶减少到 1500 万英镑,其中有 1000 万英镑的茶叶被英国人消费了。中国茶叶在英国的平常售价为每磅约为 5 英镑 18 先令。1000 万磅的茶叶就值 5800 万英镑了。英国只支付 25%左右。如果将这种茶叶的进口提至 1100 万英镑,那就会产生 4400 万英镑的购价,因而会有 1400 万英镑的差额。它们是经由法国人、荷兰人和瑞典人通过走私而运入英国的。

另外一种计算也与此相当吻合。我们可以假设认为在英国及其殖民地共有 300 万人饮茶,他们每个人共饮 3 磅重价值 6 英镑的茶,那就会造成 5400 万镑的采购量,这与我们上文假设的 5800 镑差异不大了。

四、贡斯当对澳门的记述

贡斯当到达广州后,曾对当时在广州各夷馆经商的欧洲商人在澳门住冬之事作过详细描述。作为 18 世纪西方人留下的第一手文献,值得信赖。这里仅仅摘引其中的几条,并结合其他文献,略作阐述。

(一)贡斯当对于澳门地理方位和城市概貌的介绍

贡斯当刚到澳门,便对澳门的市容市貌、地理方位、居民特征和外国人在那里生活实况的一幕幕场景所打动,留下了翔实而又生动的记述。

> 我们非常高兴地进入了一座与欧洲城市具有某种相似性的城市。我们周围再没有更多的中国人围观、更少有监视人、能够不在被迫请求准许的情况下自由行走,也不会有平民辱骂和跟踪我们。外国人(人们于此以此名称来区别那些为不同公司服务的欧洲人)被迫在那里至少度过每年的一半时间。他们在那里租住最豪华的房子,并对它们进行精心装修,甚至经常是重建。这些房子基本都很舒适,极其美观,甚至有的房子还建有很漂亮的花园。我们居住得很舒适,旅馆宽敞而又起居方便,餐桌上食物丰盛而又精心烹调,仆人成群。我雇用了 5 名黑奴作轿夫。轿子是一种用人工抬的大椅子,敞亮、高雅。由 4 名黑奴抬轿,他们行走的步履很有节奏,稳健而快捷。第 5 名黑奴用一顶巨大阳伞为轿子遮阳。他们处处都要紧紧跟随我,以便为我遮阳避光,我已经强烈感到了炽热阳光的照射①。

贡斯当于此所说的"黑奴"实际上是指当时葡萄牙殖民地莫桑比克的

① 贡斯当:《中国贸易回忆录》,第 148—149 页。这段记述写于 1790 年 3 月 1 日。

黑人。葡萄牙人从16世纪起，就习惯于将这些黑人贩卖到澳门为奴①。

> 我于此向您描述澳门，并不算太离题。这个半岛通过一条半法里（lieue，每法里约合4公里）长和半四分之一法里宽的狭长地带，而与惠州半岛相连接。在这条天然的河堤上，中国人基本上是于其长度的三分之一处，建筑了一道很厚的城墙，约15法尺宽，一直向两端的大海延伸。在该城墙的中段，是一座酷似城门的大门，曾由一支约10人组成的护卫驻守。负责阻止非属中国人的一切东西进入。该哨卡没有任何威力，其城墙、守城卫队和大门都会崩溃。惠州岛很大，它距香山（Hong Chan）约有9法里，我们正是从那里经过的。它是该地区的主要城市，其土地非常肥沃，人口很稠密。它仅通过河流的其他支流而与其他岛屿和大陆分隔开。澳门是由指‘妈祖’（Maetti）的两个汉字组成。妈祖是一位普遍受崇拜的著名偶像，于山岩上建有其庙阁……澳门另一个名称是澳或墺（Gua），意为港口。中国人也经常称之为Macao，Hou Moun，意为“有门”。因为那里确实是进入中国的门户。

贡斯当对于澳门各种政治和经济势力，都作了简介：“‘澳门’的地势呈现出一种非常特殊和不规则的形状。除了某些海滩之外，它在大海一侧由干旱的丘陵围绕。这些丘陵是由一层层垒积起来的岩壁形成，其周长有10海里（mille，每海里约为1582米），城市约占据这片地域的三分之一。在丘陵山岗的中间，是一片由中国人精耕细作的平原。那里很容易引水和贮水，以供灌溉使用。这片土地上的中国耕农，从过分懒惰的葡萄牙人手中取得了地产权，以便开发利用它们。他们居住在这片富饶平原一端的一个叫作望厦村（Mong-ha）的地方。该岛那未经耕耘的部分，被用作中国人的墓地。我从未见过占地如此宽阔和立有如此之多墓碑的墓园。该城市的方位很具魅力，自大海向各侧隆起，在多处山丘上形成一个圆形阶梯剧场状，某些山丘的顶峰被炮台和教堂占据。当时那里共有13座天主教教堂，5座男修院、1座圣于尔絮勒（Saint Ursulines）会修女院或圣-克莱尔修女会修院。其中的大部分教堂都很宽敞，建筑得很漂亮，属于耶稣会士们

① 博克塞（C.R.Boxer）：《远东的贵族，1550—1770年》，海牙1948年版，第130页。

的圣保禄教堂建有带三根大石柱的庄严门面，装修华丽。你们可以毫无困难地相信，这些修院占据了澳门岛最优雅的地域和最佳方位。”

事实上，澳门这个微型半岛使许多旅行家们都感到惊讶。17 世纪初叶，法国传教士白晋于 1698 年对安菲特利特号(L'Amphitrite)首航中国的记述中讲过：“这片弹丸之地位于大海畔和山脚下”；“这是一片周长只有近 3 法里的不太辽阔的狭长地带……其港口因多个小岛而避开了风暴。其海水不太深，但其海底是由很松软的淤泥形成，致使船舶甚至可以在低潮时于其上面航行。”据贡斯当计算，澳门当时的面积只有 480 公顷[①]。

此后，贡斯当在其回忆录中，经考察而发现，当时的惠州岛或香山岛由北部的一片湖泊而与一条河的支流分隔开。在南部有一座小城“前山寨”(Casa branca)，从那里可以遥望整个澳门：“我们在距前山寨不远的地方，发现与半岛相连接的那片狭长沙地开始了，澳门城位于一片大陆地上[②]”。

对于“澳门”名称的起源，贡斯当作了详细考证。

据贡斯当认为，澳门原本就属于香山县管辖。中国当局在此后的相当长时间内依然持这种看法。

妈祖(Ama)阁位于澳门内陆，可能是澳门最古老的建筑，因为平托于 1555 年就曾经见到过它。

贡斯当对澳门地名有许多错误的拼写，如他用 Guad 代替 gao 或 ngao。他将 Ama-ngao 讹变成了 Ama-cao(阿妈交)，也就是阿妈港湾[③]。据博克塞认为，“澳门”的意义是“海湾之港口”或“海湾之门”[④]。法国 1859—1862 年的驻广州领事敏体呢(M.Montigny，1805—1868 年)认为，当时澳门的四个中国人村庄分别是望厦村(Mong-ha)、沙梨头村(Patane)、圣老楞佐村(Saint-Lazore)和黑沙林村(Monchéon)[⑤]。据博克塞认为，于尔絮勒修会或圣-克莱尔修会事实上是圣—玫瑰(Sainta Rosa)修院，属于“贫穷的

---

① 对于贡斯当的这段记述，我们还掌握有其他许多辅证材料。如 van Braam Houckgeest 的《东印度公司使节出使中国皇帝记》(1798 年费城版)，第 2 卷；马戛尔尼：《1792—1794 年的中国内地与鞑靼地区旅行记》，法译本，巴黎 1798 年版，第 2 卷。

② 贡斯当手稿 1/2，第 26 叶背面。

③ 对于“澳门”一名的起源，伯希和(《亚细亚学报》，1914 年)与埃吉洛(S.Egerod，《通报》，1959 年)均有考证。

④ 上引博克塞书，第 3 页。

⑤ 敏体呢：《中国商业指南》，1846 年版，第 28 页。

圣克莱尔信徒们”[1]。至于建造于1602年的圣保禄学院,它成了中国—巴洛克艺术的最佳样本,以其门面和内部装饰而著名。其丰富的想象力引起了英国旅行家孟迪(Petet Mundy)的高度钦佩。它与后来被改造成兵营的耶稣会士们的学院相毗邻,该学院在1762年驱逐耶稣会士之后被毁。教堂也于1835年又被大火烧毁,仅仅留下了其门面。1790年,贡斯当就曾在大三巴附近的耶稣会司库部居住过。

贡斯当对澳门的防守体系,也作了详细记述:

> 澳门城由一座鸟瞰全城的炮台或堡塞工程防守。炮台位于城中心,工事位于城外并占据了一座山丘的制高点,控制了澳门的乡村与大海。在港口进口处还有一座大炮台。船舶就于其大炮炮台下通过。在比较容易从海上下船登陆的地方,还有其他几座炮台。这些不同的防御工事共配备150门铸炮,其炮架的保存状态相当破烂,城墙也很少有所修葺。现在驻澳门的葡萄牙兵营共包括来自葡属不同国家和具有不同肤色的150人,中国人不允许其兵员再增加。这片殖民地于其现存状态下,很容易被夺取。但一座具有500名欧洲兵员和处于严密防守状态下的兵营,如果它能够维护海上的自由航行并确保获得供给,那就会很容易地抵抗中华帝国的所有武力进犯。该城于陆地一侧,由一道高大而宽厚的城墙围绕。它是当葡萄牙人于100年前进入那里时,迫使葡萄牙人抓获的荷兰俘虏们建成的,当时荷兰人正试图夺取那里。澳门在城外有一座医院,还有一座遗孤院[2]。

贡斯当所说的澳门的“炮台”“堡塞”和“工事”等设施,大概是指东望洋炮台(Fort de La Guia)和三巴门大炮台(Cidatelle de La Montée)。至于其中讲到的荷兰人与葡萄牙人的澳门之战,可能是指由重建巴达维亚(雅加达)城的荷属东印度群岛总督与荷属东印度帝国的主要缔造者之一科恩(Jean Pieterzoon Coen,1587—1629年),从1609年起开始策划,并于1622年由雷杰森(Cornelis Reijersen)发动的一场大规模攻防战。尽管荷兰人势

---

① 上引博克塞书,第257页。

② 《贡斯当中国贸易回忆录》,第150—151页。

力强盛，却仍被以葡属国家黑奴为主力的澳门守军所击败。荷兰人留下的百余名战俘，被人用于筑城①。

据考证，澳门在大陆一侧的城墙只于集市日时才会开放，其余时间均被封条封闭。封条上写道："要敬畏我们的主子和尊重我们的威力。"该城实际上是由明王朝的中国人于 1573—1574 年筑成的②。

贡斯当对于澳门的市政制度、澳门与葡萄牙的关系和澳门的外贸运作，也作过见解独到的记述：

澳门的"葡萄牙政府掌握在一个议事会手中。葡萄牙驻澳门的总督由葡萄牙驻印度机构的总督任命，并出任澳门议事会主席。该城有一座国库，由对在那里登陆的欧洲船舶的征税，以及议事会向当地居民征收的某些巨额税收来维持。那里有一名掌握非常广泛权力的主教。当地居民与印度、菲律宾群岛、巴达维亚、交趾支那、马六甲海峡和法国岛经商，这种商业共动用了 20—25 艘船舶。澳门居民最艰巨和最可靠的收入，都出自附属于各公司的欧洲人为了租房和雇用其黑奴等，而向他们交纳的一笔约 60 皮阿斯特（Piastre，金币）的金钱。葡萄牙王后保留了对巴西烟草的专营垄断权，这是中国人消费的唯一烟末，并在澳门设置仓库和准备一笔经销款。每年都会有一两艘里斯本的商船到达那里，以采购中国茶叶、南京紫花布、瓷器和毒品，并且用皮阿斯特（金币）支付。欧洲的葡萄牙政府，很久以来却忽略了，甚至是遗忘了不用自己付出任何代价，而且对自己一无所求的这片殖民地。葡萄牙自数年以来，每年都要派去一名'法院审判官'（Dissembargador），或者是派一名掌握很广泛权力的总督管辖区的王家官吏。他在澳门从事巨额的鸦片交易。中国政府本来严禁这种毒品的输入，但中国居民却消费了其中的大部分毒品。澳门有一处可靠的鸦片仓库，它们然后再从那里通过走私而被输入中国内地"。

贡斯当于此提到的澳门议事会（Senado da Camara），最早拥有对一切事务的支配权，仅接受葡国赴日本船队的船长—副官的定期巡视，后者定期向那里派遣一名由果阿总督任命的总督或船长—将军来协助他③。至于赴澳门经商船舶的数量问题，法国驻广州领事馆随员和法国国王驻广州

① 龙斯泰（A.Ljungstedt）：《葡人居留中国及罗马天主教在华传教史》，1832 年澳门版。

② Montalto de Jesus：《澳门的历史》，香港 1902 年版，第 48—54 页。

③ 博克塞：同上引书，第 93—94 页；马德罗尔：《安菲特利特号航行中国记》，第 28 和 214 页。

代表德经(Joseph De Guignes,1759—1845年)于其《1784—1801年北京、马尼拉和法国岛游记》第3卷,第184页中指出:葡萄牙"每年都有一艘船赴果阿,另一艘船赴帝汶,有一二艘船赴孟加拉,赴马尼拉商船的数量相同,有4艘船赴交趾支那"。这与1560—1630年赴日本航行的繁荣时代相比,葡萄牙在东方的贸易已经开始衰退。从17世纪下半叶起,这种贸易已彻底萎缩了。当法国安菲特利特号船于1698年首航广州时发现:"在那里停泊的唯一船舶,便是果阿的葡萄牙战船,它应于季风之初而重新驶向大海,还有三四艘较小的船舶,正在装船驶向爪哇和帝汶。"至于贡斯当提到的"法院审判官"一职,圣—克鲁瓦(Saint-Croix)认为,这是指由里斯本每5年派出的使者。这是一位民事法官,同时又是海关关长。他必须负责处理由那里的葡萄牙死者留下的财富遗产,并且还要为政治事务而与中国政府交涉。此外,他还是澳门整个民事和法律机构的长官①。

贡斯当对于澳门的人口结构和铸炮业,也作了一番很特别的描述:

> 澳门政府对居住在该半岛的中国人,没有任何司法权力,这些中国人的数目可多达3万余人。该政府仅仅对其他居民行使权力。当在一名葡萄牙人与一名中国人之间发生争执时,当情况严峻时,它必须与驻衙前山寨(Casabranca)的'广南府'(Quan man fou)协商。在这片殖民地中,那里过去曾有过一座漂亮的铸炮和铸钟厂,还有一整套其他工业设备。它们现在都消失得无踪影了,只剩下出自该厂的大炮和城市的大钟了。在那里的人口中,约有7000名基督宗教的信徒,其中三分之二为女性,几乎全部属于中国血统。葡萄牙人把购买中国儿童并在基督教中把他们养大成人,视为一种慈善事业。一个低龄幼儿的价格不会太昂贵,尤其是在经常的饥荒,甚至是在蹂躏了该帝国中最富裕省份期间。人们更喜欢选择幼女,因为她们都将会通过卖春而确保谋得一种生活手段。有的人以此生涯而致富,她们可以绰绰有余地偿清其养父母曾付出的代价。此时,在澳门只有一名欧洲女子,即总督夫人。澳门的葡萄牙居民出自所有民族,而且还具有各种

---

① 勒努阿尔·德·圣—克鲁瓦:《东印度、菲律宾群岛和中国旅行记》,巴黎1810年版,第2卷,第70—73页。

肤色。在这些居民的数目中,可能会有总共超过1500—2000名的黑奴。澳门的所有工匠都是中国人,葡萄牙人更喜欢乞求施舍而不是去寻找工作。

贡斯当提到的澳门铸炮厂应该是由日本铜供应原料,是由Tavarres Bocarro于1629年创建的。它在贡斯当时代是远东最著名的铸炮厂。至于澳门的基督宗教信徒人口,在1745年,由方济各会士José de Jesus圣·耶稣·马利亚Maria估计,共计5212人,其中也包括在那里住冬的外国公司的经纪人,以及受归化的中国之外的亚洲人。在8000名中国人中,约有4000名基督徒。因此,在18世纪中叶,澳门共有9000多名基督徒,而澳门的总人口已超过13000人。由贡斯当于此提供的数字,表明了澳门人口的一种明显缩减。英使马戛尔尼(E.Macartney,1737—1806年)①提供的数字认为,澳门当时共有12000名居民;但1745年,其人口数目要远低于前一个世纪所作出的约估。在1640年左右,澳门人口只有44000人。这就可以使人衡量澳门人口的衰落程度。此外,由贡斯当发现的澳门人口性别比的失衡,也是该地区的长期维持的特征。1745年,在5212名基督徒中,可以被划为分1911名成年男人和男青年,3301名女人或少女,即分别占总人口的36.65%和63.35%,在1681年,据一名荷兰旅行家记述,澳门兵营中驻扎150名士兵,澳门的2000—3000名男公民,共拥有12000名女子。其中的许多女子都是奴婢,既包括中国女子,又有印度和马来亚(特别是帝汶)血统的女子。在17世纪时,澳门同样也有日本女子。无论如何,澳门在传统上是一个女婢市场,她们有时被出口到遥远的地方,尤其是被贩卖到莫桑比克,特别是莫桑比克的赞比西亚(Zambèze)河谷②。由此而出现了某些天主教神职人员的惴惴不安。如方济各会主教Hifario de Santa Rosa,于1747年就面对一大批被带到澳门并被抛售给卖春业的少女,慷慨地发出过类似的抱怨③。

葡萄牙人究竟是怎样占据澳门的,贡斯当提供的资料也可以作为一家之说:

---

① 马戛尔尼:《中国内地旅行记》第4卷,第172页。

② 上引博克塞书,第238—249页。

③ 同上引书,第227—228页。

澳门是在140多年之前,被同治(Thun-chi?)皇帝送给了葡萄牙人的,以感谢葡人帮助他剿灭了曾占领这些群岛的土匪武装。这些岛屿形成了位于珠江(Ta)出口处的群岛。中国政府最早只允许葡萄牙人在那里营造小木屋。葡萄牙人善于博取负责这种巡视的中国官吏们的好感与同情,很快就如同现在一样,便在那里定居了。他们与中国政府谈判,并通过中国政府而坚持要在那里维持炮台并拥有相当数量的大炮、弹药和一座百夫兵营,以便用一座防御堡塞来对抗海盗和土匪。人们未曾彻底剿灭过土匪,但他们总会重新变得令人恐怖起来。这一割让文件涉及了葡萄牙人每年要向中国政府支付100两白银(750镑),"广南府"每年都要隆重庄严地前来接受租税,巡视港口和炮台,查验契约是否被完整地执行。澳门港非常安全可靠,可以接纳吃水量多达20法尺(pied,每法尺约为325mm)的船舶。葡萄牙人很少关心对该港口的维护,很快就使大船无法驶入该港口了,大船被迫停泊在氹仔(Tay pa)抛锚地,那里是由距城市有1法里处的多个小岛组成,它也如此澳门港一样安全可靠。中国政府保留了其内部的海关,对不属于澳门的葡萄牙船舶征收停泊税。

贡斯当在提到中国允许葡萄牙人入居澳门的时间问题上,把正德皇帝(Tcheng-tö,1506—1522年)误写成了Thun-tchi(同治?),因为澳门在嘉靖年间(1522—1566年)就有葡人入居了。明朝政府于1557年准许葡萄牙人定居澳门的交换条件,是为明朝抵抗海盗张西老(Tchang-si-lao)匪帮提供帮助。这是很久以来形成的传统说法,却没有中文史料的确认或否认。无论如何,葡人入居澳门最早确实是指他们与广东官吏们作出的一种纯属地方性的安排,而不是北京宫廷的正式割让。法国汉学家伯希和在对张天泽的《1514—1614年间的中葡贸易史》作书评时指出,过去一片荒凉之地的澳门,是于1557—1565年间开始发展起来的①。

据法国外交官—汉学家德经(Joseph de Guignes,1759—1845年)认为,氹仔(Taypa)位于澳门的东南方,面对半岛。它是一处完全能够避开北

① 伯希和:《有关澳门初期历史的一部著作》,载《通报》,1934年,第31卷,第58—94页。

风、东南风和西南风的袭击,却避不开东北风、东风和西风风暴的停泊地①。

对于葡萄牙和其他欧洲人在澳门的生活方式,贡斯当以亲历当事人的身份和口气,作过不少记述②:

澳门的"气候比较有益于健康,尽管那里非常炎热,但因与大海为邻以及夏季来自大海的清风,而大有缓解。法国人从来不与葡萄牙人生活在一起,他们中的大部分都是欧洲人,完全是由于犯罪而被徒流到澳门。其他葡萄牙人都是他们的后裔,或者是各种肤色人的混血儿。人们称他们为葡萄牙人,那是由于他们画十字架符号,并穿短裤。外国人之间经常彼此会面,一部分人是通过集会而谋面,其他人则是通过乘船或骑马闲溜达的方式聚会,以消磨他们于此居住期间的时光。这里完全是一片休闲之地"。

"习惯要求,欧洲商行中的那些先到达澳门的成员,应该为后来的同行举行欢迎晚宴。这些天都是举行盛大宴会的日子。在1780年时,人们要身穿镶饰带的盛装,肋佩长剑,乘坐由葡萄牙黑奴抬着的大轿前去赴宴。当时的礼仪要求是,主人在餐桌上要上一只基本上是完整的烤羊,它属最昂贵的菜肴,一只羊价值15个皮阿斯特。人们在下午两点钟时开始晚餐,大量饮酒。但他们很早就退席以便前去午休。他们在6点钟时,也就是说到晚上时又返了回来;他们一直在打牌,在9点钟时又重新入席,往往是直到次日清晨才离席而归。这样的聚餐,经过一段时间之后,又要反复重新举行,也就是每当新来者有充足时间安身入居完毕后,都要举办一次。因此,我们要日复一日地,不间断地轮流举办和参加这样的晚餐聚会……"。

在澳门的"欧洲的外国人每年都要前来澳门,并在澳门度过2—10月间几个月的时光。当我正身处那里的时候,这些欧洲人群体是由15—16名英格兰人、同样数量的荷兰人、3名瑞典人、3名丹麦人、3名法国人、3名澳地利人、欧洲诸小王国的人士,还有独立于外国夷馆的法国和英国的几名因私居澳人士。正如我们称呼葡萄牙人那样的"OS外国人",于他们在澳门居住期间,生活在一种完全游手好闲的懒散中。除了消遣时光之外,他们再无其他正事可做。这究竟是为什么呢?他们之中的大部分人,尤其是那些年轻人,热衷于挥霍性开销,既无益于其父母,又对未来是一种令人

① 德经:《1784—1801年间于北京、马尼拉和法国岛的游记》第3卷,第182—183页。

② 《贡斯当中国贸易回忆录》,第154—155页。

痛心的损失。他们不遵守任何规则……大家理解他们从不将其时间用于脑力工作……完全成了彻底的、只追求粗俗的享受,或者至少是充满惰性的享受。当我于1779年首次到达中国时,上文列举之外的情况则很稀少。人们经常会发现,这些欧洲人中那些返回故乡的人员,继发财之后,都变成了奇怪的、对一切都感到好奇的和令人难以忍受的东哥特人(Ostrogoths)[①]。后来,这一切都发生了变化,并且得到了改善。当我于1793年最后一次离开中国时,这些'外国人'的风俗、习惯和性格都在趋向好的方面的转变,并获得了显著进步"。

据英国外交官,于1816年陪同阿美士德(W.Petti Amherst,1773—1857年)使团访华的依里斯(Henry Ellis,1777—1855年)认为,当时在澳门的外国人的主要消遣活动,便是在海上兜风。这有时是很危险的,贡斯当于1784年4月就差一点死于海上。

法国—瑞士人贡斯当,对居住在澳门的葡萄牙人勾勒出的一副懒散形象,既可能出于欧洲人之间的民族偏见,也可能是出于法国人对于葡萄牙人已经占领澳门,而自己又一时无法夺取它的妒嫉心情;特别是对于葡萄牙人在东亚享有"保教权"特权的一种反抗。这里很难说是一种真情实况的写照。

对于欧洲夫人们在澳门的生活状况,贡斯当也作过许多记述,我们可以随笔检出一例为证[②]:

> 1780年,在澳门有几名常年居住在那里的欧洲太太。中国政府不允许赴华的任何外国女子进入广州城并在那里居住。就如同它禁止欧洲人与中国女子有任何交往一般。1870年,居住在澳门的欧洲太太是赫顿(Hutton)夫人、是宁愿放弃外科医生职业而成为批发商的赫顿先生的太太。这名批发商聚敛了巨额财富,却又刚刚在瑛秀(Inshia)和其他中国人因百万元债务而破产的案件中,失去了一切财富;其妹罗巴克(Roebuck)夫人,丈夫曾任英国公司驻穗大班;史密斯(Smith)夫人,其夫与赫顿先生具有不分伯仲的权势与地位。穆里埃(Mourèr)夫人是丹麦公司的第

① 在当时欧洲人的观念中,"东哥特人"系指野蛮的、粗鲁的和怪僻的人。
② 《贡斯当中国贸易回忆录》,第155页。

3 位驻穗大班，还有其亲戚马丹(Martin)小姐。穆里埃先生原籍为日内瓦，他在那里有许多亲眷。其岳父是库斯顿(Coustonne)先生，其孙女嫁到日内瓦，与他们生活在一起。他是一名颇受尊敬的老翁，却经常在晚餐后抽大烟的同时酗酒。雷帕(Raper)先生是英国公司的大班。此外还有瑞典公司的布赖兹(Blaitz)先生、丹麦公司的斯托勒(Stolle)先生。斯托尔先生是一个狂热的音乐业余爱好者，吹的一手好笛子。他曾雇用过 4 名德国音乐家，他们大部分都是演奏吹奏乐和弦乐的艺人，形成了一支大乐队的基础。其他公司的业余音乐爱好者们，也都陆续加入了其中，每周举办一次器乐音乐会。该乐队相当优秀，由 15—16 件乐器组成。

据路易·德尔米尼于其《广州 18 世纪的对外贸易》一书中认为，托玛斯·赫顿与科登(Cordon)、乔治·史密斯(George Smith)联袂，组成了一支特别优秀的批发商团队。有关瑛秀(Ynshaw, Inschia)和其他中国债务人的问题①，有法国学者路易·德尔米尼和英国学者马士均有论述。对于所谓“东哥特人”问题，贡斯当于 1781 年 1 月 19 日致其姐罗莎丽(Rosalie)的信中写道：“在澳门，有几位欧洲夫人，这些东哥特人视她们为女仙。但她们却使我感觉到如同是一群洗衣妇，她们只有很少的天赋和教养②”。

贡斯当在 1790 年致其父亲的一封信中指出：

穆里埃先生是丹麦公司的大班。他经过在广州和澳门地区居留 13 年之后，便携带一大批财富返回欧洲。此人与日内瓦有多种联系，他是诺曼底夫人的亲属，并且聘娶该夫人的侄女为妻。她允许我向您提供有关她的消息。③

当时在澳门曾有过一名法国女子，而且身处逆境，缺衣少食。贡斯当对她作了带有严重鄙夷性的记述：

---

① 《广州 18 世纪的对外贸易》，第 2 编，第 5 章，第 162—202 页；马士：《东印度公司对华贸易编年史》第 2 卷，第 53—60 页。

② 贡斯当手稿 Ms, 16/1，第 5 页背面。

③ 贡斯当的手稿 Ms 171 f°136。

> 在澳门，有一名法国岛的克里奥尔籍法国女子。她于其同胞中到处都挑起事端。她原是一位被她折磨而死的原法国大班的遗孀。她又嫁给一名稍后被水淹死的葡萄牙老板。该女子32岁，仍然风韵犹存，身段优美。但其道德品行和性格，却与其相貌截然相悖。数年前，她在澳门，是该地区所有法国男人的情妇，并由此而生造了许多极其龌龊的场面。今天，她已经陷于一种令人惨不忍睹的贫苦之中。她及其成员众多的家庭，都缺少面包，其他人各自都对其灾难幸灾乐祸，任何人都丝毫不会关怀和帮助她，大家都希望她离去……她也厌恶这种生活安排了，现在正迷恋一名青年男子，此人是为公司效力的第三位职员①。我曾非常坦率地致信于她，陈述了我鼓动她离开澳门的原因②。

李侍尧（？—1788年）曾分别于1758—1761年、1764—1765年和1767—1777年出任两广总督，其任期总共长达14年之久。贡斯当全书中始终将李总督拼写作Tontou-Ly。李侍尧帮助清政府制订了广州对外贸易条例，贡斯当在此问题上留下了珍贵记述。

欧洲人最早在广州完全是自由经商交易。因为此时广州对外贸易完全服从大清皇帝的旨意，欧洲商人们也只与最先到来的中国商人接洽出售；他们回航时携带的商品的采购，也是以这种交易手段完成的。这种交易方式实际上使双方均无完全可靠的保证。欧洲人也经常向中国人赊账，而有一些中国人也会在其人地址和姓名上作弊，从而使地方官吏们要费很大精力去审理这些案件。由于欧洲商人的人数日益骤增，各种走私行为也猖獗一时。经李侍尧努力，皇帝颁布了有关《由十三行组成的公行机构制订的贸易禁令和条例》③。这是为了矫正既与良好公共秩序相悖，其后果又会对帝国有害的舞弊行为。据贡斯当记载，该部条例是以中国皇帝的名义颁布的。其中皇帝的禁令有两条：禁止欧洲商人在由李侍尧指定的广州十三行之外的其他任何地方经商，而且必须使商品报关和维护价格合理，

① “一位叫作哈维（Havet）的非常年轻的男子，他是于1788年被派往澳门，以学习经商的”（贡斯当手稿—½，第45页。

② 《贡斯当中国贸易回忆录》，第156页。

③ 路易·德尔米尼：《贡斯当中国贸易回忆录》第6章，第376—381页。

并以将违法者依法定罪的惩处相威胁;禁止大清帝国任何臣民向欧洲商客销售和采购任何商品,并以将违者处以死刑相威胁。

清政府为十三行和十三夷馆的经商,制订了一部共包括 21 条的经商条例。其中有几个条款涉及了澳门①。现根据贡斯当的回忆录,略作介绍。

第十三条:一旦当船舶的起航准备就绪后,就禁止欧洲人居住在广州,命令这些人赴澳门去住冬。

第十四条:以中国政府的名义命令澳门议事会,对欧洲不同国家的大班和侨民给予接待,并租给他们房屋。

第十五条:禁止常驻的或在船舶上漂游的任何欧洲人,在船舶准备起航和住冬期间,采购和囤积茶叶、丝绸、布帛、毒品和其他商品,以防止他自己再把这些紧俏商品投机卖给其他欧洲人。

第二十条:既禁止瑞典、英国、法国、丹麦、荷兰、美国、欧洲诸小王国、其他拥有国家公司和常驻广州大班的国家之商船,在澳门卸下其商品,也不允许它们在澳门装载中国商品。它们必须全部前往黄埔港停泊,甚至直至"狮子塔"(tour du lyon)②也如此。在未获得中国政府和广州官府允许的情况下,也不允许泊船、采购和销售。当其船舱中只装舱一半中国商品时,才会给予这种允许。

中国人禁止夷馆的欧洲常驻人员留在广州过冬,并明令他们前往澳门住冬,以避免他们利用尚无欧洲商船停泊在广州港的时间,而廉价地向那些缺钱的行商们收购某些商品。因为他们预料到,当欧洲商船到达广州时,欧洲商客肯定会向他们订购这些商品。外国公司或夷馆都会想方设法地囤积一切紧俏商品,无论是中国的商品,还是被外国的舶来品都一样。随后在欧洲商船出发时,再高价地贩卖给其他欧洲或中国商人。这就是广州夷馆欧洲商人必须到澳门住冬的原因。

1780 年,中国政府就以"违例"为名,将四名英国仆从从广州驱逐并赶到了澳门。他们正是因为这样的利用时间差而从事商品投机。他们囤积了由英国商船运往广州的所有机械手表、挂钟、摆钟等,储存在他们设在广

---

① 《贡斯当中国贸易回忆录》,第 177—381 页。

② "狮子塔"指位于黄埔港下游的第 2 座塔,法国人称之为 Tour de lion,英国人称之为 Second Bar Pagoda。

州的商品仓库中。他们然后又根据商品各自的价格，通过中国经纪人，而高价出售，因为他们深知行商或中国政府都需要这样的商品。

五、贡斯当有关法国企图夺取澳门的记述

法国人曾企图从中国人和葡萄牙人手中夺占澳门。许多赴远东的法国人，还为此而制订了多项计划和方案，权衡法国占据澳门之后的利弊得失。但对于这一事件，却不为后人所熟悉。非常幸运，贡斯当的回忆录为我们留下了某些资料的片断。

贡斯当于1788年年末撰写了一篇回忆录：《论占据澳门可能会带来的利益》，于此摘录其中的几段文字。无论如何，它始终是西文中有关澳门的重要文献①。

> 在进入论述有关法国获得澳门的重要意义，以及英国可能会占有它对法国造成的不利因素之任何细节前，我认为最好是提供有关这片葡萄牙殖民地的一段描述，这是很适宜的，它是欧洲人在中国占有的唯一一块殖民地。

贡斯当于1788年11月25日致其父亲的信中又写道：法国“政府梦想从葡萄牙宫廷手中购买澳门。这些先生们（东印度公司的经理）都请求我把该问题的想法写成文字并落在纸面上。我只有很少的时间去做这一切，但我仍然为此而工作，并希望提供某些有益的想法和有益的资料”。“由于我只有很少的时间停留在巴黎，所以大家向我索求的有关澳门的陈述，不可能很冗长。也不可能如同在我有必要时间的情况下，本来可以做得那样好②”。后来，贡斯当始终在思考这个问题。“我向您许诺，一旦当太子号船出发，我即将着手撰写有关澳门的陈述……当我过去向您提供有关我对该问题的想法时，我发现自己遗漏了许多重要内容”③。事实上是，他从此之后，似乎再未写过有关法国占领澳门之利弊问题的其他陈情报告，法

---

① 《贡斯当中国贸易回忆录》，第446—448页。

② 贡斯当手稿Ms17，f°116。

③ 贡斯当手稿Ms 6/3，f°70，1790年致贝拉尔（Bérard）的信。

国想占据澳门的计划似乎被摒弃了,也可能是被人遗忘了。

贡斯当接着又写道:

我再讲一下葡萄牙将该岛转让给法国,可能会在中国人中产生的影响问题。我们的第一项防范措施,应该是绝对保密,整个事件都要在中国人拥有了聚集起来并强烈抗议的时间之前,彻底完成和实现。中国政府无可争议地会拒绝同意这种转让,有什么办法会阻止中国这样做呢?通过武力的任何办法都不行。它会阻碍贸易,导致生活必需品进入澳门岛的禁令,命令所有中国人撤离该岛。我于下文将回答这些反对意见。本人于上文已经讲过,我们最需要的是使整个澳门这片殖民地,特别是澳门在生活必需品供应方面,能独立于其近邻。法国在占领该地区的同时,还必须提供数月的生活必需品的储备,并且在当地用几只小船从事大米交易。马尼拉、马六甲、巴达维亚、廖内群岛(Rio,Riouw)、丁家奴(Trengganu,Tringanon,马米半岛海岸)和巽地(Sonde)海峡的所有岛屿,都会向澳门大量供应大米。在那里很容易建设烤面包店,也可以将农业种植扩大到整个澳门岛,甚至还可以在那里饲养黄牛、奶牛、猪和羊,不过确实只能是小批量地饲养。当法国人到达澳门时,他们肯定会发现该城在数月间就会得到良好供给,而且必须大量储存一切东西。大批教堂可以很好地为这种储藏服务,而那些庞大的修院可以充作兵营和各种车间作坊使用。

又:

我们必须把中国人驱赶到从将澳门与惠州(Hoatneu)岛分隔开的城墙之外,重建城墙并加强防御工事,而且还要阻止中国人在附近建造某种哨所。因为我们必须阻止中国人接近澳门并向那里输送生活必需品,当由此而可以逃脱中国官吏们的欺辱时,对于该哨所可能就会不利。那样,中国人就会中止贸易。法国必须在法国能从以现有方式与中国的贸易中,获得更多的利益,与由占领澳门而得到的巨大利益之间作权衡。大家今后将会看到,我们无法将这两件事情摆平衡。现在的迫切问题,仅仅是需要证明，缓慢地行事，才能恢复贸易……

又：

我们必须向居住在澳门的中国人许诺一种无限的保护，以应对他们的官吏；给予他们自由，并向他们提供从业的手段和机会，而且还要以面包的引诱来吸引他们。我们要使他们感到，在一个尊重他们的生活与财产的政府统治下，他们必定生活得更舒适。我们必须如同对待法国人一样，毫无歧视地对待他们中的任何人，对他们保持公正，始终维持大米价格的平稳，绝不打扰他们在宗教信仰方面的习俗。大家必然会看到，大批人流便会从帝国四面八方赶到或奔向这里，以充分享受所有这些优惠条件。富人们来到这里，以使其财富免受敲诈勒索；穷人来到这里，是为了受到人道待遇和能够更舒适地生存。中国人已经再也不能忍受虐待他们的专制政权的桎梏了。但他们那屈从的习惯、他们那缺少勇气的劣性和缺乏生活手段的窘境，从而阻止了他们摆脱这些束缚。但他们必将会获得一种保全自己和捍卫自己的力量，所有人都会到这里来集结并请求获得保护。

又：

经过四五年之后，中国人与西方的澳门贸易就可能被中止（尽管那里的走私得到了充分的供应）。一半是出于暴力，一半是由于需要，还有一半是出于习惯力量。我们将会看到中国政府也会迫不及待地重建这种贸易。这就是为什么我们判定的，并不仅仅是占有澳门这块殖民地对法国的收益，而且还判定，如果澳门落入到了英国人手中，那就会由此而产生诸多不利于法国的因素。在澳门实施无关税的商品交易和不受官吏们支配的商贾，欧洲人便再也不用交纳商船停泊税了，再也不使用买办了，再也不会使用'国际通用语言'(lingua)了，再也不需要那么多依赖损害交易为生的人了。与任何商贾接洽商谈交易的自由，将会降低商品价格。如果在印度经商时，具有许多货栈，以等待销售的有利时机去赚钱,那么会有哪个国家能够在印度贸易上与法国竞争呢?那样澳门也就会变成一个欧洲和中国商品的总货仓,储藏中国、欧洲和整个印度的商品,它可以比其他任何地方都要有利于这种行为。鸦片在中国的需要变得越来越严重了,它也是从澳门进入整个中华帝国的。因为中国的其他所有港口,都封闭了这种交易。

还有:

中国人将会变成优秀的船员,并在那里建立了许多工厂。中国人逐渐地将会习惯于消费我们欧洲工厂的产品。人们在澳门经营与交趾支那的贸易,这是一种新兴的贸易。在澳门也可以从事与日本的贸易。对于澳门贸易能否大规模地发展到中国大陆内部,我估摸着其可能性不大,尽管这样的贸易事实上已经存在了。如果打开中国大陆的大门,那该是一种什么样的滚滚财源啊!人们可以将法国岛上的剩余人口迁移到澳门。澳门很快即将是一座高度富庶的和商业化很高的城市,这一切将主要是由于与法国的交易。贸易越是在澳门变得繁荣和便捷,它在其他港口、其他外国民族和特别是在英国人中,也就会愈发变得令人难以忍受。因为他们再也不能离开中国产品了,将被迫前去向法国人采购这一切。这既是由于价格的原因,又是由于他们在那里肯定不会受到欺诈。一旦爆发战争,英国人便不能再与中国从事贸易了,他们只好从澳门阻截所有那些驶往广州的商船。

贡斯当在上引1788年12月致其父亲的书信中,特别强调:“我最终找到了将广州的整个贸易吸引到那里(澳门)、将所有赴中国经商的外国人吸引到那里的手段。我远不相信应该追求使英国人远离中国。我却是希望向英国人提出相当大的优惠条件,以把他们吸引到澳门。尤其是在开始阶段,必须沿用该项计划,只与欧洲从事极小规模的贸易。澳门时隔不久,就会变成印度最富裕的城市之一,它可以在大陆上从事它所乐意的一切。事实上,我根本不策划,这种定居在何种程度上变得有益于法国和法国人。我已经证明,澳门以其地理方位、在那里建造的军事工程、在那里维持的兵营，将会变得非常难以夺取。外人根本不可能包围澳门，因为必须在大炮的火力下使军队在那里登陆，船舶也不能在大炮的射程内接近那里，在一年中只能有两个月的时间停留于其外海，而这段时间已足以使像澳门那样的地方加强其防御工业。此外，还必须派遣强大的军事力量才能对它发动进攻，中国大陆为向那里运送部队和设备，才能在那里停留两个月。”

17—18 世纪在广州的法国商人、外交官与十三行行商

法国人从来就未曾有过与海外从事贸易的特殊天赋。但这没有阻止他们之中的某些人在地理大发现时代，试图跻身于葡萄牙人、荷兰人、意大利人和英国人等热衷的海外贸易竞争大游戏中。有些法国人幸运地获得了某些成功，但大部分人却于其中失去了其美好的幻想。法国与远东从事商业交流的四个世纪，是以失望和沮丧为标志的，但法国人却从未由此而吸取失败的教训。

直到 17 世纪中叶，法国仅有的靠近大西洋和英吉利海峡的圣马洛(Saint-Malo)和迪耶普(Dieppe)等沿海地区的寥寥数位船东，才敢于冒险进入香料之路。法国似乎无可挽回地要成为陆地的、欧洲的和地中海的国家。法国那些最为雄心勃勃的政界和财界人物，自己也始终对于远征远东持怀疑态度。甚至到 1658 年，一位诸如巴黎外方传教会的远东祖师陆方济(François Pallu，1626—1684 年)那样的司铎，还曾经写道："尽管人们赴华旅行的主要目的是为了上帝的荣誉和归化灵魂，但我们也不应忽略，应该再从中加入最有益的一项目的，这就是使人认识到在那里可以获得百分之三百的经济利润。所以，我们必须善于为此而采用的布局和行为方式……"①

1664 年，路易十四国王的财政大臣柯尔培尔(Jean Beptiste Colbert，1619—1683 年)确实掀起了一股向大外海和特别是向远东开拓的新风，创建了由国王支持的"东印度公司"，并且使用了一句箴言："我在我立足的地方兴旺发达。"但经过前途似乎无限的创始阶段之后，这些人的勃勃雄

① 转引自夏尔·梅耶(Charles Meyer)：《法国人在中国的历史，1698—1939 年》，友丰出版社 2009 年版，第 47 页。

心慢慢地黯然失色了。对华贸易需要巨额资本、大量设备和充足的时间,这个经济部门已经超越了法国东印度公司的力量。

一、安菲特利特号商船首开中法海上贸易

因此,法国东印度公司在无力开发利用对华贸易的情况下,索性将这种贸易的特权转让给了某些富裕的批发商,他们以向东印度公司支付15%运回国内的商品为条件,而承担其具体经营。该条款被列于了1698年4月4日的协议中了。本项协议仅仅是为了新成立的一个公司"中国公司"的两次航行而签订的,该公司在入华耶稣会士们的伦理保证下装备了安菲特利特(Amphitrite,海神号)船。从安菲特利特号船于1698年11月在广州停泊开始,船上的法国人便给人造成了其国家的一种令人烦恼的形象。因为他们高声地互相争吵,互相对骂,甚至是拳脚相加。当船组中的拉骆克(La Roque)骑士企图逮捕和囚禁胡言乱语的贝纳克(Bénac)总经理时,几乎爆发了一场正面冲突。入华耶稣会士们无法使他们恢复理智,也失去了冷静,便撤销了拉骆克骑士以国王名义行使的指挥权,并考虑关押总经理。一项很脆弱的临时解决办法最终恢复了某种表面的和谐。但是,当时商船必须依靠脾气暴虐的拉骆克总经理的指挥,他生性多疑而又为人狡黠,性格粗暴又易怒。商船在扬帆返回法国之前,拉骆克骑士又发起了一次大吵大闹的事端,随后又演变成了一次严重的外交事件。因为在1699年10月16日,英国商船麦克莱斯菲尔德(Macclesfield)号,驶经安菲特利特号船旁而又未向之致意,便扬长而去,并停泊在一枪射程之内。在抛锚地向邻船致意,是当时海港中的一种国际惯例。但商船的水手们完全不如战船水手们那样高雅。拉骆克认为,对于这样一种无礼行为,不能不作出回应。翌日,一支武装以大刀的法国人小分队登陆,其使命就是要适当惩罚所遇到的英国人。人数不多的法国人在未遭到很大损失的情况下撤退并返回其船上。但安菲特利特号的船长对这次教训英国人尚未感到满足。两天之后,他发现英国船长及3名随从穿便衣登陆,并在清凉的空气中散步。法国船长下令,3名军官和40名水手出袭迎击他们,并要殴打他们100杖。麦克莱斯菲尔德船上的水手们匆忙赶去支援,费了很大力气才使其不幸的同胞们逃出了这些狂怒法国人的包围圈。

受伤的英国船长赫尔(Hurle)前往安菲特利特号船上,要求法方对这

样一次袭击事件作出解释。据一名证人认为,英国船长在那里受到了友好接待,外科医生们为他作了初步处置。事后,法国人又公开嘲笑这些英国人。因为英国人声称自己受到了严重欺负,而当时法国人的势力又很强。英国人自认为在广州停泊的商船上不再安全,必须去向两广总督石琳请求保护并投身于大清官吏们的保护之下。英国人实际上没有这样做,而只是致信英国东印度公司,其报告中将法国人的袭击称为一场"无法理解的"事件。

至于法国中国公司的代表,他们非常谨慎地向巴黎作了汇报,认为拉骆克先生很体面地报了仇,但略显过火①。但这场令人恼火的事件却激怒了在广州的欧洲商人,他们已经对法国人提高了戒心,而法国肇事者恶名远扬。中国人也并非是毫无兴趣地观察"夷人"间的争执,从而使他们形成了各自对西洋人的形象。但中国人似乎形成了有利于法国人的一种偏见,这是由于中国人对于入华耶稣会士们的好感而形成的,而且法国人也很快就理解到了"中国礼仪"的敏感程度。

当拉骆克骑士正式拜访两广总督石琳时,确实也证明了这种看法。入华耶稣会士白晋(Joachim Bouvet, 1656—1730年)在致拉雪兹(de La Chaize)神父的信中指出:"由于在中国,这类致谢仪式,是要以叩头以及与归附和致敬有关的礼仪书完成。所以刘应(Claude de Visdelou, 1656—1737年)与我一样都认为,应该行致谢礼的船长是大西国最伟大和最强大君主的军官,他只会接受礼拜而不会向任何人礼拜,也不能以中国的方式行礼。"②

经过长时间的艰苦商谈,广州的中国官吏们接受了一种体面的妥协。这就是船长只以某种使中法两国都很体面的方式完成礼仪。为此,中国人建议拉骆克骑士和船长面朝北京方向,聆听大皇帝的旨意;两广总督于那里站在他的身旁,向他宣布有关交纳商船关税之事;船长恭恭敬敬地聆听,或者是头戴帽子地跪下;或者是他脱帽聆听,身体略躬却不跪于地,然后再以法国的方式行礼③。

船长选择了第二种方式,并非常亲切地感谢这种便宜行事的方式。但

① 有关安菲特利特号船首航中国的全部情节,请参阅伯希和(Paul Pelliot, 1878—1945年):《安菲特利特号船首航中国记》,载《学者通报》,1930年巴黎版。

② 伯希和:同上引文。

③ 同上引文。

这件事最终却使船主付出了昂贵代价。因为安菲特利特号船在珠江一动不动地停泊了整整15个月。广州的正常泊港时间,决不能超过6个月。

从"中国公司"的严格商业观点来看,法国本来预料会出现更糟的结果。该公司派往广州的使者,对于由中国官吏和商贾们制订并强加于人的规章条例,甚至对于能使他行绕过去的底线,基本上一无所知。另外,他们的竞争对于英国人和荷兰人,都会竭力地在法国人的客户和供货商之中,诋毁其名誉。但法国人却成功地以最佳价格出售了他们的几舱皇家作坊的玻璃,同样还采购了商船回程的舱货。从而使这项远航的结果是赚得了50%左右的利润。安菲特利特号第二次远航中国却是混乱不堪并且出现了赤字经营。在此后的多年中,由于收益不好,法国船东们一度放弃了与中国的交易。

二、在广州的法国商贾与外交官

1712年,"中国公司"被解散,其特权落到了圣马洛一家公司的手中。1719年,又诞生了一家新公司,也就是第四家"东印度大公司",由约翰·卢瓦(John Law)主持,它接管了对华贸易的专营权。该公司拥有30多艘船,并在广州建立了一个常驻基地。在1724—1725年间,迪普莱克斯(Dupleix)在那里开始了其第一批业务。在此后的数年中,其成果达到了最高期望值。在1736—1743年,该公司每年均获141%的利润。

欧洲"七年战争"(1756—1763年)对于法国的海外贸易是灾难性的,甚至造成了致命一击。1769年8月,法国东印度公司进入了其财产清算阶段。设在广州的公司董事会的接力,于1771年被一个皇家董事会承担,它于五年之后变成了法国驻广州领事馆。其最早的计划是致力于炫耀法国的势力。它意欲向那些喜欢制造混乱和热衷内外争斗的法国人表明,即使是在世界的另一端,他们也必须服从由领事馆代表的法国的权威和司法权的领导。领事馆必须保护法国公民的正当权力,维持在广州的法国公民以及在那里经商的欧洲列强公民之间的和平与和谐。

所有的法国人,无论是商人、行客、船长、商行大班和船员,为了理解、结束和审理在他们之中出现的所有分歧、争执和诉讼,他们都必须与法国驻广州领事馆联系。领事馆经过调查研究之后,还必须将那些在生活和行为上有丑闻的法国人,驱逐出广州及其所属地区之外。领事馆必须采取一切必要措施，以满足它与中国人、常驻广州的任何外国人和领事馆所属机构打交道时，随时都可能会遇到的苛求①。

法国政府也授予了法国驻广州领事馆支持和协助法国在华贸易，甚至是在中国皇帝面前保护法国国王陛下臣民的权利。但是，在未获得大清政府对法国领事馆功能的批准之前，即使是在一种私下承认的情况下，领事馆几乎都没有对这一事项进行干预的可能性。领事馆作出指令与解释，十分注意避免对贸易带来干扰的一切因素，并使中国政府感到羡慕②。在广州设立一个具有充分商业基础的领事馆，始终是一丝微弱的光芒。1772年，在法国东印度公司存在期间，中国人对一种稳定的贸易感到很放心，均为追逐利益而谨慎对待外国人。外国人为了某种贸易的希望，也必须适应中国的礼仪规制。但法国似乎从来未曾吸取其中的教训。16世纪初，最早驶往广州的葡萄牙商船却可以自由地从事贸易。此后，中国政府为了防止走私和舞弊，采纳日益增多的严格限制、禁止和控制。那些沿珠江而上的英国租船，却无法摆脱中国当局频繁的干预。

代表中华帝国政府的户部(houpou)的大官吏及其侍从可以登上商船，举行测量仪式③，从而确定应交纳的关税。他进入船内后又非常傲慢地从中走出，坐在一个专门为他准备的带套罩的安乐椅上。其所有部属，甚至是欧洲人都要站立着。当其下属测量外国商船时，他却在好奇地欣赏欧洲的那些珍奇物，并且提出许多问题。他以一种轻蔑和鄙视的神气观察这一切④。

中国政府除了征收吨位税和抛锚税之外，还要交纳各种辅助税，如开舱税和招聘通译税等等。此外还有为广州当局发放准许营业执照的税，而且还要事先送重礼。外国商船还需要在粤海关部交纳商品进口税和出口税。这些手续完成之后，西洋人仍不能随意选择其商品的买方和中国供货方。唯有属于两广总督指定的行商，才有资格与他们交易。广州商行最早

---

① 详见《法国广州领事条例》第12和13款。

② 考狄(Henri Cordier,1849—1925年):《18世纪法国驻广州的领事馆》，载《通报》，1906年3月号。

③ 这种测量是用一根拴在前桅杆与后桅杆之间，并从一个船舷到另一个船舷之间的一条绳子来完成的。

④ 路易·德尔米尼:《贡斯当中国贸易回忆录》，法国高等实验学校1964年版。

为七行，稍后为十三行，从而形成了被称为“公行”的商行①。

十三行垄断了商业交易，并为欧洲商船作担保，对于一切可能违法的事端负责。中国政府每年都要求行商们发表一份公告，除了要求他们毫无懈怠地帮助夷人抑制其放肆无礼之举和不端行为之外，还要教诲这些人多作善事。这些行商大都受到了其西方同行们的尊重，并且赚取了巨额财富。但他们也要受到中国官吏们勒索礼物和其他物品之恶习的折磨，使他们的盈利变成亏损，从而激发总督大发雷霆之火。

在广州，欧洲人于鞑靼城的下游有一片保留的专用住宅区沙面，由禁止他们外出的城墙环绕。这就是诸家公司的十三行，排列在珠江左岸350米长的地界内。那些带有柱廊和门柱的开放的长廊，具有装饰豪华的门面，成了西方列强在华扩张的最早橱窗。那些位于各行之前的亭子，一般是暗示他们拥有的某种特权。这些亭子或楼阁成了一种招牌和标记，欧洲夷馆前并没有任何这样的设施。行商们为此还会经常爆发冲突，甚至是流血事件。欧洲人承认这些楼阁亭榭均无益，但他们中的任何人都不想成为停止高挂这种作为国家荣誉之象征物的第一人②。

在广州的欧洲人商行中，有50多名大班③和公司职员，被限制在一个隔离区中，并且被置于了两广总督密探们的严厉监控之下，生活在时刻会落入中国官吏及衙役们权谋的不安之中。有的欧洲人忘记了总督严禁他们接近中国女子的禁令，又落入了由某些美女们设计的圈套中。这一切都会遭到中国当局殴打和监禁，然后课以沉重赎金而获释。

在每个欧洲机构之中，家庭生活要受一个家务总管的支配，这就是买办④。买办确实负责为夷馆充当总管并负责夷馆供职人员的招募，但其主要职责是在夷馆与广州当局之间充当被指定的经纪人，因而他们都是不可或缺的人物。他们处于赚取利益的有利地位，并在某些情况下是有理有利的。如他在法官面前承担由其雇主所犯罪行的责任，并代之忍受事先估计到的惩罚——罚款和杖笞。允许外国夷人从事的娱乐消遣活动受到了中

① “公行”在名义上应于1771年解散。但1771年的一道诏书又重新提到，广州与外国人的贸易仍掌握在行商们手中。这种局面一直持续到1842年。

② 同上引路易·德尔米尼：《贡斯当中国贸易回忆录》。

③ Subrécargue，出自西班牙文，被译为“大班”，原指船上的货舱主人们的代表，后指各公司的经理。

④ “买办”一词在法文中作Compradore，来自葡萄牙文，本意为“买家”。

国皇帝于1760年颁布的条例限制:“禁止任何欧洲人携来其妻妾并与她们共同生活在朕之帝国的任何地方,特别是在广州。”中国政府还禁止外国人在河流中划船取乐,每月的8日、18日和28日,他们可以去散步和呼吸新鲜空气,这是由官方确定的日子。夷人可以参观公园和佛寺,但其团组不能超过10人。当他们乘凉之后,定要返回夷馆。一旦商船出发,便禁止欧洲人再居住于广州,命令他们一律前往澳门住冬①。

这是非常期待的6个月的休假和休养期,特别是在这段时间要暂停一切商业活动。澳门自1557年被置于葡萄牙的管理下之后,便拥有其议事会、行政官和一支150人的驻军。它也是教会的一座重要堡塞,拥有主管13座教堂的权力极大的主教、3座佛寺、一座圣克莱会(Clarisses)修院、约7000名左右的土著基督徒。大清皇帝向葡萄牙出让了澳门的有限主权管理,作为交换而要求葡方每年交纳一笔微不足道的贡金并承认中国皇帝至高无上的权力。这就使大清皇帝有权将那些在经营淡季不宜在广州定居的夷人,统统送往澳门。但这并不能阻止葡萄牙人为了佯装讨好中国而表现出憎恶那些“外国的规定”。这些人对于控制海洋着迷。但大部分人都是教廷的异端派,表现出了一种鄙视和令人难以忍受的傲慢。贡斯当于其《中国贸易回忆录》中曾写道:“我们从不与葡萄牙人生活在一起。他们之中的大部分是欧洲人,都是因犯罪而被流放到澳门的。其他人则为他们的后裔,或者是各种肤色人的混血儿。世人称之为葡萄牙人,那是由于他们画十字和穿长裤。”

在澳门,那些被从广州驱逐的人,以穿着佩饰带的衣服、腰间佩剑和乘坐由卡菲尔人(Câfres,南部非洲)奴隶抬的轿子而招摇过市。他们大吃大嚼、无度酗酒、沉湎于赌博,还购买印度人、马来人、日本人和帝汶人的女子,使澳门城成了贩卖这些女子的庞大人口市场。总之,他们沉沦于堕落的生活之中。以至于他们从不将其时间用于文化学习,变成了完全是肉体上的生灵,只追求粗俗的享受,至少是非常懒惰的享受。他们最终变成了“奇怪的、好奇的和令人无法忍受的东哥特人”②。

某些人却更喜欢沙龙中的社交活动,陪同他们视为天仙的几个欧洲女子。这些女子只要很少表现出文雅和很少接受教育,就会显得如同“洗衣

① 同上引路易·德尔米尼:《贡斯当广州贸易回忆录》。

② 路易·德尔米尼:《贡斯当中国贸易回忆录》。

妇”般的粗俗。据说，她们都是清教徒和不可接触的人。唯有一个人除外，她是一个放荡的法国人，也是法国岛的一个寡妇。有人声称她于同胞中制造混乱。她本是一名原法国大班的遗孀，大班是她使之抑郁而亡。她后来又嫁给一名葡萄牙人，此人又溺水而亡。该女子在32岁时尚风韵犹存，很漂亮，身材很好，但其品行和性格却与其相貌完全相反。她是该地区所有法国人的情人，造成了许多恐怖场面①。

当时居住在广州的澳门的法国人，又是些什么人呢？有一小批是东印度公司的职员和传教士。从现在于档案馆中保存下来的有关书简和其他书面文献来看，这些传教士们都在不同程度上处于秘密活动状态。其他法国人则是“海上流民”、冒险家、商船上的开小差者，他们现在均无任何踪影了。法国派往广州的东印度公司的第一批代表，均为属于小贵族和商业贵族家庭的子女。其中包括人们声称可以由此而治愈了青年一代狂热症的那些人。他们可以浸透着入华耶稣会士们，以及启蒙时代哲学家们传播的中国治国智慧的思想。无论如何，他们对于中国官吏们的行为方式和手段，没有作好任何应对准备。但我们应该承认，他们很快就适应了中国的现实，并且非常得体地行使其职务。

法国在中国贸易中的陶醉感共持续20多年。商船从法国运来了颇受好评的羊毛呢绒、铅、玻璃、坠子、闹钟、八音盒、望远镜和其他新奇物。中国的官吏们对这一切都着了迷。此外还有销售状况不佳的葡萄酒。这些法国商船离开广州驶往洛里昂(Lorient)和南特(Nantes)时，船上装满了大包的丝绸包、瓷器和茶叶箱子，还有大黄、桂皮、姜黄和高良姜。18世纪运销法国的中国瓷器多达1000万—1200万件(套)。当然，这些被称为“洋器”的中国瓷器，仅供外销和外国人消费，其质量要低于景德镇瓷器。1766年，法国共消费210万磅的中国茶叶，基本上全部自广州出口。当商船从广州驶至法国时，整个法国，甚至整个欧洲的买客都闻风而至，使茶叶价格成倍暴涨，从而使利润远远超过了预计。

到17世纪下半叶，法国与中国贸易的兴趣有所下降。1768年，也就是法国东印度公司被解散的前一年，中国商品在法国的利润只有67%了。人们将此归咎于法国与英国的海上之战以及法国贵族的贫穷化。但这种借口是为了避免太严厉地指责东印度公司在政治、管理和商业行为上的失

① 同上引《贡斯当中国贸易回忆录》。

误。伏尔泰曾经说过,法国设在中国的公司既不会发动战争,也不懂得维持和平,更不善于经商。

在广州的欧洲商人们,无不厌恶地指出,法国商行甚至发展到了对中国市场、中国人对西方奢侈品和其他商品的真实需求和支付能力等漠不关心了。从法国运至广州的玻璃有许多瑕疵,过去曾普遍受中国好评的呢绒也变得质量低劣了,不再符合中国买客的雅兴了。与此同时,中国供应商也开始向法国人提供末等茶叶,并在批量性输出的丝绸与瓷器中也加入了残次品。

法国在广州贸易上的失望,又激起了中法双方在各个领域中的互相怨恨与抨击。法国人每一次都将情绪失落和金钱损失的责任推卸给对方。法国人至此才发现,其金色美梦的破灭,与中国贸易制度令他们难以忍受的背景密切相关。1772 年 1 月 20 日,法国东印度公司一位大班在书信中作了这样的解释:“法国商人们在贸易中拒绝让人勒索敲诈,中国官吏们认为自己受到了冒犯,这是搅乱了一个国家保持平静气氛的部分原因。中国官吏们的贪腐行为助长了商品交易中的价格暴涨、武断的税收、拖延发放护照等行为。如果这种做法形成一种习惯的话,那就会激起动乱。”①

到 18 世纪中叶,法国在华贸易已经使它在半个世纪之前形成的远大抱负化为泡影。但法国人却从未因此而思考英国、荷兰和其他国家在广州贸易中获得成功的原因。直到 1776 年,法国商行和夷馆的雇员,仍生活在一种经常性的不和谐状态中,而且类似的现象也先后出现在法国设在印度和非洲海岸的其他商行中。后来设置的法国驻广州领事馆,也在不同程度上继承了这种内讧的遗产。法国驻广州领事沃格兰(François Vauguelin)尽力将这种内耗维持在可控范围内,直至他于 1782 年逝世为止。1785 年,常驻广州的法国人仅有 9 人。所有人都在国内拥有坚强的政治和财政后盾。法国驻广州副领事维埃亚尔(Vieillard)的地位从来都不算稳固。但他在 39 岁时,便获得了法国瑞涅(Juigné)伯爵的支持,想尽一切办法赚钱并兼任巴黎医学院的教授。此外,身在广州的还有法国东印度公司的干事长保尔—弗朗索瓦·科斯塔尔(Paul-François Costar)和驻广州领事小德经

① 考狄:《18 世纪法国在中国》。

(Louis-Joseph de Guignes,1759—1845 年)①。其他在广州的法国人,大都属于圣马洛、南特和波尔多船东的富裕家庭。其中一名会讲汉语并熟悉中国事务的人,便是嘉勒伯(François Galbert),但他很快就被召回法国并转到英国工作,法国驻广州领事馆实际上是租用了原法国商行的宽敞办公地点,这是欧洲人在广州所拥有的最豪华的办公场所之一。

法国东印度公司的解散及其垄断权的取缔,惊醒了法国从事广州贸易的船东们。他们在一段时间内又爆发了某种程度的反弹,并且于 1769—1785 年间,共派出 340 艘商船赴印度和中国。直到路易十六的财务总监卡洛纳(Charies Alexandre de Calonne,1734—1802 年)创建了一个新公司。当时大航海家德拉佩鲁兹(Count de La Pérouse,1741—1788 年)②致法国的一位大臣的信中指出:丹麦和瑞典都派遣很有能力的人物常驻澳门,法国在广州甚至缺少能称职出任法官的有能力人士。法国驻广州商人们的处境有些凄惨,公司实施的专营权使他们处于了半破产状态,无法解决他们与其中国贸易伙伴们存在已久的信用问题。1786 年 2 月,凡尔赛宫听取了广州商人们的抱怨,于是便派遣昂特尔卡斯托骑士(Chevalier d'Entrecasteaux)③赴东方,指挥法国驻在好望角以东的海军力量,并在印度洋监视英法有关限制三桅战舰级的舰艇数量协议的执行情况,巡视远东的海岛、海岸、海港,并在那里搜集尽可能全面的资料。他还负责撤退那些希望从印度和广州返回欧洲的法国人,命令他们遵守严格的纪律,极力避免放荡的生活和传染疾病④。

凡尔赛宫要求这位大航海家尽量妥善地解决驻广州法国商人之间的错综复杂的纠纷。其中最重要的一项,就是解决在粤法国人于 1783 年声称已积累到了 3334362 镑债务证券的问题。昂特尔卡斯托要考察这些债务是否已到期,搞清楚它们是否因高利贷积累而成等问题。

---

① 小德经曾任法国驻广州的领事,被任命为法国科学院的通讯院士,也是金石和美文学科学院的院士。他曾于 1794 年和 1795 年陪同荷兰入华特使德胜(Isaac Titsingh)和范罢览(Everard van Bram,1739—1801 年)入北京,拜见乾隆皇帝,并参加皇帝的 60 大寿庆典。

② 佩彼鲁兹是法国航海家,他于 1785 年 8 月从法国出发,曾经历游中国东海沿海、澳门和东亚许多地区,于其逝世后才出版其 4 卷本的游记《拉彼鲁斯世界环游记》(1797 年)。

③ 昂特卡斯托骑士(1737—1793 年)在 1791 年,曾被派往太平洋地区和出使广州,以寻找失踪的拉佩鲁兹,却殉职于爪哇岛海岸。

④ 考狄《昂特尔卡斯托骑士于 1787 年出使广州》,载《历史与描述地理学报》,1911 年,第 3 期。

法国的三桅战舰雷索卢申号(La Résolution)和苏泊蒂尔号(Subtile)于1787年2月7日在澳门停泊。5天后,昂特尔卡斯托骑士向清朝两广总督宣布,他的商船已经驶向珠江口。但两广总督此时正好赴京述职。广州当局要求它们等待以获得准许证。昂特尔卡斯托骑士将这两艘舰重新命名为皇后号(La Reine)和圣—安娜号(Saint-Anne)。但广州的官吏们并没有长时间地受蒙蔽,这两艘法国船擅入中国海域和广州港,引起了一阵动荡。直到双方达成妥协方告结束。

昂特尔卡斯托骑士留在了广州,但法国在广州的贸易直到1787年3月前,始终处于低潮期。甚至连法国驻广州领事馆也一度遭遗弃,副领事维雅尔(Vieillard)①为了逃避责任,也逃回了法国。主事科斯塔尔和翻译嘉乐伯也准备行李要撤离广州了。法国国王驻广州代表的职务就落到了小德经的身上。小德经收回了被维埃雅尔武断出让的商行办公地点。至于那笔悬而未决的债务,考虑到它可能会牵涉国家重要人物的利害关系,再加上大批中国债务人都已破产和无偿还能力,所以昂特尔卡斯托骑士决定暂将此事压下来,集中精力阻止英国人在中国海的活动。

昂特尔卡斯托骑士在广州遇到了一名爱惹是生非的入华耶稣会士梁栋材(Jean-Jos de Grammont,1736—1808年)。梁栋材甘愿以密探生涯充其第二职业,并且经常向法国海军大臣和法国北京传教区密报。他在自己生活的乾隆帝宫廷中,在广州官吏界和北京传教区中,都具有很坏的名声。钱德明(Joseph-Marie Amiot,1718—1793年)还专门通知法国原大臣贝尔坦(Henri Bertin),声称已经获准暂居广州的梁栋材,在那里并不受人好评和欢迎。他确实于1790年,应两广总督的要求,而被召回北京②。

昂特尔卡斯托的骑士,怀着对中法贸易不再存有幻想的忧郁心情离开了广州。在广州夷馆这些"隔离地"中,欧洲的许多大大小小的王国[英国、荷兰、法国、西班区、葡萄牙、奥地利、瑞典、丹麦、普鲁斯、不来梅(Brêne)、汉堡、拉古萨(Raguse,意大利)、热那亚、托斯卡纳(Toscane,意大利)]都将他们那乱哄哄的争吵,带到了广州。中国人本来并不希望把欧洲人都集中到广州十三行区。但一方的嫉妒和羡慕,另一方的高傲和鄙

① 维埃雅尔在法国大革命期间,曾作为皇家宫廷的成员,于1790年2月当选为巴黎省的执行官、选民大会办公室的秘书。他后来失去了踪影,无人知其下落。

② 钱德明,1788年11月11日的书简。请参阅考狄:《撤销耶稣会与北京传教区》,载《通报》1916年10月号。

视,所有人都怀着一种不明智的自尊心。这一切都形成了双方不可逾越的障碍,只好以"隔离区"来处置。

从此之后,欧洲人在广州的国家间对立超越了他们之间的商业竞争。因为无论商业竞争多么野蛮,它终究也会导致商界的某种团结,因为每一方都希望成为其君主巨大抱负的工具。人们习以为常地看着出售盆碗、便壶和奶瓶的小商人都高升为小掮客,并且希望以掮客的口吻讲话。英国东印度公司占有优势地位,他们以某种日益膨胀的傲慢态度,来炫耀其财富和海上霸权。世人也因他们那无事生非和专横武断的性格,而格外憎恶他们。大部分人只好违心地服从他们的统治,并宣布英国人才是应该对他们保持戒心并与之斗争的人。与英国人有历史老账清算的法国人,也只好不无危险地直面他们。1785 年 1 月 8 日,200 名英国开小差的水手在他们的军官率领下,抢劫和毁损了法国一座简易建筑①,杀死了其中居住的七八人,并且还杀死了法国守卫军官。

在这个并不特别关心伦理道德的英国世俗的东印度公司的边缘,活跃着一支天主教传教士的队伍,伺机潜入被禁止入境传教的中国内地。他们很不喜欢给基督徒们造成了很坏印象的那些航海家与海上贸易行为,指责他们以蔑视禁令的行为而招致中国人的不信任。贡斯当于 1789 年乘海豚号船出发赴华时写道:"我们船上有许多乘客,一名女子、多名男子和 4 名传教士,此外还有为法国岛准备的两名修女。那些号称年轻而又漂亮的可怜少女们,根据其行为而表现得苦乐不同,那些传教士们只会祈祷上帝和呕吐,船上的随船指导神父只会饮酒和发誓,每天必须作 9 分钟的弥撒,从而挽救了其性命。"②

这些前耶稣会士以及巴黎外方传教会、方济各会、多明我会和奥古斯定会的司铎们,都集中在澳门和广州。法国人以其吵闹的惯例、无敌的勇气和制造混乱的禀性,而颇为引人注目。葡萄牙人在那里寻机迫害法国人,并且对他们在澳门的居住权提出了质疑,其借口是法国人是促生了中国政府与澳门城当局之间断绝关系的原因。自一个世纪以来,广州的那些大大小小的中国官吏们,都审视和分析了西方人的习惯和行为。在这些中国官吏们看来,西方人均为不可救药的蛮夷人。我们现在掌握有他们内部

---

① 法文中的 bancassal 指一间用轻型材料在陆地上建造的简易房。

② 路易·德尔米尼:《贡斯当中国贸易回忆录》。

争论的证据和日益增多的要求，这些人忘记了他们自己的处境和中国的浩荡皇恩①。

两广总督出面威胁要最严厉地惩罚这些夷人，因为他们违犯了中国法律并且成了制造动乱的起因。据贡斯当认为，这些威胁已经被认真对待了。他指出，自从欧洲人在那里不断地感到害怕遭受绞刑以来，他们的蛮横无礼行为于其炫耀和傲慢中收敛了许多。被传教士们的不宽容和不和睦行为激怒的清朝年迈皇帝发出的警告，从未能抑制这些福音传播者们的狂热。到 18 世纪末，中西关系开始进入对抗阶段。

大革命时代的法国置身于东亚事件之外，它所关心的是其他事务，而不是它在中国的贸易和政治地位。早在 1790 年 4 月 3 日，法国国王的一道诏令便撤销了卡洛纳的东印度公司。该公司在解散之前，曾要求它在广州的经纪人，要将其行（商行或公司）出让给乐意支付它为其恢复而预先垫付款的人。小德经作为法国国王的代理人，力图挽救可能会出现的情况，也就是升旗权。他于 1791 年 12 月 20 日致法国海军部长的一份报告中指出：欧洲“商人们将会被迫居住在中国人中，由此便面临偷盗与纵火。他们由于缺乏地盘，而只能于其现有的商号中存放其货物，那里有一个钱柜以及存放茶叶和运回欧洲的其他商品的空间。如果无故改变商号并使停泊在海岸的商船与摩尔人融为一体，那么整个国家便会失去信誉；如果与外国人共同居住在一起，那就会有一种显而易见的危险；如果船员们前来争吵，那就有可能出现任何不测事故。在中国，凶杀都会产生可怕的后果。我们贸易的破产，也可能为其后果，其他国家将会联合其力量，以便将我们从那里驱逐出去②”。

小德经通过这同一封书信，同样也为领事申请一件证书，以及与该头衔相适宜的权利，以便他有权利行事并拥有为行使其职务而需要的最起码信誉。他最终还从中加入了书面誓词，发誓要忠于国家、法律和国王，并要全力遵守和践行由国民议会提出并由国王批准的政令。这一切实际上却是一无所成。人们为他保留了一家幽灵般的代理商行职员的地位，薪水微不足道，并于 1793 年被从本地治里派去占据中国这家商行的人所取代。3 年之后，他又乘船赴法国岛，并希望在那里领取其工资，一切均依然无果。

① 路易·德尔米尼：《贡斯当中国贸易回忆录》。

② 由考狄征引，见上引《法国驻广州的领事馆》一文。

经过告别法国 17 年之后，他最后于 1801 年返回欧洲。经过多方奔走之后，他最终获得了解决其拖欠薪水的问题。1803 年，拿破仑的外交大臣塔列朗（Charles Maurice de Talleyrand，1754—1838 年）打算把他重新派往广州，但再次爆发的英法战争却使这项计划胎死腹中。他被调任外交部，以整理法国领事馆的档案。小德经于 1813 年出版了一部法—汉—拉词典，但他的中国工作经验始终再无用武之地。

法国的广州商行于 1790 年被拍卖，被两位大班贡斯当与彼龙（Piron）收买，他们又把它出租出去了。法国在广州的贸易据点被放弃了。时任荷兰东印度公司的经理和后于 1794 年作为东印度公司特使的范罢览（Everard van Braam，1739—1801 年）①，确实曾非常傲慢地宣布，法国在中国就如同在欧洲一样笨拙无能，甚至已经被排除在欧洲列强之外了。

范罢览吸取了英国使团马戛尔尼（Lord Earl Macartney，1737—1806 年）于 1793 年在中国遭遇礼仪问题上的失败教训。他成功地说服了荷兰东印度公司，于其后派遣一个尊重中国礼仪的使团。该使团被委托给了德胜（Isaac Titsrngh，1745—1812 年）②。此人于 1794 年 9 月间起程，于 1795 年 1 月 10 日到达北京。

梁栋林神父自荐为该使团服务。他声称其唯一的目的是赴北京去游说大清皇帝，并向皇帝进献礼物。他既无怨言发泄，又无须请求原谅。我们通过作为译事而陪同他的小德经而获知，荷兰人忍受了无数的苛求和折磨，最终也只好作出了顺从的表示，下跪和叩头等。

英国人保持了在广州的优势地位，迫使荷兰人接受了中国式处理方法，又加强了英国人的坚信，唯一可以面对中华帝国的态度，便是强硬。这又导致东印度公司于 1802 年试图强迫驻澳门的葡萄牙军官在那里设立一座葡国兵营，但最终却未能得逞。法国国旗不再飘扬于黄埔港的左岸了。

---

① 范罢览于 1739 年诞生于荷兰乌德勒支（Utrecht）省，于 1783 年主持一个水稻种植农场，于 1784 年获美国国籍。他经过在亚洲游览之后，又出发赴美国，居住在一个叫作“中国会馆”的地方。那里有一座中国塔，并且布置了来自中国多省的艺术作品。其著作有多种法译本，特别是有一个费城版本和一个斯特拉斯堡版本。

② 德胜于 1745 年 1 月 10 日诞生于阿姆斯特丹，科班出身的外科医生。他很早就为荷兰东印度公司服务，1768 年在日本，1785—1792 年在孟加拉，1793—1794 年在巴达维亚，长期任职于亚洲。他于 1779—1784 年间任荷兰商行的经理，奉命出使中国与日本。他是最早深入研究日本文化与历史的欧洲人之一。他分享了高级神职人员的哲学生活，后又因持续的书简及其出版物而延续这种生活。他于 1812 年 2 月 2 日逝世于巴黎，被葬于拉雪兹神父墓地。其收藏品均已失散。

当时仅有英国人、荷兰人、西班牙人、瑞典人和美国人在广州经商。英国人始终害怕拿破仑的法国重返广州。自称为“海龙”的英王乔治三世(George Ⅲ,1738—1820 年),以他的一封致大清王朝乾隆皇帝的继承人嘉庆皇帝的奇怪信件,便是其论据。他于信中写道,法兰西王国自 12 年来就处于革命之中,并与英国的战争状态。他在追述了路易十六(Louis ⅩⅥ,1754—1793 年)死于断头台之后,又提到了拿破仑。他认为拿破仑是一个卑鄙的人物,持续以其阴险的理论和荒谬的计划而欺骗所有人。这就是为什么法兰西王国的居民始终生活在一种混乱之中,既缺乏法律制约,又没有任何思想活力。所以,法国在中华帝国永远不会停止从事传播其阴险教理和荒谬计划的企图。像嘉庆那样聪明和谨慎的皇帝,当然很容易洞察到法国国王的骗人计划及其荒谬性。英国国王让中国天子与“西夷”王子之间的竞争和争执,这是失礼和不妥当的。嘉庆皇帝于其答复中,并没有涉及这一切,仅仅提到了自己的宽容:“至于陛下臣民中的那些多年来都习惯于与吾国贸易,朕应该提醒注意,天朝政府平等对待所有人和所有国家,以慈悲和善意的眼光看待这一切,始终以最大的宽容和友善对待贵国臣民。因此,贵国政府对他们表示厚爱之努力,没有理由和机会。”①

然而,仇视法国的英国东印度公司在广东的官吏和巨商大贾中,却大量得分。一名法国商人指出,非常具有心机的英国人对法国人的性格产生了某种负面影响②,因而没有任何人将法国人介绍到商行中去任职。但英国人的形象也并未由此而得以提升。1808 年 9 月 21 日,当英国海军司令德鲁里(Drury)借口法国威胁而派遣一支特遣部队在澳门登陆时,清朝两广总督作出的反应是关闭与欧洲贸易的大门。三个月之后,英国海军司令卷起行李回家去了。

英国人对法国力量返回广州的恐惧,是出于需要而又经过特意夸大的。但这也并不是如同有人声称的那样,是毫无根据的。早在 1801 年,夏尔庞蒂埃·德·科西尼③确实提出了一项建议,即向中国派遣一次商业远

---

① 考狄:《中华帝国通史》第 3 卷,格特纳出版社 1920 年版。

② 萨莱勒(Salèles)恢复了与苏门答腊、马来海岸、交趾支那和婆罗洲贸易关系,而致巴黎参议院大人们的陈情书。载考狄:《第一帝国时代的英国与法国在交趾支那与中国的较量》,载《通报》,1901 年。

③ 夏尔庞蒂埃·德·科西尼(Charpentier de Cossigny,1736? —1809 年?)曾在毛里求斯、巴达维亚和广州任工程师,后来发表过《广州旅行记》和一部回忆录。

航。后来到1803年,法国海军司令勒努瓦(Lenois)的舰队驶入了印度洋,并使其中一部分在本地治里登陆,这是对英国在印度霸权的一次真正挑战。我们不应忘记被大革命孤立的法国人的骚动,现在又受到了拿破仑胜利的鼓舞。在这些人中,有一名旧骑兵军官圣-克鲁瓦(F.R.de Sainte-Croix),他曾于1803年乘一艘三桅战船,前往为正与英国人作战的印度马拉塔人(Mahrattes)效力。他后来又赶往菲律宾,在那里成为西班牙总督的副官。圣—克鲁瓦经过多次冒险之后,于1807年到达澳门,当时一小批法国人正试图在那里给英国人制造某些麻烦。其中一人让-马利亚·达约(Jean-Marie Dayot)曾在15年前为交趾支那的国王嘉隆(Gialong,1802—1819年在位,即阮世祖)效力,并且将圣-克鲁瓦精心绘制的一批海岸地图和一份航海备忘录送给了他,以让他转呈拿破仑。

圣-克鲁瓦于1808年经美国而返回法国,将达约的那些珍贵资料转交给了拿破仑的外交大臣,以转奏拿破仑。但它们却被遗忘在海军部的地图收藏室了。当拿破仑于1811年将其注意力转向东印度时,圣-克鲁瓦于1811年12月21日向他呈交了一份有关向中国遣使的上表,以摧毁英国在远东的贸易优势①。但拿破仑于1812年将其军队投入到灾难性的俄国战场上去了。1814年,由于欧洲反法联军入侵法国,从而结束了法国的帝制,也毁灭了法国刚刚崭露头角的东方政策。这场战争同时又使英国确保了它在亚洲事务中的重要地位和角色。在中国,外国商人的傲慢行为激起了众怒,但中国官吏们的劝告和指手画脚,均不起作用。这一年于广州也出现了紧急警报。1814年4月,中国当局结束了外国商行的经商活动,致力于稽查并从中撤回了所有法国的人员。到12月末,清朝两广总督又撤销了禁令,广州对外贸易再度启动。但由于鸦片交易、殖民主义战争和不平等条约接踵而至,形势与先前完全不可同日而语了。

三、广州十三行行商

在广州,“行”(Hong,Hâng)是指商行,特别是当地人拥有特权的或为外国商人作担保的中介商行。由此而出现了“行商”之称,行商们的联合

① 索奈拉特于1811年12月21日的上表,载《通报》,1901年号。圣克鲁瓦于1810年在巴黎出版了其游记《1803—1807年间的东印度、菲律宾和中国游记》。

组织为"公行"(Co-hong,Co-hang)。法文中的factorerie(商行)在广州则专指外国夷馆,包括住宅和办公室。"行"有时也指货仓、货栈或货行。"公行"设于一座被称为"公司"(Consoo)的大楼中,属"户部"(Hopp)或Opeou,Haupoul)领导。由大清朝廷任命的"海关监督",在广州被称为"粤海关部"。

行商的数目往往是变化不定的。在1765年为十行,索奈拉特(Sonnerat)只计算到七行①。圣-克鲁瓦(Renouard de Sainte-Croix)于1807年认为有十二行:潘谿官(潘振成,同孚行),深蓝顶官吏,他现已不再经商,只控股英国公司的两成生意;茂官(Maukois),同上,在印度公司中掌握一成股份;Conséquois,同上,最佳行商之一;Nouyqua,水晶顶官吏;Ponqua,浅蓝顶子官吏,现与美国人大量经商;Leyquoi,大水晶顶子的官吏;Cheoqua,同上;Honqua,同上;Menhop,金顶官吏,过去曾任官吏的扈卫;Lokqua,金顶官吏;Manching,同上②。

嘉庆十一年(1806年),户部尚书托津(Ti-King)向皇帝上了一道表,要求任命首席商人主持十三行的事务,他及其同事们将是可能会被任命为新行商们的中保证人。继户部Yen-loung的一道奏折(1829年,道光九年)中,提到行商的数目已经达到13家。两广总督府于1837年9月的一道上表,宣布这一数字将是最终性的③。据1838年的《英—中纪年》记载,广州十三行的名表如下:

1.浩官(Howqua)	怡和行(Ewo hong)
2.茂官(Mowqua)	广利行(Kwonglei hong)
3.潘启官(Ponkhequa)	同孚行(Tungfoo hong)
4.鳌官(Goqua)	东兴行(Tung hing hong)
5.京官(Kingqua)	天宝行(Teenpeou hong)
6.铭官(Mingqua)	中和行(Chungwo hong)
7.寿官(Saomqua)	顺泰行(Shuntae hong)
8.潘文海(Punhoyquai)	仁和行(Yun Wo hong)
9.三官或爽官(Samqua)	同顺行(Tungshun hong)

① 索奈拉特:《游记》第2卷,第10页。

② 圣—克鲁瓦《东印度游记》第3卷,第100页。

③ 同上引书,第39页。

10.Kwanqua,Chingshing 孚泰行(Footae hong)

11.Tarqua 安昌行(Ganchang hong)

永业行(Yung Yew hong)

在此前一年,共有 13 行,应从中再加入以下两行:

Sungshing 安昌行 顺泰行(Hengtae)

刘(章)官(Luhqua) 东生行(Tunqchang hong)

1836 年,也如同 1838 年一样,只有 11 行,但安昌行(Sungshing)代替了 Tarqua。

1835 和 1834 年一样,也只有 12 行。从中加入了:

Fatqua 义丰行(Le Fa Kwan)

安昌行(Sunshing)

福顺(Funsune) 福顺行(Fuktsune hong)

1835 年,Fatqua 宣布破产,因为它欠下了政府 30 万两白银。刚刚关闭不久的鳌官(Go-qua)行,又以东兴行(Toung-hing hong)的名称而重新出现,而不再是东裕行(Toung-yu hong)了。仁和行的潘文海(Punhoy-qua)停业不久又复业。

法国驻广州总领事敏体呢的《法国在华商人》一书出版于 1846 年,但他却是在随拉萼泥(Joseph de Lagrené,1800—1862 年)使团访华时,搜集资料写成此书的。他认为当时广州的商行如下:

浩官(Howqua)	怡和行(J'ho-hang)
茂官(Mowqua)	广利行(Kwongli-hang)
潘启官(Ponkhequa)	同孚行(Tung-fu-hang)
鳌官(Goqua)	东兴行(Tung-hing-hang)
京官(经国,Kingqua)	天宝行(Tîen-pau-hang)
铭官(Mingqua)	中和行(Chungho-hang)
寿官(Saoqua)	顺泰行(Shun taï-hang)
潘豁官(Punhoyqua)	同孚行(Tinho-hang)
三官(Samqua)	同顺行(Tung-shun-hang)
广兴泰(Kwan shing)	孚泰行(Futai-hang)

行商们于其特权的末期,主要还有浩官和茂官(1835 年 5 月 7 日逝世于河南)和潘启官。潘启官的祖父曾于 1785 年出任公行经理,其继承人是吴怡和(沛官,Paequa)。此人于 19 世纪末又被其弟浩官(卢广利)所取

代,后者任经理直至公行于 1842 年被关闭为止。

驻广州东印度公司的商业特权于 1833 年被中止了。其大部分职员都撤回到了印度,唯有阿斯泰尔(George Harvoy Astell)和克拉克(Henry Matthew Clarke)一直在那里停留到 1839 年 12 月,以结清公司商务。自从东印度公司离开广州之后,浩官便单独负责美国商社拉塞尔公司(Russell)的商务。他诞生于 1769 年,于 1843 年 9 月 4 日逝世于广州郊区的河南镇,享年 74 岁。

法国驻广州领事于雅乐(Camille Lmbault - Huart, 1857—1897 年, 1888—1898 年任驻广州领事。他另外还分别于汉口、上海、北京和龙州领事馆工作过)曾与浩官伍金城有过直接交往。当时伍金城便居住在今广州海珠区的河南镇,这是其祖籍之地。伍金城为于雅乐列出了十三行的名称:

官名拼音	个人名字	行名	汉文官名
1.Howqua	伍敦元 Wou Tong-youen	怡和行 Y-ho hang	伍浩官 Wou Haô-kouan
2.Ponkhequa	潘振成 P'an Tchen-tch'eng	同孚行 T'oung-fou hang	潘谿官 P'an Kou-kouan
3.Mowqua	卢文蔚 Lu Wen-weï	广利行 Kouang-li hang	卢茂官 Lu Mao-kouan
4.Goqua	谢有仁 Sié Yéou-jen	东兴行 Toung-ching hang	谢鳌官 Siè Ao-kouan
5.Mingqua	潘国荣 P'an Kouô-young	中和行 Tchouug-ho hang	潘铭官 P'an Ming-kouan
6.Samqua	吴天坦 Wou T'ien-t'an	同顺行 T'oung-chouen hang	吴三官 Won San-kouan
7.Chingshing	易元昌 Yi Youen-tch'aug	孚泰行 Fou-t'aï hang	易孚泰 Yi Fou-t'aï
8.Saoqua	马佐良 Mâ Tsô-léang	顺泰行 Chouen-t'aï hang	马寿官 Mâ Cheòu-kouan
9.Kingqua	梁经国 Léang King-kouô	天宝行 T'ien-paô hang	梁京官 Léang King-kouan
10.?	蔡世文 Ts'aï Tche-wen	万和行 Wan-ho hang	蔡文官 Ts'aï Wen-kouan
11.?	潘正炜 P'an Tcheng-wei	同文行 T'oung-wen hang	潘谿官 P'an Kou-kouan
12.Luhqua?	刘家聪 Leòu Kia-ts'oung	东生行 Toung-cheng hang	刘章官 Leòu Tchang-kouan
13.?	谢嘉梧 Sié Kia-wou	东裕行 Toung-yu hang	谢鳌官 Siè Ao-kouan

在上列十三行中,由于有十二行均是由原籍为福建省的行商所建,所以他们的名字都有一个福建方言语音"官"(qua)的音节。唯有名表中的第七位梁经国的原籍为广东。除了浩官之外,当时还有两三位行商的后裔都处于贫困潦倒之中,其先祖积累起来的大批财富已经被挥霍一尽,或者是在恶性投机中亏损。今日的浩官家庭已经失去了昔日的辉煌。据说,他

们只拥有10万美元左右的家产了。

行商于其经营活动中,受到了"通事"们的帮助,这些通事或翻译也是根据北京的命令而由户部批准而任命的。敏体呢曾写道,这些通事们是欧洲商人与中国海关之间沟通联系中必须使用的中介人。通事们负责获得商品卸船和装船的准许证。他们为了这些活动而租用驳船和小船,监督从船舱卸到陆地和自陆地装到船舱的货物运输。总之,通事们处理事务的习惯使他们对欧洲商人很有用。当他们处理与自身关系不大的业务时,欧洲商人都很信任他们的善意。自从在中国不再存在垄断贸易的时候,欧洲商人便有权亲自租用他们所中意的驳船与小船。但他们为了自身利益,仍将这项工作留给了通事们。通事们也不会再要价很高了,要负责监视小船,以防将商品装上陌生的商船①。

1838年前,共有六位通事②:

原名	行名	官名
Atom Atung Akong, ou Young Tom Alantsei Achow	Foonwo Uetloy Woshang Chengwo Unefoo Cheongtoy	Tsae-mow Ho-hwuy Paou-leäng Woo-tseäng Ho-pin Too-ching

1838年,这最后两名通事消失了。在该年的《英—中贸易史纪年》③中,又加入了一名通事:

Young　Aheen　Shunwo Tsoytsung

1845年,敏体呢提供了五名通事的名单。除了Foonwo、Woshang、Chengwo、Shunwo之外,又加入了:

Apooy　Tai-wo　Liu-yung④

---

① 见考狄:《中国与西方列强关系史,(1860—1900年)》,巴黎1901年版,第1卷,第159页。

② 《英—中贸易史纪年》,1884年版,第86页。

③ 敏体呢:《在华法国商人指南》,1846年巴黎版,第328页。

④ 这些名字的汉文字及其事迹,均无法考证。

夷馆或洋行的主要经纪人或职官,便是买办(Compradore),它出自葡萄牙文Comprador,意为"购买"或"购买者"。敏体呢写道:"一家商号的买办,负责招募其他所有雇员,并对他们的行为负责。买办要采购所有供应物品,负责日常零星开支。事实上,公司的支付和入账均是由买办负责"①。

在那个人口非常稠密的镇子以南,十三行以它们那朝南开的门面,在珠江左岸面对河南岛的地方,在近350米长的地域排列开了。

该镇西部的第一家是丹麦夷馆。由一批中国货栈与新中国街(New China Street)②分隔开来了。在大街的另一端是西班牙馆;接着是法国馆,与章官(Tchoung qua)行相毗邻,由旧中国街(Old China Street)③环绕。在同一条街的对面,便是美国馆(广远行),其角落里驻扎着一支由12名左右中国士兵组成的卫队。再接着便是宝顺行、帝国馆(Ma-ying-hang)、瑞(典)行、旧英国行(龙顺行)。炒炒(Chow chow,混合馆)由一段狭窄Hog-Lane与新英国馆(保和行)的高大围墙相隔。新英国馆是继1822年那一场几乎烧毁了所有夷馆的火灾之后,又重建起来的。与新英国馆相邻的是荷兰馆(Tseih-e-hang)和小溪馆(La Crique,Creek④,即E-ho-hang)。它被如此命名,是根据它是沿城墙的一条小溪或一个山湾。小溪过去形成了该城的西壕沟,城中的水要通过该沟而流入河中。总之,十三行形成了一个广场小花园,其后面便是自东向西的十三行街。在英国新馆和荷兰馆之前,有些平台和巨大柱子。第一根柱子上写有"Pro Rege et Senatu Angliae"(支援英吉利王国和议会)。第二根柱子上写有"我将坚持"。

在"旧中国街"的北端,于十三行大街上矗立着"行商公所"(Consoo House)那漂亮的中国式建筑的大楼,这是行商们的集体所有产业,其中的主要业主有浩官(Howqua)和潘启官(Pouan Keiqua),以及他们廉价和每年一次性支付的夷馆。人们通过一条很宽的花岗岩阶梯和柚木大门而进入行商公所。

苏耐拉于其书第2卷第15页中写道:外国人"在支付了一大笔款时,中国人便允许他们以自己的方式修建其行的门面,只要内部为中国式的,

---

① 上引敏体呢书,第328页。

② 新中国街是西方人对同文街的称呼。

③ 旧中国街是西方人对靖远街的称呼。

④ 敏体呢误译作Greek(希腊)。他于其书第474页中写道:"外国人称之为希腊馆。"

正如实际上的情况那样。每个国家都于其夷馆的门房之前有一面国旗。这并不是作为其受人尊重的标志,而是使他有别于其他夷的标识”。1825年,英国、荷兰、美国和西班牙国旗每天都在夷馆门前升起;自30年来就缺席的法国国旗,于1832年12月13日升起,作为法国领事馆的标志。法国当时在广州的贸易实在无足轻重。瑞典、丹麦和奥地利帝国已经停止了与广州的任何贸易。

各家夷馆都由一组几乎都是三层的楼房组成,前后由院子隔开,被分别编作一、二、三号楼房。楼房的底层被用于办公室,一楼是客厅,二楼是私人房间。

1822年11月1日星期五晚,一场大灾不仅烧毁了民宅,而且也烧毁了潘官、发官(Fatqua)和章官(Chunqua)的设施大部分夷馆也被烧毁,唯有美国领事Wilcok、瑞典领事贝里(Berry)的商品和普鲁士副领事马尼亚克(Maqniac)的部分财产例外。自英国水师提督西摩(M.Seymour)对广州炮台发动攻击之后,被激怒的中国人便于1856年12月14日晚11时放火烧毁了夷馆,唯有英国馆幸免于难。

外国夷馆与行商们在中国的特权,被1842年8月29日的《南京条约》彻底取缔了。

总而言之,广州十三行从创立到消亡,从兴盛到衰败,都是中国与西方列强之间的商人、商行、大班、东印度公司、夷馆、领事馆、远征军与外交代表之间的经济实力和军事实力之间的激烈竞争。贸易始终是以国家的强盛为靠山,国家的强盛又要靠贸易来创建和维持。商贸永远离不开国家的支持,国家也必然要依靠商贸来充实国库。清代广州十三行的兴衰便清楚地证明了这一点。

18 世纪广州的欧洲商船与茶叶贸易

1964 年,法国高等实验研究学院推出了路易·德尔米尼(Louis Dermigny)的一部震惊学术界和令世人瞠目的博士论文《中国与西方,18 世纪广州的对外贸易》①,作为该院颇有影响的一套数目庞大的丛书《海港·道路·贸易》第 18 卷而刊行。全书洋洋洒洒共分 5 大卷,约 300 万—400 万言之巨。仅书末所附参考书目就长达密密麻麻的 110 余页,约 3400 余条之多。该书广泛地利用了法国东印度公司的档案,成了 18 世纪(主要是 1719—1833 年)广州地区对外贸易史的集大成之作。它创下了由一名学者独自撰写的博士论文篇幅之最的纪录(多位作者执笔合作的著作除外)。全书内容庞杂而卷帙浩繁,使全世界的任何学者都很难通读一遍。故而此书虽引起了轰动,却未被学术界广泛利用。巨大的部头,反而有碍于它在学术界的广泛流通。但它的价值与意义,却是有口皆碑,很难有人超越的。目前,就 18 世纪的中法广州贸易史(甚至乃是整个中欧贸易史)的研究而言,它始终是一部绝无仅有的著作。此书档案文献宝贵、论述详尽、结构宏大、观点公允、原始档案密集,实属一部难得的精辟力作。此书出版之后,正遇到我国 10 年动乱时期,国内收藏甚少,极为稀见,故值得向我国学术界作以评介。

一、《18 世纪广州的对外贸易》一书的基本内容

这部博士论文第一卷除了《导言》之外,共分五章。

---

① Louis Dermigny: La Chine et L'occident, Le Commerce à Canton au XVIII e siècle, 1719-1833, 国家学位论文印制出版处, 1964.

作者在长篇《导言》中，主要是论述了西方自古以来有关中国的神话，以及中国的真实国情。书中提到，对于西文贸易来说，存在着一个“广州的18世纪”，广州从一个“封闭之地”，变成了“令人着魔的希望之乡”。其中论述了“西方人思想中的中国形象”，特别是在传教士们的中国形象（正面的和亲华的）与商人们的中国形象（负面的和仇华的）之间的差异。这主要是由于传教士们长期在华居住，并且潜心研究中国历史文化；商人们唯利是图，既不懂中国文化，又不敌中国商人的精明。当时欧洲人都把广州作为“赴印度的最后一个停泊港”。作者接着又论述了“中国人思想中的西方”，从西方人的“仇华”，发展到了中国人的“排欧”，中国人当时基本上是拒绝了“外国人的思想”。作者在“西方贸易和中国经济”问题上，阐述了中国的儒家伦理与土地所有制对外贸的制约、中西之间信贷与技术的差距、广州对外贸易的发展及其时代背景等诸多问题。

第一卷是《东印度公司的时代》，下分五章详细论述。

第一章是《东印度公司与中国》，其中主要论述了“海盗及当时的形势”：南中国海的倭寇、中国于17世纪的危机和退缩、荷兰的入侵与台湾—日本轴心的形成；“中国海与贸易区”；帆船时代的英国人与荷兰人；荷兰人进攻澳门和占领台湾，“中国的危机”：中国沿海省份的抗清、海盗与正统思想、郑成功在台湾、沿海居民的迁海、海上贸易的衰落；“从日本到中国”和走私贸易势力的猖獗。第二章是《船队与人员》，分别论述了欧洲驶广州船舶的吨位与建创、船组人员与指挥、免费携带商品与免费证。第三章是《入华旅行》，分别论述了海岬之路、印度洋与中国海之海路、远航的持续时期。第四章是《广州贸易的条件》，分别讲到了广州贸易，朝贡贸易制度和海上贸易、关税与“礼物”、公行制度、广州的董事会。第五章是《中国的黄金》，分别论述了毒品、瓷器与丝绸、金属等商品的交易。

该书第二卷是《茶叶时代与中国的债务》。下分五章。

第一章是《海禁制度》，分别论述了中国的专制主义、排外情绪与人口因素、海禁制度等。第二章是《茶叶》，分别论述了茶叶交易的表象、茶叶的出口、洛里昂茶叶拍卖等。第三章是《茶叶的走私》，分别论述了茶叶交易的大陆环境、茶叶与关税制、走私船、布列塔尼的循环周期、对茶叶走私的估量。第四章是《金币与兑票》，分别论述了金钱与商品、呢绒、杜卡顿和金币、金属货币的供应、大宗借贷与兑票。第五章是《贸易区与中国的债务》，主要论述了印度商人与东印度公司的经纪人、总督向公行借贷、空头汇票与中国贸易、广州贸易的破产。

该书第三卷是《广州与鸦片的时代》。共分五章论述。

第一章是《走私的末日》,分别论述了地下交易、抵偿行为、茶叶的国有化。第二章是《使节》,分别讲到统制贸易、中国之路、从槟榔屿到北京。第三章是《美国人与毛皮》,分别讲到"第二种英国人"美国人、美国西北海岸、美国人的扩张。第四章是《代理商行》,分别讲到了欧洲工业革命与中国市场、从钟表到棉花、从烟草到鸦片。第五章是《打破平衡》,分别讲到了中国的棉花危机、毒品肆虐、海盗与叛乱、白银危机、反垄断的斗争等。

全卷最后是《结论》,讲到了贸易自由、帝国与海洋、贸易结构与背景等内容。

第四卷是有关18世纪广州对外贸易的地图、图表和照片。

第五卷是《贡斯当中国贸易回忆录》。贡斯当(Charles de Constant)又被称为"中国人贡斯当",于1779年,在16岁时便乘船首次赴中国经商,他于1780年到达澳门并辗转到广州。贡斯当于1788年返回洛桑后,又于1790年再度返华。其回忆录共分五章。第一章是《了解中国》:商人们的中国、广州和澳门。第二章是《大船的必要性》:船舶与船舱的分配、法国远洋商船需要改进的设备、与中国做交易。第三章是《与中国交易的商品》,讲到中国进口的欧洲产品是呢绒、平纹布、羽纱、玻璃、铅制品、乌木、象牙、骨制品、檀香木、香料、棉花、火碱等。中国向欧洲出口的商品是茶叶、瓷器和丝绸等。第四章是《船舱种类》。第五章是《广州的贸易习惯》,这一部分主要是为广州的法国商人提供某种"经商指南",介绍了中国政府的外贸制度、中国的公司制度、公司贸易与自由贸易,全章特别以1786年的中国对外贸易为例而介绍了这一切。第六章是《欧洲人在广州的贸易谈判》,讲到了中国当局制订的制度、欧洲人在华的处境、黄埔港的行船与停泊、户部的巡视、中国官吏们的勒索、英国人的傲慢与中国人的外债。第七章是《派遣使节和定居计划》,其中讲到了对马戛尔尼使华的看法、公行制度,官吏裁决制、中国人对欧洲人的鄙夷、使节的礼仪、与中国签订贸易协定的计划。最后是对中国台湾与澳门的回忆,论述了其物产和外贸、战略地位、欧洲人入居澳门的计划、占据澳门的利益所在等。

这里拟仅对18世纪欧洲商船赴广州的数目、运载商品种类和数量、商船吨位及其变化,特别是对于18世纪广州茶叶贸易的问题,作一番简单介绍。其资料和数据均摘录自《中国与西方,18世纪广州的对外贸易》一书,仅供中国学术界同仁参考与借鉴。

二、18世纪广州对外茶叶贸易的历史背景

中国由于其气候和环境的原因,历来盛产茶叶,从而使欧洲在18世纪中叶的对华贸易中,茶叶成了他们赚取巨额利润和快速致富的重磅产品。茶叶固然不是专营产品,其贸易额的暴涨与暴跌,首先是以法国大哲学家伏尔泰所说的西方对"小草"的消费为基础的。在欧洲对华贸易的第1个阶段,也就是在葡萄牙或卢西塔尼亚—西班牙时期,实际上是一个丝绸贸易的阶段。欧洲对华贸易的第二个阶段,并没有非常明确的特征,学术界称之为金属(也含丝绸)和非典型商品交易的时代,但其运销量很小。欧洲对华贸易的第三个阶段,则是一个以发展产品专业化和行销量骤增为特征的时代。近代经济最明显的特征之一,便是发展满足情趣爱好的消费品和创新的需求。某些16世纪之前的未知食品和异国情调的刺激性或调味产品的消费,疾速发展,商品的生产始终与世界某一地区的特殊需求相关。无论如何,随着香料和调味品的发展,茶叶仅仅是在欧洲的糖、烟、咖啡和可可等调味系列中,最后出现的一种"新贵"。茶叶从一种在某种程度上是药用的消费品,逐渐变成了"药食"中的日常性和普及性的消费品。当时,法属和英属美洲成了糖与烟的生产基地,而耶稣会士们的巴拉圭却是马黛茶(Le maté)的产地,波旁岛是咖啡生产地,中国则是一个历史悠久而又地域广泛的茶叶生产与消费帝国。世界特产品,尤其是农产品,一般总是从西向东传播的。中国却在某种程度上取代了贵金属或糖产量不足的美洲,将自己的产品传向了西方,特别是丝绸与茶叶。任何文明在某种程度上都是以物质产品和文化诱惑力之间的交流与亲合而形成的。中国人把食物或饮料与思想或理想结合起来了,茶叶如同咖啡在西方文化中的地位一样,都进入了其世界观的形成过程。但这些笼统的线条却无法诠释东西方全部历史事件。除了某些表面的共性之外,茶叶与西方的其他消费品之间,缺乏更多的共性。除了马黛茶仅限在拉普拉塔(La Plata)和安第斯地区消费外,真正传入欧洲市场的可可,虽然只起过一种很有限的作用,却具有巨大的商业和税收价值。咖啡的生产中心很多,而且其消费市场也分布很广。当茶叶征服西北欧时,马提尼克的咖啡从1730年起,在奥斯曼帝国取代了阿拉伯咖啡。我们无法具体说明,烟草或咖啡是否还独自形成过

某种领域，或者是说它们是否在商船船舱中仍占据过主要位置。茶叶是一种很特殊的产品，因为它占据了所有驶往中国商船回程运货量中的 70%—90%的比例，最后垄断了所有船队，形成了远距离交易中的一大奇观。

这里试从 18 世纪欧洲驶往广州的商船与茶叶贸易的角度，对于东西方物质文化的交流，特别是中西方的茶叶贸易，作一番概述。

三、18 世纪驶往中国广州的欧洲商船

我们可以非常简单地概括一下当时东印度公司对华贸易的基本动向：西方船舶向黄埔港方向的流动，在 1719—1725 年和 1828—1833 年间的一个多世纪期间，于数量上增加 17 倍，于吨位量上增加 23 倍。其中涉及的西方国家有英国、法国、荷兰、丹麦、瑞典、诸小王国、葡萄牙和其他国家，后期又有美国商船的介入。当然这种略显简单化的考察，无法解释漫长历史中的复杂现象。因为在整个该世纪期间，中西方茶叶贸易掩饰了许多内在的反差。但它至少可以从总体上确定中西茶叶贸易与其他贸易相比较的关系。大家可以选择几种有关亚洲的标识性数据，以证实这一切。首先是长崎的帆船贸易，从 1719—1728 年间逐渐减少到年均 27 艘，到 1763—1769 年又锐减到 12 艘，于 1828—1833 年间再次缩减至 8 艘。至于驶往广州的东亚帆船，却于同期首先从 8 艘增至 26 艘，最后又增加到 143 艘。在日本外贸无情暴跌的同时，马尼拉的帆船贸易也从 1719—1725 年间的 19 艘船（其中 12 艘来自中国），降至 1763—1769 年间的 12 艘（其中 9 艘来自中国）。这一切都似乎说明，欧洲贸易要逐渐取代远东的“地区性”贸易了。在 18 世纪的最后三分之一年代，于欧亚大陆的另一端，同时也出现了一种明显的畸变。自利凡得（Levant，东方国家）返回马赛的商船数目，从 1734—1741 年间的平均 232 艘，增至 1751—1755 年间的平均 330 艘，然后于 1770—1774 年间又降至 200 艘；但驶往黄埔港的船舶却于同期先从 13 艘增至 24 艘，随后又增至 30 艘。

这其中最有意义的方位标志，应位于近东与远东之间的印度半岛上。由于从欧洲出发的船舶数目的增加，所以中国对外贸易几乎与印度外贸并驾齐驱。但这种笼统的表达方式，却因西欧不同国家而异。对于荷兰来说，这种观点并不完全正确，因为荷兰与南洋群岛（印度尼西亚）的关系密切而又广泛；中国与西方的贸易，尤其是在 1735—1756 年间，被巴达维亚

贸易所撼动，从而使以不同百分率的计算变得极其困难了。对于法国来说，情况也不会好多少：在 1725—1790 年驶往远东的 939 艘船舶的总数中，仅有 139 艘驶往广东，约占 14.8%；在 1725—1769 年间，于赴远东的 761 艘船中，也只有 86 艘驶往中国广州，占 11.3%；在 1770—1790 年间，欧洲驶往远东的 178 艘船中，有 53 艘驶往中国广州，约占 29.77%。瑞典人和丹麦人的情况可能略有小异，因为他们在印度只有很少的利益关联。在 1732—1771 年间，丹麦人派出 67 艘（占其驶往远东总船量的 58.26%）驶往中国，只有 48 艘驶往印度；瑞典于同期共向中国广州派出 126 艘船舶，却只向印度驶出 6 艘，驶往中国的商船占其总量的 95.45%。英国的例证最有意义。虽然英国与印度关系的发展疾速而又密切，并对中国严加控制，但这却丝毫不影响英国驶往中国广州商船队的比例。

我们现在用数字图表来说明问题：

船舶数目（艘，只）

年代	总数		驶往中国			驶往印度		
	平均数	指数	平均数	指数	总数百分比	平均数	指数	总数百分比
1709—1718	12.2	42.3	1.6	11.3	13.14	10.6	77.3	86.86
1719—1729	15.2	52.7	2.9	19.3	19.04	12.3	89.3	80.96
1730—1740	15.9	55.2	3.4	22.5	21.71	12.5	91.2	78.96
1741—1755	18.3	63.5	5.5	36.6	30.18	12.8	93.4	69.82
1756—1762	20	69.4	7.8	51.7	39.28	12.2	89	60.72
1763—1770	27	93.7	12.6	93.6	47.76	14.4	105.1	53.24
1771—1778	21.2	73.6	9.3	63	44.70	11.7	85.4	55.30
1779—1784	24	83.3	9.7	64.3	40.27	14.3	104.3	59.73
1785—1792	33.9	117.7	22	145.9	64.94	11.9	86.8	35.06
1793—1798	37	128.4	18.7	124	50.45	18.3	135.7	49.55
1799—1806	47.6	165.3	19.2	127.4	40.42	28.4	207.2	59.58

我们完全可以从中发现，分别赴中国和印度的船舶登记吨位的百分比，连同 80 多年间船舶数目的百分比，从 1793 年起，明显地拉开了差距。因为赴中国广州船舶的载重量，在 18 世纪末，要比赴印度船舶载重量的增长快得多。但我们必须注意，驶往广州的欧洲船舶，从开始时所占总量的 10%—20%，最终于 1785—1792 年间，增加至 50%，甚至有时还会达到三

分之二。

在比较欧洲驶往中国广州和印度船舶的载重量之外，还有一个返程商船船舱商品的价值问题。在最重要的时代，东印度公司分别从中国与印度的进口商品额（以英镑为单位）和每年的平均量如下：

年代	总　量	自中国进口	百分比	自印度进口	百分比
1760—1766	2410537	1087071	45.09	1323466	54.91
1767—1773	3329981	1064730	48.15	1725251	51.82
1774—1779	3451952	1111136	32.91	2340816	67.09
1780—1784	3355598	1632769	48.65	1722829	51.35
1785—1791	4730021	2965233	62.69	1764788	37.31

法国的情况也大致如此，虽然其贸易规模不算太大，其每年在洛里昂出售的商品额（以英镑为单位）大致如下：

年代	总　量	中国产品	百分比	印度产品	百分比
1725—1735	10813036	1723768	15.04	9089268	84.06
1736—1742	14017593	2950264	21.04	11067329	78.96
1753—1756	12503776	3207380	25.64	9296396	74.36
1766—1768	16720313	6008335	35.93	10711978	64.07
1771—1778	17765996	7005844	39.43	10760152	60.57

这种发展受多种因素支配，既有政治的，也有经济的因素。自从发生被人们不恰当地称为“印度的损失”以来，中国出口欧洲的产品比例迅速上升。大家可以发现在这两个地域之间的利润差异。我们可以把货舱的出售数目与价格数进行比较，始终是年平均量：

年代	总　量	中国产品	百分比	印度产品	百分比
1725—1735	5477574	842990	15.39	4634584	84.61
1736—1742	6936753	1222463	17.62	5714290	82.38
1753—1756	6295257	1480963	23.54	4814294	76.46
1766—1768	10113623	3550975	35.11	6562648	64.89

在1709—1806年，赴中国船舶的平均百分比被确定在40.93%，而赴印度船舶的百分比却高达59.07%。从1730年起，这种比例关系发生了变化，赴华船舶的指数比赴印度的指数明显要增长得快。在1741、1756和

1763年间,赴中国广州的欧洲商船的数量相继出现三次大发展。因为当时赴中国和印度船舶的比例几乎是各占一半(中国占46.76%)。但在1771—1784年间,却出现了一次比较显著的低潮。欧洲驶向广州的商船继1785年之后,又经历了一次特别令人惊骇的复兴。船舶登记吨位的划分证明了这种运输方向的不协调性。

登记吨位(年平均量)

年代	总量	中国	百分比	印度	百分比
1709—1718	4388	543	12.37	3845	86.63
1719—1729	6361	1219	19.16	5142	80.84
1730—1740	7528	1612	21.41	5916	78.59
1741—1755	8473	2728	32.19	5745	67.81
1756—1762	10011	3935	39.30	6076	60.70
1763—1770	13349	6252	46.83	7097	55.17
1771—1778	13966	5858	41.94	8108	58.06
1779—1784	17711	7400	41.77	10311	58.23
1785—1792	27619	17899	63.72	13827	36.28
1793—1798	31372	17545	55.92	13827	44.08
1799—1806	40965	20846	50.88	20119	49.12
			45.28		54.72

大家立即会发现,西方船舶在中国和印度出售与采购商品量的百分比并不相吻合,而且利润率也有很大差距。

利润的百分比

年代	中国	印度
1725—1735	104.48	96.11
1736—1742	141.33	93.67
1743—1756	116.5	93.09
1766—1768	69.19	63.23
平均数	95.70	83.49

由此可见,欧洲商船从事中国贸易时的收益要好得多。由此便可以解释欧洲多国在广州爆发的激烈竞争。由此也可以看到广州贸易的重要意

义。本处最重要的是确认其增长的阶段。我们通过 1719—1833 年间的计算,共区别出各自为 7 年的 16 个发展阶段。其增长与大西洋世界 1733—1817 年间的物价飞涨和经济扩张的重大阶段相吻合,它实际上一直延续到 1817 年之后。此外,它共由 3 个持续时间基本相等的阶段组成:1734—1755 年间是持续增长阶段,1756—1784 年间是跌落与恢复的交替阶段,1785—1833 年间是强劲而又不平稳的反弹阶段。如果我们仔细考察一番,那就会发现,在 1719—1725 年和 1741—1748 年间,欧洲赴广州船舶的数目几乎倍增;在 1726—1733 年和 1719—1725 年间,又增加了 172%。欧洲商船吨位总量也于同时代分别增加了 168%和 264%。继这种增长之后,紧接着又出现了一次明显的萎缩。在相当于“七年战争”时期的 1756—1762 年间,欧洲驶往广州商船的数量减少 23. 90%,吨位量减少 23. 49%。但从 1763 年起,又出现了一次强势反弹。首先是在 1763—1769 年间,欧洲驶华船舶数量增加 3 倍,其吨位总量增加 4 倍;其后在 1770—1777 年间,又分别增加 3. 5 倍;到 1778—1784 年间,再次出现第 2 次相对的停滞。因为驶华船舶数量减少 6. 15%,而吨位量却反而增加 2. 90%。这一时期恰恰与美洲战争的时间相吻合。从 1785 年起,中西贸易又一次飞速发展,但却在船舶数量与吨位总量之间出现了显著的差距,它们分别增长 109%和 80%。到 1792—1798 年间,中西贸易又出现了第 3 次衰退,此时正逢第 3 次英法战争。在 1799—1806 年间,欧洲驶往广州的船舶数量增长 3 倍,而吨位数却只增长 2 倍。当这一时代结束时,它们又分别于 1719—1725 年间的水平上分别增加 17 倍和 23 倍,在 1779—1784 年间的水平上增加 5 倍和 4 倍。

再从各个欧洲国家的具体情况来看。法国一方的发展最快,不过却是面向两个方向发展的,其船舶在 1719—1725 年和 1734—1740 年间,于船舶数量与货物吨位方面基本上都增加 3 倍;在 1741—1748 年间增加 4 倍,于 1749—1755 年间增加 6 倍。它们于 1756—1762 年间却又同时直线下跌,接着又是一次短暂的复苏。欧洲驶往广州的船舶吨位数,继 1756 年之后,从 6 倍降到 1 倍,但从 1770 年起又从 1 倍增至 8 倍。美洲战争打断了中西贸易的发展势头,而且几乎再未能恢复先前的状态,甚至在 1784—1789 年间也如此。后来,商船航行从 1793 年起,几乎完全消失了,并且一直持续长达 30 多年之久。

对于荷兰、丹麦和瑞典一方来说,广州贸易的发展远不是跳跃性的。

当然,我们也会从中发现一种相当高的"起跑点",尤其是在东印度公司中更为明显。这几个王国于1741—1748年间,达到了对华贸易同样的巅峰状态(荷兰人从1749—1755年间起超过了其他所有人),后于1770—1777年间使广州贸易达到了交易的最高值。在其余的时间内,其对华贸易发展速度受到了遏制。1756—1762年战争时代的"低峰"并不太引人瞩目,或者是整个形势都趋向于颠倒。海上的军事冲突,明显有利于中立国,如瑞典人,特别是丹麦人。他们于1778—1784年间驶向中国的船只,达到了创纪录的数量。那些小王国,也可以长期真实地享受其中立地位的有利条件。直到1807年,中西贸易才暂时地排斥了它们,但它们后来又一次成功地跻身于这种大潮中了。

英国人对华贸易以东印度公司商船与本土船舶公司之间的明显失调为特征。最早的商船航行虽然要翻过强大而又漫长的海浪,却显得非常规律。因为他们对外交和军事形势没有其他国家人那样敏感。"七年战争"丝毫没有干扰他们在1719—1725和1763—1769年的50多年间,使其驶往中国广州的商船数量增加4倍,吨位数量增加5倍。英国人与轮番成为共和与帝制的法国之间的竞争与冲突,对其在华贸易也未产生多大负面影响。在1785—1791年间,法国驶华船舶数量共减少20%,其吨位数却只减少5.67%。但这主要发生在美洲战争期间,并且于1785—1792年间又产生了一次神奇发展。英国早期沿海船的发展速度很缓慢,而且在"七年战争"期间又暂时停止。但从1770年起,英国驶往广州船舶又开始了一次迅速发展。它们分别于1736—1769与1770—1777年间、1778—1784与1785—1791年间,使其船舶与吨位数平均增加3倍。在1828—1833年间,其平均船舶量为1785—1792年的两倍左右;在吨位方面近3倍,甚至是1770—1733年的82—92倍。

最后,对于1719—1833年间这个漫长的时间段,我们还可以划分为两个持续时间大致相等的阶段,以1785年为分界线。西方驶往广州的商船,一方面是在66年间,共有1253艘,测定吨位数高达783000吨位,每年平均为18.5艘船和11876吨位;另一方面是在49年间,共有3938艘商船和总量高达2565035吨位,每年平均都有80.3艘和52.429吨位的商船入华,其主要目的地是驶向广州。

在1719—1784年间,法国人、荷兰人、丹麦人、瑞典人和欧洲诸小王国的人,共同占据着一种重要地位。特别是1734—1755年间,他们驶华商船的吨位代表着总量的三分之二,几乎是东印度公司船舶的三倍。

这些国家除了以其驶出的船舶及其吨位数赚取的利润外,还有回程时所载货物的价值。它们每年自广州出口的白银银锭数如下(以两为单位):

年代	总数	英国	法国	荷兰	丹麦	瑞典	诸小王国①	美国
1763—1769	3440489	144221	401524	865293	374114	355357		
1770—1777	3859092	1334200	721499	893401	427691	482301		
1778—1784	4414410	1532521	340481	672335	787828	656744	411281	13220
1785—1791	6613705	4218733	256047	877716	427496	422621	65576	345516
1792—1798	6419698	4483082	221050	351861	273425	32530	1056850	
1799—1860	8440219	5432680	25000	10140	293605	225307	116817	2336670

每个国家所占百分比如下:

年代	总数	英国	法国	荷兰	丹麦	瑞典	诸小王国	美国
1763—1769	41.97	58.01	11.67	25.15	10.87	10.32		
1770—1777	34.57	65.41	18.69	23.15	11.08	12.49		
1778—1784	34.71	64.96	7.71	15.23	17.84	14.87	9.31	0.30
1785—1791	63.78	30.98	3.87	13.27	6.46	6.39	0.99	5.22
1792—1798	69.83	13.30	3.46	5.48	4.26	0.50	16.46	
1799—1860	64.36	7.95	0.30	0.12	3.48	2.67	1.38	27.68

这种经商与商船活动使欧洲诸国对华贸易具有了某些差异。例如欧洲大陆人对华贸易于 1770—1777 年间有过一次显著的增长。这种增长并未出现在海运船队的统计表中,因为其中统计到的百分比降低 56.19%—53.94%,尽管其船舶的吨位数达到了巅峰。当时不仅在商品金额的百分比与吨位数的百分比之间存在着差距,而且这种差异也是在经常游移不定的。首先是商品金额百分比的增长,从 1763—1769 年间增长 1.87% 到 1770—1777 年间增长的 11.51%,直至 1778—1784 年间增长至 14.94%,于 1785—1791 年间又下降到 10.52%。其商船吨位数却正好相反,于 1792—1798 年间增长 1.73%,于 1799—1806 年间又增长 2.73%。在美国人的对

① 诸小王国指欧洲当时的小王国,特别是意大利的小王国。诸如托斯卡纳王国、热纳亚王国、比利时王国、撒丁岛王国等。

华海上贸易中,同样也表现出了这种差异。其金额始终会不规则地超过计划指标;其船舶吨位数于1785—1792年间的增长率超过1.04%,于1792—1798年间的增长率超过9.31%,于1799—1806年间的增长率超过9.09%。至于英国人一方,其驶华商船数目的不规则性更加显著。其商品营业金额开始时略有增加,但其后又从1763—1769年间的5.40%增加到1770—1777年间的6.08%,后于1778—1784年间又下降至2.19%,于1785—1791年间反弹至17.55%。于1792—1798年间增至20.72%,最后于1799—1806年间又降至17.58%。

四、中国广州的茶叶出口贸易

为了全面评估中国广州的茶叶出口及其动向,最简单的办法就是进行数字比较,茶叶一般均以担为单位。首先,比较要以原始数据为出发点,其次是根据变化不定的平均数进行比较。对于欧洲7年共分16个阶段的商船往来中国数量的介绍,也颇为相似:

年代	英国		法国	荷兰	丹麦	瑞典	诸小王国	欧洲大陆总额	美国	总额
	公司	海岸								
1719—1725	6891		1340				4514	5854		12754
1726—1733	8239		3924	2985	587	531	2514	10615		18854
1734—1740	10399		7107	6474	5290	4700		23571		33970
1741—1748	14863		8006	15133	13248	10457		46844		61707
1749—1755	22983		14466	21074	12800	13405	3313	65059		88042
1756—1762	24332	245	2194	16441	16192	15567	865	51169		75746
1763—1769	50547		17636	28546	16857	15389		78428		128975
1770—1777	51105	1157	27342	34818	19975	19052		100619		153449
1778—1784	51105	1725	14871	18720	28422	25792	9281	97087	432	155884
1785—1791	135381	1874	4704	30625	10866	16104	4279	66578	9451	213284
1792—1798	147357	1450	1650	9885	11899	9454	954	33942	21335	204084
1799—1806	203133	3564	711	286	11351	14132	2951	29432	47995	284123
1807—1813	206996	3427							28415	238838

1814—1820	224971	11316		1521	500	1530		3551	57047	296885
1821—1827	233105	16849		1713	964			3105	80918	333977
1828—1833	233351	23807	3617	7668	3725		1675	16685	86916	360659

由此可以看到，在 1719—1833 年间，中国茶叶出口的平均总量共增长 26 倍，欧洲商船的吨位数共增长 23 倍。但如果将每个阶段的增长率作一番比较，那就不仅难以寻找其相似性，而且其中也出现了差异。

年代	船舶吨位数	增长率(%)	茶叶	增长率(%)
1719—1725	3744		12745	
1726—1733	3656	-2. 35%	18857	+47. 95%
1734—1740	5807	+53. 36%	33970	+80. 14%
1741—1748	10028	+78. 84%	61707	+81. 49%
1749—1755	13623	+35. 84%	88042	+42. 68%
1756—1762	10422	-23. 49%	75746	-13. 96%
1763—1769	17005	+63. 16%	128976	+71. 07%
1770—1777	21102	+24. 09%	153273	+18. 97%
1778—1784	21716	+ 2. 90%	153766	+ 1. 58%
1785—1791	39132	+80. 20%	213284	-4. 31%
1792—1798	34761	-11. 17%	204084	+53. 20%
1799—1806	47942	+38. 49%	284123	+53. 20%
1807—1813	42120	-12. 13%	238838	-14. 04%
1814—1820	55318	+31. 33%	296885	+24. 30%
1821—1827	67176	+21. 43%	333979	+11. 42%
1828—1833	86055	+28. 10%	360659	+ 7. 98%

这样一来，就会区别出两个重要阶段来，其一是有利于广州茶叶贸易，其二则是有利于船舶吨位数的增长。茶叶贸易的增长启动较早，开始于 1726—1727 年间，较欧洲商船吨位数增长的启动时间早 6 年；欧洲商船吨位数的增长一直延续到 1732—1733 年，而且势头强劲。在 1719—1740 年间，中国茶叶交易量增长了 166. 53%，由 12745 担增至 33907 担；而船舶吨位数只增长了 49. 75%，即从 3744 吨增至 56070 吨；在 1740—1762 年间，二者之间的差距缩小了，茶叶交易量增加 122. 68%，即从 33970 担增至

75746担；船舶吨位数从5607吨增至10422吨。此后，欧洲航海使其商船吨位数增加得稍微快了一些。在1763—1784年间，船舶吨位数与广州茶叶销量的增加为108.36%：103%；在1785—1806年为121.04%：84.77%；在1807—1833年间，其增长比例又为79.50%：26.89%。这种商船与茶叶商品发展速度的变化，分别于1719—1777和1778—1883年间的49年和56年间，变得更为凸显了。在前一个时期，广州行销的茶叶数量增加12倍，而欧洲船舶吨位数的增加却不足6倍；在第2个时期，船舶吨位数增加4倍，而茶叶交易量却只增加1倍。我们还可以将两个发展最明显的时代作以比较：在1734—1740与1741—1748年间，中国通过广州出口的茶叶一举增加81.65%，而驶往广州的欧洲船舶吨位数只增加78.84%；在1778—1784与1785—1791年间，船舶吨位的增加量几乎与上一个阶段持平，即80.20%；中国茶叶出口的增长量却只有38.70%。这种畸形发展，仅仅反映了欧洲经商国家越来越多地参与了大宗交易，其租用的船舶数量很大，船舶吨位数也急骤增加，从而使其运输的茶叶数量相对显得少了一些。至少直到1814年之前，广州外销茶叶的数量无法与这些国家海运业的规模成比例地发展。

至于在英国与欧洲“大陆国家”之间，对于广州外销茶叶的分配，却形成了非常显著的反差。在开始阶段，英国的进口量非常缓慢地增长；在1719—1725与1741—1748年间共用20年才增加一倍。至于欧洲的那些英国竞争者们的茶叶进口量，在1734—1740年间增加4倍之后，紧接着又增加了8倍。从1756年起，这种比例关系又开始了一次倒置。英国的平均年进口量继续增长，而其竞争对手们的公司的进口量却在下降，到1763—1769年间，又急速下降。1770—1777年间，英国经济出现衰退；欧洲“大陆国家”的发展出现了最后一次飞跃，其广州茶叶进口量达到了创纪录的10万担。但继这次发展之后，又出现了两个相继时代的下降：“大陆国家”在1778—1784年间，首先减少进口3532担，英国却增加进口5535担。从1785—1792年间，欧陆国家的茶叶进口额大缩减，而英国却在间断性地增长。在1792年，英国茶叶的进口额是1719—1725年间的33倍。

在1719—1813年间，西方从广州进口茶叶的情况大致如下：

年代	茶叶总量	英国		欧陆国家	
		平均量	百分比	平均量	百分比
1719—1755	42913	12617	29.4	30296	70.60
1756—1784	129373	45609	35.25	82219	63.55
1785—1813	236773	174247	73.59	32382	13.67

在指出茶叶在海上贸易中所扮演的重要角色之后,尚需通过与其他商品的比较而确定其地位。只需要提及毒品、白铜、瓷器、紫花布、油漆、江珧、彩纸或藤器以及中国古代的重要产品丝绸就足够了。中国茶叶的出口是以下列方式发展的(每年的平均数,以担为单位):

总额 年代	英国			法国	荷兰	丹麦	瑞典		美国
	公司	沿海船	总数						
1719—1729	170		170	?					?
1730—1740	255		255	88	60	?	?		393
1741—1755	817		817	190	190	3	13		1218
1756—1762	382		382	?	?	?	?		?
1763—1770	1243		1243	59	165				1467
1771—1778	1722	761	2483	298	232	91	45		3149
1779—1784	1151	364	1515	125	102	61	110		1913
1785—1792	1616	1101	2717	74	202	26	29	168	3216
1793—1798	695	1091	1786		5	60		80	1931
1799—1806	658	408	1066			19		80	1165
1807—1814	917	744	1661					68	1729
1815—1825	468	2959	3455					110	3555
1826—1832	6109	6109					250	6359	

尽管在此期间,出现了中国丝绸出口的增加,但它们均由于其极大的不规则性,而与茶叶的出口情况大相径庭。大家也可以根据不完整的数字而作出判断。这既反映了其他产品的竞争力,又相反地反映了中国当局暂时禁止出口或限制出口某些商品定额的背景。至于其分配额,最早从1740年左右起,也就是说在40多年之前,英国人便确定了其对华贸易名列前茅的地位。从1764年起,由于英国降低进口关税,故而他们又加强了这种优势地位。英国从1770年起所获得的"商业国"地位,于这个时代末变

得无以匹敌了。1824 年,英国东印度公司放弃了生丝贸易。这就如同先前于 1755 年放弃了丝织品的贸易,而只保留了从中国进口茶叶的交易一样。但无论这种发展速度和这种分配如何发展,为了评价茶叶和丝绸各自在中英贸易中的地位,需要比较的是其金额而不是重量。对于英国人来说,其商品价值金额是这样表现出来的(年平均额和以英镑为单位):

中国的出口商品

年代	总 额	茶叶	百分比	丝绸	百分比	杂货	百分比
1760—1766	1087071	962429	88.53	16578	1.54	108064	9.93
1767—1773	1604730	1112125	69.30	132305	8.24	360300	22.46
1774—1779	1111136	592538	53.32	146068	13.14	372530	33.54
1784—1784	1632769	1130059	69.21	125654	7.69	377056	23.10
1785—1790	4475917	1130059	83.40	164067	3.66	578431	12.94
1791—1797	4403911	3996884	90.75	69695	1.58	377332	7.67
平均量	2404109	1950151	81.11%	105799	4.40	348159	14.49%

丝绸在中国的出口商品中,始终占据着一种不可忽略的地位。它在 18 世纪的广州贸易中,却退居茶叶之后的第二位,而且还远远落后于茶叶。事实上,继 1785 年之后,即使当丝绸的出口量增加时,其相对数值也在不停地减少。在 1791—1797 年间,其所占百分比又恢复了三十年前中国当局限制出口时代的状况。但这种普遍的看法也不能完全成立。因为在法国的货舱中,丝绸所占的比例,却始终明显占据优势。

每艘驶往广州的欧洲商船所载丝绸与茶叶平均量

年代	总 量	茶叶(担)	百分比	丝绸	百分比	杂货	百分比
1771—1773	1077735	718712	72.53	204019	18.93	92004	8.54
1774—1778	973529	686032	70.46	240780	24.73	46717	4.81

如果有人声称茶叶在欧洲驶往广州商船的船舱中,至少占有商品总量的四分之三,或者是 80%,那也可能会略有差距。

“茶叶船队”也如同人们传统上所说的“蔗糖船队”和“黄金船队”一样,其远途航行经营商表现了对“小草”(茶叶)的某种神奇的吸引力。茶叶形成了“大交易”阵营中的新贵。夏庞蒂埃·科西尼(Charpentier-Cossigne）于其《广州行记》中指出："正是茶叶将欧洲商船吸引向了中国，装满其船舱的其他商品仅被作为大拼盘的配料。"一种显赫商品的运销肯定会引起世人的注意。其主要原因当然是可以赚取的巨额利润。中国的商品一般都会带来丰厚的商业利润，而且高于印度商品的收益。但茶叶的利润最大。如荷兰东印度公司在茶叶交易中能赚取100%—120%的净利润。甚至还有人声称，在1722—1728年广州茶叶经爪哇的间接贸易中，其毛利却只有93%；后于1735—1758年间，由于商船直接驶往广州，对于原始价仅为83175荷盾的茶叶，运销欧洲后可卖到294622荷盾，其利润为354%，而且一直持续20多年。此后到1760—1784年间，茶叶利润下降到90.40%。荷兰东印度公司用2128182荷盾采购的广州茶叶，在欧洲市场的售价可达4052170荷盾。

当然，只有这些笼统的约估还是远不够的，必须根据茶叶价格的变迁而从事精确的研究。我们需要考虑到普通的黑茶武夷岩茶和粗茶在广州的采购价与在阿姆斯特丹、汉堡、哥本哈根以及伦敦的出售价，特别是绿茶、松萝茶在汉堡和伦敦的售价。

从1762—1806年间，茶叶价格在总体上是倾向于下跌，它们在欧洲的跌势还要更强于中国。从18世纪初叶到该世纪末叶，广州的武夷茶从1720年的每担43.6两白银，降到1790年的每担11两白银。在阿姆斯特丹，每担武夷茶从1716年的8.44荷盾降至1791年的0.5荷盾，也就是具有4∶1和16∶1的绝对跌幅。我们可以将1716—1721与1787—1792年间，茶叶的平均价格等略作一番比较。这就是每担分别为36.6和12.5两白银、4.99和0.57荷盾。但其差距在广州仍为2.9∶1，在阿姆斯特丹是8.7∶1。因此，在价格的波动与出口茶叶数量的变化之间，我们很容易区别出3大阶段来。首先是中国广州出口茶叶价格和数量的曲线各自向相反方向发展，最后直到1740年才彼此相汇合；其第二个阶段在这一年与第一个阶段相交叉：1740—1764年的第二个阶段，受到了1742—1746和1752—1759年间的两次价格波动的干扰，这个阶段的变化比前一个阶段更为凸显；从1765年起，又出现了严重对立，在不断上升的数量与在1766—1778年间价格持续下跌趋势之间，差距一直在不断扩大。

首先，这一切由于广州茶叶的定价方式发生了变化。在18世纪最后三分之一年代，广州茶叶的定价标准，越来越具有人为操纵的特征了。从1770年起，广州的商业交易，变成了一种由欧洲人运来的舶来品与中国产品以物易物的交换方式，唯有丝绸例外。这就是说，商品价格不再是根据每种商品的市场状况和真实价值来确定了。当时广州十三行行商们接受出售其茶叶的价格，是由大班们同意出售其羊毛织品的价格而决定的。如果羊毛织品价格跌落，那么茶叶的价格也要随之被压低，即使它在欧洲的价格还在飙升。茶叶的低价或是由于商人们没有赚到本来预期赚到的利润；或是由于输入广州的羊毛量大价低，而造成了巨大损失。这种现象与前一个世纪期间，中日之间商贸交流的状况颇为相似。当时日本长崎的商人，以低于市场的价格向中国提供铜，却在转卖以帆船进口的中国丝绸中，获得了丰厚补偿。所以，为了评估茶叶的真实价格，必须将合同中所商定的价格，再提高到与进口商品应获利润同等的比例，方为可靠。

其次，这里还有一个质量问题，即必须在普通茶叶与优质或中等茶叶之间作出区别。人们把“武夷茶”系列茶叶的质量作为主要评估基础。因为它的供应期最长和供应量最大。在茶叶价格的波动中，可以发现某些明显差异。在1763—1769与1785—1791年间，武夷黑茶（实指武夷红茶）的价格于广州下跌36%，于伦敦下跌41%，于阿姆斯特丹下降44%，于汉堡下跌45%。普通绿茶松萝茶系的情况也如此，于伦敦下跌45%，于汉堡下降39%。但随着武夷黑茶等级的提高，这种差距也就缩小了。因为它在阿姆斯特丹较苏松茶降低34%，在伦敦降低33%；它在伦敦较Congou茶降低14%，而在阿姆斯特丹却较北海茶增加27%。消费者们越来越寻求优良的和稍微价高一些的茶叶品种，正如英国东印度公司出售的中国广州茶叶的演变所清楚地证实的那样（年平均量）：

年代	总额（担）	松萝茶	百分比	武夷茶	百分比
1741—1748	1728706	655473	37.91	879660	50.88
1749—1755	3172549	1064247	33.54	1750294	55.16
1756—1762	3966632	1178782	29.98	2479165	62.50
1763—1769	6393828	1689875	26.43	4160984	65.07
1770—1777	6275074	1794744	28.60	3820133	60.87
1778—1784	6623889	1914020	28.89	3201009	48.32
1785—1791	16103216	2136962	13.27	4159170	25.82
1792—1798	19727540	1377574	6.99	3301868	16.73
1799—1806	24084061	375502	1.55	2490378	10.33

尽管在 1741—1748 年和 1785—1791 年间,广州茶叶的外销量增加了 3 倍,其松萝绿茶的外销量却几乎持续地相对减少。除了在 1770—1784 年间,松萝茶销量略有上扬之外,其所占百分比共下降了三分之二左右,其价格跌落 40%(从每磅 4.67 荷盾下降至 2.77 荷盾)。武夷黑茶的外销额在开始时略有小异,因为在 1740—1769 年的广州,也出现过茶叶数量和价格的双重增长,尽管其增幅不太均衡,其数量增加 372%,而价格仅增长 25%。从 1770 年起,广州茶叶的数量和价格又都开始持续下跌,而且数量与价格还是平行跌落。在 1763—1769 与 1778—1784 年间,其数量下降 23%,而价格下降 22%(从每担 17.2 两白银下降到 13.4 两)。因此,武夷茶价格的下降似乎与消费者口味的变化密切相关。这可以使人衡量消费国生活水平的提高程度。它也可以使人权衡这个茶叶品种的固有质量。武夷茶那非常典型的发展趋势尚未被学术界阐述清楚。但它在百年间的价格变化却可以使人充分洞悉其大致规律。最早,Boui 是指一种很有名的未加工的粗茶、原茶或“生茶”。Boui 是 Mou-i 或 Wou-I 的一种方言性讹变形式,即“武夷”之对音。这是位于福建建宁府的崇安与建安之间的群山或丘陵地区,以其产品的“精质”而著名。其价格在阿姆斯特丹远远超过松萝绿茶。武夷茶于 18 世纪初叶,在那里每磅出售 3—7 荷盾,甚至是 8 荷盾,而松萝茶每磅只出售 2—4.5 荷盾。稍后到了 1730 年左右,其价格比例却突然间颠倒过来了,本来有利于武夷黑茶的 40%—60%的差距,却变得有利于松萝茶 30%—60%的比例了。当时正是荷兰东印度公司草创并于广州直接贸易的时代,以抵御其他公司的竞争,从而导致广州茶叶贸易的发展。不过,这却很难解释武夷黑茶命运的逆转。其原因是由于中国茶叶不断地改变其性质,茶名越来越多地被“盗用”,同一个茶叶名称覆盖了越来越多的茶叶品种,逐渐与原来的茶叶品种没有多少渊源关系了。无论中国的茶叶生产是否能适应突然间膨胀起来的西方需求,西方对中国茶叶的采购,在 1719—1725 与 1734—1740 年间增加 3 倍,在 1734—1740 与 1741—1748 年间又增加 1 倍。这就是以追求茶叶数量而牺牲其质量;或者是中国国内的商人利用了西方需求的膨胀,而用一种低端品种的“粗茶”(武夷茶),来替代高端茶。在很长时间内,“武夷茶”在外贸中成了“劣质茶”的同义词。这一切均未能阻止其价格从 1749 年起的明显飙升。当时欧洲对茶叶的需求量,每年超过 8 万担。在 10 年之后,其需求量更要多得多。由于欧洲的“七年战争”,而使 1756—1758 年发往广州的欧洲商船大量减少。广州茶叶的价格明显下降一段时间之后，驶往广州的欧洲船舶数量突然增加。这就使武夷黑茶的价格，从1759年的每担12.5—16.1两白银，上升到1760年的19.5两白银。丝绸也于同期从每担198两上升到245两白银，随后再增至269两。这样价格的变化与广州交易气氛的优化有关系。特别是当中国当局将大班们都限制在“十三行”中经营时，茶叶高价又迫使所有外商长期居住在那里，以便利用茶叶在冬季的低价而采购。茶叶的价格在1740—1748年间，于广州仅增加25%，而于同期在伦敦的销售市场上却增长372%。这两个百分比之间的差距，可能与武夷茶的质量下降有关。这也为20年之后，即1768—1770年间，出现茶叶大降价背景有关。因为当时中国茶叶拥有量和欧洲人能廉价获得最佳品种的需要量之间，形成了新的平衡。

五、中国内地茶叶输往广州的道路

中国茶叶的生产，在1760—1770年间，为适应西方需求和中国国内消费量的双重膨胀，而大速度地加快了。中国茶叶种植在50多年间，甚至是在200多年间，于华南的土地上蓬勃发展，以至于有时要与粮食作物争夺土地。中国外贸的发展以及日本与西方白银的持续流入中国，又刺激了在食品（诸如水果和油料作物等）、纺织、染料和经济植物生产方面的大发展，从而导致农业的一种专业化。如在16世纪或1600年左右，当中国国内和国际市场上对糖的需求量骤然猛增时，福建泉州的大批稻田中开始长满甘蔗。甘蔗与靛蓝植物的种植促使福建、广东、赣南和四川的许多州府的经济发生变化，从而使中国糖在欧洲，于某种程度上补充了美洲糖的供不应求。如广西巡抚于1727年就抗议广东人于其省内过分采购大米，致使广西农田虽然大幅扩展，依然民不果腹。他认为这与将大批粮田改作商贸经济植物有关，如果树、油料作物、甘蔗、靛青或烟草。烟草于1600年左右自菲律宾传入中国澳门，很快就传遍了中国的整个沿海地区，甚至成了许多远离沿海地区的财富之源。福建的浦城或龙岩、甘肃的兰州、四川的成都或从湖南的衡阳到云南一线、陕南的汉中、江西的瑞金和山东的济宁等地，大批肥沃的土地都变成了烟田，中国政府曾颁布过无数次的禁烟令，都无法遏制其发展势头，因为生产者的利润高达200%。茶田的扩展也受同样因素的激励。茶田开始扩展于16世纪，曾经历过多次发展高潮，其中最重要的一次出现在 18 世纪下半叶。茶叶那日益增长的数量，自广东南部，安徽和江苏而向广州集中，而且在中国内地基本上是单一地经陆路运输。只有劣质的安溪茶，才会先用两天时间运至厦门，再从厦门用帆船运至广州，要穿越 200—2000 公里的距离。广东省内最近的茶源地是广东清远、广西梧州府的茵溪。但最重要和距广州北部最远的茶叶供应地，却是福建中部、浙江、安徽和江苏省的群山中，最著名的茶叶品种均出自那里。其茶场的面积一般在 40 公亩（每公亩 100 平方米）—1.6 或 2.0 公顷（每公顷 1 万平方米）之间，由许多小业主分别独立经营。他们经过烘茶、挑茶、包装茶叶之后，留下一部分供家庭消费，将多余部分出售给城市中的商人。茶商们在采茶季节奔波于乡村间，从挑扁担的茶农手中收购茶叶后，再经过加工，最后集中发往广州。运茶脚夫们将每担茶叶运 100 里只赚取 0.35 元。他们每人背负茶 40 公斤，每天最多走 40—70 里的山路。航运每天则能航行 50—100 里，甚至是 100—250 里。茶叶之路，也是从南京开始的丝绸之路、从景德镇开始的瓷器之路，更是中国进口商品和外国使臣从广州进北京的必经之路。总之，中国中部与南方诸省的交通中轴线，是长江下游从九江到南京一段，再延伸到鄱阳湖和赣江流域。

黑茶或武夷茶的主要仓储地在江西河口镇，距福建的最大武夷茶市场星村，只有 115 公里，再从那里经锦江而输运。茶农首先将茶叶运往距离 272 公里处的南昌，然后再沿赣江顺流而下，渡过十八滩，再经过赣州，直达大余或南安府。那里是自南昌开始的 628 公里的茶叶之路上江河航行的终点。茶叶箱再从那里，由脚夫们人背肩扛，跋涉最远 66 公里，也就是到达该水系分界线的另一端。他们必须要翻越高达 300 米的梅岭关及其群山。在始兴，人们将茶箱装上体积很小的内河运输船，从北江的源头之一，顺流而下，一直到达曲河；再从那里换大船，直接驶往距离梅岭山脚下 507 公里的广州。在此期间，共有 3—4 次的运输转换，全程 1588 公里。这就是武夷茶到达广州十三行的过程和路线。这也是中国国内茶叶之路上的“南道”。这条路比中国北方的茶叶仓储地苏州（江苏）的道路稍短一些。苏州之路长达 1973 公里。但由于长江与大运河，使得这条路的航行反而要畅通得多。这就是中国国内茶叶之路上的“北道”。北道只持续 6—7 个星期。这条路要比荷兰德胜（Isaac Titsingh）与范罢览（Van Braam）率领的使团于 1794 年走过 18—19 天的时间，多了近一倍距离。其东部陆路—海路相结合的行程，既迅速又廉价，而且损耗较少，水路比渡过十八滩的危险性还小。从武夷黑茶生产中心建安(建宁)到福建大港福州之间的距离,只有 385 公里,可能需要 5 日航程。这就是说,西方贸易在福州有更多利润赚取。

绿茶松萝茶的运途更远。绿茶主要产生松萝山西北端的徽州以及婺源,由此而产生了绿茶的名称“松萝茶”,而松萝山正是将安徽与浙江分隔开的山脉。绿茶的主要市场是小城钱塘,距杭州 36 公里。它们那里再沿桐江向西南方向驶去,经过 396 公里的航程之后,便到达了江西省边境上的常山。茶叶被从那里卸船之后,又由脚夫搬运而翻过群山,然后到达玉山,再经水路航行 66 公里的短程之后,便到达河口镇。绿茶与黑茶在那里汇合,再分别取道山路和江河航路,直赴广州。这样算来,茶路全程就为 1971 公里,从而使从杭州或上海用帆船南运就显得是下策了。

茶叶市场的条件大致就是这样确定的。我们尚需要研究茶叶价格的演变,在收益方面的影响。我们并不企求获得真正利润的一种确切的数据,因为这种合理的奢望,却是很难获得满足的。我们只能作冒险猜测,而唯一可以做的事,便是将购价与售价作一番比较。我们下面就对武夷茶与南京丝绸的毛利润列表比较一番:

年代	阿姆斯特丹		汉堡		哥本哈根		伦敦		丝绸	%
	(茶,担)	%	(茶,担)	%	(茶,担)	%	(茶,担)	%	(担)	
1719—1725	1947	249.29							274	72.67
1726—1733	1929	385							3	80
1734—1740	970	282.79	2492	485.77						
1741—1748	808	231.52	2532	346			2752	394.26		
1749—1755	472	115.68	1615	190.22			2043	250	530	114.72
1756—1762	649	164.72	1818	221.43	3442	209.75	2331	295.43	833	171.04
1763—1769	705	169.88	1477	165.39	2385	133.47	1831	213.15	672	102.28
1770—1777	584	168.78	1204	166.99			1716	2472.6	635	93.79
1778—1784	765	228.37	1501	215.20			1790	267.16	631	88
1785—1791	304	96.20	648	98.48			0947	149.60	668	87.66

阿姆斯特丹的最早数字并没有实际意义。因为直到 1728 年,在那里出售的所有茶叶均来自巴达维亚,或者是经那里转销的广州茶,其价格与广州

茶叶的价格没有任何共同之处。但除此之外，其中也有两点显得很明确。首先是毛利润增减的态势。茶叶交易在1755年之前，其价格始终呈跌势。特别是在1741—1748与1749—1755年间，茶叶价格在阿姆斯特丹下跌近半数，在汉堡的情况也基本如此。这恰恰正是欧洲进口茶叶从61000担猛增到88000担的时期。茶叶价格于此后的1755—1784年间，特别是在1778—1784年间，又大幅地上扬，此后又下跌到最低点。丝绸的行情却反向而动，于1756—1762年间持续上涨。与1726—1733年间相比，其涨幅几乎增加一倍。此后，1770—1791年间，又经历了幅度大小不均的下降。但茶叶在阿姆斯特丹市场上与丝绸相比，最多的差价达385%和最低为96.20%，在汉堡市场上分别为458.77%和149.60%。这就是说，茶叶量分别减少4倍、4.5倍、2倍和2.5倍。丝绸交易的降幅却不太大，仅达两倍(171.04%—87.66%)。

六、结　语

丝绸自古以来就是中国对"西方"输出的重要产品，其影响深远，并由此而产生了陆上和海上丝绸之路，成了中西交通的两条大动脉。

自18世纪以来，中国主要是通过广州港向西方出口茶叶的历史，虽然宕荡起伏，其基本倾向始终是规模日趋宏大。无论是在数量方面，还是在价值方面，茶叶逐渐取代了丝绸，形成了中国向西方的第一大宗出口商品。由此而产生了与丝绸之路(特别是海上丝绸之路)齐名的茶叶之路，成了中外物质文明交流的另一大渠道。

自16世纪以来，世界上的物质交流，特别是农作物及其产品的交流主要是由西向东传播。唯有中国的茶叶、丝绸、瓷器等形成了一股自东向西传播的巨大潮流。随着物质文明的传播，具有悠久历史的中华文化也传向了全世界。茶叶与丝绸等一样，成了中外文化交流与传播的重要媒介。

翻开世界文明交流史，我们不难发现，世界各个国家、地区和民族之间的文化传播与交流，都是围绕着寻找物质资源、开发物质资源、利用物质资源和掠夺物质资源而展开的。正是在这种自然资源之战的过程中和由于资源的吸引力，才促使文化传播与交流相伴而生。事实上，过去许多人坚持的那种主要是从意识形态和价值观念方面，去考虑跨文化传播与交流史的思想，并不是很正确的。

中国向西方出口的茶叶，主要属于两大茶系，即福建武夷茶(西方人称为黑茶,即红茶)系和安徽松萝绿茶系(实际上是黄山—祁门茶)。当然,其他地区和其他品种的中国茶叶,也不乏被合法或不合法地纳入到了这两大茶系茶叶之例证,以利于出口和赚取尽可能丰厚的利润,由此而造成了欧洲市场上的中国茶叶的混乱。

广州是中国于18世纪向西方出口茶叶的主要港口,甚至在某些时期是唯一港口。“天子南库”中的一大项收益,便来自茶叶。广州港不仅对于海上丝绸之路,而且对于海上茶叶之路都作出了功不可没的贡献。我们可以将广州作为海上茶叶之路的主要始发港。

广州经营出口茶叶,又依靠中国方面的十三行或外国人的夷馆。十三行在广州的对外贸易,特别是中国丝绸与茶叶的出口中,扮演着无可代替的经纪人作用。广州十三行在当时并不是一个如同西方那样自由贸易的机构,而是统制贸易的产物。西方夷馆也大肆向中国出售鸦片毒品类“商品”,具有严重负面作用。但研究广州茶叶出口,离不开十三行。

欧洲诸国经广州港进口中国茶叶的品种,在很大程度上是由他们各自的口味与爱好决定的;进口茶叶的数量与价格,则与欧洲的政治和经济形势密切相关。欧洲在战争与经济萧条期间,进口的中国茶叶数量既少,价格又低廉;欧洲在经济繁荣期间,进口的中国茶叶数量大,价格也看好。中国出口茶叶的数量和价格,也受中国国内形势的限制和政府政策变化的局限,并不完全受经济规律的支配,明显有人为因素的干预。

18世纪,在欧洲市场上销售的所谓“巴达维亚茶”“马来茶”“印度茶”和“锡兰茶”中,实际上有一大部分也是由广州转港运去的中国茶叶。

中国也通过“恰克图之路”向俄罗斯出口部分茶叶,通过西南丝绸之路(四川、云南)向南亚和东南亚国家出口茶叶,其规模和数量均无法与广州港同日而语,其兴旺期也应在19世纪之后,而且主要是供亚洲居民消费的,流入西方市场者甚少。

广州茶叶贸易所造成的后果,不仅仅是中国茶叶被运销西方,它导致了西方消费习惯的变化,促使中国茶叶文化与西方咖啡文化的交流、竞争与共存,甚至是取代。西方的许多近代先进技术和理念、全新的植物品种、近代机器设备和文化,也都在丝绸与茶叶的运销中,传入了中国,使中国加快了迈入近代社会的步履。

冯承钧·法国汉学与《中国南洋交通史》

冯承钧先生(1887年7月19日—1946年2月9日,享年60岁)是我国中西交通史(以西域南海史为主线条,今称中外关系史)研究领域的先驱之一。其名著《中国南洋交通史》原来是应商务印书馆在“民国二十四年”(1935年)之约而动笔撰写的。其《序例》所署的时间为“民国二十五年(1936年)九月十八日”,该书面世的时间为“民国二十六年”(1937年)。书寿已逾七秩有五,堪称“经典”了。此书在中国学术发展史的长河中,曾被收入多种《丛书》,也可谓久盛不衰了。商务印书馆决定再版《中国南洋交通史》,承蒙编辑先生错爱,让我写一篇导读。由于多方面原因,笔者既恐惶,又情不可却和义不容辞,只好草撰此文。一示崇仰先贤,二是为砥砺后学。

一、冯承钧先生及其学术贡献

冯承钧先生,字子衡,1887年生于湖北汉口。他虽然身逢乱世,却也受到了张之洞在湖北大办洋务气氛的熏陶,特别是受到了张之洞赞同的“中学为体,西学为用”口号的启迪。当时正处清末中国向欧美派遣留学生的热潮中,冯承钧先生有幸成为其中一员。他首先于比利时上中学并肄业,接着进入比利时列日大学(1906—1910年),其后又赴巴黎大学学习法律。1911年,他毕业回国后,任职教育部,旋即又到北京大学任教,在开始时主要是从事中国法制沿革史的研究。他于1926年翻译的法国汉学家沙畹著《中国之旅行家》的《译序》中写道:“余从事中国法制史沿革之研究,久焉于兹。所用之方法不专事掇拾书本之记载,故于材料之搜集,颇注意前人所不经意之事物。顾用此种方法,研究之范围既广,而考索之材料亦多。进行愈远,困难愈甚。往往因一事一物之考据,有经年累月尚难详其梗概者。”我们由此而看到,冯先生归国后,虽然首先是从事法制史研究。但他已经深受法国汉学界当时占统治地位的考据派史地学家们的影响了,由此也奠定了他终生侧重于西域南海史地论著的考证的翻译与研究工作。

清代桐城派学者姚鼐在《复泰小岘书》中指出:“天下学问之事,有义理、文章、考证三者之分,异趋而同为,不可废义理,讲究经义,探求名理的学问。”由此可见,考据派是做学问的三大学派之一。

冯承钧先生是清末民初,中国翻译法国学术和文学作品的三大家之一。严复(几道,1854—1921 年)以其译著,而为西学中渐,西方现代文化传入中国作出过卓越贡献。林纾(琴南,1852—1924 年)在翻译西方文学方面,以其奇特的方式和韩柳文风而独树一帜。冯承钧先生则执着于译介法国(法文)的汉学著作,甚至在晚年以一躯残体,依然笔耕不辍。他们三人比肩继踵,筚路蓝缕,开中西学术交流之先河,立中西交通史之学科,永远值得晚学仰慕。正是他们的译著,才使中国人放眼看世界,进而走向世界。尽管他们具有各种立场和背景,但他们为中外文化交流,特别是中法文化交流,都做出了不可估量的贡献。

当然,西方汉学家们的著作,也使西方学术界受益匪浅,使他们逐渐地放弃了井蛙之观,摆脱了《圣经》史观的羁绊,洞悉到一部世界史的重要组成部分——东方史与中国史。正如冯先生所说的那样:“吾国之史籍释藏,为今日学界无比之鸿宝……自有西文译品之后,彼方学者始憬然知一部世界史,彼所晓者仅及其半,遂从事于探考研究。今于印度史、中亚史已不少发明。重修世界史,是用增补若干章节。彼方研核之不息,而国人尚茫然鲜所知……此外,关于法德美俄诸国学者探考寻求之成绩,(国人)鲜有人注意及之,良可慨惜也”(《史地丛考序》,商务印书馆 1931 年版)。由此可见,学术交流永远是双向互惠的。中国文化的瑰宝,正是通过西方汉学家才被西方学术界熟悉和利用;西方汉学家研究中国的成果,也应该被中国学术界汲取,并引起回应与互动。翻译于其中起到了桥梁和纽带的作用,法语中有一个词组叫 trait-d'union(连词符)。冯先生便是这样一个大写的“连词符”。

冯先生的《中国南洋交通史》全书基本上沿袭了法国汉学家们的考据学风,利用了他们的考证成果。他在很大程度上则是利用了当时国际学术界研究南洋史专家,如费琅、沙畹、伯希和、夏德(Friedrich Hirth,1845—

1927年)、柔克义(W. Woodville Rockhill, 1854—1914年)和藤田丰八(1870—1929年)曾经辑录、译注过的文献及其研究成果。但他有自己的独创、判断和取舍。正如他于该书的《序例》中所指出的那样:"外国人从事于此类考订者,亦有数家。除伯希和外,亦多瑕瑜参半。兹所采者,Hirth、Rockhill、伯希和诸氏之说为多,藤田丰八之说,亦瑕瑜互见,仅择善而从。诸说不必皆为定谳,采其立说较长者而从之。"历史在发展,科学在进步,过去的许多考订也会有变化:"然今之所是者,安知明日之不非。"这是冯先生对待前人科研成果的严谨态度。

人生的轨迹,难以预测。冯承钧先生逝世于1946年,本人诞生于1944年。这就是说,当我还在咿呀学语时,冯先生已经功成名就地驾鹤西游去了。谁知道30多年之后,本人也鹦鹉学舌般地从事法国汉学著作的翻译工作,而且大致套路与他颇为相似。本人从刚接触这项工作时,便潜心拜读冯先生的译著。我甚至敢发轻狂言,自20世纪80年代以来,全中国没有任何一位学者,会像我那样去字句斟酌而又全面地拜读冯先生译著,而且还中外文对照阅读。我从读书中收获甚丰,其译著成了我的最佳教科书。当然,先贤的成就,后人只能景仰,而永远无法并肩。

更为巧合的是,冯先生在《中国南洋交通史》一书的《序例》中,明确指出:兹编重在考订地名,"正踌躇中,吾友向觉明达适由英伦寄惠我G. Ferrand撰《大食波斯突厥交涉及远东之舆论行传》二册,于考证地名上得大助力,余意遂决"。费琅此书,已由笔者与穆根来先生合作翻译,书名写为《阿拉伯波斯突厥人东方文献辑录》(全二册),中华中局1989年初版,2001年再版。冯先生生前念念不忘的一部书,由我们在50多年之后翻译出版了。拙译与冯先生的大作,有一点相辅相成或互相呼应的效应。

19世纪下半叶到20世纪上半叶,法国汉学界的一大批名流,基本上都是考据派代表人物,如沙畹(Edouard Chavannes, 1865—1918年)、伯希和(Paul Pelliot, 1878—1945年)、马伯乐(Henri Maspero, 1883—1940年)、葛兰言(Marcel Granet, 1884—1940年)、烈维(Sylvain Lévi, 1863—1935年)、费琅(Gabriel Ferrand, ?—1921年)、鄂鲁梭(L. Eugène Aurousseau, 1888—1929年)等人,就连像伯希和那样被称为"汉学泰斗"的人物,终生也未曾留下自己的任何研究性专著,其作品基本上都是对历史文献的译注和考证。冯承钧先生也主要是译介他们的汉学著作。一方面,冯先生自己深受他们的影响,其著述中也多以考据为主;另一方面,冯先生介绍的法国汉学著作,也主要是有关西域南海史地考证的论著。

冯承钧先生的这种工作,对中国学术界本身也产生了难以估量的影响。甚至中国史学界有人认为,考据派是史学界最先进的学派之一。考据派在做学问上比较务实,在微观上很扎实,能解决许多历史悬案。但考据派难以形成宏观研究,不易形成系统的史学理论,结合现实性很薄弱,所以其弊端也不可小觑。

冯承钧先生终生翻译法国和西方其他国家的法文汉学著作。据初步统计,有44种,其著述和校注本共12种。

我们从中惊奇地发现,冯承钧早期的译著和著述,基本上都是在商务印书馆出版的,虽然有多种在新中国成立后又曾由中华书局重新结集和单独重版过。冯承钧先生是通过商务印书馆而被中国学术界所熟知的,中国学术界也是借重于商务印书馆而受惠的。商务印书馆在出版国内外学术著作和译著方面,功勋昭著,广惠学界。《中国南洋交通史》再次由商务印书馆重版,是该馆为学界作出的又一贡献。

二、南洋与南洋交通史

研究"南洋交通史",首先要清楚"南洋"的大致地理范围。长期以来,治中外关系史的学者,都会遇到一组争论不休的地理名词:"东洋""西洋""南洋"和"南海"。这些名词已经超越了地理学上的意义,而是也被赋予了学术专业的内涵。当然,这些名称都是以中国为基点而被命名的。仅就"南洋"而言,便有多种不同界定。

上海中华书局1936年版的《辞海》认为,"南洋"不但确指"散在亚洲东南、大洋洲西北之无数岛屿",实际上也泛指亚洲大陆南部沿海地区。1980年上海辞书出版社出版的《辞海》,仅简单地称"南洋"即"东南亚"。我国老一辈治南洋交通史的大师向达、姚楠、朱杰勤和韩振华先生等,也有他们各自的标准与界定。冯先生在《中国南洋交通史》中,也提出了他的一家之说:"今之谓南洋,包括明代之东西洋而言。东西洋之称,似首先《岛屿志略》著录,然至明代始盛行。大致以马来半岛与苏门答剌以西。质言之,今之西印度洋为西洋,以东为东洋。昔大食人亦以此两地为印度与中国之分界,然在元以前,则概名之曰南海或西南海。""兹编研究之范围,东起吕宋,西达印度西岸。"这也是冯先生在本书中的研究范畴。

中国老一代学者，都惯用"中外交通史"，特别是"中西交通史"的称谓。20世纪80年代初，暨南大学朱杰勤先生首倡重新命名为"中外关系史"。"中外交通史"注重于人员和物资的往来，着眼于路线和过程。"中外关系史"则将研究推进到无形的领域，如思想、文化、哲学、生活方式、行政机构等潜移默化的相互影响方面。这样一来便使研究领域极大地拓宽了，注入了无限的活力。从人员和物资到思想文化、从有形到无形的交流，无所不包。中国中外关系史学会于1981年成立，30年来走过的道路也充分地证明了这种发展趋势。

"南洋交通史"一类的称谓，现在已经鲜有人使用了。取而代之的则是一个崭新的学科"海上丝绸之路"。它于近几十年来，其内涵与外延越来越宽广，其名称炙手可热，其时空范围已经几乎无边无沿了。这又是一种时代与科学发展的必然结果。但在兴盛之中，也出现了乱象。如历代各条路线的走向、规模和兴衰问题、各种航线的"始发港"；明清以来中外文化物质交流，逐渐以中国的外销到以内输为主的"转向"，其历史阶段的下限问题，始终争论不休，莫衷一是。

三、南洋交通史的兴起阶段

《中国南洋交通史》全书共分为上编十章和下编七章。

全书上编的第一至四章，论述的是中国南洋交通史的兴起阶段或雏形阶段，大致相当于中国历史上从西汉到南北朝时代（大约为公元前1世纪到公元6世纪之间）。

上编第一章中引证了《汉书·地理志》卷28下《粤地》条中的一段史料："自日南、障塞、徐闻合浦船行五月，有都元国；又船行可四月，有邑卢没国；又船行可二十余日，有谌离国；步行可十余日，有夫甘都卢国。自夫甘都卢国船行可二月余，有黄支国……自黄支船行可八月，到皮宗；船行可二月，到日南、象林界云。黄支之南，有已程不国。"在浩如烟海的中文典籍中，这段文献是最早记述"南洋交通史"或"海上丝绸之路"的文献。作为中国官修断代史，它首次列举了从雷州半岛到中南半岛的一系列古地名。冯先生参照外国汉学家们的考订，再加上自己的研究，对其中的许多古地名作出了考证。有许多考证已经经受住了历史的考验。

黄支国即建志补罗（Kānc pura 或 Kānci）今印度东南部东岸的康契普

拉姆(Conjeveram)。都元国,即都昆或都军(Dungan),位于马来半岛。邑卢没国(Arramaniya),即拘蒌密(Kamarūpa),位于缅甸沿岸(勃固附近)。谌离国(Tagaung,太公城),唐代骠国(缅甸)的悉利城,今缅甸唐冈(Tagaung)附近。夫甘都卢国(Pagandhara),应为缅甸的蒲甘(Pugan,Paga)。皮宗(Pisang),马来语中意为"香蕉岛",应为马来西亚的毗宗岛。

日南郡和象林都应位于越南的广南—岘港省沿海地区。

其他地名,诸如"天竺国"(印度)、"大秦国"(东罗马,亚历山大港)和"掸国"(上缅甸,缅甸东北部掸族居住的掸邦),都比较容易稽考清楚,学术界基本形成了定论。

其中最难考订和学术界分歧最大的地名应为"叶调国"。《后汉书·本纪》卷六提到,永康元年(167年)"十二月,日南徼外叶调国、掸国遣使贡献"。伯希和与费琅都认为"叶调"是Yavadvipa的对音,指爪哇岛。藤田丰八却认为"叶调"的"叶"应读作"摄",故"叶调"与"斯调洲"(Simhala或Sihaladira,今斯里兰卡)为同名异译。

对于汉代的中国南洋交通史来说,考订清楚了这些地名,中国海外交通的基本轮廓和主要路线也就顺理成章地梳理清楚了,也就是复原了一部汉代南洋交通史。

上编第二章是《康泰等之使南洋诸国》。

三国时期,孙吴政权曾遣康泰、朱应等人出使扶南。但他们的传记,均为后人所立,《三国志》并未提到他们的名字。朱应的《扶南异物志》和康泰的《吴时外国传》或《扶南传》均已佚,我们只能从散见于后人的各著述中辑录其部分内容。朱应和康泰,是中国朝廷直接遣往扶南的特使,是中国南洋交通史中的最早使者,其书也本应为该领域中的奠基之作。扶南,又作跋南,印支半岛古国,大约相当于今柬埔寨、老挝南部、泰国东部,甚至还一度到达马来半岛。

对于康泰和朱应的研究,国内外均有不少著名学者对其时代、佚文辑录、书中的地名和物产等作过探求。最著名者有向达《汉唐间西域及南海诸国古地理书叙录》(《唐代长安与西域文明》,三联书社1957年版,后曾多次再版);方诗铭《朱应康泰行纪研究》(《东方杂志》第42卷第4号,1946年2月);韩振华《康泰所记西南海上诸国地理考释》(《韩振华选集》第1卷《中外关系史研究》,香港大学亚洲研究中心,1999年版);许云樵《〈康泰吴时外国传辑注〉引言》(《东南亚研究所辑佚丛刊》之二,新加坡

1971年版);陈佳荣《康泰、朱应首使扶南之探究》(《南洋学报》第56卷,2002年12月);陈显泗《关于朱应、康泰作为使节出使扶南的年代》(《东南亚历史与文化》第17期,1988年5月);许永璋《朱应康泰南海诸国之行考证》(《史学月刊》,2004年12月号);伯希和《扶南考》,载《法国远东学院通报》,1903年等等。

《三国志》未注录朱应、康泰,只载有遣从事南宣国化之事。宋应的《扶南异物志》只见诸《隋书·经籍志》和《唐书·艺文志》著录。康泰的《吴时外国传》(《吴时外国志》《扶南记》《扶南传》或《扶南土俗》)只散见《水经注》《通典》与《太平御览》等书。冯先生作了广泛搜罗。

对于朱应和康泰出使扶南的时间,我们应该将之断代在黄武五年(226年)到黄龙三年(231年)这6年期间:"则遣从事南宣国化之时,应在此6月间。"陈佳荣先生认为应在245—251年间,伯希和先后认为是224—230年和245—250年间的两个时间段内。冯先生对其中的地名,也参照外国汉学家的考订,提出了自己的看法。其结论是:"窃以康泰等足迹似未逾满剌加(马六甲)海峡,或曾附扶南舶,历游南海诸岛,绝未亲至印度,可断言也。""传中所言非尽亲历之地,天竺、大秦甚至加那调州,皆属传闻之地也。"从地名的考证比对来看,冯先生的结论是正确的。

上编第三章是《法显之归程》。

自汉明帝感梦遣使寻佛求法以来,佛教是分别自陆路和海道两条路线传入中国的。当时在广州和建康译经的外国沙门,大多自海路入华。东晋法显(约337—422年)赴西域礼佛求法之事,已由他留下的一部《法显传》(《佛国记》)作了详细记述。已年近古稀的法显于隆安三年(399年)自长安出发西行礼佛求法,经陆路赴天竺,后又赴师子国(斯里兰卡)居住两年,又于义熙十年(414年)才经海路返回中国。由于途中遇大风,被吹至山东青州登陆。他携归大批梵文佛经,在建康与佛陀跋陀罗(Buddhabhadra,359—429年)合作译经。

法显的《佛国记》一书,早在冯先生此书出版100年之前,即由法国汉学家雷慕沙(Abel Rémusat,1788—1832年)译作法文并作了注释,于他逝世后(1836年)在巴黎出版。冯先生应该是读过雷慕沙的书,并且广泛参照。其地名与事迹考证中,均深受雷氏之影响。

《法显传》一书,仅书名就有多种(《佛国记》《历游天竺记传》《高僧法显传》等),其异文甚多。复旦大学的章巽(丹枫)先生曾对《法显传》作过

校注(《法显传校注》,上海古籍出版社 1985 年版),是现有较好的校注本。

冯承钧先生对于他定名为《法显行传》一书中有关法显自编归程一段路,作了校录,起始自多摩梨帝国(Tamralipti),今印度西孟加拉邦南部的塔卢克(Tamluk),截至青州长广郡界。当时,尚不能从师(狮)子国(斯里兰卡)直接经海上航行入华,必须绕行耶婆提(Yavadvipa,爪哇岛)才能到广州。这就是说,当时在中国广州与印尼爪哇之间,已有南洋航线,常有商舶往来。这条海路是自昔多摩梨帝载商人大舶,乘冬初信风西南行 14 日到昔狮子国。大船得好风东下,漂流 13 日到一岛,行 90 日许,到耶婆提,东北行趣广州。"商人议言,常行时正可五十日,便到广州"。

上编第四章是《南北朝时往来南海之僧人》。自法显之后,来往于南洋间的沙门有十人。其中有扶南沙门三人:僧伽婆罗(僧养,僧铠,Saghapāla,459—524,至建康)、曼陀罗(宏弱或弱声,Mandra,503 年来华)、须菩提(善吉,Subhūti,至扬州);天竺(印度)四人:佛陀跋陀罗(觉贤,Buddhabhadra,359—429 年,至青州东莱郡)、求那跋摩(功德铠,Gunavarman,367—431 年,至广州)、拘罗那陀或拘那罗陀(真谛,Kulanātha,499—569 年,546 年到南海,即广州)、求那跋陀罗(功德贤,Gunabhadra,394—468 年,至建康);中国三人:智严(晚年泛海至天竺)、昙无竭(Dharmadgata,法勇,由天竺泛海返广州)、道普(至长广郡,船破伤足,因疾而卒)。无论他们是在广州、扬州、青州还是建康,都是自海道而来,继承了南北朝时代的南洋交通的历史。

四、南洋交通史的发展阶段

上编第五至八章,是中国南洋交通史的发展阶段,大致相当于从隋、唐、五代至宋王朝时期(7—13 世纪上半叶)。

上编第五章是《常骏等之使赤土》。581 年,隋文帝杨坚统一中国,建立隋王朝,由此而开创了中国南洋交通史的发展时期。

隋炀帝于大业三年(607 年),曾派遣屯田主事常骏和虞部主事王君政出使赤土国。"赤土国,扶南别种也。"对于赤土国的地望,有人认为在泰国湄南河(Me Nam)流域,也有人认为在马来半岛,还有人认为应在泰国的宋卡(Song Khla)和北大年(Patani)一带,冯先生倾向于采纳马来半岛说。常骏一行到达赤土国时,"其王遣婆罗门鸠摩罗以船三十艘来迎"。常骏

等返国时，赤土王又“寻遣那邪迦随骏贡方物……骏以六年（610 年）春，与那邪迦于弘农谒帝”（《隋书·赤土传》，卷 82）。常骏等人直航出使，标志着中国南洋交通史上一个新阶段的开始。

上篇第六章是《贾耽所志广州通海夷道》。

中国唐代详述南洋交通海道的代表人物是贾耽（730—805 年）。他曾任鸿胪卿，主持与各民族的朝贡往来，后官至右仆射同中书门下平章事，封魏国公。他曾撰写《海内华夷图》《古今郡国县道四夷考》《贞元十道录》和《皇华四达记》等。令人遗憾的是，这些著作均无完本传世，而只能依靠从转引它们的书中再次辑录。

《新唐书·地理志》卷 43 下，引证了贾耽《古今郡国县道四夷述》中的内容，介绍了广州通海夷道，详细记述了从广州到西亚伊斯兰国家的海道。法国汉学家伯希和于其名著《交广印度两道考》（1904 年，有冯先生的中文节译本）和德人夏德于其《诸蕃志译注》（1911 年）中，都对贾耽通海夷道作了考证。冯先生也广泛参照了此二书。其中的 40 多个海道地名，大都已经被考证清楚了，它们可以被用来编织唐代海外交通的网络。由于冯先生坚持“阿剌壁海西岸诸地不录”的原则（其实，他在本书的下文，并未始终严格遵循这一原则），故而对贾耽四夷路程中的一些地名未作考证。但它们也是唐代中国南洋交通网中的组成部分。这其中主要有三兰国（Dar-es Salaam，今坦桑尼亚的达累斯萨拉姆）、设国（Shihr，今南也门一带）、萨伊瞿和竭国（Kalhat，阿曼海岸，阿拉伯半岛南部）、没巽国（Mezoen，阿曼湾之苏哈尔港）和拔离诃磨难国（Bahrain，巴林）。

上编第七章是《唐代往来南海之僧人》。

唐代赴西域礼佛求法的僧人很多。据义净（635—713 年）《大唐西域求法高僧传》（8 世纪上半叶）、道宣（596—667 年）的《续高僧传》（《唐高僧传》，645 年）和赞宁（919—1001 年）的《宋高僧传》（982—988 年）统计，往来南海之僧侣多达 40 人，其行程路线几与贾丹的广州通海夷道相合，只是存在某些分道而已。其始航地大多为广州、交州（今合浦境内或钦州之雷乌）。其止航地为苏门答腊岛内的室利佛逝（Srivijaya，旧港）、南印度师子洲（Simhala），或为印度东南的耽摩立底（Tamalipti，今印度塔姆卢克附近）、那伽钵亶那（Nagapattana，今印度的纳加帕蒂南）和诃利鸡罗（Harikera，今印度东部及孟加拉一带）。

其中赴南洋的最著名的中国高僧是义净。义净（635—713 年）是唐代著名求法译经高僧,俗姓张,祖籍齐州(山东历城)或范阳(河北涿县),字文明。他自幼仰慕法显与玄奘的西游,后于咸亨二年(671 年)从广州登程赴天竺,历经 25 年,遍游 30 余国,于长寿二年(693)动身归国。他于 699—711 年的 11 年间,翻译佛经 56 部,共 230 卷。他与鸠摩罗什(Kumārajiva,344—413 年)、真谛(Paramārtha,499—569 年)和玄奘(?—664 年)并列为中国佛教四大译师。他除了译经之外,还撰有《南海寄归内法传》和《大唐西域求法高僧传》二书。此二书已由王邦维先生作了详细校注。《西域求法高僧传》早于 20 世纪初便由沙畹(E,Chavanne,1865—1918 年)译作法文并作了详细注释,冯先生应有所参照。书中共记录了唐代之前西行求法僧 60 人,其中经由南海夷道的僧侣超过 30 名。冯先生对义净详细列举的 33 人作了考证。他又对于检自历代《高僧传》中的 7 位曾扬帆南海的高僧作了罗列考证。这样算来,总共有 40 位。其结论为,唐代的广州为交通要港,交州(Cochin,交趾,越南北部)、泉州、扬州和长江上游"亦为蕃舶所已经,特不及广州之盛耳"。

上编第八章是《宋代之南海》。宋代是中国海上交通与贸易大发展的时代,往来于南海夷道上的人,已经不再主要是僧侣,而是商旅了。冯先生在该章中主要是征引了三种史料。其一为《宋史·注辇传》(卷 489)。注辇(Soli,Šoli)者,今印度科罗曼德尔(Coromandel)海岸也。注辇国使臣娑里三文于大中祥符八年(1015 年)入宋时,曾经历南海夷道。其中共列举了到达广州之前的海道地名 15 个,冯先生择其重要者一一作了考证。

本章中引用的第二种资料是周去非的《岭外代答》。周去非是浙江永嘉(温州)人,曾任广西桂林通判,于淳熙五年(1178 年)完成了一部以答问方式写成的《岭外代答》,其内容是集坊间传闻与曾任广西道安抚使的范成大的《桂海虞衡志》的资料而成。全书以对答的方式,共列有 294 条,详分地理、边帅、外国、风土、法制和时计等 20 门。书中包括有关岭南、海外、南洋、西亚、北非各种内容的记载。它特别是搜集了许多宝贵的有关海外诸国的交通和贸易的资料。原书已佚,现存本下载自《永乐大典》。

《岭外代答》的卷二和卷三是《外国门》。其范围从西亚的大食(阿拉伯)国、木兰皮国(Murabit,即穆拉比特人或穆拉比廷人,Murabits 或 Murabitin,贝督因人的一支,今西班牙和西北非),到东非海岸的昆仑层期国(Komr-Zangi,昆仑意为"月亮",指马达加斯加,层期指桑给巴尔)。书中对于南洋各国的记载相当丰富和准确。

冯先生征引了《岭外代答》卷二《海外诸蕃国》《三佛齐国》《阇婆国》《故临国》《注辇国》等条;卷三的《海外夷》《大食诸国》和《西天诸国》等条。《海外诸蕃国》条中的三佛齐(Palembang),即浡林邦(今印尼巨港),阇婆(Java)即爪哇,真腊即今之柬埔寨,麻离拔即马拉巴尔(Malabar),大食即阿拉伯人的阿拔斯王朝(Abassides)或黑衣大食;佛罗安(Bernan)即泰国的帕里安(Palean),故临(Quilon)即今印尼之奎隆,"十二子石"指印尼的加里曼丹,默伽(Me Kka)即沙特的麦加,勿斯里(Misr)即埃及,细兰即锡兰(Silan,Ceylan,今斯里兰卡)。这些地区在宋代的南洋交通史中都扮演了重要角色。

冯先生于本章中征引的第三种宋代资料,是赵汝适的《诸蕃志》。赵汝适是宋王朝宗室,曾任福建路提举兼权泉州市舶司。他除了根据亲自向自海道而来的蕃商调查之外,还辑录自周去非的《岭外代答》及其他有关南洋交通史的史籍。其成书时间为1225年。它自东向西地引举了南洋26国,详细记载了其间的路程和辖地等。它起自占城(Campa,越南中部之归仁),结束于锡兰。《诸蕃志》是南洋交通史的重要著作。经中南半岛、马来半岛、菲律宾和印尼等地区,国内外学者对《诸蕃志》的校注本甚多,冯先生参照了德国人夏德与美国人柔克义于1912年在圣彼得堡出版的译注本。但此书"所记既出耳闻,非本亲历,故所述诸国,编次先后,漫无条理。然其记事在《宋史》之前,颇足以资参证"。

五、南洋交通史的繁荣期

上编第九章是《元代之南海》。虽然元王朝是由游牧和骑射民族的蒙古人创建的,但元代的航海业和海外贸易却是非常发达的。元朝遣使海外,海外用兵,外使入朝朝贡,其兴旺局面前所未见。事实上,元王朝使中国南洋交通史开始攀登繁荣高峰期。

唐宋时代以来便陆续设立了雏形海关——市舶司。宋朝分别开设于广州、杭州、明州(宁波)、泉州和密州(山东胶县板桥镇)。元代的市舶司则设立于泉州、上海(松江府)、澉浦(浙江海盐境内)、温州、广州、杭州和庆元(宁波)七大港。它们形成了元代南洋海上交通史的专司机构,是元代南洋交通史的重要保障。

冯先生提到了元代四次遣使南洋的过程。他们是元代南洋海道的开拓人，也是南洋诸国资料的亲历搜集人。

杨庭璧使马八儿（Malabar）国与俱蓝国（Kūlan，Quilon，印度南海岸的奎隆，亦作故临）。杨庭璧原为元征南将军唆都部下，后迁任广东招讨司达鲁花赤（总督官）。至元十六年（1279 年）十二月，他奉命出使俱蓝国，国王命其弟写下降表并随之返元朝入贡；十七年（1280 年），他随使俱蓝，从泉州出发，于次年抵马八儿国；十八年（1281 年）冬，他第三次出使俱蓝国并转交元朝玺书；二十年（1283 年）十月，他又作为宣慰使俱蓝国等，凡十国响应入供，遣使供方物：马八儿（Malabar，马拉巴尔）、须门那（Sūmanāt，海门，今印度的苏姆那）、僧急里（Cranganūre，今印度之格朗格努尔，其古名为 Singili）、南无力（Lamuri，南巫里，苏门答腊北部的亚齐）、马兰丹（无考，应在苏门答腊岛）、那旺（Nakur，尼科巴群岛）、丁呵儿（Trengganu，丁家奴）、来来（Lay，Lara，Lata，印度古吉拉特一带）、鲁兰亦　（Kelantan，今马来半岛的吉兰丹）、苏木都剌（Sūmūtra，今印尼苏门答腊）。

史弼等征爪哇一事，是元代海外用兵中的一大事件。元至元二十九年（1292 年），史弼拜福建行省平章政事。二月，元世祖忽必烈遣史弼、亦黑迷失、高兴等率水兵 5000 名，从泉州出发，经交趾、占城及今加里曼丹等地，远征南洋中最富庶的爪哇国。由于葛郎国（Kalang，今印尼爪哇的柬义里一带）驸马罗登必阇耶（Raden Vijaya，又译土罕必者耶）诈降，杀护送元军并起兵攻史弼，元遂以损失 3000 多名将士而收场。这其中的一个主要地名是爪哇惹班（Modjokerto）的麻喏八歇（Majapahit，即满者伯夷）。它于 1293 年由曾被元军战败的罗登必阇耶创建，系信仰印度教的古国。它曾统一过印尼，国势鼎盛，也曾征服过三佛齐（室利佛逝，Srivijaya，旧港），并曾多次遣使中国。1527 年亡国。

冯先生征引的第三种元代南洋交通史资料是元人周达观的《真腊风土记》。伯希和早于 1903 年就发表过有关柬埔寨的《扶南考》的论文（有冯先生的汉译本），于 1902 年出版了其《真腊风土记》的法文译注本，他于此后仍继续研究这一问题。1954 年出版的伯希和遗作集第 3 卷中发表了其补编。夏鼐先生于 1981 年在中华书局出版了该书的校注本，为现存最佳版本。冯先生于本书中参照了伯希和的译注本（补编除外，因当时尚未发表）。

周达观，自号草庭逸民，又一位浙江永嘉（温州）人。元贞元年（1295 年）元月，周达观奉命随使真腊（Kamboja，甘孛智，柬埔寨）。次年自温州开洋，同年七月抵真腊国首都吴哥城，居住一年，于1297年八月回到四明（宁波）。他著有《真腊风土记》，反映了吴哥王朝时期的柬埔寨的国情。从而弥补了《元史》缺失《真腊传》之憾。

冯先生征引的另一种重要的元代交通史资料是汪大渊的《岛夷志略》。汪大渊（1310—？年），字焕章，江西南昌人，曾两次附舶出游，至正九年（1349年），经过泉州，应泉州达鲁花赤偰王立请，撰写《岛夷志略》，全书共注录岛夷99条，涉及南洋国家和地区220个，东起菲律宾，西至东非海岸。此书上承《诸蕃志》，下接《瀛涯胜览》。《四库全书总目》评论说："诸史外国列传秉笔之人，皆未尝身历其地……大渊此书，则皆亲历而手记之，究非空谈无徵者比。"此书有沈曾植、藤田丰八和美国柔克义的考证或译注本，冯先生均曾广为参阅。但此书的最佳校注本，乃中华书局于1981年出版的商务印书馆老编审苏继庼先生的《岛夷志略校释》，其中更新了许多陈旧的观点与考证。

冯先生对《岛夷志略》中的53个南洋地名作了考评。其中有些考评有误，我们在阅读时可以参照苏继庼先生的校注本。

上编第十章是《郑和之下西洋》。

到了明代郑和下西洋，是中国海外贸易和南洋交通史登上了鼎盛时期。

郑和（1371—1435年），本姓马，云南昆阳（晋宁）人，穆斯林，因其父曾赴麦加朝觐，故而被称为哈只（Haji，朝觐者）。他于明永乐三年（1405年）到宣德八年（1433年）年间，曾七次率明朝朝宝船队下西洋。

郑和下西洋的基本史料有四种。第一种是《明史》中的《郑和传》和《外国传》，第二种是船队通事马欢的《瀛涯胜览》，第三种是费信的《星槎胜览》，第四种是巩珍的《西洋番国志》。其中马欢的《瀛涯胜览》最为重要。荷兰汉学家戴闻达（J.J.L.Duyvendak，1889—1954年）于1933年发表过《马欢再考》，法国汉学家伯希和于1933年出版了《中国15世纪初叶的海上大旅行家》（冯先生1935年的中译本作《郑和下西洋考》），英国学者菲力普斯（Philips）于1895年就对《瀛涯胜览》的某些章节作了译注。冯承钧先生不仅翻译了伯希和的译注本和其他几篇有关郑和下西洋的论文，而且还根据中外文各种资料，于1935年也出版了《瀛涯胜览》的校注本。冯先生在《中国南洋交通史》中也广泛地利用了这些研究成果，特别是在南洋地名考证中更是如此。

2005年,是郑和远航600周年,我国政府及国内外学术界均举办了大规模的纪念活动,并且均以此为契机,出版了大批专著和论文。万明先生在此期间出版的《明钞本瀛涯胜览校注》便是一部集前人成果之大成的著作。今日的郑和研究,与冯先生撰写此书的时代,已经不可同日而语了。冯先生此章的内容略显陈旧了。

六、中南半岛古国考

《中国南洋交通史》下编是南洋古国传,或者说是有关南洋各岛国的中文史料的汇辑与简注。其中主要是按中南半岛、印尼与马来半岛、印度诸海岛三部分论述的。

其中第一章是《扶南传》,第二章是《真腊传》。它们都是有关早期柬埔寨(涉及了整个中南半岛)历史的中文资料。古代柬埔寨的历史文物和古籍光辉灿烂,丰富多彩。但它自己的文字记载资料却相对贫乏,甚至是稀缺。自三国两晋以来,中国史书中有关柬埔寨的记述甚为丰富,也弥足珍贵。

“扶南”又作“跋南”或“夫南”(此名始见于《三国志·吴岱传》)。《宋书》《南齐书》《梁书》《南史》《新唐书》(大致为1—7世纪)等均作扶南。其中最著名者,应为康泰的《扶南传》或《吴时外国传》,它是古高棉语Banam或Bnam(近代柬埔寨语作Phnom或Phanom)的对音,意为“山岳”。扶南一度占有整个中南半岛,扼东西交通要冲,属“印度化文化”地区,自古便与中国、印度、波斯和地中海地区频频往来。该国信奉婆罗门教和大乘佛教。

“真腊”是中文史料中对7世纪到17世纪期间,对柬埔寨的称呼,始见于《隋书·真腊传》,直至清修《明史·真腊传》为止。真腊又被称为甘孛智、澉浦只,均为Kamboja或Cambodge的对音。真腊本为扶南属国,后来却取代了扶南,雄居中南半岛。该国有时也被称为“吉蔑”,乃其族名“高棉”(Khmer)的异译。8世纪初叶,真腊分裂为“水真腊”(真腊南部)和“陆真腊”(真腊北部),9世纪时再度统一。其领土包括今柬埔寨、老挝、越南南部和缅甸部分地区。

我们通过研究不难发现,在古代中南半岛的交通史上,占城或占婆(Champa)占据着咽喉要塞地位,是一个交通枢纽,其地位非常重要。国内外学者对于此地的研究成果也格外丰硕。

冯先生在本章中征引了中国断代史《晋书》《南齐书》《梁书》《新唐书》中的《扶南传》,以及相关扶南的记述。它们对于扶南早期(7世纪之前)的地望、物产、王权、民俗、政权更迭以及与中国的关系都作了宝贵的记述。他同时又征引了《隋书》《旧唐书》《新唐书》《诸蕃志》《宋史》和《明史》中有关真腊的记述。冯先生广泛利用了伯希和的《扶南考》《真腊风土记》的译注本,并且也作了某些新考证并提出了某些新观点。1985年,河南人民出版社出版了陈显泗先生辑录的《中国古籍中的柬埔寨史料》,基本上将汉籍中有关扶南和真腊的资料搜集得更齐全了,更新了许多陈旧之说。

七、印尼和马来半岛古国考

下编第三至五章是中文史料中有关以印度尼西亚和马来半岛为中心的南洋群岛古国的资料,主要是阇婆、三佛齐和其他23个海岛。

阇婆是Java的译音,即今印尼的爪哇岛。阇婆也被称为阇婆洲,《后汉书》作叶调,法显的《佛国记》作耶婆提(均为Javadripa的对音名称)。但中文史料中早期的"阇婆"有时也泛指今印尼爪哇与苏门答腊二岛。到宋代之后,才逐渐普遍使用"爪哇"一名。《元史》正式列《爪哇传》。但《明史》中却同时出现了《爪哇传》与《阇婆传》,似乎又造成了某种混乱。

至于《唐书》和《新唐书》中的"诃陵"(Kalinga或Keling),也就是玄奘于《大唐西域记》中提到的羯馂伽。多种佛经中译本中又分别作羯陵伽、迦陵迦等不同译名。有人也认为诃陵应在印度,即今奥里萨一带,后来才被移用于东南亚;还有人认为它在马来半岛的东部或西部,而非爪哇。即使在爪哇,也有人分别提出了东、西、中部之说,特别是指爪哇的葛都(Kedu)王国,也就是马塔兰王国(Kerjaan Mataram)。冯先生于此书中,采纳了"诃陵"与"阇婆"的同源论,认为它们均指爪哇。

中文史料中,对于"阇婆"或"爪哇",记载最详细者应为郑和宝船队的通译马欢著《瀛涯胜览》。

"爪哇"(Java)在印尼文中意为"谷类作物",dvipa意为"岛屿"或"洲"。那里不仅历来是印尼的社会、政治、文化和经济中心,而且也是南洋交通的要塞,与中国的交往历史悠久。

"三佛齐"应该主要是中国宋代后的称呼,本为 Srivijaya 的对音,在梵文中意为"吉祥胜利"或"佳妙胜利"。它被中文史籍中用以指 7—14 世纪印尼苏门答腊古国。但中文史籍更多地则是使用"室(尸)利佛逝(誓)",实际上应追溯到 Samboja(三佛齐)。其都应为孛林邦(Palembang,旧港,今作巨港),7 世纪时国势变强。该国于 11 世纪中叶,迁都詹卑(Jambi,占碑),詹卑地处巨港之北。它于 13 世纪时成为东南亚强国。该国于 7—8 世纪,曾多次遣使中国,唐高僧义净曾在此研习梵文和佛经。仅在宋代 960—1178 年间,它就曾向宋王朝遣使 20 余次。明代曾有许多广东人在此经商。它于 1377 年被麻喏巴歇(Majapahit,满者伯夷,今印尼若班)征服。

冯先生于本书中征引了《新唐书》《岛夷志略》《瀛涯胜览》和《明史》中有关三佛齐或室利佛逝(旧港)的记述。法国汉学家费琅于 1919 年曾著有《苏门答腊古国考》(有冯先生的中译本),1922 年著有《昆仑及南海古代航行记》(有冯先生的中译本),1913—1914 年著有《阿拉伯波斯突厥东方古文献辑录》(有笔者与穆根来的中译本,冯先生为撰记《中国南洋交通史》而广泛参阅了此书)。冯先生的许多古地名考证,也大都是借鉴了这些汉学家们的科研成果。

第五章是《南海群岛诸国传》。冯先生自己划定的范围是"南海以南,太平洋、印度洋之间"。南海群岛在西方学术界一般被称为"南洋群岛"。冯先生对于除前述几个大岛的考证之外,在本章中共考证了南海的 23 个岛国。这些海岛均属于今印度尼西亚、马来西亚和菲律宾的地区。其征引的中文资料是《岛夷志略》《明史》《诸蕃志》《瀛涯胜览》《宋书》《梁书》《隋书》《宋史》等资料。冯先生在地名考证中,仍是大多借鉴了当时西方汉学家们的成果,已略显陈旧了。有些地名,他已在《上编》中作了考证。由于这些中文基本史料都已出版了校注本,我们在使用时可以参照那些最新研究成果。

在这 23 个海岛中,有"海上波斯国"(Pasè,位于苏门答腊)、渤泥(Borneo,婆罗洲,位于加里曼丹岛)、苏禄(Sulu,位于菲律宾)和吕宋(Luzon,位于菲律宾)的地域,其规模都很重要,与中国的历史关系也最为密切。

第六章是《马来半岛诸国考》,其中共考证了 11 个南洋古岛国的名称。冯先生认为其中有 4 个地名的方位难以确定,可以确知其方位的有 7 个。这些地名在《梁书》《隋书》《新唐书》《旧唐书》《宋史》和《明史》中分别立传,在《诸蕃志》、《瀛涯胜览》和《岛夷志略》中也均有详简不同的记述。

其中最著名者，当属满剌加(Malaka)。满剌加，即今之马六甲(Malacca)，介于印尼苏门答腊大岛与马来半岛之间，是太平洋与印度洋之间交通的咽喉要塞。在新加坡开埠之前，满剌加在长时期内是一个重要的国际贸易市场。Malakat 在阿拉伯语中，就意为“市场”，它在马来语(mūlaka)中则是指当地的一种余甘子树。

冯先生于本章中引用的《明史·满剌加传》中，对于满剌加王国的王统世系记述似有些混乱，甚至有误。其实际上应该如下：

满剌加王国是于1402年，由拜里迷苏剌(Parameśvara，1402—1424年执政)创建。1414年，他改宗信仰了伊斯兰教，故而将其名字也改为母幹撒干的儿沙(Iskandar Shah)。其子为穆罕默德·母幹撒干的儿沙(Muhammad Iskandar Shah，穆罕默德沙，1424—1444年执政)。他后来采取了室利佛逝王国旧尊号，而自称为西里麻哈剌(Sri Mahaja，室利·摩诃罗阇)。第三位国王是息力八密悉瓦儿丢八沙(Sri Parameśvara Deva Shah，1444—1445年执政)。第四位国王是无剳佛哪沙(Muzaffar Shah，1445—1456年执政)。正是该国王立伊斯兰教为满剌加国教。第五位国王是芒速沙(Mansur Shah，1456—1477年执政)。第六位国王是阿拉瓦丁·里阿耶特沙(Alaudin Riayat Shah，1447—1488年执政)，《明史》中未记此人。第七位是马哈木沙(Mahmud Shah，1488—1511年执政)。

满剌加王国与中国、印度及阿拉伯—波斯世界通商互市，这些国家的大量商船停泊于此，使那里成了东南的国际商贸中心和商品集散地。

1403—1481年间，中国大明王朝曾七次遣使入满剌加。满剌加也曾多次遣使入贡明朝。拜里苏迷剌等三位国王共五次赴明朝朝贡。郑和于1405—1433年七下西洋期间，将满剌加作为宝船队的中转站和货栈。

满剌加王国历经七位国王，曾经经历过高度辉煌。这在很大程度上要归功于辅佐四朝的槃陀诃罗达哈拉(Bendahara)，即首席执政官敦·霹雳(Tun Perak，？—1498年)的忠诚与能力。此人共辅政42年(1456—1498年)，也就是自第3位国王息力八密悉瓦儿丢八沙起。他死后，王室内讧，国势衰微。明正德六年(1511年)，葡萄牙(佛郎机)船队从印度东进并占领满剌加。当时满剌加末代苏丹马末(Mahmud Shah)出奔，遣使向明朝告难。辗转到明世宗时，明朝才“敕责佛郎机，令还其故土，谕暹罗诸国王以救灾恤邻之义”。“时佛朗机亦遣使朝贡请封，抵广东。守臣以其国素不列王会，羁其使以闻，诏予方物之直遣归，后改名麻六甲(Malaka)”。

葡萄牙人此后又自满剌加而入居澳门，从而出现了中欧交流的新潮流。

通过研究，可以清楚地看到，印尼群岛的爪哇和马来半岛的满剌加是南洋诸海岛和东西方交流的要塞。酷似地中海在东西方海洋交通中所起的作用。这也是中国、印度、西方和阿拉伯世界在历史上都十分注重它们的原因。

八、印度海岸诸国考

下编第七章是《印度沿海诸国传》。其中包括了今天被称为“南亚地区”的印度、孟加拉（此两国当时都被统称为“印度”）和斯里兰卡（当属“印度化文化国家”）。冯先生共考证印度海岸的13个地名或古国名。

冯先生的资料分别引自中国历朝断代史《梁书》《宋书》《唐书》《新唐书》《宋史》《明史》，舆地书中的《岛夷志略》《瀛涯胜览》和《诸蕃志》等。正如上文所述，这些资料大都有外国汉学家们的译注本或研究论文。冯先生也在很大程度上参照了他们的成果。其中有些地名，冯先生已在前文作过考证。

在这13个地名中，属于印度的有天竺（Inde）、乌爹（Qdra，Uda，奥里萨邦）、注辇（Cola，科罗曼德尔）、加异勒（Cail，卡亚帕塔纳姆）、小呗喃（Kūlam，Quilon，奎隆）、古里佛（Calicut，古里）、柯枝（Kō č i，Cochin，科钦）、南毗（Nambūri，南布利族人地区）、下里（Hili，德里山）、胡茶辣（Guzerat，古吉拉特）、须文那（Sūmanāt，松特纳）。属于孟加拉的有朋加拉（Bangala，Bengale，孟加拉）。属于斯里兰卡的有师子国（Ceylan，锡兰）。、

“前辈飞腾入，余波绮丽为。”冯承钧先生逝世已经一个甲子有余了，他留下的那笔丰厚文化遗产，仍在惠泽后学。《中国南洋交通史》既是出于我国学子之手的本领域最早的力作，也是中国学林与书海中的一部考据派的代表作，更是一部具有浓厚中外文化交流色彩的传世之作。它在中国文化的沉淀与积累中，永远是一粒闪亮的沙子。

法国里昂商会中国考察团对四川养蚕业与丝绸业的考察

一、法国里昂商会考察团于1895—1897年对中国的考察①

在1895年4月17日签订中日《马关条约》及其附件《另约》和《议定专条》之后，法国政府感到非常迫切地需要进一步深入考察中国的大市场和资源，从而慎重估量中法贸易的前景。这也是法国政府在亚洲所关注的一大焦点。当时中国约有3.6亿人口，基本上与整个欧洲的人口相当。此时中国每平方公里的人口稠密度为80人，而欧洲却只有40人。法国于1843年就曾向中国派出过由拉萼尼(de Lagrenée，1800—1862年)率领的第一个使团。法国里昂与远东的关系最为密切，是海上丝绸之路的终点港之一。中国上海在1897年出口的生丝包中，便有36862包被销往法国里昂。鉴于这样的背景，法国政府便委托里昂商会派遣商务考察团赴华实地考察。法国里昂商会为了这项考察，而与法国的其他城市的商会始终保持着密切的合作关系，它共邀请了12个地区商会(巴黎、鲁昂、埃彼纳勒、兰斯、圣埃蒂安、勒阿弗尔等重要城市)，各自以派遣特别代表的方式，参与向中国派遣商务考察团的活动。其中马赛、波尔多、里尔、鲁贝、罗阿讷5个城市的商会，给予了这次考察必不可缺而又非常宝贵的资助。

这是一场"国家企业"的考察活动，法国外交部对于这个商务考察团鼎力支持。法国外交部指定在华居住30年的法国驻蒙自领事弥乐石

① 《里昂商会中国考察团商务报告》(La Mission Lyonnaise d'exploration commerciale en Chine，1895—1897)，全书由考察团团长亨利·贝尔尼埃(Henri Bernier)主编，1898年里昂出版，共分上下两卷，上卷386页，下卷456页，另附80余幅图(以下简称《报告》)。

(Emile Rocher,1846—1924年)专门主持考察团的工作,因为弥乐石曾多次赴中国内地旅行并精通汉语。里昂商会中国考察团于1895年9月15日从马赛乘船出发驶向远东,于1897年9月间返回法国,持续了两年左右。此举引起了法国乃至整个欧洲的极大轰动,从而导致法国以及欧洲各国,在一段时间内纷纷仿效派遣考察团赴海外。特别是英国和德国,更是积极地步法国之后尘,陆续派遣官方或非官方考察团东行,其重点当然包括中国在内。

法国里昂商会派团不远万里赴华考察的目的很明确。其计划书的第一项就规定,考察团是为了法国的利益,去考察中国与法属印度支那毗邻省份(桂、滇、粤、川)的经济和商业资源,尽力去追求法国的公共利益并以法国殖民扩张为目的。其目标是"在法属印度支那殖民地与中国之间建立贸易联系"。其中有一位专家彼埃尔负责考察红河流域,以方便中国与印度支那的江河通商。他们的第二项目的是考察中国的大省四川省和云南省的经济与商业价值,特别是考察其养蚕缫丝、种植茶叶和开采锡铜矿藏的能力。他们还要考察如何将川、滇、桂三省与法国在亚洲的经济商业利益或政治势力范围联系起来。其第三项目的是考察中国的两大商品销售中心香港与上海。第四项目的是实施他们出发之前所制订的一份调查提纲:调查中国的交通与运输、生产、消费、外贸等问题。这实际上都是一些有关中国的"总体问题"。

法国里昂商会中国考察团赴中国考察,归根结底,是为了调查中国的资源和运销路线。他们赴中国大西南,特别是去云南,就是为了调查丝绸之路、大锡之路和茶马古道:路线、沿途的经济、市场、文化、语言、民族、民俗、城镇、特产等。这片地区,当时是法国势力的波及范围,与他们在印度支那的利益攸关。由于他们是由专家从事专业考察,是为殖民主义的扩张服务的,所以其考察报告的真实与客观性很强,故而其价值也尤为重要。

该考察团于1895年9月15日从马赛出发,于10月间到达西贡并考察了从西贡至北宁一线。1895年11月间,考察团从河内到达中国云南省的曼耗。同年12月间,他们从云南的蒙自,经阿迷州和通海而到达云南府。1896年1月,他们从云南府出发,在杨林分成两组,一组由弥乐石率领,另一组由贝尔尼埃率领。前一组从云南东川府到达昭通府,再赴四川成都;后一组则到达贵州。直到同年6月间,第一组才经汉口赴上海,另一组则到达四川松潘地区。1897年,他们在中国湖北和湖南从事考察。两个小组最终于8月返回西贡,9月间回到马赛,圆满地结束了这次考察①。

《法国里昂商会中国考察团商务报告》的第一卷内容是《游记》②,于《游记》之后,附有由德布伦所写的一篇《中国南部和西部的土著民族志》③;第二卷内容是《商务报告和各种记述》④,是对清季云南、贵州、四川、广东、广西和上海各种事物的详细记述。

总而言之,法国里昂商会中国考察团,除了考察其印度支那殖民地与中国的商务前景之外,还着重考虑了法属印支与中国毗邻省份当时的关系及此后的发展远景。他们特别对云、贵、川、桂、粤等数省作了专门研究,考察了中华帝国的基本贸易状况,特别关注那些可能会对法国有益的产品,如丝绸、茶叶和矿产品等。他们通过中国西南地区丝绸之路沿途民族、物产、内外贸易方面的考察,从而确定法国在当时和未来一段时间内应在那里扮演的角色和所起的作用,以便确保法国在与西方列强争夺中国这片领土上的特权时,能够占有优势。这次考察也确实促使法国政府采取了多项措施,使法国殖民主义者在中国西南地区长期较其他列强处于更有利的地位,因为法国政府的政策是在踏实的科学调查基础上制定的。

二、四川的养蚕与缫丝业⑤

在法国里昂商会考察团离开北圻之后,曾经考察过云南和贵州省,那里只生产少量丝绸。除了遵义府的野蚕丝之外,其丝绸产品未能引起任何人的特别注意。贵州唯一的养育野蚕蛾的中心是正安州,距遵义府有5日行程。正安州每年向四川输5000斤(中国斤,每斤相当于604克)黄丝。云南、贵州两省仅仅纺织丝绸和锦缎,但其原料却来自更为遥远的地区。这并非是由于云南和贵州不能形成丝绸的大规模生产中心。恰恰相反,那里的土质、气候和海拔高度都非常有利于植桑,而且在回民起义之前,特别是云南省的丝绸生产曾经繁荣一时。中国这次回民起义的负面影响,在长

① 有关这次考察的概况,见全书第1卷,第1—386页。

② Récits de Voyages, pp. 3-346.

③ Contributions ā L'ethnologie des races autochtones de La Chine méridionale et occidentale, pp. 347-382.

④ Rapports Commerciaux et notes diverses, pp. 8-451.

⑤ R. Antone et C. Métral: Rapport sur la soie, pp. 315-348.

时期之后仍能使人明显地感觉到,那里的民众被沦至极端贫穷地步,他们对丝绸的消费量微不足道,而且也出现了劳动力的奇缺状态。人们甚至可以说,云贵两省的丝绸工业本身似乎也已经被彻底破坏了。但若有一个贤明而又睿智的政府,那么这种工业完全有可能会被振兴。该地区的人口可以缓慢地增加,丝绸也可以逐渐地成为居民的一种财源。法属印度支那作为中国西南省份的邻居,执行了一种帮助中国重建其丝绸品种的政策,由此便会出现交趾之路与中国西南大都市之间的一种相当可观的交易额。由于云南省基本上与法国处于同一气候带,所以法国那种被称为瓦尔河(Var)的蚕种,完全会在云南被很好地风土驯化。

云南和贵州的蚕丝生产,当时有些令人沮丧,尤其是与法国里昂商会考察团刚刚考察过的湖北沙市和汉口的丝绸生产相比较,更显得相形见绌。这些丝绸在当地被称为"麻苎衣",在上海被称为 minyang(? 羊),丝实际上是呈灰白色,很结实,不太匀称的皱绸。这种丝由于某些用途而受人器重。在上海市场上,每公斤价值 15—20 法郎。云南于 1897 年一次便出口 1770 包这一种类的丝①。

四川肯定是中国最重要的丝绸生产中心之一。四川中部的所有县都从事养蚕业,而且还种植各种桑树。法国考察团特别注重研究该省的桑蚕业,跑遍了该省的各个方向。有些地区是除天主教传教士之外,任何欧洲人都未曾到过。四川蚕丝的产区主要有:嘉定府、成都府、潼川府、保宁府、绵州、顺庆府、合州、叙府、泸州。其年均产量可达 240 万公斤左右。每两丝的价值可达 4 法郎。这些地区所产丝质量不同,但差异不大。它们大都出现在欧洲市场上,分别被欧洲人称为西充丝、高平丝、绵州(Mien-tcheou 或 min chew)、万州(Ouan-tcheou 或 Wanchew)丝绸。人们估计,当时四川的全部蚕丝年产量约为 240 万公斤。这是出自中华帝国政府的统计,或者是根据从中国当局那里搜集到的资料,以及法国人在所经由地区的个人调查资料,而得出的数字。这一数字应平均分为白丝和黄丝两部分。当地每年共消费 150 万公斤左右的蚕丝。川丝的剩余部分将被外销至云南、陕西,特别是长江下游和上海等地区。四川最早的蚕种是由一名原籍浙江省的姚氏人输入的。这些白种蚕当时还要经过每年的 4 次脱皮蜕变。它们

① 热尔韦·库特勒蒙:《云南游记》,巴黎普伦书局 1904 年报(Gervais Courtellemont, Voyage au Yunnan, Paris Librairie Plon, 1904.)。

分别变成了白色和黄色，现今只经过三次蜕变了。如果桑农有更多饲养它们的食物，那么该品种就可能会一年产多代。

四川的养蚕业完全是家庭式的。从最富裕到最贫穷的家庭，直至大官吏们的衙门，无处不有从事养蚕的人。但家庭养蚕规模始终不大，每家每户每年最多只产2—3两丝。当地蚕的品种只生产淡黄色的、灰色的和暗绿色的蚕茧。它们从未被改良和杂交过。蚕种被保存在竹浆纸中，它们要在其中越冬。这些竹制纸被悬挂在蚕农住房的天花板上。孵化蚕卵一般都在4月前半月。在5月末之前，蚕农们必须采收蚕茧并在家庭中缫丝。四川的气候比法国和意大利的养蚕区更要温和一些，其冬季也比较短。为了方便孵蚕卵，人们也会把卵种放在无边圆帽中，并且保持帽子时刻不离开头部。但在把蚕种放在这些温暖地方之前，要用冷水浸泡，以使它们被同时孵化。一旦蚕种被孵化，人们便将它们放在用竹篾编成的直径约一米左右的平底圆筐中。蚕虫于其整个饲养期，都一直被喂养在那里。人们白天要把养蚕的筐子放在空气流通的地方，而且仅满足于使之蔽风雨和遮强光。四川春天与法国和意大利养蚕中心的天气相比，其自然条件要更好一些和更有规律一些①。

蚕虫相继要用不同的柞树叶喂养。除了普通柞栎叶之外，四川还种植其他可以饲养蚕虫叶子的树木。其中首先应该提到的是各种柞树。柞树是一种沿道路两旁自然生长的灌木，完全如同是荆棘丛一般。“柞”是中国人用于指多种树的总称，其分布最广的有以下几种：

(1)竹叶柞，以其长而尖和没有齿状的叶片为特征，酷似西方的桃树。它既不长刺，也不结桑葚，确实是幼蚕最喜欢的树叶。

(2)牛鼻柞，其叶子酷似竹叶柞，但不太丰满，有时在叶子的每侧都有一道星叶形的切痕，其尖部如同一个矛头。它结椹果，其形状为圆形，如同一颗樱桃大小。葚果随着成熟而逐渐变黄。

在夹江地区，中国人善于区别柞树的不同种类。他们共区别出四大种类：白柞子或竹叶柞，既无刺又不结葚，其叶子的下部略显白色，由此而获得了其名称白柞子。它在峨眉地区则相当于竹叶柞。纸柞子，长刺而无葚，在峨眉县被称为纸柞。

牛鼻柞(Niou-pi-tcha，相当于峨眉读音中的Niou-pitsa，牛鼻柞)中一

---

① 《报告》第2卷，第316—317页。

个品种长刺，另一个却不长，其果葚比峨眉县同类椹果更大，变成了黄色和鸽蛋大小。它含有丰富的浆汁，一旦被折下来，便会立即变黑，尤其是老叶更为如此。

纸柞子，带刺并长有尖形叶。

苦柞子，与纸柞子树为同一品种。当它们长出新叶时，便会有一层绒毛覆盖，绒毛随着叶子长大而脱落。这最后两个品种，并不用于养蚕①。

在四川地区种植的桑树，共有三个种类，但中国人并未给它们起不同的名称。

在四川最受好评的第一类桑树是其叶子很宽阔的那种，桑叶约有20—25cm长和15—18cm宽，呈修长心状，具有细齿。该品种不结葚果。第二类桑树的桑叶较小、较暗和较硬。它结桑葚果，开始时为红色，随着成熟而变成黑色。这种桑树没有前一种受人青睐，但这两种桑树幼苗是每10棵价值100文。第三类桑树的桑叶更小，呈弧凹形和锯齿形，它结有圆形桑葚，初为红色，然后随着成熟而成为黑色。这类桑树由于收成甚微，而不受人喜欢。桑树的生存期变化不定。有的桑树可达50年树龄，但大部分均在20—30年时枯死，被老木虫蛀死。这些虫子专门攻击桑树和白蜡树。它们既在稻田中，又在山坳里肆虐。桑树生长得很快，来年便可以采叶。桑树的栽培只局限在某些地区，它们在峨眉县与白蜡树争地。四川人采摘桑叶喂蚕，有时也将桑枝折回去，甚至将整棵树的枝条都砍完，以促使来年长出更多桑叶。所以，中国人精通剪枝技术。人们甚至对幼树也照常采叶。在正常年景下，于养蚕季节，桑叶或柞树叶于市场上每斤销售8—10文铜钱。非常奇怪的是，四川人出售桑叶的“斤”往往是20—24两，最高会达到48两，而不是16两的标准斤。养蚕人即使以这样的价格采购桑叶，他们仍然认为有利可图。如果桑叶价格再涨，那么他们就丝毫无利润可赚了。如果桑叶成长的季节较晚，那么每斤新叶售价便可以高达80—100文钱。按照当地的习惯，桑叶价格一般是固定的。只是由于每斤重量的差异，才会造成价格的上涨与下跌②。

中国人赋予了柞树不同的特征。使用柞树叶的主要原因是由于用其叶子喂养的蚕，可以织成不太坚硬和容易缫丝的茧。他们甚至声称，如此

---

① 《报告》第2卷，第318—319页。

② 《报告》第2卷，第319—320页。

喂养的蚕,只吃很少的叶子。其他人还认为,柞树叶比较早熟。也有人由于不了解其真实原因,而认为这是一种习惯。但其实际原因应该是,那些缺乏先见之明的中国人,往往会孵化太多的蚕虫,而他们又无力饲养。由于他们经常会缺桑叶,故而便被迫抛弃部分蚕,并且会抛在一个有能力饲养它们的富裕邻居门前。柞树占地面积没有桑树大,也不会引起恶徒们的觊觎,因为有些人很喜欢偷砍桑树以取其木材。柞树生长在田边地角,很容易保护。它们对于养蚕人帮助很大,在前三年时,它们不仅可以为蚕提供足够的叶子,而且还可以等待桑树叶充分长大。桑树叶很早熟,但其叶子则会很快地硬化。人们在该地区对用桑叶养蚕作了试验,最终发现用桑叶养的蚕比柞蚕在三脱之前,所产生的丝更具有光泽。与柞树叶相比较,蚕虫更喜欢桑叶。四川人的实践证明,使用柞树叶养蚕没有更多的好处。据蚕农们计算,总共需要消耗桑叶和柞树叶 300 斤,才可以生产 30 两丝。300 市斤桑叶相当于 604 克×300 = 181200 克,即 181. 2 公斤。30 两丝线则折算为 0. 03778 克×30 两 = 1. 135 公斤。所以,每生产 1 公斤蚕丝,则必须消耗 159. 5 公斤的桑叶和柞树叶。

在法国的塞文山区(Les Cévennes),人们需要用 800 公斤桑叶养蚕,才能生产 1 两蚕种。然而,1 两蚕种的平均收益是 60 公斤丝。每 12 公斤的蚕茧,才能获得 1 公斤的蚕丝。因此,用 60 公斤的蚕茧,才能获得 5 公斤的丝。这就是说,为了获得 5 公斤的丝,则必须让蚕吃掉 800 公斤的桑叶。这就是说,每耗用 60 公斤桑叶,就能获得 1 公斤丝。法国桑叶的平均价格是每 100 公斤 5 法郎。

四川的蚕农,并不像在塞文山区那样,到市场上寻购桑叶,而是于每年采叶季之末,就要预定相当数量的桑树供来年采摘。他们于是便亲自采摘桑叶。在此情况下,要预定一棵 4—5 龄的普通桑树,便要支付 40—50 文钱(每两白银合 1200—1300 文钱)。至于中国桑农偏爱某种桑叶的原因,至今尚无人研究,他们只遵循其先祖的习惯①。

中国的养蚕是一项非常家庭化的产业,每个家庭只饲养少量的蚕,很少会有能生产 1 两蚕种的人家,而且从来也不用雇工帮助。所有家庭成员都为养蚕出力,从"老爷"(祖父)直到"娃娃"(孩子)都参与,而且要保证这个集体每个人的日常工作都不受任何损害。人们要付出许多辛苦,学生

① 《报告》第 2 卷,第 321—323 页。

要放弃学习几天。已经结成蚕茧的蚕很快就能赚取几吊钱(每吊＝1000文铜钱)。在法国,养蚕的卫生条件和温度非常苛刻;在中国却遭到了忽略,人们只关心养蚕数量。蚕虫最怕听到雷声和看到闪电光,放在人类或动物尸体旁边的蚕也会遭不幸,很快就会死亡。甚至让蚕见到了近期见过尸体的人,也会惨遭厄运。当任何一个陌生人走近蚕房时,主人首先就会询问:"见过死人没有?"除了四川人感到非常害怕的这种迷信之外,沙漠热风,即从甘肃高原上吹来黄沙的风暴,也是养蚕业的一大威胁。四川人饲养的品种是三蜕蚕,每蜕平均用5天。蚕虫只是到了此时才会结茧。全部饲养期需要持续35天。

一旦蚕虫停止吞噬桑叶并抬起头来,蚕农便将它们放在竹纸上,它们在上面度过最初的几天,然后爬上用某种植物茎杆或叶子搭成的架上,以在那里筑巢作茧。蚕农们有时放一束稻草,将其一端扎起来并将其下部放在纸边缘上;他们有时又利用芥菜秆和葳蓝枝,或者是其他树枝。这些不同的材料有时被混乱地放在大桌子上,再将蚕虫移上去。蚕虫上架7—8天后,人们才开始采茧。峨眉县平原上的蚕茧为白色,不是传统的纯白色,也不是大白色,又不会混杂上某些具有黄色特征的成窝的蚕茧。蚕茧呈椭圆形,中间隆起,向两端延长,其纤维组织更为粗糙,许多蚕茧更具有如同缎面一般的光滑度。

蚕农必须使用450个小茧和300—320个大茧,才能缫得1市斤(604克)的蚕丝。上等蚕茧所占比例很小。由于太多的蚕都集中在树枝梢上作茧,所以人们被迫抛弃某些茧。优质茧率在2.1%—3%之间。大部分当地人都亲自以其新茧缫丝,或者是雇用流动专业人员缫丝。几乎在所有居民点,都开设蚕茧市场。他们或以重量,或以其他度量单位出售蚕茧。根据年代和地区不同,每公斤蚕茧的价格变化于0.85—1个法郎之间。为了雇用专业缫丝人员,蚕农们有时要连续等待数日,才能轮到自己找雇工的机会①。

蚕农们杀死蚕蛹的手段,绝对是原始的。他们只是由于家庭收获的蚕茧数量有限,才得以方便工作。那些蚕茧都被集中在一面筛子里,筛子放在一个开水锅之上。蚕茧被蒸汽杀死,然后都被缫成新鲜的丝。人们估计四川省的蚕茧产量可达2.2千万枚,共需要缫丝半个月左右。中国人仔细

① 《报告》第2卷,第323—324页。

地搜集干蚕蛹并作为药品服用。这种蚕茧的质量并非上乘，完全达不到一种良好气候和很好的饲养方法会向人们回报的那种希望。蚕丝的效益只能达到人们希望的20%。因此，四川蚕的品种可能已经衰退，因而它必须与无锡或浙江省绍兴的白种蚕杂交，才可以生产高级丝绸。它与欧洲瓦尔品种的蚕杂交，也会产生很好的收益。法国里昂商会考察团引入中国的法国多姆省的比莱巴罗尼（Buis-les-Baronnies）的某些蚕种，它们已经在Tchen-lan-lin（？）和峨眉县饲养，并且获得了特殊的成功。在该地区，养蚕未获得令人满意成果的情况，极为罕见；养蚕不受蚕病侵袭的情况，也少之又少。养蚕业中最常见和受害最多的疾病，就是蚕的软化病，而且是在蚕上架时受侵染。人们也发现过几次微粒子病的病例。中国人用一种叫作“茴香”的药来医治蚕病，而茴香又酷似苦艾。他们切碎这种细小的植物，抛撒在已患微粒子病蚕的身上，有时会取得神奇的疗效。蚕农也根据有经验人士的建议，用中国烧酒喷洒桑叶。其效果几乎是立竿见影的，病蚕很快就会恢复健康，很少有死亡者。中国人还使用“蚕碴”（患硬化病的蚕）来制药。养蚕的最大天敌是鼠害。中国人在养蚕中还有许多迷信禁忌：房间的死人、鱼味、刚刚见到蛇与死人的人之目光，均足可以致蚕死亡。在养蚕期间，中国人要放弃一切宗教仪轨，养蚕人要避免出席葬礼、为死人祈祷和祭祖等活动。

在纺织之前，每家主人都要仔细选择蚕茧。那些形状好和强健的茧子，要留作蚕种以备繁殖。四川人甚至在准备蚕种时，也有许多迷信习俗。在嘉定府，缫丝交由拥有专门设备的专职人员完成，将蚕茧运回缫丝工的家中。缫丝工站在其缫丝盆的中央。中国的缫丝工作基本上是很原始的手工操作，而且从来没有想到改进其技术和设备。其理由很简单：“先祖是这样做的，后辈也应该这样做。”任何说教都不能改变他们的顽固态度。如此生产出来的生丝，与欧洲、日本和中国南方（广东）的蚕丝相比较，则显得过于粗糙。令人难以想象的粗糙和不规则，甚至成了四川蚕丝的典型特征。四川的缫丝工，或出于忽略了拍打蚕茧，或者是操纵其设备时的障碍，他们一次向缫丝盆中抛入20—30个，甚至是50个蚕茧。人们经常会从中发现20—30个，甚至是100个旦尼尔（denier，丝的长度单位）的蚕茧。北圻或交趾的那种一年多代蚕品种的蚕茧质量，要比四川蚕茧的质量更低劣。安南的缫丝工以其原始的方式和劣质的原料，所获得的蚕丝却比川丝更规则和更纤细。10—11公斤的川茧才会获得1公斤的蚕丝，当地缫丝工每天平均生产2—2.5公斤丝。每缫1两(约37克)蚕丝,工人的报酬为6文钱;为缫丝盆添水加煤火的工人,每两缫丝可获12文钱的报酬。这就使每公斤缫丝价值近1.05法郎左右。川丝被原封不动地运往四川省市场,在市场上再缫一次。因为当丝只出自缫丝工之手后,是不能直接供纺织使用的。这样的丝束的直径一般为3—3.20米,被铺在地上或拴在插入地下的竹竿中。这种再缫丝,每两(37克)要支付缫丝工6—8文钱。在1896年,1两丝价值1200文,相当于4.20法郎。四川经再缫的丝,并不出口。人们在当地用于制造流苏、丝线、所有装饰绦子和衣服饰品①。

至于那些缫丝的废品以及发育不良、备留蚕种和遭受损坏的蚕茧,四川人也懂得利用它们。他们在把这些废物煮沸和浸泡之后,再晒干、抽丝和梳丝,进而用纺锤来纺线。他们既可以将这些丝棉做家庭女红使用,可以用于填充冬衣与被子的内絮,还可以用于服装的边饰和刺绣。缫丝剩下的绢丝和下脚料也变成了商品。人们通过在缫丝盆中被初加工时的缫丝原料而获得缫丝。川茧只能产很少绢丝,当地人的纺织方法非常落后。但四川缫丝工还会在蚕茧尚未完全消除其粗糙外皮时,就开始缫丝。欧洲缫丝工一般会从好绢丝中获得25%—28%的成品,而中国工人却只能获得6%—8%。由于中国工人缫丝的落后手段,所以其下脚料就非常多。如此出售的下脚料却只占其全部收益的2%—3%。中国人在与欧洲人交流之前,只能少量地利用缫丝废料。今天,这些下脚料也成了商品,越来越多地进入了上海市场,四川的输出量达到58万公斤。有些“收购贩”逐门逐户,几钱几两重地散购。这些原料很脏和保护得很糟,含有许多茧衣、稻壳和杂物,从而使对其利用和加工变得很艰难了。在欧洲的影响下,经过引入新的漂白法和梳理法之后,这种状况才会彻底改变,从而会使中国人善于更好利用其蚕茧废料。

重120公斤的一包蚕丝从四川运往上海,运价昂贵,其厘金也很高。地方的投机商,在一段时间内垄断了这种商品,从而使其价格暴涨。其目前的价格徘徊于20—22.5两白银之间。以马赛的法郎比价,则相当于每公斤价值1.20—1.40个法郎②。

四川丝绸工业不但可能还会为欧洲人带来巨额利润,而且还可以在当

① 《报告》第2卷,第326—327页。

② 《报告》第2卷,第328页。

地发展这项工业,正如当时在上海和日本所做的那样。人们甚至在四川还可以建立丝绸纺织厂,当地的丝绸和丝带消费可以维持工厂的运行。四川缫丝废品下脚料向上海市场的输出量,据海关统计,每年约为1万担或挑(每担折合60.468公斤),即60多万公斤。这种估计可能还会远远低于实际输出量。在该省的不同县内,也要消费几乎是同样数量的绢丝。在法国里昂商会考察团所经过的大部分县内,缫丝与消费情况大致相同。其中有一种丝是由8—10个茧缫成,其细丝直径只有18—25旦尼尔。绵州丝在里昂市场颇受瑞士制造商们的好评,它在中国主要是用于制造复捻经丝,其售价相当于每公斤14法郎(由省府官吏们确定的公秤的重量)。绵州地区平均每年生产20万公斤丝(以整数计算),其各地区的产量大致如下:

绵州市	15万公斤
梓童县	3.3万公斤
德阳县	4600公斤
绵竹县	4650公斤
总计	192250公斤①。

在欧洲市场上,另一个非常著名的四川蚕丝品种,便是四川西充丝。西充本来提供的是四川最劣等的缫丝产品,主要被用于再加工。在西充县周围,一般都由各个家庭单独完成缫丝,从不使用专门的缫丝工。蚕茧被混乱无序和不经选择地抛在缫丝盆中。农民同时将30—50枚蚕茧抛在一个缫丝盆中,而只能获得一条既粗糙又不均匀的丝线。在市场上,西充丝每公斤只能卖到8—10法郎。西充郊区每年也提供20万公斤生丝,其中每年平均有16万公斤被输往上海市场。四川其他地区的蚕丝产品相当均匀,其质量大致介于绵竹丝与西充丝之间。

保宁府的情况很特殊,那里所产丝绸确属上乘质量。人们可以把它们共分为两类:高平(欧洲人读作Koopun)丝,由专家缫丝,只用10—12个茧,便可以缫得25—30旦尼尔的丝。这种丝在绕于缫丝机之前,都要经过冷水水流冲洗,从而可以使蚕丝产生让欧洲人感到惊奇的色彩。其售价为每公斤13—14法郎。第二种是高次丝(Kao tchitse),用15—18个蚕茧纺成。其丝不经冷水冲洗,其售价为每公斤11—12法郎。这几种丝在欧洲的用途很大。它们经常被从四川输往上海市场,其年输出的平均数字

① 《报告》第2卷,第329页。

如下：

西充丝	17万公斤
绵竹丝	15万公斤
高平丝	6万公斤

这些丝被缩压成5公斤重的包，盖有“行”印，然后再分类储存在仓库中。它们再以16包装一箱，每箱一般约80公斤，不过有时却只有60公斤。其运输费包括厘金与海关税。在售价之外，每公斤再加2.5法郎。输出这些商品的商人用它们来交换欧洲产品，如棉纱、棉纺品和其他各种纺织品。由此而出现了更大规模的银钱交易，其价格的浮动往往是以高利率为基础的。

四川主要丝绸生产中心的生丝产量如下：

地　区	年平均产量（公斤）	地区	年平均产量（公斤）
万　县	10000	龙安府	6400
梁山县	620	成都府	200000
绥定府	23000	泸州府	10000
顺庆府	350000	合州	23000
西充县	220000	重庆府	17000
绵　竹	135500	嘉定府（峨眉县与邛州）	712000
潼川府	260000	叙府	80000
保宁府	450000		

四川经上海向欧洲出口相当数量的生丝（1887—1897年的10年间），每担一包（60公斤）。从重庆运到上海，每50万公斤，便需要支付28两白银的运费（全部费用，包括运费、关税和厘金）。它在绵州和重庆当地的价值为205—210两白银，到上海便达到235两。

丝的类别	平均输出的数量（公斤）
绵州	138000
高平	35000
万州	22200
西充	49800

潼川府的生丝在输出时，被与绵州丝相混淆了，从而使其总数达到50万公斤；保宁府的丝与西充丝一并输出，这个质量级别的蚕丝共达67万公斤。

四川的丝绸市场，主要有夔州府、绥定府、顺庆府、保宁府、潼川府、绵州、龙安府、成都府、泸州府、合州、重庆府。

丝绸采购要借助经纪人。经纪人每售出100两丝(每两37克),便要收100文(1200文相当1两白银,即4法郎)的经纪费。这种经纪费要由买主和卖主各付一半。每10天中,便有逢一、五和八日为集日①。

在四川完全可以建造欧式的纺织厂。但这个问题比初看起来那样,要复杂得多。它可以为法国里昂市场提供无法估价的服务。四川居民的富裕程度,是因为在那里通过出口商,从日益发展的贸易交流中广泛受益。但在四川当地工业中,建立西方纺织厂的计划,依然有许多难以逾越的障碍。除了尚不明确的产业法律所造成的困难之外,人们还必须经受那些官吏们千方百计干扰的考验,因为这些官吏们是西方发展和创新的天敌。法国里昂商会入华考察团极力说服四川官吏和富商,向他们讲解创建西方式纺织厂的意义。但他们在承认这些论点合情合理之后,却仍在坚守其固有传统;平民百姓对出于"机器"的一切,都感到反感和厌恶。如果中国商人采纳西式纺织术,那么所有的行会——工会、纺织工人和重缫工人群体便会揭竿而起,阻止这些纺织厂正常运行。法国人一再向四川丝绸界强调上海与广州的例证。但当时四川知识界,似乎也对来自欧洲的一切都感到无动于衷。人们对于一个如此拒绝发展的大众群体,是否还可以抱有希望呢?这是一种未来的秘密。

1895年签订的中日《马关新约》规定"日本臣民得在中国通商口岸城邑,只交所订进口税。"但中国四川人似乎从未接受过这些具体规定。法国人还是希望在四川建立一座西方纺织术的示范性工厂,其目的在于向天朝臣民们进行示范性生产,而且此类纺织厂应该建在重庆。但1896年的长江江水泛滥,使法国人的船舶无法将设备材料从上海逆水而上地运往重庆,那些设备便被迫原封不动地弃留在上海。当江水下降时,时间又太晚了,无法向四川蚕农和蚕工提供一种示范。工业发展曾彻底改变了日本面貌,这种局面也必然会根据形势而在中国发生。

人们估计,四川的生丝年产量价值大约为2300万—2500万法郎之间,其平均价格为每公斤11—13法郎。如果在那里建立欧式缫丝厂,那就会使其价值增加3—4倍。人们可以预见到7000万—7500万法郎的产值。川丝的生产成本每公斤约7—8法郎,全省的纯收入可达3000万法郎。

---

① 《报告》第2卷,第331—333页。

蚕茧的性质和丝束,很适合制作较细支纱的纺织品,诸如 9/12 旦尼尔的纱。由此而生产的丝,可以与意大利的中等丝相媲美①。

三、四川的丝绸纺织业

四川省的丝绸纺织业很发达,省会成都府是继江苏省苏州府之后,又一个被称为“中国里昂”的城市。人们甚至可以说,丝绸的各种产业供应了该地区的整个外贸。成都府的市场可以被视为四川丝绸价格的指示器和调节器。绵州、保宁府、潼川府和嘉定府的最佳质量的丝绸,都被运往那里。根据四川总督的申报,省会那些正在运营的织机多达 7000 多架。那里有半数居民从事丝绸纺织业,另外的一半则从事丝绸的其他产业,蚕农们几乎全部都参与纺织业。四川的纺织工组成了行会,其他职业的大部分工人也基本如此。成都府的纺织工行会规模最大,受到了 17 世纪以来制订的特别严厉的条例的支配。四川省府的纺织工保持对最豪华丝绸制造的垄断权:大绉、硬绉、巴缎、线春、慕本、贡缎子、锦缎、缎子等。丝带和绦子同样也形成了他们的垄断产品。

这类“工会”(行会)条例的条款都是根据一种严格的专营精神制定的。任何希望在附近一个地区定居,在成都制造此种纺织物的作坊的普通人,都会拒绝其工作并且将其机器设备摧毁。北京中央政府过去也曾经承认过,成都纺织行会享有真正的专营权,这些特权后来却蜕变成希望在该省纺织任何种类织物的自由权。由此而出现了真正的“罢工”和混乱,并且被官吏们巧妙地用于对付外来人。由此而出现了一场持续的骚动。这种顽固而又激烈的愤情,在四川省,当针对“西洋鬼子”时,便会变得倍加强烈。北京政府也被迫屈从行会的企欲,从此才使四川省保持了其垄断权。但纺织工们不再满足于制造这些豪华织物的特权了。他们制订了学徒规章条例。纺织工为培养徒工,就必须拥有两架织机;为了培养两名徒工,则需要 4 架织机。但他们根本不可能收两名以上的徒工,即使是作坊主人拥有 20—30 架,甚至是 50 架织机也一样。这条规则必须绝对地执行。它是根据官吏们为有利于小业主的利益而作的解释设想出来的,因为这些小业主同时又被大制造商雇用为变相的纺织工。雇佣合同,同样也应

① 《报告》第 2 卷,第 324—325 页。

受非常特殊习惯的主宰。学徒工要"受雇"三年,但他们与雇主约定的义务却绝不是相互的。如果学徒们没有表现出充足的天赋,那么雇主从第一年起就可以辞退他,学徒工也没有任何权利要求获得补偿。在四川省的所有国家机构中,这样的条款基本大同小异。

那些丝绸制造商小业主一般只拥有少量织机,一家作坊最多也只会拥有 10 架织机。成都的丝绸产品与法国最著名的丝绸产品相对应:绉纱、锦缎、缎子、平纹丝绸、单色塔夫塔绸等。成都为了与附近几个县相竞争,也制造轻薄的丝绸富春纺。除了纺织丝绸的织机之外,在乡间还存在很重要的家庭工业,这就是制造细丝带、刺绣品、绦子和饰带,基本上都是中国服装上的所有丝绸饰品。

成都府制造的主要丝绸产品的价格如下表。其价格以白银的"两"为单位,当时的每两白银价值四法郎①:

织　物		度　量	价　格
汉文名称	法文名称		
东富春	Crêpe	尺(0.35cm)	0.08
绫子	Satin de 5	尺(0.35cm)	0.05
慕本缎	Damas	尺(0.35cm)	0.33
缎子	Satin de 8	尺(0.35cm)	0.30
平春	Teffetas façonné	尺(0.35cm)	0.22
锦缎	Armure	尺(0.35cm)	0.20
花绫绉	Surah façonné	尺(0.35cm)	0.30
大绉	Taffetas	尺(0.35cm)	0.12
贡缎	Satin de 8	尺(0.35cm)	0.40
线春	Taffetas crêpé	尺(0.35cm)	0.30
宁绉	Surah grande largeur		0.40
富春	Taffet 2 lats		0.13
里绉子	Doublure de Vêtement		0.10
贡缎子	Satin grarde largeur		0.48

中国纺织物图案的变化很少。他们在丝绸艺术和人类所有活动的支系中,都形成了某种一成不变的传统。纺织工们总会说:"我们先祖是这样

① 《报告》第 2 卷,第 340 页。

制造的，为什么要有改变，才会使我们的织机运转呢?”数世纪以来，中国无论是在丝绸织造中，还是在原料生产中，均未曾发生过任何变化。这种因循守旧的态度，使中国的丝产品始终很粗糙，丝的生产者未经促使改进和研发新品种，以满足制造商所接受的生丝原料的丝含量和质量。丝绸制造商非常习惯于商人向他出售的丝绸的那种质量，他们从未想到采购另一种不同质量的丝绸。自数世纪以来，四川始终生产同样的丝、同样的丝绸和同样的丝绸图案。因为在服装中引入一种变化，便会在风俗习惯中引起一种真正的革命。

四川男子过去与现在，始终都穿那种宽大袍子，女子穿那种短小而闪亮的衣衫。其色彩也一成不变，民间惯用黑色、棕色、蓝色和白色，宫中和大官吏们则要求黄色和紫色丝绸。四川也没有专职的丝绸图案设计专家，完全由纺织工们自行设计图案。他们首先将图案绘在样纸上，然后再交给刺绣人，最后由刺绣人将图案绣在一块事先选好的丝绸之上。中国人使用的彩色颜料都以靛青为基础，它永不褪色，并能经受住任何考验。这一切都使欧洲印染专家们感到困惑不解。虽然苯铵染料的使用现在已经几乎传遍了整个中国内地。现在那里普遍消费的，似乎正是德国不莱梅(Brême)和汉堡染料诸牌子的产品。中国当时的丝绸在染色和保色方面，远远低于欧洲50年之前的质量。所以，其质量要远高于德国染料的德国苯铵产品，在经济、利润和承受任何竞争的情况下，都应该被引进四川。成都府制造的豪华丝绸一般都是批量印染的。但东富春、绫子和线春，却是分件印染的①。

四川人使用的织机极其原始，而且在数世纪以来毫无改进。四川人并不使用双线圈，因而被迫增加综丝的数量和两个综丝框(一上一下)。

为了纺织单色丝绸，每架织机要占用两名工人：一名纺织工、一名负责维护织机的助工或徒工；提花丝绸的纺织，则需要三名工人：纺织工、助工和提花工。工人们由丝绸作坊供应食宿。他们有权每天获得三餐(大米和鱼)。每个月间，他们还有权吃到两顿肉食。他们每晚享有配量米酒，并且可以随意抽烟。一名纺织工的食物约价为18.5生丁(centime，每生丁约1%法郎)。他们除了食物之外，还计件领取工资。在成都府，纺织工每织一块77cm宽，14.50米长和每米97克重的丝绸，每米将获得40生丁的工

① 《报告》第2卷，第341页。

资。助工只获此数的一半——20 生丁。熟练织工,根据丝线的不同粗度,而每天可以纺织 2—3 米丝绸。花绫绉的成本费是每公斤可达 14 法郎,也就是每米 2.95 法郎。一匹宽 0.77 米长 4.50 米的慕本缎,每米可重达 114 克。其纺织工每米可赚取 48 生丁;助工和提花工,每米只挣 42 生丁。除了食物之外,这种慕本缎的成本,每米价值 3.45 法郎。

成都府制造的丝绸,每匹的长度在 15—17 米之间。那些制造商同时又是批发商,其产品的大部分均销往四川省境内,但也有相当数量的丝绸被输往附近各省。成都府纺织工的工资很高。如果与其他职业的从业人员相比较,那也可以说是有些过分高了。劳动力的这种昂贵性,是由于纺织行会强加给其顾客的,尤其是强加给那些垄断经营者的严厉条例造成的。纺织业的辅助工作:拈丝、整经、络纱、卷纬、经纱、卷取、捻接和穿经等,都不会引起世人的任何注意。其操作和设备同样都很落后和简陋。其操作的场所也与其生产目标绝不相宜。这些织机均安装在地下室,白天的光线也很昏暗。

人们很难对中国丝绸产品与法国同类产品的制造成本进行比较,哪怕是那些具有某种类似性的生产程序也罢。粗糙的原料,使中国丝织物的观感不佳。但始终忠于其传统的中国人,对这一切却感到很满意。他们从来都没有想到,丝绸制造商和销售商们,应该在图案中引入过某些变化,并对织物的纺织技法作某些改进。他们继续采购长久不变的同类丝绸,因为其先祖们已经这样做了,其后裔们就必须继续这样做。没有任何人向他们推荐新式图案,或从未见过的图案体裁与风格。当他们在购买一件旗袍或一件大衣时,只要别人的眼睛中暴露出赞赏心情,就心满意足了。西方人生产的丝绸,也不可能满足天朝帝国臣民的情趣、心愿和传统。中国人的思想,在这一方面发生变化,还需要经过许多年①。

法国里昂商会考察团经过对于四川省各种丝绸工业的研究之后,便认为当时四川丝绸工业各个分支的制造手段和设备,只具有纯文献和描述性的意义了。只要四川人的纺织方法和设备未经改造,那么西方工业似乎很难从中获得启发和教益了。当时有人曾预言,西方先进的丝绸纺织手段和设备、科学的方法、雅卡尔(Jacquard)机械织机,即将传入中国内地。但就中国现有的习俗与法律状况而言,这样一种发展似乎仍然令人疑云重重。

① 《报告》第 2 卷,第 343—344 页。

为此尚需要数代人坚持不懈的工作，才能最终在中国完成这场经济和技术革命。人们也不应该忘记，四川的丝绸工业始终主要是家庭式的，超过十架织机的生产作坊少之又少。但由于他们顽固地恪守祖制传统，于是便成了其迷信束缚的受害者，对“机械化”表现出了逆反心态。他们在很长时间内，还会像现在一样，拒绝机械织机，因为他们似乎尚未感到这方面的任何需要。他们由此而无法生产数量更多的丝绸。正如某些官吏们所宣称的那样，他们坚信，无论西方机械的能力有多大，它们永远也不会生产出如此廉价的丝绸了。当然，这种状态不能无限期地持续下去。欧洲人已经在中国内地中心地区居住，那里似乎每日都在逐渐发生变化。大家很容易预见到，总理衙门将被迫给予外国企业家和商人越来越大和越多的便利。在一个难以确定其期限的未来，中国随着新通商口岸的开放，也必然会同时出现一个外国大企业、大工厂和机械纺织业进入中国内地的时代，就如同当时在上海那样。非常遗憾，当时的人们还不能为这种发展确定一个特定时代。但其征兆必然会吸引两个大陆上的商业界和外交界。中国自1894年的中日甲午战争之后，便陷入了严重的危机。这次危机似乎使中国再也不能无视西方，而西方却跃跃欲试地要征服中国。里昂商会赴华考察团认为，法国工业应该在辽阔的中华帝国确保一种合法的和充分的地位。但法国人当时也只处于一种预测境地，尚难确定法国机械纺织术何时进入中国。只要法国真正进入中国的通道北圻—红河之路畅通，法国里昂工业便可以随心所欲地利用中国的这种局面。如果印度支那铁路一直通向中国门户云南，那就必然会导致这样的后果。法国里昂的制造商，完全可以向云南、贵州以及西藏周边地区，供应一直由四川提供的那些特殊产品。法国成匹的染色丝绸、慕本缎、平春和宁绉等，均可以以其丝细、质轻与光泽度高而与中国丝绸相媲美。四川府极其潮湿的气候，可能会致使法国丝绸受损，从而使人们对它们的评价失准，因而必须采纳适当的防范措施。

四、贵州的野蚕丝及其纺织业[①]

中国西南的养蚕缫丝业，除了川蚕丝之外，还有贵州野蚕丝。野蚕或山蚕的养育，形成了贵州省最大的收入资源之一。这不仅仅是由于蚕农需

① 《报告》第2卷，第335—338页。

要亲自养蚕，而且还将自己所养蚕的蚕茧缫成丝，并且以由此而获得的丝，织成一种叫作府绸的丝绸。它既在当地消费，又是向遵义府输出的商品之一。遵义当时是一座相当重要的城市。据官吏们认为，它共有2.8万户左右的人家，其人口约为15万（这种估计也可能有些偏高）。它是被称为“山丝”的野蚕丝的主要生产中心；同时还有附近的仁怀、湄潭和綦江，它们也都是山丝的产地。

“野蚕子”的品种是贵州本地的特产，不能生产优质丝绸产品。当地居民习惯于饲养湖南蚕种的野蚕。养蚕人于每年农历八月间，派人前往该省，寻找被储留下来准备做蚕种和再生产的蚕茧。其蚕蛹尚未被窒息而死。这些蚕茧于次年的农历十月间开始孵出蚕蛾。因此，在蚕蛹孵化之前，要度过4—5个月的时间。当蚕蛹发生了变化，蛾化之后又交配和产籽。蚕种要保存在用黄荆条编成的筐中。中国人认为，其他任何做法都不会产生更好的成果。当蚕被孵化出来之后，人们便用最嫩的栎树或橡树叶喂养它们。经过这样处理数日之后，再把它们直接运往栎树上。蚕正是在这种富有营养的栎树上度过终生，直到结茧为止。树上之蚕，是蚕农们不间断监视的对象。他们白天要防雀，夜间要防盗。育蚕期要长达60—70日。蚕在此期间要经受其裸体期和蜕变期，相继从黑色变黄色，再从黄色变绿色。蚕茧在8天左右织成。但到温度很高时，3—4天就足够了。

贵州野蚕一般均属于“花腿蚕”类。它们主要是以“金刚树”或栗叶栎树的叶子为食。这类栎树主要是生长在贵州山区的贫瘠土地上。它们在那里形成小灌木丛，在贵州特别著名。由于其海拔高度的原因，人们在该地区只能看到其灌木丛，其树叶既像橡树叶，又像栗树叶。

当家养蚕无法仅以桑叶饲养时，山蚕则是以桑叶和同类的栎叶为饲料。山蚕茧为椭圆形，浅灰褐色，表面附有细粒，组织纹络松散，外表完全是蚕衣。其茧的平均直径为20毫米，其平均长度可达38毫米，其重量一般为45毫克，新鲜蚕蛹的重量平均为41毫克。山蚕茧一般均在家庭中缫丝。根据每年收成多少，它也会成为一种持续交易的商品。山蚕茧一般均不按重量，而以个头出售。每“万”只蚕茧的售价为4—5两白银（相当18—20个法郎）。这些山蚕茧均不外销，而以仅由当地的蚕农家庭来缫丝。山蚕茧在被缫丝之前，其质地组织含有很多树胶，必须把蚕茧浸泡在酸性很强和很有溶解力的溶液中，其中包括猪胆汁。它们然后又被投入一个滚烫的火锅中。山丝的蚕茧缫丝（野蚕丝）没有家养蚕缫丝那样仔细，由此而获得的丝既粗糙,又很不规则。实践证明,输入贵州的湖南山蚕种也在逐年蜕化变种,当地人每年都要改良其更新代蚕种。

遵义府的缫丝女工,每缫1万只蚕茧,也只能获得1两白银(约合4法郎)的工资。如此缫得的山蚕丝,每市斤(604克)可售得1.30—1.80两白银。蚕茧的平均重量为4.15毫克,其平均直径可达20毫米,其正常高度为38毫米。每只母蚕蛾可产100—120枚蚕卵,其平均重量为9分克。蚕卵呈淡青色,于其扁平部分有一个深色斑点。蚕蛾经过15—20个小时之后,便会自动停止交尾。

在贵州就如同在四川一样,丝绸交易具有特定和一成不变的日子。当蚕农们结束了对其蚕茧的缫丝之后,便去将其产品交给遵义府那些拥有织机者,或准备推销给专门纺织工的商贾们。在遵义府及其附近地区,当时有50万户人家从事野蚕丝或山蚕丝的纺织。据当地官吏们认为,每户人家原来拥有10架左右的织机,后来便减少到只有4—5架了。除了那些使每个家庭纺织自己的蚕茧产品的家庭作坊之外,还有某些拥有代人来料加工织机的纺织专业户,他们不但加工蚕农送来的蚕茧,而且也制造单色丝绸和花绫绉。纺工们由皇帝供养,都会赚取一点微薄的佣金。遵义纺织厂将山丝织成了米灰色丝绸。这些人也是一般都拥有10架织机。外来参观者们,都会对工厂内部的井然有序和干净利落而感到吃惊:4架织机纺织花绫绉,6架织机纺织单色丝绸。它们一共占用30名工人。在遵义府,山丝织工每匹挣0.5两白银的工资,习惯上是每人每月交付6—7匹丝绸。因此,纺工的月薪是平均3.5两白银,即14法郎。在贵州的另一个纱罗纺织中心正安州,纺工每纺一匹纱罗获0.23两白银。由于他每月可完成10匹纱罗,故而其月薪高达2.5两白银,也就是10法郎。

遵义府使用的生丝,最常见的是100/200旦尼尔的线段。在遵义府,每个制造商年产250—300匹丝绸。若以这一数字和中国官方公布的4500—5000架织机为基础,那么仅仅在遵义城,每年便可以生产12万—15万匹丝绸,整个遵义府丝绸的全部产量约估为70万匹。每匹丝绸长15m,宽45cm,售价为3—3.5两白银,即12—12.5法郎。山丝的丝绸叫作府绸,一般均在贵州省内消费。中国海关统计则显示出,每年都有自重庆小批量的府绸输出,年均200包左右。

虽然府绸可以被染成各种颜色,但它最好还是被染成黑色和烟灰色,其他颜色都不能牢固地着色或保持染色的均匀度。这很可能是由于中国所使用的苯铵染料产生的低劣质量。遵义府每年消费约6000两白银的苯铵染料(约合24万法郎)。每匹府绸的染料(红、蓝、紫、黄诸色)的成本价格为0.3两白银。如果从中加入五倍子(没食子),那么每匹府绸的染料价格就会回落到0.10两白银,即0.40法郎。

在遵义府之外,贵州省各丝绸生产中心(诸如正安州等地),还将他们的丝绸输往湖南省。他们所产的丝绸上面带有“春绸”和“卞凉春”(?)的牌子名称。遵义府的丝绸商们似乎成功地学习了广告艺术。他们只要再取得少许进步,便会在这方面获得巨大成功。遵义府罗氏商人的商号叫作“万顺罗记”,其广告词是:“吾家常居贵州遵义,坐北朝南。本店已开张多年,既不惜金钱,又不吝人工。本店精选最纤细、最白净、织幅比过去更长、根据北京风格而染成各种颜色、朴素而无杂混的丝绸,可以进贡给皇帝。在全省,所有人都熟悉这种丝绸,童叟无欺地出售给商人。愿意来店采购的商人,应提前查验本店的牌号与印记,作为证据。”

整个遵义府的野蚕业很发达,该城约有100万居民。

五、结　语

四川自古以来就是中国的丝绸生产大省。张骞通西域时,便在西域发现了竹杖、邛布,可见它们传入西域的时代比张骞“凿空”西域的时间(公元前139年)更早。以四川为中心的中国大西南,历来都是丝绸之路,特别是西南丝绸之路的出入地、商品供应地和集散地。西南丝绸之路与西北丝绸之路、海上丝绸之路,共同形成了举世闻名的丝绸之路的三大组成部分。四川不但植桑养蚕、缫丝织绸,而且还将生丝与丝绸输往中国西南的其他省份,畅销南亚、东南亚、中亚,乃至欧洲大陆。它为中外经济、文化、政治和文明交流作出了重大贡献。

但不可讳言,到了清末,四川的丝绸产业虽然仍然大量存在,却严重落伍了。在资本主义机械化和商品化大生产的高潮中,四川还有点墨守成规,脱离了时代发展的潮流,从而使其丝织业面临一种衰微破败的局面。

法国里昂商会中国考察团正是在这样的背景下,对四川丝绸工业作了考察。他们的考察应该说是比较深入而又详细的,以“他者”的目光剖析了当时四川丝绸工业的状况,也预见了其未来。他们的考察资料,对于今天研究西南丝绸之路,仍然是有益的,是一段历史的见证。

法国里昂商会中国考察团于 1895—1897 年对云南的考察

法国里昂商会考察团于 1895—1897 年间对中国作了考察。他们于 1895—1896 年间对我国云南省作了考察。有关这次考察的背景及其过程,笔者在旧作中已经作了简述,于此不再重复了①。

法国里昂商会中国考察团有关云南省的商务考察报告,是由该考察团团长亨利·贝尔尼埃(Henri Bernier)先生亲自执笔撰写的,他原为里昂商会的负责人之一。这篇报告总结了他们对云南省商务考察的主要成果。

一、云南省的幅员

杜克洛先生于其考察报告中指出,云南省当时有 35 万平方公里的面积。但考察团根据各种资料,也根据瓦格纳(Wagner)引证的维维安·德·圣—马丹(Vivien de Saint-Martin)和鲁斯莱(Rousselet)的《地理学辞典》②,将云南省的面积估计为 38 万平方公里。在云南总人口的问题上,人们的看法却相差悬殊。法国驻蒙自领事弥乐石认为,该省的人口为 1200 万,这也是维维安·德·圣-马丹所列举的数字。里昂考察团却认为这个数字太高了,更接近事实的则是 700 万至 800 万人。有一名长期在云南工作的传教士又认为该省的人口只有 300 万至 400 万人,这又显得太低估了。中国 1812 年的人口普查认为,云南只有 550 万的人口。因为当时的许多土著民部落,尚未被列入清政府的人口普查范围内。直到 1855 年的回民起义之前,由于云南矿业生产的繁荣,其人口才得以迅速增长。

① 耿昇:《法国里昂商会中国考察团对四川养蚕业与丝绸业的调查》,已收入本论文集中。

② 见《地理学辞典》(1890 年版)第 7 卷有关《云南》条目。

到1895年左右,连同少数民族人口在内,该省的人口总数也应为1200万。回民起义后,云南人口大幅度缩减,尽管为开矿而又重新雇佣了大量民工,但其人口却未能在短期内得到明显恢复。当时,云南每平方公里人口的密度应为21人。法国考察团即便是在云南的交通大道中心,也只是遇到稀稀落落的几个村庄。

二、云南的主要产品

根据法国里昂考察团的商务报告认为,当时云南具有一定规模的产品主要有六大类。

(一)矿产品

矿产过去曾是云南的主要财富来源。根据杜克洛先生的现场考察,云南蕴藏着几乎是当时世人所知的所有矿藏,其中的铜和银、铅矿的储量巨大,同时还有铁、锡、锌、镍、汞等矿产,最后是储量极大的煤炭。不过在1855年左右,所有矿藏的开采量均不如过去繁荣。云南是一片红土地和石灰岩地,其地质层大都属于泥盆纪和石灰纪时代。在蒙自附近的个旧,这种地质层又被一种麻粒岩地质层所打断,这种地质层中储有丰富的锡矿,同时还伴有铅矿和锌矿,甚至还有铜矿。云南人一般将1853年回民起义之前开采的矿点称为"老矿";将平定回民起义之后,新开采的矿点被称为"新矿"。云南是一个产银区。欧洲人自古以来就不看重白银而狂追黄金。他们获得白银,只不过是为了从中国乃至整个东方购买黄金。以东方之银采购东方商品,可谓无本万利之商业经典。云南的铜不仅主宰着大清通宝的命运,而且还决定着清朝宫廷、宗教机构和民用铜制品的繁荣程度。在清朝康、雍、乾三朝时期,云南省共有54座铜矿,它们在盛产期可产850万斤铜,即5000多吨(清代的矿山斤每斤合604克),云南每年向朝廷奉献633.1万斤铜。此外,云南为铸造本省流通的铜钱,也需要征收33948斤铜,还有163万斤铜出售给民众使用。1853年平息回民起义之后,云南的矿产业经历了一段时间的萧条。继1859年之后,尤其是在同治、光绪皇帝年间,云南矿产业略有恢复。云南共有51处矿点,每年产铜1100吨、铅2958吨和锌2430吨。云南的矿业主要是在东川府、昭通府和临安府。至于个旧的大锡(每100斤大锡可根据不同质量而定价为11—21两白银),有相当数额被当地官吏们作为营业税而征收。国家不允许产自个旧锡山的大锡落入私人手中,所有被用于当地消费或输出的大锡,都必须经过矿务局稽核员之手,由该官吏确认的重量,受到所有人的尊重,被奉为合法和最准确的分量。任何采购锡的人都必须为每张锡交纳24.5两白银的税。矿山上的白银"两"要比公平两或公所两重3%。那些必须交纳24.5两白银的人,实际上要多付9%。此外,购买大锡的人还必须为太平会交纳0.5两白银,为矿工的保护神庙——锡英庙交0.5两,为广南府和云南府的矿工同乡会交纳0.25两,为矿工交纳0.2两。任何出售大锡的人都必须向国家交纳11两白银的税,还必须向太平会交纳0.5两,为锡英庙交纳0.5两,向云庙交纳1两,为矿工交纳0.2两。这些条例是根据经验和为了商业利益而订立的,实用于所有的锡矿中,任何官吏和商人在未得到上司的同意之前,都不能对此作任何修改或变革。法国之所以到云南去寻求大锡,那是由于亚洲的另一个锡产地马来半岛已完全被英国人控制,法国人无法从那里采购锡,故而才打算将云南作为它自己的一个生产和供应基地。

(二)鸦片

云南的土质和气候很适宜罂粟的生长,云南生产的烟土是中国的上乘产品,一度曾在云南贸易中扮演过重要角色,而且当时正趋向于取代矿产而成为云南的主要产业和财源。云南府东部的宜良县是一片肥沃平原,好年景时,能亩产5斗(当时每斗合48斤)蚕豆和200两(每两合37克)鸦片。在正常年景中,5斗蚕豆(每斗售银0.5—0.6两)能卖到2.5—3两白银;200两鸦片(每两鸦片价值0.07—0.08两白银)可卖到14—16两白银。由于丰厚的利润,才诱使当地人大量种植鸦片。但大家必须承认,当地人是被迫买卖和种植鸦片的。法国考察团发现,云南地区很难达到亩产200两烟土的产量(一般均为150两)。批发商们在采购粗烟土时都会大做手脚,他们将不同等级的粗烟土混合熬制后,甚至与豆面等不同物质混合,充作上等烟土,运到沿海地区推销,因为作假者和商人对利润相当看好。在云南府,100两(3.7公斤)为出口而倒卖的烟土价值,数年来一直徘徊在14两纹银左右。当时云南名气最大的鸦片生产中心是大理府和云南府大平原,尤其是在滇池南岸的昆阳州以及云南府以北的嵩明州平原、云贵边界上的群山(罗平州一带)、云南省东南的广南府和南部的临安府一带。对于当时云南府鸦片的产量,人们很难作出准确统计。但法国要想了解该省对舶来品的采购力,这个问题就显得十分重要了。因为当地人的购买力取决于其鸦片的销售量和价格,云南人要用云土利润购买外来商品。里昂考察团试图排除北京户部的一道奏折中所提供的数量,它认为云南的烟土产量为8万担(或挑)。考察团认为,与他们在四川所获得的某些数据比较起来,这组数字显得偏高,因为四川的罂粟播种面积比云南要多得多。蒙自的贸易流向提供了评估云南烟土产量的一个"可靠基础",它是由中国海关以毋庸置疑的方式提供的。蒙自在那些年进出口贸易的收支情况,基本上是每年有近77万海关两白银的逆差,这种逆差必须以某种方式来平衡。在蒙自的贸易中,没有以白银来弥补逆差的惯例,他们几乎完全是用鸦片来填补逆差的,有时又以经过广南府—百色之路而出口的药材和普洱茶来扭转其亏损的。里昂考察团还发现,通过广南府—百色渠道而运入北海的商品,可以约估为30万两白银,这其中占突出地位的仍是以货易货的交易手段。云南向西南输出的烟土可达7000—7500担。云南向四川输出的云土,根据经重庆向长江下游和由清帝国海关控制的云南鸦片数量(最多达1000担),再加上通过厘金和四川人消费的云南鸦片数量,那么云南向四川方向输出的鸦片每年可达3000—3500担。但据英国驻重庆领事班德瑞(F.S.A.Boune)于其《包克本出使报告》中认为,这一数字应为1000万两,合6250担。至于云南省内消费的烟土,其数量应该是很大,如果当时云南有800万人口,那么其成年人中便会有50%的人吸食鸦片。即使只占全部人口的20%,那至少也有100多万烟民。烟民每年每人平均消费100两烟土(每天约三分之一两),这样一来,云南本地每年的内耗烟土便为1亿两,或者是62500担。再加上输出的数量,就会有75000担。不过,法国里昂考察团也认为,这些数字都显得太高。在蒙自清朝海关1893年的报告中认为,云南省的烟土产量为50600担。综合以上资料,云南的鸦片是从印度和东南亚传入的。法国侵占印度支那之后,也与英国人一样,想从事大规模的鸦片交易。他们调查云南的鸦片市场,是为了在那里生产并将鸦片运销印度支那,或者是将泰国与缅甸的鸦片运销至中国。他们调查鸦片市场的目的是为了开辟和控制这一市场,因为它与法国在远东的重点地区——印度支那是密切联系在一起的。法国人之所以到云南考察鸦片的生产与交易状况,那是由于英国人已经把缅甸变成了鸦片种植园。出于殖民主义之间在东亚的竞争,他们急于在云南和四川建立一个鸦片生产基地,以图在中国的其他省份销售,从而赚取巨额利润,以支付他们采购中国产品的银钱。

(三)药材

云南所有的中药材,除了大黄之外,都完全是供中国人自己消费的,它们主要是通过百色这条通道运往中国的其他省份销售。在法国的印度支那殖民地的中国移民社团中,云南中药材也颇受重视。法国里昂考察团的德布莱恩(Deblenne)博士将一份中药材名表和一整套完整的中药材标本带回了法国,并将此赠送给了里昂医学院。经蒙自而向外输出的中药材的价值,过去一直维持在3500两白银左右;1897年,它又超过了7000两(28000法郎)。商贾们一致的看法是,药材是云南省的一宗大商品。根据清朝重庆海关的核实,四川中草药输出的价值,每年为50万—60万两白银,也就是2万—2.5亿法郎。由各省厘金控制的数量也大致相同。

(四)普洱茶

普洱茶种植于思茅厅和普洱府以南的整个地区,介于湄公河(澜沧江)流域与小黑江(沱江或黑水河)之间的地区,其山上茶园的产量要远远高于该地区平原地带的茶园。据里昂考察团第二次经过云南府时搜集到的资料,普洱茶出自号称五大茶山的山脉中,该山脉共包括倚邦、易武、攸乐和漫撒,但唯有两座山才产一等茶。除了这些地区之外,“九龙江坝”也产茶,不过质量低劣,难具竞争力。普洱茶于3月末4月初采摘自茶园,但其收获却一直延长到9月间,这主要取决于气候,特别是取决于茶园的海拔高度。茶叶的制作是由思茅的茶叶专业户家庭完成的。首先对茶叶分级,接着置于木容器中,木器底部钻有洞孔;然后被放在内装一定数量热水的锅上,蒸汽从木容器中冒出;当茶叶变柔软之后,再置于一个圆形模子中压榨。用这样的方法来获得茶砖或茶饼(最嫩的茶叶往往要排列在茶砖的周围,那些低质茶叶和茶梗都被塞在中心),等干燥后便可投入市场销售了。思茅和全部产茶区的制茶人,将用竹叶和竹皮包裹的七块砖茶包成一包(七仔饼)。这些包叫作“桶”,每大包中有 12 桶,可以成为一匹马的半驮,每担约有 3 包或 3 桶。普洱茶的中心市场是云南府,那里只有两家茶庄有权从事大宗商贸或批发交易。这些茶庄每年都要交纳约 1000 两白银的营业税,它垄断了与四川的茶叶交易。当里昂考察团第 2 次(1897 年 2 月)经过云南府时,他们获悉经思茅普洱茶全部输出量共计为 4 万挑(或担)或 240 万公斤。其流向如下:向四川的输出量为 1.8 万挑;向贵州的输出量为 600 挑;向广西和广东的输出量为 400 挑;向西藏的输出量为 1100 挑;云南的消费量为 10000 挑。中国茶叶特别是滇茶或普洱茶,始终是西方从中国采购的一种重要商品。法国里昂商会考察团特别注重考察普洱茶,这一方面是为了运销欧洲市场,另一方面也是为了倒卖于东南亚或印度支那市场,因为那时英国人已将亚洲的锡兰(斯里兰卡)变成了其茶叶种植园,并将大量茶叶运往欧洲销售。因此,法国人也想将云南变成它的一个茶叶生产基地,以与英国人在欧洲市场上竞争。

(五)麝香

早在 16 世纪时,出自云南的麝香在中国沿海市场中就颇受当时那些与欧洲交易的中国人、葡萄牙人和其他外国商人的青睐。云南的大部分麝香是经由北圻(东京湾)而出口,当时“北圻麝香”或“东京湾麝香”的美名已传遍天下。产麝香的麝鹿叫作“香獐子”,生活在云南北部和中部的深山中,那些生活在盐碱地的香獐子生产的麝香为上乘佳品,能最好地维持其鲜湿性(贵州也产上乘麝香)。云南南部、西藏和四川北部的麝香品质稍次,但在市场上却很畅销。松潘和打箭炉(康定)的周边地区所产麝香,总额可以卖到 5 万—6 万两白银。云南的全部麝香产量,其约估价值大致为 500 万法郎,至少其中有一半会出现在重庆市场上。除此,云南府市场上的麝香几乎全都南下到缅甸的八莫(Bhamo),那些经纪人一直远涉大理附近地区采购麝香。1895 年年末,云南府的市场经历了这个季节的一次危机,因当时在上海的需要量很大,使麝香的价格上升到每斤 230 两白银,而它在 1894 年只售 190 两白银。原来负责经营这种商品的只有 3 家商号,此时却在短时间内又匆匆创建了 12 家竞争商号。每斤上等麝香在云南府价值 230 两白银,到上海即可上涨至 250 两。劣等麝香没有市场,但由于中国人很善于伪造假麝香,所以劣等麝香往往也被伪造成上乘的麝囊。在上海或汉口出售的几乎所有麝囊,在不同程度上都含有其他异质成分。出自云南本地的麝香要交纳进入云南府的厘金税,每斤纳税一两白银,这样便可以在全省流通而无须再重复交税了。国家的关税是每斤 0.9 两白银。西方很注重到东方来寻求麝香,故而也形成了一条“麝香之路”。东方的麝香大多产自西藏。但当时西藏也处于英国殖民主义者的控制之下,法国人到云南寻求麝香,是想打破英国人的垄断和封锁,在国际市场上大赚一笔。

(六)皮货

由于云南省拥有大量的穆斯林人口,因而在牛皮生产区中,云南占有一席重要地位。云南省最具有规模的饲养牲畜的地区是开化府和大理府,开化地区可能更为典型,因为它更接近云南在江河附近的贸易大道。此外,云南省的东北部也饲养着大批畜群。由于陆路运输的困难,云南的黄牛皮很难被运输到港口。云南人加工裘皮的关键工艺对外来人严格保密,因为这是一种职业机密。云南人加工处理黄牛皮、水牛皮和马皮的流程基本相同。水牛皮主要用于制作成套的马具,薄牛皮被用作制造靴子。皮靴的用途很广,特别是在四川更为流行。在叙府,每双皮靴价值 1.5 两白银,但在成都,那些高质量的靴子每双可以卖到 2—3 两白银。黄牛、水牛与绵羊皮的下脚料(非鞣制皮)也都要被精心地搜集起来,经过洗涤之后熬胶。在云南府的 100 多家重要店铺中,都有牛皮胶出售,干胶以半月形进入商业市场,断口闪闪发亮的上乘黄牛皮胶,每担(60.4 公斤)价值 6 两白银,否则就只值 5 两;水牛皮胶较为贵重,每两大约都能多卖几钱银子。云南的山羊养殖区主要有红水河(广州河的中游支流)流域、牛栏河流域(东川府与昭通府之间),还有大理府。云南府具有最大的山羊皮市场,它们在那里被加工制作成羊皮囊,用以盛酒或贮水。从法国里昂商会考察团通过对沿途几群牲畜的判断来看,云南很少有长毛山羊。与云南府的皮货相比较,四川的皮货质量要更好一些。据云南府的商贾们说,那里的皮子每张 0.15 两白银,也就是每打 1.8 两白银,每两白银价值 4 法郎,这样每打皮子便折合 7.2 法郎。这似乎有些夸张,因为在重庆每打皮子价值 6 法郎。云南绵羊的饲养不仅对于羊毛和皮革业关系重大,而且还由于北圻人主要消费这种肉食。在云南东川府和昭通府,每年都要使用 4 万多斤羊毛以制造毛线帽子和毛毯。这说明云南绵羊的饲养量很大,有许多绵羊饲养中心。一张绵羊皮在云南府价值0.1两白银,折合0.4法郎;在鞣制绵羊皮以制作皮衣的大中心昭通府,一张生羊皮的价格也大致相同;一张经过缝制的皮子(中式皮袄)价值0.4两白银;一类皮子值800文钱,折合2.5法郎左右。云南除了东川府之外,还有东部的曲靖府和南部的开化府,也都是饲养绵羊的基地。

在云南省的其他产品中,还有靛青和桐油。它们主要是由滇北而向四川输出,但产量很小,无法导致商贾们的趋之若鹜。云南省也产丝绸。这仅仅是在法国考察团到达之前的三年间,腾越厅才开始养蚕的,其桑树是自四川引入的,而且长势很旺盛,丝绸产品正趋于在该地区的贸易中占据重要地位。至于云南地区的农作物,夏季主要有大米、玉米、高粱、蚕豆和青豆、油料作物等,但它们只能勉强供应本省居民的消费。花生主要是在云南南部种植,甘蔗种植在该省大江大河的坝子中以及高原的平坦小盆地。这后两种农产品,除自给自足之外,还略有外销。

三、云南的商品贸易流向及其进口商品

北圻(东京湾,交州)是进入云南的一条主要道路。云南的商品贸易主要有三大流向:东北方向,主要是云南与四川的省际交易;西方和西南方向,这两个方向属于同一个大领域,因为它们最终都要流向缅甸;东南方向,这是向三个方向中的最重要流向,因为它既包括经江河航道的贸易,也包括通过百色和西江下游而通向北方的贸易流动。这几条通道是云南的主要对外通道,但也不是绝无仅有的几条通道。如大理的鸦片便是通过西南之路而输出的,蒙自的棉纱可以一直输送到昭通府等。另外,云南与四川宁远府坝子以及西藏始终存在交流,这条通道主要是云南以茶叶交换西藏的麝香的渠道。云南与贵州也有直接交流,重点是将云南东北部的矿产品,经贵州而销往四川(桂林—毕节之路)。

(一)云南东南方向的贸易流向及其与四川的贸易

这条贸易道路所联络的地区,包括云南省的整个东北角,也就是昭通府和宁远府的部分地区。东川府标志着云南北部的大致边缘,它在东部与

贵州相连,特别是包括宣威州。有两条路从叙府通向老花塘,再从那里向南。云南要通过贵州与四川的交通是由宣威—威宁—毕节—永宁这条路来沟通,这条路上最重要的城市是昭通府(五万居民)。东川府全城有两万左右的居民,要远远居其后。宣威州于1886年还是一个不太重要的城市,它仅仅向贵州和四川输出著名的火腿。老花塘和大关厅各自仅有万余人口。云南省的这个角落的人口都不算稠密,山上由彝族人居住,建昌(在政治上属于四川)也由同一民族居住,他们在长江左岸的高山中维持自治。唯有宁远府的人口较多,会理州是该地区最大的贸易中心。

(二)云南的外来商品

中国制造的棉纺品以手工纺织为主(经纱是邦巴辛毛葛式或斜纹的,纬纱是中国式的),主要出自湖北沙市地区,被称为“广布”。云南也从四川进口一小部分这类纺织品。老花塘的过境棉纱贸易量估计有30万挑(每挑27件),每年共计150万件,按照昭通府的价格,共计40件的每一大包绵纺品,价值20两白银,这样可折合84万两白银(约合320万法郎)。这些纺织品中有少量被运往云南府以及大理和建昌。但据法国驻蒙自领事弥乐石认为,实际输入云南的棉纺织品只有20万—30万挑。英国考察团的包克本(Blackburn)认为,云南每年输入6万包棉纺品(每挑有两包)。厘金关税在理论上是每40件棉纺品的一包,要交纳一两白银的税,实际上只收0.8两。外来的棉纺品只占云南所需数量的极少部分,但该省输入的粗棉和棉纱的情况却绝非如此。其他输入该省的产品有毛织品、生丝、丝绸与四川的盐(走私品)。

(三)云南省输出的主要产品及其流向

云南省输出的产品有铜矿和含金铅矿,主要是通过贵州之路(桂林、百色)而运往四川。在会理州的建昌,也出产此类矿产品。但云南当时输出的主要产品依然是云土,估计可达3000挑左右,其价值折银约600万两,合240万法郎。可是也有人认为,云南每年向四川输出6250挑鸦片,合1000万两白银。这样的估计显得有点过高,因为四川也是鸦片产地,而且四川也无能力支付如此巨额的烟土款。云南需要填补其输入商品赤字的输出商品，必须向叙府出口普洱茶、药材（叙府是药材的大市场）、麝香（这后两种产品主要来自建昌）以及某些靛青。红河的航道，大致标志着云南省维持与缅甸特殊贸易关系的部分界限。云南府有时也通过缅甸八莫的渠道而接受某些外来商品，虽然大理也与八莫有商务交流，但它从蒙自运进棉纱，同样也将其烟土输出于东南亚。因此，这是一种在总体上而不是在具体业务上的交流。这股贸易潮流事实上应该分成两股小潮流：其一通向上缅甸的八莫；其二通向下缅甸的毛淡棉。

（四）云南与上缅甸的关系

进入云南的道路唯一可以与北圻之路竞争相媲美者，便是与缅甸北部相沟通的道路。法国里昂考察团没有搜集到有关云南西部的原始资料。因为一般来说，云南在位于湄公河（澜沧江）以西地区，人口都不太稠密，里昂考察团未曾赴那里考察。

大理府只有2万—2.5万人口，但沿洱海湖西岸向大理府城延伸的平原却土地肥沃、人口稠密。作为来自缅甸和云南府道路重要交会点的下关市，共有3000—4000名居民，位于下关稍偏东的赵州城的规模更大一些。通向蒙化和湄公河流域的许多道路，都是从那里分流出来的。蒙化以及该城以南的主要行政中心是顺宁府，在法国考察团到达的前几年，英国人就强迫它对外开放（腾越厅除外）；云州和缅宁的地域规模不太辽阔。位于湄公河与缅甸之间的所有地区，始终都非常动荡，空气不良，不适宜人类居住。在从大理经腾越而到八莫的大道上，要经过三个比较重要的居民中心：漾濞、永昌府和腾越厅。永昌府位于一片相当肥沃的平原上，其余两地区基本上是荒凉的，尤其是北部地区，那里的地势特别险峻。在云南从缅甸进口的商品中，也如同在进入云南的其他商路上一样，主要是棉花和棉织品，在1896—1897年间，其价值共有185万卢比之多，而云南自缅甸进口的全部商品的价值也只有230.2万卢比。

缅甸共有3个地区的海关在监控与云南的交易，这就是八莫关（谬迪和萨瓦迪署）、曼德勒关（Mandalay，眉谬和巴赫署）、皎施关（Kyauk Se，密塔和栋劳等署），其最大的贸易流向便是经八莫关的交易。在1896—1897年间，经缅甸海关总署稽查到的云南从缅甸进口商品的数量如下：云南进口原棉1671800公斤，棉纱648833（内有一半来自印度），欧洲棉织品

1260567码(yards,每码长0.91米),印度棉纺品126812码(在1895—1896年间为534636码)。几乎所有来自缅甸的棉纱都将被运往云南府。原棉的情况却相反,仅有20%经八莫进口的缅甸原棉被销往云南府。云南府只通过这条渠道接受棉纱,因为那里距蒙自较近。

缅甸海关的统计又使人看到了中国通过这条渠道而进口的另外几种产品:羊毛织品(每年1万法郎左右)、食品(罐头奶粉,每年近22.5万法郎)和盐巴(每年近8万法郎)。云南自缅甸进口盐巴的数量巨大,这是由于北圻边境(东京湾或北部湾)禁止向云南出口食盐。云南自缅甸进口的石油,每年只有7000—8000法郎。

(五)云南与下缅甸的关系

云南与掸邦(新迈)之间也有贸易交往,其云南境内的始点是思茅。自从设置思茅关(1896年)以来,这条通道的规模尚不大为人熟知,它是由清帝国海关控制的。从老挝、西双版纳和义邦采购的全部普洱茶,一般不经这条道路运输,经由这里的只有通过厘金或省海关运销的产品。1897年是这条道路开始运行的第一年,来自掸邦和经思茅海关输入的原棉为12041挑(或担),约72.2万公斤,其中1.05万担以上为过境商品。据法国考察团从云南府获得的资料来看,这些原棉在云南府每120市斤价值12—13两白银(48—52法郎)。它们都是些质量优劣不等的原棉。缅甸的优质棉花根据质量,每200市斤价值徘徊于20—26两白银之间。来自北圻的棉花更贵一些。在云南的输出物品中,铁器的数量稳居首位,但价格低廉。缅甸的这些进口货几乎完全是用鸦片支付的,但又不能被清朝海关察觉到。

思茅是一座大城市(1.5万—2万人口),但该地区的其余地面却地广人稀。为了找到更大的居民中心,则必须渡过红河,即进入处于蒙自管辖之下的地区。

(六)云南东南部的贸易潮流

云南东南部所联系的地区、道路和主要的居民中心很多。从长江流域向东部延伸的道路,一直通向云贵边界;它同时又向南延伸,直到与红河相汇处，再加上红河流域以及云南省与越南北部相邻的边界地区，几乎都处在蒙自独自享有的经济区内。

法国里昂商会考察团的报告，研究了云南自东南方向的道路而进出境商品的各自价值问题。至于云南该部分地域的主要居民中心，它们均分散在从蒙自通向云南府的两条道路沿途。其一经由通海，另一条则由阿迷州或者附近地区。在新兴州和嶍峨之间，人口相当稠密，当时在那里集中了云南最大部分的棉纺业，还有孟买经纱（邦巴辛毛革）、掸邦的棉花和北圻的纬纱纺织业。征江府也是一个很大的纺织中心，那里每年接受大部分自蒙自进口的棉纱（1896年在全部进口的4.6万挑中，征江共接受了1.8万挑）。位于通向大理府道路上的云南府西北地区，那里很贫穷，唯有漂亮的楚雄坝子例外。白盐井与黑盐井地区，形成了云南府的主要出口基地。在云南府北方，于通向东川府的道路上，嵩明平原（羊街、杨林和嵩明府）培育了许多消费群体。在东部曲靖府的情况也是如此，那里是继征江府之后和云南府之前的棉纱大消费地区。

蒙自进口的欧洲棉纺品数额巨大，其中英国棉纺品的进口量最大，占据了80%—90%，而且还呈持续增长状态。云南府以南的情况却相反，那里是陆良大平原的马街大镇。云贵边界的人口稀少，广南府（7万人口，其中有1.7万人居住在府城）、广西州和罗平州的情况也大致相同，开化府（1万人口）及其近郊却更值得研究。总而言之，蒙自的影响范围覆盖了全省人口的一半，这些人口甚至流向了其他地区，因为自蒙自进入云南的棉纱一直被输送到西北方的大理府（1896年为3.3万公斤）。此外，棉纱还会运到八莫之路上的永昌府、大理以北的永北厅和丽江府，甚至还有长江流域彼岸建昌坝子的宁远府（四川）、东部百色通向云南府道路上的广南府。蒙自进口石油的数量也颇引人注目。中国人当时对石油产品的需要基本上呈上升趋势，但在云南却停滞不前。

大锡是云南的一种重要的交流商品。当时人们主要是在个旧开采大锡。商人们在锡矿上主要是通过口头合同而采购锡。采购商保证，随着这种金属的开采与冶炼，必须向矿主们交纳必要的预定金，这种提前支付的预定金要分别用银锭、现钞以及油、米和烟土来支付。矿主要保证为预付金而向蒙自批发商支付不少于1%的利息。一旦获得了炼成的锡锭之后，首先于当日向批发商交付其数量相当于预付金加利息所购产品之总和，然后才能向其他人出售。蒙自进出口商品的逆差，要用广西出产的烟土来平衡。但蒙自的贸易主要是一种过境贸易，因为该城本身只有 1 万人口，其毗邻地区的人口也不稠密，消费有限，蒙自只能保证消费其进口商品的 8% 左右。

总而言之，云南通过东南方向成交的贸易规模比较大，特别是与北圻的贸易还有增长的趋势。当云贵高原的交通一旦发达时，这种贸易还会迅速发展。

综上所述，法国里昂商会中国考察团除了考察印度支那殖民地的商务前景之外，还着重考虑了它们与中国毗邻省份的现有关系及此后的发展远景。他们特别对云、贵、川、桂、粤等数省作了专门研究，还考察了中华帝国贸易的基本状况，特别关注那些可能会对法国有益的产品。他们通过中国西南地区民族、物产、内外贸易方面的考察，从而确定法国在当时和未来一段时间内应扮演的角色和所起的作用，从而确保法国在与西方列强争夺中国这片领土上的特权中占有优势。这次考察也确实促使法国政府采取了许多措施，使法国殖民主义者在中国西南地区长期较其他列强处于有利地位，因为法国政府的政策是在踏实的科学调查的基础上制定的。

法国对茶马古道北道的考察

一、热尔韦—古特勒蒙科考团的时代背景

热尔韦—古特勒蒙(Jules-Claudin Gervais-Courtellemont,1863—1930年)是法国的大旅行家、一家著名杂志《艺术与风景的阿尔及利亚》的主编,也是世界知名摄影家。他特别是曾经成功改进过彩色照相机。当他于1895年赴麦加旅行时,拍摄了圣城及其郊区的高质量照片。在1895—1914年间,他完成了赴欧、亚、非三大洲的多次旅行,分别到达印度、日本、缅甸、柬埔寨、马达加斯加以及欧洲多个地区。1904年,他受法属印度支那总督杜梅(Paul Doumer)的委托,率领一个科考团赴云南,以研究印度支那与中国南方之间建立通商关系的可能性,尽量研究开辟茶马古道的北道。他在旅行期间,由其夫人全程陪同。他还是著名旅行家绿蒂(Pierre Loti,1850—1923年,1900年随法国舰队来华,1900—1901年冬在北京活动,曾著有《北京的最后日子》等书)的朋友,并与此人一起在土耳其研究过阿济亚德墓(La Tombe d'Aziyade)。热尔韦—古特勒蒙一行在云南考察期间,受到在云南布道多年的数位巴黎外方传教会会士们的帮助。

法国里昂商会赴华考察团主要是考察了云南及中国整个大西南的丝绸之路与茶马古道南道。尽管当时尚未出现"茶马古道"一词,甚至连"丝绸之路"一词也不曾广泛流传。热尔韦—古特勒蒙一行,在对茶马古道北道作考察时,将重点放在大理、保山(永昌)、丽江和腾越(腾冲)一线。实际上,由于云南的这部分地区靠近缅甸,所以它们在传统上属于英国势力的波及范围,这与属于法国势力波及范围的红河流域的茶马古道南道完全不同。法国人着手对这些地区进行考察,其背后也隐藏着英法两国在云

南,甚至是在整个东南亚的政治与物质资源的争夺。

古特勒蒙一行所考察的大理—保山—丽江—腾越(冲)一线,主要不是丝绸之路,而是茶马古道。虽然其中所运输的商品也包括丝绸与棉织品,但更多的却是茶叶、盐巴和其他日常生活必需品。

1904 年,在中国领土上爆发了日俄战争。它不仅吸引了法国大众的注意力,而且也威胁到了法属印度支那的安全。因此,对于法国来说,保卫印度支那不受日本侵略,便被列入到了法国政府与印度支那总督府的议事日程。对于法国来说,交趾支那、柬埔寨、老挝、安南和北圻形成了一个统一的整体,也就是从安南海岸直到湄公河(澜沧江)流域的整个地带。由于这种地形,法属印度支那不仅同时受到了英国自陆路和海路的威胁,而且有可能被切断陆海两路之间的联系。英国不仅与法国在印度支那竞争,而且还有可能在东南亚的西部建立与法国在东部相对应的基地。英国人非常嫉妒地监视着法国人在印度支那的一举一动。英国政府于 1886 年武力占领缅甸,这是对法国人占领北圻(东京湾)行为的回应。英国从此之后,便逐渐地加强了对上缅甸、"海峡殖民地"(Straits Settlement,指东南亚)、暹罗和掸邦的活动。英国人最后也把目光转向了云南。法国要想方设法地避免使英国人控制云南,绝不允许英国人控制丝绸之路和茶马古道,绝不允许他们控制这两条交通要道上的资源、民众、运输和贸易,以防威胁到法属印度支那的根本利益。

正是在这样的背景下,法属印度支那总督杜梅才派遣热尔韦—古特勒蒙一行赴中国西南考察。

热尔韦—古特勒蒙一行于 1904 年 3 月 3 日从北圻的老街出发,经红河流域的曼耗而进入云南。他们又陆继经蒙自、阿迷州和临安府,渡过曲江河,到达洱海,再经新兴州、北城、晋宁州、元江府和安宁州而到达云南府。他们然后又到达东川府和昭通府,直到川滇边界。

他们一行再次从重庆到宜昌、汉口和上海,返回缅甸后,准备重点考察云南的茶马古道北道,即大理—保山—丽江—腾越一线。由于这一线基本上属于英国势力的波及范围,所以法国过去很少有人考察过那里。多伦(Henri d'Ollone,1868—1945 年)曾于 1906—1909 年,博南(Charles Bonin,1865—1929 年)于 1898 年以及巴黎外方传教会的传教士们曾先后到达过那里。总而言之,法国人,乃至整个西方的人,都对该地区既好奇,又生疏。这片地带主要应该属于茶马古道的网络范畴。

热尔韦—古特勒蒙的游记于1904年由巴黎普伦出版社出版①。笔者现就根据此书,而就他们对茶马古道的考察,略作介绍。"茶马古道"一词,于此的使用有些超越历史了。

二、热尔韦—古特勒蒙探险团的考察过程与成果

法国人一行经由英国人设在缅甸的最后几道哨卡,而进入云南南部。一辆道碴火车将他们运到了一条铁路的终点站腊戍(Lashio)。自从寇勋(Curzon)旅行之后,那里的工程完全停止了。为了到达戈隆的90法里的路程中,仅有60法里的路程完全被考察过。其最后100法里的距离是最困难的一段,即沿萨尔温江(怒江)顺流而下的那一段,至今仍未被完成考察。缅甸人曾认为这种努力是无益的,他们主张"以我们的铁路而打通这条路"。

杜梅总督观念的重要性于此表现出来了。他认为法国人应先于英国人而到达云南,并且一定要在那里获得成功。当英国人预见到云南很难同时有英法两个国家的位置时,他们就会放弃争夺。历史将会把这一事实视为法国经济和政治的一大胜利。因为英国人一旦在云南取得优势,便会严重威胁到法属印度支那。事实上,法国在云南的优势受到了印度支持的英属缅甸的威胁。

由于当时从云南到缅甸的道路,要经过许多高山峡谷,因而使这些道路在当时失去了战略意义,同时又导致云南对缅甸的影响远没有对北圻的影响那么大。当时占据了印度支那的法国,将云南视为保护印度支那边境的缓冲地带,而绝不允许那里成为英国殖民地的进攻性前哨阵地。当时是英国人正在极力图谋发展他们与中国云南和西藏南部的关系,特别是受到了那里各种不同重要物产的吸引。法国则以印度支那为基地,为对抗英国而正在通过红河河谷,而向滇西和滇北扩展其影响的势头。

法国人一行穿越美丽而又富饶的缅甸之后,到达了八莫,继续向前去对云南进行考察。其同行人员中有一名在缅甸定居了43年的法国人达维拉(d'Avera)先生。这一支旅行队在八莫(Bharmo)作了重组。他们将自己的搜集物直接寄往法国,以尽量减少随身携带的行李。

① Gervais Courtellemont, Voyage au Yunnan, Paris Librairie Plon, 1904.

他们为了到达云南,而将行程分为两个阶段。其第一个阶段经过了茂密的热带森林和伊洛瓦底江(独龙江下游)平原。他们于第一天接近傍晚时,才到达了新街(Sin-tieh),英国人在那里建立了舒适的度假平房,并且配备了为度休闲生活的一切必需品。那里的气温于夜间可降至23℃。自八莫和新街起,他们首先攀登的海拔高度达到80米的地方,然后下降到伊洛瓦底江平原。

他们旅行的第二个阶段到达了洋人街,那里是欧洲人从缅甸进入中国的最后一个哨所,也是克钦族(Katschines)与掸族(Shans)人居住区的分界处。他们又翻过两座海拔分别为820和520米高的山口。

法国人沿途遇到了许多上山或下山的商队,分别驮运茶叶、麝香和大黄等物资。维西的藏族牲口贩子前往那里,以向八莫的英国马匹商人出售马匹。在1900—1901年间,那里共公开出售741匹马。从此之后,再没有任何具体统计资料了。但马匹的销售规模可能仍很可观。

藏族人最珍爱的藏獒始终陪同着这些旅行商队。它们成了人畜混杂夜宿野营地的一大景观,变成了商队的忠诚卫士。一旦进入中国一侧后,便是海拔1550米的高黎贡山的支脉。

法国人进入中国一侧时,正值中国人的传统节日春节。那里在家族祭坛上焚烧大量神香,孩子们笨拙地于先祖祭坛前"干杯"和跪拜。

法国人一行于翌日又从高黎贡山下到了曼允和太平江河谷。那里居住着于1875年杀死马嘉理(Augustus Raymon Margary,1846—1875年)的人,他们都仇视英国人。曼允的土著人都是种田好手,靠种田和盘剥经由那里的商队而致富。那里的稻田一望无际,冬季有无数的鹤群和雁群。村庄周围到处都是大榕树、印度榕树和无花果树,使辽阔的平原上产生了许多绿色。

法国人沿太平江骑行4日,始终于其左岸行进。他们从曼允出发,又用4天,逐渐经过了辛街(920米)、曲石(980米)、南甸(1020米),其间到达了沙河林,最终到达了腾越平原。当时腾越只是一座破败的小城,其地域不会越出粗面岩石城墙之外。那里的火山熔岩说明,该地区曾有过火山爆发。

在回民起义之前,那里在城外还存在着庞大的村落,主要居住着玉器工人。在城墙之内,腾越与缅甸穆斯林之间的贸易应该是非常活跃的。其商品主要有马匹、茶叶、金银、鸦片、麝香、玉器和宝石。腾越的穆斯林在其缅甸教友与中国中原人之间充当经纪人。

英国人认为腾越地区具有重大战略和经济意义,于1901年在那里设立领事馆,并于1902年开设了帝国海关。他们是为了强行征收厘金(税收)才设关,其弊病便是使交易处于瘫痪状态。在英国人进入之前,从八莫到大理府途中,只征收五次税,分别在曼允、南甸、腾越(定绥)、永昌府。所有商品都要交纳15%的从价税,有时加上贿赂,甚至可高达25%的税收。这种状况对于英国商品进入中国,处于很不利的地位,英国人也立即着手解决这些障碍。

1901年秋,英国驻腾越的第一任领事烈敦(G.J.L.Litton)自八莫赴任,由同为英国人的帝国海关关税专员蒙哥马利(Montgommery)陪同,他们于1901年11月13日到达目的地,立即在腾越设立办事机构。当时正值贸易高潮季节,他们便决定从1902年5月才开始实施新税制。此举受到了中国商人的热烈欢迎,因为他们只需要平均交纳3.5%的进口税和2.5%的过境税,总共为6%。贿赂行为还是令人惴惴不安的。

中国云南省当局也欢迎在腾越设关。因为这可以使中国官府摆脱当地人反对征收厘金的要求。英国人也注意改善交通道路,发展云南西部与北部的贸易,他们认为滇西与滇北是自己的势力范围。有两名英国工程师与法国人同时到达腾越,从事考察连接腾越与八莫之间的马帮之路。他们与中国当局合作,首先改造大理府的骡马大道。这些工程大大改进了经由红河河谷的八莫至大理之路。甚至当滇越铁路开通后,有许多商品还是走这条路:棉花、棉纱、茶叶、马匹等。

英国人还想把西藏的所有产品都纳入缅甸的商潮中。西藏商品的传统路线应为法国人控制的北圻。英国人特别觊觎出自藏区的中国药材,如麝香,它们都要从云南过境外销。缅甸玉过去也通过云南府外销,成千上万的玉工受雇在云南府加工玉料。现在,它们却要经由缅甸之路,被运往广州和上海。缅甸的一片华人移民区坐落在曼德勒(Mandalay),他们正是依靠这种贸易而生活。事实上,缅甸玉的开采、加工和营销,主要是由中国人完成的。云南北部的金银也经缅甸之路外销,而且缅甸人在佛寺中和女子首饰领域,就消费大量金银。西藏地区的马匹同样也被运销到八莫和缅甸市场,再从那里远销“英属海峡殖民地”和东印度等地。西藏的大批骡子每年都由英国的军马配备机构采购,以组建茶马古道上的骡帮。英国人成功地攫取了西藏的麝香、草药和皮货的贸易,而且还是以损害红河流域的法国贸易之路为代价才实现的。

面对英国人咄咄逼人的这种竞争态势,法国人必须作出反应,并且到处寻求矫正这种局面的良方。

法国人一行在腾越成了清朝腾越厅的客人,下榻于其衙门中,帝国海关总监也居住在那里。在1月末,天寒地冻、潮湿而又寒风刺骨,木房间的窗户仅仅糊着一层薄细而又透明的麻纸。铜火盆中燃烧着堆成金字塔状的木炭,使室温略微上升。但如果侧身烘烤一边时,另一边却甚至会结冰。衙门的房子很破旧,墙壁都被油烟熏黑,到处是蜘蛛网。但行人至少可以获得一处蔽身之地。

腾越厅的官吏们对这批法国不速之客的造访非常关照,经常宴请他们,为欢迎他们而举行藏式文娱表演,尽量使他们生活得舒适一些。海关机构的英国官吏们,对于来访的法国人也友好相待。

在回民起义之前,腾越的穆斯林居民区非常兴旺发达。但到了此时,却只剩下几个略具名气的显贵人物了,只有30万名回民分布在整个地区。那些漂亮的住宅区和位于西郊的五座富丽堂皇的清真寺均被夷平。这完全如同西班牙的摩尔人穆斯林,从未受到天主教征服者们的善待一样。

法国人一行踏上了通向大理府的崎岖山路。同行的还有另外偶遇的三名法国人。本·当蒂(Bons d'Anty)、雅克·福尔(Jacques Faure)和让塞尔姆(Janselme)博士。他们结伴而行,沿途作尽可能多的考察,因为甚至英国人对这条路也非常陌生。但这一地带接近缅甸北部,属于法国人的竞争对手英国人的经济和政治利益中心区。

当时正是赴大理府旅行的最理想时期。因为此时正值旱季之末,江河水位低、路面干燥,会遇到许多行路人。在英文地图上,于萨尔温江陡峭两岸就标注着:"夏季是死亡季节。"但其道路相当崎岖,经常穿越高山山口和峡谷地缝,它在雨季基本无法通行。1901年,雅克·福尔先生正是在这一季节经由那里。同一年,自云南藏区返归的格里莱尔(Grillères)中尉,于同一季节也遇到了同样的困难,由于患病而迫使他提前返回。但茶马古道上的骡帮在整个夏季,却几乎是持续不断地行进。最重要的仍是要选择旱季。

从腾越到大理府,共有11程。法国人一行只携带普通装备。当时约定俗成的习惯是在腾越改换骡伕,往往是到中途于永昌再第二次调换骡伕。最重要的是让驮兽有充足的时间在高海拔地区吃草,让人员于各站作充足的休息。骡子喜欢吃干燥的豆科类植物，而沿途到处都有这种草，甚至直到丽江地区也如此。

腾越肥沃的稻田和泥炭田逶迤25公里之长，其宽度却不超过这些法国人所穿越的1.5法里(lieue，每法里约合4公里)。紧接着便是反复的上山、下山与涉水渡河。这里实际上是一条“英国人之路”，与经由红河与湄公河谷的“法国人之路”形成了鲜明对照。

法国人一行离开海拔1600米的腾越平原，翻过海拔2600米的山口，再下山到海拔1560米处的一个叫作卡拉撒(Ka-lang-tcha)的村庄。第二天，他们又通过悬谷之上的一座索桥而渡河。他们在一个穆斯林小村庄中让驮兽略作歇息，然后便到“班德人”(Pantchés，滇西人对穆斯林的称呼)中从事调查。经过翻越海拔2500多米的山口后，便到了一个休息的站口——位于萨尔温江右岸和海拔1680米的河木树。他们在山顶看到了一种非常奇怪的植物，既属于热带植物，又属于亚高山植物。它是一种巨大的杜鹃树，与高山毛竹混杂生长，可因潮湿而腐烂并在苔藓下发霉。这就是其气候在夏季时令人恐怖的死亡森林。

他们接着又进入了一片长满了树脂树的山麓，在飘荡着云彩的山峰下，浓雾在蔽风处停滞不动，这就是“死亡之谷”。很少有旅行家敢于进入萨尔温江这片峡谷中去冒险。

当他们翻越河水的分界线——海拔1530米的山峦之后，便到达了一个叫作蒲缥的村庄，地处肥沃的同名平原，遍地播种蚕豆、豌豆和小麦。在蒲缥周围，共有50多个村庄，分布在长18千米和宽2—4千米的地域中。他们于翌日从海拔1440米的蒲缥出发，攀登上海拔2170米的山峰，下山后便到了辽阔的永昌府平原。

马可·波罗曾描述过向缅甸开放的这块小平原。他在向南旅行时，曾经经过保山(Vo-chan)，并声称那里是一片神奇的土地。但在法国人经过那里时，它却变成了一座衰微破败的永昌府。战争的灾难，在历史的岁月中，加速了这些不幸地区的衰落。据那位著名的威尼斯旅行家记载，保山当时是亚洲最大的都市之一。他还提到了一场由2000只大象参加的战争，同时还认为该谷地很容易进入。直到当时为止，尚未曾有任何法国旅行家对那里作过考察。英国的地形地貌测量学家们尚未刊布他们的考察成果，因为他们的目的主要在于寻找一条铁路通道。当中印之间的贸易当时通过这些分别被称为“玉器之路”“金银之路”或“茶马古道”而展开时，大理和永昌府均为其中的主要站程,它们肯定曾经历过繁荣昌盛的时期。在今天看来,这似乎是异想天开。不用追溯得很远,当大批穆斯林因贸易、农业和产业而暴富时,其生活在这些今天已衰败的城市中达到了繁华的高峰。

在该平原成千上万公顷的土地上,种植了大量鸦片,鸦片几乎毁掉了该民族。当时于那里尚可以看到引水、治水和配水工程的遗迹。其中最著名的一座背靠大山的大型人工水库,由一道圆形库堤封土筑成,其中心的一个大闸门向 4 条主干渠分水。

当时的罂粟苗刚刚出土,它成了烟农们时刻关注的对象,经常施肥和耕耘,因为这是他们主要的收入来源。云南每年的鸦片生产总价值,大约可达 5700 万法郎。它也是该省的主要输出产品。当中国政府停止从印度进口鸦片时,云南鸦片可能会两倍或三倍地猛增暴长。鸦片已经逐渐地失去了其国籍特征,外国鸦片在通过北圻而进入中国时,要交纳巨额关税。

所以,尽管经过广东和广西而通向云南的道路很艰难,而且还有土匪和省际"厘金"(特许税)的压力,但云南的主要商品仍是取道这条路。不过,更便利和更捷近的道路却是红河与北圻(东京湾)之路。这些困难大大地降低了耕农与烟农的利润,其采购行情受到了严重影响。但帝国国库不会因取消这种再进口税而有任何损失。因为没有过境,就不会有再进口。西方五年来与中国就此问题进行的反复谈判始终未果。

自从庚子赔款(1900 年)之后,法国外交部很注重发展与云南的贸易关系。法国也想利用这种有利局面,而彻底解决云南的鸦片种植和销售问题。因为法国在此之前,始终于亚洲采取一种消极政策。英国人于此时却感到了他们在印度的鸦片产品前途受到了威胁。英国人赖德(Ryder)少校在他对云南的考察报告中写道:"印度鸦片进入中国时,要承担很重的税收。云南当地的鸦片,从中国市场上驱逐了所有外国鸦片。对于英国人来说,鸦片问题已经自然死亡。"所以,通过红河之路而改变云南进口鸦片,必然会经过法国在印度支那殖民地,也肯定会为那里带来利润。因为这种经由北圻的过境贸易,也必然会导致等值的回归贸易。这也会使云南的烟农增加收入,提高他们的购买力。

永昌府的城内包括许多起伏不平的地面,还有很多自回民起义以来便被荒废的城区,其荒废地区比建筑地面还要广阔,甚至可以在其中自由打山鹑和野鸡。城内与郊区的零售贸易,维持了其街道上的某种活力。其市场主要是由茶叶、肉食、蔬菜和调味品组成。

当时该城的穆斯林人数很少,只有 60 多户。回民起义之前,城内就有 15 座清真寺。残存的穆斯林大都为皮革工和皮马具工,这充分说明他们的蒙古血统。当时正在主持重建清真寺的老人,却是阿拉伯血统。

他们再向东走 8 公里,便到达了板桥镇。它是一个工业和商业的镇子,具有取代已遭毁灭的府治之趋势。那里的乡间未受到隐蔽在衙门附近饥民帮的骚扰,他们大多是没有多大希望的文人,等待依靠其亲属和朋友的提携而获得某个官职,实际上成了中国社会中的寄生虫。

法国人一行又行走两个小时,攀登上了海拔 2450 米的山峰,再下来后便是水寨,位于湄公河(澜沧江)河谷的峭壁上。他们然后又渡过了一道索桥,其铁索与木板都被重新修整过。它证明英国当局很关心维护这条路,甚至在需要时还给予帮助。这道索桥与这条河,都只有 47 米宽。路人估计水面与步行桥之间有 10 米,而探测器提供的深度却为 14 米。其水流于那个季节很缓慢,浮标每分钟只漂游 54 米。

直到大理府之前,人们都可以看到英国的影响远远超过法国,其原因是英国 1876 年所取得的外交地位。自从马嘉理被杀之后,芝罘条约(《烟台条约》)允许英国人在大理常驻一名商务代表,但英国至今仍未利用这一条款。英国人近期又为出售其棉纺品而蠢蠢欲动。法国的传教士们为扩大法国人的影响,已经做出了非常有效的工作。自 1825 年以来,法国天主教传教士们已经在云南西部的西道开始布教。朗格勒的彭神父(Jacpues Huot,1820—1863 年)是第 1 位于 1845 年定居在那里的传教士,继承了中国神父黄玛窦(Matthieu Houang)。在持续 18 年的穆斯林战争期间,基督徒们不断地逃亡,只能受到同时也忍受无数苦厄和危险的司铎们的保护。继此之后爆发的传染病,又使两名传教士死亡。1874 年,克莱蒙的传教士傅神父(Batiphaud,又作 Baifaud)因教案而被杀,1883 年,张神父(Jean Terrasse,1848—1883 年)在大理府附近被杀。这些法国人都希望,自己迟早会在湄公河左岸发展法国的影响势力。

法国人一行翻过一处海拔 1650 米的山口之后,到达了杉阳。两岸都是石灰岩,他们在页岩层的山路上前进。杉阳村的工匠们制造石板,以备制作墓碑。湄公河的一条支流流经了该河谷,其中的猎物非常丰富。

法国人再次攀登海拔 2530 米的山峰,夜间宿营于海拔 1640 米的曲硐。那里气候突变,对人畜都构成了严重危险。曲硐有 200 户穆斯林,其伊玛目声称,他们的原籍均为阿拉伯半岛。他们在祈祷时都戴阿拉伯人的盖头,其巨大而又富有的清真寺上有一个八角尖顶。在回民起义之前,那里共有700户穆斯林,都是于唐朝的8世纪初叶前往那里定居的。该清真寺利用一次节日的机会,为法国人方便旅行而赠送了大量优质牛肉干。这些穆斯林与云南府的同教教友们没有多少来往。

法国人又一次翻过一座海拔2530米的山峰,那里有许多山鸡和松鼠,还有出没于山羊群中的老虎。他们接着到达了居住有大批伐木工人的田心铺和白土坡。过去,人们在那里冶炼铜矿,这是为了避免比燃料(柴薪)更加昂贵的运输费。当时,矿业已遭遗弃,可能是由于此地穆斯林矿工大量被屠杀的原因。

从白土坡向下走,在海拔1530米处渡过一座吊桥,就进入了湄公河的支流洋濞江的一条小支流。他们于夜间到达一个伐木工人的小村庄茈碧沙,它几乎位于山顶上。其下一站便是漾濞了。漾濞是一座很漂亮的小城,建于漾濞江的左岸,人们一般是通过一座很轻便的铁索桥通过。在漾濞,有一座自1873年便关闭的清真寺,装饰着木雕和彩色图案。那些穆斯林们的住宅,显示出了对非常典型的阿拉伯艺术的模糊记忆:鹅卵石的马赛克、青瓦与方砖以鳞状覆盖。那些带有几何图案的壁画出自一种很粗糙和很原始的艺术,不过与中国中原的艺术完全不同。

回民起义之后,那里只剩下180户人家了。其穆斯林居民都是农民,那里并不种鸦片。小麦、豌豆和蚕豆是他们冬季的主要农作物。

从海拔1600米的漾濞到达下关(原文为Hsiao-Kuan①,疑为“小关”之对音,海拔1950米),则需要行走10个小时的艰巨路程,便到达向“大理湖”(洱海)注水的西洱河的汇合处,其水实际上是来自漾濞河。人们然后再逆河而上,一直到达下关。下关是一个贸易集市点,那里有许多仓储或过境贸易仓库。大理当时名义上是云南的政治府治,但它正在逐日地失去其重要地位。英国人刚刚成功地迫使驻于那里的云南巡抚迁走,他此后便迁居腾越,处于英国人的直接监视之下。

法国人一行仔细地计算过在下关日常市场上的人数,约有4500人,这要比当地的定居民人数多一倍。洱海的一端变得越来越狭窄了,最后注入了悬崖峭壁之间。高高的山峰俯瞰大理的湖泊与山峰。中国人在那里修

① 原文作“小关”,实则应为“下关”,即今大理附近的下关市。

建了工事，但没有多大军事价值。下关古城的城墙只是中国人为抵抗企图夺取大理平原的来犯者的战略性屏障。下关新城纵向扩张，在湖与山之间倒显得并不那样狭窄。它实际是一个商业镇，未设防御工事。该镇呈直角状的主街道，要通过一座漂亮的狭窄石桥，上面配有栏杆，其进口处有一个很大的门户防守。再向前，便是两座庞大宏伟的清真寺。穆斯林们自1873年以来，便在那里举行宗教仪式。

这些清真寺都是具有中国艺术特征的漂亮建筑，那些13世纪的雕刻大门都因破旧而坍塌了，而其建筑物却由于其建材的质量、很坚硬的石灰石和雪松木，而尚处于完好保存状态。那里用巨大石块铺平的院子，尽管已经破烂，却仍显示出了一种曾经有过的富裕状态。巨大的仙人掌生长在城墙上，成百上千的小嘴乌鸦与喜鹊入侵了这些沙漠中的圣地。但人们在清真寺中找不到任何题记。

在来自缅甸的粗棉市场上，几位胖大嫂正在仔细地与女农过秤，她们用棉花来制作棉衣或被子。这里的人群具有一种世界特征。带有藏獒和手持嘛呢筒的藏族人，在那些鲜艳的布帛、五彩斑斓的马具、多用途的五金制品、品种纷繁的小饰物等前面游荡。他们由于贫穷，而无法更多地采购。他们从遥远地方携来了药品、麝香和羔羊皮。但所有这一切都只能使他们获得极少银钱，因为有些商贾利用了他们的天真而赚取巨额利润。那些“秦霍”①或“秦豪”女子们身穿华丽服装、头戴怪诞的帽子、佩带银铃、漂亮的杜鹃花插在头发上。她们与那些来自遥远的朝鲜女子们摩肩接踵，朝鲜女子们前来是为了采购藏药和出售人参。最后，还有某些被香料贸易吸引到下关来的缅甸人。他们还希望亲自前来采购金沙和麝香等产品。

那里的鱼市供应充足，各种贝类和新鲜的鳗鱼也都与漂亮的湖鲤一并供应那些活鱼运输船。在那里的木材、果蔬、糕点和糖果市场上，也都人头攒动，充满了一种繁华生活的气氛。行人甚至很难在拥挤而又嘈杂的人群中，打开一条通道。

只要沿着美丽的洱海前进，便会从下关到达大理府。其道路沿大山脚下前进，基本上还算平整，但却有令行人发怵的砾石。在繁荣时代，这条路应该是铺着很漂亮的大理石的下脚料石板，因为附近的山上到处都是大理

① “秦霍”本为对中国旅泰回民的称呼，西方人也用来指中国云南的某些回民团体，特别是那些经商集团。

石。由于缺乏维护,这条路如今只剩下一堆堆大理石的砾石了,完全混乱无序地堆在一起。这是由于茶马古道上的骡子的铁掌千百年来踩踏的结果,使大理石也被磨损得如同一层薄冰一般了。

洱海共有50多千米长,其周围的山峰上是耀眼的皑皑白雪,山脚下是耕田和坐落在高地上的村庄的田园风光。这样的风景一直延伸到封闭了该湖的美丽山峰。一切都形成了一种使人痴迷的画面。能够欣赏到由于其美景、宏伟程度以及从中表现出来的富裕印象,则是一种最美的享受。在这样一个地方,农业、商贸和产业均很繁荣,确实是大自然的最大恩赐。

来自思茅和准备赴云南中东部的茶商马队,向东必然要经过临安府,向北则必然要经过大理府。这种茶叶出自普洱地区,如易武和倚邦诸茶山。新鲜的茶树叶一般均被运往普洱,在那里被晒干,制成面包状或用竹叶包成桶状,其包裹的形状和大小各有不同。

这种普洱茶在整个云南省消费,甚至是排他性的消费。它并不是一种很专门的茶叶,却颇受北方人的钟爱。它也不是一种在云南和整个中国都受好评的茶叶,尽管它具有麝香香味。要将普洱茶运销国外,则显得价格太昂贵。事实上,普洱茶在本地很廉价(在云南全省,每公斤的零售价只有1个法郎)。那些小叶,特别是那些白毫(Pe-kao)都很少。这种茶叶并不是由加入花瓣(玫瑰花、茉莉花、橘花或其他花瓣)熏香,而中国的其他茶叶大多都是这样添加香味的。所以,普洱茶对于欧洲人的口味来说,则显得太清淡了。

普洱茶不仅在整个云南省都大量销售,而且还输出到四川、贵州、广州和北圻。思茅征收厘金(入市税)的茶叶于1901年飞涨到2.5万骡驮。这就是说,云南普洱茶交易总量可能会为这一数量的2—3倍。因为中国政府的横征暴敛,所以使得只有经由他们之手的少量商品才会登录在册。

由于法国人修建的滇越铁路,大大地方便了对这些地区的考察,从而使人更能理清那些被许多人故意掩饰的真相。首先是于茶马古道或骡帮道的改善及其不太贪婪的贸易功能,最后是由于官吏们的勒索变得越来越困难了,所以思茅地区从其贫穷状态中发展起来了。这种茶叶的外销,一定会为茶农提供比现在更丰厚的收入。普洱地区由此而变成了法国的棉纱、棉织品和制造业产品最重要的市场,而且法国人也清楚应该向他们提供什么样的产品。现在,思茅地区的居民以其出售茶叶的收入,而采购生活必需品,主要是棉纱和盐巴。

大理地区土地丰沃,气候温和,每年两熟,没有冬夏之分,春季也不会使农业耕作中断。自山峰一泻而下的小溪为人们希望获得的一切都提供了动力。今天是磨坊和舂米机,明天便是工业使用的发电机。至于贸易,由于大理是从四川到缅甸和从北圻到西藏道路的十字路口,所以,大理府在古代就曾经是一个世界性的大都市。当马可·波罗于13世纪经过大理时,那里基本上还算是一个繁华大都市。今天,从下关到上关之间的石灰岩山麓,却是一排排不间断的墓葬群,延绵40多公里。它们证明,在这个令人赞不绝口的平原上,曾有过高度稠密的人口生养休息。

一切迹象都促使人相信,大理有朝一日还会变成一座大都市。由于19世纪的特征就是越来越方便的海上交通,特别是航海手段那神奇般的突飞猛进,从而导致古代的陆路交通干线都远远地落伍了。但20世纪的铁路交通,也可能会恢复这种平衡,因为当时亚洲正处于翻天覆地的变化之中。由此可见,大理府必然会重新成为一个重要的战略、经济和政治要塞。法国人顺理成章地将其注意力转向这一方向,这一切甚至会触及法国在亚洲的命运。

法国人一行从下关出发,刚刚行走两个小时,便会到达大理。曾经人口稠密和繁荣昌盛的大理府的这些郊区村镇,现在均变成了一片片废墟和残垣断壁。甚至连大理城内也已经满目荒凉。只有那条主干街道仍然在开市期间显得很繁华热闹。许多完整的住宅区均已坍废或变成了耕田了。

法国人一行在大理作为巴黎外方传教会派驻那里的传教士葛神父(Jean-Marie Le Guicher,1871—1907年)的客人。葛神父自50年来始终在云南的这部分地区布道。他已有多年未见到其同胞们的来访了,很少有机会重操其母语。那里的基督徒人数并不多,只有100多人。但他那些新近接受归化的信徒们,都是经过精心挑选,接受数年的备修和考察之后,才会为他们举行洗礼的人。他不重视受归化者的数量,而只是关心确保成功的选择。中国人也尊重这一小批人,从不想在他们举行宗教仪式时打扰他们,也不会以任何方式粗暴地对待他们。葛神父仅仅依靠其每年500法郎的年金活动。他在需要建筑施工或其他劳务时,都要依靠其信徒们的义务劳动。他的向导和翻译是安邺(Francis Garnier,1839—1873年)。此人是法国西贡总督府的军官,奉命考察云南和四川地区。当时大理地区正处于回民战争期间,他从“苏莱曼苏丹”(Sultan Soliman,云南人对回民起义大首领杜文秀的称呼)处获得了经由该地区的特许。法国传教士的干预适得其时,使他在谈判解决这一棘手事件中,必须面对那位回民起义首领。葛神父记述了这些史诗般的事件。

当安邺一队人马经北门进入大理市时,苏莱曼苏丹已被其周围的人簇拥了起来。他们站立在钟鼓楼的上方,而钟鼓楼又横立在一条大街之上,街道于拱形门下穿过。苏莱曼苏丹于钟鼓楼上检阅队伍。那些法国官吏及其随从都骑马而过,头戴中国式的帽子。从上方望去,完全可以遮掩其真实面目。苏丹传令去让这些外国人摘掉其帽子,以看到他们的真面目。由于发生了许多误解,苏莱曼苏丹拒绝接见这批法国人。

只有葛神父一人,受到了苏莱曼苏丹独自面对其所有要员的召对,并且获得了法国考察团可以自由通行其辖地的特许证。在那位著名探险家安邺的强调下,苏丹还曾长时间地陪同他们。

葛神父还让这一行法国人参观了大理的那些历史遗址,提供了回民起义之前当地形势的许多具体情节。这些资料对于热尔韦·古特勒蒙的研究具有很大裨益。

大理于回民起义之前有五座大清真寺,其中的位于土湾桥附近的一座,已被完全摧毁。自 1873 年之后,在其他四座尚存清真寺中,也严禁穆斯林们举行宗教仪式。其中两座清真寺甚至被改造成了佛寺,一些奇形怪状和作鬼脸的塑像代替了清真寺那庄严的无装饰特征。另外两座比较典雅的清真寺,在大抢劫时被幸运地保存下来了。其中有的还带着 13 世纪的漂亮雪松木雕,还有些是 15、16 世纪雕刻的。法国人取走了几种样品,后入藏法国特罗卡德奥(Trocadéro)博物馆。这些清真寺建筑各部位的比例很谐和,宽大而又布局适宜,运用了高雅而又美不胜收的中国艺术。自回民起义之后,只有 16 个回族家庭被准许居住在该地区。他们的繁衍再加上自四川而来的移民,现在那里的回民家庭已经扩大到 100 多户了。他们也只能在某个回民家中聚会,进行祝祷。

法国人一行在大理停留了一个多月,作了充分的考察研究。他们经常登上过去由苏莱曼苏丹检阅队伍的大理钟鼓楼。杜文秀旧日的宫殿已成废墟,仙人掌植物已经蔓延到全部坍废的城墙。绿色仙人掌上的金黄色鲜花,使该地区增加了不少生命气息。

大理府主要由“民家族”或“名家族”人(Minchias)居住。虽然他们与彝族没有明显区别,却又是一个完全不同的居民集团。他们都是精明的农民,可以使耕地生产他们所需要的一切。可惜由于缺乏交通道路和运输手段，其农产品却使他们获益甚为微薄，其腐败的官府也无法保护当地居民及其财产的安全。大理府周围共有350多个乡镇。其中有些乡镇却由于其人口稠密（多达8000多人），而成为真正的城市。对于农业和牧业来说，这里极其有利的气候提供了得天独厚的条件。冬季的大理平原，也覆盖着茂密的农作物：土豆、小麦、大麦、燕麦、蚕虫和豌豆，其收成甚丰。但那里至少有五分之一的耕田被用于种植罂粟，其鸦片远销他方。夏季，在洱海畔数平方公里的地域，都种植水稻。此外还有土豆、玉米、菜豆和靛青。一年四季，那里都种植各种各样的蔬菜。

家禽、湖鱼和家猪，都是中国农村所必不可缺的肉食来源；重达1500斤的牛以及山羊和绵羊、葡萄和水果，都是他们积累资本的来源。但大理地区基本上还是很贫穷的。大理的人口约为35万。

法国人一行希望通过云南北部的藏区而进入湄公河上游（澜沧江）。恰恰是自从法国人博南（Charles Etudes Bonin，1865—1929年）于此地旅行之后，便提出了一个地理问题。因为博南首次指出，扬子江（金沙江）在丽江高原上转了一个大弯，被一座海拔5000米的高山阻隔，离开了其正常河道，将山峰抛在北部1°远的地方。但博南的这种说法却受到了伦敦地理学家们的严厉驳斥。

整个这一地区尚未有人考察过，甚至连最简单的考察也未曾有人作过。它是一片任何欧洲人都未曾踏入的处女地。法国人的这次考察是由巴黎外方传教会的葛神父帮助组织起来的。这位传教士给予了古特勒蒙等人可贵的帮助，使他们排除了中国官吏不愿意让他们进入这些地区的阻力。同时，法国驻昆明领事本来也不太支持这次考察，认为其前途有些恐怖。那些来自北圻与缅甸等温暖地区的法国人，想到要面对前所未见的冰天雪地时，也有些不寒而栗了。因为这一切都超过了他们的力量所能忍受的极限。再加上中国人的故意曲解，他们都认为这是无法克服的困难：神奇的吃人龙、噬人的虎豹、阴暗的森林、无桥的河流、陡峭的山峰、令人恐怖的峡谷。中国人这些怯懦者的想象，都会使人联想到，那里简直就是地狱。

法国人组织了一支小小的旅行队以继续前进。葛神父在离别时有些激动，于其传教区的小礼拜堂中为他们祝福。

从大理府到丽江府，并没有许多需要克服的困难。这条路沿一系列弯曲的山谷行进，它们山峦起伏，层次之间的差距很小。他们一直行进到第六日，又翻过一道巍峨的山岭，才会到达丽江平原。

离开大理府的第一程,便使他们到达了上关。对于洱海以及大理平原北部,上关居一种要塞地位,酷似下关对于其南部平原一样重要。但在这一侧,既没有贸易流通,也没有工业设施。由于大理平原变得越来越狭窄,那里有限的农业无法养活大量居民。上关已成了一个衰微破败的贫困镇子。由于其防御工事的坍塌,而使风景变得格外独特了。上关过去的防御工事很强大,现在已几乎不复存在了,遭到了遗弃。那里既没有兵营,也没有驻兵,只有仙人掌在蔓延疯长。废墟都覆盖着玫瑰色的欧石南。

法国人一行于次日穿过了一个带有设防工事的小城邓川州,再接着是沿人工踏出的堤岸小径前进的小湖玉水或玉湖(绿玉池)。小堤长 12 公里,将该平原一分为二,使其半数地区免遭洪灾。

他们接着便沿一条通向大平原的小径前进,直达浪穹平原。那里只比玉湖的海拔高数米。他们于其旅行的第三程穿越了浪穹平原,从而进入了一个叫作弥沙井的小村庄。该平原的土地是黏度极高的胶泥土,农民们用镐头开垦稻田。他们将大块黏土经风干或晒干之后,用来修筑城墙。他们还用树枝焚烧昆虫或以草木灰而肥田,酷似法国农民实施的"烧土肥田法",也酷似马达加斯加高原上农民耕田时的肥田方法。

弥沙井过去曾是吐蕃与南诏的分界处。中国人认为,越过那里之后,人们便会面对可怕的神龙与恶神,气候骤变,进入了雾凇地区,海拔 4500 米,常年积雪。

在这些火山岩地区,法国人一行发现,在山岩上为纪念军事胜利或政治事件,而雕刻了 19 方摩崖石刻。可惜最早的那些由吐蕃人和回民起义军制作的石刻,都被篡改成了对当朝皇帝赞扬以勒石纪功的石刻。在中国,从事考古研究是很困难的,因为那里的每次改朝换代,都会将亡朝先人的墓葬夷平。最近胜利者的傲慢,使人们失去了由这些石刻提供的非常有价值的历史资料。

法国人一行在第五程受到了剑川州知州的接见,知州盛情地招待了他们。知州似乎是被流放在那里的,流落在这个汉族人口只占很小比例的地方。这里由于距省府和文明发达中心较远,故而其民众的生活很艰苦。这个贫穷城市的主要工业品是细木工制品和木雕作品。附近的森林提供了丰富的雪松和冷杉木。那里还有成百上千的能工巧匠,尽管他们只掌握了非常初级的技巧。他们打制衣柜、橱柜和雕门,并且亲自人背肩扛地运送到大理府,那里有这些产品的大型常规市场。从云南藏区的森林中也运出许多棺木,在该地区很畅销,在剑川州有大量库存。

人们当时很难见到比剑川州更破烂不堪的城市了。在这个季节,那里的小湖中的猎物非常丰富。剑川府平原农田耕种得很精细,鸦片的种植没有浪穹那样多。因为浪穹是云南省生产鸦片的主要中心之一。

法国人一行的第五程到达了一个野鸡之地。他们行走的脚下不断有野鸡飞起。此外,那里还有野羊。

法国人一行的第六程,即最后一程,也是最艰巨的一程。他们离开了小村庄广昌,在一个老实巴交的农民家庭过夜,住在一个其墙壁裂缝中的臭虫不多的棚子中。为了到达丽江,他们还必须翻过一座海拔 2950 米的山峰。与从八莫到大理府的整条道路相比,则要轻松许多了。他们选择了一条捷径,以避开最高的山峰。

他们在登山时,遇到了许多摩梭族妇女。摩梭族人形成了丽江府的主体民族,就如同民家族是大理府的主体民族一样。这些摩梭族(纳西族)妇女,从石鼓带来新鲜甘蔗。她们在橡树林中行走,周围又都是核桃树。其植被说明,这里的气候既差别很大,又似乎很接近。在深谷石鼓中有热带植物,而在高山上却生长着法国的那些植物,在很短的距离内,丰富的自然产品种类却彼此不同。

在 3 月尚被积雪严密覆盖的雪线上,法国人一行从山上下到平原,并且来到一片叫作拉市海的小湖边。那里的风景优美得令人陶醉:北部是常年积雪的银白色山峰、丽江的山峦和石鼓的奇峰;其脚下是森林、平原和在阳光下闪烁的湖泊;其头顶上是碧蓝清亮的天空。山上只有一种每年一熟的作物——荞麦。这里的农业实施刀耕火种。但完全如同在法国一样,农民将土块翻起来,再堆成烟囱状,然后用堆在下面的干草焚烧土块,以为土地施肥。

他们一行翻过山岭而沿湖泊前进,便到达了美丽如画的丽江平原。平原上有许多自雪山流下的河水灌溉,那些具有分解石块能力的河水分流到了成千条灌渠中。这片海拔 2600 米的平原具有温和而又偏凉爽的气候,比云南海拔最低平原上的季节晚一个月。丽江城矗立在一个圆形山丘上,其城容略显寒酸、房屋破旧、街道铺石残损严重、田园中荆棘丛生,流经该城的一条小溪变成了垃圾堆积场。但城内完全由摩梭族人居住,他们属于西藏南部最文明开化的民族。

当忽必烈大军于 13 世纪末入侵丽江时,丽江尚为一个美丽的国都。

忽必烈自四川攀大山而进军那里，其两位将军率军分别夺取了打箭炉之路、理塘和巴塘，然后经阿墩子直下大理；另一路则向稍靠南部的会理州和永北厅进军。所以，忽必烈大军的进军路线，很可能就是这批法国人考察的同一条路线，只不过是反向而已。当时，来自打箭炉的吐蕃茶马商队仍然是走这条古道，古代来往于茶马古道的马帮可能会更多。进军到丽江的蒙古征服者，接受了摩梭国王的归附。重新复原摩梭王国的历史，将是一件很有意义的事。该王国在历史上忽而扩大，忽而缩小；忽而依靠吐蕃，忽而内附中原，其命运多舛。当时的丽江府，仅仅由三个家族（其中有两个还是新近迁入的）控制。该城的穆斯林区，过去曾相当辽阔，并拥有漂亮的住宅，现已被夷平。位于穆斯林区中心的清真寺，从其废墟来看，规模应该不算太大。因为在回民起义之前，那里也只有两千户穆斯林人家。

丽江城有一座漂亮的大理石拱门，带有雕刻图案，其柱子由神奇动物和鱼尾龙石支撑，属于一种宏伟艺术。该拱门孤立地矗立在丽江王宫的遗址上。它应被断代为8世纪，由唐代的丽江小王“木天王”所建。它曾是一座很豪华的古建筑，艺术性很强。工匠们很用心地完成了其建筑，各部位配合得协调，从而使人可以考量该地区雕刻艺术家们的精湛技艺的程度，以及建筑该王宫人员的文明程度。这种牌坊与近代那些孝道与贞节牌坊的粗糙艺术相去甚远。在云南就如同在整个中国一样，孝节牌坊数额巨大。

第二天，他们又发现，在城市大广场上，开辟了一个市场，对于拥挤的人群来说，它显得太狭窄了。市民们到那里去采购盐巴、五金用品和布帛等。附近的藏民也从他们的大山上带来了各种药材、植物根茎、虫草和蘑菇等。汉人高度重视这些产品，并且会高价采购。这可能更主要是受它们的奇特性、稀有性和难得性的吸引，而并不是受尚有待证实的其疗效的诱惑。无论如何，这些药材均为重要的经贸商品。大理府、云南省，甚至是广州的许多商人都前往丽江争相采购它们。

市场上有许多摩梭少女，头戴酷似汉族男女所戴的那种黑丝绸无边圆帽，帽顶上有一个红绒球。

经过丽江之后，法国人一行又进入了一片未知之地。知府派了两名兵勇陪同法国人，但兵勇们的唯一武器是烟枪。法国人只好再找一名精通藏语方言的汉人加入其队伍。他们为全体人员及牲畜准备了八天的给养，主要是大米和蚕豆。这一行人跋涉了一系列的高山和深谷之后，才到达了丽江府以北 1°的地方,那里便是扬子江的上游金沙江。他们由南至北地穿越了金沙江的大河套。当年法国博南也正是经由那里进行科考。金沙江的这处大拐弯长 75 千米,宽度仅为其长度的三分之一。法国人一行经过翻越高山和涉过大地峡之后,便到达了由金沙江形成的这个大地峡的北端奉科。

在当时行用的中国地图中,根本没有标注这个大河套。可能是在中国人绘制地图时,金沙江的河道形状尚与法国人到达时的形态不同。该河道当时可能出自大谷盆地;它也可能出自白水流域,而白水当时仅仅是由雪山供水源的一条小溪了。

从丽江到奉科,沿途植被很好。松树、杉树、橡树和桦树林,根据海拔高度而层次分明。在海拔 3500 米以下是松树林,3700—4000 米是乔木林,400 米以下便只有石灰岩和白色大理石了。丽江的伐木工在开发木材。他们前来寻找最漂亮的雪松树干,其直径一米有余,这是制作棺木的木料。由于其体积大,故而价格极高。过去,土著人以木排漂棺的方式,将木棺运往四川叙府和重庆。后来,人们放弃了这种传统做法。

该地区蕴藏丰富的各种矿藏:天然铜矿、含银的铅矿和黄金矿。在丽江之北约一日行程的地方,人们开采铜矿;在更远的地方,有纳西部族矿工开采铜矿;最后是在奉科,有些土著淘金人在水中淘金。那里的含金土层很厚,在枯水期可达 40 米厚。淘金人经常会收获巨大的天然金块;在奉科,一小块黄金便可以使人生活在某种程度的富裕之中。

该地区基本上荒无人烟。每行进 20—30 公里,人们才会遇到只有几间土著人茅屋破房的小村庄。那些伐掉树木的土地很肥沃,可以种植大麦、玉米、荞麦和线麻。他们于房子周围种植蔬菜、豌豆、蚕豆、菜豆、萝卜和白菜等。

森林为土著人提供了大量柴薪和建材。挖掘陷阱或用弓弩狩猎,又使这些土著人获得了大量猎物。他们从河中捞鱼,绵羊和山羊群又为他们提供了丰盛的肉食和过冬的皮衣。最后是养猪业,又增加了他们的食物来源。因此,他们的物质生活是有保证的。他们只要外销少许黄金和麝香,或者是几张兽皮,就可以买回日常生活必需的盐巴、铁器和服装。

这些山地民性格温和并十分好客,其眼睛有些蒙古褶、唇厚而鼻直。他们更应该属于印—欧人种的人。其男子的皮肤更应该是白色而不是黄色。其女子身强力壮,性格欢快。她们身穿粗麻纱和带有下垂小褶的裙子。其短衣是汉式的，其巨大的缠头帽子则是欧式的。她们不屑佩带任何首饰，仅装饰着雕镂粗糙的银质衿针和扣针、镶嵌绿松石的戒指、带有银器和珊瑚的珍珠项链、用大块白银制成的大耳环、带有沉重而又做工精细的指环。

这些藏族、摩梭族、傈僳族和潞子人的部落所使用的文字，非常奇怪。它们都是些表意文字，以在不同程度上是解析性的图像代表人与物，其中的行为是以手势举止所代表的。每个家庭都收藏有一本由家长记述重要事件、辉煌成就或流血事件、诞生和死亡等履历的家谱。这类书册均以坚实的和强纤维的纸张制成，装饰以蓝色、红色或绿色的彩色图案。

藏族人多为巫师或卜士，信仰巫术，极端迷信。为了驱除被认为是前来摄取死者灵魂的恶神，必须阻止再于部落中诱拐走另一个人的灵魂，于是便在连续两夜间尽情狂欢。他们发出粗犷的呼叫声、摇动火把、摹拟对不可见生灵的战斗，伴以刺耳的鼓声、单簧管声、哨声和铜锣声，一切都混杂在火爆的声音中。紧接着又是一场全面的狂欢，饮米酒直至酩酊大醉为止。

法国人一行在丽江府与奉科之间，一座具有相当规模的村镇鸣音停留了两天。该村镇当时正被不停降落的大雪封闭，法国人于是便利用这一机会杀猪宰羊和摆设盛宴。他们从鸣音村遥望到了西南丽江大山的巍巍山峰，它由一条大河从中穿流。他们居高临下地欣赏该平原的美景，其视野延伸得非常遥远。这些人于数星期间在覆盖着森林的大山中骑行。热尔韦—古特勒蒙在夫人的帮助下，忙于整理目测图板、罗盘和比色计的目测图。

许多藏族人经丽江到大理参加每年的四月会。有些藏族人来自打箭炉，已经跋涉 45—50 天，还必须再用 15 天才会到达大理。他们在那里出售其商品后，便重新登上返回家乡的道路，沿途一直生火煮茶并食用奶油拌糌粑。

此时，法国人一行便面临两种选择：继续向北考察阿墩子和巴塘的藏族人，或者是返回大理府去参加四月会。他们最后决定返回大理。每年都有来自最遥远地区的人来参加大理商品交易会，如缅甸人、北圻人、华南人，他们都带来自己的产品，以与西藏人、中原人和蒙古人交易。许多商队全年来来往往，似乎是于旅行中度生。当时，已经开通了海路贸易。新加坡、广州和上海的大商行，遏制了内地的大市场。这些大型交易会，仅仅是出于对多年传统的怀念，才得以组织起来。大理的集市也在回民起义后萎缩了。特别是经由他们之手的贵金属与麝香贸易受到了打压。经过打箭炉的四川之路，肯定是以损害云南利益为代价，而谋得了各自的实惠。

西藏人向大理运去了草药、羔羊皮、大黄、牛乌。但这一切与从阿墩子运来的商品相比较，则显得微不足道了，因为这后一些商品取道理塘、巴塘和打箭炉之路。虽然这条道路既漫长又艰险，但其有利条件正是通向了一个很活跃的市场。藏族人返回时，运回大批消费品，云南和法属安南—北圻可以为他们提供这一切。

那些土著人也从农村涌向大理，带去了他们的雕花家具、棉纺品、粗糙的五金制品或金属加工品（茶具、锅和香炉）和编织的氆氇。但主要还是粮食、蔬菜和水果，此外还有在开市两天期间需要吃的东西。

瓷器、首饰和玉器商人，携带那些半中国和半欧洲产的小商品的广东人，那些服装、鞋帽和皮革制品的商人，白色金属水烟筒、大烟枪和其他各种形式的烟具，都拥有独自的销售区域。

人们看到这一幅幅神奇的景象，便不禁会联想到，古代集市可能有多么壮观和形象生动啊！那里简直成了一座巴别塔（Babel，原指诺亚子孙们未建成的通天塔，后指用多种语言讲话的混乱场所），许多方言、地方土话等不同语言混杂在一起，异常喧嚣。他们很自然地以地区而分成集团，以便互相理解、互相支持和保护。法国人一行只好以穿中式服装的手段来掩饰自己的真面目。他们若穿西服，便会成为“引力”中心。法国人在市场中搜集到了大量商业信息，采购了许多商品，以备返回法国后组织一次展览。他们特别采购了皮货、药材和麝香等，对出口商品尤为感兴趣。他们搜集了一批不同来源的主要制造业产品样本，以为法国企业向云南销售其产品提供资料证据。

三、结　　语

茶马古道应该是有南北两道之别。其南道主要是通向东南亚和南亚次大陆，其北道除了通向缅甸之外，还有通往云、贵、桂、川、藏、粤和内地的功能。法国人对于南北两道的考察成果，价值很大。它们不但向国外揭开了茶马古道的神秘面纱，而且还为学术界的研究留下了宝贵资料。因为即使到了清末，对这些地区实地详细考察的资料，依然鲜见于世。我们今天研究茶马古道的历史，不仅要注重中文史料，而且还要充分利用以“他者”的目光进行观察的外文资料。

沙畹大师与法国汉学研究的新时代[①]

当我进入此地(法兰西学院)且主持该讲座时,不会不产生某种激动的心情。我无法忘记,我的父亲(指加斯东·马伯乐——译者),曾于这同一个大厅中施教很长时间。我也是在离这里很近的大厅中,在学术界过早失去的大师沙畹的主持下,开始学习汉学研究的。

那些有机缘聆听沙畹授课的所有学者中的任何人,都无法忘记对他的怀念。严谨的方法、清晰的阐述、举止的高雅,一直到其声音的平缓,所有这一切都如人所愿地结合在一起,以吸引那些接触其授课的人。任何对远东感兴趣的人,都似乎由此而获得了对他个人及其知识提出要求的权利。所有人都被以这种已成为其性格基础的善良本性接待过,其中有些人又过分地利用了他。但他却将其弟子中的这些人视为未来的学者,他也是为他们而毫不计较地、慷慨地奉献其精力及其时间。当他发现自己可以对他们有用时,便会强迫自己增加工作量。他为许多汉学家在法兰西学院和高等实验研究学院增加课程,而且这些课程本来就是专门为他们而设置的。

如果我希望深入研究沙畹的生平及其数目庞大的著作,那么我意欲勾勒的便是近25年来的法国汉学研究史。这不仅仅在法国,而且在外国也一样,因为沙畹那日益高涨的名望,使他在全世界的范围内,甚至直到中国本地,都变成了我们研究领域中的无可争议的大师。我于此至少必须确定其一生主线条的特征。

当大家估量沙畹的全部著作时,最使人感到震惊的,便是其丰富多彩性。语史学和考古学、艺术、文学、史学、中国的本土宗教和外来宗教、佛教、胡族藩部等,汉学的所有分支都曾由他作过研究,并且由其论文而推动

① 这是马伯乐于1921年1月24日在法兰西学院汉学讲座中的开课讲演稿,耿昇译。

了这些学科的发展。他于一个中国开始开放的时代到达中国,当时在那里的旅行已经变得比较容易了,获取中国书籍也变得很方便了,有关该国的知识也更为明确了,其附近国家的地理和考古知识也极其丰富了。沙畹随着科学本身的扩大,而得以扩展了其研究领域。一种新学问从来都不会使他抛弃旧学问。他的道路从不会拐弯,而只会扩大。他那神奇的工作能力,使他得以直面地并去完成其不断增加的任务,直到被他承担的重担压垮为止。

两部著作贯穿着沙畹的一生。他从其首次入华旅行起,便着手从事这两大著作了。他于其一生中,都在为此而工作,只是由于逝世才阻止了他最后完成这项工作。其一为译著——司马迁的《史记》,其二是他的考古学与碑铭学著作。

大家都知道《史记》是一部什么样的书。它是中国二十四部王朝史中的第一部和最重要的一部。正是二十四史形成了中国历史的官修架构。这就是自最遥远的起源时代起,直到汉代宫廷大星相学家司马谈及其子司马迁从事写作之间的该国史。司马迁同样也是宫中太史令,于公元前2—前1世纪左右修成了其史著。因此,为了翻译这部书,沙畹必须学习了解中国的全部古代文明。这项浩大的工程,当时并未竣工。仅仅这一项目,就足可以使人犒赏这个当时还只是一个刚刚开始其事业的年轻人的勇气。

沙畹决定处理这部著作的方式也算得出手不凡。首先,他敢于将人们把欧洲古代作家的考证手段,运用到一名中国作家身上。这完全是把考证方法运用到这种新内容,而且他还一举获得了成功。

沙畹希望以某种形式将整部著作拆散,研究它是怎样被组合而成的、作者曾占有过什么文献、采用什么样的考证原则以选择这些文献、最后他是怎样把它们收入其著作中、他利用了其中的什么文献等。沙畹后来又研究了这些文献本身,并从中探讨其真正的价值,并且在可能的情况下还探讨其真实性。他觉得,如同对待一名西方作家一样地对待一名中国作家,是一件很简单的事。但它又似乎并不那么简单,因为当沙畹首次勇敢地在汉学中运用一种考证方法时,汉学已经是一门老学问了。

沙畹的考证方法立即便把他导向一个巨大的难题面前。在《史记》的史料来源中,其中最重要的便是经书,特别是《书经》。此书是中国散文体文献中的最古老者,它为我们保留下了中国上古时代的王公和英雄人物们的文献与讲演。它并未以全文而留传给我们。在最早形成该书的100卷中，今天只残存50多卷了，其余者均在周代末年的动乱中佚失了。在残存的半数卷帙中，有些中国学者很早之前就提出质疑，认为其中又有半数为伪书，是于3世纪末被凭空杜撰的，以取代第二次遗失的那些真品卷。《书经》的欧洲译者们很少会考虑这种论点，特别是李雅各（Legge）于其巨部《李雅各英译七经》中坚决地排斥了这种观点，却又未作认真地论证。从哲学观点上来看，李雅各的态度是完全能站得住脚的。因为《书经》中的几卷“伪书”，在儒家哲学的近代发展中，其作用不亚于那几卷“真书”。但从历史学的观点上看来，情况却并不相同。甚至沙畹也趋向于深入研究这个问题，其成果载其《史记》译本首卷的卷首。他后来又详细地重新研究了中国学者们的著作，并且将他们的论据作为耙子，亲自重新对文献作了考证研究，最后他也发现近一半的篇幅被作为伪书而抛弃了。从今天的观点来看，至少是在其主线条上，沙畹的结论都被所有学者们接受了。难道他是没有特殊的勇气，而作为试验去发动对中国经书中最受尊敬的一部发动攻击了吗？

从一开始起，沙畹不仅仅在史学方面确立了一种新的研究方法。他希望从事中国考古学研究的心愿本身，就是一种新鲜事物。沙畹几乎是将中国艺术视为玉石或象牙的古董与瓷瓶之外其他学问的欧洲第一人。他是第一个联想到，完全如同在西方一样，对古文物和碑铭的研究，可以有益地补充对史学文献的研究，并为我们提供成千种被作家们忽略的信息。沙畹从他在中国第一次居住时期起，便搜集了一整套碑铭拓片。他后来发表了一部使他获得首次成功的著作《汉代石刻录》。

古代中国人在这方面与当代人略有不同。他们相信人有两种灵魂，也可能更应该是两组灵魂。它们在人活着的时候应结合在一起，在人死亡时便互相离开。从此之后，它们便具有了不同的命运。一种灵魂离开身体远行，并前往冥界；另一种灵魂很可能是最早的那一种，则安居于墓葬中，人们在汉代又承认它居住在祠堂中。

此外，古代中国人也如同近代中国人一样，坚信已亡先祖灵魂的幸福对其后裔的幸福有很大影响（正是这种后来获得发展的思想，才产生了近代“风水”的那些详细的时效性规则），这在很小程度上是因为，死者的满意或愤怒，可以直接影响其后裔；主要原因是因为每个无论生死的生灵，都拥有相当数量的幸福、运气，更具体地说是拥有一种被称为“福”的神秘力量。它可以吸引吉祥的影响并驱逐邪恶的影响。那些幸运的、富裕的和强大的人，便是那些拥有这一切很多的人；那些可怜的人，或者是穷人，都是拥有这一切很少的人。已故先祖们的幸福和幸运也是一种财富，其辐射影响可以保护家庭。这里是指根据需要而保存和加强家庭。

从所有这些思想中，又出现了对祠堂的一种专用方式。人们于祠堂中绘制吉祥的物品和牲畜、吉祥的星辰，以便加强死者的幸福。为了保护死者，人们又在那里供奉了羿的圣像，他是神话中的射手。据说，在古代，有十个太阳同时在天空升起，威胁着将大地和人类都烤焦。羿以其弓箭射下了九轮太阳。大家可以看到他站在那里正在拉开弓弩，准备发射其不可战胜的箭镞。他不是那种作恶的人，也不会被这一切吓倒。人们于祠堂中画上了那些强大的和感到害怕的神祇像的队伍：雷神、风神和黄河之神。人们于其中还供奉着神话皇帝伏羲和女娲像，以他们那蛇尾交织在一起的画像，此外还有黄帝的画像。人们又用各种内容的画像覆盖了祠堂墙壁，其中有些画面可能是供死者娱乐的：孔子生平的画面、历史画面、战争和狩猎画面、离奇任性的画面等。

这就是沙畹曾从事解释和评论的一批浅浮雕。他本人稍后又重新着手进行的一项非常重要的工作，即重返他于 1907 年在中国从事过考察的文献，也就是增加新文献并补充其考证。他于 1893 年首次以一种全新形式出版的著作，便是一部无法估量其价值的汉代雕刻集。

此外，他的考察使命使他搜集了一大批第一流的有关中国石刻未来发展的文献。云冈石窟和龙门山道，都为他提供了 5—6 世纪北魏时代碑刻那颇有意义的照片。这是为数众多的佛雕并配有题识，沙畹研究了佛陀供像，翻译了所有题识，发表在非常重要的一卷中。它形成了沙畹的《华北考古记》第一卷中的第二部分。它可能形成了沙畹的最后一部考古著作。唐代的墓葬为沙畹提供了许多光辉夺目的浅浮雕，它们都是中国已知的石刻中最漂亮的几件作品，特别是太宗皇帝的六骏，系 7 世纪中叶的作品。但沙畹在有暇将它们完整发表之前，死神袭击了他。他仅仅对这些资料提供了某些照片，却未配齐他专为它们所写的释文。但即使是在这种不完整的状态下，沙畹的这部著作现在仍为最好的中国石刻集，它可以使人最好地追述这种艺术的历史发展。

沙畹的考古学著作也并不仅仅到此为止。我们还应该讲一下他整理发表由斯坦因自西域携归的文献之事。

从古代起，也就是在中国尚被分成诸侯国，并由仅有一种名义上的关系将诸侯国与中央政权相联系起来的时代，中国北部地区的君主们，曾试图为对抗定期走出沙漠的抢劫者，而确保自身的安全，各诸侯国均为其领土修筑了一道道设有防御工事的长城。其后，当秦王朝的第一位皇帝将整个中华帝国统一到其手中时，又对这些工程进行了修复，将分散的各段长城连接了起来，对它们作了协调，从而形成了这条巨大的长城。万里长城从海边开始，今天仍覆盖着中国的北部边境。继此之后不久，当中华帝国向西开拓的时候，防御工事也经沙漠而向西部更远的地方延伸。正是中国大长城的这最后一部分，也就是最靠西部的那部分，斯坦因于1906—1908年间作了考察，自我确定的任务便是绘制其地图。他从那里携归了具有神奇数目的一批各种文献、木简、写本残卷与绘画，其中大部分均以汉文撰写。斯坦因将其解读任务委托给了沙畹。

斯坦因所搜集的东西，在汉学研究中是某种新鲜事物。由于我们过去仅仅通过官方文献才了解到了中国历史，所以这一切便具有了研究中国历史的某些有利条件。我们可以肯定，我们由此便可以更好地了解汉代与三国时代的文献、任命宫廷和各省官吏的时间，甚至比对安敦（Antonins）或塞维里安（Sévères）王朝的情况了解得更多。但我们也是通过文学的或官方的文献，才略知其民生的。我们没有掌握任何可与西方提供的浩繁的各种文献集，诸如碑刻或莎草纸古文献。斯坦因的发现部分地填补了这一空白。我们于其中可以看到设置在沙漠边缘上的中国小兵营中的全部日常生活。人们从中发现了军官与地方官吏在服役问题上的关系、他们为迟发的军饷或发送军需品而提出的要求、关于惩罚兵卒的简牍，甚至还有私人的书信。其中也有某些当地资料、方志书籍、驿使或商人的过所、所有那些为学习或消遣而阅读的这些书籍的片断。

整整的一个世界便生动而又活泼地出现于那里。对于一位汉学家来说，这是一种全新的观点；对于上古时代历史的史学家们来说，这是第一种罗马帝国行省的世界观，就如同在庞贝城的最早考古发掘所揭示的那样；或者是埃及小镇的生活观，正如那些莎草纸文献向我们揭示的那样。沙畹只有时间刊布了这批文献中的一部分，即他那部巨著《斯坦因在西域发现的汉文文书》。但他于其书卷首所写的导言，却指出了这次发现的重要意义，并总结了人们可以从中得出的具体资料。

从沙畹开始研究中华世界的那一天起，有一个研究项目便使他极其热衷：中国的文明是不是在远离西方世界的情况下发展起来的，是否从未受到过西方世界的影响呢？或者是恰恰相反，它们彼此之间有过经常性的联系吗？沙畹赞同其先驱者们的著作，特别是夏德(Hirth)的著作。但又以其自己的方法，设法去谋取更大的准确性。

沙畹有关《西突厥史料》的著作，说明了中世纪的中国与西域史上突厥时代的拜占庭帝国之间的关系。他最后的一篇与伯希和合作的文章，便是《摩尼教流传中国考》。它指出，远东与西方之间的联系更为密切。因为人们在中国发现了摩尼教第一部真正文献的汉译本。它主要是通过基督教神学家或穆斯林学士们的驳文，而为世人所知的。沙畹还有些关于汉代和魏代西域地区的著作，如他对于《魏略·西戎传》的译本，最后是他有关汉代在这些地区战斗的三位汉朝将军的研究。这一切都证明了中国于公元最初几个世纪，向伊朗和印度地区的开拓。他由此而为中亚史勾勒出了一个由考古发现所提供的资料所定位的那个大范畴。

正是有关中国与印度之间的关系，对于中国历史非常重要，所以它当然会最长时间地吸引沙畹的注意。从 1894 年起，沙畹又继承了法国 19 世纪的汉学家们的传统，如曾经翻译过法显著作的雷慕沙、曾经翻译过玄奘著作的儒莲。他本人又翻译了中国三大西行求法取经人中的最后一位——义净的游记。他于此之后又在一系列的文章中，翻译了一批有关印度和中国僧人的传记，因为他们也曾从事过极其遥远而又危险的旅行。

如此一来，沙畹便在很大程度上推动破除所谓处于隔绝状态中的中国文明的传说。

但在沙畹的所有这些著作中，都从未忘记，法国高等师范大学的最早学业，将他导向了哲学研究。如果说他没有发表过有关中国哲学的重要著作，那么他却至少将其数年的课程用于讲授孔子及其弟子们。此外，他也曾满怀激情地致力于宗教史和社会学史的研究。

众所周知，中国的宗教史是何等的复杂啊！在中国古代的古老宗教中，又加入了一种外来新宗教——佛教。佛教自印度传入中国，从某些观点上来看，它扮演了一种类似基督宗教在罗马世界那样的角色。但当希腊—罗马的异教，在大获全胜的基督教的打击下逐渐消逝时，中国的古老宗教相反却未消亡。官方宗教，也就是在辛亥革命之前，以中华帝国为主保教长，并由官吏们完成仪轨的宗教，现在却仅剩下一种空洞的礼仪了。官方宗教曾试图通过道教来对抗佛教，道教也自然创建了以官方宗教为榜样的一种哲学和一种神话，却未获得成功。但民间宗教不仅仅沿存下来了，而且还取得了胜利。如果中国民间宗教接受了佛教和道教的诸多因素，那也仅仅是在对它们进行彻底改造后，并且即使不是在它们的思想中，那至少也是在其形式中完全与它们相同化了。中国民间宗教主要是上古时代的一种古老宗教。我们还应该补充说明，在此期间，许多外来宗教，各个宗派的基督宗教、摩尼教、伊斯兰教、犹太教都传入了中国，并且在它们消失之前，也都曾有过其鼎盛时期。

所有这些宗教形态都由沙畹作过研究，但他也并非是对所有这些宗教都作过同等规模的研究。1900年，他在东方学家代表大会上，宣读了有关中国最早的宗教崇拜形式之一的一篇非常有意义的论文。这就是对土地神（社神）的崇拜。这篇论文后来又由他重新作了研究并扩大了篇幅，最终成为他的权威著作之一。

中国的古代社会，即周代的社会，是一种封建社会。沙畹是指出应该将王公与其封地采邑相联系起来、诸侯与宗主联系起来的第一人。但这一切并不是像西方的中世纪那样，纯粹为一种世俗性的联系，而且也是一种宗教联系。每片采邑都拥有一尊特殊的神，也就是土地神或社神，它监视整个这片领土。但其权力不会超越界限，唯有王公才有权对它进行祭祀。完全如同附属王公都处于宗主王公的统治之下一样，附属土地神也必须服从宗主国的土地神（社神）。这样一来，除了宗主和附庸王公的人员等级之外，还存在着一种同样也应分为宗主和附庸的土地神的神祇等级。这就是为什么，当中国的一个王朝被推翻时，新王朝便会改变土地神（社神），驱逐旧土地神而确立它自己的土地神。人们为此而以在其祭坛上部再建一层脊，以中断它与天之联系的办法，而杀死原有的土地神。这也是为什么在设立一片采邑封地时，宗主都要赏赐其附庸一块泥土，取自他自己的土地神的祭坛上。

沙畹由此而详细地研究了这种宗教崇拜，指出了它在古代封建中国的重要意义。那里在祭祖活动期间，在某种意义上也是这样做的。这就是对中国古代社会投下了一片新的光明，并且也由此而证明了它那具有深刻宗教性的特征。人们直到当时为止，都更乐于赋予它一种纯粹是唯理主义和不可知论的特征。据我认为，《对土地神（社神）的崇拜》以其第二种形式，成了至今所发表的有关古代中国宗教的最优秀论文之一，这既是由于其文献的可靠性和广泛性，同时也是由于其结论的坚实性。我强调这一点，那是我也曾得以就地研究过近代中国的某些“胡族”社会，从而为我提供了对沙畹思想的一种明显证实。我同时也向我自己指出,在属于中国古代宗教类型中的一种宗教中,祭祀土地神具有极其重要的意义。

此外,中国的当代宗教和外来宗教,即佛教、道教、摩尼教都启发沙畹撰写了许多精彩的论文,而我却无法一一列举。但我还需要提及他研究道教科仪的一篇长文《投龙简》,它成了沙畹的最后著作之一,仅于其死后才发表。

在本篇阐述沙畹的学术著作的短文中,大家一定都会惊奇地发现,我曾多次指出他是第一个撰写某某论文的人。这是由于他确实是为本学科开辟新路最多的人之一。他的汉学观本身,今天已经显得很自然了;但于其时代,这都是某种全新的内容。

直到沙畹为止,中国与外国的关系,使汉学研究界分成了两大类具有完全不同特点的人。一批人生活在巴黎,并在那里将其全部时间都投入了研究,他们通过汉文和欧文书籍,而掌握了人们可以获悉的有关中国的一切,但他们也仅仅是如此而已。其他人则生活在中国,掌握了有关该国家及其语言、居民、风俗、思想意识、生活和思维方式的一种深邃的真实知识。但他们的日常工作却为他们只留下很少的闲暇来组建大型图书馆,或者是将其全神贯注的研究推向深入。

沙畹是第一个善于并得以将上述两类人的能力和有利条件集于一身的人。由于他多次赴华旅行,从而通过这种无可取代的直接经验,而补充其科学知识。

这是由于汉学研究在某些观点上,确实具有一种非常新奇的特征。当我们研究中国古代史的事实时,我们掌握着与古典古代史学家们同样的文献种类。但是,为了使我们形成有关这个时代人员的思想和情感的想法,我们也只能稍微不及他们那样被迫地进行猜测。在司马迁的一名同代人与其现今后裔之间的距离,要比在我们与波利比奥斯(Polybe)之间的距离稍短一些。当然,一个当代中国人不会与他那已有2000年的先祖想同样的事,不过他同样也在苦思冥想。此外,风俗习惯很少会改变,以至于每时每刻,一种古代风俗的特征都可以通过现在的风俗来解释。

这一切并不是由于中国没有发展,正如人们经常讲的那样,而是由于它发展得比欧洲更有规律。在西方,自从上古时代以来,我们就经历了多次革命。最重要的一次革命是随着基督教的出现而爆发的,随着罗马帝国的崩溃而告结束。当这次革命已经完成,如果过去的一切都未消逝,那么至少是西方世界完全改变了社会价值之间的关系,它的所有理想,在宗教、道教、艺术和政治方面都改变了。在中国,本来可能会诱发一次革命的事情,并由秦始皇在封建制度崩溃的基础上,组成了一个统一的和中央集权的帝国,甚至导致了佛教的传入。中西方彼此之间也太远了,以至于使其成果传播得也不完整。它们所产生于其中的中国的秩序,很有利于这一切。因为那里迫使所有民众,都接受的一种政治变化,很快就失去了其新颖特征,这比相继在每个人思想中产生的宗教的改变要快得多。当后者出现时,前者的作用已经被同化了。此外,佛教在中国从未能取得基督教在欧洲所取得的那种完全成功。佛教并未使中国的古老宗教消逝,它们甚至与佛教并存,而且一直持续到我们今天。沙畹由此而得出结论认为,中国从未有过诸如欧洲所经历过的那种彻底革命,其发展的产生只是少了某些障碍和多了某些规律性。

大家理解这种事态对于欧洲学者的意义。比较方法直接地传给我们,我们并不需要到遥远地区和不同文明中,去寻找所需要的例证。我们应该不是停滞的,而仅仅是取得了进展的国家本身中,去寻找这样的例证。

这就是沙畹令人钦佩地看到,而且也善于经常付诸实践的一切。这也是他不仅对法国汉学,而且对外国汉学实施影响的原因之一。但这其中的主要原因应在于其性格本身,在于作为其一生为人准则完全忠于科学的精神。

(译自1922年号的《通报》)

卓越的法国东方学家伯希和[①]

我要在一篇保持平衡的概述中，追述伯希和一生的学术活动，公正地评价他在已移交给我的那个科研领域（远东，包括中国中原、西藏、印度支那）中的著作，那该是多难啊！该领域中始终都排除了所有的突厥—蒙古研究，但我认为应将吾师有关前伊斯兰时代的西域（人们一般都称之为Sérinde，）那古老的印—欧文化的著作，也归于该领域。我为此而理应掌握无愧于这位大版本目录学家的一份著作目录。我无暇去编制这份目录。对于他有关佛教的著作，我又利用了由玛塞尔·拉露（Marcelle Lalou）小姐编制的精辟解析书目，但令人遗憾的是她只编到1933年为止。我们的年轻同事之一李嘉乐（Alexis Rygaloff）在数年前，就已经着手编制伯希和著作的完整书目和一份索引，但他未完成其工作便出发赴华了。我认为有必要发表我今天只想引证其中的最重要者，但我也无法坚信自己能成功地这样做，因为他的著作涉及面既广泛，内容又杂乱，其中的宝贵发现往往都隐蔽在那些最出乎意料的地方。伯希和始终都受附于其身的史语学研究魔鬼的驱使，也受他的一种超群记忆力要求的促使，慷慨地向我们奉献其学识，就如同一堆未经雕琢的宝石。他经常指责他要作书评的那些著作缺少索引，而他本人却只对自己的两部著作编制了索引（我的统计也可能有误）：一部是他有关汉文摩尼教经文的论文，与沙畹合作撰写；另一篇是他有关海神号船（Amphitrite，安菲特利特号）航首航中国的论文之再版本，这是他摘自《学者通报》，以便单独于1930年重新发表的论文。其高深而又严谨的学术水平，表现了他那很成熟的判断力，使我们对他产生了一种盲目的信任，同样也使他停留在综合研究的道路上。他可能会具有许多便利条件

① ［法］戴密微著，耿昇译。

地从事这项工作。我们今天置身于这个大厅中的人都认识伯希和先生，本大厅中至今仍回荡着那个无可比拟的即席讲演者高谈阔论的声音，他善于活跃我们的讲堂，非常清楚而又高雅地得出我们争论问题的全面结论。我们对他的了解还是通过以下著作而实现的：他已经发表了的那些报告的结论、他为各家百科全书或集体编写的教科书投寄的稿件，或者是他在有关海路开通之前写的《西域与远东的基督教》等论著中所作的非常新颖的综合介绍、或者是一本非常杰出的小册子《高地亚洲》，这是一部通俗而又不盲从庸俗的著作之典范，于 1931 年利用雪铁龙（Citroên）远征西域的机会而出版。

我要利用这一机会而指出：我们不仅要感谢伯希和奉献给我们的这些罕见的普及性著作。正如歌德（Goethe）的主张，只有在受现实所迫的情况下才写作一般。我们也可以针对伯希和的全部著作而说，它们均诞生于偶然的背景下。机会往往会造成一本著作的问世。但进一步推而广之，我们从伯希和的整个学术生涯中，区别出了主宰其几个相继时期方向的偶发行为。我正是基于这种观察，才试图以在不同程度上是相似的方式，而勾勒出伯希和的生涯及其作品的基本趋势。

伯希和于 1899 年开始了其学术生涯，年方 21 岁。因为他是 1878 年 5 月 28 日诞生在巴黎的，曾于斯塔尼斯拉斯中学（Gollège Stanislas）学习。他获得文学学士学位，毕业于东方语言学院和政治学学院。1899 年 8 月 15 日，他被选拔为印度支那古迹调查会的寄宿公费生，该会于 1900 年更名为法兰西远东学院。伯希和始终深深地爱慕着这个机构，他于 25 年之后声称，他的一切都应归功于该学院的培育。伯希和于本世纪之初，也就是 1900 年 1 月间，在西贡下船登陆。他的第一项活动就颇具特色，那就是前往顺化，以在那里研究保存在安南皇宫图书馆中的中文和安南文书籍，那里已经激起了他对书籍的好奇心，这始终是他终生的主要情趣所在。1900 年 2 月 15 日，伯希和获许赴华考察，以在那里采购一批书籍和文物，后来形成了法兰西远东学院图书馆和博物馆的核心收藏。他在北京正巧逢上了义和团事件的激烈战斗高潮期。他最初的获得物均于 6 月 13 日在古都爆发起义之夜，被焚于法国公使馆的翻译生家中。我们知道他曾以什么样的年轻人的激情，而参与了这些事件，他的汉语语言知识使他得以与指挥围攻领事馆军队的将军建立了接触。伯希和于 1901 年 1 月间返回西贡，于 2 月初再度出发赴北京并于 6 月间返回河内，这一次带回了很漂亮的一套青铜器、釉器或珐琅器和绘画,特别是有一大批汉文、藏文和蒙文的珍本书籍。这批书籍可能于1904年踏上了被运往巴黎国家图书馆的漫漫旅程,而那些绘画却被运往卢浮宫博物馆。在这批书籍中,不乏有可被列入某些极其稀见的古籍一类者,诸如类书《图书集成》的初版本,还有一套《道藏》(不完整),所有这二者在欧洲都是绝无仅有的;此外还有18世纪红字版本(朱砂版)的藏文《甘珠尔》(Kanjur)和《丹珠尔》(Tanjur)各一整套,以及一套蒙文《甘珠尔》。伯希和经过在法国的数月度假之后,便于1902年2月第三次出发赴华,以从事学术考察。他在那里也搜集到了一批常用汉文书籍,而且数量特别庞大,近24000册。其后,伯希和于1903年返回安南顺化,在那里让人抄写安南文书籍。法国以这些最早的稿本为中心,后来在马伯乐(Henri Maspero)和加斯帕多纳(Caspardone)努力下,逐渐地形成了一大套藏书,从而使现今的法兰西远东学院图书馆成了有关安南历史的一座大型博物馆。伯希和从他在顺化图书馆的这几年学习中,可能是于1904年与高乃田(Cardière)神父合作,撰写了《对有关安南历史的安南文史料的初步研究》。大家都知道,伯希和并非是在印度支那表现出了其图书馆大供应者的角色。如果说巴黎国家图书馆的汉文特藏是欧洲无可媲美的藏书,那么我们也应将此归功于他。他本人刊布了其两种汉文书籍特藏的目录。这是他于其西域探险之后,于1909年在北京搜集的书籍。第一套特藏是他以自己所掌握的一笔信贷而采购的;第二批的数量虽然很大,却是用他自己的资金而获得的。虽然国家图书馆稍后又退还了他,不过我却无法重提他在当时当地是怎样抵消这笔开支的。伯希和以其中国文人式的记忆力,在预算问题上是不可战胜的,难道他在打牌问题上也是不可战胜的吗?我完全不知道。无论如何,正是在北京的客厅和酒吧间,他通过赌博而赢得了为国家图书馆供应汉文书籍的经费。

我们再回头来讲印度支那。伯希和于1904年7月9日离开河内返法,只能等到1908年才重返那里,而且是经由新疆迂回地到达那里。此地于其生平的前半部分中扮演了一种突出的角色。他于1902年在《法兰西远东学院学报》中开始发表著作,这就是周达观的《真腊风土记》的法文译注本。周达观是一名文人,曾于13世纪末陪同大汗的一位使节赴真腊(柬埔寨)。众所周知,考古学、历史学、民族学都从此著中受益匪浅。伯希和后来又编订了一个新版本,我们于其抽屉中找到了此著的手稿。他于1902年写道:"我很希望,有关印度支那这些没有编年史的地区的所有汉文文献,有朝一日都能被系统地辑录、翻译和注释。”他在印度支那居住期间,始终执着于这项工作。他有关“扶南”[此名相当于柬埔寨文 Bnam,意为“山”,今作 Phnom,即金边它,在汉文文献中系指直到公元 6 世纪都占据着今柬埔寨和交趾支那(Cochinchine)的王国]、有关奔陀浪州(Pânduranga,占人现今的避难地。位于安南南部的藩朗)的札记,特别是他 1904 年发表的《交广印度两道考》,完全体现了他在历史和地理史研究中所取得的重大进步。这些领域直到当时尚无人探讨过,不仅仅在印度支那,而且在整个东南亚都未曾有人涉猎。两道!最早是有四道,一道是经陆路从中国赴印度,一道经海路,两道都经印度支那内部。所有四道都只在汉文文献中占据几行文字,它们均出自汉文文献。伯希和的注释占据了大开本的《法兰西远东学院学报》近 300 页的篇幅。这是一个充满激情的青年人,具有一股汹涌澎湃的激情。没有任何因素能够阻止他,或者更应该说是任何事情都不能阻止他:中国的古名以及暹罗、锡兰、印尼和马来亚文的原文。此外还有康泰、玄奘、义净、马可·波罗等人的游记,所有这些探险家的命运始终都吸引着伯希和。因为这些人也如同他一样,都敢于深入未知地区,喜欢探究需要揭示的谜!我们看一下沙畹在对这部充满激情的和权威性论文的书评中,是怎样表述的吧:“人们都会钦佩伯希和,他对于一大堆确实是令人望而生畏的文献运用自如,深邃的学问使他对于有关中国、印度支那、印度的地理和历史的所有出版物均了如指掌。此外,还有他确定的主宰番字汉译之对音法则的严谨态度、他在引证史料时始终要指出它们的时代及其使用的版本之准确性、他处理那些往往是几乎无法解决问题之论证的高度清晰性;他在最困难的情况下,都能启发自己产生最有可能的解决方法,所作出的判断之正确性。”这难道不是我们刚刚失去的伯希和的形象吗?难道不是从来就没有任何一位学者的气质,是从 26 岁起,就以这样一种坚定性而形成的吗?岁月也可能不会改变这种特征。

从这一时代起,伯希和对印度支那之外地区的未来甚为偏爱,而且这已经预先有所显示了。他后来仅因《有关印度文化的印度支那的几种汉文文献》一文,而将其注意力再次返回印度支那。此文于 1925 年,为纪念他所酷爱的法兰西远东学院而发表。从此时起,他就已经关心中国藩部名称或名词的汉文对音问题(如他于 1901 年和 1902 年有关用“盂兰盆”来对音 Ollambana 一词),这是普拉克利特语(Prakrit)中指一种佛教仪轨的名称,于此期间要祭供饿鬼(Preta)。他始终都是从这一角度触及中国语言问题。他以自己那语言学家的方式,在语言—语音学领域中作出了一种第一流的贡献。他那始终都很具体的观察,是以比较方法为基础的。在马伯乐和高本汉(Karlgren)之前,伯希和是这种比较方法的先驱。这种方法涉及了对音或语言学的方言种类和直接数据,从而导致他提出了比专家们的系统复原能证实的更多问题的假设。大家可以找到有关的许多例证,如从他1914年的论文《〈弥烂陀王问经〉汉译本中的专用名词》、1915年的论文《藏文名词中的几个汉文对音》等。这些对音主要取自镌刻于拉萨的822年的双语碑《唐蕃会盟碑》的碑文,它是亚洲最重要的碑铭文献之一。此外,还有伯希和的《与香巴拉有关的几个汉文对音词的问题》。但是,这主要是通过它们在历史学方面的运用来研究。对于汉语古音韵的研究,才使伯希和受益颇多。他自己确定的严谨方法,使他掌握了解释人名、地名或辞源方面多种不解之谜的钥匙。这种方法导致他于1903年着手从事中国祆教和摩尼教的研究。他在有关萨宝的札记中便如此,萨宝是唐代负责管理祆教徒的专门机构(萨宝府);又如他有关"摩尼"、《化胡经》和喀喇巴勒哈逊碑研究的论文一概如此。1908年,他在敦煌发现了一部汉文摩尼教经文残卷,它是人们直到当时所发现的那名伊朗改革家摩尼的文字遗产中,最长或者是最有意义的残卷。伯氏于1911年与沙畹联袂,撰写了针对波斯残经的一篇很深入的、以大量有关中国摩尼教之命运的历史资料相充实的诠释文。他后来还曾经回头论述过中国摩尼教问题,如他于1914年在针对由诺(Nau)修士所犯的一种纰漏的问题上,于1923年为指出福建省直到7世纪仍存在着摩尼教的残余时,都再次论述了中国摩尼教。他于1925年又指出,在收藏于大英博物馆的敦煌写本中,存在着两种摩尼教文献。其一补充了那部汉文经文并提供了一个时间——731年;另一种则是翻译或者是部分对音成汉文的摩尼教赞美诗,刚不久由在伦敦的一个中国人译成了英文,此人已经错失伯希和的帮助了。接下来,轮到我们来估量伯希和的去世在我们的各个学科中造成的空白了,他是个主宰过一切领域的人。

佛教和道教始终被伯希和从它们的共同关系着眼来思考,这就揭示了它们在中国文明整体中的演变与作用之背景下的本质,马伯乐的著作也是朝着同一方向发展的。他经过1903年对有关药师佛(Bhaishajyauru)所有资料的辑录后,又追述了老子《化胡经》的历史。这是道教为了与佛教作对并欲吞并它,而编造出来的滑稽故事之一。伯希和从敦煌携归了《化胡经》的一种残卷。1906 年,在沙畹有关《魏略·西戎传》笺注文的长篇书评中,伯氏专攻中国佛教的起源问题。他指出了该宗教是怎样从一开始传入中国就密切地与道教纠缠在一起了,道教为佛教开辟了道路。伯希和正是在这一时代翻译了《牟子理惑论》,这是中国南方的一名已受佛教皈依、并于公元 200 年左右隐居交州的道教徒的一部护教性小册子。伯希和于 1905 年写道:"我完成了牟子一部著作的译本,但其注释尚未结束,我也不知道自己的著作什么时候才能公之于世。"事实上,他共用了 15 年,其《牟子理惑论》的研究论文于 1920 年才问世。如果我没有弄错的话,那么它就是与周达观的《真腊风土记》的译本一并发表的。这是伯希和发表的唯一一本完整著作的译本,但其中应该包括多少精彩绝伦的注释啊!它是佛教史和道道史上的一座丰碑宝藏。伯希和很习惯于这种延缓发表的谨慎做法。在由一名德国学者对《蒙古秘史》原蒙文本的复原问题上,伯希和在 30 年间从未停止过对此书的研究。他发现这位蒙古学家"很快就完成了大作,带有快速工作的弊病"。我们学会(法国亚细亚学会)主席的逝世,又该是对科学事业的多大打击啊!我们当然都会感到这种拖拉的弊病,尽管伯希和从未曾舍弃过这种方法。但若没有这样一种妥协性,那我们又怎么会拥有如此多的无可指责的学术精品之楷模呢?

我只能顺便提及伯希和其他那些宗教史著作,他对于形成了中国佛教文献最珍贵的部分之一——疑伪经的研究、他那内容既新鲜又丰富的论文《论〈道德经〉的一种梵文译本》、他有关《四天子理论》的论文(这是起源于印度的一种理论,后来具有了泛亚洲性,通过整个旧大陆而延续下来了)、他对于中国佛教的专业术语诸谜之一的"波旬"应为梵文 pâpiyân(杀者,恶物,恶中恶)之对音的考证;他对中国佛教中最权威的人物之一祖师普提达摩而作的精辟论述的几页主要文字,确实值得彻底理解。大家可以在其一篇叫作《六朝与唐代几位艺术家札记》中找到这些内容。最后是伯希和有关远东景教徒的著作,其中的主要内容却始终待刊,存作稿本。中国伊斯兰教也是伯希和所熟悉的学科。

伯希和于 1904 年 7 月 9 日离开印度支那而返归法国。在次年年初,正当他准备重返河内时,却接受了一项赴西域从事科学探险考察的使命。伯希和于 1906 年 6 月 15 日离开巴黎,并于同年 8 月到达中国新疆的喀什,于 1907 年 1—9 月间在库车滞留,于 1908 年 2—5 月间在敦煌探宝。他于同年 10 月到达北京,于 12 月 12 日到达河内。伯希和于交州一直停留到1909年5月,然后再次经过北京,停留4个月后,终于1909年10月24日重返巴黎。

大家不要期待我对这次西域探险的成果作一番阐述了。你们所有人都在不同程度上熟悉这一切了,它触及了极其广泛的领域。正如人们对一位经过如此特殊武装的语言学家所能预料到的那样,其最丰富的收获是在文献方面。他从位于喀什和库车之间中途路上的图木舒克携归的雕塑残片和彩俑、在敦煌搜集到的并于1920—1924年间刊布的古文献,足以使这位博学的旅行家的辛苦奔波赢得回报。一系列成绩卓著的考证,阐明了中国古代与地中海社会,或者是与近东的关系。他成功地解释了中国和古代西方双方之间互相称呼的名称:一方是西方世界用Sinoe来指中国,用"塞里斯"(Sêrès,出自"丝"ser,这是用以指"丝"的一个中文词的古老形式),用Tobgatch(桃花石)来指拓跋氏;另一方面是中国用"拂菻"来指"罗马",用"犁靬"来指亚历山大城(Alexandrie),用"安都"来指安条克(Antioche),用"复"来指般比凯[Bambykê,也就是幼发拉底河上的赫埃罗波利斯(Hiéropo lis)],用"驩潜"来指花剌子模(Khwârism)。还有其他许多地名未作专题考释,但却在这片茂盛的森林的树丛中鲜花盛开。

伯希和最早有关中国宗教的研究,同样也应上溯到其青年时代,特别是他有关外来夷教的教义,或者是有关邪教教派的研究,更为如此。它们都以其普遍性而吸引了这位比较文化的专家、这位由于它们的秘密性才从事了大量发掘的人物。1903年和1904年,伯希和搜罗了汉文文献的旮旮旯旯,从中辑录了已经保存下来的有关中国白莲宗和白云宗的所有资料。在伯希和之前,中国新疆的遗址均被其他捷足先登的外国考古学家们考察过。但他在库车发掘出土的西域文字的写本,再加上从敦煌搜集到的一批漂亮的多种语言的写本,在西方和远东学术界产生了轰动一时的反响。

伯希和在库发发掘到了用该地区的印欧古方言写成的文书。他在敦煌同样也搜集到同类的其他样品。它们均由烈维和梅耶作了解读和诠释,但尚未使语言学家们完全尽兴地结束其关注。你们都知道,在敦煌,实际上是发现了堆在一个龛中的一座中世纪图书馆,它于11世纪初叶,连同一大批其他物品,特别是绘画(伯希和带回了五箱),而被堆进洞内封存起来了。藏经洞内收藏的文书一方面是由用梵文、龟兹文、粟特文、东伊朗文、回鹘突厥文和藏文写成的卷子,另一方面则由汉文写本和刊本组成,它们均早于公元1000年左右。

第一类文献彻底更新了我们有关西域古老语言、西域和西藏历史的知识。我无法提及曾研究过这些问题的所有专家的名字,他们仍在继续利用这些作品。伯希和本人也不失时机地积极地参与了他们的工作。早在1913年,他便借助于梵文原本和汉译本而译注了《东伊朗语文本〈金光明经〉的一种残卷》。此外,他还与高狄奥(Gauthiot)合作,诠释了一部自汉文译成粟特文的佛教伪经《因缘经》。他关于7世纪时在罗布淖尔地区建立的一个粟特人聚落,以及有关吐火罗语的两大论文,均可以与这些研究联系起来。他于其中以一种举世无双的精巧技艺和清醒的意识,阐明了东方语言学中最为错综复杂的问题之一。

我留给德尼先生去论述回鹘文献吧!我自己却要向你们讲述藏文文献,那里共有近500公斤的写本。可以上溯到西藏文明的最初几个世纪。我特别想讲一下敦煌汉文文献,它们形成了藏经洞中的绝大部分。从汉学的观点来看,其重要意义至少可以与我刚才提到的那些文献对于印—欧语言学研究的意义并驾齐驱。伯希和本人也认为,如果说它们的重见天日形成了"远东历史上从未曾有过记录的一次汉文写本的神奇发现",那也没有任何夸张。此外,这并非是一种真正意义上的发现,该龛从本世纪初叶便由敦煌的一名道士出于偶然原因而打开了。在伯希和之前数月,斯坦因便在一名中国文人的帮助下,挑选了数量可观的一批写本,并将此携归大英博物馆。正如那名英国探险家明确承认的那样,伯希和与他相比之下,则更具有"以汉学家的身份在大批汉文写本中翻阅,并以这种身份萃选的优势"。我们只要浏览一下伯希和于1908年3月26日从敦煌致色纳尔的那封具有纪念意义的书信,对这一切便会一目了然了。当他于河内作最后一次逗留时,他将此信发表于1909年的《法兰西远东学院学报》中,其标题为《在甘肃发现的一个中世纪图书馆》,我们从中可以估量他的这种优势所占的分量了。伯希和当场编制的那份目录,是我们所拥有的对于敦煌写本所作的最佳概述。在伯希和从那里携归巴黎的24箱文物中,他又亲自编制了一份简目,由他的一名中国学生誊写抄正之后,于1932年在北京用汉译文发表。这些写本中有许多已于近几年间在中国或日本发表,或用影印件,或以刊印解读本印刷。在本次大战之前不久,国立北平图书馆的一名优秀的中国学者王重民先生编制了巴黎国家图书馆藏伯希和敦煌汉写本的一份详细目录,它可能会于巴黎国家图书馆的刊物中发表。此外,王重民还抄写或拍摄了其中的一大批写本。他自1940年起又在华盛顿国会图书馆工作,最近曾致信于我,他正与哈佛大学商谈,以在美国出版这些珍贵文献。

至于藏文写本,拉露(Marcelle Lalou)小姐已开始刊布其解析目录,而且她也与马伯乐、哈干(J.Hackin)和巴科(J.Bacot)先生一道,于多种论文中运用了其中的资料。伯希和本人曾致力于研究有关古代吐蕃的汉文史料,特别是阐明了吐蕃史学家们的纪年体系。

但是,为了再回头来谈汉文写本,我想强调指出它们在两方面的价值。首先,如果它们的发现标志着汉学研究中的一次大转折,那是因为它们提供了档案文件和原始文献。它们有的是10世纪之前的刊本,而这种印刷术本身就是中国的一大发明,它在中国取代了手抄传统,但人们却未能保留下古老稿本。正是由于敦煌写本,我们才可以采用比通过历史书籍更要直接得多的方式,触及到了中世纪中国一个地区的真实生活。这里确实是中国的一个边远地区,因为敦煌绿洲处于汉文化圈的边缘。但这是一种孤证。他的第二次考察是在一个完全不同的领域中进行的。当伯希和于1908年末经过北京时,他向中国学者们出示了主要写本。这些人群情绪激动,有人立即请求伯希和准许发表它们。下面我们就看一下,伯希和在他1910年2月15日于金石和美文学科学院所作的有关其探险的报告中,对此是怎样表述的:"我忙于为中国学者们发表我获得的文献而提供方便。他们都顽固地坚持这样做,我认为自己完全有兴趣来满足他们的要求。至今为止,欧洲的汉学家们从未与他的同行——中国本土学者建立联系。然而,随着长期处于混乱状态的汉学,又经过系统地组织起来并向前发展,我们也越来越感到需要与远东所从事的工作保持日趋密切和日益正规的接触……此外,中国学者也会适应欧洲学界的研究方法……"此后的经验证明了这些观点是极其正确的。伯希和探险团出人意料的作用之一,可能是自17—18世纪的伟大先辈们以来,在中国与西方学术界之间,建立起了平等的交流。在中国,确实不乏多疑的思想家,他们指责西方学者曾侵犯了中国的民族遗产。继斯坦因和伯希和经过敦煌之后,那些被从敦煌运往国立北平图书馆的写本的一份目录,于1929年出版,而且是采用了《敦煌劫余录》的标题。中国学者们通过一种具有嘲弄性的结局,使伯希和那顽强不屈的人格向相反方向转化了:在中国,人们指责伯希和劫宝;而在法国,人们却对其发掘物的真实性和价值也产生了怀疑。大家知道这件事是怎样在法国结束的:当对伯希和的人生攻击株连到了他那令人尊敬的老师沙畹时，伯希和立即打断了他的讲话，并给了攻击者一记响亮的耳光，它一直作为谈笑话柄在汉学界的趣闻逸事中留下了强烈的反响。在中国，真正的学者们并不迁怒于他。1939年，他被聘任为中国中央研究院的通讯院士；他自己也设法使考古学家罗振玉当选为法兰西学术院的通讯院士，罗振玉逝世于1943年。自从伯希和于1909年发表了《中国艺术和考古新视野》之后，他就不断地向欧洲大众介绍他在中国青年学派中的那些同事们的著作；当近代中国最伟大的学者王国维于1927年悲剧性地自杀之后，伯希和于《通报》中发表了一篇很出色的悼念文，长篇地分析了王国维的学术事业。伯希和本人的主要文章都被译成汉文，“伯希和”（这是在中国对 Paul Pelliot 的称呼）在那里享有很高的声望，可以与当地的大学者齐名，而且他的气质和一种知识分子的形象都与他们相似。这位学者具有外交官或政治家的卓越才干，他对于现代中国的一切无所不知。请允许我于此为你们翻译由巴黎华人社区出版的周刊编辑于数日之前所写的一段文字：“在40多年前，伯希和教授与我国的一些学者保持着学术联系和通讯。如王国维、罗振玉、沈增植。伯希和在科研机构或学术讨论会上发言时，总是颂扬我们的中国文明。前不久，他还给我们寄来一篇纪念林藜光的哀悼文，林藜光是我们的福建同胞，大学者，于今春逝世于法国。伯希和的逝世，不仅是欧洲汉学界的一大损失，也使中国悲痛地失去了他这样一个西方最理解中国的人之一。”

伯希和从西域探险返回之后，最终定居在巴黎。从1911年起，在巴黎主持了法兰西学院的西域语言、历史和考古学讲座，他本人在西域的发现成了创设这个讲座的原因。1921年5月6日，他当选为法国金石和美文学科学院院士，取代了拉斯特里公爵（Le Comte de Lasteyrie）。他于1897年6月22日由沙畹和德微理亚（Devéria）介绍，参加了我们的学会（亚细亚学会），于1910年11月11日当选为理事会的理事，于1922年1月13日成为《亚细亚学报》编委会成员，1928年6月14日任学会副会长，1935年12月13日在烈维逝世六周之后任学会代理学长，后于1936年6月11日经会员大会确认后成为正式会长。从此之后，他的生活过得既勤奋又有规律，但也经常被多次旅行所打断，这些旅行把他带到了世界上的所有都市。无论到哪里，他都为捍卫或代表法国和法国学术界的权益，在档案馆或图书馆中发掘搜集资料。1914年，他应征入伍，首先在达达尼尔海峡（Dardanelles）任军队联络官，后来又出任驻北京武官的职务，并在西伯利亚参加战争。他于1921年到波士顿,1923年到伦敦,1925年到开罗和俄罗斯,1926年到纽约,1928年到马德里,1932年到乌普萨拉,1933年到北京,1935年重返中国和日本,1936年到哈佛和伦敦……从1940年起,法西斯敌军的战争使伯希和先生无论在身体上,还是在心灵上都深受痛苦的折磨。但他始终不怀疑其祖国必会解放,他为了参加1945年1月在弗吉尼亚的温泉举行的太平洋关系研究所的讨论会而赴美作最后一次旅行,这一切都使他恢复了愉快的心情和容光焕发。我们于这年的春天发现,由于他那坚强的体格和充沛的精力,他又恢复了其67岁年龄应有的全部活力。然而,这对他来说却是致命的:癌症仅仅于两个月就制伏了他,一次致命的出血,于1945年10月26日夺走了伯希和的生命。

我还需要追述伯希和的成熟期著作。这就是从他离开亚洲后,当他在法兰西学院承担教学任务,由于巴黎的气氛和其他形势,而使其研究走上全新道路的时候。对于他的亚洲研究成果,并不是由我来向你们报告。伯希和的研究已逐步地转向了纯汉学领域。不过,在这后一个领域中,自从伯希和返回欧洲后,其著作又出现了新的关注。从1913年起,他有关中国插图书籍的论著《论〈耕织图〉》中,我们可以看到,他将越来越多的一部分活动,用于对考古学和中国艺术的考证研究中了,而主要是集中于语史学(小学)领域的研究。因为正如他于一篇有关中国青铜器的文章之末所写的那样:"我主要是从语史学角度研究它们,必须划定明确界限。"伯希和确实主要是通过文献资料,而触及了中国艺术研究。其成果是激动人心的。无论是在有关所谓的甘肃玉器问题上,他指出在中国不存在任何玉矿的矿脉;还是在他将被归于欧莫韦普洛特藏中的壁画的时间向后推几个世纪的问题上;或者是他证实一套颇受收藏家们好评的瓷器画为赝品时,这就招致他受到了其中的一位收藏家的谩骂,但却一直未受到反驳。他那健康的批评到处都起到了净化学术气氛的作用。他拣出了充斥着我们博物馆的那些赝品,纠正了对某些作品的断代,然后又恢复了其流传。此外,他对于中国文献那些举世无双的学识,使他可以从中清除某些失误。他成功地确定被称为"干漆"造像的手段、解释了古代雕塑的某些专业术语、证明了古代中国人就善于从事临摹壁画。他认为他们以匿名的方式,而复活了中国中世纪的某些艺术家和工匠们的作品。伯希和将其他中国绘画一直追踪到波斯起源。中国中央研究院的考古学家们,将向欧洲介绍他们发现的那些商代雕刻品的特权委托给伯希和,这些雕刻品可以使中国的石雕像史再上溯千年。伯希和的《西伯利亚艺术和中国艺术杂识》一文,是对一个很时髦而又颇受争议的问题所作的既清晰又谨慎的宏观概括。他的《中国瓷器历史考》及其有关中国上古时代青铜器和古代玉器的研究,无论是对于历史学家,还是对于收藏家来说,都极其珍贵;他的《利玛窦时代的欧洲绘画与雕刻》的论文以及《中国乾隆西域武功图》(根据在北京绘制的图案而于 18 世纪在巴黎雕版)的论文,都展现了中欧之间艺术交流中的某些神奇插曲。

1921 年,沙畹逝世之后,伯希和取代他并与考狄(Henri Cordier)联袂主编《通报》。当考狄于 1925 年逝世后,伯希和独自一人承担主编职责直至 1936 年,他于这一年与莱敦大学的戴闻达(J.J.L.Duyvendak)携手合作而共同主编该杂志。在近 15 年间,尤其是在 1922—1923 年间,他在该刊物中发表了经高度发挥的书评,它们使《通报》变成了世界汉学的论坛。仲裁者是忠实而自由的。但当世人使用伯希和称之为"向眼中揉胡椒面"的方法而拒绝他的看法时,他又重新找到了他在《法兰西远东学院学报》发表最早书评时的满腔狂热与激情,当时他为了我们研究的最大利益,以利剑来从事清洁打扫工作,从而着手抨击有关远东的大量著作。正如马伯乐所指出的那样,那些"作家的不称职的状态似乎是把希望寄托在读者的无知上了"。伯希和几乎愤怒到了忍无可忍的程度,他绝不能容忍那些不明确的具体观点,特别是在传记的时间问题上更为苛求。

伯希和始终都迷恋于书籍和版本目录学。我们似乎可以说,他的全部著作都是书目。他于 1900 年就是以对巴黎国家图书馆远东书籍目录所作的一种修订而开始其学术生涯的,载《法兰西远东学院学报》第 1 卷。他于 1902 年和 1909 年发表的《中文书目提要》,在汉学研究中具有划时代的意义。由于西方在书目方面的不足,直到 19 世纪末,欧洲汉学仍保留了一种很狭隘圈子的特征。后来随着伯希和的工作,它才与中国学术界在同一水平上发展起来了。伯希和有关《书经》及其疏注文献传播的著作,由一篇有关《魏代石刻的重大经典》的考释相补充。它们都是上述结论的引人注目的证据。他针对比较晚期和比较通俗的著作写了一系列的论文。这就是他有关两本教科书《三字经》和《千字文》的研究,对于一套逸事文集《说郛》、一本传奇集《今古奇观》等的论述。在国外,他首先关心的是参观公共或私人图书馆。他在那里立即就会有所发现,或者是作出某些考证,甚至连图书馆保管员也会因此而感到极其惊讶并对他佩服得五体投地。伯希和先后发表了有关他1910年在圣彼得堡、1925年又重新在俄罗斯、1928年在西班牙、1932年在瑞典仔细寻觅访书而得到的文献之札记。

可能正是对于捕捉文献那难以抑制的兴趣,才激励伯希和于其生涯的末年,在欧洲的图书馆和档案馆中进行搜寻和发掘,从中提取有关中世纪和近代西方与远东关系的未刊或为人所鲜知的资料。由此而产生了伯希和有关13、14世纪蒙古皇帝与教廷之间的关系史、16—18世纪的利玛窦与耶稣会士和方济各会士、或者是他们的中国反对者、阿德兰(Adran)的主教、礼仪之争、中葡以及中荷和中国—暹罗关系史、1700年左右法—中官方关系之肇始等方方面面的著作。伯希和那欧洲汉学家、蒙古学家和书目学家的三重才能,使这些著作具有了一种特殊的价值。

为了使耗尽了伯希和最后几年时光的有关马可·波罗的论著变得特别具有吸引力,他的另一种兴趣也于其中发生了作用,这就是历史地理学、在时空中旅行的兴趣。我们特别需要指出的是,他对于马可·波罗《寰宇记》的巨部注释,已经完稿,即将在伦敦出版。这是部精彩的遗作,它使伯希和的著作达到了其学术的巅峰。其他旅行家也不断地吸引他,自玄奘到其同时代的使者王玄策,他不断地关心这些旅行家,却从未为他们写过专著;从周达观到古伯察(Huc)以及秦神父(Gabet),他对后两个人赴拉萨的行纪作了评论。他的最后一部重要出版物,以其300页的篇幅形成了1904年《交广印度两道考》的姊妹篇,它是有关郑和远航以及15世纪初叶中国大航海家们的三种论著集,于1933—1936年出版。郑和是云南的一名穆斯林太监,可能为蒙古血统。他曾受明朝皇帝派遣,奉命率领船队远航南洋,以为明朝皇帝们录求珠宝和远方国度的其他产品,一直到达锡兰。中国这位远征南洋的光辉的先驱的影响,直到20世纪的世界历史上,仍会令人感觉到。

在结束这篇既太冗长又过分简单地悲痛论述时,我希望将伯希和的名字与马伯乐(Henri Maspreo)和葛兰言(Marcel Granet)的名字联系起来。沙畹的这三大弟子使法国汉学升华到了一个很荣耀的高度。他们的早逝又是法国汉学的一大灾难,它只能很困难地振兴了。

(译自1946年法国亚细亚学会于巴黎出版的《伯希和》一书)

游弋于多学科中的汉学家马伯乐[1]

一、马伯乐的生平与著作

我们聚集于此是为了纪念一位特殊的学者，重提其生平、著作及其疲惫的晚年，最后指出我们欠下他的文债。此人就是马伯乐(Henri Mospero，1883—1945年)，他在汉学研究史上，是一个开辟了最多新道路的人，在不同领域中都表现出了一种同样的精深学问。他如同中魔般地从事研究，始终受一种不屈不挠精神的鼓动。其著作是百科全书性的，具有一种如此之大的丰富程度，以至于我不能同等地提及其不同方面。然而，马伯乐并未讲完他要讲的一切。戴密微曾在他于布痕瓦尔德集中营逝世一年之后写道："他随身带去的知识和思想之总量，可能会在不止一点上能改变其著作的最终面貌。他多年来坚持从事的科研工作已转向了更为广泛的综合领域，而这些领域本来会形成其著作的辉煌巅峰。"

马伯乐的生平与其著作不可分割地相联系，其著作以一种强烈之光照耀着其生平。我首先应该提到其家庭背景。他有一位著名的父亲加斯顿·马伯乐，其母亲的先祖中有一位贡斯当(Benjamin Constant)[2]。亨利·马伯乐是一个再婚家庭的儿子。其父是伟大的埃及学家加斯顿·马伯乐(Gaston Maspero)。我们甚至可以认为，其父的表率作用影响了他的研究方向和兴趣。他在蒙田(Montaigne)和路易大帝(Louis-Le-Grand)中学学习，并在那里与路易·马西尼翁(Louis Massignon)结下了友谊。马伯

---

① [法]谢和耐等著，耿昇译。

② 贡斯当(1767—1830年)是法国—瑞士的小说家和政治家。其小说《阿道夫》(1816年)和研究著作《论宗教的起源》(5卷，1824—1831年版)都举世闻名。他后来成了自由主义派新闻记者们的领袖人物。——译者

乐于 1902 年获得文学学士证书之后，便离开巴黎前往开罗，其父在那里领导着一个有关埃及古文物的研究机构。作为其高等学业的毕业论文，他在那里撰写了一部《拉古德人统治时代的埃及的财税》的论著。这部论著于 1905 年刊印，它已经揭示了史学家马伯乐气质的两大特征：将其注意力转向具体资料上，并从中得出具有重大意义结果的能力。

马伯乐返回巴黎之后，又面对准备其法学士论文和汉语学习入门的课程。他在国立现代东方语言学院听课，同时又在法兰西学院聆听沙畹的课程。他获得了法学士文凭，并于 1907 年获得了汉语毕业文凭。这就是马伯乐在决定其前途的时期所受到的教育。他确实是于此时期内，同时展现出了一种真正专业化前途，并在当时设于河内的法兰西远东学院谋求一份工作的可能性。此外，他的同父异母兄弟乔治·马伯乐（Georges Maspero）已经居住在印度支那，此人本为行政官吏，后因出版过一部《高棉语语法》和一部《占婆王国史》，从而作为学者而为人所熟知。马伯乐于 1908 年在 24 岁时到达河内。8 个月之后，他又奉命负责一个于 1908 年 11 月—1909 年 6 月间赴中国的考察团。他在中国亲眼目睹了伴随着中国最后一个濒临灭亡的王朝最后几年的动乱。这是他与这个非常古老的中国的首次接触，而中国经过了非常多的动乱，使我们有点难以想象它了。这一切可能对他产生了一种深刻印象。但无论他首次和后一次在华居住对他的影响如何（他于 1914 年在中国的居留收获更丰），印度支那始终是马伯乐最大的受启发的灵感之地。20 世纪初年，印度支那这块法国殖民地以其居民的语言、生活方式和差异极大的传统，而向马伯乐提供了一片令人羡慕的研究阵地。这一方面是红河大冲积平原上的东京湾居民（我们今天称之为越南人），很早以来就是中国人开拓和中国文明的古老地区；另一方面，高原上居住的大量少数民族的近亲，大多数也都位于中国西南的省份。

然而，在马伯乐身上，有一种非常强烈对话的现实兴趣，从而驱使他满怀激情地去观察人类、其宗教活动及其语言。戴密微曾写道："马伯乐没有一个星期不在一名全心全意地忠诚于他的老卦师，或几名他赢得了其信任的老文人的带领下，前往东京湾居民的村庄，以在那里出席节庆或某些礼仪活动。他也搜集了相当可观的一批文献资料，他于其出版物中稍许使用了其中的某些。但这批文献使他高度地熟悉了远东的思想情感。在气候宜人季节的灼热阳光下，就如同在季风季节的暴风雨中一样，他得以度过漫长的时间以请教那些贵族或主持仪式的司祭、巫师或通灵人。他只有在确信已经透彻地理解了这些礼仪的意义或风俗习惯的内情之后,才肯离开他们。他于其调查印度那非安南族的少数民族中,也表现出了同样的顽强精神。"马伯乐确实对于各种语言都表现出了同样的兴趣,而且他竭力用音标来记录这些语言。

马伯乐在漫长的时间内,以及每次在他力所能及的时候,他都热衷于搜集直接证据。如此一来,当他从 1914 年 3 月到"一战"宣战之间的第二次赴中国考察期间,也就是正当他准备一项有关浙江古遗址和古文物的珍贵报告时,他在经过的所有地方都调查有关宗教信仰和崇拜活动的情况。当他在河内服完兵役而要求返回法国首都之后,仍然就这一问题而访问在巴黎的中国劳工。因为在第一次世界大战期间,他在河内服兵役并充任中士翻译,稍后又在巴黎的华人中做翻译。他在如此漫长的岁月中坚持从事的这种耐心调查的结果,后来又由无数的新闻记者所丰富。他后来以这一切为素材,而用普通对话的语气写成了一部小型代表作,其中充满了一大批饶有趣味的概念,全部借鉴自古文献和当代现实。这部《当代中国的神话》属于有关中国人宗教活动和信仰的最优秀著作之列。

马伯乐始终受对人类和社会观察的吸引,于 1919 年又返回印度支那安南山脉的高山区,以调查摩伊人(Moï)部族的语言、社会组织和宗教仪轨。他在那里不幸严重地感染了恶性热症,使其终生都受到了其后遗症的影响。

因此,在马伯乐身上表现出了人类学家的本色。但他又并不仅仅是人类学家,而恰恰是于他身上表现出了史学家、语史学家和对当代或现代的潜心观察家的综合特征,从而解释了其著作的研究方法及其新颖特征。

这种新颖特征首先表现在语言学领域中。马伯乐利用了他对印度支那半岛诸多语言的实践经验,以便于描述它们,尝试复原历史并提出有关其亲缘关系的假设。他是在汉—藏语系广阔领域中作比较语言研究的开先河者。从 1911 年起,他的《泰语语音体系研究》是其研究史上的一种划时代的作品。但越南语的历史语音学及其在整个印度支那语言中所占地位的问题,特别吸引马伯乐的注意力。他为了这种语言,而提出了孟—高棉语系之古老基础的假设,认为又有一种泰语言与之相结合。我们尚且不提它也如同在朝鲜语和日本语中一样,向汉语的科学借鉴对此作出的巨大贡献了。无论人们此后就该模式提出了某些什么样的异议,但通过这些向汉语的借鉴而于 10 世纪时形成的形式,连同其他证据,最终导致马伯乐写出了对这个时代汉语复原的首部论著。这就是他的《唐代长安的方言》，它是一部权威性论著，甚至直到我们今天仍是一部必不可缺的参考著作。

但马伯乐的语言学著作并不仅仅到此为止。他是第一位汇集了有关汉语口语最古老文献几乎是完整的一套档案，同时又指出了古汉语代词体系的一种词形变化的遗迹。

有关越南历史的研究，也属于马伯乐在印度支那生活时期工作的组成部分。从他到达河内起，他就非常关心东京湾的古代地理，并且执着于编制 7—10 世纪中国这个都护府的行政地图。他有时也使用汉文文献、考古资料，同时也使用直接的实地考察资料。这部论著之后，又由其他有关公元 1—10 世纪作为中国藩部和越南独立后前 5 个世纪的历史著作所继续。这些著作也完全如同马伯乐在有关泰族部族问题上所写的著作一样，都涉及了越南的历史。但越南的史学家们却欠下了马伯乐另一笔文债，也可能是一笔更重要的债务：多亏有了马伯乐，才抢救了有关越南历史的一批无法取代的资料。因为正是在马伯乐的指导下，后来又是在他的推动下，才一方面是形成了法兰西远东学院图书馆中的越南特藏，主要是一套稿本和世界上独一无二的刊本著作；另一方面是丰富的碑铭拓片集、村社占卜的护符和卜辞、乡间的习惯法汇辑、土地税证等。它们均是由马伯乐培养出来的发掘人、拓片制作人和抄写员小组搜集起来的。

就在马伯乐于 1919 年 3 月间复员之后，也就是于其返回印度支那的同一年，他便被任命到法兰西学院去主持中国语言和文学讲座，该讲座过去由沙畹主持。但马伯乐直至 1920 年年末才重返法国。戴密微写道："他似乎只能非常遗憾地从其青年时代的自由科研中摆脱出来。"1921 年 1 月间，他宣读了其开课讲演。对于 36 岁的马伯乐来说，由此便开启了其生涯中的巴黎时代。这个时代仅仅曾由他在东京的日佛会馆中居住的一年（而这段居留期又使他得以考察日本，并在那里被作为汉学大师之一而受到接待）和 1929 年秋季在华北和朝鲜的停留，在归途中又在他念念不忘的印度支那略作停留的一些时间所打断。

从 1921 年起，马伯乐几乎专治中国史。无论印度支那于其生平中占有多大的位置，他首先是汉学家。因为这里涉及了一种在岁月的长河中留下了非常神奇的一批文献。这就是说，马伯乐首先是一名语史学家和中国文献的孜孜不倦的阅读者。戴密微说："他陷入了广泛的阅读之中，以至于从未有欧洲人像他那样阅读中文史料。"但他于其著作中，略显人为地将中国与印度支那分隔开了。因为中国从未停止成为马伯乐的关注中心,他在东京湾所想到的仍然是中国。他希望将其在河内及越南不同民族中所获得的全部经验,都运用于为中国古代史及其传说、信仰和社会组织的全面诠释服务。再没有任何举措会显得比由马伯乐采取的措施更合适了。他坚信,当时已经可以在远东帮助人理解一种遥远的过去了。他在法兰西学院授课的标题之一,便是"古代中国社会和官方宗教与印度支那当代不同社会集团之间的比较研究。"

马伯乐于 1927 年出版的《古代中国》一书,已由基尔曼(Frank Kierman)教授译作英文,它是马伯乐最重要的著作。此书同时受到了由马伯乐亲自确定其原则的这种比较研究方法的启发,其中包括了对一大批学术研究和文献考证的巨大工作量。他于书中确定了中国上古时代的地理和人文条件,复原了那些传说般的传统,谋求解决中国纪年的难题,并将其研究扩大到了哲学与宗教诗歌问题上了。除他以外,任何人都不可能付出如此巨大的努力。继此书出版之后,马伯乐仍在继续那些曾作为其著作之基础的科研。他也将自己的研究扩大到了经济史、社会史和宗教史领域,从公元前 200 年左右直到公元 600 年前后之间。他为了澄清中国古代纪年的不确切之处,而自学成为天文学家,撰写了一篇有关中国人古代天文学的论文。他利用其法学知识修养,梳理了中国土地所有制方式的发展,绘制了中国古代封建制度的演变图表,解释了写在公元前 10—7 世纪的青铜鼎上的赠与和盟誓的文献。在马伯乐的著作中,一切都证明了有关具体事物的一种引人注目的意识。他从自西域携归的那些少得可怜的木简文献出发,重新勾画出了中国汉代国防线及其烽燧系统组织的准确图表。他借助于文献和陪葬俑,而复活了这个时代的民间私生活。他向亚细亚学会所作的最后一场报告,便涉及了中国上古时代的锄头的形态以及由锄头耕耘的技术。马伯乐不会轻视社会生活所属的最微小的细节。

大家当然会将马伯乐的名字与道教研究联系起来。他从事研究的领域在当时很少为人所熟知。它至今仍是一个很难探讨的领域,这既是由于其明显的新奇性,又是由于其极其丰富的内容。在有关长寿的技巧、最早教团的组织、科仪、与神仙的联络方式、释老之间的关系诸方面,马伯乐的贡献都是首屈一指的和第一流的。他甚至成了世界范围内的道教研究的现有高潮的源头。但我们也不要忘记,他对于佛教开始传入中国的历史作出了最早的贡献。

马伯乐于1936年2月1日进入金石和美文学科学院,并于1943年出任副院长,于次年——也就是他被盖世太保逮捕的那一年出任院长。

经过半个世纪或略多一些的时间,马伯乐的某些著作已经略显陈旧过时了。这再自然不过了,因为大家应想到,自"二战"以来,有关中国的汉文、日文和西文的学术出版物已经神奇地增加,并且仍在不停地增加,汉—藏语系的比较语言学并未停留在其先驱马伯乐著作时代的状况,人们在中国大地上已经取得了无数的甚至是令人震惊的发现。最重要的不是某部著作于这里或那里岁月久远了,而是在重读马伯乐的著作时都会开卷有益,他的许多推论和假设都被后人成果所证实。然而,我们欠下他的文债,甚至远远地超越了他留给我们的著作。在他的首次开辟的诸多重要领域中,他是非常权威的筚路蓝缕的人。

为了追忆这个人本身及其悲惨的死亡,我除了长篇引证其朋友和他在法兰西学院中国语言和文学讲座的继承人戴密微先生的话之外,无法讲得更恰如其分了。戴密微在1943—1945年号的《亚细亚学报》第245—263页发表的纪念马伯乐的文章中,为马伯乐勾勒出了一幅生动的画像:"他对待人的态度始终是无懈可击的朴实,他不可能会对人虚伪。他所讲的一切,就如同他所写的一切一样,都带着一种天生的新颖标记。他是一个博览群书的人,也是一个不知疲倦的交流者,对任何事都充满好奇。在河内那种自由的环境中,他并未感到受任何学术或社交方面的强制之束缚,其谈话中闪烁着思想与知识的火花。在巴黎,其谈话经常有保留并且始终笼罩着保留,笼罩着一种谨慎的保留、一种礼貌谦恭,从而掩饰了其判断的犀利,并赋予他本人一种罕见的高雅之荣誉。他那一头翻折成宽波浪形的浓密头发过早地花白了,于其头发之下掩饰着他的全部智慧。他极度近视,其文字书写得秀丽微小。在他最后一次经由北京时所作的账单中,对于他在北京订购的汉文书籍,我们可以在一张邮票的空间,逐字地读到50多个汉字,而且写的非常准确仔细。他以一种略有一点生硬的方式表达,带有可能是他含糊不清地听到的重复和迟疑的句子,就如同其语言之后还勉强地带有其过快的意识流及其细腻的思潮一般……他有时也咄咄逼人和语言尖酸刻薄。在他的日常谈话中,人间喜剧又因一整套诙谐的故事而享有盛名。他的批评、他的驳辩有时也具有一种不屈不挠的严厉性。但他会选择其社交界。人们有时从其犀利的目光中,所看到某种不对称,似乎又突出了其漠不关心的表情;人们也会从中发现一种温柔的闪光、一种宽恕、一种和蔼可亲,这是他的本性深处。他非常聪明,以至于成了不肯宽恕他人的人了。"

戴密微还指出了马伯乐性格中的某些突出特征:坚强、毅力、不屈不挠、不知疲倦的工作者,他把工作作为一种酷爱。马伯乐"从不打乱其习惯。由于气候的原因,他在河内养成了将夜间作为白天的工作习惯;但在巴黎,他很难将白天作为夜间,熬夜使他耗尽了体力。"

"'二战'远未能促使他限制其过度工作,相反却又使他增加了授课时间。由于他于1940年就已经疲倦了。当巴黎人逃难时,他骑一辆破旧的自行车跑遍了整个法国。1941年的复活节之前不久,德国人首次逮捕了他及其数位同事,而人们又从不知道到底是为什么。他在佛雷纳(Fresnes)监狱中度过10多天。当时天气尚很寒冷,他从那里的狱中出来时已被冻麻木,而且变得虚弱疲惫和弯腰屈背了。1944年7月27日,其长子——年仅19岁的让·马伯乐(Jean Maspero)本属于一个抵抗纳粹的组织,在一次与战领军的交战中被追捕。但让·马伯乐却成功地逃脱了,并于当日去通知了其战友们及其拒绝逃走的父亲。当其父母获知了其活动时,不会不知道其危险程度,于是便利用机会帮助他。第2天,即1944年7月28日,星期五,马伯乐本应该出席金石和美文学科学院的周会,因为他当时出任该院院长。众人望眼欲穿地而又是徒劳等待他的到达。因为他于同一天早上和马伯乐夫人一并,在米龙拉-沙佩尔的家中被捕,而且是面对其年仅12岁的次子佛朗索瓦·马伯乐(François)及其侄子一并被逮捕的。他们两个人在柳林街受到了盖世太保的审讯,他们一家人在那里最后一次见面。他们先被囚禁在弗雷纳,然后乘坐给人留下了凄惨记忆的最后一趟火车,而被押解到德国,这列火车是于8月15日解放巴黎的前夕驶出的。"马伯乐夫人被监禁在拉文斯布吕克(Ravensbrück)集中营,她由于其勇敢的态度而招致了报复,在奥德河畔的科尼斯堡(Königsherg-sur-Oder)的战俘收容所受到了灭绝人性的虐待。但她最终于1945年2月5日被苏军解救出来了,立即在波兰住院医疗,于1945年6月24日才返回巴黎。

马伯乐在抵抗运动中,也采取过个人直接参与的行动。他为此而受到了法国国内抵抗运动承认。他很少会提到这一切,也只用隐晦的语言告诉过其夫人。德国人似乎并未注重这一点。据稍后在德国由一名狱友抄写的马伯乐夫人的档案卡来看,其被控告的罪名如下:"被怀疑曾参加过恐怖活动。”事实上，这是对一名抵抗战士亲属的报复。

“在一个装载牲畜并包括70个人的车厢中旅行5天之后，马伯乐于8月20日被拘禁在布痕瓦尔德集中营。他被分在残废人一类中，身穿被从处死的死囚犯身上剥回的破烂衣服，头戴一顶帽檐已破的鸭舌帽。据一名证人见证，他酷似一名巴黎最糟的二流子。他被在一顶帐篷中隔离10多日，由于被关入集中营的人数众多，而迫使德国人在集中营中支起了这些帐篷。其帐篷位于专供残废人使用的第61号监禁室附近，其设施非常恶劣。稍后不久，他与那些重病人们一并被转移到第43号监禁室，在那里除了躺着之外再无他法存身。他于10月初又被重新安置在第61号监室。”他在那里尚有力气参加了由某些知识分子狱友们组织的座谈会。他在一个小笔记本中，用极小的文字记下了其日记，最终交给了他自己的人。马伯乐于10月24日写道：‘我，佛教，小乘’；他于26日又写道：‘我，佛教，大乘’；于28日写道：‘我，东京湾人的两次朝山与进香（Phât-tich 和 Kiêp-bac）……士气是不能妥协的。人们听到了在阿登省的龙斯泰德的反攻，而勇敢地反对在集中营中造成的悲观流言。但饥饿、寒冷和虐待造成了严重后果。2月间，他染上了严重的腿部蜂窝组织炎。这个非常精明的人，曾是欧洲人精神状态的荣誉，现在却被迫沦落到只能勉强度日，每天坚持到晚上才能获得一点面包口粮，或是获得一根胡萝卜，或是一个西红柿。3月3日，人们强迫把他安置到了使他感到非常害怕的诊所中。他的一名狱友于3月13日见到过他：“消瘦、脸上沟壑纵横、非常惦念其家人的命运。他遭到了无穷无尽的悲惨折磨。但仍在谈论遥远的旅行。”他在寄给其夫人5张明信片之后，便音讯皆无。其夫人也从来既未能给他写信，又未得到过他的任何消息。“他于3月17日（另一说为3月15日黎明），也就是美军于4月15日打到布痕瓦尔德集中营之前不足3个月的时候不幸逝世。”

（以上由谢和耐执笔）

二、马伯乐对于道教的研究

在马伯乐数量庞大的著作中，道教占据着一种非常重要的地位，这是众所周知的事实。但人们在今天却有一种遗忘下述事实的危险，那就是本领域中的研究于其时代该是多么新鲜和多么困难啊！道教当时于西方鲜为人知，其重要意义尚不被人理解。鲜为人知，那是由于它在长时期内令人感到残酷地缺乏资料；不被人理解，那是由于广为流传的一种教条，坚持要把中国作为一个主要是儒教的国家。我们应该说，中国文人应对这种遭歪曲的观点，在很大程度上负责。因为对于中国文人中的大部分的人来说，唯有儒家的面罩才有资格代表他们；对于他们来说，其他思潮都是次要的；至于道教，唯有那些古代哲学家才值得他们注意，而且这也主要是由于他们的文学价值，而不是他们所捍卫的思想。

马伯乐是指出了道家宗教特征的最早汉学家之一。在他 1922 年发表的《老子和庄子著作中的圣人和神秘生活》中，他指出这些作家们都是神秘信仰者，或者无论如何也是与神秘主义的背景有关联的人。这些人的著作证明，他们的亲身经历与西方或穆斯林世界的大宗教学家们非常相似。

这篇相对较短的文章非常重要并经常被引证。它后来变得很难找到了，近来又被重刊于马伯乐的《遗作集》中了。此文写成于《道藏》再版之前，因而也早于马伯乐掌握了真正的宗教性道教的文献知识之前。马伯乐就此主题而于另一篇文章中重新着手去作并补充了 1922 年的论文，于 1935—1937 年间发表，同样也被收入《遗作集》了。本处是指《汉代之前道教的起源与发展的历史笔记》（后又转载于《道教与中国宗教》，1971 年加利玛尔出版社版）。这些札记的第一章叫作《道教教派中的不死术和神秘生活》。我提醒大家注意此文，那是因为马伯乐于其中提出，道教史对于六朝时代哲学上的道家和宗教上的道教之间关系中，有争论的问题。他写道："老子、庄子和列子的文献价值促使人认为，它们形成了其时代的整体道教。但事实却绝非如此。他们仅仅形成道教的一个具有神秘论和哲学倾向的分支或一个小集团，事实上都是学问高深的文人。他们留下了一批无法比拟的著述。但他们由于文化水平过高，而从未能成为人数巨大的一批人"。在稍远处，他又写道："我们应该把他们想象成某些师徒小集团，与同时代的其他道教界人士保持着密切关系，但也多少有些保持在他们的基本运动的边缘。"

这种哲学小学派与一种民间道教（或者更应该说是古道教）之间共存的思想，始终是相对近期的，或者几乎是直到我们当代的道教。

此外，马伯乐指出，从 3—4 世纪起，道教徒们都是寻求长生不老的人。秘方已经很多了，而且都是师徒相传。庄子经常暗示长生术，这就会使马伯乐将它们与他在六朝文献中发现的那些长生术相比较。现在，我们终于可以掌握这些被收录在《道藏》中的六朝文献了:禁食五谷、气功、凝神与静修、云游"四海"——于世俗世界之外的出神旅行。庄子即使并不宣扬心理上的活动,那他也并不会从根本上抨击它们。它们仅仅使他觉得不足以达到长生不老。无论如何,它们在庄子非常熟悉的环境中,是习以为常的事。这种观察使马伯乐拒绝了那种经常被人接受的思想,即道教可能是纯洁的哲学教义的蜕化和堕落。事实上,在这种思想与更晚期的道教之间,绝无断裂。质言之,马伯乐于此主要是联想到了长寿术,而且持续修持这种长寿是肯定无疑的。如果说"断裂"是存在的话,那也是从那些中小教团发展到了这种集体生活的道教,并且经常有那些令人兴高采烈的节日,马伯乐曾对这些节日作过生动描述。但他在此问题上,也未曾看到过真正的"断裂"。因为他承认,道教教团应该是很早就已经存在了,正是这些教团可以解释由道教真人们主持的民间运动,于2世纪获得突然发展的原因。他写道,这些民间运动并非是由某些炼丹术家们组成,而是由几十万狂热信徒们组成的。马伯乐对于黄巾军以及对最早天师们的组织,都作了长篇描述。他指出,这不仅仅是一种政治组织,而主要是一种宗教组织。世人在此问题上又提出一个问题:我们要讲的究竟是道教,或者还是其他任何一种宗教呢?马伯乐于其《公元最初几个世纪的道教》中写道:"这一切都远离了我于过去曾描述过的理论和个人的修持问题。当大家对这二者一一浏览时,那就似乎是在面对两种不同的宗教。然而,本处在时间上是指同一种宗教,而且在存在道教团的任何地方,同样的信徒都在同时从事个人修持和集体科仪活动。"

马伯乐于其《论道教》中,对这些集体科仪作了令人赞不绝口的描述。他于这同一篇《论道教》中,同样也论述了个人对长生术的修持。长生术的主要修持,成了他一篇非常著名的论文中的研究对象。此文发表于1937年的《亚细亚学报》中,其标题为《古道教中维持生命本原的手段》。人们可能正是在这篇论文中,才可以最好地欣赏马伯乐是以怎样的驾轻就熟的程度而直接趋向《道藏》。《道藏》是一部巨大的道教经文集,但马伯乐先生仅于10多年之前才接触到这套经文。

然而,马伯乐置于其《论道教》卷首的书目提要中解释说,在这一大批文献中,经常是既无作者的名称,也没有时间。他由此而确定了"公元2—4世纪的一批类似文献。这些经书彼此之间颇为相近,尤其是出自同一种道教背景。它们全部附属于同样的基本思想。"

马伯乐由此而提出了一种方法,可以使人对重要的一部分道教经文分类。它是以对道藏中的主要部分进行仔细研究为前提的。今天,这篇书目提要经过半个多世纪之后,整项任务尚远未被完成。马伯乐指出了一条道路,他对于自己所讲到的《道藏》那部分中,有关我们现今称之为茅山宗经文的剖析,至少仍在很大程度上尚有价值。正是这些经文,为描述道教生理学和成为“手段”之目标的复杂修持,而充作了他的主要史料来源。

1935 年,马伯乐写道:“现今,我们对道教几乎是一无所知。无论是对其教义、修持,还是对于其历史,均一概如此。”这种断言在他阐述的那个时代,已经不再是完全正确的了。因为他本人就已经得以取得重大进展,他为其法兰西学院的听众们提供了道教的基本知识。我们通过这些进展,一方面是找到了“道术”的证据;另一方面是当时尚未刊和现在已被收于马伯乐的《遗作集》(以及《道教和中国宗教》)中的稿本。这部巨著那特别令人震惊之处,就在于马伯乐当时事实上并不掌握参考书。为了自己在《道藏》中探索,因为人们当时只掌握有戴遂良(Wieger)神父的目录,它虽很有用却又不完备。虽然哈佛燕京学社的《检索》要好得多,却只于 1935 年才出版。事实上,当时任何人尚未研究过道教文献。今天,已与当时不可同日而语了。数年以来,道教研究大幅度地发展了。但参与马伯乐著作的坚固基础(而且这种基础又不幸被那场众所周知的悲剧所打断),这种发展就不可能如此迅速。在汉学家中,所有那些对佛教感兴趣的人,都曾很大地受惠于马伯乐。我还应该补充说明,我对这位曾向我多多传道的大师,也负有很大的感激之债。

(以上由康德谟执笔)

三、马伯乐对中国佛教史研究的贡献

在纪念马伯乐诞辰 100 周年的时候,介绍这位学者持续对于被披上了“佛教”外衣的特殊宗教形式,于其传入中国期间的研究之荣誉,落到了我的身上,尽管我尚不配享此殊荣。他的最早出版物,都是有关佛教的。他在法兰西学院最后 10 年的授课,同样也是有关佛教的。

马伯乐曾希望从中国佛教的研究中,重新找到佛教的起源。1910 年,他于《法兰西远东学院学报》中发表了《汉明帝感梦遣使求佛记》。他阐明了包括在一种佛教传统中的传说部分。事实上,大约在 2 世纪末,形成了一种介绍东汉明帝(58—75 年执政)于梦中见到了佛陀,于是便遣使赴印度以调查其教义。当使者返回时,他们由两名僧侣陪同,并带回了经文和塑像。这样一来,佛、法和僧便在中国大地上诞生了。这种佛教传入中国的故事传播得很广泛,并且被许多著作所重复。我们暂时对马伯乐有关隋代之后的遗作搁置一旁不顾,因为它们未能提供任何新资料。马伯乐分析出了在有关该故事的 12 种最古老史料之间确立的关系。他当时就证明,有关遗梦遣使故事的所有文献,均派生自《四十二章经》;对于佛像的传播和洛阳白马寺的建造,其史料则主要出自于《牟子理惑论》。这两种史料应分别断代为 2 世纪末叶和 3 世纪初叶。马伯乐由于解开了使所有这些文献彼此联接起来的纽带,故而他同样也揭示了介入该故事中人物的名字和时间上的不合时宜特征。他经过强调指出了事件年代中的系统特征之后,便得出了汉明帝感梦遣使神话的传说性特征。这种虔诚的传说被嫁接到了对于中国向月氏国的一次遣使的回忆上了。在这次遣使期间,便发生了中国与佛教的首次接触。

马伯乐从汉代的编年史,特别是从《后汉书》和《出三藏集记》(515 年由神祐出版的一部研究佛教的必不可缺的经目)中,汲取新的资料。他又于 1934 年撰写了一篇有关该项内容的新论文:《洛阳僧伽的起源》,发表于《亚细亚学报》中。他写道,如果说汉明帝并非是佛教入华的源头,那么仍然是在汉明帝统治年代,于断代史中提到了宗教人士和佛教的世俗信徒。事实上,由“清信士”(近事男,upâsaka)和“沙门”(çramana)组成的佛教僧团,他们生活在皇帝兄弟之一的刘英的宫中,该王子的封地为楚(今江苏),其首府彭城在汉代是道教的中心之一。马伯乐指出了刘英是怎样通过道教的媒介作用,而对佛教产生了兴趣。道教中的“黄老君”当时是一尊主要的神。早在公元 65 年之前,刘英便根据一种典型的道教修持,而认定这是与神仙盟誓而缔约。然而,就在同一时代,他又同时祭祀黄老君和佛陀。刘英将两种宗教信仰混合在一起了,就如同他将佛教、道教祖师或巫师们混合在一起,以便使当时颇受人尊敬的长生术最佳方法能够唾手可得。

确实正是这种对长生的追求,才把中国人吸引到佛教一边。马伯乐是第一个强调指出并支持这一事实的人。他在 1940 年 2 月于比利时汉学研究所作的一次报告中,以及在其论文《历史发展中的中国宗教》(载其《遗作集》中),都清楚地解释了这一切。他认为,佛教是一种救度宗教,是一种不仅仅认为在死亡之后精神不死，而且也是一种身体上的物质不死的救度。然而，正是养气才可以使身体持久地活下去。但这尚不足以使“气”永远留在身体上并使附身的“神”永不离开身体。为了使内部的神维持在原位上的最佳手段，就在于修持凝聚精气，从而导致“内观”。这就是生活之源与气的最佳营养。中国人觉得佛教不仅仅如同一种救度宗教，而且也如同一种与神结盟的手段，甚至还要借助于特殊修持，诸如气功、辟谷和各种静修。这都是释老二教的共同方法，但佛教的修持方法具有不太呈现强制性和不太具体有形的优越性。马伯乐从这种现实中看到了佛教在中国获得真正成功的原因。为了支持这种论点，他提供了许多具体的事实：佛经的最早汉译本在实质上符合道教徒们的期待，因为道教徒们或者是竭力要求《普法益经》那样的伦理经书；或者是诸如《上清法相经》那样的修持经文，它描述了静修（尤其是气功）的加持和静修的内容。

这样一来，彭城楚王刘英转向佛教之事，就不会令人感到惊奇了。这是为了增加他获得长生不老的机遇，并于某一日达到“形而上”的太清道家天宇。这一切就如同是梵天的佛教之天一样，也就是一种“无色界”之天。此外，这种阐述可以使我们揭示词汇的相似性，而且这种相似性并未逃脱马伯乐的注意力，他从中又揭示出了许多例证。如此就自然而然地导致他通过其语言和历史研究。更具体地说就是当他在法兰西学院的授课时，集中研究佛教徒与道教徒之间的关系。在其生命的最后十多年中，他执着于阐明这两种宗教彼此之间的相互影响。据他认为，当这两种宗教有时也表现出非常粗暴的接触时，它们无疑地都经过了异变。从根本上讲，这两种宗教的教义是互相对立的。道教宣扬人类个人的长寿，也就是延长身体的存在期以使之长生不老。佛教否认个人人格的存在，宣扬“无我”。因为身体在这方面要迎合所有复合事物，并且使人具有了永生的特征。这其中根本不存在名义上的存在，唯有组成身体的普遍因素才具有一种真正的存在。然而，马伯乐断言，道教在将佛教的某些观念据为已有之后，又把它们变成了一种略呈平庸的形式，而且可以被直接同化。佛教也是在抄袭某些道教形式的同时，实现了发展未来佛弥勒（Maitreya）、受虔诚信徒大型教团崇拜的阿弥陀佛（Amitâbha）的极乐世界之威望。通过类似的影响，人们在所有灾难中和堕入地狱时，便会祈求观音（Avalokiteçvara）和地藏（Ksitigarbha）菩萨，以救度处于困难中的众生。这就是由马伯乐提供的诸多例证中的几个。

马伯乐大师还撰写了有关佛教发展的其他文章。他的文章《公元3—3世纪的中国佛教僧伽与僧侣》，证明了他具有广泛的历史和佛教史的知识。他的另一篇有关《付法藏因缘传》（《大正新修大藏经》第2058号）的文章，引导我们完全熟悉了马伯乐的研究方法。马伯乐使用了佛经经文的语音和语义辞书，同样也使用了在文献方面最为可靠的目录，诸如《出三藏记集》和《开元释教目录》，他颇具权威地证明，自称是于472年翻译的《付法藏因缘传》，事实上于6世纪在中国完成的一种编纂，使用了出自印度和译成汉文的著作（其中有许多至今已佚）。这部疑伪经出于这种原因，同时也是由于它包括有关释迦牟尼佛、其弟子及其继承人、印度佛教史、从迦叶（Kâçyapa）到世亲（Vasubandhu）承续世系传统的“二十四祖”，都具有特殊意义。大家可能会感到遗憾，马伯乐的逝世使我们失去了这项研究内容的承续。因为我们从他的札记中，又发现了这部疑伪经那明显是完整的译本。

马伯乐的其他论文，当时正在准备中。他于其札记中，汇辑了有关马鸣（Açvaghosa）菩萨的著作、佛教各宗派祖师的档案文献。此外，他还根据史书和佛教史料，而编著了南京寺庙的专论。这就是说，我们对于衡量马伯乐研究的广度，尚有相当远的路程要走。我希望承认自己的无能，是为表达其学问及其佛教知识之深邃程度的一种敬意。

（以上由梅弘理执笔）

四、马伯乐对于中国民间宗教的研究

1928年，马伯乐发表了他第一部有关《近代中国的神话》的论著，他于其在浙江和江苏居住期间，搜集到了其中的主要资料。他不可能对此著作重大修改了。13年之后，他又以一种略为简练的形式，将此又收入到了其有关中国宗教历史文化综合论著中的第6部曲中了。

在马伯乐接触该领域的时代，法国的汉学研究主要是以古典中国、中国古代的历史与宗教为中心而展开的。中国近代宗教能激起的兴趣相当脆弱。当然，当时在该领域中已经有人提供了重要贡献：有关方志、神祇和信仰的文集。我们为此应向沙畹和格罗特表示致敬。然而，这幢代表着中国民间宗教大厦的建筑，却始终是轮廓模糊和残缺不全的。此外，新接受的相当数量的思想仍在流传，往往是沾染了西方人的鄙视情绪。因为西方人面对所谓“半文明”的该民族,往往是更坚信基督教教理的那至高无上的地位。

我们必须由此而确认,一名西方思想家完全可以很容易地在这些往往是复杂的,甚至是矛盾的信仰的曲折状态中感到迷茫。但人们也可以从其混乱无序中区别出佛教的、道教的和儒教的成分。太阳与月亮于其中有时也可以被作为佛陀而受到崇拜,菩萨也于其中被冠戴以道教名称“仙人”和“菩萨”之灶神。唯有像马伯乐这样的一位大思想家才能够理解其规则,并从中得出其主线条。我们应该把确定一种结构严密的综合的并排除其中错误思想之功德,归于马伯乐本人。

正是马伯乐第一个阐明了这种复杂宗教中的反常现象,而这种反常现象却可以误导肤浅的观察家。现在确实还存在着一个道教徒教团和一个佛教徒教团。它们既强大又活跃,其各自的信仰于日常生活间展开。但这里实际上已经只能是指宗教组织的残余了。除了几种罕见的例外情节,已经不再有完全的信徒了。唯有儒教,或者更应该说是唯有官方宗教,才相对比较更加活跃一些,但其信徒们仅仅为一批文士。

无论中国民间宗教多么奇怪,我们还可以对它作出解释,并使之充满中国的民间思想。这就是马伯乐所采取的措施,因为他当时宣称:“误导我们的,正是佛教和道教这两种教团的残余,以及它们的各种寺庵和不同的仪轨或科仪。中国人对于它们之间差异的看法与我们不同。我们将此视为教义、众神和礼仪的差异,而中国人仅仅将此视为唯一的同一种宗教体系内的专职人员的差异。这样一来,如果那些现在的信仰者们需要一个治病医师或驱魔师的良好服务时,于是他便去迎请一名道教天师;如果他希望其死者的幸福,那么他就会利用佛教僧侣。因为佛教僧侣能够在彼世间帮助灵魂,并能为其罪孽者赎罪。至于对地区官方神祇的祭祀仪轨,那就要由高级官吏们来承担。这三种宗教(儒释道)的巫师—专家,除了某些文人和虔诚的佛教徒之外,他们在有机会时候都会遵守民间宗教的修持。此外,不同的民间宗教教团,无论其起源是佛教的、道教的,还是儒教的,都只能属于唯一的一种宗教了,并且以它们所拥有的范围而程度不同的法力之专门性而彼此有别。对于其真正的仪轨,马伯乐具体解释说:“即使是在其仪轨完全是佛教的、道教的或属于儒教官方宗教信仰的礼仪之中,信徒们的诠释(甚至最多时是主祭们的诠释)也并非是其仪轨所属的宗教组织的解释。这是一种不同的解释,它属于一种单独的组织,与三教中的任何一教都不同，而是近代民间宗教的组织体系。”

这是一种全新的观点。在本世纪初叶占支配地位的，即古伯察(Huc)祖父已经作出过天真响应的观点，便是“中国人同时是孔子、老子和佛陀的宗派信徒，或者最好是说，他们不是任何教门的信徒……”面对对宗教事实如此粗俗的一种不理解，马伯乐必须相当严厉地回答：“对于一名前来向我们宣称，法国人同时修持三教，我们应该如何讲呢？中国人声称法国人修持基督宗教，因为他们前往作弥撒；他们修持犹太教，因为他们庆祝复活节；他们也信仰大女神的密教，因为他们自我受洗。”

因此，马伯乐认为，这里已经不再是指过去所存在的那种佛教、道教或儒教了，而是一种新的宗教。这种新宗教应被视为一个有生气的和独立的混合体，出自于与农民的古老宗教崇拜仪式和三教中某些因素的比例不等的结合。据马伯乐认为，正是这种宗教“是近代的真正胜利者”。这种宗教很松散，允许个人性的妥协和解；甚至它那对三教之一的宗教表现为一种具有特殊亲合性的信徒，可以诚心地信仰它，却又不会因此而生活在一种秘密状态之下。

为了理解一种如此游移不定的，而且是根据其修持人又变幻无穷的宗教之要素，于是便提出了一个方法论的困难问题。在这一点上，其广泛知识从未停止让我们感到惊奇的马伯乐，表现得斩钉截铁：他拒绝使用文献，但主持赴当地工作并从事口头调查。他认为首先应该搜集许多实证，为此而又必须暂时搁置其书本知识。他告诉我们说：“为了理解民间宗教，需要仔细研究的，既不是儒教礼仪，也不是佛教或道教经书，而是农民本身。经过研究经书，大家可以确定一种礼仪或一种信仰的历史起源。但我们绝对无权从中对其价值或其个人性解释，获得一种答案。”

马伯乐由此而对其同事们的行为作出了强烈的反对性反应。因为其同事们认为，仅满足于仔细剖析道教、儒教和佛教诸因素，就可以研究该宗教，也无须理解当时是指一种新的和生动的复合宗教。马伯乐认为“某尊神、某种仪轨或信仰所具有的佛教或道教特征，所属于其历时性或惯时性，都是一种历史事实；其现有特征，如同现代农民所设想的那样，则属于共时性或同时性。”马伯乐向我们提供了有关观音的例证：观音菩萨的事实可以用她现在充任送子娘娘的角色来解释。在这种具体情况下，一种对佛教传统的研究，则不能提供对某种现有事实的解释。

因此，马伯乐用了许多精力和方法，于其《近代中国神话》内对于每尊神的专论中,都检出了对当时还受崇拜的神祀之祭祀礼仪与修持。但是,如果他赋予了这种正处于充分发展中的新宗教一种更大的规模,那么他也并未由此而忽略其历史的发展。其专著中的每一种都是他在古文献中长期和耐心研究的成果,以至于其每部专著都可以被视为一座真正的科学丰碑。

马伯乐向学术界揭示了赴当地工作的重要意义。他通过这种方法,便不仅仅能够进入近代宗教的要害之处;同时也能够以一种新面貌而澄清古代中国的某些神话和修持,而且人们也不再主要是通过文献而了解这一切了。他主要是通过印度支那北部的泰族人口,才从事了这种卓有成效的比较文化研究,因为这些泰人保留了一批有关颇似古代中国人信仰的古老文献。他也是利用与春季有关的当代泰族村社节,非常权威地阐明了《诗经》中的那些爱情歌曲。同样,他也使用了这些民族的不同神话传说,而成功地实现了对出现在《书经》中的某些神话内容,特别是在涉及有关洪水神话的最佳理解。

在由马伯乐的著作所代表的差异甚大的领域中,人们永远不会过分地强调这位先驱的工作。如果他以一种会给他带来荣誉的谦虚,拒绝勾勒中国民间宗教的概观,并企图仅局限在中国神话中诸神的大轮廓中,那么他同样也并未放弃指出其主要机制。

(以上由艾丽白执笔)

五、马伯乐对西域文献的研究

在我们举行的纪念活动的范围内,我们还应该提到马伯乐著作中的一部占有独特的地位却又很重要的巨作,四开本巨部《斯坦因第 3 次中亚探险所获西域文献》,于 1953 年由大英博物馆在伦敦刊行。

在这个时代,它是指一部“遗作”,但又属略显特别的类型。因为马伯乐早在 1936 年就已经交付了其手稿,它本来可于其生前面世。但这部著作却经历了一段漫长而又坎坷的历史。

我们首先来研究其书名,并由书中提到的斯坦因而开始。这名英国考古学家的名字会首先使人联想到那一大套写本和各种资料集《西域考古图记》,它们是于 1900 年间在中国西北端敦煌附近的千佛洞藏经洞中发现的。斯坦因于 1907 年和 1914 年获得了其中的一大部分写本。正是这批手稿,现在被通称为“敦煌写本”。伯希和于 1908 年也获得了其中的一部分。为了避免任何混淆,我必须说明,马伯乐于其书中所研究的并不是这批写本。

斯坦因于其 1900—1901 年和 1906—1908 年间的第一次与第二次西域探险时,曾发掘到一大批价值很高的考古资料,此外还有各种语言和文字的写本,特别是汉文的古文献。在当时,也就是在 1914 年的战争之前,法国汉学无可争议地稳居西方世界第一,这主要应归功于沙畹。这就是为什么斯坦因求助于他,并且毫不犹豫地给他寄去了整整一批汉文文献,并请求他对它们进行编目和研究。这可不是一件轻松的任务。沙畹共接受了 2000 件左右的文书残片。他对它们作了挑选,最终发现面对自己的是一大堆共分为 3 大类的文献:首先是 700 多件木简或竹简文献,于 1907 年发现于敦煌以北的中国汉长城防御工事遗址附近,断代于公元前 98 年—公元前 153 年;位居其次的是 230 件木质或纸质文书,在位于敦煌以西 800 公里处的楼兰发现,断代于公元 3—4 世纪;最后是 40 多件纸本文书,断代于唐代(公元 7—10 世纪)。

在那些弥足珍贵的物质文物中,特别是木简,这在当时是一种奇特的新颖物,对它们的解读则代表着巨大困难。但这一切均不能阻止沙畹。其科研成果于 1913 年在牛津发表,其书名是《斯坦因在东突厥斯坦沙漠中发现的汉文文献》。除了那篇显示其才能的导言和注释之外,他全文共刊布了 991 件已保留下来的文献,并且高质量地影印发表了其中的近半数文献,并对几近于全部的文献作了精心翻译。当然,这部著作已略显陈旧。但它却是令人仰慕的,而且借助于某些小心谨慎的手段,始终都可以使用。

在褒扬沙畹一部著作的质量时,我也不会忘记自己是负责介绍沙畹在法兰西学院的继承人马伯乐的一部著作的。我们本来应该首先追述它,因为马伯乐的那部书是沙畹这部著作的续篇与补充。它是根据同一模式而被设计出来的,并且直到物质描述方面也非常忠于沙畹的书。双方不能彼此离开而单独存在。

斯坦因确实在他结束于 1913—1915 年的第三次西域探险时,曾致信当时已成为法国汉学大师之一的马伯乐,向他提议完成研究其新发现的汉文写本,这与斯坦因于数年前致信沙畹的方式完全相同。马伯乐当时的一个工作项目已经很好地完成,于是便于 1920 年接受了斯坦因的这一整套收获品,共 930 件纸本和木简文书。

经过几次分类之后，马伯乐将那几件过分不堪卒读的文书搁置一旁不顾，他只保留下了一套607个编号的文书。它们虽然在数目上不及由沙畹研究的那一套多，但其种类差别却要大得多。它确实不仅包括出自敦煌和楼兰地区的文书，完全可以与由沙畹发表的那些文书相媲美。但这都是一些唐代写本，主要发现于吐鲁番的周边地区：阿斯塔那、喀喇和卓（高昌）、吐峪沟或雅尔城（交河）以及塔里木盆地的不同地区。此外，我们于其中还可以发现在额济纳河附近的黑城搜集到的文献，地处甘肃省和内蒙古交界处，可以断代为13—14世纪。斯坦因在这一地点初步接触到了居延遗址。数年之后，人们在那里发掘到了非常丰富的汉简，我们回头再来论述这项内容。

马伯乐在这部著作中，根据其文书的出处，共被分成五部分。正如我们刚才指出的那样：敦煌、楼兰、吐鲁番、塔里木盆地、黑城。但这种划分也与那些具有明显特点的时代相吻合：汉、晋、唐、西夏—元。每部分的前面都附有一篇立论坚强的导言：一方面是必要的历史地理概要，另一方面则是总结由文献提供的新信息并强调指出了其意义。

马伯乐对斯坦西域文书的第一次划分，又在著作的每部分之内作了补充。首先是根据具体的考古遗址，其次是根据文献的性质。其中的每种文献，无论它多么残缺不全，都被接着作了详细描述和测量，用汉文方块字发表，并在尽可能的情况下提供译文。他的某些译文或某几组译文成了理由充足的注释或各种诠释，从而将他个人的注释赋予了这部著作。读者确实可以从中不仅仅发现作者的知识宝藏，而且还可以发现他面对自己研究的文献时，所表现出的犹豫不决或困惑不解。

这些犹豫不决使大学者马伯乐受到了赞扬。它们不会使那些深知他利用的资料之困难性的人感到惊讶。它们本来仅仅是一堆废物，一批变得无法使用的残卷，已经遭人抛弃或被人遗忘了。它们有时则又会在刮擦或裁剪之后被重新利用。它们都不完整了，残损甚重，最多的则是不堪卒读。

无论它们的时代如何，它们也都被分成明显不同的两大类：真正的文书和刊本的抄本。前者由于其性质而成为孤本（即使在很少的情况下，它们也有草稿或副本）。正如马伯乐非常正确地所做的那样，我们可以从中区别出官方文书和私家文书两大类。

大部分汉代木简都是官方或公共文书。它们包括命令、报告、证书、通知、账册、备忘录等。它们使人了解到了边境兵营中的生活：招募兵员、军衔等级、兵饷、装备、兵卒的服役和巡视、使附近烽燧发现警报并与其他烽燧联络的烽烟信号体系、驿站信使的运输体系，还有其他的许多事。那些私人文书则主要是书信，它们在这一套汉简中的数量很少。那些抄本的数量同样也不会太多，大都是实用文书的残片，如历书、医书或星相书，还有一部学习汉语的教科书。军人明显只有很少闲暇来致力于阅读。

汉代的文物于马伯乐的书中相对不多，在 607 个编号中只占 166 个号。这与沙畹书中的情况完全相反，它们在沙畹书中占有很高比例（991 件中的 709 件）。然而，当马伯乐的著作出版时，这些文物似乎成了最吸引汉学界注意的文献。

1930 年，确有一个中国—瑞典联合考察团。在我们已经提到过的额济纳河附近的居延，他们发现了一批属于同一时代的，多达一万支有余的竹简和木简。它们也如同敦煌汉简一样，出自建立在帝国边陲上的一个兵营。对它们的发展，已经由于战争而被多次推迟，后来直到 1943 年，才在非常恶劣的背景下开始出版，后又于 1944、1949 和 1950 年由劳干负责刊行。后来又相继出土了同类发现物。西方汉学家们只是逐渐地才获知了这一切。但到了 1953 年，当马伯乐的著作最终出版时，有关该项内容的知识，即使不是发生了颠覆性的变化，至少也要比马伯乐时代更要广泛得多和具体得多了。因此，马伯乐的著作被人以一种不断翻新的兴趣所取代。正如大家所预见的那样，他的某些解读被作了修正，由专家们根据新的发现而提出了新的府释。

在本文所涉及的诸多作家之中，有杨联陞先生于 1955 年，何四维（Hulsewé）于 1957 年，鲁惟一（Loewe）于 1963 年，他们都仔细地研究过马伯乐的著作。他们都坚持强调该书的价值，重新提起了马伯乐在该领域中所扮演的先驱者的角色，而这种角色于他之前则是由沙畹扮演的。

出自楼兰的 3—4 世纪的文书，在委托给马伯乐整理发表的那一套文献中依然为数不多（共 93 个号）。它们之中又被加入了由沙畹发表过的 230 个号。此外还有由瑞典人斯文·赫定于 1900 年在同一遗址发现的 150 卷文书，它们是于 1920 年由孔好古（Conrady）发表的。在这些文物中检出的所有时间，都是从 263—330 年之间的。其中有 40 多年的一段空缺期，正好相当于中原王朝放弃了这个前哨阵地的时期。如果马伯乐为写这一章而手中未掌握当代人所占有的一切资料，那么他至少也掌握了其中的最重要者。他用数页闪烁发亮和严密谨慎的文字，编制了一幅文武官府、戍边士兵的日常生活、负责开发屯田的男丁的统计表,既激动人心又始终都有效,只需略作修改或补充便可以继续使用。

吐鲁番和塔里木盆地的写本,原则上是我们最熟悉的了。因为它们属于一个被敦煌写本,也就是出自藏经洞的写本所覆盖的时代。然而,它们只是补充了敦煌写本,或者更应该是应补入其中而已。我们从中发现了同样文物,亦被分类成公私"文献"和教俗文献之"抄本"。但是,对它们作分类,确实差异很大。特别是在敦煌写本中相对较罕见的官方文书,在吐鲁番写本中却有很多代表作并且种类繁杂。此外,吐鲁番文书均早于8世纪末,更具体地说是790年,这是唐王朝在吐蕃人的压力之下放弃西域的时间。敦煌写本却有很大比例的是属于9—10世纪之后的时期。

吐鲁番盆地的不同遗址,特别是自1949年以来,提供了一大批具有某种巨大意义的其他文书。但在落到马伯乐手里的那一批数量较少的文书中,却包括有某些重要写本。我于此仅满足于通过例示而引证一批漂亮的文书,它们就如同所有文书一样不完整,却相对冗长,出自马匹管理机构:供休息的驿站马登记簿、同一驿站的马匹出发和返回登记簿、死亡马匹登记簿、722年的马政机构、仓库的登记簿等。此外还有诉讼程序文件和有关官吏舞弊调查的文件。这就是属于一个只拘泥于细枝末节事务和对一切都不信任的官府的文牍废纸。但它们也属于第一手资料,直接汲取于源头。它们的价值不会不引起马伯乐的注意。

由于缺乏时间,我就不在一部内容极其丰富的著作上,耽搁过分多的时间了。在结束报告之前,我还想重复一下这部著作的历史线条。正如我已经讲过的那样,它杀青于1936年,其手稿立即被送达牛津的出版商。但它们一直被压在那里,以等待印度事务部和大英博物馆的预算资金,直到1947年。印度事务部于1948年6月,出于印度"宪政变化"的原因而退出资助出版此书。正如印度事务部非常羞愧地指出的那样,大英博物馆似乎也会甘心失败地放弃这项出版计划。这是由于他们不知道马伯乐夫人的社交能量。1949年7月,她的要求被博物馆监护人接受了。她又于其奔走中受到了辛德勒(Bruno Schindler)、魏礼(Arthur Waley)和戴密微的支持。戴密微还曾帮助马伯乐考证过某些佛教写本。这两位先驱自告奋勇地负责完成编辑,尤其是选择图版。魏礼从中加了九条英文注释。在其他的人中,如英国和法国的人中,有谢和耐(Jacques Gernet)以及其他人,都以不同方式合作参与了这部著作的出版。它从一开始筹备直到最后公开出版，始终为法—英有效合作的典范。它是多年努力的成果，也是马伯乐学术上最漂亮的不朽著作之一。

（以上由苏远鸣执笔）

（译自巴黎圣—波利尼亚克基金会1984年出版的《纪念马伯乐，1883—1945年》纪念文集）

法国20世纪下半叶的汉学大师戴密微[1]

戴密微(Paul Demiéville,1894—1979年)于1894年9月13日诞生于瑞士洛桑,其父在那里任医学院教授。他于1911年在伯尔尼中学获得德文业士学位(中学毕业证书)之后,便先后辗转赴英国和法国继续深造学业。他有相当高的音乐文化修养,从而于1914年在索邦大学(巴黎大学)获得了有关"组曲"音乐体裁的大学博士论文。但在他的学术生涯中,这只是一个次要领域,俄罗斯语言和文学从一开始便于其学术活动中占据着主要地位。他对于中俄之间17世纪最早交流史的兴趣,导致他着手学习中文。他首先在伦敦皇家学院,然后在巴黎国立东方语言学院和法兰西学院求学,当时沙畹(Edouard Chavannes)正在法兰西学院执掌教席。在一个学习中文尚被视为某种奇异行为的时代,戴密微经常在封特奈—欧罗斯(Fontenay-aux-Roses)于沙畹的亲自指导下学习。他同时还学习了梵文和日文,这两种语言在他的整个学术生涯中都给了他某种珍贵的帮助。他被提名为法兰西远东学院的寄宿生,该学院当时是培养印度支那以及印度和中国文明地区研究的史学家与考古学家的园圃,于1900年创办于河内。戴密微于1920年2月乘船到达印度支那,时年26岁。

两种性格似乎从青年时代起就确定了戴密微终生的学术风格:对一切事物都具有一种经久不衰的兴趣,以及一种令人瞠目结舌的工作能力。戴密微从一到达河内起,就想利用自己所看到的一切,来尽快地丰富他的知识。他借鉴了其前辈马伯乐(Henri Maspero)的经验,马伯乐始终为其最尊贵的挚友之一。为了掌握交州(东京湾或北圻)的现实情况,他未作片刻耽搁便开始学习当地语言。经过两个月后,他便能够实际运用少许了。正

① [法]谢和耐著,耿昇译。

如马伯乐于30年之后重新提到他在河内的回忆时所写的那样，法兰西远东学院为其成员提供了唯一的机会，使他们“能够长时间地呼吸远东的空气，深入到那里并终生与之结下不解之缘。寄宿生们的住宅前，榕树上有蝉在鸣叫，夜间稻田间的村庄中有犬吠声，东京湾农民以其无数种有声有色的礼仪和滑稽的言谈而举行节庆会，丝绸街道上的气味及其中国店铺。这一切在一名青年东方学家的生涯中，比数年的苦读更具有重要意义”。但戴密微并不因此而忽视苦读，同时也不忽略其处女作的撰写工作。他不断地抱怨其著作进展不是很快。从此时起，戴密微便显示出了他一生的特征：一位孜孜不倦的工作者，为《法兰西远东学院学报》撰写书评，开辟有关中国中原和西藏的论文专栏，同时还继续撰写大批佛教学论文。他写成的这些处女作在其资料的翔实可靠方面，就已经展露出了高屋建瓴的特征，而这一切后来就成了其全部著作的标志。我在此仅提供一种证据：1925年，他利用一部首刊于1106年的中国《营造法式》著作的再版机会，推出了一篇详细的论文，该论文的前面附有对中国建筑术的所有图案和文字资料的一种具体而又完整的统计表。据一位最优秀专家声称，此书至今仍是“在西方发表的有关中国建筑术历史的最具科学性的文章”。

1921年6月至1922年1月间。戴密微正由法兰西远东学院派遣赴中国考察，在北京居住了很长时间。他在那里分享着中国人的生活，欣赏与其交往的中国文人那博大精深的文化。由于这些人深知他的兴趣，所以有时也与他讨论考古、佛教、日本的中国学研究和其他学术问题。他在自己的一封信中写道：“这一切……使我学会在他们面前变得谦虚起来了。因为我与他们打交道时，完全感到如同在欧洲一样，深入到角色中了。”在追忆他与原翰林院的一名学士相会时，戴氏写道：该翰林学士“精通中国文学，并且曾对此发表长篇大论。人们惊讶地张大嘴而聆听他如同一股清泉流动般地，讲述最为错综复杂的文献，从公元前6世纪直至近代。”戴密微在中国的居留，使他得以参观雕刻于5—6世纪的著名云冈佛教石窟、孔陵、孔府和山东的圣山——泰山等。官方明令禁止在泰山自杀的情节，向他提供了第一篇论文的内容。在他自北京返回河内时，首先经过了中国东南部那些具有非常丰富的历史纪念物的城市，其后又经过面对台湾岛的中国沿海省份——福建。

他在法兰西远东学院的聘任期结束于1924年年末，于是便立即接受前往新创办的厦门大学任教。该校位于福建沿海，由新加坡的一名富裕的华侨创建。那里的经济待遇绝非优厚。他写道:该城是“我从未见过的世界上最蔽陋的偏僻一隅”。但这是在中国。他在那里开设形式极其丰富的课程:法文、印度文明史和佛教史、中国与西方国家的文化关系史、亚洲史。他在与中国同事们的交往中也学到了许多知识。在他居住的第二年,有人向他推荐日佛(法)会馆寄宿生的一个职位,该会馆应于 1925 年年末在他的昔日老师烈维 (Sylvain Lévi)指导下开馆。在他向往与最有学问的人交往,并且相信于其师身旁工作,可以深造自己的梵文和藏文知识的思想指导下,促使他作出这样的选择了。此外,他认为日本是向远东开放的另一个门户。他于 1926 年 7 月 1 日离开厦门前往横滨,在日本一直停留到 1930 年应召归国为止。从次年起,戴密微主持国立东方现代语言学院的讲座。这样一来,便结束了他在远东连续滞留十年的生活。这段时间对于他来说,是不断丰富其知识的源泉。

1945 年,戴密微被任命为法国高等研究实验学院第四系的研究导师,他在那里讲授佛教语史学,直到 1956 年为止。1946 年,他在法兰西学院主持中国语言和文学讲座,继承了悲惨地死在德国集中营的其故友马伯乐。在伯希和于同年逝世和葛兰言(Marcel Granet)此前于 1940 年去世后,他成了法国汉学界的领头人,也是有了一个半世纪悠久传统的法国汉学继承人。他以一种世界公认的学术水平和权威,而得以将这种传统维持下来了。戴密微于 1951 年被选为金石和美文学科学院的普通院士,并于 1959 年承担了该院主席团主席的职务。

戴密微的第一部重要著作就已经标志着其后来的主导方向之一了,但并非是他唯一的方向,也可能并非是其个人情趣本会促使他发展的方向。这里是指印度—希腊国王弥兰陀王(Ménandre)与那先(Nâgasena)比丘的哲学—宗教性对话,对其两种中文本和一种锡兰巴利文本进行了比较研究。这部学术性很强的著作,是他在法国,很可能是他在烈维的启发下着手开题的,继续写作于河内,1924 年以一篇 258 页的长文的形式出版。戴氏由此而表现出一位无与伦比的语文学家的天赋。后来可能在世界范围内,他也是第一位系统地和炉火纯青地掌握了佛教的主要语言(梵语、巴利语、汉语和藏语)的人,从而运用了在 3—9 世纪间,根据印度文原本而在远东译制的不同译本之间进行比较的方法。他在数年之后一部有关印度佛教宗派起源研究的论著中,也曾使用过同一种方法。这也就是说,他将已佚的同一部印度原经文的 5、6 和 7 世纪的 3 种汉文译本,与一种晚期的藏译本作了一番比较。他在高等研究实验学院第4系的佛教语文学的教学中，也沿着同一条道路向前发展。他以这种对古文献的比较方法而确保了探究佛教起源及其历史的最坚固的基础之一，不仅是在远东，而且也包括印度在内。他既执着于研究哲学论著、印度部派史和律藏，又注重于小乘的巴利文传统；或者是根据在汉文文献中搜集到的大量资料，而追述公元最初几个世纪的罽宾（克什米尔）佛教史。罽宾佛教的禅定术很早就引起了中国人的好奇心。大家当然会理解，他以一种如此广阔的开放思想、对于中译本经文的一种如数家珍般的熟悉程度、对于他于经文传统的了解，及其对于了解亚洲最强大宗教所作出的巨大贡献，戴密微当时是唯一能够提供一种宏观看法的人。

在任何语言的著作中，对于佛教的中文史料问题，都不存在犹如戴密微在《古典印度》中所写的那样严谨、那样明确和那样完整的阐述，该书是由路易·勒努（Louis Renou）和让·菲利奥札（Jean Filliozat）主编的一部研究手册。在这篇长达56页的文章中，戴密微对一切都讲得翔实而又具体，论述到了中国的译师和在3—10世纪期间从中国赴印度的求法进香人、印度或西域的祖师和译师、汉文大藏经（共包括4000万个汉字和1692部译自印度原经文的一套译经）的历史。他甚至还论述到了这套经文的内容：经文或者是佛语、律藏、疏经、哲学论著、印度和中国的佛教史、518—944年间在中国编写的释教录，最后是在日本编纂的工具书。为提醒起见，我还要重提一下戴密微于伯希和有关中国印刷术起源的遗著中所补入的附录，该附录涉及了971—983年间在四川刊印的大藏经初版，以及在中国和朝鲜印制的11—14世纪的晚期版本。早在1924年，他有关《弥烂陀王问经》（Milindapan-ha）的长篇研究论文，成了他撰写一篇有关中文佛经概论的机会。40多年间，他在其论著及其授课中，从未停止深化他有关这部宏篇巨著的知识。戴密微以总结性的方式，为理清2—9世纪之间中国的印度佛教传统这部极其复杂的历史，作出了卓越的贡献。他谨慎地运用了中文资料、其归属、题跋、序言、经目、简介，从而确实可以使他为著作和教义断定时空，不大注重历史事实的印度资料却对此完全保持沉默。当戴先生于1926—1930年在日本居住时，便成为一家根据中日文史料而编写的佛教百科事典的主编，这就是《法宝义林》（Hôbogirin），首先由日本帝国科学院赞助并由其两位奠基人（就是席尔宛·烈维和一名著名日本学者高楠顺次郎）主持。在这套百科事典的前四册中，有一大部分文章要归于戴密微名下，他有关“病”和“梵呗”的两大辞条，又一次证明了他的超人学识。当他成为金石和美文学科学院的院士时，便一心要坚持使这项事业能在他的帮助和保护下得以继续进行下去。

戴密微对于那些研究佛教在东亚的传播及其宗派与教义的史学家们，都帮过很大的忙，这始终是他最荣耀的贡献之一。但其著作中有关出自印度与印度化国家科学传统的一切内容，却只形成这诸多方面之一斑。事实上，虽然大部分印度佛教文学仅以受孝道影响的译本形式而在中国存在，而这些译本又都是在中国由中国的双语学者、僧俗人员以及原籍为印度或西域的佛教徒们翻译的，中国人对于抽象和印度经院哲学的烦琐特征，只会表现出很少的兴趣。外来宗教只能在有利于需要数世纪时光的诸说混合论现象的情况下，才会适应它们之中的背景，中国人在此期间也对所保留下来的外来宗教成分经过选择和作了新解。在“二战”之后，戴密微将其最大一部分著作都用于研究中国佛教的这种宗教、哲学和甚至是文学的同化，以及地道中国史料。他从对文献和史料的比较，转向了对于文化影响和撞击的研究。

对于一种大量未刊文献之宝藏的开发，在很大程度上也都归功于戴密微著作的这种全面重新定向。本处是指 5—10 世纪的纸本写卷特藏，主要是汉文写本，但也有西域多种不同语言的写本，它们是于本世纪初叶在敦煌发现的，戴密微于 1934—1939 年间对这些特藏，特别是对伯希和在 1909 年入藏于巴黎国立图书馆的最丰富的特藏之一的内容，作了一次全面的了解。他在与一名中国学者（他后来出任国立北平图书馆馆长）①共同浏览阅读这些写本时，便构思了撰写一部著作的方案，同时既涉及印度与中国佛教观念之对立，又涉及唐代的汉—藏关系史。这就是戴密微所写的最累赘和附有密密麻麻注释的一部著作之缘起。该书书名为《吐蕃僧诤记，印度和中国佛教徒于 7 世纪有关禅的一次大辩论》（此书有耿昇中译本，甘肃人民出版社 1985 年版，台湾商鼎出版社 1993 年再版，西藏人民出版社 2001 年再版）。他编辑了有关来自印度和唐朝的僧侣之间面对吐蕃赞普而展开的这次僧诤（结集或辩经）的档案，并且又勾勒出了其历史范畴。这部著作中密密麻麻地写满了学术性注释，往往一条注释就会延续数页。它们既论述了教义要点、在中国撰写的伪经或印度经文的传播，同时又论

① 指王重民先生。——译者

述了下嫁吐蕃赞普的唐公主、西域胡人扎辫子或者是唐蕃会盟礼仪。至于这场大辩论本身的背景,戴密微阐明了一种对立。他后来又经常反复论述这一点,因为他认为这种对立是根本性的,也就是说在汉传佛教修持方式的顿悟和印度佛教修持方式的渐悟之间的对立。

中国和印度僧侣之间的分歧揭示出,佛教在适应于一个其宗教和哲学感性及传统,与印度有着深刻差异的社会时,该会发生何种程度的变化啊!戴密微的许多著作都涉及了佛教的这种汉化过程。例如,他有关《佛教进入中国哲学传统》的精彩文章、对加斯顿·雷诺多(Gaston Renondeau)的《日本武僧史》所作的长篇跋尾《佛教与战争》、有关中国伪经的著作及其有关维摩诘(Vimalakîrti)在中国的伟大形象的论文。另外,他还有和特别是有学术界应归于他的那些有关“禅”以及典型中国式的哲学、宗教、无政府主义者和破坏艺品者的精辟论著。这一切在日本、朝鲜、越南以及中国都具有深刻的影响。“禅”于公元700年左右在广东省出现,可能是在12世纪时传入日本,在那里以一个中—日文字zen(禅)而为人所熟悉。他写道:“这是佛教的一种真正的中国式改革,也是印度传统地位的一种大复归。”正如圆寂于867年的临济宗大师于戴密微先生提供的临济语录译文中所指出的那样:“向尔道:无佛、无法、无修、无证。”戴密微评论说:“不存在彼世和本世。是我们自己——这种绝无仅有的众生,既是难以形容的,又是最平凡的,临济称之为‘真人’。”他经常强调指出,他自己觉得中国最典型的特征之一,便是厌恶抽象和理论,热衷于具体,首先重视实践、亲身体验和直观。他写道:“与印度相反,中国注重真实,也没有较此更平凡的思想了。这就是为什么这种思想使我们感到困惑,其原则就在于它的朴实性。但我必须指出,当人们对此感兴趣时,抽象便会显得乏味。”他指出了禅师们助产术之目的,正是通过谜一般和荒诞的异行,通过挖苦和抨击,志在给予其对话者造成失误,从而断绝他们中的思辨思想的任何退路,由此而引导他们能直接感觉到自身之中的一种内在的真谛。

根据一种导致戴密微从对文献的比较到对文化的比较之思路,同时也是由于他的好奇心和开放思想,所以他注定要从事比较文化学家的工作,将其研究扩大到了他最熟悉的领域之外。这样一来,戴密微先生便在一篇文章中非常巧妙地引用了保尔·瓦莱里(Paul Valéry)的这几句话:“我欢迎您,我的灵魂与波涛之子,瓜分世界的明鉴之瑰宝。”

他对于镜与心的隐喻,作为虚幻之象征和佛法那有求必应的效果,从事了一次漂浮不定的调查。他指出了这种形象顽固地反复出现在印度和中国的佛教中,甚至也出现在公元前4—前2世纪的道教作家中。他继续其调查,一直深入到西方和阿拉伯的神秘主义者之中,从普洛丹(Plotin)到阿尔—加萨里(Al-Ghazzâli),从尼斯的格里高利(Grégoire de Nysse)到道成肉身的马利亚(Marie)。当戴密微应邀访问日本时,即他首次也是最后一次返回远东时,他在京都人文科学研究所作了两次报告,介绍了自17—18世纪起,直至"二战"时的法国汉学研究史①。这篇概述文所掌握的资料令人赞不绝口,他对法国耶稣会士们的业绩以及西方对中国开放的反响,都作了突出论述。他的论文《论中欧在哲学方面的最早交流》(此文有耿昇中译文)与这次报告颇为接近,特别是涉及了中国在18世纪时受到的西方影响,与他在10年之前写成的《论佛教进入中国的哲学传统》形成了对称。戴密微对于中国在许多方面相当于我们启蒙时代的一切事物都产生过一种好奇心。这在一部以佛教在中国的黄金时代为中心的著作中,不会使人感到意外。尽管将具有不同思想和文化气氛的这两个时代分隔开的差距,并不比西方本身在相对应时代的差距小。戴密微的兴趣和知识从中国的上古时代一直延续到当代。他将其在法兰西学院的课程之一定名为《清代的几位思想家》,从他在印度支那居住的最早几年开始,其注意力便被引向了其中的一位思想家(章学诚)。他喜欢阅读18世纪大文豪们的来往书信,欣赏这些受青睐的作家之一那"敏捷而又尖刻的文笔",重新提到在该时代,"书信体裁在中国引起的哄动效应,绝不会逊色于在法国或英国"。

虽然戴密微对自己很谨慎,但我们还知道音乐在他的生活中占有一席很重要的位置。我们从他在河内的一位邻居处获得了这种出乎预料的证据:深夜,"在旁边的房间中,戴密微正在演奏巴赫。您无法想象,如此轻快和明朗的节奏,在这种寂静的、萎靡不振的和炎热的气氛中,会迸发出什么样的思乡情绪"。但他并非仅仅是对音乐有着强烈的酷爱,而且还在该领域中拥有扎实可靠的专业知识,正如他的多种著作所证明的那样。我们尚且不谈上文作为音乐体裁,而提到他有关"组曲"的那部青年时代的论著。我只想重提一下他于1925年以中国和日本古文献为基础的一篇论文,是有关"日本的羌姆古音乐"(Čam)的。他倾向于得出结论认为,这种音乐

① 《法国汉学研究史》,见上文。——译者

事实上并非出于越南海岸的印度化古王国占婆(Čampa),而是出自古代柬埔寨(Cambodge)。他的遗作之一又重复了他于50多年之前在《法宝义林》的一个条目中首次触及的内容。这里是指佛教的"梵呗"及其与我们中世纪单旋圣歌(素歌)的惊人相似性。他的《远东"梵呗"解》把我们从中国中原带到了锡兰和西藏,从日本带到了中世纪的欧洲,而且还是经过了印度和拜占庭。

当时的形势迫使戴密微在他学术生涯的一开始,便朝着使他变成一名无与伦比学者的研究领域之方向发展。但他在佛教文献学专业中完成的巨大业绩,当然并非是一种志向的成果。1921年在北京时,他的一封书信中就已经表现了不再顾及佛教,而是要研究"中国纯文学"的意愿了。四年之后,他在福建承认自己"犯了思念中国诗的病","日夜之间再不阅读其他内容了"。他从未摆脱过这种激情,始终声称诗是"中国文学创作中最高水平的作品","是其天才的最高表现"。但仅在战后,他才回头来研究中国的那些大诗赋作家,首先是地位最高的庄子。他曾在法兰西学院开设的多种课程中,数次致力于研究庄子,使用于在历史岁月中积累起来的中国人的疏注文。对于在敦煌发掘到的变文和民间诗歌、具有佛教倾向的诗人谢灵运,或者是对教俗人员于临终时即兴创作的诗句,他也长期地搜集、翻译和注释它们,其总数多达数百阕。它们已于近期由桀溺(Jean-Pierre Diény)刊行。这些《中文临终诗》与在敦煌发现的8—10世纪的巨部通俗诗歌,形成戴氏的两部遗著。我们应该感谢戴密微用意大利文发表了有关中国文学的一篇最佳论述。他为《中国古代诗集》写了一篇概论,他本人就是此书的策划者和精心校订者。它们成功地使西方读者,对于以一种与我们大相径庭的语言为基础的吟诗艺术,具有感受力了。对于具有极大感召力的中国诗,他于其中作了这样的形容:"绝无仅有的诗,其象征对现实充耳不闻,只能被一种极大的直接感受力所理解。"

戴密微是一位热衷于登山的人,在酷爱山岳方面与中国人灵犀相通。在描述中国人的山岳、从宗教到哲学、从哲学到18世纪的巴罗克艺术观念的千年演变时,他提醒世人说:"中国文学发现了山岳,以从中汲取其艺术感应,这要早于我们近15个世纪……"他最偏爱的诗人之一谢灵运,也如同他一样是一位登山爱好者。谢灵运于433年被处斩于广州市曹,前往寻找大山去了,这也是与宇宙的沟通。戴密微写道:"阮籍(公元3世纪)讲到了一名经常出入悬崖峭壁中的隐修士。当有人向他提问题时,他仅限于吹口哨,以至于使整座山都对此发出了鸣响,如同是笛子和竹乐籁的合奏一般。"这是一种如同禅师般的神秘答复,是对《庄子》卷二的响应,该卷是以人、地和天三种籁之比较而开始的。戴密微的最后著作之一也是返归山岳:《黑湖集》,这是17首中国古体诗的译文,原诗由其友饶宗颐吟写。戴氏称饶宗颐为"当代最大的汉学家之一",同时也是高度浸透着中国文化影响的诗书琴画大家。这些诗利用了"世界上最丰富宝库的内容",是在他们于1966年共同赴瑞士旅行期间写成的。戴密微是一位令人仰慕的翻译家,善于将信达雅结合为一体。

戴密微清醒地懂得中国留给人类的巨大文学遗产财富的价值,及其全新的独创特征,他有时又对世人围绕着中国而产生的无知与冷漠感到愤愤不平。戴密微先生于1967年针对中国18世纪的一名史学家和哲学家章学诚(其观念令人联想到了维科和黑格尔)而写道:"很难设想,在'人文科学'欲成为世界性的今天,这样一个人名会在远东之外无人知晓……为了世界(也是为了我们西方)的未来,最重要的是要使中国最终能被更好地理解,理解其思想那持久不变的特征,我们的估价仍与实际相差甚远。"但他也知道,有些可怕的障碍不利于这种思想交流。故而在有关同一位思想家的问题上,他又指出:"其思想背景那文化与意识上极其复杂的心理状态,对于一个18世纪的中国人来说,是理所当然的。"但他却执着于使人能分享其丰富的经验,并且会让人分享他那中国诗赋家的激情。如果说他依然获得了成功,那是由于在他与庄子、禅师、红极一时的诗人和思想家之间有一种真正的默契。据他认为,这些性格坚强的名流确实是生气勃勃的。如果与他们长期交往,那么有时就会与他们成为朋友。例如,对于生活在5世纪初叶的诗人谢灵运,或者是对于18世纪时的史学家章学诚,一概如此。1967年,在评论美国出版的有关这位思想家章学诚的最佳著作之一时,他写道:"自本人反复研究章学诚的40多年来,我也有与作者同样的感受,他进入了我的生活,我在经过茫然和脾气性格的突变之后,便会重新想起章学诚……"他被其研究引向论述唐代佛教的形势时,对于武则天这个闪光的人物入迷了。武则天是中国历史上唯一的一位女皇帝,于690—705年执政,以其暴政、罪行和怪诞而昭著于世。

文学、宗教、哲学,一切都反映于戴密微的著作中。在敦煌发现的白话诗和变文,他花费巨大精力而从事研究的那些晦涩难懂的文献,均起源佛法的流布。他写道:"可能不再有哲学与诗篇之间的联系比在中国更密切的文化了。”诗的灵感接近于顿悟，如同禅宗大师们所设想的那样。此外，禅宗大师也往往通过诗来表达自己的思想。公元前4世纪的庄子，同时为天才的思想家、作家和诗人。戴密微也既善于分析印度的文学体裁通过佛教的媒介作用而对中国文学体裁所施加的影响，又能够分析印度哲学传统对于中国思想的演变所施加的影响。例如，他指出了中国的天道观和佛教教法观念在朱熹身上是怎样结合在一起的。

但我还必须补充说明，戴密微有时也是语言学家、历史学家和考古学家。他于1921—1922年在中国的旅行，对于他来说却成了一次机缘：在云冈石窟录下483年的题记、在绍兴附近山崖中雕刻的7世纪的大佛上和在南宋皇帝的墓中作笔记。10年之后，他与一名德国汉学家合作，发表了一篇有关位于厦门附近的泉州双塔的论文。我还应该提一下他为1965年的《学者通报》所写的有关远东木乃伊的论文。

由于戴密微在国立东方现代语言学院的执教，又由于用古汉语而转写梵文和普拉克利特语而提出的问题，他对语言学甚感兴趣，正如他于1933—1949年间在《亚细亚学报》和《巴黎语言学报》中发表的书评所证明的那样。

戴密微注重实效，他善于对其知识形成正确认识。在他自伯希和逝世后而开始主编的杂志《通报》中，始终极力介绍俄罗斯汉学和日本汉学的最新著作。他所掌握的中文、日文和西文资料既完整又井然有序。他那一套房子中的所有房间都装满了书籍。他还有一种高度的献身精神，曾长时间地为他人辛劳，修订、补充和整理遗作。如沙畹的《500个佛教故事和寓言》，伯希和有关1296年赴吴哥的一名中国使者的记述——《真腊风土记》的译注本、马伯乐的大量遗著、由他原来的一名厦门籍学生（林藜光）遗留下的一部内容广博的佛学著作《正法念处经》，都是由他整理出版的，这尚且不谈他负责仔细审阅和润色的数部再版著作。这是一项劳而无功的工作，往往是困难重重，耗费了他的大量时间，而其功德却大都不为人所知。我们对于他花费长时间，以审阅其学生和所有那些向他请教的人的著作，又该怎样讲呢？

今天，整个法国汉学界都感激戴密微先生，甚至还包括印度学家和日本学家们。他完全可以与中国和日本学术大家们齐名。不同国家的许多东方学家们都以曾是戴密微的学生，或是以其弟子和继承人而自居。

他的国际名声已由许多荣誉称号所证实。他是鲁汶大学、罗马大学和莱敦大学的名誉博士，伦敦东方和非洲研究学院与英国科学院的通讯院士，日本东洋文库和科学院的名誉院士。

直到其生命的末年，戴密微始终都保持着一种罕见的朝气蓬勃的思想、一种令人惊讶的魅力。在文学、绘画、音乐专业领域和在世界上的所有国家，其知识是令人震惊的。也可能仅仅一笔就足可以描绘出他的形象了：他在晚年对西班牙产生了真正的兴趣，因为他在70多年前曾独自赴安达鲁西亚，以聆听安达鲁西亚音乐。他精力充沛，身材魁梧，略有一点暴躁，性格乐观、偏爱在谈话中夹杂其故乡的某些常用辞汇和趣味辞汇。人们很少能见到如此之大的学识和文化，以及如此这般的朴素和谦虚学风的结合。他非常喜爱《庄子》中对一种诡计手段的鄙视、一种对刻板的摒弃、一种对于自然和对摆脱了束缚的“真人”的再发现之强烈向往，这一切都在戴密微的性格中得到了反映。他酷爱故乡、山岳以及那些他热爱和敬仰的人。他曾受到过生活的严酷考验，故对于其他人的不幸具有强烈的同情心。当他于1979年3月23日逝世时，我们不仅失去了一位学者，他本身就有一大堆举世无双的经验和学识的财富，这是他整整一生辛勤工作的成果；而且我们也丧失了一个最大限度地向世界开放的人，由此也成为最具有人情味的名士之一。他依然栩栩如生，就如同他从未离开过我们一样。

（这是谢和耐教授于1986年10月31日在法国金石和美文学科学院纪念戴密微的大会上作的报告，载该院《学报》1986年第3卷）

法国当代汉学大师谢和耐教授

法国20世纪下半叶的汉学大师、法国金石和美文学私学院院士、法兰西学院名誉教授谢和耐(Jacques Gernet,1921—　)不仅是法国当代最著名的汉学家,而且也名列当今世界上第一流的汉学大师之伍。

谢和耐教授于1921年12月22日诞生于当时法国的殖民地阿尔及利亚的首都阿尔及尔。其父路易·热尔内(Louis Gernet,1882—1962年)是古代希腊宗教和法律史的著名专家,曾任法国文学院院长。谢和耐教授在获得古典文学(法文、拉丁文、希腊文、语言学)的学士学位和高等教育文凭之后,当美军1942年在北非登陆时应征入伍,参加了抵抗法西斯德国及其盟军的战争。三年之后,他于1945年退役,于是便转向中国研究。1949—1950年,他在当时设立于越南的法兰西远东学院学习。谢和耐先生此后成为法国汉学家和佛教学家戴密微(Paul Demiéville,1894—1979年)的出蓝弟子,于1947年获得了中文文凭,于1948年毕业于高等研究实验学院。他作为法兰西远东学院的成员在河内居住两年,后来又多次赴中国和日本旅行并进行学术访问。1951年,他被任命为高等研究实验学院的导师(第六系,后来改建为社会科学高等学院);次年,他又获得文学博士的学位(以《中国5—10世纪的寺院经济》为博士论文,1987年甘肃人民出版社出版,耿昇中译本,上海古籍出版社2005年再版)。他于1957年任巴黎大学中国语言文化的讲师,1959年任该校教授。谢和耐教授于1969年在巴黎第七大学创设了一个东亚语言文化教学与研究机构,并一直主持其工作到1973年。他于1975年被任命为法国最高公学法兰西学院的教授,主持中国社会和文化史讲座,从1977年到1992年退休,始终为法兰西学院诸多远东研究所的常务主持人。1975—1992年,他与荷兰莱敦大学汉学研究院前任院长的许理和(Erik Zürcher)教授联袂任始创于1890年的国际汉学刊物《通报》的主编。谢和耐教授于 1984—1992 年任法国国立科学研究中心有关中国、朝鲜和日本科学史的 GDR798 研究组负责人。1992 年 10 月退休后,又成为法兰西学院的名誉教授。

谢和耐教授先后获得的荣誉称号与勋章有:

法国金石和美文学科学院普通院士(1979 年)
骑士荣誉勋章
一级教育勋章
东洋文库外籍院士(东京)
中央研究院院士(台北)
意大利中东和远东研究院通讯院士(罗马)
日本科学院外籍院士(东京)
金石和美文学科学院翟理斯(Giles)奖
金石和美文学科学院布杰(Budget)奖
金石和美文学科学院的儒莲(Stanislas Julien)奖
彼埃蒙特中东和远东研究中心的"都灵和东方"奖

2010 年,中国上海市和国家新闻总署(今国家新闻出版广电总局),评选谢和耐教授为世界具有特殊贡献的汉学家之一,也是欧洲的唯一一位汉学家。

附录一:

谢和耐的主要汉学著作目录

论　著

1949年:《荷泽神会禅师(668—760年)语录》,收入《法兰西远东学院丛刊》第31卷,河内1949年版,共X+120页;巴黎法兰西远东学院1974年再版。

1956年:《中国5—10世纪的寺院经济》,收入《法兰西远东学院丛刊》第39卷,西贡1956年版,共XVI+332页,10幅图版;巴黎法兰西远东学院1977年再版。中译本,耿昇译,甘肃人民出版社1987年版,上海古籍出版社2005年再版;英译本正在付印中。

1959年:《蒙古入主中原前夕中国中原的日常生活》,巴黎,哈切特(Hachette)出版社1959年版,288页;1978和1990年由同一出版社再版。英译本,伦敦阿兰和昂温出版社1962年版,美国斯坦福大学1977年再版;匈牙利文译本,贡多拉,布达佩斯1980年版;中译本,中国文化大学,台北1982年版;意大利文译本,里佐利大学丛书,米兰1983年版;日译本,东京1990年版;中文新译本,江苏人民出版社1996年版。

1964年:《前帝国时代的古代中国》,巴黎,法国大学出版社1964年版,现已五次再版。日译本,波兰文译本、英译本、意大利文译本均已出版。

1970年:《巴黎国立图书馆所藏伯希和敦煌汉文写本习录》第1卷(与吴其昱先生合作)。巴黎,辛格—波利尼亚克(Singer—Polignac)基金会1970年版,共408页。

1972年:《中国社会史》,收入《世界之命运》丛书,巴黎,阿尔芒—科兰(Arman Colin)出版社1972年版,共766页和36幅插图;由同一出版社于

1980年出版了修订第2版，共700页；同一出版社1990年出版了增订第3版，共700页。意大利文译本，埃诺迪译，都灵1978年版；德译本，安塞尔·韦拉克译，法兰克福1979年版；英译本，剑桥大学出版社1982年版，1982、1983和1985年再版本；罗马尼亚文译本，麦里丹娜译，布加勒斯特1985年版；朝鲜文本，汉城1985年版；西班牙译本，巴塞罗那1991年版；中译本，耿昇译，江苏人民出版社1996年版，中国藏学出版社2000年再版；英文再版本正在付印中。

1982年：《中国与基督教》。收入《历史文库》，巴黎，加利玛尔出版社1982年版，共342页；1991年同一出版社再版本加入了一个副标题：《中西文化的首次撞击》。德译本，阿尔特米斯译，苏黎世和慕尼黑1984年版；意大利文译本，马里埃蒂译，卡萨列蒙菲拉托1984年版；英译本，剑桥大学出版社和人文科学会馆出版社，剑桥—巴黎1985年版；西班牙文译本，经济文化基金会，墨西哥1989年版；中译本(耿昇译)，上海古籍出版社1991年版，2005年再版；日译本正在印制中。

1991年：《唐甄的〈潜书〉》，译自中文，由谢和耐作序和注释。巴黎加利玛尔—联合国教科文组织版，收入《东方知识》丛书，1991年版，共346页。

1994年：《中国人的智慧，社会与心理》，收入《历史文库》，巴黎，加利玛尔出版社1994年版，共398页。

论　　文**

1951年：《神会禅师传，禅宗史研究》，载《亚细亚学报》第239卷，1951年，第29—68页。

1952年：《中国古代的行为》，载《经济·社会·文明年鉴》第7卷，第1期，1952年1—3月，第31—38页。

1954年：《神会禅师语录补编》，载《法兰西远东学院学报》第44卷，第2期，1954年，第453—466页。

1955年a*：《沩山灵祐大师遗迹》，载《法兰西远东学院学报》第45卷，第1期，1955年，第65—70页。

1955年b：《中国的经济和人的活动》，载《评论界》杂志第103期，1955年12月，第1092—1102页。

1956 年:《宋代城市中的商贾与工匠》,载《中国宋代的艺术》,巴黎,塞尔努斯基(Cernuschi)博物馆 1956 年版,第 10—11 页。

1957 年 a:《从敦煌卖契(9—10 世纪)看中国的专卖制度》,载《通报》第 45 卷,第 4—5 期,1957(1958)年,第 295—391 页。

1957 年 b:《汉文中的颜色表述》,载由梅耶松(Meyerson)主编的《颜色问题》,巴黎,国民教育刊物出版与发行处 1957 年版(高等研究实验学院第 6 系《综合丛书》,第 295—299 页)。

1959 年 a:《唐代经济和社会》,载由戴密微主编的《中国的面貌》第 1 卷,巴黎大学出版社 1959 年版,第 81—85 页(吉美博物馆丛刊,可供出售类图书第 63 卷)。

1959 年 b:《唐代的中国在亚洲的影响》,载戴密微主编的《中国的面貌》第 1 卷,巴黎,法国大学出版社 1959 年版,第 85—89 页(吉美博物馆丛刊,可供出售类图书第 63 卷)。

1959 年 c*:《中国的文字记载与历史》,载《心理学学报》第 1 卷,1959 年 1—3 月,第 31—40 页。

1960 年 a*:《中国 5—10 世纪的佛教徒中的火中自焚》,载《汉学研究所论丛》第 2 卷,巴黎,法国大学出版社 1960 年版(《汉学研究所文库》第 14 卷),第 527—558 页。

1960 年 b:《中国的铁器时代》,载《人文》杂志第 1 卷,第 1 期,1960 年,第 68—76 页。

1962 年:《远东的历史》,载《历史学报》第 3 期,1962 年,第 107—118 页。

1963 年*:《中国文字的形态及其心理功能》,载由郭恩(M.Cohen)主编的《各民族的文字和心理》,巴黎,阿尔芒—科兰出版社 1963 年版,第 29—44 页。

1964 年:《中国和朝鲜于公元前 5—3 世纪的思想演变》,与韦尔南(J.P.Vernant)合作,载《纪尧姆 · 布岱学会会刊》第 4 套,1964 年,第 3 期,第 308—314 页。此文后转载于韦尔南的著作集:《古代希腊的神话和社会》,巴黎,马伯乐(Maspero)出版社 1974 年版;巴黎,新发现出版社 1988 年再版,第 81—91 页。

1966 年:《敦煌写本中的租骆驼旅行契》,载《戴密微先生祝寿汉学研究论文集》,巴黎,法国大学出版社 1966 年版(《汉学研究所文库》第 20

卷),第41—51页。

1969年a:《中国车辆小考》,载由韦尔南主编的《古代希腊的战争问题》,海牙木冬出版社1969年版,第309—312页。

1969年b*:《伊斯兰教鼎盛时期的中国城市考证》,载由胡拉尼(A.H.Hourani)和斯泰恩(S.M,Stern)主编的《伊斯兰城市》,牛津大学卡西雷书店1969年版,第77—85页。

1970年a:就《中国佛教》和《中国》(1840年之前)而写的专门条目,载《世界百科全书》,巴黎,世界百科全书出版社1970年版(1989年版本的第4卷,第399—403页;第5卷,第510—532页)。

1970年b:《中国的第2次"文艺复兴"》,载纪念奥德里古尔(A.G.Haudricourt)主编的《语言、技术、自然和社会文集》,巴黎,克林西克(Klincksieck)出版社1971年版,第33—36页。

1972年:《论17和18世纪的中欧交流》,载《亚洲学报,东方文化研究所所刊》(东京)第23卷,1972年,第78—92页。日译文载《东方学报》第44卷,1972年,第1—21页。

1973年a*:《利玛窦的归化政策和1600年左右中国文化生活的演变》,载《宗教社会学档案》第36卷,1973年,第71—89页。中译文载《国外中国学研究译丛》,西宁1986年版,第281—297页;《明清间入华耶稣会士和中西文化交流》,成都巴蜀书社1993年版,第91—122页。

1973年b:《中国文明中的占卜术和科学观念》(日文),载《东方学报》第45期,1973年,第1—11页。

1974年a:为《世界百科全书,宝鉴—索引》所写的"玄奘"、"黄巢"、"慧远"、"鸠摩罗什"和"李贽"等条目,巴黎,世界百科全书出版社1974年版。在1990年的版本中,"黄巢"条载第1658页,"慧远"条载第1665页,"鸠摩罗什"条载第1923页,"李贽"条载第2026页,"玄奘"条载第3736—3737页。

1974年b:《小偏差和大偏差——中国》,载由韦尔南主编的《占卜与理性》,巴黎,塞伊(Seuil)出版社1974年版,第52—69页。

1974年c:《利玛窦的归化政策和1600年左右中国的政治和文化生活的演变》,载《宗教科学前景的发展,中国的革命运动》,佛罗伦萨L.S.奥尔斯基出版社1974年版,第115—144页。

1976年*:《中国社会和文化史讲座开课讲演稿》,1976年,共21页。

1976 年 b:《16 世纪末至 17 世纪中叶的中国哲学和基督教》,载《尚蒂伊国际汉学讨论会论文集》(17—18 世纪的法国北京传教区,这次讨论会 1974 年 9 月召开),巴黎,美文学出版社 1976 年版,第 13—25 页。中译文载《明清间入华耶稣会士和中西文化交流》,成都,巴蜀书社 1993 年版,第 55—67 页。

1977 年:为托玛斯·德·博西埃尔(Thomas de Bossière)夫人的《17 和 18 世纪中国宫廷中的一名比利时官吏——安多(Antoine Thomas,1644—1709 年)传》,巴黎,美文学出版社 1977 年版,第Ⅶ—Ⅹ页。

1978 年*:《论中国古代法律中的责任观念》,载《中国的法律》一书,佛罗伦萨 L.S.奥尔斯基出版社 1978 年版(《威尼斯文明研究丛书》第 34 卷),第 127—136 页。

1979 年 a:《论 1584 年的第一部中文教理书的不同文本》,载由鲍吾刚(W.Bauer)主编的《慕尼黑东方研究——中国中原和蒙古研究》(第 25 卷),《福赫伯(Herbert Frank)纪念文集》,威斯巴登,法兰兹·斯泰纳·韦拉克 GMBH 出版公司 1979 年版,第 407—416 页。

1979 年 b:《戴密微(1894—1979 年)传》,载《通报》第 65 卷,第 1—3 期,1979 年,第 1—19 页。

1979 年 c*:《在大海的附近》,载由安田朴(R.Etiemble)主编的《神话》,巴黎,迪迪埃知识出版社 1979 年版,第 87—88 页。

1979 年 d:《17 世纪的基督徒与中国人的世界观》,载《迪欧根尼》(Diogène)杂志第 105 卷,1979 年 1—3 月,第 93—115 页;经修订的英译文载《中国的科学》,费城 1980 年版,第 4 卷,第 1—17 页;中译文载《明清间入华耶稣会士和中西文化交流》,成都,巴蜀书社 1993 年版,第 68—90 页。

1979 年 e:《敦煌写本中的一项缓税请状》,载由苏远鸣(Michel Soymié)主编的《敦煌学论文集》,日内瓦—巴黎德罗兹书店 1979 年版,第 45—47 页。中译文载《敦煌译丛》,兰州 1985 年版,第 173—176 页。

1980 年 a:为荣振华(Joseph Dehergne)和李渡南(D.D.Leslie)的《从 18 世纪耶稣会士们的未刊书简看中国的犹太人》,巴黎,美文学出版社 1980 年版,第ⅩⅤ—ⅩⅦ页。

1980 年 b:《普实克(Jaroslav Pruvsěk,1906—1980 年)传》,载《通报》第 66 卷,第 4—5 期,1980 年,第 266—269 页。

1980 年 c:《帝国观念是怎样表现出来的?》,载由莫里斯·迪威热

(Maurice Duverger)主编的《帝国的观念》一书,巴黎,法国大学出版社 1980 年版,第 397—416 页。

1981 年 a:《论 17 世纪的中国历史》,载《经济·社会·文明年鉴》,1981 年 5—6 月,第 3 期,第 467—472 页。

1981 年 b*:《静坐仪、宗教和哲学,论理学派的静坐》,载《法兰西远东学院学报》第 69 卷(纪念戴密微的专刊号),1981 年,第 289—305 页。

1981 年 c:《戴何都(Robert des Rotours,1891—1980 年)传》,载《通报》第 67 卷,第 1—2 期,1981 年,第 1—3 页。

1981 年 d:《人或文牍,唐甄(1630—1704 年)的政治观一瞥》,载由埃克梅(D.Ekeimeier)和福赫伯主编的卡尔·宾格尔 (Karl Biinger)纪念文集《东亚的国家和法律》,威斯巴登哈拉索维茨 1981 年版,第 112—125 页。

1982 年:为德罗绘(Hubert Delahaye)、戴仁(Jean-Pierre Dr ge)和戴文保的著作《长城》写的序言,巴黎,阿尔芒—科兰出版社 1982 年版,第 6—14 页。

1983 年:《明末的中国社会》,载《东西方的第一次撞击,利玛窦》,巴黎,塞夫勒中心 1983 年版,第 33—43 页。

1984 年 a:《利玛窦时代的中国文化形势》,载《利玛窦研究学术讨论会文集》,玛切拉塔 1984 年版,第 101—120 页。

1984 年 b:《马伯乐(Henri Maspero)的生平与著作》,载《纪念马伯乐文集》,巴黎,辛格—波利尼亚克基金会 1984 年版,第 15—24 页。

1985 年 a:《近代中国和传统中国》,载《中国研究》第 4 卷,第 1 期,1985 年,第 7—13 页。

1985 年 h:为斯拉姆(S.R.Schram)主编的《中国国力的基础与极限》一书所写的导言,伦敦—香港,东方和非洲研究学院和香港中文大学出版社 1985 年版,导言第 27—34 页。

1985 年 c:《敦煌写本中的碾户和梁户》,载《敦煌译丛》,兰州 1985 年版,第 157—172 页。

1985 年 d:《敦煌写本中的一项缓税请状》,载《敦煌译丛》,兰州 1985 年版。

1985 年 e*:《裸葬》,载《学者通报》,1985 年 1—9 月,第 3—16 页。

1985 年 f:《明代的传教士,评史景迁(J.Spence)的《论利玛窦的记忆宫殿》,当代文献的补充,1985 年 9 月 25 日,第 1059—1060 页。

1986 年 a:《法国科学院院士戴密微的传记和著作》,载《金石和美学科学院报告》,1986 年 7—10 月,第 595—607 页。

1986 年 b*:《中国 16—17 世纪的俱乐部、书院和会社》,载《金石和美文学科学院报告集》,1986 年 11—12 月,第 676—685 页。

1986 年 c:《利玛窦的归化政策与当时的中国政局》,载《国外中国学研究译丛》,青海人民出版社 1986 年版,第 281—297 页。

1987 年 a*:《论胡人的道德》,载《从苍穹到大地,从花园到炉灶,吕西安·贝尔诺(Lucien Bernot)纪念文集》,巴黎,社会科学高等学院 1987 年版,第 676—685 页。

1987 年 b*:《中国的历史和农业》,载《东方经济社会史学报》第 30 卷,1987 年,第 221—228 页。

1987 年 c*:《论中国人的身心》,载《献给韦尔南的政治学论文集》,高等社会科学研究院 1987 年版,第 265—269 页。

1987 年 d:《在中国和反改革的欧洲之间初次撞击时彼方的观点》,载《第 4 届哥伦布研究的国际学术讨论会文集》,热那亚,哥伦布基金会 1987 年版,第 265—269 页。

1987 年 e:《11—19 世纪中国官府的组织、原则和实践》,载由布罗什-莱内(P.Bloche-Laine)和埃狄纳(G.Etienne)主编的《为国家服务》论集,巴黎社会科学高等学院 1987 年版,第 11—29 页。

1987 年 f:为施拉姆主编的《中国国家权力的基础与极限》写的导言,伦敦—香港,东方和非洲研究学院和香港中文大学出版社 1987 年版,第 11—29(15—277)页。其法译文载《日佛会馆学报》1988 年。

1988 年 a:《他方的形象,中国的史学和人类学》,载《文集》第 27 卷,1988 年,第 65—76 页。

1988 年 b:为马若安(Jean-Claude Martzloff)的《中国数学史》写的序言,巴黎,马松出版社 1988 年版。

1988 年 c*:《基督教在 17 世纪的中国的本化问题》,载由佛雷斯特(Alain Forest)和坪井主编的《天主教和亚洲社会》文集,巴黎—东京,阿尔玛塘—上智大学 1988 年版,第 35—46 页。

1988 年 d*:《论儒教传统对中国社会的影响》,东京亚洲文化研究所和上智大学 1988 年版,共 17 页(《亚洲文化研究所纪要》第 3 卷,第 32 期)。

1988 年 e*:《论国家,17 世纪中国和欧洲之比较》,载《日佛会馆学报》第 50 卷,1988 年,第 21—34 页。

1989 年 a*:《科学和理性,中国资料的新奇性》,载《科学生杂志》第 62 卷,第 4 期,1989 年,第 323—332 页。

1989 年 b:《中国思想概论》,载雅各布(A.Jacob):《世界哲学百科全书》,巴黎,法国大学出版社 1989 年版,第 1591—1595 页。

1990 年 a:《中国社会中儒教传统的影响》,载《思想》杂志第 792 卷第 6 期,1990 年,第 50—56 页。

1990 年 b:为许理和(Erik Zürcher)的著作《佛教、基督教和中国社会》写的介绍,巴黎,于利雅尔出版社 1990 年版(于法兰西学院所作的报告、论文和讲义),第 7—10 页。

1990 年 c:为詹嘉玲的《对三角和准确圆周率的速算法(1774 年),在数学方面的中国传统与从欧洲传入的因素》著作写的序言,巴黎,法兰西学院汉学研究所 1990 年版,第 79—88 页。

1990 年 d:《王夫之有关汉代法律的某些考证》,载由出间和许理和主编的《中国秦汉时代的思想和法律》,莱敦不里尔出版社 1991 年版,第 70—72 页。

1991 年 a*:《应该怎样读史书,王夫之(1619—1692 年)思想的一条小注》,载《日佛文化》第 54 卷,东京日佛会馆 1991 年 3 月版,第 70—72 页;另一种文本载《东方学报》(布拉格)第 59 卷,1991 年,第 152—161 页。

1991 年 b*:《中国 17 世纪的哲学家王夫之的智慧》,载格多夫尔(G. Godoffre)主编的《世界的智慧》论集,巴黎,法国大学欧洲学院 1991 年版,第 97—104 页。

1991 年 c:《基督教在中国的首次本土化尝试》,载《许理和新作集》(文学和艺术类),第 213 期,1991 年 9 月 14—15 日,第 67 页。

1991 年 d*:《论儒教传统对中国社会的影响》,载由水口和汪德迈(Léon Vandermeersch)主编的《儒教与亚洲社会》,巴黎—东京,阿尔玛塘和上智大学,1991 年版,第 27—37 页。

1991 年 c:为戴廷杰(Pierre—Henri Durand)的著作《文士与政权,中华帝国时代的一次文字狱》写的序言,社会科学高等学院出版社 1991 年版,第 9—11 页。

1992 年 a:为胜雅律(Harro Von Senger)的《为了生存和继续生存的三

十六计》写的序言,巴黎联合出版社 1992 年版,第Ⅴ—Ⅶ页。

1992 年 b:为《哲学百科全书、著作和辞书》所写的“戴震”、“王夫之”、“颜元”、“章学诚”和“张载”等条目,载第 2 卷,巴黎,法国大学出版社 1992 年版,第 4010—4011、4053—4054、4062—4063、4068—4069 页(其实际出版时间为 1993 年)。

1993 年 a:为詹嘉玲(Catherine Jami)和德罗绘(H. Delahaye)主编的《欧洲在中国,17—18 世纪的科学、宗教和文化的相互影响》所写的导言,这是于高(Hugot)基金会组织的一次学术讨论会的文集(1991 年 10 月 14—17 日),巴黎,法兰西学院汉学研究所 1993 年版,第 5—13 页。

1993 年 b*,《中欧交流中的时空、科学和宗教》,同上引书,第 231—240 页。

1993 年 c:《易变与不变》,载《人文科学研究文集》第 100 卷,1993 年 12 月,第 27—31 页。

1993—1994 年:《中欧交流中的时空、科学和宗教》,载《中国科学》第 11 期,1993—1994 年,加利福尼亚洛杉矶大学中国研究中心出版,第 92—102 页(1993 年 b 一文的英译文)。

1994 年:《中国人的变化观念》,载《中国的变化观念和感知》,法兰西学院汉学研究所 1994 年版,第 1—12 页。

* * 每篇论文出版时间之后带有 * 符号者,系指该文已被再版并收入 1994 年的《中国人的智慧》的文集中了。

附录二：

谢和耐在法兰西学院的授课与讲座目录

中国社会和文化史讲座(1975—1991 年)**

1975—1976 年　开讲课

——唐甄(1630—1704 年)对专制主义的批判

——16 世纪的中国唯物主义(第 655—661 页)

1976—1977 年

——中国 17 世纪的一名具有现代思想的人刘献廷(1648—1695 年)

——中国人对基督教的最早反应(第 617—627 页)

1977—1978 年

——中国人对基督教的反应(续)

——传教士所写的首批中文著作(第 655—661 页)

1978—1979 年

——王夫之(1619—1692 年)著作中的历史与政治

——中国的自然哲学,张载的《正蒙》(第 557—563 页)

1979—1980 年

——王夫之(1619—1692 年)著作中的历史与政治(续)

——中国的自然哲学,张载的《正蒙》(续,第 631—639 页)

1980—1981 年

——王夫之(1619—1692 年)著作中的历史与政治(续完)

——中国对基督教伦理与哲学的批判(第 561—567 页)

1981—1982 年

——中国的会社和书院

——通过笔记文集看明代社会(第 579—585 页)*,1982—1983 年:中

国书院的研究

——明代的各种笔记文集(第597—603页)*,1983—1984年:中国的教育与社会

——17世纪的中国政治文献(第649—657页)*,1984—1985年:中国的教育和社会(续)

——顾炎武(1613—1682年)的经济和政治著作(第565—576页)*

1985—1986年:中国的教育和社会(续完)

——顾炎武(1613—1682年)的经济和政治著作《续,第559—565页)*

1986—1987年:中国近代思想的起源,王夫之(1619—1692年)

——《读通鉴论》和《宋论》的文献(第547—554页)

1987—1988年:王夫之(1619—1692年)的哲学

——李贽(1527—1602年)的《焚书》(第597—602页)

＊＊ 括号中提供的页码是刊登在相应年份的《法兰西学院年鉴》授课报告中的页数。当该报告已重新收入《中国的智慧》中的《教育》一节时,便在该书目之后附一个＊。